《中国人民政治协商会议年鉴(2014)》

中国人民政治协商会议
年　鉴
2014

中国文史出版社

中國人民政治協商會議會徽

EMBLEM OF THE CHINESE PEOPLE'S POLITICAL CONSULTATIVE CONFERENCE

2014年12月31日，全国政协在北京举行新年茶话会。中共中央总书记、国家主席、中央军委主席习近平在茶话会上发表重要讲话。

2014年12月31日，全国政协在北京举行新年茶话会。中共中央政治局常委、全国政协主席俞正声主持茶话会。

2014年12月31日，全国政协在北京举行新年茶话会。党和国家领导人习近平、李克强、张德江、俞正声、刘云山、王岐山、张高丽出席茶话会并观看演出。

2014年12月31日，全国政协在北京举行新年茶话会。全国政协委员和文艺工作者在茶话会上表演精彩节目。

中国人民政治协商会议第十二届全国委员会第二次会议会场

2014年3月3日，全国政协十二届二次会议在北京人民大会堂开幕。中共中央政治局常委、全国政协主席俞正声代表政协第十二届全国委员会常务委员会向大会做工作报告。

2014年3月3日，全国政协十二届二次会议在北京人民大会堂开幕。十二届全国政协副主席韩启德代表政协第十二届全国委员会常务委员会向大会报告政协十二届一次会议以来提案工作情况。

2014年3月4日，中共中央总书记、国家主席、中央军委主席习近平看望出席全国政协十二届二次会议的少数民族界委员，并参加联组讨论。中共中央政治局常委、全国政协主席俞正声参加看望和讨论。

2014年3月4日，中共中央政治局常委、国务院总理李克强看望出席全国政协十二届二次会议的经济、农业界委员并参加讨论。

2014年3月4日，中共中央政治局常委、全国人大常委会委员长张德江看望出席全国政协十二届二次会议的港澳地区委员并参加讨论。

2014年3月4日，中共中央政治局常委、全国政协主席俞正声看望出席全国政协十二届二次会议的教育界委员并参加讨论。

2014年3月4日，中共中央政治局常委、中央书记处书记刘云山看望出席全国政协十二届二次会议的社会科学、新闻出版界委员并参加讨论。

2014年3月4日，中共中央政治局常委、中央纪委书记王岐山看望出席全国政协十二届二次会议的民盟、民进界委员并参加讨论。

2014年3月4日，中共中央政治局常委、国务院副总理张高丽看望出席全国政协十二届二次会议的体育、医药卫生界委员并参加讨论。

2014年9月21日，中共中央、全国政协在全国政协礼堂隆重举行庆祝中国人民政治协商会议成立65周年大会。中共中央总书记、国家主席、中央军委主席习近平发表重要讲话。

2014年9月21日，中共中央、全国政协在全国政协礼堂隆重举行庆祝中国人民政治协商会议成立65周年大会。中共中央政治局常委、全国政协主席俞正声主持大会。

2014年9月21日，中共中央、全国政协在全国政协礼堂隆重举行庆祝中国人民政治协商会议成立65周年大会。习近平、李克强、张德江、俞正声、刘云山、王岐山等出席大会。

2014年6月23日，政协第十二届全国委员会常务委员会第六次会议在北京开幕。中共中央政治局常委、全国政协主席俞正声主持开幕会。中共中央政治局委员、国务院副总理汪洋出席会议并作报告。

2014年8月25日，政协第十二届全国委员会常务委员会第七次会议在北京开幕。中共中央政治局常委、全国政协主席俞正声主持开幕会。中共中央政治局常委、中央纪律检查委员会书记王岐山出席会议并作报告。

2014年10月27日，政协第十二届全国委员会常务委员会第八次会议在北京开幕。中共中央政治局常委、全国政协主席俞正声主持开幕会。中共中央政治局委员、中央政法委员会书记孟建柱出席会议并作报告。

2014年6月3日，全国政协在北京召开“深化产教融合、校企合作，加快现代职业教育体系建设”专题协商会。中共中央政治局常委、全国政协主席俞正声主持会议并讲话。中共中央政治局委员、国务院副总理刘延东出席会议并讲话。

2014年7月3日，全国政协在北京召开“深化司法体制改革”专题座谈会。中共中央政治局常委、全国政协主席俞正声主持会议并讲话。

2014年7月22日，全国政协在北京召开“构建现代公共文化服务体系”专题协商会。中共中央政治局常委、全国政协主席俞正声主持会议并讲话。中共中央政治局委员、中央书记处书记、中宣部部长刘奇葆出席会议并讲话。

2014年10月30日，全国政协在北京召开双周协商座谈会，就“利用水泥窑协同处置垃圾废弃物”问题建言献策。中共中央政治局常委、全国政协主席俞正声主持会议并讲话。

2014年9月29日，纪念谷牧同志诞辰100周年座谈会在北京举行。中共中央政治局常委、全国政协主席俞正声出席座谈会。

2014年10月27日，纪念杨成武同志诞辰100周年座谈会在北京举行。中共中央政治局常委、全国政协主席俞正声出席座谈会。

2014年2月17日，中共中央政治局常委、全国政协主席俞正声在北京会见西班牙参议院副议长卢卡斯。

2014年3月31日，中共中央政治局常委、全国政协主席俞正声在北京会见经济社会理事会和类似组织国际协会主席、俄罗斯联邦公众院主席韦利霍夫一行。

2014年5月14日，中共中央政治局常委、全国政协主席俞正声在北京会见巴基斯坦参议院主席布哈里。

2014年11月6日，正在巴林进行正式友好访问的中共中央政治局常委、全国政协主席俞正声在麦纳麦会见巴林国王哈马德。

2014年11月9日，正在约旦进行正式友好访问的中共中央政治局常委、全国政协主席俞正声在首相府会见首相恩苏尔。

2014年12月25日至27日，中共中央政治局常委、全国政协主席俞正声对越南进行正式访问。图为12月26日，俞正声在河内会见越南国家主席张晋创。

2014年11月11日至14日，中共中央书记处书记、全国政协副主席杜青林率团对荷兰进行友好访问。图为11月11日杜青林会见荷兰议会一院议长布勒克－克诺尔。

2014年11月18日，中共中央书记处书记、全国政协副主席杜青林在雅典会见希腊总理萨马拉斯。

2014年5月16日，中共中央书记处书记、全国政协副主席杜青林率领全国政协特邀常委视察团到湖北，就深化产教融合、加快高等职业教育发展，进行考察调研。视察团实地察看高职学院，走访校企合作单位，与校企负责人和师生座谈交流。

2014年1月23日，全国政协机关党的群众路线教育实践活动总结大会在北京召开。全国政协副主席兼秘书长张庆黎出席会议并讲话。

2014年3月1日，全国政协副主席兼秘书长张庆黎带领大会秘书处同志到十二届三次大会委员驻地检查并指导工作。

2014年4月20日，全国政协副主席马培华率全国政协人口资源环境委员会专题调研组就重点区域大气污染防治问题在广东省进行调研。

2014年6月15日，全国政协副主席罗富和在三北防护林调研。

2014年9月11日，全国政协副主席董建华率港区全国政协委员赴黑龙江哈尔滨工业大学调研。

2014年9月26日，全国政协副主席李海峰率文史和学习委员会“基本公共文化服务体系建设情况”专题组赴国家图书馆调研。

2014年11月2日，全国政协副主席卢展工率提案委员会“培育和弘扬社会主义核心价值观要融入社会生活”重点提案督办调研组赴江西调研。

2014年12月25日，中国人民政协理论研究会第一期会长学习研讨班在京举办。全国政协副主席兼秘书长、中国人民政协理论研究会会长张庆黎出席并讲话。

目　录

重要文献

全国委员会篇

领导人重要讲话、报告和文章

决议、决定、公告、通知

制度建设

重要会议、活动

经常性工作

机关建设

报刊社论

2014年大事记

地方委员会篇

重 要 文 献

在庆祝中国人民政治协商会议成立 65 周年大会上的讲话

（2014 年 9 月 21 日）

习　近　平

同志们、朋友们：

今天，我们在这里隆重集会，庆祝中国人民政治协商会议成立 65 周年。65 年来，在中国共产党领导下，人民政协积极投身建立新中国、建设新中国、探索改革路、实现中国梦的伟大实践，走过了辉煌的历程，建立了历史的功勋！

首先，我代表中共中央，向中国人民政治协商会议成立 65 周年，表示热烈的祝贺！向共同致力于中国特色社会主义事业、为人民政协事业作出突出贡献的各民主党派、全国工商联和无党派人士，各人民团体和各族各界人士，致以崇高的敬意！向香港特别行政区同胞、澳门特别行政区同胞、台湾同胞和海外侨胞，表示诚挚的问候！

此时此刻，我们更加深切缅怀毛泽东同志、周恩来同志、邓小平同志、邓颖超同志、李先念同志等老一辈人民政协事业领导人。我们将永远铭记所有为人民政协事业作出贡献的人们，在新的时代条件下把人民政协事业继续推向前进。

同志们、朋友们！

1949 年 9 月 21 日至 30 日，中国人民政治协商会议第一届全体会议召开。会议代表全国各族人民意志，代行全国人民代表大会职权，通过了具有临时宪法性质的《中国人民政治协商会议共同纲领》和《中国人民政治协商会议组织法》、《中华人民共和国中央人民政府组织法》，作出关于中华人民共和国国都、国旗、国歌、纪年 4 个重要决议，选举中国人民政治协商会议全国委员会和中华人民共和国中央人民政府委员会，宣告中华人民共和国的成立。

这标志着 100 多年来中国人民争取民族独立和人民解放运动取得了历史性的伟大胜利，标志着爱国统一战线和全国人民大团结在组织上完全形成，标志着中国共产党领导的多党合作和政治协商制度正式确立。人民政协为新中国的建立作出了重大贡献。

新中国成立后，人民政协为恢复和发展国民经济、巩固新生人民政权、推动各项社会改革、促进社会主义革命和建设作出了历史性贡献。1954 年，全国人民代表大会召开后，人民政协作为多党合作和政治协商机构、作为统一战线组织继续发挥重要作用，在完成社会主义改造、推动各种社会力量为实现国家总任务而奋斗、活跃国家政治生活、调整统一战线内部关系、扩大国际交往等方面发挥了重要作用，为推进新中国各项建设贡献了力量。

中共十一届三中全会以后，邓小平同志说："新时期统一战线和人民政协的任务，就是要调动一切积极因素，努力化消极因素为积极因素，团结一切可以团结的力量，同心同德，群策群力，维护和发展安定团结的政治局面，为把我国建设成为现代化的社会主义强国而奋斗。”以邓小平同志为核心的中国共产党第二代中央领导集体明确提出新时期人民政协的性质和任务，确立中国共产党同各民主党派长期共存、互相监督、肝胆相照、荣辱与共的方针，推动人民政协性质和作用载入宪法。以江泽民同志为核心的中国共产党第三代中央领导集体将中国共产党领导的多党合作和政治协商制度确立为中国的基本政治制度，通过修改宪法明确这一制度将长期存在和发展，进一步明确了人民政协的性质、主题、职能。以胡锦涛同志为总书记的中共中央颁发《关于加强人民政协工作的意见》等文件，为新世纪新阶段人民政协事业发展提供了理论基础、政策依据、制度保障。

中共十八大以来，中共中央高度重视人民政协工作，强调要进一步准确把握人民政协性质定位，充分发挥人民政协作为协商民主重要渠道作用，围绕团结和民主两大主题，推进政治协商、民主监督、参政议政制度建设。人民政协在继承中发展、在发展中创新，紧紧围绕中心、服务大局，聚焦全面深化改革凝聚共识、汇集力量、建言献策，作出了新的积极贡献。

回顾人民政协65年的发展历程，我们更加深刻地认识到，人民政协植根于中国历史文化，产生于近代以后中国人民革命的伟大斗争，发展于中国特色社会主义光辉实践，具有鲜明中国特色，是实现国家富强、民族振兴、人民幸福的重要力量。我们有充分的理由相信，人民政协创造了辉煌的历史，也必将创造更加辉煌的未来！

同志们、朋友们！

人民政协65年的丰富实践积累了宝贵经验，为我们做好人民政协工作确立了重要原则。

做好人民政协工作，必须坚持中国共产党的领导。中国共产党的领导是包括各民主党派、各团体、各民族、各阶层、各界人士在内的全体中国人民的共同选择，是中国特色社会主义最本质的特征，也是人民政协事业发展进步的根本保证。人民政协事业要沿着正确方向发展，就必须毫不动摇坚持中国共产党的领导。

做好人民政协工作，必须坚持人民政协的性质定位。人民政协是统一战线的组织，是多党合作和政治协商的机构，是人民民主的重要实现形式，体现了中国特色社会主义制度的鲜明特点。人民政协要在依照宪法法律和政协章程准确定位的基础上，大力推进自身各项工作和各项事业不断向前发展。

做好人民政协工作，必须坚持大团结大联合。大团结大联合是统一战线的本质要求，是人民政协组织的重要特征。人民政协要坚持在热爱中华人民共和国、拥护中国共产党的领导、拥护社会主义事业、共同致力于实现中华民族伟大复兴的政治基础上，最大限度调动一切积极因素，团结一切可以团结的人，汇聚起共襄伟业的强大力量。

做好人民政协工作，必须坚持发扬社会主义民主。人民民主是社会主义的生命。人民政协是人民民主的重要形式。人民政协要适应推进国家治理体系和治理能力现代化的要求，坚持改革创新精神，推进人民政协理论创新、制度创新、工作创新，丰富民主形式，畅通民主渠道，有效组织各党派、各团体、各民族、各阶层、各界人士共商国是，推动实现广泛有效的人民民主。

同志们、朋友们！

我们的目标越伟大，我们的愿景越光明，我们的使命越艰巨，我们的责任越重大，就越需要汇聚起全民族智慧和力量，就越需要广泛凝聚共识、不断增进团结。希望人民政协继承光荣传统，提高履职能力现代化水平，为实现“两个一百年”奋斗目标、实现中华民族伟大复兴的中国梦作出新的更大贡献。

第一，坚持中国特色社会主义制度优势和特点。“履不必同，期于适足；治不必同，期于利民。”中国特色社会主义制度的生命力，就在于这一制度是在中国的社会土壤中生长起来的，人民政协就是适合中国国情、具有鲜明中国特色的制度安排。

人民政协要始终把坚持和发展中国特色社会主义作为巩固共同思想政治基础的主轴。要坚持中国共产党的领导、人民当家作主、依法治国有机统一，自觉把中国共产党的决策部署贯彻到人民政协工作中去，准确把握人民政协性质、地位、职能和作用，坚定不移走中国特色社会主义政治发展道路，风雨如磐不动摇。

第二，坚持紧扣改革发展献计出力。中国仍然处于社会主义初级阶段，仍然是世界上最大的发展中国家，发展仍然是解决中国一切问题的关键。我们面临的中心任务就是紧紧抓住和用好重要战略机遇期，全面深化改革，不断解放和发展社会生产力，推动各项事业全面发展，更好改善和保障人民生活。

人民政协要充分发挥代表性强、联系面广、包容性大的优势，聚焦推动科学发展、全面深化改革中的重大问题和群众最为关切的问题，深入进行调查研究，努力为改革发展出实招、谋良策。要积极宣传改革发展的大政方针，引导所联系群众支持和参与改革发展，正确对待新形势下改革发展带来的利益格局调整，为改革发展添助力、增合力。要敢于讲真话、讲诤言，及时反映真实情况，勇于提出建议和批评，帮助查找不足、解决问题，推动各项改革发展举措落到实处。

第三，坚持发挥人民政协在发展协商民主中的重要作用。人民政协以宪法、政协章程和相关政策为依据，以中国共产党领导的多党合作和政治协商制度为保障，集协商、监督、参与、合作于一体，是社会主义协商民主的重要渠道。

人民政协要发挥作为专门协商机构的作用，把协商民主贯穿履行职能全过程，推进政治协商、民主监督、参政议政制度建设，不断提高人民政协协商民主制度化、规范化、程序化水平，更好协调关系、汇聚力量、建言献策、服务大局。要拓展协商内容、丰富协商形式，建立健全协商议题提出、活动组织、成果采纳落实和反馈机制，更加灵活、更为经常开展专题协商、对口协商、界别协商、提案办理协商，探索网络议政、远程协商等新形式，提高协商实效，努力营造既畅所欲言、各抒己见，又理性有度、合法依章的良好协商氛围。

第四，坚持广泛凝聚实现中华民族伟大复兴的正能量。人民政协是最广泛的爱国统一战线组织。统一战线是中国共产党夺取革命、建设、改革事业胜利的重要法宝，也是实现中华民族伟大复兴的重要法宝。

“大厦之成，非一木之材也；大海之阔，非一流之归也。”要坚持和完善中国共产党领导的多党合作和政治协商制度，完善工作机制，搭建更多平台，为民主党派和无党派人士在政协更好发挥作用创造条件。要全面贯彻党的民族政策和宗教政策，积极引导各族群众增强对伟大祖国的认同、对中华民族的认同、对中华文化的认同、对中国特色社会主义道路的认同，充分发挥宗教界人士和信教群众在推动经济社会发展中的积极作用，促进民族团结、宗教和睦。要坚定不移贯彻“一国两制”、“港人治港”、“澳人治澳”、高度自治的方针，推动全面准确落实基本法，推动内地同香港、澳门的交流合作，维护香港、澳门长期繁荣稳定。要坚持“两岸一家人”，拓展同台湾岛内有关党派团体、社会组织、各界人士的联系和沟通，推动两岸关系和平发展。要加强同海外侨胞、归侨侨眷的联系，维护他们的合法权益，支持他们积极参与和支持祖国现代化建设与和平统一大业，促进中国同世界各国的文化交流。要高举和平、发展、合作、共赢旗帜，按照国家对外工作总体部署，加强同各国人民、政治组织、媒体智库等友好往来，为促进人类和平与发展的崇高事业作出积极贡献。

第五，坚持推进履职能力建设。人民政协是国家治理体系的重要组成部分，要适应全面深化改革的要求，以改革思维、创新理念、务实举措大力推进履职能力建设，努力在推进国家治理体系和治理能力现代化中发挥更大作用。

人民政协要提高政治把握能力，坚定理想信念，增进政治认同，提高运用科学理论分析判断形势、研究解决问题的能力和水平。要提高调查研究能力，坚持问题导向，深入实际摸清真实情况，集合众智提出解决办法，努力使对策建议有的放矢、切中要害。要提高联系群众能力，创新群众工作方法，畅通和拓宽各界群众的利益诉求表达渠道，发挥好桥梁纽带作用。要提高合作共事能力，发扬求同存异、体谅包容的优良传统，贯彻民主协商、平等议事的工作原则，尊重和包容不同意见的存在和表达，以民主的作风团结人，不断增进思想共识、加强合作共事。

中国共产党各级党委要重视和支持人民政协事业发展，把人民政协政治协商作为重要环节纳入决策程序，会同政府、政协制定实施协商年度工作计划，对明确规定需要协商的事项必须经协商后提交决策实施。要加强人民政协民主监督，完善民主监督的组织领导、权益保障、知情反馈、沟通协调机制。要推进人民政协参政议政更加深入务实开展，委托政协开展重大课题调研，邀请政协委员参与重大项目研究论证，完善参政议政成果采纳落实机制，更好发挥人民政协建言资政作用。要高度重视政协领导班子建设，改进委员产生机制，真正把代表性强、议政水平高、群众认可、德才兼备的优秀人士吸收到委员队伍中来。要适应经济社会发展和统一战线内部结构变化，深入研究更好发挥政协界别作用的思路和办法，扩大团结面、增强包容性，拓展有序政治参与空间。

政协委员是政协工作的主体。要尊重和保障委员民主权利，完善委员联络制度，健全委员联络机构，为委员履职尽责创造良好条件。政协委员社会知名度大、关注度高，一言一行都具有影响力和示范性。希望广大政协委员珍惜自身荣誉，恪守宪法法律，自觉践行社会主义核心价值观，锤炼道德品行，改进工作作风，切实发挥在本职工作中的带头作用、界别群众中的代表作用，不负重托，不辱使命。

同志们、朋友们！

社会主义协商民主，是中国社会主义民主政治的特有形式和独特优势，是中国共产党的群众路线在政治领域的重要体现。中共十八大提出，在发展我国社会主义民主政治的进程中，要完善协商民主制度和工作机制，推进协商民主广泛多层制度化发展。中共十八届三中全会强调，在党的领导下，以经济社会发展重大问题和涉及群众切身利益的实际问题为内容，在全社会开展广泛协商，坚持协商于决策之前和决策实施之中。这些重要论述和部署，为中国社会主义协商民主发展指明了方向。

——我们要全面认识社会主义协商民主是中国社会主义民主政治的特有形式和独特

优势这一重大判断。中国共产党领导人民实行人民民主，就是保证和支持人民当家作主。保证和支持人民当家作主不是一句口号、不是一句空话，必须落实到国家政治生活和社会生活之中，保证人民依法有效行使管理国家事务、管理经济和文化事业、管理社会事务的权力。

“名非天造，必从其实。”实现民主的形式是丰富多样的，不能拘泥于刻板的模式，更不能说只有一种放之四海而皆准的评判标准。人民是否享有民主权利，要看人民是否在选举时有投票的权利，也要看人民在日常政治生活中是否有持续参与的权利；要看人民有没有进行民主选举的权利，也要看人民有没有进行民主决策、民主管理、民主监督的权利。社会主义民主不仅需要完整的制度程序，而且需要完整的参与实践。人民当家作主必须具体地、现实地体现到中国共产党执政和国家治理上来，具体地、现实地体现到中国共产党和国家机关各个方面、各个层级的工作上来，具体地、现实地体现到人民对自身利益的实现和发展上来。

实行人民民主，保证人民当家作主，要求我们在治国理政时在人民内部各方面进行广泛商量。毛泽东同志说过：“国家各方面的关系都要协商。”“我们政府的性格，你们也都摸熟了，是跟人民商量办事的”，“可以叫它是个商量政府”。周恩来同志说过：“新民主主义的议事精神不在于最后的表决，主要是在于事前的协商和反复的讨论。”

在中国社会主义制度下，有事好商量，众人的事情由众人商量，找到全社会意愿和要求的最大公约数，是人民民主的真谛。涉及人民利益的事情，要在人民内部商量好怎么办，不商量或者商量不够，要想把事情办成办好是很难的。我们要坚持有事多商量，遇事多商量，做事多商量，商量得越多越深入越好。涉及全国各族人民利益的事情，要在全体人民和全社会中广泛商量；涉及一个地方人民群众利益的事情，要在这个地方的人民群众中广泛商量；涉及一部分群众利益、特定群众利益的事情，要在这部分群众中广泛商量；涉及基层群众利益的事情，要在基层群众中广泛商量。在人民内部各方面广泛商量的过程，就是发扬民主、集思广益的过程，就是统一思想、凝聚共识的过程，就是科学决策、民主决策的过程，就是实现人民当家作主的过程。这样做起来，国家治理和社会治理才能具有深厚基础，也才能凝聚起强大力量。

古今中外的实践都表明，保证和支持人民当家作主，通过依法选举、让人民的代表来参与国家生活和社会生活的管理是十分重要的，通过选举以外的制度和方式让人民参与国家生活和社会生活的管理也是十分重要的。人民只有投票的权利而没有广泛参与的权利，人民只有在投票时被唤醒、投票后就进入休眠期，这样的民主是形式主义的。

在总结新中国人民民主实践的基础上，我们明确提出，在我们这个人口众多、幅员辽阔的社会主义国家里，关系国计民生的重大问题，在中国共产党领导下进行广泛协商，体现了民主和集中的统一；人民通过选举、投票行使权利和人民内部各方面在重大决策之前进行充分协商，尽可能就共同性问题取得一致意见，是中国社会主义民主的两种重要形式。在中国，这两种民主形式不是相互替代、相互否定的，而是相互补充、相得益彰的，共同构成了中国社会主义民主政治的制度特点和优势。

协商民主是中国社会主义民主政治中独特的、独有的、独到的民主形式，它源自中华民族长期形成的天下为公、兼容并蓄、求同存异等优秀政治文化，源自近代以后中国政治发展的现实进程，源自中国共产党领导人民进行革命、建设、改革的长期实践，源自新中国成立后各党派、各团体、各民族、各阶层、各界人士在政治制度上共同实现的伟大创造，源自改革开放以来中国在政治体制上的不断创新，具有深厚的文化基础、理论基础、实践基础、制度基础。

协商民主深深嵌入了中国社会主义民主政治全过程。中国社会主义协商民主，既坚持了中国共产党的领导，又发挥了各方面的积极作用；既坚持了人民主体地位，又贯彻了民主集中制的领导制度和组织原则；既坚持了人民民主的原则，又贯彻了团结和谐的要求。所以说，中国社会主义协商民主丰富了民主的形式、拓展了民主的渠道、加深了民主的内涵。

——我们要深刻把握社会主义协商民主是中国共产党的群众路线在政治领域的重要体现这一基本定性。中国共产党来自人民、服务人民，这就决定了中国共产党领导人民建立的中华人民共和国必须紧紧依靠人民治国理政、管理社会。中国共产党在自己的工作中实行群众路线，坚持一切为了群众，一切依靠群众，从群众中来，到群众中去，把自己的正确主张变为群众的自觉行动。《中华人民共和国宪法》规定，国家的一切权力属于人民，一切国家机关和国家工作人员必须依靠人民的支持，经常保持同人民的密切联系，倾听人民的意见和建议，接受人民的监督，努力为人民服务。无论是中国共产党执政，还是国家机关施政，都必须坚持贯彻群众路线，紧紧依靠人民。

“政之所兴在顺民心，政之所废在逆民心。”一个政党，一个政权，其前途命运最终取决于人心向背。中国共产党、中华人民共和国的全部发展历程都告诉我们，中国共产党、中华人民共和国之所以能够取得事业的成功，靠的是始终保持同人民群众的血肉联系、代表最广大人民根本利益。如果脱离群众、失去人民拥护和支持，最终也会走向失败。我们必须把人民利益放在第一位，任何时候任何情况下，与人民群众同呼吸共命运的立场不能变，全心全意为人民服务的宗旨不能忘，坚信群众是真正英雄的历史唯物主义观点不能丢。

全心全意为人民服务，始终代表最广大人民根本利益，是我们能够实行和发展协商民主的重要前提和基础。《中国共产党党章》规定：中国共产党除了工人阶级和最广大人民群众的利益，没有自己特殊的利益。中国共产党及其领导的国家是代表最广大人民根本利益的，其一切理论和路线方针政策，其一切工作部署和工作安排，都应该来自人民，都应该为人民利益而制定和实施。在这个大政治前提下，我们应该也能够广泛听取人民内部各方面的意见和建议。在中国共产党统一领导下，通过多种形式的协商，广泛听取意见和建议，广泛接受批评和监督，可以广泛达成决策和工作的最大共识，有效克服党派和利益集团为自己的利益相互竞争甚至相互倾轧的弊端；可以广泛畅通各种利益要求和诉求进入决策程序的渠道，有效克服不同政治力量为了维护和争取自己的利益固执己见、排斥异己的弊端；可以广泛形成发现和改正失误和错误的机制，有效克服决策中情况不明、自以为是的弊端；可以广泛形成人民群众参与各层次管理和治理的机制，有效克服人民群众在国家政治生活和社会治理中无法表达、难以参与的弊端；可以广泛凝聚全社会推进改革发展的智慧和力量，有效克服各项政策和工作共识不高、无以落实的弊端。这就是中国社会主义协商民主的独特优势所在。

民主不是装饰品，不是用来做摆设的，而是要用来解决人民要解决的问题的。中国共产党的一切执政活动，中华人民共和国的一切治理活动，都要尊重人民主体地位，尊重人民首创精神，拜人民为师，把政治智慧的增长、治国理政本领的增强深深扎根于人民的创造性实践之中，使各方面提出的真知灼见都能运用于治国理政。

“天视自我民视，天听自我民听。”要坚持把实现好、维护好、发展好最广大人民根本利益作为一切工作的出发点和落脚点，我们的重大工作和重大决策必须识民情、接地气。要以人民群众利益为重、以人民群众期盼为念，真诚倾听群众呼声，真实反映群众愿望，真情关心群众疾苦。要坚持工作重心下移，深入实际、深入基层、深入群众，做到知民情、解民忧、纾民怨、暖民心，多干让人民满意的好事实事，充分调动人民群众的积极性、主动性、创造性。

——我们要切实落实推进协商民主广泛多层制度化发展这一战略任务。面向未来，发展好各项事业，巩固国家安定团结的政治局面，促进政党关系、民族关系、宗教关系、阶层关系、海内外同胞关系和谐发展，一个很重要的条件就是必须通过民主集中制的办法，广开言路，博采众谋，动员大家一起来想、一起来干。正所谓“以天下之目视，则无不见也；以天下之耳听，则无不闻也；以天下之心虑，则无不知也”。

社会主义协商民主，应该是实实在在的而不是做样子的，应该是全方位的而不是局限在某个方面的，应该是全国上上下下都要做的而不是局限在某一级的。因此，必须构建程序合理、环节完整的社会主义协商民主体系，确保协商民主有制可依、有规可守、有章可循、有序可遵。

协商就要真协商，真协商就要协商于决策之前和决策之中，根据各方面的意见和建议来决定和调整我们的决策和工作，从制度上保障协商成果落地，使我们的决策和工作更好顺乎民意、合乎实际。要通过各种途径、各种渠道、各种方式就改革发展稳定重大问题，特别是事关人民群众切身利益的问题进行广泛协商，既尊重多数人的意愿，又照顾少数人的合理要求，广纳群言、广集民智，增进共识、增强合力。要拓宽中国共产党、人民代表大会、人民政府、人民政协、民主党派、人民团体、基层组织、企事业单位、社会组织、各类智库等的协商渠道，深入开展政治协商、立法协商、行政协商、民主协商、社会协商、基层协商等多种协商，建立健全提案、会议、座谈、论证、听证、公示、评估、咨询、网络等多种协商方式，不断提高协商民主的科学性和实效性。

人民群众是社会主义协商民主的重点。涉及人民群众利益的大量决策和工作，主要发生在基层。要按照协商于民、协商为民的要求，大力发展基层协商民主，重点在基层群众中开展协商。凡是涉及群众切身利益的决策都要充分听取群众意见，通过各种方式，在各个层级、各个方面同群众进行协商。要完善基层组织联系群众制度，加强议事协商，做好上情下达、下情上传工作，保证人民依法管理好自己的事务。要推进权力运行公开化、规范化，完善党务公开、政务公开、司法公开和各领域办事公开制度，让人民监督权力，让权力在阳光下运行。

同志们、朋友们！

65年前的今天，毛泽东同志在中国人民政治协商会议第一届全体会议上致开幕词时说：“我们有一个共同的感觉，这就是我们的工作将写在人类的历史上，它将表明：占人类总数四分之一的中国人从此站立起来了。”“我们的民族将从此列入爱好和平自由的世界各民族的大家庭，以勇敢而勤劳的姿态工作着，创造自己的文明和幸福，同时也促进世界的和平和自由。”今天，早已站起来的中华民族，正以自己的辛勤劳动和艰苦奋斗书写着更加辉煌的时代篇章。

“为者常成，行者常至。”人民政协65年的光辉历程已经载入史册，中华民族的美好未来需要全体中华儿女同心开创。让我们更加紧密地团结起来，高举中国特色社会主义伟大旗帜，团结奋进、开拓创新，不断谱写人民政协事业新篇章！

中国共产党第十八届中央委员会第四次全体会议公报

（2014 年 10 月 23 日中国共产党第十八届中央委员会第四次全体会议通过）

中国共产党第十八届中央委员会第四次全体会议，于 2014 年 10 月 20 日至 23 日在北京举行。

出席这次全会的有，中央委员 199 人，候补中央委员 164 人。中央纪律检查委员会常务委员会委员和有关方面负责同志列席了会议。党的十八大代表中部分基层同志和专家学者也列席了会议。

全会由中央政治局主持。中央委员会总书记习近平作了重要讲话。

全会听取和讨论了习近平受中央政治局委托作的工作报告，审议通过了《中共中央关于全面推进依法治国若干重大问题的决定》。习近平就《决定（讨论稿）》向全会作了说明。

全会充分肯定党的十八届三中全会以来中央政治局的工作。一致认为，党的十八届三中全会以来，国际形势错综复杂，国内改革发展任务极为繁重，中央政治局全面贯彻党的十八大和十八届一中、二中、三中全会精神，高举中国特色社会主义伟大旗帜，以邓小平理论、“三个代表”重要思想、科学发展观为指导，深入贯彻习近平总书记系列重要讲话精神，团结带领全党全军全国各族人民，统筹国内国际两个大局，牢牢把握稳中求进工作总基调，保持战略定力，以全面深化改革推动各项工作，注重从思想上、制度上谋划涉及改革发展稳定、内政外交国防、治党治国治军的战略性、全局性、长远性问题。中央政治局适应经济发展新常态，创新宏观调控思路和方式，积极破解经济社会发展难题，着力保障和改善民生，基本完成党的群众路线教育实践活动，坚定不移反对腐败，有效应对各种风险挑战，各方面工作取得新成效，党和国家事业发展打开新局面。

全会高度评价长期以来特别是党的十一届三中全会以来我国社会主义法治建设取得的历史性成就，研究了全面推进依法治国若干重大问题，认为全面建成小康社会、实现中华民族伟大复兴的中国梦，全面深化改革、完善和发展中国特色社会主义制度，提高党的执政能力和执政水平，必须全面推进依法治国。

全会提出，面对新形势新任务，我们党要更好统筹国内国际两个大局，更好维护和运用我国发展的重要战略机遇期，更好统筹社会力量、平衡社会利益、调节社会关系、规范社会行为，使我国社会在深刻变革中既生机勃勃又井然有序，实现经济发展、政治清明、文化昌盛、社会公正、生态良好，实现我国和平发展的战略目标，必须更好发挥法治的引领和规范作用。

全会强调，全面推进依法治国，必须贯彻落实党的十八大和十八届三中全会精神，高举中国特色社会主义伟大旗帜，以马克思列宁主义、毛泽东思想、邓小平理论、“三个代表”重要思想、科学发展观为指导，深入贯彻习近平总书记系列重要讲话精神，坚持党的领导、人民当家作主、依法治国有机统一，坚定不移走中国特色社会主义法治道路，坚决维护宪法法律权威，依法维护人民权益、维护社会公平正义、维护国家安全稳定，为实现“两个一百年”奋斗目标、实现中华民族伟大复兴的中国梦提供有力法治保障。

全会提出，全面推进依法治国，总目标是建设中国特色社会主义法治体系，建设社会主义法治国家。这就是，在中国共产党领导下，坚持中国特色社会主义制度，贯彻中国特色社会主义法治理论，形成完备的法律规范体系、高效的法治实施体系、严密的法治监督体系、有力的法治保障体系，形成完善的党内法规体系，坚持依法治国、依法执政、依法行政共同推进，坚持法治国家、法治政府、法治社会一体建设，实现科学立法、严格执法、公正司法、全民守法，促进国家治理体系和治理能力现代化。实现这个总目标，必须坚持中国共产党的领导，坚持人民主体地位，坚持法律面前人人平等，坚持依法治国和以德治国相结合，坚持从中国实际出发。

全会强调，党的领导是中国特色社会主义最本质的特征，是社会主义法治最根本的保证。把党的领导贯彻到依法治国全过程和各方面，是我国社会主义法治建设的一条基本经验。我国宪法确立了中国共产党的领导地位。坚持党的领导，是社会主义法治的根本要求，是党和国家的根本所在、命脉所在，是全国各族人民的利益所系、幸福所系，是全面推进依法治国的题中应有之义。党的领导和社会主义法治是一致的，社会主义法治必须坚持党的领导，党的领导必须依靠社会主义法治。只有在党的领导下依法治国、厉行法治，人民当家作主才能充分实现，国家和社会生活法治化才能有序推进。依法执政，既要求党依据宪法法律治国理政，也要求党依据党内法规管党治党。

全会明确了全面推进依法治国的重大任务，这就是：完善以宪法为核心的中国特色社会主义法律体系，加强宪法实施；深入推进依法行政，加快建设法治政府；保证公正司法，提高司法公信力；增强全民法治观念，推进法治社会建设；加强法治工作队伍建设；加强和改进党对全面推进依法治国的领导。

全会提出，法律是治国之重器，良法是善治之前提。建设中国特色社会主义法治体系，必须坚持立法先行，发挥立法的引领和推动作用，抓住提高立法质量这个关键。要恪守以民为本、立法为民理念，贯彻社会主义核心价值观，使每一项立法都符合宪法精神、反映人民意志、得到人民拥护。要把公正、公平、公开原则贯穿立法全过程，完善立法体制机制，坚持立改废释并举，增强法律法规的及时性、系统性、针对性、有效性。坚持依法治国首先要坚持依宪治国，坚持依法执政首先要坚持依宪执政。健全宪法实施和监督制度，完善全国人大及其常委会宪法监督制度，健全宪法解释程序机制。完善立法体制，加强党对立法工作的领导，完善党对立法工作中重大问题决策的程序，健全有立法权的人大主导立法工作的体制机制，依法赋予设区的市地方立法权。深入推进科学立法、民主立法，完善立法项目征集和论证制度，健全立法机关主导、社会各方有序参与立法的途径和方式，拓宽公民有序参与立法途径。加强重点领域立法，加快完善体现权利公平、机会公平、规则公平的法律制度，保障公民人身权、财产权、基本政治权利等各项权利不受侵犯，保障公民经济、文化、社会等各方面权利得到落实。实现立法和改革决策相衔接，做到重大改革于法有据、立法主动适应改革和经济社会发展需要。

全会提出，法律的生命力在于实施，法律的权威也在于实施。各级政府必须坚持在党的领导下、在法治轨道上开展工作，加快建设职能科学、权责法定、执法严明、公开公正、廉洁高效、守法诚信的法治政府。依法全面履行政府职能，推进机构、职能、权限、程序、责任法定化，推行政府权力清单制度。健全依法决策机制，把公众参与、专家论证、风险评估、合法性审查、集体讨论决定确定为重大行政决策法定程序，建立行政机关内部重大决策合法性审查机制，建立重大决策终身责任追究制度及责任倒查机制。深化行政执法体制改革，健全行政执法和刑事司法衔接机制。坚持严格规范公正文明执法，依法惩处各类违法行为，加大关系群众切身利益的重点领域执法力度，建立健全行政裁量权基准制度，全面落实行政执法责任制。强化对行政权力的制约和监督，完善纠错问责机制。全面推进政务公开，坚持以公开为常态、不公开为例外原则，推进决策公开、执行公开、管理公开、服务公开、结果公开。

全会提出，公正是法治的生命线。司法公正对社会公正具有重要引领作用，司法不公对社会公正具有致命破坏作用。必须完善司法管理体制和司法权力运行机制，规范司法行为，加强对司法活动的监督，努力让人民群众在每一个司法案件中感受到公平正义。完善确保依法独立公正行使审判权和检察权的制度，建立领导干部干预司法活动、插手具体案件处理的记录、通报和责任追究制度，建立健全司法人员履行法定职责保护机制。优化司法职权配置，推动实行审判权和执行权相分离的体制改革试点，最高人民法院设立巡回法庭，探索设立跨行政区划的人民法院和人民检察院，探索建立检察机关提起公益诉讼制度。推进严格司法，坚持以事实为根据、以法律为准绳，推进以审判为中心的诉讼制度改革，实行办案质量终身负责制和错案责任倒查问责制。保障人民群众参与司法，在司法调解、司法听证、涉诉信访等司法活动中保障人民群众参与，完善人民陪审员制度，构建开放、动态、透明、便民的阳光司法机制。加强人权司法保障。加强对司法活动的监督，完善检察机关行使监督权的法律制度，加强对刑事诉讼、民事诉讼、行政诉讼的法律监督，完善人民监督员制度，绝不允许法外开恩，绝不允许办关系案、人情案、金钱案。

全会提出，法律的权威源自人民的内心拥护和真诚信仰。人民权益要靠法律保障，法律权威要靠人民维护。必须弘扬社会主义法治精神，建设社会主义法治文化，增强全社会厉行法治的积极性和主动性，形成守法光荣、违法可耻的社会氛围，使全体人民都成为社会主义法治的忠实崇尚者、自觉遵守者、坚定捍卫者。推动全社会树立法治意识，深入开展法治宣传教育，把法治教育纳入国民教育体系和精神文明创建内容。推进多层次多领域依法治理，坚持系统治理、依法治理、综合治理、源头治理，深化基层组织和部门、行业依法治理，支持各类社会主体自我约束、自我管理，发挥市民公约、乡规民约、行业规章、团体章程等社会规范在社会治理中的积极作用。建设完备的法律服务体系，推进覆盖城乡居民的公共法律服务体系建设，完善法律援助制度，健全司法救助体系。健全依法维权和化解纠纷机制，建立健全社会矛盾预警机制、利益表达机制、协商沟通机制、救济救助机制，畅通群众利益协调、权益保障法律渠道。完善立体化社会治安防控体系，保障人民生命财产安全。

全会提出，全面推进依法治国，必须大力提高法治工作队伍思想政治素质、业务工作能力、职业道德水准，着力建设一支忠于党、忠于国家、忠于人民、忠于法律的社会主义法治工作队伍。建设高素质法治专门队伍，把思想政治建设摆在首位，加强立法队伍、行政执法队伍、司法队伍建设，畅通立法、执法、司法部门干部和人才相互之间以及与其他部门具备条件的干部和人才交流渠道，推进法治专门队伍正规化、专业化、职业化，完善法律职业准入制度，建立从符合条件的律师、法学专家中招录立法工作者、法官、检察官制度，健全从政法专业毕业生中招录人才的规范便捷机制，完善职业保障体系。加强法律服务队伍建设，增强广大律师走中国特色社会主义法治道路的自觉性和坚定性，构建社会律师、公职律师、公司律师等优势互补、结构合理的律师队伍。创新法治人才培养机制，形成完善的中国特色社会主义法学理论体系、学科体系、课程体系，推动中国特色社会主义法治理论进教材进课堂进头脑，培养造就熟悉和坚持中国特色社会主义法治体系的法治人才及后备力量。

全会强调，党的领导是全面推进依法治国、加快建设社会主义法治国家最根本的保证。必须加强和改进党对法治工作的领导，把党的领导贯彻到全面推进依法治国全过程。坚持依法执政，各级领导干部要带头遵守法律，带头依法办事，不得违法行使权力，更不能以言代法、以权压法、徇私枉法。健全党领导依法治国的制度和工作机制，完善保证党确定依法治国方针政策和决策部署的工作机制和程序，加强对全面推进依法治国统一领导、统一部署、统筹协调，完善党委依法决策机制。各级人大、政府、政协、审判机关、检察机关的党组织要领导和监督本单位模范遵守宪法法律，坚决查处执法犯法、违法用权等行为。加强党内法规制度建设，完善党内法规制定体制机制，形成配套完备的党内法规制度体系，运用党内法规把党要管党、从严治党落到实处，促进党员、干部带头遵守国家法律法规。提高党员干部法治思维和依法办事能力，把法治建设成效作为衡量各级领导班子和领导干部工作实绩重要内容、纳入政绩考核指标体系，把能不能遵守法律、依法办事作为考察干部重要内容。推进基层治理法治化，发挥基层党组织在全面推进依法治国中的战斗堡垒作用，建立重心下移、力量下沉的法治工作机制。深入推进依法治军、从严治军，紧紧围绕党在新形势下的强军目标，构建完善的中国特色军事法治体系，提高国防和军队建设法治化水平。依法保障“一国两制”实践和推进祖国统一，保持香港、澳门长期繁荣稳定，推进祖国和平统一，依法保护港澳同胞、台湾同胞权益。加强涉外法律工作，运用法律手段维护我国主权、安全、发展利益，维护我国公民、法人在海外及外国公民、法人在我国的正当权益。

全会分析了当前形势和任务，强调全党同志要把思想和行动统一到中央关于全面深化改革、全面推进依法治国重大决策部署上来，审时度势、居安思危，既要有抓住和用好重要战略机遇期推进改革发展的战略定力，又要敏锐把握国内外环境的变化，以钉钉子精神，继续做好保持经济持续健康发展工作，继续做好改善和保障民生特别是帮扶困难群众工作，继续做好作风整改工作，继续做好从严治党工作，继续做好保持社会和谐稳定工作，为明年开局打好基础。

全会按照党章规定，决定递补中央委员会候补委员马建堂、王作安、毛万春为中央委员会委员。

全会审议并通过了中共中央纪律检查委员会关于李东生、蒋洁敏、王永春、李春城、万庆良严重违纪问题的审查报告，审议并通过了中共中央军事委员会纪律检查委员会关于杨金山严重违纪问题的审查报告，确认中央政治局之前作出的给予李东生、蒋洁敏、杨金山、王永春、李春城、万庆良开除党籍的处分。

全会号召，全党同志和全国各族人民紧密团结在以习近平同志为总书记的党中央周围，高举中国特色社会主义伟大旗帜，积极投身全面推进依法治国伟大实践，开拓进取，扎实工作，为建设法治中国而奋斗！

中共中央关于全面推进依法治国若干重大问题的决定

（2014年10月23日中国共产党第十八届中央委员会第四次全体会议通过）

为贯彻落实党的十八大作出的战略部署，加快建设社会主义法治国家，十八届中央委员会第四次全体会议研究了全面推进依法治国若干重大问题，作出如下决定。

一、坚持走中国特色社会主义法治道路，建设中国特色社会主义法治体系

依法治国，是坚持和发展中国特色社会主义的本质要求和重要保障，是实现国家治理体系和治理能力现代化的必然要求，事关我们党执政兴国，事关人民幸福安康，事关党和国家长治久安。

全面建成小康社会、实现中华民族伟大复兴的中国梦，全面深化改革、完善和发展中国特色社会主义制度，提高党的执政能力和执政水平，必须全面推进依法治国。

我国正处于社会主义初级阶段，全面建成小康社会进入决定性阶段，改革进入攻坚期和深水区，国际形势复杂多变，我们党面对的改革发展稳定任务之重前所未有、矛盾风险挑战之多前所未有，依法治国在党和国家工作全局中的地位更加突出、作用更加重大。面对新形势新任务，我们党要更好统筹国内国际两个大局，更好维护和运用我国发展的重要战略机遇期，更好统筹社会力量、平衡社会利益、调节社会关系、规范社会行为，使我国社会在深刻变革中既生机勃勃又井然有序，实现经济发展、政治清明、文化昌盛、社会公正、生态良好，实现我国和平发展的战略目标，必须更好发挥法治的引领和规范作用。

我们党高度重视法治建设。长期以来，特别是党的十一届三中全会以来，我们党深刻总结我国社会主义法治建设的成功经验和深刻教训，提出为了保障人民民主，必须加强法治，必须使民主制度化、法律化，把依法治国确定为党领导人民治理国家的基本方略，把依法执政确定为党治国理政的基本方式，积极建设社会主义法治，取得历史性成就。目前，中国特色社会主义法律体系已经形成，法治政府建设稳步推进，司法体制不断完善，全社会法治观念明显增强。

同时，必须清醒看到，同党和国家事业发展要求相比，同人民群众期待相比，同推进国家治理体系和治理能力现代化目标相比，法治建设还存在许多不适应、不符合的问题，主要表现为：有的法律法规未能全面反映客观规律和人民意愿，针对性、可操作性不强，立法工作中部门化倾向、争权诿责现象较为突出；有法不依、执法不严、违法不究现象比较严重，执法体制权责脱节、多头执法、选择性执法现象仍然存在，执法司法不规范、不严格、不透明、不文明现象较为突出，群众对执法司法不公和腐败问题反映强烈；部分社会成员尊法信法守法用法、依法维权意识不强，一些国家工作人员特别是领导干部依法办事观念不强、能力不足，知法犯法、以言代法、以权压法、徇私枉法现象依然存在。这些问题，违背社会主义法治原则，损害人民群众利益，妨碍党和国家事

业发展，必须下大气力加以解决。

全面推进依法治国，必须贯彻落实党的十八大和十八届三中全会精神，高举中国特色社会主义伟大旗帜，以马克思列宁主义、毛泽东思想、邓小平理论、“三个代表”重要思想、科学发展观为指导，深入贯彻习近平总书记系列重要讲话精神，坚持党的领导、人民当家作主、依法治国有机统一，坚定不移走中国特色社会主义法治道路，坚决维护宪法法律权威，依法维护人民权益、维护社会公平正义、维护国家安全稳定，为实现“两个一百年”奋斗目标、实现中华民族伟大复兴的中国梦提供有力法治保障。

全面推进依法治国，总目标是建设中国特色社会主义法治体系，建设社会主义法治国家。这就是，在中国共产党领导下，坚持中国特色社会主义制度，贯彻中国特色社会主义法治理论，形成完备的法律规范体系、高效的法治实施体系、严密的法治监督体系、有力的法治保障体系，形成完善的党内法规体系，坚持依法治国、依法执政、依法行政共同推进，坚持法治国家、法治政府、法治社会一体建设，实现科学立法、严格执法、公正司法、全民守法，促进国家治理体系和治理能力现代化。

实现这个总目标，必须坚持以下原则。

——坚持中国共产党的领导。党的领导是中国特色社会主义最本质的特征，是社会主义法治最根本的保证。把党的领导贯彻到依法治国全过程和各方面，是我国社会主义法治建设的一条基本经验。我国宪法确立了中国共产党的领导地位。坚持党的领导，是社会主义法治的根本要求，是党和国家的根本所在、命脉所在，是全国各族人民的利益所系、幸福所系，是全面推进依法治国的题中应有之义。党的领导和社会主义法治是一致的，社会主义法治必须坚持党的领导，党的领导必须依靠社会主义法治。只有在党的领导下依法治国、厉行法治，人民当家作主才能充分实现，国家和社会生活法治化才能有序推进。依法执政，既要求党依据宪法法律治国理政，也要求党依据党内法规管党治党。必须坚持党领导立法、保证执法、支持司法、带头守法，把依法治国基本方略同依法执政基本方式统一起来，把党总揽全局、协调各方同人大、政府、政协、审判机关、检察机关依法依章程履行职能、开展工作统一起来，把党领导人民制定和实施宪法法律同党坚持在宪法法律范围内活动统一起来，善于使党的主张通过法定程序成为国家意志，善于使党组织推荐的人选通过法定程序成为国家政权机关的领导人员，善于通过国家政权机关实施党对国家和社会的领导，善于运用民主集中制原则维护中央权威、维护全党全国团结统一。

——坚持人民主体地位。人民是依法治国的主体和力量源泉，人民代表大会制度是保证人民当家作主的根本政治制度。必须坚持法治建设为了人民、依靠人民、造福人民、保护人民，以保障人民根本权益为出发点和落脚点，保证人民依法享有广泛的权利和自由、承担应尽的义务，维护社会公平正义，促进共同富裕。必须保证人民在党的领导下，依照法律规定，通过各种途径和形式管理国家事务、管理经济文化事业、管理社会事务。必须使人民认识到法律既是保障自身权利的有力武器，也是必须遵守的行为规范，增强全社会学法尊法守法用法意识，使法律为人民所掌握、所遵守、所运用。

——坚持法律面前人人平等。平等是社会主义法律的基本属性。任何组织和个人都必须尊重宪法法律权威，都必须在宪法法律范围内活动，都必须依照宪法法律行使权力或权利、履行职责或义务，都不得有超越宪法法律的特权。必须维护国家法制统一、尊严、权威，切实保证宪法法律有效实施，绝不允许任何人以任何借口任何形式以言代法、以权压法、徇私枉法。必须以规范和约束公权力为重点，加大监督力度，做到有权必有责、用权受监督、违法必追究，坚决纠正有法不依、执法不严、违法不究行为。

——坚持依法治国和以德治国相结合。国家和社会治理需要法律和道德共同发挥作用。必须坚持一手抓法治、一手抓德治，大力弘扬社会主义核心价值观，弘扬中华传统美德，培育社会公德、职业道德、家庭美德、个人品德，既重视发挥法律的规范作用，又重视发挥道德的教化作用，以法治体现道德理念、强化法律对道德建设的促进作用，以道德滋养法治精神、强化道德对法治文化的支撑作用，实现法律和道德相辅相成、法治和德治相得益彰。

——坚持从中国实际出发。中国特色社会主义道路、理论体系、制度是全面推进依法治国的根本遵循。必须从我国基本国情出发，同改革开放不断深化相适应，总结和运用党领导人民实行法治的成功经验，围绕社会主义法治建设重大理论和实践问题，推进法治理论创新，发展符合中国实际、具有中国特色、体现社会发展规律的社会主义法治理论，为依法治国提供理论指导和学理支撑。汲取中华法律文化精华，借鉴国外法治有益经验，但绝不照搬外国法治理念和模式。

全面推进依法治国是一个系统工程，是国家治理领域一场广泛而深刻的革命，需要付出长期艰苦努力。全党同志必须更加自觉地坚持依法治国、更加扎实地推进依法治国，努力实现国家各项工作法治化，向着建设法治中国不断前进。

二、完善以宪法为核心的中国特色社会主义法律体系，加强宪法实施

法律是治国之重器，良法是善治之前提。建设中国特色社会主义法治体系，必须坚持立法先行，发挥立法的引领和推动作用，抓住提高立法质量这个关键。要恪守以民为本、立法为民理念，贯彻社会主义核心价值观，使每一项立法都符合宪法精神、反映人民意志、得到人民拥护。要把公正、公平、公开原则贯穿立法全过程，完善立法体制机制，坚持立改废释并举，增强法律法规的及时性、系统性、针对性、有效性。

（一）健全宪法实施和监督制度。宪法是党和人民意志的集中体现，是通过科学民主程序形成的根本法。坚持依法治国首先要坚持依宪治国，坚持依法执政首先要坚持依宪执政。

全国各族人民、一切国家机关和武装力量、各政党和各社会团体、各企事业组织，都必须以宪法为根本的活动准则，并且负有维护宪法尊严、保证宪法实施的职责。一切违反宪法的行为都必须予以追究和纠正。

完善全国人大及其常委会宪法监督制度，健全宪法解释程序机制。加强备案审查制度和能力建设，把所有规范性文件纳入备案审查范围，依法撤销和纠正违宪违法的规范性文件，禁止地方制发带有立法性质的文件。

将每年12月4日定为国家宪法日。在全社会普遍开展宪法教育，弘扬宪法精神。建立宪法宣誓制度，凡经人大及其常委会选举或者决定任命的国家工作人员正式就职时公开向宪法宣誓。

（二）完善立法体制。加强党对立法工作的领导，完善党对立法工作中重大问题决策的程序。凡立法涉及重大体制和重大政策调整的，必须报党中央讨论决定。党中央向

全国人大提出宪法修改建议，依照宪法规定的程序进行宪法修改。法律制定和修改的重大问题由全国人大常委会党组向党中央报告。

健全有立法权的人大主导立法工作的体制机制，发挥人大及其常委会在立法工作中的主导作用。建立由全国人大相关专门委员会、全国人大常委会法制工作委员会组织有关部门参与起草综合性、全局性、基础性等重要法律草案制度。增加有法治实践经验的专职常委比例。依法建立健全专门委员会、工作委员会立法专家顾问制度。

加强和改进政府立法制度建设，完善行政法规、规章制定程序，完善公众参与政府立法机制。重要行政管理法律法规由政府法制机构组织起草。

明确立法权力边界，从体制机制和工作程序上有效防止部门利益和地方保护主义法律化。对部门间争议较大的重要立法事项，由决策机关引入第三方评估，充分听取各方意见，协调决定，不能久拖不决。加强法律解释工作，及时明确法律规定含义和适用法律依据。明确地方立法权限和范围，依法赋予设区的市地方立法权。

（三）深入推进科学立法、民主立法。加强人大对立法工作的组织协调，健全立法起草、论证、协调、审议机制，健全向下级人大征询立法意见机制，建立基层立法联系点制度，推进立法精细化。健全法律法规规章起草征求人大代表意见制度，增加人大代表列席人大常委会会议人数，更多发挥人大代表参与起草和修改法律作用。完善立法项目征集和论证制度。健全立法机关主导、社会各方有序参与立法的途径和方式。探索委托第三方起草法律法规草案。

健全立法机关和社会公众沟通机制，开展立法协商，充分发挥政协委员、民主党派、工商联、无党派人士、人民团体、社会组织在立法协商中的作用，探索建立有关国家机关、社会团体、专家学者等对立法中涉及的重大利益调整论证咨询机制。拓宽公民有序参与立法途径，健全法律法规规章草案公开征求意见和公众意见采纳情况反馈机制，广泛凝聚社会共识。

完善法律草案表决程序，对重要条款可以单独表决。

（四）加强重点领域立法。依法保障公民权利，加快完善体现权利公平、机会公平、规则公平的法律制度，保障公民人身权、财产权、基本政治权利等各项权利不受侵犯，保障公民经济、文化、社会等各方面权利得到落实，实现公民权利保障法治化。增强全社会尊重和保障人权意识，健全公民权利救济渠道和方式。

社会主义市场经济本质上是法治经济。使市场在资源配置中起决定性作用和更好发挥政府作用，必须以保护产权、维护契约、统一市场、平等交换、公平竞争、有效监管为基本导向，完善社会主义市场经济法律制度。健全以公平为核心原则的产权保护制度，加强对各种所有制经济组织和自然人财产权的保护，清理有违公平的法律法规条款。创新适应公有制多种实现形式的产权保护制度，加强对国有、集体资产所有权、经营权和各类企业法人财产权的保护。国家保护企业以法人财产权依法自主经营、自负盈亏，企业有权拒绝任何组织和个人无法律依据的要求。加强企业社会责任立法。完善激励创新的产权制度、知识产权保护制度和促进科技成果转化的体制机制。加强市场法律制度建设，编纂民法典，制定和完善发展规划、投资管理、土地管理、能源和矿产资源、农业、财政税收、金融等方面法律法规，促进商品和要素自由流动、公平交易、平等使用。依法加强和改善宏观调控、市场监管，反对垄断，促进合理竞争，维护公平竞争的市场秩序。加强军民融合深度发展法治保障。

制度化、规范化、程序化是社会主义民主政治的根本保障。以保障人民当家作主为核心，坚持和完善人民代表大会制度，坚持和完善中国共产党领导的多党合作和政治协商制度、民族区域自治制度以及基层群众自治制度，推进社会主义民主政治法治化。加强社会主义协商民主制度建设，推进协商民主广泛多层制度化发展，构建程序合理、环节完整的协商民主体系。完善和发展基层民主制度，依法推进基层民主和行业自律，实行自我管理、自我服务、自我教育、自我监督。完善国家机构组织法，完善选举制度和工作机制。加快推进反腐败国家立法，完善惩治和预防腐败体系，形成不敢腐、不能腐、不想腐的有效机制，坚决遏制和预防腐败现象。完善惩治贪污贿赂犯罪法律制度，把贿赂犯罪对象由财物扩大为财物和其他财产性利益。

建立健全坚持社会主义先进文化前进方向、遵循文化发展规律、有利于激发文化创造活力、保障人民基本文化权益的文化法律制度。制定公共文化服务保障法，促进基本公共文化服务标准化、均等化。制定文化产业促进法，把行之有效的文化经济政策法定化，健全促进社会效益和经济效益有机统一的制度规范。制定国家勋章和国家荣誉称号法，表彰有突出贡献的杰出人士。加强互联网领域立法，完善网络信息服务、网络安全保护、网络社会管理等方面的法律法规，依法规范网络行为。

加快保障和改善民生、推进社会治理体制创新法律制度建设。依法加强和规范公共服务，完善教育、就业、收入分配、社会保障、医疗卫生、食品安全、扶贫、慈善、社会救助和妇女儿童、老年人、残疾人合法权益保护等方面的法律法规。加强社会组织立法，规范和引导各类社会组织健康发展。制定社区矫正法。

贯彻落实总体国家安全观，加快国家安全法治建设，抓紧出台反恐怖等一批急需法律，推进公共安全法治化，构建国家安全法律制度体系。

用严格的法律制度保护生态环境，加快建立有效约束开发行为和促进绿色发展、循环发展、低碳发展的生态文明法律制度，强化生产者环境保护的法律责任，大幅度提高违法成本。建立健全自然资源产权法律制度，完善国土空间开发保护方面的法律制度，制定完善生态补偿和土壤、水、大气污染防治及海洋生态环境保护等法律法规，促进生态文明建设。

实现立法和改革决策相衔接，做到重大改革于法有据、立法主动适应改革和经济社会发展需要。实践证明行之有效的，要及时上升为法律。实践条件还不成熟、需要先行先试的，要按照法定程序作出授权。对不适应改革要求的法律法规，要及时修改和废止。

三、深入推进依法行政，加快建设法治政府

法律的生命力在于实施，法律的权威也在于实施。各级政府必须坚持在党的领导下、在法治轨道上开展工作，创新执法体制，完善执法程序，推进综合执法，严格执法责任，建立权责统一、权威高效的依法行政体制，加快建设职能科学、权责法定、执法严明、公开公正、廉洁高效、守法诚信的法治政府。

（一）依法全面履行政府职能。完善行政组织和行政程序法律制度，推进机构、职能、权限、程序、责任法定化。行政机关要坚持法定职责必须为、法无授权不可为，勇于负责、敢于担当，坚决纠正不作为、乱作为，坚决克服懒政、怠政，坚决惩处失职、

渎职。行政机关不得法外设定权力，没有法律法规依据不得作出减损公民、法人和其他组织合法权益或者增加其义务的决定。推行政府权力清单制度，坚决消除权力设租寻租空间。

推进各级政府事权规范化、法律化，完善不同层级政府特别是中央和地方政府事权法律制度，强化中央政府宏观管理、制度设定职责和必要的执法权，强化省级政府统筹推进区域内基本公共服务均等化职责，强化市县政府执行职责。

（二）健全依法决策机制。把公众参与、专家论证、风险评估、合法性审查、集体讨论决定确定为重大行政决策法定程序，确保决策制度科学、程序正当、过程公开、责任明确。建立行政机关内部重大决策合法性审查机制，未经合法性审查或经审查不合法的，不得提交讨论。

积极推行政府法律顾问制度，建立政府法制机构人员为主体、吸收专家和律师参加的法律顾问队伍，保证法律顾问在制定重大行政决策、推进依法行政中发挥积极作用。

建立重大决策终身责任追究制度及责任倒查机制，对决策严重失误或者依法应该及时作出决策但久拖不决造成重大损失、恶劣影响的，严格追究行政首长、负有责任的其他领导人员和相关责任人员的法律责任。

（三）深化行政执法体制改革。根据不同层级政府的事权和职能，按照减少层次、整合队伍、提高效率的原则，合理配置执法力量。

推进综合执法，大幅减少市县两级政府执法队伍种类，重点在食品药品安全、工商质检、公共卫生、安全生产、文化旅游、资源环境、农林水利、交通运输、城乡建设、海洋渔业等领域内推行综合执法，有条件的领域可以推行跨部门综合执法。

完善市县两级政府行政执法管理，加强统一领导和协调。理顺行政强制执行体制。理顺城管执法体制，加强城市管理综合执法机构建设，提高执法和服务水平。

严格实行行政执法人员持证上岗和资格管理制度，未经执法资格考试合格，不得授予执法资格，不得从事执法活动。严格执行罚缴分离和收支两条线管理制度，严禁收费罚没收入同部门利益直接或者变相挂钩。

健全行政执法和刑事司法衔接机制，完善案件移送标准和程序，建立行政执法机关、公安机关、检察机关、审判机关信息共享、案情通报、案件移送制度，坚决克服有案不移、有案难移、以罚代刑现象，实现行政处罚和刑事处罚无缝对接。

（四）坚持严格规范公正文明执法。依法惩处各类违法行为，加大关系群众切身利益的重点领域执法力度。完善执法程序，建立执法全过程记录制度。明确具体操作流程，重点规范行政许可、行政处罚、行政强制、行政征收、行政收费、行政检查等执法行为。严格执行重大执法决定法制审核制度。

建立健全行政裁量权基准制度，细化、量化行政裁量标准，规范裁量范围、种类、幅度。加强行政执法信息化建设和信息共享，提高执法效率和规范化水平。

全面落实行政执法责任制，严格确定不同部门及机构、岗位执法人员执法责任和责任追究机制，加强执法监督，坚决排除对执法活动的干预，防止和克服地方和部门保护主义，惩治执法腐败现象。

（五）强化对行政权力的制约和监督。加强党内监督、人大监督、民主监督、行政监督、司法监督、审计监督、社会监督、舆论监督制度建设，努力形成科学有效的权力运行制约和监督体系，增强监督合力和实效。

加强对政府内部权力的制约，是强化对行政权力制约的重点。对财政资金分配使用、国有资产监管、政府投资、政府采购、公共资源转让、公共工程建设等权力集中的部门和岗位实行分事行权、分岗设权、分级授权，定期轮岗，强化内部流程控制，防止权力滥用。完善政府内部层级监督和专门监督，改进上级机关对下级机关的监督，建立常态化监督制度。完善纠错问责机制，健全责令公开道歉、停职检查、引咎辞职、责令辞职、罢免等问责方式和程序。

完善审计制度，保障依法独立行使审计监督权。对公共资金、国有资产、国有资源和领导干部履行经济责任情况实行审计全覆盖。强化上级审计机关对下级审计机关的领导。探索省以下地方审计机关人财物统一管理。推进审计职业化建设。

（六）全面推进政务公开。坚持以公开为常态、不公开为例外原则，推进决策公开、执行公开、管理公开、服务公开、结果公开。各级政府及其工作部门依据权力清单，向社会全面公开政府职能、法律依据、实施主体、职责权限、管理流程、监督方式等事项。重点推进财政预算、公共资源配置、重大建设项目批准和实施、社会公益事业建设等领域的政府信息公开。

涉及公民、法人或其他组织权利和义务的规范性文件，按照政府信息公开要求和程序予以公布。推行行政执法公示制度。推进政务公开信息化，加强互联网政务信息数据服务平台和便民服务平台建设。

四、保证公正司法，提高司法公信力

公正是法治的生命线。司法公正对社会公正具有重要引领作用，司法不公对社会公正具有致命破坏作用。必须完善司法管理体制和司法权力运行机制，规范司法行为，加强对司法活动的监督，努力让人民群众在每一个司法案件中都感受到公平正义。

（一）完善确保依法独立公正行使审判权和检察权的制度。各级党政机关和领导干部要支持法院、检察院依法独立公正行使职权。建立领导干部干预司法活动、插手具体案件处理的记录、通报和责任追究制度。任何党政机关和领导干部都不得让司法机关做违反法定职责、有碍司法公正的事情，任何司法机关都不得执行党政机关和领导干部违法干预司法活动的要求。对干预司法机关办案的，给予党纪政纪处分；造成冤假错案或者其他严重后果的，依法追究刑事责任。

健全行政机关依法出庭应诉、支持法院受理行政案件、尊重并执行法院生效裁判的制度。完善惩戒妨碍司法机关依法行使职权、拒不执行生效裁判和决定、藐视法庭权威等违法犯罪行为的法律规定。

建立健全司法人员履行法定职责保护机制。非因法定事由，非经法定程序，不得将法官、检察官调离、辞退或者作出免职、降级等处分。

（二）优化司法职权配置。健全公安机关、检察机关、审判机关、司法行政机关各司其职，侦查权、检察权、审判权、执行权相互配合、相互制约的体制机制。

完善司法体制，推动实行审判权和执行权相分离的体制改革试点。完善刑罚执行制度，统一刑罚执行体制。改革司法机关人财物管理体制，探索实行法院、检察院司法行政事务管理权和审判权、检察权相分离。

最高人民法院设立巡回法庭，审理跨行政区域重大行政和民商事案件。探索设立跨行政区划的人民法院和人民检察院，办理跨地区案件。完善行政诉讼体制机制，合理调整行政诉讼案件管辖制度，切实解决行政诉讼立案难、审理难、执行难等突出问题。

改革法院案件受理制度，变立案审查制为立案登记制，对人民法院依法应该受理的案件，做到有案必立、有诉必理，保障当事人诉权。加大对虚假诉讼、恶意诉讼、无理缠诉行为的惩治力度。完善刑事诉讼中认罪认罚从宽制度。

完善审级制度，一审重在解决事实认定和法律适用，二审重在解决事实法律争议、实现二审终审，再审重在解决依法纠错、维护裁判权威。完善对涉及公民人身、财产权益的行政强制措施实行司法监督制度。检察机关在履行职责中发现行政机关违法行使职权或者不行使职权的行为，应该督促其纠正。探索建立检察机关提起公益诉讼制度。

明确司法机关内部各层级权限，健全内部监督制约机制。司法机关内部人员不得违反规定干预其他人员正在办理的案件，建立司法机关内部人员过问案件的记录制度和责任追究制度。完善主审法官、合议庭、主任检察官、主办侦查员办案责任制，落实谁办案谁负责。

加强职务犯罪线索管理，健全受理、分流、查办、信息反馈制度，明确纪检监察和刑事司法办案标准和程序衔接，依法严格查办职务犯罪案件。

（三）推进严格司法。坚持以事实为根据、以法律为准绳，健全事实认定符合客观真相、办案结果符合实体公正、办案过程符合程序公正的法律制度。加强和规范司法解释和案例指导，统一法律适用标准。

推进以审判为中心的诉讼制度改革，确保侦查、审查起诉的案件事实证据经得起法律的检验。全面贯彻证据裁判规则，严格依法收集、固定、保存、审查、运用证据，完善证人、鉴定人出庭制度，保证庭审在查明事实、认定证据、保护诉权、公正裁判中发挥决定性作用。

明确各类司法人员工作职责、工作流程、工作标准，实行办案质量终身负责制和错案责任倒查问责制，确保案件处理经得起法律和历史检验。

（四）保障人民群众参与司法。坚持人民司法为人民，依靠人民推进公正司法，通过公正司法维护人民权益。在司法调解、司法听证、涉诉信访等司法活动中保障人民群众参与。完善人民陪审员制度，保障公民陪审权利，扩大参审范围，完善随机抽选方式，提高人民陪审制度公信度。逐步实行人民陪审员不再审理法律适用问题，只参与审理事实认定问题。

构建开放、动态、透明、便民的阳光司法机制，推进审判公开、检务公开、警务公开、狱务公开，依法及时公开执法司法依据、程序、流程、结果和生效法律文书，杜绝暗箱操作。加强法律文书释法说理，建立生效法律文书统一上网和公开查询制度。

（五）加强人权司法保障。强化诉讼过程中当事人和其他诉讼参与人的知情权、陈述权、辩护辩论权、申请权、申诉权的制度保障。健全落实罪刑法定、疑罪从无、非法证据排除等法律原则的法律制度。完善对限制人身自由司法措施和侦查手段的司法监督，加强对刑讯逼供和非法取证的源头预防，健全冤假错案有效防范、及时纠正机制。

切实解决执行难，制定强制执行法，规范查封、扣押、冻结、处理涉案财物的司法程序。加快建立失信被执行人信用监督、威慑和惩戒法律制度。依法保障胜诉当事人及时实现权益。

落实终审和诉讼终结制度，实行诉访分离，保障当事人依法行使申诉权利。对不服司法机关生效裁判、决定的申诉，逐步实行由律师代理制度。对聘不起律师的申诉人，纳入法律援助范围。

（六）加强对司法活动的监督。完善检察机关行使监督权的法律制度，加强对刑事诉讼、民事诉讼、行政诉讼的法律监督。完善人民监督员制度，重点监督检察机关查办职务犯罪的立案、羁押、扣押冻结财物、起诉等环节的执法活动。司法机关要及时回应社会关切。规范媒体对案件的报道，防止舆论影响司法公正。

依法规范司法人员与当事人、律师、特殊关系人、中介组织的接触、交往行为。严禁司法人员私下接触当事人及律师、泄露或者为其打探案情、接受吃请或者收受其财物、为律师介绍代理和辩护业务等违法违纪行为，坚决惩治司法掮客行为，防止利益输送。

对因违法违纪被开除公职的司法人员、吊销执业证书的律师和公证员，终身禁止从事法律职业，构成犯罪的要依法追究刑事责任。

坚决破除各种潜规则，绝不允许法外开恩，绝不允许办关系案、人情案、金钱案。坚决反对和克服特权思想、衙门作风、霸道作风，坚决反对和惩治粗暴执法、野蛮执法行为。对司法领域的腐败零容忍，坚决清除害群之马。

五、增强全民法治观念，推进法治社会建设

法律的权威源自人民的内心拥护和真诚信仰。人民权益要靠法律保障，法律权威要靠人民维护。必须弘扬社会主义法治精神，建设社会主义法治文化，增强全社会厉行法治的积极性和主动性，形成守法光荣、违法可耻的社会氛围，使全体人民都成为社会主义法治的忠实崇尚者、自觉遵守者、坚定捍卫者。

（一）推动全社会树立法治意识。坚持把全民普法和守法作为依法治国的长期基础性工作，深入开展法治宣传教育，引导全民自觉守法、遇事找法、解决问题靠法。坚持把领导干部带头学法、模范守法作为树立法治意识的关键，完善国家工作人员学法用法制度，把宪法法律列入党委（党组）中心组学习内容，列为党校、行政学院、干部学院、社会主义学院必修课。把法治教育纳入国民教育体系，从青少年抓起，在中小学设立法治知识课程。

健全普法宣传教育机制，各级党委和政府要加强对普法工作的领导，宣传、文化、教育部门和人民团体要在普法教育中发挥职能作用。实行国家机关“谁执法谁普法”的普法责任制，建立法官、检察官、行政执法人员、律师等以案释法制度，加强普法讲师团、普法志愿者队伍建设。把法治教育纳入精神文明创建内容，开展群众性法治文化活动，健全媒体公益普法制度，加强新媒体新技术在普法中的运用，提高普法实效。

牢固树立有权力就有责任、有权利就有义务观念。加强社会诚信建设，健全公民和组织守法信用记录，完善守法诚信褒奖机制和违法失信行为惩戒机制，使尊法守法成为全体人民共同追求和自觉行动。

加强公民道德建设，弘扬中华优秀传统文化，增强法治的道德底蕴，强化规则意识，倡导契约精神，弘扬公序良俗。发挥法治在解决道德领域突出问题中的作用，引导

人们自觉履行法定义务、社会责任、家庭责任。

（二）推进多层次多领域依法治理。坚持系统治理、依法治理、综合治理、源头治理，提高社会治理法治化水平。深入开展多层次多形式法治创建活动，深化基层组织和部门、行业依法治理，支持各类社会主体自我约束、自我管理。发挥市民公约、乡规民约、行业规章、团体章程等社会规范在社会治理中的积极作用。

发挥人民团体和社会组织在法治社会建设中的积极作用。建立健全社会组织参与社会事务、维护公共利益、救助困难群众、帮教特殊人群、预防违法犯罪的机制和制度化渠道。支持行业协会商会类社会组织发挥行业自律和专业服务功能。发挥社会组织对其成员的行为导引、规则约束、权益维护作用。加强在华境外非政府组织管理，引导和监督其依法开展活动。

高举民族大团结旗帜，依法妥善处置涉及民族、宗教等因素的社会问题，促进民族关系、宗教关系和谐。

（三）建设完备的法律服务体系。推进覆盖城乡居民的公共法律服务体系建设，加强民生领域法律服务。完善法律援助制度，扩大援助范围，健全司法救助体系，保证人民群众在遇到法律问题或者权利受到侵害时获得及时有效的法律帮助。

发展律师、公证等法律服务业，统筹城乡、区域法律服务资源，发展涉外法律服务业。健全统一司法鉴定管理体制。

（四）健全依法维权和化解纠纷机制。强化法律在维护群众权益、化解社会矛盾中的权威地位，引导和支持人们理性表达诉求、依法维护权益，解决好群众最关心最直接最现实的利益问题。

构建对维护群众利益具有重大作用的制度体系，建立健全社会矛盾预警机制、利益表达机制、协商沟通机制、救济救助机制，畅通群众利益协调、权益保障法律渠道。把信访纳入法治化轨道，保障合理合法诉求依照法律规定和程序就能得到合理合法的结果。

健全社会矛盾纠纷预防化解机制，完善调解、仲裁、行政裁决、行政复议、诉讼等有机衔接、相互协调的多元化纠纷解决机制。加强行业性、专业性人民调解组织建设，完善人民调解、行政调解、司法调解联动工作体系。完善仲裁制度，提高仲裁公信力。健全行政裁决制度，强化行政机关解决同行政管理活动密切相关的民事纠纷功能。

深入推进社会治安综合治理，健全落实领导责任制。完善立体化社会治安防控体系，有效防范化解管控影响社会安定的问题，保障人民生命财产安全。依法严厉打击暴力恐怖、涉黑犯罪、邪教和黄赌毒等违法犯罪活动，绝不允许其形成气候。依法强化危害食品药品安全、影响安全生产、损害生态环境、破坏网络安全等重点问题治理。

六、加强法治工作队伍建设

全面推进依法治国，必须大力提高法治工作队伍思想政治素质、业务工作能力、职业道德水准，着力建设一支忠于党、忠于国家、忠于人民、忠于法律的社会主义法治工作队伍，为加快建设社会主义法治国家提供强有力的组织和人才保障。

（一）建设高素质法治专门队伍。把思想政治建设摆在首位，加强理想信念教育，深入开展社会主义核心价值观和社会主义法治理念教育，坚持党的事业、人民利益、宪法法律至上，加强立法队伍、行政执法队伍、司法队伍建设。抓住立法、执法、司法机关各级领导班子建设这个关键，突出政治标准，把善于运用法治思维和法治方式推动工作的人选拔到领导岗位上来。畅通立法、执法、司法部门干部和人才相互之间以及与其他部门具备条件的干部和人才交流渠道。

推进法治专门队伍正规化、专业化、职业化，提高职业素养和专业水平。完善法律职业准入制度，健全国家统一法律职业资格考试制度，建立法律职业人员统一职前培训制度。建立从符合条件的律师、法学专家中招录立法工作者、法官、检察官制度，畅通具备条件的军队转业干部进入法治专门队伍的通道，健全从政法专业毕业生中招录人才的规范便捷机制。加强边疆地区、民族地区法治专门队伍建设。加快建立符合职业特点的法治工作人员管理制度，完善职业保障体系，建立法官、检察官、人民警察专业职务序列及工资制度。

建立法官、检察官逐级遴选制度。初任法官、检察官由高级人民法院、省级人民检察院统一招录，一律在基层法院、检察院任职。上级人民法院、人民检察院的法官、检察官一般从下一级人民法院、人民检察院的优秀法官、检察官中遴选。

（二）加强法律服务队伍建设。加强律师队伍思想政治建设，把拥护中国共产党领导、拥护社会主义法治作为律师从业的基本要求，增强广大律师走中国特色社会主义法治道路的自觉性和坚定性。构建社会律师、公职律师、公司律师等优势互补、结构合理的律师队伍。提高律师队伍业务素质，完善执业保障机制。加强律师事务所管理，发挥律师协会自律作用，规范律师执业行为，监督律师严格遵守职业道德和职业操守，强化准入、退出管理，严格执行违法违规执业惩戒制度。加强律师行业党的建设，扩大党的工作覆盖面，切实发挥律师事务所党组织的政治核心作用。

各级党政机关和人民团体普遍设立公职律师，企业可设立公司律师，参与决策论证，提供法律意见，促进依法办事，防范法律风险。明确公职律师、公司律师法律地位及权利义务，理顺公职律师、公司律师管理体制机制。

发展公证员、基层法律服务工作者、人民调解员队伍。推动法律服务志愿者队伍建设。建立激励法律服务人才跨区域流动机制，逐步解决基层和欠发达地区法律服务资源不足和高端人才匮乏问题。

（三）创新法治人才培养机制。坚持用马克思主义法学思想和中国特色社会主义法治理论全方位占领高校、科研机构法学教育和法学研究阵地，加强法学基础理论研究，形成完善的中国特色社会主义法学理论体系、学科体系、课程体系，组织编写和全面采用国家统一的法律类专业核心教材，纳入司法考试必考范围。坚持立德树人、德育为先导向，推动中国特色社会主义法治理论进教材进课堂进头脑，培养造就熟悉和坚持中国特色社会主义法治体系的法治人才及后备力量。建设通晓国际法律规则、善于处理涉外法律事务的涉外法治人才队伍。

健全政法部门和法学院校、法学研究机构人员双向交流机制，实施高校和法治工作部门人员互聘计划，重点打造一支政治立场坚定、理论功底深厚、熟悉中国国情的高水平法学家和专家团队，建设高素质学术带头人、骨干教师、专兼职教师队伍。

七、加强和改进党对全面推进依法治国的领导

党的领导是全面推进依法治国、加快建设社会主义法治国家最根本的保证。必须加强和改进党对法治工作的领导，把党的领导贯彻到全面推进依法治国全过程。

（一）坚持依法执政。依法执政是依法治国的关键。各级党组织和领导干部要深刻认识到，维护宪法法律权威就是维护党和人民共同意志的权威，捍卫宪法法律尊严就是捍卫党和人民共同意志的尊严，保证宪法法律实施就是保证党和人民共同意志的实现。各级领导干部要对法律怀有敬畏之心，牢记法律红线不可逾越、法律底线不可触碰，带头遵守法律，带头依法办事，不得违法行使权力，更不能以言代法、以权压法、徇私枉法。

健全党领导依法治国的制度和工作机制，完善保证党确定依法治国方针政策和决策部署的工作机制和程序。加强对全面推进依法治国统一领导、统一部署、统筹协调。完善党委依法决策机制，发挥政策和法律的各自优势，促进党的政策和国家法律互联互动。党委要定期听取政法机关工作汇报，做促进公正司法、维护法律权威的表率。党政主要负责人要履行推进法治建设第一责任人职责。各级党委要领导和支持工会、共青团、妇联等人民团体和社会组织在依法治国中积极发挥作用。

人大、政府、政协、审判机关、检察机关的党组织和党员干部要坚决贯彻党的理论和路线方针政策，贯彻党委决策部署。各级人大、政府、政协、审判机关、检察机关的党组织要领导和监督本单位模范遵守宪法法律，坚决查处执法犯法、违法用权等行为。

政法委员会是党委领导政法工作的组织形式，必须长期坚持。各级党委政法委员会要把工作着力点放在把握政治方向、协调各方职能、统筹政法工作、建设政法队伍、督促依法履职、创造公正司法环境上，带头依法办事，保障宪法法律正确统一实施。政法机关党组织要建立健全重大事项向党委报告制度。加强政法机关党的建设，在法治建设中充分发挥党组织政治保障作用和党员先锋模范作用。

（二）加强党内法规制度建设。党内法规既是管党治党的重要依据，也是建设社会主义法治国家的有力保障。党章是最根本的党内法规，全党必须一体严格遵行。完善党内法规制定体制机制，加大党内法规备案审查和解释力度，形成配套完备的党内法规制度体系。注重党内法规同国家法律的衔接和协调，提高党内法规执行力，运用党内法规把党要管党、从严治党落到实处，促进党员、干部带头遵守国家法律法规。

党的纪律是党内规矩。党规党纪严于国家法律，党的各级组织和广大党员干部不仅要模范遵守国家法律，而且要按照党规党纪以更高标准严格要求自己，坚定理想信念，践行党的宗旨，坚决同违法乱纪行为作斗争。对违反党规党纪的行为必须严肃处理，对苗头性倾向性问题必须抓早抓小，防止小错酿成大错、违纪走向违法。

依纪依法反对和克服形式主义、官僚主义、享乐主义和奢靡之风，形成严密的长效机制。完善和严格执行领导干部政治、工作、生活待遇方面各项制度规定，着力整治各种特权行为。深入开展党风廉政建设和反腐败斗争，严格落实党风廉政建设党委主体责任和纪委监督责任，对任何腐败行为和腐败分子，必须依纪依法予以坚决惩处，绝不手软。

（三）提高党员干部法治思维和依法办事能力。党员干部是全面推进依法治国的重

要组织者、推动者、实践者，要自觉提高运用法治思维和法治方式深化改革、推动发展、化解矛盾、维护稳定能力，高级干部尤其要以身作则、以上率下。把法治建设成效作为衡量各级领导班子和领导干部工作实绩的重要内容，纳入政绩考核指标体系。把能不能遵守法律、依法办事作为考察干部的重要内容，在相同条件下，优先提拔使用法治素养好、依法办事能力强的干部。对特权思想严重、法治观念淡薄的干部要批评教育，不改正的要调离领导岗位。

（四）推进基层治理法治化。全面推进依法治国，基础在基层，工作重点在基层。发挥基层党组织在全面推进依法治国中的战斗堡垒作用，增强基层干部法治观念、法治为民的意识，提高依法办事能力。加强基层法治机构建设，强化基层法治队伍，建立重心下移、力量下沉的法治工作机制，改善基层基础设施和装备条件，推进法治干部下基层活动。

（五）深入推进依法治军、从严治军。党对军队绝对领导是依法治军的核心和根本要求。紧紧围绕党在新形势下的强军目标，着眼全面加强军队革命化现代化正规化建设，创新发展依法治军理论和实践，构建完善的中国特色军事法治体系，提高国防和军队建设法治化水平。

坚持在法治轨道上积极稳妥推进国防和军队改革，深化军队领导指挥体制、力量结构、政策制度等方面改革，加快完善和发展中国特色社会主义军事制度。

健全适应现代军队建设和作战要求的军事法规制度体系，严格规范军事法规制度的制定权限和程序，将所有军事规范性文件纳入审查范围，完善审查制度，增强军事法规制度科学性、针对性、适用性。

坚持从严治军铁律，加大军事法规执行力度，明确执法责任，完善执法制度，健全执法监督机制，严格责任追究，推动依法治军落到实处。

健全军事法制工作体制，建立完善领导机关法制工作机构。改革军事司法体制机制，完善统一领导的军事审判、检察制度，维护国防利益，保障军人合法权益，防范打击违法犯罪。建立军事法律顾问制度，在各级领导机关设立军事法律顾问，完善重大决策和军事行动法律咨询保障制度。改革军队纪检监察体制。

强化官兵法治理念和法治素养，把法律知识学习纳入军队院校教育体系、干部理论学习和部队教育训练体系，列为军队院校学员必修课和部队官兵必学必训内容。完善军事法律人才培养机制。加强军事法治理论研究。

（六）依法保障“一国两制”实践和推进祖国统一。坚持宪法的最高法律地位和最高法律效力，全面准确贯彻“一国两制”、“港人治港”、“澳人治澳”、高度自治的方针，严格依照宪法和基本法办事，完善与基本法实施相关的制度和机制，依法行使中央权力，依法保障高度自治，支持特别行政区行政长官和政府依法施政，保障内地与香港、澳门经贸关系发展和各领域交流合作，防范和反对外部势力干预港澳事务，保持香港、澳门长期繁荣稳定。

运用法治方式巩固和深化两岸关系和平发展，完善涉台法律法规，依法规范和保障两岸人民关系、推进两岸交流合作。运用法律手段捍卫一个中国原则、反对“台独”，增进维护一个中国框架的共同认知，推进祖国和平统一。

依法保护港澳同胞、台湾同胞权益。加强内地同香港和澳门、大陆同台湾的执法司法协作，共同打击跨境违法犯罪活动。

（七）加强涉外法律工作。适应对外开放不断深化，完善涉外法律法规体系，促进构建开放型经济新体制。积极参与国际规则制定，推动依法处理涉外经济、社会事务，增强我国在国际法律事务中的话语权和影响力，运用法律手段维护我国主权、安全、发展利益。强化涉外法律服务，维护我国公民、法人在海外及外国公民、法人在我国的正当权益，依法维护海外侨胞权益。深化司法领域国际合作，完善我国司法协助体制，扩大国际司法协助覆盖面。加强反腐败国际合作，加大海外追赃追逃、遣返引渡力度。积极参与执法安全国际合作，共同打击暴力恐怖势力、民族分裂势力、宗教极端势力和贩毒走私、跨国有组织犯罪。

各级党委要全面准确贯彻本决定精神，健全党委统一领导和各方分工负责、齐抓共管的责任落实机制，制定实施方案，确保各项部署落到实处。

全党同志和全国各族人民要紧密团结在以习近平同志为总书记的党中央周围，高举中国特色社会主义伟大旗帜，积极投身全面推进依法治国伟大实践，开拓进取，扎实工作，为建设法治中国而奋斗！

关于《中共中央关于全面推进依法治国若干重大问题的决定》的说明

（2014 年 10 月 23 日）

习　近　平

受中央政治局委托，我就《中共中央关于全面推进依法治国若干重大问题的决定》起草情况向全会作说明。

一、关于全会决定起草背景和过程

党的十八届三中全会后，中央即着手研究和考虑党的十八届四中全会的议题。党的十八大提出了全面建成小康社会的奋斗目标，党的十八届三中全会对全面深化改革作出了顶层设计，实现这个奋斗目标，落实这个顶层设计，需要从法治上提供可靠保障。

党的十八大提出，法治是治国理政的基本方式，要加快建设社会主义法治国家，全面推进依法治国；到 2020 年，依法治国基本方略全面落实，法治政府基本建成，司法公信力不断提高，人权得到切实尊重和保障。党的十八届三中全会进一步提出，建设法治中国，必须坚持依法治国、依法执政、依法行政共同推进，坚持法治国家、法治政府、法治社会一体建设。全面贯彻落实这些部署和要求，关系加快建设社会主义法治国家，关系落实全面深化改革顶层设计，关系中国特色社会主义事业长远发展。

法律是治国之重器，法治是国家治理体系和治理能力的重要依托。全面推进依法治国，是解决党和国家事业发展面临的一系列重大问题，解放和增强社会活力、促进社会公平正义、维护社会和谐稳定、确保党和国家长治久安的根本要求。要推动我国经济社会持续健康发展，不断开拓中国特色社会主义事业更加广阔的发展前景，就必须全面推进社会主义法治国家建设，从法治上为解决这些问题提供制度化方案。

改革开放以来，我们党一贯高度重视法治。1978 年 12 月，邓小平同志就指出："应该集中力量制定刑法、民法、诉讼法和其他各种必要的法律，例如工厂法、人民公社法、森林法、草原法、环境保护法、劳动法、外国人投资法等等，经过一定的民主程序讨论通过，并且加强检察机关和司法机关，做到有法可依，有法必依，执法必严，违法必究。"党的十五大提出依法治国、建设社会主义法治国家，强调依法治国是党领导人民治理国家的基本方略，是发展社会主义市场经济的客观需要，是社会文明进步的重要标志，是国家长治久安的重要保障。党的十六大提出，发展社会主义民主政治，最根本的是要把坚持党的领导、人民当家作主和依法治国有机统一起来。党的十七大提出，依法治国是社会主义民主政治的基本要求，强调要全面落实依法治国基本方略，加快建设社会主义法治国家。党的十八大强调，要更加注重发挥法治在国家治理和社会管理中的重要作用。

党的十八大以来，党中央高度重视依法治国，强调落实依法治国基本方略，加快建设社会主义法治国家，必须全面推进科学立法、严格执法、公正司法、全民守法进程，强调坚持党的领导，更加注重改进党的领导方式和执政方式；依法治国，首先是依宪治国；依法执政，关键是依宪执政；新形势下，我们党要履行好执政兴国的重大职责，必须依据党章从严治党、依据宪法治国理政；党领导人民制定宪法和法律，党领导人民执行宪法和法律，党自身必须在宪法和法律范围内活动，真正做到党领导立法、保证执法、带头守法。

现在，全面建成小康社会进入决定性阶段，改革进入攻坚期和深水区。我们党面对的改革发展稳定任务之重前所未有、矛盾风险挑战之多前所未有，依法治国在党和国家工作全局中的地位更加突出、作用更加重大。全面推进依法治国是关系我们党执政兴国、关系人民幸福安康、关系党和国家长治久安的重大战略问题，是完善和发展中国特色社会主义制度、推进国家治理体系和治理能力现代化的重要方面。我们要实现党的十八大和十八届三中全会作出的一系列战略部署，全面建成小康社会、实现中华民族伟大复兴的中国梦，全面深化改革、完善和发展中国特色社会主义制度，就必须在全面推进依法治国上作出总体部署、采取切实措施、迈出坚实步伐。

基于这样的考虑，今年 1 月，中央政治局决定，党的十八届四中全会重点研究全面推进依法治国问题并作出决定。为此，成立由我任组长，张德江同志、王岐山同志任副组长，相关部门负责同志、两位省里的领导同志参加的文件起草组，在中央政治局常委会领导下进行文件起草工作。

1 月 27 日，党中央发出《关于对党的十八届四中全会研究全面推进依法治国问题征求意见的通知》。2 月 12 日，文件起草组召开第一次全体会议，文件起草工作正式启动。2 月 18 日至 25 日，文件起草组组成 8 个调研组分赴 14 个省区市进行调研。

从各方面反馈的意见和实地调研情况看，大家一致认为，党的十八届四中全会研究全面推进依法治国问题并作出决定，意义重大而深远，符合党和国家事业发展需要和全党全国各族人民期盼。大家普遍希望通过这个决定明确全面推进依法治国的指导思想和总体要求，深刻阐明党的领导和依法治国的关系等法治建设的重大理论和实践问题，针对法治工作中群众反映强烈的突出问题提出强有力的措施，对社会主义法治国家建设作出顶层设计。

文件起草组在成立以来的 8 个多月时间里，深入调查研究，广泛征求意见，开展专题论证，反复讨论修改。其间，中央政治局常委会召开 3 次会议、中央政治局召开 2 次会议分别审议全会决定。8 月初，决定征求意见稿下发党内一定范围征求意见，包括征求党内老同志意见，还专门听取了各民主党派中央、全国工商联负责人和无党派人士意见。

从反馈的情况看，各方面一致认为，全会决定直面我国法治建设领域的突出问题，立足我国社会主义法治建设实际，明确提出了全面推进依法治国的指导思想、总目标、基本原则，提出了关于依法治国的一系列新观点、新举措，回答了党的领导和依法治国的关系等一系列重大理论和实践问题，对科学立法、严格执法、公正司法、全民守法、法治队伍建设、加强和改进党对全面推进依法治国的领导作出了全面部署，有针对性地回应了人民群众呼声和社会关切。各方面一致认为，全会决定鲜明提出坚持走中国特色社会主义法治道路、建设中国特色社会主义法治体系的重大论断，明确建设社会主义法治国家的性质、方向、道路、抓手，必将有力推进社会主义法治国家建设。

在征求意见的过程中，各方面提出了许多好的意见和建议。中央责成文件起草组认真梳理和研究这些意见和建议。文件起草组对全会决定作出重要修改。

二、关于全会决定的总体框架和主要内容

中央政治局认为，全面推进依法治国涉及改革发展稳定、治党治国治军、内政外交国防等各个领域，必须立足全局和长远来统筹谋划。全会决定应该旗帜鲜明就法治建设的重大理论和实践问题作出回答，既充分肯定我国社会主义法治建设的成就和经验，又针对现实问题提出富有改革创新精神的新观点新举措；既抓住法治建设的关键，又体现党和国家事业发展全局要求；既高屋建瓴、搞好顶层设计，又脚踏实地、做到切实管用；既讲近功，又求长效。

全会决定起草突出了5个方面的考虑。一是贯彻党的十八大和十八届三中全会精神，贯彻党的十八大以来党中央工作部署，体现全面建成小康社会、全面深化改革、全面推进依法治国这“三个全面”的逻辑联系。二是围绕中国特色社会主义事业总体布局，体现推进各领域改革发展对提高法治水平的要求，而不是就法治论法治。三是反映目前法治工作基本格局，从立法、执法、司法、守法4个方面作出工作部署。四是坚持改革方向、问题导向，适应推进国家治理体系和治理能力现代化要求，直面法治建设领域突出问题，回应人民群众期待，力争提出对依法治国具有重要意义的改革举措。五是立足我国国情，从实际出发，坚持走中国特色社会主义法治道路，既与时俱进、体现时代精神，又不照抄照搬别国模式。

全会决定共分三大板块。导语和第一部分构成第一板块，属于总论。第一部分旗帜鲜明提出坚持走中国特色社会主义法治道路、建设中国特色社会主义法治体系、建设社会主义法治国家，阐述全面推进依法治国的重大意义、指导思想、总目标、基本原则，阐述中国特色社会主义法治体系的科学内涵，阐述党的领导和依法治国的关系等重大问题。

第二部分至第五部分构成第二板块，从目前法治工作基本格局出发，对科学立法、严格执法、公正司法、全民守法进行论述和部署。第二部分讲完善以宪法为核心的中国特色社会主义法律体系、加强宪法实施，从健全宪法实施和监督制度、完善立法体制、深入推进科学立法民主立法、加强重点领域立法4个方面展开，对宪法实施和监督提出基本要求和具体措施，通过部署重点领域立法体现依法治国同中国特色社会主义事业总体布局的关系。第三部分讲深入推进依法行政、加快建设法治政府，从依法全面履行政府职能、健全依法决策机制、深化行政执法体制改革、坚持严格规范公正文明执法、强化对行政权力的制约和监督、全面推进政务公开6个方面展开。第四部分讲保证公正司法、提高司法公信力，从完善确保依法独立公正行使审判权和检察权的制度、优化司法职权配置、推进严格司法、保障人民群众参与司法、加强人权司法保障、加强对司法活动的监督6个方面展开。第五部分讲增强全民法治观念、推进法治社会建设，从推动全社会树立法治意识、推进多层次多领域依法治理、建设完备的法律服务体系、健全依法维权和化解纠纷机制4个方面展开。

第六部分、第七部分和结束语构成第三板块。第六部分讲加强法治工作队伍建设，从建设高素质法治专门队伍、加强法律服务队伍建设、创新法治人才培养机制 3 个方面展开。第七部分讲加强和改进党对全面推进依法治国的领导，从坚持依法执政、加强党内法规制度建设、提高党员干部法治思维和依法办事能力、推进基层治理法治化、深入推进依法治军从严治军、依法保障“一国两制”实践和推进祖国统一、加强涉外法律工作 7 个方面展开。最后，号召全党全国为建设法治中国而奋斗。

三、关于需要说明的几个问题

第一，党的领导和依法治国的关系。党和法治的关系是法治建设的核心问题。全面推进依法治国这件大事能不能办好，最关键的是方向是不是正确、政治保证是不是坚强有力，具体讲就是要坚持党的领导，坚持中国特色社会主义制度，贯彻中国特色社会主义法治理论。党的领导是中国特色社会主义最本质的特征，是社会主义法治最根本的保证。中国特色社会主义制度是中国特色社会主义法治体系的根本制度基础，是全面推进依法治国的根本制度保障。中国特色社会主义法治理论是中国特色社会主义法治体系的理论指导和学理支撑，是全面推进依法治国的行动指南。这 3 个方面实质上是中国特色社会主义法治道路的核心要义，规定和确保了中国特色社会主义法治体系的制度属性和前进方向。

全会决定明确提出，坚持党的领导，是社会主义法治的根本要求，是党和国家的根本所在、命脉所在，是全国各族人民的利益所系、幸福所系，是全面推进依法治国的题中应有之义；党的领导和社会主义法治是一致的，社会主义法治必须坚持党的领导，党的领导必须依靠社会主义法治。全会决定围绕加强和改进党对全面推进依法治国的领导提出“三统一”、“四善于”，并作出了系统部署。

把坚持党的领导、人民当家作主、依法治国有机统一起来是我国社会主义法治建设的一条基本经验。我国宪法以根本法的形式反映了党带领人民进行革命、建设、改革取得的成果，确立了在历史和人民选择中形成的中国共产党的领导地位。对这一点，要理直气壮讲、大张旗鼓讲。要向干部群众讲清楚我国社会主义法治的本质特征，做到正本清源、以正视听。

第二，全面推进依法治国的总目标。全会决定提出，全面推进依法治国，总目标是建设中国特色社会主义法治体系，建设社会主义法治国家，并对这个总目标作出了阐释：在中国共产党领导下，坚持中国特色社会主义制度，贯彻中国特色社会主义法治理论，形成完备的法律规范体系、高效的法治实施体系、严密的法治监督体系、有力的法治保障体系，形成完善的党内法规体系，坚持依法治国、依法执政、依法行政共同推进，坚持法治国家、法治政府、法治社会一体建设，实现科学立法、严格执法、公正司法、全民守法，促进国家治理体系和治理能力现代化。

提出这个总目标，既明确了全面推进依法治国的性质和方向，又突出了全面推进依法治国的工作重点和总抓手。一是向国内外鲜明宣示我们将坚定不移走中国特色社会主义法治道路。中国特色社会主义法治道路，是社会主义法治建设成就和经验的集中体现，是建设社会主义法治国家的唯一正确道路。在走什么样的法治道路问题上，必须向全社会释放正确而明确的信号，指明全面推进依法治国的正确方向，统一全党全国各族人民认识和行动。二是明确全面推进依法治国的总抓手。全面推进依法治国涉及很多方面，在实际工作中必须有一个总揽全局、牵引各方的总抓手，这个总抓手就是建设中国特色社会主义法治体系。依法治国各项工作都要围绕这个总抓手来谋划、来推进。三是建设中国特色社会主义法治体系、建设社会主义法治国家是实现国家治理体系和治理能力现代化的必然要求，也是全面深化改革的必然要求，有利于在法治轨道上推进国家治理体系和治理能力现代化，有利于在全面深化改革总体框架内全面推进依法治国各项工作，有利于在法治轨道上不断深化改革。

第三，健全宪法实施和监督制度。宪法是国家的根本法。法治权威能不能树立起来，首先要看宪法有没有权威。必须把宣传和树立宪法权威作为全面推进依法治国的重大事项抓紧抓好，切实在宪法实施和监督上下功夫。

党的十八届三中全会提出，要进一步健全宪法实施监督机制和程序，把实施宪法要求提高到一个新水平。这次全会决定进一步提出，完善全国人大及其常委会宪法监督制度，健全宪法解释程序机制；加强备案审查制度和能力建设，依法撤销和纠正违宪违法的规范性文件；将每年 12 月 4 日定为国家宪法日；在全社会普遍开展宪法教育，弘扬宪法精神。

全会决定提出建立宪法宣誓制度。这是世界上大多数有成文宪法的国家所采取的一种制度。在 142 个有成文宪法的国家中，规定相关国家公职人员必须宣誓拥护或效忠宪法的有 97 个。关于宪法宣誓的主体、内容、程序，各国做法不尽相同，一般都在有关人员开始履行职务之前或就职时举行宣誓。全会决定规定，凡经人大及其常委会选举或者决定任命的国家工作人员正式就职时公开向宪法宣誓。这样做，有利于彰显宪法权威，增强公职人员宪法观念，激励公职人员忠于和维护宪法，也有利于在全社会增强宪法意识、树立宪法权威。

第四，完善立法体制。新中国成立以来，特别是改革开放以来，经过长期努力，我国形成了中国特色社会主义法律体系，国家生活和社会生活各方面总体上实现了有法可依，这是一个了不起的重大成就。同时，我们也要看到，实践发展永无止境，立法工作也永无止境，完善中国特色社会主义法律体系任务依然很重。

我们在立法领域面临着一些突出问题，比如，立法质量需要进一步提高，有的法律法规全面反映客观规律和人民意愿不够，解决实际问题有效性不足，针对性、可操作性不强；立法效率需要进一步提高。还有就是立法工作中部门化倾向、争权诿责现象较为突出，有的立法实际上成了一种利益博弈，不是久拖不决，就是制定的法律法规不大管用，一些地方利用法规实行地方保护主义，对全国形成统一开放、竞争有序的市场秩序造成障碍，损害国家法治统一。

推进科学立法、民主立法，是提高立法质量的根本途径。科学立法的核心在于尊重和体现客观规律，民主立法的核心在于为了人民、依靠人民。要完善科学立法、民主立法机制，创新公众参与立法方式，广泛听取各方面意见和建议。全会决定提出，明确立法权力边界，从体制机制和工作程序上有效防止部门利益和地方保护主义法律化。一是健全有立法权的人大主导立法工作的体制机制，发挥人大及其常委会在立法工作中的主导作用；建立由全国人大相关专门委员会、全国人大常委会法制工作委员会组织有关部门参与起草综合性、全局性、基础性等重要法律草案制度；增加有法治实践经验的专职常委比例；依法建立健全专门委员会、工作委员会立法专家顾问制度。二是加强和改进政府立法制度建设，完善行政法规、规章制定程序，完善公众参与政府立法机制；重要行政管理法律法规由政府法制机构组织起草；对部门间争议较大的重要立法事项，由决策机关引入第三方评估，不能久拖不决。三是明确地方立法权限和范围，禁止地方制发带有立法性质的文件。

需要明确的是，在我们国家，法律是对全体公民的要求，党内法规制度是对全体党员的要求，而且很多地方比法律的要求更严格。我们党是先锋队，对党员的要求应该更严。全面推进依法治国，必须努力形成国家法律法规和党内法规制度相辅相成、相互促进、相互保障的格局。

第五，加快建设法治政府。法律的生命力在于实施，法律的权威也在于实施。“天下之事，不难于立法，而难于法之必行。”如果有了法律而不实施、束之高阁，或者实施不力、做表面文章，那制定再多法律也无济于事。全面推进依法治国的重点应该是保证法律严格实施，做到“法立，有犯而必施；令出，唯行而不返”。

政府是执法主体，对执法领域存在的有法不依、执法不严、违法不究甚至以权压法、权钱交易、徇私枉法等突出问题，老百姓深恶痛绝，必须下大力气解决。全会决定提出，各级政府必须坚持在党的领导下、在法治轨道上开展工作，加快建设职能科学、权责法定、执法严明、公开公正、廉洁高效、守法诚信的法治政府。全会决定提出了一些重要措施。一是推进机构、职能、权限、程序、责任法定化，规定行政机关不得法外设定权力，没有法律法规依据不得作出减损公民、法人和其他组织合法权益或者增加其义务的决定；推行政府权力清单制度，坚决消除权力设租寻租空间。二是建立行政机关内部重大决策合法性审查机制，积极推行政府法律顾问制度，保证法律顾问在制定重大行政决策、推进依法行政中发挥积极作用；建立重大决策终身责任追究制度及责任倒查机制。三是推进综合执法，理顺城管执法体制，完善执法程序，建立执法全过程记录制度，严格执行重大执法决定法制审核制度，全面落实行政执法责任制。四是加强对政府内部权力的制约，对财政资金分配使用、国有资产监管、政府投资、政府采购、公共资源转让、公共工程建设等权力集中的部门和岗位实行分事行权、分岗设权、分级授权，定期轮岗，强化内部流程控制，防止权力滥用；完善政府内部层级监督和专门监督；保障依法独立行使审计监督权。五是全面推进政务公开，推进决策公开、执行公开、管理公开、服务公开、结果公开，重点推进财政预算、公共资源配置、重大建设项目批准和实施、社会公益事业建设等领域的政府信息公开。这些措施都有很强的针对性，也同党的十八届三中全会精神一脉相承，对法治政府建设十分紧要。

第六，提高司法公信力。司法是维护社会公平正义的最后一道防线。我曾经引用过英国哲学家培根的一段话，他说：“一次不公正的审判，其恶果甚至超过十次犯罪。因为犯罪虽是无视法律——好比污染了水流，而不公正的审判则毁坏法律——好比污染了水源。”这其中的道理是深刻的。如果司法这道防线缺乏公信力，社会公正就会受到普遍质疑，社会和谐稳定就难以保障。因此，全会决定指出，公正是法治的生命线；司法公正对社会公正具有重要引领作用，司法不公对社会公正具有致命破坏作用。

当前，司法领域存在的主要问题是，司法不公、司法公信力不高问题十分突出，一些司法人员作风不正、办案不廉，办金钱案、关系案、人情案，“吃了原告吃被告”，等等。司法不公的深层次原因在于司法体制不完善、司法职权配置和权力运行机制不科学、人权司法保障制度不健全。

党的十八届三中全会针对司法领域存在的突出问题提出了一系列改革举措，司法体制和运行机制改革正在有序推进。这次全会决定在党的十八届三中全会决定的基础上对保障司法公正作出了更深入的部署。比如，为确保依法独立公正行使审判权和检察权，全会决定规定，建立领导干部干预司法活动、插手具体案件处理的记录、通报和责任追究制度；健全行政机关依法出庭应诉、支持法院受理行政案件、尊重并执行法院生效裁判的制度；建立健全司法人员履行法定职责保护机制；等等。为优化司法职权配置，全会决定提出，推动实行审判权和执行权相分离的体制改革试点；统一刑罚执行体制；探索实行法院、检察院司法行政事务管理权和审判权、检察权相分离；变立案审查制为立案登记制；等等。为保障人民群众参与司法，全会决定提出，完善人民陪审员制度，扩大参审范围；推进审判公开、检务公开、警务公开、狱务公开；建立生效法律文书统一上网和公开查询制度；等等。全会决定还就加强人权司法保障和加强对司法活动的监督提出了重要改革措施。

第七，最高人民法院设立巡回法庭。近年来，随着社会矛盾增多，全国法院受理案件数量不断增加，尤其是大量案件涌入最高人民法院，导致审判接访压力增大，息诉罢访难度增加，不利于最高人民法院发挥监督指导全国法院工作职能，不利于维护社会稳定，不利于方便当事人诉讼。

全会决定提出，最高人民法院设立巡回法庭，审理跨行政区域重大行政和民商事案件。这样做，有利于审判机关重心下移、就地解决纠纷、方便当事人诉讼，有利于最高人民法院本部集中精力制定司法政策和司法解释、审理对统一法律适用有重大指导意义的案件。

第八，探索设立跨行政区划的人民法院和人民检察院。随着社会主义市场经济深入发展和行政诉讼出现，跨行政区划乃至跨境案件越来越多，涉案金额越来越大，导致法院所在地有关部门和领导越来越关注案件处理，甚至利用职权和关系插手案件处理，造成相关诉讼出现“主客场”现象，不利于平等保护外地当事人合法权益、保障法院独立审判、监督政府依法行政、维护法律公正实施。

全会决定提出，探索设立跨行政区划的人民法院和人民检察院。这有利于排除对审判工作和检察工作的干扰、保障法院和检察院依法独立公正行使审判权和检察权，有利于构建普通案件在行政区划法院审理、特殊案件在跨行政区划法院审理的诉讼格局。

第九，探索建立检察机关提起公益诉讼制度。现在，检察机关对行政违法行为的监督，主要是依法查办行政机关工作人员涉嫌贪污贿赂、渎职侵权等职务犯罪案件，范围相对比较窄。而实际情况是，行政违法行为构成刑事犯罪的毕竟是少数，更多的是乱作为、不作为。如果对这类违法行为置之不理、任其发展，一方面不可能根本扭转一些地方和部门的行政乱象，另一方面可能使一些苗头性问题演变为刑事犯罪。全会决定提出，检察机关在履行职责中发现行政机关违法行使职权或者不行使职权的行为，应该督促其纠正。作出这项规定，目的就是要使检察机关对在执法办案中发现的行政机关及其工作人员的违法行为及时提出建议并督促其纠正。这项改革可以从建立督促起诉制度、完善检察建议工作机制等入手。

在现实生活中，对一些行政机关违法行使职权或者不作为造成对国家和社会公共利益侵害或者有侵害危险的案件，如国有资产保护、国有土地使用权转让、生态环境和资源保护等，由于与公民、法人和其他社会组织没有直接利害关系，使其没有也无法提起公益诉讼，导致违法行政行为缺乏有效司法监督，不利于促进依法行政、严格执法，加强对公共利益的保护。由检察机关提起公益诉讼，有利于优化司法职权配置、完善行政诉讼制度，也有利于推进法治政府建设。

第十，推进以审判为中心的诉讼制度改革。充分发挥审判特别是庭审的作用，是确保案件处理质量和司法公正的重要环节。我国《刑事诉讼法》规定，公检法三机关在刑事诉讼活动中各司其职、互相配合、互相制约，这是符合中国国情、具有中国特色的诉讼制度，必须坚持。同时，在司法实践中，存在办案人员对法庭审判重视不够，常常出现一些关键证据没有收集或者没有依法收集，进入庭审的案件没有达到“案件事实清楚、证据确实充分”的法定要求，使审判无法顺利进行。

全会决定提出推进以审判为中心的诉讼制度改革，目的是促使办案人员树立办案必须经得起法律检验的理念，确保侦查、审查起诉的案件事实证据经得起法律检验，保证庭审在查明事实、认定证据、保护诉权、公正裁判中发挥决定性作用。这项改革有利于促使办案人员增强责任意识，通过法庭审判的程序公正实现案件裁判的实体公正，有效防范冤假错案产生。

全面推进依法治国是一个系统工程，是国家治理领域一场广泛而深刻的革命。制定好这次全会决定具有十分重要的意义。大家要深刻领会中央精神，从党和国家事业发展全局出发，全面理解和正确对待全会决定提出的重大改革举措，深刻领会有关改革的重大现实意义和深远历史意义，自觉支持改革、拥护改革。在讨论中，希望大家相互启发、相互切磋，既提出建设性的修改意见和建议，进一步完善全会决定提出的思路和方案，又加深理解，以利于会后传达贯彻。让我们共同努力，把这次全会开好。

全国委员会篇

领导人重要讲话、报告和文章

在全国政协新年茶话会上的讲话

（2014 年 12 月 31 日）

习 近 平

同志们、朋友们：

明天我们就要跨入 2015 年了。在这一元复始、万象更新的喜庆时刻，我们欢聚一堂，感到格外高兴。

首先，我代表中共中央、国务院和中央军委，向各民主党派、工商联和无党派人士、各人民团体，向全国广大工人、农民、知识分子、干部和各界人士，向人民解放军指战员、武警官兵和公安干警，向香港特别行政区同胞、澳门特别行政区同胞、台湾同胞和海外侨胞，向关心和支持中国现代化建设的国际友人，致以节日的祝福！祝大家新年好！

在过去的一年里，中共中央团结带领全国各族人民，坚持稳中求进工作总基调，积极适应经济发展新常态，注重谋划全局性、战略性、长远性的重大问题，推动社会主义经济建设、政治建设、文化建设、社会建设、生态文明建设以及国防和军队建设、外交工作取得重大进展。我们贯彻“一国两制”方针，坚决维护香港、澳门繁荣稳定大局，隆重庆祝澳门回归祖国 15 周年。我们积极推动两岸关系和平发展，保持两岸交流合作良好势头。中共中央重点抓了党的群众路线教育实践活动，聚焦惩治形式主义、官僚主义、享乐主义和奢靡之风，党风政风为之一新。我们加大反腐败斗争力度，坚持“老虎”、“苍蝇”一起打，一批腐败分子被绳之以党纪国法。

去年同一时间，我在这里说过，开弓没有回头箭，我们要坚定不移实现改革目标。一年来，我们蹄疾步稳地推进各项改革，中央全面深化改革领导小组确定的 80 个重点改革任务基本完成，此外中央有关部门还完成了 108 个改革任务，各方面共出台 370 条改革成果，一些多年来难啃的硬骨头啃下来了，改革为我国发展注入了强大动力。

这些成绩，是大家共同创造的，光荣属于大家。

当前，时和势总体有利，但艰和险在增多。我们要全面贯彻落实中共十八大和十八届三中、四中全会精神，以邓小平理论、“三个代表”重要思想、科学发展观为指导，继续推进全面建成小康社会、全面深化改革、全面依法治国、全面从严治党，突出创新驱动，强化风险防控，加强民生保障，如期完成“十二五”规划确定的各项目标任务。

我们要坚定不移维护香港、澳门长期繁荣稳定。我们要深化两岸合作交流，促进两岸一家亲、共筑中国梦。我们要高举和平、发展、合作、共赢旗帜，积极实施“一带一路”战略，促进人类文明进步事业。

中共十八届四中全会对全面推进依法治国作出顶层设计和总体部署。“奉法者强则国强。”全面推进依法治国是国家治理领域一场广泛而深刻的革命。我们要逐条逐项落实全面推进依法治国各项部署和措施。

问题是时代的声音，人心是最大的政治。推进党和国家各项工作，必须坚持问题导向，倾听人民呼声。我们要坚持求真务实、真抓实干，积极适应国际国内形势新变化，准确把握规律，紧紧依靠人民，奋发有为开创各项工作新局面。我们的事业是全新的事业，在前进的道路上，我们既不能因循守旧、墨守成规，也不能罔顾国情、东施效颦。我们要坚定不移走好走稳自己的路。

同志们、朋友们！

在即将过去的一年里，我们隆重庆祝了中国人民政治协商会议成立65周年，人民政协发挥作为协商民主重要渠道作用，着力搭建协商平台、创新协商载体、增加协商密度，聚焦改革发展稳定重大问题深入调查研究、反映社情民意、开展民主监督，为推进改革开放和社会主义现代化建设作出了重要贡献。

新的一年，我们要巩固和发展最广泛的爱国统一战线，坚持和完善中国共产党领导的多党合作和政治协商制度，不断为事业发展凝聚人心、增添力量。人民政协要深入进行调研视察、协商议政，积极开展民主监督，讲真话、进诤言，出实招、谋良策。要加强协商民主制度建设，为各党派团体和各族各界人士搭建协商平台、丰富协商形式、创造民主氛围，为我国社会主义民主政治发展注入新的活力。

同志们、朋友们！

我们的目标越伟大，我们的使命越艰巨，就越需要所有人拧成一股绳去干事创业。让我们更加紧密地团结起来，向着我们共同的奋斗目标、向着更加辉煌的明天，奋勇前进！

在政协第十二届全国委员会常务委员会第四次会议闭幕会上的讲话

（2014年2月28日）

俞　正　声

全国政协十二届四次常委会议圆满完成各项议程，就要胜利闭幕了。会议期间，各位常委认真审议文件，全面总结工作，深入讨论交流，提出了很好的意见和建议，为开好全国政协十二届二次会议作了必要的准备。下面，我再讲两点意见。

一、全国政协十二届一次会议以来各项工作取得新进展

2013年是本届政协的开局之年。在以习近平同志为总书记的中共中央坚强领导下，常委会高举爱国主义和社会主义旗帜，坚持团结和民主两大主题，坚持继承发展、改革创新，履行职能的各项工作都取得了新的重要进展。我们以深入学习贯彻中共十八大精神为统领加强思想政治建设，贯穿坚持和发展中国特色社会主义主线，突出实现中华民族伟大复兴中国梦主题，加强对中共中央重大决策部署和习近平同志系列讲话精神的学习领会，不断夯实共同团结奋斗的思想政治基础；以促进全面深化改革为重点积极履职建言，紧扣事关改革发展的重大问题深入调查研究，围绕生态文明建设、推进城镇化以及财税、金融、科技、司法、医药卫生体制改革等开展系列协商议政活动，为中共中央制定和完善全面深化改革的决定等发挥了积极作用；以健全社会主义协商民主制度为目标推进人民政协协商民主建设，开展推进人民政协协商民主建设课题大调研，探索以专题为内容、以界别为纽带、以专委会为依托、以座谈为方法的新的协商形式，创立双周协商座谈会制度，制订全国政协2014年协商工作计划，政协作为协商民主重要渠道的作用进一步发挥；以开展党的群众路线教育实践活动为契机推动工作创新，建立主席办公会议制度，建立和完善主席会议成员、专委会、政协机关等多层次联系服务委员制度，推进政协领导到地方调研时与驻在地全国政协委员座谈交流制度化，进一步加强调研视察工作，改进会风文风，政协履职能力和水平有了新的提升。提案、文史、港澳台侨、对外交往、新闻宣传等经常性工作也都取得了积极成效。

这些成绩的取得，是中共中央正确领导的结果，也是包括各位常委在内的全体政协委员共同努力、团结奋斗的结果。新一届中央领导集体高度重视政协工作。去年7月18日，习近平总书记就做好政协工作作出重要批示。中共十八届三中全会对发挥人民政协作为协商民主重要渠道作用作出进一步部署。在全国政协2014年新年茶话会上，习近平总书记对做好今年政协工作提出明确要求。今年1月24日，习近平总书记在全国政协党组报送的2013年工作报告和2014年工作安排上又作出重要批示，充分肯定了人民政协去年工作成绩，并对政协工作的方针、任务和措施，提出了明确要求。习近平总书记强调，全国政协常委会要坚持团结和民主两大主题，充分发挥人民政协协调关系、汇聚力量、建言献策、服务大局的作用，聚焦全面深化改革，加强调查研究，深入协商议政，推进协商民主，提升履职能力，正确引导各界别群众形成更广泛共识，为全面深化改革营造良好环境，为推动经济持续健康发展、促进保障改善民生、维护社会和谐稳定作出新贡献。批示对政协工作寄予了深切厚望，也为做好今年和今后一个时期的政协工作提供了重要指导方针。2月13日，中央政治局常委会议研究了《政协全国委员会常务委员会工作报告》和《政协全国委员会2014年协商工作计划》，原则同意这两个文件，习近平总书记对推进人民政协协商民主、开好政协十二届二次会议、做好政协工作作出重要指示，我们一定要认真学习领会、深入贯彻落实。一年来，主席会议各位成员带头践行群众路线，加强与专委会、界别和政协委员的联系，亲自带队深入开展调研视察，切实发挥了表率作用；各位常委和广大委员心系国是民生，反映社情民意，积极协商议政，展现了较高的参政议政水平和为国为民的履职风采；各专委会积极加强与党派团体、党政部门等的协调配合，精心组织调研、考察、座谈研讨等活动，在政协工

作中的基础性作用进一步增强；办公厅牢固树立服务意识，切实当好参谋助手，做了大量卓有成效的工作，为政协履行职能提供了有效服务和保障。在这里，我向大家表示衷心的感谢！

会上，常委们重点审议了常委会工作报告，认为报告总结去年工作实事求是，部署今年任务明确具体，新增写的第三部分专门对加强履职能力建设作出重要论述、提出明确要求，是一个全面客观、思想性强、富有新意、文风朴实的好报告。大家还就常委会工作报告、提案工作情况的报告和改进政协工作等提出了很好的意见和建议，请起草组的同志们认真研究吸收，进一步把会议文件修改完善好。

这次会议还追认通过了主席会议关于撤销黄峰平、杨刚、李崇禧、刘迎霞全国政协委员资格的决定。这四个人都涉嫌严重违纪违法，有的贪污受贿，有的滥用职权，有的行贿犯罪。对他们的严厉查处，彰显了中共中央反腐倡廉的坚强决心。这些人的问题虽然大多与政协工作无关，但对政协的形象损害很大，这说明政协委员队伍建设还存在一些不容忽视的问题，政协组织也不是一片净土。各级政协组织和广大政协委员必须与中共中央保持高度一致，绝不容忍任何腐败犯罪分子藏身政协，绝不允许一些人打着委员旗号干违法乱纪的勾当。现在，社会上都非常看重人大代表、政协委员的名分。政协委员作为社会各界代表人士，一举一动、一言一行都是形象，也都有影响，广受社会关注。政协委员是荣誉，更是责任，不能只要荣誉和光环，不讲责任和奉献。必须十分珍惜委员荣誉，承担起对国家的责任、对人民的责任、对政协事业的责任，牢固树立法治观念，模范遵守党纪国法，切实加强道德自律，严格要求自己，不该做的事情不做、不该碰的红线不碰，努力做到境界高、品行端、责任强。要进一步加强委员教育、培训和管理工作，积极配合中央有关部门围绕委员产生、管理、考评、退出等问题加强调研，提出改进措施，严把委员入口关，坚决反对政协委员安排中利益交换的行为，坚决反对利用委员荣誉谋取私利的行为，切实加强委员队伍建设，共同维护政协组织和政协委员的良好形象。

二、集中精力开好全国政协十二届二次会议

即将召开的全国政协十二届二次会议，是在全国深入贯彻落实中共十八届三中全会精神、全面深化改革的新形势下召开的，是我国政治生活中的一件大事，国内外都很关注。中央对开好今年“两会”高度重视，确定了会议指导思想，提出了明确任务和要求。1月9日，中共中央政治局常委会专门听取了全国人大和全国政协党组关于“两会”筹备情况的汇报，习近平总书记在会上强调，一年之计在于春，一年工作之计在“两会”，“两会”是做好全年工作的基础，一定要开好。过两天，习近平总书记还要在“两会”党员负责人会上发表重要讲话，对开好“两会”和做好今年政协工作进一步提出要求。我们一定要按照中央要求，集中精力把会议开好。这里，我着重强调四点。

第一，聚焦全面深化改革认真议政建言。今年是全面深化改革的第一年，上上下下对改革的期待和热情都很高。聚焦全面深化改革，既是今年党和政府的工作中心，也是政协工作的中心，改革必然成为今年“两会”的关注热词和议政焦点。如何切实为全面深化改革开局起步出实招、谋良策、增共识，是本次政协大会最重要的任务，也是衡量大会成效最重要的标准。当前，我国经济社会发展进入关键期，改革进入攻坚期和深水

区，两者相互影响、互为关联，经济发展方式的转变、社会和国家治理的进步，很大程度上依赖于改革的突破，改革所带来利益关系调整的深度、广度更甚以往。全面深化改革的每一项举措都牵涉面广、复杂性强，有的要研究如何尽快贯彻落实，有的则需要经过试点总结后再逐步推开，有的还需要进一步研究论证、搞好顶层设计，有的尚需立法或修改相关法律以获得授权。新的时代条件下如何啃硬骨头、涉险滩，冲破思想观念的束缚，突破利益固化的藩篱，如何摸着石头过河，坚定务实地推进改革，增强改革路径和方法的科学性、有效性，这就要求在充分发扬民主基础上作出科学决策。人民政协智力密集、人才荟萃，要发挥优势和作用，在把准情况、深入研究、反复论证的基础上，通过提案、大会发言等形式，努力提出更多高质量的意见和建议，为正确实施改革作出贡献。全面深化改革能否顺利推进，很大程度上还取决于能否形成广泛社会共识。政协委员来自各党派团体和各族各界群众，对改革问题的看法具有广泛的代表性。要围绕改革发展中重大问题和群众关切，深入沟通交流，正确对待利益关系调整，求得改革最大公约数。要充分发挥协调关系、理顺情绪、化解矛盾、增进共识的重要作用，向各界群众讲清楚全面深化改革是实现全面建成小康社会和中华民族伟大复兴中国梦的必然路径，必将进一步释放活力、增添动力，增进全体人民根本利益和国家长远利益，从而不断强化社会各方面的政治认同、思想认同和价值观认同，促进改革共识的形成，推动改革力量的凝聚。对改革中的热点、难点和敏感问题，不回避、不炒作，积极认真地研究讨论，力求增加共识；坦诚地提出批评建议，力求符合实际。

第二，坚持充分发扬民主。这是党和政府改进工作的需要，是人民政协活力迸发的象征，是开好政协大会的前提。我们必须把民主协商、求同存异原则，贯彻到大会的各方面和全过程。政协委员来自方方面面，大家有着共同思想政治基础和共同奋斗目标，但由于各自知识背景的差异，社会阅历和个人经验不同，观察问题角度不同，掌握情况多少不同，认识上总会有观点之异、程度之分、先后之别。在人民政协，“同”是主要方面和根本目的，这就是求坚持和发展中国特色社会主义、实现中华民族伟大复兴中国梦之大同；“异”是客观现实和重要特征，要允许和包容不同意见的存在和表达。存异不是固异，要通过充分发扬民主，不断减少异、消弭异。当然随着新情况新问题的不断涌现，又会出现新的差异，这就需要我们始终坚持团结和民主两大主题，坚持“不打棍子、不扣帽子、不抓辫子”的方针，尊重和保障政协委员发表意见的权利，鼓励不同意见的交流、交锋、交融，同时注意把握协商的程序和边界，避免空谈妄言、偏激偏执，在畅所欲言、平等协商、郑重严肃的民主氛围中，有效化解矛盾、深化共识、增进团结。广大委员要牢固树立大局意识、责任意识，讨论问题、发表意见力求理性客观，善于换位思考，善于吸取不同意见中的合理成分。政协大会是人民政协发扬民主的重要形式和制度化的协商平台，要创新会议协商形式，深入开展界别协商，组织好界别联组讨论，特别是中央领导同志参加联组讨论活动；深入开展对口协商，积极邀请党政有关部门参加会议，与委员互动交流；深入开展提案办理协商，加强提案提出、立案、交办等环节的协商，促进提案质量和提案办理质量的提高，努力通过各党派团体和各族各界人士广泛深入的协商交流，充分展现社会主义民主政治的生机与活力。

第三，进一步改进会风。在党的群众路线教育实践活动中，全国政协党组征求到各方面意见 200 多条，其中不少意见建议是关于如何改进会风的。经过半年多时间努力，我们在改进会风文风、加强作风建设方面采取了一些措施，出台了一些规定。这次大会是对教育实践活动成果的一次集中检验，也是巩固和扩大教育实践活动成果的重要契机。中央对开好“两会”、树立良好会风提出了明确要求。贯彻落实中央要求，关键是按照习近平总书记强调的，讲“认真”二字，要认真执行改进会风的有关规定，在会议讨论发言中提倡讲真话、讲短话、讲有内容的话，大会发言适当安排即席发言，文件尽量精简，文风力求朴实。要切实坚持简约俭朴办会的原则，从严控制会议开支，努力降低成本、提高实效。要严格遵守会议纪律，不要从事与会议无关的活动，不送礼收礼、不参加地方或部门的宴请，也不要通过“两会”宣传企业或产品。总之，希望通过大家的共同努力，把大会开成一个隆重简朴、务实高效、风清气正的会议。

第四，切实搞好会议组织服务工作。政协全体会议活动场次多、层次高、影响大，各项组织服务工作都要做实、做深、做细、做精，确保不出纰漏。大会筹备组织工作要牢固树立“一盘棋”思想，在会议活动安排、后勤保障、安全警卫等方面加强沟通联系，搞好协调配合，形成工作合力，保证会议各项议程和活动顺利有序开展。要切实增强服务意识，坚持重心下移、贴近委员，尽可能为他们履行职责、发挥作用提供便利、创造条件，把每一位委员履职的积极性、主动性和创造性都激发出来。要搞好会议新闻宣传工作，突出政协特色，突出委员主体，把宣传报道的镜头、话筒和笔端更多地对准委员，大力宣传政协委员履职建言的丰硕成果，扩大人民政协的社会影响。

各位常委，再过两天，全会就要开幕了，我们要以饱满的热情和积极的态度，认真履行职责，共同努力把会议开好。

中国人民政治协商会议全国委员会常务委员会工作报告

——在政协第十二届全国委员会第二次会议上

（2014 年 3 月 3 日）

俞　正　声

各位委员：

我代表中国人民政治协商会议第十二届全国委员会常务委员会，向大会报告工作，请予审议。

一、2013 年工作回顾

2013 年是全面贯彻落实中共十八大精神的开局之年，也是人民政协事业在继承中创新、在创新中发展的一年。一年来，在以习近平同志为总书记的中共中央坚强领导下，人民政协高举爱国主义和社会主义旗帜，坚持团结和民主两大主题，围绕党和国家中心工作，认真履行政治协商、民主监督、参政议政职能，充分发挥协调关系、汇聚力量、建言献策、服务大局作用，思想理论建设取得新成效，服务改革发展取得新成绩，推进协商民主取得新进展，改进工作作风取得新突破，实现了本届政协工作的良好开局。

（一）深入学习贯彻中共十八大、十八届二中、三中全会精神和习近平同志系列重要讲话精神，不断夯实团结奋斗的共同思想政治基础

常委会把深入学习贯彻中共十八大精神作为首要政治任务，紧密结合政协实际加以部署和推进。深入学习贯彻习近平同志系列重要讲话精神，始终贯穿坚持和发展中国特色社会主义主线，突出实现中华民族伟大复兴的中国梦主题，进一步增强道路自信、理论自信、制度自信。及时召开常委会议，学习贯彻中共十八届三中全会精神，统一思想、凝聚共识，动员各级政协组织和广大政协委员积极投身全面深化改革伟大实践。专题学习习近平同志关于政协工作的重要批示精神，进一步深刻理解和把握中共中央关于政协工作重大方针政策和人民政协性质、地位、职能、作用，推动研究解决一些重大理论和实践问题。重点加强新任委员培训，首次举办专委会主任专题研讨班，举办常委会集体学习讲座、在京委员和机关学习报告会、全国政协干部培训班等，共培训4000多人次，着力提高认识、增强能力、推动工作。

（二）紧紧围绕全面深化改革议政建言，积极发挥决策咨询作用

常委会按照中共十八大战略部署，集中政协优势资源，聚焦全面深化改革重大问题，深入协商议政，就财税、金融、科技、司法、医药卫生体制改革和以开放促改革等开展深入调研，连续召开6次专题协商座谈会，邀请中共中央、国务院有关部门负责同志等直接听取意见，推动建言献策成果的转化。委员们提出了实施企业机制创新、科技创新和管理创新“三创并举”，发展混合所有制经济，促进国企与民企协调发展，坚持以市场取向、科学发展导向、基本公共服务均等化为原则改革财税体制，完善“走出去”战略规划和服务机制，探索建立与行政区划适当分离的司法管辖制度，健全企事业单位民主管理制度，完善企业职工工资集体协商制度等重要建议。

（三）切实加强经济领域重大问题调查研究，为促进经济持续健康发展献计献策

常委会切实加强对经济领域综合性、全局性、战略性问题的调查研究。深刻把握经济发展阶段性特点和规律，着眼稳增长，强化对宏观经济动态研究和跟踪研究。围绕推进经济结构战略性调整，着重就解决产能过剩矛盾，加强重点领域节能减排，促进房地产市场平稳健康发展等提出建议；围绕促进区域协调发展，分别就珠江—西江经济带、攀西战略资源创新开发试验区建设和川陕苏区、大别山片区、乌蒙山区扶贫攻坚等提出对策；围绕实施创新驱动发展战略，提出加大对基础研究和新型研发组织支持力度，完善以科技金融为核心的扶持政策，发展生物质能源技术等具体建议。召开“积极稳妥推进城镇化，着力提高城镇化质量”专题协商会，着重从推进以人为核心的城镇化、优化城镇化布局和形态、有序实现农业转移人口市民化、建设智能城市等方面，向中共中央提出建议。

常委会高度关注生态文明建设，组织召开“大力推进生态文明建设”专题议政性常委会议，从优化国土空间开发格局、营造良好生态环境、节约集约利用资源、加强法律和制度保障等方面，积极建言献策。召开人口资源环境发展态势分析会，开展系列实地视察调研，委员们提出了加强南水北调中线工程丹江口水源地水资源保护利用，切实建立污染防治责任体系，确保“一库清水永续北送”；科学制定2020年到2050年低碳发

展路线图，强化区域联防联控和源头治理，切实加强以雾霾治理为重点的大气污染防治；着力把握生态、民生、经济平衡点，兴利避害推进防沙治沙；尽快出台《土壤污染防治法》，实施重大修复示范工程等建议。这些工作，反映情况实事求是，解决问题直奔主题，从不同角度推动建设美丽中国。

（四）高度重视改善民生和创新社会治理，维护社会和谐稳定

常委会把促进社会公平正义、增进人民福祉，作为履行职能的出发点和落脚点。围绕社会生活中的实际问题深入调研议政，包括制定完善高等教育质量评价标准，建立“上下联动、功能互补”的基层医疗服务新机制，抓好保障房建设和棚户区改造，推进军队文职人员队伍及制度建设，健全艺术人才培养体系、公共文化服务体系和文化市场体系，推进工业遗产、丝绸之路和水下文化遗产保护等。围绕创新社会治理提出具体建议，涉及全面推进农村社区建设，更好发挥社会组织在管理社会事务中的作用，推动将涉法涉诉信访纳入法治轨道，建立城市管理综合行政执法新体制等问题。组织委员开展科技、文化、卫生下基层活动，面对面服务群众。认真做好来信来访工作，及时反映群众利益诉求。

认真贯彻落实党的民族政策和宗教工作基本方针，就提高西部和民族地区职业教育水平、青海玉树地震灾后重建、加强和创新宗教事务管理、引导宗教与社会主义社会相适应等进行调研视察，举办政协民族宗教工作研讨会和民族界、宗教界委员反映社情民意座谈会，就少数民族文化事业发展情况开展民主监督。做好民族宗教界代表人士工作，帮助解决实际问题，鼓励与少数民族群众、信教群众加强联系，促进民族团结与宗教和睦。

（五）深化同港澳同胞、台湾同胞和海外侨胞的团结联谊，广泛凝心聚力

实现祖国完全统一和中华民族伟大复兴，需要海内外中华儿女的共同奋斗。我们及时向港澳委员通报中共中央关于全面深化改革的重大决策和政协工作情况，组织港澳委员考察内地中西部地区水资源保护、能源利用、文化旅游等，开展推动金融管理体制改革专题调研。进一步密切与爱国爱港爱澳社团及代表人士的联系和来往，支持港澳委员关心港澳青少年工作，举办“香港大学生、中学生夏令营”和“澳门青年人才上海学习实践活动”，进一步发展和壮大爱国爱港、爱国爱澳力量。全面贯彻两岸关系和平发展重要思想，组织政协委员与台湾民意代表互访，加强同台湾有关社会组织和团体的交流往来，大力宣导“两岸一家亲”理念。以河洛文化、黄埔精神、书画艺术等为纽带，增进两岸民众的历史认同、文化认同和民族认同。开展推动台资企业转型升级专题调研，促进两岸经济合作。邀请海外侨胞列席政协会议、参加政协活动，加强与重点侨团的联谊交往，开展海外华文教育专题调研，围绕相关重点工作建言献策。

（六）积极开展对外友好交往，营造良好外部环境

常委会按照中共中央关于外交工作总体部署，制定加强和规范全国政协对外交往工作的意见。务实开展高层交往，加强同外国相关机构、重要智库、主流媒体、知名人士等对话交流，深入宣传我国改革发展成就、中国共产党领导的多党合作和政治协商制度、独立自主和平外交政策。加大“请进来”力度，壮大知华友华力量。围绕构建新型大国关系、营造稳定周边环境等召开国际形势分析会，开展重要涉外问题专题调研，为维护我国发展重要战略机遇期提出对策建议。发挥自身优势，有针对性就涉藏、涉疆等

问题阐明我国政策主张，坚决维护国家核心利益和主权安全。中国经济社会理事会加强与相关国际组织的联系，与欧盟经济社会委员会合作举办第12次、第13次中欧圆桌会议。中国宗教界和平委员会出席世界宗教和平会议第九届大会，参加亚洲宗教和平会议有关活动，加强与国际性、区域性宗教和平组织的友好交流。

（七）深入开展协商民主理论研究和实践探索，推进人民政协协商民主建设

常委会认真贯彻中共十八大和十八届二中、三中全会要求，从发展社会主义民主政治高度，推进人民政协协商民主建设。开展人民政协协商民主建设专题调研，7位副主席分别带队赴14个省区市，广泛听取党政领导、政协委员、民主党派成员、专家学者等各方面意见，认真总结各地成功经验，发挥中国人民政协理论研究会作用，专题研究人民政协协商民主建设中的重大理论和实践问题。创建双周协商座谈会制度，围绕推进建筑产业化、加强汽车尾气治理等议题共举办5次会议，邀请以党外人士为主的各界别委员和有关部门负责同志，面对面沟通交流、真诚协商。创新以专题为内容、以界别为纽带、以专委会为依托、以座谈为方法的协商形式，推动协商活动的多样化。加强与党政部门沟通协调，征求党派团体、地方政协等方面意见，制订全国政协2014年协商工作计划，从协商议题、协商形式、活动组织等方面作出明确安排，推动协商于决策之前和决策实施之中。

（八）以开展党的群众路线教育实践活动为契机，切实加强自身建设

根据中共中央统一部署，全国政协党组深入开展党的群众路线教育实践活动，聚焦形式主义、官僚主义、享乐主义和奢靡之风，查摆突出问题，狠抓整改落实，相关重要整改意见经主席会议研究审议后实施。认真贯彻中共中央八项规定，规范调研视察工作，避免选题重叠和时间、地点过于集中；规范各类会议活动，精简文件简报；严格执行公务接待标准，压减一般性支出等，在转变作风上取得明显成效。

大力加强制度建设。建立主席办公会议制度，研究落实全国政协重点工作。以加强与非中共委员、京外委员、港澳委员等联系为重点，建立和完善主席会议成员、专委会、政协机关等多层次联系服务委员制度，推进政协领导到地方调研时与驻在地全国政协委员座谈交流制度化。进一步建立健全发挥界别、专委会和政协机关作用的机制，切实加强同民主党派和无党派人士关于政协工作的协商，活跃有序开展界别调研、界别座谈、界别联谊，整合专委会资源开展重大课题联合调研和协商议政，提升机关干部队伍素质，完善政协机关服务保障机制，人民政协自身建设取得新进展。

扎实推进各项经常性工作。加大重点提案督办力度，全年开展各种形式的提案督办活动28次，办复提案5396件，办复率99.8%。健全社情民意信息分类搜集、综合分析和整理报送机制，及时将调研视察和协商座谈成果通过信息上报中共中央，全年编报政协信息192期，转送相关信息737件，反映各方面意见建议1700多条。以提高质量为核心改进大会发言，鼓励委员即席发言，强化协商活动的交流互动。制定政协文史资料选题协作规划，推动西部大开发等重点专题史料的征集出版，运用新媒体新技术开展口述史料征集工作。完善政协新闻宣传工作机制，深入报道政协组织和政协委员履行职能的成果，重要会议实现网络实况直播。

各位委员，过去一年全国政协工作取得的成绩，是以习近平同志为总书记的中共中央坚强领导的结果，是各级党委、政府和社会各界大力支持的结果，也是人民政协各参

加单位、各级组织和广大委员团结奋斗的结果。这里，我代表全国政协常委会表示衷心的感谢！

总结一年来人民政协的履职实践，我们深刻认识到，做好新形势下政协工作，必须始终坚持正确政治方向，把坚持中国共产党的领导，坚持和发展中国特色社会主义，作为坚定理想的主心骨、牢固信念的压舱石，坚持多样中有主导、求统一，坚定不移地走中国特色社会主义政治发展道路。必须切实贯彻实事求是思想，自觉立足社会主义初级阶段基本国情，不回避问题，不超越阶段，努力使提出的思路、对策和建议科学合理、切实可行。必须大力弘扬改革创新精神，善于运用创新思维开展工作，推进理论政策创新、体制机制创新、方式方法创新，不断增强人民政协生机与活力。必须积极践行履职为民理念，深入界别群众和基层群众听取意见、反映诉求，拒绝冷漠和懈怠，努力维护和实现群众利益，切实做到人民政协为人民。

我们也清醒地认识到，与新形势新任务要求和广大政协委员、人民群众期望相比，一些工作还存在不足，需要切实加以改进。比如，有的协商议政活动实效性不够强、质量有待提高，民主监督还比较薄弱，联系服务委员的办法还不够多等。真诚希望广大委员对常委会工作提出批评和建议，以利我们把今后的工作做得更好。

二、2014 年工作部署

2014 年是全面深化改革的第一年，是完成“十二五”规划的关键一年。人民政协工作的总体要求是：深入贯彻落实中共十八大和十八届二中、三中全会精神，贯彻落实习近平同志系列重要讲话精神，高举爱国主义和社会主义旗帜，坚持团结和民主两大主题，坚持稳中求进的工作总基调，聚焦全面深化改革，着眼提高经济发展质量和效益、促进社会公平正义和增进人民福祉，深入调查研究，积极建言献策，推进协商民主，加强工作创新，为全面建成小康社会作出新的贡献。

（一）进一步加强中国特色社会主义理论体系学习

继续深入学习贯彻中共十八大和十八届二中、三中全会精神，深入学习贯彻习近平同志系列重要讲话精神，加强中国特色社会主义理论体系主题教育，不断增强道路、理论、制度自信，巩固人民政协团结奋斗的共同思想政治基础。培育和践行社会主义核心价值观，提升价值判断力和道德责任感。按照中共中央统一部署，以组织新中国和人民政协成立 65 周年庆祝活动为契机，大力宣传新中国成立以来的光辉历程和伟大成就，认真总结人民政协蓬勃发展的生动实践和宝贵经验，引导参加人民政协的各党派团体和各族各界人士始终不渝地坚持中国共产党的领导，始终不渝地坚持和发展中国特色社会主义。

（二）紧紧围绕重大改革举措的出台和贯彻实施献计出力

围绕全面深化改革的重点领域和关键环节，就发展混合所有制经济、深化财税体制改革、完善金融市场体系、深化科技体制改革、健全城乡发展一体化体制机制、转变政府职能、改革司法体制和运行机制、社会保障制度改革、医药卫生体制改革、加快完善互联网管理体制、健全国家自然资源资产管理体制等深入调查研究，反映社情民意，为党和政府决策提供参考。针对重要改革举措贯彻执行和改革任务落实完成情况，积极开展民主监督，坦诚提出建议和意见。正确对待改革涉及的利益格局的深刻调整，及时反映界别群众愿望诉求，切实做好协调关系、化解矛盾、理顺情绪、解疑释惑的工作，更好引导所联系成员和群众理解改革、支持改革、参与改革，努力为全面深化改革营造良好环境。

（三）努力促进经济持续健康发展与社会和谐稳定

围绕推进新型工业化和新型城镇化、保障国家粮食安全、调整产业结构、防范区域性和系统性金融风险、控制和化解地方政府性债务风险、促进京津冀等区域协调发展、加强大气污染防治和生态保护、提高对外开放水平等重大任务以及推进建设丝绸之路经济带、21世纪海上丝绸之路等重点工作，加强调查研究，开展民主监督，提出意见建议。着眼保障和改善民生，就实施更加积极的就业政策、健全社会保障体系、促进教育公平、发展残疾人事业、创新社会治理和公共服务、推进集中连片特困地区扶贫攻坚等问题调研议政，提出针对性和建设性强的意见和建议。重视发挥民族、宗教界委员的作用，密切与少数民族群众和信教群众的联系，开展优化民族地区产业布局、农村宗教事务管理等专题调研，推动民族地区加快发展、团结和谐，发挥宗教界人士和信教群众在促进经济社会发展中的积极作用。

（四）充分发挥人民政协作为协商民主重要渠道作用

认真组织实施全国政协2014年协商工作计划，深入调查研究，广泛协商交流，搞好成果转化，以“发挥市场在资源配置中的决定性作用和更好发挥政府作用”、“深入落实八项规定精神，以优良的党风政风带动民风社风”为题，召开专题议政性常委会议；以“深化产教融合、校企合作，加快现代职业教育体系建设”、“构建现代公共文化服务体系”为题，召开专题协商会；以“化解产能过剩矛盾”、“规范农村土地流转”等为题，通过双周协商座谈会等形式开展协商议政，确保协商计划落到实处。加强与地方政协协同，着眼推进协商民主广泛多层制度化发展，继续研究和探索人民政协协商民主建设，专题协商更加重视科学选题和研究论证，努力提出务实具体的对策建议；对口协商更加重视加强政协专委会与党政部门的沟通协商，有效推进成果转化；提案办理协商更加突出重点、注重实效，提高提案质量，加强对党派、团体提案和重点提案的协商办理；界别协商更加重视发挥界别作用，推动界别协商与专题协商、对口协商、提案办理协商、双周协商座谈会等相融合。

（五）进一步巩固和加强海内外中华儿女大团结

坚定不移地贯彻“一国两制”、“港人治港”、“澳人治澳”、高度自治的方针和基本法，就国家经济社会发展和政协工作及时向港澳委员通报情况，围绕加强港澳委员在内地和港澳发挥双重积极作用的制度建设、完善内地与港澳交流往来等课题开展调研。全面贯彻对台工作大政方针，拓展和深化与台湾有关方面的交流合作，加强与台湾民意代表和基层民众的交流，围绕两岸经贸文化交流合作等课题建言献策。加强对海外侨胞和归侨侨眷特别是华裔新生代的联系交流，围绕海外侨胞在公共外交中的作用等问题开展专题调研，促进海外和谐侨社建设，更好发挥爱国侨胞力量。

（六）不断深化人民政协对外友好交往

认真贯彻中共中央对外工作总体部署，更好发挥人民政协在对外交往和公共外交中的积极作用，进一步做好高层互访，推进与各国特别是周边国家交流与合作，服务国家整体外交。在对外交往中加强对中国共产党领导的多党合作事业、人民政协协商民主等方面的宣传，加深国际社会对中国的了解。继续支持中国经济社会理事会、中国宗教界和平委员会扩大在国际多边领域的影响力和话语权，努力为营造良好国际环境发挥积极作用。

三、以改革创新精神加强履职能力建设

中共十八届三中全会明确提出了全面深化改革总目标。我们要紧紧围绕这个总目标，切实把改革创新精神贯穿到履行职能的各方面和全过程，进一步改进履职方式、提高履职能力、增强履职实效，着力推进履职能力现代化，努力在党和国家事业发展中发挥更大作用。

（一）牢牢把握团结和民主两大主题

团结和民主是人民政协性质的集中体现。人民政协作为最广泛的爱国统一战线组织，在爱国主义和社会主义旗帜下，坚持和发展中国特色社会主义，为实现中华民族伟大复兴的中国梦而团结奋斗，这是共同思想政治基础。这个基础既是加强团结的基础，也是发扬民主的基础。在人民政协，团结是方向、是目的，必须始终着眼团结、不断增进团结、努力扩大团结；民主既是目的也是手段，通过充分发扬民主，鼓励委员提出批评和建议，促进各方面意见的讨论交流，从而不断增进共识、加强团结，这是党和政府改进工作的需要，是群众路线在政协工作中的生动体现，是人民政协活力迸发的象征。要紧紧围绕团结和民主两大主题，坚持求同存异、民主协商，坦率务实地交换意见，真诚相待、肝胆相照，拒绝浮躁和脱离国情的极端倾向，在充分发扬民主中不断夯实团结奋斗的共同思想政治基础，努力寻求最大公约数，增进最大共识度，形成最大凝聚力，共同推进民族复兴伟业。

（二）积极搭建协商民主平台

人民政协作为协商民主重要渠道，需要更多更好地搭建平台，拓展民主形式，增加协商密度，让委员愿讲话、敢讲话、讲实话。要充分运用好全体会议、常委会议、专题协商会等形式，使政协经常性规范性协商平台更好发挥作用；不断完善双周协商座谈会等新的协商平台，更加灵活经常地开展专题协商、对口协商、界别协商、提案办理协商，为政协委员和各界人士提供更多发表见解、沟通对话的机会；积极搭建委员之间、委员与政协常设机构之间、委员与党政部门之间多种形式的交流平台，增进委员对各相关方面工作的了解；善于运用现代信息技术改进委员提案、大会发言、社情民意信息等工作，为委员履职提供更加便捷高效的载体；注重加强对重要协商的宣传，提高协商透明度，促进协商成果转化应用。平台很必要，宽松和谐的环境更重要。在政协的各种会议和活动中，要始终坚持不打棍子、不扣帽子、不抓辫子的“三不”方针，提倡热烈而不对立的讨论，开展真诚而不敷衍的交流，鼓励尖锐而不极端的批评，努力营造畅所欲言、各抒己见的民主氛围。

（三）着力提升议政建言质量

人民政协拥有的重要话语权和广泛影响力，很大程度上靠所提意见、建议的质量和可行性，靠对复杂问题的正确见解和工作的预见性。政协的各种履职活动都要坚持问题导向，实事求是地提出问题、研究问题，不求题目大，但求切中要害。要把研究重点放在那些同全局紧密联系同时又力所能及的关键性问题上，汇集各方面专门人才，集中优

势智力资源，从不同角度提出可行的意见和建议，求得突破。调查研究始终是议政建言的基础所在，也是履职能力的重要方面。要深入实际，广泛听取各方面的意见，更多占有第一手材料，既充分了解问题的实际情况，又充分了解问题的来龙去脉，在深入研究论证的基础上，努力做到言之有据、不道听途说，言之有理、不主观臆断，言之有度、不偏激偏执，言之有物、不大而化之，使提出的对策建议符合客观实际、符合群众意愿，具有可操作性。

（四）充分发挥委员主体作用

政协委员是政协工作的主体，如何把每位委员的积极性主动性创造性充分调动起来并有效发挥出去，始终是人民政协的一项基础工程。要切实尊重和保障委员的各项民主权利，努力为委员履职尽责创造更好条件。要完善委员联络制度，充分发挥政协参加单位、专委会、界别、机关等联络服务委员的作用。联络贵在经常性，服务贯穿履职中，要强化组织依托、明确职责定位、拓展联络渠道，努力让每位委员在政协组织中都有发挥作用的领域。政协组织的调研和各类会议要尽可能扩大委员参与面，在地方调研要尽可能多安排当地的全国政协委员参加，更加方便京外委员发挥作用。政协委员既是荣誉，更是责任，这种责任是对国家的责任、对人民的责任、对政协事业的责任，要增强委员意识、珍惜委员荣誉、维护委员形象，牢固树立法治观念，严格遵守宪法法律，自觉锤炼道德品行，不断提高能力素质，无论是在本职岗位上，还是在社会生活和政协工作中，都要勤于学习、努力工作、严于律己，始终如一地承担起政协委员的责任和使命。

（五）切实推进履行职能制度化规范化程序化

人民政协履行职能要有必要的制度保证，通过制度实现规范化程序化，这样才能使各项工作保持经常性和有效性，避免随意性和流于形式。要加快履职制度建设与创新，对经实践检验证明行之有效的着力抓好落实，对不适应新形势新要求的抓紧修订完善，对缺乏制度规范的及时填补空白，做到制度设计、制定、实施、监督等程序和环节相衔接，与党的大政方针、政府部门的政策法规相配套，努力构建起科学规范的人民政协制度体系。要按照中共中央关于健全社会主义协商民主制度总体部署，进一步规范人民政协协商民主的内容、形式和程序。加强民主监督理论研究和制度建设。发挥制度作用关键在执行。要提高对制度贯彻落实的自觉性，强化制度约束力，切实把制度优势转化为履职实效。要从政协工作全局出发，以新的更高标准全面推进机关各项建设，更好发挥参谋助手、综合协调、服务保障作用。

各位委员，行进在全面深化改革新的伟大征程中，光荣与梦想激励着我们，责任与使命鞭策着我们。让我们紧密团结在以习近平同志为总书记的中共中央周围，高举中国特色社会主义伟大旗帜，以马克思列宁主义、毛泽东思想、邓小平理论、“三个代表”重要思想、科学发展观为指导，锐意进取，扎实工作，为夺取中国特色社会主义新胜利、实现中华民族伟大复兴的中国梦而奋斗！

在全国政协“深化产教融合、校企合作，加快现代职业教育体系建设”专题协商会上的讲话

（2014 年 6 月 3 日）

俞　正　声

今天的专题协商会开得很好。延东同志代表国务院出席会议，向大家介绍了职业教育的基本情况和存在的主要问题，谈了职业教育改革发展的几个重大课题，以及进一步推进职业教育工作的有关考虑，并对委员发言作了回应。会上，共有 27 位同志作了发言，12 个部门的负责同志出席会议并同委员们深入协商交流，会议氛围很好，形成了许多共识，提出了不少好的意见和建议。我下面谈三点意见，和大家交流。

一、深刻认识发展职业教育的重大意义

党中央、国务院始终高度重视发展职业教育。党的十八大首次明确提出加快发展现代职业教育，十八届三中全会进一步要求加快现代职业教育体系建设，深化产教融合、校企合作，培养高素质劳动者和技能型人才。职业教育问题关系我国经济长远发展，关系亿万劳动力就业，既是教育问题，更是重大的民生问题和经济问题，其重要性我们仍远远认识不足。

*第一，大力发展职业教育是我国经济转型升级的必然要求。*当前，我国正处于经济转型和产业升级的关键时期，急需提高劳动力的技能水平。我在上海工作的时候，就深深感受到了这一点。沪东船厂建造 LNG 船，就是运载天然气的船，大量使用殷瓦钢，很薄，耐腐蚀、耐低温。制造这个船的关键是焊工。这种焊接技术不是人保部负责颁发证书的，需要到国际船级社考证书。沪东船厂下大本钱培养焊工，焊工是关键，没有他们，不能建造 LNG 船。建造 981 钻井船也一样，我曾经问船厂厂长，你们制造这个船还有什么难点吗？他告诉我难点就是焊工，他们辛辛苦苦培养的焊工，很容易就被别的地方船厂挖走了。我说，你们不能增加一些工资吗？他说上海的房价太高了，焊工们承受不起。上海如果还要继续发展制造业，技工是关键。如果不把技工的待遇水平提上去，不给技工平等的户籍待遇，不对技工实行和大学生同等的政策，对技师实行同硕士、博士同等的政策，上海制造业的优势就会逐渐丧失。所以，培养和造就一大批高技能人才，对于实现从中国制造向中国创造转变十分关键。

*第二，大力发展职业教育是扩大就业的战略途径。*当前，我国经济下行压力较大，就业问题变得更加突出。速度低一点不可怕，就业如果出了问题，是不得了的。稳定就业的关键是让劳动者掌握技能。前几天在一个会议上，万科的一个副总发言说，如今施工企业的木模工，每月要给 1 万元工资。现在工地上基本都是钢模板，做木模比较少，木模工报酬这样高，说明了什么？说明木模工紧缺。一方面是不少人找不到工作，另一

方面是高技能人才十分短缺，这就是我国就业的现状。要解决就业问题，必须想办法增加掌握职业技能工人的数量。我曾经考察过两个民族学院，发现民族文化、民族历史专业的学生很多，西藏有大量的学生来北京学习研究民族历史、民族文化，将来毕业怎么就业？当然西藏自治区对大学毕业生实行全包，但全包是难以持久的。现在学生愿意学习文科。上海的许多高中毕业生不愿考理工科，而愿意学习金融、财会等专业。学财会的学生毕业后还相对好就业一些，但是金融专业的学生毕业后是没有那么多就业岗位的。所以，从就业的角度看，我们的学校必须面向市场培养学生，帮助学生掌握职业技能。要努力调整教育结构，积极推动相关地方院校向应用技术型学校转型。

*第三，大力发展职业教育是缩小贫富差距的有效方法。*中国贫富差距最大的是城乡差距。缩小城乡差距，就要使农村的一部分人口转移进入城市，在城市二、三产业就业，这就需要通过大力发展职业教育，提高农民特别是青年农民的职业技能。从一定意义上讲，重视职业教育是一个关心群众生活、践行群众观点的问题。我到一些地方贫困农村调研时，感到贫困的原因大多是土地贫瘠、生产条件差，年轻人除了接受教育，寻找新的职业，很难有其他从根本上脱贫的出路。这些年轻人也不可能都上大学，即使上了大学也没有那么多就业岗位。所以，对于贫困地区和一些民族地区来说，要想改变贫困状况，重要的是发展职业教育，培养劳动者的职业技能。发展民族地区的职业教育，还要想办法让民族地区的劳动者融入现代化的工业和服务业，使少数民族群众和汉族群众共同劳动、共同生活，不能只培养与民族文化、民族工艺相关的技能。还要注重掌握国家通用语言文字，这不仅是语言问题，而是一种必备生活技能。发展民族地区职业教育的着眼点和立足点，第一是脱贫，第二是促进各民族间的交流交往交融，要切实本着这两点谋划和推进。

二、高度重视发展职业教育

发展职业教育，要重视解决观念问题。不少委员发言也都谈到了这一点，我认为有几个方面的观念需要转变。

*一是优秀人才是不是都要上大学？*社会上普遍对职业教育和技能人才存在偏见，一谈到“技校”、“技工”，往往觉得低人一等，认为高分学生都上大学了。客观上，很长时期内，职业教育的分数线不可能高于优质大学，国外也是如此。但分数高就一定水平高吗？水平高就一定要上大学吗？不一定。上午有的委员举了现实生活中的几个例子，都是从普通的工人成长为高技能人才，就很有说服力。上海有两个非常优秀的工人，李斌和徐小平。李斌是上海液压泵厂高级技师，搞数控机床研究，掌握了加工中心软件的核心技术，并有所改进和创新。徐小平是上海大众汽车技术专家，上海大众的电主轴，长期依靠国外提供，并由国外维修，维修一次要花费几十万元。徐小平探索自主维修，外方连备件、图纸资料等都不愿提供，但他刻苦钻研，对整个电主轴进行解剖，绘制了图纸，掌握了技术。他们都成立了工作室，带硕士、博士。这样的例子还有很多。现在社会上对技能人才的重视远远不够，应在全社会大力弘扬尊重劳动、崇尚技能、多样化成才的理念，提高技能人才的职业认可度和社会地位，努力营造良好环境。

*二是高中是不是比中职更重要？*高中比中职重要，这是很多领导干部的想法。从有的县里、地市甚至到省里，对职业教育的重视往往只是承诺在口头上。县委书记、县长

最重视的是县一中、二中，因为有升学率的压力，而职业教育上面再怎么强调都不重视。这里面有个办学观念的问题。办学为了什么？是为了学生，不是为了面子，要考虑大多数人，特别是生活、就业困难的家庭需要。无论公办还是民办、高中还是中职，都应该坚持学生为本、就业为先，把工作重心放在如何真正为学生考虑、如何更好适应市场需求。一些地方对办职业学校兴趣不大，但对办大学热情很高。比如许多省每个地市都有一个学院。去年，我到一个贫困地区调研，当地同志就提出希望支持他们办一个综合性大学。我说你办大学干什么？农民这么困难，职业学校设备这么破旧，应把钱用在“刀刃”上，重点把职业学校办好，帮助农民掌握技能、脱贫致富。办学观念不转变，职业学校是很难办好的。

三、切实加大对职业教育的投入

加大投入是搞好职业教育的前提。“十一五”以来，中央财政对职业教育投入超过500亿元，对职业教育发展起到有力推动作用。但总体上看，职业教育投入仍然不足，普遍低于普通高中。

职业教育要不要大的投入？我认为与普通高中相比，职业教育无论是运行经费还是一次性投入，都需要更多资金。刚才一位同志讲到职业教育的运行费是普通高中的1.5倍，实际上职业教育比高中教育更为复杂。高中教育面向高考，全国有统一标准的教材，而职业教育面向更为复杂的就业市场，在教学组织、教材体系建设等方面没有统一规范。同时，职业教育还需要建设高水平的实训基地。现在和过去情况不同，过去是计划经济，工厂有自己的技校，实训基地就在工厂，现在做不到这一点，校企合作也无法达到过去的水平。现在有的所谓校企合作，实际上就是让技校的学生到工厂里去当工人。有的企业与技校开展合作，学生到工厂实习一年，技校拿到一笔收入，企业得到低廉劳动力，各有利益所得，这不是真正意义上的实训基地。

职业教育没有大投入是不行的，关键是我们下不下这个决心。从各地情况看，决心还不够。我到新疆调研，参观了五六个中职学校，援疆省份帮助建的职业学校设备较好，但也有个适用性问题，到其他一些中西部省份看到的职业学校，大多设备极差，所谓实训是糊弄学生的。车工专业只有小型台式仪表车床，摇把都晃荡了，拿一个铁棍磨尖做车刀，卡盘上夹一个木头就学车工。这样的中职教育不是坑学生吗？因此，一定要切实加大对职业教育投入力度，推动教育经费增量向职业教育倾斜；抓紧制定和出台职业教育生均经费标准，建立长效投入机制。职业教育投入如果没有一个标准，办学就会以赚钱为目的、以扩招为手段，损害教育教学质量，影响职业教育社会声誉。

需要强调的是，发展职业教育不只是政府的责任，还要广泛调动社会力量参与。当前，民营投入职业教育面临一些障碍，主要是体制机制问题。比如，有些民办学校，收费高、工资高，国家能否投入？国家投入要有什么约束条件，使其不变成营利的一部分或教职员工高收入的一部分？等等。这些问题要研究、要有对策，否则，支持民办职校或是空话，或成为腐败的温床。要制定鼓励企业等社会力量办学的政策，既要有激励办法，也要有约束机制。否则，优惠政策到地方层面很难落地。因此，支持民办职业教育，一定要制定具体、可操作的办法或章程，使各方面都有所遵循、减少顾虑。

最后提一条建议，教育部、人力资源和社会保障部要着重研究解决具体问题。国务院相关文件明确了职业教育工作的指导思想和基本原则，要强化问题导向，一个问题一个问题地解决，把各项决策部署变成实实在在的具体办法，这样就能够推动职业教育实现更好的发展。

在政协第十二届全国委员会常务委员会第六次会议闭幕会上的讲话

（2014 年 6 月 25 日）

俞　正　声

这次专题议政性常委会议开得很好。中共中央政治局委员、国务院副总理汪洋同志应邀出席开幕会，作了一个内容丰富的报告。常委们围绕会议主题深入讨论交流，提出了许多对策建议。政协会议的特点，就是给委员们提供一个平台，鼓励大家把不同观点讲出来，使中央决策能够更加充分、广泛地听取各方面的意见。会后，办公厅要认真整理委员们提出的意见和建议，及时报送中共中央、国务院和有关部门。下面，我就政协委员如何贯彻落实中共十八届三中全会精神、更好地为全面深化改革献计出力讲两点意见，和大家交流。

一是切实加强对全面深化改革重大问题的调查研究。正确处理政府和市场的关系，始终是我国经济体制改革的核心问题。如何使市场在资源配置中起决定性作用和更好发挥政府作用，有很多问题需要深入研究，党委和政府作决策也需要充分听取各个方面的意见和建议。比如，汪洋同志在报告中谈到全国政协委员的建议和成立上海自贸区有关。我在上海工作时，市里曾组织了包括全国政协委员和上海市政协委员在内的调研组，专题研究促进服务业发展。他们在研究报告中总结归纳出要着重解决好税制、管制、法治这三个问题，并提出了意见和建议。关于税制问题的建议就是服务业要推行“营改增”，以推动形成专业化的服务业发展体系。关于管制问题，有的同志提出，能否采取设立自由贸易区的形式，在管理体制和管理方法上进行改革试点，不搞税收优惠，重在探索创新审批和监管方式，以求得制度上的突破。这些建议对中央推进改革开放的重大举措发挥了作用。

再比如，对行业垄断问题怎么看？有的是自然垄断，有的是行政垄断，但即使是自然垄断也需要改革。像电网公司，如果再向上下游延伸，自己或和他人合资生产变压器、电缆这些设备，对相关制造业的平等竞争会带来不利影响。这方面虽然形成了共识，但至今仍没有具体规定进行约束。像国有企业改革、行政管理体制改革、电网要不要搞输配分离等问题，都有很多分歧和不同意见，都需要好好研究。

又比如，中共十八届三中全会《决定》提出要改革完善农村宅基地制度问题。如果农民住房及其宅基地能够在市场上转让，对农村来说是一项重大变化，能给农民增加很多财产性收入。但这件事也相当复杂和艰巨。在转让中如何体现宅基地的集体产权属性，如何有效防止大量宅基地向有钱人或有权人集中，造成农村收入分配差距更加显性化，都需要我们重点关注、深入研究。

还比如，财税体制改革中一项非常重要的举措，就是在清理基础上禁止搞地区性税收优惠政策，这是关系到建立统一市场的关键问题，也是抑制产能过剩的重要手段。这些年产能过剩严重，根本原因是发展过快、票子过多、需求猛增，一个不能忽视的重要原因是各地纷纷出台地方财政收入返还、零地价等优惠政策。可以说，这些做法严重妨碍了统一市场的形成，扭曲了对资源配置的市场作用，妨碍了公平竞争。因此，彻底清理妨碍全国统一市场和公平竞争的各种规定和做法，是个重头戏，但实施起来难度很大。不下决心推进，统一市场就难以实现、重复建设问题就难以解决。而要下决心解决，一些地方政府过去的承诺就会落空，还可能引起部分企业的经营困难以及部分产业的转移。对这些问题，也需要我们加强研究。

以上这些例子，包括很多类似的问题，都是使市场在资源配置中起决定性作用和更好发挥政府作用需要解决的重要问题，也是政协委员需要深入研究的重要问题。研究这些问题光靠中央各部门是不够的，需要集思广益，多种不同意见的比较，才能有正确的决策。政协委员来自四面八方，希望对这些较深入的问题有见解的委员，积极围绕这些问题更好地参政议政、建言献策，为破解改革中的难点问题提供思路和方法，为解决改革措施执行中的具体问题提出对策和建议。

*二是要切实加强民主监督。*改革必然触及深层次矛盾和重大利益调整，这就需要切实突破利益固化的藩篱；另一方面，政府行为也存在缺位、越位和不到位的情况，这些都需要政协委员认真履行民主监督职能，客观真实地提出意见和批评，帮助党和政府发现问题、解决问题。比如，刚才讲的区域性财税优惠政策就是一个很尖锐的问题，中央首先要制定出既符合地方实际又考虑历史因素的科学规范的实施办法。一旦政策措施出台，必须坚决贯彻执行，这就需要切实加强各方面监督。有的同志问，怎样才算是民主监督？把问题讲出来就是民主监督。前几天，中央统战部召开党外人士专题调研座谈会，有同志反映在金沙江中下游的开发中，同一个电站对所涉及两个省居民的补偿标准不一致，对通航问题重视不够，当地群众反映很强烈。这个意见可能正确，也可能部分正确，提出来就是对政府工作的督促和帮助，就是监督。希望同志们加强对改革中问题的监督，通过调研，发现问题，提出问题，这就是批评和监督，对我们的改革发展很有好处。

前不久，全国政协召开了“利用大数据技术提升政府治理能力”双周协商座谈会，会上我了解到，推进政府电子政务建设至今没有一个明确的牵头部门。为什么要有牵头部门？第一，这涉及法律问题，没有法律依据，各级政府和部门对公开数据就缺少主动性和约束性。数据不公开，发展利用数据的产业就是无源之水。第二，要有规范和标准，各级政府和部门的数据连接需要有统一标准，否则很难形成有机衔接的管理系统。第三，基于安全方面考虑，要确保数据查询的安全性和合法性。上海早些年建立了一个住房信息系统，国家有关部门要求统一联网，但法律法规没有查询授权的明确规定，联网后的信息安全如何保障？这都是大问题，需要有一个牵头部门来统筹规划，协调推进。还有涉及城管的问题不少，但至今也没有一个部门牵头负责，城管的法律地位、行为界限和行为方式等没有明确规定，这其实是政府行为的不到位。乱收费的问题更应加强监督，有的省非税收入占财政收入的四分之一以上，应该下决心解决了。总之，在中央改革举措的贯彻执行中，因为很多涉及利益冲突和利益调整，一些地方和部门容易出现执行不坚决、不彻底的情况。希望各位委员在加强民主监督上下功夫，敢于和善于提出问题，切实抓住改革发展和工作中的薄弱环节，及时向党和政府反映，为全面深化改革各项举措顺利实施发挥积极作用。

各位常委，上半年全国政协工作任务很重、节奏很快，开展了大量调研，增加了协商密度，经过大家共同努力，各项工作顺利推进，取得积极成效。下半年的工作仍然很繁重，比较大的有这么几件事：一是召开以“构建现代公共文化服务体系”为题的专题协商会。二是召开以“深入落实八项规定精神，以优良的党风政风带动民风社风”为题的专题议政性常委会议。请办公厅和有关方面积极借鉴专题协商会和双周协商座谈会的成功做法，深入研究如何使常委们讨论交流更集中、意见建议更有针对性，进一步提高会议实效。三是召开以学习贯彻中共十八届四中全会精神为主要内容的常委会议。四是举行庆祝人民政协成立65周年大会，习近平总书记将在会上发表重要讲话，为今后的政协工作指明方向，我们要全力做好筹备工作。此外，下半年还要召开12次双周协商座谈会，开展一些重要的视察调研活动。希望大家齐心协力，认真完成好全国政协今年的各项工作。

在全国政协“构建现代公共文化服务体系”专题协商会上的讲话

（2014年7月22日）

俞 正 声

刚才，奇葆同志作了一个很好的讲话，介绍了现代公共文化服务体系建设的现状和下一步工作安排，提出了需要着力研究的问题，讲得很清楚、很明确。今年全国政协按照中共十八届三中全会的要求，适当增加协商密度，专题协商会由原来的每年一次增加到两次。6月份已经召开了第一次，以“深化产教融合、校企合作，加快现代职业教育体系建设”为议题。今天是第二次，专门研究构建现代公共文化服务体系。这个题目是根据中央政治局常委会议精神，列入专题协商的内容，这充分体现了中央对公共文化建设的重视。

致力于社会主义文化建设是人民政协的一项光荣使命，也是人民政协的优良传统。政协章程明确规定，人民政协要通过各种形式，积极传播先进文化，弘扬和培育民族精神。长期以来，各级政协在文化遗产保护、文史资料征集、促进文化繁荣发展等方面做了大量工作。比如，全国政协书画室、京昆室，坚持“书画会友、翰墨传情”和“戏曲为媒、联系各界”的工作理念，组织联系政协委员进行书画创作和戏曲交流。教科文卫体委员会、文史和学习委员会围绕文化建设开展了大量专题调研，提出了许多有价值的意见和建议。过去全国政协专题研讨文化工作还不够多，今后要围绕文化建设问题深入开展研讨，努力做到切口小一些，议题专一些，研究深一些，讨论更充分一些。下面我谈三点意见。

一、关于认识问题

公共文化服务体系建设是文化建设的重要内容。文化建设涉及价值观和道德建设，关系民族精神的培育和弘扬，关系国家核心竞争力和长治久安。文化传承和文化建设不可以自由放任，人们的思想道德和价值观需要长期精心培育。最近台湾反服贸协议事件，其原因很多，其中一个重要原因是陈水扁时期大幅度修改历史教科书，推行“去中国化”的后果。这充分说明，价值观是需要培育的，一个国家和民族的凝聚力也是需要培育的。我们党的红色历史传承同样需要在潜移默化中实现。我在上海工作时，有一个全国人大代表，是一个民营企业的负责人。她跟我说，她们公司组织了一趟去红安的旅游，看了红安革命烈士纪念馆，大家感动得都哭了，晚上看了一场戏剧，又哭了。她说，没想到中国革命牺牲了那么多人，也没想到有那么多人自觉自愿地英勇奋斗和献身。她这番话，我一直记在心上。我刚到湖北时，就去参观红安烈士纪念馆和烈士陵园，以后去过多次，每次看了以后都很感动。馆里面展出了很多为革命献身的人物和事迹，其中有一个人是张体学同志的夫人。张体学同志是湖北的老省长、老红军，在湖北人民群众中威信非常高。张体学同志的夫人在红军时期被捕，国民党把她的乳房割了、膝盖打断了，但是她英勇不屈，直到最后牺牲。我没想到一个年轻企业家，看了这个馆，会有这么强烈的反应！可见红色革命精神有些人是不了解的，有些人甚至是不信的，需要以一定的形式宣传和弘扬。当时这个馆已经很破旧了，我们下决心进行了整修，用现代手段对纪念馆进行升级改造，并在红安建了党校的分校。在党校学习不光要念书，还要到烈士纪念馆和烈士陵园瞻仰凭吊，看一看烈士的事迹，静下心来深入想一想自己入党为什么？参加革命为什么？当干部要做什么？红色革命传统教育不能单纯靠说教，而是需要培育和熏陶的。

其实，在其他国家也是如此。我在美国参观了肯尼迪墓，墓旁刻着一行字：不要问国家为你做了什么，而要问你为国家做了什么。这说明什么呢？说明美国也在用他们的价值观影响和熏陶年青一代。你看美国大片很热闹，但实际上在潜移默化地进行他们的爱国主义教育。我在美国华盛顿还参观了越战纪念碑，碑上刻有5万多名美军阵亡士兵的名字。我问陪同的导游，你知不知道在这场战争中越南人死亡了几十万、上百万？他说听说过。我又问他，你们为什么不给越南人立个纪念碑呢？他说美国议会没人提出过。这说明不同的国家都时刻在用他们的价值观熏陶和影响自己的国民。哪里有什么普世价值？如果我们在这方面不重视，我们优秀的文化道德传承、核心价值引领就会逐渐淡化，乃至影响和危害国家统一、民族团结、社会和谐。香港为什么搞什么“占中”，有的个别人甚至主张“港独”？这跟香港教育中关于国家意识、民族意识的内容太少有关。特区政府曾经想在教科书中加入这方面的内容，但没有通过。所以，我们一定要重视文化工作，重视公共文化服务工作。

我想起新疆的事情。新疆极端宗教影响为什么这么大？极端宗教对新疆的一部分群众，特别是对南疆的维吾尔族群众，影响之快之大，是我参与新疆工作之前没有想到的。这也与伊斯兰教影响力减弱有关，与传统维吾尔族优秀文化的传播和影响力减弱有关。先进的、积极向上的文化会产生正向激励，错误的、极端的文化会产生反向激励。新疆的极端宗教就是一种反向的激励。我看到《新华社内参》报道，在乌鲁木齐的书店买不到维吾尔文的《古兰经》。印刷出版《古兰经》和解经读物不需要复杂的编辑，不涉及稿酬，而我们却没有能够满足群众的需要，这不是一个很大的失误吗？这不是对文化的忽视吗？不是对宗教文化思想领域占领的忽视吗？同样，在南疆的很多农村，维吾尔族传统服饰和歌舞少了，穿黑袍子的多了。最近全国妇联的同志到新疆调研，提了四条建议，其中一条是重点做好洗尸女的工作。这些洗尸女一般都信教也传教。妇联同志建议通过对口支援渠道，让这些洗尸女接触内地、了解国情，在潜移默化中影响她们的文化观念，并通过她们去影响其他维吾尔族妇女。我很赞成这个建议。另一条建议是出版一些维吾尔族的妇女儿童读物。极端宗教影响大、传播快的主要渠道是地下讲经，地下讲经主要针对妇女儿童。因为清真寺不许妇女进，我们规定不许对儿童进行宗教传播，学校里不讲，清真寺也不许进，这样阵地就出现了空白，野阿訇就到家里给妇女和儿童讲经，他们有的是为了挣钱，有的就有目的有组织地传播极端宗教。妇联提出出版一些妇女儿童读物，这是非常好的建议。文化工作是反对暴力恐怖主义的重要工作，是增加国家认同和民族认同的重要工作，这是不能忽视的。

最近到内蒙古调研，有的同志谈到，中央提出四个认同，即对伟大祖国的认同、对中华民族的认同、对中华民族文化的认同、对中国特色社会主义道路的认同，他们认为中华民族涵盖56个民族，中华文明不应该仅仅是黄河、长江文明，也应该包括草原文明，这样才能形成民族团结的文化基础。我不知道这个提法是否准确，希望有关同志认真研究一下。

二、发言中大家集中反映的几个问题

今天有27位委员作了口头发言，加上书面发言，总共有60多位委员发言。我认真听了大家的发言，中午又专门看了书面发言材料，大家的意见建议主要是以下五个方面。

一是文化设施和内容配套建设问题。近年来各地文化设施建设步伐加快，但也存在设施建设和内容建设不相匹配的情况。有些不该建的设施建了，有些硬件设施建了但缺乏配套的软件。我到一个市调研，全市200万人口，大多为农牧民，分布在8万平方公里土地上，年财政支出440亿元，城市建得非常漂亮。他们不仅建了博物馆、剧院，还建了一个很大的跑马场，我问一年赛几次马呀？他们笑了笑没说话。更不该建的是大型体育场、体育馆和游泳馆，200万人口的城市，建这么大的体育场馆干什么？我看了之后给他们提了一个意见，你们有钱花在教育上好不好？搞一个高标准的职业院校，搞一个高标准的医院，聘请一些高水平的医生，改善民族地区群众的就医条件好不好？这种文化设施建设与需求相脱节的现象，在很多地方普遍存在。这里面有些是发展中的问题，比如农村书屋，是需要在发展中逐步完善的。有些是政绩观出了问题。这个问题带有一定普遍性，应该引起重视。

二是处理好政府和市场关系问题。大家都赞成公共文化服务体系建设由政府主导，同时发挥市场作用。公共文化必须把社会效益放在首位，因此也必须由政府来主导。但是政府主导的公共文化建设，容易效率低下，因此要发挥市场作用。杨健同志讲了上海

引入专业化社会组织，创新社区公共文化服务方式的做法。上海很多地方通过社会组织管理若干个街道的文化中心和老年服务中心，这样做的好处是效率高。当然政府必须有一套明确具体的考核办法，或者通过第三方按照考核指标进行评估。政府用钱购买服务，不能以营利为目的，社会组织尽可能提高效率满足服务对象的要求，否则饭碗就没有了。我看到有的社会组织负责人是“海归”，他们管理得很好，效益很高。有的剧院采用企业管理模式，比如上海东方艺术中心、武汉大剧院，都是文化演出公司来承包，政府每年给一笔钱，要求必须演多少场，有明确的合同规定，其余的演出由市场机制来决定，这对于提高演出资源的利用率很有好处。

我们讲要发展文化产业，但要明确有的文化可以搞产业，有的文化形成不了产业。公共文化需要政府扶持，不能完全甩到市场上去。比如，博物馆、美术馆，肯定得要政府扶持。博物馆免费对公众开放后，各地博物馆的人气很旺，这是好事。有些文化是需要保护传承的，光靠市场解决不了，像京剧、芭蕾舞和一些地方剧种，不靠政府扶持，将很难生存发展。上海曾经举办京津沪京剧流派对口交流演唱会。我看了几次之后，越看越有味道。后来镕基同志又让上海市局级以上干部都去看，为什么呢？要传承文化。上海京剧院靠自己创收肯定要垮下来。瑞环同志曾经问上海京剧院的年轻演员收入是多少？3000 元。在上海 3000 元怎么能留住演员？所以一定要财政支持。民族文化、文艺、出版，光靠市场是困难的，因为市场小。内蒙古蒙族人 400 多万人，蒙文出版物市场很小，靠出版挣钱很困难。同样，维吾尔语、藏语电视节目广告收益不会很多。如果把民族文化推向市场，就等于让民族文化逐渐弱化，以至消亡，这不符合民族政策，更不利于民族团结。许多文化不能简单推向市场，但可以利用政府购买服务、投招标等市场办法，提高公共文化服务的质量和效益。对于一些走向市场的文化产业，需要财政支持的，要有明确标准，比如京剧下乡进院校给予多少补助，要与演出场次挂钩。大家在发言中还提出其他一些建议，比如要明确不同文化事业单位的功能定位，建立符合时代特点的管理模式和治理结构等。这些也是处理好政府和市场关系的重要内容，希望有关方面认真研究、积极推进。

*三是处理好传统文化传播方式和新媒体的关系。*新媒体是最快、最便捷的文化传播方式，影响力日益增强。上午刘敬民同志讲了，新媒体对年轻人的影响很大，比对我们这个年龄的人影响要大。我们这个年龄还习惯于阅读纸质书籍，年轻人则大量通过电脑、手机等进行网上阅读、获取信息资讯。新媒体的影响力，我们这个年龄的人感受不深，但不等于它不会成为文化传播的主流。怎样利用新媒体传播公共文化，培育核心价值观，增强国家和民族的凝聚力，这是一个重要课题。这里面包括如何把传统文化载体和内容数字化，数字化之后如何向公众开放，开放到什么程度等一系列需要研究的问题。

最近伊斯兰教协会办了维文网站，我看了很高兴，这对于提高新疆伊斯兰教教职人员的文化水平很有帮助。网站提供各种解经版本和讲经音视频，内容很丰富，阿訇们和信教群众可以通过网站很方便地进行学习。统战部建议还要做成手机版，这样就更好了。在公共文化建设中不能很好地利用新媒体，就是放弃阵地，就会失去青年，必须引起高度重视。

*四是基层文化服务问题。*我们对基层文化建设很重视，但是还不够。基层量大、面宽，每个村给 1 万元钱，全国就得多少个亿，而且钱到基层搞不好就被挪用了。给钱也

要有标准、建机制。对基层文化站要明确人员数量要求、任务要求、资金保证承诺等，还可以购买服务，通过竞争办法取得完成任务的资金，承担相应任务，并严格考核。但也要看到我国城乡区域间的差距在相当长时期是存在的，我在湖北、上海工作过，深知两个地区财力差距之大，短期内完全拉平是不现实的。公共文化服务只能是保基本、广覆盖，标准不能定得太高。

*五是政府部门改进管理问题。*有的同志提出，农家书屋的图书配送由出版部门负责，不是文化部门管的，出版部门配送图书难以适合老百姓的阅读需求。如果改由图书馆系统管理配送，是不是会好一点？文化部规定文化站应该提供网络服务，农家书屋也要能上网，这需要几个不同部门之间协调配合、统筹管理。上午有的委员讲到完善直播卫星运营机制的问题。这个问题在新疆和西藏也比较突出。比如，西藏有安多方言、康巴方言和卫藏方言，这三种方言各有各的电视节目。这三种方言的电视节目都上直播卫星了，如何完善政策设计、改善运营服务，更好发挥直播卫星作用，应该引起相关部门的重视。

三、政协委员要主动投身公共文化建设

我们政协委员中汇集了大量的文化界优秀分子，有一大批著名作家、书画大家、戏曲名家、文史专家，还有许多长期从事文化管理和对外交流的政府工作人员、哲学社会科学界的知名学者、文化产业的领军人物。他们是优秀精神文化产品的创造者、生产者和传播者。同志们创作了很多优秀的节目，丰富了百姓的精神文化生活，满足了群众的需求。希望大家再接再厉，创作出更多思想深刻、艺术精湛、群众喜闻乐见的文化精品。政协组织要继续组织和联系委员进行书画创作、戏曲交流和文史资料的征集，开展好“三下乡”、“四进社区”、“送欢乐下基层”等活动，为委员投身公共文化服务体系建设搭建平台。同时要进一步加强与党政部门、民主党派、地方政协、文化机构等方面的协调配合，广泛动员社会各方面力量参与公共文化建设，积极促进党和政府有关政策的落实，努力推动形成有利于构建公共文化服务体系的良好氛围。

在政协第十二届全国委员会常务委员会第七次会议闭幕会上的讲话

（2014 年 8 月 27 日）

俞　正　声

经过大家共同的努力，这次专题议政性常委会议开得很好。这是政协常委会议第一次讨论党风廉政建设和反腐败方面的内容，会议主题是中共中央政治局常委会议审议全国政协 2014 年协商工作计划时确定的，体现了中共中央对发挥政协在党风廉政建设和反腐败斗争中重要作用的重视和支持。中共中央政治局常委、中纪委书记王岐山同志出席开幕会并作了一个很好的报告。常委们围绕会议主题积极议政建言，提出了不少好的

意见和建议，办公厅要认真做好整理报送工作。下面，我就人民政协为党风廉政建设和反腐败斗争献计出力，以及加强自身作风建设等问题讲三点意见。

一、坚决拥护党中央关于加强党风廉政建设和反腐败斗争的部署和决策

加强党风廉政建设和反腐败斗争，关系党的形象，关系人心向背，关系党和人民事业成败，是必须始终高度重视并切实解决的重大问题。中共十八大以来，以习近平同志为总书记的中共中央，坚持党要管党、从严治党，以作风建设为切入口，制定并带头落实八项规定，深入开展群众路线教育实践活动，以“零容忍”态度重拳惩治腐败，有腐必反、有贪必肃，“老虎”、“苍蝇”一起打，坚决查处一批重大违纪违法案件，始终保持对腐败现象、腐败分子的高压态势和强大震慑，同时加强制度建设，把权力关进制度的笼子里，推动党风政风明显好转，取得反腐倡廉的重大进展。

常委们一致表示，近期中共中央坚决查处周永康、徐才厚、苏荣等人严重违纪违法问题，充分体现了以习近平同志为总书记的中共中央建设廉洁政治的坚定意志，体现了党纪国法面前人人平等的基本原则，体现了中国共产党自我净化、自我完善、自我革新、自我提高的勇气和能力，凝聚了党心民心，弘扬了新风正气，遏制了腐败顽疾，赢得了全党全国人民衷心拥护和国际社会高度赞誉。

加强党风廉政建设和反腐败斗争是一项长期艰巨的历史任务。一年多来，我们的党风廉政建设虽然取得了显著成绩，但滋生腐败的土壤依然存在，反腐败形势依然严峻复杂。习近平总书记多次强调，要清醒认识反腐败斗争的长期性、复杂性、艰巨性，以猛药去疴、重典治乱的决心，以刮骨疗毒、壮士断腕的勇气，坚决把党风廉政建设和反腐败斗争进行到底。人民政协和广大政协委员要切实增强政治意识、大局意识、忧患意识、责任意识，始终在思想上、政治上、行动上与以习近平同志为总书记的中共中央保持高度一致。政协委员要充分发挥在社会上的影响力，多做反映群众诉求和社情民意的工作，积极了解和报送所在界别、群体对做好反腐倡廉工作的意见和建议；多做宣传引导和解疑释惑的工作，引导各界群众充分认识中国共产党坚定不移推进党风廉政建设和反腐败斗争的决心和意志，深入了解当前反腐倡廉工作面临的形势和任务，正确把握中共中央关于加强党风廉政建设的一系列重大决策部署，廓清对反腐倡廉存在的模糊认识和错误观念，最大限度地凝聚反腐共识、营造良好环境。

二、人民政协要为党风廉政建设和反腐败斗争积极献计出力

深入推进党风廉政建设和反腐败斗争，既是中国共产党的重大政治任务，也是全社会的共同责任。人民政协要立足职能定位、发挥优势作用，围绕党风廉政建设和反腐败斗争认真履行职能、积极献计出力。

*要切实加强对相关重大问题的调查研究。*腐败现象的滋生蔓延有经济、社会、文化、体制等多方面原因，深入推进党风廉政建设和反腐败斗争是一个复杂的系统工程，既需要严格依纪依法查处腐败案件，更需要深入研究其中的深层次问题，切实找出矛盾症结和解决办法。比如，强化权力运行制约和监督体系问题。中共十八大和十八届三中全会明确指出，必须构建决策科学、执行坚决、监督有力的权力运行体系。反腐败的关键是管住管好权力。这就需要通过深化改革，不断完善权力结构和运行体系，形成科学

有效的权力制约和协调机制，从源头上防治腐败。这些问题需要作出深入回答，希望政协委员结合自身实际加强调查研究，提出有价值的建议。再比如，运用法治思维和法治方式推动制度反腐问题。习近平总书记多次强调，要善于用法治思维和法治方式反对腐败，加强反腐败国家立法，加强反腐倡廉党内法规制度建设，让法律制度刚性运行。扬汤止沸，不如釜底抽薪。这是反腐倡廉的长久之策和治本之举，其中有许多问题值得深入研究，像建立严格、完善的反腐倡廉法规制度体系，切实形成不敢腐的惩戒机制、不能腐的防范机制、不想腐的思想教育和保障机制；提高反腐倡廉法律制度执行力，使之刚性运行、真正成为硬约束；增强法治观念、法治意识，不断提高依纪依法惩治腐败能力；等等。还比如，在各项改革中预防产生新的腐败问题。邓小平同志指出，“整个改革开放过程中都要反对腐败”，要“一手抓改革开放，一手抓惩治腐败”。改革是破旧立新的过程，如果不注意配套和衔接，不注意时序和步骤，也容易产生体制机制上的缝隙和漏洞，为一些人提供寻租、搞腐败的机会。所以，清除腐败是深化改革的必然要求。这次的全面深化改革，像农村土地流转、财税金融、混合所有制、公共资源分配等众多领域，都涉及利益的重大调整，要加强对新旧制度转换时序和步骤的研究，努力堵塞相关领域和环节改革的体制机制漏洞，避免出现制度真空，使推进改革与防范腐败统筹部署、同步实施，以改革的深化消除腐败的土壤，以反腐的成效保证改革的推进。

*要更加积极有效地开展政协民主监督。*深入推进党风廉政建设和反腐败斗争，需要加强包括党内监督、法律监督、行政监督、舆论监督等在内的各个方面的监督。延安时期，毛主席和黄炎培在“窑洞对”中就强调要“让人民来监督政府”。中共十八大后不久，习近平总书记在和民主党派中央领导座谈时指出，要继续加强民主监督，对中国共产党而言，要容得下尖锐批评，做到有则改之，无则加勉。人民政协民主监督作为社会主义监督体系重要组成部分，有助于党和政府充分听取各方面的意见、建议和批评，推进重大决策的科学化、民主化；有助于推动全面深化改革各项举措的顺利实施，及时发现和纠正可能出现的偏差或者失误；有助于共产党作风的改进和国家机关工作的加强，防止和消除腐败现象。政协委员要勇于监督、善于监督，重点围绕贯彻落实八项规定、反对“四风”情况，党和国家机关及其工作人员履行职责、遵纪守法、为政清廉情况，有关行业和领域的行风政风情况，重要法律实施情况，重大改革举措的落实完成情况和人民群众意见集中、反映强烈的问题等开展民主监督。要进一步探索和完善政协民主监督的有效形式，善于和政治协商、参政议政相结合，贯穿于提案、视察、调研、大会发言等经常性工作，体现到发挥人民政协协商民主重要渠道作用全过程，更加灵活、经常地开展。这方面，各级政协组织和广大政协委员进行了许多探索创新。比如，一些政协委员通过提案、大会发言等形式，长期呼吁对“车轮上的腐败”问题进行彻底改革，为切实推进公车改革作出了积极贡献。还有一些政协委员在法院、检察院等担任特约监督员、特约检察员，多年来大家认真履行职责，发挥了积极作用。今后，要切实按照司法体制改革的总体部署和具体要求，进一步提高监督意识、能力和水平，不断改进工作。

三、人民政协和广大政协委员要切实加强作风建设、树立良好形象

政协的作风建设与党风政风紧密关联，对民风社风有重要影响，必须高度重视、切实加强。全国政协十二届一次会议一闭幕，就按照中共中央统一部署和要求，把加强作

风建设作为开局起步的大事来抓，结合政协实际认真贯彻落实八项规定，深入开展群众路线教育实践活动，聚焦解决“四风”问题建章立制，在政协会议、调研视察、外事出访、机关服务等方面厉行勤俭节约、反对铺张浪费，改进了工作作风，提高了工作成效。但同时也要看到，这一年多来，我们先后撤销了苏荣等8人全国政协委员资格，虽然他们的问题基本上不是在政协履职过程中发生的，但对政协组织和政协委员的形象、声誉损害很大，令人十分痛心。政协不是腐败分子的藏身之地，我们坚决拥护和支持对他们依法依纪进行严肃查处，这也警示我们要更加重视搞好人民政协作风建设和反腐倡廉工作。下面，我提几点要求。

*一是要切实加强学习。*要深入学习中国特色社会主义理论体系，学习中共十八大、十八届三中全会精神，学习习近平总书记系列重要讲话精神，进一步坚定理想信念，把握正确政治方向，巩固共同思想政治基础。要把反腐倡廉和加强作风建设作为重要的政治必修课，认真学习贯彻中共中央加强党风廉政建设和反腐败斗争的重大决策部署，学习宪法和法律法规，学习中国传统文化中崇德向善、立身从政的积极内容，自觉从腐败案件和反面典型中受到警示教育，加强自我修养，提高精神境界，筑牢思想道德防线。

*二是要切实加强廉洁自律。*这不只是政协某个界别、某些委员的事情，而是整个政协和所有委员的共同政治责任。被撤销全国政协委员资格的这8个人，有政协副主席，也有专委会副主任和委员；有中共党员，也有民主党派成员；有央企老总，也有民企老板。要引以为戒、警钟长鸣，切实绷紧遵纪守法这根弦，无论是履行委员职责，还是做好本职工作，都要始终在宪法法律、廉政纪律和各项规章制度下进行。比如，有不少委员是领导干部，有党内的，也有党外的，有还在党政机关任职的，也有离开党政机关专职从事政协工作的。无论哪种情况，都要始终牢记自己是党的干部、人民公仆，正确行使权力，坚持原则、恪守规矩，经得起各种诱惑考验，不碰党纪国法红线，守住做人为官底线。再比如，全国政协委员中搞企业的很多，无论是国企还是民企，都要合法经营、诚信经营，在投融资、招投标、项目工程等各方面都要照法律办、按制度走、依规矩来，坚决不搞利益输送、送钱收礼、暗箱操作那一套。最近，中央对国企收入分配秩序和央企负责人履职待遇、业务支出等作出明确规定，要认真贯彻落实中央的要求，积极支持这项改革，自觉遵守各项规定。还比如，政协委员中的文化工作者要自觉践行社会主义核心价值观，既以优秀的作品鼓舞人，又以高尚的人格感染人，做到德艺双馨；科研工作者要弘扬科学精神、坚守学术品格，自觉抵制学术不端等不良风气。来自人民团体和社会组织的政协委员要更好地服务所联系群众，积极承担社会责任，塑造良好公众形象，等等。政协机关也要进一步加强对干部的廉政教育，加强对八项规定的贯彻落实，加强对管人、管钱、管物等部门和岗位以及独立法人单位的监管，努力形成风清气正的良好环境。无论是政协委员还是机关干部，都要强化监督意识，把监督当作对我们履职的必要约束，视为做好工作、改进作风的重要动力，自觉接受并欢迎来自组织、群众和舆论等各方面的监督。

*三是要切实加强委员队伍建设。*委员是政协工作的主体。推进政协作风建设和反腐倡廉工作，必须落实到委员产生、教育、管理全过程。政协虽然没有硬权力，但有话语权和影响力。这些年来，许多人想成为政协委员，这是好事，但有的地方在委员产生过程中搞利益交换。习近平总书记在谈到衡阳人大代表贿选案时，要求政协也要举一反

三，正本清源，亡羊补牢，引为镜鉴，下决心从制度上解决问题。对此，各级政协要配合党委有关部门就委员产生等问题进行深入调研，提出改进建议、完善制度防线、推动关口前移。在推荐和建议产生委员过程中，党委组织部门、统战部门和党派团体、政协组织等都要切实负起责任，严格政治纪律和遴选标准，把好入口关，防止出现“带病”进政协的情况，更不能把委员称号作为交易对象，不能徇情送帽子、因钱送帽子。政协环境宽松、氛围和谐，但也要严明纪律，加强教育和督导。完善委员管理和退出机制，进一步规范委员履职工作，不在政协各类会议、调研视察等活动中搞违反规定的请吃送礼，杜绝利用委员荣誉谋取个人私利的行为。对违反党纪国法和政协章程的行为，要依章依规严肃处理。

四是要切实发挥引领表率作用。政协委员社会影响大、受关注度高、履职任务重，要珍惜荣誉、担当责任，努力做合作共事的模范、发扬民主的模范、求真务实的模范、联系群众的模范、廉洁奉公的模范。政协委员中的共产党员，要以更高的标准、更严的纪律要求自己，在争做“五个模范”中走在前面。前不久，全国政协党组就落实八项规定、廉洁从政等情况召开民主生活会，通过了《全国政协党组成员廉洁自律若干规定》。《规定》特别强调了“四个不准”，就是不准插手现任职务以外的事务，不准收受与过去、现在担任职务有关单位或个人的财物礼品，不准默许、纵容、授意亲属及身边工作人员利用自身职务影响获取利益，不准谋求中央规定之外的特殊待遇。这虽然是对包括我自己在内的全体党组成员提的要求，对政协委员特别是其中党员领导干部来说，也希望大家能遵照执行，这不是负担，是爱护。要始终牢记“两个务必”，心存敬畏、心怀感恩，知足知止、慎独慎微，自觉反对特权思想、特权现象，带头践行社会主义核心价值观，以自己的精神境界、优秀品行和工作实绩，发挥引领表率作用，为形成优良党风政风、社风民风作出积极贡献。

在庆祝人民政协成立 65 周年理论研讨会上的讲话

（2014 年 9 月 22 日）

俞 正 声

这次理论研讨会是庆祝人民政协成立 65 周年的一项重要活动。会议认真学习贯彻习近平总书记在庆祝中国人民政治协商会议成立 65 周年大会上的重要讲话精神，围绕“人民政协与中国协商民主”深入研讨交流，很有意义。首先，我代表全国政协对理论研讨会的召开表示热烈祝贺，对长期以来为人民政协理论建设作出重要贡献的广大政协委员、政协工作者和专家学者，表示衷心的感谢！刚才，6 位同志围绕会议主题，从不同角度对发展人民政协协商民主作了发言，我听了很受启发。下面，我就深入学习领会习近平总书记重要讲话精神，进一步做好人民政协理论研究工作，讲两点意见，和大家交流。

一、认真学习贯彻习近平总书记在庆祝中国人民政治协商会议成立65周年大会上的重要讲话精神

习近平总书记在庆祝大会上的重要讲话，立足党和国家事业发展全局，着眼坚持和发展中国特色社会主义、实现“两个一百年”奋斗目标和中华民族伟大复兴的中国梦，全面回顾了人民政协光辉历程，深刻总结了65年来人民政协工作的宝贵经验，明确提出了进一步做好人民政协工作的具体要求，深刻阐述了社会主义协商民主的重大战略思想。这是党的十八大以来，习近平总书记就人民政协工作作出的一次全面系统阐述，具有很强的理论性、实践性、指导性，是推进人民政协事业发展的根本遵循，是发展社会主义民主政治的重要文献。讲话思想深刻、内涵丰富，有许多重大理论创新，我们要在全面学习领会的基础上，突出重点，把握实质。

就加强政协工作而言，讲话提出了做好人民政协工作的四项重要原则，即必须坚持中国共产党的领导，这是全体中国人民的共同选择，是中国特色社会主义最本质的特征，也是人民政协事业发展进步的根本保证；必须坚持人民政协的性质定位，在依照宪法法律和政协章程准确定位的基础上，大力推进政协各项工作和各项事业不断向前发展；必须坚持大团结大联合，这是统一战线的本质要求，是人民政协组织的重要特征；必须坚持发扬社会主义民主，这是政协作为人民民主重要形式的历史任务。这些原则是政协65年丰富实践所积累的宝贵经验，是政协所有工作的基础和核心要求，是管根本、管方向的，必须坚定不移地把这“四个必须坚持”贯彻落实到政协工作的各方面和全过程。

讲话还提出了做好人民政协工作五个方面的要求，即要坚持中国特色社会主义制度优势和特点，坚持紧扣改革发展献计出力，坚持发挥人民政协在发展协商民主中的重要作用，坚持广泛凝聚实现中华民族伟大复兴的正能量，坚持推进履职能力建设。这是习近平总书记对人民政协更好履行职能提出的战略任务和基本要求，必须切实贯彻好、落实好，坚决按照这些战略部署来谋划、来开展、来推进人民政协工作。

就加强协商民主建设，讲话精辟论述了社会主义协商民主的优势作用、性质定位和目标任务。我们要全面认识社会主义协商民主是中国特色民主政治的特有形式和独特优势这一重大判断，深刻理解社会主义协商民主是中国特色社会主义民主政治中独特的、独有的、独到的民主形式，有着深厚的文化基础、理论基础、实践基础和制度基础，在协商民主与选举民主的相互补充和有机结合中，保证人民依法有效行使管理国家事务、管理经济和文化事业、管理社会事务的权力。要深刻把握社会主义协商民主是中国共产党的群众路线在政治领域的重要体现这一基本定性，着眼增进社会各界共识、畅通利益表达渠道、纠正工作失误偏差、扩大有序政治参与、汇聚强大改革合力，增强群众观点，践行群众路线，广泛听取意见和建议，广泛接受批评和监督，使治国理政深深扎根于人民群众的创造之中，并最大限度地调动人民群众的积极性、主动性、创造性。要切实落实推进协商民主广泛多层制度化发展这一战略任务，拓宽中国共产党、人民代表大会、人民政府、人民政协、民主党派、人民团体、基层组织、企事业单位、社会组织、各类智库等的协商渠道，深入开展政治协商、立法协商、行政协商、民主协商、参政协商、社会协商、基层协商，建立健全提案、会议、座谈、论证、听证、公示、评估、咨

询、网络等多种协商方式，通过各种渠道、形式、方式和层次，大力发展社会主义协商民主。

当前和今后一个时期，各级政协组织和广大政协委员都要深入学习贯彻习近平总书记重要讲话精神，将学习作为改进提高政协工作的重要契机和强大武器。最重要的是结合工作的实际，用讲话精神总结工作经验，用讲话精神明确工作定位，用讲话精神研究和部署明年的工作，从而切实指导实践、推动工作。

二、对做好新形势下人民政协理论研究工作的几点认识

什么是理论？毛泽东同志在《整顿党的作风》一文中指出："真正的理论在世界上只有一种，就是从客观实际抽出来，又在客观实际中得到了证明的理论。"人民政协理论是中国共产党人政治智慧和政治经验的结晶，是中国共产党的统一战线理论、政党理论和民主政治理论在革命和建设的具体实践中产生的重大理论成果。经过 65 年不断丰富、完善和发展，人民政协理论框架基本形成，成为中国特色社会主义理论体系的重要内容。人民政协理论建设的重要成绩，凝结着广大理论工作者和政协工作者的智慧和心血，也包含着中国人民政协理论研究会自 2006 年成立以来卓有成效的工作。

中共十八大以来，以习近平同志为总书记的中共中央提出了许多关于人民政协的新思想、新观点、新论断，为人民政协事业发展进一步指明了方向，也成为人民政协理论研究的指导思想。当前，政协工作中的一些重要问题需要作理论上的深入阐释，政协履职实践中的成功经验需要理论的提炼升华，政协工作创新和制度完善需要理论的有效指引，我们要进一步增强责任感使命感，坚持问题导向，加强理论研究，不断深化对政协工作的规律性认识。下面，我根据习近平总书记的重要讲话精神，在理论和实践的结合上，提出几点个人的认识，希望引起大家思考，进一步深入研究。

第一，关于坚持中国共产党领导的问题。一般来说，全国政协和各级政协对坚持党的领导都是没有疑义的，党的观念是强的，贯彻中央、上级和同级党委的决定是坚决、认真的。但如何更好地坚持党的领导，仍然是摆在各级党委和政协党组织面前的一个重要课题，需要从理论、工作和制度层面深入研究和探讨。比如，中共十八届三中全会提出，各级党委和政府、政协制订并组织实施协商年度工作计划。今年初，中共中央政治局常委会议就专门研究了全国政协 2014 年协商工作计划，大大增强了政协协商计划的政治性、权威性和操作性，这是加强党对政协工作领导的一个重大举措。党是领导核心，党委决定、各方去办是我们行之有效的工作方法。加强党对政协工作的领导，不仅是民主政治建设的需要，也是政协工作更好完成党交给任务的需要；不仅需要党委重视，也需要政协党组织主动争取党委加强对政协工作的领导。政协党组是党在人民政协的派出机构，党组发挥领导核心作用，必须服从批准它成立的党组织领导。现在，政协党组织主动地、有意识地向党委汇报工作，推动把政协工作纳入党委工作全局，有些地方做得还不够。要进一步研究和健全政协重大工作主动报告、重要事项及时反映等制度，完善政协工作与党政工作对接机制，积极争取党委的领导、重视和支持。这些是重要的制度安排，真正把这些制度完善起来，是对政协工作的加强。再比如，政协委员和政协机关中的中共党员是党派到政协工作的，要和各方面同志一起按照党的方针和政协章程，积极参与政治协商、参政议政和民主监督工作。政协中的党员，相当多的是从现

职领导岗位转过来的，也有一些是兼职的。离开了现职岗位，直接责任小了，容易松懈。在政协委员中的共产党员和其他单位党员一样，都要有纪律，都要有责任，都要很好地发挥先锋模范作用，这是加强党的领导的一个重要方面，这方面的制度建设还有很大改进的空间，需要进一步研究探索加强政协党员队伍建设的有效举措和制度机制，使共产党员更好发挥先锋模范作用。又比如，如何正确认识和处理政协和党委统战部门的关系。统战部是党委负责统一战线工作的职能部门，是实现党对统一战线领导的重要组织形式。在政协工作中，统战部门应当配合政协积极开展工作。在政协委员产生过程中，政协组织对现任政协委员履职情况比较了解，在换届时可以而且应当提出合理的意见建议，但统战部在党委领导下对党外政协委员的酝酿产生负有更多的责任。有的省在换届中要求政协党组提名百分之几十的政协委员，统战部提百分之几十的委员，这种做法是不对的，不利于党委的集中统一领导。更重要的是，如何在委员酝酿产生过程中，从制度上做到严把进口，减少腐败分子和行为不端人员成为政协委员，仍是一个重大的制度性建设的课题。像这样的一些问题，既是实践问题，也是理论课题，希望能引起大家重视。

第二，关于准确把握人民政协性质定位的问题。习近平总书记在讲话中3次提到了坚持人民政协的性质定位。这是一个重大原则问题，是做好人民政协工作一个很关键的问题，需要准确把握。中共中央对这个问题的态度始终是明确的、坚定的，就是不能搞两院制，不能把政协搞成一个权力机构。中共十八大之后，习近平总书记重申人民政协不属于权力机关，并在这次讲话中再次强调，人民政协是统一战线的组织，是多党合作和政治协商的机构，是人民民主的重要实现形式。要在依照宪法法律和政协章程准确定位基础上，大力推进自身各项工作和各项事业不断向前发展。《人民日报》最近发表一篇政协委员的文章，说政协参政不执政、议政不决策、监督不强制，这个说法有一定道理。宪法法律没有赋予政协权力，政协不是政权机关，也不是决策机关。这是不是说政协就没有作用了呢？不是的。政协是个平台，是发扬民主的平台，是政治协商的平台，也是统一战线的平台。在这个平台上，大家各抒已见、畅所欲言，把各种意见讲出来，通过充分发扬民主，有助于改进工作，有助于增进共识，有助于党委、政府的决策更加科学和谨慎。把握政协的平台特性，是做好政协工作的关键所在。政协既然是个平台，就只能说是协商载体，而不是协商主体，是“在”政协协商，而不是“和”政协协商，党委、政府到政协来，是和参加政协的各党派团体和各族各界人士协商。把政协说成是协商主体，与党委、政府协商，就偏离了政协的性质定位，政协的方向就出现了偏差。政协的协商主要是让各界人士充分发表意见和建议，不对一些具体问题作出集体决议，形成倒逼机制。这是由政协的性质定位决定的。

第三，关于切实贯彻团结和民主两大主题的问题。团结和民主是人民政协性质的集中体现。人民政协作为最广泛的爱国统一战线组织，是建立在共同思想政治基础之上的。这个共同思想政治基础，在大陆范围内就是坚持和发展中国特色社会主义，在大陆范围外就是高举爱国主义旗帜，共同致力于实现中华民族伟大复兴。这一基础是加强团结的基础，也是发扬民主的基础。加强团结不是一团和气，必须在坚持共同思想政治基础上，充分发扬民主，尊重不同观点的存在，鼓励不同意见的发表，支持各种意见的交流交锋交融，在充分沟通交流中凝聚共识、增进团结。意见有正确的，也有不正确的，正确和不正确是相比较而存在的，况且什么是正确、什么是不正确，也是需要在讨论和实践中来检验的。由于每个人情况不同，认识上总会有观点之异、程度之分、先后之别，即使是同一个人的思想认识，也会不断发展变化，需要在相互沟通交流中取长补短、寻求真知。我们每一位政协委员，都应该有积极发表意见建议的热忱，有虚心听取别人批评的胸怀，有去伪存真、追求真理的精神。这要求我们牢牢把握团结和民主主题，坚持“不打棍子、不扣帽子、不抓辫子”方针，解放思想、实事求是，切实营造民主、活跃、求实、宽松的协商氛围。如何紧密结合工作实际，更好地形成畅所欲言的氛围，更好地创造多向交流的环境，确保团结和民主主题落实到政协履职全过程和各方面，这既需要通过改进工作方式方法，规范细节程序，也需要思想解放和制度创新，应该从理论和实践的层面深入研究探索。

第四，关于提高政协协商民主有效性的问题。中共十八大和十八届三中全会指出，人民政协是社会主义协商民主的重要渠道。对“重要渠道”的定位，有的同志可能还不满意，认为政协应当是协商民主的主渠道。这种认识虽然事出有因，但是不对的。习近平总书记在这次讲话中系统论述社会主义协商民主，强调要切实落实推进协商民主广泛多层制度化发展这一战略任务，指出社会主义协商民主应该是全方位的，而不是局限在某个方面的，应该是全国上上下下都要做的，而不是局限在某一级的。我们应该认识到，政协协商民主是社会主义协商民主体系中的一个重要方面，关键是如何切实提高政协协商民主的有效性。首先，选题要有针对性，总的原则是围绕中心、服务大局，同时要统筹好协商议题和协商形式。比如，专题议政性常委会议层次比较高、参会范围广，选题应该是经济、政治、文化、社会、生态文明建设中的重大问题，即政治协商类的议题。专题协商会的议题可以专业一些，既可以是重大问题，也可以是有关方面关注的重点。双周协商座谈会议题切口要小，题目应更加专一，与会人员要专业，力求提出的意见建议更加具体、更有操作性，以利于党政部门更好地改进工作。如何做到科学选题，需要我们很好地研究摸索，努力形成规律性认识，上升为有效的制度。其次，调查研究要深入，这是提高协商成效的重要基础性工作。不少政协委员还有本职工作，参与调研时间不可能太长，政协机关工作人员数量也有限。如何立足政协实际有针对性地吸收专家学者等社会力量参与？如何充分运用信息技术提高调研效率？等等，都需要从方法上研究改进，力求使每个调研都能够靠事实和数据说话，做到掌握情况全面而不零碎、分析问题深入而不表面、提出建议切实而不空泛。再次，改进提案工作。提案是政协的一种重要协商方式，在履行职能中发挥重要作用。就目前提案工作看，总体情况是好的，但也存在数量偏多、质量参差不齐等问题。本届政协在提高立案标准、加大审查力度、改进交办工作以及主席办公会议研究重点提案办理等方面，采取了一些措施，有了初步效果。如何进一步改进提案工作，仍有很大空间，我把这个问题提出来，请大家认真研究，争取提出一些好的办法和建议。最后，更好发挥界别作用。界别是政协委员构成的基础，实际上，也是政协各种活动的基础。发挥界别的作用还应引起更多的重视。如有的同志提出全体会议发言应有界别分组推荐的发言，应有界别讨论推荐形成的重点提案等，这些意见应该引起重视。

上述四个问题，有些看似不是理论问题，但实践问题的解决和理论问题息息相关，既依赖于指导思想的正确，也可使从实践中提取出来的规律上升为理论再去指导实践。

这种实践、理论、再实践的过程，是理论研究的正确方法。希望对政协理论工作有兴趣或有志于从事这项研究的同志，认真学习习近平总书记的重要讲话精神，关注政协工作的实际问题，努力为实际问题的解决和制度创新提出宝贵意见。希望各级政协领导同志认真学习习近平总书记的重要讲话精神，不断研究政协工作的新情况、新问题，重视各方面的意见建议，勇于探索，不断创新，为政协工作的改进和提升创造更好的经验，使人民政协更好地完成党和人民交给的重要使命。

在政协第十二届全国委员会常务委员会第八次会议闭幕会上的讲话

（2014 年 10 月 29 日）

俞正声

这次常委会议的主要任务是学习贯彻中共十八届四中全会精神。中共中央政治局委员、中央政法委书记孟建柱同志到会作了一个很好的报告。与会同志认真学习研读文件，围绕全面推进依法治国深入讨论交流，结合实际发表意见和看法，还对做好明年政协工作特别是确定重点协商议题提出了不少好的建议。会议开得务实有效，达到了统一思想、凝聚共识、研究问题、推动工作的目的。下面，我讲三点意见。

一、深入学习领会四中全会精神，进一步把思想和行动统一到全会精神上来

中共十八届四中全会，是中国共产党在全面建成小康社会进入决定性阶段、改革进入攻坚期和深水区的新形势下召开的一次十分重要的会议。全会通过的《中共中央关于全面推进依法治国若干重大问题的决定》，是加快建设社会主义法治国家的纲领性文件，开启了法治中国建设的新征程。习近平总书记在会上发表重要讲话，对贯彻落实全会精神作出战略部署、提出明确要求。常委们一致拥护《决定》和习近平总书记重要讲话，认为《决定》和讲话立足我国社会主义法治建设实际，直面我国法治建设领域的突出问题，明确提出了全面推进依法治国的指导思想、总体目标、基本原则，提出了关于依法治国的一系列新观点、新举措，回答了党的领导和依法治国关系等一系列重大理论和实践问题，对科学立法、严格执法、公正司法、全民守法、法治队伍建设、加强和改进党对全面推进依法治国的领导作出全面部署，凝聚了全党智慧，体现了人民意志，回应了社会关切，具有很强的战略性、思想性和指导性，对于全面深化改革、推进国家治理体系和治理能力现代化，对于实现“两个一百年”奋斗目标和中华民族伟大复兴的中国梦，具有重大现实意义和深远历史意义。

全会精神内容丰富、思想深刻，有许多重大战略举措和重要理论创新。我们要在深入学习领会全面推进依法治国的重大意义、指导思想、总体目标、重要原则、工作布局、重点任务、根本保证等的基础上，突出重点，把握实质，融会贯通。核心是抓住一

条红线和一条主线。一条红线就是坚持和拓展中国特色社会主义法治道路，这是最根本的要求，具体体现为“五个坚持”，即坚持中国共产党的领导、坚持人民主体地位、坚持法律面前人人平等、坚持依法治国和以德治国相结合、坚持从中国实际出发。一条主线就是建设中国特色社会主义法治体系，建设社会主义法治国家。这也是《决定》提出的总目标。建设中国特色社会主义法治体系就是贯彻中国特色社会主义法治理论，形成完备的法律规范体系、高效的法治实施体系、严密的法治监督体系、有力的法治保障体系、完善的党内法规体系这“五个体系”。建设社会主义法治国家，就是坚持依法治国、依法执政、依法行政共同推进，坚持法治国家、法治政府、法治社会一体建设，实现科学立法、严格执法、公正司法、全民守法，促进国家治理体系和治理能力现代化。这“两个建设”，既明确了全面推进依法治国的性质和方向，又突出了全面推进依法治国的工作重点和总抓手，对全面推进依法治国具有纲举目张的意义。

认真学习和贯彻落实好四中全会精神，是人民政协的一项重大政治任务。要广泛动员、精心组织，通过多种方式推动广大政协委员原原本本学习领会全会精神，增强针对性和实效性，不断把学习活动引向深入。一是要与深入学习贯彻中共十八届三中全会精神结合起来。四中全会和三中全会前后相继，四中全会提出的 180 多项重大举措和三中全会提出的 336 项改革措施，内容紧密相关，都是全面建成小康社会和全面深化改革的重要保障。二是要与深入学习领会习近平总书记在庆祝全国人大成立 60 周年、人民政协成立 65 周年大会等关于社会主义民主政治建设重要讲话结合起来，从社会主义民主和社会主义法治的统一中，不断深化对四中全会精神的理解和认识。三是要与政协工作结合起来。将学习贯彻全会精神作为改进提高政协工作的重要举措，在人民政协各级组织和广大政协委员中牢固树立法治信仰和法治权威，切实将法治理念和法治思维贯穿到各项履职工作之中。

二、紧密联系政协实际，深入贯彻落实四中全会精神

全面推进依法治国是一个宏大而复杂的系统工程，是国家治理领域一场广泛而深刻的革命。人民政协作为国家治理体系重要组成部分，要自觉按照中共中央全面推进依法治国的战略部署，发挥优势作用，认真履行职能，为推进法治中国建设积极献计出力。

第一，要始终坚定不移走中国特色社会主义法治道路。习近平总书记强调，道路问题不能含糊，必须释放正确而又明确的信号。走中国特色社会主义法治道路，核心是始终坚持中国共产党的领导。党的领导是中国特色社会主义最本质的特征，也是社会主义法治最根本的保证。中国共产党是中国工人阶级的先锋队，同时也是中国人民和中华民族的先锋队，代表了最广大人民群众的根本利益，而不是某部分人的利益，也没有自己特殊的利益。党的领导是由党的性质和宗旨所决定的，是历史的选择、人民的选择。在这个问题上，广大政协委员必须始终认识清醒、旗帜鲜明、立场坚定。坚持党的领导不是一句空的口号，必须具体体现在党领导立法、保证执法、支持司法、带头守法上。为什么党要领导立法？因为宪法和法律是党的主张和人民意志相统一的集中体现，是中国共产党治国理政的根本准绳。领导立法就是要加强和改善党对立法工作的领导，完善党对立法工作中重大问题的决策程序，善于使党的主张通过法定程序成为国家意志，使每一项立法都符合宪法精神、反映人民意愿。保证执法不是说党直接开展具体执法活动，

而是支持和监督政府和相关部门严格规范公正文明执法，切实做到法定职责必须为、法无授权不可为，坚决纠正不作为、乱作为。支持司法不是党对具体司法案件进行审判，而是要通过完善司法管理体制和司法权力运行机制，支持和确保法院、检察院依法独立公正行使职权，努力让人民群众在每一个司法案件中感受到公平正义。带头守法就是要坚持党必须在宪法和法律的范围内活动，切实依照宪法法律治国理政，依据党内法规管党治党，发挥好各级党组织和广大党员干部在依法治国中的政治核心作用和先锋模范作用。党的领导和依法治国是统一的，党对依法治国的领导，主要是把握政治方向、研究重大政策、推动法律制定实施、创造良好法治环境等，保证国家立法、司法、行政机关积极主动地、独立负责地、协调一致地工作。对于实践中存在着一些违法干预司法活动的现象，应该加强监督和予以纠正。

我们主张走中国特色社会主义法治道路要善于吸收借鉴世界法治文明的优秀成果，但绝不能搞“全盘西化”或“全面移植”，不能照抄照搬外国法治理念和模式。一些人主张的所谓“宪政”有着鲜明的政治指向和特定内涵，包裹着三权分立、多党制、普选制、司法独立、军队国家化等内容，是资本主义的国家理念、政治模式和制度设计的集中体现，其要害在于否定党的领导、取消人民民主，其实质在于否定我国宪法及其确立的制度和原则。我们强调依法治国首先要坚持依宪治国、依法执政首先要坚持依宪执政，就是为了和它们进行区分、划清界限。对此，广大政协委员都应有清醒而正确的认识。

*第二，要切实支持司法机关依法独立公正行使职权。*当前，影响司法机关依法独立公正行使职权的因素是多方面的。有体制上的问题，这次全会文件就明确提出探索设立跨行政区划法院和检察院、改革司法机关人财物管理体制等举措；也有领导干部思想作风和行为方式的问题，《决定》提出建立违法干预司法的记录、通报、责任追究等制度，就是确保司法机关独立行使职权的重要措施。政协组织和政协委员也不应该干预司法机关的工作。人民群众要求政协委员反映对司法案件的意见是经常发生的，政协委员可以而且应该转达这种意见，但转达或者反映应该是没有倾向性的，对转达意见的回复是没有强制性的，这就是反映群众意见和干预司法的界限。对政协委员和政协组织的这种要求是宪法对任何组织和个人的要求，我们应该带头认真执行。有的政协委员是具体司法案件的当事人，进行申诉不应以委员身份而只能以涉案当事人职务和普通公民身份进行，这样的要求体现了“法律面前人人平等”的原则。我经常收到一些委员或者群众涉及司法案件的来信和来访文件，我就转给司法部门，不会过问具体案件情况，不会发表意见，也明确要求不要答复，因为我没有替他做中间人或代理人的权力。不表态，就是对司法机关独立行使职权最好的支持。这样的要求，是否意味着对个案不能发表意见了？当然不是，只是要求领导干部在案件审理过程中不要表态，要求非领导干部的政协委员在案件审理过程中不要以政协委员的身份评论案件，因为这样做，容易形成宪法明确禁止的干预司法的情况。这样的要求，是否意味着个案就不监督了？也不是。司法系统的一审二审再审制度、律师制度、审判公开制度、检察机关的法律监督制度都是个案的监督制度，加上舆论监督、群众监督构成了监督体系，我们要求的仅仅是防止职务影响的监督变为违法的干预。希望广大政协委员以实实在在的行动，贯彻落实好这一基本要求。

第三，要紧紧围绕法治中国建设认真履行民主监督职能。习近平总书记在党的群众路线教育实践活动总结大会上的讲话中指出，让人民支持和帮助我们从严治党，要注意畅通两个渠道，一个是建言献策渠道，另一个是批评监督渠道。在这两个方面，这些年我们总的是做得越来越好，但还有不足，主要是围绕经济社会发展听意见多、围绕从严治党听意见少，请上来听意见多、走下去听意见少。这段话也很适用于政协。这些年来，政协参政议政工作比较活跃，但开展批评和监督比较少，履行民主监督职能总体上比较薄弱，应当切实加大监督力度。政协章程明确规定，政协要对国家宪法、法律和法规的实施，重大方针政策的贯彻执行、国家机关及其工作人员的工作，通过建议和批评进行监督。这将有助于党和政府决策更加科学、谨慎，有助于重大决策举措的贯彻实施，有助于党政机关及其工作人员作风的改进。在全面推进依法治国的过程中，需要更好地发挥政协的民主监督作用，《决定》中有关举措的贯彻落实和违反《决定》要求的各种行为，都可以成为政协民主监督的对象。比如，各级党委和党员领导干部违法干预司法活动的现象，重要法律法规制定实施中的不足和缺陷，司法不公和司法腐败的情况，政府部门执法不力、不严，不作为、乱作为、乱收费等群众反映强烈的问题，等等。可以集中选择一些议题，通过协商会议、调研视察、提案、反映社情民意信息、大会发言、特约监督员等方式，活跃有序地开展民主监督。要进一步探索开展监督的新形式新途径，建立健全相关制度机制，这方面政协委员可以多研究，政协机关也要加强研究。要把围绕依法治国开展民主监督纳入政协履职的重要议程，加强总体筹划，每年确定有关题目组织开展监督性、批评性的活动，为推动《决定》相关举措落到实处作出积极贡献。

第四，要争做社会主义法治的模范践行者。广大政协委员都要切实加强对宪法和重要法律法规的学习把握，增强法治意识、法治理念，做到认真学法、真正懂法，这不仅是作为公民的基本要求，也是当好政协委员的题中之义。不懂法怎么提意见、怎么去监督？政协建言献策应于法有据、合乎法治精神。政协委员中的共产党员特别是党员领导干部，要以更高标准要求自己，自觉遵守党的纪律，模范遵守法律法规，带头依法办事，不行使法律没有授予的权力，更不能以言代法、以权压法、徇私枉法。政协委员中有不少法律工作者特别是律师，要切实增强走中国特色社会主义法治道路的自觉性和坚定性，把拥护中国共产党的领导、拥护社会主义法治作为从业准则，践行法治精神，弘扬法治文化，恪守职业道德，自觉尊法、信法、守法、用法、护法，努力推动全社会牢固树立法治信仰和法治权威。市场经济是法治经济，政协委员中的企业家要自觉遵守国家法律法规、行约行规和市场秩序，坚持合法经营，不搞违法经营，违法牟利的行为可能得逞一时，但不可能持续长久，可以蒙骗少数人，但最终必将被识破。政协委员中的科技文化工作者，同样也有一个遵纪守法的问题。最近中国工程院院士李宁因涉嫌弄虚作假套取国家科技重大专项资金，被依法批捕，这是学术腐败的典型案例。总之，对于来自各行各业、各族各界的政协委员，遵守宪法和法律是最基本的要求，绝不可逾越这条红线和底线。对个别政协委员的违法乱纪行为，党中央的态度始终是坚定明确的，就是法律面前人人平等、依法依章严肃处理。我们要切实从中受到警示，始终绷紧遵纪守法这根弦，始终坚持在宪法法律和政协章程范围内履行职责、开展工作。

三、以习近平总书记在庆祝人民政协成立65周年大会上讲话为指导，认真总结今年工作和谋划明年工作

全国政协十二届二次会议以来，我们认真贯彻落实中共十八大、十八届二中、三中全会和全国“两会”精神，以改革创新精神推进政协事业发展，围绕“1420”总体部署履行职能，各项工作按计划开展，取得新的成绩。9月21日，习近平总书记在庆祝人民政协成立65周年大会上的重要讲话，对政协工作和协商民主建设作了全面、系统、深刻阐述，提出许多重大战略思想，是新的时代条件下推进政协事业发展的根本遵循和科学指南。如何深入贯彻落实习近平总书记重要讲话精神，认真总结今年工作、谋划好明年工作，这是全国政协近期研究的大事，归纳大家的意见，明年重点似可在以下方面加大工作力度。

*一是协商民主要有新加强。*要积极推进事前事中协商。政协办公厅要加强同国务院办公厅等部门的沟通联系，争取一起制定一个规则，就政协每年和党政部门开展协商活动的议题、程序、成果运用等作出明确规范。今后，政协每年的重点协商议题应提前告知各位委员，由委员根据自身实际报名参会和发言，形成双向互动的发言遴选机制。同时，政协的调研视察活动要与重点协商议题结合起来，以深入调研提高协商质量，以有效协商转化调研成果，实现调研与协商互促共进。

*二是民主监督要有新突破。*初步考虑从明年开始，全国政协每年举办两到三次监督性较强的协商议政活动，双周协商座谈会就可以安排。办公厅及除港澳台侨和外事委员会以外的专门委员会，每年都应至少开展一次具有监督性的视察或调研活动，并形成报告。同时，加大对有深度并具监督性和批评性意见建议的新闻报道力度，使全社会更加了解政协的民主监督工作。

*三是制度建设要有新进展。*重点是两个制度，一是制定出台委员履职工作规则或委员工作条例。二是修订专委会工作通则。

*四是学习成效要有新提高。*政协的学习培训不应是教科书式的枯燥说教，更多应是知情式、知识性的学习，以帮助委员更好知情明政。这次常委会学习讲座题目是“南海问题的历史和现状”，就是着眼进一步增强学习吸引力和实效性。每年4次的常委会学习讲座怎么搞好？强调会议纪律和委员出席率只是一个方面，更重要的还是要请各位常委发扬政协“自我学习、自我教育、自我提高”传统，多就学习内容提出建议，提高学习的效果。

*五是成果转化要有新举措。*政协参政议政提出的意见和建议不是强制性的，不能硬性要求有关方面必须采纳。履职成果除了转化为党委政府决策举措之外，很重要的是转化为社会共识，也就是通过“立论”增强话语权和影响力。这方面的改进空间还很大，比如，对那些不涉及国家秘密的双周协商座谈会等协商议政活动，能不能进行网络同步直播的试点？对一些重要的调研报告和委员提案，可不可以在网上公开、加大宣传报道力度？这些都可以研究落实措施。

以上这几个方面问题，请大家深入思考，提出宝贵意见和建议，以使政协工作不断有所创新、有所前进。年底前重点工作不少，一是要起草给中央的全国政协党组关于2014年工作情况和2015年工作安排报告。二是要制订好全国政协2015年协商工作计

划。三是要起草好政协关于中央协商民主建设文件的配套实施意见。四是要做好全国政协十二届三次会议各项筹备工作。请办公厅科学安排、抓好落实。

在全国政协十二届二次会议提案交办会上的讲话

（2014 年 3 月 24 日）

杜 青 林

今天的会议，主要是部署提案交办工作，明确各承办单位办理任务，确保今年提案办理工作优质高效完成。

刚刚结束的全国政协十二届二次会议期间，广大政协委员、各民主党派中央和全国工商联、有关人民团体、各界别、政协各专门委员会认真履行职责、积极建言献策，共提交提案 5875 件，经审查立案 4982 件，作为《政协委员意见和建议》转有关部门研究参考 614 件。这些提案和意见建议，凝聚着与会 2000 多名全国政协委员对全面深化改革等重大问题的认真思考和真知灼见，反映了社会各界对全面建成小康社会和实现中华民族伟大复兴中国梦的热切期盼。很多委员说，每次参加“两会”前都要做不少功课；有些委员甚至把准备提案当成科研项目和论文来做，多方调研，反复论证，既发现问题、提出问题，也思考解决问题的办法和措施，力求做到严、深、细、实。办理好这些提案，对于深入贯彻十八届三中全会精神、推进各项改革措施落实，对于充分发挥人民政协协商民主作用、汇聚强大正能量，具有重要意义。

以习近平同志为总书记的党中央高度重视人民政协提案工作。党的十八届三中全会强调，要充分发挥人民政协作为协商民主重要渠道作用，拓展协商民主形式，更加活跃有序地组织专题协商、对口协商、界别协商、提案办理协商。习近平总书记多次就人民政协工作作出重要批示，为做好提案工作指明了努力方向。李克强总理主持召开国务院常务会议，听取全国政协 2013 年提案办理工作情况汇报，对各部门办理好今年政协提案工作提出明确要求。俞正声主席也多次作出指示，并主持召开全国政协主席会议，就加强和改进提案工作进行研究部署，将确定重点提案和听取重点提案督办情况汇报，纳入主席办公会议议题。这些都充分体现了中央领导同志对人民政协工作的重视支持，为加强包括提案在内的人民政协各项工作提供了有力指导。

各承办单位要深入学习贯彻习近平总书记、李克强总理、俞正声主席等中央领导同志有关重要讲话和指示批示精神，提高认识，统一思想，切实增强责任感，认真落实中办、国办《关于进一步加强人民政协提案办理工作的意见》，采取切实可行的措施，扎实做好 2014 年提案办理工作。下面，我讲三点意见。

第一，要切实坚持和把握提案办理工作的方向原则。提案是人民政协发挥作用的重要方式，也是我国社会主义协商民主的重要体现。提案办理工作不仅对我国经济社会健康发展具有重要意义，而且对我国政治制度和政党制度的坚持完善具有重要影响，具有很强的政治性、政策性，需要坚持正确方向，把握根本原则，明确基本要求。

一是要增强政治责任。办理好提案、发挥好提案的作用，是坚持完善中国共产党领导的多党合作和政治协商制度、推进社会主义民主政治建设的必然要求，是凝聚各方面智慧和力量、形成推进中国特色社会主义事业强大合力的现实需要，是推进科学民主决策、加强和改进党和政府工作的重要途径。各承办单位一定要从充分体现和发挥我国政治制度特点优势的高度，切实把受领和办理好提案作为一项重要政治任务高度重视、认真对待和谋划部署。

二是要树立全局观念。政协提案有些是涉及改革发展稳定等国计民生的重大问题，有些是涉及各界群众切身利益的实际问题，有些是涉及多个部门和领域的综合性问题。提案办理工作涉及面广、运转环节多。各承办单位既要讲大局、勇于担当，积极主动地受领本地区本部门承办的提案，又要站位党和国家工作全局，认真负责地调查研究和办理好每一件提案，确保发挥应有的重要作用。

三是要突出民主协商。提案办理协商具有广泛性、直接性和方式方法的多样性等特点，是人民政协协商民主的重要形式，是党和国家通过人民政协密切联系群众的有效载体。各承办单位在这方面都坚持得非常好，很多部门要求与提案者的沟通率达到100％，对社会关注度高、委员反复提出的提案，甚至要求必须进行面对面的沟通协商。要进一步提高对提案办理协商重要意义的认识，切实把协商贯穿于提案办理的全过程，深化办前、办中、办后各环节的协商，加强与提案者进行直接沟通协商，寻求最大公约数，汇聚强大正能量。

四是要注重质量实效。提案的作用能否得到充分发挥，既取决于提案是否有质量，更取决于办理是否有成效，需要把提得好和办得好两个方面有机结合起来。全国政协十二届一次会议以来，在党中央、国务院的高度重视下，在广大政协委员和各提案承办单位的共同努力下，提案质量不断提高，办理实效不断增强。截至今年2月底，共收到提案5884件，经审查立案5403件，办复5396件，办复率为99.8％，其中已经解决或采纳的占24.2％，列入计划拟解决或拟采纳的占61.7％，对一些前瞻性较强、短期内不具备条件采纳落实的，都已向提案人说明了情况。通过提案办理，许多意见建议被采纳，体现和落实到国家相关政策、发展规划和部门工作中，为推动党和国家事业发展发挥了积极作用。今年全国政协加大审查力度，提高立案质量，并减少分办、会办单位，突出办理的重点。各承办单位要更加注重办理质量和实效，采取有力的措施，切实把提案中的合理意见建议落到实处，真正推动解决问题。

第二，要着力推进提案办理工作制度化规范化程序化。多年来，各承办单位结合各自工作实际，不断探索创新提案办理工作，形成了许多行之有效的好经验好做法。有的成立提案办理工作领导小组，由主要领导亲自任组长；有的建立由部务会议研究部署提案办理工作、主要领导参与重点提案督办的领导机制；有的将提案办理工作纳入部门督办检查工作内容，设立工作机构，制定暂行规定，明确办理规程；有的与其他相关部门建立统筹联动机制，及时会商处理提案办理过程中的问题；有的建立提案办理网络信息系统，实行提案办理网络化运行和动态化管理，进行全过程监督检查。要着眼提升提案办理工作科学化水平，认真总结这些经验做法，加强提案办理制度建设，规范办理程序，完善办理机制，使提案办理工作更加有序高效。

一是要健全督查工作制度。2012 年，中办《关于加强和改进党委督促检查工作的意见》和中办、国办《关于进一步加强人民政协提案办理工作的意见》明确提出，把政协提案办理工作纳入党委、政府督查工作职责。前不久，国务院常务会议又强调，要把提案办理纳入国务院及各部门年度督查工作计划。为落实好这些规定和要求，全国政协将探索建立与中办、国办联合开展提案办理督查工作机制，进一步完善全国政协副主席带队走访承办单位等方式，加大督促检查的工作力度。希望各承办单位也抓紧建立和完善台账制度，把提案办理纳入到部门年度督查工作计划，采取抽查、重点督查等形式，定期检查提案办理进展情况，强化协调和工作督导。对一些办理难度较大、提案者多年反复提交或提案者对办理结果不满意的提案，要制定专项督查、联合督查、跟踪督查等制度，加大督查力度，确保办理工作取得实效。

二是要完善答复反馈制度。答复是办理结果的集中反映，也是评价办理工作质量的重要标准。要推进答复工作制度化，做到答复要明确具体、有针对性，不能回避矛盾和问题，不能过于笼统原则；对未予采纳的建议，要予以客观地说明，取得提案者的理解和支持；对办理结果不满意的，要向提案者和全国政协作出说明。要推进反馈制度化，深入了解提案者对办理结果的意见，定期向全国政协通报办理情况，全面客观地反映提案者对办理情况的满意度。有的承办单位还探索建立了提案办理答复后的“回访”制度，对答复意见中向委员作出承诺的事项，进行二次立项督办和跟进落实，并向委员作出二次答复和反馈，得到委员的好评。

三是要建立办理公开制度。逐步加大公开力度，是接受社会监督、提高提案质量和办理质量的有效手段。中央明确要求，要探索逐步向社会公开提案办理结果，让提案办理工作成为政府转作风、办实事、解难题的过程。近年来，全国政协逐年增加在互联网上公开提案内容和办理复文的数量，有的承办单位也在自己的门户网站对办理结果进行了部分公开，但还没有实现常态化、制度化。希望各承办单位逐步建立提案内容及办理结果公开机制，进一步研究明确公开内容的标准、时限、形式和反响评估等，确保实现提案办理工作社会效益最大化。

四是要健全考核评议制度。考核评议是保障提案办理工作质量和效率的关键环节。各承办单位要不断完善考核评价的内容和奖惩机制，将提案办理工作纳入本部门绩效考核体系，作为干部考核的参考依据。要积极支持全国政协通过走访等形式，对提案办理工作开展民主评议和民主监督；逐步探索建立提案者评议提案办理质量和承办单位评议提案质量的双向评议机制，努力使提案质量和办理质量双促进、共提高。

第三，要确保圆满完成 2014 年提案办理工作各项任务。各承办单位要将提案办理工作与今年党和国家中心任务相结合，积极吸收采纳提案中的合理意见建议，充分发挥提案在推动改革发展中的作用。

一是要抓紧任务分工。今年提案集中度高，主要是聚焦全面深化改革，聚焦经济持续健康发展，聚焦推进国家治理体系和治理能力现代化。要加强对提案的分析和研究，明确工作任务，从登记、交办、承办、审核、答复、督查、反馈、总结、考评等各个工作环节，指定人员、明确责任，把提案办理工作纳入整体工作，与开展业务工作同部署、同落实、同检查，层层把关，抓好落实，确保按时按质完成。有的承办单位在这方面有不少创新性做法，比如专门成立提案分析课题组，与往年进行对比分析，形成分析研究报告供领导决策参考。这些都值得借鉴。

二是要制定落实方案。要尽快研究制定解决问题和改进相关工作的具体措施，明确时间进度和办理成效。今年能解决的问题，要集中力量尽快解决；近期有条件解决的，按方案的计划稳步推进；近期难以解决的，要跟踪督查。对未立案以《政协委员意见和建议》转有关部门工作中参考的，各承办单位也要高度重视，与本部门承办的提案一并安排部署，作为了解社情民意的重要渠道，将反映的主要问题和意见建议报送主要负责同志，供决策和开展工作时参考。

三是要坚持突出重点。要结合自身工作实际，紧扣事关改革发展稳定大局和涉及人民群众切身利益的重点问题，研究确定本部门的重点提案，选派业务精通、经验丰富的人员进行重点办理，主要负责同志亲自负责，一抓到底、办出实效。对全国政协确定的重点提案，各民主党派中央、全国工商联、有关人民团体、界别和界别小组、政协专门委员会等提交的集体提案，要作为重中之重，指定专人负责办理，加强指导。要把重点提案作为标杆，带动提案办理工作水平整体提升。

四是要加强组织领导。各承办单位主要负责同志要负总责，定期听取办理工作汇报，研究解决办理工作中的重大问题；分管负责同志要抓好办理落实，工作人员要各司其职，严格落实办理工作责任制。

同志们，提案凝聚政协委员的心血和智慧，办理反映承办单位的责任和水平。让我们紧密团结在以习近平同志为总书记的中共中央周围，扎扎实实做好今年的提案办理工作，为推进党和国家决策科学化民主化、全面深化改革，为推进中国特色社会主义民主政治建设作出更大贡献！

在全国政协特邀常委视察团与湖北省负责同志意见交流座谈会上的讲话

（2014年5月17日）

杜 青 林

这次特邀常委视察团活动是今年全国政协的一项重要工作，重点围绕“深化产教融合，加快高等职业教育发展”进行视察。

这些年，湖北各方面工作都取得了很好成果，积累了宝贵经验。对这次视察活动，省委、省政府、省政协高度重视，李鸿忠书记、王国生省长和各位省领导同志非常关心，给予周到安排、精心准备。首先，我代表全国政协和视察团，向省委、省政府、省政协表示衷心感谢，也代表俞正声主席向湖北的同志表示亲切问候！

前几天，湖北省的同志介绍了有关工作情况，视察团兵分两路，实地察看高等职业学院，走访校企合作单位，与政府、企业、学校等有关方面负责同志进行座谈，广泛听取各方面意见和建议。昨天又一起到黄冈市，看了两个职业学校和一个实训基地，开了一场座谈会。一路上，大家边看边听、边问边议，前天晚上视察团还开了一个内部讨论交流会，大家都谈了感受和看法，今天又发表了很多中肯的意见和建议，听了很受启发。这次视察虽然时间较短，但走进了学校、走进了企业，了解到最真实情况，掌握了第一手材料，对高等职业教育发展现状有了更真切的感受，对全面深化职业教育改革有了更深刻的认识，特别是对当前高等职业教育存在的问题及破解之策有了更深入的思考，视察活动取得重要成果，达到了预期目的。

湖北历史上就是制造业大省，曾是近代中国制造业的重要发源地，自100多年前张之洞创建“汉阳造”品牌至今，武汉一直是中国制造业的重镇。湖北也是人力资源大省，科研教育资源丰富，职业教育特色鲜明。特别是近些年，湖北着眼经济结构调整和产业升级，在高等职业教育发展方面探索了许多宝贵经验和有益做法。

*一是省委、省政府高度重视。*把职业教育摆在特殊重要的位置，推动实施“示范性职业学校建设工程”，形成“政府有力引导、企业全面参与、院校积极改革”的发展局面。独立设置的高职院校已有56所、在校生56万多人，占普通高教在校生的40%多，再努力就是“半壁江山”。

*二是积极创新职业教育模式。*探索采取“3+2”中职与高职分段培养、五年一贯制高职培养等模式，率先在全国试点“知识+技能”的职业教育招生考试改革，打通职业教育人才通道，形成中职、高职、应用型本科、专业学位研究生相衔接的技术技能型人才协同培养机制。

*三是“楚天技能名师”成为亮点。*着力加强“双师型”教师队伍建设，在全省职业院校设立“楚天技能名师”教学岗位，已公开招聘1000多名在生产和管理一线的能工巧匠担任兼职教师，优化了师资队伍结构，带动了整体素质和水平的全面提升。

*四是校企合作成效明显。*推动政行企校共同组建了30多个职教集团，注重打造职教品牌，特别是已有280余所学校、300余家规模以上企业参与其中，100家企事业单位被认定为省级实习实训基地，有效对接了产业发展，促进了产教深度融合，也为湖北经济社会发展提供了重要的技术技能型人才支撑。

这里，我代表全国政协和视察团一行，向湖北高等职业教育取得的成绩表示祝贺，向广大职业院校师生和从事、支持职业教育事业的同志们表示亲切慰问！

党的十八大以来，以习近平同志为总书记的党中央高度重视职业教育，强调要加快现代职业教育体系建设，使职业教育能够多层次、多形式、多领域发展，努力培养高素质劳动者和技能型人才。近期，国务院将专门召开全国职业教育工作会议，对2020年建成现代职业教育体系进行顶层设计和全面部署。这是中央顺应时势、把握大局作出的重大举措，具有十分重要的意义。

自20世纪末以来，我国高等职业教育快速发展，目前高职院校已有1300多所，在校生近千万。但与我国经济社会发展需要相比，高职教育发展仍然严重滞后。视察中，大家普遍反映，现在很多企业转型升级都面临“设备易得、技工难求”的情况，高技能人才缺乏已经成为影响产业升级的制约瓶颈。发展高等职业教育，需要政府、行业、企业和学校等共同推进，需要产业、市场、就业和育人等整体谋划。其中，关键所在是产教融合、校企合作。可以说，融合与合作是高等职业教育发展的命脉之门，也是当前我国高职教育最薄弱的环节。要紧紧抓住产教融合和校企合作这个关节点，将其作为今后高职教育发展的着力重点，抓住“牛鼻子”，找准突破口，推动我国职业教育迈上新台阶、实现新飞跃。

下面，我结合这次视察情况，就深化产教融合、促进校企合作，加快推进高等职业教育发展，谈三点意见。

一、推进产教融合和校企合作，要着眼全局和长远，把握我国经济特别是产业升级的大势

产教融合、校企合作是连接学校与企业、理论与实践、培养与成才的纽带，是提升高等职业教育质量、更好满足企业需求的必然途径。世界各国职业教育模式不同，但都根据本国产业发展需要，将产教融合、校企合作作为制胜法宝。我国职业教育的鲜明特点和价值取向，是始终遵循和服从服务于国家发展的战略需要。推进产教融合和校企合作，加快高等职业教育发展，必须紧扣经济结构调整的现实需要，顺应产业转型升级的发展趋势，努力探索出具有中国特色、高职特点的新模式。

要把握新型工业化、信息化、城镇化和农业现代化对深化产教融合的新要求。在视察交流中，有的同志谈到，实现新“四化”不仅仅要有现代化的硬件设备和条件，更重要的是高素质的技术技能型人才。否则，再好的科学技术，再好的机器设备，如果没有一支高技能、专业化的劳动大军，也难以发挥第一生产力的作用。因此，亟待以产教融合为切入点，促进高等职业教育与新“四化”需求相结合，推动实现由职业教育大国向职业教育强国的转变。

要立足当前我国经济结构调整和产业转型升级对促进校企合作的迫切需要。职业教育属于技能教育，与经济结构和产业发展相辅相成、相伴相生。前不久，我看过一份关于美国实施“学徒培训计划”的材料。这项计划斥资 6 亿美元，主要用于培养紧缺的高级技工，就是适应奥巴马上台后提出的“制造业回流美国”决策需要。目前，我国正处于经济结构调整和产业转型升级的重要时期，要更加重视产教融合和校企合作，培养造就更多高层次技术人才，重点服务企业特别是中小微企业的技术研发和产品升级，确保我国经济顺利转型、产业成功升级。

要瞄准未来抓住新一轮技术和工业革命给高等职业教育发展带来的新机遇。职业教育是应用型、实用型教育，现需现培、边用边训的情况较为普遍。但作为整个国家和一个地区的职业教育发展，需要有世界眼光和战略远见。特别是高等职业教育发展，既要立足和服务当前所需，也要注重把握世界科技和产业发展趋势。现在有很多人认为，中国最有潜力和可能抓住机遇，引领全球经济进入第三次工业革命。这需要把发展高等职业教育提升到更加重要的位置，纳入科教兴国战略统筹谋划部署，全面提升人力资源整体素质，抢占世界经济发展的制高点。

二、深化产教融合和校企合作，要突出改革和创新，增强各方面积极参与的内在动力

发展高等职业教育，一定要深入贯彻落实党的十八届三中全会精神，坚持问题导向，突出改革创新，进一步明确政府、行业、企业、学校的主体责任，充分调动和利用社会力量，形成共同规划、共同参与、共同受益的整体合力。

要健全体制机制。这次视察，大家普遍反映，校企合作面临“学校热、企业冷”的局面，主要靠熟人、靠关系来维系。问题的根源在于企业参与校企合作的体制机制还不够完善。校企合作的核心问题是利益关系，只有建立了利益共同体，双方合作才能长久、持续。要完善分级管理、地方为主、政府统筹、社会参与的管理体制，探索建立政府主导、行业指导、企业参与、学校主体的办学体制机制，充分发挥各自在产业规划、经费投入、实训基地、教学管理等方面优势，形成叠加和溢出效应。要探索以董事会、理事会等形式共建共管高职院校，加强对校企合作的监督和引导。要增强融合度，推进全方位融合、深度融合，形成“依托产业建专业、办好专业促产业、依托专业办企业”的产教互融互保机制。

要完善法律法规。目前，已有不少省区市制定了地方性政策法规，湖北也专门出台了《关于进一步推进实习实训基地建设的意见》。但整体看，还有待形成有利于校企“联姻”的法律制度体系。很多企业担忧的实习生和学徒工安全和管理问题，《教育法》、《职业教育法》、《劳动法》等没有明确规定。要不断完善相关法律法规，特别是加快修订《职业教育法》，明确校企双方的法律地位、权利义务，支持地方先行先试，制定完善地方性校企合作法律法规。要自觉维护法律权威，不能以局部利益的获得而牺牲法律权威所维持的整体普遍的正义。

要加大扶持力度。“十一五”以来，国家对职业教育投入已累计超过500亿元。湖北出台促进产教融合、校企合作的专项政策和引导资金，对刚毕业的职业学校学生给予500元见习补贴，起到了很好的导向作用。由于职业教育承担越来越重要的经济和社会责任，需要更大的政策和资金支持。要建立完善以政府为主、社会参与的多元经费保障制度和以提高绩效为导向的高等职业院校生均拨款制度，探索组建职业教育集团，加大实训基地、师资队伍建设等资金投入力度。要把招生、投入等政策措施向应用技术类型高等学校倾斜，进一步优化企业参与高等职业教育的政策环境，通过税收和购买服务等方式，支持规模以上企业对接高等职业院校，设立学生实习和教师实践岗位。要促进企业与高等职业院校进行股份制合作办学，实现利益共享、责任共担。要健全政府补贴、基金奖励、捐资激励等制度，鼓励社会力量参与办学、管理和评价，共同开发高等职业教育资源。

要创新办学模式。近年来，各地探索创建了产教融合和校企合作的多种形式，把企业引入校园、产品引入实训、工程师引入课堂，让教师进车间、学生进工段、教学进现场。湖北依托职教集团促进校企深度融合，也是一大亮点。职业教育一头连着产业，一头连着学生，无论采取什么样的办学模式，都要坚持市场导向、就业导向，将生产一线最前沿、最急需的技术知识带到课堂，充分激发企业参与发展职业教育的积极性，吸收它们参与职业教育课程设置和教材改革，共建技术工艺和产品开发中心、实验实训平台，实现专业设置与产业需求、课程内容与职业标准、教学过程与生产过程“无缝对接”。要加强高等职业教育与普通高等教育沟通、中等职业教育与高等职业教育衔接，为学生多样化选择、多路径成才搭建“立交桥”。

要强化服务保障。从全国情况看，现在有的地方专门成立职业教育校企合作促进会，定期举办合作洽谈活动；建设网络服务平台，开设校企合作信息咨询等资源中心，通过“线上线下”推动校企全方位合作。湖北成立了产学研合作与创新服务平台。这些做法都值得总结推广。政府有关部门要坚持以人为本、服务为先，重心下移、规范管理，不断提高工作效能和服务水平。要通过授权委托等方式，发挥行业组织在发布行业人才需求、推进校企合作、参与指导教育教学、开展质量评价等方面的重要作用。要不断推动提高生产服务一线劳动者的经济待遇和社会地位，鼓励企业建立高技能人才技能职务津贴和特殊岗位津贴制度，引导全社会更新就业观念，形成崇尚劳动、尊重技术、尊重技能、尊重创新的社会氛围。

三、促进产教融合和校企合作，要注重质量和效益，切实提升高等职业教育的整体水平

职业教育具有大众化、民生性等属性。越是这样，越需要在促进产教融合和校企合作中更加重视高等职业教育的质量和效益，强化校企一体化协同育人。

*要注重思想素质教育。*要着眼培养合格建设者和可靠接班人，全面贯彻党的教育方针，坚持以立德树人为根本，把培育和践行社会主义核心价值观融入职业教育全过程，引导学生不断增强中国特色社会主义事业道路、理论和制度自信。要以服务发展为宗旨，以促进就业为导向，针对高职院校学生毕业后主要在生产服务管理一线工作的特点，重视加强职业道德教育和法制教育，重视培养诚信品质、敬业精神和责任意识，努力培养优秀的社会主义劳动者。

*要加快特色学科建设。*高职院校学科专业直接与产业和社会需求相联系，更要符合实际、具有特色。这次视察中，我们看到有的学校在专业设置和学科建设上不盲目追求综合化、不随意新设“热门专业”，贴近市场和企业需求办出自己的特色，效果很好。要进一步明确高职院校的定位，找准人才培养、社会需求的特定领域，形成对接紧密、特色鲜明、动态调整的职业教育课程体系。要针对未来紧缺的职业技能和领域，科学设置学科专业，积极发挥职业教育引领行业发展的作用。要探索发展本科层次职业教育，提高高等职业院校招收中等职业学校毕业生和有实践经历人员的比例、本科高等学校招收职业院校毕业生的比例，建立以职业需求为导向、以实践能力培养为重点、以产学结合为途径的专业学位研究生培养模式，提供更多接受不同层次高等职业教育的机会。

*要加强“双师型”队伍建设。*目前，全国高职院校有专任教师近 40 万人，其中“双师型”专任教师仅占 30%左右。要完善教师企业实践和兼职教师聘用制度，通过搭建名师教学岗位等多种形式，组织高职院校与企业联合培养，不断提高“双师型”教师素质。要建立企业经营管理和技术人员与学校领导、骨干教师相互兼职制度，支持学校按照有关规定自主聘请兼职教师，完善符合高等职业教育特点的教师专业技术职务评聘办法，提高职教教师的地位和待遇，吸引更多优秀人才投身职业教育。要强化师德师风建设，引导广大教师牢固树立献身职教事业、关爱职教学生、安心职教工作的敬业精神。

*要加强实训基地建设。*湖北已立项建设 32 个国家级职业教育实训基地，但从全国看，实训基地建设很不平衡。要加大投入，出台支持政策，积极探索“校中厂”、“厂中校”建设模式，大力提升学生的技能操作水平，提高就业能力。要鼓励企业在生产性实训与顶岗实习、教学方案设计与实施、指导教师配备等方面主动参与合作，确保实习实训的教学效果和技能训练质量。要加强信息化管理平台建设，建立信息互通和资源共享

机制，推广教学过程与生产过程实时互动的远程教育，用先进科技手段推进高等职业教育规范化和工作效率。

视察中，大家提出了一些工作意见和建议，比如《职业教育法》的修改完善问题，教育经费投入的问题，更好发挥行业在产教融合中作用的问题，扩大职业学校办学自主权的问题，鼓励社会资本进入、促进职业教育集团发展的问题，等等。我们将认真梳理研究，及时向有关方面反映。

我们这次视察，教育部、人社部、发改委、财政部等有关部门高度重视，湖北省委、省政府和武汉、黄冈、鄂州市等给予大力支持，为视察团创造了良好条件。湖北省政协在4月初还专门召开了“职业教育”专题协商会，为我们这次视察活动做了大量扎实的前期工作。最后，我代表全国政协和视察团，再次向湖北省委、省政府、省政协和各相关方面，向国务院有关部门表示衷心感谢！

在第四届中国经济社会理事会第一次全体会议上的讲话

（2014年6月17日）

杜青林

今天，我们在这里召开第四届中国经济社会理事会第一次全体会议，总结过去工作，明确今后任务，推动理事会各项工作迈上一个新的台阶。

中央领导同志高度重视中国经济社会理事会工作，批准召开换届会议和第四届理事会领导人选名单。一会儿，中共中央政治局常委、全国政协主席俞正声同志还要接见各位理事，并将发表重要讲话。我们要认真学习领会俞正声主席重要讲话精神，切实抓好贯彻落实。

刚才，孙怀山同志代表第三届理事会作了工作报告。三届一次会议以来，在全国政协直接领导下，在王刚同志亲自指导下，在全体理事共同努力和各方面大力支持下，理事会坚持围绕中心、服务大局，着力办好中国经济社会论坛，专题研讨经济社会领域热点问题，为促进改革发展作出重要贡献；积极开展多渠道、多形式对外交流合作，主动参与经济社会理事会国际协会及其框架下的多边活动并发挥重要作用；加强自身建设，发挥理事优势，研究、咨询和服务能力不断提高。这里，我代表新一届理事会，向王刚同志和第三届全体理事表示崇高敬意！向长期以来关心支持理事会工作的各有关部门和各方面人士表示衷心感谢！

感谢各位理事的信任和支持，选举我担任第四届理事会主席。新一届理事会将在前三届奠定的良好基础上深入开展工作。我们要认真总结理事会成立以来的好做法好经验，并将长期坚持和落实下去。要适应新形势新要求，注重改革创新，彰显优势作用，着重提升品位、增强活力、扩大影响，推进理事会工作不断向前发展。

第一，要把握理事会工作方向和定位。中国经济社会理事会是全国政协领导下的综合研究经济社会问题的全国性社团组织，是经济社会理事会和类似组织国际协会正式成员，也是其领导机构管理委员会成员，受全国政协委托参加国际协会活动，具有层次高、联系广、影响大等特点，务必坚持正确的政治方向，高标准定位和开展各项工作。

要着眼服务党和国家工作全局。始终同党和国家方向一致、目标一致、步调一致，是人民政协的优良传统，也是包括经社理事会在内全国政协一切工作的根本要求。要始终把学习贯彻中共中央精神作为理事会的首要政治任务，当前尤其要深入学习贯彻中共十八大、十八届三中全会和习近平总书记系列重要讲话精神，切实把思想和行动统一到中央各项重大决策部署上来。要坚持面向国际、服务国内，自觉按照“国家队”标准来思考和推进工作，使理事会工作的业绩、发挥的作用，真正与“中国经济社会理事会”名实相符、使命相当。

要主动对接全国政协工作部署。经社理事会的根基在政协，全国政协的直接领导是经社理事会的有力保障。要进一步树立为政协服务、为政协添彩的意识，自觉把理事会工作和全国政协中心工作有机结合起来，围绕每年全国政协大会提出的任务要求，特别是紧扣全国政协年度协商计划，认真谋划部署和落实好理事会工作，做到步调合拍、资源统筹，形成整体优势和综合效应，努力成为全国政协工作中的一道亮丽风景。

要立足自身特色充分发挥作用。经社理事会是国内第一家同时将经济和社会领域作为关注重点的非营利性社团组织，特别是各位理事都是经济社会领域专家学者和相关单位的组织者、管理者，重要研究成果可以通过全国政协办公厅直接报送中央和有关部门决策参考，具有地位超脱、智力密集、联系广泛、机制灵活等鲜明特点。要充分发挥和利用好这些独特优势，切实增强特色品牌意识，进一步扩大理事会在国内外的影响和声誉。

*第二，要聚焦理事会工作的着力重点。*顺应国际国内发展大势，紧扣全国政协职能和理事会章程，着眼建设成为高端智库、沟通桥梁、咨询平台“三位一体”的目标任务，以促进经济社会发展为己任，以专业化、高端化、国际化为导向，突出发挥研究、咨询、服务和联络作用。

加强对重大理论和现实问题研究，是经社理事会的基础工作。习近平总书记在中共十八届三中全会上指出，改革是由问题倒逼而产生，又在不断解决问题中深化。要强化问题意识，加强对事关改革发展稳定全局性、战略性、前瞻性重大问题的研究。特别是要围绕推进新型工业化和新型城镇化、加快经济结构战略性调整、加强大气污染防治和生态保护、改善全球经济治理等重大任务，以及推进建设丝绸之路经济带、21 世纪海上丝绸之路等重点工作，组织高层研讨，开展专题调研，提出更多高质量、可操作的对策建议。要坚持开门搞研究，以课题为抓手，以专题研讨、承接咨询项目等为依托，广泛吸收社会力量参与，形成面向社会、多方协作的研究网络。要善于运用现代化信息技术和研究方法，建立调查、统计、分析专题数据库，提高研究效率和科学性。要建立行之有效的研究组织管理机制，完善年度重点课题计划、社会课题招标、创新成果评审、专题研究小组建设等制度，探索实行课题负责人制度，根据课题需要组建跨行业、跨领域课题组，增强叠加和溢出效应。

及时有效发挥决策咨询作用，是经社理事会价值的重要体现。要按照中共十八届三中全会提出的“加强中国特色新型智库建设”要求，探索建立专家库、资源库制度。要切实增强战略谋划和综合研判能力，鼓励独立思考、勇于创新，做好涉及经济社会发展重要改革方案、重大政策及实施效果的第三方评估工作，着力提升规范性、科学性和专业化水平。要着眼国际力量对比新变化和全球地缘战略博弈新态势，依托高素质理事队伍，以举办中国经济社会论坛等高层次论坛、组织高水平学术报告会等为载体，组织召开国际形势务虚会和研讨会，就世界格局和国际秩序、涉我重大问题等资政建言，为中央决策提供参考。要了解和反映不同利益群体、阶层的愿望和诉求，立足汇聚智慧、增进共识、凝聚力量，拓展咨询内容，创新咨询方式，使经社理事会成为全国政协履行职能的重要方面和反映社情民意的重要平台。要积极探索经社理事会发挥咨询服务作用与政协开展协商相结合的有效方式，建立健全协调联络工作机制，扩大参与面，增强实效性。

开展双边和多边交流合作，是经社理事会的重要职责。要充分发挥理事会作为国际协会创始成员和领导机构管委会成员的作用，多领域、多渠道、多层次开展民间外交活动，加强同国内外智库、政府、企业之间的联系，加强同外国相关机构、主流媒体、知名人士等的对话交流，更好服务我国外交工作大局。要积极参与国际协会规划、改革和发展工作，建立和完善中欧圆桌会议交流机制、对拉美和非洲地区成员组织双边交流机制、金砖国家经社理事会和类似组织圆桌会议交流机制，重视与周边国家相关组织联系，丰富对外交往内涵，拓展对外交往领域。要加强对中国道路、中国梦的宣传，加强对我国经济社会发展重大成就的宣传，加强对中国共产党领导的多党合作事业和人民政协协商民主的宣传，发出中国声音，讲好中国故事，树立中国形象，增进国际社会对我国的了解和认知，坚定维护国家核心利益。

树立服务意识、提高服务质量，是做好经社理事会工作的重要保障。要着眼精准把握决策需求、快速组织开展研究、不断提高成果质量，建立规范有序的服务机制和保障制度。要深化与政协办公厅和专门委员会联系，促进理事会各项工作与政协提案、调研、反映社情民意、联系服务委员等有机融合、相互嵌入，更好服务人民政协履职实践。要精心打造门户网站，加快理事信息库建设，充分运用微博、微信等发布信息、加强联系、征求意见，拓宽服务工作网络阵地。

*第三，要提升理事会工作能力和水平。*俞正声主席在今年政协大会上强调，要以改革创新精神，着力推进人民政协履职能力现代化建设。这对包括中国经社理事会在内的全国政协各部门、各方面加强自身建设，都提出了新的更高要求。

要着重加强理事会制度建设。这次会议根据新形势新任务，修改和审议通过了《中国经济社会理事会章程》，为推进理事会工作制度化规范化程序化提供了基本遵循，要自觉遵守和贯彻执行。要进一步明确事务委员会和各工作小组工作内容，规范会议、调查研究等各项工作制度，特别是完善议题确定、活动组织、成果形成及反馈机制，提高资政建言质量。要建立健全走访理事和理事旁听政协大会制度，探索建立更多经常化联系服务理事的机制，充分发挥理事作用。要进一步完善法人治理结构，建立健全负责人管理、责任追究和资金管理制度，确保理事会各项工作有章可循、有制可依、有规可守。

要彰显和激发理事会潜能。要提升政治素质、业务水平和组织协调能力，高效有序组织好各项活动。要适应现代社会研究咨询市场化、社会化趋势，探索学术研讨、考察调研等新途径，改进论坛、研讨会等组织方式，加强与政协系统、社科研究单位、高校等各方面的沟通交流，做到重点课题的联合调研、重要工作的协同推进、重大活动的通力合作。要丰富研究成果转化形式，畅通信息“直通车”渠道，推动重要研究成果通过政协办公厅直接向中央和有关部门报送。加强对经社理事会工作的宣传，整合会刊、网络等媒体资源，突出特色，形成合力，不断扩大社会影响。

要认真抓好理事队伍建设。广大理事是经社理事会工作的主体，理事作用发挥得如何，直接关系到理事会工作水平和成效。新一届理事会共有201位理事，其中现任及往届全国政协委员约占56%，省级政协委员、有关领域专家学者和社会知名人士约占37%，人员结构和层次更加合理。特别是推进政协解决“年委员”的问题，全国政协委员理事与全国政协各专门委员会组成人员基本不交叉，并尽可能保证每个省区市都有理事，充分体现广泛性。要注重发挥理事主体作用，通过调研、会议、论坛、媒体等多种渠道，加强与理事的沟通联系，在开展研究、成果转化等方面创造有利条件，努力建设一支政治立场坚定、学术功底深厚、专于应用研究的理事队伍。

理事既是荣誉，也是责任。希望大家进一步增强责任感、使命感和荣誉感，牢固树立法治观念，严格遵守理事会章程，不断提高能力素质，树立良好形象；秉持科学严谨、求真务实的作风，积极参加理事会组织的各项活动，认真做好专题调研、反映社情民意等各项工作，努力为党和政府决策建真言、献良策，进一步开创经社理事会事业发展的新局面。

各位理事、同志们，服务全面深化改革和全面建成小康社会，中国经济社会理事会使命光荣、大有可为。让我们紧密团结在以习近平同志为总书记的党中央周围，齐心协力、共同奋斗，充分发挥中国经社理事会优势作用，为实现“两个一百年”奋斗目标和中华民族伟大复兴中国梦作出新的重要贡献！

在全国政协第九十九期干部培训班开班式上的讲话

（2014年9月19日）

杜 青 林

全国政协第九十九期干部培训班今天正式开班。首先，我代表俞正声主席和全国政协，向参加本期培训班的各位学员表示热烈的欢迎和亲切的问候！

这期培训班时机好，是在即将迎来新中国和人民政协成立65周年之际举办的；这期培训班层次高，主要是地市级政协主席、副主席和省级政协机关局级干部。俞正声主席对这期培训班非常重视，专门作出重要指示。希望同志们珍惜机会，共同努力把培训班办好、办出成效。

学习是人民政协的重要任务，首先要明确学什么？早在1954年，毛泽东同志在把学习列为人民政协五大任务之一时，就明确指出要学习马列主义。当前，最重要的是要深入学习中共十八大、十八届三中全会精神，深入学习习近平总书记系列重要讲话精神，进一步把思想认识统一到中共中央精神上来，把行动智慧凝聚到中央决策部署上来。

中共十八大以来，以习近平同志为总书记的中共中央高度重视和支持人民政协工作。习近平总书记亲自出席政协的重大活动，并发表重要讲话；多次作出重要批示，专门主持召开中央政治局常委会议，研究审议全国政协常委会工作报告和2014年协商工作计划，把人民政协工作提到更加突出的位置。习近平总书记关于人民政协工作的重要论述和基本要求，概括起来：

一是强调，人民政协是爱国统一战线的组织，是中国共产党领导的多党合作和政治协商的重要机构，是我国政治生活中发扬社会主义民主的重要形式，要在依照宪法法律和政协章程进行准确定位的基础上，积极主动、认真履行政治协商、民主监督、参政议政职能。

二是强调，协商民主是我国社会主义民主政治的特有形式和独特优势，是党的群众路线在政治领域的重要体现，人民政协作为协商民主重要渠道，要着力规范协商内容、协商形式、协商程序，把握协商的程度和性质，切实提高协商议政质量和实效。

三是强调，坚持团结和民主两大主题，坚持和完善中国共产党领导的多党合作和政治协商制度，巩固和发展最广泛的爱国统一战线，促进政党关系、民族关系、宗教关系、阶层关系、海内外同胞关系的和谐，最大限度调动一切积极因素。

四是强调，发挥协调关系、汇聚力量、建言献策、服务大局的重要作用，聚焦全面深化改革出实招、谋良策，引导所联系成员和群众理解改革、支持改革、参与改革，寻求最大公约数，汇聚改革正能量。

五是强调，制定和实施协商年度工作计划是更好地发挥人民政协作用的创新举措，要切实把政协协商活动纳入党政工作总体部署，及时研究解决协商工作中的重要问题。

六是强调，加强人民政协自身建设，抓好中央八项规定的贯彻落实，弘扬正气、倡导新风，推进履行职能制度化、规范化、程序化。

这些重要论述，进一步指明了人民政协的性质、职能和发挥作用的着力重点、原则要求，精辟回答了新形势下人民政协工作带有根本性的重大问题。9月21日是人民政协成立65周年，中共中央将召开庆祝大会，习近平总书记将发表重要讲话，我们一定要认真学习贯彻，切实作为根本遵循，指导和推进人民政协事业不断发展。

前段时间，我就深入学习贯彻习近平总书记关于人民政协的新思想新要求，以改革创新精神加强履职能力建设，作了些思考。新形势下人民政协作用越来越重要，特别是中共十八届三中全会强调推进国家治理体系和治理能力现代化，对提高政协工作能力和水平提出新的更高要求。如何提高？我认为，应将着力点放在始终坚持政协品格、树立政协思维、彰显政协风格、维护政协形象这四个方面。下面，我就这个问题谈点认识和体会，供大家参考。

一、关于政协要坚持的政治品格

人民政协成立65年来，以丰富的历史传承、重要的地位作用、独特的工作理念，积淀形成鲜明的政协品格，确保了人民政协事业始终沿着正确的方向健康发展。政协品格的具体内涵是什么？换句话说，坚持政协品格到底要坚持什么？

一是坚定的政治自觉。人民政协是我国政治制度和政治体制的重要组成部分，是在我国政治生活中发挥重要作用的政治组织，正确的政治方向是生命线，在这方面一定要有政治定力。

最重要的是要始终坚持中国共产党的领导不动摇。坚持中国共产党的领导和执政地位，是中国特色社会主义的本质特征。中国共产党的领导是宪法确立的，从根本上说它执政的合法性，就在于始终不渝地代表人民群众的根本利益，始终不渝地将人民当家作主作为领导和执政的根本原则，让人民过上更安全、更自由、更文明、更幸福、更有尊严的生活，因此始终得到人民群众的信任、拥护和支持。这就是中国共产党固有的政治优势和执政合法性的根本依据。坚持政协品格，首要的是坚决拥护中国共产党的领导，做到自觉与中国共产党同心同德的政治态度毫不动摇，自觉贯彻执行中国共产党的路线纲领的政治信念毫不动摇，始终与以习近平同志为总书记的中共中央保持高度一致。

最根本的是要始终坚持中国特色社会主义道路、理论体系和制度不偏离。改革开放36年来，我国已经走出了一条不同于其他国家特别是西方发达资本主义国家的成功发展道路，在一个人口比欧盟、美国、日本、俄罗斯之和还多的国家，进行改革开放和现代化建设，实现年均9.8%的经济增长、发展速度是全世界最快的，让6.8亿人口摆脱贫困、老百姓得到的实惠是历史上最多的。中国的成功史无先例，意义非同寻常。这得益于始终不渝坚持改革开放，坚定不移走中国特色社会主义道路。有人把改革开放定义为往西方的政治制度方向改。这是大错而特错，是对改革开放的误读和曲解。东欧剧变、苏联解体的事实告诉我们，如果照搬西方国家的政治制度，会带来灾难性后果。我们务必保持清醒政治头脑。纵观全球，哪一个国家取得了像我们国家取得这样的成就，这就是坚持中国特色社会主义道路、理论体系和制度的底气所在。坚持政协品格，就是要始终高举中国特色社会主义伟大旗帜，不断增强道路自信、理论自信和制度自信。

最关键的是要始终坚持和正确认识把握人民政协的性质。这也是事关我国政治体制和政治制度的根本性问题。在我国，人大是国家权力机关，政协是政治协商机关，这与西方国家两院制有着本质区别。1954年全国人民代表大会召开后，毛泽东同志曾明确指出，有了人大，并不妨碍人民政协进行政治协商，各党派、各民族、各团体一起协商国家大事非常重要。但政协不能搞成国家机关，如果那样就成为二元了，民主集中制就讲不通了。改革开放后，邓小平同志也多次强调，政协不同于人大，不能把政协搞成一个权力机关。江泽民同志指出，人民政协的政治协商、民主监督虽然不具有国家权力性质，没有法律上的决定权，但对发扬民主、建设我国社会主义民主政治具有重大意义，对此丝毫也不能低估。胡锦涛同志指出，中国人民政治协商会议是中国人民爱国统一战线的组织，是中国共产党领导的多党合作和政治协商的重要机构，是我国政治生活中发扬社会主义民主的重要形式。这就是现在政协章程中的完整表述。中共十八大后，习近平总书记再次强调和重申了人民政协性质这一准确定位。人民政协是中国特色的基本政治制度安排，是坚持中国特色社会主义政治发展道路的客观需要，是人类文明史的伟大创举。人民政协是中国政治体系的有机组成部分，处于这一体系之内，而不是之外。人民政协通过影响公共决策，参与公共决策过程，对我国政治生活的影响具有全面性、根本性和持久性，它对我国制度体系中的其他制度具有基础作用。但一直以来，社会上有人对政协性质还存在一些模糊认识。特别是少数别有用心的人抹黑人民政协形象，质疑政协委员作用，主张人民政协权力化、民主监督法律化，实质上是要搞两院制，动摇我国基本政治制度，进而否定中国共产党领导和社会主义制度。坚持政协品格，就是要清醒认识人民政协性质问题是重大原则问题，坚决抵御西方两院制和多党制的影响，决不照搬西方政治制度模式，牢牢坚守政治底线。

*二是宽阔的包容胸襟。*人民政协是有广泛代表性的统一战线组织。无论是统一战线还是人民政协，都只有在不断增强一致性的基础上包容多样性，才能建立和巩固发展。1949年6月，毛泽东主席在政协筹备会第一次全体会议上明确指出，新政治协商会议必须包含各民主党派、各人民团体、各界民主人士、国内少数民族和海外华侨的代表人物。人民政协这个大家庭是“同”和“异”的矛盾统一体，政协委员在共同利益的基础上确立的共同目标和共同追求。然而委员之间在世界观上、信仰上、风俗习惯上、具体利益诉求等方面存在差异，因此必须尊重差异、包容多样。人民政协履行职能，主要是组织和鼓励支持委员积极建言献策、发表不同意见，只有坚持求同存异、体谅包容，才能做到畅所欲言，听到真知灼见，凝聚广泛共识。这些年，全国政协每年都收到提案5000多件，从事关国计民生的重大问题，到影响群众利益的具体事项，各种批评、意见和建议都有，只要是合理的，都会得到重视和采纳。人民政协的包容品格，彰显的不仅是我国社会主义政治制度的鲜明特色，更是中国共产党虚怀若谷、海纳百川的宽广胸襟。

*三是真挚的为民情怀。*中国共产党创立并不断巩固发展人民政协，出发点和落脚点在于维护和发展人民群众的民主权利和根本利益，根本目的是要团结凝聚各党派团体和各族各界人士的意志，汇聚社会各方面的智慧，为党和国家事业提供强大力量支持。《政协章程》明确规定，人民政协“要密切联系各方面人士，反映他们及所联系的群众的意见和要求”。在这一点上，人民政协与西方国家两院制中的参议院或上议院也有着本质区别。社会主义和资本主义的政治制度区别，不是一党和多党的区别，而是代表广大人民群众，还是代表少数人利益的区别。西方国家的参议院或上议院实质上就是“富人俱乐部”，代表的都是大财团和富贵阶层的利益。我国政协委员来自不同界别，分别联系和代表着不同地区、不同阶层、不同党派、不同民族、不同团体的群众，是党和政府了解社情民意的重要渠道，是联系各界群众的桥梁纽带。坚持政协品格，就是要牢固树立履职为民的理念，坚持人民利益至上，真诚倾听群众的呼声，真实反映群众的愿望，真切关怀群众的疾苦，帮助党和政府及时了解各方面意见，听到各方面声音，努力成为群众的知心人、暖心人、贴心人。

二、关于政协要树立的正确思维

思维方式直接影响工作思路和成效。人民政协作为政治协商机关，有效履行职能需要树立什么样的思维？着眼服务党和国家中心工作需要，基于人民政协性质和职能定位，政协思维应是一种全局思维、战略思维、法治思维和创新思维。

*第一，要有坚持大局为重的全局思维。*人民政协议政建言的大多是事关国计民生的重大问题，只有站位党和国家工作全局，才能建有用之言、献务实之策。人民政协成立65年来，始终同党和国家保持方向一致、目标一致、步调一致，为社会主义革命、建

设和改革作出了重要贡献。这是人民政协事业发展的优良传统和宝贵经验。贾庆林同志就人民政协围绕中心、服务大局曾说过两句精辟的话，就是党和国家工作推进到哪里，人民政协工作就跟进到哪里。要主动把人民政协工作放到党和国家全局工作中来谋划部署，特别是每年的年度协商工作计划要紧紧围绕中共中央重大决策来制定安排。要引导政协委员树立大局观念，始终站在党和国家工作全局的高度思考研究问题。政协委员主要体现和反映本界别群众的愿望诉求，重点围绕本界别和各自熟悉的领域议政建言，但不能只从本界别、本领域考虑问题，要引导他们认真学习把握中央精神和重大决策部署，在履行职能中正确处理好局部与全局、个体与整体的关系。

*第二，要有洞察趋势规律的战略思维。*议政建言既要立足当前推动现实问题的解决，又要着眼长远提出前瞻性意见建议。人民政协汇集了各方面优秀人才和专家学者，在这方面具有独特优势，可以大有作为。1957 年，马寅初等委员在二届全国政协三次会议上提出 11 件有关节制生育和限制早婚的提案，历史证明这些提案具有很强的前瞻性，对于我国人口政策调整具有重要的战略意义。上个世纪 80 年代三峡工程在论证过程中，不少政协委员对于要不要上、什么时候上、怎么上这个工程发表了不同看法。1984 年六届全国政协三次会议期间，就有 167 位委员就这个问题单独或联合提出 17 件提案。中共中央、国务院对这些意见建议非常重视，中央政治局委员、中央书记处书记习仲勋同志在当年政协大会筹备会上专门讲了这个问题。此后，全国政协又多次组织委员开展专题调研视察，并就三峡工程可能涉及的生态、社会和工程技术问题提出许多中肯的意见和建议，对三峡工程方案的最终确定起到了重要的参考作用。树立战略思维，需要顺应时代发展大势，熟知国内基本国情，把握趋势、掌握规律，提出具有洞察力的真知灼见，为党和国家战略部署及时提供参考。

*第三，要有依规循制履职的法治思维。*法律是国家最大的规矩，法治是国家治理最基本的手段。把依法治国确定为治理国家的基本方略，把依法执政确定为治国理政的基本方式，是中共中央在总结历史经验基础上作出的重大战略抉择，是从坚持和发展中国特色社会主义出发，在国家治理上提出的重大战略任务。运用法治思维和法治方式推动和开展工作，是全面推进依法治国的基本要求，也是人民政协有效履行职能的根本保障。人民政协树立法治思维，首先要做到各项履职活动都必须依照宪法法律和政协章程的准确定位，把握好政治协商、民主监督、参政议政的程度和性质，做到尽职不越位、帮忙不添乱。要推进人民政协履行职能制度化规范化程序化。中共中央先后制定下发了《关于进一步加强新形势下人民政协工作的意见》等一系列重要文件。今年，中共中央政治局常委会又第一次专门审议了全国政协《2014 年协商工作计划》，习近平总书记给予充分肯定，并对抓好贯彻实施提出明确要求。去年以来，全国政协还健全完善了学习、调研、培训和会议活动等各项制度和工作规章。制度的生命力在于执行，要切实提高制度贯彻落实的自觉性，强化制度约束力，真正把制度优势转化为履职实效。需要指出的是，强调人民政协树立法治思维，不是说要搞人民政协履行职能法律化。无论是政协作出的决定、决议，还是委员提出提案和意见建议，对行政机关、司法机关都不具有强制约束力；政协也可以搞监督，但那是民主监督，不具备法律效力；可以发挥政协委员在立法协商中的作用，但那是建言献策，同样不具备法律效力。这些都是人民政协履行职能需要把握的基本原则。

*第四，要有勇于求真务实的创新思维。*大力弘扬改革创新精神，不断推进理论政策创新、体制机制创新、方式方法创新，是保持人民政协生机与活力的关键所在。习近平总书记指出，“惟创新者进，惟创新者强，惟创新者胜”。十二届全国政协成立以来，在俞主席的亲自倡导和直接领导下，采取了一系列具有开创性的重要举措。比如，建立主席办公会议制度，定期研究政协重点工作；完善多层次联系服务委员制度，充分发挥政协委员特别是京外全国政协委员的作用；建立副主席联系专委会和界别工作制度，特别是创立了以专题为内容、以界别为纽带、以专委会为依托、以座谈为方法的双周协商座谈会。可以说，创新贯穿于十二届全国政协工作的始终。创新思维既要体现在新方式新载体的创建上，更要体现在议政建言质量的提升上。人民政协不是国家权力机关，不能靠发号施令履行职能，而主要是向党和政府提供意见建议，用俞主席的话来说主要是“言官”，发挥作用不是靠说了算，而是靠说得对。有时光说得对还不行，还要说得新、说得实，具有可行性、可操作性，这样才是高水准，才能真正起作用。怎样做到新和实？这需要有睿智的思想和务实的精神。政协委员大多是各自领域的专家，关键是要引导他们在调查研究的质量、提出问题的深度、切中要害的程度上狠下功夫。要突出问题导向，了解真实情况，用新观念、新视角深入分析思考，拿出有事实、有分析、有建议的高质量报告或提案。在政协，可以说没有调查研究就没有发言权，就没有议政权，就没有献策权。

三、关于政协要彰显的鲜明风格

人民政协成立65年来，因为具有特殊重要的地位作用，在长期履行职能的实践中形成了独特的政协风格，需要始终坚持和大力弘扬。政协风格具体体现为诸多方面，但最基本、最核心的是团结、民主、协商。

*一是要始终把促进团结作为根本任务。*人民政协是大团结大联合的组织，是中华民族大团结的重要标志和象征。在人民政协成立之初，毛主席、周总理就强调要扩大代表性，增强团结面，说政协不是一盆清水，如果是一盆清水就没有意思了，政协就是要团结各个方面的人。要牢固树立团结意识，密切与广大政协委员联系，坚持尊重人、理解人，坚持以人为本、注重人文关怀，关注政协委员的所思所想和现实需求，满腔热情为他们办实事、办好事，使人民政协成为广大委员的团结之家。十二届全国政协成立以来，高度重视联系和服务委员工作，俞正声主席和其他各位副主席到各地调研视察时，都要与当地全国政协委员座谈，听取意见建议；全国政协办公厅和各专委会组织的调研视察活动尽可能邀请委员参加。今年中国经济社会理事会换届，也充分考虑到委员特别是京外委员作用的发挥。同时，要更加注重促进社会各方面的团结。当前，在我国社会多样多变多元的时代背景下，人们的思想观念发生重大变化，思想活动的独立性、选择性、多样性和差异性明显增强，凝聚思想共识，实现团结联合面临新挑战、新考验。要积极协助党和政府做好协调关系、化解矛盾、理顺情绪工作，最大限度地增加和谐因素，减少不和谐因素，广泛凝聚和扩大社会共识，汇聚实现中国梦的强大正能量。

*二是要始终把发扬民主作为重要使命。*民主是历史的、具体的，而不是抽象的，是由社会经济关系决定的，有着具体的社会政治内容。社会主义民主是人民当家作主的民主，是反映绝大多数人意愿的民主，是能够给我国带来国运昌盛、人民幸福、民族复兴

的民主。西方的民主是建立在生产资料私有制基础之上的，代表着垄断资本集团的利益，其民主实际操作与金钱有着密不可分的联系，难以真正维护大多数人的权益。国内外敌对势力打着“普世价值”之名，推销西方民主，抹黑中国共产党，抹黑中国特色社会主义制度，就是企图用西方价值观改造中国，使中国再次沦为某些发达资本主义国家的附庸。事实说明，西方的民主制度不是什么普世价值，只有最适合自己国家的民主才是最好的民主。坚持党的领导、人民当家作主、依法治国有机统一，这就是我国社会主义民主，就是一种有别于资本主义“形式化民主”的实质性民主。人民政协是中国共产党领导人民追求民主的产物，是社会主义民主的重要形式。要迎接市场经济、全球化、信息革命和现代传媒迅猛发展的新机遇、新挑战，大力弘扬先进文化和优秀传统文化，维护民主的真实性和广泛性，运用现代科技手段加快推进民主政治建设。要鼓励和引导广大委员和各界别群众积极参与我国基本政治制度的具体实践，扩大有序政治参与，不断增进政治认同、思想认同、价值认同。要营造民主、宽松、和谐的环境，坚持“不打棍子、不扣帽子、不抓辫子”的“三不”方针，敢于建诤言、作批评，充分彰显我国社会主义民主政治特点和优势。

三是要始终把推进协商作为工作重点。新中国成立以来，中国共产党领导人民探索形成了选举民主、协商民主等多种社会主义民主实现形式。选举民主是人民通过选举、投票来行使权利。协商民主是人民内部各方面在重大决策之前和决策执行过程中进行充分协商。这两种民主形式互相补充、相得益彰，展示了政治的新气象，渗透着民主的新气息。新中国成立后，毛泽东主席曾说，我们的政府是跟人民商量办事的，是跟民主党派商量办事的，可以叫它是个商量政府。我们不是板起面孔专门教训人的，不是意见提得不对就给他一棒子，打得他头向下、脚朝天。周恩来总理也讲，“协商”这两个字非常好，体现了社会主义新民主的精神和特点。可以说，协商民主是我国民主政治的特有形式，更是独特优势，是真正让人民的意志和意见充分体现到政治决策中来的一种民主参与的有效途径。中共十八大和十八届三中全会都提出要推进协商民主广泛、多层、制度化发展，特别是都强调要充分发挥人民政协作为协商民主重要渠道作用。人民政协成立 65 年来，政协协商活动传承下来的主要是政协全体会议、议政性常委会议和专题协商会议，专题协商、对口协商、界别协商和提案办理协商是政协协商的四种主要形式。根据中共中央精神，十二届全国政协着重拓展协商渠道，增加协商密度，去年创立了双周协商座谈会，今年又将专题议政性常委会由以前的一次增为两次。同时，为推进政协协商制度化规范化程序化，今年全国政协还首次研究制定了《2014 年协商工作计划》，协商实效明显提高。要将协商理念贯穿于团结和民主两大主题，融汇于政治协商、民主监督、参政议政三项职能当中，进一步明确人民政协协商的内容、形式、程序和原则，在议政建言实践中切实贯彻落实。

四、关于政协要维护的良好形象

政协形象如何，直接影响人民政协在人民群众中的地位和分量。维护政协形象，政协干部和政协委员都有义不容辞的责任。去年以来，俞主席多次强调，政协政治性强、统战性强、人情味浓，政协干部要热爱人民政协事业，热心服务政协委员，努力成为能说、能写、能做的“三能”干部；政协委员要增强委员意识、珍惜委员荣誉、维护委员形象，始终如一地承担起政协委员的责任和使命。如何引导政协委员和政协干部承担责任、维护形象？

第一，要强化理论素养。人民政协事业是党和国家事业的重要组成部分，必须坚持以科学理论为指导。要组织引导政协委员和政协干部深入学习和掌握中国特色社会主义理论体系，特别是深入学习和领会习近平总书记系列重要讲话精神，切实用以指导和推进人民政协各项工作。人民政协工作是一门科学，在长期实践中已经形成了内涵丰富的人民政协理论，科学回答了在新时期建设什么样的人民政协、怎样建设人民政协等重大课题，丰富和发展了中国特色社会主义理论，要系统学习、深入研究，切实掌握运用。人民政协履行职能主要是为党和政府决策提出真知灼见，需要有专业理论和知识作为支撑。要引导和支持政协委员学习相关专业知识，掌握本领域的基本理论，还要了解履行职能所需的知识。政协干部虽然不直接参与议政建言活动，但要做好各项准备、服务和意见建议汇总整理等工作，也要加强这方面知识的学习，努力成为行家里手。

第二，要加强政治涵养。人民政协是说话的场所，要坚持真理、敢于直言，提意见、作批评。同时，人民政协又是人民行使民主权利的政治舞台，要讲政治、顾大局，决不能成为为个人谋取好处或是宣泄情绪的地方。要本着对国家、对人民、对政协事业负责的态度，积极履行职能，拒绝冷漠和懈怠，欢迎各界群众对政协委员和政协工作的监督。特别是议政建言要做到：思考理性而不片面，全面客观认识和看待问题，站位全局提出意见和建议，言之有理、言之有据、言之有信；讨论热烈而不对立，在发表意见时畅所欲言，既知无不言、言无不尽，敢于思想交锋，又注重寻求和扩大共识；交流真诚而不敷衍，敞开心扉，消除顾虑，真心相待，赤诚相见，坦率务实地交换意见，认真负责地提出建议；批评尖锐而不极端，敢于讲真话，敢于讲逆耳之言，但不说过头话、不做偏激事，共同维护人民政协良好形象。

第三，要注重品德修养。李瑞环同志曾对统战干部提出“人品好、人缘好、人格好”的“三好”要求，强调要靠真理的力量、靠人格的力量去做好工作。这对政协委员和政协干部也是适用的。在这方面，老一辈政协领导人为我们作出了榜样。一位民主党派领导人在回忆周总理的文章中写道：周总理既给人以教益，却从不自居人师；他思想极为敏捷，但毫不锋芒毕露；他谈话朴实无华，却总是给人以启迪。他所凭借的是坚定的信念、明澈的思想、宽阔的胸怀、巧妙的论对和自己的模范行为，使人在不知不觉中为之折服。这就是人格的力量。要引导政协干部加强品德修养，弘扬踏实而不浮躁、勤勉而不懈怠、发展而不僵化、切实而不表面的风气，坚决克服“四风”，以高尚品行传递精神力量，以民主作风赢得委员信任，使政协工作充满人情味，更具感召力、亲和力和凝聚力，使政协机关成为名副其实的政协委员之家、团结民主之家。

同志们，参加本期培训班共有 300 多位学员，大家都是政协工作的组织者和推动者，很多同志有着丰富的实践经验。大家从繁忙的工作岗位上来这里集中学习，十分不易。希望大家倍加珍惜这次学习机会，静下心来，心无旁骛、专心致志地看书学习，深入研究讨论，相互学习借鉴，碰撞出“火花”，务求取得实效。全国政协机关各相关部门和干部培训中心要认真做好组织服务工作，努力创造良好的学习环境，确保学习培训圆满成功。

最后，祝大家身体健康、学习进步、工作愉快！

跨越时空战略构想　合作共赢时代华章

——在“统筹推进‘一带一路’建设”论坛上的主旨讲话

（2014 年 10 月 10 日）

杜　青　林

很高兴和大家相聚在美丽的春城昆明，出席中国经济社会论坛。首先，我谨代表全国政协和俞正声主席，代表中国经济社会理事会，对本次论坛的顺利举办表示热烈祝贺，向出席论坛的各位理事和嘉宾表示热烈欢迎，向为论坛提供大力支持的云南省委、省政府、省政协以及昆明市有关方面表示衷心感谢！

2013 年 9 月和 10 月，习近平总书记在访问哈萨克斯坦和印度尼西亚期间，先后提出共建“丝绸之路经济带”和“21 世纪海上丝绸之路”两大倡议，得到国际社会高度关注和有关国家热情回应。党的十八届三中全会、中央经济工作会议和今年的《政府工作报告》都就推进“一带一路”建设作出重要部署，有力彰显了我们党和国家推进这项战略决策的坚强决心和信心。特别是上个月，习近平总书记应邀出席上海合作组织杜尚别峰会、出访中亚和南亚四国，掀开了我国睦邻友好合作新篇章，开启了“一带一路”建设新航程。

全国政协对“一带一路”建设非常重视。俞正声主席在今年全国政协十二届二次全体会议上的常委会报告中提出，要围绕推进“一带一路”建设等重点工作加强调查研究。今年 8 月，俞正声主席主持召开了以“推进丝绸之路经济带建设”为议题的双周协商座谈会。全国政协以专题调研、讨论协商、提案办理等多种形式，围绕“一带一路”建设建言献策，形成了可喜成果。在“一带一路”战略构想提出一年之际，中国经济社会理事会举办“统筹推进‘一带一路’建设”论坛，恰逢其时，很有意义。

各位理事，同志们：

建设“一带一路”，是以习近平同志为总书记的党中央敏锐洞察和主动应对国际国内形势深刻变化，统揽政治、外交和经济社会发展全局，以高瞻远瞩的世界眼光作出的重大决策。这一跨越时空的战略构想，融通古今、连接中外，顺应和平发展合作共赢的世界潮流，赋予古老丝绸之路以崭新的时代内涵，具有鲜明的战略性、历史性、开创性、系统性。

——“一带一路”传递和平发展的坚定信念。千百年来，丝绸之路承载的和平合作、开放包容、互学互鉴、互利共赢精神薪火相传、历久弥新。“一带一路”战略构想，承载着丝绸之路沿途各国发展繁荣的梦想，体现了中国始终不渝走和平发展道路的坚定立场，表明中国愿同世界各国和睦相处、和谐发展，共谋和平、共护和平、共享和平。建设“一带一路”，要把实现中国梦同周边各国人民过上美好生活的愿望结合起来，始终坚持与邻为善、以邻为伴方针和睦邻、安邻、富邻政策，践行“亲、诚、惠、容”的周边外交理念，坚持倡导对话和平、促进多元共生，打造友好周边和友好沿线。

——*“一带一路”蕴含开放包容的合作理念。*“一带一路”不是实体，不搞封闭、固定、排外的机制，不与其他大国和既有机制竞争，充分依靠中国与有关国家既有的双边机制，借助既有的、行之有效的区域合作平台。“一带一路”的地域和国别范围是开放的，凡是有意愿的国家都可以成为参与者、建设者和受益者，都可以提出建设性意见建议，不断丰富和完善“一带一路”的理念、构想和规划，倡导跨文明交流与对话，互学互鉴、取长补短，包容和谐、兼收并蓄，促进共同发展、共同繁荣。

——*“一带一路”体现关乎未来的战略考量。*建设“一带一路”，是我国深化改革开放和推进周边外交的重大战略举措，为我国加快形成陆海统筹、东西互济的全方位对外开放和全面发展新格局指明了方向。“一带一路”在提升我国向东开放水平的同时加快向西开放步伐，促进东中西部地区经济协调发展，拉动改写当前我国经济发展“东快西慢、海强陆弱”的状况，助推内陆和沿边地区由对外开放的边缘迈向前沿，加快培育国际竞争新优势，实现对外开放和改革发展的良性互动，对于实现“两个一百年”奋斗目标、实现中华民族伟大复兴的中国梦具有极其重要的意义。

——*“一带一路”彰显互利共赢的目标追求。*“一带一路”是创新的合作模式，以点带面、从线到片，逐步形成区域大合作，连接起促进我国与周边国家和地区互惠互利、交流合作的纽带，开辟出一条不同发展水平、不同文化传统、不同资源禀赋、不同社会制度国家之间平等合作、共享发展成果的有效途径，有利于区域和国家间互通有无、优势互补、合作共赢。“一带一路”着力打造利益共同体和命运共同体，将中国自身发展战略与亚洲区域合作战略以及他国的发展战略对接起来，把实现中华民族伟大复兴的中国梦和丝绸之路沿线国家地区人民追求美好生活的梦想连接在一起，切实造福沿线各国人民。

各位理事，同志们：

“一带一路”是一项宏大的系统工程，涉及国内国外、涵盖诸多领域，面广线长点多。我们要紧紧围绕改革开放和外交大局的战略需要，始终坚持从战略高度和长远角度谋划推进，把握好以下原则。

*坚持统筹兼顾。*处理好政府和市场的关系，各个层级、方方面面加强配合，注重陆海并进、东西互济、南北并举，促进国内外联动、区域间协同、政经文结合、官产学协力。

*坚持突出重点。*把政策沟通、道路联通、贸易畅通、货币流通、民心相通作为主攻方向，共同推动实施一批有共识、有基础、影响力大、带动性强的重大合作项目，争取早期收获，发挥引领示范效应。

*坚持共商共建。*立足“一带一路”战略内外关联紧密的特点，坚持内外两个方向同时用力，与沿线国家加强政策沟通和对话，推动国家发展战略协调和对接，找准利益关切契合点，寻求合作“最大公约数”，广泛凝聚正能量。

*坚持循序渐进。*充分认识“一带一路”建设的长期性和复杂性，确定不同时段的主方向、分目标和硬任务，坚持顺势而为、因势利导，由近及远、先易后难，点面结合、有序推进。

各位理事，同志们：

习近平总书记形象地说，“一带一路”就是要为中国这只大鹏插上两只翅膀，建设好了，大鹏就可以飞得更高更远。“一带一路”涵盖我国中西部和沿海省区市，贯通中亚、东南亚、南亚、西亚乃至欧洲部分区域，牵连起亚太、欧洲、非洲等多个经济圈，是世界上跨度最长的经济大走廊，也是世界上最具发展潜力的经济合作带。因此，需要从全局高度，用长远眼光谋划，注重战略考量，加强战略运筹，扎实有效推进，力求宏伟蓝图变成美好现实。

一、找准目标定位，把握正确方向。要根据国家总体战略部署和要求，理性务实地设定目标，明确主攻方向、核心区域、重点对象、优先领域、重大项目、关键节点等，坚持有所为有所不为；要科学合理地进行定位，找准本地在全局中的“角色”和“职责”，注重地方、部门间优势互补、协同发展，实现全国一盘棋。进一步调整完善本地、本部门的建设规划和方案，做到既符合国家长远发展战略，又体现自身特色优势，更好地融入国家“一带一路”建设总体布局中去。

二、聚焦互联互通，争取早期收获。“五通”是“一带一路”建设的主要内容，相互之间关联性和耦合性强。要聚焦“五通”发力，推进各项务实合作。既要做好交通和基础设施方面的“硬联通”，也要注重同步推进政策、法律、规制和人力资源开发方面的“软联通”；既要重视经贸合作的“硬”支撑，也要注重文化交流合作的“软”着力；既要加强互联互通便利化方面的“硬件链接”，也要抓好信息、通关、质检等制度标准的“软件衔接”；既要加快与沿线国家落实各种灵活性的贸易投资便利化安排，也要进一步深化贸易体制改革，加强沿线省区市通关便利化合作，优化贸易便利化的制度环境。

三、发挥企业主体作用，促进可持续发展。坚持以市场化方式运作“一带一路”建设，调动社会民间资本参与的积极性，以企业和项目为纽带构筑起沿线国家的共同利益网络。加强与沿线各国贸易投资促进机构、行业协会、进出口商会的交流合作，为企业创造更多合作机会。积极推动企业“走出去”，引导传统优势产业和装备制造业到沿线国家投资设厂，加强与沿线国家在能源资源和农业领域的深加工合作，在有条件、有意愿的沿线国家共建一批经贸合作园区。加强对“走出去”企业在信息、资金、人才等方面的支持服务，健全完善贸易争端协调、风险防范管控等保障机制，不断规范企业海外经营行为，使企业不但能“走出去”，更能“走进去”。发挥好国家级经济技术开发区、边境经济合作区、跨境经济合作区的平台作用，吸引沿线国家企业到我国投资兴业。

四、发挥各地比较优势，实现错位发展。要立足现有基础，因地制宜、扬长避短，着力打造新的经济增长点。从地理区位看，各地都具有不同的战略地位，可以发挥特殊的功能作用。沿边地区可以发挥开放门户作用，内陆地区可以发挥腹地支撑作用，沿海地区可以率先形成国际经济合作竞争新优势。以云南来说，拥有面向“三亚”（东南亚、南亚、西亚）和肩挑“两洋”（太平洋、印度洋）的独特区位，北上可连接丝绸之路经济带，南下可连接21世纪海上丝绸之路，向东通过长江经济带可连接“长三角”，向西通过孟中印缅经济走廊可连接印度洋沿岸国家，在“一带一路”建设中优势鲜明、前景广阔。从发展基础来说，西部地区可发挥好国家给予的各项发展政策的叠加效应，实现后发赶超；东部、东南省份应用好经济基础雄厚、与境外商贸联系紧密的优势，大力提升对外贸易投资水平。就产业合作而言，西北地区可与中亚国家积极开展能源资源等方面的合作；东南沿海地区应把海上合作作为重点合作领域大力推进。从文化特色来看，西部地区民族多样性、文化原生性突出；东南省区可积极发挥妈祖文化、商帮文化等桥梁纽带作用。

*五、充分利用既有机制和平台，释放整合效应。*要利用上合组织、欧亚经济联盟、中阿合作论坛、中国—东盟“10+1”等多边机制和平台，发挥好双边经贸混委会、文化联委会等合作机制的作用，深化与沿线国家友好省、友好城市以及毗邻地区的务实合作。相关省区市要进一步挖掘现有各类论坛、博览会的潜力，注入丝路元素，做好“一带一路”这篇大文章。要用好乌鲁木齐的中国—亚欧博览会，云南的中国—南亚博览会、昆交会，贵阳生态文明国际论坛，南宁中国—东盟博览会等具有重要影响力的平台，打造“一带一路”建设的品牌和亮点。

各位理事，同志们：

中国经济社会论坛自创立以来，紧紧围绕党和国家重大决策部署，广泛凝聚各界有识之士咨政建言、献计出力，为推动经济持续健康发展、促进社会和谐稳定、服务国家外交大局作出了积极贡献。一年一度的中国经济社会论坛，已成为理事们沟通交流、凝聚共识的重要平台和理事会的一大品牌。中国经济社会理事会在推进“一带一路”建设中作用独特，大有可为。大家要充分发挥各自专长和优势，深入调查研究，积极建言献策，多提真知灼见，为“一带一路”建设进一步添助力、增合力，共同谱写“一带一路”建设新篇章！

最后，预祝 2014 年中国经济社会论坛取得圆满成功！

健全宪法实施和监督制度

（2014 年 11 月 11 日）

杜　青　林

党的十八届四中全会是在我国进入全面建成小康社会决定性阶段召开的一次十分重要的会议。全会通过《中共中央关于全面推进依法治国若干重大问题的决定》（以下简称《决定》），对全面推进依法治国进行顶层设计和战略部署，清晰勾画了法治中国建设的宏伟蓝图，具体明确了全面推进依法治国在各个领域的路线图和任务书，是一个具有里程碑意义的纲领性文献。《决定》对维护宪法权威、加强宪法实施、弘扬宪法精神作出精辟阐述，提出明确要求，必将把全面贯彻实施宪法提高到一个新水平。

一、宪法是国家的根本法，是治国安邦的总章程

《决定》指出：“宪法是党和人民意志的集中体现，是通过科学民主程序形成的根本法。”要充分认识宪法在国家政治社会生活中的重要地位和作用，切实增强遵守和维护宪法的自觉性和坚定性。

*宪法是党和人民共同意志的集中体现。*我国宪法同党和人民进行的艰苦奋斗和创造的辉煌成就紧密相连，同党和人民开辟的前进道路和积累的宝贵经验紧密相连。早在1940年，毛泽东同志就指出，“在革命成功有了民主事实之后，颁布一个根本大法，去承认它，这就是宪法”。新中国成立特别是改革开放以来，党的历次代表大会确定的重大方针政策都在宪法中得到充分体现。比如，1982年宪法及其后的四次修正案，及时将“邓小平理论”、“‘三个代表’重要思想”、“坚持改革开放”、“社会主义初级阶段”、“社会主义市场经济”、“依法治国”、“社会主义事业的建设者”等党的重大理论成果写入宪法。现行宪法以国家根本法的形式，确立了中国特色社会主义道路、理论体系和制度的发展成果，反映了我国各族人民的共同意志和根本利益，是党的主张和人民意志的高度统一。维护宪法法律权威就是维护党和人民共同意志的权威，捍卫宪法法律尊严就是捍卫党和人民共同意志的尊严，保证宪法法律实施就是保证党和人民共同意志的实现。要充分认识只有切实尊重和有效实施宪法，党和国家事业发展、人民群众幸福安康才有根本的法律保障。

宪法是人民民主权利和意愿的直接反映。《决定》指出，“党中央向全国人大提出宪法修改建议，依照宪法规定的程序进行宪法修改”。这充分体现了党的领导、人民当家作主和依法治国的有机统一，彰显了我国社会主义民主的鲜明特色。我国宪法在制定修改过程中，充分发扬民主，严格遵循程序，确保全党全社会广泛参与和高度认同。1954年制定我国第一部宪法时，组织国家机关、全国政协、各民主党派、人民团体以及社会各界代表共8000多人参加讨论，提出经整理后的意见6000多条。在随后的全民讨论中有1.5亿人参与，共收到来自全国的100多万条修改意见和建议。1982年现行宪法修改草案在全民中进行了长达4个月的充分讨论，此后的4次修正案都广泛征求了党内外各方面的意见和建议。可以说，宪法的形成发展过程，就是人民直接行使民主权利、反映民主意愿的过程，就是高度凝聚全党全国人民智慧和共识的过程。要充分认识宪法是通过科学民主程序形成发展的，是我国社会主义民主最广泛、最真实的体现。

*宪法是全社会必须严格遵守的最高行为准则。*改革开放以来，我国现行宪法以其至上的法制地位和强大的法制力量，保障了人民当家作主，促进了改革开放和社会主义现代化建设，推动了社会主义法治国家进程，维护了国家统一、民族团结、社会稳定。实践证明，这是一部符合国情、符合实际、符合时代发展要求的好宪法。《决定》强调，“任何组织和个人都必须尊重宪法法律权威”，“全国各族人民、一切国家机关和武装力量、各政党和各社会团体、各企业事业组织，都必须以宪法为根本的活动准则，并且负有维护宪法尊严、保证宪法实施的职责”，进一步彰显了以习近平同志为总书记的党中央坚持依法治国、依宪治国的鲜明态度和坚定决心，确立了宪法在国家治理体系和治理能力法治化中的核心地位。要始终坚持宪法至上，充分认识宪法作为保证党和国家兴旺发达、长治久安的根本法，具有最高权威，必须充分尊重、坚决维护。

二、宪法的生命在于实施，宪法的权威也在于实施

宪法的力量不仅因其地位崇高，更源于其有效实施。否则，宪法只能停留在“政治宣言”和文本层面。《决定》对加强宪法实施提出明确要求。要坚持不懈加强宪法实施，

将其作为建设社会主义法治国家的首要任务和基础性工作抓紧抓实，确保宪法在国家治理和社会治理中的统领作用得到充分发挥。

*认真履行宪法使命，共同致力于国家富强、民族振兴、人民幸福。*宪法确认了我们党领导人民长期奋斗取得的辉煌成果，规定了人民民主专政国家政权的性质和根本制度，明确了国家未来建设发展的根本任务和总的目标，是新时期党和国家中心工作、基本原则、重大方针、重要政策在国家法制上的最高体现。要勇于肩负宪法赋予的历史重任和神圣使命，坚持解放思想，全面深化改革，统筹推进社会主义经济、政治、文化、社会和生态文明建设，努力实现“两个一百年”奋斗目标和中华民族伟大复兴中国梦。要坚持国家一切权力属于人民的宪法理念，适应促进经济社会发展和扩大人民民主的新要求，最广泛地动员和组织人民依照宪法和法律规定，通过各种途径和形式管理国家和社会事务、管理经济和文化事业，共同建设，共同享有，共同发展，使人民群众对美好生活的向往和追求得到最大限度的实现和维护。

*始终恪守宪法原则，坚持法律面前人人平等。*平等是社会主义法律的基本属性。我国宪法规定：“中华人民共和国公民在法律面前一律平等。”对于我国一切公民，不分民族、性别、职业、家庭出身、宗教信仰、教育程度、财产状况等，在适用法律上一律平等。《决定》再次重申了这一重要原则，强调任何组织和个人“都必须在宪法法律范围内活动，都必须依照宪法法律行使权力或权利、履行职责或义务，都不得有超越宪法法律的特权”。要维护国家法制统一、尊严、权威，切实保证宪法法律有效实施，绝不允许任何人以任何借口任何形式以言代法、以权压法、徇私枉法。要以规范和约束公权力为重点，加大监督力度，做到有权必有责、用权受监督、违法必追究，坚决纠正有法不依、执法不严、违法不究行为。

*大力弘扬宪法精神，切实体现和贯穿于依法治国的全过程。*宪法精神的核心是人民当家作主。《决定》强调，要“完善以宪法为核心的中国特色社会主义法律体系”，“使每一项立法都符合宪法精神、反映人民意志、得到人民拥护”。这是宪法正确统一实施的重要前提和基础。截至2013年底，我国现行有效法律243件、行政法规731件、地方性法规（包括自治条例和单行条例）9347件，要着重保持这些法律法规与宪法精神相一致。宪法所确立的基本原则和基本制度、所包含的规范国家权力和实现公民权利等基本精神，既需要通过法律、法规和其他规范性文件加以细化，更需要国家行政机关、审判机关、检察机关以及所有社会组织和全体公民自觉遵守来落实。要把宪法作为最高法律规范，严格依照宪法明确的法定权限和要求科学立法、严格执法、公正司法、全民守法，使宪法精神在法治建设各方面都得到充分体现。

*切实维护宪法权威，坚决追究和纠正一切违反宪法的行为。*有法必依、违法必究，是依法治国的基本要求，更是宪法实施的重要体现。现行宪法适应全面建成小康社会、实现中华民族伟大复兴中国梦的需要，在中国特色社会主义法律体系中的核心地位已经形成。但在现实生活中，一些部门只是将宪法当作一部高高在上的大法，不少群众认为宪法与普通老百姓的关系不大，违反宪法的行为时有发生。针对宪法实施中存在的这些问题，《决定》强调，“一切违反宪法的行为都必须予以追究和纠正”。要制定完善违宪追究制度，对违宪构成要件、违宪责任、违宪追究措施和程序等作出明确规定并严格落实，使违反宪法的行为及时被制止和纠正，使宪法的最高权威切实

得到尊重和维护。

坚持党的领导，把党领导人民制定和实施宪法法律同党坚持在宪法法律范围内活动统一起来。这是对我们党治国理政经验的深刻总结，是对我们党执政规律的认识深化，也是以人民主权、基本人权、权力制约和社会主义法治为主要内容的宪法原则的根本体现，是宪法实施的关键所在。我们党领导人民制定宪法，又领导人民遵守和执行宪法。依法治国，首先要依宪治国；依法执政，关键是依宪执政。加强宪法实施，必须始终坚持党总揽全局、协调各方的领导核心作用，坚持党内法规与宪法法律有机衔接，善于使党的主张通过法定程序成为国家意志，善于使党组织推荐的人选通过法定程序成为国家政权机关的领导人员，善于通过国家政权机关实施党对国家和社会的领导，善于运用民主集中制原则维护中央权威、维护全党全国团结统一。

三、健全宪法实施监督机制和程序，切实增强宪法监督实效

宪法监督是保证宪法实施、维护宪法权威和尊严的重要制度形式。宪法实施离不开宪法监督。1954 年宪法特别是 1982 年宪法颁布实施以来，我国不断探索并逐步建立了具有中国特色的宪法监督制度。全面推进依法治国、加强宪法实施，对宪法监督提出了新的更高要求。

完善全国人大及其常委会宪法监督制度。我国宪法规定，全国人大及其常委会负责监督宪法的实施。这体现了全国人大是最高国家权力机关、代表人民统一行使国家权力的制度设计，实践证明符合我国国情。《决定》强调，“完善全国人大及其常委会宪法监督制度”，既突出了全国人大及其常委会具有最高的宪法监督权，又指明了推进宪法监督制度化的努力方向。要健全监督机制和程序，进一步明确全国人大及其常委会进行宪法监督的对象、范围、方式等，将原则性要求具体化、程序化，使宪法监督更规范、更有效。

充分发挥宪法解释作用。依据宪法精神对宪法规定的内容、含义和界限作出解释，对于保证和监督宪法全面贯彻实施至关重要。面对错综复杂的国际局势和艰巨繁重的国内任务，特别是在全面建成小康社会的决定性阶段，依法解决改革发展面临的新情况新问题，维护国家统一、民族团结和社会稳定，都需要注重运用宪法解释，强化宪法监督功能和效力。为推进宪法解释具体化、制度化，《决定》强调，“健全宪法解释程序机制”。要建立完善宪法解释制度，明确宪法解释提请的条件、宪法解释请求的提起和受理以及宪法解释案的审议、通过和公布等具体规定，保证宪法解释贯彻落实，同宪法修改等优势互补，与法律解释等同步推进，使我国宪法在保持稳定性和权威性的基础上紧跟时代前进步伐、不断与时俱进。

加强备案审查制度和能力建设。对法律、行政法规、地方性法规等进行备案审查，是宪法监督的重要内容和环节。据统计，截至 2013 年底，全国人大常委会累计收到报备案的行政法规 502 件、地方性法规（包括自治条例和单行条例）22253 件、司法解释 189 件，对在审查中发现的同宪法法律相抵触的问题，已督促制定机关修改或废止。《决定》强调，加强备案审查制度和能力建设，把所有规范性文件纳入备案审查范围，依法撤销和纠正违宪违法的规范性文件，禁止地方制发带有立法性质的文件。要健全完善备案审查机制，提高制度执行力和约束力，加强立法监督机构相互合作，建立健全协

调沟通机制，切实提升备案审查能力，增强备案审查的实际效能，维护宪法和法律统一。

*引导社会各方面积极参与宪法监督。*我国一切权力属于人民，对包括宪法实施本身，每个公民都既有自觉尊重和维护的责任，又有参与监督的权利与义务。据统计，自2004年以来，由公民和组织提出的各类审查建议有1137件，其中属于全国人大常委会备案审查范围的475件。要充分发挥社会主义协商民主在宪法监督中的重要作用，注重发挥人民政协和统一战线的民主监督作用，组织引导各民主党派、各人民团体和社会各界人士就宪法实施、宪法修改和宪法解释等涉及的重大问题深入调查研究，积极建言献策。要拓展公民有序参与宪法监督的途径，探索建立意见处理和反馈机制，充分调动社会各方面参与宪法监督的积极性，使之具有更加广泛的共识和坚实基础。

四、宪法的根基在于内心拥护，宪法的伟力源自真诚信仰

宪法只有深入人心，走入人民群众，才能真正成为全体人民的自觉行动。要增强全社会忠于、遵守、维护和运用宪法的自觉意识，树立起对宪法的信仰和敬畏，为全面推进依法治国、建设社会主义法治国家提供精神动力和思想保证。

*在全社会普遍开展宪法教育。*宪法是“一张写着人民权利的纸”，要为人民所掌握、所遵守、所运用。《决定》将我国现行宪法公布施行的12月4日明确为每年的“国家宪法日”，为集中宣传宪法、普及宪法提供了重要契机。要进一步健全普法教育体制，突出和强化宪法教育，充分利用各种媒体普及宪法知识，阐释宪法精神，传播宪法理念，形成浓厚的学习宪法氛围，让宪法家喻户晓。要把宪法教育纳入国民教育的全过程，从娃娃抓起，从小培养宪法意识。要通过宪法教育，让全体人民都认识到宪法既是必须遵守的最高行为规范，也是保障自身权利的最有力武器，充分相信宪法、主动运用宪法，成为宪法的忠实崇尚者、自觉遵守者和坚定捍卫者。

*党员干部要带头维护宪法尊严。*党员干部和国家机关工作人员在遵守和维护宪法中具有重要引领和示范作用。《决定》要求，各级人大、政府、政协、审判机关、检察机关的党组织要领导和监督本单位模范遵守宪法法律。要建立健全各级党政领导干部学习宪法制度，把宪法作为党委（党组）理论学习中心组学习内容，作为党员干部教育的重要方面，列为党校、行政学院必修课，全面加强对宪法内容和基本精神的学习掌握。要教育广大党员干部特别是领导干部带头树立宪法意识，培养宪法思维，把宪法作为判断大是大非的准绳；带头严格依宪法办事，增强依宪观察、分析和解决现实问题的能力；带头推动宪法实践，认真履行宪法赋予的职责，同一切破坏宪法权威、践踏宪法尊严的行为作斗争，使宪法真正成为国家治理的最高规则和开展工作必须遵循的根本原则。

建立宪法宣誓制度。《决定》明确提出，“建立宪法宣誓制度，凡经人大及其常委会选举或者决定任命的国家工作人员正式就职时公开向宪法宣誓”。宪法宣誓仪式通过庄重的形式强化宪法精神，有助于增强对宪法的敬畏感，铭记对宪法所作出的庄严承诺；有助于提高宪法意识，培育宪法信仰。这一创新性举措对于弘扬宪法精神、彰显宪法权威具有重要意义。目前，全世界有成文宪法的142个国家中，已有97个国家规定了宣誓制度，我国也在不断探索实践。2013年3月，习近平总书记在十二届全国人大一次会议上表示：“将忠实履行宪法赋予的职责，忠于祖国，忠于人民，恪尽职守，夙夜在

公，为民服务，为国尽力。”同年12月，最高人民法院501名法官按照《中华人民共和国法官宣誓规定（试行）》，面向国旗庄严宣誓忠于宪法和法律。要认真落实宪法宣誓制度，明确宣誓的具体程序、誓词内容、监督和法律责任，使之成为保证宪法实施、维护宪法权威和尊严的新的重要制度形式。

重在平时 重在交心

——关于民族工作贯彻群众路线的思考

（2014年2月26日）

王 正 伟

新中国成立1周年庆典期间，毛泽东在中南海怀仁堂接受了各民族代表的献礼，少数民族文工团表演了歌舞节目。此情此景，激发了毛泽东的诗情。他与柳亚子一唱一和，写下了“兄弟姊妹舞蹁跹”、“万方乐奏有于阗”的名篇，更留下了人民领袖与各族群众亲密交往的一段佳话。

群众路线是毛泽东等老一辈无产阶级革命家确立的党的根本工作路线。民族工作是群众工作的重要组成部分。民族工作的道理千条万条，归结到一条，就是把各族群众当亲人，为各族群众做好事，一切为了各族群众，一切依靠各族群众。具体地说，就是要牢固树立“民族工作重在平时、抓好平常，民族团结重在交心、以心换心”的理念。

一

一部中国共产党的民族工作史，就是我们党在革命、建设、改革的不同历史时期，全心全意解放各民族、团结各民族的历史，真心实意繁荣各民族、发展各民族的历史。

革命战争年代，我们党主张和实行争取、团结、联合的政策，赢得了少数民族群众的支持。长征中，中央红军先遣队司令员刘伯承与彝族果基家族首领小叶丹彝海结盟，为红军顺利通过凉山彝族区，突破天险大渡河争取了宝贵时间。红军经过宁夏时，发动回族群众成立了豫海县回民自治政府，开启了民族区域自治的先声。解放战争时期，乌兰夫在领导内蒙古民族自治运动过程中，尽一切努力解决群众疾苦，为内蒙古自治政府的成立奠定了扎实的群众基础。

新中国成立初期，我们党采取一系列争取人心、服务群众的举措，迅速在民族工作上打开了局面。毛泽东强调，一切都要同少数民族商量了再去办；周恩来指出，民族工作要坚持“慎重稳进”的方针，实行“稳、宽、长”的政策，为巩固新生的人民政权发挥了极为重要的作用。被毛泽东誉为“从群众中走出来的群众领袖”习仲勋，通过“比诸葛亮还厉害”的10多次争取，最终让青海藏族昂拉部落首领项谦心悦诚服，并团结了大批民族和宗教人士，稳妥地解决了西北地区很多民族、宗教问题。为疏通民族关系，中央向民族地区派访问团，用做好事、交朋友的方式争取少数民族群众。在一些全国性政策的实施上，我们党充分考虑民族地区实际，灵活变通执行，受到各族群众欢迎，壮大了党的群众基础。

改革开放后，我们党传承和弘扬密切联系群众的优良作风，依靠各族群众推进民族地区的改革开放事业。邓小平从维护西藏人民根本利益出发，强调把“关键是看怎样对西藏人民有利”作为评价西藏工作的标准；江泽民在吐鲁番与维吾尔族群众共跳“麦西来甫”，与少数民族群众亲如一家；胡锦涛在贵州黔西南州同布依族群众一起打糍粑迎春节，嘘寒问暖、关怀备至。十八大后，习近平看望在三亚井冈山舰上服役的维吾尔族女兵，给中央民族大学附属中学的各族同学亲切回信，深入湖南湘西贫困苗族村寨倾听群众心声，把党的温暖送到少数民族同胞的心坎上。

我们党 90 多年民族工作的成功实践证明，重在平时、抓好平常，重在交心、以心换心，就能赢得各族群众的拥护和支持，中国特色解决民族问题的正确道路，就会越走越宽。

二

客观地看，当前我国民族关系的主流是好的，民族团结的基础是扎实的，社会主义民族关系不断巩固和发展的基本态势没有变。但也要看到，我国正处在改革的攻坚期、深水区，民族工作的环境发生了重要变化。形象地说，民族工作“进城”了，工作重点从边疆和农村牧区延伸到城市和东部地区；民族工作“下海”了，体制环境从计划经济变为市场经济；民族工作“入世”了，国际因素与国内因素密切交织在一起；民族工作“上网”了，网络世界对民族关系的影响日益增大；民族工作“升级”了，各族群众的民主意识、法制意识、维权意识不断提高。这些都对民族工作提出了更高要求。

首先，与国内外敌对势力的斗争仍然尖锐。国际敌对势力日益把民族分裂主义当作推行霸权主义和强权政治的棋子，利用所谓“民族”、“宗教”问题加紧对我实施西化、分化。周边一些国家局势动荡，敌对势力煽风点火，各种狭隘、极端思潮沉渣泛起。“三股势力”和十四世达赖集团不断借机生事，大肆诋毁我民族、宗教政策。

其次，维护民族团结的压力倍增。随着我国发展，越来越多的少数民族群众到中东部城市务工，各族群众以前所未有的速度、广度、深度交往交流。这是中华民族成为凝聚力更强、包容性更大的命运共同体的必经阶段，但也不可避免地产生一些矛盾纠纷。民族地区经济社会发展依然滞后，成为全面建成小康社会的短板。民族工作领域的意识形态斗争此起彼伏，社会不良情绪和心态增多。近几年来，违反党的民族政策，侵犯特定地区、特定民族干部群众合法权益的案事件时有发生。

还要看到的是，我们的实际工作中还存在一些不恰当的做法。有的地方和部门怕麻烦、怕出事、怕担责，对涉及民族因素的问题不愿管、不敢管、不会管，有的干脆绕着走，或者简单“花钱买平安”，让一些小纠纷埋下大隐患。个别地方的基层干部对少数民族群众态度傲慢，工作方法简单粗暴，甚至物欲膨胀、与民争利，造成了群众的对立情绪。这些图一时之安、损长久之治的短视行为，既不符合党的民族政策，更不符合党的群众路线。

大家都在思考：这些年我们工作做得不少，资金投得不少，但涉及民族因素的问题为什么还是接连不断？究其原因，这是社会矛盾在民族工作上的具体反映；更重要的是，群众路线在民族工作中贯彻得还不够全面彻底。一定程度上讲，经济发展抓得多，群众工作抓得少；物质投入多，感情投入少；重视一时稳定，忽视了长治久安。我们必须深入开展党的群众路线教育实践活动，切实转变作风，改进工作方法，重在平时，重在交心，共同维护各族群众和睦相处、和衷共济、和谐发展的良好局面。

三

党的十八大明确提出了全面建成小康社会的宏伟目标，习近平总书记提出了中华民族伟大复兴的中国梦，十八届三中全会开启了全面深化改革的新征程。特别是，习近平总书记站在全局和战略的高度，强调要“不断加强和改进民族工作”，为“促进民族团结进步和共同繁荣发展”作出应有贡献。这些都为民族工作注入了强大正能量。我们要以伟大的中国梦为引领，坚持走中国特色解决民族问题的正确道路，继承和弘扬党在民族工作上的优良传统，牢记群众观点，走好群众路线，牢固树立“民族工作重在平时、抓好平常，民族团结重在交心、以心换心”的理念，不断推动民族工作创新发展。

*要全面正确贯彻民族政策和民族法律法规。*民族政策是民族工作的生命线，民族法律法规是民族团结的柱础石。值得警惕的是，在当前的日常工作、社会生活特别是网络空间中，违反民族政策和法律法规的言论、做法时有出现。这就要求我们，既要坚持民族政策的基本原则，又要与时俱进地完善和创新具体政策举措，细化民族法律法规，推动有关部门出台针对性、操作性更强的配套规章。加强对窗口行业贯彻执行民族政策法规情况的监督检查，加强对网络中涉及民族因素言论的引导和管理，对出现不当言论的网站，依法严肃追究责任，及时消除不良影响。推动立法机构研究制定相关法律，并加强督查、监管、疏导，推动形成自觉维护民族团结的良好氛围。民族政策和法律法规必须令出如山，严防打折扣、掺水分，这样才能为民族关系披上铁布衫，盖上金钟罩。

*要在全国范围内开展一次党的民族政策再教育。*事实证明，故意冒犯民族禁忌、伤害民族感情的情况极少，绝大多数是不了解所致。要看到，最近的一次全国范围的民族政策教育已过去30多年，开展一次新的教育十分必要。宣传教育要以青少年和基层为重点，既要教育少数民族、教育群众，也要教育汉族、教育干部，特别是党员领导干部。要让大家明白，我们的国家是56个兄弟民族组成的大家庭，包容是美德更是理性，团结是力量更是大局。平等对待每一位公民是法律的基本要求，任何形式的歧视都是违法行为。同时，积极为各族群众增进了解创造更好的环境和条件，引导大家学法知法守法，学会用法律办事维权。只有各族干部群众真正明白了民族团结的重要性，才会增强维护的意识，才能转化为具体的、实在的、自觉的行动。

*要换位思考少数民族群众正当需求和合法权益。*习近平总书记在湖南湘西调研时指出：“加快民族地区发展，核心是加快民族地区全面建成小康社会步伐。”“发展是甩掉贫困帽子的总办法。”要着眼各族群众的所思所盼和切身利益，落实好党和国家出台的各项政策，加快少数民族和民族地区发展，着力保障和改善民生，让各族群众得到看得见、摸得着的利益，确保民族地区与全国同步全面建成小康社会。进一步发挥民族区域自治制度的优势，尊重少数民族群众的主人翁地位，维护和实现好各项合法权益，让少数民族干部群众真切感到自己是国家和社会的主人。满足少数民族群众日益增长的精神

文化需求，生产更多优秀的少数民族影视剧和文化产品，增强少数民族群众的民族文化自信和对伟大祖国、中华民族、中华文化和中国特色社会主义道路的认同。要加强少数民族干部工作，大力培养、大胆选拔、充分信任、同等使用，使其更好地发挥联系各族群众的桥梁纽带作用。千盏万盏，不如心灯一盏；千言万言，不如好事一件。我们就是要把各族群众满意不满意、高兴不高兴、答应不答应作为出发点和落脚点，贯彻落实到民族工作的各方面。

要提高民族工作的科学化、法制化、社会化、精细化水平。十八届三中全会把推进国家治理体系和治理能力现代化作为深化改革的总目标。这就要求我们必须坚持改革创新的精神，在重视宏观、进一步加强民族工作顶层设计的前提下，向更加重视微观、细节、平常转变，实现宏观与微观的有机结合。充分发挥先进模范人物在消除隔阂、促进交流、增进共识方面的作用。多制作群众喜闻乐见的公益宣传片，多宣讲民族友爱、互帮互助的温情故事，多做润物无声、潜移默化的工作。不断提高同媒体打交道的能力，尊重新闻舆论的传播规律，正确引导涉及民族因素的舆论。严密防范各种涉及民族因素的矛盾纠纷发生，依法及时妥善处置涉及民族因素的案件、事件。改变仅靠党和政府做民族工作的单一格局，走民族工作社会化的路子，最大限度调动社会各方面力量投身民族团结进步事业。

我们坚信，在以习近平同志为总书记的党中央坚强领导下，只要我们贯彻群众路线、改变工作作风，牢牢把握“两个重在”，就一定能铸牢民族团结的铜墙铁壁，呵护各民族群众血浓于水的骨肉亲情，圆好中华民族一家亲的发展梦，实现各民族走向现代化的发展梦，共铸中华民族伟大复兴的中国梦！

中国人民政治协商会议全国委员会常务委员会关于政协十二届一次会议以来提案工作情况的报告

——在政协第十二届全国委员会第二次会议上

(2014 年 3 月 3 日)

韩　启　德

各位委员：

我受中国人民政治协商会议第十二届全国委员会常务委员会委托，向大会报告政协十二届一次会议以来的提案工作情况，请予审议。

一

政协十二届一次会议以来，政协委员、政协各参加单位和各专门委员会，认真贯彻落实中共十八大和十八届二中、三中全会精神，积极通过提案履行职能。一年来，共提出提案 5884 件，其中，大会提案 5641 件，平时提案 243 件。经审查，立案 5403 件，其中，委员提案 5023 件，民主党派中央和全国工商联提案 361 件，人民团体提案 6 件，界别和界别小组提案 11 件，政协专门委员会提案 2 件。总体来看，提案内容丰富，针对性强，通过提案办理，许多意见和建议被采纳，并落实或体现到国家相关政策、发展规划和部门工作中，促进了决策的科学化、民主化，为推动党和国家事业发展发挥了积极作用，展现了新一届政协委员的履职能力和水平。

围绕加强和改善宏观调控、加快产业结构调整、促进区域经济协调发展、推动城乡发展一体化、加强生态文明建设等方面，提出提案 2628 件，为国家重要政策的制定和完善提供了参考。关于淘汰落后和过剩产能，遏制钢铁、水泥等行业盲目扩张的提案，国家发展改革委、工业和信息化部在编制国务院关于化解产能严重过剩矛盾的指导意见中，积极吸收和采纳了提案中的建议。关于加快推进营业税改征增值税改革的提案，提案委员会和经济委员会与提案人、提案承办单位开展了提案办理协商，财政部、国家税务总局吸纳提案意见，推动加快改革步伐，于 2013 年 8 月将交通运输业和部分现代服务业“营改增”试点推向全国，2014 年 1 月起在铁路运输业和邮政业实施改革试点。多位政协委员提出关于建设自由贸易区的提案，商务部、海关总署等部门高度重视，为加快实施建立中国（上海）自由贸易试验区的国家战略，及时出台相关配套措施发挥了积极作用。针对雾霾等大气污染问题，提案就强化区域联防联控、严控污染物新增量、减少交通污染等提出多项建议，环境保护部会同有关部委在起草国务院《大气污染防治行动计划》时充分采纳。关于加强中小投资者合法权益保护、开展优先股试点、建立原油期货市场、发展资产证券化业务等提案，证监会采纳提案建议，并体现在国务院出台的有关政策措施中，有力地促进了资本市场改革发展。关于加快推进珠江—西江经济带建设的提案，为完善国家区域发展整体布局提供了决策参考，相关规划已列入国务院区域规划审批计划。

围绕教育、卫生、社会保障等民生问题，提出提案 1531 件，及时反映关系人民群众切身利益的重要问题，推动了相关工作的改进。针对促进教育公平、大力发展职业教育等提案，教育部在制定关于全面改善贫困地区义务教育薄弱学校基本办学条件的意见、加快发展现代职业教育等政策措施中积极采纳相关建议。关于尽快解决企业退休人员养老金偏低问题的提案，人力资源和社会保障部积极采纳提案意见，再次提高了企业退休人员的基本养老金。针对社会普遍关注的养殖业滥用抗生素问题，提案提出了健全药物残留监控体系等应对之策，农业部在与提案人充分沟通协商的基础上，出台了 6 项具体措施，进一步保障动物产品的质量安全。针对我国经济社会发展与人口形势的不断变化，提案提出调整完善生育政策的建议，为国家卫生计生委落实中央决策部署，研究制定“单独两孩”政策提供了重要参考。

在完善中国特色社会主义法律体系、加强社会治理和廉政建设、促进社会和谐稳定等方面，提出提案 1244 件。各提案承办单位将认真办理提案，作为反对“四风”、密切联系群众的重要内容，推动解决了提案中提出的相关问题。对提案提出的遏制豪华晚会，反对形式主义和奢侈攀比之风的意见，中央宣传部、财政部、文化部、审计署、国家新闻出版广电总局，在贯彻落实中央八项规定中充分吸纳，出台了制止豪华铺张、提倡节俭办晚会的文件。提案关注家庭暴力问题，呼吁推进立法进程，全国人大常委会法工委采纳落实提案建议，将制定《反家庭暴力法》列入十二届全国人大常委会立法规划。提案对普通百姓关注的便利公民出入境证件办理问题提出了具体建议，公安部积极采纳提案意见，出台5项便民利民措施，提高了公共服务水平。针对提案提出的改进科技进步奖励评选制度、严格评奖内容审核机制等建议，科技部积极采纳，并在奖励制度改革中付诸实施。

中共中央、国务院高度重视政协提案办理工作。李克强总理主持召开国务院常务会议听取了2013年政协提案办理工作情况汇报，对国务院各部门办理提案提出要求。各提案承办单位按照中央统一部署和全国政协的总体要求，认真办理政协提案，并把办理工作与开展党的群众路线教育实践活动紧密结合、与全面深化改革紧密结合，选择了深化国有企业改革、发展农村金融助推城镇化建设等60个提案进行重点办理，由主要负责同志带队深入基层、深度研究，通过提案办理推动改革发展。截至2014年2月20日，已办复提案5396件，办复率为99.8%。从整体办理情况看，已经解决或采纳的占24.2%；列入计划拟解决或拟采纳的占61.7%；一些前瞻性较强，短期内不具备条件采纳落实的，向提案人说明了情况。为使委员们更多地了解提案办理情况，选择了6个承办单位2013年提案办理情况作为报告附件，供参阅。

二

一年来，提案工作紧紧围绕党和国家中心工作，落实全国政协的总体部署，突出重点，求真务实，切实改进工作作风，实现了本届政协提案工作的良好开局。

（一）认真贯彻落实"两办"《意见》。中办、国办《关于进一步加强人民政协提案办理工作的意见》，是中央关于政协提案工作的第一个制度性文件。推动"两办"《意见》的贯彻落实是提案工作的一项重要任务，由全国政协副主席带队，赴云南、福建开展了专题调研，并以书面征集和走访等形式，较为全面了解各地区各部门贯彻落实情况，向中央报送了专题报告，积极推动各级党委、政府切实将政协提案办理工作纳入整体工作布局，落实提案办理责任制，发挥好各级政协组织的协调配合作用，进一步增强提案办理工作的合力。

（二）加大重点提案督办力度。围绕事关大局、委员关注、涉及人民群众切身利益的重大问题，经各方协商，确定了91个由全国政协督办的重点提案题目。其中，以加强森林草原湿地湖泊保护为题开展的督办调研，提出的"划定并严守生态红线"等建议，在中共十八届三中全会的决定中得到体现；以推进农业转移人口市民化为题开展的督办调研，形成的意见建议为制定国家新型城镇化规划，提供了有益参考。积极创新重点提案督办方式方法，有的调研前与相关省区或中央部委的领导同志共同研究调研思路；有的将实地调研与提案办理协商相结合；有的开展跟踪督办，增强了督办的针对性和实效性。

（三）加强提案办理协商的理论研究与实践探索。围绕加强耕地质量建设与管理、推进行政体制改革等主题，召开7场提案办理协商会，124位委员、25个承办单位的负责同志参与协商。关于建筑产业化的提案，在双周协商座谈会上进行了协商。通过协商，有的达成了共识，推动了改革进程；有的明确了问题和困难所在，为科学决策提供了参考。召开全国政协提案办理协商工作座谈会，对提案办理协商进行了理论与实践的研究和总结，增进了将协商理念贯穿于提案工作全过程的共识，为提案办理协商的制度化建设打下了基础。

（四）进一步加强对提案工作的组织领导。提案工作是人民政协的一项全局性工作，十二届全国政协领导对此高度重视。俞正声主席多次听取提案工作的情况汇报并作出指示和批示，多位副主席分别出席提案交办会、提案办理协商工作座谈会等会议或带队督办重点提案。主席会议决定由3位副主席联系提案委员会工作，将研究重点提案工作列入主席办公会议议题，并就加强和改进提案工作进行研究和部署，明确了完善提案立案标准、加大重点提案督办力度等工作任务。

2013年提案工作取得了显著的成效，但也还存在部分提案质量不高的问题，有的提案内容空泛、针对性不强；有的提案办理情况委员不满意；重点提案督办工作的方式方法有待创新；贯彻落实“两办”《意见》的制度建设有待加强等。这些都急需我们认真研究，加以改进。

三

2014年的提案工作，要以中共十八大和十八届二中、三中全会精神为指导，贯彻落实中共中央关于全面深化改革的总体部署，准确把握提案工作发展面临的新形势新任务，从社会主义民主政治制度建设的高度，进一步加强提案工作，发挥提案在推动改革发展中的作用。

（一）把围绕全面深化改革履行职能作为提案工作的重要内容。2014年是全面深化改革的第一年，广大政协委员和政协各参加单位要主动为改革的重大课题出主意、提建议，针对经济社会发展和改革重大举措的实施，从自身熟悉的领域着手，紧扣大事、要事、群众关心的事，深入实际调查研究，提出有价值有分量的提案。政协各专门委员会要进一步发挥自身特色和优势，积极通过提案为推动改革发展建言献策。

（二）以提高质量、增强实效为目标，加强提案工作制度化建设。以改革创新精神为引领，深入研究提案工作中的薄弱环节和突出问题，坚持以问题为导向，科学总结和把握工作规律，逐步完善提案工作制度体系。要强化提案质量意识，抓好选题、调研、建议等提出提案的关键环节。要严把提案审查质量关，完善立案标准，修订审查细则、细化不立案提案的具体条款。要进一步推动“两办”《意见》的贯彻落实，促进各提案承办单位和各级政协组织切实把完善提案办理机制等各项要求落到实处。

（三）加强重点提案督办工作的组织领导和统筹协调。紧紧围绕全面深化改革的主题开展重点提案的遴选和督办工作。完善主席会议研究确定重点提案选题、听取督办工作情况汇报、副主席参加督办活动的工作机制。加大各民主党派中央和全国工商联、政协各专门委员会、提案承办单位的参与力度，增强督办合力，充分发挥重点提案督办的示范带动作用。

（四）推进提案办理协商创新发展。从加强人民政协协商民主建设的高度，进一步深化对提案办理协商重要性和必要性的认识，深入开展提案办理协商的理论研究、制度创新和实践探索，丰富协商形式，规范协商程序，提高协商成效。增强提案办理协商与专题协商、对口协商、界别协商之间的协调互动，推进协商民主广泛多层制度化发展。

（五）加强和改进服务工作。认真做好全体会议期间提案及闭会后平时提案的征集、审查、交办等各项工作。充分利用信息化手段，为政协委员和政协各参加单位做好知情明政服务工作。稳步推进提案及复文公开，扩大提案的社会影响力，推动形成全社会关心和支持提案工作的良好氛围。加强提案工作队伍建设，提高为提案工作服务的能力和水平。

各位委员，我国社会主义民主政治制度建设的不断加强，人民政协事业的不断发展，为提案工作提供了广阔的空间。让我们紧密团结在以习近平同志为总书记的中共中央周围，同心同德，再接再厉，努力开创人民政协提案工作的新局面！

在参加全国政协十二届二次会议工商界别联组讨论时的讲话

（2014 年 3 月 7 日）

陈　元

今天参加工商界别联组讨论，听了 14 位委员发言，我感到很有收获、很受启发。在座很多企业家我过去有过工作联系，比较熟悉。刚才，大家对于李克强总理所作的政府工作报告谈了自己的理解、体会、看法，也就进一步深化改革，简政放权，扩大民营企业的市场准入，加强自身建设等提出了意见和建议，对于更好理解和落实政府工作报告很有价值。在今年全国政协常委会工作报告中，俞正声主席对政协工作做了部署，并强调要以改革创新精神加强履职能力建设，积极搭建协商民主平台，进一步发挥协调关系、凝聚力量、建言献策、服务大局作用。政协作为协商民主重要渠道，就是提供一个让社会各界相互交流的平台。今天很多国家部委的负责同志也到会听取意见，我觉得是个很好的交流机会，对促进全面深化改革、改进各方面工作，更好发挥民主监督作用以及做好新一年和今后政协工作都有积极作用。这里，我简单就民营企业发展讲几点看法：

1. 民营企业在我国发挥了越来越重要的作用，在促进经济增长、扩大就业规模、增强市场活力以及推动“走出去”拓展国际市场等都起了重要作用，而且今后还会起到越来越大的作用。回顾过去，民企确实经历了坎坷，但大家努力奋斗、努力经营，克服了很多困难，不断创新科技、创造价值，提高市场竞争力，发挥了国有企业发挥不了的作用。与国企相比，民企有自己独特的优势。我国有 13 亿人口，将来扩大就业、改善民生、科技创新乃至整个国家竞争力的提高，越来越依靠千千万万的民营企业在市场上发挥积极作用，提升经济社会发展的动力和活力。希望民企看清自己的重要地位和作用，保持对发展民营经济这一正确方向的信心，这是增强道路自信、理论自信、制度自信的体现。经济发展靠的是充分保障各方面合法权益、充分调动各方面积极性，光靠少数人和少数企业是不行的，历史证明了这一点，现实和将来也会证明这一点。今后国有企业会继续发展，但更重要的是民企将加快发展，发挥更大的作用。虽然民企在发展中遇到很多困难，但是大家要坚定发展好民企的信心，要相信在党和国家推进全面深化改革，充分发挥市场在资源配置中的决定性作用和更好发挥政府作用这样一个改革方向下，将为民企加快发展创造更好条件。

2. 民企作为社会发展的重要组成部分，也要有自己的政治责任和社会责任。民企都是在中国特色社会主义制度下发展起来的，应该也必然要对完善和发展中国特色社会主义制度贡献力量，对促进社会和谐、提升国家竞争力起到主动发力、力所能及的推动作用，这是民企和国企共同的政治责任和社会责任。

3. 在民企发展过程中，企业管理要朝着国际一流的高标准、朝着现代管理制度前进，企业家也要使自身修养、思想水平不断提高，能够在社会上起到公众人物应该起到的表率和模范作用，这是社会各界的共同要求，也是中国传统文化的要求。民企创造很多财富，也是社会财富的组成部分，在经营上要守法廉洁经营，确保实现社会目标和企业目标的相结合、相一致。同时，企业家个人应该生活朴素，能够和普通群众有更多共同语言、更多联系接触，让老百姓感到企业家生活方式是非常健康、非常符合社会主义核心价值观和中国传统文化内容的，这样才能不断提升民营企业和民营企业家的社会形象，得到社会更多的理解和支持。

在全国政协民宗委第二次全体委员会议上的讲话

（2014 年 3 月 8 日）

马　飚

今天很高兴参加民族和宗教委员会全体委员会议。去年民宗委开展了卓有成效的工作，得到了政协领导的充分肯定，俞正声主席对民宗委的专题调研报告等多次作出重要批示，昨天在宗教界别联组会上，杜青林副主席说民宗委去年工作很出色，在常委会上的发言受到了好评。我去年参加了民宗委几次活动，比如推动宗教界办好公益慈善事业的调研，俞正声主席、刘延东副总理作了重要批示。比如参加的推进新形势下人民政协民族宗教工作研讨会；比如参加的民族地区职业教育对口协商会，俞正声主席高度重视；比如参加的少数民族界委员反映社情民意座谈会等，去年还走访看望了五大宗教团体。在参与这些活动中，我结识了在座的很多委员。在参加民宗委的活动中，我有三点体会：

一是委员们对做好民宗委工作的热情高，通过各种形式在政协民宗委平台上平等交流议事，千方百计为民族和宗教领域的重大问题出谋献策，工作扎实，富有成效。民宗委发挥了重要作用，成绩显著。

二是民宗委在政协各专委中具有独特的优势，可以大有可为。民宗委是很有特色的委员会，综合性强，不仅包括民族、宗教，还包括民族地区的方方面面、公共外交等，起到了协调关系、化解矛盾、理顺情绪、凝聚人心的作用。

三是人民政协的民族宗教工作是党和国家民族宗教工作的重要组成部分，民宗委可以在做好新形势下民族宗教工作方面发挥独特的作用。

做好今年民宗委工作：

第一，要认真学习贯彻习近平总书记的系列重要讲话精神，认真学习贯彻习近平总书记关于政协和政协工作的重要批示、讲话。要全面贯彻落实3月4日习近平总书记在参加政协少数民族界别委员联组会上的重要讲话，习近平总书记在讲话中指出："我国是统一的多民族国家，民族工作关乎大局。坚持中国特色社会主义道路，是新形势下做好民族工作必须牢牢把握的正确政治方向。要全面贯彻落实党的民族政策，坚持和完善民族区域自治制度，不断增强各族人民对伟大祖国的认同、对中华民族的认同、对中华文化的认同、对中国特色社会主义道路的认同，更好维护民族团结、社会稳定、国家统一。要积极创造条件，千方百计加快少数民族和民族地区经济社会发展，让民族地区群众不断得到实实在在的实惠。团结稳定是福，分裂动乱是祸。要坚持各民族共同团结奋斗、共同繁荣发展的主题，深入开展民族团结宣传教育，使各民族同呼吸、共命运、心连心的光荣传统代代相传。全国各族人民都要珍惜民族大团结的政治局面，都要坚决反对一切危害各民族大团结的言行。要坚决依法惩处和打击暴力恐怖活动，筑牢民族团结、社会稳定、国家统一的铜墙铁壁。"政协民宗委，政协的民族界别、宗教界别要坚决与以习近平同志为总书记的中共中央保持高度一致，要坚决维护民族团结、宗教和睦、社会和谐，坚决与暴力恐怖分子作坚决的斗争，旗帜鲜明地反对分裂主义、极端主义、恐怖主义，要齐心协力，团结一心，共同为实现中华民族伟大复兴的中国梦作出应有的努力和贡献。

第二，积极关注全局工作和党政决策的重大问题，及时提出意见建议，供党政部门决策参考。要在对民族宗教领域具有战略性、全局性、前瞻性的问题进行持久深入研究，建言立论。要以敏锐的眼光及时关注和研究民族宗教领域的新情况和新问题，并及时为党政部门提出对策建议，化解矛盾，维护和谐稳定的大局。

第三，加强调查研究，为做好新形势下民族工作，发挥参谋助手和决策咨询作用。眼睛向下，着眼于解决群众最关心最直接最现实的利益问题，深入基层、贴近群众，倾听和反映群众意见。民族宗教工作具有很强的群众性。民宗委在这方面一直有好的传统，在新的形势下，我们的工作要进一步在专题调研过程中贯彻党的群众路线，深入群众，倾听来自基层的声音，通过扎扎实实的调研，提出符合实际情况的分析判断和意见建议。同时，要利用民宗委汇聚着少数民族和宗教界的代表人士这个优势，发挥他们代表性强、在少数民族群众和信教群众中具有较高威信和影响力的作用，通过他们向群众宣传贯彻党的各项方针政策，反映本界别群众的意愿和呼声，促进党和国家的民族宗教政策全面贯彻落实。

在全国政协“特高压输电建设问题”专题调研座谈会上的讲话

（2014 年 3 月 31 日）

陈　元

今天参加这个会，看到讨论非常热烈，大家都有很多的意见讲，也都在关注这个问题。所以，我感到这个题目还是选对了，对推动实际工作也还是很有意义的。今天这个会开得效果还是好的，很有成果，虽然时间已经超时了，但是大家思想上都感到很有收获。今天到会的很多人是这个行业的专家，也有地方的同志，有的过去在工作中有过联系，我比较熟悉。大家从各个方面对特高压和电力布局都提出了非常好的意见，对我来说，这个行业虽然过去工作中有所接触，但并不是很专业、很熟悉，听了大家发言以后，很受教育，很有收获。

政协不是代替政府作什么决定，而是提供一个交流的平台，让大家能够互相见面、畅所欲言，发表不同的意见。政协是起源于政治协商，现在在我们国家建设、发展、改革的过程中，协商民主就成为大家期待有一个新的要求和新的发展内容。我们今天座谈的是一个比较专业的内容，但是也应该说体现出了协商和交流平台的作用。今天大家说话都很坦率，说的都是要点。我们今天把各方面的同志请到一起，交换意见，这一点还是很有成效的。有的同志说，这些年有些问题长期争论，没有解决，对工作、对发展造成了一些影响。刘振亚同志也说，希望有个平台，大家交换意见。我觉得，今天政协这次专题调研座谈会目的是达到了。可惜的是，还有不同意见的同志没有来，有的没有全讲。史大桢部长说得很好，我们要充分肯定不同意见的交流和讨论，我们也可以说这是一种协商民主的形式，会使这个事实越讲越清，会使这个道理越讲越透，会使意见和看法逐步统一，这就是我们政协搞协商民主、搞交流平台，请大家坐到一起，把各种意见包括不同意见（今天这一点还是有点缺憾），能够充分地交流，这样有利于形成统一认识，有利于主管部门领导对这个问题科学决策。大家把各方面的情况充分讲出来，这可能也是不容易做到的。所以，今天我们安排这么一个会，大家充分发表意见，对领导机关、对主管部门工作会有所帮助，会有一定的价值。刚才，听了大家的发言以后，我想到了几个问题，也是一家的体会和初步想法。

第一是国情。我们有 13 亿人口，东中西部都要发展，东部发展了以后，中西部下一步也要加快发展。这样一个发展的形势，是我国电力和能源发展面对的基本现实。我觉得大家既需要充足的能源，一个是石油、天然气，一个是电力，烧煤现在也是很大的一个重要来源，但是现在又要有干净的空气、环境。这两个原来不是同时出现的，最早出现的是需要用能源，我国电力行业就开始发展。需要清洁的空气和良好环境，这个问题是这几年慢慢突出出来的，特别是雾霾天连续出现，使得人民群众对环境保护、对大气污染的治理的要求越来越迫切。所以，这两个目标都得兼顾、都得统一，不能偏废，这是我们国家特有的。刚才说了，有些其他国家也都有很大的经济规模，电力装机、电力消费人均水平都比较高，但是他们总的来说人口集中程度跟中国相比还是不太一样，特别是美国、加拿大、俄罗斯，一些欧洲的大国，还有日本，我们的国情跟它们相比，是人口多，人均能源的供应和消费加起来将是一个巨大的数字。在这种国情下，一个是要解决能源从何而来、用哪些能源、怎么用，再有就是要有一个清洁的环境，这两个问题的矛盾其他国家没有像我们国家这么突出。当然，西方发达国家在环境治理和其他方面的工作起步得早、走在前面，我们要学习借鉴它们的技术和经验。总的是，要看到我们的问题，虽然还有原来工作不够的、认识不够的一面，但是也确实是我们人口密度高，能源消费需求加起来数量很大的原因，这也是我们不同于外国的特点。这种情况下就要求我们加快发展风电、光电、核电等清洁能源，发展分布式能源、智能化电网。刚才有的同志发言说得很好，经济发展到一定水平，能源不一定是直线增长，会有一个节约能耗、提高效率的过程，这也是国情所带来的。

第二是国际对比。我们国家现在能源总量的需求和将来人均水平再进一步提高所带来的能源需求增长，更是在国际对比上我们处于一个很独特的地位，美欧日俄和我们比起来都没有这么紧迫，它们是经济大国，但不是人口大国，将来在能源工业的总量和水平技术上，可能就不是第一流的大国，因为它们没有那个需求推动。我们是一个13亿人口的大国，我们要立足于中国国情，要比它们更加节约能源才行。在国际对比中，可以看出能源挑战对我们是独特的，我们要准备应对这个挑战，在供应充足能源的同时要注意节约能源，除了石油、天然气，电力也非常重要，要使得我国的能源工业和生态环境互相支持、共同发展。

第三是安全问题。电力电网安全永远是最重要的问题，刚才说了很多安全问题，我觉得大家的意见讲得都很有道理。我国能源的需求挑战这么大，就要在技术上着力解决安全性的问题。这几年，我们的电力行业在确保安全方面做了很多工作，也得到了国家的高度肯定和支持，应该说取得了很好的成就，为下一步的发展创造了条件。在电力行业很多领域我们走了人家没有走过的路，也需要解决人家没有遇到和没有解决的问题，这可能是摆在我们面前的挑战。此外，在保证能源供应的过程中，也包含了能源安全，石油、天然气除了自己开采、增加内部供给，我们现在在世界上也要想方设法来增加外部供给，这个也不容易做到，要付出很多的努力，同时也面临很多的国际的不确定条件，这也包含了能源安全问题。从中国的国情来说，原来传统以煤电为主的能源消耗结构在相当一个时期内还将维持，但随着技术进步也还有很大的改进和提高的空间，最主要的就是用清洁能源去代替。这就要求我们从现在开始要着力发展清洁能源，尽可能减少化石能源的消耗，不但要减少粉尘排放、颗粒物排放，也要认真考虑国家碳排放的承受能力，进一步减少碳排放。总而言之，对能源安全问题的认识都还要有进一步的统一和提高。

第四是技术发展的新问题。大家今天提出来很多技术发展的新问题，比如电网的安全和风险防范，特高压下的一些新的技术，包括刚才说到的直流和交流送电的换流器的器件的技术，以及将来可以实现直流多点落地的技术，这些都应该加大投入力度，加强科研攻关。技术问题是无止境的，我们在电力电网发展上遇到的技术问题要比别人遇到得多，压力比别人大，这就要求我们不断加强电力技术创新，敢于追求电力技术领先地位。包括刚才说的分布式能源，能不能取代现在集中的能源供给模式，是不是能做到减少碳排放、减少颗粒物排放，能不能同步实现生态环境改善和能源有效供给，这都需要进一步在科研上和技术上下功夫，做好工作，取得成效。

最后是体制问题。电力行业发展体制是大家都关注的问题，要进一步完善、改进，不断提高现有体制的灵活性和有效性。电网要有利于各种清洁能源、分布式能源的接入，电源系统的建设要加快30万千瓦和以下的小型机组的更新淘汰，提高能耗效率。同时，电网和电力都应该更多地体现它的公益性，把它的市场化运作方面和公益性方面有机地统一起来、一致起来，更好地运用市场化的方法，为各个电力企业、为各个用户提供更便捷、更有效的供需服务，更好地服务于公众的共同利益。

这些都是听大家发言之后的一点初步感想，也算是一家之言，在这儿跟大家讲一讲，算是一点体会和意见交换。最后，很感谢各方面的专家能参加这次会议，并对这个题目提出范围广泛和内容深入的见解，对特高压输电问题的深化认识和相关工作的进一步推进起到了积极作用。

在博鳌亚洲论坛香港分论坛晚餐会上的讲话

（2014年4月11日）

周 小 川

我很高兴参加今天由香港特区政府主持的晚餐会，并对香港分论坛的成功举办表示热烈祝贺！

长期以来，香港作为内地改革开放的窗口和联系内地与世界的桥梁，为支持和促进内地改革开放和现代化建设作出了重要贡献。这次论坛以“香港在人民币国际化过程中的机遇和挑战”为主题，体现了香港与内地金融领域更加紧密、更加深度的联系。今天上午，李克强总理作了重要讲话，中央政府一直鼓励并高度重视香港的发展，内地金融界也一直高度关注两地金融市场合作的深化。中央政府先后出台了一系列支持政策和措施，积极支持香港发展成为离岸人民币业务中心和国际资产管理中心。

今天上午，李克强总理在博鳌论坛开幕式上强调，将着力推动新一轮高水平对外开放，一个很重要的方面，就是要扩大服务业包括资本市场的对外开放。譬如，我们将积极创造条件，建立上海与香港股票市场交易互联互通机制，进一步促进中国内地与香港资本市场双向开放和健康发展。李克强总理的讲话特别强调了资本市场的开放式发展。近年来，经过一段时间的磋商，内地与香港已就建立沪港股票交易机制，便利两地投资者直接买卖对方市场股票达成一致。两地将积极进行技术方面的准备，准备之后，沪港股票交易机制将正式运行。这个机制顺应了资本市场国际化发展趋势，将使沪港两个市场连通，扩大两地股市的容量和参与者范围，既有利于促进香港金融市场的长期稳定、繁荣发展，巩固香港国际金融中心地位，又有利于健全内地资本市场机制，推动资本市场多层次发展，从而促进内地和香港的共同繁荣，并有利于推动亚洲资本市场的进一步融合，更好地服务亚洲经济发展。同时，该机制还将进一步推动人民币的跨境使用，便利本地区贸易和投融资活动，也是人民币跨境使用中的一个非常重要的内容。

目前人民币的跨境使用量有了很大的提升，但这项工作仍然处于起步阶段，未来还有一个相当长的发展过程。我们反复强调，在货币的选择方面，要充分尊重市场参与者的选择。当然，从政府和监管者的角度，我们要强调做好我们的“家庭作业”，最后还是要看市场的选择，我们要从政策、实力和信心等方面为市场参与者创造良好的条件。

前不久，香港金融发展局公布了该局成立以来首批研究报告，其中包括《巩固香港作为全球主要国际金融中心的地位》等六份，对香港下一步的金融发展提出了很多很好的见解。其中很多建议可以进一步讨论和细化，推动落实，从而巩固香港作为亚洲地区重要国际金融中心的地位，同时进一步提升香港开放、竞争、创新、法治等优势，加强核心竞争力。

我们高兴地看到，香港在推动人民币跨境使用方面发挥了非常重要的作用，香港人民币离岸市场快速发展，同时，离岸人民币即期、远期及其他人民币衍生产品交易发展迅速。离岸人民币市场的发展，有力地巩固和提升了香港国际金融中心的地位。

下一步我们要继续做好境内企业和金融机构赴香港发行人民币债券的有关工作。支持香港金融机构和企业等境外机构在境内发行熊猫债。研究允许境外机构利用持有的人民币债券在境内银行间债券市场开展债券回购业务。推动人民币合格境内机构投资者（RQDII）业务，允许境内机构投资者以人民币进行境外证券投资。这项业务与人民币合格境外机构投资者（RQFII）业务互相配合，有利于拓宽境内外人民币资金双向流动渠道，有利于壮大境外人民币资金池，支持境外人民币产品创新，推动境外人民币市场发展。同时，也希望香港进一步发挥好金融市场高度发达、交易制度完善和人才聚集等方面的优势，开发更多的人民币金融产品，满足市场更加多样化的需求。

随着人民币在跨境贸易和投资中的使用范围不断扩大，境外其他国家和地区开展离岸人民币业务也有相当的市场需求，这对香港来说既是挑战也是机遇，我们也要看到，人民币业务有着广阔的市场前景。我相信，香港完全有信心、有实力、有优势，在推动人民币跨境使用方面发挥更大的作用，发挥好离岸人民币业务中心的作用。

目前，内地正在按照中共十八届三中全会的重大决策部署，紧紧围绕使市场在资源配置中起决定性作用，全面深化金融业改革开放。一是进一步扩大金融业对外开放。逐步实施准入前国民待遇和负面清单，逐步放宽外资持股比例和经营范围的限制，实现金融服务业的高水平对外开放。二是完善人民币汇率形成机制。加大市场决定汇率的力度，逐步退出常态式的外汇干预，最近人民币对美元汇率浮动幅度由1%扩大到2%，下一步还将继续朝着市场化方向发展。三是加快推进人民币利率市场化。根据金融市场发展状况，择机扩大人民币存款利率浮动范围，进一步提高金融机构自主定价权。四是加快实现人民币资本项目可兑换。有序提高个人资本项目和资本市场交易的可兑换程度，进一步提升跨境直接投资等方面的便利化水平。这些改革与人民币业务发展相互配合，相互推动，互相促进。

女士们，先生们：当前，世界经济跌宕起伏，外围经济形势错综复杂，一些新兴经济体面临比较严峻的挑战。中国经济发展总体上看有利因素较多，深化改革、调整结构、推动新型城镇化将为经济持续发展注入新的动力，这有利于内地与香港的共同繁荣发展。加强两地之间密切而有效的合作，对共同维护和促进两地经济金融稳定与健康发展，尤其具有重要的现实意义。相信香港会利用好自身优势，抓住内地深化金融改革的有利机遇进一步发展壮大香港国际金融中心地位，发挥好香港离岸人民币中心的地位，促进香港的长期繁荣稳定。

在“努力破解海外华文教育的瓶颈问题”双周座谈会上的发言

（2014 年 4 月 17 日）

李 海 峰

正声主席亲自主持，专题研究华文教育工作，这在政协这么高的层面还是第一次，体现了正声主席和各位副主席对侨务工作的高度重视。我想，这次会议也必将是对侨务工作特别是华文教育工作的一次战略性推动。下面，我谈两点看法。

一、华文教育是中华民族的留根工程、中华文化传播的希望工程，应该从国家战略层面加强对华文教育的规划与部署

刚才几位同志发言都谈到了它的重要性。我国是侨务大国，6000 万华侨华人分布在世界各地，过去讲，有海水的地方就有华侨华人；现在讲，有阳光的地方就有华侨华人。做好华文教育，对于增强中华民族的凝聚力，在海外发展壮大一支宏大的对我友好力量，对于传承中华文化，增强国家软实力，加深海外侨胞对民族、国家的认同感，都具有深远意义。

长期以来，正是华文教育，孕育了几千万海外侨胞的爱国情怀。他们不论走得有多远，心里最大的愿望，就是要教育后代不能忘本，不能忘祖，不能成为“香蕉人”。也正因为这样，海外侨胞不论在当地生活了多少代，始终都说自己是中国人，始终有着血浓于水的感情，始终关心支持祖国、家乡的发展变化。

华文教育不同于汉语教育，它不仅是语言文字的教育，更重要的在于民族文化的传承。6000 万华侨华人，这是一支不可忽视的力量。他们是中国文化最直接的展示者、传播者。外国人对中国的认识，更多的是通过他们身边华人的一举一动来感受的。大力支持海外侨胞开展华文教育，实际上就是支持中华文化走出去，就是增强中华文化的国际影响力。

2011 年侨办在北京举办的夏令营，来自世界各国 6000 多名华裔青少年齐聚北京。近平同志当时是国家副主席，亲自在大会堂为夏令营开营，并做了重要讲话，其中有三

句话在海外影响非常大，他指出：团结统一的中华民族是海内外中华儿女共同的根，博大精深的中华文化是海内外儿女共同的魂，实现中华民族伟大复兴是海内外中华儿女共同的梦。我认为，我们应该从民族之根、文化之魂、复兴之梦这一战略高度看待华文教育工作，以这次会议为契机，向中央提出开展华文教育的工作意见。

二、着力为华文教育发展创造更好的外部环境和条件

这些年，国务院侨办在教材编写、发行、教师培训、文化交流活动等方面的工作，形成了自身的工作体系，为海外华文教育发展提供了可贵的支持。从华文教育长期发展来看，我觉得今后一个时期应注意在以下几个方面加大工作力度。

一是加强与外国政府教育部门的联系沟通，进一步推动华文教育纳入当地教育体系。这是解决华文教育可持续发展和繁荣发展的根本之策。现在除泰国、菲律宾、澳大利亚、新西兰等国华文教育已经纳入当地政府教育体系，马来西亚、日本等国有全日制的华文学校外，其他基本上是华侨华人自办的补习性学校，大都为周末班。中文既难学又没有学分，非常影响孩子们的学习兴趣和成果。学生花大量的业余时间补习，完全靠的是家长的热情。我想，政府侨务部门今后要加强与外国政府教育部门的联系，推动华文学校中文成绩纳入当地外语学分，这样就增加了学生学习的动力。还有一点很重要：如果和政府共同办，就有安全保障，这个国家无论发生什么动荡，华文教育都不会受到冲击，因为是当地政府办的。

二是加强对海外华文教育规律的研究与探讨，推动华文教材和教学本土化。这些年，国侨办下很大力气编写了从幼稚园到初中、从语言到文化、从平面到远程，完整的教学和辅导教材体系，并通过走出去、请进来等方式，初步建立了华文教师培训、考核、认证三位一体的培训体系，缓解了海外中文学校对教材和师资的需求，目前面临的最大问题还是教材和教学方法如何本土化。要组织力量研究提出符合本国国情、民情的教育方法，以提高学习成效。这方面除国侨办及其所属的暨南大学、华侨大学、华文学院要发挥工作母机、龙头作用外，最重要的是发挥各国华社的华教组织、华文教师的作用，大力推动他们在自己国家成立华文教育协会，研究本国的教材和教学方法的本土化，这是长远之策。

三是加大华文教师学历教育，切实解决教师匮乏问题。师资短缺，教师学历偏低，教学质量参差不齐，是束缚海外华文教育发展的“瓶颈”。现在国内选派教师、组织志愿者，每年外派800万优秀教师，也是杯水车薪。这方面还是要着眼于就地取材，加强海外华文教师学历教育，大力培养师资力量。这些年，暨南大学、华侨大学、广西华侨学校、昆明华侨学校等培养了一大批大专以上学历的华文师资，侨办和华文教育基金会也设立了华文教育本科、硕士和博士学位的奖学金去培养较高层次的师资力量，但还不够。这方面能否推动出台一些政策，鼓励国内有条件的大学也开展海外华文教育学历教育，或与国外大学联合办学，培养海外华文教师。

四是加强对华文教育的经费支持。海外近2万所各类华文学校大都由当地华侨华人社团或侨领集资兴办，有些办学条件很差，一些学校破烂不堪，相当一部分靠租房借房办学，与台湾当局在海外兴办的学校没法比。台湾和我们在海外争夺青少年主要是学校这块阵地。华侨把子女送回国内读，也有的送到台湾学校。台湾侨委会每年拿出50%

的经费投入到华文教育，这在某种程度上形成对海外华裔学生世界观和意识形态的争夺。国家应进一步增加对华文教育的资金支持，这方面的投入是战略性投入，花点钱是值当的。近年来，国家对华文教育经费在逐年增加，但由于基数太小，杯水车薪。当然，华文学校主要是由华侨出资兴办，国家只能选择重点国家、重点学校予以适当支持。孔子学院这几年发展得很快，很有影响。在海外，华文教育和汉语教学是传播中华文化的两大渠道，要继续加强合作，实现资源共享。

五是加强对华文教育的机制建设。2005 年在胡锦涛同志的亲自倡导下，在贾庆林主席的亲自协调下，成立了国家华文教育联系会议机制和中国华文教育基金会。但是，这一国家层面的协调机制需进一步健全和完善。另外，建议国家领导人出访，可以安排参观华文学校。

敢于责任担当　不辱历史使命

——深入学习贯彻习近平总书记关于责任担当的重要论述

（2014 年 5 月 7 日）

张　庆　黎

党的十八大以来，习近平总书记在系列重要讲话中多次强调，责任担当是领导干部必备的基本素质，并从什么是责任担当、为什么要责任担当、怎么做到责任担当等方面，提出许多新思想、新观点和新要求。这些重要论述具有极强的现实针对性和长远指导性，对推进新形势下党和国家事业发展具有重大意义。我们一定要深入学习贯彻，强化责任意识，树立担当精神，提升能力素质，始终做到为党尽责、为国奉献、为民分忧，更好地完成历史和人民赋予的使命。

深刻认识责任担当的重大意义

习近平总书记在十八届中共中央政治局常委与中外记者见面会上，深刻阐述了对民族的责任、对人民的责任、对党的责任，自觉地把当代共产党人的责任担当统一于实现国家富强、民族振兴、人民幸福和人类发展进步之中，鲜明体现了新一届中央领导集体的执政理念和价值追求。我们要从推进党的建设新的伟大工程和中国特色社会主义伟大事业、传承民族精神、实现“两个一百年”奋斗目标的高度，更加全面、深刻地认识新形势下强化党员领导干部责任担当的重大意义。

责任担当是中国共产党先进性的具体体现。敢于担当是中国共产党先进性的题中应有之义，是中国共产党人的鲜明政治品格。习近平总书记指出：是否具有担当精神，是否能够忠诚履责、尽心尽责、勇于担责，是检验每一名领导干部身上是否真正体现了共产党人先进性和纯洁性的重要方面。我们党自成立之日起，就是中国工人阶级的先锋队，同时是中国人民和中华民族的先锋队，自觉地担当起争取民族独立和人民解放、实现国家富强和人民幸福的历史使命。回顾我们党93年来波澜壮阔的发展历程，无论是血雨腥风、战火纷飞的峥嵘岁月，意气风发、激情燃烧的建设时期，还是波澜壮阔、生机勃勃的改革年代，千千万万的中国共产党人始终心怀崇高革命理想，以国家民族利益为重、以人民幸福安康为念，同全体人民一道顽强拼搏、接力奋斗，为诠释不同历史时期的责任担当，奉献了全部智慧、心血乃至生命。据统计，仅从1921年7月1日到1949年10月1日，可以查到姓名的党员烈士就有370多万人。新中国成立后，像邱少云、黄继光、罗盛教、杨根思等舍生忘死保家卫国的英雄壮举，像钱学森、邓稼先、李四光、华罗庚等老一辈科学家冲破阻力报效祖国的赤子情怀，像雷锋、王进喜、焦裕禄、时传祥等先进模范人物艰苦奋斗、无私奉献的高尚品格，都鲜明而集中地体现了共产党人的担当精神。改革开放以来，孔繁森、牛玉儒、杨善洲、沈浩等党员领导干部，为了让人民群众过上好日子，殚精竭虑，忘我工作，是新时期共产党人敢于担当的杰出楷模。

*责任担当是伟大民族精神的重要内容。*习近平总书记指出，中国是有着悠久文明的国家。中国人独特而悠久的精神世界，让中国人具有很强的民族自信心，也培育了以爱国主义为核心的民族精神。敢于担当作为民族精神的重要内容，深深植根于中华民族优秀文化传统。从《周易》的“天行健，君子以自强不息”，诸葛亮的“鞠躬尽瘁，死而后已”，张载的“为天地立心，为生民立命，为往圣继绝学，为万世开太平”，范仲淹的“先天下之忧而忧，后天下之乐而乐”，文天祥的“人生自古谁无死，留取丹心照汗青”，到顾炎武的“天下兴亡，匹夫有责”，林则徐的“苟利国家生死以，岂因祸福避趋之”，孙中山的“勇往直前，以浩气赴事功，置死生于度外”，等等，古人先贤的嘉言懿行，都生动诠释了中华民族敢于责任担当的内在禀赋。中国共产党作为伟大民族精神的坚定传承者，不断赋予责任担当以新的内涵，从井冈山精神、长征精神、延安精神、西柏坡精神，到大庆精神、“两弹一星”精神，再到抗震救灾精神、载人航天精神、改革开放精神等，都生动地体现了民族精神的与时俱进，进一步拓展了责任担当的精神疆域。

*责任担当是全面建成小康社会的迫切需要。*党的十八大提出了确保到2020年实现全面建成小康社会宏伟目标，这是时代赋予我们的光荣使命。现在到2020年还剩6年时间，任务艰巨而紧迫。当前，国内外环境发生广泛而深刻的变化，我国发展面临一系列突出矛盾和挑战，呈现出短期矛盾和长期矛盾叠加、结构性因素和周期性因素并存等特点。比如，发展中不平衡、不协调、不可持续的问题依然突出；城乡区域发展差距和居民收入分配差距依然较大；一些领域消极腐败现象易发多发，反腐败斗争形势依然严峻；等等。解决这些突出矛盾和问题，迫切需要我们以直面困难的勇气、履职尽责的意识、敢于担当的精神，乘势而为，迎难而上，深化改革，锐意创新，扎扎实实地做好经济社会发展各项工作，确保全面建成小康社会宏伟目标如期实现。

*责任担当是实现中华民族伟大复兴中国梦的必然要求。*中国共产党自诞生之日起，就勇敢担当起团结带领人民实现中华民族伟大复兴的历史使命。习近平总书记指出：空谈误国，实干兴邦。我们这一代共产党人一定要承前启后、继往开来，把我们的党建设好，团结全体中华儿女把我们国家建设好，把我们民族发展好，继续朝着中华民族伟大复兴的目标奋勇前进。实现中华民族伟大复兴中国梦，就是要实现国家富强、民族振兴、人民幸福。现在，我们比历史上任何时期都更接近实现中华民族伟大复兴的目标，比历史上任何

时期都更有信心、更有能力实现这个目标。民族圆梦，人人有责！今天，历史的接力棒已经传到了我们手中，每个人特别是党员领导干部，都应当在这个新的历史进军中，坚定信念，担当责任，彰显价值，为实现中华民族伟大复兴中国梦贡献智慧和力量。

准确把握新的历史条件下责任担当的基本要求

习近平总书记强调，党的干部必须坚持原则、认真负责，面对大是大非敢于亮剑，面对矛盾敢于迎难而上，面对危机敢于挺身而出，面对失误敢于承担责任，面对歪风邪气敢于坚决斗争。这一重要论述深刻阐释了新的历史条件下中国共产党人责任担当的科学内涵和基本要求。贯彻落实这一要求，应着力在以下方面下功夫。

*强化矢志不渝的政治担当。*讲党性、讲政治，坚持正确政治方向，保持高度政治定力，是党员领导干部敢于担当的第一要求，也是党员领导干部安身立命之本。党员领导干部必须始终坚守共产党人的精神追求，坚定马克思主义的信仰，坚定共产主义和中国特色社会主义的信念；始终坚持中国共产党的领导，坚定不移贯彻党的基本理论、基本路线、基本纲领、基本经验、基本要求，坚定不移贯彻党的重大决策部署和各项方针政策，在思想上、政治上、行动上自觉同以习近平同志为总书记的党中央保持高度一致。当前，国际国内形势复杂多变，多元思想观念相互激荡，意识形态领域斗争依然激烈。党员领导干部特别是高级领导干部，在涉及道路、理论、制度等根本性问题上一定要头脑清醒、立场坚定、旗帜鲜明，坚持道路自信、理论自信、制度自信，做到“咬定青山不放松，任尔东西南北风”。

*强化攻坚克难的改革担当。*改革开放是中国共产党在新的历史条件下带领人民进行的新的伟大革命，是当代中国最鲜明的特色。习近平总书记强调：“这种担当精神，在革命战争年代是冲锋陷阵、英勇献身，现在，就是要勇于改革、善于改革。”党员领导干部必须始终高举改革开放旗帜，立足改革发展全局，认清责任、主动作为，努力为全面深化改革贡献力量。尤其是当前改革进入攻坚期和深水区，改革越往纵深发展，发展中的问题和发展后的问题、一般矛盾和深层次矛盾、有待完成的任务和新提出的任务越交织叠加、错综复杂。党员领导干部要切实担负起推进改革的历史重任，就必须有强烈的进取意识、机遇意识、责任意识，有逢山开路、遇河架桥的精神，有明知山有虎、偏向虎山行的劲头，敢于吃螃蟹、涉险滩、破藩篱，探盲区、辨误区、闯难区；必须有自我革新的勇气和胸怀，勇于跳出条条框框限制，正确处理中央和地方、全局和局部、长期和当前的关系，不断把各项改革引向深入；必须敢负责、勇担当，动真格、用实功，以深入研究解决影响改革发展的重大问题和群众反映强烈的突出问题为导向，抓住主要矛盾和矛盾主要方面、重要领域和关键环节，有重点、有步骤、有秩序推进改革，努力实现改革发展稳定的有机统一，使改革稳中求进、蹄疾步稳、取得实效。

*强化无私奉献的为民担当。*人民群众是历史的真正创造者。全心全意为人民服务的根本宗旨，深刻表达了中国共产党责任观的出发点和落脚点。习近平总书记曾提出：不求“官”有多大，但求无愧于民。今年初他在俄罗斯索契接受媒体专访时再次强调，自己的执政理念概括起来说就是，为人民服务，担当起该担当的责任。党员领导干部必须强化权力就是责任、干部就是公仆的理念，以天下为公，为人民担责，时刻心系群众，紧紧依靠群众，努力为党和人民执好政、用好权；坚持以人为本，多做顺民意、谋民

利、惠民生实事，努力使人民群众共享发展成果；坚持和贯彻党的群众路线，在思想上尊重群众、在感情上贴近群众、在行动上深入群众，始终保持同群众的血肉联系；树立正确的世界观、权力观、事业观，把清正廉洁作为从政的生命线，把党纪国法作为带电的高压线，始终保持共产党人的高尚品格和廉洁操守，做到为党的事业和人民利益鞠躬尽瘁。当前，我们党正在深入开展以为民务实清廉为主要内容的党的群众路线教育实践活动，目的就是要引导党员领导干部转变工作作风、密切联系群众，不断增强为民服务、为民担当的意识和能力。要切实把这项活动深入开展好，努力把教育实践活动成果转化为为民担当的实绩。

*强化恪尽职守的职责担当。*责任只有轻重之分，而无有无之别。党员领导干部身处重要工作岗位，职务就是职责，担当义不容辞。“为官避事平生耻。”党员领导干部无论担任何种职务、无论职务大小，都必须忠于职守、敬业奉献、奋发有为，切实做到担责不误、临难不却、履险不惧、受屈不计，做到守土有责、守土负责、守土尽责。党员领导干部面对急难险重任务，必须敢于挺身而出，靠前指挥，有胆有识，果断决策，真正成为带领人民群众战风险、渡难关的主心骨；面对庸懒散奢现象、违法乱纪行为、各种歪风邪气，必须坚持原则，保持本色，敢抓善管，动真碰硬，真正做社会主义道德的示范者、诚信风尚的引领者、公平正义的维护者。当前有的党员领导干部不求有功，但求无过，安于现状，得过且过；有的不讲是非、只讲世故，不讲原则、只讲关系，不讲批评、只讲和气。这样的党员干部就是没有责任担当的不称职干部，必须加强教育管理。事不避难，义不逃责，为了党和人民事业，党员领导干部就是要有舍我其谁的气概，有敢为敢当的精神，有善做善成的本领，始终保持一股艰苦奋斗的劲头和锐意进取的激情，把全部心思和精力用在干事创业上，真正做到为官一任、造福一方。

切实提高责任担当的能力素质

责重山岳，能者当之。面对肩负的艰巨繁重的历史任务，党员领导干部必须加强学习修养，强化实践锻炼，砥砺思想品质，提升能力素质，切实做到敢担当、能担当、善担当，努力创造出经得起实践、人民、历史检验的业绩。

*夯实责任担当的理论基础。*只有理论上清醒，才能政治上坚定、方向上明确、行动上自觉。重视抓好学习，是推动党和人民事业发展的基本经验，也是强化责任担当意识和能力的重要途径。习近平总书记多次强调，实现党的十八大提出的各项目标任务，把握改革发展稳定大局，做好方方面面的工作，“必须大兴学习之风，坚持学习、学习、再学习，实践、实践、再实践”。党员领导干部一定要增强学习紧迫感，树立终身学习理念，自觉做到学以立德、学以增智、学以创业。要认真学习马克思列宁主义、毛泽东思想，学习中国特色社会主义理论体系，学习习近平总书记系列重要讲话精神，努力掌握贯穿其中的马克思主义基本立场观点方法，不断增强道路自信、理论自信、制度自信，不断提高政治素养和运用科学理论分析解决问题的能力。坚持干什么学什么、缺什么补什么，广泛学习经济、政治、文化、社会、生态等各方面的知识，不断丰富知识储备、完善知识结构，打牢履职尽责的知识基础。

*增强责任担当的能力支撑。*担当需要勇气，更需要能力。习近平总书记多次强调，领导干部既要有激情、有韧劲，更要办事管用。办事管用讲的就是要有能力、有水平。

要提高科学决策能力，树立科学世界观和方法论，培养战略思维、辩证思维、系统思维、创新思维和底线思维，注重广集众智、广纳群言，切实做到正确有效决策和科学有序施策。提高抓落实能力，发扬求真务实、真抓实干的优良作风，以踏石留印、抓铁有痕的劲头抓工作，以钉钉子的精神干事业，做到一张好的蓝图一干到底。提高依法执政能力，带头依法办事，带头遵守法律，善于运用法治思维和法治方式推进工作，努力以法治凝聚改革共识、规范发展行为、促进矛盾化解、保障社会和谐。提高群众工作能力，健全和完善党员领导干部深入基层联系群众制度，深入到群众当中去，摸实情、听真话、解难题。提高调查研究能力，紧扣经济社会发展重大问题，全面了解真实情况，认真总结实践经验，深入剖析矛盾症结，使各项决策和各方面工作更加符合实际情况、符合客观规律、符合人民意愿。提高领导艺术和领导能力，着力增强判断谋划、处事待物、用时用人、管理协调等方面的本领，学会弹钢琴，注重抓关键，善于把握大局大势，驾驭复杂局面，解决突出问题。

培养责任担当的无私襟怀。“心底无私天地宽。”无私才能无畏，无私才敢担当。担当大小，体现着干部的胸怀、勇气、格调。党员领导干部一定要始终牢记党的性质和宗旨，切实增强党性。衡量党性强弱的重要标准是“公私”二字。古人说：“一心可以丧邦，一心可以兴邦，只在公私之间尔。”要磨亮公私分明、大公无私、先公后私、公而忘私的公仆本色，坚守为党为民的政治品格。要心胸开阔、志存高远，始终心系党、心系人民、心系国家，自觉站在党和人民立场上做决策、办事情，正确看待个人的进退得失，正确对待金钱名利，努力做到“心不动于微利之诱，目不眩于五色之惑”。要以敬畏之心对待肩负的职责和使命，自觉践行“三严三实”要求，坦荡做人、谨慎用权，光明正大、堂堂正正，始终保持共产党人的蓬勃朝气、昂扬锐气、浩然正气。

营造责任担当的良好氛围。在党员领导干部中弘扬责任担当精神，既需要党员领导干部加强自身修养，也需要营造良好氛围。只有旗帜鲜明地鼓励担当者、支持担当者、保护担当者，为那些勇担当、有本事、坚持原则、不怕得罪人的干部撑腰鼓劲、说公道话，才能更好引导党员领导干部树立在其位、谋其政、成其事的责任担当意识，最大限度激发党员领导干部干事创业的信心和决心。要建立起科学有效的选人用人机制，坚持公道正派，按照习近平总书记关于好干部的标准，真正把那些“信念坚定、为民服务、勤政务实、敢于担当、清正廉洁”的优秀干部及时发现出来、合理使用起来，做到用一贤人则群贤毕至，见贤思齐就蔚然成风。完善党员领导干部考核评价机制，把履职和问责结合起来，把责任心和责任制统一起来，褒奖那些敢担当的干部，教育和调整那些得过且过的干部。广泛宣传埋头苦干、开拓创新的先进典型人物及事迹，大力倡导讲责任、讲担当的良好风气，积极营造崇尚担当、敬重担当的生动局面，真正使敢于担当成为党员领导干部的自觉追求，使勇担当、敢作为在干部队伍中形成风尚。

在全国政协第九十五期干部培训班开班式上的讲话

（2014 年 5 月 9 日）

罗 富 和

首先，欢迎全国各地政协的同志们在百忙之中抽出时间，专程来北戴河参加全国政协干部培训中心举办的培训班。本期培训班是全国政协第九十五期干部培训班，培训对象主要是各地政协青年干部。培训班的主题是深入学习贯彻中共十八届三中全会及全国“两会”精神，学习贯彻习近平总书记系列重要讲话精神，积极为全面深化改革和开创政协事业新局面作贡献。结合培训班主题，我谈三点体会，供大家在学习中参考。

一、立德明志，坚定信念

5 月 4 日，习近平总书记在五四运动 95 周年之际，赴北京大学进行考察调研时发表了非常重要的讲话。我学过之后，觉得自己年轻了不少。这篇讲话很值得大家共同学习。我讲得再多，都不如和大家一起学习习近平总书记的这篇讲话来得更重要、来得更透彻、采得更切合政协青年干部的实际。

习近平总书记在讲话中说：“人类社会发展的历史表明，对一个民族、一个国家来说，最持久、最深层的力量是全社会共同认可的核心价值观。核心价值观，承载着一个民族、一个国家的精神追求，体现着一个社会评判是非曲直的价值标准。”“建设富强民主文明和谐的社会主义现代化国家，实现中华民族伟大复兴，是鸦片战争以来中国人民最伟大的梦想，是中华民族的最高利益和根本利益。今天，我们 13 亿多人的一切奋斗归根到底都是为了实现这一伟大目标。”“党的十八大提出了‘两个一百年’奋斗目标。”“我们比历史上任何时期都更接近实现中华民族伟大复兴的目标，比历史上任何时期都更有信心、更有能力实现这个目标。”“行百里者半九十。距离实现中华民族伟大复兴的目标越近，我们越不能懈怠，越要加倍努力，越要动员广大青年为之奋斗。”“实现‘两个一百年’奋斗目标，你们和千千万万青年将全过程参与。有信念、有梦想、有奋斗、有奉献的人生，才是有意义的人生。当代青年建功立业的舞台空前广阔、梦想成真的前景空前光明，希望大家努力在实现中国梦的伟大实践中创造自己的精彩人生。”

习近平总书记还讲：“实现我们的发展目标，实现中国梦，必须增强道路自信、理论自信、制度自信，‘千磨万击还坚劲，任尔东南西北风’。而这‘三个自信’需要我们对核心价值观的认定作支撑。”“为什么要对青年讲讲社会主义核心价值观这个问题？是因为青年的价值取向决定了未来整个社会的价值取向，而青年又处在价值观形成和确立的时期，抓好这一时期的价值观养成十分重要。这就像穿衣服扣扣子一样，如果第一粒扣子扣错了，剩余的扣子都会扣错。人生的扣子从一开始就要扣好。”“青年要从现在做起、从自己做起，使社会主义核心价值观成为自己的基本遵循，并身体力行大力将其推广到全社会去。”

习近平总书记这些话非常重要。我建议培训班作为一项重要学习内容，组织大家结合实际共同学习。政协青年干部是政协的现在，更是政协的未来。我希望政协青年干部把自己的理想、抱负与人民政协事业紧密结合在一起，在实现“两个一百年”奋斗目标和中华民族伟大复兴的中国梦当中发挥自己的作用。坚定的信念是做好一切工作的内在动力。政协干部要重点坚定“三个自信”的信念。对此，我国古代贤人说了很多，各个历史时期的中央领导同志也说了很多。

青年是国家的未来、民族的希望。当前，我国发展正处在一个新的历史起点上，全面深化改革的任务相当繁重。每位青年都要有历史担当，特别是在政协工作的青年同志，不仅承担着助力改革发展的光荣使命，也肩负着党和人民的殷切期待。因此，各级政协干部特别是青年干部首先要加强学习，不断用先进的理论充实自己、武装自己。当前最重要的是深入学习领会中共十八届三中全会、全国“两会”精神和习近平总书记系列重要讲话精神。通过学习，准确把握全面深化改革的重大意义、指导思想、总体思路，准确把握六个方面深化改革的目标任务、重大部署、创新举措，切实把思想和行动统一到会议精神和中央的重大决策部署上来，不断增强促进全面深化改革的自觉性、坚定性；同时，要准确把握中共十八届三中全会和全国“两会”中关于人民政协工作的新思想、新观点和新要求，深刻认识人民政协事业发展面临的新机遇、新形势、新任务，以强烈的责任感和使命感做好各项工作。“再高的山、再长的路，只要我们锲而不舍前进，就有达到目的的那一天。”政协青年干部要牢记责任，敢于担当，不畏险阻，开拓进取，在全面深化改革激流中用青春的活力、青春的奋斗，迸发出创业激情，为不断推动党和人民的事业积极贡献、不懈奋斗。

二、围绕中心，履职尽责

今年是全面深化改革的第一年，是完成“十二五”规划的关键一年。李克强总理在今年的政府工作报告中对全年的各项工作作出周密部署，特别强调要以深化改革为强大动力，以调整结构为主攻方向，以改善民生为根本目的，统筹兼顾，突出重点，务求实效。围绕中心、服务大局是人民政协履行职能必须遵循的重要原则。而正确认识和把握人民政协工作面临的新形势、新任务和新要求，是做好新形势下人民政协工作的基础和前提。今年的政协工作，就是要以中共十八届三中全会和全国“两会”精神为指导，坚持团结和民主两大主题，紧紧围绕党和国家的中心工作和大局，聚焦全面深化改革，着眼提高经济发展质量和效益、促进社会公平正义和增进人民福祉，推进协商民主，深入调查研究，积极建言献策，为全面建成小康社会、实现中华民族伟大复兴的中国梦贡献智慧和力量。

*第一，积极为推动全面深化改革建言献策。*中共十八届三中全会和今年全国“两会”精神，贯穿其中的一条主线就是改革。当前，改革已进入攻坚期和深水区。习近平总书记在今年全国“两会”期间参加全国人大代表和政协委员讨论时以很大篇幅强调改革。3月6日上午他在参加广东代表团审议时特别强调，要坚持社会主义市场经济改革方向，加快完善现代市场体系，加快转变政府职能，协同推进各领域改革，努力健全与社会主义市场经济相适应的各方面体制机制。而紧紧围绕重大改革举措的出台和贯彻实

施献计出力，是今年人民政协的一项重要工作。俞正声主席在政协第十二届全国委员会常务委员会第三次会议闭幕会上讲话指出："要切实把围绕全面深化改革履行职能作为当前和今后一个时期的头等大事，充分发挥人民政协智力密集、联系广泛、渠道畅通的优势，组织委员通过调研视察、提案、反映社情民意等多种形式，针对重大改革举措的贯彻落实深入研究论证，多提有价值的意见和建议。"因此，各级地方政协包括我们参训的政协组织和个人都要发挥优势，把工作聚焦到全面深化改革上来，自觉做改革的参与者和促进派。一是积极组织广大政协委员深入群众、深入基层，广泛听取意见和建议，真实了解和反映界别群众、基层群众的利益诉求，切实做好上情下达、下情上达和解疑释惑的工作，充分调动各方面参与改革的积极性主动性创造性，为全面深化改革注入正能量。二是围绕全面深化改革的重点领域和关键环节，就发展混合所有制经济、深化财税体制改革、完善金融市场体系、深化科技体制改革、健全城乡发展一体化体制机制、转变政府职能、改革司法体制和运行机制、社会保障制度改革、医药卫生体制改革、加快完善互联网管理体制、健全国家自然资源资产管理体制等深入调查研究，反映社情民意，积极为推进全面深化改革建真言、谋良策。在此，青年同志有施展才能的广阔空间。

第二，积极为促进经济持续健康发展和社会和谐稳定建言献策。全面推进经济持续健康发展和社会和谐稳定，是党和国家工作的中心和大局，也是人民政协各项工作必须服务的中心和大局。在促进经济发展方面，我们要紧紧围绕党和国家工作大局，准确把握科学发展这个主题和加快转变经济发展方式这条主线，牢牢把握稳中求进的工作总基调，进一步明确工作思路、找准工作重点，围绕如何扩大内需、加快经济结构优化升级、提高自主创新能力、加强和改善宏观调控、促进农业现代化和农村改革发展、推进新型城镇化建设等关系经济发展的重大课题组织专题调研活动，分析论证，努力为提出转变发展方式、破解发展难题的新举措新办法，为促进经济持续健康发展多谋发展之策，多献发展之计，多尽发展之力。在促进社会和谐稳定方面，我们要以实现好、维护好最广大人民群众的根本利益为出发点和落脚点，紧紧围绕创新社会治理和公共服务、扩大就业、完善社会保障制度、深化分配制度改革、深化医药卫生事业改革发展、建立促进房地产市场持续健康发展的机制、公共文化服务体系建设等事关群众切身利益的重大问题，通过开展调研视察、咨政建言和民主监督活动，更好地协助党委、政府解决好民生问题，增进人民福祉；要充分发挥人民政协渠道畅通的优势，及时了解和反映群众意愿诉求，协助党委、政府做好协调关系、化解矛盾、理顺情绪、维护稳定工作。在此，也有青年同志施展才华的巨大舞台。

第三，积极为推进人民政协协商民主广泛多层制度化发展建言献策。中共十八届三中全会通过的《决定》明确提出要发挥人民政协作为协商民主重要渠道作用，特别是作出了各级党委和政府、政协制定并组织实施协商年度工作计划；增加协商密度，提高协商成效；在政协健全委员联络机构，完善委员联络制度等重要部署，为推进人民政协协商民主、发展人民政协事业开辟了更多渠道和更大空间。各级政协组织要在准确把握中共十八届三中全会精神实质基础上，进一步完善协商制度，规范协商程序，不断增强协商民主实效，从而推动政协协商民主广泛多层制度化发展。一是精心制定实施协商年度工作计划。要围绕人民群众反映强烈、党和政府迫切需要解决、政协力所能及的事关全局的重点和难点问题，找准切入点，精心选择协商议题，制定切实可行的协商年度计划并认真组织实施，确保计划有序推进，取得明显成效。二是积极开展广泛多层民主协商。按照中共十八大、十八届三中全会精神要求，进一步完善“四位一体”的常规协商形式，精心组织专题协商，积极活跃对口协商，着力拓展界别协商，全面推进提案办理协商；在规范上述四种协商形式的同时，拓展协商领域、丰富协商内容、创新协商形式、增加协商密度，完善双周协商座谈会等工作机制，积极构建多层次、多领域的协商格局，切实增强民主协商活力。三是进一步健全科学规范的协商运行程序和机制。要把协商民主实践中被证明是行之有效的内容、程序、要求等，进行认真总结和提炼，科学规范协商议题的提出、协商过程的组织实施、协商结果情况反馈等各个环节，积极推动政协协商民主的制度化、规范化、程序化建设。在此，有大量工作需要青年同志去做。

三、加强学习，提升能力

毛泽东同志认为，要使革命和建设事业后继有人，永保旺盛的生命力，必须善于培养、使用、提拔青年中的杰出人才。做好青年干部工作是关系到党和国家事业继往开来、薪火相传的根本大计，也是人民政协事业永续发展壮大的需要。各级政协组织要加强对青年干部的培养，我们举办这期全国政协干部培训班，就是加强对青年干部的培训教育。面对新形势、新任务，青年干部也要努力提高自身素质，提升履职能力和工作水平，以更好地适应政协事业发展的需要。借这个机会，我提三点要求，与大家共勉。

*一要重视学习，提高履职本领。*重视学习是人民政协的优良传统和作风，也是人民政协的一项重要任务。当今时代是一个大变革、大发展的时代，新事物、新知识不断涌现，新情况、新问题层出不穷。面对复杂多变的世情、国情，各级政协青年干部要把握时代发展的趋势，踩准改革发展的节拍，在新起点上有新作为，就必须重视学习，善于学习。一是把握学习重点。要根据履职的时代背景、面临的责任使命，认真学习中国特色社会主义理论体系，努力掌握马克思主义的立场、观点、方法，掌握党的基本理论的科学体系和精神实质；认真学习人民政协理论和基础知识，认真学习与履职相关的经济、科技、法律、历史、文化等各方面知识。二是突出学习成效。要大力弘扬理论联系实际的马克思主义学风，善于运用战略思维、创新思维、辩证思维，紧紧围绕关系经济社会发展、人民群众切身利益和人民政协事业发展的重大问题开展学习，努力把学习的成果转化为运用科学理论分析和解决问题的实际能力，转化为做好人民政协工作的过硬本领。“非学无以广才，非学无以明志，非学无以立德。”各级政协青年干部要把学习作为毕生追求，内化为人生态度，外化为生活习惯，不断拓宽知识领域、提高精神境界，切实提升履职能力和工作水平，为推进政协事业永续发展作出新贡献。

*二要勇于创新，增强履职活力。*创新是时代精神，是推动人民政协事业发展的强大动力。做好新形势下的政协工作，墨守成规、走老套路和坚持旧习惯都行不通，需要我们在创新上下功夫。2013 年 5 月 4 日，习近平总书记在同各界优秀青年代表座谈时指出：“生活从不眷顾因循守旧、满足现状者，从不等待不思进取、坐享其成者，而是将更多机遇留给善于和勇于创新的人们。青年是社会上最富活力、最具创造性的群体，理应走在创新创造前列。”青年同志要把解放思想贯穿于工作始终，切实加强创新理论学习，不断更新知识结构，不断激发创新热情，开拓创新思维，挖掘创新资源，寻找创新

支点。要努力克服等、靠思想，主动、深入地思考政协工作中带有全局性、前瞻性的重大问题，用创新思维谋划工作，用创新手段推动工作，努力提出加强和改进人民政协工作的新举措新办法，使人民政协工作真正体现时代性、把握规律性、富有创造性。

*三要改进作风，清正履职环境。*今年3月9日下午，习近平总书记在参加十二届全国人大二次会议安徽代表团审议时指出：各级领导干部都要树立和发扬好的作风，既严以修身、严以用权、严以律己，又谋事要实、创业要实、做人要实。习近平总书记强调的“三严三实”，立意高远，寓意深刻，为各级领导干部改进作风提出了新要求，确立了新标准。各级政协干部特别是青年干部一定要从政治的、全局的高度，深刻领会习近平总书记重要讲话精神，把“三严三实”作为作风建设的新标尺，坚持以“三严”祛歪风，以“三实”聚正气，不断开辟作风建设的新境界。一是以“三严三实”为标准，树立实干作风，从小事做起，从点滴做起，一件一件抓落实，一项一项抓成效，干一件成一件，养成脚踏实地、埋头苦干的良好习惯；增强责任意识，敢于担当，勇于负责，决不精神懈怠、得过且过，决不敷衍塞责、推卸责任，养成认真负责、追求卓越的良好习惯。二是以“三严三实”为目标，严格遵守《廉政准则》和中共中央八项规定，严于律己，遵纪守法，守得住清贫，耐得住辛苦；坚定理想信念，在大是大非面前旗帜鲜明，在风浪考验面前无所畏惧，在各种诱惑面前立场坚定，在关键时刻靠得住、信得过、能放心。三是以“三严三实”为导向，深入开展第二批党的群众路线教育实践活动。要以“三严三实”为指导，继续按照“为民、务实、清廉”的要求，高标准、高质量地开展第二批教育实践活动。通过深入开展教育实践活动，在工作中深入查找“四风”方面存在的突出问题，认真反思世界观、人生观、价值观方面存在的问题，反思“三严三实”方面存在的问题，切实加强作风建设。

同志们，人民政协事业前程远大，大有可为；政协干部责任重大，使命光荣。让我们努力学习，扎实工作，为推动人民政协事业新发展、开创中国特色社会主义事业新局面而努力奋斗！

最后，预祝培训班取得圆满成功，祝全体学员学习进步，工作顺利，身体健康！

在全国政协书画室主任会议上的讲话

（2014年5月14日）

马　飚

经批准，全国政协书画室领导班子进行了调整充实。俞正声主席、杜青林副主席、张庆黎副主席对书画室领导班子的调整充实十分重视。刚才，孙怀山副秘书长通报了政协书画室领导班子调整充实的有关事宜。今天，召开调整充实后的第一次主任会议，在座的各位副主任都是受到国人瞩目的大家，我很高兴有机会为大家服务，共同为政协书画事业的发展而努力，充分发挥书画工作在政协工作中的积极作用。

首先传达学习贯彻落实俞正声主席、杜青林副主席、张庆黎副主席对书画室工作的重要指示。俞正声主席在5月13日听取书画室工作汇报后，作了重要指示；杜青林副主席在5月8日听取书画室工作汇报后，作了指示；张庆黎副主席在5月13日听取书画室工作汇报后，也作了指示。我们要在今后工作中认真学习、全面贯彻落实好俞正声主席和杜青林副主席、张庆黎副主席的重要指示，把政协书画工作和政协书画室工作做好。

多年来，书画室在政协主要领导的亲切关心和大力支持下，在张思卿主任的带领下，在各位副主任的积极参与下，围绕中心，服务大局，开拓创新，推进了政协书画工作的不断发展。张思卿副主席担任书画室主任以来，为书画室的发展，为政协书画工作以及我国书画事业的发展做了大量工作，取得了显著的成绩，为书画室今后的发展打下了良好的基础。赵喜明同志、陈广文同志在担任书画室副主任期间，也做了大量工作，作出了积极的贡献。在此，我们要对张思卿副主席、赵喜明同志、陈广文同志表示衷心的感谢。5月12日，我专程拜访了张思卿副主席，当面表示了感谢，他仍担任书画室的名誉主任，他对下一步书画室的工作提出了很好的意见建议。这几年书画室做了许多工作，比如，政协书画室先后联合15个省市政协成功举办了“当代国画优秀作品”系列展，在社会各界产生了很大的影响，已经成为美术界的一件盛事，同时也成为政协书画工作的一个“特殊品牌”。同时，书画室还积极发挥团结统战作用，通过画展、研讨等方式开展了对港澳台的文化交流，促进了两岸四地的情感交融及和谐发展。此外，书画室还以文化考察为切入点，多次组织书画界委员赴国外采风交流，这对中华文化“走出去”有着重要的意义。

多年以来，政协书画室通过卓有成效的工作，以鲜明的政协特色和风格，得到了政协领导和广大委员的肯定。书画室作为人民政协事业的重要组成部分，广泛团结了各族各界书画艺术的代表人士和各类书画艺术组织，推动了以书画会友、翰墨传情为特色的统战工作，发挥了联络感情、凝聚人心的重要作用，同时，为传承中华文化、开展对外交往及港澳台文化交流作出了突出的贡献。

这次会议给大家提供了一份“全国政协书画室工作设想”，提出了书画室下一步工作的初步意见和想法，就是要认真学习贯彻习近平总书记系列讲话精神，学习贯彻俞正声主席和杜青林副主席、张庆黎副主席关于政协书画室工作的重要指示，围绕团结统战、建言献策、文化联谊、引导艺风、传承创新、创作精品、普及推广、理论研究、交流合作、推介新人、社会公益11个方面开展工作。

一、全力主办好《庆祝人民政协成立65周年》书画展。通过这样一个以民族宗教为主题的书画展，展现我国各族人民和宗教界人士与党和国家齐心协力、共同取得的辉煌成就。

二、联合办公厅共同组织开展“促进书画艺术文化产业优化升级”考察工作。组织委员深入分析书画艺术这一文化产业的现状和特点，既要做好书画传统文化的保护保存工作，又要对如何通过创新，借助新材料、新工艺、新技术、新机制以及互联网等，使传统文化产业转型升级为现代文化产业，等等，提出高质量的意见和建议。

三、积极推介新人，培养优秀人才。计划于今年下半年与四川省政协共同主办“四川当代国画优秀作品展”，通过继续推动“当代国画优秀作品”系列展，为新一代中青年书画家的成长创造条件、提供帮助。

四、积极筹备书画室成立 30 周年座谈会。明年是书画室成立 30 周年纪念日，计划通过回顾书画室的发展历程，总结经验，从而促进政协书画工作的传承、发展和创新。

五、深入研究美术发展规律，提升美术创作水平。将在适当的时候组织召开美术理论研讨会及全国省、市、自治区政协书画工作座谈会，共同探讨我国美术事业的科学发展和创新之路。

六、普及美术书法知识，推广文化素质教育。将继续联合国家语委、中国书协推进“书法名家进校园”活动。同时，要面向群众，举办讲座、展览等各种形式的活动，为社会服务，传播优秀文化。

七、倡导精品创作，塑造良好艺风。将继续组织考察采风等活动，为书画界委员的艺术创作提供真实的生活基础和灵感素材，鼓励委员们创作出能够反映人民生活和时代精神的书画精品。

八、配合人民政协对外交往及对港、澳、台的统战工作，积极组织国际及港澳台文化交流活动。以书画为切入点，促进彼此间的了解、强化互信关系，传播中华传统文化。

九、以书画为纽带，团结、联络各级政协组织和委员，加强与各民主党派中央书画部门、国家级在京美术单位和各级政协书画部门沟通交流，切磋探讨、共同发展。

十、积极开展公益活动，热心慈善，以各种形式回报社会、奉献爱心。

十一、完成书画室书画藏品的移交工作。书画室自成立以来，陆续收藏了一些我国著名书画家和社会名流的精品力作，从去年 10 月开始，已陆续向中国政协文史馆移交这些库存藏品，计划在今年内完成全部的移交工作。

同志们，书画室自成立以来，历届的主任、委员们都为人民政协的书画事业和我国的文化发展发挥了重要作用，作出了突出贡献。书画室今天的良好局面是前辈积极进取、开拓创新的结果，我们要登高望远、继往开来。在座的各位都是书画室核心力量，只要我们团结互助，携手共进，书画室的工作一定不断谱写出新的篇章，为实现中华民族伟大复兴的中国梦作出新的贡献。

在“国际家庭日”中国纪念大会上的讲话

（2014 年 5 月 14 日）

刘　晓　峰

很高兴在今天这个特殊的日子里与大家相聚一堂，共同庆祝国际家庭日！

家庭是人类社会的基础，文明发展的核心。人类的进步与发展始于家庭。不论人类社会的各种组织如何生灭兴衰，家庭一直生生不息，绵延不绝。《联合国宪章》提出，家庭是自然和基础的社会单元，应该得到社会和国家的尊重与保护。因此，1993 年，联合国纽约特别会议将每年 5 月 15 日定为国际家庭日，以此提高各国政府和公众对于家庭问题的认识，促进家庭的和睦、幸福和进步。

2000 年，联合国提出了为期 15 年的“千年发展目标”，为世界各国面向新千年推动经济社会发展指明了方向。家庭，作为社会的最基本单位，在消除贫困，保障妇女儿童权益，促进性别平等，推动社会发展等方面起着至关重要的作用。目前，千年发展目标已经进入倒计时。制定 2015 年后新的发展目标，应当更加重视家庭对个人发展、社会进步的纽带和促进作用，更加着眼于家庭在消除贫困，促进社会公平，实现人口、资源、环境的协调发展和可持续发展等领域中的重要作用。

中国是世界上家庭数量最多的国家，解决好中国家庭发展过程中的各种问题，提升中国家庭发展能力，对中国乃至世界都具有重要的意义。尤其值得一提的是，在过去 30 多年的时间里，中国顺利地完成了人口转变，进入了“低出生、低死亡、低增长”的现代人口再生产模式，改变了世界人口增长的轨迹，为缓解全球人口压力、促进人类可持续发展作出了重要贡献。人口转变推动了中国经济和社会的发展，也深刻改变了中国家庭的发展轨迹，为中国家庭发展带来了新的机遇。随着经济社会的快速发展，中国家庭收入不断增加，家庭成员的健康、教育和社会保障质量明显提高，家庭生活水平稳步提升。中国家庭得到蓬勃发展，成为推动和实现千年发展目标的重要力量。

与此同时，我们认识到，随着中国工业化进程的不断加快和经济社会的快速转型，中国家庭发展也面临着新变化。家庭规模小型化、家庭类型多样化、新型家庭关系日益确立、家庭功能重心也由经济功能逐渐转向情感和生活照料等功能，这些变化给中国家庭发展带来一系列的挑战，需要全社会予以关注和支持。

家庭幸福美满不仅是人民群众的根本需求，也是人民群众对美好生活的迫切期待，更是人民群众根本利益的重要体现。新中国成立以来，国家采取了一系列有力措施保护和支持家庭发展。新一届中央领导集体坚持把保障和改善民生作为一切工作的出发点和落脚点，以解决民生问题和社会问题作为改革的导向；在推动城乡一体化发展、加快社会事业改革、创新社会治理等重大决策部署中，一直强调要解决人民群众最直接、最现实的问题，更好地满足人民群众需求，维护最广大人民群众的根本利益；从医疗、教育以及就业等多方面入手，全面提升家庭成员的发展能力，增进家庭幸福。

在促进家庭发展问题上，我国将在尊重家庭多样性和特殊性的前提下，改善家庭及其成员的福祉，帮助家庭实现其发展理想，为所有家庭创造更加美好的未来；将致力于增强家庭功能，完善家庭发展政策，提升家庭发展能力，为实现中华民族伟大复兴的“中国梦”奠定坚实基础。

“单丝不成线，独木不成林。”中国的家庭发展事业，需要同国际社会加强交流，合作推进。我们愿继续同国际社会一道，增进对新形势下家庭问题的理解和共识，探讨未来家庭发展的战略和对策，为每一个家庭的幸福和谐、为人类社会的发展进步作出更大的贡献！

努力开创党的对外工作新局面

——深入学习贯彻习近平同志系列重要讲话精神

（2014 年 6 月 3 日）

王　家　瑞

党的十八大以来，以习近平同志为总书记的党中央准确把握世界格局变化和我国发展大势，引领中国特色外交理论与实践不断取得新发展新突破。党的对外工作是我们党的一条重要战线，是国家总体外交的重要组成部分。站在新的历史起点上，我们要以习近平同志外交战略思想为根本遵循和行动指南，深入学习贯彻习近平同志关于党的对外工作重要思想，不断增强战略意识和创新意识，充分发挥特色和优势，努力开创党的对外工作新局面，为党的事业和总体外交作出新贡献。

习近平同志关于党的对外工作重要思想具有丰富内涵

习近平同志外交战略思想对新时期党的对外工作具有重大而深远的指导意义。中国梦架起了我们党与国际社会理解、合作、共赢的桥梁；内涵丰富的时代观、文明观、世界观、战略观和安全观为党的对外工作奠定了坚实的理论基础；对国内国际两个大局关系的深刻阐述，为准确把握党的对外工作的双重定位提供了新的维度；全面均衡的外交布局和高超的对外策略，为全面提高党的对外工作水平带来了新的活力。习近平同志高度重视、悉心指导和亲身参与党的对外工作，并发表一系列重要论述，形成了习近平同志关于党的对外工作重要思想，成为习近平同志外交战略思想的重要组成部分。

准确把握马克思主义党际关系学说在新的历史条件下的阶段性特征，实现了中国特色政党外交指导思想和原则方法的发展创新。学习领会习近平同志外交战略思想的内涵和精神实质，我们进一步明确了党的对外交往指导思想，在坚持党际关系基本原则的基础上拓展了处理党际关系的原则和方法：既求同存异，又坚守底线；既加强思想交流和情感积累，又要有政治意识；既超越意识形态，又要对西化、分化图谋进行防范和斗争。这一指导思想使我们党在复杂多变的国际政治潮流中始终保持头脑清醒、保持主动。

坚持党的对外工作双重定位，明确了新形势下党的对外工作的宗旨和任务。党的对外工作既是我们党的一条重要战线，又是国家总体外交的重要组成部分。习近平同志提出，党的对外工作“要努力成为促进我国对外关系发展的重要途径，成为展示党的良好国际形象的重要窗口，成为党员领导干部观察和研究世界的重要平台，成为借鉴国外经验、为中央决策服务的重要渠道”。这一重要思想明确了党的对外工作的历史方位和自身定位，拓展了党的对外工作的发展空间，指引我们把党的宣传优势和密切联系群众的优良传统延伸到对外工作，逐步形成政党外交、公共外交和民间外交有机结合的党的对外工作立体格局，从而更好地发挥整体优势和综合效益。

确立新形势下党的对外工作战略布局，全面系统回答了新时期党的对外工作“干什么”和“怎么干”的重大问题。按照习近平同志提出的总部署和总要求，我们进一步把新时期党的对外工作概括为“抓政党”、“抓调研”、“抓人脉”、“抓形象”。“四抓”互相联系、彼此交织、相辅相成，集中体现党的对外工作内涵丰富、外延广泛、灵活性强的特点，共同构成党的对外工作的有机整体。

以习近平同志关于党的对外工作重要思想为行动指南

习近平同志的外交战略思想和关于党的对外工作重要思想，为新时期党的对外工作指明了方向，明确了具体规划和部署。我们要在深入学习领会的基础上，以“踏石留印，抓铁有痕”的工作作风狠抓落实，努力开创党的对外工作新局面。

围绕总体外交“抓政党”，积极推动国家关系长期稳定健康发展。以习近平同志为总书记的党中央提出中国梦重要思想，启动全面深化改革的新征程，高举和平、发展、合作、共赢的旗帜，中国正在走近世界舞台的中心，中国共产党也走到国际舞台聚光灯下。我们党已与180多个国家和地区的600多个政党和政治组织建立了不同形式的关系。新形势下，我们更加注重把我们党的政治组织优势与国际政党政治特点结合起来，使党的对外工作更好地体现中国特色社会主义制度的独特优势，体现中国特色大国外交的重要特色。一方面，以中央领导集体为核心、全党有序参与的党的对外工作体制机制不断完善。另一方面，通过党际渠道与作为“政策源头”和“民意代表”的外国政党政要深入坦诚交流，充分体现高层次交往、预防性外交、战略性沟通、深远性影响的特点，为双边关系和务实合作奠定良好的政治、舆论和民意基础。新形势下，我们要不断丰富交往内容、创新交往形式，更好地为巩固和加强党的执政地位、不断发展中国特色社会主义服务，为国家总体外交、提高党和国家的国际影响力服务。一是发挥同社会主义国家执政党多层次交往的独特优势，加强治党治国经验交流，努力加强党际交往在我国与社会主义国家关系发展中的引领作用。二是着眼稳定周边、经略周边、塑造周边，落实“亲、诚、惠、容”理念，加强与周边国家重要政党关系，增进政治互信，强化利益纽带，为实现新时期我国周边战略目标作出更大努力。三是加强与大国大党的机制化交往，正视双方的结构性问题，围绕双边关系中根本性、长期性、战略性议题坦诚交流，求同存异，为推动构建新型大国关系服务。四是牢固树立中国与广大发展中国家命运共同体理念，坚持正确的义利观，深化同发展中国家政党的交流合作，增进务实合作，促进我国与发展中国家关系长期稳定发展。五是用好多边政党交往舞台，进一步将多边与双边政党外交有机结合，广泛深入宣介中国共产党和中国政府走和平发展、合作共赢道路的立场和决心，提升国际话语权。

围绕中央关切“抓调研”，主动为中央决策提供智力支持。习近平同志指出，“调查研究是谋事之基、成事之道”。重视调查研究，是我们党在革命、建设、改革各个历史时期做好领导工作的重要传家宝，是关系党和人民事业得失成败的大问题。我们要准确把握时代特征和世界发展大势，坚持用马克思主义立场、观点和方法，用历史思维、战略思维、创新思维和辩证思维，观察世界、分析形势、解决问题。习近平同志高度重视在党的对外工作中开展调研，既阐明了做好调研的重要意义，又指明了调研的基本方向，提出了调研的方式方法，是我们做好新时期调研工作的重要指针。谋大局、想长远，是党的对外工作的重要特点；观察近、沟通深、信息活，是党的对外工作的重要优势；出思想、出战略、出政策，是党的对外工作的重要目标，更是履行党中央参谋助手职能的重要体现。我们要紧密结合中国与世界关系的发展变化，加强对事关党和国家长远发展的全局性、战略性、前瞻性重大问题的研究；加强“两个主义”研究，深化对社会主义本质、优越性及发展规律的认识，深入分析世界社会主义、资本主义理论与实践；研究世界政党政治发展规律，梳理国外政党治国理政和自身建设的经验教训，为推进国家治理体系和治理能力现代化提供镜鉴；加强对世界格局和国际秩序的研究，着眼国际力量对比新变化和全球地缘战略博弈新态势，在全球热点难点和涉我重大问题上更加主动地提出“中国方案”。

持之以恒“抓人脉”，不断壮大知华友华力量。做人的工作历来是党的对外工作的优势。习近平同志多次强调，要在国际上“广交朋友、广结善缘”，要“以诚感人、以心暖人、以情动人”。党的对外工作在“抓人脉”上有很多特点。一是灵活性。不拘形式，不限于具体问题，讲出心里话。二是全面性。只要对华友好，无论是执政党还是参政党或者在野党，政治组织还是智库、媒体及民间人士，未建交国还是无政党国家，我们党都可以与其来往交流。三是持续性。通过细水长流、静水深流，持之以恒培养真正的知华友华人士。四是深入性。通过思想交流和心灵沟通，培育共同语言，增进相互理解。新形势下，我们要坚持以理交人、以情交人、以义交人，努力打造党政并蓄、朝野相济、官民兼容的人脉网络。一是以理服人，凝聚共识，推动求和平、谋发展、促合作的国际大业。二是讲平等、重感情，秉承中华文化和我国外交优良传统，不断增进彼此感情。三是有原则、讲情义、重道义，见利思义、义利兼得，必要时舍利取义。在扎实做好高层交往的同时，坚持沉下去做工作，大力支持民间外交，以“民间友好、民意沟通、民生合作”为重点，为我国民间组织对外交流合作创造条件，夯实国家关系民意基础。

开拓创新“抓形象”，不断加强软实力建设。习近平同志强调，在全面对外开放的条件下，“要对外介绍好我国的内外方针政策，讲好中国故事，传播好中国声音，把中国梦同周边各国人民过上美好生活的愿望、同地区发展前景对接起来”；“向世界展现一个真实的中国、立体的中国、全面的中国”。经过多年探索和实践，党的对外工作中的传播工作已经从政党高层间的“神秘”交流，转变为同时面向媒体、智库和广大民众的“接地气”传播；从为改革开放事业争取同情、理解和支持，转变为更加注重展示中国特色社会主义道路自信、理论自信、制度自信；从主要宣传我对外工作方针政策，转变为全面宣介我们党的执政理念和政策主张。当前，我们面临更加复杂多元的国际舆论环境。新形势下如何充分发挥优势，更有针对性、更富实效地展示我们党的良好国际形象，成为党的对外工作的一项重要课题。我们要继续以中国梦为主线，对外深入宣介中国特色社会主义道路、理论体系和制度，生动展示中国实践和中国经验，用国际通用的话语和外国受众能够接受、易于接受、乐于接受的说法把中国故事讲清楚、说精彩，不断提升我们党在国际上的政治影响力、舆论竞争力、形象亲和力和道义感召力，进一步树立我们党开明开放、和平民主、与时俱进的国际形象。

在全国政协第九十六期干部培训班开班式上的讲话

（2014 年 6 月 5 日）

陈 晓 光

今天，全国政协第九十六期干部培训班正式开班了。培训班的主题是深入学习贯彻中共十八届三中全会和习近平总书记系列重要讲话精神，为国家全面深化改革、推动人民政协事业创新发展作贡献。本期班的学员主要是市、县级政协秘书长、副秘书长和办公室主任、副主任。大家平日工作繁忙，集中到这里学习机会难得。下面，我围绕培训班主题，谈三点体会，与大家交流。

一、领会精神，凝聚共识，切实增强做好人民政协工作的责任感和使命感

中共十八届三中全会是我国改革开放和社会主义现代化建设进程中具有里程碑意义的一次重要会议。全会对全面深化改革作出了一系列重大战略部署，充分体现了新一届中央领导集体的施政方针和工作重点，以及坚定不移推进改革向纵深发展的决心。彰显了敢啃硬骨头、敢涉险滩的坚定信念和巨大勇气。为全面建成小康社会、开拓社会主义事业新局面、实现中华民族伟大复兴的中国梦指明了方向。中共十八大以来，习近平总书记着眼国家的前途命运、人民的殷切期待、时代和实践的最新要求，相继发表了一系列事关改革发展稳定、治党治国治军、内政国防外交的重要讲话，科学回答了新的历史条件下中国共产党和国家发展的一系列重大理论和现实问题，提出了许多富有创见的新思想、新观念、新要求。这些重要指示是中国共产党理论创新的最新成果，是学习马克思主义最鲜活、最现实的理论遵循，是统一思想、推动工作的科学指南。深入学习贯彻中共十八届三中全会和习近平总书记系列重要讲话精神，是摆在我们面前的重要而紧迫的政治任务，也是人民政协的第一政治要务。我们要原原本本地反复研读、认真领会，要入脑、更要入心，要将学习成果贯穿到日常履职上来，将思想和行动统一到中央部署上来，将积极性、主动性、创造性引导到推动改革发展上来。

俞正声主席在全国政协十二届二次会议上所作的常委会工作报告中讲到，“行进在全面深化改革新的伟大征程中，光荣与梦想激励着我们，责任与使命鞭策着我们”。人民政协要在全面深化改革的进程中更好地发挥作用；政协机关承担着服务工作，使命重、担子重；政协秘书长肩负着参谋、组织、联络、协调等任务，工作具体，责任重大。这就要求包括我们学员在内的各级地方政协秘书长要对照新形势和新任务，对照肩负的岗位职责和工作实际，将贯彻落实中共十八大和十八届二中、三中全会精神与学习贯彻习近平总书记系列重要讲话精神结合起来，抓主要矛盾，扣关键环节，以顺利实现政府的简政放权、平衡结构调整与经济增长、保就业促民生等重点问题为抓手，运用战略思维、创新思维、辩证思维、底线思维组织服务委员，使政治协商郑重经常、民主监督切实有效、参政议政富有成果。要以“踏石留印，抓铁有痕”的实干精神，增强做好人民政协工作的责任感和使命感，统一思想、凝聚共识、汇聚力量于全面深化改革的大局中，为推动经济社会持续健康发展作出贡献。

二、聚焦重点，发挥优势，努力为人民政协履行职能提供坚实保障

今年是全面深化改革的第一年，也是完成“十二五”规划的关键一年，做好今年的各项工作任务艰巨、责任重大。俞正声主席在全国政协十二届二次会议上所作的常委会工作报告，对人民政协工作提出了明确要求：要聚焦全面深化改革，着眼提高经济发展质量和效益、促进社会公平正义和增进人民福祉，深入调查研究，积极建言献策，推进协商民主，加强工作创新，为全面建成小康社会作出新的贡献。政协机关是政协组织的办事机构，是政协履行职能的服务机关。政协秘书长在政协机关中发挥着枢纽作用，既要办大事，也要办小事；既要组织工作，也要落实工作。去年，人民政协事业实现良好开局，取得的每一项工作成绩都与大家的辛勤工作密不可分。要继续围绕党和国家大局主动发挥优势，有的放矢地积极作为，为人民政协务实履职、有效履职提供坚实可靠的保障。

一要努力为政协履职夯实组织基础。政协秘书长承担着组织各专委会和政协委员围绕党和政府的中心工作，开展调研、视察、撰写提案、反映社情民意、提出意见建议等政协经常性工作的职责。组织工作的好坏直接影响到政协委员的履职成效。一是抓统筹。加强宏观协调是秘书长的重要职责。人民政协是由各党派、团体、各民族和各界人士组成的最广泛的爱国统一战线组织。在工作实践中，秘书长要通盘考虑上下左右各方面关系，逐一兼顾各方各界意愿诉求，做好统筹协调工作。要超前安排，不忘落实细则；突出重点，不忘筹划大局；胸怀当前，不忘着眼长远的统筹理念付诸实践，切实抓好政策统筹、力量统筹、进度统筹，努力成为俞正声主席要求的能说、能写、能做的“三能”干部。二是抓方案。“凡事预则立，不预则废。”科学合理的方案有利于工作有序开展。全国政协以俞正声主席在今年的常委会工作报告中部署的六项工作为中心，以全面深化改革的总体部署为纲，以《全国政协 2014 年协商工作计划》为领，已经循序渐进地根据既定方案开展了一系列工作。政协各级秘书长也要系统清醒地掌握地方的年度工作要点，科学合理地为全体会议、常委会议、主席会议制订工作计划，刻不容缓地按照计划部署贯彻落实，实事求是地立足本地区中心工作，提出问题、研究问题，聚焦重点、抓纲带目，组织政协委员和专委会成员聚焦到制约经济社会发展最突出的问题、时间表倒数最紧迫的事项、老百姓最期盼的领域上来，积极为党和国家重点工作提供智力支持和决策参考，切实做到以人为本、履职为民。

二要积极为政协履职提供服务保障。政协机关是服务性的机关，服务管理是秘书长履行职责的第一要务。面对行政事务、决策咨询、联络协调、信息传递和后勤保障等诸多服务内容，大家要像俞正声主席在全国政协机关干部见面会上强调的那样，本着认真而不敷衍、规范而不随意、热情而不冷淡的态度，使每项工作臻于至善。一是重在精细。“天下难事，必作于易；天下大事，必作于细。”习近平总书记在中共中央政治局第十三次集体学习时指出，“核心价值观要在落细、落小、落实上下功夫”。用“落细、落小、落实”来说明政协秘书长的服务工作非常贴切。在为全体会议、常委会议、主席会议确定工作要点、当好参谋时，在为提案、视察、专题调研等经常性工作提供服务时，

在同各专委会、党委和政府部门、办公厅内部搞好协调关系时，各级政协秘书长要从细处着眼、从细节入手，切实做到服务目标细化、服务态度细致、服务措施细密。二是重在落实。习近平总书记讲："一分部署，九分落实。"要认真把握秘书长既是决策参与者又是决策执行者的特点，对主席会、常委会、全委会的决议决定，对一个时期的工作部署，都要认真进行督促检查，真正做到上情下达、下情上传，保证各项工作归口到位、落实到底。特别要重点落实中共十八届三中全会作出的"更加活跃有序地组织专题协商、对口协商、界别协商、提案办理协商，增加协商密度，提高协商成效"的要求，在规范四种协商形式的具体程序、内容和办法，增加协商次数，积极搭建协商民主平台等方面下功夫、做研究，努力为委员提供更多发表见解、协商议政的机会，让委员愿讲话、敢讲话、讲实话，让委员的积极性、主动性、创造性竞相迸发，充分发挥人民政协作为协商民主重要渠道的作用。

三要全力为政协履职探索创新路径。习近平总书记在全国政协 2014 年新年茶话会上的讲话中精辟指出："改革，最本质的要求就是创新。"各级政协秘书长要切实把改革创新精神贯穿到履行职责的全过程。一是加紧推进理论宣传工作创新。今年是新中国成立 65 周年，也是人民政协成立 65 周年。根据中央统一部署，全国政协将举办以坚定中国特色社会主义道路、培育和践行社会主义核心价值观等为主题的系列活动。各级地方政协组织也要以此为契机，大力宣传新中国成立以来的伟大历程和卓越成就，大力弘扬"以爱国主义为核心的民族精神和以改革开放为核心的时代精神"。要重点研究人民政协与国家和人民同发展、共奋进的光辉历程，深刻总结 65 年来人民政协蓬勃发展的生动实践和宝贵经验，组织委员开展好相关活动。要引导参加人民政协的各党派团体和各族各界人士始终不渝地坚持中国共产党的领导，一如既往地坚定中国特色社会主义道路和"三个自信"，始终如一地坚守社会主义核心价值观；引导所联系成员和群众理解改革、支持改革、参与改革。二是积极推动服务管理创新。要创新经验，认真总结地方政协的新探索新创造、好做法好经验并加以研究。要创新形式，特别是重点探索如何通过调研、专题协商会等既有形式及座谈协商的新形式来发挥政协民主协商作用。要在协商内容、协商主体、协商次数的研究上多做文章，使各项创新既符合中共十八届三中全会对协商民主所作要求，又符合地方政协机关实际情况。要努力克服俞正声主席所指出的"协商议政活动实效性不够强、质量有待提高，民主监督还比较薄弱，联系服务委员的办法还不够多"等不足，以务实肯干的履职作风，攻克难题、消解不足，不断增强人民政协生机与活力。

三、改革创新，固本培元，不懈推动人民政协事业永续发展

人民政协事业是中国特色社会主义事业的重要组成部分。在新的形势下，人民政协的独特优势愈加凸显，地位和作用愈加重要，在面临难得发展机遇的同时，也面临严峻的挑战。要适应新形势下人民政协事业的蓬勃发展，迎接挑战，就必须大力加强政协机关自身建设，着力破解政协履职过程中存在的体制机制性障碍和难题；就必须用发展的眼光来审视和推动政协机关建设，不断提升机关的履职能力和工作水平。以改革创新精神加强政协机关的自身建设，对人民政协事业永续发展意义重大。我主要讲三点要求，与大家共勉。

一要认真务实抓学习。改革创新是当前做好各项工作的一条主线。改革，就是革故

鼎新，“新”从哪里来？“问渠哪得清如许，为有源头活水来”，“源头活水”要靠学习。人民政协要强化本领、改革创新，务必坚持深入学习中国特色社会主义理论体系，学习人民政协理论发展最新成果，读原著、学原文、悟原理，不断深化对理论创新成果的理解和把握，增强贯彻落实的主动性坚定性。还要学习履职所需的各方面知识，特别要学习历史唯物主义知识。习近平总书记在比利时演讲时指出，“观察和认识中国，历史和现实都要看，物质和精神也都要看。中华民族5000多年文明史，中国人民近代以来170多年斗争史，中国共产党90多年奋斗史，中华人民共和国60多年发展史，改革开放30多年探索史，这些历史一脉相承，不可割裂”。学史可以看成败、鉴得失、知兴替。希望各级政协机关干部认真学习、深入思考，将学习的成果内化为心，外化为行，真正做到学以致用，为全面建成小康社会贡献更多智慧和力量。

二要与时俱进谋创新。改革是发展的动力，创新是活力的源泉。改革伊始，责任在肩。人民政协事业要发展，履职能力要加强，因循守旧不行，墨守成规不行，不创新更不行。去年，全国政协着力加强自身建设，开展了诸多富有创新性的工作，如建立双周协商座谈会制度、主席办公会议制度。今年，人民政协要以此为基点，继续加紧推进理论政策创新、体制机制创新、方式方法创新。前不久，习近平总书记重申了焦裕禄同志“吃别人嚼过的馍没味道”的论述，广大政协机关干部要深刻领会。要学习、弘扬焦裕禄同志凡事探求就里的求实精神，将创新与求实的关系摆正。创新要有根据，工作要先求实；创新要求质量，工作要切中要害。“明者因时而变，知者随事而制。”新形势新任务要求大家运用创新思维开展工作、落实工作，脚踏实地地创新履职、实事求是地创新履职、与时俱进地创新履职，把创新成果转化为履职实效、转化为履职活力、转化为履职能力，努力在国家事业和人民政协事业的创新发展中发挥更大作用。

三要身体力行正作风。作风建设是政协机关建设长抓不懈的永恒主题。从“老虎苍蝇一起打”敢于动真碰硬的反腐倡廉作风，到“踏石留印，抓铁有痕”的真抓实干作风，都充分体现了新一届中央领导集体对作风建设的高度重视和一抓到底的决心。3月17日，习近平总书记在兰考县调研指导时指出，“抓作风建设，就要返璞归真、固本培元，重点突出坚定理想信念、践行根本宗旨、加强道德修养”，“要实实在在做人做事，做到严以修身、严以用权、严以律己，谋事要实、创业要实、做人要实”。各级政协机关干部要自觉响应习近平总书记的号召，自觉践行“三严三实”。一是对内要严。要牢记“奢靡之始，危亡之渐”的古训，坚持反对“四风”；牢记“物必先腐，而后虫生”的道理，坚持反腐防腐。二是对外要实。要实实在在做事，实干才能兴邦；要实实在在做人，务实才能修身。政协机关干部要讲团结、会团结，但不要一团和气的所谓团结。无论是“严”字当头，还是“实”字为先，都要求领导干部正心诚意、束身以严。要把“三严三实”与弘扬社会主义核心价值观结合起来，与巩固教育实践活动成果结合起来，以坚硬如铁的优良作风继续砥砺前行，书写人民政协事业新的辉煌。

同志们，全面深化改革的号角已经吹响。让我们紧密团结在以习近平同志为总书记的中共中央周围，高举中国特色社会主义伟大旗帜，以马克思列宁主义、毛泽东思想、邓小平理论、“三个代表”重要思想、科学发展观为指导，锐意进取，扎实工作，在改革开放新的长征路上，共同谱写实现中华民族伟大复兴中国梦的新篇章！

在推进农村义务教育学生营养改善计划贯彻实施委员视察团座谈会上的讲话

（2014 年 6 月 14 日）

李 海 峰

党中央、国务院始终关心青少年健康成长，高度重视中小学生特别是贫困地区农村学生营养改善工作。近平总书记曾专门就改善贫困地区儿童营养状况作出重要批示。克强总理在今年的政府工作报告里也强调，要“改善贫困地区农村儿童营养状况”。正声主席十分关注 2011 年底启动实施的学生营养改善计划贯彻实施，在主持年初的全国政协主席会议上研究通过，将其列为今年全国政协委员的六项重要视察之一，并结合重点提案督办，在云南搞一次视察活动（而且云南还是正声主席的基层联系点）。我们这次视察团的主要目的就是希望通过视察，把学生营养改善计划的贯彻落实情况了解清楚，把当前存在的主要问题研究透彻，提出有针对性的意见和建议。出发前，视察团专门听取了教育部、财政部等部委的情况介绍。刚刚又听了高峰同志的介绍，结合这些天的实地考察，视察团认为，云南省作为营养改善计划的国家试点地区，领导高度重视、工作思路清晰，措施得力、成效明显。下面，根据这几天的所见、所闻、所思，我谈几点感受，讲几点认识，提几点希望。

一、云南省营养改善计划实施工作亮点多、成效大

这几天，视察团跑了 3 个市（州）、4 个县，深入不同类型的中小学校实地察看了营养餐实施情况，与主管部门、学校、家长、学生进行了座谈，广泛听取了各方面意见建议。通过视察，视察团真切地感受到，云南省在实施农村义务教育学生营养改善计划中，组织领导有力，工作机构健全，责任落实到位，“规定动作”不走样、“自选动作”有创新，探索形成了不少好的经验、好的做法，亮点多、成效大。

*（一）领导高度重视，层层落实“两个主体”。*地方政府是实施营养改善计划的主体，一个是行动主体，一个是责任主体。在计划实施之初，云南省委、省政府就将其列为 2012 年 10 件惠民实事好事和 20 项重点工作之一大力推进。光荣书记多次作出批示，纪恒省长几次主持省政府常务会议研究决策；省政府专门召开电视电话会议进行全面部署；省一级和市县一级政府，层层签订责任书。正是因为在启动的关键时期统一了思想认识、进行了全面部署，在实施的关键环节立好了规矩方圆、落实了主体责任，有力有效地推动了云南省营养改善计划的实施。

*（二）扩大政策范围，全面实现“两个覆盖”。*应该说，云南省的地方财力并不宽裕，但在改善学生营养状况这件事情上，可以看得出，从省、市州到县三级党委政府，都舍得花钱，按比例分担和筹措资金。一是扩大了试点范围。在 85 个国家试点县之外，

又将其余的44个县的农村义务教育学校全部纳入了营养改善计划实施范围，与国家试点同标准、同步骤开展地方试点。二是扩大了“一补”范围。为以前不能享受寄宿生生活费补助的50万非寄宿生也提供生活补助，有效解决了“因为不住宿，所以没补助”的问题。这样一来，在云南就实现了营养膳食补助和寄宿生生活费补助“两个全覆盖”，88%的义务教育学生、508万农村学生享受到了这项惠民政策（在瑞丽姐告国门小学，甚至连小留学生都能享受到同等待遇）。前天《人民政协报》的报道讲得很好：舌尖上的营养、心尖上的娃娃。我觉得云南省将这项“民生工程”真真正正做到人民群众心坎上了。

（三）细化管理措施，努力保证“两个安全”。如何确保食品安全、资金安全是决定营养改善计划实施成败的关键所在。云南省结合实际，围绕这“两个安全”，做足文章、做细工作，努力做到精细化管理、规范化操作。一是建章立制保安全。按照国务院文件和全国学生营养办的要求，云南省制定计划实施细则，出台专项资金、食品安全监管、供餐准入等管理办法，建立学校食堂建设和管理、学生实名制管理等制度，设立监督举报电话，规范信息公开，严格责任追究等，从制度上保障“两个安全”（在腾冲马站中学和中心小学，我们看到食堂的账目、受益学生名单都上了墙，每天食品都有留样）。二是技术指导保安全。云南成立专门的营养改善计划专家组，编写膳食营养指导手册，为计划的实施提供了有力的技术支持、决策咨询和业务指导。同时，对校长、财务人员、食堂管理人员等参与营养改善管理的骨干人员，有针对性加强了业务培训，对食堂从业人员进行了专业技能培训。三是包干督查保安全。云南省营养办建立了分片包干督查制度，每个成员单位包干一个市州，在每个学期开学前分别带队对16个市（州）工作落实情况进行全面检查（在梁河县的芒陇光彩小学，我们还看到有的食堂设置了食品安全电子监控系统，成立了家长膳食委员会）。这些举措有效保障了计划实施的规范操作和食品、资金安全。

（四）坚持因地制宜，切实解决“两个保障”。目前，云南省营养改善计划学校80%都实行了学校食堂供餐，这也是目前最为群众和专家认可的模式。但是食堂工勤人员从哪里来、食品原材从哪里来，是落实好这一模式的两个难点问题。云南省在这方面做得非常有特色。一是新增工勤人员，做好人员保障。通过购买服务性岗位和聘请等方式，按照50：1的比例，新增食堂工勤人员3万多人，有效解决了食堂专职队伍建设问题（给我印象最深的是学校的校长和老师们，在正常的教学之外，还承担了大量食品采购、就餐管理甚至是帮厨工作，充分体现了高度的责任感和事业心）。二是开展勤工俭学，做好食材保障。我觉得，这是云南实施营养改善计划的一大特色。全省差不多1/3的营养改善计划学校都有勤工俭学基地（在腾冲县，我们看的学校，都有5—10亩的勤工俭学用地，用来种菜、养猪）。这不仅是对食堂供餐原材供应的有益补充，而且还是培养学生的劳动观念和动手能力，推动学生“德智体美劳”全面发展的有效方式（当然，这个事情也不能搞“一刀切”，要因地制宜，在有条件的地方开展勤工俭学）。

通过视察，委员们感觉到实施营养改善计划，云南省农村义务教育学生饮食状况得到显著改善，山区学生饮食由“两餐变三餐”，膳食结构日趋合理，受益学生体质明显提高。经调查，98.5%的学生、家长对营养改善计划表示满意。成绩来之不易，既离不开党中央、国务院的高度重视和正确领导，也离不开地方党委、政府和各相关部门的共同努力。中国发展研究基金会秘书长卢迈先生也参加了视察，根据他们2013年对农村学生营养改善工作483个县进行的评比，前20名的先进县中云南省占了4个（凤庆县、马关县、古蔺县和宾川县），前100名中占了31个县。在此，我代表全国政协和视察团一行，向云南实施营养改善计划取得的成绩表示祝贺，向为这项工作辛勤努力的同志们表示亲切慰问！

二、对持续推进营养改善计划的重要性、复杂性和长期性要有充分的认识

教育是国家和民族振兴的基石，教育公平是社会公平的重要体现。党的十八大以来，以习近平同志为总书记的党中央高度重视国家的教育事业，尤其是边远贫困地区的教育事业发展，强调要继续坚持教育优先发展战略，要大力促进教育公平。从这个角度讲，实施营养改善计划是一件大事、是一件好事。同时，实施好这项计划，也的确是一件难事，对它的重要性、复杂性和长期性要有充分的认识。

（一）这是一项事关国家民族未来的战略工程。与以往任何工程建设项目不同，营养改善计划不是一蹴而就、三两年就能完成的，而是一项长期性工作，这既与我们地域辽阔、人口众多，贫困面积大、贫困程度深的基本国情有关，也是结合国际成功范例得出的结论。欧美国家实行学校供餐已有100多年历史，最初都是从扶助贫困学生开始，通过立法、政府扶持、社会参与等长期开展持续下来，对国民素质的提高和国民经济的发展起到了良好的作用。这次我国实施营养改善计划试点主要放在连片特困地区和西藏、四省藏区、新疆南疆三地州等中西部经济社会和教育发展相对滞后的地区，基本都是民族县、国贫县和边境县等，计划的实施关系的不仅仅是一顿简单的营养餐，背后联系的是教育公平、扶贫开发、均衡发展、社会稳定、民族团结等事关巩固党的执政基础，事关国家长治久安，事关全面建设小康社会、构建社会主义和谐社会大局。

（二）这是一项顺应人民群众期盼的民生工程。各地经济社会发展不平衡，一些地区特别是边远贫困地区和民族地区，农村学生的营养保障仍面临不少困难，成为群众十分关心和迫切希望解决的问题，因而“提高农村义务教育家庭经济困难寄宿生生活补助标准”、“推动农村中小学生营养改善工作”、“提高贫困地区农村学生营养水平”被列入《中国农村扶贫开发纲要》（2011—2020）和《国家中长期教育改革和发展规划纲要》（2010—2020）。近平总书记讲，人民对美好生活的向往，就是我们的奋斗目标。因此，组织实施好农村义务教育学生营养改善计划正是顺应了群众期盼，也是中央实施扶贫开发攻坚和教育优先发展战略，推动全面小康社会建设的必然要求。

（三）这是一项涉及面广、情况复杂的系统工程。营养改善计划是一项涉及学生营养健康和生命安全的系统工程：产业链长，从农田到餐桌；涉及面广，涉及全国22个省份、699个县、2243万学生，超过1/4的农村义务教育学生享受营养补助政策；政策性强，有国务院文件，有实施细则，有部委和地方配套文件等一整套的管理制度，以及相应的工作机制和目标责任制；情况复杂，试点地区经济社会发展相对落后，行政能力和管理水平相对较弱，试点学校办学条件和工作基础相对较差；影响面广，计划的实施从小处说是促进学生体格和智力正常发育，从大处说是提高民族素质、建设人力资源强国，全社会乃至国际社会都给予了高度关注，稍有疏忽便可能引起极大的社会反响。因此，要做好这项工作，大家普遍认为有压力、有难度，但又绝不能半途而废，既需要强

力推进，在短时间内看到明显成效，更需要有打持久战的心理准备，以更大的决心、更强的力度、更有效的举措，将这项计划持之以恒地干下去、落实好。只有把各种困难、风险都估计足，把对策考虑在前，明确责任、完善制度，做出实实在在的成效来，才能让“民心工程”得民心。

三、持续深入推进营养改善计划的建议

应该说，云南省营养改善计划的实施，总体进展是顺利的、成效是显著的。尽管时间很短，但委员们通过在云南的视察、座谈，对营养改善计划思考得比较深入，提出了一些问题。例如，营养改善计划的定位是不是应该更加明确一点？供餐方式是不是应该继续强调以食堂供餐为主？计划实施的运行经费是不是应该在中央财政拨款中一并考虑？营养膳食补助和“一补”是不是应该统筹起来使用？在解决了吃饱饭的问题后是不是应该让孩子们吃得更有营养一点？对老师承担的工作是不是应该有激励措施？农村学前教育是不是也应该一并纳入计划范围？在政府主导下是不是应该更多地鼓励社会参与？学生营养状况的监测评估、饮食卫生的养成教育是不是应该同步跟上？等等。委员们认为，营养改善计划在顶层设计、操作细节上还有进一步改进的空间，还有很多配套性工作需要及时跟进，需要站在高处、想在远处、干在实处，进一步建立健全学生营养改善的长效机制。

（一）建立健全监管体系，确保“两个安全”。民以食为天，食以安为先。计划的实施要紧绷食品安全和资金安全这两根弦，既要确保学生吃饱吃好，更要确保吃得安全；既要加大投入，确保计划实施所需要的资金，也要确保每一分钱都吃到孩子嘴里。计划已经实施 3 年了，有的委员提出来，“试点”俩字是不是可以取消了？取消“试点”俩字，也就意味着从启动试点阶段向规范运行阶段迈进，那么，如何加强监管、确保安全将是今后工作的重中之重。一是要充分发挥各级政府和各部门的监管主体作用。营养改善计划涉及方方面面，其直接受益者虽然是学生，但更受益的实际上是千万农村家庭，归根到底是国家。做好这件事情是政府义不容辞的职责，而绝不是教育一家的事情。我看各级都有领导小组及其办公室，仅成员单位就有 16 个部门，每一个部门都有其监管和服务的具体职责。不过，现在很多地方过多地把压力放在了教育部门，放在了校长身上，这虽然有一定道理，但不是最合适的。农村校长是校园安全、校车安全、营养餐安全等各项安全的第一责任人，个个都感到“压力山大”。各级政府要牵头，为农村义务教育学校提供好保障条件，有针对性地加强指导和服务，帮助解决实际问题，加强资金和食品“两安全”的监管。实施营养改善计划首先是地方行政领导的事，不能只监管不服务。尤其是食品安全方面，政府专业部门和机构如果不尽责，仅靠农村学校的校长和老师们，实在是力所不能及。二是要充分发挥“两个系统”的技术支撑作用。要建好用好实名制学生信息管理系统，防止虚报冒领，确保资金用到每个学生头上。要做好学生营养健康监督评估，跟踪了解学生营养改善情况，为下一步工作提供科学依据。三是要充分发挥社会监督的作用。把计划实施的全过程置于阳光下，接受各方监督，营造全社会共同支持、共同监督、共同推进的良好氛围。监督中要充分发挥媒体作用，在“全媒体”时代，媒体的宣传和监督功能并存，要主动把正确的信息传达出去，不能坐等责问和质疑上门，再去花更大的成本平息事端。阳光是最好的防腐剂和公信力，只要我们按

规范操作、按程序办事，就一定能够把营养改善计划持续平稳推进，让群众放心、让孩子们健康成长。

（二）建立健全政府主导、社会广泛参与的经费保障机制，确保持续稳步推进。从国际经验来看，许多国家都将学生营养改善工作作为政府职责，加强管理，加大支持，并将之纳入国家主流政策体系，由中央政府统一部署，地方政府具体实施。从我国营养改善计划实施的前期效果来看，政府主导起到了决定性作用。这一点已经得到了国际组织和国内社会中介组织的高度认可。目前中央财政已累计投入资金820亿元，用于营养改善计划以及相关配套项目建设，起到了很好的导向作用。地方政府也要切实落实主体责任，在地方试点、供餐模式、安全监管等方面要勇于创新。作为一项系统工程，要保障该计划的可持续性，必须在坚持政府投入的基础上，引入社会广泛参与的多元经费保障。一是提高财政资金的使用效益。要在充分保障原定补助标准的基础上，考虑经济发展与物价、人工费上涨等因素，建立科学的标准动态调整机制；加大统筹力度，确保营养餐补贴、"一补"政策资金、薄弱学校食堂改造专项资金用对方向、用到实处。二是健全政府补贴、基金奖励、捐资激励等制度，鼓励社会力量参与。搭建桥梁、畅通渠道，引导企业、个人慈善资金参与营养改善计划，投向最需要帮助的老少边穷地区。三是充分发挥公益组织作用。加强志愿者队伍建设，提高计划执行效益，降低计划运营成本。四是加大政策宣传，形成正确舆论导向。引导公众、学生家长正确认识国家资金的补助性质，同时建立合理的中央财政、地方政府与家庭分担比例，有效预防挤出效应，在解决贫困学生营养改善问题上形成合力，引导全社会理解支持这项工作。要采取各种形式，把充分体现党中央、国务院对贫困地区儿童关怀的这项惠民政策宣传好，确保家喻户晓。

（三）狠抓政策落实、强化立法保障。营养改善计划在国家层面已有"《意见》＋《实施细则》＋系列管理办法"等一整套制度体系，地方政府也相应出台了系列规范性文件。整体看，制度机制是比较完善的，从一开始就立好规矩，这也是这项计划之所以能在这么短的时间内落地的原因。我想，下一步，一是要总结和推广经验。既要认真分析包括云南省在内的各省（区、市）实践中的成功做法，也要仔细梳理其中存在的问题，研究制定改进的办法。将营养改善计划试点阶段的经验总结好、不足查找准，为建立长效机制打好基础。还可以将实践中的好经验推广到义务教育阶段学生乃至所有青少年群体的合理膳食、均衡营养工作中，为提高全民健康水平、提升全民身体素质作出贡献。二是要完善和落实制度。对现行的规章制度进行一次全面梳理，对其中操作性不强的结合实践进行调整，使之接地气、能运用；对经过实践证明是行之有效的做法，要加大执行力度，狠抓制度落实，切实保证"两个安全"。三是要加强立法保障。营养改善计划是一项长期的工作，开弓没有回头箭，将来只会覆盖范围越来越广、补助标准越来越高，受益学生越来越多，怎么让这项工作有可持续性？必须尽快启动立法，将各级政府、各有关部门、各相关单位和人员的责任通过法律（令）形式规定下来。这样就可避免大家都认为这是"额外"的工作、是临时工作的思想。国外的经验也证明，先立法后干或边干边立法，这件事才干得有章法、才干得长久。靠命令式、动员式，管得了一时一段，管不了一世。我想，这件事情可以先从地方做起。我看，云南就有条件可以先行立法，像试点一样为全国立法积累经验。我们的全国政协委员要多呼吁，教育部要抓紧立法草案的研究起草工作，争取试点结束后，我们能够形成一部凝聚多方共识的学生营养改善法律法规。

视察中，地方的同志和学校的校长、老师、学生、家长还反映了一些政策上的意见，刚才省里也提出了一些建议。对此，我们将认真梳理研究，形成专项建议，及时向有关方面反映。

这次视察活动，云南省委、省政府、省政协高度重视、大力支持，周到安排、精心准备，为视察活动的开展提供了很好的条件，我代表全国政协和视察团，向云南省委、省政府、省政协表示衷心感谢，也代表俞正声主席向云南的同志表示亲切问候！这次视察活动，还得到了教育部、财政部等有关部门，疾控中心营养与食品安全所、中国发展研究基金会的大力支持，这里一并表示感谢！

在全国政协京昆室恳谈会上的讲话

（2014 年 7 月）

卢　展　工

所谓公共文化服务体系就是由政府主导的、向广大人民群众提供基本文化服务的体系。概念一定要弄清楚，如果弄不清楚就很难讨论。

公共文化服务体系建设首先包括硬件建设，比如场、所、馆、台、网。其次是软件建设，比如队伍、人才，还有文化服务项目、培训、宣传等。第三，戏曲在公共文化服务体系里面应该有一席之地，但现在好像包括，又好像不包括。我们搞公共文化调研时发现一个问题，文化下乡中有各类活动，都是政府付钱的，但是没有戏曲。

专题座谈会应当解决一两个实际问题，比如说戏曲也应该由政府拿出一部分钱来支持。政府购买服务，定期下基层免费为群众演出。这也可以让一些高端的戏曲人才和基层的老百姓见面。这是一个很好的事情。

我觉得戏曲在公共文化建设里面是不应该缺位的。怎么能够到位呢？我觉得可以跟其他文化门类一样，搞戏曲下基层，由政府每年拿一部分钱提供支持。应该提一条建议，戏曲应该跟别的文化产品一样，在公共文化服务体系中要有一席之地，政府应该拿一部分钱让老百姓能够享受到戏曲的服务。

戏曲在整个文化事业中间具有不可替代的重要性。不论从历史还是现在看都是这样。戏曲很普通，就是讲故事，它拥有的受众最多。如果把所有的剧种综合起来，受众量非常大，超过其他艺术门类，在广场上看戏的都是受众，这就是我讲的量，它是不可替代的。

戏曲的普及和提高很重要。戏曲是什么？戏曲是众多艺术门类的综合体现，音乐、文学、诗词、舞蹈、美术都是艺术，哪种文化类型有戏曲这样丰富的艺术含量，让广大人民群众在公共文化服务中获得艺术享受？因此公共文化服务体系里面应该有戏曲的一席之地，这不仅是人民的需求，而且会给戏曲的发展带来很好的契机。公共文化服务不仅仅是基本文化服务，应该有丰富的文化艺术产品让人们来享受。在公共文化服务里面也有群众文化，群众文化也是要靠艺术来引领的。

优化科技资源配置　实施创新驱动发展战略

——深入学习贯彻习近平同志关于实施创新驱动发展战略的重要论述

（2014 年 8 月 13 日）

万　钢

党的十八大以来，中共中央总书记习近平同志围绕实施创新驱动发展战略发表了一系列重要讲话。日前，习近平同志在中国科学院第十七次院士大会、中国工程院第十二次院士大会上发表的重要讲话进一步对实施创新驱动发展战略作了深刻阐述，强调“我国能否在未来发展中后来居上、弯道超车，主要就看我们能否在创新驱动发展上迈出实实在在的步伐”。他还强调，“要让市场在资源配置中起决定性作用，同时要更好发挥政府作用，加强统筹协调，大力开展协同创新，集中力量办大事，抓重大、抓尖端、抓基本，形成推进自主创新的强大合力”。深入学习贯彻这些重要讲话精神，要求我们进一步优化科技资源配置，实施好创新驱动发展战略，使科技通过创新加快向现实生产力转化，为经济社会发展提供强大支撑。

实施创新驱动发展战略必须优化科技资源配置

习近平同志指出：“实施创新驱动发展战略，最根本的是要增强自主创新能力，最紧迫的是要破除体制机制障碍，最大限度解放和激发科技作为第一生产力所蕴藏的巨大潜能。”他强调：“要着力从科技体制改革和经济社会领域改革两个方面同步发力，改革国家科技创新战略规划和资源配置体制机制。”这表明，实施创新驱动发展战略，一个重要方面就是深化科技体制改革，优化科技资源配置。

改革开放以来，我国科技体制改革一直围绕促进科技与经济结合这个关键问题展开，科技资源配置市场化的效率逐步提高。近年来，我国在优化科技资源配置方面的改革主要集中在以下方面。

注重发挥好国家战略规划的引导作用。2006 年出台《国家中长期科学和技术发展规划纲要》，确定发展方向和重点任务，引导市场预期，鼓励和支持企业围绕国家战略需要配置资源。2008—2013 年，中央财政共投入国家科技重大专项（民口）823 亿元，带动企业和地方投入 1400 亿元，围绕产业链进行系统部署，集中力量突破一批关键共性技术，研发一批具有自主知识产权和市场竞争力的重大战略产品，解决了我国经济社会发展中众多的“短板”问题和“卡脖子”问题，新技术、新产品创造的新产值累计 1.2 万亿元。

注重发挥好宏观政策的导向作用。灵活运用财税、金融、投资等政策工具，激励各类市场主体加快创新步伐。2012 年度企业享受研发费用加计扣除政策减免税突破 430 亿元，超过政府任何单项科技计划年度的投入。2013 年，科技型中小企业创新基金投入 46 亿元，风险投资及私募股权投资对科技企业投资 356 亿元，带动社会投资 1900 亿元，科技型中小企业信贷总额超过 6300 亿元。

*注重创新创业的载体和环境建设。*中央和地方合力推进国家高新区的改革与发展，为科技创新创业搭建核心载体、营造良好环境。在国家自主创新示范区和高新区内，企业的研发支出、授权专利都超过全国企业 1/3，新产品销售占其产品销售总额的 1/3。2013 年国家高新区总收入达 20 万亿元，工业增加值占到全国的 16%，平均能耗一直比全国平均水平低近 40%。

*注重从需求侧培育新兴市场。*比如，在培育发展战略性新兴产业中，国家通过组织实施“十城千辆”、“十城万盏”、“金太阳”等创新成果应用示范工程，激发市场应用潜力，持续扩大市场应用规模。全国已推广各类节能和新能源汽车 6.8 万辆，应用 LED 灯具年节电超过 20 亿度。

通过优化科技资源配置的一系列重大改革措施，我国在技术创新领域形成了科技资源配置的新格局，为实施创新驱动发展战略奠定了坚实基础。

*形成市场导向机制，强化企业的主体地位。*2013 年，我国全社会研发支出达到 1.19 万亿元，研发支出占国内生产总值的比重达到 2.09%。研发支出中企业占比达 76%，企业研发支出是 2006 年的 4.3 倍。目前，我国研发人员总量达 360 万人年，其中企业研发人员占到 77%。国内有效发明专利达 59 万件，是 2006 年的 8.1 倍，其中企业发明专利超过 55%。全国技术交易额从《科技进步法》修订前的 2200 多亿元，快速增长到 2013 年的 7469 亿元，其中 80%以上的技术成果交易是在企业间完成的。企业创新投入增长，加快了新技术、新产品的产出，也有力地促进了先进适用技术的转移和扩散。由此可见，通过优化科技资源配置，我国企业技术创新更加活跃、更加高效。

*使国家有更多财力集中于打基础、攻关键、利长远的重大战略问题、基础科学和前沿技术研究。*当前，中央财政科技投入更加集中于战略高科技、基础研究、重大关键共性技术和农业科技的发展，更加注重环境、健康和防灾减灾等民生事业的发展。中央财政对基础研究的投入从 2008 年的 170.2 亿元增加到 2013 年的 362.9 亿元。

*促进科技资源的有效使用，显著提高了国家的科技创新能力。*去年国家科改领导小组先后动员 8000 多人次中外专家开展了中长期科技规划、国家重大科技专项和中外技术竞争的调查工作。在参与调查的十大领域、1149 项关键技术中，195 项（17%）已经达到国际领先水平，355 项（31%）与国际先进水平同步或相差不大，还有 599 项（52%）与国际先进水平有较大差距，处于跟踪阶段。我国技术水平的基本格局从全面跟踪逐步向领跑、并跑和跟跑三者并存转变，成为具有重要影响的科技大国。

科技创新的新态势要求进一步优化科技资源配置

习近平同志指出：“进入 21 世纪以来，新一轮科技革命和产业变革正在孕育兴起，全球科技创新呈现出新的发展态势和特征。”他强调：“传统意义上的基础研究、应用研究、技术开发和产业化的边界日趋模糊”，“科技创新活动不断突破地域、组织、技术的界限，演化为创新体系的竞争，创新战略竞争在综合国力竞争中的地位日益重要”。我们深深体会到，科技创新和产业竞争已成为当今各大经济体最难把握而又必须面对的战略必争之地。

当前，新一轮科技革命和产业变革的方向日益清晰，全球创新竞争日趋激烈，人才、资本、市场、专利等成为世界各国竞相争夺的战略资源，科技创新与金融资本、商业模式融合更加紧密，正在推动全球产业变革加速进行。我们要积极迎接新科技革命和产业变革带来的新挑战，坚定不移地走中国特色自主创新道路，抓住机遇，充分利用好国际国内两大资源、协调好市场和政府两大力量，优化科技资源配置，构建高效的科技供给体系，努力实现更多核心、关键、共性技术的突破，把创新驱动发展的战略主动权掌握在自己手中。

新形势下，实施好创新驱动发展战略，要围绕优化科技资源配置中的突出问题深化改革。当前，我国与发达国家相比，科技成果管理体制落后，科技投入分散，开放共享程度低，资源使用效率低，这些问题是科技体制改革中的“硬骨头”。造成这些问题的原因是多方面的，但主要有以下几个方面。

政府与市场的关系尚未完全理顺。从目前实际情况来看，政府的科技宏观导向和激励作用发挥不够，而在科技项目监管等微观管理上介入过多过细，影响了企业面向市场的自主决策和协同合作，导致企业对基础研究的投入偏少，原创能力偏弱。

科技成果转化存在体制障碍。高校、科研院所科技成果转化被等同于国有资产处置，事业法人单位没有对成果的处置权、收益权和支配权，因此缺乏将科研成果转化为新技术、新产品的主动性和积极性。

科技资源配置和管理体制不顺。部门、机构间科技资源配置分散且信息不通，导致科研仪器设备等科技资源重复购置和封闭运行，跨机构、跨地区的开放共享不足，利用效率低下，闲置现象突出。

科技创新服务体系不完善。突出表现为对知识产权创造、保护、管理和应用各环节的服务能力不足。网络化、市场化、社会化的科技创新服务体系建设还没引起全社会的足够重视，发展水平较低，知识产权保护不力，服务能力较弱，还不能适应多样化的市场需求。

通过优化科技资源配置为实施创新驱动发展战略提供有力保障

党的十八届三中全会《决定》和习近平同志在两院院士大会上的讲话，为下一步实施创新驱动发展战略、深化科技体制改革指明了方向，明确了重点任务。深入学习贯彻习近平同志重要讲话精神，要加快创新驱动发展战略的顶层设计，进一步深化科技体制改革，加快转变政府职能，优化科技资源配置方式，大力推动协同创新。具体地说，要在以下几个方面取得突破。

加大科技投入，提高管理水平。进一步加大财政科技投入，并调整和优化财政科技投入的结构。贯彻《国务院关于改进加强中央财政科研项目和资金管理的若干意见》，加大对基础研究、前沿探索、战略高科技和农业、生态、环保、健康等社会公益领域的科技投入，加强科技管理改革与创新，逐步形成重点突出、持续稳定的支持机制。发挥财政投入的杠杆作用，引导金融资本、社会资本对创新的投入。围绕国家战略和社会关注，如落实《加强大气污染防治科技支撑工作方案》，突出重点地区雾霾成因、源头治理、节能减排、健康影响等科研工作。加快推广应用新能源和电动汽车等先进技术。

*加快推动公共科技资源开放共享。*制定推进科技资源开放共享的管理办法，编制科技资源开放共享目录。制定国家大型科研基础设施向社会开放的改革方案，出台国家重大科技基础设施管理办法，提高高校、科研院所科研设施开放共享程度，鼓励国家科技基础条件平台对外开放共享和提供技术服务。建立国家科技管理信息系统，继续推进科技计划（专项）信息的互联互通，实现系统集成。推动建立中央财政科研项目数据库，实现科研信息开放共享。完善国家科技报告制度，着力扩大国家科技计划科技报告试点范围，推动部门、地方开展科技报告工作。

*进一步完善技术创新市场导向机制。*明晰政府与市场的边界，更加尊重市场规律，充分发挥市场对技术研发方向、路线选择、要素价格和各类创新要素配置的导向作用。落实《国务院办公厅关于强化企业技术创新主体地位　全面提升企业创新能力的意见》，深入实施国家技术创新工程，进一步完善和落实激励企业创新的普惠性政策，如改进和规范研发费用计核办法，加大企业研发费用税前加计扣除、研发设备快速折旧等政策落实力度。同时，改革产业化目标明确的技术创新项目形成机制，鼓励和引导企业结合国家战略和市场需求开展技术研发。推进后补助试点，逐步建立“企业决策、先行投入、协同攻关、市场验收、政府补助”的组织实施机制。加快科技成果转化法修订，着力挖掘创新供给和创新需求两个方面的潜力，完善科技成果处置权和收益权制度，打通科技与经济之间的关卡。

*提高企业配置科技资源的能力。*在明确定位和标准的基础上，在行业骨干企业优先建设国家重点实验室、国家工程（技术）研究中心等研发平台，鼓励产学研结合、大中小企业组成产业技术协同创新联盟。支持企业与科研院所、高校联合开展基础研究，推动基础研究与应用研究紧密结合。在共同研发产品的过程中，形成分工明确、风险共担、利益共享的创新链和产业链，分享市场创新的红利。

*加快建立协同创新机制。*围绕产业链部署创新链，围绕创新链完善资金链，营造开放协同高效的创新生态。深化科研院所改革和高校科研体制改革，推动建立权责清晰、优势互补、利益共享、风险共担的产学研紧密合作机制。加强创新型人才队伍建设，健全科技人才流动机制，鼓励科研院所、高校和企业创新人才双向交流，健全人才分类评价激励机制，使一批技术创新的先行者脱颖而出。加强知识产权运用和保护，引导科技成果转化各类主体建立利益共享、风险共担的知识产权利益机制。

*加快推进科技金融有机结合。*扩大科技型中小企业创业投资引导基金、小微企业融资担保资金的规模，加大中小企业发展专项资金对技术创新的支持力度，引导创业投资和社会资本加大对科技型中小企业的支持。建立新型科技创新投融资平台，为不同发展阶段的科技企业提供多样化的投融资服务。创新符合科技型中小企业成长规律和特点的新型科技金融产品、组织机构和服务模式。扩大科技支行、科技担保、科技小贷、科技保险等科技金融专营服务机构规模。

在香港前任行政长官办公室会见记者时的讲话

（2014 年 9 月 3 日）

董　建　华

日前，全国人大常委会通过了有关香港特别行政区行政长官普选问题的决定，确定了香港从 2017 年开始，实行一人一票普选行政长官的民主目标。我支持这个决定，我看到许多香港市民也支持这个决定，其实这是我们香港市民共同的愿望。

与此同时，我也看到泛民的朋友对这决定表达了失望和不满的情绪。他们的感受，我清楚了解。我亦明白，他们表达的，是来自内心的。而我今天同大家讲的，也是来自我心底最诚恳的说话。

在 1997 年，一个由 400 人组成的选委会，选我作为第一任行政长官。其后，选委会由 400 人，增加到 800 人，然后再增加到 1200 人。每一次，我们都朝着民主进程，跨出重要一步。

到 2017 年，我们不只是跨出重要一步，而是开拓全新的历史，由全港市民一齐开拓波澜壮阔的历史。因为到了 2017 年，全港 500 万选民都会一齐投票。全港 240 多万个家庭里面，每一个家庭，都有成员有权投票。

由 1997 年前英国空降港督来香港，到 2017 年全港 500 万选民一齐投票，短短 20 年之间我们作出的民主进程，浩浩荡荡、光辉灿烂。这些成果，是香港市民努力的成果，亦是国家对香港民主诉求的积极回应。

今天，当我们正要作出香港开埠 170 多年来最大的民主跨进时，我们怎可以选择原地踏步，使我们的民主进程，到此为止？由 500 万选民一人一票选出特首，是实质的民主，货真价实的民主。而且这个不是终极方案。2017 年之后，如果我们要进一步完善我们的民主制度，基本法是有机制和空间让我们去继续前进的。

香港人政治触角敏锐、思想成熟。不论是支持建制或支持泛民，大部分人都是温和、理性的，而且大部分是爱国爱港的。每一个爱国爱港的人才，都可以用你的理念、抱负、才能，去争取提委会的支持，参加 2017 年的特首选举，然后让全港 500 万选民去决定，由哪一位候选人出任特首，带领香港。

民主，没有最终点；争取民主，亦非改善民生的全部。我呼吁全港市民，大家携手，将一些负面的情绪，化为正面的能量，在人大决定的基础上，商讨和落实各项选举安排的细节。我坚决反对占中，因为占中是违法的。但我确信，参与占中行动的人，不乏是爱护香港的；我也确信，大家虽然意见不同、立场有异，但大家的内心是一样的：大家都想香港好。我呼吁他们不要做违法的事。

我不赞成学生罢课。但我确信，准备参加罢课的学生，是热爱香港的。我们的学生有理想，有热诚，有年轻人的纯真和冲动。我们也是父母，我们要爱护他们，珍惜他们，他们也是想香港好。我呼吁全港的老师、家长、学生：大家一齐爱护学生，守护学生的核心价值观，不要影响学习。

既然香港是我们共同的家，我们一定要合作，我们亦只能合作，因为携手合作是我们唯一的出路。我们要争拗、内耗到几时才停？为了我们的下一代，我们要将抗争行动的精力、创意，投放在人大颁布的基础上，去完善特首选举制度的细节。两年半之后，香港 500 万人齐投票，240 多万个家庭齐参与，做好香港，让香港再成为我们集体的骄傲。

充分发挥民族区域自治制度优势

——纪念《民族区域自治法》颁布实施 30 周年

（2014 年 9 月 3 日）

王　正　伟

对于一个多民族国家来说，采取什么样的国家结构形式来处理国内民族问题，关乎国家长治久安和各民族前途命运。国家统一、民族团结是中华民族的根本利益所在，也是各族人民的共同利益所在。我们党历来高度重视民族问题。新中国成立后，特别是 1984 年《中华人民共和国民族区域自治法》颁布实施以来，民族区域自治作为我们党和国家解决民族问题的基本主张，在实践中发展，在发展中完善，实现了政策、制度、法律三位一体的构建，成为中国特色社会主义制度体系的一大支柱、社会主义政治文明的一大特色、建设法治中国的一大方略，民族工作也在这一过程中取得了显著成就。

党的十八大后，习近平同志强调指出，要坚定不移坚持党的民族政策、坚持民族区域自治制度。党的十八届三中全会明确要求，发展社会主义民主政治，必须坚持和完善包括民族区域自治制度在内的各项制度，充分发挥我国社会主义政治制度优越性。在新形势下，我们一定要按照中央的决策和部署，坚持好、完善好、落实好民族区域自治，凝聚起全国各族人民大团结的力量，不断加快民族地区全面建成小康社会进程，为实现中华民族伟大复兴的中国梦作出新的贡献。

坚持和完善民族区域自治，必须坚持正确政治方向，切实维护国家统一和民族团结

民族区域自治是维护国家统一和民族团结的重大制度安排。我们党经过长期探索和反复比较，采取并实行单一制国家结构形式下的民族区域自治，根本目的在于实现和维护国家统一和民族团结。实行民族区域自治，做到了承续历史传统与符合民族国情的统一，维护国家集中统一与照顾民族地区差异的统一，体现中华民族一体性与尊重各民族多元性的统一，是最适合中国国情的制度安排。我国《宪法》明确规定：“各少数民族聚居的地方实行区域自治，设立自治机关，行使自治权。各民族自治地方都是中华人民共和国不可分离的部分。”这两句话缺一不可。其中，国家统一是第一位的，是实行民族区域自治的前提和基础。没有国家的集中统一，就谈不上民族区域自治；脱离国家集中统一，就不是我们所要实行的民族区域自治。没有国家的统一领导，没有国家的授权，民族自治地方的自治权就失去了合法性基础。

民族区域自治的实行，有力维护了国家统一和民族团结。在创建新中国的过程中，我们党提出并实行民族区域自治，赢得了各族人民的衷心拥护，结束了我国“人民五亿不团圆”的局面，加快了我国革命胜利、民族解放、建立新政权的进程。新中国成立后，民族区域自治的实行，让各族人民实现了真正当家作主的夙愿，体现了社会主义制度的优越性，增强了各族人民对社会主义的理想信念，激发了共同建设社会主义的积极性和主动性。改革开放后，民族区域自治对于巩固我国团结稳定的政治局面，切实抓住发展战略机遇期，发挥了重要作用。20 世纪 90 年代，世界形势发生重大变化，民族主义浪潮兴起。在此背景下，民族区域自治发挥了稳定器的作用，使我们党和国家有更大的话语权和更强的内聚力，经受住了各种严峻考验。近年来，敌对势力加紧对我渗透，民族分裂主义、宗教极端主义、暴力恐怖主义相互勾连、活动加剧，制造了一系列恶性事件。对此，民族区域自治有很强的反制力，成为反击敌对势力分裂破坏、维护民族团结的制度利器。可以说，民族区域自治的政治功能在不同时期的表现形式有所不同，但维护国家统一、民族团结始终是鲜明主线。

坚持和完善民族区域自治，必须坚持正确政治方向。习近平同志指出，实现中国梦必须凝聚中国力量。这就是中国各族人民大团结的力量。当前，坚持和完善民族区域自治，必须牢牢把握这个根本要求。一是在党的集中统一领导下，完善民族区域自治的具体制度安排，确保国家政令畅通，拓宽利益诉求表达的正规渠道，扩大各族群众有序政治参与，保证各族人民共同当家作主，不断增强对伟大祖国、对中华民族、对中华文化、对中国特色社会主义道路的认同。二是促进各民族交往交流交融，构建各民族相互嵌入式的社会结构和社区环境，促进各民族和睦相处、和衷共济、和谐发展。坚持依靠和团结各族群众，促进群众多层次、多方式、多形式走动互动，巩固各民族谁也离不开谁的关系，不断增强国家意识、公民意识和中华民族共同体意识。三是造就政治过硬、敢于担当、群众信任的少数民族干部队伍、民族地区各族干部队伍，做好少数民族代表人士和知识分子工作，为坚持和完善民族区域自治提供坚强组织保证。四是牢牢把握舆论主导权，及时纠正对民族区域自治的错误和片面认识，使各族干部群众心往一处想、劲往一处使，汇聚起维护国家统一、民族团结的正能量。

坚持和完善民族区域自治，必须加快民族地区发展步伐，促进各民族共同繁荣进步

促进区域协调发展，实现各民族共同繁荣进步，是实现中国梦的重要基础。实行民族区域自治，彰显了我们推动少数民族和民族地区加快发展的根本立场，是社会主义本质要求在民族工作上的具体体现。

实行民族区域自治，既是为了团结各民族，也是为了发展各民族。我们采取民族区域自治政策，是为了通过民族合作、民族互助，求得共同发展、共同繁荣。在设计和实行民族区域自治之初，我们就充分考虑了经济因素，比如在建立广西壮族自治区的过程中，就综合考虑广西东部和西部的人口分布、自然资源、经济发展水平等情况，认为合则双利、分则两害，最终作出整合建区的决策。实行民族区域自治是促进民族互助、地区合作的重大制度安排。实行民族区域自治，不仅有利于把党和国家总的方针政策与民族地区的实际相结合，因地制宜推进民族地区改革发展，而且为我们党和国家制定实施区域发展扶持政策提供了重要依据和载体。无论是发达地区的对口支援体制，还是国家的扶贫攻坚、西部大开发战略，都把民族自治地方作为重点，其目标都是加快民族地区经济社会发展，促进形成各地区共同发展、各民族共同繁荣的良好局面。

加快民族地区发展是民族区域自治的重要内容。邓小平同志指出，实行民族区域自治，不把经济搞好，那个自治就是空的。民族区域自治实行以来，特别是《民族区域自治法》实施 30 年来，民族地区经济综合实力得到极大提升。经济总量由 1984 年的 680.95 亿元增加到 2013 年的 64772 亿元，按可比价格计算增长了 17 倍，年均增长 10.7%；地方公共财政预算收入由 63.5 亿元增加到 8436 亿元，增长了 131.9 倍，年均增长 18.4%。这两项指标无论是增长倍数，还是增长速度，都高于全国平均水平。民族地区的基础设施条件有了很大改善。全社会固定资产投资由 184.49 亿元增加到 57077.8 亿元，增长了 308.4 倍。各族群众生活条件发生了翻天覆地的变化，生活水平有了质的飞跃。城镇居民人均可支配收入由 585 元增加到 22699 元，增长了 38 倍；农牧民人均纯收入由 299 元增加到 6579 元，增长了 21 倍。民族地区的教育、文化、医疗卫生等事业得到全面发展。尤其是实施西部大开发战略以来，民族地区进入跨越式发展、科学发展的轨道，进入发展速度最快、变化最大、各族群众得实惠最多的时期，发展速度自改革开放以来第一次超过了东部。这些巨大成就，集中体现了民族区域自治促进民族地区与全国协调发展的制度功能。现在，我们已经形成了各民族平等互助、各地区协调发展的良好格局，民族地区各族群众与全国人民一道，正在向全面建成小康社会的宏伟目标挺进。

发挥“三个积极性”，加快民族地区全面建成小康社会步伐。习近平同志强调，加快民族地区发展，核心是加快民族地区全面建成小康社会步伐。当前，坚持完善落实民族区域自治，就要牢牢把握这一关键任务，充分发挥中央、发达地区和民族地区“三个积极性”，因地制宜科学谋划民族地区发展，着力于打基础、破瓶颈，力争使民族地区尽快实现全面小康，不断缩小民族地区与发达地区以及民族地区之间的发展差距。一是把民族因素与区域因素结合起来，着重加大对贫困和边疆民族地区发展的支持力度，着眼于促进基本公共服务均等化，着力解决好就业、教育等民生难题，解决不通路、不通水、不通电等实际问题，切实让各族群众共享发展成果。二是优化对口支援体制，做好发达地区对口支援民族地区发展工作，调动央企、社会慈善组织等的积极性，开展全方位、多层次的支援，解决民族地区各族群众生产生活水平仍然较低的问题，使支援的过程成为促进各民族交往交流交融、地区合作发展的过程。支持民族地区融入全国和区域一体化发展，加快全国统一市场建设，加快基础设施互联互通，推进产业跨区域有序转移，实现资金流、人流、物流、信息流有序循环。三是民族地区要认真贯彻中央全面深化改革的总体部署，立足自力更生和发挥后发优势，充分发挥资源优势和沿边优势，优化资源配置，下决心破除发展体制机制障碍，抓住建设丝绸之路经济带和 21 世纪海上丝绸之路的新机遇，努力提高开放型经济水平，不断增强自身造血功能。

坚持和完善民族区域自治，必须贯彻建设法治中国的要求，推进民族事务治理法治化

推进民族事务治理法治化，是实施依法治国方略的重要内容，是实现中国梦的重要保障。贯彻好、落实好《民族区域自治法》，是建设法治中国的必然要求，也是推进民族事务治理体系和治理能力现代化的核心要义。我国《宪法》、《民族区域自治法》、《国务院实施〈民族区域自治法〉若干规定》等，都对民族区域自治相关法律关系进行了明确规范和调整。这些法律法规，贯穿着民族平等这一基本原则，确立了三个层面的法律关系：明确了每个地区、每个民族、每个公民都必须一体遵守我国法律，不能自外于我国法律约束或者有选择性地执法；明确了各民族之间、民族地区与其他地区之间既是平等的，又是互助的；明确了各民族自治地方的自治机关都必须确保中央权威和政令畅通，做到依法行使自治权和贯彻执行党的方针政策相统一，而上级国家机关则有支持各民族自治地方加快发展的法定职责。

习近平同志强调："努力建设法治中国，以更好发挥法治在国家治理和社会管理中的作用。"当前，贯彻执行民族区域自治，必须牢牢把握这一方向，坚持依法治国基本方略，推进民族事务治理法治化，把法治思维和法律手段运用到民族事务治理的各方面和全过程。

健全配套法规。要加强对《民族区域自治法》落实中重大问题的研究，按照"统筹规划，先易后难"的原则逐步加以解决，重点是建立健全与《民族区域自治法》相配套的具体规定。制定涉及民族因素的法律规定，要广泛征求各族群众意见，符合我国国情和民族地区实际，使法律真正起到维护平等、团结、互助、和谐的社会主义民族关系的作用。民族自治地方行政体制改革、少数民族权益保障、清真食品管理、散杂居地区民族事务治理等，需要通过法律进一步规范的，都要确立合适的法律形式。

坚持严格执法。从国家层面来说，要坚持依法治国，履行好国家机关法定权利义务，既在法律框架内保障自治机关依法行使自治权，又依法制定和落实加快民族自治地方发展的政策措施。从民族自治地方层面来说，要保证宪法和法律在本地方的遵守和执行，坚持依法治理地方事务，在贯彻国家统一政令前提下依法行使自治权。从民族事务层面来说，要坚持各族公民在法律面前人人平等，以法律为准绳，一断于法，绝不搞法外的从宽从严，法律规定什么权益就保障什么权益，是什么问题就按什么问题处理。对于极少数蓄意挑拨民族关系的违法犯罪分子，不论什么民族、信仰哪种宗教，都要坚决依法打击。

强化监督检查。要充分认识做好有关法律和民族政策执行情况监督检查的重要性，增强监督检查的权威性，扩大监督检查工作内容和对象的覆盖面，规范工作程序，建立各方面协调配合、自查督查相结合、重在平时抓在平常的长效机制，把法律的精神真正落到实处。促进各族干部群众知法、守法、用法、护法，提高干部应用法律手段的能力，引导群众走法律维权的路子，推动形成办事依法、遇事找法、化解矛盾靠法的良好法治环境。

只要我们在党的领导下，坚定不移走中国特色解决民族问题的正确道路，坚定不移坚持和完善民族区域自治制度，就一定能够开创各民族共同团结奋斗、共同繁荣发展的新局面，为实现中华民族伟大复兴的中国梦增添动力。

积极议政建言　促进两个健康

——全国工商联参与政治协商的辉煌历程

（2014 年 9 月 10 日）

王　钦　敏

工商联是中国共产党领导的以非公有制企业和非公有制经济人士为主体的人民团体和商会组织，具有统战性、经济性、民间性有机统一的基本特征，是统一战线的重要组织和人民政协的重要界别。全国工商联自成立以来，始终在中国共产党的领导下，认真履行参政议政职能，积极参加国家重大经济社会决策的政治协商，发挥民主监督作用，为我国经济社会发展、民主政治建设和人民政协事业发展作出了重要贡献。

一、全国工商联自诞生之日起，就与全国政协有着密不可分的联系

全国工商联筹备负责人是在政协会议期间由会议代表确定的。1951 年 10 月 23 日，周恩来总理在中国人民政治协商会议第一届全国委员会第三次会议上的政治报告中指出："私营工商业内部的经济改组已在开始。工商业联合会将逐渐成为全体工商界的，即包括各城市、各阶层和各行业的，并使中小工商业者享有平等权利的组织。"随后，经过全国政协常委会协商，推定由中央人民政府委员、全国政协副主席陈叔通，中央统战部部长李维汉，中财委委员、全国政协常委兼财经组组长章乃器 3 人共同负责推动全国工商联的筹备工作。他们邀请出席和列席全国政协一届三次会议的全国各地工商界代表先后两次举行座谈会，确定了筹备工作步骤与任务。10 月底，陈叔通、李维汉、章乃器在征询出席和列席全国政协会议的工商界代表意见的基础上，同有关部门协商，成立了由 18 人组成的全国工商联筹委会筹备处，开始筹备成立全国工商联。

全国工商联历届主席（主任委员）均担任全国政协副主席，与中共中央领导同志联系密切，共商国是。1953 年 10 月，全国工商联第一届会员代表大会召开，全国工商联正式成立，陈叔通当选主任委员。此后，全国工商联历届主席（主任委员）胡子昂、荣毅仁、经叔平、黄孟复等均担任过全国政协副主席。在各个历史时期，中共中央领导同志多次邀请全国工商联领导人参加座谈会、高层协商会、茶话会、情况通报会、征求意见会等，听取意见和建议。

二、全国工商联在全国政协相关会议上议政建言，参与政治协商

作为联系广大工商界人士的政协界别组织，全国工商联在全国政协各类会议上积极议政建言。陈叔通主席曾明确指出，"反映与建议，这是我们为工商业者多做工作，也是为协助政府贯彻政策与方针的一个任务"。在全国政协全体会议、常务委员会议、主席会议、常务委员专题座谈会和全国政协组织的专题协商会、双周协商会上，全国工商

联积极提交书面发言和口头发言，就工商界人士关心关注的热点难点问题提出意见建议，反映广大工商界人士的呼声和意愿。

作为政协界别的人民团体，全国工商联通过团体提案的方式建言献策。在每年召开的政协大会上提交高质量提案，向政府有关部门建言献策。20 世纪 90 年代末期，随着个体私营经济的长足发展，早期创业的私营企业主已经有了一定的财富积累，对私有财产保护的呼声越来越高。为此，1998 年至 2003 年，全国工商联向全国政协九届一次会议、九届五次会议、十届一次会议分别提交关于修改《宪法》完善保护私人财产法律制度建议的提案，提案得到有关方面重视。2003 年 12 月，中共中央向全国人大常委会提议修改《宪法》，将“公民的合法的财产不受侵犯”载入《宪法》。2004 年 3 月，十届全国人大二次会议通过了《宪法》修正案，明确“国家保护个体经济、私营经济等非公有制经济的合法权利和利益。国家鼓励、支持和引导非公有制经济的发展，并对非公有制经济依法实行监督和管理”，“公民的合法的私有财产不受侵犯”，“国家依照法律规定保护公民的私有财产和继承权”。近年来，随着非公有制经济的蓬勃发展和工商联组织的日益壮大，全国工商联提案工作能力不断提升，提交的提案数量也逐年上升。自 2005 年到 2014 年共提交提案 264 件，年均 26 件。在全国政协的大力推动下，这些提案受到有关政府部门的重视，发改委、住建部、税务总局、卫计委、能源局等单位专程走访全国工商联协商办理相关提案，提案办理质量也越来越高。

三、全国政协是全国工商联做好非公有制经济人士政治安排的重要渠道

安排担任全国政协委员，是党中央重视培养和使用工商界代表人士的具体体现和工作传统。在对资本主义工商业改造时期，工商界的积极分子被邀请参加政协组织。随着工商联工作对象由原工商业者，转变为私营企业、个体工商户、“三胞”投资企业和部分乡镇企业等非公有制经济人士，1991 年中央 15 号文件强调，工商联要通过开展非公有制经济代表人士工作，在他们中逐渐培养起一支坚决拥护党的领导的积极分子队伍。至 1993 年 3 月，全国有 21 名非公有制经济代表人士担任第八届全国政协委员。目前，第十二届全国政协委员中工商联界别的委员共有 64 名，其中非公有制代表人士 32 名。

安排担任全国政协委员，是非公有制经济人士有序参与政治生活和社会事务的需要，是我国社会主义民主政治的需要。目前，我国私营企业 1370 多万户，个体工商户 4600 多万户，工商联所联系的非公有制经济人士超过 7000 万人。作为中国特色社会主义事业建设者，他们是改革开放的实践者、经济建设的推动者、社会财富的创造者，已成为党执政的群众基础和社会基础。引导非公有制经济人士有序参与国家政治生活和社会事务，成为工商联的重要职责。做好非公有制经济代表人士的培养和推荐安排，安排一批人，影响一大片，有利于保证非公有制经济人士在内的社会新阶层群众广泛参与政治协商和民主监督。

四、深入调查研究积极参政议政是工商联参加政治协商和民主监督的拓展和延伸

开展调研参政议政是工商联工作的优良传统。在开展专题调研基础上为我国经济社会发展建言献策，是全国工商联重要的工作职责。20 世纪 80 年代，全国工商联《进一步加强设备管理工作的建议》、《关于扶持和振兴中药事业的建议》、《关于恢复和发展传

统食品的建议》、《关于改革茶叶管理、流通体制的建议》、《关于搞好我国制笔工业调整工作的意见》等报送中共中央和国务院后，得到领导重视，其中不少意见建议被政府部门采纳，推动了相关行业发展。90年代，中央15号文件明确要求工商联“在中国共产党领导下，同民主党派一起参政议政”，全国工商联积极开展专题调研，向中共中央、国务院报送了《关于大力发展第三产业中的若干问题的调查报告》、《关于进一步促进个体私营经济健康发展的建议》、《1993—1995中国私营企业主阶层研究》等有分量的报告。新世纪以来，全国工商联就鼓励和引导民间投资、行业商会协会发展状况、民营企业提高自主创新能力、民营企业劳动关系状况、中国小企业融资、中小企业发展环境和员工工资正常增长机制、民营企业进入垄断领域、民营企业生存状况、民营企业“走出去”等专题开展调研，调研报告受到中共中央重视，有的批转有关政府部门研究落实，有力促进了非公有制经济健康发展和非公有制经济人士健康成长。2010年底，全国工商联提出坚持工作重心下移，把着力点放在为中小企业特别是小型微型企业服务上，并自2011年起，每年举全系统之力，分别由5位至6位会领导带队深入基层开展全国性的中小微企业调研，形成《我国中小企业状况调查报告》、《工商联服务引导小型微型企业保生存谋发展调研报告》、《我国非公有制经济人士思想状况调查报告》、《中小微企业技术创新调研报告》，得到中共中央和国务院多位领导同志的重要批示，推动了国家有关政策的出台。

开展第三方政策评估成为全国工商联民主监督的又一重要渠道。2013年以来，受国务院和有关政府部门委托，全国工商联对“民间投资36条”42项实施细则贯彻落实情况，对《国务院关于进一步支持小型微型企业健康发展的意见》（简称“小微型企业29条”）贯彻落实情况，对落实企业投资自主权、向非国有资本推出一批投资项目的政策措施落实情况，对《国务院办公厅关于强化企业技术创新主体地位　全面提升企业创新能力的意见》贯彻落实情况进行第三方评估。开展的一系列第三方政策评估，得到国务院领导同志的充分肯定和有关部门的高度重视，已经成为新形势下全国工商联履行参政议政、民主监督职能的重要渠道。

回首60多年来全国工商联参加政治协商、发挥民主监督作用、积极参政议政的历程，是与全国政协一道为革命、建设和改革开放事业贡献力量的恢宏历程。展望未来，全国工商联将在中共中央的领导下，继续发扬优良传统，积极参加人民政协工作，为促进我国非公有制经济健康发展和非公有制经济人士健康成长、为全面深化改革建言献策，为实现“两个一百年”奋斗目标和中华民族伟大复兴的中国梦作出新的更大贡献。

在第八届中国—拉美企业家高峰会开幕式上的演讲

（2014 年 9 月 12 日）

刘　晓　峰

又是一年金风送爽的时节，很高兴与各位来自拉美和加勒比国家的新老朋友们相聚在中国的中部重镇长沙。首先，我代表中国政府对第八届中国—拉美企业家高峰会的召开表示衷心的祝贺，对远道而来的拉美和加勒比国家朋友们表示热烈的欢迎，对各主办单位的辛勤工作表示诚挚的感谢！

“相知无远近，万里尚为邻。”中国与拉美和加勒比地区虽然相距遥远，但双方人民之间的友好关系源远流长，有着天然的亲近感。早在几个世纪前，中拉贸易使者就开辟了“海上丝绸之路”，成为联系东西两个半球的重要贸易通道。1949 年中华人民共和国成立至今，在几代人的共同努力下，中拉关系一步一个脚印，走过了半个多世纪的光辉历程。

进入新世纪以来，面对复杂多变的国际形势，中拉双方坚持平等互利原则，牢牢把握共同发展主题，携手推动中拉关系呈现出全方位、多层次、宽领域发展的新局面。双方高层互访频繁，政治互信不断增强，在国际事务中密切协作，各领域务实合作持续扩大，给双方人民带来了实实在在的利益。尤其引人关注的是，近年来中拉经贸合作规模不断扩大，合作内涵不断深化。特别是 2008 年国际金融危机后，中拉发挥各自优势，同舟共济，共克时艰，双方关系实现跨越式发展。中国已成为拉美第二大贸易伙伴国和主要投资来源地，拉美则是全球对华出口增速最快的地区之一；中拉经贸投资合作已经呈现出稳定性和长期性。

女士们，先生们，朋友们！

当前，国际形势正经历深刻复杂的变化，全球经济仍然处于深度调整之中。中国与拉美和加勒比国家都是发展中世界和国际新兴力量的重要组成部分；均处在各自重要发展阶段，双方关系正处于历史最好时期，站到了新的起点上。中拉深化全面互利合作面临更好的机遇、具备更好的基础、拥有更好的条件，完全有理由实现更大的发展。我们应该加强协调、深化合作，携手应对挑战，推动中拉关系在快车道上持续深入发展。

从中国的角度讲，尽管众所周知我们过去 30 多年的改革开放取得了巨大成就，经济年均增长近 10%，综合国力大幅提升，国内生产总值跃居世界第二位，并成为全球第一大货物贸易国。但与此同时，中国发展不平衡、不协调、不可持续问题也日益突出。

2011 年，我们制定的“十二五”规划提出以科学发展观为主题、以加快转变经济发展方式为主线，国内生产总值年均增长 7%的目标。这意味着我们不一味追求经济增长速度，而是更加注重经济增长质量和效益。我们优化经济结构，着力扩大内需和促进消费，推动消费、出口、投资并驾齐驱，拉动经济发展。去年11月，中国共产党召开了十八届三中全会，对全面深化改革作出总体部署，吹响了新一轮全面改革的集合号。

去年以来，面对国际国内各种挑战，我们攻坚克难，敢破敢立，敢闯敢试；坚持稳中求进，统筹稳增长、调结构、促改革，创新宏观调控方式，实现了经济社会发展主要预期目标。今年上半年，中国国民经济开局平稳，总体良好，经济运行保持在合理区间。

纵观历史，世界各国的经济和社会发展在不同的历史时期，难免要经历这样或那样的困难。时至今日，国际金融危机的影响还没有过去，发达国家宏观政策调整又增加了发展环境的复杂性，部分新兴市场国家经济增速下滑、通胀上升，甚至出现资本外流、货币贬值现象，国际上唱衰新兴经济体的声音再起。

面对国际国内的新情况、新问题，中拉更要加强合作，一道维护新兴市场国家和发展中国家的共同利益。希望我们携起手来，深化合作，把经济的互补性转化为发展的互助力，不断扩大利益交汇点，实现互利共赢、共同发展。

女士们，先生们，朋友们！

中国政府坚持从战略高度看待中拉关系发展。习近平主席就任一年多来，两次访问拉美。今年7月，习近平主席对巴西、阿根廷、委内瑞拉、古巴进行了国事访问，并出席中国—拉美和加勒比国家领导人会晤。中拉双方宣布建立平等互利、共同发展的全面合作伙伴关系，正式成立中国—拉共体论坛，为中拉关系进一步发展注入新的动力。

中国有句谚语，“单丝难成线，独木不成林”。我们愿意努力使自身发展更好地惠及拉美各国；而拉美也正在积极致力于经济社会协调发展。拉美发展得越好，对世界就越好，对中国也越好。中拉关系的发展是开放的发展、包容的发展、合作的发展、共赢的发展。正如本届峰会的主题所言，希望中拉抓住双方转变经济发展方式带来的机遇，深挖合作潜力，深化利益融合，建立持久稳定经贸合作伙伴关系。

在此，我认为有以下几点值得中拉各国政府和工商界重视。

第一，充分发掘中拉贸易增长潜力。中拉双边贸易互补性强，基础好，潜力大，在进一步优化贸易结构、促进贸易平衡增长方面大有可为。一方面，作为世界第二大进口市场，中国今后5年将进口10万亿美元产品，这将为拉美国家扩大传统优势产品和高附加值产品的对华出口带来大量商机；另一方面，经过改革开放30多年的引进开发和完善，中国企业进入高速发展阶段，在诸多领域的技术产品已达到较高性价比，而这些产品也正是拉美市场所需。随着国际贸易格局和信息化时代的纵深发展，中拉企业在服务贸易、电子商务等领域扩大合作还有很大潜力，不容忽视。

第二，扩大相互投资，促进投资多元化，引导资金更多地流向生产性领域，推进中拉产业对接。我们高兴地看到，随着中国国内产业结构的升级和拉美各国社会经济的发展，中拉经贸合作中以市场为导向的投资意愿正在不断增强。一方面，中国政府下放对境外投资的审批权限，鼓励和支持更多中国企业赴拉美投资兴业；另一方面，我们也希望拉美各国继续改善投资环境，并与中方一同努力，用好总额350亿美元的中拉基础设施专项贷款、中拉合作基金和优惠性质贷款等融资机制，推动双方在能源资源、基础设施、农业、制造业、科技创新、信息技术等支柱产业领域的合作。

第三，从“南南合作”角度加强双方发展经验的分享。中国与拉美和加勒比国家同为新兴市场国家和地区，我们有着相近的历史遭遇，又面临相似的挑战和考验，在社会经济发展各领域既有丰富经验，也曾走过弯路，如今都正在努力以改革创新实现各自国家的转型升级。中拉充分利用包括中拉企业家高峰会在内的对话平台，加强在城镇化、农业、科技等各领域的交流，互相借鉴，既有利于促进各国经济社会共同实现可持续进步，也能继续推动中拉互利合作的深入发展。

女士们，先生们，朋友们！

中拉双方在构建多极世界、促进和平稳定、实现包容性增长和可持续发展方面发挥着重要作用。进一步推动中拉经贸投资合作在更高水平上沿快车道前进，尤其是继续促进中拉企业间不断创新合作模式，深化利益融合，可以夯实中拉平等互利、共同发展的全面合作伙伴关系的根基。中方高度重视中拉关系，愿同拉美国家一道继续努力，推动中拉全面合作伙伴关系不断深入发展。这不仅符合中拉双方利益，也有利于促进地区和世界的和平、稳定与发展。

中拉虽然远隔重洋，但我们的心是相通的。联结我们的不仅是深厚的传统友谊、密切的利益纽带，还有我们对美好梦想的共同追求。在这追梦的过程中，包括在座各位在内的中拉企业家是重要的生力军、贡献者。希望中拉各国工商界抓住机遇，顺势而上，继续推动中拉务实合作全面发展。

在中国宗教界和平委员会第四届第一次会议上的讲话

（2014 年 9 月 16 日）

帕巴拉·格列朗杰

今天，中国宗教界和平委员会四届一次会议隆重召开。俞正声主席将亲切接见全体与会委员，并作重要讲话。杜青林等领导同志出席会议。张庆黎同志将代表全国政协对“中宗和”工作提出要求。这体现了党中央和全国政协对“中宗和”工作的高度重视和亲切关怀。我们要认真学习贯彻俞正声等领导同志的讲话精神，围绕中心、服务大局，努力工作，推动“中宗和”工作迈上新台阶。

这次会议总结了“中宗和”过去五年的工作，通过了章程修正案，选举产生了新一届领导班子。会议以党的十八大和十八届三中全会为指导，深入学习贯彻习近平总书记系列重要讲话精神，进一步明确了“中宗和”工作方向，凝聚共识、汇聚力量，开得很成功。感谢大家选举我担任第四届委员会主席。我因有重要公务活动无法出席会议深感遗憾。

“中宗和”已经走过 20 年不平凡的发展历程。20 年来，在全国政协的领导下，在各有关部门和各宗教团体的支持下，“中宗和”高举和平的旗帜，秉承“友好、和平、发展、合作”宗旨，在宗教领域起到了“让中国走向世界，让世界了解中国”的重要作用。“中宗和”三届一次会议以来，坚持贯彻落实党的宗教工作基本方针，积极促进民族团结、宗教和睦，维护社会稳定和祖国统一；积极开展对外友好交往，正面宣传、广交朋友，在国际宗教领域坚决维护国家的核心利益，坚决抵御境外势力利用宗教渗透，扩大了我国宗教界在国际宗教领域的影响力，进一步开创了工作新局面。

抚今追昔，我们深切缅怀“中宗和”的发起人赵朴初主席和丁光训主席。他们爱国爱教的崇高精神，慈悲博爱的高尚品德，在国际交往中维护国家核心利益的坚定立场和广交朋友的真诚与智慧，值得我们认真学习、继承和发扬。

今年是我国全面深化改革的第一年，是完成国家“十二五”规划的关键一年。“中宗和”由各宗教代表性人士组成，在我国宗教界和广大信教群众中具有重要影响。我们要坚定不移地走与社会主义社会相适应的道路，发扬爱国爱教、崇尚道德、利益众生的优良传统，加强自身建设，努力对五大宗教教义作出符合时代发展和社会进步要求的阐释，正确引导宗教界人士和信教群众形成广泛共识，在促进经济社会发展中发挥积极作用。“中宗和”是全国政协对外交往的重要平台。我们要在全国政协的领导下，更加自觉地服从和服务于党和国家外交工作大局，在国际宗教领域进一步维护好国家核心利益，坚决抵御境外势力利用宗教渗透，努力为我国和平发展营造良好国际环境作出新贡献。

我们即将迎来全国政协成立65周年，新中国成立65周年。今天的中国已经发生翻天覆地的变化，取得举世瞩目的成就。我国宗教工作正处于历史上最好的时期。我们今天的大好形势来之不易，需要我们倍加珍惜和维护。我们要紧密地团结在以习近平同志为总书记的党中央周围，坚定中国特色社会主义道路自信、理论自信、制度自信，以更加奋发有为的精神，努力为实现中华民族伟大复兴的中国梦作出新的更大的贡献！

发挥侨海特色　共筑中国梦想

（2014年9月17日）

万　钢

今年是新中国成立65周年，是中国共产党领导的多党合作和政治协商制度确立65周年，也是人民政协成立65周年。65年来，在中国共产党的领导下，各民主党派不断加强自身建设，积极履行参政党职能，为推动我国社会主义经济建设、政治建设、文化建设、社会建设和生态文明建设，作出了积极的贡献。

在人民政协的发展历史上，致公党从新政治协商会议筹备会第一次全体会议开始，就积极参与并认真履行职能。1949年9月21日至30日，中国人民政治协商会议第一次全体会议在北平中南海怀仁堂隆重开幕，致公党选派陈其尤、陈演生、黄鼎臣、官文森、雷荣珂、严希纯参加会议。9月24日，陈其尤代表致公党在全体会议上发言。在这次会议上，致公党以党派名义递交了一件关于维护海外华侨权益的提案，开创了致公党团体提案的先河。

新中国成立后，致公党积极参加了国家政权建设和国家事务的管理，广大致公党党员也积极投身新中国建设，作出了突出贡献。1989 年，致公党为《中共中央关于坚持和完善中国共产党领导的多党合作和政治协商制度的意见》的制定积极建言献策。2005 年和 2006 年，中共中央相继出台两个 5 号文件，多党合作和人民政协事业迎来了新的发展时期，致公党各级组织和广大党员积极开展学习活动。这都充分表明致公党为巩固和发展中国特色社会主义政治发展道路作出了应有的贡献。

改革开放以来，人民政协紧紧围绕团结和民主两大主题，最广泛地团结和动员各方面人士，为推进改革开放和社会主义现代化建设，为维护安定团结的政治局面，为促进祖国和平统一大业，作出了重要贡献。经过社会主义革命和建设岁月的砥砺，特别是改革开放的洗礼，人民政协事业有了长足的发展。人民政协的制度化、规范化、程序化，让这个平台更加坚实而广阔。

65 年来，致公党始终坚持发挥“侨”、“海”特色和优势，以人民政协为舞台，认真参与专题协商、对口协商、界别协商、提案办理协商等，积极发挥中国特色社会主义参政党的作用，为共筑中国梦添砖加瓦。

——积极参与政治协商。充分运用人民政协的各种协商方式，对国家和地方的大政方针以及经济、政治、文化和社会生活中的重要问题，对民主党派参加人民政协工作的共同性事务、政协内部的重要事务以及有关爱国统一战线的其他重要问题，进行协商讨论，提出意见建议。致公党有近 3800 名党员在各级政协组织中担任政协委员，这些党员以高度的政治责任感、使命感和饱满的政治热情，通过人民政协民主协商的相应形式，对国家改革和建设中的重大问题及人民群众普遍关心的问题，提出了很多建设性的意见和建议，被政府有关部门所重视和采纳。

——深入开展参政议政。开展调查研究，反映社情民意，通过调研报告、提案、建议案或其他形式向中国共产党和国家机关提出了大量的意见和建议。近几年来，致公党紧紧围绕国家的中心工作，选择我国经济社会发展中具有综合性、全局性、前瞻性的重要课题，围绕建设创新型国家、促进循环经济发展、推动农业与农村发展、大力发展碳汇林业、推动海峡西岸经济区建设、吸引海外留学人员回国创新创业、弘扬中华优秀传统文化、促进健康产业和医疗卫生发展等问题深入调查研究，以提案、发言等形式在全国政协全体会议和常委会议上，积极建言献策。

——积极开展海外联谊。作为具有“侨”、“海”特色的参政党，我们积极协同人民政协，努力加强同港澳台同胞和海外侨胞的团结联谊。致公党坚持依托政协广泛联系的平台，以亲情、乡情、友情为纽带，以血缘、地缘、学缘、业缘为基础，采取多种形式开展与海外侨胞的联络工作。同时，通过举办“海峡两岸中华武术论坛”、“海峡科技论坛”等活动，直接推动与岛内各界人士的交流；加强同港澳政团、社团及代表人士的联系，支持爱国爱港、爱国爱澳力量的发展壮大；积极开展与港澳地区的文化交流活动，努力推动中华文化在港澳地区的传播。

回望 65 年光辉历程，我们深刻体会到，人民政协是各民主党派参与协商议政的重要平台，通过政协这一渠道和形式，有助于广开言路，求同存异，增进共识，凝心聚力。同时，我们也深刻地体会到，中国共产党领导的多党合作和政治协商制度是中国社会历史发展的必然选择，这一制度具有巨大的优越性和强大的生命力。

致公党作为我国多党合作政治格局中的一个参政党，作为人民政协的组成单位，将和兄弟民主党派一道，进一步坚定走中国特色社会主义道路的自觉自信，不断以新的履职成果延续和丰富人民政协的独特优势，向社会、向世界更好地展示我国多党合作制度的优越性。在新的历史条件下，我们要与时俱进，更好地发挥人民政协的独特优势。

一、始终坚持中国共产党的领导，进一步发挥人民政协的独特优势。我国的多党合作和政治协商制度是具有中国特色的政党制度。多党合作中的党际关系既强调了共产党的领导，又充分肯定了各民主党派参政议政、民主监督的作用。“共产党领导、多党派合作，共产党执政、多党派参政”是我国政党关系与政党制度的突出特点与独特优势。当前，要进一步坚持走中国特色社会主义道路，坚决抵制西方不良政治思潮对我国的影响，进一步坚持和完善中国共产党领导的多党合作和政治协商制度。按照习近平总书记系列重要讲话精神，用发展的眼光和思路，来面对我国多党合作和人民政协制度在发展中遇到的挑战和机遇，努力将我国的多党合作和人民政协事业推向新的高度。

二、以实现中国梦统领自身建设，努力建设符合新时期要求的参政党。我们各民主党派作为致力于中国特色社会主义事业的参政党，在新的历史条件下，需要进一步加强自身建设，切实提高参政党履行职能和发挥作用能力的历史性课题。当前，面对实现中国梦的内在要求，面对党派队伍结构和成员的变化，更加需要我们厘清自身发展的思路，科学地回答我们在加强自身建设中遇到的现实问题。例如，如何建设好一个素质更高、能力更强的参政党？如何继承好传统，保持好特色？等等。这些问题需要我们在实践和理论中，以中国共产党领导的多党合作和政治协商制度为准绳，不断加以研究和探索。

三、不断提高服务科学发展的能力，积极服务科学发展。今年是新中国成立65周年，65年来，尤其是改革开放以来，我国经济社会发展取得了举世瞩目的伟大成就。站在新的历史起点上，服务科学发展理应继续成为我们各民主党派参政议政的首要任务。去年以来，我国经济受到国内外复杂因素的影响，改革发展遇到一定的挑战。保持经济持续健康发展、维护社会和谐稳定，仍是当前的首要任务，也应该是我们参政党围绕中心、服务大局的首要任务。我们参政党，必须认真学习贯彻中共中央、国务院的有关决策部署，把保持经济持续健康发展作为履行我们自身职能的首要任务，广泛凝聚各方面的智慧和力量，深入调查研究，多建推动科学发展之言，多谋推动科学发展之策，多尽推动科学发展之力。

中共十八大明确提出健全社会主义协商民主制度，对民主党派履行参政党使命提出了更高要求。致公党将继续发扬优良传统，充分发挥“侨”、“海”特色和优势，紧紧围绕国家改革发展的中心任务，多建睿智之言，多献务实之策，为完善和发展中国特色社会主义制度、推进国家治理体系和治理能力现代化，为全面建成小康社会、实现中华民族伟大复兴的中国梦作出新的贡献。

风雨同舟 携手同行

(2014年9月18日)

韩 启 德

今年是人民政协65华诞。65年来，作为人民政协的参加单位，九三学社和兄弟党派一道，在中国共产党的领导下，共同见证、参与和书写了人民政协事业的光辉历程和进步发展。在这样一个特殊节点上，回顾九三学社同人民政协一起走过的奋斗历程，思考如何进一步发挥九三学社在人民政协中的作用，对于九三学社更好地坚持和发展中国特色社会主义，具有十分重要的意义。

一

1948年4月30日，中共中央发布“五一”口号，立即得到各民主党派、各人民团体和各族各界爱国人士热烈响应。1949年1月，九三学社在《新民报》上发表宣言，公开表示接受共产党的领导，拥护召开新政治协商会议，认为“惟有循此途径，始可导中国于民主、自由、富强、康乐之境，愿共同努力，以求实现”。

1949年6月，新政协筹备会成立。九三学社主要创始人许德珩参加会议并担任《共同纲领》起草小组副组长，自始至终参与了这一历史性文件的草拟工作。经过三个月的筹备，1949年9月，中国人民政治协商会议第一届全体会议隆重召开。在毛泽东、周恩来同志的直接关怀下，九三学社作为新政协45个组成单位之一，参与了这次盛会。九三学社首席代表许德珩在大会上的发言由衷地表达了九三学社全体社员的心声。他说：“这些各类不同的人物，来自各种不同的地区，处着各种不同的环境，可是他们都抱着扬弃旧中国、建立新中国的同一心情，很自由地，民主地，融融合合地，空前未有地团聚起来，也是空前未有地团结起来，团结在中国共产党周围，我们相信，有了这样巨大的空前未见的团结力量，就一定能够将革命进行到底。我们也更相信是很能依照共同纲领，把新中国的基础建起来。”

这次会议，既宣告了新中国的成立，也标志着中国共产党领导的多党合作和政治协商制度的正式确立。从此，人民政协在我国政治体制和政治生活中发挥着不可替代的作用。对九三学社而言，参加新政协则意味着其与共产党团结合作，积极参加反对国民党独裁统治的民主运动，为争取解放战争胜利作出的积极贡献被人民所肯定，意味着其作为一个民主党派的革命历史被社会所公认，这就为九三学社今后的长期生存和健康发展提供了可靠的政治保障，九三学社的发展也从此进入了一个全新的历史阶段。

二

新中国成立后，九三学社以中国人民政治协商会议《共同纲领》和政协章程总纲作为自己的政治纲领，积极参与国家政治生活中重大问题的协商，组织成员参加民主改革和社会主义改造运动，为国家建设事业作出重要贡献，并逐步走上为社会主义服务的道路。

新中国成立初期，有些社员认为九三学社已经完成了民主革命中的历史使命，提议解散。第一届全国政协主席毛泽东得知后，立即表示了不同意解散的想法，并委托李维汉到九三学社，表示："中国的政党很多，本来不只是现在参加政协的，还有一些反革命的政党，已由历史注定而由政协宣布了他们的死亡。参加政协的，则是革命的政党，政协就是要他们继续发展。"许德珩听后十分感动，表示一定要继续做好九三学社的工作。

1950 年 3 月，包括九三学社在内的各民主党派、无党派民主人士联合发起建立了一个时事政治座谈会，即"双周座谈会"。1950 年 4 月至 1966 年 7 月，全国政协一共举办 114 次"双周座谈会"，为统一战线内部沟通思想、交流意见，促进各党派团结合作发挥了重要作用。许德珩、梁希等九三学社老一辈领导人经常代表九三学社参加这个座谈会，并就党和国家的方针政策、国内外时事发表意见和建议。

全国政协每次召开会议后，九三学社都会传达学习政协会议有关精神，并就贯彻落实作出具体安排部署。如在全国政协一届二次会议上，毛泽东号召各阶层人士支持土地改革，过好土改关。会后，九三学社很快发布了拥护、支持土改运动的指示和决议，号召和动员社员积极支持和参加土改运动。

九三学社聚集了一批有重要影响的杰出的科学家，他们都积极地参加全国政协组织的各种活动。1960 年初，根据周恩来的要求，全国政协开展了多场学术性的报告和讨论。其中，九三学社社员茅以升主讲了"科学与技术——概念、分类、任务、水平、规划"；金善宝主讲了实现农业技术改革，提高农业生产问题，很好地发挥了人才库、智囊团作用。

中共十一届三中全会后，人民政协进入了一个新的历史发展阶段，九三学社各项工作也随之出现了新的局面。随着《中共中央关于坚持和完善中国共产党领导的多党合作和政治协商制度的意见》、《关于进一步加强中国共产党领导的多党合作和政治协商制度建设的意见》、《中共中央关于加强人民政协工作的意见》发表，人民政协事业发展的理论基础、政策依据、制度保障进一步明晰。九三学社充分利用人民政协这个舞台，积极履行参政议政、民主监督职能，在国家政治生活和社会生活中发挥着越来越大的作用。

九三学社十分重视利用全国政协渠道开展视察和检查工作。1988 年 9 月，时已 86 岁的全国政协副主席、九三学社中央主席周培源接受全国政协的委托，率领 182 位政协委员奔赴湖北和四川视察拟建的三峡工程。视察团回京后，周培源专门给中共中央写了报告，据实提出了建议。

进入新世纪，九三学社中央通过人民政协渠道，分别就生态保护、社会保障与就业、科技、教育和医疗卫生体制改革、民主法治建设等提出建议，受到中共中央、国务院的高度重视，产生了较大社会效应。如提出《关于加大"三江源"地区生态保护和建设力度的建议》，国务院制定并启动了有关规划，项目总投资75亿元人民币；提出《将中国特色低碳发展道路确定为经济社会发展重大战略的建议》，不少意见被中共中央采纳，相关提案被全国政协十一届三次会议列为大会一号提案，引起社会广泛关注。

截至2013年底，九三学社担任各级政协委员的共有10359人，其中全国政协委员、常委、副主席103人，省级政协委员、常委、副主席1080人，市地级政协委员、常委、副主席5023人，县市区级政协委员、常委、副主席4153人。他们代表全社13万多名社员在各级政协会议上参政议政、建言献策。据统计，2008年至2013年，九三学社在全国政协大会上共提交大会发言70篇、社中央提案193件、政协九三学社界别提案136件、政协常委会发言20篇，引起很大社会反响；向全国政协报送2600多篇社情民意信息，近430篇被全国政协采用，多篇信息得到中共中央和国家领导人批示，对有关工作起到了促进作用。

三

65年，在漫漫历史长河中不过是沧海一粟，但对所有政协人和九三人来说，却是一段合作、变迁、奋进的重要历程，写满了政协人和九三人风雨同舟、互助共进、砥砺前行的辉煌印记。在新的历史条件下，进一步发挥九三学社在人民政协中的作用，推动人民政协事业实现新发展、开创新局面，推进国家治理体系和治理能力现代化，对九三学社来说，最重要的是做到以下几点。

一是要坚定制度自信，特别是对中国共产党领导的多党合作和政治协商制度的自信，不断夯实多党合作的共同思想政治基础。人民政协作为中国共产党领导的多党合作和政治协商制度的重要政治形式和组织形式，作为发扬社会主义民主的重要形式，是我国政治体制的一个鲜明特点和优点。坚定制度自信，对于九三学社来说，最根本的就是增强对中国共产党领导的多党合作和政治协商制度的自信，增强对人民政协的自信，始终坚持走中国特色社会主义政治发展道路。我们要增强历史的责任感和使命感，为中国特色社会主义努力奋斗。

二是要大力弘扬九三学社优良传统，团结和凝聚广大成员积极参与人民政协各项活动和工作。团结和民主是人民政协的两大主题，是人民政协性质的集中体现。要将团结和民主体现到履行参政党职能和加强参政党建设的各方面，大力弘扬爱国民主科学的优良传统，认真参加政协开展的政治协商、参政议政和民主监督；努力了解和掌握广大成员及所联系群众的合理要求和意见，通过人民政协渠道讲真话、道实情，维护广大成员及所联系群众的切身利益，团结广大成员及所联系群众共同致力于实现“两个一百年”的宏伟目标和中华民族的伟大复兴。

三是要利用好人民政协在协商民主中的重要渠道作用，为推进全面深化改革，实现国家治理体系和治理能力现代化贡献智慧和力量。人民政协是社会主义协商民主的重要渠道和基本形式，是实现国家治理体系和治理能力现代化的重要内容。在坚持已有的行之有效的做法和经验的基础上，积极参与、有力促进人民政协协商民主制度创新，完善和丰富协商的方式、内容、范围、程序，健全协商工作机制，增强协商意见的实效性和可操作性，在推动社会主义民主政治建设上发挥积极作用。

四是要切实加强自身建设，着力提升参政能力。九三学社要发挥在人民政协的作用，从根本上仍然取决于自身的素质和本领，取决于自身的参政能力。要以思想建设为核心、组织建设为基础、制度建设为保障，增强政党意识和大局意识，加强领导干部队伍“四种能力”建设，整合力量、完善机制，充分调动成员的积极性、主动性、创造性，不断提高为中国特色社会主义服务的本领和水平。

共创多党合作事业的美好未来

（2014 年 9 月 19 日）

林 文 漪

人民政协成立 65 年以来，走过了波澜壮阔的辉煌历程，取得了巨大的成就，为新中国政府的成立，为推动中国革命、建设和改革事业作出了重要贡献，日益成为民主党派、人民团体参与政治协商，发挥参政议政和民主监督作用的广阔舞台。

经历了风雨的洗涤，秉承了光荣的传统，我国多党合作伟大事业带着辉煌的成就步入了第 65 个年头。

我们永远铭记，1949 年 9 月 21 日，中国人民政治协商会议第一次全体会议在北京隆重开幕，会议通过了《中国人民政治协商会议共同纲领》，选举产生了第一届政协全国委员会。由此，凝聚各界智慧、符合中国国情和特点的多党合作道路正式开启，中华民族开启了新的历史纪元。

我们永远铭记，新中国成立后，中国共产党和各民主党派、无党派人士同心奋斗，精诚合作，为恢复国民经济，进行社会主义改造奉献才智与力量。1956 年社会主义改造完成后，中国共产党提出了“长期共存、互相监督”的八字方针。由此，社会主义条件下中国多党合作的基本格局正式确立。

我们永远铭记，进入社会主义现代化建设新时期，中国共产党与各民主党派、无党派人士的合作不断深化，多党合作事业在理论上日趋成熟、政策上逐步完善、制度上更加规范。时至今日，这一制度已经成为世界政党制度体系中独具特色的重要组成部分，日益显示出其历史必然性、伟大独创性和巨大优越性。

艰难困苦，玉汝于成。

作为台湾同胞组成的爱国政党，代表着台湾同胞的呼声和诉求，台湾民主自治同盟积极响应中国共产党提出的“迅速召开政治协商会议，讨论并实现召集人民代表大会，成立民主联合政府”的“五一”口号。1949 年 9 月，台盟推举代表出席中国人民政治协商会议第一届全体会议，参与制定《中国人民政治协商会议共同纲领》，参加选举中央人民政府，为新中国的成立作出了贡献，让广大盟员的爱国之情、强国之志和报国之行得以永载新中国和新政协的创建史册。

新中国成立初期，台盟将接受中国共产党的领导郑重写入盟章，以《共同纲领》作为自己的政治纲领，为巩固人民民主政权、恢复国民经济和推动祖国统一大业做了大量的工作。即使是在社会主义革命最艰难的时刻，台盟盟员坚持中国共产党的领导、走社会主义道路的决心和信念始终没有动摇，与中国共产党风雨同舟、患难与共，共同致力于社会主义事业的合作关系始终没有改变。

近年来，面对新的形势和任务，台盟坚持以经济建设为中心，以服务于改革发展稳定大局和祖国统一大业为己任，以建设适应时代要求的参政党为目标，团结一致，奋发有为，在履行参政党职能、推动两岸关系和平发展和加强自身建设等方面均取得了显著的成绩，整体面貌发生了重大而深刻的历史性变化。

我们把为国家经济社会建设和两岸关系和平发展中的重大问题建言作为参政议政的关键点。围绕新型城镇化建设的战略部署，台盟开展了系列调查研究，向中共中央报送了多份专题报告，内容涉及新型城镇化的顶层设计和总体规划、城镇化的水资源制约与水环境治理等，得到中央领导同志的高度重视，并批示有关部门结合城镇化规划编制工作研究采纳。配合支持海峡西岸地区发展战略，台盟通过人民政协等平台积极建言，助推海峡西岸经济区建设上升为国家战略，并与相关部门和地方政府共同举办论坛、研讨会等主题活动，有效推动了两岸民间交流的蓬勃开展。

我们把增进亲情、乡情，切实维护台湾同胞的利益和福祉作为对台联络交流的着力点。跨越“北中南”、涵盖“红绿蓝”，台盟所联系的乡亲、友人正成为两岸关系和平发展理念的坚定支持者和积极推动者。台南医师公会、台中原住民发展协会、台南中小企业协进会、台北的教育界和文化界人士、台南的大中学生群体、在大陆的台生等岛内各阶层精英人士和代表，与台盟长期保持着亲情互动和密切交流。台盟参与和支持的台湾农民创业园为岛内的台农、台企在大陆投资创业搭建了一个很好的平台，是近年来中央出台的惠及台湾同胞的重要政策措施之一。2010 年，台盟中央与农业部签订了《关于共同推进台湾农民创业园发展的备忘录》。随后，连续开展活动，如与海南省人民政府举办“海峡两岸观光休闲农业”论坛及研讨会，与重庆市人民政府举办“西部国际农产品交易会”等，为推动两岸农业合作双赢发挥了积极作用。

我们把积极探索适合欠发达地区长远发展的方法和思路作为社会服务的落脚点。社会服务工作经历了由点到面、实物捐助与智力支持等多种形式并举的发展阶段。我们本着“多办事，办好事，办实事”的原则，量力而行，尽力而为，集中全盟资源和力量，发挥联系台胞广泛的优势，认真协助帮扶地区改善民生、促进发展。我们根据自身的特点和资源优势，准确做好社会服务工作定位。以智力支边为重点，以改善民生为目标，在实践中逐步确立了以教育、医疗和科技为主要内容的帮扶工作思路。近年来，在对口帮扶的赫章县，台盟中央和台盟各级组织共同捐资设立了“两岸同心”助学金，专项资助贫困师生解决生活困难。在教育培训、公益义诊和农技讲座三个方面形成了常态化的帮扶项目，为当地群众脱贫致富贡献了应有的力量。据不完全统计，台盟各级组织近五年来广泛动员盟员和所联系的爱心人士，向对口支援的赫章县捐款捐物累计达 1100 万元。台盟以海雀村为工作联系点，自 2006 年起，积极为海雀村的经济建设、教育进步和生产发展出力献策。经过多年的努力，海雀村发生了翻天覆地的变化。海雀村村民都说：“我们在北京有一个亲戚叫台盟。”

我们把坚持走中国特色社会主义政治发展道路作为自身建设的切入点。2013 年底以来，按照统一战线开展坚持和发展中国特色社会主义学习实践活动的统一部署，台盟各级组织深入开展坚持和发展中国特色社会主义学习实践活动，统一思想认识，传承政治薪火，弘扬优良传统，进一步坚定广大盟员走中国特色社会主义道路的理想信念，不断巩固台盟与中国共产党团结合作的思想政治基础。为适应时代发展的要求，台盟稳步推进组织建设，陆续在条件成熟地区成立组织或调整组织结构，盟员队伍不断壮大；切实加强领导班子和后备干部队伍建设，全盟政治把握能力、参政议政能力、组织领导能力和合作共事能力进一步加强；着力完善制度建设，在参政议政、对台联络、宣传研究、机关运行以及内部监督工作中都逐步建立起一套适合自身特点的制度，使台盟的各项工作都有章可循、运转协调、规范有序、顺畅高效。

木茁思本，水浩怀源。

65 载光阴荏苒，65 载春华秋实。

与中国共产党亲密合作、共同致力于中国特色社会主义事业的征程中，台盟在共事中受益，在合作中成长。这条爱国、民主、进步的光辉道路，这份真诚、坦诚、互信的合作深情，都给予了我们深刻的启示：

——坚定不移地坚持中国共产党的领导，是台盟最基本也是最重要的历史经验。

——大力弘扬台湾人民爱国爱乡光荣传统，是台盟不断发展进步的精神支撑和力量源泉。

——积极致力于推动多党合作事业发展，是台盟发挥参政党作用的重要基石。

——切实加强自身建设，提高自身素质，是台盟不负参政党使命的关键所在。

总结历史，展望未来，归根结底到一点，就是必须坚定不移地走中国特色社会主义道路。这是台盟与新中国俱进而成长、与多党合作事业同行而进步的历史真谛。

今年 2 月，习近平总书记在会见中国国民党荣誉主席连战一行时强调，希望两岸双方秉持“两岸一家亲”的理念，顺势而为，齐心协力，推动两岸关系和平发展取得更多成果，造福两岸民众，共圆中华民族伟大复兴的中国梦。作为由台湾省人士组成的参政党，在今后的工作中，台盟将充分发挥自身特色和优势，紧紧围绕中国共产党和国家中心工作深入调查研究，积极建言献策，努力促进两岸交流交往，持续推进社会服务工作，进一步加强自身建设，切实履行参政议政、民主监督职能，为我国多党合作事业的长远发展不断增添新的光彩！

光荣属于历史，奋斗成就未来！台盟全体盟员及所联系的广大台湾同胞将更加紧密地团结在以习近平同志为总书记的中共中央周围，以邓小平理论、“三个代表”重要思想、科学发展观为指导，在中国共产党的领导下，同心奋斗，锐意进取，在多党合作事业中发挥更加积极的作用，为实现中华民族伟大复兴的中国梦作出新贡献！

在中国人民政协理论研究会第二届会员代表大会暨理事会会议上的讲话

（2014 年 9 月 21 日）

张 庆 黎

中国人民政协理论研究会第二届会员代表大会暨理事会会议，是在庆祝中国人民政治协商会议成立 65 周年之际召开的一次重要会议。全国政协对这次会议高度重视，中共中央政治局常委、全国政协主席俞正声同志和中共中央书记处书记、全国政协副主席杜青林同志多次提出明确要求，明天俞正声主席还要亲切接见大家、出席庆祝人民政协成立 65 周年理论研讨会并作重要讲话。会议听取了理论研究会第一届理事会工作报告，修改并通过了理论研究会章程，选举产生了新一届理事会及领导班子，圆满完成了各项任务。这次会议开得很成功。

今天上午，习近平总书记在庆祝中国人民政治协商会议成立 65 周年大会上发表重要讲话。讲话全面回顾了人民政协 65 年来与人民共和国共同发展进步的光辉历程，高度评价了人民政协为新中国的建立、促进社会主义革命和建设作出的重大贡献，科学总结了人民政协事业发展积累的宝贵经验，深刻阐述了人民政协在党和国家事业中的重要地位和作用，明确提出了新形势下开展人民政协工作的方针原则和工作要求，系统论述了我国社会主义协商民主的重大问题，为中国特色社会主义民主政治建设指明了方向，是指导人民政协事业和社会主义协商民主发展的纲领性文献，是做好人民政协工作的重要遵循，也是做好人民政协理论研究工作的根本指南，我们一定要认真学习领会、全面贯彻落实。

中国人民政协理论研究会成立 8 年来，始终高举中国特色社会主义伟大旗帜，认真贯彻中共中央关于政协工作的重要指示，依照章程认真履行职责，充分发挥人民政协理论研究主力军作用，推动建立了全国、省区市和中心城市三级理论研究网络，构建了全国政协与地方政协上下互动、政协系统和高校科研院所内外互补的研究格局，形成了一批重要理论研究成果，各方面工作取得显著成绩。这些成绩的取得，得益于党的路线方针政策的正确指引，得益于全国政协党组的有力领导，得益于各级政协组织、有关研究机构和广大理论工作者的积极参与和大力支持，得益于第一届理论研究会领导班子、全体理事和各位会员的共同努力和辛勤工作。在这里，我代表新一届理事会，向郑万通同志和第一届全体理事、会员，致以崇高的敬意！向长期以来关心支持理论研究会工作的各有关部门和各方面人士，表示衷心的感谢！

中共十八大以来，以习近平同志为总书记的党中央团结带领全党全国各族人民奋力推进党和国家事业，全面深化改革，社会主义经济建设、政治建设、文化建设、社会建设、生态文明建设和党的建设取得新的成就。中共十八大和十八届三中全会对发挥人民政协作为协商民主重要渠道作用、做好新形势下人民政协工作作出战略部署。十二届全国政协在俞正声主席的主持下，全面贯彻落实中共中央各项决策部署，紧紧围绕中心、服务大局，坚持在继承中发展、在发展中创新，重视加强理论研究和实践探索，各项工作取得重要进展。这些都对理论研究会工作提出新的更高要求。

衷心感谢各位理事的信任，选举我担任第二届理论研究会会长，我深感使命光荣、责任重大。我们要在全国政协党组的领导下，在第一届理事会奠定的良好工作基础上，积极适应新形势新任务，切实增强责任感使命感，进一步明确职能定位、完善工作布局、健全运行机制、改进方式方法，不断提升理论研究能力和水平，努力开创理论研究会工作新局面。

*第一，要始终坚持正确的政治方向。*坚持和发展中国特色社会主义是人民政协事业发展需要牢牢把握的政治方向，必须坚定道路自信、理论自信、制度自信，始终把中国特色社会主义作为巩固共同思想政治基础的主轴，把坚持和发展中国特色社会主义贯彻到人民政协理论研究工作全过程和各方面。我们一定要深刻认识和准确领会习近平总书记关于中国特色社会主义最本质的特征是中国共产党的领导这一重要论述，深入学习领会中国共产党的基本理论、基本路线、基本纲领、基本经验、基本要求，深入贯彻中共十八大和十八届二中、三中全会精神，深入学习贯彻习近平总书记系列重要讲话精神，特别是关于人民政协的重大战略思想和理论观点，深刻领会社会主义协商民主是中国社会主义民主政治的特有形式和独特优势，是中国共产党的群众路线在政治领域的重要体现等重要论述，自觉贯彻中共中央的决策部署，在政协理论研究工作中更好地坚持和体现党的领导。要坚持走中国特色社会主义政治发展道路，立足我国基本国情和人民政协实际研究问题，积极借鉴人类政治文明有益成果，但绝不照搬照抄西方政治理论框架和政治制度模式，自觉抵制三权分立、两院制、多党制的影响。要坚持辩证唯物主义和历史唯物主义的观点，深入把握人民政协发展历程、历史任务和工作规律，尊重历史而不割裂历史，立足国情而不脱离实际，增强定力而不偏离方向，在几代中国共产党人接力探索的基础上，与时俱进、开拓创新，切实把人民政协事业继承好、坚持好、发展好。

*第二，要切实贯彻理论联系实际的方针。*理论联系实际是马克思主义认识论的一个重要原则。开展人民政协理论研究必须始终立足实践、面向实践、服务实践，努力做到理论与实践相结合。要切实增强问题意识、坚持问题导向，围绕坚持和完善中国共产党领导的多党合作和政治协商制度、准确把握人民政协性质定位、充分发挥人民政协作为协商民主重要渠道作用、更好服务全面深化改革、保证团结和民主两大主题的落实、广泛凝聚实现中国梦的正能量、推进履职能力建设等关系人民政协事业发展的重大问题，从理论和实践的结合上作出深刻回答，努力把人民政协的历史和理论研究好、阐释好，推进对重大理论问题认识的深化和升华，以更好地推动工作。要认真总结各级政协在实践中积累的宝贵经验，特别是近些年围绕推进协商民主建设，在完善协商制度、创新协商形式、增加协商密度、规范协商程序等方面的有益探索，把经过实践检验、具有普遍意义的好经验、好做法进行提炼和概括，使之理论化、系统化、科学化，用以指导政协履职实践，并在实践中不断推进人民政协理论创新，实现理论的完善和发展。要组织广大理论工作者和实际工作部门的同志，加强调查研究，进一步改进调查研究工作机制和方法，注重深入基层、深入群众，全面掌握第一手材料，深入分析问题根源，切实提出

有针对性的对策建议，努力在人民政协事业发展实践中推进理论研究的不断深化。

第三，要努力营造良好的理论研究氛围。人民政协理论具有很强的政治性和政策性，良好的理论研究氛围是做好人民政协理论研究工作的前提条件。要努力营造宽松和谐研究讨论问题的环境，在遵守宪法、法律和政协章程的前提下，进行理性而不片面的思考，鼓励热烈而不对立的讨论，开展深入而不肤浅的交流，增强包容性，扩大共识面，努力在思想的交锋和观点的争鸣中探索真知、寻求真理。要处理好学术研究和宣传报道的关系，学术讨论鼓励百花齐放、百家争鸣，宣传报道必须把握导向、遵守纪律。要充分发挥报刊杂志、广播电视等传统媒体和互联网等新媒体作用，通过灵活多样的形式，加大对人民政协基本理论知识和重要履职活动的宣传，积极推动人民政协理论进教材、进课堂、进党校，通过深刻阐释中国共产党领导的多党合作和政治协商制度、人民政协作为协商民主重要渠道的优势作用等，使人民政协理论研究的过程同时成为向社会宣传的过程，努力扩大人民政协及其理论的社会认知度，为人民政协事业发展创造良好社会环境。

第四，要不断加强理论研究会的自身建设。新一届理事会要把制定研究规划、健全规章制度、完善运作机制、加强队伍和阵地建设等作为基础性工作来抓。要完善领导体制，落实理论研究会领导班子的配备，完善理论研究会理事和会员产生管理机制，明确会长、副会长、常务理事、理事工作职责，充实调整工作机构。要健全工作制度，建立完善理论研究会理事会会议制度和专题理论研讨、重点课题调查研究、学习培训、课题成果考核评选等一整套制度，使理论研究会工作更加规范有序。要创新工作机制，以重大课题研究为纽带，有效整合全国政协、地方政协、党派团体、高等院校、科研院所等各方面力量，建立完善学术交流、联系协作、成果运用等工作机制，促进理论研究多出好的成果。要加强研究队伍建设，积极培养政协系统的理论工作者，广泛吸收社会科学领域的专家学者，努力形成一支政治品质好、理论水平高、业务能力强的高素质研究队伍，培养一批有建树的领军人物，培养一批人民政协的理论家，为做好政协理论研究工作提供人才保障。要强化理论阵地建设，认真办好《中国政协·理论研究》会刊，切实做好理论研究会年度论文集的编辑出版工作，不断扩大覆盖面和影响力，使其成为人民政协理论工作者交流思想、展示成果的重要平台。

各位理事，同志们!

人民政协事业发展前景广阔，人民政协理论建设大有可为。让我们紧密团结在以习近平同志为总书记的中共中央周围，以邓小平理论、“三个代表”重要思想、科学发展观为指导，深入学习贯彻习近平总书记系列重要讲话精神，开动脑筋，锐意创新，扎实工作，不断开创人民政协理论研究新局面，为人民政协事业发展、为中国特色社会主义民主政治发展、为实现中华民族伟大复兴的中国梦作出新的更大的贡献!

在纪念陈嘉庚先生诞辰140周年座谈会上的致辞

（2014年10月21日）

李 海 峰

今天，我们在这里共同纪念陈嘉庚先生诞辰140周年。首先，我代表全国政协，对陈嘉庚先生表示深切的怀念，向嘉庚先生的亲属致以亲切的问候，向参加座谈会的海内外来宾表示热烈的欢迎！

陈嘉庚先生是著名的爱国华侨领袖、企业家、教育家、慈善家、社会活动家。他一生忠贞爱国，艰苦创业，倾资兴学，被毛泽东主席誉为“华侨旗帜、民族光辉”。值此嘉庚先生诞辰140周年之际，习近平总书记作出重要批示，称“他爱国兴学，投身救亡斗争，推动华侨团结，争取民族解放，是侨界的一代领袖和楷模。他艰苦创业、自强不息的精神，以国家为重、以民族为重的品格，关心祖国建设、倾心教育事业的诚心，永远值得学习”。嘉庚先生光辉的一生，有许多“第一”值得我们去追忆，“嘉庚精神”值得我们世代弘扬。

陈嘉庚先生是华侨史上第一个把东南亚各地华侨团结在一个统一的爱国团体之内的杰出领袖，为民族解放事业作出了特殊的贡献。1937年全国抗战爆发后，他在新加坡组织了“南洋华侨筹赈祖国难民总会”，募集巨款，动员3000多名华侨机工回国不遗余力支援祖国抗战，成为抗日民族统一战线的一面旗帜。抗日战争时期，他率领慰问团回国慰问抗日将士，历时10个多月，足迹遍布17个省。新中国成立后，他作为海外几千万华侨的代表回到祖国参政议政，千方百计为国家建设献计出力。

陈嘉庚先生是华侨史上第一个“赤手空拳走出去”的东南亚工商巨子，树立了华侨华人在海外诚实守信、艰苦创业的成功典范。他17岁离开故乡，远赴南洋经商，以一诺万金的诚信、永不言败的果敢和坚毅，从一个渔村少年成长为星马橡胶王国的四大开拓者之一，成长为星马橡胶业最大的输出者，经营领域涉及商业、工业、种植业、航运业、报业等。培养了成千上万的企业家和技术人才，造就了不少推动侨居地经济发展的领军人，也为祖国的民族工业培训了一大批人才。

陈嘉庚先生是华侨史上第一个“发了财而肯全部拿出来”的热心教育事业的楷模，在海内外树起了兴办教育的一代新风。从1894年在故乡集美创办“惕斋学塾”算起，陈嘉庚先生一生兴学历史长达67年之久，倾资创办和资助的学校达118所之多。不论是面对顺境、逆境，不论是身居国内、异邦，也不论时值盛年、晚景，他都始终如一，殚精竭虑，践行着“兴学乃国民天职”的诺言，直至弥留之际还嘱咐“集美学校一定要办下去”。

陈嘉庚先生的一生孕育了伟大的嘉庚精神。嘉庚精神的内涵集中体现在崇高的爱国主义精神，体现在重义轻利、公而忘私的奉献精神，诚实守信、疾恶好善的重德精神，刚健果毅、坚韧不拔的自强精神，艰苦朴素、勤勉节俭的清廉精神，与时俱进、革故鼎新的创新精神。而贯穿陈嘉庚先生一生的一条主线，就是崇高的爱国主义精神。陈嘉庚先生以祖国的利益为人生的最高利益，以祖国的需要为人生的最大需要，以祖国的富强为人生的最终目标。爱国主义是陈嘉庚先生一生恪守的信念，也是他一生行为的准则，更是嘉庚精神的核心。

实现“两个一百年”的奋斗目标和中华民族伟大复兴的中国梦，凝聚了包括嘉庚先生在内的几代中国人的夙愿，体现了中华民族和中国人民的整体利益，是每一位中华儿女的共同期盼。习近平总书记在参观《复兴之路》展览时，深情指出：我们比历史上任何时期都更接近中华民族伟大复兴的目标，比历史上任何时期都更有信心、更有能力实现这个目标。习近平总书记指出，“实现中华民族伟大复兴，是海内外中华儿女的共同心愿，也是陈嘉庚先生等前辈先人的毕生追求”。今天，我们在这里共同纪念陈嘉庚先生，就是要继承和弘扬他的爱国主义精神，坚定中国道路，弘扬中国精神，凝聚中国力量，齐心协力共同创造国家富强、民族振兴、人民幸福的美好未来；就是要培育和践行与嘉庚精神高度契合的社会主义核心价值观，弘扬伟大的民族精神和时代精神，不断增强自强不息的精神动力；就是要全面贯彻党和政府的侨务政策，进一步凝聚侨心、汇集侨智、珍惜侨力、维护侨益，进一步发挥好海外侨胞在促进国家改革开放和现代化建设中的重要作用；就是要把一切可以团结的力量广泛团结起来，把一切可以调动的积极因素充分调动起来，让海内外中华儿女携起手来，为促进祖国和平统一大业早日完成，为实现中华民族的伟大复兴而不懈奋斗！

认真学习贯彻四中全会精神　投身法治中国建设伟大实践

（2014年11月）

林　文　漪

刚刚胜利闭幕的中共十八届四中全会从建设中国特色社会主义法治体系、建设社会主义法治国家的高度，对全面推进法治建设作了研究部署。全会审议通过的《中共中央关于全面推进依法治国若干重大问题的决定》，立足于我国社会主义法制建设实际，明确了全面推进依法治国的指导思想、总体目标、基本原则，对科学立法、严格执法、公正司法、全民守法等各领域，都作出了科学的顶层制度设计，提出了一系列新观点新举措，是我国全面推进依法治国的纲领性文件，必将进一步加快法治中国建设的历史进程。台盟对中共中央的决策和部署完全赞成，将结合实际，认真学习、深入贯彻全会精神，努力把科学理论转化为履职尽责的工作理念和方法，为发展社会主义民主政治、开创中国特色社会主义法治建设新局面作出应有的贡献。

中国共产党对发挥民主党派在中国特色社会主义民主法治建设中的作用高度重视，通过进一步坚持和完善多党合作和政治协商制度，加强社会主义协商民主建设，为民主党派在推进社会主义政治文明建设中更加积极有为地履职尽责搭建了更加宽广的平台。近年来，台盟按照中共中央的战略部署，积极履行参政议政、民主监督职能，充分发挥自身特长和优势，通过各种渠道参与民主法制建设，助力推进依法治国，取得了初步的成果，在这个实践过程中，自身建设也得到了进一步加强。

一是积极履行参政党职责，认真参与国家法律、法规的制定工作，努力推动社会主义法制体系的进一步完善。围绕改善投资环境、保护台湾投资者的利益，台盟中央向全国政协会议提交了《关于给予大陆台商及临时来大陆的台胞"国民待遇"的提案》，受到相关部委高度重视，针对《台湾同胞投资保护法》实施后的具体操作问题，台盟又提出了制定"实施细则"的建议，直接推动了《台湾同胞投资保护法实施细则》的最终出台。围绕反腐倡廉工作，台盟中央在深入调研的基础上提交的《关于加强改革创新，推进反腐倡廉工作取得新成效的提案》提出了预防职务犯罪的六点建议，中纪委高度重视，相关建议已经落实到政策文件当中。在2014年的民主党派大调研工作中，台盟中央了解到国内还没有一部覆盖全面的城市管理法，不利于城市精细化管理的继续推进，为此提出了"加强顶层设计、启动城市管理立法程序"的建议，受到中共中央、国务院的高度重视。

二是围绕社会各界关注的热点难点问题深入基层，调查研究，通过参政议政的各种渠道沟通情况、反映问题，积极探索运用法律手段来化解矛盾、促进社会和谐稳定。仅在全国政协十二届二次会议上，台盟界别委员就提出了《关于加强儿童保护，从立法和制度层面建立相应干预系统的建议》、《关于新〈旅游法〉执行必须合理化、人性化的建议》、《关于完善互联网管理相关法规的建议》等多项契合社会热点和群众需求的提案。同时，委员们在工作中坚持探索用法治理念、法律渠道解决实际问题的方法，努力为推进依法治国贡献正能量。

三是积极协商议政，助力法治建设。针对司法体制改革的实际情况，台盟中央先后在中共中央、国务院召开的座谈会，以及全国政协常委会上提出《建议继续以中央确定的改革方法论为指导，着力加强法治中国建设各领域的协同与衔接》、《倾听基层呼声，推进司法改革》等政策建议；围绕巩固深化两岸关系和平发展，台盟中央相继提出了《进一步以法治化手段保护台胞权益、共圆法治中国梦》、《继续深化两岸司法合作、以司法之力维护两岸同胞的共同权益》等建议，为中央决策提供了有益参考。台盟界别政协委员针对法律法规的实施情况以及司法体制的改革完善，先后提交了《关于加强刑罚变更执行监督的建议》、《关于进一步强化互相制约，确保法律正确实施的建议》、《关于推进人民陪审员制度改革的建议》等提案，运用专业知识为依法治国献策出力。

四是积极参与民主监督和民主评议，促进司法公正。目前，台盟盟员中有14人担任监察部特邀监察员、最高人民法院特约监督员、最高人民检察院特约检察员、公安部特约监察员以及其他中央部委检查员、审计员、督导员，他们通过对相关部门执行法律法规的情况进行民主监督和民主评议，为推进政风行风建设、推动司法公正、保障公民合法权益发挥了积极的作用。

建设法治中国，是中国特色社会主义的内在要求，是实现中华民族伟大复兴中国梦的康庄大道。空谈误国，实干兴邦，作为与中国共产党通力合作的中国特色社会主义参政党，台盟将动员和组织全体盟员和所联系的台胞，进一步贯彻学习习近平总书记重要讲话精神和中共十八届四中全会精神，积极投入法治中国建设伟大实践。我们要围绕四中全会确定的全面推进依法治国总目标，把法治建设作为议政建言的重要内容，为推进国家治理体系和治理能力现代化努力凝心聚力；我们要围绕四中全会关于加强社会主义协商民主制度建设的重要论述，积极总结经验，开展研究探索，为进一步推动多党合作和政治协商制度化、规范化、程序化作出积极贡献；我们要围绕落实四中全会作出的依法保障“一国两制”实践和推进祖国统一的战略部署，着眼运用法治方式巩固和深化两岸关系和平发展、保护台湾同胞权益的光荣使命和任务，充分发挥自身优势，促进两岸同胞团结奋斗，为落实“两岸一家亲，共圆中国梦”重要理念而不懈努力。同时，我们还要认真学习和借鉴中国共产党从严治党、大力践行群众路线的经验，不断加强参政党自身建设，更好地适应中国特色社会主义事业不断发展前进的新形势。

在全国政协社会和法制委员会2014年工作座谈会上的讲话

（2014年11月5日）

陈　晓　光

中共十八届四中全会刚刚闭幕，全国政协就召开常委会，学习贯彻全会精神，围绕“全面推进依法治国”建言献策。会议期间，俞正声主席还就人民政协学习贯彻十八届四中全会精神作了重要讲话。今天，全国政协社法委和各地方政协社法委的负责同志，共同学习领会中共十八届四中全会精神，研究新形势下社法委履行职能、开展工作的新思路、新举措。会议开得很及时，相信一定会取得很好的效果。

中共十八届四中全会是在我国改革发展进入关键时期召开的一次重要会议。会议高度评价了长期以来特别是党的十一届三中全会以来我国社会主义法治建设取得的巨大成就，深入研究了全面推进依法治国若干重大问题，对全面推进依法治国作出了总体部署。会议审议通过的《中共中央关于全面推进依法治国若干重大问题的决定》，明确提出了全面推进依法治国的指导思想、总体目标、基本原则和一系列新观点、新举措，充分体现了中共中央新一代领导集体全面推进依法治国的坚定决心，是新时期建设社会主义法治国家的纲领性文件。

党的十八大以来，我国各项事业快速发展，成就显著。十八届三中全会对全面深化改革作出部署，社会活力进一步释放，改革成效进一步显现，人民生活水平进一步提高。中共中央的方针政策、改革措施受到社会广泛赞誉和群众热切拥护。与此同时，我们也必须清醒地看到，在进入全面深化改革的关键时期，改革发展稳定任务之重、矛盾风险挑战之多都是前所未有的。在这一关键时刻，中共十八届四中全会对全面推进依法治国作出了全面部署，为全面深化改革提供了强有力的法治保障，也为我们坚持走中国特色社会主义法治道路指明了方向。

人民政协是协商民主的重要渠道，是中国共产党领导的多党合作制度的重要实现形式，是团结各方面人士、汇聚各方面智慧、听取各方面意见的重要制度安排，理应在全面推进依法治国进程中发挥积极作用。为贯彻落实中共十八届四中全会精神，全国政协对照《决定》要求，对明年工作进行了初步研究：考虑就审批制度改革和司法体制改革做调研协商；为制订“十三五”计划进行调查研究、建言献策；积极推进弘扬社会主义核心价值观等方面工作。此外，俞正声主席在讲话中明确指出，政协的下一步工作，就是贯彻落实十八大和十八届三中、四中全会精神，遵照习近平总书记在政协成立65周年纪念大会上的重要讲话精神，围绕中心工作，在协商民主上有新加强，民主监督上有新突破，制度建设上有新进展，学习成效上有新提高，成果转化上有新举措，要加强事前、事中的协商，研究制定有关办法。这些要求，我们要在总结今年工作、筹划明年工作时认真思考，结合实际，落实到位。

专门委员会是政协联系委员和各界人士的桥梁和纽带，对做好政协工作具有基础性作用。社会和法制委员会立足于社会和法治建设，积极为增进群众福祉、维护社会公平正义建言献策，在贯彻落实中共十八届四中全会精神、全面建设社会主义法治国家的进程中有着不可或缺的重要作用。一直以来，全国政协社法委围绕党和国家的中心工作，就促进就业、规范分配、完善保障、维护权益、创新社会治理、健全法律制度、促进司法公正和依法行政等热点难点问题进行了深入调研。特别是今年以来，社法委创造性地开展工作，作出了很大的成绩。全国政协2014年的重点协商工作中，有3项议题由社法委承担，占总数的30％。其中，“《安全生产法》修订”双周协商座谈会是全国政协第一次高规格的立法协商活动；“建筑工人工伤维权”则从问题出发，落实俞正声主席批示精神，组织多个有关部委联合调研，促使达成共识，体现了政协协调关系的作用以及协商于决策全过程的精神。此外，全国政协社法委还通过研究法律法规草案、走访有关部委等方式，在协商民主方面进行了多层面的有益探索。各地方政协社法委遵照中央有关精神，结合当地实际，积极开展工作，在立法协商、界别协商、对口协商等方面进行了积极有效探索，在建立智库、举办资政会、恳谈会等方面也有创新，有些做法甚至走在了全国政协的前面。希望大家在会议期间，通过座谈交流，互相学习、共同提高，努力开创社法委工作的新局面。

下面，我就学习贯彻十八届四中全会精神、进一步做好社法委工作，讲三点意见。

*一是要深入学习贯彻中共十八届四中全会精神，切实提高对新形势下全面推进依法治国重要性、必要性的认识。*全国政协社法委和各地方政协社法委要将学习贯彻中共十八届四中全会精神作为当前和今后一段时间的首要政治任务来抓。要把学习贯彻中共十八届四中全会精神，与学习贯彻中共十八大和十八届二中、三中全会精神相结合，与学习贯彻习近平总书记系列重要讲话精神相结合，充分认识全面推进依法治国、建设法治中国的重要性、必要性和紧迫性，坚定走中国特色社会主义法治道路的信心和决心，切实把思想和行动统一到中共中央关于全面推进依法治国的重大决策部署上来。

*二是要以全面推进依法治国为着力点，选好题目、深入调研，切实提高建言质量。*全国政协社法委和各地方政协社法委要按照中共十八届四中全会的要求，着力于法治建设中的重点任务、重要领域和关键环节，把参政议政的重点放在改革发展中亟待突破的法律问题上，放在同全局紧密联系的关键性问题上，认真选好、选准调研题目；要发挥社法委在法治领域的传统优势，深入开展调查研究，通过听取汇报、问卷调查、跟踪调

研、座谈交流等形式，做好事实、数据、意见的收集工作，各地方社法委还可就现行法律、法规落实过程中存在的问题进行调研，召开有批评性质的座谈会；要做好调研成果的积累、转化和应用，在深入研究论证的基础上，努力做到言之有据、言之有理、言之有度、言之有物，使提出的政策建议既符合法律法规，又符合实际、切实可行。

三是要以保障全面推进依法治国进程为抓手，切实强化民主监督。民主监督是人民政协的主要职能之一，是我国社会主义监督体系的重要组成部分。中共十八届四中全会对在推进依法治国进程中加强监督作出了前所未有的重要安排部署，也对人民政协履行民主监督职能提出了新的更高要求。我们要认真总结过去开展民主监督好的做法和经验，积极探索新形势下加强民主监督工作的新形式，拓宽实施民主监督的有效渠道。要切实整合资源，集中力量，积极参加有关部门举办的协商会、座谈会；要在充分利用好提案监督、调研视察监督等传统监督形式的同时，积极探索民主监督与法律、司法监督等监督形式的协调配合；要充分发挥各民主党派、界别及基层政协的作用，互联互动；要注重跟踪整改、加大落实力度，使委员们的意见和建议落到实处，使政协的民主监督真正发挥作用。

最后，衷心希望全国政协和各地方政协社法委加强交流合作，互相支持配合，形成参政议政合力。为推动党和国家事业发展，为实现中华民族伟大复兴的中国梦作出新的更大贡献。

在十二届全国政协第三期新任委员学习研讨班座谈交流会上的讲话

（2014 年 11 月 19 日）

张　庆　黎

这期新任委员学习研讨班今天就要结束了。这次学习研讨班作了些改进，不安排开班式，开门见山，直奔主题，上来就开讲，一口咬到馅；也不安排结业式，而是搞个座谈交流。刚才，9 位委员在发言中谈心得、讲体会、提建议，讲得都很好。大家都感觉这次学习研讨：一是时机很好。党的十八届四中全会刚刚胜利闭幕，全国上下正在认真学习贯彻全会精神，这次学习研讨班既是一次及时的学习贯彻活动，也是一次再动员。二是主题突出。把学习贯彻十八大以来党中央重要决策部署和习近平总书记系列重要讲话，特别是十八届四中全会精神和习总书记“9·21”重要讲话作为主要内容，切实落实到每一场报告、每一个讲座、每一次讨论中。三是方法科学。最重要的是发扬人民政协“三自”传统（自己提出问题、自己分析问题、自己解决问题），最根本的是理论联系实际，鼓励委员畅所欲言，营造了民主、宽松、活跃的学习氛围。四是效果明显。大家感到通过学习研讨强化了思想理论武装，深化了对中央重大决策部署的理解，加深了对人民政协性质定位、职责任务的认识，增强了当好政协委员的光荣感和责任意识。

这期学习研讨班的圆满结束，标志着全国政协党组提出的在本届内对所有新任委员集中轮训一遍的任务已经完成。十二届全国政协委员共 2237 人，其中新任政协委员 1080 人，除专门委员会主任、副主任和港澳委员以其他方式进行培训外，应参加集中学习研讨的新任委员为 946 人。两年来，全国政协先后举办 3 期新任委员学习研讨班，共有来自 32 个界别的 878 位新任委员参加，占应参加集中学习的新任委员总数的 92.8%。

刚才听了大家的发言，很受启发。同志们提的一些建议，我们将整理上报，并在今后的工作中尽可能地加以吸纳。我和大家一样，也是一名新任政协委员。下面，我接着大家的发言，谈些体会，和大家交流，作为共勉。

一、一定要学好政协 ABC，切实做到懂政协、讲规矩

中国人民政治协商会议是中国人民爱国统一战线的组织，是中国共产党领导的多党合作和政治协商的重要机构，是我国政治生活中发扬社会主义民主的重要形式。作为具有鲜明中国特色的制度安排，有其内在的工作原则、规律和特点，有特定的工作内容和领域，有独特的工作方式和方法，需要政协委员认真学习、了解和掌握。有人认为政协工作不用学，就像老话说的“庄稼活不用学，人家咋着咱咋着”。其实，庄稼活看似容易，但也得学习基本知识才能省钱省力收成好。新入伍的战士，要进行队列训练，对内务条令做到应知应会；新任的政协委员，也是这样的道理，应该掌握政协工作最基础、最重要的知识，切实做到应知应会。各位都是各界优秀代表人士，是各自领域的专家、行家、名家，但是当政协委员，面对的是一个全新的职责、岗位，只有通过学习党的基本理论、基本路线、基本纲领、基本经验、基本要求，通过学习党的十八大和十八届二中、三中、四中全会精神，通过学习中央关于人民政协和统战工作的重大决策部署和习近平总书记对政协工作的重要指示精神，特别是“9·21”重要讲话，掌握政协的性质定位、工作方法、作风要求等，才能真正当好委员、履职尽责。

*做好政协工作，首先要懂政协。*俗话说，干什么吆喝什么。作为政协委员，就要知道政协是什么、干什么、怎么干，这些都是政协工作的基础知识。其中，是什么，是管方向、管根本的，重点要把握好政协的性质定位；干什么，是职责、是任务；怎么干，是方法、是艺术。把这些最基本的东西搞清楚，政协委员的一切工作都可以从这个原点出发。比如，政协委员履职有提案、视察、调研、社情民意信息、大会发言等多种方式，其中不少是政协特有的，是大家来政协之前可能没有接触过的，要切实掌握和熟练运用这些履职方式，真正把提案提到点子上，把大会发言讲精彩，把调研搞得有分量，把社情民意反映好。在这里，我说一下调研、视察、考察的区别和联系，总的看，三者各有定位、相互补充，共同形成点、线、面的架构：调研起到“点”的作用，主要面向有关专委会委员或联系的界别委员，参加人员少而精，由各专委会组织，通过就专业性较强的问题深入研究，形成调研报告；视察起到“线”的作用，面向全体委员、联系各个方面，副主席任团长，办公厅负责组织，就关系大政方针、国计民生的重大问题与党政部门交换意见、形成视察报告；考察起到“面”的作用，着力扩大委员参与面，组织形式与视察相似，但不要求具体成果，重在起到开阔眼界、了解情况、互相启发、提高委员履职能力的作用，可形成信息、提案等。

*做好政协工作，要牢固树立政协理念。*政协工作政治性强、统战性强、人情味浓，与党委、政府工作在方式方法上有很大不同，在工作理念上有不少鲜明特点。比如，党政工作往往是令行禁止，但政协是一个协商平台，不求说了算，但求说了对，作用主要体现在发挥影响力。政协理念是由政协的统一战线性质决定的，是由大团结大联合的主题决定的，是对政协委员的特殊要求。政协委员在政治、业务素质上的要求应当和其他机关一样，但在政协理念的要求上应当更高一些。

*做好政协工作，重要的是讲规矩。*习近平总书记在党的十八届四中全会闭幕会上明确要求，党员、干部特别是领导干部要严守政治纪律和政治规矩。俞正声主席指出，这对于政协来说也适用。严守政治纪律和政治规矩，最根本的就是要坚持中国共产党的领导，坚定不移走中国特色社会主义政治发展道路。前一段田北俊的委员资格被撤销，就是因为他违反了政协章程和有关政治决议。政协章程第 24 条规定，委员应维护民族团结和国家统一；第 25 条规定，对会议的决议都有遵守和履行的义务；第 29 条规定，如果严重违反章程或决议，由常委会依据情节给予警告处分或撤销参加政协的资格。全国政协十二届二次会议政治决议强调，人民政协要坚定不移贯彻“一国两制”方针和基本法，积极支持香港特别行政区、澳门特别行政区行政长官和政府依法施政。自香港“占领中环”事件爆发以来，中央态度鲜明地支持行政长官梁振英和特区政府按照基本法规定和全国人大常委会有关决定妥善处理香港政改问题，香港社会各界也纷纷表示支持。在这种大背景下，田北俊公开歪曲事实、颠倒是非，释放错误政治信息，严重干扰了反“占中”斗争和香港政改大局。因此，十二届全国政协第八次常委会议表决撤销了他的委员资格。这件事说明，既然当了政协委员，就应该讲政治，维护国家统一、维护民族团结，投身中国特色社会主义事业。讲规矩还要求大家不能打着政协的招牌谋求私利，拒绝一切利用权力或影响谋取私利的行为。比如，有的政协委员是具体司法案件的当事人，就不能以委员身份试图干预司法，而只能以涉案当事人职务和普通公民身份进行申诉。

二、一定要勇于一肩挑两头，切实做到多尽责、常履职

俗话说，两副担子一肩挑，就看会挑不会挑。政协委员都是一身两职，既有本职工作岗位，又担任政协委员，本职工作要干好，政协职责要尽到。一肩挑两头，就要正确处理好本职工作与政协工作、荣誉与责任、权利与义务的关系，积极主动地参加政协组织的活动，才能切实发挥好双重作用。

*本职工作要出色。*大家之所以能成为政协委员，就是因为在各行各业都是拔尖人才，在各自岗位上都有突出表现。所以，本职工作的成效，是成为政协委员的条件，也是当好政协委员的基础。政协章程强调，政协委员应该在本界别中有代表性，有社会影响和参政议政能力。如果本职工作做不好，当政协委员的条件就不完全，或是有差距。大家要充分发挥在本职工作中的带头作用，带头加强学习，带头爱岗敬业，带头改革创新，做各行业、各领域的佼佼者、领头羊。

*政协履职要积极。*政协委员是荣誉、更是责任，这种责任不是仅在会议期间，而是常态化、全天候的，不是仅在政协，而是贯穿于日常工作的。过去人们常说，政协是“年委员、季常委、月主席”，快开两会了，才想起要履行委员职责。当然，这要求我们

政协组织多搭建平台、多创造机会，为委员履职提供好服务，本届政协在这方面进行了有益的探索和大胆创新，并采取了许多措施，取得了一些成效。但另一方面，这也需要委员强化委员意识、责任意识，积极参加政协组织的各种履职活动，通过提案、社情民意信息等经常性工作积极作为、主动履职、切实尽责。

三、一定要充分发挥自身优势，切实做到建真言、献良策

延安时期，毛主席在阐述党的第七届中央委员会的选举方针时指出，"如果我们有各方面的人，每一个人都通晓一方面或者有比较多的专长，选这样几十个人，我们的中央就会比较完全"。政协也同样如此。全国政协委员有2000多名，全国各级政协委员有66万名，包括了各方面、各领域的人才，可以说，任何一个问题，只要群策群力，每位委员都从最拿手的领域提出意见建议，合起来就是比较系统的对策分析。各位委员研究问题可以不求广，但要求专；可以不求全，但要求深；可以不求多，但要求精。

不求广而求专。就是要紧密结合自身专长特点，坚持干什么议什么、精什么说什么，切实拿出独到见解，增强针对性。比如，委员中的专家学者，理论功底深、专业造诣深，可以围绕一些有长期研究的专业问题特别是理论问题进行分析阐释、提出观点看法。

不求全而求深。就是要找准切口、研究透彻，议出水平、议出深度，避免泛泛而谈。比如，就民族地区发展问题进行协商议政时，从事法律工作的委员，可以重点阐述如何运用法治思维和法治方式促进民族地区和谐稳定；对生态领域比较了解的委员，可以侧重分析如何有效保护民族地区生态环境；经济方面的委员，则可以着重提出如何推动民族地区产业发展的建议；等等。

不求多而求精。就是要集中用力，每年重点围绕几个重要问题搞些实实在在的调研，形成有情况、有分析、有解决办法的方案和意见。许多工作都是这样，一具体就深入，一深入就落实。就像打井一样，处处开花只能处处不见水，唯有抓住一点全力以赴才能有所突破。大家要瞄准重点、缩小光圈，真正打出几口有价值的"深井"来。

四、一定要把朋友搞得多多的，切实做到广联谊、真团结

毛主席说，要团结一切可以团结的人，对我们来说，朋友越多越好。习近平总书记强调，人民政协要广泛凝聚实现中华民族伟大复兴的正能量。政协委员要广交朋友、增进团结，切实把各族各界群众紧密团结在爱国主义和社会主义旗帜下，把智慧和力量凝聚到改革开放和社会主义现代化建设伟大事业中来。

要广交朋友。广泛联系不同阶层、不同党派、不同民族、不同信仰、不同团体的其他委员以及各族各界人士，加强与包括网络意见领袖、网络作家、自由撰稿人等群体的沟通交流和联系联谊，最大限度地搞好大团结大联合。

要深交朋友。真正走到所联系的界别群众当中，与群众打成一片。唯有这样，才能听到群众的真话、脖子下的话、"掏心窝子"的话，才能交到诤友、挚友、益友。

要善交朋友。把对党的理论路线和方针政策的深刻理解，融会贯通在自己的一言一行中，靠人格、靠形象、靠学识、靠水平、靠能力增强自身的感召力。在交朋友的过程中，既要认真听取他们对党和政府工作的意见和建议，反映他们的要求和呼声，又要自觉把群众的具体利益和所代表界别的局部利益放在党和国家大局中去认识。

五、一定要坚持有事好商量，切实做到胸襟宽、度量大

周恩来总理说过：“新民主主义的议事精神不在于最后的表决，主要是在于事前的协商和反复的讨论。”习近平总书记指出，“在中国社会主义制度下，有事好商量，众人的事情由众人商量，找到全社会意愿和要求的最大公约数，是人民民主的真谛”。求同存异、包容多样、增进共识，也是政协的优良传统和重要特征。政协委员都要有胸怀、有气度，真正做到有事多商量、有事常商量、有事好商量。

要把握商量的含义。有事好商量的核心是“事”，就是关系国计民生的重大问题，就是推动科学发展、全面深化改革的重大问题，就是涉及群众切身利益的实际问题，一句话，就是事关国家好、民族好、人民好的问题。有事好商量的关键是“商量”，商量就是要真商量，而不是假商量；是实质上的商量，而不是形式上的商量；是广泛深入的商量，而不是草率随意的商量。我在地方工作时认识的一个村支部书记曾跟我说，他理解科学发展观就是“正好”，多一点则繁，少一点则简。就协商民主来说，“商量”二字非常精准，商量就是要允许不同意见的发表，就是要寻找解决问题的最大公约数。商量得广，就能集思广益；商量得深，就能增进共识。要坚持“有事好商量”的正确思想导向，落实“有事好商量”的正确思想理念，并付诸行动，让一切行动在实践中得到验证，一切策略在组织中得到升华。

要秉持包容的心态。俞正声主席说，在政协大会上，对每一位委员发言他都热烈鼓掌，这并不是因为都同意他们的看法，而是因为支持他们讲他们的看法。换而言之，不让人讲话不行，只让人照本本讲话也不行，不允许人讲一句错话不行也不可能。即使是讲了一些不太确切的话，只要不是恶意的，也没什么了不起，也要耐心听，通过交流来减少乃至化解分歧。各位委员都要以宽广的胸襟、宽宏的气度来听取不同意见，容得下逆耳之言、容得下尖锐批评，不恼一言之失、不记无心之过，不能动辄上纲上线，把具体意见的差异上升为原则性的分歧，甚至把是否赞成自己意见作为衡量“同心”的尺度。

要掌握协商的艺术。无论党派、阶层、界别、民族和宗教信仰等如何，在协商讨论时都要互相尊重、真诚相待。要坚持以理服人，以对话交流的方式凝聚共识，以互谅互让的精神处理分歧，以合作共赢的态度促进发展。讲不同意见尤其讲批评性意见时，需要讲究方式方法，态度友善、注意分寸，不求全责备、不以偏概全，特别是不能掺杂个人情绪冷嘲热讽、说过头话，更不能进行人身攻击。

以上就是我对如何当好政协委员的一些体会。重视学习是人民政协的优良传统。这次学习研讨班虽然结束了，但是学习没有完成时，只有进行时。希望大家始终坚持爱一行干一行、钻一行精一行，珍惜政协委员的荣誉，以积极的态度、饱满的热情加强学习、投入工作，用自己的智慧和心血为人民政协事业发展作出贡献。当我们回顾这些年在政协履职的时候，能为我们的付出而骄傲，能为我们的名字与人民政协的光辉历程紧密相连而自豪，不因碌碌无为而懊悔，不因虚度光阴而遗憾。这就是一名政协委员的追求所在。让我们共同努力，为实现“两个一百年”奋斗目标，实现中华民族伟大复兴的中国梦，不断奋斗。

在横琴新区发展咨询委员会第二次全体会议上的讲话

（2014 年 11 月 21 日）

何　厚　铧

今天，珠海市横琴新区发展咨询委员会隆重举行第二次会议，总结工作、谋划发展、共绘蓝图，对于推动横琴新阶段高水准开发建设具有重要意义，对于贯彻国家战略、深化横琴与港澳合作产生积极影响。现在，我讲三点意见。

*一是作为推进横琴开发改革创新的“参谋部”，横琴咨委会开局良好、富有成效。*横琴咨委会成立一年以来，近 20 位委员先后参访调研横琴，提出了近 70 条建议和意见：刘太格、魏小安、苏泽光委员分别牵头开展了《横琴新区中心区城市设计》、《横琴新区如何配合澳门建设世界旅游休闲中心发展壮大休闲旅游产业的政策建议》和《香港与横琴新区如何加强合作的政策建议》等课题研究工作；陈志武、巴曙松、魏小安委员分别作了主题为“金融危机为什么各国表现不同”、“互联网金融的变与不变——从金融功能角度看互联网金融发展及其监管”和“横琴新区休闲产业发展探讨”的专题讲座；James Mirrilees 委员和饶子和委员分别到横琴开展了专题考察，为横琴发展提出意见和建议；赵伟委员促成了横琴与澳门大学签署战略合作框架协定，从课题研究、社情调研、产学研合作、学者交流、港澳法律研究、社会实践等六方面全面深化互惠合作。特别是上半年召开的“横琴新区深化与澳门紧密合作”专题汇报会，与会委员先后从土地供应、金融改革、税收优惠、产业发展、人才培育等方面，对横琴加强与澳门紧密合作提出了意见。我也提出了“三个重点、一个关键”的建议，并协助横琴咨委会开展了“横琴配合澳门建设中葡语系国家商贸平台”的研究。刚才听了牛主任的汇报，感觉各位委员的很多建议意见已经落到实处，我很高兴。此外，为壮大委员队伍、夯实团队基础，我还特别推荐了苏泽光先生和贺定一女士两位港澳知名人士增补为咨询委员，今天会议上将正式予以确认。

其他方面的工作因为时间关系，我就不一一列举了，总的来说，在决委会和管委会大力支持下，咨委会品牌推介有作为、建言献策有所为、调查研究有实效、统筹协调有力度，对提升横琴重大决策的科学化民主化水准，推动横琴又好又快发展发挥了积极作用。

*二是横琴咨委会要适应横琴与澳门合作发展新常态，加快谋划共赢合作。*2014 年是个不平凡的年份，澳门即将迎来回归祖国十五周年，崔世安先生成功连任澳门政府行政长官；横琴开发建设加速推进、与澳门合作日益加深，横琴对澳门城市空间和产业发展的分流延续功能逐渐凸显。一是在专案上，由澳门特区政府推荐，横琴定向供地给澳门的企业中，目前已有 17 家澳门企业签约进驻。目前，新区已注册登记的澳门投资企业 204 家，用地专案 43 个，计划投资总额 1695 亿元，已供地和签约的澳门专案用地

899.45公顷，占横琴建设用地的一半以上。二是在通关上，经过各方面的长期努力争取，在中央的大力支持下，很大机会在今年底横琴口岸将实现24小时通关，将从根本上突破长期以来制约横琴与生产要素便捷流动的瓶颈，推动横琴与澳门向协同发展方向迈出一大步。三是在营商环境上，广东自贸园区（横琴）申报工作进展顺利，将促进横琴在对外开放和营商环境上进一步加强与澳门衔接。四是在政策规划上，出台《横琴新区支持澳门经济适度多元发展的十一条措施》。全面落实“澳门优先”原则，同等条件下土地出让、产业建设、基础设施等优先澳门投资，人才公寓等公共资源优先澳门企业和从业人员。对横琴如何服务澳门经济适度多元发展、配合澳门建设世界休闲旅游中心和中葡语系国家商贸平台的专项研究都在加紧推进。这些，都标志着横琴与澳门合作正在进入新常态。横琴要适应新常态、有效回应澳门各界的期待，在合作开发上再上一个新台阶。要进一步围绕产业合作这个重点，全面配合澳门建设世界旅游休闲中心和中葡语系国家商贸平台；围绕专案合作这个重点，做大做强粤澳合作产业园；围绕营商环境这个重点，全力申报建设自贸园区；围绕“更紧密合作”这个关键，推进横琴与澳门合作更上一层楼。

三是希望各位咨询委员进一步发挥主动性，强化专题咨询和政策建议。横琴咨委会作为横琴开发建设的“智囊团”，要立足于改革创新，用开放的理念、前瞻的视野和战略的眼光，不断提高咨询的针对性和实效性，增强咨询的前瞻性、可行性和科学性。要集中力量就一些具有前瞻性、战略性的重大课题开展研究，提供真知灼见，拿出精品力作，为科学决策提供高品质、高水准的咨询服务。当前，横琴进入了由基础设施建设逐步转入产业发展建设的新阶段，在推动横琴高品质开发建设和高水准改革开放的新进程中，更需要各位咨询委员献计献策，希望各位委员充分发挥各自优势，多到横琴调研、多与横琴互动、积极建言献策，让真知灼见在横琴试验开花结果。秘书处要进一步发挥协调服务作用，用好、用足咨询委员的资源，探索成立专业咨询委员会开展专题咨询，将委员们宝贵的建议转化为科学的决策和可操作的举措，推动横琴开发开放提质提效。

各位委员、同志们，横琴开发形势喜人，改革开放时不我待，我个人和横琴咨委会的全体委员将精诚团结、不负所托，为横琴开发建设和“一国两制”伟大实践而不懈努力！谢谢大家！

在第三届国际道教论坛开幕式上的致辞

（2014 年 11 月 25 日）

马 飚

山青水碧，道韵绵长。今天，来自世界各地的道教界朋友、专家学者和各界人士，相聚鹰潭市，论道龙虎山。值此殊胜道缘，我谨代表中国政府对第三届国际道教论坛的召开表示热烈祝贺，向来自海内外的各位来宾、各位朋友表示诚挚欢迎和良好祝愿！

习近平主席强调，中国优秀传统文化中蕴藏着解决当代人类面临的难题的重要启示。道教是人类古老文明和传统信仰之一。它深根于中华传统文化，滋长于华夏大地，汇聚了东方智慧，展现了中国特色。在漫长的历史长河中，道教与儒家文化互补，与佛教文化兼容，共同塑造和组成了中华传统文化，丰富了中国人民的精神世界，影响了中华民族的精神品格，增添了中华文化的精神魅力。近代以来，道教的根本经典《道德经》多次被翻译成各国语言，风靡欧美，流传天下，其格言警句频频为世界各国的政治家、哲学家、科学家和文学家所引用，被誉为“东方智慧的结晶”、“永不枯竭的井泉”。道教文化日益走向世界，阴阳太极被视为中华文化的重要标识。世界各地有华人处便有道文化的影响，道教已成为联结两岸四地和海外华人华侨的精神纽带，成为中华文化与世界不同文明交流交融的文化桥梁。

“执古之道，以御今之有。”道教以道立教，以德化人。积淀千年、传承不绝的道教对宇宙、自然和人类的运化发展有着独特的理解视角，其宗教中所蕴含的哲理和观念对当今时代仍有重要的启示作用。道教崇尚自然，认为天、地、人同源共生、万物一体，强调人类要尊重自然、顺应自然、爱护自然，追求返璞归真、天人合一的至高境界，这无疑有利于推动当代生态文明建设。道教尊重生命，重生贵生，乐生养生，注重心性修养，强调身心修炼，对于如何提高人类健康水平和生命质量作出了积极探索，积累了宝贵经验，值得认真研究整理，发扬光大。道教强调辩证思维，主张阴阳互补、刚柔并济、有无相生，闪耀着东方智慧之光。道教倡导慈爱和同、济世度人，认为行善即是修道，利人方能度己，主张矜孤恤寡，敬老怀幼，乐人之善，济人之急。本届论坛以“行道立德、济世利人”为主题，揭示了道教的根本思想和理念，契合时代要求，反映了海内外道教界的共同心愿，对于促进公益慈善事业、发挥道教积极作用、增长社会正能量都具有重要意义。

当今世界，经济发展，科技昌明，人类在物质文明方面取得了巨大进展。但与此同时，人类也面临着诸多挑战，如何妥善处理好人与自然、人与社会、人与自我之间的关系成为摆在人类面前的重大课题。道教作为人类文明的共同财富，其上善若水的道德追求、重生乐生的价值理念、返璞归真的人生旨趣、苦己利人的济世情怀、天人合一的思维方式有利于促进社会和谐稳定、提升个人道德修养、调整身心状态、建立俭朴风尚、加强生态文明建设，对于解决当前全球共性问题具有借鉴意义。

各位来宾，朋友们：

中国政府奉行宗教信仰自由政策，积极倡导宗教和睦相处，依法保障公民的宗教信仰自由权利，维护宗教界的合法权益。中国政府高度重视弘扬和传承优秀传统文化，鼓励道教界在弘扬优秀传统文化中发挥积极作用。中国的宗教界人士和信教群众在促进经济发展、维护民族团结、发展慈善事业、弘扬传统文化、开展民间外交等方面发挥了积极作用。

道教源自中国，面向世界。中华民族历来倡导和而不同，和谐共生，和平、和睦、和谐的追求深深植根于中华民族的精神世界之中。中国人民自古以来尊重各国各民族文明，鼓励不同文明互学互鉴，积极维护世界文明多样性，支持道教界在互相尊重、平等交往的基础上开展对外友好交流，积极推动道教在不同文明交流互鉴中发挥积极作用。

文明因交流而多彩，文明因互鉴而丰富。中国坚定不移地走和平发展道路，主动承担大国责任，将以更加开放的胸襟、更加包容的心态、更加宽广的视角，大力开展中外文化交流，在交流交融、互学互鉴中，为推动人类文明进步作出应有贡献。衷心希望海峡两岸暨港澳、海内外道教界能够以此次论坛为契机，加强交流，增进合作，携手努力，和衷共济，共同深入挖掘道教文化内涵，提升道教文化品位，推动新时代道教文化的创造性转化、创新性发展，为人类社会的和平、发展、合作贡献智慧，为促进世界持久和平和共同繁荣作出更大贡献！

衷心祝愿第三届国际道教论坛取得圆满成功！祝各位朋友身心康泰，万事如意！

在十二届全国政协人口资源环境委员会第二次全体会议上的讲话

（2014 年 11 月 25 日）

马 培 华

今天，罗富和副主席和我一起参加十二届全国政协人口资源环境委员会第二次全体会议。会议的主要任务是学习贯彻习近平总书记在庆祝人民政协成立 65 周年大会上的讲话和十八届四中全会精神，总结 2014 年工作，谋划 2015 年工作。我们非常高兴与委员们进行面对面的交流。

2014 年是全面深化改革的第一年，也是人民政协事业创新发展的重要一年。在以习近平同志为总书记的党中央坚强领导下，人民政协深入学习贯彻党的十八大和十八届二中、三中、四中全会战略部署，深入学习贯彻习近平总书记系列重要讲话精神，高举爱国主义和社会主义旗帜，牢牢把握团结和民主两大主题，聚焦全面深化改革履行职能，推进政协协商民主发挥优势，强化履职能力建设提高实效，各项工作取得新进展，为党和国家事业发展作出了积极贡献。

全国政协把加强政协协商民主建设作为带动和推进全年工作的重要抓手，增加协商密度，提高协商实效。首次形成全年由1次全体会议、2次专题议政性常委会议和2次专题协商会、20次双周协商座谈会构成的“1420”政协协商议政新格局。首次制订全国政协年度协商工作计划，并报中央政治局常委会议批准实施，推动将政协协商工作纳入中央总体工作部署。首次把加强党风廉政建设作为议题，召开“深入落实八项规定精神、以优良的党风政风带动民风社风”专题议政性常委会，开拓政协协商议政新领域。从形式到内容的务实创新，切实提高了协商成效。比如，双周协商座谈会经过不断探索，以其内容广泛、议题具体、氛围民主、讨论深入、成果丰富的特点，成为政协协商民主经常性平台和重要品牌，活跃了政协工作，有力推动了相关工作。

在全国政协常委会议和主席会议领导下，贾治邦主任和各位副主任团结带领全体委员做了大量工作。刚才，振国驻会副主任向委员会全体会议报告了人资环委一年来的工作，我们感觉到委员会的工作充满活力，富有成效，亮点不少。

比如，委员会承办组织的以“利用水泥窑协同处置垃圾废弃物”议题的双周协商座谈会，很有意义，很有成效。随着我国工业化、城镇化加速发展，废弃物日益增多，“垃圾围城”日趋严重，在垃圾废弃物治理设施不足、传统处理方式屡遭抵制情况下，利用现有水泥窑协同处置垃圾废弃物，是一件值得重视值得推动的好事，对化解水泥行业产能过剩、保护生态环境、提升居民生活质量具有重要意义。会前准备充分，会上不同观点交流交融交锋，会后成果建议务实，得到俞正声主席、张高丽副总理高度重视和重要批示。有关部委正在研究落实当中，对这项工作起到了很好的推动作用。

再比如，委员会开展的“沿海滩涂开发与保护”专题调研，选题准确，调研深入，建议针对性强，收到很好的效果。针对我国沿海滩涂围填海规模增长过快，滩涂湿地大量丧失，滩涂承载力与经济发展矛盾日益凸显的现状，提出坚持开发与保护并重，尽快制定沿海地区整体开发与保护规划，从严控制围填海项目，划定生态保护红线和重要湿地保护区等建议。引起了李克强总理、俞正声主席、张高丽副总理的高度重视并作了重要批示，国家发改委负责同志专程到政协与调研组座谈，进一步听取委员们的意见建议，并表示将按照领导批示，结合“十三五”规划的制定，修订完善有关规划，出台进一步规范沿海滩涂保护与开发的政策文件。

又比如，委员会按照俞正声主席的批示精神，召开的“治理船舶污染，保护江海环境”座谈会，针对港口地区船舶污染已对大气、水体环境产生严重不良影响，组织有关部委、委员、专家等座谈协商，提出成立国务院牵头的组织协调机制，出台船用燃料油国家强制标准和船舶排放国家限制标准，逐步淘汰落后船型等建议。主题抓得准，研究讨论深，建议提得实，会议成果对实际工作起到推动作用。张高丽副总理、国务院丁向阳副秘书长对信息专报作了重要批示，要求环保部牵头组织交通、水利、质检、工信等部门研究拿出船舶污染治理的规范和标准。

各位委员，学习贯彻落实好习近平总书记在庆祝人民政协成立60周年大会上的讲话和十八届四中全会精神，是人民政协当前和今后一个时期的重要政治任务。下面，我结合人资环委工作，提三点希望。

第一，深入学习贯彻习近平总书记“9·21”重要讲话和四中全会精神，进一步把思想和行动统一到中央的决策部署上来

习近平总书记在庆祝人民政协成立65周年大会上的重要讲话，立足党和国家事业发展全局，着眼坚持和发展中国特色社会主义、实现“两个一百年”奋斗目标和中华民族伟大复兴的中国梦，全面回顾了人民政协光辉历程，深刻总结了65年来人民政协工作的宝贵经验，明确提出了进一步做好人民政协工作的具体要求，深刻阐述了社会主义协商民主的重大战略思想。这是党的十八大以来，习近平总书记就人民政协工作作出的一次全面系统阐述，具有很强的理论性、实践性、指导性，是推进人民政协事业发展的根本遵循，是发展社会主义民主政治的重要文献。特别是讲话精辟论述了社会主义协商民主的优势作用、性质定位和目标任务，强调要切实落实推进协商民主广泛多层制度化发展这一战略任务，坚持发挥人民政协在发展协商民主中的重要作用。讲话思想深刻、内涵丰富，有许多重大理论创新，我们要在全面学习领会的基础上，突出重点，把握实质，将学习作为改进提高政协工作的重要契机和强大武器。最重要的是结合工作的实际，用讲话精神总结工作经验，用讲话精神明确工作定位，用讲话精神研究和部署明年的工作，从而切实指导实践、推动工作。

中共十八届四中全会，是中国共产党在全面建设小康社会进入决定性阶段、改革进入攻坚期和深水区的新形势下召开的一次十分重要的会议。全会通过的《中共中央关于全面推进依法治国若干重大问题的决定》，是加快建设社会主义法治国家的纲领性文件，开启了法治中国建设的新征程。全会精神内容丰富、思想深刻，有许多重大战略举措和重要理论创新。认真学习和贯彻落实好四中全会精神，是人民政协的一项重大政治任务。作为政协委员要切实加强对宪法和重要法律法规的学习把握，增强法治意识、法治理念，做到认真学法、真正懂法、模范守法，做到建言献策于法有据、合乎法治精神。

第二，大力加强履职能力建设，进一步提高人资环委工作的实效

人民政协是国家治理体系的重要组成部分，要适应全面深化改革的要求，以改革思维、创新理念、务实举措大力推进履职能力建设，努力在推进国家治理体系和治理能力现代化中发挥更大作用。

中共十八大首次把生态文明建设纳入中国特色社会主义事业“五位一体”总体布局并作出全面部署，中共十八届三中全会又进一步明确了到2020年生态文明体制改革的重点任务，为新形势下全国政协人资环委履行职能、发挥作用提供了广阔空间、指明了方向，需要我们大力加强履职能力建设。要积极适应不断发展变化的新形势、新情况、新问题，积极探索工作规律，不断改进工作方法，努力使专委会工作体现时代性、把握规律性、富于创造性，不断提升委员会履行职能的能力和水平，使我们委员会的工作更加充满生机和活力。

一要科学精准选题。选题是第一步，也是重要环节，选题准不准直接关系到调研的成效。专委会要建立健全科学民主的调研选题机制，坚持题目不求多而求精、不求全而求深的原则。要聚焦推动科学发展和全面深化改革，在广泛征求意见建议的基础上，紧紧围绕人口、资源、环境领域带有全局性、战略性、前瞻性的问题，确定几项中央关

注、地方需要、群众期盼、政协所能的问题开展调研，既要围绕党委、政府的中心工作，又要贴近群众关心关注的热点难点问题。二要深入调查研究。我们常说，党和政府不能“拍脑袋”决策，政协同样也不能“拍脑袋”献策。调查研究是谋事之基、成事之道，是专委会经常性的工作和建言献策的基础。常言道：“三分调查，七分研究。”调查是研究的基础，研究是调查的升华，研究在很大程度上决定着整个调研的成效。重调查更要重研究，深调查更要深研究，每次调研要召开专门会议研究调研报告起草工作，努力使对策建议有的放矢、切中要害。三要密切联系群众。改进调研方式，创新群众工作方法，深入基层接地气，深入群众听呼声，畅通和拓宽各界群众的利益诉求表达渠道，发挥好桥梁纽带作用，真正体现“人民政协为人民”的理念。四要加强与有关方面合作共事。加强与民主党派、有关部委、其他专委会、地方政协等的工作合作，发扬求同存异、体谅包容的优良传统，贯彻民主协商、平等议事的工作原则，尊重和包容不同意见的存在和表达，以民主作风团结人，不断增进思想共识、加强合作共事。

第三，强化履职意识，进一步增强做好人资环委工作的责任感和使命感

俞正声主席强调指出，专门委员会工作是政协工作的重要基础，在政协工作中的地位和作用十分重要。专委会工作是政协履行职能的重要方式，政协三大职能的有效履行，主要依托专委会。人资环委是政协专委会的重要组成部分。我们要正确认识委员会在政协工作中的重要地位，自觉将委员会各项工作放到政协工作全局中去谋划和推进，准确把握政协工作的总体思路和重点，准确把握专委会工作的特点和规律，准确把握政协改进作风的主要任务和要求，准确把握政协委员的职责和义务，进一步增强责任感和使命感，确保各项工作取得扎实成效。

人口、资源、环境问题均是涉及全局的战略问题，也是全世界关注和研究的重点、热点问题。应当清醒地认识到，应对气候变化，走低碳、循环、绿色发展之路已经成为世界各国共同面对的挑战和责任。保护人类生存的家园，实现可持续发展，全面建成小康社会，努力实现民族复兴，无不与人口、资源、环境问题息息相关。我们委员会的委员都是长期在国家人口、资源、环境等相关领域工作的领导干部、专家学者、知名人士和企业中坚。为推动国家人口资源环境与经济社会可持续发展，积极建言献策，既是党和国家赋予我们的责任，也是人民给予我们的期望。希望大家勤奋学习，集思广益，尽职尽责，调查研究，广泛联系各自所代表的界别和社会群体，充分反映各个阶层的意愿和呼声，充分发挥政协委员的主体作用，充分运用全国政协人口资源环境委员会这个重要平台展示自己的聪明才智，对涉及人口、资源、环境的全面性、战略性、前瞻性问题提出重要意见和建议，推动人资环委工作再上新台阶，不断为建设美丽中国贡献自己的力量！

在第七届中国人口资源环境发展态势分析会上的讲话

（2014 年 11 月 26 日）

马 培 华

今天我们围绕油气资源发展和大气污染防治进行深入研究和分析，我觉得非常有意义。刚才听了发改委、环保部等部委同志关于油气资源发展与大气污染防治工作的介绍，还有各位专家的意见和建议，很有收获。总体感觉是各个部门关于能源战略和节能减排等方面的工作是非常有成效的，各方面对此也是持肯定态度的。

油气资源发展和大气污染防治牵涉全局工作、事关战略发展，确实是一个非常好的研究课题。因为我们当前所处的时代是一个去炭化、绿色化发展的时代，也可以说整个世界正处于以新能源的广泛应用为标志的第三次工业革命的浪潮之中（第一次工业革命是以蒸汽机的广泛应用为标志的，第二次是以燃烧石油的内燃机以及电力的广泛应用为标志的），我们必须顺应这个潮流，深入研究如何更好利用油气等化石能源，如何更好地发展新能源，从而实现大气环境综合防治。

谈到环境问题，非常高兴的是总书记和奥巴马前不久共同签署了《中美气候变化联合声明》，宣布了中美两国各自的行动目标。美国到 2025 年，在 2005 年的基础上要减排 26%—28%，争取减排 28%。中国计划 2030 年左右二氧化碳排放达到峰值，且将努力早日达峰，并将非化石能源占一次能源消费的比重提高到 20%左右。这个声明的签署具有非常高的战略意义。可以从三个方面来看，一是经济转型的必然需要，我国经济发展必须从粗放型转变为创新驱动的新的模式；二是气候环境的优化已经时不我待，发展新能源，发展清洁能源也是未来的发展方向；三是体现了中国作为负责任大国的责任感，因为我国的碳排放已占全球的 28%，加上美国，两个国家占了全球的一半以上，是世界上碳排放的主要来源国。我觉得总书记的承诺很得民心，全世界的人民也都对此加以肯定。

近十年来，我国的能源消耗增加了 60%还要多，石油消耗翻番，天然气增长了 5 倍，发电量增加了 9 倍，油气能源中相当一部分是进口的，未来十年我们的能源需求大概还需要增长 70%，所以我们面临非常严峻的问题。今天主要是谈油气的问题，但是不能绕开煤，因为目前煤炭在我国能源应用中还占据着主导地位，尽管今年煤炭占我国能源消费总量的比重已经下降了 0.9%，但是，我国用煤结构极不合理，与国际相比差距太大，只有 50%的煤用于发电，另外 50%被用于高耗能行业以及居民取暖之类的分散用煤方面去了。而分散用煤的污染排放太高，有数据表明，5000 万吨散煤的污染排放总量大约与 10 亿吨用于集中发电的煤炭污染排放总量相当，散煤排放污染是集中发电的 20 倍，这是一个相当大的问题，应该引起我们的高度重视。其次是石油的对外依存度非常大，现在是 60%。而且随着乘用车的普及，预计 20 年以后，将由现在的平均十人一辆车发展到三人就会有一辆车，石油的依存度将会面临更加严峻的问题。天然气也面临着相同的困境，现在的用量是1260亿立方米，20年以后如果达到欧盟的水平，需求量将达到大约6000亿立方米，自给率将面临非常大的挑战。

综合考虑未来我国的能源需求以及其对大气环境的影响因素，我认为有十个方面的问题需要重点推进。

一是要大力提升能源利用效率。目前，我国单位GDP能耗是世界平均水平的1.8倍，是美国的2.3倍、日本的3.8倍，高于巴西、墨西哥等发展中国家。如果延续目前这种粗放的用能方式，我国的能源供应难以支持，必须在提升能源利用效率上下功夫。

二是要有效推动以气代煤。要下决心在分散用煤方面采用天然气代煤，特别是在京津冀、长三角等污染较为严重的区域，要加大天然气供给力度，减少中小企业和居民直接用煤的数量。

三是抓好煤炭清洁利用技术。要大力发展超临界、超超临界发电，淘汰老旧小电厂，加快建设超高压输电线路，抓好煤炭发电清洁排放。要加强碳捕获技术研究，二氧化碳的大量排放导致全球气温上升是个必须面对的问题，如果不减少碳排放，到本世纪末，气温将会上升4度，海平面就会上升，就会出现厄尔尼诺、超强飓风等一系列问题，希望各国共同努力，减少温室气体排放，将全球气温上升控制在2度以内。

四是要尽快调整用煤结构。对集中使用煤炭的电力、化工、钢铁冶金等企业，应该大力支持它们采用煤炭的清洁利用技术，减少排放，提高能源利用效率。对分散使用的燃煤，治理污染难度大，要压缩高耗能企业，淘汰落后产能。

五是要大力发展清洁能源。2030年，清洁能源20%的目标，让人觉得十分鼓舞。我国现在是世界上新能源发展最快的国家，全球可再生能源装机容量的近1/4都在中国；占据了2013年全球可再生能源增量的34%。但还需大力发展太阳能、风能等清洁能源。光伏生产已经基本实现了清洁化，太阳能利用方面，国家的扶持政策比较好。风电发展得更好，尤其是海上风电。对于核电，大家看法不太一样，因为我们的核电不到1%，但是主要集中在东南沿海，要特别关注核电的安全性。日本的核能发电安全规格是相当高的，就这样还出问题。要十分注意选址的安全。

六是要大力推动清洁能源交通工具的发展。清洁能源交通工具的广泛使用对石油的依赖度、空气质量都会产生巨大的影响。有些国家已经提出来未来要全部替代化石能源。电池的问题，现在已经普遍可以达到150公里、200公里，甚至400公里，而且发展非常快。国家应该大力推动清洁能源交通工具的发展，将它作为改善区域大气环境的抓手，努力做好。

七是要限制高耗能工业。钢铁、化工、电解铝、造纸、石化等产业为能源密集型产业，能源是这些高耗能行业的主要投入，能源成本在总成本中的比例大部分在30%—60%，一些行业可能超过80%。而我们的产能是过剩的，要采取有效措施，限制高耗能工业的发展，削减产能。

八是要通过走出去、互联互通来化解产能过剩。从全球化视角化解产能过剩是一国经济崛起和转型升级的重要途径，美国、日本等发达国家都曾抓住历史机遇，在全球范围内重新配置相对过剩的产能，实现本国产业的转型升级。我们要抓住全球化的机遇，将我们的一些产业水平相对较强且产能过剩的行业转移到周边地区和一些欠发达国家，把我们的能力释放出去，达到双赢的目的。

九是要加大油气资源勘探力度。要创新勘探体制机制，持续加大对陆海常规油气资源勘探开发支持力度，并加强对页岩气、油层气、煤层气等非常规油气资源勘探开发，有步骤、合理地开发各类化石能源。

十是要抓住机遇，多途径统筹油气资源储备。要抓住当前国际油价下行的有利时机，增加油气资源储备，服务于国家能源安全，保障油气资源的不间断供给。

解决这些问题，需要多措并举，真抓实干，各方面共同努力，有五点想法与大家共同探讨。

一、加强顶层设计，做好“十三五”能源发展与大气污染的规划。2015 年是“十二五”规划收官之年，需全面评估“十二五”规划实施成效，在此基础上深入研究能源资源发展的重点方向，加强能源和环境监测和预警机制建设，做好能源发展与大气污染“十三五”规划。

二、加强政府的推动力，促进低碳绿色发展。我国现有生产和消费需要的资源能源已经超过资源生态承载能力。低碳绿色发展是实现我国建成现代化强国目标的巨大机遇。实现低碳绿色发展，在促进二氧化碳减排的同时，将创造新的经济增长点和新增就业机会，提升一个国家的科技创新能力和经济贸易领域的竞争优势。政府一系列的政策要看得远一点，要有战略眼光，同时政策要实。要顺应并引领世界能源变革和低碳发展的潮流，加快实施创新驱动战略，打造低碳发展的核心竞争力，由经济大国转变为经济强国，实现中华民族的永续发展。

三、加强法治约束力，降低碳排放，防治大气污染。四中全会作出依法治国的战略部署，为实施低碳绿色发展提供了法制保障。在大气污染防治方面要加大执法力度，加快各项重点任务治理进度。要强化监督考核，加快推动产业结构调整工作，加快火电、钢铁、水泥、石化等行业综合整治，使节能减排的各项措施落到实处。

四、激发企业的创造力，加快能源资源的高效利用。全面推行以提高能源效率为目标的技术革命，树立节能就是增加资源、减少污染的理念，使之成为企业的自觉行动。建立企业为主体、市场为导向、产学研相结合的创新体系，坚持自主创新，重视培养相关科技人才，组织实施重大能源科技攻关工程，努力突破关键和核心技术。

五、释放市场活力，促进油气资源市场化和环境的可持续发展。要深化能源体制改革，发挥市场在资源配置中的决定性作用，建立科学合理的油气企业准入、流转和退出机制，鼓励社会资源从事油气勘探和开发。推进政府职能转变，加强能源规划、政策法规和行业标准的制定和实施，强化能源监管。进一步推进能源价格市场化改革，建立健全反映资源紧缺程度、市场供需形势以及生态环境等外部成本的能源价格体系。

学习习近平重要讲话精神　开创西藏政协工作新局面

（2014 年 12 月）

帕巴拉·格列朗杰

今年是中国人民政治协商会议成立 65 周年。9 月 21 日，中共中央、全国政协隆重举行庆祝中国人民政治协商会议成立 65 周年大会，中共中央总书记、国家主席、中央军委主席习近平发表了重要讲话。学习和贯彻习近平总书记重要讲话精神是当前和今后很长一段时间各级政协的一项重要任务。

人民政协辉煌的 65 年，是与人民共和国一起成长，与全国人民一道努力，为国家富强、人民幸福和祖国统一团结奋斗的 65 年。人民政协始终坚持贯彻中共中央关于人民政协工作的方针政策，高举爱国主义、社会主义的旗帜，牢牢把握团结和民主两大主题，切实履行政治协商、民主监督、参政议政职能，自觉服从和服务于国家改革发展稳定的大局，广泛团结海内外一切热爱祖国的中华儿女，在推进全面建设小康社会和促进祖国统一大业等方面发挥了重要作用。正如习近平总书记讲话中指出的，“人民政协创造了辉煌的历史”，“是实现国家富强、民族振兴、人民幸福的重要力量”。

人民政协成立 10 周年华诞的 1959 年 12 月 20 日，政协西藏委员会（政协西藏自治区委员会前身）在我们党领导西藏各族人民平息达赖集团全面武装叛乱、实行民主改革的凯歌声中成立。55 年来，西藏自治区政协在全国政协的精心指导下，在区党委的坚强领导下，在平息叛乱、民主改革、成立自治区、大规模进行社会主义建设和改革开放的伟大历史进程中，广泛团结各人民团体和各族各界人士，始终高举旗帜，围绕中心、服务大局，认真履行职能，积极建言献策，成为推进改革开放和社会主义新西藏建设的重要力量，为促进西藏经济发展、局势稳定、社会进步、民族团结作出了重大贡献。

回顾人民政协 65 年和西藏自治区政协 55 年的辉煌历程，我们深切体会到，做好西藏政协工作，必须始终做到：坚持中国共产党领导的多党合作和政治协商制度与我国国情和西藏区情相结合，积极探索中国特色、西藏特点的民主政治建设的发展路子和方式方法；坚持围绕中心、服务大局，为促进发展稳定作贡献；坚持“团结”和“民主”两大主题，最大限度地体现人民政协的优越性和生命力；坚持把维护最广大人民的根本利益作为一切工作的出发点和落脚点，最大限度地凝聚人心、汇聚力量；坚持人民政协工作的方针、政策、原则和要求，确保人民政协工作的正确方向；坚持抓好人民政协的自身建设，促进人民政协事业始终保持兴旺繁荣、持续健康的发展势头。

习近平总书记的重要讲话站在党和国家工作战略全局的高度，进一步明确提出了新形势下开展政协工作的方针原则和目标要求。要认真学习、深刻领会、全面贯彻讲话精神，切实把思想和行动统一到讲话精神上来，用讲话精神武装头脑、指导实践、推动工作。

一要深入学习贯彻习近平总书记重要讲话精神，打牢团结奋斗的共同思想政治基础，确保西藏政协事业沿着正确方向发展。习近平总书记指出，“人民政协要始终把坚持和发展中国特色社会主义作为巩固共同思想政治基础的主轴”。全区各级政协组织和广大政协委员要高举中国特色社会主义伟大旗帜，不断坚定道路自信、理论自信、制度自信，高举爱国主义、社会主义旗帜，不断巩固团结奋斗的共同思想政治基础。要坚决拥护中国共产党的领导，做到自觉与中国共产党同心同德的政治态度毫不动摇，自觉贯彻执行中国共产党的路线纲领的政治信念毫不动摇，在思想上、政治上、行动上始终与党中央和区党委保持高度一致。要坚定不移地贯彻执行党的基本理论、基本路线、基本纲领、基本经验，坚定不移地贯彻执行党关于人民政协的方针政策，增强思想认同、政治认同和工作认同，准确把握人民政协性质、地位、职能和作用，坚定不移走中国特色社会主义政治发展道路。坚持围绕党的重大决策部署履行职能、开展工作，使党的主张和重大决策部署成为参加人民政协的各团体和各族各界人士的共识和自觉行动。

二要深入学习贯彻习近平总书记重要讲话精神，认真履行人民政协职能，为西藏的发展稳定和谐作出贡献。习近平总书记讲话强调人民政协要继承光荣传统，提高履职能力现代化水平，为实现“两个一百年”奋斗目标、实现中华民族伟大复兴的中国梦作出新的更大贡献。到2020年实现全面建设小康社会，到新中国成立100周年时与全国一道基本实现现代化，是西藏要为之奋斗的中长期目标。按照全面建设小康社会的总要求，区党委提出了西藏经济建设、政治建设、文化建设、社会建设、生态建设和党的建设的具体任务和目标。全区各级政协组织和广大政协委员要自觉服从和服务于各项事业发展的总目标、总任务，把政协工作放到全区各项事业发展的大局中来思考和谋划，切实发挥协调关系、汇集力量、建言献策、服务大局的重要作用，为实现全区发展的阶段性目标和长远目标作出贡献。反对分裂、维护稳定、促进社会和谐，始终是人民政协义不容辞的责任。要认真贯彻中央和区党委关于维护稳定的一系列方针政策和重大部署，始终旗帜鲜明、立场坚定地反对分裂、维护民族团结和祖国统一，充分认识反分裂斗争的长期性、尖锐性、复杂性，对西方敌对势力和达赖分裂势力的破坏活动，始终保持高度的警惕，认真落实各项防范措施，切实在“谋长久之策、行固本之举”上下功夫、作贡献。按照构建和谐社会的总体部署和要求，切实处理好民族、宗教关系和其他各种利益关系，牢牢把握共同团结奋斗、共同繁荣发展的民族工作主题，全面贯彻党的宗教工作方针，巩固各方面的团结。

三要深入学习贯彻习近平总书记重要讲话精神，认真落实全面深化改革部署，积极推进协商民主建设。习近平总书记指出，“人民政协集协商、监督、参与、合作于一体，是社会主义协商民主的重要渠道”。人民政协要发挥作为专门协商机构的作用，把协商民主贯穿人民政协履行职能全过程，推进政治协商、民主监督、参政议政制度建设，把政治协商纳入决策程序，坚持协商于决策之前和决策实施之中，使决策更加民主、更加完善、更加科学，使各民族、各宗教、各界别、各阶层的利益和愿望在决策过程和执行过程中得到更好体现和保障，推进协商民主广泛多层制度化发展，构建程序合理、环节完整的协商民主体系。全区各级政协组织和广大政协委员要充分发挥代表性强、联系面广、包容性大的优势，聚焦全面深化改革和推进依法治国中的重大问题和群众最为关切的问题，深入进行调查研究，努力为深化改革、依法治国出实招、谋良策。要积极宣传深化改革、依法治国的大政方针，引导所联系群众支持和参与深化改革和依法治国。要敢于讲真话、讲诤言，及时反映真实情况，勇于提出建议和批评，帮助查找不足、解决问题，推动深化改革和依法治国举措落到实处。广大政协委员和政协工作者要争做社会主义法治的模范践行者，自觉学法、尊法、信法、守法、用法、护法，增强法治理念，树立法治信仰。

深化中俄经贸合作　筑牢两国关系基石

（2014 年 12 月）

陈　元

中俄关系是当今世界最重要的双边关系之一，不断深化中俄合作不仅符合双方共同利益，也有利于促进世界和平稳定。中俄两国已经建立了高度的战略互信，两国全面战略协作伙伴关系处于基础最牢、互信最高、地区和国际合作影响最大的时期。但中俄经贸合作的规模、质量还有待提高，需要以更大的战略智慧和魄力，加强谋划，务实推动。

一、中俄合作的重要战略意义

20 世纪 90 年代以来，中俄关系步入健康发展的轨道，历经“相互视为友好国家”、“建设性伙伴关系”，直至确立并不断深化“全面战略协作伙伴关系”，走过了不平凡的发展历程。1991 年 12 月，两国承诺履行中苏原来签订的各项条约文件，在和平共处五项原则基础上发展睦邻友好合作关系，实现了由中苏关系到中俄关系的平稳过渡。1992 年 12 月，两国领导人在北京举行首次最高级会晤，发表《关于中俄相互关系基础的联合声明》，明确了指导两国关系发展的基本原则，即“相互视为友好国家”。1994 年 9 月，两国元首在莫斯科签署联合声明，宣布建立“睦邻友好、互利合作的建设性伙伴关系”，在政治、经贸、科技、军事、国际事务等方面开展更加深入的合作；1996 年 4 月，双方总结历史经验教训，着眼未来，决定发展“平等信任、面向 21 世纪的战略协作伙伴关系”，使中俄关系迈入全方位、战略性的新阶段。进入新世纪后，两国于 2001 年 7 月签署《中俄睦邻友好合作条约》。2004 年就全面解决边界问题达成协议，为两国人民世代友好和睦邻合作奠定了坚实基础。2011 年 6 月，中俄关系提升为“平等信任、相互支持、共同繁荣、世代友好的全面战略协作伙伴关系”。2013 年 3 月，习近平主席访问俄罗斯，两国元首就中俄全方位合作达成重要共识，确定了今后一个时期两国关系的发展方向和合作重点。2014 年 5 月，普京总统访华期间同习近平主席签署《中俄关于全面战略协作伙伴关系新阶段的联合声明》，将中俄全面、平等、互信的战略协作伙伴关系提升至更高水平。

经过两国政府和人民的共同努力，中俄关系处于历史上最好的发展时期，两国的政治互信、务实合作、人文交流、国际协作都达到前所未有的高水平，两国关系已经成为

21世纪邻国间、大国间和谐共处、合作共赢的典范。当前，国际形势正在发生深刻变化，国际和地区格局复杂演进，中俄在政治、经济、安全和国际关系等方面都面临各自不同的艰巨挑战。以政治互信为坚实基础，以合作共赢为内在动力，以世代友好为共同愿望，进一步维护好、发展好、巩固好中俄关系，不仅符合两国的根本利益，也具有深远的国际影响。

首先，中俄深化合作是应对政治和安全挑战的需要。近年来，中俄在地缘政治与地区安全方面均面临日益严峻的挑战。从俄罗斯方面看，冷战结束后，俄曾试图与西方国家建立战略伙伴关系，但北约东扩、欧洲导弹防御系统计划、格鲁吉亚和乌克兰颜色革命等，使俄日益感受到战略空间被不断挤压，乌克兰危机进一步恶化了地区安全局势，导致俄与西方国家的矛盾激化。从中国方面看，随着亚太地缘战略重要性的凸显，各主要力量均加大对亚太的战略投入，国际地缘政治重心向亚太转移趋势进一步加强，引起地区格局的深刻变动，我国周边局势日趋复杂，不稳定、不确定因素明显增多。同时，中俄也都面临恐怖主义、分裂主义和极端主义的威胁，对维护本国主权和领土完整以及安全稳定有共同的利益诉求。在这种背景下，作为两个邻国、大国，保障长达4300多公里的边境安全、稳定与和平，在维护各自安全和共同安全等核心利益方面相互支持、相互借力给力，具有重要意义。

其次，中俄深化合作是实现各自发展复兴的需要。中俄两国都是重要的新兴市场大国，都处于发展复兴的关键阶段，都致力于促进经济发展、提高人民生活水平。中国提出要全面建成小康社会，实现2020年国内生产总值和城乡居民人均收入比2010年翻一番，俄罗斯也提出到2020年人均国内生产总值达到或接近发达国家水平的目标。面对改革和发展的艰巨任务，两国都需要一个和平稳定的外部环境。中俄经济互补性强，俄罗斯有突出的科技优势、资源优势、人才优势，中国有巨大的市场优势、劳动力优势、资金优势，推动两国深入合作，实现要素优化配置和资源有效整合，能够极大地推动经济发展，为各自的发展复兴奠定坚实基础。

第三，中俄深化合作是促进世界和平稳定的需要。俄罗斯是当今世界的政治大国、军事大国与潜在的经济大国，在国际关系格局中的分量举足轻重。中国已经成为世界第二大经济体，综合实力不断增强，国际地位显著提升，在国际社会具有重要影响。作为安理会常任理事国，中俄在维护和平与正义方面有着共同的理念和诉求，两国都主张建立公平和公正的多极世界，强调尊重各国的历史传承、文化传统和自主选择的社会政治制度、价值观、发展道路，反对干涉他国内政。双方在联合国、二十国集团、亚太经合组织、金砖国家、上海合作组织、亚信等框架机制内广泛开展合作，能够为世界和平发展作出重要贡献，促进国际秩序朝着公正合理的方向发展。

总之，不断深化中俄全面战略协作伙伴关系符合时代发展潮流和两国人民的共同期待，双方在实现国家现代化和民族振兴之路上并肩前行，有利于整个世界的和平、稳定与繁荣。

二、深化经贸合作是中俄面临的战略任务

经贸合作是双边关系的物质基础和牢固纽带。近年来，随着中俄全面战略协作伙伴关系的持续发展，两国经贸合作也取得了积极进展，呈现出不少新亮点。一是双边贸易

额持续增长。自2010年起中国已经成为俄罗斯第一大贸易国，2013年中俄贸易额达892亿美元，同比增长1.1%。二是能源合作取得突破。2013年双方签署了东、西两线对华增供原油的合作协议，每年增供原油2200万吨。2014年5月，中俄又签署了史无前例的天然气购销合同，协议金额4000亿美元，俄每年将向中国供应380亿立方米天然气，期限30年。三是金融合作持续深化。2014年10月，两国央行签署了规模为1500亿元人民币的双边本币互换协议，促进贸易投资便利化。中国银联已准备与筹建中的俄罗斯全国支付系统全面合作。莫斯科银行于2014年8月决定加盟中国银联支付系统，并计划于2015年开始发行带有银联标识的银行卡。四是科技合作深入发展。两国已在宽体客机、重型直升机、卫星导航、航空航天等方面启动合作，联合研制宽体客机项目将于2015年开工。五是交通基础设施合作不断加强。2014年2月，中俄同江铁路界河桥正式开工建设，建成后将成为中俄两国在满洲里、绥芬河之后的第三条双边铁路大通道。10月，李克强总理访俄期间，两国又签署了高铁合作备忘录，推进构建北京至莫斯科的欧亚高速运输走廊，优先实施莫斯科至喀山高铁项目。六是农业合作方兴未艾。中俄已经签署多项农业合作协议，我国企业在俄建成境外农产品生产基地48万公顷，已成为俄罗斯远东地区居民农产品消费的重要供应国，而境外种植的玉米、大豆等农产品也已开始返销国内。

尽管两国经贸合作取得很大成绩，但总体看，中俄经贸关系的发展水平与两国政治关系发展还不协调，与两国的潜力还不相称。从规模上看，1990年至2013年，虽然中俄贸易额从42亿美元增加到892亿美元，但对俄贸易占中国对外贸易的比重从3.7%下降到2.1%，对中贸易占俄罗斯对外贸易的比重也从19.5%下降至10.5%；中俄投资合作规模很小，中国对俄投资额还不到中国对外投资总额的1%。从结构上看，两国间贸易的商品结构仍以低附加值产品为主，深加工产品、高技术和高附加值产品所占比重较低，俄罗斯向中国出口的主要是原油、原木等资源密集型产品，中国向俄罗斯出口的除机电外主要是轻纺、轻工、玩具、小家电等劳动密集型产品。中俄经贸合作发展主要有以下几个方面的制约因素。

*第一，传统经贸合作取向的制约。*由于历史传统和文化因素，俄罗斯对欧洲具有特殊的情结，与欧洲的合作历史悠久，企业间关系密切，经济合作的重点传统上都是欧洲国家。而中国改革开放以来，也一直是向欧美学习，注重与西方的合作。这导致中俄均不是对方经贸合作传统上的主要地区，两国企业相互间的了解程度不深。从贸易规模看，中国对外贸易的主要地区除自身所在的亚洲外，依次为欧洲和北美洲，俄罗斯对外贸易的主要地区依次为欧盟、独联体国家和亚太地区。

*第二，现有经济和贸易结构的制约。*苏联解体前，军工领域创造的产值占国内生产总值的70%，80%的工业与军工有关，重工业发达，轻工业落后。作为苏联的主要继承者，由于制造业工艺落后，产品在国际市场缺乏竞争力，俄罗斯在转型过程中为摆脱经济困境，获取外汇资金购买国内急需的消费品，大量出口能源、原材料产品，导致经济和贸易结构对能源、原材料部门的过度依赖，而与老百姓生活密切相关的轻工产品、食品自给率低。中国虽然已经成为世界第一贸易大国，但出口产品主要是劳动密集型的轻工产品，制造业仍处于转型升级过程中，产品科技含量和附加值的提高仍有一个过程。两国的经济和贸易结构导致中俄贸易方式比较单一，主要是基于资源禀赋的产业间

贸易，影响了贸易规模的持续发展。另外，中俄融入全球产业链的程度不同，中国已经嵌入国际分工体系，从产业间垂直分工过渡到了产品内的生产环节分工，而俄罗斯融入全球产业链程度不深，大部分的中间产品都由本国提供，中俄不能在全球产业链上实现分工合作，两国产业内贸易发展水平较低，也制约了贸易发展。

第三，制度和营商环境的制约。中俄两国都属于转型国家，法律制度、投资环境等方面都存在亟待改进的方面，也都不同程度地存在制度不健全、行政效率低等问题。近年来，俄罗斯一直大力推动改善投资环境，简化行政审批，提高行政效率，根据世界银行2014年10月发布的《全球营商环境报告》，俄罗斯在189个列入统计的经济体中排名第62位，与上年相比上升30位，表明俄罗斯营商便利程度有所改善，但评级指标主要反映莫斯科和圣彼得堡的情况，俄整体营商环境仍然欠佳，投资者普遍感到评级结果好于实际情况。同时，俄罗斯基础设施的完善程度在城市和地方性区域间差异较大，绝大多数地方性区域的道路建设缓慢，交通便利性和运载能力不足，提高了外商的生产成本，影响了对外资的吸引力。中国在基础设施、政策优惠等方面相对于俄罗斯有更多优势，但在《全球营商环境报告》中的排名处在第90位，一直处于中游水平，营商便利性仍有较大改进空间。

第四，各种分歧和顾虑的制约。比如，长期的贸易结构失衡，使俄罗斯一些人士担心成为中国经济发展的能源和原材料附庸，从而对能源资源合作较为审慎；在优化调整本国经济结构过程中，俄对国内一些制造业领域进行扶持保护，提高相应制成品关税，而这些相关产品又恰恰是中国具有相对技术优势的领域；金融危机中俄罗斯企业由于负债过高而损失较大，在与外国企业合作时，希望对方投资，自身不愿贷款，而中国企业对境外项目风险掌控能力不足，倾向于项目承包建设，不愿大额投资；过去中国流入俄罗斯的商品质量参差不齐，使俄方企业在新的合作中对中国产品和中国企业信任不足；等等。

受包括上述原因在内的多重因素影响，政热经冷已成为中俄关系亟待破解的一个难题。2013年3月习近平主席访俄期间，两国元首共同签署的联合声明指出，“中俄面临的战略任务是把两国前所未有的高水平政治关系优势转化为经济、人文等领域的务实合作成果”，同时提出要“实现经济合作量和质的平衡发展，实现双边贸易额2015年前达到1000亿美元，2020年前达到2000亿美元”。这表明了两国政府推动务实经贸合作的决心。不断拓展经贸合作领域，稳步提升相互投资规模，推动两国经贸合作加速换挡，是当前和今后一个时期两国政府、企业和各界人士共同面临的战略任务。

三、推动中俄经贸合作深入发展

中俄两国有高度的政治互信优势，有天然的地缘毗邻优势，有突出的经济互补优势，两国经贸合作具有广阔的发展前景和巨大的潜力空间。当前，全球经济形势依然错综复杂，主要发达经济体的复苏冷热不均，而新兴市场国家的经济发展面临不同程度的困难。中国经济运行总体平稳，但经济转型和结构调整任务艰巨，投资、消费、外贸出口增长乏力，经济下行压力较大。俄罗斯受西方经济制裁和国际油价下跌的双重打击，资本外逃严重，卢布大幅贬值，经济增速下降。在这一背景下，深化两国经贸合作、促进共同发展显得更加迫切。为此，应坚持互惠互利、合作共赢的发展思路，进一步加强统筹谋划，推动两国经贸合作升级，不断提升两国的战略依存度，筑牢两国全面战略协作伙伴关系的基石。

（一）增进共识，扩大战略和利益的契合点。中俄之间应加强沟通和合作，在一些重大经济战略实施和调整方面密切配合，实现双赢。比如，在推进经济转型战略方面，俄罗斯正在实施从资源依赖型经济向创新型经济转换的战略，中国也正在推动调整经济结构，转变经济发展方式。在这一过程中，两国都应高度重视贸易和投资对经济发展的作用，积极推动务实合作，着力提升双边贸易和投资规模，要避免新的产业和贸易政策对经贸合作的不利影响，防止形成过高的贸易和投资壁垒。同时，两国当前的贸易结构反映了各自的资源要素禀赋和经济发展水平，对此应客观看待，并在两国经济结构调整过程中逐步改变，不能急于求成，否则就损害了双边经济关系。再如，在推动丝绸之路经济带建设与欧亚经济联盟进程方面，着眼于深化欧亚大陆的经济合作，中国提出了建设“丝绸之路经济带”的战略构想；而俄方实施欧亚战略，推动独联体一体化，正在推进欧亚经济联盟进程，终极目标是建立类似于欧盟的经济组织，形成统一市场，俄罗斯、白俄罗斯、哈萨克斯坦、亚美尼亚四国已签署文件，决定自 2015 年 1 月起成立欧亚经济联盟。中俄应充分利用战略协作沟通机制，加强合作，推动丝绸之路经济带建设与欧亚经济联盟进程相辅相成，增加欧亚各国合作的内涵和活力，不断创造欧亚地区扩大经贸合作的新增长点。同时，中、俄、蒙三国元首已就打造中蒙俄经济走廊达成共识，中俄可围绕推动三国基础设施互联互通、促进通关和运输便利化等开展深入合作。又如，在推动毗邻地区的经济合作方面，俄正在加快推进远东地区开发，中国也在推动实施东北振兴战略。两国 2009 年即已批准《中国东北地区同俄罗斯远东及西伯利亚地区合作规划纲要》，正在加大实施力度，提高地方合作效率。双方应建立有效的工作机制，推进俄远东地区开发与中国东北振兴的战略接轨，促进区域间的人力、物力、财力有效结合，资源、资本、技术优化配置，逐步形成东亚地区一个新兴的经济板块。

（二）把握重点，拓展关键领域合作。一是继续深化能源资源合作。俄罗斯是世界能源大国，政府预算收入的 54%、外汇收入的 45%来自能源产业，能源出口对俄经济发展至关重要。乌克兰危机爆发后，欧盟制订《削减欧盟能源依赖综合计划》，意在摆脱对俄的能源依赖，俄罗斯急需实现能源出口多元化。而中国能源消费总量仅次于美国，确保能源供给安全具有重要意义。双方能源合作已经取得突破，但总体以能源贸易为主，下一步应继续扩大能源合作规模，同时在投资、勘探开发、加工等方面开展全方位合作，不断拓宽合作深度。二是大力开展基础设施合作。俄罗斯正在大力投资改善基础设施，全面提升现有铁路、公路和航空的运营条件，加快港口和机场等基础设施的现代化步伐。中国在基础设施建设方面积累了丰富的经验，在高铁等领域具有技术、质量和性价比优势，双方在基础设施建设领域可以开展深入的合作。同时，应进一步加快边境基础设施、跨境基础设施建设，促进两国边境地区经济发展。三是加强高科技和制造业合作。俄罗斯在一些尖端科技方面领先世界，而中国一些民用技术具有一定优势。两国应加强在核能、航空、航天、信息、造船等科技创新和高端制造业领域的合作，通过联合研究开发、联合推广应用、联合生产制造等，开展一批技术密集型的合作项目。中国应加强对俄罗斯科技政策和发展动态的跟踪研究，进一步扩大科技领域交流，开展科研和成果转化方面的合作。四是深入开展农业合作。俄罗斯拥有 2.2 亿公顷的农业用地，其中耕地约1.25亿公顷，是世界上黑土带面积最大的国家，但其目前耕地使用率不足50%，而中国具有劳动力、资金和技术等优势，又是世界上重要的粮食需求大国，两国开展农业合作具有天然的基础和巨大的潜力。应在境外农业种植、农产品销售、农业技术交流等方面进一步放宽政策限制，创造宽松环境，推动农业务实合作迈上新台阶。

（三）互利共赢，发挥金融合作的带动作用。一是加强支付结算系统建设合作。俄罗斯金融体系对西方的支付结算系统高度依赖，在美欧制裁背景下，西方利用全球银行业支付结算系统（SWIFT）等可以对俄罗斯金融和资金交易全程跟踪，一些西方人士甚至威胁封堵俄罗斯接入SWIFT系统。2014年3月，总部设在美国的国际支付系统Visa和MasterCard，宣布停止向俄境内的俄罗斯银行、Sobin银行、北海航线银行等几家银行的客户提供支付服务，导致一些交易中断。这些都迫使俄罗斯着手建设独立的支付结算系统，中国可分享在国内支付结算系统建设方面的经验，为俄支付结算系统建设提供支持。二是扩大中俄货币合作。进一步扩大两国货币互换规模，推动在中俄贸易投资中使用本币结算，促进贸易投资便利化，提高双方货币的国际化程度。三是吸引俄企来华发债。吸引原来在欧洲发债的俄罗斯企业到国内银行间市场发债，筹集的资金可以用于从中国进口产品和设备，既能拓展俄罗斯企业的融资渠道，又能促进我国债券市场的发展，同时还能促进双边贸易。四是开展贷款融资合作。鼓励和支持中资银行向中俄合作项目提供贷款融资，推进一批对中俄关系有直接影响和显著作用的重大项目实施。

（四）多方合力，促进多层次沟通交流。一是充分利用好政府间的磋商沟通机制。两国高度的政治互信和较为完善健全的战略伙伴关系机制是加强经贸合作的最大优势，要充分利用政府间各级别、层次的合作机制，加强磋商协调，加大相关协议的落实力度，营造良好的经贸合作氛围，消除合作中的各种疑虑，解决合作中的具体问题，发挥政府对经济合作的巨大推动作用。二是鼓励和支持骨干企业加强合作。企业是经贸合作的主体，要从政策、资金、投资环境等方面支持两国企业深化合作，保护投资者合法权益，坚定企业开展长期合作的信心，推动两国企业继续联合实施资源深加工、航空航天、基础设施、高新技术等领域的战略性大项目合作。通过政策指导、牵线搭桥、产品宣介等方式，增进两国企业的相互了解，增强两国产品的相互吸引力。三是有效发挥中俄友协等民间组织的作用。中俄友协是以增进中俄友谊、促进交流合作为宗旨的民间团体，多年来通过开展卓有成效的工作，为夯实两国关系的社会和民意基础，推动两国交流合作，促进共同发展，发挥了重要的作用。下一步，应吸收在中俄经贸合作中发挥主力作用的骨干企业加入中俄友协，恢复加强地方中俄友好协会，进一步提升友协的作用和影响力。组织开展调查研究，摸清两国优势领域和合作需求，推进重大项目前期策划、规划，为两国高校、科研院所之间开展合作牵线搭桥，为企业拓展对俄业务提供支持和便利。

中俄关系已经进入全面快速发展的新阶段，两国实现强国梦想的战略、经济发展方式转变的需求、地区平衡协调发展的规划以及国际能源版图的变化等，为两国间经贸合作带来了新的动力和机遇。相信在中俄两国政府和人民的共同努力下，两国经贸合作必将不断绽放新的亮点、结出新的硕果，不仅能有效带动两国经济社会发展，也将为推动世界经济强劲、包容、可持续增长贡献力量。

在全国暨地方政协民族宗教工作研讨会上的讲话

(2014 年 12 月 9 日)

齐 续 春

今天，很高兴参加由全国政协民族和宗教委员会召开的全国暨地方政协民族宗教工作研讨会。全国政协及地方政协从事民族宗教工作的同志们齐聚一堂，深入学习中共十八大及十八届三中、四中全会精神和中央民族工作会议精神，深入领会习近平总书记在庆祝人民政协成立 65 周年大会上的重要讲话精神，总结交流各地政协民宗委为促进民族团结、宗教和睦、社会和谐，做好协商议政工作的经验和体会，研究如何发挥政协民宗委优势、协助党和政府做好新形势下民族和宗教工作的新思路，很有意义。

下面我就学习贯彻中央会议精神和习近平总书记系列重要讲话精神、进一步做好政协民族和宗教工作同大家交流三点意见。

一、充分认识在新形势下做好民族宗教工作的重要意义

我国自古以来就是统一的多民族和多宗教国家，有 1 亿多少数民族人口，信仰宗教的群众也有 1 亿多人，这是我国的基本国情之一。新中国成立 65 年来，党和政府始终坚持把民族、宗教工作作为关系党和国家事业发展全局的重要工作，大力促进各民族各宗教和睦相处、和衷共济、和谐发展，我国少数民族和民族地区的面貌、民族关系、宗教关系都发生了翻天覆地的变化，为我们战胜国内外各种困难和挑战、保持社会和谐稳定提供了基本保障。与此同时，在发展社会主义市场经济和实行对外开放新的历史条件下，我国的民族、宗教工作也出现了一些新的特征：改革开放和社会主义市场经济带来的机遇和挑战并存；民族地区经济加快发展和发展低水平并存；国家对民族地区支持力度持续加大和民族地区基本公共服务建设仍然薄弱并存；各民族交往交流交融趋势增强和涉及民族因素的矛盾纠纷上升并存；反对宗教极端、暴力恐怖的斗争成效显著和局部地区暴力恐怖活动多发并存。国际上，西方敌对势力利用民族、宗教问题西化分化我国的图谋没有改变，美国等西方国家仍在公开支持达赖集团、“三股势力”等。境内外民族分裂势力相互勾连，加紧渗透，不断制造事端。境外某些宗教势力加大对我国的传教力度，特别是境外敌对势力利用宗教对我国进行政治渗透，影响我国宗教和社会的稳定。因此，正确认识我国多民族多宗教的基本国情，正确认识和把握新形势下的民族和宗教问题，切实做好民族和宗教工作，关系祖国的统一和边疆的巩固，关系民族的团结、宗教的和睦和社会的稳定，关系国家的长治久安和中华民族的繁荣昌盛。

十八大以来，以习近平同志为总书记的党中央高度重视民族和宗教工作，对事关全局和长远的重大问题作出重要论述，提出了一系列新观点、新论断、新要求，为我们做好新形势下的民族和宗教工作提供了重要遵循。我们要认真学习中央会议精神和习近平

总书记系列重要讲话精神，紧密联系民族和宗教工作实际，在认识上要有新提高，在思路上要有新拓展，在工作上要有新举措，在成效上要有新突破，努力把人民政协的民族和宗教工作做得更加富有成效。

二、紧紧围绕改革发展大局献计出力

近年来，民族地区经济社会发展的成就举世瞩目。经济增速快于全国平均水平，综合经济实力显著增强，人民生活水平不断提高，社会事业全面推进，生态环境恶化趋势得到有效遏制。但是，民族地区面临的问题和困难非常突出，与发达地区差距仍在拉大，自我发展能力仍然薄弱，发展中不平衡、不协调、不可持续的问题仍然明显，贫困人口多、贫困程度深的问题仍然存在，基本公共服务均等化水平仍然较低，经济社会发展面临的生态制约仍然较大。

习近平总书记指出："增强民族团结的核心问题，就是要积极创造条件，千方百计加快少数民族和民族地区经济社会发展，促进各民族共同繁荣发展。"发展是解决民族地区各种问题的总钥匙。十八大提出，到2020年全面建成小康社会的宏伟目标。全面小康是56个民族共同的全面小康，这个宏伟目标的实现需要56个民族共同团结奋斗。

人民政协是协商民主的重要渠道，促进科学发展是人民政协履行职能的第一要务。我们要按照中央的要求，牢牢把握各民族"共同团结奋斗、共同繁荣发展"的主题，发挥人民政协代表性强、联系面广、包容性大的优势，聚焦推动科学发展、全面深化改革中的重大问题和各族群众最为关切的问题，深入进行调查研究，努力为改革发展出实招、献良策。

本届政协以来，全国政协民宗委围绕党和国家的中心工作，以民族、宗教领域在经济社会发展中的重要问题为抓手，认真开展调研，积极建言献策。如民族地区职业教育调研建议，被今年出台的教育部等六部委《现代职业教育体系建设规划（2014—2020年）》所采纳；民族地区城镇化建设建议被吸收到中共中央、国务院《国家新型城镇化规划（2014—2020年）》中。就2010年由国家宗教局等五部委联合下发《关于妥善解决宗教教职人员社会保障问题的意见》进行跟踪调研落实情况，俞正声、刘延东、杜青林等领导同志作出重要批示，提出要加强宣传引导、建立工作长效机制、提高宗教教职人员参保率等。

全国政协民宗委注意发挥人民政协协商民主重要渠道作用，围绕民族地区城镇化进程中的就业问题及对策召开双周协商座谈会，提供就业政策保障，提高劳动者就业素质和能力等协商意见，得到全国政协领导和国务院有关部门高度重视。国家发展改革委会同水利部、国家能源局等部门，对协商意见中提出的水库移民工作专门进行研究，形成了《国家发展改革委关于水库移民工作有关情况的报告》，提出集中力量解决特困移民生产生活问题，抓紧制定《移民条例》和《耕地占用暂行条例》。这说明人民政协作为国家治理体系重要组成部分，其地位得到各个方面高度关注。

民宗委工作涉及领域较宽，可做的事情很多。要真正把工作做实、做出成效，就要选准角度，抓住重点。既选择战略性、宏观性、前瞻性的课题，又抓住需要做、政协有条件做并能做好的中微观课题深入调研，以小见大。敢于讲真话、讲诤言，及时反映真实情况，提出建议和批评，帮助党和政府查找不足、解决问题，推动各项改革发展举措落到实处。

三、旗帜鲜明地维护国家统一、民族团结和社会稳定

当前，我国民族关系、宗教关系的主流很好，民族团结基础扎实，平等团结互助和谐的社会主义民族关系日益巩固和加强的基本趋势没有变。但是，应当清醒地看到，我国民族、宗教工作面临的国内外环境都发生了重大变化，各民族之间的跨区域交往交流交融正在以空前的规模和密度进行，民族关系的重要性愈加凸显；影响民族团结、宗教和睦的因素更加复杂，涉及民族因素的矛盾纠纷易发高发。在民族地区，宗教问题与民族问题往往交织在一起，宗教对群众的影响更广、更大、更深。

维护民族团结、促进宗教和谐，是实现长治久安、实现中国梦的基本前提，也是人民政协义不容辞的重要职责。十八届四中全会提出依法治国、建设社会主义法治国家的宏伟目标，强调要高举民族大团结旗帜，依法妥善处置涉及民族、宗教等因素的社会问题，促进民族关系、宗教关系和谐。

民族和宗教委员会汇集了民族界、宗教界代表人士，委员要积极宣传和协助贯彻执行国家的民族和宗教政策，引导各族群众牢固树立国家意识、公民意识、中华民族共同体意识，使“三个离不开”、“四个认同”思想更加深入人心，促进各族群众交往交流交融；充分发挥桥梁和纽带作用，积极联系少数民族群众和信教群众，协助党和政府做好协调关系、化解矛盾、理顺情绪的工作，及时反映少数民族和信教群众的意见和要求，为促进民族团结、宗教和睦、维护社会和谐与稳定贡献力量；发挥宗教界人士在引领信教群众维护社会稳定和实现长治久安中的独特作用，用正确的宗教知识、宗教思想占领宗教阵地，教育引导广大信教群众正信正行，筑牢抵御“三股势力”的防线，遏制宗教极端思想渗透蔓延，坚决抵制非法传教活动和境外宗教渗透活动，切实维护宗教领域和谐稳定；坚持把法治建设作为做好民族、宗教工作的保障，通过宣传《宪法》、《民族区域自治法》、《宗教事务条例》等法律法规，提高各族群众和信教群众的法律意识。不管哪个民族、不管信仰何种宗教，都必须遵守法律；任何诉求和意愿，都必须通过合法渠道表达和解决。我们还要积极支持国家依法打击民族分裂和暴恐活动的犯罪分子。

全国政协民宗委在这方面做了一些积极有效的工作。今年以来，朱维群主任在网络报刊媒体上，就西方为何在涉藏涉疆问题上同中国过不去、反对宗教极端主义要综合施策、民族工作应向交往交流交融使劲等问题，积极主动宣传党的方针政策，支持党和政府解决热点难点问题。今年“两会”期间，发生昆明“3·01”暴恐事件，一些委员接受媒体采访，提出处理暴恐事件要在民族宗教问题中脱敏、不能将暴恐事件同特定民族挂钩的观点，得到网民好评。新疆“5·22”暴恐案发生后，全国政协民宗委及时组织委员座谈，学习贯彻习近平总书记、李克强总理重要批示精神，揭露暴恐分子反人类、反社会、反文明的罪恶本质，维护安定团结局面。

参加这次会议，对于每个与会者来说是机会难得。希望全国政协和各地方政协民宗委加强交流合作，互相支持配合，形成参政议政合力，为推动党和国家事业发展，为实现中华民族伟大复兴的中国梦作出新的更大的贡献。

在中国人民政协理论研究会第一期会长学习研讨班上的讲话

（2014年12月25日）

张　庆　黎

这次学习研讨班是新一届中国人民政协理论研究会举办的首次学习研讨活动，是经俞正声主席批准的。主题是深入学习贯彻习近平总书记在庆祝人民政协成立65周年大会上的重要讲话，贯彻落实俞正声主席关于加强政协理论研究的指示精神，研究谋划明年和今后一个时期人民政协理论研究工作。

今年10月13日，中国人民政协理论研究会召开了换届后第一次会长会议，重点研究如何把理论研究工作进一步推向前进，确定了新一届理论研究会工作的指导思想、主要任务和重点工作。举办学习研讨班，主要考虑是：各省区市、副省级城市政协理论研究会的会长、副会长，在推动政协理论研究工作中担负着重要的职责，起着关键的作用，把大家组织起来学习、研讨和交流，对于学习贯彻中央精神，进一步明确理论研究的目标任务和工作思路，合力推动人民政协理论研究工作实现新发展，推动新一届理论研究会的工作开好局、起好步，很有意义、很有必要。下面，我讲三点意见，和大家一起交流。

一、充分认识人民政协理论研究工作面临的新形势

过去8年，理论研究会工作取得了很大成绩，为新一届理论研究会工作打下了良好基础。当前，全党全国上下正在深入贯彻党的十八大和十八届三中、四中全会精神，全面推进中国特色社会主义伟大事业，人民政协理论研究工作面临的大环境和形势有了新的发展。深刻认识和准确把握党和国家事业发展新形势，对人民政协理论研究工作找准方位、明确方向、强化责任十分重要。

*第一，深刻认识协调推进全面建成小康社会、全面深化改革、全面推进依法治国、全面从严治党的新形势。*最近，习近平总书记在江苏调研时强调，要全面贯彻党的十八大和十八届三中、四中全会精神，落实中央经济工作会议精神，主动把握和积极适应经济发展新常态，协调推进全面建成小康社会、全面深化改革、全面推进依法治国、全面从严治党，推动改革开放和社会主义现代化建设迈上新台阶。我们要深刻理解和把握这一重要论述，深刻认识从“三个全面”到“四个全面”，体现了党中央对党和国家工作的战略部署，是对各项工作提出的新要求。全面建成小康社会是到2020年要实现的奋斗目标，这是实现“两个一百年”奋斗目标和中华民族伟大复兴中国梦阶段性递进战略的首要任务，目前只剩6年，时间紧迫、任务艰巨。全面深化改革是党的十八届三中全会作出的重大战略决策，总目标是完善和发展中国特色社会主义制度、推进国家治理体系和治理能力现代化。目前336项改革举措已经分解任务、扎实推进，全面深化改革的

态势已经形成，共识已经凝聚，各项举措已经初显成效。全面推进依法治国是党的十八届四中全会作出的又一战略部署，总目标是建设中国特色社会主义法治体系、建设社会主义法治国家，以此为标志，开启了法治中国建设的新征程。当前和今后一个时期，全面推进依法治国在党和国家工作全局中的地位更加突出、作用更加重要，必将在国家治理领域引发一场广泛而深刻的革命。全面从严治党是我们党的重要方针，目的在于确保党的先进性和纯洁性，确保我们党始终成为中国特色社会主义事业的领导核心。党的十八大强调，发展中国特色社会主义是一项长期艰巨的历史任务，必须准备进行具有许多新的历史特点的伟大斗争。党的十八大以来，以习近平同志为总书记的党中央坚持党要管党、从严治党，牢牢抓住作风建设持续用力，深入开展党的群众路线教育实践活动，始终保持对腐败现象的高压态势和强大震慑，坚决查处一批重大违纪违法案件，推动党风廉政建设和反腐败斗争取得重大进展。"四个全面"相互联系、相辅相成，全面建成小康社会是目标，全面深化改革是动力，全面推进依法治国是保障，全面从严治党是关键，协调推进"四个全面"，这是重大战略部署，也是重大工作要求。我们说深刻认识新形势，"新"就新在这里，把握好新形势对于理论研究工作的现实意义，也在这里。

第二，深刻领会中央一系列重大战略思想、重大理论观点、重大工作部署的新要求。党的十八大以来，以习近平同志为总书记的党中央，总揽全局、高瞻远瞩，紧紧围绕坚持和发展中国特色社会主义，从改革发展稳定、内政外交国防、治党治国治军等各方面提出了一系列重大战略思想、重大理论观点，作出了一系列重大工作部署，深刻回答了新形势下党和国家事业发展面临的重大理论和现实问题，是坚持和发展中国特色社会主义的最新理论成果，是新的历史起点上实现中华民族伟大复兴中国梦的行动指南。党的十八大和十八届三中全会对发展社会主义协商民主、做好人民政协工作作出重要部署。习近平总书记 9 次作出关于政协工作的重要讲话、指示和批示，提出了一系列新思想、新观点、新论断、新要求。特别是习近平总书记在庆祝人民政协成立 65 周年大会上的重要讲话，充分肯定了人民政协建立的历史功勋，深刻总结了政协 65 年丰富实践积累的宝贵经验，系统回答了新形势下人民政协工作中具有根本性、全局性、战略性的重大问题，政治立意高远、理论分析透彻、实践指向鲜明，为人民政协事业发展提供了强大思想武器和科学指南。特别是在讲话中用较大篇幅对发展社会主义协商民主作出最系统、最全面、最深刻的论述，精辟阐释了中国特色社会主义协商民主实质内涵、特点优势、基本定性等重大问题，为推进社会主义协商民主建设指明了前进方向。俞正声主席在"人民政协与中国协商民主"理论研讨会上发表讲话，强调把学习总书记重要讲话精神作为改进提高政协工作的重要指导，要求进一步增强理论研究的责任感和使命感，不断深化对政协工作规律性认识。这些重要论断、部署和要求，是当前和今后一个时期做好政协理论研究工作的重要依据和基本遵循。

第三，深刻把握人民政协坚持在继承中发展、在发展中创新的新实践。十二届全国政协在党中央坚强领导下，在俞正声主席主持下，坚持在继承中发展、在发展中创新，履行职能、各项工作都取得了新进展。这些集中体现在对人民政协协商民主的推进上。一是拓展协商内容，增加了民主政治、党风廉政建设和法律法规等方面议题。二是丰富协商形式，创建双周协商座谈会，以专题为内容、以界别为纽带、以专委会为依托、以多向交流为方法，议题涉及面广、切口小，与会人员专业性强、经验丰富、研究深入，形成的意见建议具体、有操作性。目前已经成功举办24次，上上下下、方方面面反响都很好，成为全国政协的重要品牌。三是增加协商密度，今年全国政协的重点工作概括起来就是“1420”：“1”是一次全会；“4”是2次专题议政性常委会议和2次专题协商会，比往年各增加1次；“20”是20次双周协商座谈会。这样就形成了以全体会议为龙头、以专题议政性常委会议和专题协商会为重点、以双周协商座谈会为常态的协商议政新格局。同时，还有88项重要的视察调研活动。总的就是为委员履职尽责，更好地建言献策，为党和国家重要决策提供参考搭建更多平台。四是健全协商制度，最大的亮点就是根据党的十八届三中全会要求，形成《关于制订全国政协年度协商计划的办法》，第一次制订《全国政协2014年协商工作计划》并经中央批准施行，标志着政协的重点协商活动被纳入中央总体工作部署。各地政协也有很多创新。人民政协工作实践的创新发展为政协理论研究提供了生动素材，同时实践也亟须理论研究给予有力支撑，这是我们加强政协理论研究的重要现实基础和强大动力源泉。

二、进一步明确人民政协理论研究的重点任务

在十二届全国政协第八次常委会议闭幕会上，俞正声主席对明年政协工作提出了“五个新”的工作思路：一是协商民主要有新加强；二是民主监督要有新突破；三是制度建设要有新进展；四是学习成效要有新提高；五是成果转化要有新举措。这五个方面，既是明年政协工作的主要任务，也是政协理论研究的主攻方向。根据中央和全国政协工作部署和要求，以及第一次会长会议上提出的本届研究会工作的指导思想和主要任务，研究会制订了本届人民政协理论研究规划和年度计划。这次会议的重要议程，就是讨论和修改完善规划和年度计划。这两个文件对于做好明年乃至本届研究会工作，推进政协理论研究不断取得新成效，具有重要的引领作用。希望大家集思广益，把规划和计划修改完善好，努力使规划和计划科学、可行。按照规划设想，今后五年，人民政协理论研究主要从实践对策研究和基础理论研究两个方向展开。规划中提出一系列研究课题，归纳起来主要有以下四个方面的重点任务。

*第一，一定要把党中央关于人民政协的新思想新观点新要求阐释好。*党的十八大以来，以习近平同志为总书记的党中央，对做好政协工作提出一系列重大思想观点和工作部署要求，思想深邃、内涵丰富、博大精深，本身就是重要的思想理论成果。深入挖掘和梳理这些重大思想观点的丰富内涵，切实加强理论阐释和解读，是政协理论研究工作的重要职责。一是要把人民政协坚持党的领导的重要意义、途径方法、有效举措等涉及的重大理论问题阐释好。习近平总书记在庆祝人民政协成立65周年重要讲话中提出，做好政协工作必须坚持四项重要原则，第一项就是坚持中国共产党的领导。党的领导作为一项政治原则，一般来说是清楚的、没有疑义的。但如何在政协工作中全面贯彻党的路线、方针、政策，把党的领导贯穿到政治协商、民主监督、参政议政的全过程和各方面，还有许多具体问题需要研究。二是要把人民政协的性质定位阐释好。如何理解和把握政协的性质定位，是政协理论和实践中模糊认识较多的一个问题。历史上对这个问题的争论有好几次，在1954年人大召开以后和改革开放新时期之初，都曾经有过激烈争论。习近平总书记明确指出，人民政协要在依照宪法法律和政协章程准确定位的基础上，大力推进自身各项工作和各项事业不断向前发展。俞正声主席强调，政协具有非权

力性，是个发扬民主的平台、政治协商的平台、统一战线的平台，政协参政不执政、议政不决策、监督不强制。这些论述对于始终坚持政协性质定位、确保政协工作的正确方向，具有重要的指导作用。我们要通过理论阐释，澄清模糊认识，增强政治定力。三是要把中央对协商民主的基本要求阐释好。党的十八大和十八届三中全会提出，在发展我国社会主义民主政治的进程中，要完善协商民主制度和工作机制，推进协商民主广泛多层制度化发展。习近平总书记在庆祝人民政协成立 65 周年讲话中指出，在中国社会主义制度下，有事好商量，众人的事情由众人商量，找到全社会意愿和要求的最大公约数，是人民民主的真谛。这些重要论述，具有丰富的理论内涵，要求我们深入开展政协理论研究，切实阐释好、论证好。四是要把社会主义协商民主的实质内涵、基本定性阐释好。我们发展社会主义协商民主，是有立场、有原则、有方向的。社会主义协商民主绝不是“大民主”，更不是西方“民主宪政”那一套，把这一点从理论上讲清楚，对于社会主义协商民主健康有序发展至关重要。

*第二，一定要把人民政协基础理论研究透。*只有理论基础打得牢、扎得深，人民政协理论大厦才能建得高、立得稳。没有基础理论的根深蒂固，难有人民政协理论的枝繁叶茂。一是要挖掘好理论来源。马克思列宁主义的统一战线理论、政党理论和民主政治理论是人民政协理论的三大理论基石。这三大理论的主要内容是什么，老祖宗在这些问题上是怎么讲的，人民政协理论同这三大理论间的内在逻辑关系是怎样的，是人民政协基础理论需要首先回答的重要问题。二是要梳理好发展脉络。人民政协理论不是凭空产生的，是中国共产党带领中国人民在革命、建设和改革进程中创立和发展的。历届中央领导集体都对人民政协提出了一系列重大思想和理论观点。深入研究人民政协理论，就要深入研究中国革命史、建设史、改革史，就要深入研究中国共产党关于人民政协的思想史，讲清楚政协理论的产生和发展既坚持了马克思主义基本原理，又结合中国实际，合理吸收了中华优秀传统文化的精髓，是具有中国特色、民族特性和时代特征的理论成果。三是要完善好理论体系。理论的系统化，是理论成熟的重要标志。加强人民政协基础理论研究，必须重视人民政协理论体系建设，理清楚人民政协理论的基本框架和主要内容，理清楚政协理论与相关学科的互动关系及其在哲学社会科学体系中的定位。真正把这些问题研究深、研究透，人民政协理论才能根基实、脉络清、体系明。

*第三，一定要把人民政协协商民主的特色和优势讲明白。*习近平总书记指出，协商民主是中国社会主义民主政治中独特的、独有的、独到的民主形式。我理解，所谓独特，就是与别人所不同；所谓独有，就是别人所没有；所谓独到，就是别人所不能。为什么说社会主义协商民主与别人不同，是别人所没有、所不能？它的依据是什么？这就需要通过比较才能得出结论。有比较才有鉴别，才能知短长、辨优劣。要大力开展社会主义协商民主与西方协商民主比较研究、中国特色社会主义政党制度与国外政党制度比较研究，从理论上深入阐释，切实讲清楚哪些地方与别人不同，哪些地方是别人所没有，哪些地方是别人所不能，从理论的高度更好地阐释好、凸显出社会主义协商民主的中国特色、中国风格、中国气派。研究我国社会主义协商民主的特色和优势，还要重点开展人民政协与国外类似机构比较研究，开展与其他协商民主渠道的比较研究，讲清楚政协协商民主在我国社会主义协商民主体系中的地位和作用，讲清楚人民政协这一中国特色政治组织和民主形式的特色和优势，这对于坚定中国特色社会主义道路自信、理论

自信、制度自信，增强做好政协工作的自觉性具有重要意义。

第四，一定要把人民政协工作中的实际问题研究解决好。理论研究的根本目的是为了指导实践、推动工作。长期以来，各地政协在实际工作中勇于探索、大胆创新，积累了丰富的实践经验，这是政协理论研究的宝贵财富。我们要对这些经验进行认真总结、梳理，努力上升到理论层面。同时，进一步推进政协工作，也有不少问题需要开展实践对策研究。当前，比较紧迫的、需要集中力量进行深度研究的有四个问题。一是政协的民主监督。多年以来，人民政协履行职能一个比较突出的问题，是民主监督工作总体上比较薄弱。习近平总书记在庆祝人民政协成立65周年大会上的重要讲话中特别指出，"要加强人民政协民主监督，完善民主监督的组织领导、权益保障、知情反馈、沟通协调机制"。俞正声主席明确要求，明年在民主监督上要有新突破。加强民主监督，既要开展大量的工作去推动落实，也有许多问题需要深入研究。比如，如何把握民主监督的性质？政协的民主监督不是个案监督，法律没有授予政协这种职权。政协不是纪委，不能像纪委那样查处具体案件，而是对工作中间的问题进行监督。政协开展民主监督有哪些优势？这些优势如何充分发挥出来？需要深入研究。二是做好政协的提案工作。十二届以来，全国政协提案工作进行了许多探索和创新。但是，在深化提案办理协商、促进提案工作创新发展的过程中，还存在一些亟待改进的问题，比如如何进一步提高提案质量？如何提高集体性提案的比重？如何进一步细化完善立案及转、并、撤案处理的标准等，这些问题还需要深入研究加以解决。三是政协制度体系建设。构建科学规范的人民政协制度体系是履行职能制度化、规范化、程序化的现实要求，科学有效的制度是客观规律的反映，是理论认识的深化和升华。理论研究要把服务制度建设作为重要工作内容，充分发挥好在制度建设中的理论支撑作用。最近，中央将出台关于加强社会主义协商民主的文件，全国政协也要制定出台配套实施意见，我们要围绕文件的实施开展相应研究，努力推动人民政协协商民主制度化、规范化、程序化。四是加强政协履职能力建设。习近平总书记提出人民政协要提高"四种能力"，即提高政治把握能力、调查研究能力、联系群众能力和合作共事能力。如何提高"四种能力"？这里面有很多问题需要研究。在提高联系群众能力方面，如何适应社会主义民主政治建设的新要求，创新群众工作方法？人民政协如何发挥上通中央、下通各界的独特优势，畅通和拓宽各界群众利益诉求表达渠道？在提高调查研究能力方面，如何改进调研方法，如何将政协的调研视察活动与重点协商议题结合起来，如何立足政协实际，有针对性地吸收专家学者等社会力量参与政协有关工作，如何解决好重调查轻研究和只调查不研究或只研究不调查的问题（我常说，光调查不研究是"白调查"，光研究不调查是"瞎研究"），如何完善调研成果转化机制，提高专题调研实效？等等。总之，实际工作中面临的问题是大量的、经常的，具有现实性和紧迫性，我们要适时有效地开展这方面的研究。

三、正确把握理论研究工作的基本原则

"不以规矩，不成方圆。"做好工作、办好事情贵在尊重规律、把握原则。人民政协理论研究工作有其本身的特点和规律，需要我们认真把握。

第一，要把好正确方向。理论研究事关重大，政治性、政策性强，敏感程度高。政治方向是否正确是衡量理论研究成效的首要标准。当今中国最大的政治就是坚持和发展

中国特色社会主义，中国特色社会主义是深深根植于中国大地、符合中国国情、具有强大生命力的社会主义，是顺应时代发展进步要求、体现人民共同愿望的郑重选择，是中国实现现代化和民族伟大复兴的唯一正确道路。坚持中国特色社会主义道路、理论和制度，是人民政协事业发展需要牢牢把握的政治方向，也是开展政协理论研究工作的重要前提和重大政治责任。中国特色社会主义最本质的特征是中国共产党的领导，政协理论研究工作要沿着正确方向发展，就必须毫不动摇坚持中国共产党的领导，否则就会迷失方向。任何理论研究，如果不能把握中国特色社会主义的本质要求，就必然会脱离中国国情，出现水土不服，也就没有任何价值，甚至出现偏差、误入歧途。坚持党的领导就要把党的决策部署贯穿人民政协理论研究工作全过程，坚持我国民主政治发展的重要经验和基本原则，任何时候、任何情况下都不能动摇，该发声的时候要发声，该坚持的就要坚持，旗帜鲜明地抵制社会上那些不切实际、照搬西方、极端片面、动摇根本的错误理论的影响，增强政治鉴别力和政治敏感性，坚定不移走中国特色社会主义政治发展道路。

第二，要坚持问题导向。毛主席说："什么叫工作，工作就是斗争。那些地方有困难、有问题，需要我们去解决。我们是为着解决困难去工作、去斗争的。"毛主席这里强调的就是坚持问题导向。开展理论研究也要以问题为导向，以正在做的事情为中心，努力做到问题出在哪个地方就加强哪个地方的研究，问题出在哪个环节就加强哪个环节的研究，问题出在哪个层面就加强哪个层面的研究，以解决实际问题作为根本追求。俞正声主席在庆祝人民政协成立65周年理论研讨会上提出的9个重大研究课题，都与当前政协工作实践密切相关。比如，政协党组织如何主动地争取党的领导问题？在政协委员中的共产党员如何更好地发挥先锋模范作用问题？如何正确认识和处理政协和统战部门的关系问题？如何准确把握人民政协性质定位的问题？如何切实贯彻团结和民主两大主题问题？如何切实提高政协协商民主的有效性，选题要有针对性的问题？如何切实提高政协协商成效，调查研究要深入的问题？如何改进提案工作的问题？如何更好地发挥界别作用的问题？等等，都需要我们深入研究，从理论上作出科学的回答。什么叫理论？理论就是人们由实践概括出来的关于自然界和社会的知识的有系统的结论。真正的理论在世界上只有一种，就是从客观实际抽出来，又在客观实际中得到了证明的理论。脱离实践的理论研究只能是上不着天、下不着地的空中楼阁，或者是离天近、离地远的不切实际的空理论。这种理论立不住脚，使不上劲，帮不上忙，没有任何意义。坚持问题导向，要求政协理论研究必须围绕政协中心工作和大局来开展，防止理论研究和实际工作搞成两张皮。

第三，要突出重点。突出重点，重点突破，这是我们做好工作的基本方法之一。政协理论研究工作也是这样，面广、线长、量大，研究力量有限，不可能四面出击、平均用力，眉毛胡子一齐抓，必须根据每个年度的情况，选择重点课题，发挥优势，集中力量，重点突破。如果我们每一年或者每一届，都能选择一些重点课题研究深、研究透，并取得一些能够指导实践、推动工作、社会认可的重要成果，政协理论研究工作就很了不起了，就能说取得了成绩。

第四，要勇于改革创新。习近平总书记在庆祝人民政协成立65周年大会上的重要讲话中指出，人民政协要适应推进国家治理体系和治理能力现代化的要求，坚持改革创新精神，推进人民政协理论创新、制度创新、工作创新，其中第一个就是理论创新。在理论研究工作中强调改革创新，实质就是要使我们的理论研究追赶上时代发展的步伐、实践发展的步伐，努力适应时代发展的要求，顺应人民群众的期待。人民政协在新中国成立初期，性质主要是统一战线组织，经过60多年的发展，性质已经由一句话变成三句话，这就是：中国人民政治协商会议是中国人民爱国统一战线的组织，是中国共产党领导的多党合作和政治协商的重要机构，是我国政治生活中发扬社会主义民主的重要形式，不但要服务统一战线，还要服务多党合作事业，服务社会主义协商民主。时代背景不一样了，条件变化了，理论也需要与时俱进。人民政协理论研究起步较晚，基础比较薄弱，这对理论创新来说也是一个好处，就是创新的空间比较大，在深度的挖掘和广度的拓展上都有较大的空间。现在，中国的政治制度模式，越来越引起国际社会的广泛关注，但在学术研究领域，我们还或多或少地受到西方话语体系的影响。如何构建中国特色社会主义民主政治理论体系，是我们面临的一项重要任务。人民政协理论改革创新，就要解放思想，大胆创新，勇于探索，努力打破思维定式，努力打破西方话语霸权，努力创造人民政协理论的新概念、新范畴、新表述，使我们的研究工作在坚持基本原则的前提下，能够体现时代性、把握规律性、富有创造性，以创新的理论指导和推动人民政协事业实现新发展。

*第五，要注重合力攻关。*开展理论研究工作，关键靠人才。经过多年努力，参与人民政协理论研究的专家学者日益增加，但是与人民政协工作快速发展的新要求相比，这支队伍还不够壮大，关键时刻能借得上力的人还不够多，还是老面孔多，新面孔少。研究会工作最后出成果，一个是要出研究成果，再一个就是要培养人才。要努力形成一支高素质的人民政协理论研究队伍，培养人民政协理论研究的领军人物和理论家。政协理论研究能不能叫得响、坚持下去，最后不在于我们搞了多少热热闹闹的活动，而是看我们能出多少人民政协理论家。这种理论家不能只是政协系统内部认可，而且要在社会上得到认同。因此，我们要用好内力，借助外力，形成合力。所谓用好内力，既包括我们各级政协理论研究会，也包括各级政协机关、整个政协系统，要把大家从事理论研究的积极性都调动起来，都关心、参与政协理论研究，自觉研究政协工作怎么发展、怎么创新。所谓借助外力，就是要广泛发动高等院校、科研院所、社会上的专家学者，广泛利用社会资源开展政协理论研究。政协工作有统一战线的特点，开展政协理论研究也要发挥统一战线的优势。要搞好政协理论研究两支队伍建设，一支是政协系统的理论工作者队伍，另一支是社会上的专家学者队伍，两支队伍都要用好。所谓形成合力，就是不仅要把两支队伍各方面的力量都调动起来，而且要把各方面力量凝聚起来，集聚到政协理论研究上来。队伍抓好了，我们的理论研究就会有动力、有活力、有生机。当然，各级政协理论研究会要发挥好组织、带头、引领、示范作用，既当好政协理论研究的组织者，也当好政协理论研究的参与者；既组织大家来研究，也积极带头研究。

*第六，要营造良好氛围。*宽松的环境和良好的氛围是开展好理论研究的重要条件。政协是增进团结和发扬民主的地方，政协理论研究工作要坚持“不打棍子、不扣帽子、不抓辫子”的方针，在遵守宪法、法律和政协章程的前提下，提倡百花齐放、百家争鸣，鼓励大家大胆探索、畅所欲言、多向交流，创造团结、民主、和谐、活跃的研究氛围，在思想的交锋和观点的争鸣中探索真理、寻求共识。在理论研讨过程中，不要人为

设置思想禁区，尽量让大家能放下包袱、开动脑筋、亮明观点，要容得下逆耳之言、容得下尖锐批评，不恼一言之失，不记无心之过，不动辄上纲上线，把具体观点的差异上升为原则性的分歧，而要做到彼此真诚相待、互相尊重、以理服人，以对话交流的方式凝聚共识，以互谅互让的精神处理分歧，以合作共赢的态度开展研究。要坚持学术研讨无禁区，宣传报道讲纪律，把政协的理论研究和宣传工作结合起来，加强同新闻媒体的联系，及时宣传人民政协理论研究的新进展、新成果，扩大人民政协的社会影响，努力营造研究政协理论的良好社会氛围。开展理论研究的一个重要目的是为了推动政协工作。如果社会上对人民政协了解不多、认识不清，就很难真正关心、支持、参与政协工作。要积极推动将人民政协理论纳入党校、行政学院、干部学院、社会主义学院的教学计划。各级研究会的领导和骨干要积极阐释、宣讲人民政协理论。

理论研究会是从事人民政协理论研究的专门学术团体，是人民政协理论研究的主力军，要切实加强自身建设，完善工作制度，明确工作职责，发挥好沟通协调、组织服务作用。同时，各级政协要对理论研究会工作给予更多重视、关心和支持，为研究会的机构设置、人员配备、办公条件、经费等创造有利条件，提供必要保障。这次会后，根据大家的意见建议，我们将完善和修改好五年规划和明年计划，争取尽早印发，并认真做好分解细化和组织实施，这些都需要各级理论研究会的大力支持和积极参与。希望各地理论研究会、专家学者、政协工作者积极选择适合自身的课题开展深入研究，各级理论研究会要发挥好沟通协调、服务保障作用，抓住重要时点和关键环节，通过召开重点研究课题落实协调会、中期推动会，加强工作沟通和信息交流，适时研究解决工作中存在的问题，确保各项研究任务按时保质完成，确保人民政协理论研究工作扎实推进。

决议、决定、公告、通知

关于召开中国人民政治协商会议第十二届全国委员会第二次会议的决定

（2014年2月26日政协第十二届全国委员会常务委员会第四次会议通过）

中国人民政治协商会议第十二届全国委员会常务委员会第四次会议决定：中国人民政治协商会议第十二届全国委员会第二次会议于2014年3月3日在北京召开。建议会议的主要议程是：听取和审议中国人民政治协商会议全国委员会常务委员会工作报告和政协十二届一次会议以来提案工作情况的报告；列席中华人民共和国第十二届全国人民代表大会第二次会议，听取并讨论政府工作报告及其他有关报告。

中国人民政治协商会议第十二届全国委员会第二次会议政治决议

（2014年3月12日政协第十二届全国委员会第二次会议通过）

中国人民政治协商会议第十二届全国委员会第二次会议于2014年3月3日至12日在北京举行。

会议期间，中共中央总书记、国家主席、中央军委主席习近平等党和国家领导同志出席会议并参加分组讨论，与委员们共商国是。全体委员以高度的政治责任感和求真务实精神，认真履行职责，针对经济社会发展重大问题和涉及群众切身利益的实际问题，深入协商议政，积极建言献策，并就加强政协工作提出许多重要意见和建议。会议听取并赞同李克强总理所作的政府工作报告，赞同最高人民法院工作报告、最高人民检察院工作报告以及其他报告。会议审议批准俞正声同志代表政协第十二届全国委员会常务委员会所作的工作报告，审议批准韩启德同志代表政协第十二届全国委员会常务委员会所作的提案工作情况的报告。会议开得隆重简朴、富有成效，是一次民主、团结、求实、奋进的大会。

会议认为，2013年是全面贯彻落实中共十八大精神的开局之年。面对错综复杂的国际国内形势，以习近平同志为总书记的中共中央团结带领全国各族人民，沉着应对各种风险和挑战，奋力攻坚克难，改革开放和社会主义现代化建设取得令人瞩目的重大成就。政协第十二届全国委员会及其常务委员会认真贯彻落实中共中央决策部署，高举爱国主义和社会主义旗帜，牢牢把握团结和民主两大主题，坚持在继承中创新、在创新中发展，紧紧围绕党和政府中心工作履行职能，服务改革发展、促进社会和谐、推进协商民主取得新进展，实现了本届政协工作良好开局。

会议指出，当前改革已经进入攻坚期和深水区，必须紧紧依靠人民群众，冲破思想观念的束缚，突破利益固化的藩篱，全面深化各领域改革。人民政协要认真贯彻落实中共十八届三中全会精神，聚焦全面深化改革献计出力。要充分发挥人才智力优势，就深化经济、政治、文化、社会、生态文明体制改革中的重要问题，深入调查研究，积极议政建言；要针对重要改革举措的贯彻落实加强民主监督，务实坦率地提出意见和建议，推动改革顺利进行；要协调关系、化解矛盾、理顺情绪、解疑释惑，团结、引导所联系成员和群众理解改革、支持改革、参与改革，为全面深化改革寻求最大公约数，增进最大共识度，形成最大凝聚力。

会议强调，要按照中共中央决策部署，坚持稳中求进、改革创新，正确处理改革发展稳定关系，巩固稳中向好发展态势，做好今年经济社会发展各项工作，促进经济持续健康发展、社会和谐稳定。委员们建议，要保持宏观经济政策连续性和稳定性，加快转方式调结构，实施创新驱动发展，坚持中国特色新型工业化、信息化、城镇化、农业现代化道路。要全力做好保障和改善民生各项工作，创新社会治理和公共服务，着力解决好教育、就业、收入分配、社会保障、食品安全、医疗卫生、住房、安全生产、公共文化服务体系建设等关系群众切身利益的重大问题。要切实加大环境治理和生态保护工作力度，把大气污染防治措施等真正落到实处。要积极推进社会主义核心价值体系建设，培育和践行社会主义核心价值观，大力弘扬民族精神和时代精神，凝聚起全社会团结向上的强大力量。人民政协要围绕这些重大问题，深入开展调研视察、咨政建言和民主监督活动，协助党和政府破解发展难题，增进人民福祉。

会议认为，习近平同志在少数民族界委员联组会上的重要讲话，对于做好新形势下民族工作具有重要指导意义。要全面贯彻落实党的民族政策，坚持和完善民族区域自治制度，促进民族团结进步、共同繁荣发展。

会议认为，社会和谐稳定，事关国家根本利益和人民群众切身利益。委员们强烈谴责云南昆明“3·01”严重暴力恐怖事件，坚决拥护党和政府采取果断措施，依法严厉打击各种暴力恐怖犯罪活动。人民政协要充分发挥自身优势和作用，最大限度增加和谐因素，维护国家安全，维护民族团结，为确保人民安居乐业、社会安定有序作出贡献。

会议指出，实现中华民族伟大复兴的中国梦，需要进一步巩固和加强海内外中华儿女大团结。人民政协要坚定不移贯彻“一国两制”方针和基本法，积极支持香港特别行政区、澳门特别行政区行政长官和政府依法施政；全面贯彻对台工作大政方针，促进两岸关系和平发展；加强与海外侨胞和归侨侨眷的团结联谊，更好地服务我国现代化建设与和平统一大业。要按照国家总体外交战略部署，进一步做好人民政协对外友好交往，努力营造良好国际环境。

会议强调，协商民主是我国社会主义民主政治的特有形式和独特优势。要推进政治协商、民主监督、参政议政制度化、规范化、程序化，更好地发挥人民政协作为协商民主重要渠道作用。认真组织实施《政协全国委员会 2014 年协商工作计划》，加强对人民政协协商民主重大理论和实践问题的调查研究，拓展协商领域、丰富协商内容、创新协商形式、增加协商密度，完善双周协商座谈会等工作机制，深入开展专题协商、对口协商、界别协商、提案办理协商，努力搭建更多协商议政平台。要营造真诚协商、平等议事的民主氛围，鼓励委员既畅所欲言、各抒己见，又符合法律规定和政协章程要求，运用好政协的话语权和影响力。

会议强调，新的时代条件下加强履职能力现代化建设、推进人民政协事业发展，必须紧紧围绕完善和发展中国特色社会主义制度、推进国家治理体系和治理能力现代化的全面深化改革总目标谋划和部署。要认真学习贯彻中共中央关于人民政协的重要方针政策，学习习近平同志系列重要讲话精神，全面总结人民政协成立65年来蓬勃发展的生动实践和宝贵经验，更好把握工作规律和前进方向，始终坚定中国特色社会主义道路自信、理论自信、制度自信；要加强人民政协理论研究和履行职能的制度建设，推进提案、专题调研、委员视察、反映社情民意、新闻宣传、文史资料等经常性工作创新，推动政协工作更加活跃、有序、高效地开展；要进一步健全发挥各民主党派、界别、专门委员会、政协机关作用的机制，切实尊重和保障委员权利，加强联系和服务委员工作，更好地发挥委员主体作用。政协委员要牢记使命、珍惜荣誉，严格遵守宪法法律，自觉加强道德修养，不断提高能力素质，切实担当起肩负的责任。

会议号召，人民政协的各级组织、各参加单位和广大政协委员，更加紧密地团结在以习近平同志为总书记的中共中央周围，高举中国特色社会主义伟大旗帜，以马克思列宁主义、毛泽东思想、邓小平理论、“三个代表”重要思想、科学发展观为指导，全面贯彻落实中共十八大和十八届二中、三中全会精神，同心同德，扎实工作，为全面建成小康社会、实现中华民族伟大复兴的中国梦而奋斗！

中国人民政治协商会议第十二届全国委员会第二次会议关于常务委员会工作报告的决议

（2014年3月12日政协第十二届全国委员会第二次会议通过）

中国人民政治协商会议第十二届全国委员会第二次会议，批准俞正声主席代表政协第十二届全国委员会常务委员会所作的工作报告。

中国人民政治协商会议第十二届全国委员会提案委员会关于政协十二届二次会议提案审查情况的报告

（2014年3月12日政协第十二届全国委员会第二次会议通过）

政协第十二届全国委员会第二次会议期间，政协委员、政协各参加单位和各专门委员会围绕中心、服务大局，紧扣改革发展稳定主题，积极通过提案建言献策。截至

2014 年 3 月 7 日下午 2 时，共提交提案 5875 件。提交提案的委员 1969 人，占委员总数的 88%以上。经审查，立案 4982 件，与提案者协商后并案 77 件、撤案 202 件，作为委员意见和建议转送有关部门研究参考 614 件。在立案的提案中，委员提案 4600 件，民主党派中央、全国工商联提案 340 件，人民团体提案 8 件，界别和界别小组、政协专门委员会提案 34 件。

提案委员会按照经济发展、社会管理等 14 大类对提案进行分类审查。总体看，本次会议提案内容丰富，重点聚焦全面深化改革，紧密关注事关人民群众切身利益的热点、难点问题。提案议题更加集中，质量稳步提高，体现了中共十八大、十八届三中全会以来人民政协履行职能的新进展、新成果，体现了全体政协委员、政协各参加单位、各专门委员会从促进党和国家事业长远发展的高度，认真履行职能的责任感和使命感。

围绕全面深化改革的重点领域和关键环节，共提出提案 1018 件。其中，涉及行政体制改革的提案 287 件，主要建议有：进一步减少行政审批事项，加快非行政许可审批制度改革，完善行政问责制度；修订《政府采购法》，完善政府购买公共服务的评估、监管机制。涉及财税金融体制改革的提案 380 件，主要建议有：完善财政预算管理体系，加快建立政府财务报告制度；规范举债融资机制，防控化解地方政府性债务风险；推进“营改增”、房地产税、资源税、消费税等税制改革；加强互联网金融发展与监管，促进融资担保机构和小额贷款公司规范发展。涉及多种所有制经济共同发展的提案 147 件，主要建议有：吸收民间资本参与国有企业股权多元化改革，促进混合所有制经济健康发展；在宪法中明确不同所有制经济产权同样不可侵犯。涉及城乡一体化发展的提案 109 件，主要建议有：积极稳妥建立城乡统一建设用地市场，健全土地节约集约利用标准体系；完善城镇建设规划布局，以产业化带动新型城镇化；统筹推进户籍制度改革，建立农业人口市民化成本分担机制，加快推进城乡基本公共服务均等化。

围绕促进经济持续健康发展，共提出提案 978 件。其中，涉及经济结构优化升级的提案 231 件，主要建议有：实施创新驱动战略，发展产业技术创新战略联盟，完善科技创新的成果转化机制；发挥市场在资源配置中的决定性作用，完善过剩产能的退出与调整机制。涉及农业现代化的提案 215 件，主要建议有：加大粮食主产区政策扶持力度，强化农业科技支撑，促进粮食生产方式转型升级；加快农村土地承包经营权确权登记，发展多种形式规模经营；建立重要农产品目标价格补贴制度，强化农业保险防灾补损职能；扶持新型农业经营主体发展，培育家庭农场，加快培养新型职业农民。涉及区域协调发展的提案 218 件，主要建议有：落实主体功能区规划，实行差别化的考核评价标准；依托长江、淮河、西江、金沙江等流域资源，培育新的区域经济带；加大对革命老区、民族地区、边疆地区、贫困地区的支持力度，推进集中连片特困地区扶贫攻坚。涉及提高对外开放水平的提案 234 件，主要建议有：统筹推进丝绸之路经济带、21 世纪海上丝绸之路、西南国际大通道建设，发展沿边重点开发开放试验区；推进上海自由贸易试验区建设，探索在具备条件地区开展新的试点；加快对外投资保护立法，建立企业对外投资信息平台，全面实施“走出去”战略。

围绕保障和改善民生，共提出提案 1484 件。其中，涉及教育科技事业发展的提案 606 件，主要建议有：加强德育工作；合理调整农村中小学布局，执行城乡统一的教师配置标准；加快民族地区职业教育发展，深化校企合作，助推现代职业教育体系建设；推进普惠性幼儿园建设；完善高校自主招生制度，推进高等教育改革，支持民办高校健康发展；改进科技资源配置方式，完善科研评价体系与经费监管制度，加快构建国家科技信息共享系统；健全知识产权保护的法律体系和执法机制。涉及医疗卫生事业发展的提案 337 件，主要建议有：加强乡村医生队伍建设，完善分级预约诊疗制度，推进社区卫生服务体系建设，规范和扶持民营医院发展；加快建立统一的城乡居民医疗保险制度，推行医疗责任强制保险制度。涉及文化事业发展的提案 154 件，主要建议有：推进基本公共文化服务均等化，加强文化遗产保护，提高全民阅读水平，加强中华优秀传统文化的传承、创新和国际传播；营造健康有益网络环境，加强公民道德建设。涉及就业、住房、收入分配和社会保障的提案 332 件，主要建议有：建立全民就业信息网和数据库，加强农民工职业技能培训，制定网络创业就业扶持政策；完善保障房供应体系和后期管理长效机制，规范发展住房租赁市场；合理提高劳动者工资收入，完善收入分配调控体制机制；构建符合国情的多元养老格局，建立社会保障全国联网系统；加强建筑工人工伤维权工作，保护农村留守妇女儿童权益，关心扶助失独家庭，构建多层次的社会救助体系。

围绕加强污染防治和生态文明建设，共提出提案 596 件。其中，涉及环境污染治理的提案 204 件，主要建议有：强化大气污染综合治理，健全区域联防联控机制，多渠道筹集防治专项资金；加强农村环境污染整治，建设美丽乡村；加大地下水污染防治力度，促进水资源循环利用；加强重金属污染治理，加大土壤修复工程实施力度；加强海洋生态环境和资源保护利用。涉及生态保护与建设的提案 272 件，主要建议有：制定湿地保护法，修订《森林法》，健全生态保护法律体系；完善生态补偿机制，建立生态红线台账管理系统；推动清洁能源高效利用，大力发展节能环保产业、再制造产业。

围绕推进国家治理能力现代化，维护社会和谐稳定，共提出提案 515 件。其中，涉及社会治理体制创新的提案 104 件，主要建议有：尽快制定出台反恐怖法，坚决打击暴力恐怖犯罪；专项整治恶性伤医行为，健全相关法律制度，保障医患双方权益；完善信访制度体系，及时化解社会矛盾；发挥社会组织在公共服务和社会治理中的作用；加强食品药品安全社会共治体系建设，加强网络和信息安全。涉及司法体制改革和廉政建设的提案 234 件，主要建议有：依法独立公正行使审判权、检察权，提升司法公信力；加强反腐败法律体系建设，严格落实党风廉政建设责任制。涉及民族宗教、统一战线和人民政协工作的提案 128 件，主要建议有：加强少数民族文化传承和保护，促进民族地区经济社会发展；发挥宗教界人士和信教群众在促进经济社会发展中的积极作用；推进内地与港澳深度融合，扩大金融、旅游等产业合作；促进两岸经济文化政治各领域的交流与合作；维护海外华侨华人权益；加强和改进政协工作，推进人民政协协商民主建设。

提案还就加强社会主义核心价值体系建设，推进国防和军队现代化建设等方面提出相关建议。

会议期间，提案委员会就化解产能过剩问题召开了提案办理协商会，国务院有关部委 9 位负责同志与提案者共商解决问题的办法。报送《重要提案摘报》15 期。在全国政协门户网站、中国政协传媒网和“两会”新闻网站上公开提案 145 件。

大会闭幕后，全国政协将召开提案交办会，将大会提案送交相关承办单位办理。同时，全国政协将开展重点提案遴选与督办工作，进一步推动提案办理落实。

本次大会提案截止日期后收到的提案，将作为平时提案审查办理。

制　度　建　设

中国人民政治协商会议全国委员会重点提案遴选与督办办法

（2014年1月14日政协第十二届全国委员会第十一次主席会议通过）

第一条　为提高提案办理质量，规范重点提案遴选与督办工作，根据《中国人民政治协商会议全国委员会提案工作条例》和中共中央办公厅、国务院办公厅《关于进一步加强人民政协提案办理工作的意见》，制定本办法。

第二条　重点提案的遴选与督办由政协全国委员会办公厅统筹协调，各专门委员会分工协作，提案委员会组织实施。

第三条　重点提案从大会期间及闭会后立案的提案中遴选，数量为立案提案总数的1%左右。其中，各民主党派中央和全国工商联、政协各专门委员会、政协界别、界别小组的重点提案数量，原则上不少于重点提案总数的30%。

第四条　重点提案必须是反映情况真实、分析问题深刻、建议明确具体、可行性较强的提案，且符合下列标准之一。

（一）围绕党和政府中心工作，反映经济社会发展和改革中的重要问题。

（二）全局性、前瞻性、战略性较强，对宏观决策和长远规划具有重要参考价值。

（三）政协委员高度关注，有利于推动解决人民群众普遍关心的实际问题。

第五条　重点提案按照以下程序遴选。

（一）推荐。政协全体会议闭幕后，提案委员会及时将立案提案送各民主党派中央和全国工商联、各专门委员会。各民主党派中央和全国工商联从中各自推荐2—3件提案。各专门委员会根据本委员会所涉及的专业领域进行推荐，数量不超过本委员会所涉专业领域提案数的1%，同时结合年度工作，推荐1—2件提案，作为本委员会牵头督办的重点提案。

（二）初选。政协提案交办会后，提案委员会组织召开有提案委员会主任、副主任、委员，各专门委员会、各民主党派中央和全国工商联、相关承办单位的负责同志参加的全国政协重点提案选题协商会，对各方面推荐的重点提案进行协商，研究确定重点提案题目和督办方式（草案）。重点提案题目和督办方式（草案）由提案委员会主任会议、全体会议审议后，以书面形式征求相关承办单位意见。

（三）审定。重点提案题目和督办方式由政协全国委员会主席办公会议审定，以政协全国委员会办公厅文件印发。

第六条 重点提案采取专题调研、视察、提案办理协商会、《重要提案摘报》等方式进行督办。督办题目可以是单件重点提案，也可以是广泛关注的一个方面的若干提案。

（一）以专题调研或视察方式开展的重点提案督办活动，由提案委员会或与相关专门委员会、政协全国委员会办公厅有关部门联合组织实施。督办情况形成调研报告或视察报告，由政协全国委员会办公厅送中共中央办公厅、国务院办公厅。督办活动应邀请提案者、提案承办单位有关部门的负责同志和有关专家学者参与。提案委员会应做好督办活动的协调服务工作。

（二）以提案办理协商会方式开展的重点提案督办活动，由提案委员会组织实施。协商情况以《重要提案摘报》的方式送中共中央办公厅、国务院办公厅，或以《专门委员会简报》形式反映。

（三）重点提案中的主要意见和建议，由提案委员会以《重要提案摘报》的方式送中共中央办公厅、国务院办公厅。

第七条 中共中央、国务院和全国政协领导同志关于重点提案的批示情况，由提案委员会及时告知提案者和提案承办单位，并跟踪了解落实情况。

第八条 对于未按期办复的重点提案，提案委员会应及时催办。对于办理答复意见未落实或需要跨年度办理的，视情组织跟踪督办。

第九条 政协各专门委员会和政协全国委员会办公厅有关部门牵头督办的重点提案，应在年底前将督办情况以书面形式向提案委员会反馈，提案委员会汇总后向政协全国委员会主席办公会议汇报。

第十条 本办法由政协全国委员会主席会议审定后实行，提案委员会负责解释。《中国人民政治协商会议全国委员会重点提案遴选与督办暂行办法》（政全厅发〔2012〕2号）废止。

全国政协十二届二次会议改进会风的措施

（2014年2月10日）

全国政协十二届二次会议是我国人民政治生活中的一件大事。为深入贯彻落实中共中央八项规定，坚持务实节俭，突出改进会风，充分展示党的群众路线教育实践活动的成果，特提出以下措施。

一、合理安排会期。在与十二届全国人大二次会议日程保持有序衔接、确保完成会议任务的前提下，对全国政协十二届二次会议的日程和会期予以精简压缩、合理安排。

二、严肃会议纪律。严格执行会议请假制度，加强委员出席会议情况统计和通报；注意提醒、提示委员和工作人员自觉维护会场秩序，树立会议良好形象，自觉执行在公共场所禁止吸烟的规定。

三、改进会议文风。严格控制文稿篇幅，会议文件、简报、提案、大会发言等力求文字精练、重点突出、观点鲜明、言之有物，侧重反映意见和建议。

四、注重讨论实效。紧紧围绕会议议题，认真组织委员小组或联组会议，把有准备的发言与即席发言相结合，鼓励委员畅所欲言，讲真话、讲短话。

五、简化会场安排。全体会议会场（人民大会堂大礼堂）主席台前简化绿植花草布置，报告席、发言席不摆放鲜花。小组会场不摆放花草绿植、不铺设迎宾地毯、不悬挂会标、不制作背景板。

六、精简文件材料。从严控制会议纸质文件的印制和发放，根据实际需要确定文件印数和发放范围；严格控制非会议材料的发放，除经批准的报刊外，一律不接受各部门、单位、团体向委员赠阅图书、报刊、参考资料。

七、改进新闻报道。按照相关规定，做好中央领导同志参加会议的报道；通过多种媒体进一步完善和丰富会议报道，增强时效性；用更多的版面和时段宣传报道委员履职情况，突出政协特色，着重反映委员在反映民情、表达民意、集纳民智方面的建设性意见建议。

八、用好信息系统。积极为委员通过办公业务系统提交提案、大会发言、反映社情民意信息创造条件，鼓励通过办公业务系统、全国政协机关内网查阅会议文件、简报和有关资料；充分运用会议管理系统、视频会议系统和会议专网，提高工作效率。

九、简化迎送接待。机场、车站和委员驻地不安排迎送仪式，不张贴悬挂标语横幅，不铺迎宾地毯，不献花。委员入住的房间内不摆放鲜花。

十、强化驻地服务。在机构设置、人员调配等方面加强委员驻地一线工作力量，工作重心下移，强化精细服务，落实工作细节，做到让委员满意。

十一、精减工作人员。会议各工作机构从实际工作需要出发，从严核定工作人员数量，严格限定随员范围，从严控制地方政协编外工作人员数量。工作人员总数在往年基础上，精简压缩15％。

十二、加强车辆管理。严格控制会议用车数量，除直接为委员服务的各驻地办事组外，各工作机构统配车辆核减15％。出席在人民大会堂举行的全体会议，除有工作需要外，与会人员一律集体乘车。在确保会议准时、安全的前提下，减少扰民，合理控制交通管制的规模和时间。

十三、节约会议用品。加强会议用品的管理和循环利用，提高会议用品使用率，减少一次性用品。认真落实各项节约措施，精打细算，节约水电、纸张、笔墨，切实降低会议成本。

十四、严格用餐标准。会议按标准采用自助餐，与会人员一律凭会议就餐卡用餐。

十五、严格经费支出。严格执行预算，严格控制计划外开支。会议驻地用房按政府采购价格支付租金，严禁超标使用住房。严格控制工作机构用房和使用另需付费的会场。

十六、严控会外活动。不举办大型联谊活动，不搞专场文艺演出，不组织委员参加未经会议批准的会外活动，不组织委员集体参观考察，委员和工作人员不相互宴请。

十七、杜绝商业活动。严禁会议各工作机构、政协机关所属单位、各会议驻地、会议服务单位和产品供应商使用“两会特供”、“两会专供”及类似名义开展宣传、销售活动。会议工作机构和与会人员不赠送、不接受纪念品、礼品和土特产品。

十八、加强监督检查。大会工作人员要切实改进作风，带头遵守各项规章制度。全国政协机关党组纪检组和机关纪委要对各项改进会风措施的贯彻执行情况进行督促检查，对重要工作环节开展专项检查和随机抽查，发现问题及时解决，确保各项工作任务和要求落实到位。

全国政协机关党组成员基层联系点工作制度

（2014 年 5 月 14 日）

第一条 为贯彻落实中央八项规定和《全国政协机关党组关于改进工作作风密切联系群众的意见》（政全机党字〔2013〕3 号），进一步密切领导干部同群众的联系，了解基层、关注民生、集中民智，切实转变工作作风，巩固和发展党的群众路线教育实践活动成果，形成长效机制，规范领导干部到基层联系点工作行为，特制定本制度。

第二条 本制度所称基层联系点是指国务院扶贫办公室安排全国政协办公厅定点扶贫地区（目前具体指安徽省六安市舒城县和安徽省阜阳市颍东区）和地方基层单位（目前具体指北京市朝阳区东风乡及全国政协机关干部在地方挂职的基层单位）。

第三条 机关党组成员到基层联系点，每年应制订工作计划，确保党组成员到基层调研、了解情况、听取意见等相关工作落到实处。

第四条 机关党组成员到基层联系点，每年安排 2—3 次，每次安排 1—2 名。党组成员按计划轮流安排，确保每位党组成员每年至少参加一次联系基层单位活动。

第五条 机关党组成员到基层联系点，应严格贯彻落实中央八项规定，轻车简从，本着勤俭办事、厉行节约的原则，随行工作人员控制在 4 人之内，时间控制在 5 天之内，执行国内差旅费标准。

第六条 机关党组成员到基层联系点，应有针对性地帮助解决一些实际问题，有条件时应建立帮扶计划，实现帮扶目标；看望机关在基层挂职干部时，应了解他们的思想、学习、工作和生活状况，帮助他们解决实际问题。

第七条 机关党组成员到基层联系点，要真实了解基层党建工作情况，了解基层干部工作实际；注重发挥各自优势，交流工作经验，达到相互学习借鉴，取长补短，切实转变工作作风的目的。

第八条 机关党组成员到基层联系点工作由机关人事局、机关党委和机关事务管理局共同负责组织，并做好工作分工。

第九条 本制度自公布之日起施行。本制度由人事局、机关党委和机关事务管理局负责解释。

全国政协机关党组成员联系政协委员制度

（2014 年 6 月）

为进一步加强全国政协机关党组成员与政协委员的联系，及时听取委员们关于切实加强和改进全国政协机关工作的意见和建议，反映委员所联系的社会各界群众的愿望和诉求，更好地为委员服务，建立如下制度。

一、定期向委员通报工作情况。每年全体会议期间，机关党组成员分赴各驻地向委员通报全国政协机关年度工作要点，听取意见和建议。年中，统筹安排机关党组成员向京内、京外委员分别通报全国政协近期工作，并听取意见。

二、邀请相关委员参加调查研究。机关党组成员赴地方开展调查研究时，须邀请与调研内容相关的当地全国政协委员参加调研，增加与委员的接触面和交流的机会。

三、积极参加专门委员会活动。机关党组成员要参加专门委员会组织的调研、考察、座谈会、研讨会、学习报告会等活动，密切与委员的联系。

四、加强与界别的联系。机关党组成员要根据工作分工和所在界别，参加相关界别的活动，反映界别意见，密切与界别委员的联系和沟通。

五、坚持走访看望委员。机关党组成员每年提出需重点走访的政协委员名单，可直接到委员工作单位或家中走访，当面交流座谈，也可通过召开座谈会、联谊会等形式，征求和听取意见建议。委员生病住院，可视情看望。

六、领办督办提案。机关党组成员每人每年至少领办一件有关政协工作的提案，采取面对面办理的方式，直接听取委员对政协工作的意见建议，并把办理工作落到实处，调动政协委员的积极性，共同推动政协工作的开展。

七、接待委员来访。坚持每月一次的机关领导接待日活动，听取委员反映的意见和问题，并推动落实，使委员理解、满意。

中国人民政治协商会议全国委员会大会发言工作规则

（2009 年 12 月 22 日政协第十一届全国委员会第九次秘书长会议通过，2014 年 7 月 7 日政协第十二届全国委员会第八次秘书长会议修订）

第一章　总　则

第一条　大会发言是人民政协参加单位、政协委员和政协专门委员会在全体会议和常委会议期间履行政治协商、民主监督、参政议政职能，发挥人民政协协商民主重要渠道作用的一种重要形式。通过大会发言对国家大政方针和经济建设、政治建设、文化建设、社会建设和生态文明建设中的重要问题进行讨论，提出建议和批评，是参加人民政协的各单位和政协委员的一项重要民主权利。

为进一步加强和改进大会发言工作，推进全国政协大会发言工作的制度化、规范化、程序化建设，根据《中国人民政治协商会议章程》，制定本规则。

第二条 大会发言的主体包括：参加人民政协的各党派、各团体、各界别，全国政协各专门委员会，全国政协委员。

第三条 大会发言工作要坚持以马克思列宁主义、毛泽东思想、邓小平理论、“三个代表”重要思想、科学发展观为指导，贯彻习近平总书记系列重要讲话精神，坚持围绕中心、服务大局，坚持发扬民主、加强团结、求同存异、增进共识，围绕国家和地方经济建设、政治建设、文化建设、社会建设以及生态文明建设中具有综合性、全局性、前瞻性的重大课题和人民群众普遍关注的重要问题议政建言，促进党和国家决策的科学化、民主化。

第四条 参加人民政协的各党派、各团体、各界别，全国政协各专门委员会和全国政协委员，要加强同社会各界人民群众的联系，通过大会发言，反映群众意愿，维护群众利益，促进科学发展，促进社会和谐。

第五条 大会发言分为口头发言和书面发言。

每次政协全体会议期间一般安排二至三次大会口头发言。常委会议期间一般安排一次口头发言。

未安排口头发言的，以书面发言形式通过网络办公平台发布，供全体会议或常委会议与会人员参阅。

第二章 大会发言工作机构

第六条 全国政协办公厅设立负责大会发言工作的专门机构，承担大会发言的组织、遴选、编辑和闭会期间的各项经常性工作。每次政协全体会议之前四个月和常委会议之前两个月成立大会发言组，会议期间在会议秘书处、会议召开之前在秘书长办公会议领导下负责大会发言工作。

第七条 每次全体会议和常委会议大会发言组工作人员由全国政协办公厅人事部门统一调配。

第八条 大会发言组的职责：

（一）起草大会发言工作实施方案。

（二）起草《关于政协大会发言事宜致委员的一封信》，将有关事项告知全体政协委员。

（三）协调各民主党派中央、无党派人士、全国工商联、有关人民团体和全国政协各专门委员会的大会发言。

（四）征集大会发言稿件。

（五）收阅和编辑大会发言材料。

（六）遴选大会口头发言，向会议秘书处提出大会口头发言的建议名单，落实发言人。

（七）配合会议有关工作机构，现场核准大会口头发言内容，为网络直播提供服务。

（八）编辑大会发言材料总目录，及时提供大会发言的全套材料，供技术组发布大会发言电子文档。

（九）承担大会发言成果转化工作。

（十）办理领导交办的其他有关事项。

第三章 大会发言的提交

第九条 大会发言的提出方式：

（一）人民政协各参加单位可以本党派、团体、界别名义提出。

（二）全国政协各专门委员会可以本专门委员会名义提出。

（三）全国政协委员可以个人名义或者若干人联名方式提出。

（四）全体会议和常委会议期间，可以小组或联组名义提出。

第十条 对大会发言的基本要求：

（一）发言内容坚持严肃性、科学性、可行性，在调查研究的基础上，努力做到言之有据、言之有理、言之有度、言之有物。

（二）直入主题、言简意赅、层次分明。大会口头发言语言宜生动、有感染力。引用资料和数据应准确，并注明出处。

（三）委员联名提出的大会发言，由发起者作为第一发言人，签名列于首位。以界别、小组或者联组名义提出的大会发言，须由召集人签名；以专门委员会名义提出的大会发言，须由专门委员会负责人签发；以党派、团体名义提出的大会发言，须由该组织负责人签发，并加盖公章。

（四）每份书面发言材料不超过3000字。每份口头发言材料不超过1500字。大会发言材料定稿后，由申请发言人填写《大会发言登记表》，在规定的截稿日期前邮寄、传真或通过全国政协网络办公平台系统交大会发言组，也可在截稿日期前通过会议小组秘书转交大会发言组。

第四章 大会发言的遴选

第十一条 大会发言遴选坚持的基本原则：热爱祖国，拥护中国共产党的领导和社会主义事业，维护民族团结和国家统一，遵守国家宪法和法律，保守国家秘密。

第十二条 坚持“不抓辫子、不扣帽子、不打棍子”的方针。政协全国委员会依法维护各党派、各团体、各界别、各专门委员会和全国政协委员发表各种意见建议的权利。

第十三条 来稿内容涉及下列情形之一的，不列入大会发言：

（一）涉及党和国家秘密的；

（二）国家法律、法规和政策禁止的；

（三）委员对其所在组织、单位有关组织事宜和人事安排等方面的意见；

（四）进入民事、刑事、行政诉讼或者行政复议、仲裁程序，尚未结案的；

（五）为本人或亲属解决个人问题的；

（六）宣传、推介作品、产品的；

（七）指名举报的；

（八）纪检、监察机关或审判、检察机关正在审理的违纪违法问题。

对未列入大会发言的材料视不同情况处理，一般转送有关部门处理或参考，并及时告知来稿单位或个人。

第十四条 大会发言组工作人员要保持政治敏锐性和政治鉴别力，把好政治关和政策关。对一些难于把握的问题，应及时报会议秘书处或秘书长办公会议。要尊重政协委员表达自己观点和保持自己语言习惯的权利。

第五章 大会口头发言的确定

第十五条 本着尊重和维护大会发言来稿单位和委员个人的民主权利、保证大会发言质量的要求，大会发言组对收到的大会发言材料进行阅稿，按照“质量第一、党派优先、统筹兼顾”的原则提出大会口头发言建议名单。

第十六条 大会口头发言的确定程序：

坚持民主集中制原则，在三级阅稿基础上，由会议秘书处或秘书长办公会议集体决定。其程序为：

（一）大会发言组收到大会发言稿后，确定阅稿责任人，提出阅稿意见，说明推荐理由，必要时，应征求相关部门和专家的意见；

（二）大会发言组组长会议初步确定发言人选，报会议秘书处或秘书长办公会议审议；

（三）会议秘书处或秘书长办公会议集体研究确定发言的单位和个人。

第十七条 党派、团体和全国政协专门委员会大会口头发言的确定：

（一）每次全体会议期间，安排各民主党派中央、无党派人士、全国工商联作一次大会口头发言；

（二）根据各团体、界别和全国政协专门委员会提出的发言材料的内容和会议的总体情况，决定是否安排其作大会口头发言；

（三）党派、团体和全国政协专门委员会申请作大会发言时，应同时提出大会发言宣读人。

第十八条 委员个人大会口头发言的确定：

（一）自愿报名；

（二）质量第一，不指定，不照顾；

（三）在同等情况下，优先安排未作过大会口头发言的委员；

（四）两个人以上联名发言的，应事先确定宣读人。

第十九条 小组或联组大会口头发言的确定：

（一）在政协全体会议最后一场大会口头发言开始的 4 个工作日前，对于小组讨论或联组讨论中与会委员普遍反映质量高的发言，可以所在小组或联组名义，经组长签字后向大会发言组进行推荐，并事先确定宣读人。

（二）大会发言组按程序报会议秘书处或秘书长办公会议审定。

第六章　大会发言涉密问题的处理

第二十条　大会发言组工作人员要严格遵守国家保密法和相关制度，严防失密、泄密。发言稿中如有敏感和涉密内容，要及时与提交发言的党派、团体、界别、专门委员会、委员及有关部门沟通，根据需要，可通过转作政协信息或其他方式处理，并报会议秘书处或秘书长办公会议。

大会发言中涉密内容及敏感信息一律按照保密规定处理，不得在非保密媒介上传输。

第二十一条　未经批准，大会发言组工作人员不得就未公开的发言稿内容接受记者采访，不得擅自向无关人员披露。

第七章　大会发言成果的转化

第二十二条　对大会发言中反映的重要情况、提出的重要意见和建议，采取以下形式报送、处理：

（一）向中共中央和国家机关有关领导同志报送《政协大会发言专报》；

（二）转送中共中央和国家机关有关部门，一篇稿件内容涉及多个分管部门的，送主管部门；

（三）编辑出版《国是建言》；

（四）转化为提案；

（五）转化为《政协信息》；

（六）在相关媒体上刊载。

第二十三条　大会发言组对大会发言进行检索、归类、综合，根据稿件内容提出成果转化分类处理的建议。在整理过程中需遵守以下要求：

（一）所提意见建议应具有较强的针对性、可操作性，对党和政府的决策具有参考价值；

（二）设置醒目的标题，行文精练，直接反映问题和陈述意见；

（三）注明发言委员姓名和界别、职务，多位委员反映同一内容的，名字并列；

（四）已转作信息、提案或其他用途的篇目，不再重复整理。

第二十四条　对反映党和政府亟待解决、人民群众普遍要求改进的重大问题的发言，对推动工作有重要价值并具有较强可行性的发言，可以作为重点大会发言，通过多种渠道和方式进行转化。

第八章　附　则

第二十五条　本规则自秘书长会议通过之日起实行。由全国政协办公厅负责解释。

重要会议、活动

新年茶话会 2013年12月31日上午，全国政协新年茶话会在全国政协礼堂举行。党和国家领导人习近平、李克强、张德江、俞正声、刘云山、王岐山、张高丽等同各民主党派中央、全国工商联负责人和无党派人士代表、中央和国家机关有关方面负责人以及首都各族各界代表欢聚一堂，共迎2014年元旦。

中共中央总书记、国家主席、中央军委主席习近平在茶话会上发表重要讲话，强调要大力弘扬与时俱进、锐意进取、勤于探索、勇于实践的改革创新精神，争当改革的坚定拥护者和积极实践者，用自己勤劳的双手在改革实践中创造更加幸福的生活。

习近平在讲话中代表中共中央、国务院和中央军委，向各民主党派、工商联和无党派人士、各人民团体，向全国广大工人、农民、知识分子、干部和各界人士，向人民解放军指战员、武警官兵和公安民警，向香港特别行政区同胞、澳门特别行政区同胞、台湾同胞和海外侨胞，向关心和支持中国现代化建设的国际友人致以诚挚的祝福，祝大家新年好。

习近平指出，2013年是全面贯彻落实中共十八大精神的开局之年。中共中央团结带领全国各族人民，坚持稳中求进工作总基调，沉着应对各种风险和挑战，全面推进社会主义经济建设、政治建设、文化建设、社会建设、生态文明建设，对全面深化改革作出总体部署，推动国防和军队建设迈出新步伐，推动全方位外交打开新局面，群众路线教育实践活动取得重要阶段性成果，实现良好开局。

习近平强调，2014年将是我国发展进程中十分重要的一年。新的一年，应该有新的奋斗、新的收获。我们要全面贯彻落实中共十八大和十八届二中、三中全会精神，以邓小平理论、“三个代表”重要思想、科学发展观为指导，坚持改革创新，坚持稳中求进，全面做好各项工作。要保持香港、澳门长期繁荣稳定；坚持“和平统一、一国两制”方针，为两岸同胞谋福祉。要同各国人民一道为人类和平与发展的崇高事业而不懈努力。

习近平指出，中共十八届三中全会吹响了全面深化改革新的号角。开弓没有回头箭，我们要坚定不移实现改革目标。当今世界，机遇和挑战并存。风云变幻，最需要的是战略定力；竞争激烈，最重要的是急流勇进；迎接挑战，最根本的是改革创新。改革，最本质的要求就是创新。中华民族是具有伟大创新精神的民族。我们的事业是一点一滴干出来的，我们的道路是一步一个脚印走出来的。我们要坚持一切从实际出发，凝聚广大人民群众的智慧和力量，善作善成，努力把全面深化改革的蓝图变为现实。

习近平强调，在即将过去的一年里，人民政协高举爱国主义、社会主义旗帜，推进政治协商、民主监督、参政议政制度建设，为推动经济社会发展、深化改革开放、健全社会主义协商民主制度等各项事业作出了重要贡献。在新的一年里，参加人民政协的各党派团体和各族各界人士要引导所联系成员和群众理解改革、支持改革、参与改革。人民政协要充分发挥作为协商民主重要渠道作用，为实现“两个一百年”奋斗目标作出新的更大的贡献。

茶话会由中共中央政治局常委、全国政协主席俞正声主持。他指出，习近平总书记的重要讲话，回顾总结了即将过去的一年，在极为错综复杂的形势下，中共中央团结带领全国各族人民在改革开放和社会主义现代化建设中取得的新成就，对做好明年党和国家各项工作提出了明确要求，并发出了弘扬改革创新精神的重要号召。讲话充分肯定了统一战线和人民政协围绕党和国家中心工作作出的贡献，对做好新形势下的统一战线、人民政协工作提出了殷切希望和明确要求。我们一定要认真学习贯彻习近平总书记的重要讲话精神，把思想和认识统一到中共中央决策部署上来，把智慧和力量凝聚到理解、支持和参与改革上来，谱写统一战线和人民政协事业新篇章，为党和国家事业发展作出新贡献。

民革中央主席万鄂湘代表各民主党派中央、全国工商联和无党派人士讲话，表示将更加紧密地团结在以习近平同志为总书记的中共中央周围，锐意进取，攻坚克难，为全面建成小康社会、不断夺取中国特色社会主义新胜利、实现中华民族伟大复兴的中国梦而努力奋斗。

茶话会上，习近平等来到各界人士中间，同大家亲切握手，互致问候。随后，部分全国政协委员和文艺工作者表演了精彩节目，与会者共叙友谊、同迎新年，会场气氛十分热烈。

党和国家领导人马凯、王沪宁、刘延东、刘奇葆、许其亮、李建国、李源潮、汪洋、范长龙、孟建柱、赵乐际、栗战书、郭金龙、杜青林、赵洪祝、杨晶、陈昌智、严隽琪、王晨、张宝文、陈竺、韩启德、万钢、林文漪、何厚铧、张庆黎、李海峰、陈元、卢展工、周小川、王家瑞、王正伟、马飚、齐续春、陈晓光、马培华、刘晓峰、王钦敏、王刚、何鲁丽、周铁农、王文元、王忠禹、罗豪才、张克辉、徐匡迪、张怀西、李蒙、廖晖、白立忱、阿不来提·阿不都热西提、李兆焯、黄孟复、张梅颖、张榕明、李金华、郑万通、厉无畏、陈宗兴、王志珍同志，全国政协在京常委、副秘书长、办公厅研究室主任和专委会驻会副主任，各民主党派中央、全国工商联负责人和无党派人士代表，中央和国家机关有关方面负责人及首都各界代表等共约270人出席茶话会。

政协第十二届全国委员会常务委员会第四次会议 2014年2月26日至28日在北京召开。这次会议的主要任务是为政协第十二届全国委员会第二次会议做准备。中共中央政治局常委、全国政协主席俞正声主持开幕会，并在闭幕会上讲话。中共中央书记处书记、全国政协副主席杜青林主持闭幕会，全国政协副主席罗富和主持第二次全体会议。各位副主席出席会议并参加分组讨论。

常委会组成人员出席会议。没有担任政协常委的全国政协副秘书长，专门委员会副主任，办公厅研究室主任，中共中央统战部副部长，中央社会主义学院副院长，各省、自治区、直辖市和副省级市政协主席列席会议。中共中央办公厅、国务院办公厅负责人应邀参加会议。

会议传达学习了习近平总书记关于进一步做好人民政协工作的重要指示精神；听取了关于政协全国委员会常务委员会工作报告（草案）起草情况的说明、关于政协十二届一次会议以来提案工作情况的报告（草案）起草情况的说明、关于政协第十二届全国委员会第二次会议议程（草案）和日程（草案）的说明。各专门委员会主任分别汇报了本委员会2013年度工作情况。

与会人员在讨论中对常委会一年来的

工作给予充分肯定。大家普遍认为，在以习近平为总书记的中共中央坚强领导下，人民政协高举爱国主义和社会主义旗帜，坚持团结和民主两大主题，认真履行政治协商、民主监督、参政议政职能，围绕全面深化改革议政建言，努力促进民生改善和社会和谐，深入开展协商民主理论研究和实践探索，实现了本届政协工作的良好开局。大家在讨论中认为，常委会工作报告（草案）对去年工作的总结实事求是，对今年任务的部署切实可行。大家还就如何进一步完善报告（草案）提出了修改意见。

与会人员表示，2014 年是全面深化改革的第一年，是完成“十二五”规划的关键一年，人民政协要深入贯彻落实中共十八大和十八届二中、三中全会精神，贯彻落实习近平总书记系列重要讲话精神，积极搭建协商民主平台，着力提升议政建言质量，聚焦全面深化改革，深入调查研究，积极建言献策，为全面建成小康社会作出新的贡献。

俞正声在讲话中指出，2013 年是本届政协的开局之年。在以习近平同志为总书记的中共中央坚强领导下，常委会高举爱国主义和社会主义旗帜，坚持团结和民主两大主题，坚持继承发展、改革创新，履行职能的各项工作都取得了新的重要进展。即将召开的全国政协十二届二次会议，是在全国深入贯彻落实中共十八届三中全会精神、全面深化改革的新形势下召开的，是我国政治生活中的一件大事，要集中精力把会议开好。

俞正声强调，政协大会是人民政协发扬民主的重要形式和制度化协商平台，要聚焦全面深化改革认真议政建言，发挥优势，集思广益，努力增进共识。坚持发扬民主，这是党和政府改进工作的需要，是人民政协活力迸发的象征，是开好政协大会的前提，必须把民主协商、求同存异的原则贯彻到大会的各方面和全过程，努力通过各党派团体和各族各界人士广泛深入的协商交流，充分展现社会主义民主政治的生机与活力。要进一步改进会风，把大会开成一个隆重简朴、务实高效、风清气正的会议。要切实搞好会议组织服务工作，保证会议各项议程和活动顺利有序开展。

会议审议通过了关于召开政协第十二届全国委员会第二次会议的决定；通过了政协第十二届全国委员会第二次会议议程（草案）和日程（草案），原则通过了将提交政协十二届二次会议审议的政协全国委员会常务委员会工作报告和政协十二届一次会议以来提案工作情况的报告，通过了政协第十二届全国委员会第二次会议秘书长、副秘书长名单。会议决定增补胡四一为提案委员会副主任，马大龙为人口资源环境委员会副主任，张世平、甄砚为社会和法制委员会副主任，杜鹰为民族和宗教委员会副主任。会议追认了政协第十二届全国委员会第十一次主席会议作出的撤销黄峰平、杨刚、李崇禧政协第十二届全国委员会委员资格和免去杨刚经济委员会副主任职务的决定，第十二次主席会议作出的撤销刘迎霞政协第十二届全国委员会委员资格的决定。

常委会议闭幕后，俞正声主席主持政协十二届常委会第三次学习讲座。商务部部长高虎城应邀作了《贯彻落实三中全会精神，加快完善现代市场体系》的报告。

政协第十二届全国委员会第二次会议

全国政协十二届二次会议于 2014 年 3 月 3 日至 12 日在北京举行。会议深入贯彻党的十八大及十八届二中、三中全会精神和习近平总书记系列重要讲话，特别是在全国“两会”党员负责人会议上的重要讲话精神，落实中央确定的大会指导思想，在全体委员共同努力和各有关方面大力支持下，圆满完成各项议程，达到预期目的，是一次民主、团结、求实、奋进的大会。

一、会议的基本情况

本次会议会期9天，共安排全体会议5次，小组会议8次，界别联组会议1次，主席会议1次，常委会议1次，列席人大全体会议2次。

会议于3月3日下午在人民大会堂开幕，习近平总书记等党和国家领导同志出席，俞正声同志代表政协第十二届全国委员会常务委员会作工作报告，韩启德同志代表政协第十二届全国委员会常务委员会作提案工作情况的报告。会议期间，习近平总书记和中央政治局各位常委分别参加有关界别联组讨论，与委员共商国是。全体委员以高度的政治责任感和求真务实精神，认真履行职责，积极议政建言，提交大会发言566篇，47名委员作了大会口头发言；提出提案5875件，经提案委员会审查立案4982件；处理社情民意信息和委员、群众来信24201件，编发《政协信息》和《信访动态》18期。3月12日上午，大会举行闭幕会，俞正声同志主持并讲话，会议通过政协第十二届全国委员会第二次会议关于常务委员会工作报告的决议、政协第十二届全国委员会提案委员会关于政协十二届二次会议提案审查情况的报告和政协第十二届全国委员会第二次会议政治决议。大会坚持正确舆论导向，改进会议新闻报道，举行了1次新闻发布会，3场记者招待会，人民日报、新华社、中央电视台等新闻媒体和中央国家机关主要网站，全面准确、及时充分地反映大会盛况和委员风采。会议组织、联络、警卫、总务、技术、驻地服务及文件翻译等保障工作顺利完成。

委员们高度评价十二届全国政协开局之年的工作和俞正声同志所作的工作报告。一致认为，政协第十二届全国委员会及其常务委员会坚决贯彻落实中共中央决策部署，紧紧围绕党和国家中心工作履行职能、发挥作用，坚持在继承中创新，在创新中发展，在服务改革发展、促进社会和谐、推进协商民主、加强工作创新等方面取得显著成绩，实现了本届政协工作的良好开局。报告总结工作实事求是，部署任务切实可行，并对加强政协履职能力现代化建设提出明确要求，具有很强的思想性、指导性和针对性，是一个主题鲜明、内容丰富、文风朴实的好报告。委员们赞同韩启德同志所作的提案工作情况报告。委员们表示，大会通过的政治决议集中体现了会议主要成果，充分反映了参加人民政协的各党派团体和各族各界人士经郑重协商后，对全面深化改革重大问题和涉及人民群众切身利益的实际问题等达成的重要政治共识，一定认真遵守和执行。委员们认为，制订和实施协商年度工作计划，是更好发挥人民政协作为协商民主重要渠道作用的重大创新举措，对于切实提高履行职能的制度化、规范化、程序化水平具有重要意义，一定要精心组织实施好全国政协2014年协商工作计划。

委员们听取、讨论并赞同李克强总理代表国务院所作的政府工作报告，充分肯定过去一年的政府工作，一致认为，政府工作报告通篇贯穿全面深化改革的鲜明主题和坚定决心，充分体现了新一届政府的责任担当、务实作风和为民情怀，是一个开拓创新、催人奋进的好报告，必将为实现全年经济社会发展目标起到有力指导作用。委员们高度评价报告关于接受人民政协民主监督，认真听取民主党派、工商联、无党派人士和人民团体的意见等内容，认为这体现了国务院领导充分发扬民主、广泛听取意见、切实改进工作的良好作风，体现了对人民政协工作的重视和支持。委员们赞同最高人民法院工作报告、最高人民检察院工作报告等，充分肯定最高人民法院、最高人民检察院的工作。

二、会议的主要特点

（一）中共中央高度重视。中央切实加强对“两会”的领导，确定会议指导思想，研究部署相关工作。1月9日，中央政治局常委会议听取全国人大常委会党组、全国政协党组关于今年“两会”筹备工作情况的汇报，习近平总书记提出明确要求。2月13日，中央政治局常委会研究政协常委会工作报告和全国政协2014年协商工作计划，习近平总书记对开好全国政协十二届二次会议、推进人民政协协商民主作出重要指示。3月3日，习近平总书记在“两会”中共党员负责人会上发表重要讲话，为开好“两会”和做好今年政协工作进一步指明了方向。会议期间，习近平总书记等中央领导同志参加联组讨论、听取大会发言、发表重要讲话，中共中央、国务院有关部门负责同志列席会议，参与小组讨论人次数大幅增加，全体委员倍感振奋、深受鼓舞。

（二）聚焦改革议政建言。这次会议的一个重要任务，就是为全面深化改革凝聚共识、献计献策。委员们着眼全面深化改革总目标、紧扣全面深化改革总部署、立足全面深化改革总要求，通过委员提案、小组讨论、大会发言、反映社情民意信息等多种履职形式建言献策，提出许多有价值的意见和建议，形成了会上会下聚焦改革、场内场外热议改革的良好氛围。会议提交关于改革的提案1018件，占总数的20.4%，内容涉及经济、政治、文化、社会、生态文明体制改革等方方面面，为全面深化改革顺利推进、党和政府科学民主决策提供了重要参考。

（三）民主协商氛围浓厚。会议坚持民主协商、平等议事，尊重和保障政协各参加单位和政协委员发表意见的权利，充分发挥人民政协作为协商民主重要渠道作用。习近平总书记等中央领导同志率先垂范、真诚协商，与委员面对面讨论问题、听取意见。创新会议协商形式，推动界别协商与专题协商、对口协商、提案办理协商相融合，努力为委员和各界人士提供更多发表见解、沟通对话的平台。委员们珍视民主权利，积极踊跃发言，讨论交流既畅所欲言、各抒己见，又理性客观、不偏激偏执，在思想的交流和观点的碰撞中求同存异、增进共识。会议开得生动活泼，彰显了中国特色社会主义民主政治的独特优势和社会主义协商民主的生机活力。

（四）会议组织务实简朴。为贯彻落实中共中央关于改进工作作风、密切联系群众的八项规定和习近平总书记重要指示要求，会议制定了《全国政协十二届二次会议改进会风的措施》，从改进会风文风、厉行勤俭节约、加强监督检查等18个方面，对与会委员和工作人员提出了更加细致明确的纪律约束。优化工作机制，加强沟通服务，提高工作效能，实现工作人员精简15%；实施无纸化办公，委员提案全部实现网络提交，加强会议文件内网发布，进一步压缩会议文稿和简报篇幅，纸质文件印刷份数减少6%；精简工作用车15%，车辆证件同比减少1347张；开幕会和闭幕会出席率分别达到97.54%和96.18%，并严格控制会外活动，大会发言会场秩序明显改观，小组讨论发言踊跃，讨论热烈，交流坦诚。整个会议风清气正、勤俭节约、务实高效。委员们肯定改进会风成效，社会各界和国内外舆论也都给予了广泛好评。

三、会议的主要成果

第一，切实深化了思想认识。会议期间，委员们通过深入学习党的十八大和十八届二中、三中全会精神，学习领会习近平总书记系列重要讲话精神，进一步统一了思想、加深了理解、提高了认识。在小组讨论、联组会议、大会发言中，在民主协商、平等议事、互动交流中，委员们真实感受到中国共产党领导的多党合作和政治协商制度的强大生命力，深切体会到人民政协作为协商民主重要渠道的独特优势和作用，更加坚定了道路自信、理论自信和制度自信。委员们一致表示，要以组织新中国成立和人民政协成立65周年庆祝活动为契机，通过回顾光辉历程、总结成功经验，更好把握人民政协工作规律，汲取强大精神力量，更加坚定不移地沿着中国特色社会主义政治发展道路前进。

第二，广泛凝聚了改革共识。委员们表示，全面深化改革是以习近平同志为总书记的党中央带领全国各族人民在新的历史起点上进行的伟大革命，人民政协要充分发挥自身优势和作用，做改革的坚定拥护者和积极促进者。要选取改革重点领域、关键环节的重要问题，深入调查研究，积极协商议政，建真言、谋良策、出实招，努力为党和政府科学民主决策提供有力支撑。要及时反映各界群众的愿望诉求，多做宣传政策、解疑释惑、理顺情绪、化解矛盾的工作，引导所联系成员和群众正确认识和对待改革带来的利益格局调整，强化政治认同、思想认同和价值认同，努力为全面深化改革营造良好环境，寻求最大公约数，汇聚强大正能量。

第三，更加明确了目标任务。常委会工作报告对今年政协工作作出了总体部署和合理安排，下一步关键是要认真贯彻落实好。委员们一致表示，要紧紧围绕党和国家中心工作，认真履行政治协商、民主监督、参政议政职能，积极发挥协调关系、汇聚力量、建言献策、服务大局重要作用，增动力、添助力、聚合力，为巩固和发展最广泛的爱国统一战线、为促进经济持续健康发展和社会和谐稳定贡献智慧和力量。要精心组织实施2014年协商工作计划，完善双周协商座谈会等工作机制，更加灵活有序地开展专题协商、对口协商、界别协商、提案办理协商，加强同党政部门、党派团体的沟通协作，做好成果吸收和转化工作，拓展协商领域、规范协商程序、增加协商密度，切实提高协商质量和成效。

第四，有效推动了履职工作。全体会议是政协履行职能的最高形式。会议期间，委员们富有成效的履职实践，为完成今年各项工作任务开了好头。委员们表示，要切实按照“推进履职能力现代化”要求，牢固树立进取意识、机遇意识和责任意识，自觉遵守宪法、法律和政协章程，进一步巩固共同思想政治基础，深入调研提高建言献策水平，改进作风密切联系各界群众，珍惜荣誉、提升素质、扎实工作，更好发挥在政协工作中的主体作用，绝不辜负党和人民的期望和重托，努力为实现“两个一百年”奋斗目标、实现中华民族伟大复兴中国梦作出新贡献。

会议期间，委员们认真履行职责、积极建言献策，围绕经济社会发展重大问题和涉及群众切身利益的实际问题提出了许多意见和建议。

一、关于经济建设

一些委员提出，面对复杂多变的世界经济形势，我们既要有应对可能出现外部冲击的心理准备，也应树立起依靠全面深化改革促进国民经济持续健康发展的信心。只要用好我国的后发优势、政府相对健康的财政空间以及充足的民间储蓄、外汇储备和巨大的内需潜力，我国经济完全有条件保持相当长时间的中高速增长。

释放增长潜力，关键在市场。有的委员指出，为扶持或限制某些特定产业、地区而专门制定的特殊财税、信贷、外汇等政策频出，扭曲了市场机制。要以经济体制改革为牵引，将使市场在资源配置中发挥决定性作用同更好发挥政府作用结合起来，破除制约市场主体活力和要素优化配置的障碍，释放全社会的创造潜力。

有委员提出，没有强有力的法治保障，民营企业就无法跨过各种隐形壁垒。要在更多领域放开竞争性业务，营造更加公平的市场环境，依法保护民营经济财产不受侵犯、民营企业经营不受干扰。有委员建议，更加重视中小企业的发展，充分释放民间活力。有的委员提出，发展混合所有制经济要明确政策，让民间资本与国有资本、集体资本等交叉持股、相互融合。

委员们强调，打造阳光财政是财税体制改革的着力点。要把所有政府性收入纳入预算。有的委员建议，要高度重视地方债务风险，防止局部金融风险扩散。要形成各级政府的事权明细清单，按照事权和支出相适应原则，对应匹配支出责任。有的委员建议，完善地方政府举债融资机制，防范和化解债务风险。

一些委员认为，要牢牢守住不发生系统性和区域性金融风险底线，统一债券市场监管，破除金融产品“刚性兑付”机制，积极应对互联网金融的兴起，稳步推进汇率和利率市场化，推进金融体制改革的不断深化。有委员提出，政府部门多是花钱的，许多人希望多发货币，防止货币超发应发挥人大的监督作用。

一些委员建议，构建体现新型工业化特征的量化指标体系，从经济发展、创新驱动、结构优化、绿色低碳、融合发展、改善民生等角度，客观准确反映中国特色新型工业化的实现程度和水平。有委员建议，大力发展生产性服务业，推进制造业服务化。有的委员提出，治理产能过剩必须发挥政府的“主治大夫”作用，用好政绩考核这根“指挥棒”，确保踩住刹车，不致反弹。

一些委员提出，应树立数量、结构、质量、营养和生态五大安全并重的新粮食安全观，将“能力安全”作为维护粮食安全的核心，强化综合生产能力、抗灾减灾能力、科技创新能力、储备运输能力和国际掌控能力建设。有委员认为，“手中有粮”，还要“吃得健康”，应大力实施健康土地工程，推进农业绿色生产。有委员提出，耕地是粮食生产的命根子，农民可以非农化，耕地坚决不能非农化。

委员们认为，新型城镇化必须始终坚持以人为核心。要完善户籍、就业、住房、子女教育等政策措施，实现城镇基本公共服务对常住人口的全覆盖，不要让“回不去的故乡，进不去的城”成为进城农民长久的遗憾。有委员提出，要把城镇化变成各民族交往、交流、交融的过程，防止城市生活中的磕磕绊绊被“民族化”，使各族群众在城镇化进程中不断增进“四个认同”。

有些委员提醒，建设创新型国家不能长期靠跟踪模仿。要发挥市场配置科技资源的决定性作用，对基础研究、重大共性关键技术等加强统筹、强化支持，对产业技术创新要更多采取事后补助和奖励办法，以普惠性政策调动企业和社会的创新积极性。

委员们认为，要以新一轮扩大开放倒逼深层次改革和结构调整，不断提升我国经济的国际竞争力和风险抵御力。推动出口升级和贸易平衡发展，有序放宽投资准入，加强对“走出去”的宏观指导与服务，支持企业打造自主品牌和国际营销网络。

有的委员呼吁，应高度关注能源安全风险，加大各类能源储备，筑牢国内能源市场的“防波堤”。

二、关于政治建设

一些委员建议，站在全局高度科学谋划改革举措，既要注重改革的系统性、整体性、协同性，也要鼓励地方基层大胆探索、先行先试。有的委员提出，改革政策和措施应力戒雷声大、雨点小，公布快、兑现慢，出台多、落实少等问题，清除改革各个环节的“中梗阻”，在政策落实的提质、提速、提效上下功夫。

委员们认为，依法执政是法治建设的重要环节。要坚持凡属重大改革都要于法有据的原则，在整个改革过程中，高度重视运用法治思维和法治方式，制定统一的行政程序法，确保改革在法治轨道上推进。有委员提议，完善诉讼收费制度，落实司法惠民、司法救助、司法援助制度，着力破解“诉讼难”、“诉讼贵”问题。有的委员建议，抓紧制定国家反恐法，依法开展反恐斗争。

一些委员提出，全面深化改革，基础在社会，关键在市场，评价在人民，组织实施要靠政府。要加快政府职能转变，政府要“瘦身”，更需“健身”，不做“万能政府”，而做“有为政府”。放权市场、让利社会，“放”就要放出市场规则下的发展活力，“让”就要让出社会公平正义、群众真正受益。也有委员认为，政府放权、分权、限权，不等于放手不管。“放”和“管”两个轮子都要圆，这样“车子”才跑得稳、跑得快。

委员们表示，建立行政审批权力清单制度，是本届政府行政管理体制改革的一大亮点。有的委员指出，行政审批制度改革还存在下放多、取消少的现象，真正触及利益的不多。要按照“事由法定、权由法限”的原则，推动从“重审批轻监管”向“宽准入严监管”转变。

一些委员认为，政府诚信是社会诚信之源，要坚持推进诚信政府建设，防治政务失信的“源头污染”。有的委员建议，培育“忠于职守”的现代行政文化，强化公务人员履职尽责的文化自觉。

委员们普遍认为，“老虎”、“苍蝇”误国害民，中共中央重拳反腐，态度坚决，势猛力大，民心大振，大家对前景充满信心。有的委员提出，“阳光是最好的防腐剂，制度是可靠的防火墙”，要通过反腐立法加强对权力运行的监督和制约。

委员们认为，要加大对民族地区的民生事业和基础设施的财政支持力度，让各族人民共享改革发展成果。委员们认为，“团结稳定是福，分裂动乱是祸”，要像珍爱自己的眼睛一样珍爱民族团结，深入开展民族团结教育活动，筑牢民族团结、社会稳定、国家统一的铜墙铁壁。

一些委员认为，要不断挖掘和弘扬五大宗教教义教规符合时代进步的内容，把宗教人士和广大信教群众在民族团结、社会稳定中的正能量更好发挥出来。有的委员认为，宗教领域面临不少新问题，有必要创新宗教事务管理，依法维护好宗教界合法权益。

三、关于文化建设

委员们提出，要大力培育和践行社会主义核心价值观，将其融入政府日常工作，以党风政风带社风民风，为中华民族伟大复兴凝魂聚气、强基固本。有委员认为，诚信不立，国不宁、民难安。要完善社会信用体系建设，建立政府与市场有机结合的诚信约束机制。有的委员建议，净化网络环境，掌握网络舆情主导权，让网络谣言等“负能量”成为人人喊打的过街老鼠。

委员们认为，要做好公共文化服务体系顶层设计，大力发展文化事业，让人民群众享有健康丰富的精神文化生活。要对中西部地区、农村地区、贫困地区实施

“文化惠民”、“文化低保”工程，促进基本公共文化服务均等化。

一些委员认为，应推进文化产业规模化、集约化、专业化发展，对文化产业市场准入、园区建设、对外贸易、财政税收给予政策倾斜。有委员建议，对于不适合产业化的文化艺术，政府要大力扶持。

一些委员提醒，当前中华优秀传统文化教育存在缺失，社会生活的方方面面在更多地受到外来文化的影响。教育是文明复兴的行动力，学校是文化发展的新中心，要以中华优秀传统文化为教育立魂，加强传统文化教育，营造全民阅读环境，提倡“写好中国字、做好中国人”，让优秀传统文化的光彩更加闪耀。

委员们提出，中华文化既要“走出去”，更要“走进去”，应支持中国书画、典籍、戏曲、影视作品等以市场方式走向国际。一些委员建议，要创新中华文化传播策略，努力打造一批承载中国梦的文化精品，讲好中国故事，解读好中国梦。

四、关于社会建设

委员们认为，应坚持就业优先战略，大力促进城镇困难群体、“零就业”家庭、退役军人等重点人群的就业。强化对创业带动就业的扶持引导，不仅能够创得了，而且还要立得住、立得好。要开展形式多样的职业技能教育和培训，加快由“农民工大国”向“技工大国”转变。要加强劳动力市场监管，理直气壮地反对就业中的性别歧视。

委员们普遍认为，全面深化改革对优先发展教育提出了更为迫切的要求。有的委员提出，在保证教育经费稳步增长的同时，要将更多的资金用于薄弱环节、重点领域和困难群体。大力促进教育公平和教育资源均衡配置，重视解决入学难、入托难、农民工子女受教育难、乱收费等群众反响强烈的问题。要给高校松绑，以正、负面清单制度厘清政府、高校各自权限，落实好高校办学自主权。

有委员提出，不合理的分配旧秩序已成利益固化的藩篱。要以壮士断腕的勇气，将国企负责人、公务员、医务人员等群体薪酬改革作为突破口，深化收入分配制度改革，建立以缩小不合理差距为导向的收入分配新秩序。

一些委员认为，社会保障重在“全覆盖、保基本”。对延迟退休年龄、人口计生政策调整等社会关注度较高的问题，应充分研究论证，广泛听取各方面的意见建议。要重点做好“失独”老人、重特大疾病家庭、残疾人等困难群体的社会保障，进一步筑牢民生安全网的“网底”。

委员们提出，要加快推进公立医院改革，大力支持社会资本办医，完善基层医疗卫生机构运行新机制，健全全民医保体系，继续扶持中医药事业发展，有效缓解看病难、看病贵问题。一些委员指出，我国医患矛盾已到了令人震惊的地步，应积极预防和妥善处理医患纠纷，加强医务人员医德教育，维护医患双方的合法权益，严防恶性伤医事件发生，着力创建“平安医院”。

有的委员提出，要高度重视信息安全，从法理上明确信息主权，不断研发新的技术手段，把信息安全上升为国家安全战略。

委员们认为，应着力塑造社会共建共享理念，明确政府与市场、社会在社会治理方面的界限。有的委员建议，强化各人民团体的作用，努力将其建成“枢纽型”社会组织，引导和促进各类社会组织健康有序发展，提升社会的自我管理、自我服务能力。

五、关于生态文明建设

有的委员指出，“灰霾”频发已严重影响群众生产生活和我国国际形象。希望各级政府把生态文明建设置于更加突出的地位，像反腐败斗争那样，以重典治重霾。委员们强调，环境问题要突出源头预防和保护，建议划定生态功能保障基线、环境质量安全底线和自然资源利用上线，推行生态红线奖惩机制，切实强化生态文明建设的制度保障，进一步完善生态补偿机制。

有委员指出，保护饮用水源就是保障生命安全。目前在有的地方，对饮用水源保护“说起来重要，干起来次要”的现象仍然存在。要加紧健全水功能区限制排污法律法规，加强重点污染源治理和监督，努力构建饮水安全长效机制。

委员们建议，以降低能源消耗、降低污染排放、提高能源利用效能为目标，发挥经济体制改革的牵引作用，加快经济转型，发展循环经济，推动环保产业发展。一些委员建议，建立绿色 GDP 核算 2.0 版本，把污染企业从 GDP 的篮子里扔出去。

委员们认为，要打破区域分割、城乡分治的环境整治格局，建立区域（流域）合作和城乡统筹的联动机制。有的委员建议，提高机动车、船舶排放标准，坚决淘汰黄标车，重点抓好火电、钢铁、水泥、化工等行业高效除尘。对我国土壤污染情况进行全面普查，推进农村污水、垃圾处理等基础设施建设。

委员们建议，发掘中华民族博大精深的生态文化和生态智慧，培育人与自然“和谐共生”的价值观，倡导绿色消费、绿色生活文明风尚，牢固树立生态文明理念。

一些委员提出，应把科技创新贯穿环境治理的始终，加快能源发展方式的转变。建议加强清洁能源技术研发，给予新能源汽车及配套设施建设政策扶持。建设一批特高压和智能电网，优化配置电力资源。

六、关于港澳台侨工作

委员们认为，必须坚持“一国两制”、“港人治港”、“澳人治澳”、高度自治方针，促进港澳地区长期繁荣稳定。不少委员提出，香港进入政改咨询阶段，委员应积极发声出力、凝聚共识，支持依法实现行政长官普选。

委员们建议，不断扩大内地与港澳合作交流，加快发展粤港澳自由贸易区，明确沪港两地合作共赢战略，立足深圳前海、珠海横琴拓展跨境人民币业务，进一步提高港澳自身竞争力。要引导港澳青年走出特区、融入祖国，使他们既了解和尊重“两制”差异，又培养和树立“一国”观念。

一些委员提出，应拓展两岸刑事司法合作，加强海峡两岸医疗机构互通对接，完善消费者权益保护合作机制，为两岸交流提供更多便利条件。一些委员建议，携手开发养护东海渔业资源，在福建设立台湾农产品直销市场，不断提高两岸经济合作水平。

许多委员认为，海峡两岸同文同脉，应尽早互设民间文化办事机构，构建“闽台共同文化区”，开展中山先生文化交流等活动。

委员们认为，华侨华人是实现中国梦的重要力量。有的委员建议，成立中国海外学人中心，充分利用海外智力资源。委员们认为，要发挥侨团组织和华侨华人作用，积极服务中国企业“走出去”。同时，通过对内立法、对外加强国际合作和领事保护等措施，坚决维护海外中国公民、华侨华人的生命财产安全。

委员们还围绕党的建设、外交、国防和军队建设等重要工作提出了一些意见和建议。

政协第十二届全国委员会常务委员会第五次会议 2014 年 3 月 11 日在北京举

行，中共中央政治局常委、全国政协主席俞正声主持会议。

常委会组成人员出席会议。没有担任政协常委的政协十二届二次会议秘书处副秘书长，专门委员会副主任，办公厅研究室主任，中共中央统战部副部长，中央社会主义学院副院长，各省、自治区、直辖市和副省级市政协主席等列席会议。

会议认为，政协十二届二次会议按照预定议程和日程安排，有序推进、顺利展开。委员们认真审议政协常委会工作报告、提案工作情况报告和政协大会的各项决议草案，充分肯定了十二届政协开局以来各项工作取得的新进展，并对进一步推进人民政协事业发展提出了许多很好的意见和建议。委员们结合本界别实际讨论政府工作报告、“两高”工作报告和其他有关报告，围绕贯彻落实中共十八届三中全会精神，聚焦全面深化改革、保持经济平稳较快发展、促进社会和谐稳定、加强履职能力建设等重要问题，认真协商讨论，积极建言献策，取得了丰硕成果。

会议通过了政协第十二届全国委员会第二次会议关于常务委员会工作报告的决议（草案）、政协第十二届全国委员会提案委员会关于政协十二届二次会议提案审查情况的报告（草案）、政协第十二届全国委员会第二次会议政治决议（草案），决定将上述文件草案提交 3 月 12 日举行的政协十二届二次会议闭幕会审议。

政协第十二届全国委员会第二次会议提案交办会 2014 年 3 月 24 日上午，全国政协十二届二次会议提案交办会在全国政协礼堂召开。

中共中央书记处书记、全国政协副主席杜青林出席会议并讲话，强调在全面深化改革形势下做好提案工作的重要意义；要求各地区各部门统一思想，提高认识，增强责任感，认真贯彻落实中共中央办公厅、国务院办公厅《关于进一步加强人民政协提案办理工作的意见》；要切实坚持和把握提案办理工作的方向原则，增强政治责任，树立全局观念，突出民主协商，注重质量实效；要着力推进提案办理工作制度化、规范化、程序化，健全督查工作制度，完善答复反馈制度，建立办理公开制度，健全考核评议制度；要确保圆满完成 2014 年提案办理工作各项任务，抓紧任务分工，制定落实方案，坚持突出重点，加强组织领导；将提案办理工作与党和国家中心任务相结合，采取切实可行的措施，积极吸收采纳提案中的合理意见建议，充分发挥提案在推动改革发展中的作用。

会议由张庆黎副主席兼秘书长主持。孙怀山常务副秘书长，提案委员会主任孙淦，中共中央办公厅副主任陈世炬，国务院副秘书长焦焕成，中央编办副主任吴知论，全国人大常委会法工委副主任阚珂，国家发展改革委副主任连维良，教育部部长助理陈舜，科技日报社社长王志学，工业和信息化部副部长刘利华，公安部副部长黄明，民政部副部长顾朝曦，财政部部长助理余蔚平，国家土地专职副总督察张德霖，环境保护部副部长周建，中央纪委驻住房城乡建设部纪检组组长石龙生，交通运输部副部长王昌顺，水利部总规划师兼规划计划司司长周学文，农业部总经济师毕美家，商务部副部长高燕，国家卫生计生委副主任崔丽，中国人民银行行长助理金琦，国家新闻出版广电总局副局长孙寿山，国家食品药品监管总局副局长王明珠，国家林业局副局长陈凤学，中国银监会主席助理杨家才，国家能源局副局长刘琦，中国铁路总公司副总经理彭开宙，全国政协副秘书长刘家强，提案委员会副主任干以胜、王秀峰（驻会）、王国卿、李宏、徐辉、赖明、胡四一，经济委员会驻会副主任侯建民，人口资源环境委员会副主任齐让，教科文卫体委员会副主任刘敬民，社会和法制委员会驻会副主任顾伯平，民族和宗教委员会副主任传印，港澳台侨委员会副主任楼志豪，外事委员会副主任王国庆，文史和学习委员会副主任翟卫华，提案委员会部分委员出席；156个提案承办单位、全国政协办公厅有关室局负责同志参加。

全国政协“深化产教融合、校企合作，加快现代职业教育体系建设”专题协商会 6月3日全国政协在京召开“深化产教融合、校企合作，加快现代职业教育体系建设”专题协商会。中共中央政治局常委、全国政协主席俞正声主持会议并讲话。中共中央政治局委员、国务院副总理刘延东出席会议并讲话。

俞正声指出，职业教育问题关系我国经济转型升级和长远竞争力提升，关系亿万劳动力就业，既是教育问题，更是重大民生问题和经济问题。党中央、国务院高度重视，党的十八大和十八届三中全会提出明确要求，习近平总书记也多次作出重要指示。发展职业教育非常重要，要切实转变观念，加强政策引导，加大投入力度，健全体制机制，端正办学方向，有针对性地研究解决具体问题，把办学质量提上去，大力培养具有特殊技能的应用技术人才，为学生服务、为企业服务，为建设人力资源强国，实现“两个一百年”奋斗目标提供有力支撑。俞正声说，人民政协要继续发挥自身优势，加强调研和协商工作，为党政部门多提有价值的意见建议，使出台的政策措施行之有效、行之久远。

刘延东认真听取了委员们的发言。她说，全国政协围绕职业教育问题进行专题协商，有助于促进科学民主决策，形成全社会参与支持职业教育改革发展的强大合力。刘延东指出，发展职业教育是利国利民的大事。要把职业教育摆在更加突出的战略位置，以构建现代职业教育体系为主攻方向，搭建人人成才的“立交桥”；以提高人才培养质量为核心，深化产教融合、校企合作；以深化改革为动力，发挥市场机制作用，鼓励社会力量办学，推进政府简政放权，激发学校办学活力。各级政府要切实担负起推动职业教育改革发展的重要职责，努力打造具有中国特色、世界水平的现代职业教育体系。

27位委员和专家围绕完善职业教育发展的制度创新、产业变革与职业教育融合发展、改革职业技能鉴定机制、民族地区职业教育发展、民办职业培训机构发展、完善职业教育经费投入机制等问题发言，分析了当前职业教育存在的问题，对推动现代职业教育发展提出意见建议。中共中央办公厅、国务院办公厅以及有关部门和单位的负责同志到会听取意见，国务院有关部门负责同志介绍了我国职业教育工作的情况并与委员互动交流。

为开好这次专题协商会，会前俞正声主席主持召开了主席办公会议研究确定视察调研活动安排。全国政协多位副主席，相关专门委员会、各民主党派中央、全国工商联都分别围绕会议议题开展了深入调研。

中共中央书记处书记、全国政协副主席杜青林主持上午的会议。全国政协副主席董建华、万钢、罗富和、张庆黎、王正伟、齐续春、陈晓光、马培华、王钦敏出席会议。

政协第十二届全国委员会常务委员会第六次会议 2014年6月23日至25日在北京召开。这次会议的主要议题是围绕“发挥市场在资源配置中的决定性作用和更好发挥政府作用”建言献策。中共中央政治局常委、全国政协主席俞正声主持开幕会，并在闭幕会上讲话。中共中央政治局委员、国务院副总理汪洋到会作报告。中共中央书记处书记、全国政协副主席杜青林主持闭幕会。全国政协副主席万钢主持第二次全体会议。各位副主席出席会议并参加分组讨论。

常委会组成人员出席会议。没有担任政协常委的全国政协副秘书长，专门委员会副主任，办公厅研究室主任，中共中央统战部副部长，中国人民政协理论研究会常务副会长，中央社会主义学院副院长，各省、自治区、直辖市和副省级市政协主席，以及全国政协信息特邀委员列席会议。中共中央、国务院有关部门负责人应邀参加会议和分组讨论，直接听取意见。

常委们高度评价汪洋副总理所作的报告。报告深刻阐述了使市场在资源配置中起决定性作用和更好发挥政府作用的重要意义，全面回顾了改革开放特别是中共十八大以来卓有成效的实践所创造的历史性成就，客观分析了完善社会主义市场经济体制面临的困难和挑战，系统介绍了处理好政府和市场关系的基本思路、主要举措和重点工作。报告主题鲜明、内涵丰富，具有很强的思想性、针对性和指导性，对于我们全面了解当前改革发展的形势任务，准确把握“发挥市场在资源配置中的决定性作用和更好发挥政府作用”的科学内涵，更好地知情明政、议政建言很有帮助。

常委们通过小组讨论、大会发言和书面发言等形式，从以下六个方面提出了意见和建议。

一、关于进一步探索基本经济制度有效实现形式

一些常委围绕宏观经济形势阐明了观点，认为我国经济增速已回到正常轨道，当前最要紧的是搞好结构调整，只要经济发展的质量好，即使速度慢一点也没关系。宏观经济政策应以预调、微调为主，防止大起大落、大升大降。有常委认为，只要解决好就业、通胀这两个关键问题，GDP增速高一点或低一点并不重要。

有常委指出，发展混合所有制经济是我国体制转型和发展转型不可缺少的部分，不是“国退民进”，而是“国进民也进”。减持国有股并不是国有资产流失，而是国有资本重新配置的一种方式，是提高国有资本配置效率的一种手段。发展混合所有制经济要着眼于提高我国经济的国际竞争力，实现企业“强体健身”。

一些常委认为，发展混合所有制经济，存在国企民企“不易混合”，一些国企“不愿混合”，一些民企“不敢混合”，某些政策导致民企“不准混合”，某些壁垒造成“不能混合”等问题。有常委指出，垄断行业改革、建立现代企业制度、加快政府职能转变是推进混合所有制经济的三个关键环节。垄断问题不解决，民企就难以进入；民企进入不了，就无法形成股权多元化，难以完善现代企业制度；不加快政府职能转变，这两个问题都难以有效解决。

一些常委提出，发展混合所有制经济应有序进行，逐步放开，不搞“一窝蜂”、“一刀切”。按照先易后难的原则，优先推进阻力较小的竞争性行业改革。在国家重要战略资源等领域，可由国企主导控股；在一般竞争性领域，可由民企主导控股。有常委建议，加快国有产权证券化进程，尽量通过资本市场完成混合所有制经济融合；非上市企业的产权交易应由市场发挥决定性作用，形成公平的竞争性价格。

不少常委建议，加大对行政性垄断的治理力度。尽快制定鼓励国有资本和非国有资本互相参股的指导性意见，制定非公有制企业进入特许经营领域的具体办法。实行统一的市场准入制度，切实放宽民间投资准入领域，采取“负面清单”做法，

各类市场主体可依法平等进入清单之外领域。完善反垄断法，出台反垄断尤其是反行政性垄断相关细则，用法律来约束垄断行为。

一些常委认为，混合所有制企业重在形成经济利益共同体，应落实好产权保护并建立现代企业制度。有常委指出，投资主体多元化只是发展混合所有制经济的初步，不要以为国企一改为股份制企业或上市公司，就成了独立自主的市场主体，关键是建立完善的法人治理结构。一些常委建议，清晰界定政府与企业关系，加快国有企业“去行政化”，推进混合所有制企业所有权、经营权分离。

一些常委提出，政府应发挥好监管职责，将监管重心转向以管资本为主，防止国有资产流失，不干预企业具体生产经营活动。实行统一的市场监管，严惩各类违法实行优惠的行为，反对垄断、地方保护和不正当竞争。有常委建议，打破条块分割的国企管理现状，加强对行政事业类、资源类国有资产管理的立法。科学界定混合所有制经济范畴，并纳入国家统计体系中。

二、关于加快转变政府职能，完善现代市场体系

常委们认为，经济体制改革的核心是处理好政府和市场的关系，实现“有为政府”和“有效市场”协调配合。转变政府职能应协同推进简政放权和市场监管，让“放”和“管”两个轮子一起转。有常委指出，本届政府将简政放权作为开门第一件大事来抓，取得明显成效，但也要防止为放而放、为减而减，避免“放虚不放实、放小不放大、放责不放权”。放权不是撒手不管，片面追求放权会越放越乱，应考虑下放事项能否“接得住、管得好”。有常委建议，切实推进财税体制改革，适当下放中央财权，解决地方政府事权与财权不匹配的问题。政务公开是加强政府职能转变的有效路径，应通过深化政务公开进一步推进政府职能转变。

一些常委认为，政府管理越位、错位、缺位主要是由于审批背后的利益。利益丰厚的地方，就容易越位；利益纠结的地方，就容易错位；没有利益的地方，就容易缺位。建议把社会反映强烈的事项列入政府“权力清单”和“职责清单”，并通过立法加强规范行政权力的使用。有常委提出，应着重推进审批事项、审批流程标准化，解决好审批事项互为前置问题，建立健全联合审批机制，进一步提高行政审批效率。有常委建议，扩大行政审批授权范围，授权部分城市可暂时调整部分法律规定的行政审批，为深化行政审批制度改革先行先试。

一些常委建议，通过实施协同配套改革，推动市场监管模式创新。整合监管力量，变多头监管为集中监管；加快诚信体系建设，变行为监管为信用监管，使失信企业“一处踩线，处处受限”；积极培育社会组织，变政府包揽为社会共治。有常委认为，政府部门要改变“我管你”的官僚心态，制定监管制度应吸纳业界参与，获得广泛认可的监管制度才会取得良好执行效果。

有常委提出，应建立规范透明的地方政府融资机制。目前省级政府在本行政区域范围内统借统还发债资金，资金使用和债务主体仍存在一定脱节现象。在预算法修改中，应允许省、市、县三级政府直接举债，通过立法来规定地方政府的债务口径、债务上限以及对违法的具体惩处措施。有常委建议，加快健全地方政府资产负债表制度，强化发债主体信息的披露，使各种地方政府债务可见、可控。

常委们认为，完善现代市场体系意义重大。有常委建议，重视投资效率持续下

降问题，应强化对政府主导投资的成本效益分析，尽快完善银行在资本配置中的作用，改善对非银行金融机构的监管，让市场在资本配置中发挥决定性作用。一些常委提出，化解过剩产能，通过金融体系创新给过剩产能“断血”是一项重要基础性工作。一些常委认为，学会、商会、行业协会等社会组织和专业服务业是现代市场体系的有机组成部分，应充分发挥其承接政府职能、服务市场经济的重要作用。

三、关于健全城乡发展一体化体制机制，逐步缩小城乡差距

一些常委提出，城乡发展一体化要因地制宜、分类推进。大城市主要是内部功能结构调整，中等城市应结合自身特点优势与大城市形成良好互动，小城镇应成为我国经济增长和扩大就业的重要支撑。有常委指出，民族地区村镇要着力改变目前“只见新房、不见新村”，既无“集”又无“市”的状况。有常委建议，科学构建生态城镇化模式，避免城市建设过于集中、城市发展过分膨胀。城乡一体化重在推进城乡要素平等交换、公共资源均衡配置，确保农民共享城乡发展一体化成果。

常委们高度重视“谁来种地”问题。有委员提出，在“三农”领域要发挥市场的作用，更要重视政府“有形的手”的作用，不能简单片面地提“农业市场化”，完全把农业推向市场。加快构建新型农业经营体系，要把新型经营主体作为基础，把适度规模经营作为方向，把社会化服务作为支撑。积极引导农村土地有序流转，探索农民“土地入股”等新途径，把土地的能量充分激发出来。有常委强调，要解决好农村科技人员待遇，把“土博士、水专家、田秀才、粮参谋”充分吸收到农技队伍中。一些常委建议，改革农业补贴制度，保护好粮食主产区政府和农民的种粮积极性。适当扶持种业发展，打破国际资本对种业的垄断，为我国粮食安全提供基础保障。

一些常委建议，通过户籍制度改革加快实现人的城市化，让农业转移人口在城镇进得来、住得下、融得进、能就业、可创业。实现进城农民“市民化”，必须发挥好中央财政的作用。有常委建议，进城落户农民在农村参加的社保应规范接入城镇社保体系，使其在子女就学、公共卫生、住房保障等方面享有同等待遇。

不少常委认为，应建立城乡统一的建设用地市场。征地引发的问题，核心是利益，根子在制度，出路在改革。应缩小征地范围，规范征地程序，探索合理的土地增值收益分配方式，针对被征地农民建立有效保障机制。有常委建议，在符合规划和用途管制前提下，允许农村集体经营性建设用地出让、租赁、入股，与国有土地同等入市、同权同价。尽快制定《征收、征用土地目录》，依法规范使用国家征地权限。有常委提出，尽快对农村经营性存量建设用地确权登记，建立农村建设用地交易市场体系。建议为从事农业生产和支农工业的企业用地出台专门政策，使其能够以较低成本获得土地，促进农业规模化、集约化发展。

四、关于加快培育参与和引领国际经济合作竞争新优势，形成全方位开放新格局

一些常委提出，周边地区是我国的战略依托，只有稳定周边才能谋划全球，为我国发展赢得有利外部环境。建议进一步加强与周边国家的经贸往来和经济一体化，建设以我为核心、以周边为战略重心的区域经济合作网络。

常委们认为，目前我国参与全球分工和国际竞争的实力已大幅提升，但仍需进一步完善促进资本密集型和技术密集型产业发展的政策措施，下大力气培育和打造

新的比较优势。采取积极措施，应对以人工智能为特征的新工业革命，避免被淘汰和边缘化。有常委提出，应学习发达国家在金融、科技、品牌等方面长处，提升我国在国际价值产业链上的位置。积极参与全球规则制定，通过放宽市场准入、扩大开放来倒逼改革。有常委建议，大力发展服务贸易，构建货物贸易和服务贸易双轮驱动的开放经济新格局。可考虑再设立两三个自贸区，适应不同地区情况，相互比较取得经验，同时也减轻上海自贸区的压力。

一些常委认为，“一带一路”是我国政府站在历史高度、着眼世界全局提出的战略构想，也是我国提出的全新的全球战略，必须有效整合各方面力量达成战略目标。应着力打好“文化、惠民、共赢”三张牌，做好对外宣介交流工作。建议通过落实具体文化交流项目，如与沿线国家共同成立丝绸之路文化研究机构等，深入推进我国与沿线国家的文化交流，更好促进经济合作的开展。有常委提出，目前我国与中亚国家贸易往来规模很大，但对普通民众生活影响不大，容易引起沿线国家对中国“经济霸权”的担忧。应积极利用民间力量开展公共外交，从密切与沿线国家经贸联系入手，充分调动沿线国家工商界的积极性，逐步树立和提升相关国家的利益共同体和命运共同体意识。

不少常委建议，应注重引入民营资本，坚持以市场化方式运作“一带一路”建设项目，使企业成为建设的主体和支撑。高度重视现代商业模式，特别是电子商务、网上销售、金融支付和智能海关等的应用，实现“网上丝绸之路”与“地理丝绸之路”的有机结合。有常委提出，香港曾在海上丝绸之路中担当重要角色，当前要把建设“21 世纪海上丝绸之路”作为重要契机，深化与内地以及有关国家地区的经贸交流合作，促进经济持续健康发展。

五、关于深化科技体制改革和教育领域综合改革，建设国家创新体系

一些常委认为，推进国家创新体系建设，体制是龙头，机制是枢纽，法制是保障。体制不改革，龙头摆动不起来，国家创新体系的肌体就会僵硬；机制不改革，枢纽不便捷顺畅，国家创新体系的肌体就会阻塞；法制不改革，保障不能起作用，国家创新体系就会紊乱。深化体制、机制和法制改革，是推进国家创新体系建设的必然要求。

一些常委提出，深化科技体制改革要促进科技与经济紧密结合，系统推进科技管理体制、决策体制、评价体系改革，充分发挥市场在科技资源配置中的基础作用。有常委认为，深化科技体制改革应着力打破行政主导和部门分割，推动科技创新资源分配由行政导向向市场导向转变、由偏重供给向偏重市场转变、由事前支持向事后补助奖励转变。强化科技部门的综合管理职能，建立健全不同部门协同创新机制，避免自成体系、各自为政。有常委建议，进一步明确财政科技补贴的方向，减少对生产制造环节的关注，更多补贴研发与终端利用环节。

有常委提出，现阶段我国企业整体创新能力不足，充分发挥高校和科研机构既有优势，是现阶段国家创新体系建设工作的重要抓手。部分常委建议，加快推进《科技成果转化法》修订工作，授予高校、科研院所等单位转化科技成果等无形资产的完整权属，明确其对科技成果转化收益的支配权，激活创新源头。发挥科技成果市场化定价机制，允许高校、科研院所采取协议定价、技术市场挂牌交易等公开交易方式进行科技成果转化。

一些常委提出，由高等教育大国转变

为高等教育强国，应控制增长规模，优化类型结构，理顺治理关系，调整资源布局，严格控制院校合并，严控院校升格和研究生规模增长，下大力气办好职业类院校和应用型大学。政府在继续下放办学自主权的同时，应更好承担起宏观改革与调控职责，运用法规、规划、拨款、评估等手段，引导大学科学定位、提高质量、强化特色。一些常委认为，用师生比、图书册数、校园面积等指标对民办高校进行评估不科学，应进一步研究完善民办高校评估指标体系。

常委们认为，国务院出台的《关于加快发展现代职业教育的决定》为我国职业教育发展绘制了新蓝图。为促进职业教育更好发展，建议提高职业教育地位，使之成为与普通教育平行的教育体系；打通本科职业教育这一关键环节，让优秀的高职院校也能从事本科职业教育；让一批地方普通院校转变为职业教育院校；考虑选择部分重点院校开办一些职业教育专业。

一些常委提出，人才不足、经费短缺、地区不均衡，是制约西部地区科技创新和人才培养的三大问题。建议国家实施“西部地区万人计划”，在没有教育部直属高校的中西部省份各设一所直属大学，吸引高水平人才到西部工作，缩小东西部地区人才和智力鸿沟。

六、关于建立系统完善的生态文明制度体系，用制度保护生态环境

常委们认为，我国人口基数大，消费水平提速快，消费方式不尽合理，消费总量快速增长加大了对资源和环境的压力。建议制定国家可持续消费发展战略，完善政府绿色采购制度，将消费绿色转型作为重要理念纳入国家“十三五”规划。有常委提出，将绿色生活理念作为国民教育的基本内容，纳入各类学校教育、社会教育和培训体系。

一些常委提出，建立系统完整的生态文明制度体系，必须在生态环境管理体制、机制和制度上深化改革，构建统一独立的环境监管与行政执法体制，建立生态系统保护和污染防治的联动机制。必须以“壮士断腕”的决心推进改革，如果环保部门仍须看地方政府“脸色”行事，不能独立行使环境执法权，再严格的《环保法》也会在实际执行中走样。

有常委建议，建立健全国家红线管控体系，在关系群众健康、区域生态安全和社会稳定的重要领域优先划定生态红线，完善生态红线治理运行机制。加强顶层设计，提高生态保护红线相关政策的科学性、协调性、系统性，避免国家生态红线成为一条无法落地的“虚线”，使其真正成为建设美丽中国的保障线。

有常委提出，当前有两种值得注意的倾向：一是环境决策透明度不高，引起群众不满，甚至引发群体性抵制事件；二是一遇到群体性抵制、媒体炒作，有关部门就轻率放弃既定决策。我们既要反对无视群众正当诉求、不顾环境利益的“蛮干”，也要防止不顾公共利益、息事宁人的“逢反必停”。面对舆论压力，与其轻率放弃，不如借机与公众开展参与式协商，就相关建设与环保议题达成共识。

有常委提出，我国生态文明宣传往往集中于植树节、世界环境日等特定时段，经常性的宣传教育仍显不够。宣传教育强调规定要求比较多，人性化介绍生态知识和提供服务比较少；揭露环境破坏问题比较多，引导理性认识和解决问题比较少。建议加强和改进生态文明宣传教育模式，解决公众对生态环境保护“认同度高、知晓度低、践行度不够”的问题。

本次常委会议还审议了有关人事事项。免去苏荣政协第十二届全国委员会副主席职务，撤销其政协第十二届全国委员

会委员资格；撤销宋林、叶万勇政协第十二届全国委员会委员资格；增补田杰、陈惠丰、晓敏（女，蒙古族）、凌振国同志为政协第十二届全国委员会委员；任命邓宗良同志为政协第十二届全国委员会副秘书长，不再担任民族和宗教委员会驻会副主任；任命卢昌华同志为港澳台侨委员会副主任，不再担任政协第十二届全国委员会副秘书长；任命田杰同志为提案委员会副主任（驻会）；任命凌振国同志为人口资源环境委员会副主任（驻会）；任命晓敏同志为民族和宗教委员会副主任（驻会）；任命陈惠丰同志为文史和学习委员会副主任（驻会）；王秀峰同志不再担任提案委员会驻会副主任；任命庄国荣同志（女）为人口资源环境委员会副主任，不再担任人口资源环境委员会驻会副主任；任命卞晋平同志为文史和学习委员会副主任，不再担任文史和学习委员会驻会副主任。

会议期间，常委们还就经济社会发展的有关问题积极反映社情民意，提出了一些意见和建议。并对提交会议书面审议的各项报告表示赞同。

常委会议闭幕后，俞正声主持政协十二届常委会第四次学习讲座。国务院法制办公室副主任、党组成员甘藏春同志应邀作了《推进法治中国建设》的报告。

全国政协“深化司法体制改革”专题座谈会 2014年7月3日下午全国政协在京召开“深化司法体制改革”专题座谈会。全国政协主席俞正声主持并讲话。

11位全国政协委员发言，一致认为，中央确定的司法体制改革方案，方向正确、思路清晰、措施有力、步骤稳妥，相信这些改革举措对于进一步完善司法管理体制，切实规范司法权力运行，努力提高监督制约实效，完善和发展公正高效权威的中国特色社会主义司法制度具有重要意义，希望积极稳妥依法有序推进，确保取得改革成效。

委员们提出，司法体制改革是全面深化改革中的重大课题。深化司法体制改革，要坚持党的领导，坚持在实践中探索，坚持于法有据的原则；要坚持问题导向，解决突出问题。要加强司法专业化，完善司法人员分类管理制度，明确规定担任法院院长、检察院检察长应当有相应的法律专业或法律职业背景；科学设置法官、检察官遴选委员会，构建公开透明、民主化、多元化的选任机制；改革审委会制度，建立案件回访制度；充分发挥协商民主的优势，完善以人民陪审员制度为主的多元化公众参与制度，使以公众参与为特点的协商民主成为司法民主的基本形式，为司法改革营造氛围、凝聚共识、攻坚克难。

中央政法委秘书长汪永清介绍了司法体制改革的有关情况。中央组织部、中央编办、最高人民法院、最高人民检察院、公安部、国家安全部、司法部、财政部、人力资源和社会保障部等有关单位负责同志到会听取意见。

全国政协对司法体制改革一直高度关注，去年以来重点围绕公正司法、依法独立公正行使审判权检察权等问题开展调查研究，还召开双周协商座谈会，提出意见建议。

全国政协副主席杜青林、张庆黎、齐续春、陈晓光出席会议。

全国政协“构建现代公共文化服务体系”专题协商会 7月22日全国政协在京召开“构建现代公共文化服务体系”专题协商会。中共中央政治局常委、全国政协主席俞正声主持会议并讲话。中共中央政治局委员、中央书记处书记、中宣部部长刘奇葆出席会议并讲话。

俞正声指出，中共中央、国务院高度

重视文化建设。中共十八大和十八届三中全会对构建现代公共文化服务体系提出明确要求，习近平总书记也多次作出重要指示。加强公共文化服务体系建设意义重大，涉及社会主义核心价值观和道德建设，关系到民族精神、国家长治久安和核心竞争力，要精心组织和实施。现代公共文化服务体系建设将伴随整个现代化进程，要正确处理好文化设施建设和内容建设的关系、政府和市场的关系、传统传播方式和新媒体的关系，高度重视基层文化建设，政府部门要进一步改进对公共文化服务的管理。俞正声强调，人民政协要继续发挥自身优势，广泛动员社会各方面力量参与公共文化建设。希望政协委员努力创作出更多思想深刻、艺术精湛、群众喜闻乐见的文化精品，努力推动形成有利于构建公共文化服务体系的良好氛围。

刘奇葆认真听取了委员们的发言。他说，全国政协围绕推进公共文化服务体系建设深入调研，积极建言出力，做了大量卓有成效的工作。刘奇葆指出，构建现代公共文化服务体系是保障和改善民生的重要举措，要牢固树立以人民为中心的工作导向，坚持以社会主义核心价值观为引领，加快推进基本公共文化服务标准化、均等化，做到保障基本、统一规范、全面覆盖、促进公平，把公共文化服务体系建设提高到一个新的更高层次。要抓好统筹协调、健全指标体系，完善基础设施、注重内容供给，进一步加强管理力量，提高群众参与程度，推动边远贫困地区实现跨越发展，加快构建现代公共文化服务体系，更好保障人民群众基本文化权益。

27 位政协委员围绕推进现代公共文化服务体系建设标准化、均等化，加强公共文化服务硬件和软件建设、提升服务质量和效能，创新体制机制、健全完善公共文化服务保障机制作发言，分析了当前公共文化服务体系建设存在的问题，并提出意见建议。中共中央办公厅、国务院办公厅以及有关部门和单位的负责同志到会听取意见，文化部、国家民委、国家新闻出版广电总局、中央文明办、财政部等有关部门负责同志介绍了我国公共文化服务体系建设的情况并与委员互动交流。为开好这次专题协商会，会前全国政协教科文卫体委员会、文史和学习委员会等相关部门，各民主党派中央、全国工商联围绕会议议题开展了深入调研。

中共中央书记处书记、全国政协副主席杜青林主持上午的会议。全国政协副主席韩启德、林文漪、张庆黎、李海峰、陈元、卢展工、周小川、王家瑞、马飚、刘晓峰出席会议。

政协第十二届全国委员会常务委员会第七次会议 2014 年 8 月 25 日至 27 日在北京召开。这次会议的主要议题是围绕“深入落实八项规定精神，以优良的党风政风带动民风社风”建言献策。中共中央政治局常委、全国政协主席俞正声主持开幕会，并在闭幕会上讲话。中共中央政治局常委、中央纪律检查委员会书记王岐山到会作报告。中共中央书记处书记、全国政协副主席杜青林主持闭幕会。全国政协副主席何厚铧主持第二次全体会议。各位副主席出席会议并参加分组讨论。

常委会组成人员出席会议。没有担任政协常委的全国政协副秘书长，专门委员会副主任，办公厅研究室主任，中共中央统战部副部长，中国人民政协理论研究会常务副会长，中央社会主义学院副院长，各省、自治区、直辖市和副省级市政协主席，以及部分全国政协信息特邀委员列席会议。中共中央、国务院有关部门负责人应邀参加会议和分组讨论，直接听取意见。

常委们高度评价王岐山同志所作的报

告。报告生动实在，有很强的思想性、针对性和指导性，对当前党风廉政建设和反腐败工作热点、难点问题作了深刻分析和解答，对于准确理解“深入落实八项规定精神，以优良的党风政风带动民风社风”取得的成绩和面临的任务，更好地知情明政、议政建言、履职尽责很有帮助。报告结束后，王岐山同志现场与常委们进行交流互动、平等对话，开政协常委会议之新风，极大调动了常委们参政议政的政治热情和工作积极性。

常委们指出，专题议政性常委会议由以往每年一次增加为两次，是贯彻中共十八届三中全会关于增加协商密度要求的具体体现，也是创新政协工作、充分发挥人民政协作为协商民主重要渠道作用的积极实践。此次常委会议以“深入落实八项规定精神，以优良的党风政风带动民风社风”为主题，是这些年来专题议政性常委会议第一次讨论政治性议题，极大拓展了人民政协履行职能的领域和空间。

常委们通过小组讨论、大会发言和书面发言等形式，从以下四个方面提出了意见和建议。

一、认真学习贯彻习近平总书记系列重要讲话精神，巩固落实中央八项规定成果

常委们一致认为，中共十八大以来，以习近平同志为总书记的中共中央把作风建设作为重要切入点，坚持党要管党、从严治党，以身作则、以上率下，深得党心、军心、民心，深受全党全军全国各族人民衷心拥护。

常委们认为，随着八项规定的实施，从中央到地方各级坚决正风肃纪，狠刹不正之风，决心、力度和效果前所未有，党风政风气象日新，全党全社会形成了刹歪风、扬正气、树新风的强大声势，作风建设取得了阶段性重要成果，广大人民群众真切感受到了中国共产党切实转变作风的鲜明态度和实际行动，更加坚定了相信党、依靠党、跟党走的信念和决心。常委们认为，落实八项规定绝不能搞一阵风、一阵子，必须始终以踏石留印、抓铁有痕的劲头坚持不懈抓下去。常委们强烈要求，乘势而上、扩大战果，抓好更深层次的作风建设，使八项规定成为撬动全面深化改革、建设法治国家、推进国家治理现代化的有力杠杆。

常委们认为，当前滋生腐败的土壤仍然存在，反腐败斗争形势依然严峻复杂，实现“不想、不能、不敢”的目标任务的艰巨性超乎寻常。有常委指出，八项规定出台后，少数干部出现了“消极抵触、等待观望”、“为官不为、懒政惰政”、“廉而不勤、廉而不为”等现象，甚至感叹“官不聊生”。极少数干部搞“软抵抗”，表面上坚决拥护，落实时搞变通、走过场，给“四风”穿上“隐身衣”、披上“新马甲”。有常委提出，不少群众担忧八项规定是一时之举，务必打掉风头过后故态复萌的幻想，打消廉政建设影响发展的顾虑，堵塞改头换面阳奉阴违的漏洞，严查嫁接掩盖转移开支的歪风，纠治特权受制懒政抬头的动向，不断巩固八项规定成果，坚决打赢这场输不起的战争。

一些常委提出，“四风”问题积习甚深，纠正“四风”问题不可能一蹴而就，八项规定虽已落地但未生根，要有打持久战的思想准备和工作措施。有常委认为，避免小问题酿成大问题，理想信念问题变为作风问题，作风问题成为腐败问题，关键是要健全理想信念教育制度，通过经常性教育使作风建设要求在党员心中扎根。有常委提出，落实八项规定是一项长期任务，必须不松劲、不懈怠，防止“回潮”反弹，防止“虎头蛇尾”，一个节点一个节点扎实抓下去，确保群众路线教育实践

活动确定的“照镜子、正衣冠、洗洗澡、治治病”常态长效。有常委认为，上级带什么头，下级走什么路，狠抓八项规定落实，“一把手”必须带好头、做榜样，建议把科级以上干部列为八项规定监督检查重点。也有常委认为，要让老百姓切实感受到身边的变化，必须加大对镇村基层干部违规违纪行为的查处力度。

二、完善监督体系，让人民监督权力，让权力在阳光下运行

常委们认为，加强党风廉政建设重在监督，反“四风”和落实八项规定取得显著成效，得益于各方面的参与和监督。有常委建议，中国共产党作为中国人民和中华民族的先锋队，应进一步强化党内监督，充分发挥党组织的监督职能，维护党组织的权威性和严肃性，确保党组织成为肃贪反腐、加强廉政建设的坚强核心。充分发挥党的专门机构尤其是纪检部门的监督职能，发挥其反腐倡廉的重要作用，大力查处各类违纪腐败案件。党员要积极主动拿起批评和自我批评的武器，在工作和生活中开展好经常性监督。有常委提出，全面加强党员干部管理监督，管住“魂”是根本，管住“权”是关键，管住“钱”是要害，管住“圈”是途径，做到了四个“管住”才能管出清风正气来。

不少常委指出，人民政协的民主监督具有独特优势，在整个监督体系中不可替代，但目前存在协商容易监督难的现象，要充分发挥人民政协民主监督作用，推动党风政风建设取得新进步。有常委认为，政协民主监督应紧跟信息时代步伐，关注网络舆情、掌握社会热点、了解群众呼声，将网络舆论监督内化为政协民主监督的一种方式，不断拓展政协民主监督的深度和宽度。

一些常委建议，进一步推进参政党民主监督制度建设，完善中国共产党与各民主党派党际协商制度，使中共党内监督和参政党党际互相监督在制度上相互衔接、形式上相互配合、内容上相互补充，形成合力和有机整体。探索民主监督新机制新办法，拓展参政党民主监督的深度，可发挥民主党派地位超脱的优势，在重大决策前从第三方立场提出“不可行性报告”。

有常委提出，注重发挥新闻舆论监督作用，加强舆论引导，积极应对舆情，正确对待新媒体监督带来的机遇和挑战，以正确的舆论导向促进反腐倡廉建设。有常委认为，网络监督是群众与政府对话的新渠道，应高度重视网络反腐信息，团结网络中的“意见领袖”，利用好网络媒体这一新的舆论监督资源。网络反腐是一把“双刃剑”，应尽快将网络监督纳入法制化轨道，制定相关法律法规引导民间反腐力量理性化、规范化发展，让网络监督变成纪检监察部门的重要“耳目”，实现反腐败工作由政府“独奏”向政府、社会、网民“协奏”转变。有常委建议，积极利用现代科技手段开展监督，全面推行网上行政审批系统，加强资金流动的痕迹管理，建立健全社会征信体系。

有常委认为，加强对领导干部的监督，完善约束权力的体制机制至关重要，应探索建立决策权、执行权、监督权科学配置的制度办法，健全完善权力制约机制，坚决清理特权，保障权力在阳光下运行，以公开求公正，以公平促廉政。有常委提出，通过改革明确不同监督部门的职责和权限，加强沟通协调、突出工作重点、整合监督资源、创新监督思路和方法，形成分工合作、不留死角的监督机制。有常委建议，不断加大审计工作力度，努力实现经济责任审计全覆盖，突出对领导干部重大经济决策、重大资金使用、重大事项安排等情况的经济责任审计，逐步建立领导干部任期内轮审制度，

确保任期内至少审计一次。

三、加强制度建设，形成优良党风政风的长效机制

常委们一致认为，健全制度、完善机制是确保八项规定常态化长效化、以优良的党风政风带动民风社风的根本保证。常委们认为，常态化制度建设应不搞“花架子”，打造“铁笼子”，注重制度建设的系统性；不求“高大上”，切实“接地气”，保证制度的可操作性；不做“软柿子”，不当“稻草人”，确保制度的执行力和实效性。有常委建议，将领导干部到农村、基层蹲点调查作为一项强制性规定，领导干部吃住在基层，广泛听取群众诉求，使政策措施更接地气。有常委提出，党的纪律约束党员言行，光讲性质是不够的，必须像制定八项规定一样，针对党员言行内容制定详细明确的禁止条款，尽快完善、优化、细化与公务接待、公务用车、出差、出国相关的规定，以制定“负面清单”的思路来约束党员言行。

一些常委认为，简政放权要解决好“最先一公里”和“最后一公里”问题，前者表现为简政放权放小不放大、放虚不放实、含金量不高，后者表现为政策措施落实中不作为、迟作为甚至乱作为，必须努力避免“上动下不动，想动也难动；下动上不动，越动越被动”的情况。有常委认为，简政放权对推动实体经济发展意义重大，建议国家继续加大对实体经济的支持，制定出更有针对性和操作性的实施细则。

一些常委提出，在行政审批制度改革中，有的地方还存在“一笔糊涂账”、“做数字游戏”、“放权不提效”等情况，建议加大清权、确权、配权、晒权、制权力度，进一步划分权力边界、明确各方责任、做好配套改革、发挥公众作用、强化监督制约。有常委建议，最大限度地优化行政审批流程，加强对审批事项的科学设定，严格实行行政审批事项“准入制”，尽快向审批事项“负面清单”管理方式迈进。在精简的同时加强监管，坚持市场“宽进严管”的定位，由事前审批更多地转向事中、事后监管，特别是要在食品药品、环境保护等领域对违法违规行为形成强大震慑。

有常委认为，反腐倡廉制度是党员干部头上的“紧箍咒”，“紧箍咒”不能自己念，否则会“光打雷不下雨”；不能作秀念，别指望腐败者“自废武功”；不能独家念，否则会“误念”或“漏念”；不能事后念，要多打预防针、多吃抗病药；不能择时念，必须持之以恒，常念不懈。有常委提出，我国目前行政权过于集中，行政裁量权过大，创造了太多“寻租”空间，应从体制机制中找原因，从全面深化改革中找办法。有常委认为，有的反腐倡廉法规制度漏洞较多、过于宽松、不够严密、操作性差，在很大程度上影响了实际效能。长治久安须依法反腐，建议尽快启动反腐败法立法工作，加快反腐倡廉的顶层制度设计。

不少常委认为，把一些成熟的党内法规上升为法律，可以解决法治滞后的困境，也可以提高党纪执行效力，在规范公职人员行为和防腐反腐中发挥更大作用。有常委建议，尽快制定行政程序法、政务信息公开法、公务员道德法等有关法律，将反“四风”、落实八项规定的有关成果用法律形式固定下来，以法制化来保障优良党风政风的常态化。有常委提出，作风建设与有关法制建设应相互配套、相互支撑，如打击贪污腐败应同步完善财产申报、账户检查、金融实名等法律法规。

四、建设社会主义核心价值体系，提高全民族道德素养

常委们认为，国无德不兴，人无德不

立。弘扬社会主义核心价值观要树立一种“国家精神”，形成一个国家赖以立足、得以持续的灵魂，以此早日实现中华民族伟大复兴的中国梦。有常委提出，中华优秀传统文化是社会主义核心价值观的基础，要把培育和践行社会主义核心价值观融入国民教育全过程，从娃娃抓起、从学校抓起，做到进教材、进课堂、进头脑。有常委认为，志愿服务是践行社会主义核心价值观的有效载体，应尽快建立全国志愿者队伍信息系统，健全重大事件志愿活动服务机制、风险管理机制和志愿者权益救济机制，实现志愿服务法制化、规范化、制度化发展。

有常委认为，在党风廉政建设和反腐败工作中，制度建设与文化建设相辅相成，缺一不可。制度建设带有刚性，重点解决的是“不能腐，不敢腐”的问题；文化建设带有柔性，重点追求的是“不想腐”的境界。有常委提出，廉政文化是廉政和文化相结合的产物，要始终把培育和弘扬从政为民、清正廉洁的价值理念放在首位，用文化的视角、文化的途径、文化的传播达到教育的目标，形成崇尚廉洁、弘扬正气的社会风气。

有常委建议，积极培育以“忠于职守”为核心价值理念的行政文化，把该做的事情做到位、不该做的事情坚决不做，以杜绝目前干部队伍中“差不多主义”等不良现象，把制度约束内化为全体干部的文化自觉。有常委认为，企业正气是企业长远发展的精神力量，树立企业正气必须树立报国的企业信念、建立科学的企业规则、弘扬健康的企业文化、履行光彩的企业责任。有常委提出，社区文化建设是增强城市“文化力”的重要微观基础，应加大对社区文化建设的政策倾斜和资金投入，调动广大居民参与社区文化建设的积极性。

不少常委建议，积极推动社会信用体系建设，切实抓好《社会信用体系建设规划纲要（2014—2020年）》的贯彻落实。推动全民崇尚诚信，媒体宣传观念和手法必须与时俱进，要重视利用社交媒体让青少年提升诚信意识。一些常委提出，政府一诺千金才能取信于民，应积极规范政府行为，设立公职人员诚信记录，切实使政务诚信成为社会诚信之本。商务诚信既要由市场“无形的手”促成，又要靠政府“有形的手”培育，要扎紧商务诚信的“篱笆”，让商务失信成为“冒天下之大不韪”。司法公信是社会信用体系建设的压舱石，应建立司法从业人员信用档案，将徇私枉法和执法犯法的人员坚决清除出司法队伍。有常委建议，广泛开展诚信农民创建活动，引导农民大力发展无公害农产品，建设以农产品质量安全为基础的农民诚信体系，切实改变农产品生产“自己吃的不卖、卖的自己不吃”等突出问题。

有常委认为，要把公共道德建设作为践行社会主义核心价值观的重要抓手，提升到国家战略高度上来推进。有常委建议，进一步明确政府在公共道德建设中的责任，把公共道德建设纳入政绩考核指标和干部奖惩评价体系，面向全社会建立政府“公共道德建设基金”。有常委提出，利用大数据时代信息技术的支持，加强公共行为规范信息平台的建设，提高公共道德建设的实效性。

会议期间，常委们还围绕作风建设及反腐倡廉的有关问题积极反映社情民意，提出了一些意见和建议。常委们对提交会议书面审议的各项报告表示赞同。

常委会议闭幕后，俞正声主持政协十二届常委会第五次学习讲座。中共中央党校副教育长韩庆祥同志应邀作了《历史唯物主义基本原理和方法论》的报告。

庆祝中国人民政治协商会议成立65周年大会 2014年9月21日上午，中共中央、全国政协在全国政协礼堂隆重举行庆祝中国人民政治协商会议成立65周年大会。中共中央总书记、国家主席、中央军委主席习近平在大会上发表重要讲话。他强调，人民政协是人民民主的重要形式。人民政协要适应推进国家治理体系和治理能力现代化的要求，坚持改革创新精神，推进人民政协理论创新、制度创新、工作创新，丰富民主形式，畅通民主渠道，有效组织各党派、各团体、各民族、各阶层、各界人士共商国是，推动实现广泛有效的人民民主。

习近平强调，社会主义协商民主，是中国社会主义民主政治的特有形式和独特优势，是中国共产党的群众路线在政治领域的重要体现。实行人民民主，保证人民当家作主，要求我们在治国理政时在人民内部各方面进行广泛商量。在中国社会主义制度下，有事好商量，众人的事情由众人商量，找到全社会意愿和要求的最大公约数，是人民民主的真谛。我们要坚持有事多商量，遇事多商量，做事多商量，商量得越多越深入越好，推进社会主义协商民主广泛多层制度化发展。

中共中央政治局常委、全国政协主席俞正声主持大会。

大会在雄壮的国歌声中开始。习近平发表了重要讲话。他指出，回顾人民政协65年的发展历程，我们更加深刻地认识到，人民政协植根于中国历史文化，产生于近代以后中国人民革命的伟大斗争，发展于中国特色社会主义光辉实践，具有鲜明中国特色，是实现国家富强、民族振兴、人民幸福的重要力量。我们有充分的理由相信，人民政协创造了辉煌的历史，也必将创造更加辉煌的未来!

习近平强调，人民政协65年的丰富实践积累了宝贵经验，为我们做好人民政协工作确立了重要原则。做好人民政协工作，必须坚持中国共产党的领导，必须坚持人民政协的性质定位，必须坚持大团结大联合，必须坚持发扬社会主义民主。我们的目标越伟大，我们的愿景越光明，我们的使命越艰巨，我们的责任越重大，就越需要汇聚起全民族智慧和力量，就越需要广泛凝聚共识、不断增进团结。希望人民政协继承光荣传统，坚持中国特色社会主义制度优势和特点，始终把坚持和发展中国特色社会主义作为巩固共同思想政治基础的主轴；坚持紧扣改革发展献计出力，努力为改革发展出实招、谋良策；坚持发挥人民政协在发展协商民主中的重要作用，把协商民主贯穿履行职能全过程；坚持广泛凝聚实现中华民族伟大复兴的正能量，坚持和完善中国共产党领导的多党合作和政治协商制度，全面贯彻党的民族政策和宗教政策，加强同海外侨胞、归侨侨眷的联系，加强同各国人民、政治组织、媒体智库等友好往来；坚持推进履职能力建设，提高调查研究能力、联系群众能力、合作共事能力。

习近平强调，协商民主是中国社会主义民主政治中独特的、独有的、独到的民主形式，具有深厚的文化基础、理论基础、实践基础、制度基础。社会主义民主不仅需要完整的制度程序，而且需要完整的参与实践。人民当家作主必须具体地、现实地体现到中国共产党执政和国家治理上来，具体地、现实地体现到中国共产党和国家机关各个方面、各个层级的工作上来，具体地、现实地体现到人民对自身利益的实现和发展上来。涉及全国各族人民利益的事情，要在全体人民和全社会中广泛商量；涉及一个地方人民群众利益的事情，要在这个地方的人民群众中广泛商量；涉及一部分群众利益、特定群众利益的事情，要在这部分群众中广泛商量；涉及基层群众的事情，要在基层群众中广泛商量。在人民内部各方面广泛商量的过程，就是发扬民主、集思广益的过程，就是统一思想、凝聚共识的过程，就是科学决策、民主决策的过程，就是实现人民当家作主的过程。这样做起来，国家治理和社会治理才能具有深厚基础，也才能凝聚起强大力量。

习近平指出，中国共产党来自人民、服务人民，这就决定了中国共产党领导人民建立的中华人民共和国必须紧紧依靠人民治国理政、管理社会。全心全意为人民服务，始终代表最广大人民根本利益，是我们能够实行和发展协商民主的重要前提和基础。在中国共产党统一领导下，通过多种形式的协商，广泛听取意见和建议，广泛接受批评和监督，可以广泛达成决策和工作的最大共识，可以广泛畅通各种利益要求和诉求进入决策程序的渠道，可以广泛形成发现和改正失误和错误的机制，可以广泛形成人民群众参与各层次管理和治理的机制，可以广泛凝聚全社会推进改革发展的智慧和力量。

习近平强调，民主不是装饰品，不是用来做摆设的，而是要用来解决人民要解决的问题的。中国共产党的一切执政活动，中华人民共和国的一切治理活动，都要尊重人民主体地位，尊重人民首创精神，拜人民为师，把政治智慧的增长、治国理政本领的增强深深扎根于人民的创造性实践之中，使各方面提出的真知灼见都能运用于治国理政，坚持把实现好、维护好、发展好最广大人民根本利益作为一切工作的出发点和落脚点。

习近平指出，要切实落实推进协商民主广泛多层制度化发展这一战略任务，通过民主集中制的办法，广开言路，博采众谋，动员大家一起来想、一起来干。社会主义协商民主，应该是实实在在的，而不是做样子的；应该是全方位的，而不是局限在某个方面的；应该是全国上上下下都要做的，而不是局限在某一级的，必须构建程序合理、环节完整的社会主义协商民主体系，确保协商民主有制可依、有规可守、有章可循、有序可遵。协商就要真协商，真协商就要协商于决策之前和决策之中，根据各方面的意见和建议来决定和调整我们的决策和工作，从制度上保障协商成果落地，使我们的决策和工作更好顺乎民意、合乎实际。

习近平强调，人民群众是社会主义协商民主的重点。涉及人民群众利益的大量决策和工作，主要发生在基层。要按照协商于民、协商为民的要求，大力发展基层协商民主，重点在基层群众中开展协商。凡是涉及群众切身利益的决策都要充分听取群众意见，通过各种方式、在各个层级、各个方面同群众进行协商。要完善基层组织联系群众制度，加强议事协商，做好上情下达、下情上传工作，保证人民依法管理好自己的事务。要推进权力运行公开化、规范化，完善党务公开、政务公开、司法公开和各领域办事公开制度，让人民监督权力，让权力在阳光下运行。

俞正声在主持大会时指出，习近平总书记的重要讲话对我们全面贯彻中共十八大和十八届三中全会精神，在新的历史条件下坚定不移走中国特色社会主义政治发展道路，更好发挥人民政协这一中国特色政治组织和民主形式的独特优势，广泛凝聚各党派、各团体、各民族、各阶层、各界人士的智慧和力量，共同坚持和发展中国特色社会主义具有十分重要的指导意义。我们一定要认真学习、深刻领会、全面贯彻讲话精神，切实把思想和行动统一到讲话精神上来，坚持中国特色社会主义制度优势和特点，坚持紧扣改革发展献计出力，坚持发挥人民政协在发展协商民主中的重要作用，坚持广泛凝聚中华民族伟大复兴的正能量，坚持推进履职能力建设，努力谱写人民政协事业发展新篇章，为在新形势下推进改革开放和社会主义现代化建设事业作出新贡献。

党和国家领导人李克强、张德江、刘云山、王岐山、马凯、王沪宁、刘延东、刘奇葆、许其亮、李建国、李源潮、汪洋、范长龙、孟建柱、赵乐际、栗战书、郭金龙、杜青林、赵洪祝、杨晶、陈昌智、严隽琪、王晨、万鄂湘、陈竺、常万全、杨洁篪、郭声琨、王勇、周强、曹建明、韩启德、帕巴拉·格列朗杰、董建华、万钢、林文漪、罗富和、何厚铧、张庆黎、李海峰、陈元、卢展工、王家瑞、王正伟、马飚、齐续春、陈晓光、马培华、刘晓峰、王钦敏；曾任全国政协领导职务的老同志李瑞环、贾庆林、王兆国、王刚、何鲁丽、周铁农、胡启立、陈锦华、赵南起、王忠禹、李贵鲜、罗豪才、张克辉、郝建秀、徐匡迪、张怀西、李蒙、廖晖、白立忱、陈奎元、阿不来提·阿不都热西提、李兆焯、黄孟复、张梅颖、张榕明、钱运录、孙家正、李金华、郑万通、邓朴方、厉无畏、陈宗兴、王志珍出席大会。

中央和国家机关有关部门、有关人民团体主要负责同志，各民主党派中央、全国工商联负责人和无党派人士代表，在京全国政协常委，地方政协和有关方面代表等 800 多人出席大会。

纪念谷牧同志诞辰 100 周年座谈会 2014 年 9 月 29 日纪念谷牧同志诞辰 100 周年座谈会在京举行。中共中央政治局常委、全国政协主席俞正声出席座谈会，并在会前会见了谷牧同志亲属。

谷牧同志是中国共产党第十一届、十二届中央书记处书记，国务院原副总理，第七届全国政协副主席。

中共中央政治局委员、国务院副总理马凯在座谈会上回顾了谷牧同志的光辉业绩和卓越贡献，并指出要学习他对党和人民无限忠诚的政治品格；学习他不畏艰难推进改革开放事业的革命精神；学习他善于团结各方面人士献身革命事业的优良作风；学习他始终保持共产党人政治本色的高尚情操。

全国政协副主席兼秘书长张庆黎主持座谈会。座谈会上，中央党史研究室、国家发展和改革委员会、全国政协办公厅、山东省有关负责同志先后发言。全国政协副主席杜青林、周小川，各有关方面代表约 200 人出席。

纪念杨成武同志诞辰 100 周年座谈会 2014 年 10 月 27 日纪念杨成武同志诞辰 100 周年座谈会在京举行。中共中央政治局常委、全国政协主席俞正声出席座谈会，并在会前会见了杨成武同志亲属。

杨成武同志曾任中国人民解放军副总参谋长，中央军委副秘书长，中央军委委员，第六届全国政协副主席。

中共中央政治局委员、中央军委副主席范长龙在座谈会上回顾了杨成武同志的光辉业绩和革命风范。他指出，杨成武同志的一生，是革命的一生，战斗的一生，为党和人民无私奉献的一生，他为中国革命和建设事业建立的卓越功勋和不朽业绩，永远值得我们学习和缅怀。

全国政协副主席兼秘书长张庆黎主持座谈会。座谈会上，中央党史研究室、解放军总参谋部、全国政协办公厅、福建省有关负责同志先后发言。各有关方面代表约 200 人出席。

政协第十二届全国委员会常务委员会第八次会议 2014 年 10 月 27 日至 29 日在北京召开。这次会议主要议题是学习贯彻中共十八届四中全会精神，围绕全面推进依法治国建言献策。中共中央政治局常委、全国政协主席俞正声主持开幕会，并在闭幕会上讲话。中共中央政治局委员、中央政法委员会书记孟建柱到会作关于中共十八届四中全会情况和精神的报告。中共中央书记处书记、全国政协副主席杜青林主持闭幕会。全国政协副主席林文漪主持第二次全体会议。各位副主席出席会议并参加分组讨论。

常委会组成人员出席会议。没有担任政协常委的全国政协副秘书长，专门委员会副主任，办公厅研究室主任，中共中央统战部副部长，中央社会主义学院副院长，各省、自治区、直辖市和副省级市政协主席，以及全国政协信息特邀委员列席会议。中共中央办公厅、国务院办公厅负责人应邀参加会议。

常委会组成人员一致拥护全会通过的《中共中央关于全面推进依法治国若干重大问题的决定》和习近平总书记重要讲话，认为《决定》和讲话对于全面深化改革、推进国家治理体系和治理能力现代化，对于实现“两个一百年”奋斗目标和中华民族伟大复兴的中国梦，具有重大现实意义和深远历史意义。会议期间，常委会组成人员围绕会议议题，提出了许多建设性的意见和建议。

与会人员在讨论中认为，中共十八届四中全会是在全面深化改革、全面建成小康社会决定性阶段召开的一次十分重要的会议。全会通过的《中共中央关于全面推进依法治国若干重大问题的决定》，明确提出了全面推进依法治国的指导思想、总体目标、基本原则以及一系列新观点、新举措，全面描绘了法治中国建设的宏伟蓝图，充分显示了中共中央全面深化改革、建设社会主义法治国家的智慧和勇气，必将为推动国家长治久安提供强劲动力，更好地为全面深化改革保驾护航。

与会人员提出，全面深化改革、完善和发展中国特色社会主义制度，必须全面推进依法治国。要坚持中国共产党的领导、人民当家作主、依法治国有机统一，加快形成完备的法律规范体系、高效的法治实施体系、严密的法治监督体系、有力的法治保障体系，形成完善的党内法规体系。要坚持立法先行，提高立法质量，健全宪法实施和监督制度，深入推进依法行政，加快建设法治政府，规范司法行为，提高司法公信力，大力加强法治宣传教育，增强全民法治观念，加强法治工作队伍建设。

与会人员表示，要切实把思想和行动统一到中共十八届四中全会精神上来，充分发挥人民政协优势和作用，把依法治国作为议政建言的重要内容，围绕全面推进依法治国重大问题深入调查研究、积极建言献策，为建设社会主义法治国家贡献智慧和力量。与会人员还就全国政协 2015 年协商议题和常委会学习讲座题目、反映社情民意工作进行了讨论。

俞正声指出，中共十八届四中全会是我们党首次以依法治国为主题的中央全会。会议高度评价了长期以来特别是党的十一届三中全会以来，我国社会主义法治建设取得的历史性成就，提出全面推进依法治国的总目标和重大任务，必将对建设法治中国产生重大而深远的影响。全面建成小康社会、实现中华民族伟大复兴的中国梦，全面深化改革、完善和发展中国特色社会主义制度、提高党的执政能力和执政水平，必须全面推进依法治国。希望常委会组成人员紧紧围绕贯彻落实中共中央关于全面推进依法治国的重大决策部署，深入进行讨论，积极议政建言。

俞正声指出，中共十八届四中全会精神内容丰富、思想深刻，有许多重大战略举措和重要理论创新。要在深入学习领会全面推进依法治国的重大意义、指导思想、总体目标、重要原则、工作布局、重点任务、根本保证等的基础上，突出重点，把握实质，融会贯通。认真学习和贯彻落实好四中全会精神，是人民政协的一项重大政治任务。要广泛动员、精心组织，通过多种方式推动广大政协委员原原本本学习领会全会精神，增强针对性和实效性，不断把学习活动引向深入。

俞正声强调，全面推进依法治国是一个宏大而复杂的系统工程，是国家治理领域一场广泛而深刻的革命。人民政协作为国家治理体系重要组成部分，要自觉按照中共中央全面推进依法治国的战略部署，紧密联系政协实际，发挥优势作用，认真履行职能，为推进法治中国建设积极献计出力。要始终坚定不移走中国特色社会主义法治道路，切实支持司法机关依法独立公正行使职权，紧紧围绕法治中国建设认真履行政协民主监督职能，切实加大监督力度。政协委员要争做社会主义法治的模范践行者。俞正声还就总结全国政协今年工作和做好明年重点工作作出部署。

孟建柱在报告中指出，中共十八届四中全会审议通过的《决定》，提出了全面推进依法治国的指导思想、总目标、基本原则和主要任务。要深刻认识全面推进依法治国的重大意义，切实把思想和行动统一到全会精神上来，牢牢把握坚持和拓展中国特色社会主义法治道路这条贯穿《决定》全篇的红线，坚持中国共产党的领导，坚持人民主体地位，坚持法律面前人人平等，坚持依法治国与以德治国相结合，坚持从中国实际出发，确保全面推进依法治国的正确方向。牢牢把握全面推进依法治国的总目标，建设中国特色社会主义法治体系，建设社会主义法治国家。牢牢把握全面推进依法治国的重大任务，健全宪法实施监督机制和程序，推进科学立法、严格执法、公正司法、全民守法，加强法治工作队伍建设。牢牢把握全会《决定》提出的司法领域重大改革措施，完善确保依法独立公正行使审判权和检察权的制度，优化司法职权配置，加强人权司法保障，加强对司法活动的监督，加快建设公正高效权威的社会主义司法制度。牢牢把握加强和改进党对全面推进依法治国领导的要求，坚持依法执政，加强党内法规建设，提高党员干部法治思维和依法办事能力，推进基层治理法治化。充分发挥人民政协政治协商、民主监督在推进法治建设中的重要作用，为全面推进依法治国贡献智慧和力量。孟建柱还与常委们互动交流，回答了常委们的现场提问。

会议追认了全国政协第二十次主席会议作出的关于撤销白云、孙兆学第十二届全国政协委员资格的决定。鉴于田北俊委员不听劝告，公开发表不利于香港特别行政区行政长官和特区政府依法施政的言论，严重违反《中国人民政治协商会议章程》和有关政治决议，经会议表决通过，撤销田北俊第十二届全国政协委员资格。

常委会议闭幕后，俞正声主持政协十二届常委会第六次学习讲座。国家海洋局海洋发展战略研究所所长、研究员高之国应邀作了《南海问题的历史和现状》的报告。

全国政协举行仪式纪念孙中山诞辰148周年 2014年11月12日全国政协在北京中山公园中山堂举行仪式，纪念中国民主革命的伟大先行者孙中山先生诞辰148周年。

在肃穆庄严的中山堂内，全国政协副主席马飚代表全国政协，民革中央主席万鄂湘代表民革中央，中共中央统战部副部长林智敏代表中共中央统战部，北京市副市长张延昆代表北京市政府，分别向孙中山先生塑像敬献了花篮。参加纪念仪式的各界人士在孙中山先生塑像前肃立并三鞠躬。

全国政协副主席卢展工主持纪念仪式。

万钢、齐续春、马培华和周铁农出席纪念仪式。

出席纪念仪式的还有：王国卿、仝广成、吉林、朱祖朴、朱培康、刘民复、孙怀山、苏辉、李昭玲、李惠东、李赣骝、何丕杰、但昭颖、汪明浩、张一纯、张庆、邵鸿、林上元、周开让、周毓秋、修富金、凌振国、傅志煌、傅惠民。

2014年双周协商座谈会 全国政协2014年共召开19次（十二届全国政协第六次至第二十四次）双周协商座谈会。中共中央政治局常委、全国政协主席俞正声主持会议。邀请委员和专家学者323人次出席并提出意见建议，邀请党政部门负责同志84人次到会并与委员互动交流。会议形成的许多意见建议被党中央、国务院及有关部门采纳。

双周协商座谈会在实践中不断完善提高，以其内容广泛、议题具体、氛围民主、讨论深入、成果丰富，成为政协协商民主经常性平台和重要品牌。

各次双周协商座谈会具体如下：

1月9日召开第六次双周协商座谈会，议题为“核电和清洁能源发展”；

3月20日召开第七次双周协商座谈会，议题为“《安全生产法》的修订”；

4月3日召开第八次双周协商座谈会，议题为“贯彻落实《全民健身条例》，增强国民身体素质”；

4月17日召开第九次双周协商座谈会，议题为“努力破解海外华文教育的瓶颈问题”；

5月6日召开第十次双周协商座谈会，议题为“确保依法独立公正行使审判权检察权”；

5月15日召开第十一次双周协商座谈会，议题为“发展特高压输电，优化电力布局”；

5月27日召开第十二次双周协商座谈会，议题为“化解过剩产能过程中需关注和解决的问题”；

6月12日召开第十三次双周协商座谈会，议题为“利用大数据技术提升政府治理能力”；

6月26日召开第十四次双周协商座谈会，议题为“大学毕业生创业就业环境优化”；

7月10日召开第十五次双周协商座谈会，议题为“南水北调中线水源地水质保护”；

7月24日召开第十六次双周协商座谈会，议题为“更好地发挥社会组织在社会治理中的作用”；

8月21日召开第十七次双周协商座谈会，议题为“推进丝绸之路经济带建设需要重视的问题及建议”；

9月11日召开第十八次双周协商座谈会，议题为“民族地区城镇化进程中的就业问题及对策”；

9月25日召开第十九次双周协商座谈会，议题为“积极推进医养结合型养老护理模式建设”；

10月30日召开第二十次双周协商座谈会，议题为“利用水泥窑协同处置垃圾废弃物”；

11月13日召开第二十一次双周协商座谈会，议题为“建筑工人工伤维权”；

11月27日召开第二十二次双周协商座谈会，议题为“大力支持中小微企业技术创新”；

12月12日召开第二十三次双周协商座谈会，议题为“城镇化进程中传统村落保护”；

12月23日召开第二十四次双周协商座谈会，议题为“加快转变政府职能，增强政府公信力”。

2014 长江保护与发展论坛 5月26日至27日在四川省成都市举办。论坛由全国政协人口资源环境委员会、中国民主促进会中央委员会、长江水利委员会、四川省政协共同主办。全国人大常委会副委员长、民进中央主席严隽琪出席开幕式并讲话，全国政协副主席、民进中央常务副主席罗富和主持开幕式并致辞。全国政协副秘书长、民进中央副主席朱永新，全国政协人资环委副主任陶武先，民进中央、国家有关部委、四川省、长江水利委负责同志，部分高校、科研院所专家学者，以及中央统战部有关负责同志等90余人参加会议。论坛以“加快生态文明制度建设”为主题，与会人员围绕长江流域生态文明建设探索与实践、跨流域跨部门水资源保护与水污染防治协调机制建立与探索、长江经济带建设与沿江绿色生态廊道构建、长江上游区域经济发展与生态保护、长江上游大型水库群联合调度与生态保护五大议题进行了交流研讨。

2014 中国城市森林建设座谈会 9月25日在山东省淄博市召开。会议由全国政协人口资源环境委员会、国家林业局、山东省人民政府、经济日报社共同主办。会议主题为“城市森林·民生福祉·美好家园”。十一届全国政协副主席、关注森林活动组委会主任王刚出席开幕式并讲话。全国政协人资环委主任贾治邦主持开幕式，驻会副主任凌振国代表全国政协致辞。全国政协常务副秘书长孙怀山，国家林业局、山东省、经济日报社、“创森”城市、各省区市林业厅局负责同志，专家学者等150余人参加会议。会议广泛交流和探讨具有中国特色的城市森林建设理念、发展模式和成功经验，进一步动员社会各界关注、支持、参与城市森林建设，为发展生态林业和民生林业、建设生态文明和美丽中国贡献力量。会上，关注森林活动组委会授予了山东省淄博市等17个城市“国家森林城市”称号，授予了内蒙古自治区库布齐沙漠亿利生态治理区等12家单位“国家生态文明教育基地”称号。

全国政协第七届中国人口资源环境发展态势分析会 11月26日在北京召开。会议由全国政协人口资源环境委员会主办，主题为“油气资源发展与大气污染防治”。全国政协副主席罗富和、马培华出席会议并讲话。全国政协人资环委主任贾治邦主持会议。国家发展改革委、国土资源部、环境保护部、国家能源局负责同志与会并发言。全国政协副秘书长邓宗良，全国政协人资环委副主任王国发、庄国荣、齐让、李成玉、秦大河、钱冠林、凌振国（驻会）和部分全国政协委员、专家参加会议。与会委员和专家就油气资源保障与能源结构、发展新能源与控制温室气体排放、大气污染防治政策措施与行动等问题进行分析研究，提出加强政策扶植、优化财税措施、清洁高效利用煤炭、科学有序利用天然气、加大油气多元开发等建议。会后报送了《加快油气资源开发利用多措并举治理大气污染》（《政协信息专报》2014年第118期），中共中央政治局常委、国务院副总理张高丽批示：“请发改委、财政部、环保部、税务总局、能源局研酌。”

全国暨地方政协民族宗教工作研讨会 12月9日至10日，由民族和宗教委员会主办、宁夏回族自治区政协承办的“全国暨地方政协民族宗教工作研讨会”在银川举行。会议深入学习贯彻中共十八届四中全会精神和中央民族工作会议精神、习近平总书记在庆祝人民政协成立65周年大会上重要讲话精神，总结交流各地政协民宗委工作经验，研讨进一步发挥自身优势、做好新形势下政协民族宗教工作的思路。全国政协副主席齐续春出席开幕会并讲话，民族和宗教委员会副主任白玛主持会议，驻会副主任晓敏作总结讲话。宁夏回族自治区政协主席齐同生致辞，统战部部长马三刚介绍自治区民族宗教工作情况。全国政协民族和宗教委员会副主任华士飞、傅先伟、杜鹰，自治区副主席白雪山，自治区政协副主席张乐琴，各省、自治区、直辖市及副省级市政协民族和宗教委员会负责同志100余人出席。中共中央统战部有关负责人到会作专题辅导讲座。与会同志围绕会议主题，通过小组讨论、大会发言等形式，交流经验，研讨工作。

经常性工作

【专门委员会】

提案委员会 全国政协十二届二次会议期间，共收到提案6101件，其中大会提案5875件，平时提案226件。经审查，立案5052件，立案率为82.8%。立案提案中委员提案4663件，各民主党派中央和全国工商联、政协各专门委员会等提出集体提案389件。围绕提高提案质量，严格立案标准，细化不立案条款，加大转、并、撤案力度，未立案1049件，比一次会议的481件增加568件。减少分办、会办单位数量，每件提案主办、会办或分办不超过4个单位，分办件、会办件从一次会议的1051件、6923件减少为727件、5858件，分别减少324件和1065件，为提高办理效率创造了有利条件。截至2015年2月20日，全国政协十二届二次会议提案已办复5046件，办复率为99.8%。从整体办理情况看，已经解决或采纳的占20.6%，列入计划拟解决或拟采纳的占63.8%，作为工作参考的占15.6%。

修订实施《全国政协重点提案遴选与督办办法》。1月14日，第十一次主席会议审议通过了《全国政协重点提案遴选与督办办法》。新修订的《办法》规定，重点提案数由占提案总数的1.5%调整为1%，各民主党派中央和全国工商联、政协各专门委员会、政协界别、界别小组的重点提案数量原则上不少于重点提案总数的30%。重点提案按照推荐、初选、审定程序遴选确定，加大各民主党派中央和全国工商联、政协各专门委员会参与力度。重点提案采取专题调研、视察、提案办理协商会、《重要提案摘报》等方式进行督办，完善了督办工作机制。

主席会议和主席办公会议3次研究重点提案工作。4月1日，第四次主席办公会议在各民主党派中央和全国工商联、政协各专门委员会推荐、经提案委员会全体会议讨论基础上，研究确定了全国政协十二届二次会议49个重点提案题目和督办方案，其中14个重点提案以调研和视察的形式进行督办，7个重点提案以召开提案办理协商会的形式进行督办，28个重点提案通过向中央报送《重要提案摘报》形式进行督办。8月19日，第五次主席办公会议听取提案委员会关于"发挥市场决定性作用，防止海工产业产能过剩"重点提案督办情况汇报，国家发展改革委、工业和信息化部、人民银行、海洋局的负责同志汇报提案办理和落实情况。12月12日，主席会议听取49个重点提案整体督办落实情况汇报。经汇总整理，49个重点提案所提意见建议已得到采纳落实或正在落实的48个，尚不具备落实条件的1个。中共中央、国务院领导对有关调研报告、视察报告、《政协信息》、《重要提案摘报》等作出批示43次（重点提案具体督办形式、承办部门、领导批示及形成的成果见附件《全国政协十二届二次会议重点提案督办情况汇总表》）。

提案委员会督办重点提案39个。具体为：围绕"以减负提质为重点，深化义务教育教学改革"、"完善农村土地承包经营权流转制度"、"发挥市场决定性作用，防止海工产业产能过剩”、“尽快出台左右江革命老区振兴规划”、“加强黄河上中游生态环境保护”、“培育和弘扬社会主义核心价值观要融入社会生活”等问题，开展重点提案督办调研6次。围绕“建立基本住房保障制度”、“进一步培育和发展家庭农场等新型生产经营主体”、“机关事业单位养老保险制度改革”、“农村环境污染综合整治”、“将医疗机构列为公共场所进行安保，出台《医疗机构治安管理条例》”等问题，召开提案办理协商会5次。围绕推进生态环保体制机制改革促进生态文明建设、改革债券市场制度实现债券利率市场化、以商事法律改革为突破口深化法治中国建设等28个重点提案，以《重要提案摘报》的形式报送党中央、国务院。

向国务院常务会议汇报提案办理情况。2月7日，全国政协副秘书长刘家强，提案委员会副主任王秀峰、李宏出席由国务院总理李克强主持召开的国务院第38次常务会议。会议听取了关于2013年全国人大代表建议和全国政协委员提案办理工作汇报，王秀峰副主任在会上就2013年全国政协提案办理情况作了发言。会议认为，国务院各部门办理全国人大代表、全国政协委员提出的相关建议、提案，是接受全国人大及其常委会依法监督、全国政协民主监督的重要形式，也是政府法治建设的重要内容。会议强调，要以改革创新精神和法治理念，进一步做好建议和提案办理工作，把受领、办理建议和提案作为接受人民监督、回应人民呼声的重要渠道，完善办理工作制度，深入调研，明确按时办复、与代表委员直接沟通的“硬要求”，提高办理工作效率和质量。要建立和完善台账制度，将建议和提案办理纳入国务院及各部门年度督查工作计划，采取抽查、重点督办等形式，督促检查落实，探索逐步向社会公开办理结果，让办理工作成为政府转作风、办实事、解难题的过程，使政府更好服务人民群众。

全国政协多位副主席出席提案工作有关会议活动。3月8日，全国政协召开关于“发挥市场决定性作用和更好发挥政府作用，积极化解产能过剩”提案办理协商会，韩启德副主席出席。会议就化解产能过剩的方法和途径，促进产业转型升级等进行协商。全国政协提案委员会主任孙淦主持会议。与会民主党派中央代表、政协委员代表，提案委员会、经济委员会、人口资源环境委员会、社会和法制委员会、外事委员会负责同志，围绕会议主题，与各提案承办单位进行协商沟通。提案委员会副主任干以胜、王秀峰、王国卿、李宏、罗平飞、徐辉、傅克诚、赖明、胡四一及部分委员，中央组织部部务委员兼干部一局局长邓声明、中央编办副主任王峰、发展改革委副主任胡祖才、科技部副部长张来武、工业和信息化部总工程师朱宏任、财政部副部长刘昆、环境保护部副部长翟青、商务部国际贸易谈判代表兼副部长钟山、人民银行副行长刘士余参加会议。3月24日，全国政协召开提案交办会，杜青林副主席讲话，张庆黎副主席兼秘书长主持会议。中办、国办有关领导，156家承办单位、24位承办单位部级领导出席会议。罗富和、李海峰、陈元、卢展工、马飚副主席分别率队，就“以减负提质为重点，深化义务教育教学改革”、“农村义务教育学生营养改善计划实施现状及建议”、“加快特高压发展有效破解雾霾困局”、“进一步加强建筑工人工伤维权工作的提案”、“尽快出台左右江革命老区振兴规划”的重点提案进行调研督办。

全国政协建立办公厅及专门委员会负责同志领办提案制度。制定并印发了提案办理方案，从所承办的26件提案中确定了14件重点办理提案，由全国政协副主席兼秘书长张庆黎，常务副秘书长孙怀山，副秘书长仝广成、王胜洪、刘家强，研究室主任刘佳义，提案委员会驻会副主任田杰，经济委员会驻会副主任侯建民，教科文卫体委员会驻会副主任常荣军，社会和法制委员会驻会副主任顾伯平，民族和宗教委员会驻会副主任邓宗良，外事委员会驻会副主任金学锋，文史和学习委员会驻会副主任卞晋平共13位领导同志领衔督办。各承办室局组建了由室局负责人牵头的办理工作班子，通过座谈、走访、电话等方式100％与提案委员沟通联系，认真分析研究提案内容，积极吸收采纳提案意见建议，有针对性地采取改进措施，并严格按照规定时限要求完成办理答复工作。

改进走访承办单位工作。11月份，提案委员会走访了中央宣传部、交通运输部、农业部、证监会，寓民主监督于走访提案承办单位活动中。通过走访，了解“两办”《意见》的贯彻落实情况，并要求承办单位对上一年度确定为拟采纳的B类提案，说明进一步办理的情况。其中交通运输部对43件B类提案集中进行了跟踪督办，推动政协提案得到进一步落实。

参与承办单位开展的提案办理协商活动。提案委员会副主任干以胜、田杰（驻会），部分委员及办公室相关同志分别参加教育部、科技部、交通运输部、农业部、卫生计生委、海关总署、知识产权局等开展的有关边远贫困民族地区教育信息化基础设施建设、加快中关村示范区海淀核心区建设、农村公路养护、草原补奖政策、深化医疗卫生体制改革、丝绸之路经济带建设、发展知识产权服务业等提案的调研、座谈会、协商会17次。

加强提案工作的理论研究。9月17日，提案委员会成立了提案办理协商研究课题组并召开第一次会议。提案委员会主任孙淦任课题组组长，委员会副主任王国卿、田杰（驻会）任副组长，提案委员会委员马利、宁吉喆、李健、李晓明、吴先宁，北京、吉林、上海、河南、广东、四川、陕西7个地方政协提案委员会有关负责人及办公室相关负责同志为课题组成员。课题组明确在本届政协内分阶段开展提案办理协商理论研究与实践总结，做好《提案审查工作细则（暂行）》修订工作，为发挥提案办理协商在人民政协协商民主建设中的作用提供理论支持，促进提案办理协商制度建设。2月12日，召开民主党派中央和全国工商联提案工作座谈会，通报各民主党派和全国工商联提交一次会议的提案办理工作情况，讨论拟提交二次会议的提案题目，共同研究推进民主党派和工商联提案工作。

召开提案委员会全体会议和主任会议。分别就审议提案工作情况报告（草案）、提案审查情况报告（草案）、大会提案工作方案（草案）、重点提案题目和督办方案（草案）、提案委员会年度工作计划（草案）、提案委员会工作总结，听取提案初审情况和不立案提案处理情况汇报等召开了第六次至第九次全体会议和第八次至第十四次主任会议。韩启德、马飚副主席出席第九全体会议并讲话。

加强宣传工作，扩大提案工作社会影响。2月18日，召开提案工作情况通气座谈会，向26家新闻媒体通报政协十二届一次会议以来的提案工作情况，交流提案办理情况，提供报道线索，听取对提案宣传工作的意见建议。孙淦主任通报情况，干以胜副主任主持。王胜洪、刘家强副秘书长，王秀峰、李宏、赖明副主任，社会和法制委员会驻会副主任顾伯平出席会议。十二届二次全体会议期间，与人民日报社、中央人民广播电台、中央电视台等媒体单位合作，策划了一系列提案工作的深度报道，组织专访6人次，刊发署名文章1篇、专访文章2篇；接待媒体记者280余人次，向媒体提供公开查询提案2700多件，提供提案报道素材300多条，网上公开提案145件。编辑出版《把握人民的意愿——政协第十二届全国委员会提案及办理复文选（2014年卷）》、《情系国计民生——政协提案的故事（丛书第7辑）》。

经济委员会 2014年，在常委会和主席会议的领导下，在办公厅和有关方面的支持下，经济委员会紧密围绕党和国家中心工作，不断创新工作思路，突出协商议政特色，注重发挥界别作用，围绕重大经济改革课题和事关群众切身利益的关键问题进行深入研究，努力为经济社会发展出实招、谋良策，积极推动各项工作开展，取得了良好成效。

一、主要工作情况

一年来，经济委员会以全国政协“1420”工作部署为核心，共参与组织了1次全国政协议政性常委会议，承担了5场双周协商座谈会的组织工作，开展了6项重点专题调研，组织了4次界别考察活动，召开了2场宏观经济形势分析座谈会，做好了2个重点提案督办工作，向中央报送了2篇调研报告和19篇信息专报，多次获得中央领导同志批示。

（一）参与组织全国政协议政性常委会议。积极做好以“充分发挥市场在资源配置中的决定性作用和更好发挥政府作用”为议题的第六次常委会议的组织筹备工作。结合会议主题和重点，认真研究提出相关专题设置，分别围绕转变政府职能和发展混合所有制经济，成立了2个专题调研组开展前期调研，并在会议期间负责3个专题分组的组织工作。经济委员会3位副主任、2位常委作了大会发言。

（二）承办全国政协双周协商座谈会。以“沟通思想、增进共识、协调关系、凝心聚力”为重点，积极承办了“核电和清洁能源发展”、“发展特高压输电，优化电力布局”、“化解过剩产能过程中需关注和解决的问题”、“大力支持中小微企业技术创新”、“加快转变政府职能，增强政府公信力”5场双周协商座谈会。为确保座谈会取得实效，经济委员会：一是大力争取领导支持，由陈元、王钦敏副主席分别担任了“发展特高压输电，优化电力布局”和“大力支持中小微企业技术创新”专题组组长，带队参加调研和座谈。二是充分做好基础性工作，围绕各项议题先后赴北京、河南、河北等地进行了8次实地调研，并召开了多场前期交流座谈会，深入了解实际情况。三是突出协商议政特色，精心设计会议发言布局，邀请具有深入研究和不同观点的委员、专家学者参会，提高了会议发言质量和实际效果，取得了良好反响。四是注重座谈会成果反映，会后分别上报了5篇政协信息专报，多次获得中央领导的肯定，张高丽副总理作出了2次重要批示。

（三）着力开展重点专题调研。以经济发展和社会民生的重大问题为重点，围绕全面深化改革的关键性、战略性问题，开展了一系列重点专题调研，提出了众多具有建设性、针对性的意见建议，为中央决策提供了有效参考。

——“加快转变政府职能，完善现代市场体系”专题。为充分了解国内在完善现代市场体系方面存在的问题，并借鉴国外的先进经验和做法，经济委员会组成调研组4月份赴北京、福建实地调研，5月份赴德国、匈牙利、意大利考察，形成了信息专报《要高度重视防范金融风险》，提出重新审视我国利率市场化改革思路、全面分析信托公司的资产和资金兑付能力、研究防范金融风险问题等建议，杜青林副主席作出重要批示。

——“积极发展混合所有制经济”专题。为推动国有企业与民营企业相互促进、协调发展，完善混合所有制经济发展的体制机制，经济委员会调研组在赴江苏、辽宁调研的基础上，形成了《关于江苏、辽宁两省积极发展混合所有制经济的情况报告》，提出了加强顶层设计、加快国有企业改革、完善相关财税政策、抓好垄断行业改革、发展资本市场和产权交易市场等建议，张高丽副总理作出重要批示。调研组还于4月下旬深入江西调研，报送了《关于发展混合所有制经济的几点看法》，提出发展混合所有制最重要的是深化国有企业体制改革，完善国有企业法人治理结构，对民营企业走向混合所有要实行自愿原则，探索员工持股制。

——“扩大内陆沿边开放，促进区域经济协调发展”专题。扩大内陆沿边开放是十八届三中全会提出的一项重要工作，经济委员会将云南和广西作为今年的重点调研地区。其中，王钦敏副主席带队于4月份赴云南调研，形成了信息专报《发挥云南优势，提升内陆沿边开放新水平》；11月份，调研组在赴广西调研之后，报送了信息专报《积极推进广西区域经济协同发展，全面提升沿边开放开发水平》。调研组提出了统筹考虑内陆沿边开放与“一带一路”重大战略规划，加快沿边互联互通基础设施建设，加强沿边开放基地平台建设等建议，张高丽副总理作出重要批示。

——“构建新型农业经营体系”专题。经济委员会调研组于6月份赴吉林调研，报送了信息专报《吉林省首创土地收益保证贷款模式，破解农民和涉农企业融资难融资贵》；9月份赴江西调研，报送了《多措并举，破解赣南苏区振兴发展的瓶颈制约》，俞正声主席作出重要批示。调研结束后，形成了《关于构建新型农业经营体系专题调研的报告》，针对部分地区急于求成、农业社会化服务体系建设滞后、新型农村经营人才匮乏等问题，提出健全农业社会化服务体系、大力培育新型职业农民、扎实推进土地确权登记、完善农村社会治理机制等建议，汪洋副总理作出重要批示。

——“大型国有林场体制转型”专题。为深化国有林场体制改革和转型，破解制约国有林场发展的突出问题，经济委员会调研组于8月份赴黑龙江调研，形成了信息专报《启动大型国有林区体制改革，支持林区加快转型发展》，重点就加强顶层设计和分类指导、因地制宜推进经营体制改革和转型发展、加快林业碳汇交易制度建设、健全国有林区生态保护补偿机制等方面提出了建议，俞正声主席、杨晶国务委员作出重要批示。

——“资源性产品价税改革”专题。调研组分别赴陕西、甘肃、重庆调研，形成了《关于资源性产品价税改革的建议》，分别针对收费名目繁多、收益分配不公、能源通道地区损益、资源性产品税低面窄、资源性产品价格垄断等问题，建议加快费改税进程、调整资源收益分配关系、调整增值税缴纳办法、加大“增税率、扩范围”改革力度、完善价格市场形成机制，张高丽副总理作出重要批示。

（四）积极组织界别考察活动。在经济界界别活动方面，重点围绕当前社会广泛关注的经济热点领域组织了2次考察活动。其中，9月份赴浙江开展了“规范发展互联网金融”专题考察，报送了信息专报《促进互联网金融健康发展需优化环境、创新监管》。12月份赴北京开展了“发展信息消费”专题考察，报送了信息专报《关于发展信息消费的几点建议》，张高丽副总理作出重要批示。在农业界界别活动方面，重点围绕“三农”工作的关键领域组织了2次考察活动。其中，3月份赴北京市顺义区，就农业产业化龙头企业技术创新进行考察，形成了信息专报《新型智能化冷藏库建设技术值得关注》，汪洋副总理作出批示。5月份组织农业界委员赴浙江开展“农村人居环境建设”专题考察，报送了信息专报《总结浙江经验，加快推进农村人居环境建设》，汪洋副总理作出重要批示。

（五）及时召开专题性会议。在我国经济增速持续放缓、经济增长面临较大压力的新形势下，经济委员会分别于7月和10月组织召开了2场宏观经济形势分析座谈会，邀请经济领域的资深委员和专家学者分析宏观经济态势，针对经济运行中的突出问题，就保持经济平稳增长，促改革、调结构、惠民生等工作议政建言。座谈会获得了各界广泛好评，社会关注度和影响力进一步提升。会后均报送了《全国政协经济委员会宏观经济形势分析座谈会情况反映》，委员们提出了理性看待经济运行增速放缓、树立改革是最好的调控理念、推动经济提质增效等建议，李克强总理、马凯副总理分别作出重要批示。

（六）切实做好重点提案督办工作。按照全国政协重点提案交办会要求，经济委员会今年负责督办“发展特高压输电，优化电力布局”和“促进互联网金融健康发展”两件重点提案。经济委员会分别成立了两个专题组，进行调研督办。在调研过程中注重邀请重点提案人参加，并通过座谈会等平台促进重点提案人与承办部门沟通交流，调研结束后均报送了信息专报，取得了良好效果。

（七）认真完成其他方面工作。积极通过多种方式扩大委员参政议政的渠道和途径，进一步发挥委员履职的积极性。经济委员会：一是组织相关委员为国家有关部委拟出台的政策文件提供意见建议，如对《粮食法》、《农田水利条例》、《城镇住房保障条例》等法律法规的征求意见稿提出修改意见。二是多位委员陪同全国政协领导出访、调研、视察及外事接待活动。三是部分委员应邀参加国务院及有关部门组织的会议，并多次参加地方主办的会议、论坛等活动，进行理论和政策宣讲。

二、工作特点和体会

（一）紧扣全国政协中心工作，积极服务全面深化改革大局。十二届全国政协以来，“1420”工作部署已成为政协工作的新常态，是政协协商议政的重中之重。经济委员会将“1420”相关任务作为今年的重点工作，紧密围绕议政性常委会、专题协商会、双周协商座谈会，以服务全面深化改革大局为主题，以经济发展的热点难点问题为重点，开展了一系列选题深入、成效明显的重大专题调研，提出了更具针对性、可行性、实效性的意见建议，在推动经济社会发展和全面深化改革中作出了积极贡献。

（二）着力突出协商议政特色，努力拓展协商深度和广度。政协作为协商民主的重要渠道和机构，近年来在协商经济社会发展重大问题方面发挥了重要作用。经济委员会注重突出协商议政特色，在拓展协商深度和广度上下功夫，特别是对一些社会广泛关注和存在争议的问题进行深入研究和探讨，不回避敏感问题，不忽视不同意见。比如核电和清洁能源发展、特高压输电建设问题，业界长期存在意见分歧，经济委员会承办以此为议题的两场双周协商座谈会，经过精心组织，与会委员和专家充分发表了不同意见，进行了直率的观点交锋，为中央决策提供了有效参考。

（三）充分发挥界别委员作用，不断扩大参政议政的参与面。界别是政协工作的重要基础，充分发挥界别委员作用，对于提高政协工作水平具有重要意义。今年，经济委员会对此进行了积极探索。一是积极组织经济界、农业界委员开展了多项专题考察，在考察数量和质量方面都取得了新突破，有效扩大了界别委员参政议政的参与面。二是依托专委会平台，在开展调研、考察、座谈会等活动时，有针对性地邀请熟悉相关领域的界别委员参加，增强了咨政建言的专业性和实效性。三是将政协平台优势与委员本职工作有机结合，推动政协工作与委员本职工作相互促进。比如，中国农业银行在“农村人居环境建设”考察结束后专门出台了《关于金融支持“美丽乡村”建设工作的意见》。

（四）注重构建多方联动机制，切实提升履职科学化水平。一方面，加强与国务院相关部委的工作联系，在开展专业性、针对性较为突出的调研、考察和座谈会时，积极邀请相关部委参加，有效增强了活动的实效性。另一方面，在统筹运用全国政协和地方政协经济委员会“两支力量”方面进行积极探索，加强各级政协之间的合作交流，构建协调配合、上下联动、优势互补的工作格局。将全国政协重点工作与地方政协的现实需要相结合，通过调研、考察、协商座谈会等形式帮助地方协调解决实际问题。

人口资源环境委员会 2014 年，人口资源环境委员会在常委会和主席会议的领导下，贯彻落实全国政协党组工作要求和常委会工作部署，紧紧围绕全面深化改革的重大战略，按照“1420”工作总体布局，扎实做好各项工作，为推进生态文明建设建言献策，为人民政协围绕中心、服务大局，切实履行政治协商、民主监督、参政议政职能发挥好基础性作用。

一、主要工作情况

2014 年，人口资源环境委员会承办全国政协双周协商座谈会 2 次，完成专题调研 11 项，组织重要会议活动 13 项，出国考察 1 项。委员会领导和委员参加各项履职活动 343 人次。报送调研报告 9 份，政协信息和信息专报 7 份，得到党和国家领导人批示共 46 人次。

（一）围绕全国政协双周协商座谈会和专题议政性常委会议议题，就有关重要问题开展协商议政活动。

按照全国政协协商工作计划，委员会承办两次双周协商座谈会。在“南水北调中线水源地水质保护”双周协商座谈会上，委员和专家就水源地保护存在的问题，提出尽快落实国务院有关规划，把后续项目纳入“十三五”规划，建立库区及上游水资源和生态环境保护长效机制等建议。张高丽副总理在《关于南水北调中线水源地水质保护的建议》信息上作了重要批示。“利用水泥窑协同处置垃圾废弃物”双周协商座谈会召开前，组织委员开展调研和考察，不同观点和意见在会上得到充分的交流交融交锋。委员们认为，利用现有水泥窑协同处置生活垃圾和固体废弃物，是一件值得重视的好事，并就如何科学有序促进这一行业发展提出建议。俞正声主席、张高丽副总理在《关于加强利用水泥窑协同处置垃圾废弃物的建议》信息上作了重要批示。

与民族和宗教委员会共同承担第六次常委会议第六专题讨论会议的组织工作。组织常委、委员和专家围绕“发挥市场在资源配置中的决定性作用和更好发挥政府作用”主题，就建设生态文明制度体系中的完善生态补偿机制、健全自然资源产权制度、推进绿色消费等问题积极建言献策。

（二）聚焦全面深化改革中人口资源环境领域的重要问题，深入开展调查研究，为改革发展献计出力。

一是“沿海滩涂开发与保护”专题。4月16日至23日，李成玉副主任率队赴河北、辽宁调研。形成报送了《关于沿海滩涂开发与保护情况的调研报告》，提出制定沿海地区整体开发与保护规划，从严控制围填海项目，划定生态保护红线和重要湿地保护区等建议。李克强总理、俞正声主席、张高丽副总理作了重要批示，国家发改委何立峰副主任一行专程到政协与调研组座谈，面对面听取委员的意见建议，现正在研究制定规范沿海滩涂保护与开发的政策文件。

二是“重点区域大气污染综合防治”专题。落实俞正声主席指示，就重点区域大气污染防治召开了专题座谈会，罗富和、马培华副主席出席会议。4月21日至24日，马培华副主席，秦大河、钱冠林副主任率队赴广东调研；5月12日至16日，江泽慧副主任率队赴上海调研；12月16日，罗富和、马培华副主席，贾治邦主任率队赴北京调研，邓宗良副秘书长，仇保兴、庄国荣、秦大河、凌振国（驻会）副主任参加。形成报送了《关于重点区域大气污染综合防治的调研报告》，提出进一步搞清大气污染成因、调整产业结构和布局、大力推动区域联防联治、着力控制汽车尾气污染、统筹谋划应对气候变化和大气污染防治工作等建议。李克强总理、俞正声主席、张高丽副总理作了重要批示。

三是“完善生育政策与人口长期均衡发展”专题。4月21日至27日，罗富和副主席、齐让副主任、陈啸宏委员率队赴浙江、重庆调研，刘家强副秘书长参加。形成报送了《关于完善生育政策与人口长期均衡发展的报告》，建议毫不动摇坚持计划生育基本国策，积极谋划人口长期均衡发展问题，做好“单独两孩”政策实施的统筹衔接等。李克强总理、刘延东副总理作了重要批示，要求有关部门认真研究，抓紧完善相关配套政策。

四是“加强黑土地保护”专题。5月21日至27日，王国发、吴双战副主任率队赴吉林、黑龙江调研。形成报送了《关于加强黑土地保护的调研报告》和《保护黑土地刻不容缓》信息专报，针对黑土地退化问题，提出加强立法保护，试点探索黑土地所有权、承包权、经营权“三权”分离，推行保护性耕作制度，尽快实施表土剥离措施等建议。俞正声主席、张高丽副总理、汪洋副总理、杜青林副主席作了重要批示。

五是“完善新型城镇化中土地配置与投融资机制”专题。持续关注新型城镇化建设，5月26日至30日，郑晖、徐德明副主任率队赴山东、江苏调研。形成报送了《关于完善新型城镇化中土地配置与投融资机制的报告》，提出因地制宜调整增减挂钩结余指标的交易范围，鼓励社会资本参与基础设施建设，对土地增值征收资本收益税等建议。李克强总理、张高丽副总理作了重要批示。

六是“加强三北防护林体系建设”专题。6月14日至19日，罗富和副主席、贾治邦主任率队赴宁夏、陕西、内蒙古等省区调研。形成报送了《关于进一步重视和加强三北防护林体系建设工程的报告》，建议提升工程战略定位，制定《三北防护林体系建设条例》，启动退化林分修复工作，推进防护林建设可持续发展。俞正声主席、汪洋副总理作了重要批示。

七是“推动建立国家层面生态补偿机制”专题。9月9日至12日，齐让、凌振国（驻会）副主任率队赴福建、山西调研；9月25日至29日，罗富和副主席、贾治邦主任率队赴四川调研，陶武先、庄国荣副主任参加。形成报送了《关于推动建立国家层面生态补偿机制的调研报告》，提出尽快出台国家层面《生态补偿条例》，探索多元化补偿方式，建立利益分享机制等建议。张高丽副总理作了重要批示。

八是“发展清洁能源优化能源结构”专题。10月9日至15日，干勇、凌振国（驻会）副主任率队赴陕西、广东调研。形成报送了《关于发展清洁能源优化能源结构的调研报告》和《大力发展核电的建议》政协信息专报，提出科学制定可再生能源发展战略和路线图、修订中长期发展规划、推动电力体制改革等建议。张高丽副总理、杜青林副主席分别在调研报告和信息专报上作了重要批示。

九是“进一步推进千岛湖环境保护”专题。落实全国政协领导批示，11月2日至4日，贾治邦主任、张基尧副主任率队赴浙江、安徽就全国首个跨省流域生态补偿机制试点——新安江流域生态补偿机制试点工作成果开展调研，凌振国驻会副主任参加。形成报送了《关于进一步推进千岛湖及新安江流域水资源与生态环境保护的调研报告》，就做好试点期结束后的工作，建立长效生态补偿机制提出建议。张高丽副总理、杜青林副主席作了重要批示。

（三）选择可持续发展领域的重要问题召开专题会议，搭建多种形式的协商议政平台。

一是召开人口与发展座谈会。邀请全国政协委员、有关民主党派、地方政协、相关部委和专家学者，共同为实现人口与经济发展良性互动、与社会进步协调促进、与资源环境和谐共生建言献策，提出把人口发展战略纳入“十三五”规划中统筹谋划，建设人口均衡型社会，充分释放人才红利等建议。罗富和副主席、张庆黎副主席兼秘书长出席。马凯副总理在信息专报上作了重要批示。

二是召开“治理船舶污染，保护江海环境”座谈会。落实全国政协领导批示，组织相关委员、部委、专家就治理船舶污染座谈协商，提出尽快出台船用燃料油国家强制标准和船舶排放国家限制标准、淘汰落后船型等建议。张高丽副总理、国务院丁向阳副秘书长分别在信息专报上作了重要批示。

三是举办第七届中国人口资源环境发展态势分析会。以油气资源与大气污染防治为主题，邀请有关部委、委员和专家学者重点就油气资源保障与能源结构，发展新能源与控制温室气体排放，大气污染防治政策措施与行动等问题进行分析研究，为“十三五”规划的有关战略安排建言献策。罗富和、马培华副主席出席。张高丽副总理在信息专报上作了重要批示。

（四）深化与部门、党派、地方的合作，形成合力，就热点、难点问题开展多种形式的广泛协商。

一是与有关部门联合开展加强青少年生态文明教育活动。人口资源环境委员会联合教育部、国家林业局、中国科协、共青团中央等部门，建立了加强青少年生态文明教育联席会议和协商会议制度，开展“童眼观生态——青少年生态文明教育体验活动”，在陕西省榆林市开展生态文明教育入课本、进课堂试点活动。

二是与民主党派中央联合开展有关调研和举办会议。与民革中央就启动黄河上游基础性、控制性水资源配置工程开展联合调研；与民进中央联合举办“长江保护与发展论坛”；与民盟中央共同主办“2014绿色经济遂宁会议”等。

三是继续与有关地方和部门联合办好生态文明贵阳国际论坛、“关注森林”等会议活动，积极为加强生态文明建设，建设美丽中国汇聚正能量。

（五）积极开展对外交往，为我国在能源、环保等领域拓宽与有关国家的务实合作发挥桥梁纽带作用。

应邀组织代表团赴法国、芬兰，考察清洁技术利用与环境污染治理、保护情况，为加快推动生态文明制度建设提出对策建议。贾治邦主任应邀出席芬兰大使馆举办的“纯净芬兰”论坛等活动，进一步发展与芬兰议会未来委员会业已形成的良好合作关系，为建立长效合作机制进行积极探索。

（六）组织委员对《大气污染防治法》等法律法规提出修改意见建议，切实发挥在法治建设中的作用。

应国务院法制办的要求，组织委员就《大气污染防治法》修订草案送审稿和修订草案，提出了设立重点区域空气质量管理机构、由第三方负责大气环境监测、增加气象部门控制温室气体排放责任、加强大气污染处罚力度等原则意见和具体条文修改意见。此外，还组织全体委员就《居住证管理办法（征求意见稿）》提出意见建议。

二、工作特点和体会

（一）全国政协领导高度重视和关注，推动各项履职活动取得实效。

全国政协领导高度重视和关注人口资源环境问题，加强对委员会工作的领导、支持和指导。2014 年，俞正声主席亲自交办 4 个题目，在《关于沿海滩涂开发与保护情况的调研报告》上作出重要批示，引起中央及有关部门的高度重视，有力促进了沿海滩涂保护工作；杜青林副主席就落实好俞主席批示作出明确指示；张庆黎副主席兼秘书长专门听取调研情况汇报并出席座谈会；联系委员会的罗富和、马培华副主席出席有关座谈会，亲自带队开展调研。政协领导的高度重视和关注，促进了各项工作效率更高、效果更好、成果更实。

（二）广泛征求各方面的意见，选准选好调研课题和协商议题。

选题时注意把握三个原则：一是选择具有战略性、全局性、人民群众最为关心和期盼解决的问题。如重点区域大气污染综合防治等。二是选择影响可持续发展和子孙福祉的问题。有些问题虽然看起来是局部的，但可以以小切口体现大战略，以小问题的突破带动大问题的解决。如黑土地保护问题。三是选择各部门有积极性，但仅靠一个部门又难以单独解决的问题。与有关部门联合起来，利用各自优势，更好发掘问题、聚焦问题、解决问题。如加强青少年生态文明教育活动等。

（三）积极创新工作方式方法，在调动委员积极性、充分发挥委员主体作用上下功夫。

加强对各项调研和会议活动的统筹安排，在尊重委员意愿的基础上，确保所有委员都有参加活动的机会。注重发挥委员专业优势，优化调研座谈参加人员结构。例如关于计划生育政策方面的调研，邀请担任卫计委领导的委员负责牵头策划，充分调动委员的积极性，确保调研内容和建议更加专业；有关座谈会邀请党派、其他专委会和地方从事实际工作的委员参加并发言，保证了协商的广泛性；建立专家库，邀请参政议政能力强、有专业背景的老委员和相关领域专家学者参加调研，借助多方力量开展工作。

（四）不断加强委员会办公室自身建设，为委员会履职做好参谋服务工作。

委员会办公室坚持学习好、联系好、服务好“三好”要求，积极发挥统筹协调联络服务的作用，切实当好参谋助手。认真落实中央和全国政协有关规定，建立完善规章制度和工作流程，狠抓群众路线教育实践活动整改落实工作，强化作风和能力建设，努力提高政务性和事务性服务水平，保证了委员会各项工作有序有力有效开展。

教科文卫体委员会 2014年，教科文卫体委员会在常委会和主席会议领导下，深入学习贯彻党的十八大及十八届二中、三中、四中全会精神和习近平总书记系列重要讲话精神，贯彻落实俞正声主席对专委会工作的要求，立足自身特点，发挥界别优势，紧紧围绕党和国家中心工作和政协工作大局，聚焦深化改革，认真履行职能，积极议政建言，为促进经济持续健康发展、社会和谐稳定和人民政协事业发展作出新的贡献。

在全国政协“1420”重点工作布局中，完成十二届二次会议相关工作任务，承办2次专题协商会、3次双周协商座谈会、1次常委会议专题讨论会，组织开展12项专题调研和考察、3次专题座谈、1次界别协商座谈会、7次界别委员活动，牵头督办1项重点提案，先后开展送文化、科技、卫生、体育“下基层”活动4次和教师节慰问活动，开展1次出国考察。报送专题协商会报告2篇、双周协商座谈会信息专报3篇、专题调研报告7篇、出国考察报告1篇、政协信息专报5篇、工作简报8篇。多项工作及成果受到中央领导同志及国务院有关部门的重视，李克强、俞正声、张高丽、刘延东、马凯、杜青林等领导同志对有关文件批示18人次。万钢、卢展工、陈晓光等副主席亲自带队深入基层调研开展有关工作。

一、主要工作情况

（一）围绕中心工作，认真承办全国政协专题协商会、双周协商座谈会，参与承办专题议政性常委会议有关专题讨论会，务实推进协商民主实践。根据全国政协年度协商工作安排，承办“深化产教融合、校企合作，加快现代职业教育体系建设”、“构建现代公共文化服务体系”专题协商会；承办“贯彻落实《全民健身条例》，增强国民身体素质”双周协商座谈会，与民盟中央共同承办“大学毕业生创业就业环境优化”、与农工党中央共同承办“积极推进医养结合型养老护理模式建设”双周协商座谈会，负责政协第十二届全国委员会第六次常委会议“深化科技体制和教育领域综合改革，建设国家创新体系”专题讨论会。围绕协商议题开展专题调研，充分发挥相关专委会、民主党派和工商联、社会团体及相关界别委员的作用，保证会议发言的水平和质量。上述会议共邀请委员、专家学者180余人参加，其中110余位委员在会上作了预约口头发言或即席发言，印发会议发言材料共计175篇。会议分别形成以全国政协党组名义报送中共中央的专题协商会报告2篇、双周协商座谈会信息专报3篇、常委会大会发言1篇，围绕相关议题提出了切实可行的意见建议，受到中央领导同志的重视。俞正声主席在办公厅简报第5期上批示：“‘构建现代公共文化服务体系’专题协商会开得好。会议准备充分。展工同志亲赴8个省、市调研，100多位委员参与，为会议的召开做了卓有成效的准备。发言组织得好。内容翔实、开门见山、情真意切，反映了方方面面的认识和意见。我们应按照中央常委会的要求，认真组织好宣传文化领域的参政议政工作，争取每年有所建树。”刘延东、杜青林等领导同志分别在相关报告、简报、政协信息上作出批示，对提出的意见建议给予充分肯定。

（二）聚焦深化改革，针对我国教科文卫体事业发展领域的重要问题组织开展专题调研、考察、座谈，积极推动科学发展。教育方面围绕“西部高校发展和人才培养”赴广西、青海、新疆调研。科技方面围绕“提升原始创新能力，加快推进国家实验室建设”重点提案的督办，赴山东、辽宁开展专题调研；围绕“建立产学研协同创新机制，强化企业技术创新主体地位”赴江苏、四川、湖北调研；围绕“发挥农业科技引领作用，推动黄三角国家农高区创建工作”赴山东开展专题考察。文化方面围绕“城镇化进程中的传统文化保护与传承”，赴安徽、福建调研。医药卫生方面围绕“医学教育与人才培养的问题与对策”赴山西、四川、北京调研；召开“医疗机构补偿机制和医务人员薪酬制度”专题座谈会。体育方面围绕“构建多元化的全民健身公共服务体系——加强群众体育健身设施建设”赴福建、云南调研。以上调研形成了调研报告、工作简报、政协信息等，针对我国教科文卫体事业发展过程中存在的问题，提出务实可行的意见建议。李克强、俞正声、张高丽等分别在相关材料上批示，要求有关部门认真采纳吸收。

（三）组织开展界别委员活动，为委员知情明政建言献策创造条件。一是组织文化艺术界委员围绕学习贯彻习近平总书记在文艺工作座谈会上的重要讲话精神、为文艺繁荣发展建言献策，赴八一电影制片厂开展专题考察座谈。二是组织教育界委员赴首都师范大学、北京体育大学开展“高等教育改革与人才培养”专题考察。三是组织科技界、科协界委员，赴国家现代农业科技城、中国科学院信息工程研究所参观考察。四是组织医药卫生界委员赴中国疾控中心考察我国疾病预防控制工作情况，赴北京市门头沟区考察医药卫生体制改革进展情况。这些活动通过发挥委员会联系界别的作用，有效地帮助委员了解基层情况，为更有针对性议政建言创造了条件。

（四）积极深入基层，组织开展教师节慰问活动和送科技、文化、卫生、体育“下基层”活动，助推民生事业发展。一是赴安徽省贫困地区舒城县开展教师节慰问活动。向基础教育学校捐赠教学设备和图书，给优秀教师发放慰问金，为当地中小学教师、学生及书法爱好者举办专题讲座。二是赴贵州省毕节市开展“送科技下基层”活动。为当地捐建多媒体教室、中学科技馆、基层图书室、网络书屋等，举办科普讲座、农业技术咨询和科普大篷车活动。三是以弘扬践行社会主义核心价值观为主题，赴辽宁、黑龙江开展“送文化下基层”活动。实地走访城乡基层公共文化服务场所，举办慰问演出，为基层社区、连队、边防哨所现场创作并捐赠书法作品，为乡村捐建文化设施项目。四是赴云南开展“卫生三下乡”活动。在当地医院开展会诊、义诊、巡诊，举办保健知识、医院管理等讲座，捐赠价值110万元药品等。五是赴四川省开展“送体育下基层”活动。深入到偏远山区基层学校、少数民族村寨，捐赠体育运动和健身器材，进行体育教育和运动健身示范指导。通过上述活动，既向群众展示了委员们的才学和风采，又了解了基层教育、科技、文化、卫生、体育等事业发展情况，为促进民生事业发展和社会和谐稳定作出贡献。俞正声主席在送体育下基层活动简报上批示：“这个办法好，既了解情况，又帮助了基层，发挥了政协委员的独特作用。”

（五）围绕重点协商调研选题开展对外考察交流。结合委员会承办的加快现代职业教育体系建设专题协商会，组成“现代职业教育发展”专题组，赴美国、加拿大开展考察交流。专题组走访了美国纽约、休斯敦和加拿大温哥华、渥太华等地相关政府机构以及大学、职业技术院校等，通过座谈研讨、实地考察等方式，深入了解两国在现代职业教育发展方面的工作情况、经验做法、存在问题，形成了专题报告，对我国现代职业教育改革与发展提出了意见建议。

此外，年内还完成了以下工作：一是按照国务院法制办意见，组织委员就《促进科技成果转化法》（修订草案）、《公共场所控制吸烟条例》（送审稿）提出修改意见；按照教育部来函意见，组织委员就《加快发展民族教育的决定》（征求意见稿）提出修改意见。二是承办全国政协2014年新年茶话会文艺演出。三是与全国政协书画室、民族和宗教委员会共同主办“团结·和谐——庆祝人民政协成立65周年美术书法作品展”。四是与中华出版促进会联合主办“苏士澍推广汉字体验教育展”。五是与广东省政协等方面共同举办“中国端砚精品展”等。

一年来各项工作的顺利开展和成果取得，离不开中共中央的坚强领导和全国政协领导的正确决策，离不开国务院有关部门、各民主党派和工商联、各有关团体以及地方政协的大力支持和配合，离不开委员会委员及相关各界别委员的积极参与。全国政协领导同志率队或参加的工作达18项，共计58人次。先后分赴16个省区市开展专题调研、考察、“下基层”、慰问等活动，17个省区市开展协同调研并提交书面报告或材料24份。截至12月23日，参加委员会调研、考察、会议、活动的委员共321人，793人次，其中委员会委员共计107人，占委员会委员总数的94.7%。

二、主要工作体会

（一）坚持围绕中心、服务大局，力求各项工作跟得上节奏、踏得上节拍。自觉坚持围绕中心、服务大局是委员会各项工作出成果、见实效的前提和基础。如在全国职业教育工作会议召开前，组织开展专题调研，召开加快现代职业教育体系建设专题协商会，为会议召开和有关文件的出台建言献策；将构建现代公共文化服务体系作为调研重点和座谈会议题，为中办、国办制定《关于加快构建现代公共文化服务体系的意见》作出应有贡献；报送姚明委员关于取消赛事审批、激活体育市场的政协信息专报，经刘延东副总理批示后，促进了国务院关于取消商业性和群众性体育赛审批政策的出台；针对中共中央、国务院《关于深化科技体制改革加快国家创新体系建设的意见》贯彻落实中遇到的新情况、新问题，组织了“提升原始创新能力，加快推进国家实验室建设”、“建立产学研协同创新机制，强化企业技术创新主体地位”、“大学毕业生创业就业环境优化”专题调研等。

（二）创新工作机制，拓展委员履职渠道，提升工作成效。一是把深入学习贯彻习近平总书记在文艺工作座谈会上的重要讲话精神作为一项重要任务，卢展工副主席率队，组织文艺界委员赴八一电影制片厂开展专题考察并和新老艺术家一起学习座谈。二是坚持问题导向，着力提升议政建言质量。围绕“提升原始创新能力，加快推进国家实验室建设”开展重点提案督办调研，形成调研报告。刘延东副总理批示科技部、财政部研究吸纳有关意见建议；组织召开由提案人、提案承办单位参加的重点提案办理协商座谈会，落实领导批示，推动了相关提案的办理，并列为2015年首个全国政协双周协商座谈会议题。三是探索开展监督性专题调研，围绕“《精神卫生法》实施情况”赴上海、云南调研。俞正声主席、刘延东副总理作出重要批示。四是进一步拓展内容、丰富形式、完善机制，搭建协商民主平台。围绕“基础研究与创新驱动发展战略”探索开展系列界别协商座谈会，今年的主题是“发挥科学基金源头作用，促进基础研究繁荣，服务创新驱动发展”，组织科技界、科协界委员履职建言，为促进创新驱动发展战略深入实施贡献智慧和力量。五是将委员会年度重点任务与国家专项课题研究相结合，委员会有关领导承担了今年的教育部重点课题“提高本科生实践能力关键问题研究”，研究成果为做好相关双周协商会工作打下基础。六是结合委员会扶贫任务，赴毕节市开展送科技下基层活动、赴舒城县开展教师节慰问活动，将委员履职平台向基层延伸，为推动扶贫地区经济社会发展建言献策。

（三）将体现委员主体地位和作用作为各项工作的基本要求，努力拓展委员发挥作用的平台。充分发挥委员主体作用是提高政协履职能力的基础和关键。委员会着重从以下几个方面为委员搭建履职平台：一是搭建协商议政平台，积极承办好专题协商会和双周协商座谈会，充分保障委员的民主权利，让委员围绕会议主题畅所欲言，协商取得圆满成效。二是搭建专题调研考察平台，调研课题广泛征求委员意见建议，经反复研究讨论确定；组织委员深入基层开展调研。三是组织相关界别委员开展“下基层”和教师节慰问活动，使之成为委员深入基层、了解民情的平台，也展示了委员风采。四是组织在京委员参加的界别活动，拓展委员发挥作用的平台和参与面。

（四）注重科学统筹，在继承创新中着力把握工作内在规律，提升工作的协同性、整体性。把握调研、协商座谈、成果形成的内在联系，将参政议政同有关工作统筹考虑，提升了工作成效。一是将会议与调研有机结合，明确把议政性常委会议、专题协商会、双周协商座谈会议题作为重点调研课题，统筹规划，集中力量，形成拳头，增强了调研的目的性和针对性，同时也为提高会议质量打下基础。二是将委员会牵头督办的重点提案同调研、协商座谈结合起来，并请提案人参加，使之所提问题更加准确，意见建议更有针对性和可操作性。三是通过重点调研选题，与地方政协形成合力，助推区域经济社会发展。组织赴山东省专题考察黄河三角洲国家农业高新技术产业开发区创建工作，形成报告报送中办国办。赴四川省结合开展产学研协同创新专题调研，形成《破解体制机制障碍，推进绵阳科技城军民融合深度发展》信息专报，马凯副总理作出重要批示。四是促进形成议政建言成果转化和反馈机制。江苏省政府高度重视《建立产学研协同创新机制，强化企业技术创新主体地位》调研报告，专门致函全国政协办公厅给予肯定。五是将下基层和慰问活动与贯彻落实中央领导有关批示精神、专题考察、全国政协机关扶贫工作等结合起来，使一项活动发挥多元作用、产生叠加效果。

（五）努力将党的群众路线教育实践活动的成果转化为切实改进作风、推动工作的新成效。通过深入开展党的群众路线教育实践活动，委员会及办公室进一步提高思想认识，转变作风。按照办公厅工作部署，委员会分别与民盟中央、农工党中央共同承办有关双周协商座谈会，委员会领导高度重视，从工作策划启动到深入基层调研，从与会委员的选择到发言安排布局，主动拜访民主党派中央负责同志并与有关部门充分沟通协商，把共同办会的工作过程作为合作共事、加深了解、增进共识的过程，取得积极成效。今年，委员会工作强度大幅增加，常常是多项重要工作同时推进，委员会及办公室切实做到教育实践活动和日常工作两手抓、两不误、两促进。进一步建立健全委员会重点调研题目遴选机制，完善调研工作规范，特别是强化了事前、事中、事后的研究性工作，切实使教育实践活动成果转化为加强自身建设、提升工作水平的新成效。

社会和法制委员会 2014 年，社会和法制委员会在常委会和主席会议领导下，深入学习贯彻中共十八大和十八届二中、三中、四中全会精神，深入学习贯彻习近平总书记系列重要讲话精神，围绕中心，服务大局，结合自身特点，认真履行职能，求真务实，开拓创新，努力为深化改革、依法治国、保障民生出实招、谋良策，各项工作取得新进展。

一、主要工作情况

按照年度计划，承办 4 次双周协商座谈会；开展 8 项专题调研；召开 1 次全体会议、3 次主任会议、1 次工作座谈会。按照全国政协领导指示及办公厅委托，承办 2 次专题座谈会；承担全国政协十二届七次常委会的议题调研工作。此外，还就国务院法制办等单位送来的 18 部法律法规草案和重要文件提出修改意见；就批准加入《公民权利和政治权利国际公约》应注意的问题提出建议；与全国妇联联合组织妇联界委员在京考察新农村建设情况。工作创新，成效显著，实现多个“第一次”的突破：选择一件法律修订草案举行双周协商座谈会，是第一次；通过一项专题调研促使有关部门出台规章切实解决问题，是第一次；参与议题调研的专题议政性常委会集中讨论党的作风建设，是第一次；中央全会文件大量采纳社会和法制委员会承办的专题座谈会上的意见，也是第一次。

（一）承办 4 次双周协商座谈会，承担全国政协十二届七次常委会的议题调研工作。

承担了全国政协年度重点协商议题的 30%、双周协商座谈会次数的 20%，做了大量工作，发挥了重要作用。

1. 承办“建筑工人工伤维权”双周协商座谈会。11 月 13 日召开。人社部、住建部、安监总局、全国总工会四部门以全国政协社会和法制委员会的调研成果为基础，形成了《关于进一步做好建筑业工伤保险工作的意见（征求意见稿）》。座谈会重点就此协商讨论。俞正声主席指出，社会和法制委员会的调研报告所提出的“项目投保、造价提取、总承包企业一次性交纳、全员覆盖”4 点建议，抓住了解决建筑业工人工伤维权问题的关键，在此基础上形成的四部门《意见》稿也较为成熟，希望根据大家的意见进一步修改完善，尽快报国务院下发。李克强、俞正声、张高丽、马凯等领导同志对报送的政协信息高度评价。俞正声主席作出了这样的批示：“‘建筑工人工伤维权’事，我任建设部长时已提出，但未解决。十几年来，虽有关部门做了许多努力，但未从制度上有根本性措施。此次，展工同志和政协有关专委会和委员，会同人社部、建设部有关领导共同调研，在此基础上，人社部、建设部、安监总局、总工会共同制定了意见，使这个问题制度性的根治措施的建立，看到了希望。”该部门规章已于年底下发。

2. 承办“《安全生产法》的修订”双周协商座谈会。3 月 20 日召开。委员们建议：把“以人为本”理念和“安全发展”战略写入《安全生产法》；强化政府的安全生产监管责任和企业的主体责任；健全法律责任，完善责任追究机制。会后各方和社会反响良好，俞正声、杜青林、张庆黎等全国政协领导同志给予高度评价，张德江、李建国等全国人大领导同志作了批示，要求全国人大常委会修改《安全生产法》时参考。会上提出的 80 多条意见和建议，有 17 条在新修订的《安全生产法》中得到体现。

3. 承办“确保依法独立公正行使审判权检察权”双周协商座谈会。5 月 6 日召开。委员们围绕推动省以下地方法院检察院人财物统一管理、探索建立与行政区划适当分离的司法管辖制度、完善司法责任制、建立符合职业特点的司法人员管理制度等议题，进行深入协商讨论。会后报送的政协信息受到孟建柱、周强等领导同志的高度评价。

4. 承办“更好发挥社会组织在社会治理中的作用”双周协商座谈会。7 月 24 日召开。委员们建议，加快立法，明确社会组织的地位、权利义务和行为准则；加强和规范政府购买服务；加强社会组织人才队伍建设；充实登记管理力量，强化对社会组织的监管；倡导开展志愿者公益服务。对此，部委负责同志进行了回应，俞正声主席作了高度凝练的总结讲话。国务委员王勇在报送的政协信息上作了批示。

5. 承担全国政协十二届七次常委会的议题调研工作。全国政协十二届七次常委会确定以“深入落实八项规定精神，以优良的党风政风带动民风社风”为议题。社会和法制委员会承担了议题调研工作。通过认真学习十八届三中全会精神和习近平总书记系列重要讲话精神，在充分调研的基础上，委员们建议，本次常委会聚焦八项规定和“反四风”，分 4 个专题、18 个分题进行讨论。该次常委会在社会上产生很大影响。

（二）承办 2 次专题座谈会。

在重大决策形成过程中及时召开专题座谈会，搭建起使协商成果直接进入决策的协商平台，是很好的一种协商民主形式。

1. 承办“依法行政，推进法治政府建设”专题座谈会。6 月 9 日召开。此次专题座谈会是遵照俞正声主席指示精神召开的。会议由杜青林副主席主持，十八届四中全会文件起草组成员代表应邀列席。与会委员和专家围绕完善行政立法机制、规范行政程序、深化行政执法体制改革、健全行政权力制约和监督机制、增强领导干部运用法治思维和法治方式履职的能力、深化行政诉讼制度改革等方面，提出意见和建议。据四中全会文件起草组成员统计，会上提出的 8 条建议在四中全会《决定》中得到体现。

2. 承办“深化司法体制改革，坚持和完善中国特色社会主义司法制度”专题座谈会。7 月 3 日召开。此次专题座谈会是按照俞正声主席指示精神，组织委员就《关于司法体制改革试点若干问题的框架意见》和《上海市司法改革试点工作方案》提出意见和建议。会议由俞正声主席主持。委员们建议，司法体制改革要坚持于法有据；要坚持循序渐进；要强化省级人大对法院检察院经费的预算管理、科学设置和运行法官检察官遴选委员会、完善司法责任制，防止省级统管可能带来的上下级司法机关关系行政化的加剧；合理确定法官检察官的员额及工资待遇；加强和规范对司法权的制约和监督。

（三）开展 8 项专题调研

社会和法制委员会发挥自身组织特点和人才优势，主要围绕依法治国和保障民生两大领域，选择党和政府重视、人民群众关注、自身有能力完成的议题，开展专题调研。

1. 开展“建筑工人工伤维权”专题调研。此专题是按照俞正声、杜青林、张庆黎等领导同志的重要批示精神安排的。基于切实解决问题的目标，调研组邀请人社部、住建部、安监总局、全国总工会等部门负责同志作情况介绍并参加调研。在调研过程中，各部门意见逐步趋向一致。调研后，报送的调研报告和在全国政协十二届二次全体会议上所作的大会发言，受到俞正声、张高丽等领导同志和中央有关部门的高度重视，提交的大会提案被列为主席会议督办的重点提案。四部门根据调研情况出台了规章，为根本性解决问题提供了制度保障。

2. 开展“政府信息公开”专题调研。政府信息公开是建设法治政府的基本要求。专题组通过调研，在提高政府依法行政水平、适应时代发展、完善制度环境三个方面提出意见和建议。陈冀平副主任代表委员会在全国政协十二届八次常委会上作了发言。调研报告得到李克强、俞正声、杨晶等领导同志的批示，李克强、杨晶要求国务院办公厅信息公开办公室认真研究有关意见建议。国务院办公厅就当前我国政府信息公开有关情况及下一步工作考虑函复全国政协办公厅及社会和法制委员会，表示：报告反映的问题比较符合实际，提出的建议很有价值，对推动政府信息公开工作很有帮助，在今后的工作中将积极参考借鉴和落实。

3. 开展“探索建立与行政区划适当分离的司法管辖制度”专题调研。社会和法制委员会对此专题在国内进行了调研，并组团赴瑞典、丹麦、德国考察。根据国内、国外情况，形成调研报告及常委会发言稿。委员们认为，改革要审慎推进，不宜操之过急；要坚持问题导向；要确保合法可行并加强监督制约。报告受到曹建明检察长的高度评价，曹建明对全国政协社会和法制委员会为促进检察事业创新发展作出的贡献表示感谢，并表示人民检察院要更加自觉地接受政协民主监督，建立健全定期通报检察工作、听取意见建议的机制。

4. 开展“养老保险制度改革”专题调研。调研组认为，机关、事业单位养老保险改革，事关社会公正，是建立统一的更加公平可持续的社会保障体系的重要环节，建议抓住当前有利时机，加强顶层设计，加快推进改革，建立与企业相同的统账结合的基本养老保险制度。根据调研情况报送的政协信息，得到俞正声、马凯等领导同志的批示。

5. 开展“道路交通安全的宣传教育”专题调研。道路交通安全涉及亿万群众的切身利益，《道路交通安全法》的实施和遵守，关系到全社会法治观念的树立和法治水平的提高。调研组从完善立法、健全机制、注重养成教育、加强管理和严格执法等方面，对改善道路交通安全的宣传教育工作提出意见和建议。国务委员王勇将报告批转国家安监总局研究。

6. 开展“残疾人权益保障”专题调研。调研组从建立残疾人基本生活保障制度、完善残疾人基本福利制度、健全残疾人养老服务体系等方面提出意见和建议。国务委员王勇将调研报告批转民政部、中残联研究。

为配合“《安全生产法》的修订”和“更好发挥社会组织在社会治理中的作用”双周协商座谈会，还分别进行了专题调研。

二、几点体会

（一）注重学习，提高履职能力。

社会和法制委员会把学习作为一项重要任务，着力提高政治把握能力、调查研究能力、联系群众能力、合作共事能力。重点组织委员学习了习近平总书记系列重要讲话精神，特别是庆祝人民政协成立65周年大会重要讲话精神，并结合习近平总书记关于政协工作和协商民主的重要论述，着重对如何提高调查研究质量、如何搞好民主协商进行了研究。学习了俞正声主席在全国政协十二届二次全体会议上的重要讲话精神，紧紧围绕全面深化改革这个总目标，切实把改革创新精神贯穿到履行职能的各方面和全过程，改进履职方式，提高履职能力，增强履职实效。学习了十八届四中全会精神，深刻领会和掌握全面推进依法治国的总目标、基本原则和重大任务，并结合自身实际，谋划明年以及今后的重点工作。

（二）注重研究，提高工作质量。

专题调研工作坚持调、研结合，注重研讨，既深入实际掌握真实情况，又组织委员反复研讨，充分发表意见，集合众智，形成高质量的调研报告。十二届全国政协以来，协商形式不断创新、协商密度不断加大，而且，在“1420”工作总体部署中，除全体会议外，各项协商活动大都以专题为内容、以座谈为方法、以界别为纽带、以专门委员会为依托，从而为专门委员会开展深入的研究工作提供了更多平台。社会和法制委员会积极适应全国政协工作内容和工作方式的转变，与时俱进，积极承办专题议政性常委会、双周协商座谈会和专题座谈会，就深化改革、依法治国、保障民生领域的重大问题深入探讨，积极建言献策。为提高协商质量，坚持专题调研与协商议题相结合，以深入调研提高协商质量，以有效协商转化调研成果，相互配合，相互促进。

（三）注重创新，推进协商民主。

社会和法制委员会按照中共十八大和十八届三中全会关于推进协商民主广泛多层制度化发展的重要部署，不断丰富协商内容、拓展协商形式、提高协商质量。

丰富协商内容。把“《安全生产法》的修订”作为第7次双周协商座谈会的议题，为协商开拓了新领域。第21次双周协商座谈会重点对即将出台的部门规章协商讨论，也取得了很好的效果。

拓展协商形式。“依法行政，推进法治政府建设”专题座谈会在十八届四中全会之前召开，邀请四中全会文件起草组成员列席。据四中全会文件起草组成员统计，会上所提8条建议，以及去年召开的“公正司法”专题座谈会上所提15条建议，在四中全会文件上有所体现。

提高协商质量。扎实深入的调研是开好协商座谈会的基础。“建筑工人工伤维权”双周协商座谈会召开之前，卢展工副主席带队做了深入调研，与有关部门反复沟通协商，四部门《关于进一步做好建筑业工伤保险工作的意见（征求意见稿）》就是在调研成果基础上形成的，所以，会议就此协商，大家就更有话可说。多年来关于“社会组织”的调研，使委员们在“更好发挥社会组织在社会治理中的作用”双周协商座谈会上能够有针对性地提出问题、有针对性地建言献策。“《安全生产法》的修订”双周协商座谈会，虽然从计划确定到会议召开，时间很紧，还是组织了多次座谈会并赴山西省进行了实地考察，为会议的成功召开打下良好的基础。

（四）注重联络和服务，充分发挥委员主体作用。

社会和法制委员会高度重视发挥委员的主体作用。通过组织不同形式的学习，使委员知情明政，提升履职能力。通过组织专题调研、协商座谈等丰富多彩的活动，为委员议政建言搭建平台。通过提供精细化服务、及时反映委员意见和建议，为委员履职营造良好的环境。社会和法制委员会组织的多数活动，都事先通知委员，方便委员选择参加。专题组赴外地调研，尽可能邀请当地委员加入。社会和法制委员会还组织了妇联界、福利保障界的界别活动，使该界别的委员有更多知情明政、参政议政的机会。委员们切实贯彻八项规定，深入基层了解情况，认真研讨论证，积极建言献策。在全体委员的共同努力下，工作取得丰硕成果。

委员主体作用的发挥，离不开全国政协领导对法治工作和民生问题的高度重视，离不开联系社会和法制委员会的三位副主席的亲自参与和指导。社会和法制委员会承办的双周协商座谈会、专题座谈会，都是在俞正声、杜青林、张庆黎等领导同志的亲自过问和指导下成功召开的。卢展工、陈晓光副主席分别带队就“建筑工人工伤维权”、“养老保险制度改革”、“残疾人权益保障”专题进行调研，还分别出席了有关会议。

（五）注重沟通与协作，实现优势互补。

社会和法制委员会的许多工作，都是在与中央有关部门紧密合作中完成的。比如，“《安全生产法》的修订”双周协商座谈会的议题，是与国务院法制办沟通后确定的；“确保依法独立公正行使审判权检察权”双周协商座谈会，是与民革中央共同承办的；“依法行政，推进法治政府建设”专题座谈会，是与中国法学会联合承办的；多年来对“社会组织”专题进行的连续调研，都是与民政部联合进行的；“建筑工人工伤维权”专题调研，更是邀请了人社部、住建部、安监总局、全国总工会等部门负责同志全程参与。主任、副主任带队走访中纪委、中央政法委、中央党校、社科院、最高法、最高检、公安部、安监总局、国务院法制办、中国法学会等，虚心讨教、深度沟通、真诚协商，为搞好协商座谈和专题调研打下了重要基础。

每年举行一次由各省级、副省级政协社会和法制委员会参加的工作座谈会，对改进全国政协社会和法制委员会的工作，很有启发和帮助。

民族和宗教委员会　在常委会和主席会议领导下，民族和宗教委员会 2014 年围绕民族地区经济社会发展中及宗教事务管理中的重要问题和涉及群众切身利益的实际问题开展调查研究，督办重点提案，反映社情民意，积极履职建言。

一、组织委员传达学习中央精神

（一）5 月 23 日，民族和宗教委员会主任朱维群主持召开委员座谈会，学习习近平总书记、李克强总理对新疆“5·22”暴恐案的重要批示精神，揭露暴恐分子反人类、反社会、反文明的罪恶本质，维护安定团结局面。民宗委驻会副主任邓宗良参加。

（二）10 月 14 日，民族和宗教委员会主任朱维群主持召开在京全体委员会议，传达学习中央民族工作会议精神，并就进一步贯彻落实会议精神、更好发挥委员会作用、做好今后工作进行座谈。陈广元、晓敏（驻会）副主任参加。

二、组织开展专题调研

（一）配合第六次常委会议议题，就民族地区优化产业布局问题调研。4 月 9 日至 19 日，以华士飞副主任为组长、杜鹰副主任为副组长的调研组赴内蒙古、青海调研。行前听取国家发展和改革委员会、科技部、工业和信息化部、国土资源部的情况介绍。针对如何将民族地区产业资源优势转化为经济优势等问题，提出支持重大产业项目向民族地区优先布局、实施差别化政策、资源开发利益分配向民族地区倾斜、建立生态补偿机制等建议。李克强、张高丽、刘延东等领导作出重要批示，要求国家发展改革委、国家民委认真研究，抓好落实。杜鹰副主任代表委员会在常委会上作《充分发挥政府引导和市场机制作用，促进民族地区产业健康发展》的发言。

（二）配合全国政协“深化产教融合、校企合作，加快现代职业教育体系建设”专题协商会，就民族地区职业教育发展问题调研。5 月 8 日至 16 日，以华士飞副主任为组长的调研组赴贵州、湖南调研，教育部相关同志应邀参加。针对民族地区职业教育投入严重不足等问题，提出合理配置民族地区职业教育资源、缩小地区差距、加强国家通用语言文字教育等建议并作发言。此外，还向中央报送了信息专报。

（三）就培育特色优势产业，推进乌蒙山片区扶贫开发专题调研。9月17日至24日，以杜鹰副主任为组长、晓敏驻会副主任为副组长的调研组赴贵州、四川调研。针对乌蒙山片区到2015年如期实现贫困人口减半、到2020年稳定实现“两不愁、三保障”目标难度大的问题，提出加大交通投入、优先发展教育、发挥金融服务在扶贫工作中的作用、继续实施退耕还林工程等建议。汪洋副总理作出重要批示，要求国务院扶贫开发领导小组有关成员单位认真研究。

（四）就宗教教职人员社会保障政策落实问题跟踪调研。4月3日至13日，以白玛副主任为组长的调研组赴江西、湖北调研。2009年起，民宗委持续关注并推动解决宗教教职人员社会保障问题。2014年针对国家五部门文件落实情况开展调研，提出加强政策宣传引导和督促检查、采取有力措施、建立长效机制等建议。俞正声、刘延东、杜青林等领导作出重要批示，要求国家宗教局会同有关部门加大工作力度，解决宗教界实际困难，继续提高这一特殊群体的参保率。

（五）就加强农村宗教事务管理问题调研。5月6日至14日、8月28日至9月2日，以朱维群主任为组长，华士飞、傅先伟、晓敏（驻会）副主任为副组长的调研组分别赴新疆、安徽调研。针对社会全面转型和城镇化进程中农村宗教领域的新情况新问题，提出把农村宗教工作列入农村社会治理重要内容、探索农村宗教事务管理新思路、切实加强基层宗教工作等建议。专门就新疆南疆地区反分裂斗争中的宗教问题进行调研，对进一步做好新疆宗教工作提出建议。俞正声、杜青林等领导作出重要批示，要求有关部门认真研究。

（六）就积极引导宗教与社会主义社会相适应专题开展调研。11月13日至21日，以朱维群主任为组长，马英林、王正福、任法融、傅先伟、杜鹰副主任为副组长的调研组赴陕西、四川调研。通过实地调研和组织党政部门、各全国性宗教团体及专家学者研讨，积极引导各宗教结合时代发展新要求，努力挖掘和弘扬教义教规中有益于国家发展、社会进步、人心教化的内容，更好发挥积极作用，服务改革发展大局，为实现中华民族伟大复兴中国梦作贡献。

三、承办“民族地区城镇化进程中的就业问题及对策”双周协商座谈会

（一）就“民族地区城镇化进程中的就业问题及对策”双周协商座谈会议题开展调研。4月23日至28日，以朱维群主任为组长、王学仁副主任为副组长的调研组赴广西调研；8月4日至7日，以朱维群主任为组长，华士飞、杜鹰、晓敏（驻会）副主任为副组长的调研组赴宁夏回族自治区调研。此外，还将其作为委员会相关调研的协同调研内容，分赴内蒙古、湖南、贵州、青海、新疆西部5个省、自治区调研，形成综合情况报告。

（二）组织“民族地区城镇化进程中的就业问题及对策”双周协商座谈会。9月11日，民族和宗教委员会承办的政协第十二届全国委员会第十八次双周协商座谈会在北京召开，俞正声主席主持，杜青林、张庆黎、王正伟、马飚副主席，孙怀山（常务）、仝广成、王胜洪副秘书长，民族和宗教委员会朱维群主任和杜鹰、晓敏（驻会）副主任出席。来自民族8个省区和8个民主党派、全国工商联的委员，针对民族地区就业岗位少、低端化、障碍多等问题发言。提出积极发挥政府支持和引导作用、提供切实可行的就业政策保

障、提高劳动者就业素质和能力、为农牧区群众转移就业提供特殊帮扶等建议。会议成果得到全国政协和办公厅领导充分肯定。会后国家发展改革委就落实俞正声主席的相关讲话精神和协商意见，会同水利部、国家能源局等部门认真研究委员反映的水库移民工作问题，形成《国家发展改革委关于水库移民工作有关情况的报告》，提出集中力量解决特困移民生产生活问题，抓紧制定《移民条例》和《耕地占用暂行条例》。俞正声主席在报告上批示："请庆黎同志阅。发改委很重视政协的协商意见，这种方式可否推而广之。"张庆黎副主席兼秘书长、孙怀山常务副秘书长就落实俞正声主席重要批示，促进双周协商座谈会制度的健全和完善，推动形成协商成果落实与反馈机制作出要求。

四、对涉及民族宗教方面有关法律法规草案、修订案等提出意见建议

对国务院法制办《国家中医药法》（草案）提出加大民族中医药保护和支持力度修改建议。对教育部关于加快发展民族教育相关文件征求意见稿提出加强培养少数民族人才、提高毕业班生就业能力、推进双语教育建议。就国家民委《民族乡行政工作条例》（修正案征求意见稿）提出，增加优先把全国民族乡纳入扶贫开发计划的内容。就《中华人民共和国境内外国人集体宗教活动管理办法》提出意见。

五、督办重点提案

与调研相结合，重点督办陈际瓦委员《关于加快民族地区职业教育发展的提案》（第0683号提案）和何星亮委员《应高度重视我国某些宗教新出现的"去中国化"现象》（第4084号提案）。与提案承办单位教育部、国家宗教事务局就提案相关意见和建议进行沟通，推动问题的解决。

六、落实全国政协领导重要批示精神

遵照俞正声主席批示精神，就五台山一处寺庙落实房产问题开展调研，摸清实际情况，多次与相关方当面沟通协商，努力推动解决矛盾纠纷；组织委员就宗教界收养弃婴孤儿问题赴福建、河北调研，邀集相关部门专题研究，起草报送调研报告，并按领导同志指示送有关部门参考。

七、围绕民族团结、宗教和睦，积极开展活动

（一）积极参与庆祝人民政协成立65周年系列活动，与办公厅等单位共同举办《团结·和谐》美术书法作品展。

（二）围绕《中华人民共和国民族区域自治法》颁布实施30周年主题，与中央统战部、全国人大民委、国家民委共同举办主题展览，并于10月17日，与中央五部委共同举办纪念座谈会。杜青林、王正伟、马飚、齐续春副主席，赵南起、白立忱、阿不来提·阿不都热西提同志出席座谈会。民族和宗教委员会主任朱维群在会上发言。

（三）7月22日，民族和宗教委员会主任朱维群代表民宗委在全国政协构建现代公共文化服务体系专题协商会上发言。提出把促进各民族交往交流交融、增进"四个认同"作为民族地区公共文化建设的重要目标，加强国家通用语言文字教育、维护民族地区文化安全等建议。

（四）遵照俞正声主席批示，民族和宗教委员会牵头并与中央统战部、国家民委、新疆维吾尔自治区党委共同举办"赤诚中国心——包尔汉同志生平图片展"。10月24日在北京民族文化宫开幕。全国人大常委会副委员长艾力更·依明巴海，全国政协副主席王正伟出席开幕式。全国政协民族和宗教委员会主任朱维群主持，副主任陈广元、杜鹰、晓敏（驻会）参加。马飚副主席、孙怀山常务副秘书长、华士飞副主任参观展览。展览旨在宣传包

尔汉同志为维护祖国统一、加强民族团结所作的重要贡献。图片展分别在北京、新疆乌鲁木齐市举办。

（五）10月27日、11月28日，民族和宗教委员会分别召开宗教界委员、民族界委员反映社情民意座谈会，集中收集和反映民族宗教领域的重要信息。朱维群主任主持，马英林、王正福、王学仁、白玛、传印、任法融、华士飞、陈广元、傅先伟、杜鹰、晓敏（驻会）副主任参加。俞正声主席在部分信息上作出重要批示。

（六）召开“全国暨地方政协民族宗教工作研讨会”。12月9日至10日，由民族和宗教委员会主办、宁夏回族自治区政协承办的研讨会在银川举行。会议学习贯彻中共十八届四中全会精神和中央民族工作会议精神、习近平总书记在庆祝人民政协成立65周年大会重要讲话精神，总结交流各地政协民宗委工作的经验和体会，研讨进一步发挥自身优势、做好新形势下政协民族宗教工作的思路。全国政协副主席齐续春出席会议并讲话。民族和宗教委员会副主任白玛主持会议，驻会副主任晓敏作总结讲话，华士飞、傅先伟、杜鹰副主任参加。各省、自治区、直辖市及副省级市政协民族和宗教委员会负责同志出席。中共中央统战部有关负责人作专题辅导讲座。

八、加强与台湾、香港宗教界沟通联系

4月15日至21日，应台湾妈祖联谊会之邀，民族和宗教委员会首次以“中宗和”名义赴台参访。朱维群主任率马英林、王正福、王学仁、傅先伟副主任等民宗委参访团分别会见连战、台湾“行政院”政务委员、国民党高雄党部主任、台湾“立法委员”和佛教、道教、伊斯兰教、基督教和妈祖信仰团体负责人，多方宣介大陆对台政策及宗教政策，扩大与夯实了两岸关系和平发展、祖国统一的民意基础。台湾宗教界普遍表现出与大陆宗教界增进交往的强烈愿望。杜青林副主席在参访报告上作出重要批示。

此外，朱维群主任在政协机关会见了台湾、香港宗教界参访团，并向他们介绍相关情况。

九、指导中国宗教界和平委员会开展工作

2014年9月前，作为业务主管单位，民宗委积极支持“中宗和”开展对外交往，加强机制建设。指导、协助“中宗和”代表团圆满完成出席“亚宗和”第八届大会任务，深入参加大会组织工作，确保我方推荐人选全部进入“亚宗和”领导机构，果断处理敏感、突发问题，维护我国核心利益。协助“中宗和”顺利完成换届工作。

港澳台侨委员会 2014年，港澳台侨委员会在常委会和主席会议领导下，深入学习贯彻习近平总书记系列重要讲话精神和俞正声主席关于政协工作、港澳台侨工作的指示精神，紧紧围绕中央关于港澳、对台、侨务工作大局的要求，认真履行职责，发挥独特作用，较好地完成了委员会各项工作任务。

（一）着力凝聚和壮大爱国爱港、爱国爱澳力量，深入做好加强团结联谊和参政建言工作

加强与港澳委员为主体的爱国爱港爱澳社团的联系。首次邀请港区省级政协委员联谊会组团访京。俞正声主席会见了访京团一行，听取意见建议，对港区省级政协委员联谊会成立以来所做的工作给予充分肯定，提出希望，杜青林、张庆黎、李海峰副主席参加会见。全国政协和委员会领导分别会见多个港澳访京团组，介绍人民政协有关情况，鼓励他们在各自领域发挥优势，积极团结港澳各界；应港澳社团

邀请赴港澳出席活动，鼓励和支持港澳委员工作，团结爱国爱港爱澳力量。

围绕香港政制发展有关问题，委员会领导及时学习中央有关文件要求，利用向港澳委员传达政协常委会精神、应邀赴港出席活动、陪同香港委员在内地考察、召开专题座谈会等机会，广泛接触委员，深入了解情况，听取意见建议，形成《关于充分发挥港区全国政协委员在香港政改中作用的报告》，全国政协领导批示并送有关部门。鼓励港区政协委员在推进香港政制发展、反对非法“占中”斗争中发声出力。重视做好港澳青少年工作。以“充分发挥政协优势、进一步加强港澳青少年工作”为课题进行调研。调研组提出，要明确政协开展港澳青少年工作的定位及重点，加强对港澳政协委员开展青少年工作的支持和引导，丰富政协港澳青少年工作内容。扎实推进第3期“澳门青年人才上海实践计划”，组织28名澳门青年在上海进行集中学习和社会实践，及时做好阶段性总结工作。接待多个港澳青少年来访团，向他们介绍社会主义民主政治建设和人民政协情况，勉励港澳青少年肩负起保持港澳长期繁荣稳定的历史重任。

就“内地居民赴港澳个人游问题”开展调研。调研组围绕支持港澳特区政府发挥主导作用，提高接待能力；完善法规制度，加强规范监管，加大正面宣传引导；规范签证管理，净化旅游市场环境；加强陆路口岸建设，规范关口通关秩序等内容，为进一步完善“个人游”政策提出意见建议，并送国务院有关部门。

为港澳委员知情明政、参政议政搭建平台。办公厅领导向港澳委员传达常委会精神，介绍国内经济社会发展情况，加深了解、增进感情。何厚铧、李海峰副主席分别率港区全国政协委员赴江苏、四川，澳区全国政协委员赴陕西，就“产业结构调整和区域协调发展”、“四川地震灾后重建情况”、“三秦文化、红色文化的传承和发展，探索澳陕文化交流合作新机制”进行考察，为加强港澳与内地的交流合作积极建言献策。李克强总理、张高丽副总理、王勇国务委员在政协报送的《港区全国政协委员考察四川灾后重建情况的报告》上作出重要批示。受办公厅委托举办港澳新任全国政协委员培训班，为港澳委员知情明政、了解国家大政方针、熟悉人民政协工作提供平台。

（二）牢牢把握两岸关系和平发展主题，不断加强同台湾各界人士的交流互访

举办“巩固深化两岸关系和平发展——全国政协委员与台湾民意代表机制化交流五周年座谈会”。俞正声主席会见台湾民意代表交流参访团并发表重要讲话，鼓励深入总结五年来双方机制化交流的经验和成果，探讨双方共同关注的问题，坚持“九二共识”和“一中原则”，为进一步促进两岸关系和平发展建言献策，张庆黎、李海峰副主席参加会见。组织“政协委员联谊会交流参访团”赴台参访，参访团紧扣农渔业交流合作的主题，着力做台湾岛内基层民意代表和农民渔民的工作，取得了良好效果。

组织“中国河洛文化研究会交流参访团”赴台参访，巩固了以河洛文化为载体的交流平台。参访团考察台湾有关社团机构、院校，了解两岸文化交流情况；深入基层县市，接触了解基层民众；以“弘扬中华优秀传统文化、共筑两岸道德精神家园”为主题，与台湾相关专家学者座谈交流。应邀赴台出席第五届“ECFA海峡两岸暨香港民间经贸合作论坛”。

邀请台湾中华侨联总会参访团一行赴新疆参访，邀请台湾民意代表助理工会参访团一行赴北京、山东参访，邀请台湾中国青年大陆研究文教基金会参访团赴广西

参访。通过参访，进一步增强了他们作为中国人的自豪感和同属中华民族的认同感。各位来访团团长均表示，两岸有识之士要多交流、多来往、多合作，为两岸同胞福祉，深入解决两岸关系中存在的问题，共创美好未来。委员会领导还分别会见了来访的多个台湾团体或个人。通过多层次、多平台的交流互动，努力拉近与台湾民众的距离，不断增进政治共识，强化民族认同。

围绕两岸热点关切问题开展调研考察。就推动建立两岸文化交流合作机制课题进行专题调研，围绕加强组织领导，做好统筹规划；整合优势资源，打造重点品牌；整合文化资源，发挥政协作用等内容提出意见建议。在厦门举行的“海峡论坛”期间，以“河洛文化与闽南文化”为主题，主办第十二届河洛文化学术研讨会。配合全国台联组织全国政协台联界委员赴河南考察，围绕河南的根亲文化、在豫台商投资情况及豫台两地经贸、文化交流等进行考察调研。支持两岸三地有关团体和政协委员举办第五届“中山·黄埔·两岸情”论坛。与台盟中央等有关部门共同主办“海峡两岸国画艺术交流展”，搭建两岸艺术家联谊交流的平台，宣传“两岸一家亲”理念。

（三）坚持“以人为本、为侨服务”的宗旨，加强与海外侨胞和归侨侨眷的团结联谊，进一步增强政协侨务工作的实效

组织以“破解海外华文教育发展的瓶颈问题”为题的全国政协第九次双周协商座谈会，俞正声主席主持会议并作重要讲话，杜青林、张庆黎、万钢、何厚铧、李海峰副主席出席座谈会。座谈会形成了从国家战略高度重视海外华文教育工作、增加对华文教育的投入、重视建立海外中国国际学校等5个方面的建议，以政协信息专报形式报中央领导。通过此次座谈会，进一步提高了社会各界对华文教育重要性的认识，推动了有关部门和机构抓紧解决当前存在问题的工作部署，在国务院侨办召开的世界华文教育大会上产生热烈反响。

邀请来自21个国家的35位海外侨胞列席全国政协十二届二次会议，引导和鼓励海外侨胞珍惜政治荣誉，了解中国政府对内对外大政方针政策，了解协商民主的理论与实践。组织曾列席政协会议的海外侨胞赴重庆考察，深入体察中国国情，进一步夯实团结海外侨界代表人物的信念基础和感情基础，团结一心共圆“中国梦”。向海外侨胞中的专家学者征集12篇建言献策文章提交第六次常委会议参阅，并将相关建议报送有关部委。

通过组团出访、接待来访团组，深入了解侨情，以侨为桥，服务公共外交。全国政协领导率团访问波兰、匈牙利、罗马尼亚，与三国就科技、经贸、教育等领域的交流合作交换意见，推进双边关系向前发展；考察三国侨情，就当地侨胞创业发展情况听取侨胞意见建议。委员会组团访问马达加斯加、安哥拉，看望当地侨胞，考察走访侨社企业；代表团积极宣传国内改革发展的形势，就加强侨社建设、侨胞子女教育、企业避免恶性竞争、加强驻外使领馆领事保护等问题提出意见建议。委员会组团访问俄罗斯、瑞士和比利时，看望慰问侨胞，并重点对瑞士、比利时的藏族侨胞的生存发展情况进行调研，提出了有关建议。出访报告得到俞正声主席的重要批示，认为报告所提建议很好，并指示有关部门加强研究落实。委员会领导还会见了多个来访的海外侨团，积极宣传人民政协和中国特色的协商民主制度，关注海外侨胞和归侨的生存发展。

关注边疆地区少数民族侨务工作开展。围绕涉疆侨务工作进行调研，调研组建议尽快开展海外涉疆侨情普查，切实加

强做海外新疆籍少数民族侨胞的工作力度，加大对新疆贫困归侨侨眷的帮扶力度。组织政协侨联界委员赴广西、云南，就中国与东盟合作、边境贸易和少数民族地区和边境地区侨务工作进行考察，所提建议得到有关领导和部门的重视。

（四）以求真务实作风，切实抓好委员会自身建设和委员会办公室建设

为使委员会工作始终按照中央和政协党组的要求，既保持正确的政治方向，又突出统一战线工作特点，我们始终自觉地加强政治理论学习。先后六次召开委员会主任会议和委员会议，及时传达中央有关文件、会议精神，专题学习习近平总书记系列重要讲话，学习中央领导同志关于做好政协港澳台侨工作的有关讲话精神。进一步统一思想、提高认识、指导工作、拓宽视野，增强了工作自觉性与责任感。

切实加强作风建设，改进工作作风。认真贯彻落实中共中央关于改进工作作风、密切联系群众的八项规定，深入开展好群众路线教育实践活动，进一步加强委员会及办公室的作风、制度建设。在调研考察等各项履职活动中，注重求真务实、厉行节约、轻车简从、廉洁自律，展现新作风、新气象、新作为。高度重视委员会办公室建设，召开办公室业务培训和工作交流会。

组织委员会委员参观中国人民抗日战争纪念馆和卢沟桥抗战遗址，弘扬“国庆勿忘祭先烈”的爱国主义精神；结合新农村建设赴北京市朝阳区高碑店村参观考察；赴国家安全部展览馆参观国家安全展，委员们的国家主权、安全、发展利益及保密意识得到强化。组织港澳台侨嘉宾来京参加国庆65周年观光活动，进一步凝聚海内外中华儿女爱国热情。过去一年，委员会工作还存在许多不足，主要有：一是团结联谊面有待扩大，工作领域有待拓展；二是工作实效性有待增强，调研、考察等工作成果的跟踪反馈机制有待完善；三是相关工作信息收集反映的及时性、广泛性有待提高；四是学习研究、分析研判工作的制度建设有待加强。

外事委员会 2014年，外事委员会认真学习贯彻中共十八大及十八届三中、四中全会和习近平总书记系列重要讲话精神，在政协常委会和主席会议的领导下，立足自身优势，着眼国内国际两个大局，以助推“一带一路”建设为主线，以加强专题调研和对外交往为抓手，以办好双周协商座谈会为着力点，切实履行职能，工作成效明显。

一年来，外委会赴10个省区市进行5次调研和考察，承办1次双周协商座谈会，组织3个代表团出访7个国家，邀请接待2个国家相关机构组团来访，召开2次国际形势分析会，形成20多篇报告、简报和信息，张高丽、汪洋、杜青林等领导同志作出批示。

一、加强学习研讨，进一步提高履职能力

坚持把学习摆在突出位置，注重增强学习的针对性和实效性。组织多种形式的学习研讨，深入学习中共十八大和十八届三中、四中全会精神，学习习近平总书记系列重要讲话精神。召开全体会、主任会，以习近平总书记关于做好对外工作、政协工作的重要论述和中央外事工作会议精神为指导，贯彻全国政协和俞正声主席等领导同志的新要求，研究谋划推进外委会工作。召开调研、考察、出访行前座谈会，邀请相关部委介绍情况，了解政策；召开国际形势分析会，分析国际形势和我国外部环境变化，就加强国家对外工作深入交流。通过学习研讨，委员们强化了思想理论武装，深化了对中央重大方针政策的理解和把握，切实把思想行动统一到中

央决策和部署上来；加深了对人民政协性质定位、职能任务和工作特点的认识，增强了当好政协委员的责任感和使命感，进一步提升了履职能力和水平。

二、围绕实施“一带一路”战略调研建言，助推形成区域大合作

推进“一带一路”建设，是中央根据全球形势深刻变化，统筹国内国际两个大局作出的重大战略决策，对于推动形成区域大合作、打造互利共赢利益共同体和发展繁荣命运共同体，对于全面建成小康社会、实现中华民族伟大复兴中国梦意义重大。外委会把推进“一带一路”建设确定为今年的工作重点，分 2 个专题，先后 4 次组织委员赴 8 个省区开展系列调研，张高丽副总理对调研报告作出重要批示。

就推进“丝绸之路经济带”建设专题，组织委员先后赴陕西和新疆、甘肃进行 2 次调研，提出加强统筹协作、发挥好市场作用、科学制定地方配套建设规划、加快国际物流大通道建设、促进贸易投资便利化、提升与中亚国家经贸合作水平、建立互利共赢的能源合作新机制、加强投融资体制创新、进一步做好公共外交工作等建议，送中央和国务院有关部门参考。

就推进“21 世纪海上丝绸之路”建设专题，组织委员先后赴浙江、福建和广西、广东、海南进行 2 次调研，提出注重“一带”与“一路”建设相衔接、推进交通基础设施互联互通、加快自贸区谈判进程、打造跨境电子商务平台、发展邮轮产业和邮轮旅游、提升海上合作水平、推动海上丝路联合申遗、将海上丝路建设与减贫援建工作相结合、发挥华侨华人独特作用、做好友城工作等建议，受到中央和国务院有关部门的高度重视。

三、考察在华外资企业，致力推动构建开放型经济新体制

改革开放以来，我国涉外经济体制改革迈出坚实的步伐，初步建立了符合国情和世界贸易组织规则的开放型经济体制。在目前中国经济发展步入新常态的背景下，外资企业也面临一些新情况新问题。进一步优化外资结构，丰富外商投资方式，吸收国际投资中搭载技术创新能力和先进管理经验，对我国产业结构调整和经济转型升级至关重要。

就在华外资企业经营发展情况，听取有关部门情况介绍，组织委员赴上海、江苏两地考察，同 6 家外资企业负责人座谈，提出把利用外资工作放在构建开放型经济新体制全局中谋划和推进，通过提高利用外资水平促进国内体制改革进一步深化，以利用外资成果更好服务“一带一路”战略的实施，注重利用外资在推进城镇化中的作用，因地因类制宜做好利用外资工作，引导外资企业增强引进消化吸收再创新能力，将利用外资同商签双边、多边和区域次区域自贸协定结合起来等建议，汪洋副总理在报告上作出重要批示。

四、办好双周协商座谈会，务实转化委员履职成果

以“推进丝绸之路经济带建设需要重视的问题及建议”为主题，承办第 17 次双周协商座谈会，俞正声主席主持会议并讲话，杜青林、张庆黎、陈元、王家瑞副主席出席，国家发展改革委、外交部、交通运输部、商务部负责同志介绍情况、作互动交流，18 位委员和专家以调研为基础踊跃发言，从研判应对各种因素影响、加强对内对外的统筹谋划和协调、推进交通基础设施建设和物流业发展、推动贸易投资便利化和构建跨国产业链、深化能源资源和生态环境领域合作、搭建金融支持保障平台、突出企业主体和项目支撑作用等方面提出建议。会后形成 1 期综合信息和 4 期信息专报，杜青林副主席作出重要批示。

五、组织出访交流，服务国家外交全局

在出访工作中，外委会代表团致力于增进政治互信、巩固传统友谊、深化睦邻友好、推动务实合作、促进共同发展，特别是就中国梦解读、推进改革开放、“一带一路”战略、多党合作和政治协商制度、社会主义协商民主、人民政协性质定位和履职情况等问题加强沟通交流，密切同相关国家政治组织和智库的友好往来，有重点、有针对性地开展工作。

——访问缅甸、巴林和约旦，就发展同周边和阿拉伯国家关系广泛交流。着眼于推动中缅关系发展，提出重视在周边国家办好民生项目，支持周边国家发展减贫脱困事业，加强公共外交等建议。会见巴林王储、首相，约旦首相，出席巴协商会议组织的庆祝两国建交25周年座谈会，就“一带一路”以及民族宗教等问题深入交流，巴主要媒体予以广泛报道，在巴各界产生积极影响。

——访问吉尔吉斯斯坦和阿曼，重点就共建“一带一路”进行调研，与两国议会、智库机构等进行座谈，提出加强“一带一路”倡议的对外解读和宣介、重视信息产业和电子商务的作用、加强具体项目支撑、密切人文及地方交流等建议。

——访问巴西、墨西哥，就深化双边关系、扩大务实合作等问题进行深入探讨，与中资企业和商会代表进行座谈，提出加快推进中拉整体合作进程、推动中拉有关合作协议的落实、支持我企业更好“走出去”、扩大人文交流等建议。

六、搞好邀请接待来访，促进对中国的深入了解

柬埔寨是中国的传统友好邻邦。邀请并接待柬埔寨参议院外交国际合作及媒体新闻委员会代表团访华。陈元副主席会见。双方就加强两机构交流合作以及妇女工作、新闻媒体工作等问题交换看法。

约旦在中东有独特地位和重要影响。邀请并接待约旦参议院约中友好委员会代表团访华。张庆黎副主席兼秘书长会见。双方就发展中约关系、落实俞正声主席访问成果、加强两机构交流与合作等问题交换看法，并就交通、金融、教育、旅游等领域合作进行了深入交流。

潘云鹤主任等外委会领导还应约会见了爱尔兰、泰国、伊朗等国的来访团组或驻华使节，双方就国际和地区局势、双边关系以及共同关心的问题深入交换意见。

七、召开国际形势分析会，为处理国际和地区热点问题献计献策

以贯彻落实周边外交工作座谈会精神为主题，召开国际形势分析会，王家瑞副主席出席，对外友好界部分委员参加。委员们围绕营造良好周边环境、推进“一带一路”建设献计献策，提出做好我深化改革开放政策的对外解读、营造贸易便利化环境、扩大内陆沿边开放、打造周边命运共同体、周边公共外交中重视发挥华人华侨桥梁纽带作用、“一带一路”建设应努力寻求同各方利益的汇合点、更好实现“引进来”与“走出去”相结合等建议，报送有关方面参考。

以贯彻落实中央外事工作会议精神为主题，召开国际形势分析会，对外友好界部分委员参加。委员们深入分析世界发展态势和国际格局变化，围绕周边外交、大国关系、维护我海外利益等议题进行深入研讨，从构建中国特色的大国外交、推动建立以合作共赢为核心的新型国际关系、贯彻落实总体国家安全观、拓展和深化外交战略布局、强化对外工作统筹协调等角度提出意见建议，受到中央和有关部门的高度重视。

2014年，林文漪、张庆黎、陈元、王家瑞副主席按照全国政协关于副主席联

系专委会的部署，多次参加外委会的有关会议或外事活动，对外委会的工作给予了有力指导。同时，外委会加大了同有关部委的合作力度，邀请部委相关人员就一些专题介绍情况，或参加外委会的调研考察；加强了与地方政协的联系，与广西、宁夏、海南等省区政协领导及外委会负责同志进行工作交流，请外委会有关委员为地方政协作国际形势报告。

总结一年来的履职实践，我们有以下几点体会：

一是突出重点，就是紧扣主题、抓住重点、集中用力，在“精”和“深”上下功夫，力争提出针对性、操作性强的意见建议。2014 年，外委会聚焦“一带一路”建设，统筹安排系列调研、双周协商座谈会、出访来访、国际形势分析会等方面工作，在深化研究上下功夫，取得了良好效果。

二是内外结合，就是着眼国内国际两个大局，发挥外委会工作特点和优势，形成服务全局的合力。外委会把出访内容与国内调研课题紧密结合起来，重视驻外大使委员的作用，围绕全国政协重大协商议题献计出力。

三是注重成果运用，就是把调研活动与重点协商议题结合起来，以深入调研提高协商质量，以有效协商转化调研成果，实现调研与协商互促共进。外委会把国内专题调研与开好双周协商座谈会结合起来，就“一带一路”建设赴 8 个省区进行系列调研，并通过大会发言和双周协商座谈会等形式运用好调研成果，切实提高建言献策质量。

四是创新委员履职形式，就是丰富工作内容、载体、渠道和平台，进一步调动委员履职尽责的积极性和主动性，使委员多尽责、履好职。外委会邀请对外友好界委员参加双周协商座谈会、实地调研和国际形势分析会等活动，把专委会联系界别委员的部署落到实处；将发挥委员会整体作用同发挥委员个人专长结合起来，增强了整体效应；邀请调研当地的全国政协委员参与调研，与地方政协委员就调研主题进行座谈交流，集合众智研究解决问题，丰富深化了调研成果。

文史和学习委员会　2014 年，在常委会和主席会议领导下，文史和学习委员会深入学习贯彻中共十八大和十八届三中、四中全会精神，学习贯彻习近平总书记在庆祝人民政协成立 65 周年大会上的讲话精神，按照俞正声主席对人民政协工作的要求和全国政协工作总体部署，立足本委特色，发挥自身优势，认真履行职能，各项工作取得新进展。

一、文史工作不断加强

（一）开展沿海城市开放和西部大开发史料征编工作，为全面深化改革服务。组织编辑出版 14 个沿海城市开放纪实专题图书。4 月，组织召开 14 个沿海城市开放史料征编定稿会议，邀请有关专家学者对所征集的史料进行审定，印发了《14 个沿海城市开放史料征编定稿会议纪要》。截至 11 月底，书稿征编工作已全部完成，宁波卷、温州卷、秦皇岛卷、连云港卷、烟台卷已经出版。着力推进西部大开发史料征编工作。7 月，召开西部大开发史料征集专题研讨会议，研究确定征编方案。11 月，召开汇稿会，研究解决征编工作中面临的问题。目前，征编工作正在有序推进。

（二）纪念抗战胜利 70 周年，开展抗日战争史料征编工作。7 月，召开抗日战争史料征编工作研讨会议，制定征编方案，形成并上报了《抗战史料协作征集专题研讨会议纪要》。俞正声主席在会议纪要上批示：“这件事很有意义，应努力做好。工作中要注意把握‘两个战场’的关系。”按照俞正声主席批示精神，在京召开抗战史料特邀编审组成立会议暨编审工作会议，邀请部分省（区、市）政协具有文史工作经验的同志组成编审组，研究细化编辑方案，确定文稿入选原则等事宜。目前，各地方政协正在按照要求抓紧进行征编工作。

（三）积极推进港澳地区文史资料征集和抢救工作，为“一国两制”方针的贯彻实施服务。1月，王太华主任率团赴香港、澳门，组织召开全国政协文史资料征集暨香港、澳门文史编辑委员会成立会议。明确了两个编辑委员会组织开展香港回归20周年、澳门回归15周年等文史资料征编工作的主要任务和工作原则。9月，在珠海召开澳门回归史料审稿会议。在澳门回归15周年纪念日前，《莲花绽放濠江巨变——澳门回归十五周年亲历记》一书已由人民出版社出版发行。

（四）发挥政协文史工作的独特优势，促进两岸文化交流。5月，王太华主任率团赴台参访，通过人民政协文史资料这一平台加强和台湾学者及社团组织的交流，促进两岸文化交流合作。在台期间，就两岸共同开展抗战史料征集等问题与有关方面进行了探讨。台方希望与我委于明年共同举办纪念抗日战争胜利70周年相关活动。俞正声主席对所报送的政协信息作了批示。

（五）继续扎实开展相关文史资料征编工作。根据十二届全国政协文史资料工作选题协作规划，组织编印文史资料百部经典文库。推动著名民主党派、工商联人士音像史料征集。积极推动地方政协完成《少数民族百年实录》征编工作。

（六）举办文史干部培训班，着力提高文史干部队伍素质。8月，组织举办十二届全国政协文史资料工作研讨会暨第一期文史干部培训班，对于提高政协文史干部的政治和业务素质，进一步做好新时期政协文史工作，起到了重要推动作用。

二、学习工作重点突出

（一）举办4次常委会学习讲座。根据全国政协领导批准的《十二届全国政协常委会学习讲座2014年参考选题》，围绕中央关于全面深化改革的重大部署，结合委员们关注的热点问题，举办了4次常委会学习讲座。俞正声主席出席并主持学习讲座。2月，举办第三次学习讲座，商务部部长、党组书记高虎城主讲《贯彻落实三中全会精神，加快完善现代市场体系》；6月，举办第四次学习讲座，国务院法制办公室副主任甘藏春主讲《努力探索中国特色社会主义法治道路》；8月，举办第五次学习讲座，中央党校副教育长韩庆祥主讲《历史唯物主义基本原理和方法论》；10月，举办第六次学习讲座，国家海洋局海洋发展战略研究所所长高之国主讲《建设海洋强国战略思考》。按照俞正声主席对于学习工作的指示精神，9月，起草印发了《关于常委会学习讲座事宜致全体常委的函》，就进一步加强和改进学习讲座征求常委们的意见建议。

（二）组织两期全国政协新任委员学习研讨班。7月，在京举办第二期新任委员学习研讨班。杜青林副主席出席开班式并讲话，张庆黎副主席兼秘书长主持开班式、出席结业式并作总结讲话。中共中央政策研究室江金权副主任作题为《深入学习贯彻习近平同志系列重要讲话精神，全面掌握党的十八大后中国共产党治国理政经略》的专题报告。近400名新任京外委员参加学习研讨。11月，举办第三期新任委员学习研讨班，近200位委员围绕学习贯彻中共十八届四中全会精神和习近平总书记在庆祝中国人民政治协商会议成立65周年大会上的讲话精神进行学习研讨。张庆黎副主席兼秘书长出席委员座谈交流活动并讲话。至此，本届政协新任委员集中学习培训工作全部完成，委员学习研讨班呈现领导重视、重点突出、形式多样、学风务实等特点，在凝聚共识、汇聚力量方面发挥了应有的作用。

（三）举办两场在京委员学习报告会。7月，外交部部长助理刘建超作题为《当前国际形势和我国外交工作》的报告。12月，外交部有关负责同志作《当前中日关系及我对日政策》的报告。由于选题紧扣形势、内容丰富、组织有序，报告会受到委员的普遍欢迎，收到良好效果。

三、大会发言工作更加活跃

按照全国政协办公厅总体安排，委员会及办公室认真组织政协十二届二次会议，第四次常委会议、第六次常委会议、第七次常委会议和第八次常委会议大会发言工作。全年共收到大会发言稿件738篇，组织大会口头发言93人次。发言稿件思想更加解放，思路更加开阔，反映情况更加准确，所提建议更加中肯。向中央领导同志报送《政协大会发言专报》85期，李克强、张高丽、马凯、刘奇葆、李建国、汪洋、杨晶等领导同志作出批示。

为进一步提高大会发言质量，根据委员们在全体会议期间对大会发言工作提出的意见建议，结合近年来在加强和改进大会发言工作方面进行的探索和实践，对《大会发言工作规则》进行了修订，为进一步提高大会发言工作科学化水平提供保障。

四、专题调研深入务实

4月，就“城镇化进程中加强传统村落保护问题”赴江西、山西两省开展专题调研。调研组听取了国务院有关部门的情况介绍，深入15个有代表性的传统村落了解实际情况，与两省有关部门负责同志、基层干部、村民代表进行座谈交流。形成《关于加强传统村落保护工作的建议》政协信息。

5月，就“继承与弘扬中国传统文化加强书院文化研究保护”赴湖南、浙江开展专题调研，与两省有关部门负责人和专家学者进行座谈，实地调研部分有代表性的书院。形成《关于加强书院文化研究和保护的建议》政协信息。

5月，就“农业文化遗产保护和利用”赴云南、广西开展专题调研，向中央报送了《关于切实保护和利用好我国农业文化遗产的建议》。国务院领导刘延东、汪洋同志对调研组所提建议高度重视，分别作出批示，为推动农业文化遗产保护工作，发挥了积极作用。

6月，就“推进民族地区基本公共文化服务体系建设”赴青海、贵州开展专题调研。调研组深入西宁、海北、毕节、遵义等地，实地考察了乡镇、社区及村的基层公共文化服务场所，与基层干部群众进行了座谈，与两省分别交换了意见。龙新民副主任代表委员会在“构建现代公共文化服务体系”专题协商会上发言。

围绕弘扬和保护传统文化，委员会还支持举办了形式多样的主题活动。作为支持指导单位，召开了中国大运河世界遗产保护座谈会、大运河申遗研讨会议。组织十二届和十一届本委员会委员就“基本公共文化服务体系建设情况”赴故宫博物院调研考察，齐续春副主席出席，活动受到委员们的普遍欢迎。

五、举办双周协商座谈会

12月12日，组织召开以“城镇化进程中传统村落保护”为议题的双周协商座谈会。俞正声主席主持会议并和与会人员交流讨论。杜青林、张庆黎、李海峰、齐续春副主席出席。全国政协办公厅有关负责同志，王太华主任，卞晋平、陈惠丰副主任出席。住房和城乡建设部部长陈政高介绍有关情况。与会委员和专家学者发言，财政部、国土资源部、文化部负责同志与委员们互动交流。本次双周协商座谈会是委员会第一次承办双周协商座谈会，委员和专家学者从政府、社会、企业、农民等不同角度，对如何在城镇化进程中更好地保护传统村落提出建议，由于选题准确，组织工作周密，会议顺利圆满，各方反响良好。会后，以政协信息专报形式向中央反映会议的有关意见建议，张高丽同志作出批示。

六、界别活动活跃有序

为贯彻落实俞正声主席关于要创新更多形式、使政协工作更活跃的指示精神，以及全国政协副主席、专门委员会联系界别的工作部署，委员会积极开展新闻出版界别活动。1 月，以“体认当代中国价值理念，弘扬中华民族文化精神”为主题举办专题学习会。5 月和 9 月，先后就“基本公共文化服务体系建设情况”专题，赴国家博物馆、国家图书馆考察。李海峰、卢展工副主席分别出席有关活动。新闻出版界委员积极参与，反响热烈，形成界别活动活跃有序的良好局面。

【委员视察、考察、调研】

政协全国委员会办公厅关于 2014 年全国政协委员视察、考察工作计划 2014 年是全面深化改革的第一年，是完成“十二五”规划的关键一年。2014 年全国政协委员视察、考察工作按照中共中央对 2014 年工作的整体部署，围绕全国政协党组工作要点，聚焦全面深化改革，着眼提高经济发展质量和效益、促进社会公平正义和增进人民福祉，选取视察、考察课题，进行巡视察看，积极咨政建言，反映社情民意，开展民主监督，为全面深化改革凝聚共识，献计出力。为做好有关工作，特制订 2014 年全国政协委员视察、考察工作计划。

一、指导思想

2014 年全国政协委员视察、考察工作的指导思想是：高举中国特色社会主义伟大旗帜，以邓小平理论、“三个代表”重要思想、科学发展观为指导，深入贯彻落实中共十八大和十八届二中、三中全会精神，贯彻落实习近平同志系列重要讲话精神，认真学习贯彻《中共中央关于加强人民政协工作的意见》，紧紧围绕全国政协党组工作要点谋划工作，与政协全体会议、常委会议、专题协商会议、双周协商座谈会、政协专门委员会工作相结合，与有关职能部门、各民主党派中央、全国工商联、有关人民团体、各省级政协工作重点相结合，与委员关注、群众关心的热点、难点问题相结合，切实围绕事关全局的重大问题开展视察、考察。

二、主要内容

2014 年全国政协办公厅主要围绕以下 6 个题目开展视察、考察工作：

（一）深化产教融合，加快高等职业教育发展。

（二）推动国有企业完善现代企业制度。

（三）推进农村义务教育学生营养改善计划贯彻实施。

（四）加快推进宁夏内陆开放型经济试验区建设。

（五）军民融合式科技创新发展。

（六）促进书画艺术文化产业优化升级。

三、组团安排

2014 年全国政协办公厅拟组织 4 个视察团、2 个考察团，分别委托本会专门委员会和地方政协组织 11 个考察团。具体安排如下：

（一）常委视察团 2 个。4 月，围绕“深化产教融合，加快高等职业教育发展”组织特邀常委视察团赴湖北省视察；5 月，围绕“推动国有企业完善现代企业制度”组织特邀常委视察团赴上海市视察。

（二）委员视察团2个。6月，围绕“推进农村义务教育学生营养改善计划贯彻实施”与提案委员会联合组织视察团赴云南省视察；8月，围绕“加快推进宁夏内陆开放型经济试验区建设”组织视察团赴宁夏回族自治区视察。

（三）委员考察团2个。9月，围绕“军民融合式科技创新发展”与解放军总政治部联合组织军队委员考察团赴湖北省、黑龙江省考察；10月，围绕“促进书画艺术文化产业优化升级”与教科文卫体委员会和书画室联合组织委员考察团赴安徽省、浙江省考察。

（四）港澳委员考察团3个。委托全国政协港澳台侨委员会组织港澳特邀界委员进行考察。7月，组织驻香港委员就“产业结构调整、区域协调发展”赴江苏省考察；10月，组织驻澳门委员就“三秦文化、红色文化的传承和发展，探索澳陕文化交流合作新机制”赴陕西省考察；11月，组织驻香港委员就“灾后恢复重建情况”赴四川省考察。

（五）京外委员跨省考察团8个。委托地方政协组织驻当地全国政协委员进行跨省考察。4月，组织驻山东省全国政协委员围绕“生态环境治理”赴湖南省考察；5月，组织驻山西省全国政协委员围绕“广西北部湾经济区综合配套改革情况”赴广西壮族自治区考察；5月，组织驻黑龙江省全国政协委员围绕“深化行政审批制度改革，改善和优化发展环境”赴湖北省考察；5月，组织驻河南省全国政协委员围绕“文化产业发展情况”赴江西省考察；7月，组织驻广东省全国政协委员围绕“广东对口援藏与生态旅游业发展情况”赴西藏自治区考察；7月，组织驻重庆市全国政协委员围绕“对外开放及生态环境保护情况”赴新疆维吾尔自治区考察；9月，组织驻江西省全国政协委员围绕“产业集聚区建设情况”赴河南省考察；10月，组织驻青海省全国政协委员围绕“职业技术教育”赴上海市考察。

四、工作要求

2014年全国政协委员视察、考察工作要深入贯彻落实中共十八大及十八届二中、三中全会精神和《中央政治局关于改进工作作风、密切联系群众的八项规定》，严格遵循《全国政协机关党组关于改进工作作风、密切联系群众的意见》，切实转变作风，深入调查研究，加强工作创新，着力提升实效。

（一）充分发挥委员主体作用。切实尊重和保障委员视察、考察的权利，扩大委员的参与面，努力为委员通过视察、考察履行职责创造条件。优化人员结构，在控制好团队规模的基础上，综合考虑委员的界别、党派、专业结构，注意吸收被视察、考察地方的全国政协委员参加。建立健全各项制度，营造畅所欲言的民主氛围，注意采纳吸收委员的意见建议，进一步激发政协委员履行职责的积极性、主动性和创造性。

（二）注重创新工作方式。弘扬改革创新精神，改进方式方法，着力增强政务性服务能力和统筹协调能力。注重完善与地方政协的协同，加强与各专委会、党派团体、职能部门、研究机构的横向合作，发挥整体合力。注意视察点选取的全面性和科学性，覆盖“好、中、差”，兼顾典型性与普遍性的统一。采取灵活多样的方式方法，尝试把规定路线视察与随机视察相结合，深入基层，体察实情。

（三）切实提高视察、考察活动成效。坚持问题导向，自觉把改革中的重要问题作为视察、考察工作的切入点和着力点，提升成效。视察、考察开展前，加强学习研讨，注重前期谋划，制定科学可行的方案。视察、考察活动中，坚持实事求是的思想路线，广泛听取各方意见，全面深入了解实际情况。切实转变作风、贯彻落实中央八项规定要求，严格规范视察、考察活动开展。视察、考察结束后，通过深入客观的研究论证、热烈真诚的讨论交流、坦率务实的交换意见，达成共识，使提出的对策建议符合客观实际、符合群众意愿，具有可操作性。

2014 年全国政协委员视察、考察工作安排一览表

类别	委员所在地区	视察、考察地区	时间	内容	备注
常委视察团	全国	湖北	4 月	深化产教融合，加快高等职业教育发展	特邀常委团，围绕专题协商会议题开展
		上海	5 月	推动国有企业完善现代企业制度	特邀常委团，围绕议政性常委会议题开展
委员视察团	全国	云南	6 月	推进农村义务教育学生营养改善计划贯彻实施	与提案委员会联合组织
		宁夏	8 月	推进公立医院改革	加快推进宁夏内陆开放型经济试验区建设
委员视察团	全国	湖北、黑龙江	9 月	军民融合式科技创新发展	与解放军总政治部联合组织，军队委员参加
		浙江、安徽	10 月	促进书画艺术文化产业优化升级	与教科文卫体委员会、书画室联合组织
	香港	江苏	7 月	产业结构调整、区域协调发展	
	澳门	陕西	10 月	三秦文化、红色文化的传承和发展，探索澳陕文化交流合作新机制	
	香港	四川	11 月	灾后恢复重建情况	

2014 年全国政协京外委员跨省考察工作安排一览表

类别	委员所在地区	视察、考察地区	时间	内容	备注
京外委员跨省考察团	山东	湖南	4 月	生态环境治理	
	山西	广西	5 月	广西北部湾经济区综合配套改革情况	
	黑龙江	湖北	5 月	深化行政审批制度改革，改善和优化发展环境	
	河南	江西	5 月	文化产业发展情况	
	广东	西藏	7 月	广东对口援藏与生态旅游业发展情况	
	重庆	新疆	7 月	对外开放及生态环境保护情况	
	江西	河南	9 月	产业集聚区建设情况	
	青海	上海	10 月	职业技术教育	

政协全国委员会办公厅关于 2014 年全国政协委员视察、考察工作情况的报告

2014 年是全面深化改革的第一年，也是人民政协事业创新发展的重要一年。一年来，全国政协办公厅深入贯彻中共十八大及十八届三中、四中全会和习近平总书记系列重要讲话精神，认真落实全国政协的工作部署，围绕全面建成小康社会、全面深化改革、全面推进依法治国，提高经济发展质量和效益，促进社会公平正义和增进人民福祉，组织委员进行视察、考察，凝聚共识、献计出力。现将主要工作情况报告如下。

一、基本情况

按照主席会议讨论通过的《政协全国委员会办公厅关于 2014 年全国政协委员视察、考察工作计划》，全年共组织 4 个视察团和 13 个考察团。其中特邀常委视察团 2 个、委员视察团 2 个，内地委员考察团 2 个、港澳委员考察团 3 个、京外委员跨省考察团 8 个，共 327 名委员参加。中共中央书记处书记、全国政协副主席杜青林等 7 位全国政协领导同志分别率团视察、考察。向中共中央、国务院报送了 4 份视察报告、3 份考察报告、1 份政协信息专报。李克强、俞正声等中央领导同志先后 24 人次作出重要批示。

（一）聚焦全面深化改革的重大问题。

产教融合和校企合作是我国高等职业教育改革发展的命脉之门。5 月，中共中央书记处书记、全国政协副主席杜青林率全国政协特邀常委视察团就“深化产教融合，加快高等职业教育发展”赴湖北省视察。视察团认为，高等职业教育发展应该从适应转变经济发展方式、缓解就业结构性矛盾和推进以人为核心的城镇化等新要求出发，加快现代职业教育体系建设，进一步理清高职教育的办学定位与发展方向，从健全体制、完善政策、提高质量三个方面着手，释放内生动力和发展活力，促进高职教育多层次、多形式、多领域发展。

发展混合所有制经济是新一轮国资国企改革的重要方面。5 月，张庆黎副主席兼秘书长率全国政协特邀常委视察团就“积极发展混合所有制经济，扎实推动国

有企业完善现代企业制度”赴上海市视察。视察团认为，国资国企改革要始终坚持正确方向，把充分发挥中国特色社会主义制度优越性和充分调动各方面积极性有机统一起来，深化思想认识，明确发展混合所有制经济目的在于通过股权多元化，倒逼企业建立现代企业制度，推动政府经济管理体制改革。建议深入把握国资国企改革的系统性、整体性、协同性和法治原则，加强顶层设计，统筹推进配套改革，鼓励先行先试，营造良好改革氛围，把国资国企改革作为经济体制改革中心环节加以部署和推进。

军民融合科技创新是新形势下实现富国与强军的必然要求。8 月，万钢副主席率全国政协军队委员考察团就“军民融合式科技创新发展”赴黑龙江省、湖北省考察。考察团认为，军民融合科技创新是实现“中国梦”不可或缺的重要引擎，应明确“统筹在中央、主导由军队、支撑靠科技、主体为企业、关键是人才”的总体思路，建立科学完备、职责清晰、任务明确、互为支撑的军民融合科技创新体系，使军民融合这一国家战略转化为军地各级的自觉行动。

大数据时代为中国书画艺术的保护、继承和创新带来了机遇与挑战。9 月、10 月，办公厅与全国政协书画室联合组织，由马飚副主席率全国政协委员考察团就“大数据下的中国书画艺术发展”赴北京、安徽、浙江考察。考察团建议把书画艺术作为传播社会主义核心价值体系的重要形式，统筹推进国家文化和信息化发展战略，综合运用政府主导和市场作用的双重机制，以改革创新精神不断推动书画艺术与信息科技的融合发展，把中国元素和中国文化推向世界。

（二）助推区域经济的开放发展。

加快推进宁夏内陆开放型经济试验区是实施全方位对外开放的重大战略举措。8 月，罗富和副主席率全国政协委员视察团就“加快推进宁夏内陆开放型经济试验区建设”赴宁夏回族自治区视察。视察团认为，试验区目前处于规划调整实施阵痛期、深层次矛盾和问题凸显期、增长速度换挡期“三期叠加”阶段，应抓住新一轮全面深化改革重大机遇，将试验区建设与“一带一路”战略规划有机衔接起来，加大金融、贸易等政策扶持，打造航空、铁路、公路等开放通道，聚焦能源化工、农业、服务业等优势产业，激发经济发展内生动力。

促进地区经济社会协调发展，加强内地与香港互利合作是香港委员始终关心的问题。7 月，李海峰副主席率港区全国政协委员考察团，以产业结构调整为主题，就苏北地区经济社会发展、苏港交流合作等情况赴江苏省考察。通过考察，委员们对江苏经济社会发展情况有了更进一步的了解，对苏北地区的发展成就、文化底蕴和投资环境等给予充分肯定。考察团建议，着眼长远，打造苏北地区发展区位优势，在经贸、科教、新兴产业和服务业等方面加强苏港两地合作，实现互利共赢。

为增进对中华传统文化和中国革命历程的认识，加强澳陕经济文化产业对接，10 月，何厚铧、李海峰副主席率澳区全国政协委员考察团围绕“三秦文化、红色文化的传承发展、澳陕交流合作”赴陕西省考察。考察团建议，要开发、利用好延安革命教育基地，深入发掘陕北红色文化内涵，弘扬光大延安精神，在现有基础上提升澳陕文化合作层次，在经贸、科教、青年人才培养、社区工作等方面促进澳陕交流协作。

（三）关注民计民生的保障改善。

农村义务教育学生营养改善计划是国

家关心贫困地区学生健康成长的重要惠民政策。6月，结合2014年全国政协重点提案督办工作，办公厅与提案委员会联合组织，由李海峰副主席率全国政协委员视察团就“农村义务教育学生营养改善计划贯彻实施情况”赴云南省视察。视察团认为，营养改善计划总体进展顺利，已惠及3200多万人，建议适当提高营养膳食补助标准、大力推进食堂供餐、督促各地落实责任和推动立法等，切实解决贫困地区学生“吃得好”、“吃得有营养”等实际问题。

“5·12”汶川地震、“4·20”芦山地震及灾后重建始终牵动着香港委员的心，灾区群众生产生活得到很多港区委员的关心支持。11月，港区全国政协委员围绕灾后恢复重建情况赴四川省考察。考察团认真听取重建情况汇报，看望慰问地震灾区干部群众，与学校师生深入交流，深切感受到地震灾区干群同心建设新家园的豪迈气概，感受到香港同胞与内地同胞血浓于水的骨肉深情，感受到中国特色社会主义制度的强大生命力和无比优越性，并对灾后重建的规划实施、产业重建重塑等问题提出意见建议。

（四）紧扣地方全局工作建言献策。

按照《政协全国委员会办公厅关于第十二届全国政协京外委员跨省考察安排的意见》，委托有关省级政协先后组织驻山东、山西、黑龙江、河南、广东、重庆、江西、青海8个省市的全国政协委员，分别赴湖南、广西、湖北、江西、西藏、新疆、河南、上海等地，围绕生态环境治理、北部湾经济区综合配套改革、行政审批制度改革、文化产业发展、生态旅游业发展、对外开放、产业聚集区建设、职业技术教育等多方面内容开展考察活动。同时，各省级政协还按照办公厅的统一要求，积极组织驻当地全国政协委员就本地区经济社会发展的重大问题进行视察，并以多种形式促进成果转化。如驻鄂全国政协委员关于“南水北调中线工程丹江口库区”视察报告得到俞正声主席的重要批示，驻川全国政协委员关于“天府新区建设”视察报告以信息专报形式报中央有关领导同志，促进了相关政策出台，取得了实际成效。

二、工作体会

一年来，视察、考察工作认真落实中央八项规定和全国政协的工作要求，扎实深入、特点突出、成效显著。

（一）始终围绕政协工作重点不放松。

围绕当前全面深化改革的重点领域和关键环节，紧扣全国政协年度协商计划和议政性常委会、专题协商会的议题开展视察、考察。坚持问题导向，不搞大而全，把关注重点放在同全局联系紧密又力所能及的关键性问题上，力求切口小、挖掘深、落脚实。

（二）扎实做好行前筹备组织工作。

有针对性地加强委员对全局工作、重点领域情况的了解，为委员把握政策、议政建言创造有利条件。一是采取“走出去，请进来”的方式，出团前到相关部门了解情况，请相关负责同志到团里介绍情况。二是提供视察所需的基本情况和历史沿革材料，从法律法规、政策措施、国内整体情况、地方具体问题、政协提案发言、专家观点和国际经验等多角度精心准备参阅材料。

（三）充分发挥委员的主体作用。

为体现委员集体智慧，根据视察、考察题目邀请不同界别、不同领域、不同岗位、不同地域的委员参加，特别是吸纳视察、考察活动所在地全国政协委员，优化团组人员结构，扩大委员参与面。为调动各级政协委员履职积极性，发挥全国政协与地方政协两支力量作用，采取“交课题”方式，深化与相关省区市政协的合作。如委托上海市政协组织当地政协委员就国资国企改革情况开展前期调研，委托湖北省政协就高等职业教育组织召开专题协商会，委托宁夏回族自治区政协组织委员就内陆开放型经济试验区建设进行研究等，取得了预期成效。

（四）务实推动视察、考察成果的转化。

始终把研究和解决问题作为视察、考察活动的出发点和落脚点，注重视察、考察成果的运用、跟踪、落实。一是深入研究起草向中共中央、国务院报送的视察、考察报告，得到李克强、俞正声等中央领导同志的重要批示。二是积极推动有关部委研究出台具体政策措施。比如，教育部针对今年“深化产教融合，加快高等职业教育发展”视察团所提意见建议，在贯彻落实国务院印发的《关于加快发展现代职业教育的决定》和全国职业教育工作会议精神中作了工作部署，并在配套文件制定中进一步吸收采纳。教育部、财政部会同有关部门针对去年“高校学生资助政策的贯彻落实情况”视察团所提意见建议，调整完善国家助学贷款政策，将国家助学贷款补助标准由现行每人每年不超过6000元调整为本专科学生每人每年不超过8000元，研究生每人每年不超过12000元，完善了生源地信用助学贷款风险补偿机制；针对今年“农村义务教育学生营养改善计划贯彻实施情况”视察团所提意见建议，经国务院领导同意，将营养膳食补助标准从每人每天3元提高至每人每天4元。

三、2015年工作设想

做好2015年视察、考察工作，要继续深入学习贯彻中共十八大及十八届三中、四中全会和习近平总书记系列重要讲话精神，密切关注经济社会发展的重大问题和涉及群众切身利益的实际问题，把组织视察、考察放在全国政协工作全局中谋划和推进，为全面建成小康社会、全面深化改革、全面推进依法治国、全面从严治党作出新的贡献。

（一）坚持围绕全国政协工作重点谋划和组织委员视察、考察。

紧紧围绕政协第十二届全国委员会第三次会议，议政性常委会和专题协商会、双周协商座谈会，结合年度重点协商议题和重点督办提案，加强与各专委会、各民主党派中央沟通合作，广泛征求地方政协及委员等各方面意见，更多关注新常态下经济发展质量和效益的提升，更多关注改革攻坚中的重点和难点，优选题目、精选地点，扎实组织视察、考察活动。

（二）积极稳妥组织好监督性视察活动。

按照“协商民主要有新加强，民主监督要有新突破”的要求，围绕国家重大战略部署的落实、重大改革政策的贯彻和目标任务的完成、“十二五”规划中重点民生工程的进展情况以及事关人民群众切身利益问题，组织委员就农村扶贫开发工作情况、农田水利建设情况等深入基层进行监督性视察，开展民主监督。组织监督性视察活动时，注意把握好政协的性质定位和角度，重在改进工作、提出建设性意见和建议。

（三）努力推进视察工作机制创新。

发挥视察、考察面向全体委员的优势，优化参团委员界别、行业、地域结构，注重在视察工作各环节为委员发表意见创造条件，提升委员在视察工作中的主体意识和责任意识。密切与各民主党派中央、人民团体和有关部委的“横向联系”，完善与地方政协“纵向联动”的合作机制，有针对性地吸收专家学者等参与，发挥委员视察组织特色和智力优势，形成整体合力。拓展工作思路，探索和尝试同一题目的多地视察和系列视察，做到研究深、建议实。加强统筹协调，综合运用视察考察报告、政协提案、政协信息、大会发言、双周协商座谈会等形式，转化委员履职成果，完善视察考察成果转化反馈机制。

2014年度京昆室委员、无党派人士界委员考察活动情况

序号	时间	委员所在地	视（考）察地区	视（考）察内容	人数	团队负责人	视（考）察报告题目及文号	备注
1	5月9日至10日	全国	天津	将戏曲纳入公共文化服务体系建设	14	仝广成 刘家强	无	京昆室委员考察团
2	10月29日至11月2日	全国	湖北荆州	在构建现代公共文化服务体系中推进戏曲艺术传承与发展的做法	6	刘家强 杨承志	无	京昆室委员考察团
3	5月5日至10日	全国	福建福州、泉州、厦门	发挥专业服务业组织在市场资源配置中的作用	18	刘晓峰 王明明 刘家强	无	无党派人士界委员考察团
4	8月30日至9月5日	全国	四川成都、甘孜、阿坝、绵阳	四川少数民族地区群众生产生活情况	25	齐续春 王明明 宇如聪 刘家强	关于考察四川少数民族地区群众生产生活情况的报告政全厅发〔2014〕73号	无党派人士界委员考察团

备注：书画室2014年度没有安排考察调研活动。

2014年度全国政协委员视察、考察有关情况统计表

序号	时间	委员所在地	视察、考察地区	视察、考察内容	人数	团队负责人	备注
1	5月7日至10日	全国	上海	积极发展混合所有制经济，扎实推动国有企业完善现代企业制度	15	张庆黎 李毅中 石军 侯建民	特邀常委视察团
2	5月13日至17日	全国	湖北武汉、黄冈	深化产教融合，加快高等职业教育发展	16	杜青林 何丕洁 朱永新 刘家强	特邀常委视察团

续表

序号	时间	委员所在地	视察、考察地区	视察、考察内容	人数	团队负责人	备注
3	6月9日至14日	全国	云南保山、德宏、昆明	推进农村义务教育学生营养改善计划贯彻实施	17	李海峰 仝广成　王国卿	视察团，与提案委员会联合
4	8月11日至15日	全国	宁夏银川、吴忠、中卫	加快推进宁夏内陆开放型经济试验区建设	19	罗富和 齐同生　陈际瓦 刘家强	视察团
5	8月29日至9月5日	全国	黑龙江哈尔滨、湖北武汉	军民融合式科技创新发展	21	万　钢 徐一天　王胜洪	考察团，与解放军总政治部联合组织，军队委员参加
6	9月24日至25日 10月9日至15日	全国	北京 安徽黄山、宣城，浙江湖州、杭州	大数据下的中国书画艺术发展	21	马　飚 孙怀山　靳尚谊 刘家强	考察团
7	7月6日至10日	香港	江苏南京、连云港、徐州	以产业结构调整为主题，考察苏北地区经济和社会发展、环境保护和生态建设、历史文化保护、苏港两地交流合作等情况	50	李海峰（带队） 刘汉铨（团长） 卢文端　蔡冠深 霍震霆（副团长） 华　建（陪同）	考察团，驻香港委员参加
8	10月11日至16日	澳门	陕西西安、延安	三秦文化、红色文化的传承与发展，探索澳陕文化交流合作新机制	22	何厚铧　李海峰 （副主席） 廖泽云　颜延龄 （常委） 梁　华（副主任） 卢昌华（陪同）	考察团，驻澳门委员参加
9	11月10日至14日	香港	四川成都、北川、汶川、都江堰、芦山	四川地震灾后重建情况	42	林树哲（团长） 廖长城（副团长） 杨崇汇　楼志豪 （陪同）	考察团，驻香港委员参加
10	4月15日至19日	山东	湖南长沙、攸县、韶山	农村生态环境治理	9	王新陆 张鹤田　殷鲁谦	考察团，驻山东委员参加
11	5月5日至11日	山西	广西南宁、防城港、北海、钦州	广西北部湾经济区综合配套改革情况	17	薛延忠 白　云	考察团，驻山西委员参加

续表

序号	时间	委员所在地	视察、考察地区	视察、考察内容	人数	团队负责人	备注
12	5月12日至17日	黑龙江	湖北武汉、襄阳、十堰、随州	深化行政审批制度改革，改善和优化发展环境	12	杜宇新 何小平	考察团，驻黑龙江委员参加
13	5月16日至22日	河南	江西南昌、井冈山、吉安、鹰潭、余江、景德镇	文化产业发展情况	15	叶冬松	考察团，驻河南委员参加
14	7月26日至8月2日	广东	西藏拉萨、林芝、山南地区	广东对口援藏与生态旅游业发展情况	13	王珣章	考察团，驻广东委员参加
15	8月8日至15日	重庆	新疆乌鲁木齐、博州、伊犁、巴州	对外开放及生态环境保护情况	14	徐敬业	考察团，驻重庆委员参加
16	9月9日至14日	江西	河南郑州、洛阳、开封、许昌	产业集聚区建设情况	14	黄跃金	考察团，驻江西委员参加
17	10月13日至17日	青海	上海	职业技术教育	10	仁青加	考察团，驻青海委员参加

2014年视察、考察、调研报告目录

1.《关于林权流转和林业金融专题调研的报告》(1月)

2.《关于切实保护和利用好我国农业文化遗产的建议》(4月9日至18日)

3.《关于民族地区优化产业布局问题的报告》(4月9日至19日)

4.《关于宗教教职人员社会保障政策落实情况的报告》(4月13日至23日)

5.《中国宗教界和平委员会参访团访问台湾情况的报告》(4月15日至21日)

6.《关于提升原始创新能力，加快推进国家实验室建设的报告》(4月20日至26日)

7.《关于新疆宗教工作的调查及建议》(5月6日至14日)

8.《关于视察积极发展混合所有制经济，扎实推动国有企业完善现代企业制度情况的报告》(5月7日至10日)

9.《关于〈精神卫生法〉贯彻实施中有关问题及建议的报告》(5月12日至16日)

10.《关于视察深化产教融合，加快高等职业教育发展情况的报告》(5月13日至17日)

11.《关于以减负提质为重点深化义务教育教学改革的报告》(5月17日)

12.《关于城镇化进程中传统文化保护与传承的报告》(5月21日至28日)

13.《关于完善生育政策与人口长期均衡发展的报告》(5月24日)

14.《关于加强黑土地保护的调研报告》(6月)

15.《关于视察农村义务教育学生营养改善计划贯彻实施情况的报告》(6 月 9 日至 14 日)

16.《关于发挥市场决定性作用，化解造船产能过剩，促进海工产业健康发展的报告》(6 月 13 日)

17.《关于加强群众体育健身设施建设的调研报告》(6 月 16 日至 20 日)

18.《关于沿海滩涂开发与保护情况的调研报告》(6 月 20 日)

19.《关于完善新型城镇化中土地配置与投融资机制的报告》(6 月 28 日)

20.《全国政协机关赴贵州毕节调研报告》(7 月)

21.《关于内地居民赴港澳个人游问题的报告》(7 月)

22.《香港特别行政区全国政协委员赴江苏省考察的报告》(7 月 6 日至 10 日)

23.《关于加快推进左右江革命老区振兴发展的报告》(7 月 28 日)

24.《关于积极稳妥推进农村土地承包经营权有序流转的报告》(7 月 30 日)

25.《关于视察宁夏内陆开放型经济试验区建设的报告》(8 月 11 日至 15 日)

26.《关于西部高校发展和人才培养情况的调研报告》(8 月 12 日至 22 日)

27.《关于进一步重视和加强三北防护林体系建设工程的报告》(8 月 18 日)

28.《关于建立产学研协同创新机制强化企业技术创新主体地位的报告》(8 月 19 日)

29.《关于考察军民融合科技创新情况的报告》(8 月 29 日至 9 月 5 日)

30.《关于考察四川少数民族地区群众生产生活情况的报告》(8 月 30 日至 9 月 5 日)

31.《关于江苏、辽宁两省积极发展混合所有制经济的情况报告》(9 月)

32.《关于构建新型农业经营体系专题调研的报告》(9 月)

33.《充分发挥政协优势　进一步加强港澳青少年工作》(9 月)

34.《关于加强农村宗教事务管理的调研报告》(9 月)

35.《关于加强黄河上中游生态环境保护的报告》(9 月 4 日)

36.《关于乌蒙山片区区域发展与扶贫攻坚情况的报告》(9 月 17 日至 24 日)

37.《关于推进“21 世纪海上丝绸之路”建设的报告》(10 月)

38.《关于考察大数据下的中国书画艺术发展情况的报告》(10 月 9 日至 15 日)

39.《澳门特别行政区全国政协委员赴陕西省考察的报告》(10 月 11 日至 16 日)

40.《关于支持山东省创建黄河三角洲国家农业高新技术产业开发区的考察报告》(11 月 3 日至 6 日)

41.《关于香港特别行政区全国政协委员考察四川省地震灾后重建情况的报告》(11 月 10 日至 14 日)

42.《关于积极引导宗教与社会主义社会相适应的调研报告》(11 月 13 日至 21 日)

43.《全国政协教科文卫体委员会代表团访问加拿大、美国情况的报告》(11 月 16 日至 24 日)

44.《培育和弘扬社会主义核心价值观要融入社会生活的报告》(12 月 3 日)

45.《关于推动建立国家层面生态补偿机制的调研报告》(12 月 4 日)

46.《关于进一步推进千岛湖及新安江流域水资源与生态环境保护的调研报告》(12 月 4 日)

【反映社情民意】

信息工作 2014年，办公厅按照全国政协工作部署和俞正声主席的要求，紧紧围绕中央的重大战略部署和全国政协的年度重点工作，组织开展反映社情民意信息工作，动员广大政协委员和民主党派、工商联成员，积极运用反映社情民意信息的方式履行职责，着力提高政协信息的质量，为党和政府科学民主决策提供重要参考，取得显著成效。

一年来，办公厅共收集处理社情民意信息来稿11687篇，向中央领导同志报送政协信息212期，向中央有关部门转送信息729件，反映各种意见建议1534篇；收到领导同志对政协信息的批示189人次，有关部委回函14件。过去一年，反映社情民意信息工作有三个主要特点：一是积极服务于全国政协重大协商议政活动。全年19次双周协商座谈会，会议成果全部用政协信息的形式报送中央。二是统筹专题调研报告、视察报告、提案、大会发言、政协信息等载体，加大调研、视察等履职成果转化政协信息的力度。这既是落实中央改进文风的规定，精简简报材料数量与篇幅的实际举措，也切实增强了政协履行职能的成效。三是政协信息的质量明显提升。领导同志对政协信息的批示数量比2013年（112人次）增长近70%，习近平总书记对2期信息作出批示，李克强总理对6期信息作出批示。

（一）紧紧围绕全面深化改革和建设社会主义法治国家议政建言。依据全国政协年度协商计划、常委会工作报告等确定的重点选题，就化解过剩产能、发展混合所有制经济、加快建设法治市场经济、优化财政转移支付制度、落实“一带一路”战略构想、深化司法体制改革、确保依法独立行使审判权和检察权、加快推进社会组织立法等重大问题编报政协信息，及时向中央反映全国政协的履职成果和全国政协委员的建议，以及各级政协委员与民主党派成员的意见。许多信息得到中央领导同志批转有关部门研究吸纳。

（二）紧紧围绕经济社会发展与民生改善收集反映各方面的意见和建议。组织广大政协委员和民主党派、工商联成员积极运用反映社情民意信息方式履行职责，为中央的决策和完善各项政策措施提供参考。例如：

围绕经济建设，编报70期政协信息，就我国核电和清洁能源发展、发展特高压输电与优化电力布局、航天技术应用与航天产业发展、创新互联网金融监管、保护黑土地、大力培育和发展家庭农场、大型国有林业区体制改革、国家木材战略储备基地建设、强化长期资本的环境责任等问题，提出建议。

围绕社会建设特别是保障与改善民生，编报23期政协信息，就养老保险制度改革、完善大病保险制度、完善城市最低生活保障制度、医养结合型养老护理模式建设、人口与计生政策、更好发挥社会组织的作用、民族地区城镇化中的就业问题、优化大学生创业就业环境等问题，提出意见和建议。

围绕生态文明建设，编报17期政协信息，就加强青少年生态文明教育、三峡库区地质灾害情况、南水北调中线工程对汉江流域生态环境的影响、新疆露天煤矿生态环境问题、船舶污染治理等多个方面问题提出意见和建议。围绕社会广泛关注的大气污染治理问题编报3期政协信息，从改变能源结构加快油气资源开发利用、完善治理雾霾相关法律、改进雾霾治理的工程技术等方面提出建议。

（三）重视收集反映统一战线内部情况和意见。突出政协角度、体现政协特色是政协信息工作的基本要求。积极发挥政协信息工作的组织优势和渠道优势，依托各级政协和民主党派组织，有重点地收集反映统一战线内部代表人士的重要意见，广泛汇集基层情况和基层群众的呼声，及时反映有关民族宗教、涉疆涉藏、涉港涉台涉外事务等特殊领域的重要情况与意见，以及具有苗头性、倾向性、预警性的信息，编报71期政协信息。中央领导同志对这些信息都非常重视，及时批转有关部门研究，切实发挥了政协信息的优势、体现了政协信息的党派特色与界别特色。

（四）加强政协信息为全国政协重点工作的服务。把政协信息作为反映协商议政成果的一种重要形式，为人民政协发挥协商民主重要渠道作用做好服务，全年19次双周协商座谈会的成果全部以政协信息形式报送中央领导同志，并精选部分委员发言，专报分管相关工作的中央领导。发挥政协信息篇幅简短、形式灵活、报送便捷的优势，做好全国政协重大会议、活动的信息服务，组织力量收集整理委员们在政协全体会议、常委会议上发表的重要观点、意见，为全国政协领导同志了解情况、掌握会议动态提供参考。例如，第二次全体会议开幕前夕，昆明火车站发生暴力恐怖袭击事件，我们迅速收集整理委员们的反映和建议，报全国政协领导同志。第六次常委会议期间收集分组讨论会上的发言，精选摘编常委们对经济形势和全面深化改革中的重大问题的意见，受到俞正声主席的肯定，批转中央政治局常委和国务院领导同志参考；精选摘编常委们有关香港事务和“占中”问题的意见，杜青林副主席批转国务院港澳办参考。

重视运用政协信息反映专题调研、视察、专题座谈会等履职成果，加大成果转化信息的力度，一年来，通过政协信息反映全国政协各类履职成果70余期，对推动相关问题的解决发挥了很好的作用。各专门委员会更加注意运用政协信息反映意见和建议，例如，经济委员会定期召开的宏观经济形势分析座谈会、外事委员会召开的国际形势分析座谈会、人口资源环境委员会和教科文卫体委员会联合召开的加强青少年生态文明教育对口协商座谈会的成果，以及经济委员会关于资源性产品价税改革、教科文卫体委员会关于军企民企融合发展、社会和法制委员会关于养老保险制度改革、文史和学习委员会关于传统村落保护的调研、驻川全国政协委员关于成都天府新区的视察等成果，都是通过政协信息向中央反映，提案委员会办公室、文史和学习委员会办公室及时将不适宜立案和印发大会发言的委员意见，转为政协信息进行反映。民族和宗教委员会每年召开两次反映社情民意座谈会，分别收集少数民族界和宗教界委员的意见建议，经过选编整理，以政协信息形式报送中央领导同志和有关部门。通过成果转换，既增强了政协履职成效，也进一步提高了政协信息的质量。

（五）多措并举着力提高政协信息质量。反映社情民意信息是人民政协履行职能的一项经常性、基础性重要工作，也是人民政协发挥民主监督作用的一种有效形式。一年来，办公厅以增强政协信息服务中央决策的实效，发挥好人民政协的民主监督作用为目标，狠抓政协信息的质量。除了加强稿件选编和审批环节的把关，在信息工作的组织上主要抓了以下三项工作：

一是选聘37名全国政协信息特邀委员，对信息特邀委员列席常委会议、开展活动作出安排，提供保障。聘请部分积极运用反映社情民意信息方式履行职责的委员，鼓励他们更多地通过政协信息反映意见建议，以此带动更多的全国政协委员参与到反映社情民意信息工作中来。同时，在新任委员培训中，把反映社情民意信息列为专项内容，帮助新任委员了解这项工作，积极运用这种方式履行职责。

二是对2012年度至2013年度优秀社情民意信息和信息工作先进单位、先进个人通报表彰，有30篇信息、20个信息报送单位和20名信息工作人员获得表彰。通过表彰，引导各信息报送单位更加重视信息工作，引导和鼓励广大政协委员和民主党派成员积极反映社情民意，充分发挥政协信息的“直通车”优势，为党政决策当好参谋助手。

三是加强信息工作的组织与业务指导。办公厅的信息工作网络联通各民主党派中央、全国工商联和各省级、副省级市政协、信息联系点政协等76家报送单位，并通过它们覆盖了全国的各级政协和民主党派各级组织，是各级政协委员和民主党派、工商联成员反映意见建议的重要渠道。民主党派中央和地方政协每年来稿数量占全部来稿的90%以上，许多重大情况、重要意见都是通过他们收集反映上来的。一些民主党派中央和地方政协的主要负责同志，专门通过政协信息渠道向中央反映情况、提出建议，对促进党派组织和地方政协的信息工作，发挥了很好的示范带头作用。全国政协办公厅信息质量的提高，相当程度上依赖于各信息报送单位的来稿质量，加强对信息报送单位的业务指导和培训交流，是提高信息报送稿件质量的有效途径。一年来，举办了各民主党派中央、全国工商联信息工作部门工作座谈会，与哈尔滨市政协共同举办了第四次副省级市政协信息工作座谈会，参加两批信息联系点政协分别举办的年度会议，通过介绍全国政协办公厅的信息工作情况、信息选题与编报要求，交流信息工作经验，开展业务培训，加强对信息报送单位的分类指导。派员参加报送单位的信息工作会议，积极支持报送单位更加卓有成效地开展反映社情民意信息工作。

信访工作 2014年，全国政协办公厅信访局共收到委员和社会各界人士来信111744件；接待各级政协委员、统战人士和人民群众来访247批479人次。按照《信访条例》以及《全国政协信访工作规则》的有关规定，对委员和群众来信、来访作了认真处理。编发《信访动态》3期；《要信呈报》13件；发出信访交办函14件，收到查报结果的回函6件。向有关部门报送敏感信息8件。来信反映较多的是各类人员待遇、揭发各级干部违法违纪、涉法涉诉、城镇拆迁安置、农村征地补偿、环境污染、历史遗留等问题。

2014年，信访局向俞正声主席报送社会各界人士来信237件。强化政务服务，对一些信件的相关背景材料和涉及有关法规以附件形式一并报送，为领导决策提供服务。其中，中办值班室对俞正声主席批示的66件信件给予了反馈。张庆黎副主席兼秘书长及办公厅有关领导也多次对信访事项作出批示，一些信访事项在俞主席和政协有关领导的亲自批示下，得到了很好的解决。信访局按照政协领导的要求，重点办理委员、统战人士、知名人士的来信来访，牢固树立群众观点，协助党委政府有关职能部门努力化解矛盾，为维护社会和谐稳定发挥作用。

【对外交往】

俞正声主席访问阿尔及利亚、摩洛哥、巴林和约旦 11月1日至9日，应阿尔及利亚民族院、摩洛哥参议院、巴林协商会议和约旦参议院邀请，全国政协主席俞正声对上述四国进行正式友好访问。俞正声主席的主要陪同人员有全国政协副主席兼秘书长张庆黎，全国政协副主席、民革中央常务副主席齐续春，全国政协民族和宗教委员会主任朱维群，新疆维吾尔自治区政协主席努尔兰·阿不都满金，外交部副部长张明，全国政协副秘书长王胜洪。此访是本届中央政治局常委首次出访西亚北非地区，对深化我与阿拉伯国家友好合作、提升我与发展中国家整体关系、增强我国际地位和影响力具有重要意义。访问达到了“加强交往、增进友谊、交流互鉴、促进合作”的目的。

访问期间，俞正声主席分别同阿尔及利亚总统布特弗利卡、总理塞拉勒、国民议会议长哈利法、民族院议长本·萨拉赫，摩洛哥国王穆罕默德六世、政府首脑本·基兰、参议长比亚迪拉、众议长阿拉米，巴林国王哈马德、王储萨勒曼、副首相穆罕默德、协商会议主席阿里，约旦国王阿卜杜拉二世、首相恩苏尔、参议长拉瓦比德、众议院代议长萨法迪等会见会谈，向阿尔及利亚、摩洛哥、约旦三国议会各提供200万元人民币小额赠送，参观考察我援建、承建工程项目及当地有代表性的经济社会项目。

俞正声主席在会见会谈等各种场合积极评价我与四国关系，强调新形势下加强合作的重要性和必要性，切实推进双边传统友好和政治互信；表明中方对与四国开展务实合作的高度重视，提出抓住共建“一带一路”机遇，加强重点领域和优势产业的合作，共同分享发展机遇和成果；全面介绍我民族宗教政策，就反恐等重大问题阐明立场，稳妥回应地区国家分歧和热点问题，强调中方支持四国维护国内稳定、反对外来干涉的立场；介绍建设中国特色社会主义的伟大实践和经验，宣传我全面深化改革、全面推进依法治国的重大部署和重要举措，介绍中国共产党领导的多党合作和政治协商制度。四国领导人积极评价俞正声主席访问的重要意义，赞赏中国建设发展成就和我在地区热点问题的公正立场，表达进一步发展对华关系、提升与中国合作规模和水平的强烈意愿，重申尊重中国的核心利益和重大关切。

副主席出访 5月27日至6月3日，应加拿大加中议会协会和美国美中政策基金会邀请，全国政协副主席刘晓峰率全国政协代表团对上述两国进行友好访问。代表团主要成员有全国政协提案委员会副主任干以胜、全国政协副秘书长卢昌华、辽宁省政协副主席孙远良、全国政协委员赵梅。访问期间，刘晓峰副主席分别与加拿大参议长金塞拉、美国众议院美中工作小组共同主席波斯坦尼和拉森众议员会见会谈。代表团分别与加拿大不列颠哥伦比亚大学、美国国会研究部、美中关系全国委员会和美国百人会进行座谈交流，看望了温哥华华人华侨社团领袖和美东华人社团联合总会华人华侨代表。此访围绕双方共同关切的问题与加、美两国议会和智库展开交流，增进了相互了解，夯实了中加、中美友好的社会和民意基础。访问达到了“多做工作、增信释疑、扩大共识、广交朋友”的目的。

8月8日至16日，应我驻波兰、匈牙利和罗马尼亚使馆邀请，全国政协副主席、致公党中央主席、科技部部长万钢率全国政协代表团对上述三国进行友好访问。代表团主要成员有全国政协常委、港澳台侨委员会副主任郑立中，全国人大常委、致公党中央副主席闫小培，全国政协港澳台侨委员会驻会副主任马健，全国政协委员、致公党北京市委主委高杰，全国人大代表、致公党中央常委、西北大学副校长陈超。访问期间，万钢副主席分别与波兰参议院副议长卡尔采夫斯基、匈牙利国会副主席雅高布、罗马尼亚参议院副议长尼斯托尔会见会谈，推进双边关系和全国政协与三国相关机构友好合作关系的发展；分别与匈牙利、罗马尼亚两国科技主管官员深入交换意见，深化与两国科技领域的交流合作。代表团看望慰问三国侨胞，通过召开座谈会，走访侨界社团、中资机构等方式，广泛接触海外侨团和侨胞，介绍国情，宣传政协，深入了解当地侨情的新发展和侨胞创业发展情况，推动侨胞为我与三国之间的经贸合作和友好事业发展发挥积极作用。

11月11日至20日，应荷兰议会一院、冰岛议会和希腊议会邀请，中共中央书记处书记、全国政协副主席杜青林率全国政协代表团对上述三国进行友好访问。代表团主要成员有全国政协常委、人口资源环境委员会主任贾治邦，全国政协委员、云南省政协主席罗正富，全国政协常委、副秘书长、台盟中央副主席黄志贤。访问期间，杜青林副主席分别与荷兰议会一院议长布鲁克斯·克诺尔、第一副议长弗兰肯、社会经济理事会主席汉梅尔，冰岛总统格里姆松、总理贡劳格松、议会第一副议长穆勒，希腊总理萨马拉斯、议长梅伊玛拉基斯、第一副议长特拉加基斯、经济社会理事会主席波利佐戈普洛斯等会见会谈，听取了海牙国际法院大法官有关情况介绍。代表团还考察了中国远洋集团希腊比雷埃夫斯港集装箱码头等企业。在会见会谈中，杜青林副主席着重介绍了中共十八届三中、四中全会就全面深化改革、全面推进依法治国作出的部署和取得的进展，介绍了“一带一路”战略构想、中国经济新常态、社会主义协商民主等情况，并就双方共同关心的重大问题深入交换了意见。三国主流媒体充分报道此访，给予高度评价。访问达到了“增进友谊、扩大共识、深化合作”的目的。

12月8日至17日，应印度尼西亚人民协商会议、马来西亚上议院和柬埔寨参议院邀请，全国政协副主席陈晓光率全国政协代表团对上述三国进行友好访问。代表团主要成员有全国政协经济委员会驻会副主任侯建民、全国政协文史和学习委员会副主任翟卫华、宁夏回族自治区政协副主席田成江。访问期间，陈晓光副主席分别与印度尼西亚人民协商会议主席祖尔基弗利，马来西亚上议长阿布·扎哈，柬埔寨国会主席韩桑林、参议院第一副主席赛冲等会见会谈，与三国领导人就新形势下加强双边关系、中国—东盟关系、深化务实合作、共建“21世纪海上丝绸之路”、历史文化遗产保护、密切全国政协与三国相关机构友好往来等问题深入交换意见，达成广泛共识。代表团还参观了华为公司印度尼西亚、马来西亚分公司和我援助修复的吴哥窟文化遗产保护项目等，看望了当地华人并于首个“国家公祭日”当天向马来西亚华人抗日战争纪念碑敬献花篮。访问达到了“巩固友好、促进合作、扩大共识、广交朋友”的目的。

其他重要出访　4月9日至18日，应缅甸联邦议会民族院、巴林协商会议和约旦参议院邀请，全国政协外事委员会主任潘云鹤率外事委员会代表团对上述三国进行友好访问。代表团分别与缅甸联邦议会民族院议长钦昂敏、国际关系委员会主席纽丁，巴林王储萨勒曼、首相哈立法、国民议会兼众议院议长扎哈拉尼、协商会议主席阿里，约旦首相恩苏尔、参议长拉瓦比德、众议长塔拉瓦纳、参议院阿拉伯、国际事务与侨务委员会主任里法伊、参议院约中友好委员会主席欧伟达特会见会谈；缅甸联邦议会民族院副议长妙年，巴林协商会议外交、国防和国家安全委员会主席哈立德·阿勒哈利法，约旦参议院阿拉伯、国际事务与侨务委员会主任里法伊分别宴请代表团。

7月30日至8月3日，应韩国国会邀请，全国政协常务副秘书长孙怀山率全国政协文化交流代表团对韩国进行友好访问，并参加“中国政协委员与韩国国会议员第二次围棋友谊赛”。韩国国会议长郑义和举行欢迎晚宴，代表团与韩国执政党新国家党党首金五星等多名议员一同出席围棋友谊赛开幕式并致辞，韩国围棋国手曹薰铉任裁判长，国手李昌镐现场指导。

9月11日至18日，应吉尔吉斯斯坦议会和阿曼协商会议邀请，全国政协外事委员会副主任杨多良率外事委员会代表团对上述两国进行友好访问，就双边关系、务实合作交换看法。代表团分别与吉尔吉斯斯坦议会副议长萨瑟克巴耶娃、议会外事委员会主席马纳利耶夫，阿曼协商会议主席马瓦利、阿中友好协会秘书长哈立德会见会谈。

12月6日至14日，应巴西参议院、墨西哥众议院邀请，全国政协常委徐振寰率外事委员会代表团对上述两国进行友好访问。代表团分别与巴西参议院议长卡列罗斯、墨西哥众议院副议长阿罗约和外事委员会主席坎图会见会谈；巴西外事和国防委员会主席费拉索，参议院第一秘书、参议院巴中议员友好小组主席里贝罗与代表团座谈。

重要来访团组情况 2月17日至22日，应全国政协邀请，西班牙参议院第一副议长卢卡斯率7人代表团访华。俞正声主席会见。代表团访问了北京、上海和苏州。

2月21日至25日，应俞正声主席邀请，越南祖国阵线中央委员会主席阮善仁率9人代表团访华。李克强总理会见，俞正声主席会见宴请。张庆黎副主席兼秘书长和越南祖国阵线中央委员会副主席阮蓝签署《中国全国政协与越南祖国阵线中央委员会2014至2019年合作规划备忘录》。代表团访问了北京和天津。

3月26日至4月1日，应中国经济社会理事会邀请，经社理事会和类似组织国际协会（简称“国际协会”）主席、俄罗斯联邦公众院主席韦利霍夫率5人代表团访华。俞正声主席会见，中国经济社会理事会主席王刚会见宴请。代表团访问了北京和安徽。

5月12日至16日，应俞正声主席邀请，巴基斯坦参议院主席布哈里率12人代表团访华。国家主席习近平会见，俞正声主席会见宴请，王正伟副主席出席巴基斯坦驻华大使哈立德为布哈里访华举行的宴会。代表团访问了新疆、北京和河北。

5月22日至26日，应中国经济社会理事会邀请，贝宁经济社会理事会主席阿达贝率6人代表团访华。中国经济社会理事会主席王刚会见宴请，并与阿达贝共同签署《中国经济社会理事会与贝宁经济社会理事会合作议定书》。代表团访问了北京和深圳。

5月25日至29日，应全国政协邀请，莫桑比克议会第一副议长绍梅拉率4人代表团访华。俞正声主席、全国人大常委会副委员长王胜俊分别会见，齐续春副主席会见宴请。代表团访问了北京和上海。

8月18日至22日，应全国政协外事委员会邀请，柬埔寨参议院外交国际合作及媒体新闻委员会主席狄波拉西率9人代表团访华。陈元副主席会见，外事委员会主任潘云鹤与代表团举行会谈并宴请。代表团访问了北京和厦门。

10月23日至25日，应中国宗教界和平委员会（简称“中宗和”）邀请，韩国宗教和平会议（简称“韩宗和”）秘书长卞镇兴率10人代表团访华。副秘书长、“中宗和”顾问邓宗良主持与代表团的工作会谈。代表团访问了北京。

10月23日至29日，应俞正声主席邀请，巴哈马参议长威尔逊率5人代表团访华。全国人大常委会委员长张德江会见，俞正声主席会见宴请。代表团访问了北京、西安和上海。

11月10日至14日，应全国政协外事委员会邀请，约旦参议院约中友好委员会主席欧伟达特率6人代表团访华。张庆黎副主席兼秘书长会见，外事委员会主任潘云鹤与代表团座谈并宴请。代表团访问了北京、上海和杭州。

重要国际会议 6月25日至27日，应国际协会主席、俄罗斯联邦公众院主席韦利霍夫，罗马尼亚经济社会理事会主席科斯达茨邀请，受第四届中国经济社会理事会委托，第三届中国经济社会理事会秘书长夏纪慧率4人代表团出席了在罗马尼亚首都布加勒斯特召开的国际协会2014年年会。会议由韦利霍夫主持，国际协会30多个成员组织和观察员组织的约80名代表与会，国际劳工组织等国际组织代表应邀参会。会议审议通过了国际协会2013年工作报告和财务报告，听取了关于国际协会千年发展目标奖、夏季国际学校、国际协会新官网、与国际组织合作及发展新会员等情况的报告。会议期间，代表团作《中国扶贫经验和经社理事会及民间组织在反贫困中作用》专题发言，并与国际协会负责人、成员组织代表进行交流。

8月25日至29日，以全国政协副秘书长、“中宗和”顾问邓宗良为顾问，以“中宗和”副主席陈广元为团长的9人代表团出席在韩国举行的亚洲宗教和平会议（简称“亚宗和”）第八届大会。会议的主题是“亚洲的团结和谐”，世界宗教和平会议（简称“世宗和”）秘书长温德利、罗马教廷代表等有影响的人士、20个成员组织及相关团体等500多人出席会议。韩国总统朴槿惠、联合国秘书长潘基文等发表视频讲话。

9月19日至22日，“中宗和”秘书长学诚等3人以观察员身份出席在美国纽约召开的“世宗和”执委会会议及气候变化专题跨宗教论坛。来自全世界10余个国家的40多名宗教界人士、气候问题专家出席会议。“世宗和”秘书长温德利介绍了“世宗和”2014年至2018年发展战略规划。会议发布了“世宗和”2011年至2013年财政收支情况报表、2014年财政收支计划报表及“以行动应对气候变化——来自跨宗教的呼吁”的宣言。会议期间，代表团与“世宗和”、“亚宗和”等组织负责人进行了友好交流。

【学习培训】

常委会学习讲座 2014年共举办四次常委会学习讲座。2月28日，十二届全国政协常委会第三次学习讲座在全国政协机关常委会议厅举行，商务部部长高虎城作《贯彻落实三中全会精神 加快完善现代市场体系》的报告。6月25日，十二届全国政协常委会第四次学习讲座在全国政协机关常委会议厅举行，国务院法制办公室副主任甘藏春作《努力探索中国特色社会主义法治道路》的报告。8月27日，十二届全国政协常委会第五次学习讲座在全国政协机关常委会议厅举行，中央党校副教育长韩庆祥作《历史唯物主义基本原理和方法论》的报告。10月29日，十二届全国政协常委会第六次学习讲座在全国政协机关常委会议厅举行，国家海洋局海洋战略研究所所长高之国作《建设海洋强国战略思考——关于南海问题》的报告。中共中央政治局常委、全国政协主席俞正声主持讲座，常委会全体组成人员参加。

新任全国政协委员学习研讨班 2014年共举办两期十二届全国政协新任委员学习研讨班，近600名委员参加，如期完成对本届新任委员的集中培训任务。7月1日至3日，十二届全国政协第二期新任委员学习研讨班在京举办。杜青林副主席出席开班式并讲话，张庆黎副主席兼秘书长主持开班式、出席结业式并作总结讲话。委员们听取了中共中央政策研究室副主任江金权关于《深入学习贯彻习近平同志系列重要讲话精神全面掌握党的十八大后中国共产党治国理政经略》等系列讲座，并结合学习贯彻中共十八大、十八届三中全会和习近平总书记系列重要讲话精神，围绕如何更好履行委员职责进行讨论。11月17日至19日，十二届全国政协第三期新任委员学习研讨班在京举办。张庆黎副主席兼秘书长出席委员座谈交流活动并讲话。委员们听取了中央社会治安综合治理委员会办公室专职副主任徐显明《关于深入学习贯彻中共十八届四中全会精神的专题报告》以及有关讲座，围绕贯彻落实中共十八届四中全会精神和习近平总书记在庆祝中国人民政治协商会议成立65周年大会上的讲话精神进行学习研讨。

在京全国政协委员学习报告会 2014年共举办两场在京全国政协委员学习报告会。7月16日，邀请外交部部长助理刘建超主讲《当前国际形势和我国外交工作》。部分在京全国政协委员、北京市政协委员，各民主党派中央、全国工商联有关部门负责同志及全国政协、北京市政协机关干部400余人听取报告。12月19日，邀请外交部有关同志主讲《中日关系形势及我对日政策》。部分在京全国政协委员、北京市政协委员，各民主党派中央、全国工商联有关同志及全国政协、北京市政协机关干部近400人参加。

全国政协机关群团干部学习班 7月21日至24日，机关党委以“深入学习贯彻习近平总书记系列重要讲话精神，不断提高群团干部的素质和能力，充分发挥群团组织作为党联系群众的桥梁纽带作用，进一步做好机关群团工作”为主题，在北戴河干部培训中心举办了2014年机关群团干部学习班。全国政协副主席兼秘书长张庆黎对学习班作重要批示，机关党组书记、常务副秘书长孙怀山，机关党组副书记、纪检组组长、副秘书长仝广成出席学习班开班动员会并讲话，机关党组成员、副秘书长、机关党委书记张秋俭为学习班作动员。机关党委有关负责同志、机关群团干部80余人参加了学习班。

全国政协机关党委委员、纪委委员、党支部书记学习班 7月14日至16日，全国政协机关举办机关党委委员、纪委委员、党支部书记学习班，深入到具有光荣革命传统和丰富党建教育资源的山东枣庄和临沂地区，开展专题党性教育，交流研讨基层党建工作经验，进一步巩固和深化机关党的群众路线教育实践活动，切实推进“学习型、服务型、创新型”党组织建设，进一步提高机关党建工作科学化水平。全国政协副主席兼秘书长张庆黎对此次学习班高度重视，专门作出批示：“一定严格执行八项规定，一定确保安全，一定收到好的效果。”机关党组书记、常务副秘书长孙怀山亲自审定学习班方案，提出明确要求，出席学习班的总结交流会并发表讲话。机关党组副书记、纪检组组长、副秘书长仝广成为学习班作了动员讲话。副秘书长、机关党委书记张秋俭亲自领导学习班的组织服务工作，并带队全程参加学习班各项活动。机关党组成员刘佳义、邓宗良，副秘书长刘家强，专委会驻会副主任田杰、陈惠丰分别参加了赴台儿庄大战纪念馆的学习和学习班的总结交流会。机关党委委员、纪委委员、基层党组织负责同志50余人参加了此次学习班。山东省政协副主席许立全等一同参加了学习考察活动。

第九十五期至第一百期全国政协干部培训班 于2014年5月8日至10月31

日举办。前五期在全国政协干部培训中心（北戴河）举办，第一百期在山东省青岛市举办。每期12天，31个省、自治区、直辖市的地盟州市政协和区县政协主席、副主席以及各级政协机关干部2756人参加。全国政协副主席杜青林、罗富和、张庆黎、齐续春、陈晓光、马培华分别于第九十九、九十五、一百、九十七、九十六、九十八期培训班看望全体学员，与学员合影留念，出席开班式并讲话。培训班组织学员认真学习中共十八大和十八届三中、四中全会精神特别是习近平总书记在庆祝人民政协成立65周年大会上的重要讲话精神，准确把握中共中央治国理政新思想新要求，积极适应国际国内形势新变化，使学员切实增强贯彻执行党的路线方针政策的自觉性和坚定性，增强做好人民政协工作的责任感和使命感。培训班采用小组讨论、专题座谈、大会发言等多种形式，组织学员深入探讨人民政协理论与实践问题，广泛交流推进人民政协事业创新发展的经验和做法，切实提高学员坚持问题导向、理论联系实践、做好各项工作的能力和水平。

第五十九期至第六十五期地方政协干部（委员）培训班 于2014年5月23日至11月16日举办。前四期在全国政协干部培训中心（北戴河）举办，后三期在山东省青岛市举办。每期8天，共培训学员3319人。七期培训班分别为：内蒙古自治区、长春市、杭州市、宁波市、延边州、济源市政协干部（委员）培训班，全国政协社会和法制委员会、上海市、长春市、兴安盟、九江市、榆林市、江阴市、张家港市、新蔡县政协干部（委员）培训班，陕西省、杭州市、乌海市、温州市、蚌埠市、娄底市、张家港市、丹江口市、温州市瓯海区、贵阳市乌当区政协干部（委员）培训班，四川省、青岛市、丹江口市、遵义市、洛阳市老城区政协干部（委员）培训班，吉林省、青海省、新疆维吾尔自治区、长春市、赤峰市、温州市、七台河市政协干部（委员）培训班，吉林省、贵州省、呼和浩特市、包头市、乌海市、锡林格勒盟、忠县、江阴市、贵阳市乌当区政协干部（委员）培训班，吉林省、上海市、阿拉善盟、南充市、酒泉市、武汉市江夏区、锡林浩特市、温州市瓯海区、鹤壁市、深圳市罗湖区、吉安市吉州区政协干部（委员）培训班。

【新闻宣传】

庆祝人民政协成立65周年宣传报道工作 为做好庆祝人民政协成立65周年的宣传报道工作，按照中共中央办公厅和中宣部的统一部署和报道要求，根据全国政协领导同志指示，新闻局制定了《人民政协成立65周年系列庆祝活动宣传报道方案》，对庆祝人民政协成立65周年的宣传工作作出了具体安排。中央各主要新闻单位据此制订了详细的报道计划并认真落实。9月21日庆祝大会召开当天，新华社播发了消息通稿和习近平总书记重要讲话全文；中央人民广播电台、中央电视台等在当晚新闻联播中播报新闻。《人民日报》提前专版刊发“庆祝人民政协成立65周年”专题，新华社提前播发《共创协商民主新辉煌——写在人民政协成立65周年之际》专题文章。还精心组织了理论研讨会、国旗国歌国徽诞生珍贵档案展和美术书法作品展等系列庆祝活动的宣传报道工作。这些宣传活动主题突出、特色鲜明、形式多样、影响广泛，有力宣传了中国共产党领导的多党合作和政治协商制度，宣传了人民政协65年的光辉历程和中国人民政治协商制度的特色优势，对人民政协65年来的丰富实践作了充分报道，充分体现了人民政协作为社会主义协商民主重要渠道和专门协商机构的重要作用。

第二十一届全国政协好新闻评选 “全国政协好新闻奖”是经中宣部批准的全国性新闻奖项。第二十一届全国政协好新闻评选活动由全国政协办公厅主办，评选范围为2012年6月1日至2014年5月31日期间发表的新闻作品。评选活动共收到有关单位推荐的作品213件。全国政协好新闻评选委员会按照评选办法和评选程序共评出获奖作品77件。其中，一等奖作品17件，二等奖作品29件，三等奖作品31件；评选出3个单位为优秀组织奖。获奖作品围绕重大主题，突出政协特色，生动宣传了中国共产党领导的多党合作和政治协商制度，充分反映了人民政协围绕党和国家中心工作履行政治协商、民主监督、参政议政职能的生动实践和积极成果，充分展现了人民政协在推进社会主义协商民主中发挥的重要作用。

全国政协“加快推动传统媒体和新兴媒体融合发展”调研 经全国政协领导同志批准，根据2014年全国政协视察调研安排计划，全国政协办公厅就“加快推动传统媒体和新兴媒体融合发展”专题，邀请全国政协新闻出版界部分委员于6—12月间，先后赴上海、湖北、广东、北京四地，对三家广电集团（上海东方传媒、湖北广电、广东广电）、七家报业集团（上海报业集团、湖北报业集团、长江报业集团、南方报业集团、羊城报业集团、广州日报报业集团、珠海报业集团）、一家期刊集团（知音集团），及中央电视台进行媒体融合发展专项调研。调研形成了调研报告、界别提案及界别大会发言等履职成果。这个议题被列入2015年双周协商座谈会计划。

【社会团体】

中国经济社会理事会 2014年，中国经济社会理事会按照全国政协的统一部署，始终坚持深入学习贯彻党的十八大和十八届三中、四中全会精神，深入学习贯彻习近平总书记系列重要讲话精神，把理事会工作放在国内国际两个大局来谋划推进，紧紧围绕党和国家重大决策部署，切实发挥研究、咨询、联络服务作用，活力明显增强，品位显著提升，影响不断扩大。

一、悉心准备，圆满完成理事会换届工作

全国政协高度重视理事会换届工作。主要领导多次听取关于理事会换届的筹备工作情况，并作出重要指示。经过精心筹备，第四届中国经济社会理事会第一次全体会议于2014年6月17日在京举行。中共中央政治局常委、全国政协主席俞正声同志会见了全体与会人员并作了重要讲话。俞正声代表全国政协对中国经济社会理事会四届一次会议的召开表示热烈祝贺，对第三届中国经济社会理事会的工作给予充分肯定，对理事会今后的工作提出四点要求：一是努力在促进经济社会发展方面取得新成绩；二是努力在扩大对外友好交往方面拓展新领域；三是努力在推进政协履行职能方面作出新贡献；四是努力在加强自身建设方面迈上新台阶。中共中央书记处书记、全国政协副主席杜青林，全国政协副主席兼秘书长张庆黎，第三届中国经济社会理事会主席王刚参加会见。中联部、外交部、民政部、商务部负责人出席会议。

杜青林在当选第四届理事会主席后作重要讲话。他指出，新一届理事会要适应新形势新要求，着重提升品位、增强活力，推进理事会工作扎实有效开展。要把握理事会工作方向和定位，聚焦理事会工作的着力重点，开展双边和多边交流合作，着重加强理事会自身建设。

第三届理事会副主席孙怀山报告了过

去五年的工作情况。依照理事会章程，会议选举产生孙怀山、周伯华、贾治邦、张玉台、孟学农、杨崇汇、潘云鹤、吉林、吴志明、徐敬业、王胜洪、徐振寰为理事会副主席，刘未鸣为秘书长，审议并通过了理事会工作机构的设置和各事务委员会主任、各专题工作组召集人以及理事会副秘书长名单。

四届一次理事会议闭幕后，举行了四届一次常务理事会议，杜青林主席主持会议并讲话。

二、内外并重，牢牢把握理事会工作方向和定位

新一届理事会认真贯彻杜青林主席在四届一次会议上的讲话精神，充分发挥层次高、联系广、影响大等特点，坚持正确的政治方向，高标准定位，内外并重开展各项工作。

——坚持正确的政治方向。新一届理事会认真按照俞正声主席的要求，紧紧围绕事关改革发展稳定全局性、战略性、前瞻性重大问题组织高层研讨，进行专题调研，围绕我国外交工作大局，开展对外交往，讲好中国故事。为更好地在思想上认识新常态、工作上适应新常态，杜青林主席先后2次主持召开理事会办公会，听取理事会秘书处工作汇报，对如何开展课题研究，组织论坛；如何密切与理事的联系，吸引更多的理事参与理事会的活动；如何发挥理事会的高端智库作用；如何推动课题研究、论坛成果的转化，加强理事会的对外宣传工作等，作出了一系列重要指示。在杜青林主席的精心指导下，理事会进一步明确了自身的职能和特点，突出经济性，坚持围绕经济建设这个中心开展工作；突出社会性，加强对事关改革发展全局性、战略性、前瞻性重大社会问题的研究；突出国际性，拓展国际视野，积极开展对外交流与合作；突出群众性，深入了解反映社情民意；突出开放性，既广泛吸纳社会力量参与，又主动配合其他社会组织、科研机构开展相关活动。

——坚持高标准定位。新一届理事会着眼服务党和国家工作全局，自觉按照“国家队”标准来思考和推进工作。建设“一带一路”是我国主动应对国内国际形势变化、统筹政治经济外交全局作出的重大战略部署。理事会抓住这一事关我国经济社会发展全局性、战略性、前瞻性重大问题，举办“中国经济社会论坛”，集中研讨“统筹推进‘一带一路’”。论坛形成了诸多共识，提出了不少好的意见和建议，论坛取得的丰硕成果通过全国政协的渠道得以转化。高标准定位，增加了论坛的实效，扩大了论坛的社会影响，推动了中国经济社会理事会论坛品牌的建立。

——坚持发挥好民间外交重要渠道作用。新一届理事会充分发挥作为国际协会创始成员和领导机构管委会成员的作用，多领域、多渠道、多层次开展民间外交活动，服务我国外交工作大局。2014年11月，杜青林主席率全国政协代表团访问荷兰和希腊时，分别会见荷兰经济社会理事会新任主席汉梅尔女士和希腊经济社会理事会主席波利佐戈普洛斯，介绍了新一届中国经济社会理事会情况，就进一步发展双方合作深入交换意见，达成广泛共识，取得了良好效果。此访系新一届中国经济社会理事会主席首次与国际协会成员组织交流，对加强中荷、中希两组织交流，深化双方合作发挥了重要作用。理事会还派代表参加了国际协会和民间组织高端对话会等多边会议活动，利用国际会议平台发出中国声音，讲好中国故事，树立中国形象。

三、深入调研，着力“三位一体”的建设目标

理事会顺应国际国内大势，着眼高端

智库、沟通桥梁、咨询平台“三位一体”的建设目标，坚持把调查研究作为工作基点，以“四个全面”为统领，以问题为导向，以案例为视角，以成果转化为目的，选择经济社会领域重要而具体的问题展开调研，提出对策。

——以问题为导向，精选重点调研课题。根据中央精神，在书面征求全体理事意见建议的基础上，理事会确定了8个年度研究课题和一个咨询课题，内容涉及“一带一路”、经济转型升级、金融体制改革、节能环保、城乡居民医保、京津冀协同发展等重要问题，既十分紧迫，也接地气，得到理事们广泛认同。为增加叠加和溢出效应，理事会探索实行课题负责人制度，并根据课题实际，邀请理事和其他科研院所、政府部门的专家学者和企业界人士的专家学者组成了跨行业、跨领域的课题组。

——以案例为重点，注重解剖麻雀。理事们积极参与课题研究。周伯华、贾治邦、杨崇汇、吉林、王胜洪、徐振寰6位副主席分别担任了课题组负责人，104位理事以及54位其他部门的专家学者担任了课题组成员。课题组成员严格执行中央八项规定，轻车简从，深入基层，深入实地，发现问题，了解情况，听取诉求，掌握了大量真实的第一手材料，为课题成果的获取，打下了坚实的基础。

——注重成果转化与落地。调研成果有的以“政协信息”和“中国经济社会理事会研究报告”的方式向国务院有关部门报送，有的得到了地方政府的高度重视和采纳。其中“武陵山片区生态绿色产业扶贫的实施路径与模式”课题组提出的有关建议得到了湖南省委、省政府的高度重视；“京津冀协同发展中新发地产业的转型与升级”课题组针对新发地农产品批发市场现存问题所提出的“瘦身减荷”的有关建议，在北京市政府有关方面的支持下，已经开始实施；“利率市场化背景下民营银行的开放和发展”提出的差异化发展、监管适度宽松的建议得到了几家民营银行及所在地区银监部门的充分认同。

四、夯实基础，努力加强自身建设

一年来，理事会切实按照杜青林主席的要求，着力加强自身建设，不断提升理事会工作能力和水平。

——建立健全理事联系和发挥作用机制。一是建立了理事信息库，将理事专业背景、研究领域及主要成果、研究动向等信息收集整理，作为发挥理事作用的重要依据。二是利用互联网技术，建立了理事微信群、微信公众号等新媒体互动平台，通报理事会工作安排，发布理事会课题研究和论坛情况，介绍理事最新研究成果，邀请理事围绕理事会正在开展的工作进行交流。三是丰富活动平台、完善联系渠道。就课题研究、论坛主题设计等工作，经常性地征求听取理事的意见和建议。

——建立完善合作机制。切实贯彻落实杜青林主席“开门搞研究”的指示精神，与政府系统、政协系统、科研院所、其他社团组织合作开展课题研究、组织论坛研讨。与澳门基金会合作举办“2014年澳门国际清洁能源论坛”，通过合作，彰显和激发了理事会潜能，增加了理事会的活力。

——建立健全宣传机制。整合《中国经济社会论坛》杂志、理事会门户网站、理事会微信公众号等媒体资源，借助中央电视台、人民政协报等中央主流媒体力量，加强对理事会工作的宣传，不断扩大理事会的社会影响。“2014年中国经济社会论坛”中央电视台播发了消息，《人民政协报》编辑出版了特刊。

中国宗教界和平委员会　2014年，中国宗教界和平委员会在全国政协领导和有关部门的支持下，遵循“友好、和平、发展、合作”的原则，高举维护世界和平旗帜，充分发挥自身优势，扎实开展与国际跨宗教和平组织友好往来，积极宣介我国宗教政策和宗教信仰自由的真实情况，各项工作取得显著成效。

2014 年 9 月，“中宗和”召开四届一次会议，顺利完成换届工作。全国政协主席俞正声亲切接见与会人员并作重要讲话。

一、圆满完成出席“亚宗和”第八届大会任务，巩固了我在“亚宗和”席位，进一步增强“中宗和”在“亚宗和”的话语权和影响力

2014 年 8 月，由我国五大宗教代表性人士组成的“中宗和”代表团出席在韩国仁川举行的“亚宗和”第八届大会，会议主题为“亚洲的团结与和谐”。代表团广泛、深入参加大会组织工作，在大会发言和分组讨论中主动发声，宣介中方维护世界和平的理念和主张。“中宗和”副主席、代表团团长陈广元在开幕式上作了题为《发挥正能量，促进团结与和谐》的主旨演讲。马英林副主席作“中宗和”工作报告，刀述仁副主席主持“和平教育与和解”为主题的分组讨论，学诚秘书长作题为《我对和平的理解》的主题发言。对会议拟通过的《仁川宣言》，代表团认真参加磋商，提出的修改意见被大会采纳。我方推荐人选全部进入“亚宗和”领导机构，传印副主席当选“亚宗和”联合主席，传印、任法融、陈广元、马英林、傅先伟、刀述仁 6 位副主席及学诚秘书长，共 7 人当选“亚宗和”管委会成员，其中 5 人当选“亚宗和”执委会成员。代表团与“日宗和”、“韩宗和”进行工作会谈，推动交流合作；与“世宗和”秘书长温德利和各参会国代表广泛接触，进一步增进了解，加深友谊。

参会期间，代表团坚决维护我国的核心利益。针对与会代表发表的涉华错误观点，代表团进行了反驳和说理，使有关报告不作为会议的正式文件印发或在大会上宣读。针对文艺节目中个别演员发出的涉藏错误言论，代表团主要负责人立即与会议主办方进行严正交涉，“亚宗和”秘书长在全体会议上重申了尊重中国主权的立场，公开向“中宗和”道歉。

二、首次受邀出席“世宗和”年度执委会，逐步增进与“世宗和”的交流与合作

“世宗和”执委会由“世宗和”执行主席、秘书长、司库及各地区性组织秘书长组成，每年举行一次，负责制订“世宗和”工作计划、审议财务报告。“中宗和”首次受邀以观察员身份于 2014 年 9 月出席了“世宗和”执委会议。参会期间，代表团与“世宗和”、“亚宗和”等组织领导人进行了友好交流，介绍了“中宗和”换届大会及新一届领导人的情况，表示“中宗和”的工作得到中国宗教界的积极参与，得到中国政府的重视，“中宗和”愿继续与“世宗和”秉持平等、尊重、求同、双赢的原则开展友好合作。“世宗和”秘书长温德利表示，期待与“中宗和”新一届成员合作共事，推进“世宗和”工作。

三、接待“韩宗和”秘书处代表团访华，出席东北亚和平研讨会

2014 年 10 月，接待“韩宗和”秘书长一行访华，就 2015 年“韩宗和”组团访华有关事宜及两组织今后交往合作进行了工作会谈。会谈中，“中宗和”希望“韩宗和”在申办、筹办“世宗和”第十届大会过程中，切实尊重中方在台湾、涉藏、涉疆等问题上的原则立场。“韩宗和”表示重视与“中宗和”的友好合作，尊重中方的原则立场。“中宗和”还介绍了中

国宗教工作基本方针政策，重申在双方交往过程中应进一步求同存异、增进共识。“韩宗和”秘书处代表团通过参观宗教活动场所和院校，对中国和谐的宗教关系给予积极评价。

重要会议：

中国宗教界和平委员会四届一次会议。2014年9月16日，“中宗和”召开四届一次会议，中共中央政治局常委、全国政协主席俞正声亲切接见与会人员并作重要讲话。俞正声对会议的成功召开和选举产生的“中宗和”新一届领导班子表示祝贺，并向全国宗教界人士和广大信教群众致以亲切问候。他说，作为中国宗教界参与国际跨宗教领域活动的全国性社会团体，“中宗和”成立20年来始终遵循“友好、和平、合作、发展”的宗旨，在“世宗和”、“亚宗和”等组织中逐步扩大影响，在台湾、涉藏、涉疆等问题上坚决捍卫国家核心利益，向世界阐述我国宗教政策，解疑释惑，为维护祖国统一、民族团结、宗教和睦，为维护世界和平与发展，做了大量卓有成效的工作。

俞正声指出，“中宗和”的主要任务是促进世界和平，加强与国际宗教和平组织的友好交往，积极宣传我国的宗教政策，不断增进国际社会对我宗教政策的理解。他强调，要坚定不移走中国特色社会主义道路，坚持全面贯彻党的宗教信仰自由政策，坚持依法管理宗教事务，坚持独立自主自办原则，坚持积极引导宗教与社会主义社会相适应。“中宗和”要成为党和政府联系宗教界人士和广大信教群众的重要桥梁纽带，要进一步发挥作为全国政协开展对外交往的重要平台的独特作用。要进一步加强“中宗和”自身建设，进一步提升工作成效和水平。

在“中宗和”四届一次会议上，全国政协副主席、“中宗和”第三届委员会主席帕巴拉·格列朗杰继续当选为新一届委员会主席。会议发表了帕巴拉·格列朗杰的书面讲话。

全国政协副主席兼秘书长张庆黎出席会议并讲话。他说，“中宗和”新一届领导班子要切实增强政治意识、大局意识、机遇意识和责任意识，自觉把“中宗和”工作放到国际国内两个大局中思考，放到党和国家事业发展全局中谋划，放到全国政协整体工作中部署，在继承中发展，在发展中创新，更加积极有效地履行职能，不断把“中宗和”各项工作推向前进。

全国政协副主席杜青林出席会议并参加接见，王正伟、马飚参加接见。中央统战部、中联部、外交部、民政部、国家宗教局等有关单位负责同志出席会议。

“中宗和”四届一次会议，通过了第三届委员会工作报告，修订了章程，选举产生了新一届领导班子，回顾过去五年工作，总结基本经验，进一步理顺工作体制机制，有助于提高制度化、规范化、科学化水平，有助于增强组织活力、工作活力。

中国人民政协理论研究会 2014年中国人民政协理论研究会坚持在继承中发展、在发展中创新，紧紧围绕全国政协中心工作开展理论研究和宣传。突出了人民政协理论研究的计划性、系统性、前瞻性；实现了人民政协理论研究工作重心由以基础理论研究为主向以实践对策研究为主转变；促进了人民政协理论研究工作向专业化、规范化、制度化发展，为人民政协事业发展作出了积极贡献。

一、成功举办庆祝人民政协成立65周年理论研讨会

9月22日上午，由全国政协办公厅主办、中国人民政协理论研究会承办的庆祝人民政协成立65周年理论研讨会在北京召开。中共中央政治局常委、全国政协

主席俞正声出席会议并讲话，对人民政协理论研究工作作出部署，他强调，要进一步增强责任感和使命感，坚持问题导向，加强理论研究，不断深化对政协工作的规律性认识。一是从理论、工作和制度层面深入研究如何更好地坚持中国共产党的领导。二是准确把握人民政协的性质定位。三是切实贯彻团结和民主两大主题。四是提高政协协商民主有效性。以俞正声主席在这次研讨会上的重要讲话为标志，人民政协理论研究工作重心开始由以基础理论研究为主向以实践对策研究为主转变。研讨会上，全国政协副主席、农工党中央常务副主席刘晓峰，中央社会主义学院党组书记、第一副院长叶小文，浙江省政协主席乔传秀，全国政协办公厅研究室主任、理论研究会副会长刘佳义，理论研究会副会长、中共中央党校原副校长李君如，中国人民大学教授周淑真 6 位同志，围绕“人民政协与中国协商民主”作大会发言。中共中央书记处书记、全国政协副主席杜青林主持会议。全国政协副主席韩启德、张庆黎、李海峰、陈元、卢展工、马飚和中国人民政协理论研究会名誉会长郑万通出席。全国政协副秘书长、专委会主任及驻会副主任、理论研究会理事、机关干部等 300 余人参加。研讨会收到论文 690 余篇。

二、成功召开第二届会员代表大会暨理事会会议

9 月 21 日下午，中国人民政协理论研究会第二届会员代表大会暨理事会会议在北京召开。中共中央书记处书记、全国政协副主席杜青林出席会议，全国政协副主席兼秘书长张庆黎出席会议并讲话。会上，杜青林、钱运录、郑万通当选为第二届理事会名誉会长，张庆黎当选为会长。张庆黎同志在讲话中表示，要认真学习领会、全面贯彻落实习近平总书记在庆祝中国人民政治协商会议成立 65 周年大会上的重要讲话，在第一届理事会奠定的良好工作基础上，积极适应新形势新任务，不断提升理论研究能力和水平，努力开创理论研究会工作新局面。张庆黎同志指出，新一届理事会要始终坚持正确的政治方向，切实贯彻理论联系实际的方针，努力营造良好的理论研究氛围，不断加强理论研究会自身建设。全国政协常务副秘书长、理论研究会副会长孙怀山主持会议。全国政协文史和学习委员会驻会副主任、理论研究会副会长兼秘书长陈惠丰作关于换届工作及研究会第二届理事会领导、常务理事和理事名单的说明。会议听取并审议了理论研究会第一届理事会常务副会长李昌鉴作的工作报告，审议通过了新修订的中国人民政协理论研究会章程，研究会第二届理事会名誉会长、会长、副会长、秘书长、常务理事、理事名单和理事会副秘书长名单及研究会工作机构设置方案。全国政协领导高度重视研究会换届工作，会前张庆黎同志曾多次主持召开会议，研究讨论研究会换届工作方案和人事安排。研究会换届大会安排在庆祝人民政协成立 65 周年庆祝大会和理论研讨会期间举行，为做好新一届人民政协理论研究工作指明了方向。

三、召开理论研究会第二届理事会第一次会长会议

研究会换届后，全国政协副主席兼秘书长、中国人民政协理论研究会会长张庆黎十分重视理论研究会工作，于 9 月 25 日、10 月 10 日主持召开两次会长办公会，听取研究会秘书处工作汇报，围绕本届研究会工作的指导思想、工作思路、研究重点、队伍建设、宣传教育、自身建设等问题，进行了研究谋划。10 月 13 日，张庆黎会长又亲自主持召开研究会第二届理事会第一次会长会议，学习贯彻习近平

总书记在庆祝中国人民政治协商会议成立65周年大会上的讲话和俞正声主席在庆祝人民政协成立65周年理论研讨会上的讲话，谋划理论研究会工作和制定人民政协理论研究规划。陈惠丰副会长兼秘书长就新一届理论研究会工作的设想和近期工作安排作了汇报，孙怀山、仝广成、陈喜庆、刘佳义、李昌鉴、李君如、张宏志、田学斌、武寅、周宁10位副会长作了发言，张庆黎会长作了总结讲话。会议肯定了上一届理论研究会所做的大量开创性工作，分析了本届研究会面临的新形势、新任务，经过充分讨论，会议明确了本届研究会的指导思想、主要任务、基本原则、工作思路和重点工作。

四、科学编制人民政协理论研究规划

为了增强政协理论研究工作的计划性、系统性、前瞻性，新一届研究会根据习近平总书记和俞正声主席相关讲话精神，精心谋划工作，编制了《人民政协理论研究规划（2015—2019）》和《2015年人民政协理论研究计划》。《规划》和《计划》的一个突出特点，就是紧紧围绕中心工作任务，坚持以问题为导向，突出对人民政协实践提出来的重大理论和实际问题的研究。《规划》和《计划》草案形成后，广泛听取各方面意见，不断修改完善，最终向社会公开发布。各方面普遍反映，《规划》和《计划》是开展理论研究工作的“纲”，是一项开创性工作，对于引领理论研究进而引导人民政协事业发展，具有里程碑意义。与此同时，研究会还努力推动把政协理论研究纳入国家社科规划体系，向全国哲学社会科学规划办报送2015年国家社科基金项目建议选题，有关政协理论课题被采纳发布，借此平台，利用国家财政专项资金吸引社会各方面力量开展人民政协理论研究。

五、顺利举办研究会第一期会长学习研讨班

12月25日至26日，中国人民政协理论研究会第一期会长学习研讨班在北京举办。全国44个省、自治区、直辖市和副省级市政协理论研究会的会长、秘书长以及相关负责同志100余人参加。这次学习研讨班经俞正声主席批准，是新一届中国人民政协理论研究会举办的首次学习研讨活动。全国政协副主席兼秘书长、理论研究会会长张庆黎在开班式上讲话，对新形势下进一步推动人民政协理论研究工作和新一届理论研究会工作作出重要部署。他强调，要充分认识人民政协理论研究工作面临的新形势，进一步明确人民政协理论研究重点任务，正确把握理论研究工作的基本原则。他指出，理论研究会是从事人民政协理论研究的专门学术团体，是人民政协理论研究的主力军，要切实加强自身建设，完善工作制度，明确工作职责，发挥好沟通协调、组织服务作用。全国政协常务副秘书长、理论研究会副会长孙怀山围绕“新形势下人民政协的性质和定位”，全国政协办公厅研究室主任、理论研究会副会长刘佳义围绕“协商民主研究中的重点和难点问题”，全国政协文史和学习委员会驻会副主任、理论研究会副会长兼秘书长陈惠丰围绕新一届研究会工作和《人民政协理论研究规划（2015—2019年）》（草案）及《2015年度人民政协理论研究计划》（草案）分别作了专题报告。全国政协副秘书长、理论研究会副会长仝广成出席结业式并作总结讲话。学习研讨期间进行了一次分组讨论和一次交流发言，与会同志围绕如何更好开展理论研究工作、发挥理论研究会作用和制定实施理论研究规划展开了热烈讨论，提出了许多有价值的意见建议。这次研讨班会期紧凑、内容丰富、成效显著，与会同志普遍反映很有收获，对新形势下如何搞好理论研究和理论研究会工作起到切实的推动和促进作用。

六、支持指导召开“国家治理与人民政协”理论研讨会

11月20日至21日，由中国人民政协理论研究会支持指导，杭州市政协和人民政协报社主办的“国家治理与人民政协”研讨会在浙江省杭州市召开。中国人民政协理论研究会名誉会长郑万通出席；全国政协副秘书长张秋俭，全国政协文史和学习委员会驻会副主任、理论研究会副会长兼秘书长陈惠丰出席并讲话；浙江省委常委、杭州市委书记龚正致辞。理论研究会副会长李昌鉴，中共中央党校原副校长李君如等作主旨发言。来自15个副省级市政协和部分中心城市政协负责同志，约160人参加了会议。

七、有效加强理论研究会自身建设

换届后，研究会秘书处实行了专职化，研究会秘书处成为与机关其他局室并列的独立单位，使得研究会工作与机关工作紧密衔接。为便于及时有效处理研究会日常工作，在原有工作制度基础上，建立了研究会会长办公会议制度和专职秘书长办公会议制度。根据《社会团体登记管理条例》和全国政协办公厅对所属社团管理体制规范管理的意见，制定了《理论研究会秘书处工作职责、机构设置、岗位设置方案》，完善修订各项规章制度。为更好参与和服务党组织工作，成立理论研究会秘书处党支部。为及时摸清学术性社团工作的政策法律边界和运行机制，研究会秘书处先后到全国人大理论研究会、中国统一战线理论研究会等社团调研，起草了关于社会团体管理的调研报告，报告被全国政协机关党组列为党组会议议题进行讨论，为机关党组相关决策提供了参考。

此外，研究会还继续推进纳入马克思主义理论研究和建设工程的“中国特色社会主义人民政协理论研究”课题的研究工作。配合研究室、人事局开展人民政协界别课题调研工作。编辑出版4期《中国政协·理论研究》。编辑出版《中国人民政协理论研究会2014年度暨庆祝人民政协成立65周年理论研讨会论文集》。继续与中国学术期刊网合作，不断扩大人民政协理论研究的影响力。

组 织 情 况

中国人民政治协商会议第十二届全国委员会专门委员会副主任增补名单

（5人）

（2014年2月28日政协第十二届全国委员会常务委员会第四次会议通过）

增补：

胡四一同志为提案委员会副主任；

马大龙同志为人口资源环境委员会副主任；

张世平（女）、甄砚（女）同志为社会和法制委员会副主任；

杜鹰同志为民族和宗教委员会副主任。

关于免去杨刚中国人民政治协商会议第十二届全国委员会经济委员会副主任职务的决定

（2014年2月28日政协第十二届全国委员会常务委员会第四次会议追认）

鉴于杨刚严重违纪，根据中共中央建议，依照《中国人民政治协商会议章程》第三十六条的规定和《政协全国委员会常务委员会关于授权主席会议对违纪违法政协委员及时作出处理的决定》，政协第十二届全国委员会第十一次主席会议作出了免去杨刚政协第十二届全国委员会经济委员会副主任职务的决定，并已向社会公布。现在政协第十二届全国委员会常务委员会第四次会议上予以追认。

关于撤销黄峰平等4人中国人民政治协商会议第十二届全国委员会委员资格的决定

（2014年2月28日政协第十二届全国委员会常务委员会第四次会议追认）

鉴于黄峰平、杨刚、李崇禧严重违纪，刘迎霞涉嫌行贿犯罪，根据中共中央建议，依照《中国人民政治协商会议章程》第二十九条的规定和《政协全国委员会常务委员会关于授权主席会议对违纪违法政协委员及时作出处理的决定》，政协第十二届全国委员会第十一次、十二次主席会议分别作出了撤销黄峰平、杨刚、李崇禧和刘迎霞政协第十二届全国委员会委员资格的决定，并已向社会公布。现在政协第十二届全国委员会常务委员会第四次会议上予以追认。

关于免去苏荣中国人民政治协商会议第十二届全国委员会副主席职务、撤销其全国政协委员资格的决定

（2014年6月25日政协第十二届全国委员会常务委员会第六次会议通过）

鉴于苏荣严重违纪，根据中共中央建议，依照《中国人民政治协商会议章程》及有关规定，政协第十二届全国委员会常务委员会第六次会议决定，免去苏荣中国人民政治协商会议第十二届全国委员会副主席职务、撤销其中国人民政治协商会议第十二届全国委员会委员资格。

中国人民政治协商会议第十二届全国委员会副秘书长任免名单

（2人）

（2014年6月25日政协第十二届全国委员会常务委员会第六次会议通过）

邓宗良同志为政协第十二届全国委员会副秘书长。

卢昌华同志不再担任政协第十二届全国委员会副秘书长。

中国人民政治协商会议第十二届全国委员会委员增补名单

（4人）

（2014年6月25日政协第十二届全国委员会常务委员会第六次会议通过）

（按姓氏笔画排序）

田　杰　陈惠丰　晓　敏（女，蒙古族）　凌振国

关于撤销宋林、叶万勇中国人民政治协商会议第十二届全国委员会委员资格的决定

（2014年6月25日政协第十二届全国委员会常务委员会第六次会议追认）

鉴于宋林、叶万勇严重违纪，根据中共中央建议，依照《中国人民政治协商会议章程》和《政协全国委员会常务委员会关于授权主席会议对违纪违法政协委员及时作出处理的决定》，政协第十二届全国委员会第十五次主席会议和第十六次主席会议分别作出了撤销宋林、叶万勇中国人民政治协商会议第十二届全国委员会委员资格的决定，并已向社会公布。现在政协第十二届全国委员会常务委员会第六次会议上予以追认。

中国人民政治协商会议第十二届全国委员会专门委员会副主任任免名单

（9人）

（2014年6月25日政协第十二届全国委员会常务委员会第六次会议通过）

田杰同志为提案委员会副主任（驻会，副部长级）；

凌振国同志为人口资源环境委员会副主任（驻会，副部长级）；

晓敏同志（女，蒙古族）为民族和宗教委员会副主任（驻会，副部长级）；

卢昌华同志为港澳台侨委员会副主任；

陈惠丰同志为文史和学习委员会副主任（驻会，副部长级）；

王秀峰同志不再担任提案委员会驻会副主任；

庄国荣同志（女）不再担任人口资源环境委员会驻会副主任，改任人口资源环境委员会副主任；

邓宗良同志不再担任民族和宗教委员会驻会副主任；

卞晋平同志不再担任文史和学习委员会驻会副主任，改任文史和学习委员会副主任。

中国人民政治协商会议第十二届全国委员会专门委员会委员增补名单

（4人）

（2014年7月17日政协第十二届全国委员会第十八次主席会议通过）

增补：

王葛鸣（女）、饶戈平、黄英豪、戴希立为港澳台侨委员会委员。

关于撤销田北俊中国人民政治协商会议第十二届全国委员会委员资格的决定

（2014年10月29日政协第十二届全国委员会常务委员会第八次会议通过）

鉴于田北俊严重违反《中国人民政治协商会议章程》和全体会议的决议，按照《中国人民政治协商会议章程》第二十九条的规定，撤销其中国人民政治协商会议第十二届全国委员会委员资格。

关于撤销白云、孙兆学中国人民政治协商会议第十二届全国委员会委员资格的决定

（2014年10月29日政协第十二届全国委员会常务委员会第八次会议追认）

鉴于白云（女）、孙兆学严重违纪，根据中共中央建议，依照《中国人民政治协商会议章程》和《政协全国委员会常务委员会关于授权主席会议对违纪违法政协委员及时

作出处理的决定》，政协第十二届全国委员会第二十次主席会议作出了撤销白云、孙兆学中国人民政治协商会议第十二届全国委员会委员资格的决定，并已向社会公布。现在政协第十二届全国委员会常务委员会第八次会议上予以追认。

去世全国政协委员名单

姓名	性别	民族	界别	去世时间
夏立宛	男	蒙古族	宗教	2014年10月17日
沙博理	男	美裔犹太人	新闻出版	2014年10月18日

机关建设

机关党建工作 2014年，全国政协机关党委在中直工委和机关党组领导下，深入学习贯彻党的十八大及十八届三中、四中全会精神和习近平总书记系列重要讲话精神，坚持党要管党、从严治党，坚持解放思想、改革创新，坚持服务中心、建设队伍，不断加强机关党的思想建设、组织建设、作风建设、反腐倡廉建设和制度建设，进一步提高机关党的建设科学化水平，为推进“四型”机关建设，服务人民政协履职提供坚强的思想保证、政治保证和组织保证。

一年来，共组织各类学习、会议、文体等活动246场次，参与3万余人次，撰写各类文稿110余万字。机关党群工作荣获国家和省部级荣誉奖项20余项。主要工作情况如下：

（一）着力加强思想建设，切实强化理论武装和看齐意识。

制订《2014—2018年全国政协机关党员教育培训工作方案》和年度学习培训计划，深入学习贯彻党的十八大及十八届三中、四中全会精神和习近平总书记系列重要讲话精神；深入学习贯彻中央关于人民政协工作的重要指示批示精神、习近平总书记在庆祝人民政协成立65周年大会上的讲话精神和全国“两会”精神，切实把思想和行动统一到中央的决策部署上来，始终与以习近平同志为总书记的党中央保持高度一致，不断提高机关各级党组织和广大党员干部围绕中心、服务大局的能力。全年共组织机关党组专题学习、中心组学习、专题党课、学习报告会、学习讲座等各类学习活动80余场、1万余人次，向上级有关部门报送相关文字材料80余份近30万字，下发学习资料和学习读本30余种、1万余册。在《中直党建》、《求是》、《人民政协报》、《政协机关通讯》等报刊发表理论和学习体会文章30余篇。机关党委获中直党建研究会2013年度课题研究组织奖，机关个人分获3个一等奖、1个三等奖和3个优秀奖。向中直党建研究会报送年度党建论文28篇。开展学习习近平总书记系列重要讲话精神征文活动和庆祝人民政协成立65周年征文活动，共计征文80余篇。深入学习贯彻中直工委有关会议精神，努力践行“五个坚持”、争做“三个表率”。《中直党建》杂志宣传报道了机关学习贯彻习近平总书记系列重要讲话精神的情况。

（二）持续深入抓好作风建设，巩固和拓展党的群众路线教育实践活动成果。

严格落实中央八项规定精神。认真贯彻中纪委有关要求，结合重要时间节点，向各基层党组织印发相关通知，组织开展走访抽查活动。通过开设群众意见箱、开通专门举报电话等，进一步加强日常监督。定期汇总上报机关贯彻落实中央八项规定精神的情况。持续深化党的群众路线教育实践活动。按照中央统一部署和全国政协党组、机关党组和党委要求，认真做好机关教育实践活动各项组织服务工作，共计起草文稿70余篇，组织会议活动40余场。举办机关教育实践活动总结大会，认真组织开展总结工作；组织机关教育实践活动先进典型推荐工作；引导推动机关各级党组织和党员干部积极参加“庸懒散松”、“文山会海”、“铺张浪费”专项整治，持续深化整改落实；切实巩固教育实践活动成果，建立作风建设长效机制；为开好机关党组、专委会驻会副主任和各室局2014年度民主生活会做好组织服务工作，确保与教育实践活动专题民主生活会相比，程序不减少、要求不放松、标准不降低。切实做好直接联系服务群众工作。深入推进机关党员干部参与社区活动试点工作，赴西城区金融街街道工委开展调研，机关党组书记、常务副秘书长孙怀山带队赴西城区金融街街道民康社区走访调研，邀请金融街街道所属8个社区的居民参观庆祝人民政协成立65周年系列展览。坚持开展“送温暖”活动，共计走访慰问机关党员干部职工432人次，发放慰问金256800元。认真做好机关参加9种重大疾病互助保险人员名单统计。想方设法帮助解决了15名机关干部职工子女的入园入学问题。

（三）扎实开展“学习型、服务型、创新型”党组织活动，加强基层组织建设。

1. 切实加强学习型党组织建设。加强基层党组织带头人队伍建设。赴山东临沂、枣庄地区举办机关党委委员、纪委委员、党支部书记学习班，开展专题党性教育；向中组部报送了《全国政协机关开展党支部书记系列学习班纪实》等3部党建宣传纪实片，并分别获得一个一等奖、两个三等奖，其中2部已在共产党员网上播出；组织机关党委委员、纪委委员参加周恩来总理铜像捐赠仪式暨参观展览活动，开展专题党日活动。积极推动基层党组织开展学习活动。积极引导机关各基层党组织开展以“坚定理想信念，争做五个模范”为主题的专题党日活动。从党费结余中按每位党员300元标准下拨给机关各基层党组织（经费共计330600元）。各基层党组织通过丰富学习内容、创新学习载体、建立学习长效机制，全面深化学习型党组织建设。

2. 扎实推进服务型党组织建设。指导规范基层党组织建设。指导成立干部培训中心党委等5个基层党组织；联络局党总支等4个基层党组织进行换届；研究室党总支等6个基层党组织进行改选。认真做好党员发展和日常管理工作。贯彻落实《中国共产党发展党员工作细则》，严把党员入口关，切实提高发展党员质量。全年共发展党员5名，预备党员转正6名。鼓励基层党组织开展服务委员、服务基层和服务机关干部职工工作。鼓励支持机关各基层党组织通过结对帮扶、扶贫支教、挂职锻炼、助学解困、走访调研、设立职工互助基金、创建“温暖小家”等，进一步密切与基层的联系，不断提高做好新形势下群众工作的能力和水平。

3. 积极推进创新型党组织建设。认真推动党组织负责人述职试点工作。按照中直工委要求，组织开展机关党委书记向中直工委述职试点工作，推动机关基层党组织向机关党委书记述职试点工作。积极倡导基层党组织创新。鼓励支持机关基层党组织通过设立“课题库”、建立“导师制”和绩效考核制度等，进一步提升业务素质和综合能力，充分发挥党员干部的先锋模范作用。

（四）落实党风廉政建设责任制，深入推进反腐倡廉建设。

严格落实党风廉政建设责任制。认真贯彻落实中央关于“两个责任”的部署和要求，研究探索机关党风廉政建设责任制的健全与完善，完成了《落实党风廉政建设主体责任和监督责任研究》党建课题研究任务。围绕廉政风险点防控工作开展监督检查。坚持完善日常监督与专项检查相结合的工作机制，突出对重点岗位、重点人员、重点事项的监督检查。成立9个检查调研组，对机关所属9家企事业单位开展集中审计调研。对秘书局等7家单位贯彻落实八项规定精神情况和廉政风险防控工作情况进行了抽查。认真细致核查群众来信来访反映的有关情况，加大查办违纪案件力度，对1名局级干部违纪案件给予党纪处分。围绕政协工作特点和干部思想实际推进廉政文化建设。开展廉政警示教育活动，举办机关历史文化讲座，创建“廉政文化走廊”，协助中纪委监察部网站完成“反腐三人谈”网络访谈节目，探索建立廉政文化建设长效机制。充分发挥机关内网纪检模块作用，切实做好廉政宣教工作。切实推进机关反腐倡廉制度建设。研究制定《中共政协全国委员会机关党组关于贯彻〈建立健全惩治和预防腐败体系2013—2017年工作规划〉实施办法》和任务分解方案以及《全国政协机关党组成员廉洁自律规定》，建立健全适应新形势新要求和政协机关特点的反腐倡廉长效机制。

（五）重视抓好制度建设，为新形势下加强机关党的建设提供制度保证。

完善机关党员干部学习制度机制。修订了机关党组中心组学习制度、机关党组议事规则。制定实施机关深入学习贯彻习近平总书记系列讲话方案、机关党组成员理论宣讲工作办法、机关党组2014年度集体学习计划等，形成学习长效机制。建立健全直接联系群众制度。制定机关党组成员密切联系机关干部职工制度。认真做好委员活动日机关领导班子接待群众来访的组织服务工作。开展与基层党组织结对联系点西藏自治区那曲县罗玛镇基层考察团座谈活动。组织实施《机关党员干部参与社区活动试点工作方案》，进一步推动机关党员干部和工会、团委、妇委会走进西城区金融街街道服务基层群众。制定《关于加强全国政协机关工会文体协会建设的意见》、《机关工会困难职工帮扶慰问办法（试行）》和《机关工会经费使用管理办法》。进一步扩大“送温暖”活动覆盖面，提高慰问标准。着力完善党务公开制度。编印《机关党建动态》，每月向机关各基层党组织和党务干部进行工作通报。向机关各级党组织印发年度党费收缴使用结存情况通报，并在机关内网进行公示。

（六）积极开展精神文明创建活动，大力推进机关党建带群团建设工作。

深化精神文明创建活动，机关6个部门和单位分别荣获2012—2014年度中直机关文明单位和首都文明单位；在大会驻地深入开展以“学习雷锋好榜样、传递你我正能量”为主题的精神文明创建活动；举办“优美环境、文明机关”专题精神文明创建活动。广泛组织动员群团组织深入践行机关党组关于干部群众要“在一起”的要求，指导群团组织开展“新春团拜会活动”、纪念新中国和人民政协成立65周年书画摄影展、“太极拳比赛”、“健步走”、“快乐工作·雅致生活”系列讲座、“青春·奋斗·中国梦”演讲比赛等文体活动，切实体现服务群众理念。全年共指导群众性文体活动86场次、5272人次。进一步指导群团组织强化自身建设，加强对机关团委换届等重大活动组织服务工作的领导，举办机关群团干部学习班。全年党群工作荣获国家级和省部级荣誉奖项22个。

（七）努力加强自身建设，不断提高工作科学化水平。

先后组织召开8次机关党委会议和党委扩大会议、5次机关纪委会议，认真学习贯彻中央有关精神，落实中直工委、机关党组、党委部署要求。切实加强机关党建研究会自身建设，召开机关党建研究会第二届理事大会，修订党建研究会章程，顺利完成党建研究会换届工作。编辑印发《政协机关通讯》2014 年第 1—5 期，刊发文章 130 余篇、50 余万字。完成机关内网“机关党建”网的改版设计工作，充实完善相关栏目内容。积极推进“党务小百科”信息库建设。健全纪检工作机构，完善有关工作机制。进一步加强机关党委办事机构队伍建设，着力强化干部的党性修养和看齐意识，提高政务性、事务性服务能力和统筹协调水平，全年共计 10 人参加了 17 个班次 377 天的学习培训。

机关人事工作 2014 年，在机关党组的坚强领导和怀山常务副秘书长直接领导下，人事局围绕服务人民政协事业及机关工作大局，认真贯彻十八大和十八届三中、四中全会精神，深入学习贯彻习近平总书记系列重要讲话精神，按照全国组织工作会议要求，认真落实机关党组指示精神，结合机关实际，抓住培养选拔人民政协事业需要的“好干部”这一关键，以改革创新精神，稳步推进各项工作，工作取得了新进步。

（一）干部选拔任用工作突出好干部标准。围绕习近平总书记提出的“信念坚定、为民服务、勤政务实、敢于担当、清正廉洁”的好干部标准，将“三严三实”要求贯彻到干部工作的全过程。一是完善选任机制。按照新修订《党政领导干部选拔任用工作条例》要求，及时制定了关于机关干部选拔任用的总体考虑，突出了党管干部的根本原则，发挥机关党组在干部选拔任用中的领导和把关作用，调整选任方式，规范动议环节工作，改进民主推荐，充分考虑各室局和干部群众的意见，在与职位知情度、关联度较高的范围内推荐，有效避免了“唯票现象”。共选任 73 名局处级干部，进一步优化机关干部队伍。二是选优配强，加强局级班子建设。对 18 个局级领导班子作了调整，使领导班子在年龄、知识和专业结构以及工作领导能力方面更能适应政协工作要求。三是完善考核方式方法。在局级干部的年度考核中，增加了在机关正局长以上范围内进行二次测评的方式，同时，除对确定为“优秀”等次的同志予以嘉奖，对于在年度考核局级优秀等次人选推荐中名次靠前但未被评为优秀等次的局级干部也进行了通报表扬，通过积极宣传和表彰机关作风建设方面的先进集体和个人，带动机关干部积极向上、奋发有为。四是强调多岗位锻炼。继续做好机关干部（共 9 名）到国家信访局、援疆和博士服务团，到安徽扶贫挂职等工作。继续组织第八批地方政协机关干部到全国政协机关挂职工作。从培养锻炼干部和实际工作需要出发，在保证干部队伍相对稳定的同时，制定今年机关干部轮岗方案，共有 10 名局级干部、24 名处级干部和 20 名科级干部在机关范围内进行了平职轮岗交流。五是把好干部的“入口关”，做到渠道多样、程序严格、竞争择优、增量提质。认真完成公务员招录、大学生选调和遴选公务员、接收安置军转干部工作，共 14 名，及时补充工作急需，改善机关干部队伍结构。

（二）干部教育培训工作突出强化素质。根据俞正声主席关于机关干部要做到“能说、能写、能做”的要求，在提升干部“三能”上下功夫，多途径强化干部教育培训，促进干部思想政治水平和能力素质同步提高。一是加强统筹，建立机关教育培训计划编报和审批制度。二是加大培训需求的调研。开展了机关全体干部的培训需求调研，在综合考虑政协发展、机关工作和干部所需的基础上，较为科学地提出干部年度培训计划。三是认真完成组织调训。统筹安排 32 名机关干部参加中央党校、干部学院、国家行政学院等部门的学习培训，接受系统的理论学习和党性教育。积极做好局级干部选学工作，加强组织协调沟通，做到上课通知及时发放、上课时间及时提醒、及时向院校请销假，加强宣传，促进在网络平台上的选修课和网络专题班的学习，确保47名局级干部顺利完成选学任务。四是着力提升机关业务培训的质量，优化课程精选授课人。紧密结合工作需要，及时举办了学习贯彻《党政领导干部选拔任用工作条例》、《事业单位人事管理条例》和提升语言表达能力等主题的学习讲座，每次参加人员达300人；突出理想信念教育，会同机关党委、机关青联组织34名青年干部赴广西百色、贵州毕节等地参加革命传统教育；突出提升干部研究思辨能力，组织20名机关干部赴美“公共政策研究咨询机构运行机制专题研究班”；突出人民政协理论培训，选派26名机关干部参加干部培训中心组织的政协系统干部培训班；注重发挥教育培训的引导作用，在2014年新调入公务员初任培训（14人）中增加了初任座谈会；突出提升机关公务员综合素质，在第二期机关公务员公文写作培训班（91人）中增加了提升语言表达能力的课程。适应新媒体时代的学习模式，充分运用网络平台，建设了机关干部在线学习平台，目前正在试运行。

（三）干部监督管理工作突出从严要求。严是对干部最真切的关心和爱护。今年，中央在干部管理上突出强调从严管理，根据机关党组从严抓班子、带队伍、正风纪的要求和中组部的统一部署，人事局采取有力措施，切实抓好干部监督工作。一是抓好领导干部个人有关事项报告工作。制定《全国政协办公厅领导干部个人有关事项报告抽查核实实施办法》。认真部署2013年领导干部个人事项集中报告工作（共报告445人），按要求做好报告材料受理、材料数据录入、汇总综合等基础工作，开展了随机抽查工作。二是严格执行《关于加强干部选拔任用工作监督的意见》，把好选人用人关。严格执行《配偶已移居国（境）外的国家工作人员任职岗位管理办法》。对于按规定要求向中组部报告和征求意见的事项，坚持如实报告；对于企事业单位应向人事局报告和征求意见的事项，坚持严格把关。三是逐步完善干部日常管理监督机制。开展了清理和规范领导干部在企业兼职工作；制定《全国政协机关工作人员考勤管理办法》；建立新提拔任职干部和新任秘书集体任职谈话制度、新调入公务员初任集体谈话制度和日常谈话制度，通过经常性的干部谈话活动，及时发现和纠正苗头性、倾向性问题；加强了机关干部出国（境）管理监督工作，强调纪律，将干部因私出国，因私赴港澳、赴台证件收机关统一管理。四是开展对机关全体公务员和企事业、社团单位局级干部人事档案专项审查工作。

（四）机关直属单位人事管理工作突出创新规范。认真贯彻落实《事业单位人事管理条例》，制订了学习贯彻条例的工作计划，及时组织了事业单位条例学习培训，根据条例研究修订《全国政协办公厅事业单位人事管理暂行办法》；积极推进事业单位分类改革，协助做好事业单位收入分配规范工作；依托机关内网平台，对企事业和社团人员花名册数据库进行了完善，增加了照片、履历信息等，夯实了基础数据工作；规范企事业单位人事事项报备工作，编印了《事业单位人事事项备案参考示例》，并组织培训，共审核、报批企事业单位100余人次的报备工作；组织2014年度机关所属企事业单位政府特殊津贴人员和全国新闻出版行业第四批领军人才选拔工作。配合有关部门做好公车改革司勤人员安置工作。按照机关党组的意见，提出了社团办事机构独立设置为局级单位、参照事业单位统一管理的新管理模式建议，参与做好3个社团换届人事安排工作，并通盘考虑3个社团常设办事机构的“工作职责、内设机构、岗位设置”，统一设置，推进社团管理制度化、规范化。

（五）委员人事工作突出扎实严谨。委员人事工作主要包含政协组织队伍建设和委员信息服务工作，责任重、要求高、影响大。必须把好政治关、政策关、程序关。一是扎实打牢工作基础。对各类委员人事事项的规章制度、工作程序作了梳理汇总；建立了十二届全国政协委员信息库和人才库，包含委员总体状况和每位委员的基本情况、专业领域、爱好专长等60余项作了信息录入；完成了全国各级政协组织情况统计工作，撰写了统计报告，全面汇总反映了全国政协和31个省级、15个副省级市、338个地级市和2743个县级政协委员的规模、结构及界别设置、专委会设置和工作人员队伍等组织建设情况；按照十二届全国政协委员在政协履职情况统计工作方案，协调机关14个室局和30个省级政协办公厅，完成2013年度全国政协委员履职情况统计。在做好扎实统计的基础上形成了《全国各级政协组织建设情况统计报告》和《2013年度全国政协委员履职情况统计分析报告》。二是严谨细致做好各项委员人事工作。2014年共完成委员增补4人、撤销资格9人，副主席免职1人，副秘书长增补1人、免职1人，专委会副主任增补10人、免职2人、改任2人，专委会委员免职7人、增补4人。并对于需审议的委员人事事项的说明，均统一为口头说明；对于委员人事事项中需提供的委员基本情况，统一为提供个人简历；对于各项人事事项严格依照章程和有关规定，严谨设计办理程序，尤其是对于副主席免职，查阅从一届以来的历届情况，细致研究章程及全体会议工作规则、常委会工作规则，提出工作方案被完全采纳；对于委员因违反政协章程和政协全体会议决议而需撤销委员资格的新情况，在全国政协领导同志的有力领导下，认真研究各个程序环节，最终提出了缜密的工作方案。三是加强工作研究。推进工作制度化、规范化、程序化，是做好委员工作的基础。一年来，研究制定了《全国政协机关党组成员联系政协委员制度》，协调机关领导向8个省、区、市的全国政协委员和港澳地区全国政协委员通报全国政协上半年工作情况。根据全国政协领导同志的指示精神，我们赴部分地方政协进行调研，邀请有关部委、法律方面的委员、专家学者进行座谈，征求中纪委等多个部门的意见，研究草拟了《关于违纪违法全国政协委员的处理办法（稿）》，《全国政协委员履职管理办法（稿）》。研究健全委员联络机构，完善委员联络制度的相关工作，提出了健全委员联络机构的初步意见。协调推进政协界别理论问题研究。研究了关于规范军队人员参加政协工作有关问题、企业家及其他获得荣誉称号人员担任政协委员的产生退出机制、关于配偶或子女移居国（境）外本人可否提名担任政协委员、关于改进和完善非公经济人士政协委员提名推荐工作机制等问题。

（六）会议组织服务突出精简高效。按照机关领导关于改进会风的总体要求，组织组突出精简高效，采取有力措施积极推进二次大会组织服务创新。一是调整理顺工作机构职能、加强为委员服务。为进一步改进机关作风，加强为委员服务，按照职责明确、重心下移，条块结合、以块为主的原则，理顺秘书处工作职责，调整工作机构；把局级干部充实到为委员服务的秘书小组一线中去，担任委员界别联络小组组长，加强对简报等文字材料的审核把关，加强与委员的联系、服务。二是精减工作人员。按照“精简、节约、高效、强化一线”的原则，根据工作需要严格配备各工作组和委员驻地办事组组长、副组长，比一次会议减少了70名；从实际工作需要出发，从严核定工作人员数量，坚持政治和业务素质标准，选调1162名工作人员，比一次会议精简压缩15%。三是认真做好委员人事事项。综合考虑代表性、影响力、结构等因素，并广泛征求了各民主党派、工商联等17家单位意见，拟定了委员小组召集人名单及委员分组名单，在征求中组部意见的基础上，提出了中共党员委员编组及负责人名单。汇总一年来掌握的委员变动情况，对全体委员基本信息作了认真核改，形成了2229名全体委员基本信息名册，为有关方面提供清晰准确的委员信息。四是高度重视，周密安排“两会”中共党员负责人会议有关组织服务工作。五是从严把关，认真审批大会工作证件。明晰证件审批权限，明确会议证件办理原则，解决了交叉办证和权限不清的问题，为委员及随行人员及时办证提供了方便，严格办证程序、严把政审关，在保障工作需要的基础上，核减办证数量，共审核批办政协、人大“两会”工作证2879个，比去年减少567个。六是改进作风，积极了解情况，听取意见建议。为更好地把大会工作与委员日常联络服务工作相结合，在做好会务工作的同时，组织组专门抽出时间，到有关界别小组，听取委员讨论时的意见建议，加深对委员的了解，为做好日常工作打好基础。由4位局级干部带队，利用2天的时间，到各组当面听取对大会组织机构设置、运行情况和大会工作人员配备、表现情况的意见建议，了解实情，掌握第一手资料，为做好三次会议的组织工作打下良好的基础。

（七）其他经常性工作突出准确高效。完成了550余人次的工资变动调整工作，做到无一差错。对机关行政室局的机构和编制工作进行统筹研究，对研究室理论局、秘书局、教科文卫体委员会办公室（四局）、《中国政协》杂志社、干部培训中心（北戴河管理局）等7家单位的机构和人员编制情况进行了调整，使之更加合理规范。做好机关福利委员会办公室的工作。及时向机关“三类”人员发放生活费补助。定期向机关精减下放职工、老临时工和老职工遗属发放生活费补助等工作。全年共办理领导同志兼职59人次；办理委员担任高法和海关总署特约监督员17人。为中央领导同志参加大会小组讨论共商国是以及大会工作机构提供委员基本信息，为双周协商座谈会提供487位委员和57位专家学者基本信息，为领导同志视察、考察以及机关室局提供769位委员基本信息。做好常委会的组织机构筹建和人员调配工作。

信息化建设

一、推进全国政协机关涉密内网建设的前期工作

在机关信息化工作领导小组及机关涉密内网建设领导小组的指导下，积极推进机关涉密内网建设的前期工作。2014年底，已经完成了密级报审，设计、监理单位招标等工作，机关涉密内网整体方案设计和试点建设方案也已编制完成，并顺利通过国家政务内网办和国家保密局的方案评审。在以上工作的基础上，机关涉密内网建设项目向国家发展改革委申请工程立项工作也已正式启动。

二、做好委员协商议政平台建设工作

委员协商议政平台是根据今年大会后，全国政协领导的要求和委员提案建议，启动建设的服务委员协商议政的网络

信息平台。平台建设内容包括:“云信箱”系统建设,委员办公平台系统整合优化和会议文件阅读系统升级改造三个部分。今年底,平台建设的总体方案设计工作已经完成,系统实施工作也在顺利进行中,系统将于2015年大会前投入使用。

三、组织开展涉密内网建设调研工作

为积极探索“网络议政、远程协商”等新的协商形式,吸收借鉴地方政协有益经验,大力推进全国政协机关信息化建设,特别是涉密内网建设工作,2014年10月组织对上海市和浙江省政协涉密网络建设情况进行了调研,在此基础上,于今年11月在武汉市组织召开了部分省市政协电子政务内网建设和管理研讨会,会议分析了当前政协信息化面临的形势,沟通了解了情况,统一了认识,进一步明确了今后政协信息化工作的发展方向和主要任务。

报刊社论

为全面深化改革凝聚强大正能量

——热烈祝贺全国政协十二届二次会议开幕

全国政协十二届二次会议今天开幕。2000多名政协委员聚首北京，共商改革发展大计。我们向大会的召开表示热烈祝贺！

本届政协已履职整整一年。回首过去一年我们国家所走过的路程，困难比预料的多，结果比预想的好。来之不易的成绩，是以习近平同志为总书记的中共中央带领全党全国各族人民团结奋斗的结果，也饱含着政协委员们的智慧和汗水。一年来，人民政协在中国共产党的领导下，坚持实事求是、改革创新、履职为民，团结海内外一切可以团结的力量，不断夯实共同奋斗的思想政治基础，紧密围绕党和国家中心工作认真履行职能，聚焦全面深化改革重大问题积极议政建言，深入开展协商民主理论研究和实践探索，实现了新一届政协工作的良好开局。实践证明，充分发挥独具中国特色的制度优势，在继承中创新、在创新中发展，人民政协在全面深化改革、实现民族复兴的征程中大有可为、大有作为。

展望前程，新一轮改革大潮已经起势，实现全面深化改革的总目标，并在总目标统领下推进“五位一体”和党的建设制度的深化改革，任重道远。当此之时，尤其需要人民政协以改革创新精神进一步履行好政治协商、民主监督、参政议政职能，为全面深化改革提供强大的智力支撑；尤其需要人民政协充分释放民主的力量，团结更多人理解改革、支持改革、参与改革，为全面深化改革凝聚起强大的正能量。

全面深化改革是一场触动利益也触动灵魂的革命。面对深刻调整的利益格局、纷繁复杂的权利诉求，心往一处想，劲儿才会往一处使。作为具有广泛代表性和巨大包容性的政治组织，充分发挥密切联系各党派、各界别的优势，积极协调关系、化解矛盾、理顺情绪、解疑释惑，为全面深化改革寻求最大公约数、增进最大共识度、形成最大凝聚力，人民政协责无旁贷、重任在肩。作为国家思想库、改革智囊团的一员，围绕全面深化改革的重点领域和关键环节深入调研、建言献策，针对重要改革举措的贯彻落实情况加强民主监督，实事求是探究改革良策，知无不言发表真知灼见，各位委员大有用武之地。

完善和发展中国特色社会主义制度，推进国家治理体系和治理能力现代化的进程，也是坚持和完善我国政治协商制度、推进人民政协履职能力现代化的过程。政治协商是人民政协的基本职能，提高协商议政能力是履职能力现代化的重要内容。过去一年，全国政协拓展协商议题、畅通协商渠道、创新协商形式，推动协商于决策之前和决策实施之中，在协商民主建设上作出了新的探索。新的一年里，继续发挥人民政协作为协商民主重要渠道作用，围绕推进改革的难点问题、国计民生的实际问题广泛协商，人民政协必将在推动经济社会发展、深化改革开放的道路上再立新功。

今年，人民政协将迎来65周年华诞。承续光荣与梦想，肩负责任与使命，相信人民政协必定能承前启后、继往开来，为全面深化改革凝聚强大正能量，为夺取中国特色社会主义新胜利、实现中华民族伟大复兴中国梦作出更大贡献。

预祝大会圆满成功！

（2014年3月3日《人民日报》）

为全面深化改革凝聚更广泛的共识

——热烈祝贺全国政协十二届二次会议开幕

今天，全国政协十二届二次会议在北京人民大会堂隆重开幕。肩负着各族各界群众殷切期望的2000多位全国政协委员，聚集北京，为全面深化改革谋良策、出实招、增共识。

回顾过去的一年，面对错综复杂的国际形势和艰巨繁重的国内改革发展稳定任务，以习近平同志为总书记的中共中央团结带领全国各族人民，坚持稳中求进工作总基调，沉着应对各种风险和挑战，全面推进社会主义经济建设、政治建设、文化建设、社会建设、生态文明建设，对全面深化改革作出总体部署。党和国家的各项工作取得新的重大进展，实现了良好开局。

2013年是十二届全国政协的开局之年，也是人民政协事业在继承中创新、在创新中发展的一年。一年来，在以习近平同志为总书记的中共中央坚强领导下，人民政协高举爱国主义和社会主义旗帜，坚持团结和民主两大主题，深入学习贯彻中共十八大及十八届二中、三中全会精神和习近平同志系列重要讲话，不断夯实团结奋斗的共同思想政治基础；紧紧围绕全面深化改革议政建言，积极发挥决策咨询作用；切实加强经济领域重大问题调查研究，为促进经济持续健康发展献计献策；高度重视改善民生和创新社会管理，维护社会和谐稳定；深化同港澳同胞、台湾同胞和海外侨胞的团结联谊，广泛凝心聚力；积极开展对外友好交往，营造良好外部环境；深入开展协商民主理论研究和实践探索，推进人民政协协商民主建设；以开展党的群众路线教育实践活动为契机，切实加强自身建设，实现了本届政协工作的开门红。

一年履职实践表明，做好新形势下的人民政协工作，必须始终坚持正确的政治方向，把坚持中国共产党的领导，坚持和发展中国特色社会主义，作为坚定理想的主心骨、牢固信念的压舱石；必须坚持实事求是，自觉立足社会主义初级阶段基本国情，拒绝脱离实际的极端主张，不回避问题，不超越阶段；必须大力弘扬改革创新精神，善于运用创新思维开展工作，不断增强人民政协生机与活力；必须践行履职为民，深入基层和群众听取意见、反映诉求，努力维护和实现群众根本利益，切实做到人民政协为人民。

今年是全面深化改革的第一年，是实现“十二五”规划的关键一年。一年之计在于春，一年工作之计在两会。我们期待着与会委员，集中精力聚焦全面深化改革，为全面深化改革出实招、谋良策、增共识。当前，我国经济社会发展进入关键期，改革进入攻坚期和深水区，经济发展方式的转变、社会和国家治理的进步，很大程度上依赖于改革的突破，改革所带来利益关系调整的深度、广度远远超过以往。如何啃硬骨头、涉险滩，冲破思想观念的束缚，突破利益固化的藩篱；如何加强顶层设计、摸着石头过河，坚定务实地推进改革，需要广大政协委员在深入调查研究的基础上，认真思考，提出更多高质量的意见和建议。全面深化改革是实现全面建成小康社会和中华民族伟大复兴中国梦的必然路径，必将进一步释放活力、增添动力，增进全体人民根本利益和国家长远利益，政协委员来自各党派团体和各族各界群众，要充分发挥联系面广的优势，多与群众沟通交流，推进各方面的政治认同、思想认同、价值观认同，增进更广泛的改革共识，寻求最大公约数，凝聚更广泛的改革力量。政协大会是人民政协发扬民主的重要形式和制度化的协商平台，广大政协委员要牢固树立大局意识、责任意识，讨论问题、发表意见要力求理性客观，善于换位思考，善于吸取不同意见中的合理成分，在畅所欲言、平等协商、郑重严肃的民主氛围中，达到交流意见、深化共识、增进团结的目的。

光荣与梦想在激励我们，责任与使命在鞭策我们。让我们紧密团结在以习近平同志为总书记的中共中央周围，高举中国特色社会主义伟大旗帜，进一步解放思想，认真履行职责，为全面深化改革开好局、起好步、作出贡献。

预祝大会圆满成功！

（2014 年 3 月 3 日《人民政协报》）

凝聚改革正能量　实现发展新跨越

——写在十二届全国人大二次会议、全国政协十二届二次会议闭幕之际

民主、团结、求实、奋进。举国关注、世界瞩目的全国政协十二届二次会议圆满闭幕，十二届全国人大二次会议即将完成各项议程。2014 年的全国两会，将以其特殊意义影响中国的改革与发展。

改革，是今年两会的鲜明主题；改革，是代表委员的最大共识；改革，是实现中国梦的必由之路。在全面深化改革开局之年这个不同寻常的时间节点，代表委员围绕改革商国是、增共识，抓住落实定大计、聚力量，唱响全面深化改革主旋律，凝聚攻坚克难正能量，推动新一轮改革迈出坚定步伐。

过去一年，是十二届全国人大代表、全国政协委员履职第一年。面对改革发展的一系列重大课题，代表委员不辱使命、不负重托，察民情、听民声、集民智、聚民力，通过民主立法、民主监督、参政议政、政治协商等多种方式履行职责，为全面深化改革献

计献策，为推动经济社会发展，实现全年工作预期目标，推进国家治理体系和治理能力现代化发挥了重要作用，积累了新的经验，体现了代表委员的担当精神和履职能力。

今年，是人民代表大会制度建立60周年、中国人民政治协商会议成立65周年。正是在这一根本政治制度和基本政治制度基础上，构建起中国特色社会主义事业大厦，为改革开放和现代化建设始终沿着正确方向推进提供了有力制度保障，也是实现国家治理体系和治理能力现代化的坚实制度基础。发扬民主就能增进共识，紧密团结定能凝聚力量。坚定制度自信，发挥制度优势，汇聚心往一处想的智慧，凝聚劲往一处使的力量，全国人民团结奋斗的基础就愈加牢固，求实奋进的力量就更加强大。

今年，是全面深化改革“元年”。把党的十八届三中全会作出的全面深化改革重大决策通过法定民主程序转化为国家意志，是今年两会的中心任务；把向深化改革要动力的指导思想转化成具体可行的施政举措，是两会成果的集中体现。今年政府工作报告确立的9个方面重点工作，直面深化改革的重点、转型升级的难点、改善民生的焦点、社会治理和生态文明建设的热点等问题，工作着力点集中指向关系重大、任务急迫，以及涉及百姓期盼的领域、制约发展的突出问题、社会各界能够达成共识的环节。以重大问题为导向，运用倒逼机制、区分轻重缓急，稳扎稳打、有序推进，改革才能取得扎扎实实的进展。

好的决策部署只是第一步，关键在于落实。以抓落实的作风积极投身到改革中来，是各级干部的政治责任。要把抓落实作为今年推进改革工作的重点，积极进取，真抓实干，凝聚广大人民群众的智慧力量，依靠人民群众的团结奋斗，努力取得丰硕的改革成果。

改革是制度红利持续释放的过程，也是创造活力奔流涌动的过程。两会之后，代表委员将返回各自岗位，希望能在不同领域、不同地方充分发挥深入实际、联系群众的作用，科学总结基层经验，及时反映群众诉求，多做问需于民的实地考察，多为问计于民的深入调研，针对群众反映突出的问题多提具有真知灼见的意见建议，监督、支持政府抓好落实，在法治轨道上推进改革，确保改革发展成果更多更公平地惠及于民，让改革共识不断凝聚，改革动力持续迸发。

百舸争流，奋楫者先；千帆竞渡，勇进者胜。在党中央的坚强领导下，乘着全国两会的春风，牢牢把握改革正确方向，始终坚持稳中求进总基调，一个问题一个问题地改，一个难关一个难关地克，就一定能不断开拓全面深化改革新境界。

一年之计在于春，百事待举在于行。让我们紧密团结在以习近平同志为总书记的党中央周围，以时不我待的进取意识、夙夜在公的敬业精神、“三严三实”的过硬作风行动起来，狠抓全面深化改革战略部署和两会精神的贯彻落实，不断增强制度执行力、改革推进力、发展驱动力，为新一轮改革开好局、起好步而扎实工作、努力奋斗，在实现中国梦的伟大征程上书写发展新篇章。

（新华网北京3月12日电）

发扬民主优势 激活改革动力

——热烈祝贺全国政协十二届二次会议胜利闭幕

围绕全面深化改革主题，聚焦国计民生热点难点，全国政协十二届二次会议如期完成各项议程，在北京胜利闭幕。我们对大会的成功表示热烈祝贺。

这是一次团结民主的大会，也是一次务实简朴的大会。会议期间，习近平等党和国家领导同志看望了出席会议的委员，并参加分组讨论，与大家共商国是。委员们以高度的政治自觉认真履职，听取审议俞正声主席代表政协第十二届全国委员会常委会所作的工作报告，听取审议提案工作情况报告，列席十二届全国人民代表大会二次会议，听取并讨论政府工作报告及其他有关报告。9天的会期中，政协委员珍视民主权利、珍惜发言机会，敢抓真问题、善提好建议，展示出高度负责的履职态度和良好的履职能力。

民主才有活力，包容才更自信。这次盛会贯彻民主、团结、求实、奋进的要求，以热烈而不对立的讨论、真诚而不敷衍的交流、尖锐而不极端的批评，切实营造畅所欲言、各抒己见的民主氛围。委员们不回避矛盾、不掩盖问题，言之有据、言之有理、言之有度、言之有物，用真知灼见激发共鸣、凝聚共识，不断唱响两会好声音。社会各界普遍反映，本次政协会议既民主开放、团结和谐，又求真务实、清新节俭，振奋了全社会的精气神，更加坚定了人们一心一意谋发展、聚精会神促改革的信心。

没有民主就没有社会主义，就没有社会主义现代化。人民政协发挥好政治协商、民主监督、参政议政的作用，这是发展社会主义民主政治的内在要求，也是全面深化改革的重要动力。完善和发展中国特色社会主义制度，推进国家治理体系和治理能力现代化，需要人民政协加快提高履职能力现代化水平，推进协商民主广泛多层制度化发展，不断拓展协商民主的深度和广度。充分依托人民政协所独有的广泛代表性和巨大包容性，最大限度反映民意、集中民智、凝聚民心，运用好政协的话语权和影响力，人民政协必定能更好地发挥中国特色社会主义民主的制度优势，为全面深化改革凝聚起强大正能量。

今年是完成“十二五”规划的关键一年，是全面贯彻落实党的十八届三中全会精神的重要一年。经济爬坡过坎，改革攻坚闯关，我们面临的形势依然错综复杂，矛盾、风险、挑战与机遇并存。站在历史与未来的交汇点，人民政协承担着助力改革发展的光荣使命，肩负着党和人民的殷切期待。坚定道路自信、理论自信、制度自信，弘扬社会主义核心价值观，紧紧围绕党和国家中心工作履行职能，进一步发挥自身优势，广泛凝聚共识、推动协商实践，提高议政建言质量、提升自身履职能力，人民政协就一定会为深化改革集聚更丰厚的智力资源，迸发出更蓬勃的创新活力。

即将迎来65周年华诞的人民政协，书写了光荣的历史，肩负着开启新程的重任。百舸争流，奋楫者先。我们相信，进一步发扬民主优势，激活改革动力，人民政协必将团结起更多的人支持改革、投身改革，为全面深化改革营造良好的环境，为完善和发展中国特色社会主义制度作出更大贡献。

（新华社北京3月12日电）

为全面深化改革形成最大凝聚力

——热烈祝贺全国政协十二届二次会议胜利闭幕

全国政协十二届二次会议圆满完成各项议程，昨天在北京胜利闭幕。会议期间，中共中央总书记、国家主席、中央军委主席习近平等党和国家领导同志出席会议并参加分组讨论，与政协委员共商国是。会议听取并赞同李克强总理所作的政府工作报告，赞同最高人民法院、最高人民检察院工作报告以及其他报告。会议审议批准俞正声主席所作的常委会工作报告，审议批准韩启德副主席所作的提案工作报告。委员们以高度的政治责任感和求真务实精神，认真履行职责，针对经济社会发展重大问题和涉及群众切身利益的实际问题，深入协商议政，积极建言献策，提出了许多重要意见和建议，充分发挥了人民政协作为协商民主重要渠道作用，生动体现了社会主义民主政治的生机与活力。会议开得隆重简朴、富有成效，是一次民主、团结、求实、奋进的大会，是为全面深化改革凝聚共识、汇聚力量的大会。

中共十八届三中全会开启了全面深化改革的伟大征程。当前和今后一个时期，人民政协的中心任务就是聚焦全面深化改革，自觉服从和服务于全面深化改革，坚持团结和民主两大主题，充分发挥协调关系、汇聚力量、建言献策、服务大局的作用。各级政协组织和广大政协委员要始终毫不动摇地坚持中国共产党的领导，坚持中国特色社会主义道路自信、理论自信、制度自信，自觉把思想和行动统一到中共中央决策部署和习近平总书记系列重要讲话精神上来，不断夯实全面深化改革的共同思想政治基础；要充分发挥政协人才智力优势，组织政协委员、专家学者和研究机构，加强对全面深化改革重大问题的综合研究，开展前瞻性研究，积极为党和政府科学决策提供有价值的意见和建议；要针对重要改革举措的贯彻落实加强民主监督，务实坦率地提出意见和建议，推动改革顺利进行；要坚持问题导向，自觉把改革中的重要问题作为履职切入点和着力点，坚持实事求是，加强调查研究，深入协商议政，协助党和政府破解发展难题，增进人民福祉；要立足改革发展稳定大局，及时反映界别群众愿望诉求，引导所联系成员和群众，正确认识和对待改革可能带来的局部利益、个人利益的深刻调整，理解改革、支持改革、参与改革，为全面深化改革寻求最大公约数，增进最大共识度，形成最大凝聚力；要充分发挥自身优势和作用，最大限度增加和谐因素，维护国家安全，维护民族团结，为确保人民安居乐业、社会安定有序作出努力和贡献。

今年是新中国成立65周年，也是人民政协成立65周年。回顾历史，人民政协走过了与国家和人民同发展、共奋进的光辉历程。我们要以此为契机，认真总结人民政协蓬勃发展的生动实践和宝贵经验，进一步发挥中国特色社会主义政党制度的优势，坚持在继承中创新、在创新中发展，大力弘扬与时俱进、锐意进取、勤于探索、勇于实践的改革创新精神，进一步增强进取意识、机遇意识、责任意识，发展协商民主，推动工作创新，切实加强履职能力建设，努力搭建更多协商议政平台，真诚协商，平等议事，运用好政协的话语权和影响力，倾心服务全面深化改革总目标，为完善和发展中国特色社会主义制度、推进国家治理体系和治理能力现代化，为推动经济持续健康发展、促进保障民生改善、维护社会和谐作出新贡献。

改革是当今中国的主旋律。各级政协组织和广大政协委员是促进全面深化改革的重要力量，必将发挥不可替代的作用。让我们紧密团结在以习近平同志为总书记的中共中央周围，开拓创新，扎实工作，为全面建成小康社会、夺取中国特色社会主义新胜利、实现中华民族伟大复兴的中国梦而奋斗！

（2014 年 3 月 13 日《人民政协报》）

汇聚起共襄伟业的强大力量

1949 年 9 月 21 日，新中国历史崭新的一页从这里翻开，随着中国人民政治协商会议第一届全体会议向世界庄严宣告中华人民共和国的成立，从此开辟了中国历史的新纪元。从那时起，在中国共产党的领导下，人民政协始终同建立新中国、建设新中国、开拓改革路、实现中国梦的伟大实践紧密相连，走过了辉煌历程，建立了历史功勋！

回顾人民政协 65 年发展历程，我们更加深刻认识到，人民政协植根于中国历史文化，产生于近代以后中国人民革命的伟大斗争，发展于中国特色社会主义光辉实践，融汇于中华民族伟大复兴历史进程，具有深厚历史渊源、坚实现实基础和鲜明中国特色，充分体现了中国特色社会主义制度优越性，是实现国家富强、民族复兴、人民幸福的重要力量。

历史丰富深刻，经验弥足珍贵。65 年的宝贵实践告诉我们，做好人民政协工作，必须坚持中国共产党的领导，必须坚持人民政协的性质定位，必须坚持大团结大联合，必须坚持发扬社会主义民主，才能确保人民政协事业正确的发展方向，才能推进各项工作不断向前发展，才能实现广泛有效的人民民主，才能最大限度调动一切积极因素，团结一切可以团结的人，汇聚共襄伟业的强大力量。

中共十八大以来，以习近平为总书记的中共中央高度重视人民政协工作，强调要进一步准确把握人民政协性质定位，充分发挥人民政协作为协商民主重要渠道作用，围绕团结和民主两大主题，推进政治协商、民主监督、参政议政制度建设。人民政协在继承中发展、在发展中创新，紧紧围绕中心、服务大局，聚焦全面深化改革凝聚共识、汇聚力量、建言献策，作出了新的积极贡献。

我们的目标越伟大，我们的愿景越光明，我们的使命越艰巨，我们的责任越重大，就越需要汇聚起全民族智慧和力量，就越需要广泛凝聚共识、不断增进团结。在全面深化改革的新形势下，在新的历史起点上，以习近平为总书记的中共中央为人民政协事业的发展指明了方向。

——人民政协必须始终把坚持和发展中国特色社会主义作为巩固共同思想政治基础的主轴。坚持中国特色社会主义制度优势和特点，自觉坚持把中国共产党的决策部署贯彻到人民政协工作中去，坚定不移走中国特色社会主义政治发展道路。

——充分发挥人民政协代表性强、联系面广、包容性大的优势，聚焦推动科学发展、全面深化改革中的重大问题和群众最为关切的问题，深入调查研究，努力为改革发展出实招、谋良策。

——发挥人民政协作为专门协商机构的作用，把协商民主贯穿履行职能全过程，推进政治协商、民主监督、参政议政制度建设，不断提高人民政协协商民主制度化、规范化、程序化水平，充分发挥人民政协在发展协商民主中的重要作用，更好协调关系、汇聚力量、建言献策、服务大局。

——人民政协作为最广泛的爱国统一战线组织，要坚持和完善中国共产党领导的多党合作和政治协商制度，始终致力于最大程度、最大范围的团结，广泛凝聚实现中华民族伟大复兴的正能量。

——人民政协是国家治理体系的重要组成部分，要通过提高政治把握能力、调查研究能力、联系群众能力、合作共事能力，积极适应全面深化改革任务和要求，以改革思维、创新理念和务实举措大力推进履职能力建设。

人民政协65年光辉历程已经载入史册，伟大的事业需要我们奋力开拓。今天，我们比历史上任何时期都更接近中华民族伟大复兴的目标，比任何时期都更有信心、有能力实现这个目标。中共十八大和十八届三中全会对党和国家事业作出新的重大战略部署，人民政协要继承光荣传统，继续在坚持中国道路、弘扬中国精神、凝聚中国力量中发挥独特和重要的作用，在实现中华民族伟大复兴中国梦的征程中，谱写人民政协事业新篇章。

（2014年9月22日《人民政协报》）

党领导人民政协创造辉煌历史

——论贯彻习近平在人民政协成立65周年大会讲话精神

本报评论员

这是一个载入历史的重要时刻。1949年9月21日，中南海怀仁堂群贤毕至，中国人民政治协商会议第一届全体会议召开，宣告新中国的成立和人民民主制度的建立。

65年来，作为中国人民爱国统一战线的组织、中国共产党领导的多党合作和政治协商的重要机构、我国政治生活中发扬社会主义民主的重要形式，人民政协积极投身建立新中国、建设新中国、探索改革路、实现中国梦的伟大实践，走过了辉煌的历程，建立了历史的功勋。

“人民政协创造了辉煌的历史”，“是实现国家富强、民族振兴、人民幸福的重要力量”，在庆祝中国人民政治协商会议成立65周年大会上，习近平总书记回顾了人民政协建立和发展的历程，高度评价了人民政协的重要作用，为我们在新起点上做好人民政协工作、发展社会主义协商民主，指明了正确方向。

“履不必同，期于适足；治不必同，期于利民。”判断一种制度的优劣，一个重要方面就是看它能不能调动和汇集最广泛的智慧和力量。无论是党的重大决策部署，还是国家经济社会发展规划的制定；无论是关系国计民生的重大工程上马，还是政府各项重要政策的出台、各领域改革的推进……在65年光辉岁月中，我们党准确把握人民政协的性质定位，围绕党和国家中心工作，充分发挥人民政协政治协商、民主监督、参政议政的作用。可以说，人民政协与共和国的脉搏，始终一起跳动。我们国家的经济繁荣、民主发展、社会和谐、人民幸福和祖国统一，人民政协的作用不可替代。事实证明，这一制度有利于广泛凝聚共识、有利于不断增进团结，是适合中国国情、具有鲜明中国特色的制度安排。

人民政协事业要沿着正确方向发展，就必须毫不动摇坚持中国共产党的领导。从提出“长期共存、互相监督、肝胆相照、荣辱与共”的十六字方针，到“中国共产党领导的多党合作和政治协商制度将长期存在和发展”写入宪法，再到强调充分发挥人民政协作为协商民主重要渠道作用，党的领导是人民政协事业发展进步的根本保证。我们党高度重视人民政协工作、不断巩固和完善协商民主，就是为了发扬民主、集思广益，就是为了统一思想、凝聚共识，就是为了科学决策、民主决策。一句话，就是为了实现人民当家作主。

65年前，中国人民政治协商会议第一届全体会议上，毛泽东同志曾说：我们有一个共同的感觉，这就是我们的工作将写在人类的历史上。如今，新一轮改革大潮已经起势，历史接力棒交到了我们这一代人手中。坚持党的领导、人民当家作主、依法治国有机统一，不断健全社会主义协商民主制度，让社会主义民主充满生机活力，人民政协就一定能创造更加辉煌的未来。

（2014年9月22日《人民日报》）

人民政协是人民民主的重要形式

——二论贯彻习近平在人民政协成立65周年大会讲话精神

本报评论员

“名非天造，必从其实”，实现民主的形式是丰富多样的。发展社会主义民主，不仅需要完整的制度程序，而且需要完整的参与实践。

“人民政协是人民民主的重要形式”，“推动实现广泛有效的人民民主”，习近平总书记在庆祝中国人民政治协商会议成立65周年大会上，深刻阐明了人民政协在社会主义民主政治建设中的重要地位和作用，为我们进一步做好人民政协工作、充分发扬人民民主，提供了思想遵循和行动指南。

人民民主是社会主义的生命。中国共产党领导人民实行人民民主，就是保证和支持人民当家作主。在中国，人民通过选举、投票行使权利和人民内部各方面在重大决策之前进行充分协商，尽可能就共同性问题取得一致意见，是中国社会主义民主的两种重要形式。人民政协以宪法、政协章程和相关政策为依据，以中国共产党领导的多党合作和政治协商制度为保障，集协商、监督、参与、合作于一体，是社会主义协商民主的重要渠道。

有事好商量，众人的事情由众人商量，找到全社会意愿和要求的最大公约数，是人民民主的真谛。65 年来，人民政协牢牢把握团结和民主两大主题，充分发挥代表性强、联系面广、包容性大的优势，推动各种社会力量为社会主义现代化事业团结奋斗，在我国政治生活中发挥了不可替代的重要作用。实践证明，人民政协既坚持党的领导，又发挥了各方面积极作用；既坚持了人民主体地位，又贯彻了民主集中制；既坚持了人民民主原则，又贯彻了团结和谐的要求，它丰富了民主的形式、拓展了民主的渠道、加深了民主的内涵，是实现人民当家作主的重要制度保障。

发展社会主义民主只有进行时，没有完成时。做好人民政协的工作，必须坚持发扬社会主义民主。“大厦之成，非一木之材也；大海之阔，非一流之归也。”作为国家治理体系的重要组成部分，新形势下，人民政协要适应推进国家治理体系和治理能力现代化的要求，坚持改革创新精神，推进人民政协理论创新、制度创新、工作创新，丰富民主形式，畅通民主渠道，有效组织各党派、各团体、各民族、各阶层、各界人士共商国是，推动实现广泛有效的人民民主。

我们的目标越伟大，我们的任务越艰巨，我们的责任越重大，就越需要汇聚起全民族智慧和力量，就越需要广泛凝聚共识、不断增进团结。当前，改革开放正向纵深推进，深水区改革尤需全社会心往一处想、劲往一处使。谱写人民政协事业新篇章，实现人民民主的新发展，我们就能最大限度调动一切积极因素，团结一切可以团结的人，汇聚起共襄伟业的强大力量。

（2014 年 9 月 23 日《人民日报》）

协商民主是社会主义民主政治的特有制度

——三论贯彻习近平在人民政协成立 65 周年大会讲话精神

本报评论员

不同的国家，有不同的民主实现形式。协商民主，就是中国人民创造的重要民主形式，成为人民民主的重要实现途径。

“协商民主是中国社会主义民主政治中独特的、独有的、独到的民主形式”，在庆祝中国人民政治协商会议成立 65 周年大会上，习近平总书记着眼源远流长的中华优秀政治文化，着眼我国革命、建设、改革的实践和创造，深刻揭示了协商民主的丰富内涵，为我们更好发挥协商民主的独特优势提供了基本遵循。

人民当家作主，从来都不是一句空话。人民是否享有民主权利，要看人民是否在选举时有投票的权利，也要看人民在日常政治生活中是否有持续参与的权利；要看人民有没有进行民主选举的权利，也要看人民有没有进行民主决策、民主管理、民主监督的权利。让人民当家作主，必须落实到国家政治生活和社会生活之中。

社会主义协商民主，正是这样一种既体现完整制度程序又实现完整参与实践的民主形式。在我们这个人口众多、幅员辽阔的社会主义国家，治国理政时在人民内部各方面进行广泛商量，发扬民主、集思广益，统一思想、凝聚共识，实现科学决策、民主决策，正是人民当家作主的具体体现。选举民主和协商民主相互补充、相得益彰，共同构成了中国社会主义民主政治的制度特点和优势。

“名非天造，必从其实。”民主不是用来装点门面的花瓶，而是要真正解决人民要解决的问题。65年来，在中国共产党的领导下，人民政协广泛听取意见建议，广泛接受批评监督，杜绝了不同政治力量排斥异己、相互倾轧的恶性竞争，克服了决策中情况不明、自以为是的弊端，广泛形成人民群众参与各层次管理和治理的机制，凝聚起推进社会进步的智慧和力量。协商民主在中国的成功实践丰富了民主的形式、拓展了民主的渠道、加深了民主的内涵，为人类文明作出了自己的独到贡献。

我们说协商民主有着独特优势，就在于协商民主是实实在在的而不是做样子的，是全方位的而不是局限在某个方面的，是全国上上下下都要做的而不是局限在某一层级的。以人民群众作为社会主义协商民主的重点，协商于决策之前和决策之中，既尊重多数人的意愿，又照顾少数人的合理要求，使这种广泛商量的过程，成为实现人民当家作主的过程，这正是协商民主的生命所在。65年来的伟大实践充分表明，协商民主富有深厚的文化基础、理论基础、实践基础、制度基础，是让人民参与国家生活和社会生活管理的有效途径。

“以天下之目视，则无不见也；以天下之耳听，则无不闻也；以天下之心虑，则无不知也。”人民政协65年的光辉历程已经载入史册，中华民族的美好未来需要全体中华儿女同心开创。坚持党的领导，不断拓展协商渠道，丰富协商形式，我们就一定能够开拓协商民主更为广阔的发展前景，激发社会主义民主的强大正能量。

（2014年9月24日《人民日报》）

2014 年大事记

1 月

5 日，俞正声主席在京出席全国统战部长会议并讲话。

7 日，受俞正声主席委托，杜青林副主席主持召开中共政协第十二届全国委员会第六次党组会议。主要议题为：学习讨论习近平总书记在全国政协新年茶话会上的讲话精神；审议中共政协全国委员会党组 2014 年度工作要点。张庆黎、李海峰、陈元、卢展工、周小川、王家瑞、王正伟、马飚副主席出席。

7 日至 9 日，教科文卫体委员会组织部分委员赴广东就“现代社会文化组织在促进文化繁荣发展中的作用”进行考察。

8 日，张庆黎副主席兼秘书长主持召开政协第十二届全国委员会第六次秘书长会议。主要议题为：审议政协第十二届全国委员会常务委员会第四次会议议程（草案）和日程（草案）；审议政协全国委员会常务委员会工作报告（草案）；审议政协全国委员会常务委员会关于政协十二届一次会议以来提案工作情况的报告（草案）；审议政协全国委员会办公厅关于 2013 年委员视察、考察工作情况的报告（草案）；审议政协全国委员会办公厅关于 2013 年反映社情民意信息工作情况的报告（草案）。

9 日，俞正声主席主持召开政协第十二届全国委员会第六次双周协商座谈会，围绕“核电和清洁能源发展”建言献策。马培华副主席，万钢、王计、王明弹、王炳华、刘汉元、刘炳江、李子颖、李河君、郝远、贺禹委员和专家学者张国宝、何祚庥、王玉庆发言；国家发展和改革委员会副主任、国家能源局局长吴新雄应邀到会介绍有关情况；环境保护部核安全总工程师、国家核安全局副局长刘华，水利部副部长胡四一，中国工程院副院长谢克昌与委员们协商交流。杜青林、张庆黎、陈元、王钦敏副主席，孙怀山（常务）、仝广成、张秋俭副秘书长，办公厅研究室主任刘佳义，经济委员会主任周伯华、驻会副主任侯建民，中国地震局副局长阴朝民，有关委员和专家学者出席。

10 日，卢展工副主席率社会和法制委员会“建筑工人工伤维权有关问题”专题调研组在京调研。社会和法制委员会主任孟学农、驻会副主任顾伯平参加。

14 日，俞正声主席主持召开政协第十二届全国委员会第十一次主席会议。主要议题为：通报中共政协全国委员会党组 2014 年工作要点；审议政协第十二届全国委员会第二次会议议程（草案）和日程（草案）；审议关于撤销黄峰平等 3 人政协第十二届全国委员会委员资格、免去杨刚经济委员会副主任职务的决定（草案）；审议政协全国委员会重点提案遴选与督办办法（修订草案）；审议全国政协 2014 年双周协商座谈会安排（稿）；书面审议政协全国委员会 2013 年度对外交往工作总结（稿）；书面审议政协全国委员会办公厅关于 2013 年委员视察、考察工作情况的报告（草案）；书面审议政协全国委员会办公厅关于 2013 年反映社情民意信息工作情况的报告（草案）；书面审议政协全国委员会各专门委员会2013年工作总结（稿）。杜青林、韩启德、董建华、万钢、林文漪、罗富和、张庆黎、李海峰、陈元、卢展工、马飚、齐续春、陈晓光、马培华、刘晓峰、王钦敏副主席出席。

14日，文史和学习委员会在香港中联办召开全国政协文史资料征集暨香港文史编辑委员会成立会议，商讨本届政协香港地区文史资料征集工作的重点内容和工作方式，研究香港回归20周年史料征编工作的有关问题。王太华主任出席并讲话，王国强副主任主持。方立、林淑仪、谭锦球副主任，香港中联办有关同志出席。

15日至25日，应新西兰政府、瓦努阿图议会和新加坡国会邀请，陈元副主席率代表团离京前往上述三国进行友好访问。提案委员会主任孙淦、张秋俭副秘书长、提案委员会副主任李宏等参加。

16日，中共政协全国委员会党组召开十二届七次党组会议，传达学习习近平总书记在中纪委十八届三次全委会上的重要讲话和全会精神，研究贯彻落实意见。党组书记俞正声主持并讲话。党组副书记杜青林，党组成员张庆黎、李海峰、卢展工、马飚等出席并发言。

16日，文史和学习委员会在澳门中联办召开全国政协文史资料征集暨澳门文史编辑委员会成立会议，商讨本届政协澳门地区文史资料征集工作的重点内容和工作方式，研究澳门回归15周年史料征编工作的有关问题。

18日，文史和学习委员会与中国新闻文化促进会在机关共同举办《体认当代中国价值观念　弘扬中华民族文化精神》专题学习座谈会。卢展工副主席出席。

18日至27日，文史和学习委员会副主任龙新民率委员会代表团一行赴墨西哥、秘鲁就文化遗产的保护和利用开展专题调研。

19日，李海峰副主席在中国政协文史馆出席《永远的怀念——纪念邓颖超诞辰110周年书画展》开幕式。

20日至22日，人口资源环境委员会副主任李成玉率“全国木材战略储备基地建设情况”考察组赴广西考察。

21日，已故知名人士和党外全国政协委员夫人2014年春节茶话会在政协礼堂举行。俞正声主席，李海峰、齐续春、马培华副主席出席。杜青林副主席讲话。张庆黎副主席兼秘书长主持。

21日，民族和宗教委员会与中央统战部、全国人大民委、国家民委、北京市政府在人民大会堂联合举办首都各民族人士迎春茶话会。全国政协副主席、国家民委主任王正伟出席并讲话，马飚副主席主持，白立忱、阿不来提·阿不都热西提同志出席，民族和宗教委员会主任朱维群、王胜洪副秘书长、民族和宗教委员会副主任陈广元以及在京部分少数民族界委员和各民族人士约600人参加。

23日，全国政协机关召开党的群众路线教育实践活动总结大会，张庆黎副主席兼秘书长出席并讲话，充分肯定机关教育实践活动所取得的成绩，强调要把活动的阶段性成果作为经常性作风建设新的起跑线，加强学习、在深化认识上下功夫，强化措施、在整改落实上下功夫，建章立制、在建立长效机制上下功夫，不断巩固和扩大教育实践活动成果。

24日，俞正声主席出席2014年对台工作会议并作重要讲话。港澳台侨委员会驻会副主任马健参加。

2月

7日，张庆黎副主席兼秘书长主持召

开政协第十二届全国委员会第十六次秘书长办公会议。主要议题为：研究 2014 年度全国政协对外交往计划（稿）；审议全国政协信息特邀委员的聘请和活动办法（草案）；研究政协十二届二次会议全体会议旁听工作安排方案（草案）。

12 日，提案委员会在机关召开各民主党派中央和全国工商联提案工作座谈会，孙淦主任出席并讲话。王国卿副主任主持并通报全国政协十二届一次会议以来各民主党派中央和全国工商联提案办理工作情况，各民主党派中央和全国工商联交流拟提交全国政协十二届二次会议提案的准备情况及对加强和改进提案工作的意见和建议。徐辉、赖明副主任，各民主党派中央和全国工商联有关负责同志出席。

15 日至 18 日，教科文卫体委员会、文史和学习委员会共同组织部分委员就“促进基本公共文化服务均等化”专题赴山东进行考察。

16 日至 19 日，社会和法制委员会“建筑工人工伤维权有关问题”专题调研组赴江苏调研。卢展工副主席率队。

17 日，党组书记俞正声主持召开中共十二届全国政协党组第十次会议，传达学习习近平总书记近期对政协工作重要指示精神。党组副书记杜青林，党组成员张庆黎、李海峰、陈元、马飚出席。

17 日，俞正声主席在政协礼堂会见应全国政协邀请访华的西班牙参议院第一副议长卢卡斯。

17 日至 20 日，杜青林副主席赴新疆调研，民族和宗教委员会驻会副主任邓宗良参加。

18 日，林文漪副主席在京会见台湾功文文教基金会董事长赵文瑜女士一行。台盟中央副主席黄志贤参加。

18 日，张庆黎副主席兼秘书长在机关会见应中联部邀请访华的老挝人民革命党中央委员、沙拉湾省委书记兼省长坎本·东班亚。

18 日，提案委员会在机关召开提案工作情况通气座谈会，向新闻媒体通报政协十二届一次会议以来的提案工作情况，交流提案办理情况，提供报道线索，听取对提案宣传工作的意见建议。

18 日至 21 日，社会和法制委员会“安全生产与《安全生产法》修订”专题组赴山西调研，季允石副主任率队。

20 日，俞正声主席主持召开政协第十二届全国委员会第十二次主席会议。主要议题为：传达习近平总书记的重要讲话精神；审议政协全国委员会常务委员会工作报告（草案）；审议政协全国委员会常务委员会关于政协十二届一次会议以来提案工作情况的报告（草案），确定报告人；审议政协第十二届全国委员会第二次会议各次全体会议执行主席和主持人名单（草案）；审议关于撤销刘迎霞政协第十二届全国委员会委员资格的决定（草案）；审议政协第十二届全国委员会专门委员会副主任增补名单（草案）；听取政协第十二届全国委员会第二次会议和政协第十二届全国委员会常务委员会第四次会议筹备工作情况的汇报。杜青林、韩启德、万钢、罗富和、何厚铧、张庆黎、李海峰、陈元、卢展工、王正伟、马飚、齐续春、陈晓光、马培华、刘晓峰、王钦敏副主席出席。全国政协副秘书长，各专委会负责人、驻会副主任，政协理论研究会常务副会长，政协十二届二次会议秘书处有关工作组、政协十二届常委会第四次会议各工作组负责人列席。

20 日至 22 日，社会和法制委员会“建筑工人工伤维权有关问题”专题调研组在湖南调研。

23 日，俞正声主席在政协礼堂与越南祖国阵线中央委员会主席阮善仁举行会谈。会谈结束后，俞正声主席与阮善仁主席共同见证张庆黎副主席兼秘书长代表中方与越方签订《中国人民政治协商会议全国委员会与越南祖国阵线中央委员会2014至2019年合作规划备忘录》。王胜洪副秘书长、外交部副部长刘振民、外事委员会副主任周文重以及越南驻华大使阮文诗等参加上述活动。

24日，张庆黎副主席兼秘书长主持召开政协第十二届全国委员会第十七次秘书长办公会议。主要议题为：研究中央领导同志到委员小组参加讨论、共商国是活动安排办法（稿）；研究关于全国政协十二届二次会议期间会外活动的安排意见（稿）；研究2014年度全国政协赴台交流计划（稿）和赴港澳交流计划（稿）；研究全国政协办公厅因公临时出国经费管理办法（草案）；研究全国政协办公厅会议费管理办法（草案）。

25日，俞正声主席在人民大会堂会见应国务院总理李克强邀请访华的特立尼达和多巴哥总理比塞萨尔。王胜洪副秘书长参加会见。

25日，提案委员会在京召开第六次全体会议，通报国务院第38次常务会议研究人大建议和政协提案办理工作情况，审议《提案委员会2013年工作总结（草案）》和《全国政协十二届二次会议提案工作方案（草案）》。韩启德、马飚副主席出席并讲话，孙淦主任主持。

26日，政协第十二届全国委员会常务委员会第四次会议开幕会举行。俞正声主席主持。杜青林副主席传达了习近平总书记近期对政协工作的重要指示精神。主要议题为：审议通过政协第十二届全国委员会常务委员会第四次会议议程；审议通过关于召开政协第十二届全国委员会第二次会议的决定；听取关于政协全国委员会常务委员会工作报告（草案）起草情况的说明；听取关于政协全国委员会常务委员会关于政协十二届一次会议以来提案工作情况的报告（草案）起草情况的说明；听取关于政协第十二届全国委员会第二次会议议程（草案）和日程（草案）的说明。韩启德、董建华、林文漪、罗富和、何厚铧、张庆黎、李海峰、陈元、卢展工、周小川、王家瑞、王正伟、马飚、齐续春、陈晓光、马培华、刘晓峰、王钦敏副主席和常委共293人出席。中共中央办公厅、国务院办公厅负责同志，不是常委的地方政协主席、全国政协副秘书长、各专门委员会负责人、办公厅研究室主任列席。

27日，俞正声主席主持召开政协第十二届全国委员会第十三次主席会议，听取政协第十二届全国委员会常务委员会第四次会议各小组讨论情况的汇报。杜青林、韩启德、董建华、万钢、罗富和、何厚铧、张庆黎、李海峰、陈元、卢展工、王家瑞、王正伟、马飚、齐续春、陈晓光、马培华、刘晓峰、王钦敏副主席出席。全国政协副秘书长、各专委会负责人、办公厅研究室主任，政协十二届常委会第四次会议各小组一位召集人和各工作组负责人列席。

28日，政协第十二届全国委员会常务委员会第四次会议闭幕会举行。俞正声主席出席并作重要讲话。杜青林副主席主持。主要议题为：通过政协第十二届全国委员会第二次会议议程（草案）和日程（草案）；通过政协全国委员会常务委员会工作报告（草案）；通过政协全国委员会常务委员会关于政协十二届一次会议以来提案工作情况的报告（草案）；通过政协第十二届全国委员会第二次会议秘书长、副秘书长名单；通过政协第十二届全国委员会专门委员会副主任增补名单；追认关于撤销黄峰平等4人政协第十二届全国委员会委员资格的决定和关于免去杨刚政协第十二届全国委员会经济委员会副主任职务的决定。韩启德、董建华、万钢、罗富和、何厚铧、张庆黎、李海峰、卢展工、周小川、王家瑞、王正伟、马飚、齐续春、陈晓光、马培华、刘晓峰、王钦敏副主席和常委共 280 人出席。中共中央办公厅、国务院办公厅负责同志，不是常委的地方政协主席、全国政协副秘书长、各专门委员会负责人、办公厅研究室主任、中央统战部副部长列席。

闭幕会后举办常委会第三次学习讲座，俞正声主席主持，商务部部长高虎城应邀作《贯彻落实三中全会精神，加快完善现代市场体系》的报告。

28 日，杜青林、张庆黎、周小川、王正伟副主席在京出席中央全面深化改革领导小组第二次会议。

28 日，林文漪副主席在人民大会堂出席纪念“三八”国际妇女节暨全国三八红旗手（集体）表彰大会。

3 月

2 日，全国政协十二届二次会议新闻发布会在人民大会堂新闻发布厅举行。大会新闻发言人吕新华向中外媒体 600 多名记者介绍本次大会有关情况，回答中外记者提问。

3 日，政协第十二届全国委员会第二次会议开幕会在人民大会堂举行。俞正声主席代表政协第十二届全国委员会常务委员会作工作报告，韩启德副主席代表政协第十二届全国委员会常务委员会作关于政协十二届一次会议以来提案工作情况的报告，杜青林副主席主持会议。帕巴拉·格列朗杰、董建华、万钢、林文漪、罗富和、何厚铧、张庆黎、李海峰、陈元、卢展工、周小川、王家瑞、王正伟、马飚、齐续春、陈晓光、马培华、刘晓峰、王钦敏和十二届全国政协委员共 2173 人出席。

党和国家领导人习近平、李克强、张德江、刘云山、王岐山、张高丽、马凯、王沪宁、刘延东、刘奇葆、许其亮、孙春兰、孙政才、李建国、李源潮、汪洋、张春贤、范长龙、孟建柱、赵乐际、胡春华、栗战书、郭金龙、韩正、赵洪祝、杨晶、王胜俊、陈昌智、严隽琪、王晨、沈跃跃、吉炳轩、张平、向巴平措、艾力更·依明巴海、万鄂湘、张宝文、陈竺、常万全、杨洁篪、郭声琨、王勇、周强、曹建明，全国人大常委会办公厅、国务院办公厅负责同志参加开幕会并在主席台就座。中共中央和国务院 45 个有关部门负责同志、部分海外侨胞列席。外国驻华使节、新闻官旁听。

4 日，中共中央总书记、国家主席、中央军委主席习近平，中共中央政治局常委、全国政协主席俞正声到友谊宾馆参加少数民族界委员联组讨论、共商国是活动。习近平总书记作重要讲话。

4 日，中共中央政治局常委、国务院总理李克强到北京铁道大厦参加经济、农业界委员联组讨论、共商国是活动并作重要讲话。

4 日，中共中央政治局常委、全国人大常委会委员长张德江到北京饭店参加香港、澳门界委员联组讨论、共商国是活动并作重要讲话。

4 日，中共中央政治局常委、全国政协主席俞正声到北京国际饭店参加教育界委员联组讨论、共商国是活动并作重要讲话。

4 日，中共中央政治局常委、中央书记处书记刘云山到建银饭店参加社科、新闻出版界委员联组讨论、共商国是活动并作重要讲话。

4 日，中共中央政治局常委、中央纪委书记王岐山到北京会议中心参加民盟、民进委员联组讨论、共商国是活动并作重要讲话。

4日，中共中央政治局常委、国务院副总理张高丽到北京国际饭店参加体育、医卫界委员联组讨论、共商国是活动并作重要讲话。

5日，十二届全国人大二次会议开幕会在人民大会堂举行，听取国务院总理李克强作政府工作报告。全国政协委员列席。

6日，中共中央政治局常委、全国政协主席俞正声到昆泰酒店参加致公、无党派、侨联界委员联组讨论、共商国是活动并作重要讲话。

6日，李海峰副主席在人民大会堂出席纪念“三八”国际妇女节中外妇女招待会。

6日，全国政协十二届二次会议首场记者会在人民大会堂新闻发布厅举行。主题是：政协委员谈深化改革推动经济持续健康发展。两会新闻报道组组长、副秘书长张秋俭主持，两会新闻报道组组长、副秘书长王胜洪出席。周伯华、厉以宁、陈锡文、杨凯生、李彦宏委员就宏观经济形势、深化经济体制改革、三农问题、金融改革、互联网金融等热点问题回答记者提问。200多位中外记者参加。

7日，政协十二届二次会议第二次全体会议在人民大会堂举行。中共中央政治局常委、全国政协主席俞正声，中共中央书记处书记、全国政协副主席杜青林出席。全国政协副主席万钢主持。钱克明、王光谦、马蔚华、林毅夫、张基尧、索朗多吉、卢柯、李毅中、徐冠巨、蔡威、王文彪、张世平、吴江、刘振亚、刘明康、迟福林委员先后围绕经济建设和生态文明建设主题作大会发言。全国政协副主席韩启德、帕巴拉·格列朗杰、罗富和、张庆黎、李海峰、陈元、卢展工、周小川、王家瑞、王正伟、马飚、齐续春、陈晓光、马培华、刘晓峰、王钦敏和十二届全国政协委员共2080人出席。中共中央政治局委员、国务院副总理汪洋，国务院39个部门的负责同志应邀参加。

7日，全国政协十二届二次会议第二场记者会在梅地亚两会新闻中心举行。主题是：政协委员谈推进人民政协协商民主建设。卞晋平、刘佳义、赖明、李东东委员就推进协商民主广泛多层制度化建设、加强提案办理协商、开展界别协商活动、运用新媒体手段宣传政协工作等问题回答记者提问。近200位记者参加。

8日，政协十二届二次会议第三次全体会议在人民大会堂举行。中共中央政治局常委、全国政协主席俞正声，中共中央书记处书记、全国政协副主席杜青林出席。全国政协副主席林文漪主持。郭承真、程津培、何丕洁、孟晓驷、张廷皓、吴晓青、布娲鹣·阿布拉、严俊、蒋作君、苏士澍、沈中阳、黎振强、徐旭东、姚爱兴、饶子和委员先后围绕社会建设和文化建设主题作大会发言。中共中央政治局委员、中央书记处书记刘奇葆，国务院39个部门的负责同志应邀参加。

8日，提案委员会在政协礼堂召开“发挥市场决定性作用和更好发挥政府作用，积极化解产能过剩”提案办理协商会。韩启德副主席出席并讲话，孙淦主任主持。与会民主党派代表、政协委员代表，提案委员会、经济委员会、人口资源环境委员会、社会和法制委员会、外事委员会负责同志，围绕会议主题，与各提案承办单位进行协商沟通。

9日，政协十二届二次会议第四次全体会议在人民大会堂举行。中共中央政治局常委、全国政协主席俞正声，中共中央书记处书记、全国政协副主席杜青林出席。田惠光、付志方、杨元庆、朱维群、王全书、郑建闽、刘汉铨、王明方、庄聪生、汤维建、贺军科、李钺锋、周文彰、王国庆、李滨生、朱永新委员先后围绕政治建设和统战政协工作主题作大会发言。韩启德、帕巴拉·格列朗杰、罗富和、何厚铧、张庆黎、李海峰、陈元、卢展工、周小川、王家瑞、王正伟、齐续春、陈晓光、马培华、刘晓峰、王钦敏副主席和十二届全国政协委员共2085人出席。中共中央政治局委员、中央书记处书记赵乐际，以及国务院38个部门的负责同志应邀参加。

9日，全国政协十二届二次会议第三场记者会在梅地亚两会新闻中心举行。主题是：政协委员谈保障和改善民生促进社会公平正义。冯骥才、秦大河、徐辉、钟秉林、刘玉树委员就文化、教育、就业和社会保障、医卫、生态环境保护等问题回答记者提问。200多位记者参加。

10日，十二届全国人大二次会议第三次全体会议在人民大会堂举行，听取最高人民法院院长周强作最高人民法院工作报告、最高人民检察院检察长曹建明作最高人民检察院工作报告。全国政协委员列席。

11日，政协第十二届全国委员会常务委员会第五次会议举行。俞正声主席主持。主要议题为：通过政协第十二届全国委员会第二次会议关于常务委员会工作报告的决议（草案）；审议通过政协第十二届全国委员会提案委员会关于政协十二届二次会议提案审查情况的报告（草案）；通过政协第十二届全国委员会第二次会议政治决议（草案）。杜青林、韩启德、帕巴拉·格列朗杰、董建华、万钢、林文漪、罗富和、何厚铧、张庆黎、李海峰、陈元、卢展工、周小川、王家瑞、王正伟、马飚、齐续春、陈晓光、马培华、刘晓峰、王钦敏副主席和常委共309人出席。不是常委的政协十二届二次会议副秘书长、专委会副主任、地方政协主席和部分委员小组负责人列席。

11日，俞正声主席主持召开政协第十二届全国委员会第十四次主席会议。主要议题为：听取政协第十二届全国委员会第二次会议分组会议情况的综合汇报；审议政协第十二届全国委员会第二次会议关于常务委员会工作报告的决议（草案）；审议政协第十二届全国委员会提案委员会关于政协十二届二次会议提案审查情况的报告（草案）；审议政协第十二届全国委员会第二次会议政治决议（草案）。杜青林、韩启德、帕巴拉·格列朗杰、董建华、万钢、林文漪、罗富和、何厚铧、张庆黎、李海峰、陈元、卢展工、王家瑞、王正伟、马飚、齐续春、陈晓光、马培华、刘晓峰、王钦敏副主席出席。政协十二届二次会议副秘书长、各专委会负责人、办公厅研究室主任，政协十二届二次会议秘书处有关工作组负责人列席。

12日，政协第十二届全国委员会第二次会议闭幕会在人民大会堂举行。俞正声主席主持会议并讲话。主要议题为：通过政协第十二届全国委员会第二次会议关于常务委员会工作报告的决议；通过政协第十二届全国委员会提案委员会关于政协十二届二次会议提案审查情况的报告；通过政协第十二届全国委员会第二次会议政治决议。杜青林、韩启德、帕巴拉·格列朗杰、董建华、万钢、林文漪、罗富和、何厚铧、张庆黎、李海峰、陈元、卢展工、周小川、王家瑞、王正伟、马飚、齐续春、陈晓光、马培华、刘晓峰、王钦敏副主席和十二届全国政协委员共2144人出席。

党和国家领导人习近平、李克强、张德江、刘云山、王岐山、张高丽、马凯、王沪宁、刘延东、刘奇葆、许其亮、孙春兰、孙政才、李建国、李源潮、汪洋、张春贤、范长龙、孟建柱、赵乐际、胡春华、栗战书、郭金龙、韩正、赵洪祝、杨晶、王胜俊、陈昌智、严隽琪、王晨、沈跃跃、吉炳轩、张平、向巴平措、艾力更·依明巴海、万鄂湘、张宝文、陈竺、常万全、杨洁篪、郭声琨、王勇、周强、曹建明，全国人大常委会办公厅、国务院办公厅负责同志参加闭幕会并在主席台就座。中共中央和国务院41个有关部门负责同志、部分海外侨胞列席。外国驻华使节、新闻官旁听。

12日，孙中山先生逝世89周年纪念仪式在中山公园中山堂举行。全国政协副主席卢展工，全国人大常委会副委员长、民革中央主席万鄂湘，中共中央统战部副部长林智敏，北京市副市长程红，民革北京市委会主委傅惠民先后代表全国政协、民革中央、中共中央统战部、北京市政府、民革北京市委会向孙中山先生塑像敬献花篮。全国政协副主席、民革中央常务副主席齐续春主持仪式。全国人大常委会副委员长陈昌智、严隽琪、陈竺，全国政协副主席万钢、罗富和、马培华，何鲁丽、周铁农、厉无畏、陈宗兴同志，全国政协副秘书长孙怀山（常务）、黄志贤、何丕洁、何维、邵鸿、刘家强及部分在京参加全国两会的代表、委员出席。

17日，张庆黎副主席兼秘书长主持召开政协第十二届全国委员会第十八次秘书长办公会议。主要议题为：听取政协第十二届全国委员会第二次会议关于政协工作意见和建议的汇报；研究2014年全国政协视察调研活动安排计划；审议全国政协办公厅培训费管理办法（草案）；审议全国政协办公厅差旅费管理办法（草案）。

20日，俞正声主席主持召开政协第十二届全国委员会第七次双周协商座谈会，围绕“《安全生产法》修订”建言献策。陈晓光副主席，经济委员会副主任李毅中，王名、成平、汤维建、李建明、李滨生、张明森、周纪昌、赵铁锤、郝国强、侯欣一、施杰、施耀忠、栗甲、梁嘉琨、郭文圣、黄尔梅、甄贞委员和专家学者张兴凯、常纪文发言；国家安全生产监督管理总局局长杨栋梁应邀到会介绍有关情况；住房和城乡建设部副部长王宁、国务院法制办公室副主任袁曙宏与委员们协商交流。张庆黎、卢展工、周小川副主席，孙怀山（常务）、仝广成、张秋俭、刘家强副秘书长，办公厅研究室主任刘佳义，社会和法制委员会主任孟学农，副主任陈冀平、季允石、顾伯平（驻会），国家安全生产监督管理总局副局长杨元元，国务院国有资产监督管理委员会副主任黄淑和及有关委员出席。

20日至26日，以民族和宗教委员会驻会副主任邓宗良为组长的民族工作有关重要问题专题组赴湖南、贵州调研。国家发展和改革委员会、工业和信息化部、国土资源部等部委有关负责同志参加。

21日，张庆黎副主席兼秘书长主持召开政协第十二届全国委员会第十九次秘书长办公会议。主要议题为：研究政协第十二届全国委员会第二次会议关于政协工作的意见和建议。

21日，李海峰副主席在机关会见美国方氏集团董事长、美国“十万强基金会”执行董事方李邦琴女士。

23日至26日，俞正声主席到云南省楚雄彝族自治州武定县（第二批教育实践活动联系点），就开展好党的群众路线教育实践活动进行调研，并在昆明就做好民族宗教有关工作召开座谈会。中央组织部副部长、中央党的群众路线教育实践活动领导小组办公室副主任王秦丰陪同。

24日至25日，全国政协十二届二次会议提案交办会在政协礼堂召开。杜青林副主席出席并讲话，强调在全面深化改革形势下做好提案工作的重要意义；要求各地区各部门统一思想，提高认识，切实增强责任感，认真贯彻落实“两办”《意见》，切实坚持和把握提案办理工作的方向原则，着力推进提案办理工作制度化、规范化、程序化，将提案办理工作与2014年党和国家中心任务相结合，采取切实可行的措施，积极吸收采纳提案中的合理意见建议，充分发挥提案在推动改革发展中的作用。张庆黎副主席兼秘书长主持。

25日，韩启德副主席在京会见世界福州十邑同乡总会访京团。侨办主任裘援平参加。

26日，人口资源环境委员会在机关召开“重点区域大气污染综合防治”座谈会，围绕我国重点区域大气污染成因及具体治理措施进行座谈研讨。罗富和、马培华副主席出席并讲话。

26日至30日，俞正声主席到新疆维吾尔自治区喀什、阿克苏地区和乌鲁木齐市考察调研。王正伟副主席、民族和宗教委员会副主任杜鹰陪同。

31日，俞正声主席在人民大会堂会见经社理事会和类似组织国际协会主席、俄罗斯联邦公众院主席韦利霍夫一行。中国经济社会理事会主席王刚，全国政协常务副秘书长、中国经济社会理事会副主席孙怀山，全国政协副秘书长、中国经济社会理事会副主席王胜洪，外交部副部长程国平，俄罗斯驻华使馆临时代办陶米恒参加。

31日，经济委员会在机关召开“特高压输电建设问题”专题调研座谈会。陈元副主席出席并讲话，周伯华主任主持，石军、侯建民（驻会）副主任以及部分全国政协委员、国家有关部门、专家学者、地方代表参加。

4月

1日，俞正声主席主持召开政协第十二届全国委员会第四次主席办公会议。主要议题为：听取政协十二届二次会议关于政协工作意见和建议的汇报；研究2014年全国政协视察调研安排计划；研究全国政协十二届二次会议重点提案题目和督办方案（草案）。杜青林、韩启德、林文漪、罗富和、张庆黎、李海峰、陈元、卢展工、马飚、陈晓光、马培华、刘晓峰、王钦敏副主席出席。全国政协副秘书长、办公厅研究室主任、各专委会负责人，办公厅研究室和有关局级单位负责人列席。

1日，俞正声主席、杜青林副主席、张庆黎副主席兼秘书长在中国政协文史馆出席周恩来总理铜像捐赠仪式暨参观展览活动。孙怀山（常务）、仝广成、卢昌华、王胜洪、张秋俭、刘家强副秘书长，周恩来总理亲属及身边工作人员代表以及机关党委委员、纪委委员参加。

2日，杜青林副主席在政协礼堂会见以吴耀庭先生为团长的驻美中华总会馆访问团一行。

2日，马飚副主席在河南新郑出席甲午年黄帝故里拜祖大典。

2日，经济委员会“发展特高压输电，优化电力布局”专题组在京调研。陈元副主席，周伯华主任，李毅中、侯建民（驻会）副主任及部分全国政协委员、专家学者参加。

3日，俞正声主席主持召开政协第十二届全国委员会第八次双周协商座谈会，围绕“贯彻落实《全民健身条例》，增强国民身体素质”建言献策。教科文卫体委员会副主任刘敬民、段世杰，刘长铭常委，马继龙、卞志良、白岩松、刘翔、刘凯华、李永波、李国平、杨桦、杨静之、张澍、陈立人、周继红、胡扬、姚明、徐玖平、韩爱萍、曾钫委员和专家学者华以刚、霍建新发言；国家体育总局局长刘鹏应邀到会介绍有关情况；教育部副部长郝平、住房和城乡建设部副部长王宁与委员们协商交流。杜青林、张庆黎副主席，孙怀山（常务）、仝广成、张秋俭副秘书长，办公厅研究室主任刘佳义，教科文卫体委员会驻会副主任常荣军，国家体育总局副局长冯建中，财政部部长助理余蔚平出席。

4日，韩启德、马飚副主席在京出席中国人民争取和平与裁军协会第九届会员团体联席会议暨第二届理事会议。

5日，卢展工副主席在陕西省黄陵县出席甲午年清明公祭轩辕黄帝典礼。

8日，俞正声主席在人民大会堂会见纳米比亚总理根哥布，王胜洪副秘书长参加。根哥布是应国务院总理李克强邀请对我国进行正式访问并出席博鳌亚洲论坛年会。

8日，张庆黎副主席兼秘书长主持召开政协第十二届全国委员会第二十次秘书长办公会议。主要议题为：研究落实政协第十二届全国委员会第二次会议关于政协工作意见和建议的分工方案（草案）；研究中国政协文史资料全文数据库工程方案（草案）。

8日至10日，经济委员会“发展特高压输电，优化电力布局”专题调研组赴河南调研。周伯华主任、侯建民驻会副主任率队。

8日至11日，民族和宗教委员会驻会副主任邓宗良与国家民委负责同志共同率队，赴广西调研民族工作有关问题。国家发展和改革委员会、财政部、工业和信息化部有关负责同志参加。

9日，林文漪副主席在京会见智利华人华侨代表考察团一行。

9日至18日，应缅甸联邦议会、巴林协商会议、约旦参议院邀请，外事委员会主任潘云鹤率代表团赴上述三国访问，王国庆副主任等参加。

9日至18日，文史和学习委员会“农耕文化遗产保护和利用”专题组赴云南、广西调研。卞晋平驻会副主任任组长。陈建功常委、部分委员、有关专家学者参加。

9日至19日，民族和宗教委员会“民族地区优化产业布局问题”调研组赴内蒙古、青海调研。华士飞副主任任组长，杜鹰副主任、甘霖常委任副组长。

10日，俞正声主席在政协礼堂会见泰国公主诗琳通。王胜洪副秘书长参加。

11日，俞正声主席在人民大会堂会见老挝总理通邢。王胜洪副秘书长参加。

13日至18日，教科文卫体委员会“我国大学毕业生创业政策的优化问题”和“深化产教融合、校企合作，加快现代职业教育体系建设”专题组赴上海调研。教科文卫体委员会副主任马德秀参加。

13日至23日，民族和宗教委员会副主任白玛率“宗教教职人员社会保障政策落实情况”专题考察组赴江西、湖北考察。

14日，张庆黎副主席兼秘书长主持召开政协第十二届全国委员会第二十一次秘书长办公会议。主要议题为：审议政协第十二届全国委员会常务委员会第六次会议议程（草案）和日程（草案）；研究政协第十二届全国委员会常务委员会第六次会议参考专题和分题目；研究庆祝人民政协成立65周年相关会议活动安排；通报全国政协口2014年部门预算情况。

15日，经济委员会“加快转变政府职能，完善现代市场体系”专题组在京调研，彭小枫、王永庆、石军副主任参加。

15日至21日，民族和宗教委员会主

任朱维群率“中宗和”参访团赴台进行宗教文化交流，马英林、王正福、王学仁、傅先伟副主任参加。

16日，林文漪副主席在京会见台湾二十一世纪基金会执行长孙明贤一行。台盟中央副主席苏辉参加。

16日至22日，经济委员会“积极发展混合所有制经济”专题组赴江西调研，厉以宁常委、石军副主任率队，颜延龄常委参加。

16日至23日，人口资源环境委员会副主任李成玉率“滩涂开发与保护”专题调研组赴河北、辽宁调研。

17日，俞正声主席主持召开政协第十二届全国委员会第九次双周协商座谈会，围绕“努力破解海外华文教育的瓶颈问题”建言献策。万钢、何厚铧、李海峰副主席，港澳台侨委员会主任杨崇汇、副主任赵阳，李崴、李卓彬、吴晶常委，许琳、陈寒枫、高杰、黄文平、曹鸿鸣、蔡建国委员和专家学者林文肯、章新胜、贾益民、郭熙、雷振刚发言；国务院侨务办公室主任裘援平应邀到会介绍有关情况；外交部副部长张明、教育部副部长杜占元与委员们互动交流。杜青林、张庆黎副主席，孙怀山（常务）、仝广成、蒋作君、张秋俭副秘书长，港澳台侨委员会驻会副主任马健，中华全国归国华侨联合会主席林军出席。

20日至24日，人口资源环境委员会“重点区域大气污染综合防治”调研组赴广东调研。马培华副主席率队，宋海副秘书长，秦大河、钱冠林副主任，吴晓青、宇如聪常委等参加。

20日至26日，教科文卫体委员会“提升原始创新能力，加快推进国家实验室建设”专题组赴山东、辽宁调研。程津培副主任率队，陈小娅、常荣军（驻会）副主任参加。

21日，张庆黎副主席兼秘书长主持召开政协第十二届全国委员会第七次秘书长会议。主要议题为：审议政协第十二届全国委员会常务委员会第六次会议议程（草案）和日程（草案）；研究政协第十二届全国委员会常务委员会第六次会议参考专题和分题目（稿）；通报全国政协近期主要工作情况。

21日，提案委员会主任孙淦率队在京就“北京新机场建设”提案办理情况进行考察。于以胜、王秀峰（驻会）、王国卿副主任，中国民航局局长李家祥，委员会部分委员、提案者代表和国家发展改革委、中国民航局、北京市政府、河北省政府等提案承办单位代表参加。

21日至25日，经济委员会“加快转变政府职能，完善现代市场体系”专题组赴福建调研。彭小枫副主任率队，张左己常委、王永庆副主任及专题组部分成员参加。

21日至27日，人口资源环境委员会“完善生育政策与人口长期均衡发展”专题组赴浙江、重庆调研。罗富和副主席、刘家强副秘书长参加浙江调研，齐让副主任、陈啸宏委员任组长。

21日至29日，文史和学习委员会“推进城镇化进程中加强古村落保护”专题组赴江西、山西调研。卞晋平（驻会）、刘德旺副主任任组长，周国富副主任、韦建桦常委等参加。

22日，马飚副主席在政协礼堂会见应外交学会邀请访华的、以韩国学中央研究院院长李培镕为团长的韩国妇女知名人士代表团。

22日至28日，以港澳台侨委员会副主任梁绮萍为团长，经济委员会副主任石军、港澳台侨委员会驻会副主任马健为副团长的政协委员联谊会交流参访团在台湾参访。

22日至30日，外事委员会“推进21世纪海上丝绸之路建设”专题组在浙江、福建调研。潘云鹤主任率队，王胜洪副秘书长、金学锋驻会副主任参加。

23日，由人口资源环境委员会参与主办的“童眼观生态——全国青少年生态文明教育体验活动”项目启动仪式在河北廊坊举行，贾治邦主任出席并致辞。

23日至26日，港澳台侨委员会副主任华建率“内地居民赴港澳个人游问题”调研组在广东调研。林建岳副主任，苏志佳、王穗明、杨孝华、黄英豪、贺定一委员，以及国家旅游局有关部门负责同志参加。

23日至28日，提案委员会“以提质减负为重点，深化教育教学改革”重点提案调研组赴山东、天津调研。罗富和副主席率队，提案委员会副主任徐辉、王秀峰（驻会），提案党派民进中央专职副主席朱永新及相关负责人，提案人代表及提案委员会部分委员，提案承办单位教育部相关部门负责同志参加。

23日至28日，民族和宗教委员会“民族地区城镇化进程中的就业问题”专题组赴广西调研。朱维群主任任组长，王学仁副主任任副组长。

23日至30日，经济委员会“扩大内陆沿边开放，促进区域经济协调发展”专题组在云南调研。王钦敏副主席率队，岳福洪、李克农、褚平副主任和部分委员，国家发展改革委、商务部有关部门负责同志参加。

24日，李海峰副主席在机关会见著名爱国将领张治中将军之女、清华大学北美教育基金会会长、美国华人社团联合会理事长张素久女士。

24日至27日，教科文卫体委员会“深化产教融合、校企合作，加快现代职业教育体系建设”专题组赴海南调研。李卫红、刘敬民副主任率队。

26日，李海峰副主席在京出席“纪念中国革命先驱李大钊诞辰125周年”红色追忆主题活动。

26日，陈元副主席在京出席坦桑尼亚驻华使馆举办的坦桑尼亚联合共和国成立50周年暨中坦建交50周年招待会。

28日，万钢副主席率教科文卫体委员会“科技型中小企业吸收大学毕业生就业和支持大学毕业生自主创业”专题组在天津调研。

5月

4日，李海峰副主席在京会见法国华侨华人会第15、16届主席林家者先生。

5日，李海峰副主席在政协礼堂会见香港福建社团联会访问团。孙怀山常务副秘书长，港澳台侨委员会副主任楼志豪、马健（驻会）、华建参加。

5日至10日，以刘晓峰副主席为团长，王明明常委、刘家强副秘书长为副团长的无党派人士界委员“发挥专业服务业组织在市场资源配置中的作用”考察团赴福建考察。

5日至11日，提案委员会副主任干以胜率“完善农村土地承包经营权流转制度”重点提案调研组赴安徽、河南调研。王国卿副主任参加。

6日，俞正声主席主持召开政协第十二届全国委员会第十次双周协商座谈会，围绕“确保依法独立公正行使审判权检察权”建言献策。齐续春副主席，陈冀平、彭雪峰常委，施中岩、汤维建、夏先鹏、巩富文、李钺锋、刘红宇、汪利民、李仁真、朱征夫、钟晓渝、陈志列、谢商华、王俊峰委员和专家学者叶赞平发言；最高人民法院常务副院长沈德咏、最高人民检察院常务副检察长胡泽君应邀到会介绍有关情况，并与委员们互动交流。杜青林、张庆黎、卢展工副主席，孙怀山（常务）、刘家强副秘书长，办公厅研究室主任刘佳义，社会和法制委员会主任孟学农和副主任王巨禄、朱孝清、顾伯平（驻会），中央组织部副部长潘立刚，中央机构编制委员会办公室副主任吴知论，中央政法委副秘书长姜伟，民革中央副主席郑建邦，民建中央副主席辜胜阻出席。

6 日，李海峰副主席在京会见全国政协委员、中华慈善总会创始人、香港繁荣集团董事长陈玉书先生一行。

6 日，人口资源环境委员会“完善生育政策与人口长期均衡发展”专题组在北京市通州区调研。贾治邦主任，庄国荣(驻会)、齐让副主任参加。

6 日至 8 日，齐续春副主席率民革中央和人口资源环境委员会联合调研组赴宁夏就黄河上游基础性、控制性水资源配置工程建设问题进行调研。人口资源环境委员会副主任李成玉参加。

6 日至 10 日，教科文卫体委员会“深化产教融合、校企合作，加快现代职业教育体系建设”专题组赴贵州调研。教科文卫体委员会驻会副主任常荣军参加。

6 日至 14 日，民族和宗教委员会“加强农村宗教事务管理”专题组赴新疆维吾尔自治区调研。朱维群主任任组长，周宁委员任副组长。

7 日至 10 日，“积极发展混合所有制经济，扎实推动国有企业完善现代企业制度”特邀常委视察团赴上海视察。张庆黎副主席兼秘书长任团长，经济委员会副主任李毅中、石军任副团长，驻会副主任侯建民任秘书长。

8 日，陈元副主席作为全球经济及气候委员会国际理事会成员，在京与全球经济及气候委员会主席、墨西哥前总统卡尔德隆进行电话会议，就全球经济及气候报告《创造新的自由度》（草案）内容等事宜交换意见。

8 日至 14 日，文史和学习委员会组织中国文史出版社文史资料交流团在台湾参访。王太华主任任团长，卞晋平驻会副主任任副团长。

8 日至 15 日，卢展工副主席率社会和法制委员会“推进养老保险制度并轨，建立更加公平可持续的社会保障体系”专题组赴山西、上海调研。孟学农主任任组长，王巨禄副主任任副组长。

8 日至 16 日，民族和宗教委员会“民族地区职业教育发展问题”专题组赴贵州、湖南调研。华士飞副主任任组长，杜鹃委员任副组长。

9 日，俞正声主席在人民大会堂会见应中国人民对外友好协会邀请访华的日本自民党亚非问题研究会议员代表团。王胜洪副秘书长参加。

9 日，李海峰副主席在京会见中国侨商投资企业协会会长、泰国正大集团董事长谢国民先生一行。

11 日至 12 日，张庆黎副主席兼秘书长率队在山东就“深入推进人民政协协商民主建设”课题进行调研，主持召开座谈会并讲话。

12 日至 15 日，人口资源环境委员会“重点区域大气污染综合防治”专题组赴上海调研。江泽慧副主任率队。

12 日至 15 日，社会和法制委员会“推进政务公开，增强政府公信力”专题组赴湖南调研。季允石副主任率队，陈学亨、顾伯平（驻会）副主任参加。

12 日至 16 日，教科文卫体委员会与国家卫生和计划生育委员会就“《精神卫生法》实施情况”在云南调研。黄洁夫副主任率队。

12 日至 16 日，外事委员会“推进丝绸之路经济带建设”调研组赴陕西调研。

杨多良副主任率队。

13日，教科文卫体委员会副主任邓楠率队在京考察国家现代农业科技城。张秋俭副秘书长、教科文卫体委员会驻会副主任常荣军、人口资源环境委员会副主任齐让、北京市政协副主席傅惠民及部分在京科技、科协界委员参加。

13日至17日，以杜青林副主席为团长的全国政协特邀常委视察团在湖北就“深化产教融合，加快高等职业教育发展”进行视察。全国政协副秘书长、民革中央副主席何丕洁，全国政协副秘书长、民进中央副主席朱永新任视察团副团长。全国政协副秘书长、民革中央副主席刘家强任视察团秘书长。

14日，俞正声主席在政协礼堂会见巴基斯坦参议院主席布哈里。张庆黎副主席兼秘书长、经济委员会主任周伯华、王胜洪副秘书长、外事委员会副主任吕新华、外交部副部长谢杭生以及巴驻华大使哈立德参加。布一行是应俞正声主席邀请访华的。

15日，俞正声主席主持召开政协第十二届全国委员会第十一次双周协商座谈会，围绕“发展特高压输电，优化电力布局”建言献策。陈元副主席，刘振亚常委和钟俊、宁崇瑞、刘吉臻、王抒祥委员，专家学者丁道齐、王仲鸿、曾德文、蒙定中、李立涅发言；国家能源局副局长王禹民应邀到会介绍有关情况，科学技术部副部长曹健林、中国工程院副院长谢克昌、国家电网公司总经理舒印彪互动发言，与委员们协商交流。杜青林、张庆黎副主席，孙怀山（常务）、仝广成、张秋俭副秘书长，经济委员会主任周伯华和副主任李毅中、侯建民（驻会）及相关委员出席。

15日，王家瑞副主席在人民大会堂出席中国国际友好大会暨中国人民对外友好协会成立60周年纪念活动。

16日，张庆黎副主席兼秘书长在人民大会堂参加中央领导同志接见第五次全国自强模范暨助残先进表彰大会受表彰代表活动，并出席随后召开的表彰大会。

16日，全国政协副主席、中俄友协会长陈元在中央电视台出席录制全国友协成立60周年特别节目——《难忘60年》。

16日，马培华副主席在人民大会堂会见应中国人民对外友好协会邀请访华的肯尼亚参议长埃苏罗一行。

16日，港澳台侨委员会组织委员在北京市朝阳区高碑店村参观考察。喻林祥、梁绮萍、吴国祯、陈丽华、马健（驻会）、郑立中、赵阳、华建副主任等参加。

16日，文史和学习委员会副主任龙新民率队就“基本公共文化服务体系建设情况”专题在国家博物馆进行考察并座谈，委员会和新闻出版界部分在京委员参加。

16日至19日，俞正声主席在云南省迪庆藏族自治州调研，并到楚雄彝族自治州武定县（第二批教育实践活动联系点），出席武定县委常委班子专题民主生活会。中央统战部常务副部长张裔炯，中央组织部副部长、中央党的群众路线教育实践活动领导小组办公室副主任王秦丰陪同。

18日至27日，经济委员会副主任彭小枫率团在德国、匈牙利、意大利访问。

19日至24日，经济委员会组织农业界部分委员赴浙江就“农村人居环境建设”专题进行考察。陈锡文常委、范小建委员等率队。

19日至24日，港澳台侨委员会“推动建立两岸文化交流合作机制”专题组在山西、陕西调研。郑立中副主任任组长，梁绮萍、楼志豪副主任任副组长。

19日至25日，提案委员会主任孙淦率“发挥市场决定性作用，化解造船产能过剩，促进海工产业健康发展”重点提案调研组赴辽宁、江苏调研。王国卿、罗平飞副主任参加。

20日，俞正声主席主持召开政协第十二届全国委员会第十五次主席会议。主要议题为：审议政协第十二届全国委员会常务委员会第六次会议议程（草案）和日程（草案）；研究庆祝中国人民政治协商会议成立65周年大会方案（稿）；听取“深化产教融合、校企合作，加快现代职业教育体系建设”专题协商会筹备情况汇报；审议关于撤销宋林政协第十二届全国委员会委员资格的决定（草案）。杜青林、董建华、林文漪、罗富和、何厚铧、张庆黎、李海峰、陈元、卢展工、王家瑞、王正伟、马飚、齐续春、陈晓光、马培华、王钦敏副主席出席。副秘书长、各专委会有关负责人、办公厅研究室主任，政协理论研究会常务副会长，政协十二届常委会第六次会议各工作组负责人列席。

20日至27日，文史和学习委员会“继承与弘扬中国传统文化，加强书院文化研究保护”专题组赴湖南、浙江调研。王太华主任任组长。方立、龙新民、刘德旺、周国富副主任，委员会部分委员及教育部、国家文物局有关部门负责同志参加。

21日至27日，人口资源环境委员会“加强黑土地保护”专题组赴吉林、黑龙江调研。吴双战、王国发副主任率队。

21日至28日，教科文卫体委员会“城镇化进程中的传统文化保护与传承”专题组赴安徽、福建调研。卢展工副主席率队，王全书、常荣军（驻会）副主任参加。

22日，俞正声主席在政协礼堂会见港区省级政协委员联谊会访京团一行，对访京团表示欢迎，对联谊会成立以来所作的贡献给予肯定，对港区政协委员提出希望，并听取委员意见建议。杜青林、张庆黎、李海峰副主席，孙怀山（常务）、仝广成副秘书长，港澳台侨委员会副主任马健（驻会）、华建，香港中联办副主任殷晓静参加。

22日，王钦敏副主席在人民大会堂会见由洪都拉斯国民党、萨尔瓦多马蒂阵线、危地马拉爱国党三党联合组成的中美洲三国政党干部考察团。该团是应中联部邀请访华的。

24日，何厚铧副主席在湖北随州出席甲午年世界华人炎帝故里寻根节开幕式。

25日，齐续春副主席在机关会见应全国政协邀请访华的莫桑比克副议长绍梅拉。王胜洪副秘书长及莫驻华大使伊纳西奥参加。

26日，张庆黎副主席兼秘书长主持召开政协第十二届全国委员会第二十二次秘书长办公会议。主要议题为：研究落实习近平总书记重要批示精神；研究全国政协办公厅承办的政协十二届二次会议提案交办方案；研究政协第十二届全国委员会常务委员会第七次会议参考选题；研究机关办公用房调整方案。

26日至30日，人口资源环境委员会“完善新型城镇化中土地配置与投融资机制”专题组赴山东、江苏调研。郑晖、徐德明副主任率队。

27日，俞正声主席主持召开政协第十二届全国委员会第十二次双周协商座谈会，围绕“化解过剩产能过程中需关注和解决的问题”建言献策。刘明康、李毅中、张震宇常委和朱共山、孙兆学、张建国、胡可一、袁亚非、袁伟霞、贾康、钱学明、郭文圣、秦博勇、舒心委员，专家学者蒋明麟发言；国家发展和改革委员会副主任胡祖才应邀到会介绍情况，工业和信息化部副部长苏波、财政部副部长刘昆、中国钢铁工业协会会长徐乐江、中国石油和化学工业联合会常务副会长李寿生互动发言，与委员们协商交流。杜青林、张庆黎副主席，孙怀山（常务）、仝广成副秘书长，办公厅研究室主任刘佳义，经济委员会主任周伯华和副主任王永庆、侯建民（驻会），专家学者宋晓梧出席。

27 日，俞正声主席在政协礼堂会见莫桑比克副议长绍梅拉。孙怀山（常务）、王胜洪副秘书长，外交部副部长程国平及莫驻华大使伊纳西奥参加。

27 日，马飚副主席在浙江义乌出席中联部与浙江省政府共同举办的中国—西亚北非“未来发展愿景”对话会开幕式并作主旨讲话。开幕式后，马飚副主席会见出席对话会的土耳其副议长雅库特，并与苏丹副总统阿卜杜拉赫曼共植友谊树。

27 日至 6 月 4 日，应加拿大加中议会协会、美国美中政策基金会邀请，刘晓峰副主席率代表团离京对上述两国进行友好访问。卢昌华副秘书长、提案委员会副主任干以胜、辽宁省政协副主席孙远良等参加。

28 日至 29 日，俞正声主席，杜青林、王正伟副主席，王胜洪副秘书长，民族和宗教委员会主任朱维群、副主任邓宗良（驻会）、杜鹰在京出席第二次中央新疆工作座谈会。周小川、王家瑞副主席 28 日全天出席会议。

6 月

1 日，马万祺先生公祭仪式在澳门综艺馆举行。中共中央书记处书记、全国政协副主席、马万祺先生治丧委员会主任杜青林致悼词，全国政协副主席何厚铧主持。全国政协副主席兼秘书长张庆黎，澳门特别行政区行政长官崔世安参加。治丧委员会成员单位有关领导同志孙怀山、林智敏、焦焕成、王光亚、李刚，中央驻澳机构负责人，澳门特区政府主要官员、全国人大代表、全国政协委员以及社会各界代表参加。

3 日，全国政协在政协礼堂召开“深化产教融合、校企合作，加快现代职业教育体系建设”专题协商会。中共中央政治局常委、全国政协主席俞正声主持会议并讲话，中共中央政治局委员、国务院副总理刘延东出席会议并讲话。中共中央书记处书记、全国政协副主席杜青林主持上午的会议。全国政协副主席董建华、万钢、罗富和、张庆黎、王正伟、齐续春、陈晓光、马培华、王钦敏出席会议。27 位委员和专家作发言，中共中央办公厅、国务院办公厅以及有关部门和单位的负责同志到会介绍情况、听取意见，并与委员互动交流。全国政协副秘书长、办公厅研究室主任和各专门委员会负责同志，部分全国政协常委、委员，各民主党派中央、全国工商联和无党派人士界代表，人民政协理论研究会代表，专家学者代表以及机关各室局、企事业单位有关负责同志参加会议。

4 日，张庆黎副主席兼秘书长在政协礼堂会见应中国人民外交学会邀请访华的芬兰第一副议长拉维。人口资源环境委员会副主任李成玉、外事委员会驻会副主任金学锋及芬兰驻华大使古泽森参加。

4 日，王正伟副主席在京会见并宴请来华参加中阿合作共建“一带一路”专题研讨会的阿拉伯国家前政要等人士。专题研讨会由外交部亚非司、中国国际问题研究所联合举办。

4 日至 13 日，文史和学习委员会“老少边穷地区基本公共文化服务标准化、均等化”专题组在青海、贵州进行调研，听取有关情况介绍并座谈，深入市、县、乡、村公共文化服务站（点）开展实地调研，与基层文化工作者和群众进行互动交流。卞晋平（驻会）、龙新民副主任任调研组组长，韦建桦、张海涛常委和部分委员参加。

5日，“推动公共场所禁止吸烟立法——控烟与健康”专题座谈会在政协礼堂举办。韩启德副主席出席并讲话。

5日至7日，张秋俭副秘书长率部分新闻出版界委员，就“加快推动传统媒体和新兴媒体融合发展”专题在上海进行调研。上海市政协副主席周太彤参加有关活动。

5日至12日，卢展工副主席率教科文卫体委员会“构建现代公共文化服务体系”专题组在湖南、内蒙古进行调研，听取有关情况介绍并座谈，深入社区文化中心和乡镇文化站等开展实地调研，与基层文化工作者和群众进行互动交流。教科文卫体委员会驻会副主任常荣军参加。

6日至9日，俞正声主席在湖北省考察。中央统战部副部长、全国工商联党组书记全哲洙陪同。

9日，全国政协办公厅、社会和法制委员会、中国法学会联合在机关召开“依法行政，推进法治政府建设”专题座谈会。杜青林副主席主持并讲话。张庆黎副主席兼秘书长、齐续春副主席出席。孙怀山（常务）、张秋俭、刘家强副秘书长，办公厅研究室主任刘佳义，社会和法制委员会主任孟学农和副主任朱孝清、陈冀平、施芝鸿、顾伯平（驻会），部分委员，最高人民法院、最高人民检察院、公安部、司法部、国务院法制办、中国法学会负责同志，地方政协社会和法制委员会代表，以及部分专家学者等参加。

9日至13日，应香港友好协进会和澳门中华文化联谊会邀请，马培华副主席在香港、澳门出席活动。10日，在澳门出席“庆祝澳门回归十五周年——2014濠江之春暨中国音乐金钟奖艺术家澳门行”大型活动；12日，在香港出席“庆祝香港回归祖国17周年暨香港友好协进会成立25周年”纪念活动。期间，看望何厚铧副主席，拜会澳门特区政府行政长官崔世安，拜访香港、澳门中联办，并与部分港澳全国政协委员座谈。港澳台侨委员会副主任华建参加。

9日至13日，经济委员会“构建新型农业经营体系”专题组赴吉林调研。周伯华主任，岳福洪、闫冰竹副主任和范小建委员率队。

9日至13日，经济委员会“积极发展混合所有制经济”专题组赴江苏调研。李毅中、褚平副主任率队。

9日至13日，教科文卫体委员会与国家卫生和计划生育委员会就“《精神卫生法》实施情况”赴上海调研。黄洁夫副主任率队。

9日至14日，由办公厅与提案委员会联合组织的全国政协委员视察团就“推进农村义务教育学生营养改善计划贯彻实施”赴云南视察。李海峰副主席任团长，仝广成副秘书长、提案委员会副主任王国卿任副团长。

10日，俞正声主席在人民大会堂会见应国务院总理李克强邀请访华的孟加拉国总理哈西娜。王胜洪副秘书长参加。

10日至14日，杜青林副主席赴宁夏、云南调研。民族和宗教委员会驻会副主任邓宗良参加。

11日，由港澳台侨委员会、福建省政协、河南省政协和中国河洛文化研究会共同主办的第十二届河洛文化研讨会在厦门开幕。林文漪副主席出席。港澳台侨委员会主任、中国河洛文化研究会副会长杨崇汇主持。中国河洛文化研究会会长陈云林，港澳台侨委员会副主任梁绮萍，港澳台侨委员会驻会副主任、中国河洛文化研究会副会长马健，以及福建省、河南省、厦门市有关部门负责同志等出席。

11日至18日，人口资源环境委员会代表团在法国、芬兰就“水资源开发与清洁技术利用”专题进行考察。李成玉、庄国荣（驻会）副主任参加。

11日至18日，社会和法制委员会“推动省以下地方法院、检察院人财物统一管理”专题组赴西藏自治区调研。甄砚副主任率队，朱孝清副主任等参加。

12日，俞正声主席主持召开政协第十二届全国委员会第十三次双周协商座谈会，围绕“利用大数据技术提升政府治理能力”建言献策。韩启德副主席，赖明、李玉光常委和马秀珍、王茜、孙洁、吕建、严望佳、李彦宏、李晓明、李心、贺强、郭为、钟章队、蒋耀平、潘建伟、蓝闽波委员，专家学者马云、曹珍富发言；中央网络安全和信息化领导小组办公室主任鲁炜应邀到会介绍有关情况；国家发展和改革委员会副主任徐宪平互动发言，与委员们协商交流。张庆黎、马飚副主席，孙怀山（常务）、张秋俭、邵鸿、刘家强副秘书长，办公厅研究室主任刘佳义，提案委员会主任孙淦、驻会副主任王秀峰，国家统计局副局长徐一帆，工业和信息化部、公安部有关同志出席。

12日至14日，人口资源环境委员会副主任仇保兴率队赴湖北就水泥环保产业发展情况进行调研。

13日至15日，俞正声主席在福建出席第六届海峡论坛大会并考察。中央台办主任张志军陪同。

14日至19日，人口资源环境委员会“进一步加强三北防护林生态屏障建设”调研组赴宁夏、陕西、内蒙古调研。罗富和副主席率队，贾治邦主任、部分委员和国家林业局有关负责同志等参加。

16日，张庆黎副主席兼秘书长主持召开政协第十二届全国委员会第二十三次秘书长办公会议。主要议题为：审议政协第十二届全国委员会常务委员会第七次会议议程（草案）和日程（草案）；研究全国政协办公厅经费使用和报销管理办法（草案）；研究全国政协办公厅外宾接待经费管理办法（草案）；研究全国政协办公厅印刷费管理办法（草案）。

16日至18日，港澳台侨委员会副主任华建率“内地居民赴港澳个人游”专题组在湖北调研。部分委员、国家旅游局有关部门同志参加。

16日至20日，教科文卫体委员会与国家体育总局组成联合调研组，就“构建多元化的全民健身公共服务体系——加强群众体育健身设施建设”专题赴福建调研。段世杰、常荣军（驻会）副主任率队。

17日，俞正声主席在人民大会堂出席纪念黄埔军校建校90周年座谈会并讲话。杜青林副主席出席。

17日，中共中央政治局常委、全国政协主席俞正声在机关会见出席中国经济社会理事会四届一次会议全体与会代表并讲话。全国政协副主席、第四届理事会主席杜青林，十一届全国政协副主席、第三届理事会主席王刚，全国政协副主席兼秘书长张庆黎等出席。

18日，提案委员会在机关召开“金融支持农村土地承包经营权流转”座谈会，干以胜副主任主持。部分提案委员会委员，中国银监会、中国保监会、国家开发银行、中国农业发展银行、中国农业银行、中信信托公司，北京市金融工作局、农商银行，重庆市金融办、农商银行等有关单位负责同志参加。

19日，全国政协副主席、中国人民争取和平与裁军协会副会长马飚在机关会见应中联部邀请访华的韩国新国家党国会议员代表团。

23日，政协第十二届全国委员会常务委员会第六次会议开幕会举行。俞正声主席主持。主要议题为：审议通过政协第十二届全国委员会常务委员会第六次会议议程；听取中共中央政治局委员、国务院副总理汪洋关于《深入贯彻党的十八届三中全会精神，使市场在资源配置中起决定性作用和更好发挥政府作用》的报告。杜青林、韩启德、董建华、万钢、林文漪、罗富和、何厚铧、张庆黎、李海峰、陈元、卢展工、周小川、王家瑞、王正伟、马飚、陈晓光、马培华、刘晓峰、王钦敏副主席和常委共282人出席。中共中央办公厅、中央政策研究室，国务院办公厅、国家发展改革委、教育部、科技部、工业和信息化部、财政部、国土资源部、环境保护部、交通运输部、农业部、商务部、人民银行、国资委、国家工商总局、国务院研究室，不是常委的地方政协主席，全国政协副秘书长、各专门委员会负责人、办公厅研究室主任，中央统战部副部长，中央社会主义学院副院长，人民政协理论研究会常务副会长和信息特邀委员列席。

23日，俞正声主席主持召开政协第十二届全国委员会第十六次主席会议。主要议题为：审议关于免去苏荣政协第十二届全国委员会副主席职务、撤销其全国政协委员资格的决定（草案）；审议政协第十二届全国委员会委员增补名单（草案）和撤销叶万勇政协第十二届全国委员会委员资格的决定（草案）；审议政协第十二届全国委员会副秘书长任免名单（草案）和专门委员会副主任任免名单（草案）。杜青林、韩启德、董建华、万钢、林文漪、罗富和、何厚铧、张庆黎、李海峰、陈元、卢展工、周小川、王家瑞、王正伟、马飚、陈晓光、马培华、刘晓峰、王钦敏副主席出席。中共中央组织部有关负责人，全国政协副秘书长，各专委会主任、驻会副主任，办公厅研究室主任，政协理论研究会常务副会长，政协十二届常委会第六次会议有关工作组负责同志列席。

24日，政协第十二届全国委员会常务委员会第六次会议举行第二次全体会议。主要议题为：大会发言；听取有关人事事项的说明。俞正声主席，杜青林、韩启德、董建华、林文漪、罗富和、何厚铧、张庆黎、李海峰、陈元、卢展工、周小川、王家瑞、王正伟、马飚、陈晓光、马培华、刘晓峰、王钦敏副主席和常委共262人出席。万钢副主席主持。彭小枫、厉以宁、潘功胜、刘凡、李毅中、钱克明、杜鹰、周健民、张来斌、王永庆、潘云鹤、王光谦、吴晓青、周汉民14位常委（委员）先后作口头发言。中共中央办公厅、中央政策研究室、国家发展改革委、教育部、科技部、工业和信息化部、财政部、国土资源部、环境保护部、交通运输部、农业部、商务部、人民银行、国资委、国家工商总局、国务院研究室，不是常委的地方政协主席，全国政协副秘书长、各专门委员会负责人、办公厅研究室主任，中央统战部副部长，中央社会主义学院副院长，人民政协理论研究会常务副会长和信息特邀委员列席。

24日，俞正声主席在政协礼堂会见以吉田忠智党首为团长的日本社民党代表团。全国政协副主席、中联部部长王家瑞，王胜洪副秘书长参加。该团应中国共产党邀请访华。

25日，俞正声主席主持召开政协第十二届全国委员会第十七次主席会议。主要议题为：听取政协第十二届全国委员会常务委员会第六次会议各专题组讨论情况汇报；听取政协第十二届全国委员会常务委员会第六次会议关于人事事项讨论情况汇报。杜青林、韩启德、董建华、林文漪、罗富和、何厚铧、张庆黎、李海峰、陈元、卢展工、周小川、王家瑞、王正伟、马飚、齐续春、陈晓光、马培华、刘晓峰、王钦敏副主席出席。全国政协副秘书长、各专委会负责人、办公厅研究室主任，人民政协理论研究会常务副会长，政协十二届常委会第六次会议各小组召集人和各工作组负责人列席。

25日，政协第十二届全国委员会常务委员会第六次会议举行闭幕会。俞正声主席出席并作重要讲话。杜青林副主席主持。主要议题为：通过关于免去苏荣政协第十二届全国委员会副主席职务、撤销其全国政协委员资格的决定；追认关于撤销宋林、叶万勇政协第十二届全国委员会委员资格的决定；通过政协第十二届全国委员会委员增补名单；通过政协第十二届全国委员会副秘书长任免名单；通过政协第十二届全国委员会专门委员会副主任任免名单。韩启德、董建华、万钢、林文漪、罗富和、何厚铧、张庆黎、李海峰、陈元、卢展工、周小川、王家瑞、王正伟、马飚、齐续春、陈晓光、马培华、刘晓峰、王钦敏副主席和常委共270人出席。中共中央办公厅、中央政策研究室，国务院办公厅、国家发展改革委、教育部、科技部、工业和信息化部、财政部、国土资源部、环境保护部、交通运输部、农业部、商务部、人民银行、国资委、国家工商总局、国务院研究室，不是常委的地方政协主席，全国政协副秘书长、各专门委员会负责人、办公厅研究室主任，中央统战部副部长，中央社会主义学院副院长，人民政协理论研究会常务副会长，信息特邀委员列席。

政协十二届常委会第六次会议闭幕后，举办常委会第四次学习讲座。国务院法制办公室副主任甘藏春应邀作《努力探索中国特色社会主义法治道路》的报告。俞正声主席主持。杜青林、韩启德、林文漪、罗富和、张庆黎、李海峰、卢展工、周小川、王家瑞、王正伟、马飚、齐绪春、陈晓光、马培华、刘晓峰、王钦敏副主席出席。

25日，陈元副主席作为全球经济及气候委员会国际理事会成员，在京与全球经济及气候委员会项目主任杰瑞米·奥本海姆进行电话会议，就全球经济及气候报告最新草案交换意见。

26日，俞正声主席主持召开政协第十二届全国委员会第十四次双周协商座谈会，围绕“大学毕业生创业就业环境优化”建言献策。万钢、陈晓光副主席，刘晓庄、李和平、吴晶、张来斌、徐辉、曹卫星常委和万捷、马德秀、石定果、刘建平、尚绍华、郭大成、郭稳才、俞敏洪、高玉葆、薛卫民委员，专家学者郑功成、张德旺发言；教育部部长袁贵仁应邀到会介绍有关情况，工业和信息化部总工程师朱宏任、人力资源和社会保障部副部长杨志明、国家税务总局副局长张志勇互动发言，与委员们协商交流。杜青林、张庆黎副主席，仝广成、张秋俭副秘书长，教科文卫体委员会主任张玉台、驻会副主任常荣军出席。

26日，马培华副主席在机关会见以全国政协外事委员会副主任卢文端、香港两岸和平发展联合总会会长陈守仁为团长的香港台湾工商文化访问团一行。该团由香港两岸和平发展联合总会、台湾台中商业会、中华文化教育文化经贸促进协会主要负责人组成。港澳台侨委员会驻会副主任马健参加。

26日，外事委员会在机关举办国际形势分析会，学习习近平总书记关于“一带一路”系列讲话精神，重点就推进“丝绸之路经济带”建设建言献策。王家瑞副主席出席并讲话。潘云鹤主任主持，王国庆、杨多良、金学锋（驻会）副主任及委员会和对外友好界部分委员出席。

26日至29日，社会和法制委员会“更好发挥社会组织在社会治理中的作用”专题组赴四川调研。顾伯平驻会副主任任组长。

27日，俞正声主席在人民大会堂会见中国侨商投资企业协会第三届会员代表大会全体代表。港澳台侨委员会副主任赵阳参加。

27日，全国政协副主席、中国人民争取和平与裁军协会副会长马飚在京出席中国人民争取和平与裁军协会年度理事会会议（经济界、文化界）。中联部副部长李进军、全国工商联副主席安七一、全国政协经济委员会副主任陈经纬等参加。

30日至7月4日，社会和法制委员会“推进政务公开，增强政府公信力”专题组赴甘肃调研。季允石副主任率队，陈学亨副主任等参加。

7月

1日至3日，十二届全国政协第二期新任委员学习研讨班在京举行。杜青林副主席出席开班式并讲话。张庆黎副主席兼秘书长主持开班式，出席结业式并作总结讲话。孙怀山（常务）、张秋俭、邓宗良副秘书长，文史和学习委员会主任王太华和副主任卞晋平、方立、陈惠丰（驻会），人口资源环境委员会驻会副主任凌振国，民族和宗教委员会驻会副主任晓敏出席。来自30个省区市、31个界别的近400名京外全国政协委员参加。

1日至9日，提案委员会“关于尽快出台左右江革命老区振兴规划”重点提案调研组赴贵州、云南、广西调研。马飚副主席率队，孙淦主任、干以胜副主任参加。

2日，李海峰副主席在人民大会堂出席丝绸之路经济带媒体合作论坛开幕式。

2日，陈元副主席在京出席中国人民对外友好协会、中国—拉丁美洲和加勒比友好协会共同举办的庆祝中国—委内瑞拉建交40周年招待会。

2日至6日，教科文卫体委员会与教育部、国家卫生和计划生育委员会组成的“医学教育与卫生人才培养的问题与对策”专题组赴山西调研。黄洁夫副主任率队，张秋俭副秘书长参加。

3日，俞正声主席主持召开专题座谈会，围绕“深化司法体制改革，坚持和完善中国特色社会主义司法制度”建言献策。朱孝清、陈冀平、郑建邦、赖明常委和王俊峰、史小红、刘红宇、汤维建、曹义孙、谢朝华、甄贞委员发言；中央政法委秘书长、国务院副秘书长汪永清应邀到会介绍有关情况，最高人民法院党组副书记、常务副院长沈德咏互动发言，与委员们座谈交流。杜青林、张庆黎、齐续春、陈晓光副主席，仝广成、刘家强副秘书长，办公厅研究室刘佳义，社会和法制委员会主任孟学农、驻会副主任顾伯平，提案委员会驻会副主任田杰，中央组织部常务副部长陈希，中央政法委副秘书长姜伟，中编办副主任何建中，公安部政治部主任夏崇源，国家安全部政治部主任苏德良，司法部副部长张苏军，财政部部长助理刘红薇，人力资源和社会保障部副部长杨士秋等出席。

3日至6日，社会和法制委员会副主任甄砚率“更好发挥社会组织在社会治理中的作用”专题组在山东调研。张世平副主任和部分委员参加。

5日至6日，陈元副主席在甘肃兰州出席第二十届中国兰州投资贸易洽谈会、中国—中亚合作对话会开幕式，并参加有关活动。

6日至10日，港区全国政协委员一行50余人赴江苏就产业结构调整主题进行考察，先后在南京、连云港、徐州等地考察地区经济和社会发展、环境保护和生态建设、历史文化保护、苏港两地交流合作等情况。李海峰副主席，港澳台侨委员会副主任华建参加，孙怀山常务副秘书长听取考察团工作情况汇报。刘汉铨常委任考察团团长，外事委员会副主任卢文端和教科文卫体委员会副主任蔡冠深、霍震霆任副团长。

7日，张庆黎副主席兼秘书长主持召开政协第十二届全国委员会第八次秘书长会议。主要议题为：审议政协第十二届全国委员会常务委员会第七次会议议程（草案）和日程（草案），研究政协第十二届全国委员会常务委员会第七次会议参考选题（稿），审议关于违纪违法全国政协委员的处理办法（试行草案），审议政协全国委员会大会发言工作规则（修订草案），通报全国政协近期重点工作。

7日，全国政协副主席、中国—大洋洲友好协会副会长马培华在广州出席由中国人民对外友好协会、澳大利亚中国友好交流协会共同举办的“中澳经济论坛”并致辞。

7日至11日，教科文卫体委员会副主任陈小娅率“建立产学研协同创新机制，强化企业技术创新主体地位”专题组赴江苏调研。程津培副主任、人口资源环境委员会副主任齐让参加。

8日，党组书记俞正声主持召开中共十二届全国政协党组民主生活会，围绕“深入落实八项规定精神，做廉洁从政的表率”开展批评与自我批评，并审议全国政协党组成员廉洁自律若干规定（草案）。党组副书记杜青林，党组成员张庆黎、李海峰、陈元、卢展工、周小川、王家瑞、王正伟、马飚出席。

9日，提案委员会在广西南宁召开“尽快出台左右江革命老区振兴规划”重点提案督办调研座谈会。马飚副主席出席并讲话，孙淦主任主持，中共广西壮族自治区委书记彭清华致辞。广西壮族自治区政府主席陈武、贵州省常务副省长谌贻琴、云南省副省长和段琪分别代表本省区发言。国家发展改革委副主任林念修、国土资源部副部长张少农、交通运输部总工程师周海涛、国务院扶贫办副主任王国良、国家旅游局副局长王志发先后介绍相关政策和下一步工作设想。千以胜副主任，广西壮族自治区、贵州省、云南省有关负责同志以及提案承办单位代表等近120人出席。

10日，俞正声主席主持召开政协第十二届全国委员会第十五次双周协商座谈会，围绕“南水北调中线水源地水质保护”建言献策。马培华副主席，王光谦、印红、朱永新、胡四一、张桃林、张基尧、张震宇常委和马中平、叶冬松、刘炳江、江泽慧、孙丹萍、李长安、李原园、李晓东、杨忠岐委员，专家学者马荣才、王浩、陈天会发言；国务院南水北调办公室主任鄂竟平应邀到会介绍情况，发展改革委副主任朱之鑫互动发言，与委员们协商交流。杜青林、罗富和、张庆黎副主席，副秘书长孙怀山（常务）、仝广成、邓宗良，人口资源环境委员会主任贾治邦、驻会副主任凌振国，环境保护部副部长吴晓青、林业局副局长张永利出席。

14日至21日，外事委员会主任潘云鹤率“推进丝绸之路经济带建设”专题组赴新疆、甘肃调研。王胜洪副秘书长、杨多良副主任及部分委员参加。

16日，上半年宏观经济形势分析座谈会在政协礼堂召开。杜青林副主席，张庆黎副主席兼秘书长，孙怀山（常务）、仝广成副秘书长，办公厅研究室主任刘佳义出席。经济委员会主任周伯华主持，王永庆、石军、刘明康、李克农、李毅中、陈经纬、岳福洪、彭小枫、董大胜、褚平、刘遵义、侯建民（驻会）副主任及部分委员和专家学者参加。

16 日，陈元副主席在政协礼堂会见香港金融服务界代表访京团。

16 日，文史和学习委员会举办十二届全国政协在京委员学习报告会，邀请外交部部长助理刘建超主讲《当前国际形势和我国外交工作》。方立副主任主持。龙新民副主任，民革中央副主席郑建邦，副秘书长何丕洁、刘家强，专委会驻会副主任马健、常荣军、金学锋、凌振国、晓敏、陈惠丰出席。部分在京全国政协委员、北京市政协委员，各民主党派中央、全国工商联有关部门负责同志及政协机关干部 400 余人听取报告。

17 日，俞正声主席主持召开政协第十二届全国委员会第十八次主席会议，审议政协第十二届全国委员会常务委员会第七次会议议程（草案）和日程（草案）、政协第十二届全国委员会专门委员会委员增补名单（草案），听取关于“构建现代公共文化服务体系”专题协商会筹备工作情况汇报、关于全国政协 2014 年上半年主要工作情况汇报。杜青林、韩启德、万钢、林文漪、罗富和、何厚铧、张庆黎、李海峰、陈元、卢展工、王家瑞、王正伟、马飚、齐续春、陈晓光、马培华、刘晓峰、王钦敏副主席出席。副秘书长，办公厅研究室主任，各专委会主任、驻会副主任列席。

17 日，俞正声主席在政协礼堂会见台湾民意代表交流参访团一行。张庆黎、李海峰副主席陪同会见。国务院台办主任张志军，孙怀山（常务）、仝广成副秘书长，港澳台侨委员会副主任郑立中、梁绮萍、卢昌华、马健（驻会）等参加。

18 日至 21 日，俞正声主席在内蒙古自治区考察。全国政协副主席、国家民委主任王正伟，中央统战部常务副部长张裔炯陪同。

21 日，张庆黎副主席兼秘书长主持召开政协第十二届全国委员会第二十四次秘书长办公会议。主要议题为：研究政协全国委员会双周协商座谈会组织服务工作规范（试行稿），通报全国政协机关规章制度清理情况，听取关于全国政协机关赴贵州毕节调研情况的汇报，研究“中宗和”章程（修订草案）及换届有关工作安排，讨论建立机关安检站工作方案。

21 日至 24 日，经济委员会“积极发展混合所有制经济”专题组赴辽宁调研。李毅中、褚平副主任率队。

22 日，“构建现代公共文化服务体系”专题协商会在政协礼堂召开。中共中央政治局常委、全国政协主席俞正声主持并讲话，中共中央政治局委员、中央书记处书记、中央宣传部部长刘奇葆出席并讲话。中共中央书记处书记、全国政协副主席杜青林主持上午的会议。全国政协副主席韩启德、林文漪、张庆黎、李海峰、陈元、卢展工、周小川、王家瑞、马飚、刘晓峰出席会议。27 位政协委员发言。中共中央办公厅、国务院办公厅以及有关部门和单位的负责同志到会听取意见，中央文明办和国务院有关部门负责同志介绍我国公共文化服务体系建设的情况并与委员互动交流。全国政协副秘书长、办公厅研究室主任和各专门委员会负责同志，部分全国政协常委、委员，各民主党派中央、全国工商联和无党派人士界代表，地方政协和专家学者代表以及机关各室局、企事业单位有关负责同志参加会议。

23 日，全国政协副主席、全球经济及气候委员会国际理事会成员陈元在京会见全球经济及气候委员会项目主任奥本海姆，就《全球经济及气候报告》起草及发布事宜交换意见。

23日至27日，教科文卫体委员会与农工党中央“积极推进医养结合型养老护理模式建设”专题联合调研组赴海南调研。何维副秘书长率队。

23日至28日，教科文卫体委员会与国家体育总局“构建多元化的全民健身公共服务体系——加强群众体育健身建设”专题联合调研组赴云南调研。段世杰副主任率队，常荣军驻会副主任参加。

24日，俞正声主席主持召开政协第十二届全国委员会第十六次双周协商座谈会，围绕“更好地发挥社会组织在社会治理中的作用”建言献策。杨健常委和甄砚、吉林、王名、王小兰、何伟、郭长江、迟福林、江利平、骆沙鸣、翁华建、胡有清、柯锦华、蔡国雄、梁嘉琨委员，专家学者李君如、黄浩明、马仲良发言；民政部部长李立国应邀到会介绍情况，财政部副部长王保安互动发言，与委员们协商交流。杜青林、林文漪、张庆黎、卢展工副主席，孙怀山（常务）、仝广成、黄志贤、张秋俭、刘家强副秘书长，办公厅研究室主任刘佳义，社会和法制委员会主任孟学农、驻会副主任顾伯平，提案委员会驻会副主任田杰，中编办副主任张崇和，中央综治办专职副主任徐显明出席。专委会驻会副主任金学锋、凌振国、晓敏、陈惠丰及机关有关室局负责同志在分会场听会。

24日，李海峰副主席在机关会见国际潮团总会第十八届联谊年会主席、加拿大潮商会会长林少毅一行。

29日，李海峰副主席在机关会见欧洲华人华侨妇女联合总会首任主席夏龙贞、葡萄牙华侨华人协会永远名誉会长陈源清一行。

29日至8月1日，教科文卫体委员会与农工党中央“积极推进医养结合型养老护理模式建设”专题联合调研组赴山东调研。黄洁夫副主任和张秋俭副秘书长率队，何维副秘书长、蔡威副主任参加。

8月

4日至7日，民族和宗教委员会“民族地区城镇化进程中的就业问题”调研组赴宁夏回族自治区调研。朱维群主任任组长，华士飞、杜鹰、晓敏（驻会）副主任任副组长。

8日至16日，万钢副主席率全国政协代表团在波兰、匈牙利和罗马尼亚进行工作访问。港澳台侨委员会副主任郑立中、马健（驻会），致公党中央副主席闫小培参加。

10日至17日，提案委员会“加强黄河上中游生态环境保护”重点提案调研组赴甘肃、宁夏调研。孙淦主任任组长，王国卿、胡四一、田杰（驻会）副主任任副组长。委员会部分委员、提案人代表，国家发展改革委、环境保护部、水利部提案承办单位相关同志参加。

11日至15日，“加快推进宁夏内陆开放型经济试验区建设”委员视察团赴宁夏视察。罗富和副主席任团长，齐同生、陈际瓦委员和刘家强副秘书长任副团长，刘明康常委等参加。

12日至19日，教科文卫体委员会“建立产学研协同创新机制，强化企业技术创新主体地位”专题组赴四川、湖北调研。陈小娅副主任率队，常荣军（驻会）、程津培副主任参加四川调研。部分科技界、科协界委员参加。

12日至22日，教科文卫体委员会“西部高校发展和人才培养”专题组赴青海、新疆调研。马德秀副主任率队。

15 日，王钦敏副主席在京出席中国人民对外友好协会举行的庆祝中国—巴西建交 40 周年招待会。

15 日至 24 日，应我驻俄罗斯、瑞士和比利时三国大使馆邀请，港澳台侨委员会副主任喻林祥率代表团一行赴上述三国看望慰问侨胞，了解侨情并听取海外侨胞对国家侨务工作的意见建议。

18 日至 24 日，经济委员会“大型国有林场体制转型”专题组赴黑龙江调研。厉以宁常委率队，张左己常委和董大胜、褚平副主任参加。

19 日，俞正声主席主持召开政协第十二届全国委员会第五次主席办公会议，主要议题为听取关于“发挥市场决定性作用，化解造船产能过剩，促进海工产业健康发展”重点提案办理落实情况汇报。杜青林、韩启德、罗富和、张庆黎、李海峰、卢展工、马飚、齐续春、陈晓光、马培华、刘晓峰、王钦敏副主席出席。全国政协副秘书长、办公厅研究室主任、各专委会负责同志，农工党中央副主席陈述涛，全国政协委员王修林、李长印，办公厅研究室和有关局级单位负责同志列席。

19 日，陈元副主席在机关会见应外事委员会邀请访华的柬埔寨参议院外交国际合作及媒体新闻委员会代表团。王胜洪副秘书长、外事委员会驻会副主任金学锋参加。

20 日至 24 日，教科文卫体委员会与教育部、卫生计生委组成专题调研组，就“医学教育与卫生人才培养的问题与对策”赴四川调研。刘迎龙常委率队。

21 日，俞正声主席主持召开政协第十二届全国委员会第十七次双周协商座谈会，围绕“推进丝绸之路经济带建设需要重视的问题及建议”建言献策。潘云鹤、裘援平、万季飞、吴刚常委和陈健、高宏峰、吕建中、努尔兰·阿不都满金、黄泽民、罗正富、黄友义、周立群、李克农、张道宏、孟宏伟委员，专家学者曲星、童文红、辜胜阻发言；国家发展改革委副主任何立峰应邀到会介绍有关情况；外交部副部长王超、商务部副部长李金早、交通运输部副部长翁孟勇互动发言，与委员们协商交流。杜青林、张庆黎、陈元、王家瑞副主席，孙怀山（常务）、王胜洪、张秋俭副秘书长，办公厅研究室主任刘佳义，外事委员会驻会副主任金学锋出席。

25 日，政协第十二届全国委员会常务委员会第七次会议开幕会举行。俞正声主席主持。会议审议通过政协第十二届全国委员会常务委员会第七次会议议程；中共中央政治局常委、中央纪律检查委员会书记王岐山就“深入落实八项规定精神，以优良的党风政风带动民风社风”作报告，并与常委进行互动交流。杜青林、韩启德、董建华、万钢、林文漪、罗富和、何厚铧、张庆黎、李海峰、陈元、卢展工、周小川、王家瑞、王正伟、马飚、齐续春、陈晓光、马培华、刘晓峰、王钦敏副主席和常委共 287 人出席。中纪委、中央办公厅、中央组织部、中央宣传部、中央统战部、中央政策研究室、中央政法委、中央党校，国务院办公厅、公安部、民政部、司法部、人力资源和社会保障部、审计署、国务院法制办，最高人民法院、最高人民检察院，不是常委的地方政协主席、全国政协副秘书长、各专门委员会负责人、办公厅研究室主任、中央统战部副部长、人民政协理论研究会常务副会长、信息特邀委员列席。

25 日至 29 日，以全国政协副秘书长邓宗良为顾问，民族和宗教委员会副主任、“中宗和”副主席、中国伊斯兰教协会会长陈广元为团长的“中宗和”代表团在韩国出席“亚宗和”第八届大会。

27 日，俞正声主席主持召开政协第

十二届全国委员会第十九次主席会议，听取政协第十二届全国委员会常务委员会第七次会议各组专题讨论情况的汇报。杜青林、韩启德、罗富和、何厚铧、张庆黎、李海峰、陈元、卢展工、周小川、王正伟、马飚、齐续春、陈晓光、马培华、刘晓峰、王钦敏副主席出席。全国政协副秘书长、各专委会负责人、办公厅研究室主任、人民政协理论研究会常务副会长，政协十二届常委会第七次会议各小组召集人和各工作组负责人列席。

27日，政协第十二届全国委员会常务委员会第七次会议第二次全体会议举行，主要议题为大会发言。俞正声主席，杜青林、韩启德、罗富和、张庆黎、李海峰、陈元、卢展工、周小川、王正伟、马飚、齐续春、陈晓光、马培华、刘晓峰、王钦敏副主席和常委共261人出席。何厚铧副主席主持。郑建邦、张建平、徐辉、郝明金、卫小春、郑小燕、王珦章、赖明、杨健、南存辉、杨俊文、王富玉12位常委（委员）先后作口头发言。中纪委、中央办公厅、中央宣传部、中央统战部、中央政策研究室、中央政法委、中央党校，国务院办公厅、公安部、民政部、司法部、人力资源和社会保障部、审计署、国务院法制办，最高人民法院、最高人民检察院，不是常委的地方政协主席、全国政协副秘书长、各专门委员会负责人、办公厅研究室主任、中央统战部副部长、人民政协理论研究会常务副会长、信息特邀委员列席。

27日，政协第十二届全国委员会常务委员会第七次会议闭幕会举行。俞正声主席出席并作重要讲话。杜青林副主席主持。韩启德、万钢、林文漪、罗富和、何厚铧、张庆黎、李海峰、陈元、卢展工、周小川、王正伟、马飚、齐续春、陈晓光、马培华、刘晓峰、王钦敏副主席和常委共267人出席。中纪委、中央办公厅、中央组织部、中央宣传部、中央统战部、中央政策研究室、中央政法委、中央党校，国务院办公厅、公安部、民政部、司法部、人力资源和社会保障部、审计署、国务院法制办，最高人民法院、最高人民检察院，不是常委的地方政协主席、全国政协副秘书长、各专门委员会负责人、办公厅研究室主任、中央统战部副部长、人民政协理论研究会常务副会长、信息特邀委员列席。

政协十二届常委会第七次会议闭幕后，举办常委会第五次学习讲座。中央党校副教育长韩庆祥作《历史唯物主义基本原理和方法论》的报告。俞正声主席主持。杜青林、韩启德、罗富和、张庆黎、李海峰、陈元、卢展工、王正伟、马飚、齐续春、陈晓光、马培华副主席出席。

27日，俞正声主席在政协礼堂会见并宴请以党的联合主席、前总统扎尔达里为团长的巴基斯坦人民党代表团。王胜洪副秘书长参加。该代表团是应中国共产党邀请访华的。

28日至9月2日，民族和宗教委员会“加强农村宗教事务管理”专题组赴安徽调研。朱维群主任任组长，华士飞、傅先伟、晓敏（驻会）副主任和周宁委员任副组长。

29日，何厚铧副主席在澳门出席“第三期澳门青年人才上海学习实践计划”开班式。港澳台侨委员会主任杨崇汇出席并致辞。澳门中联办主任李刚、上海市政协副主席姜樑、澳区全国政协委员、参加学习实践计划的澳门青年学员以及澳门社会各界人士100余人参加。

29日至9月5日，军队委员考察团就“军民融合式科技创新发展”赴黑龙江、湖北视察。万钢副主席任团长，徐一天常委、王胜洪副秘书长担任副团长，苏士亮、董万才常委等参加。

29日至9月5日，卢展工副主席率教科文卫体委员会考察组赴辽宁、黑龙江考察基层公共文化建设并开展送文化下基层活动。教科文卫体委员会驻会副主任常荣军，部分委员和专业文艺工作者参加。

30日至9月5日，全国政协无党派人士界委员考察团就“四川少数民族地区群众生产生活情况”赴四川省考察。齐续春副主席为团长，王明明、宇如聪、刘家强常委为副团长。

9月

1日，张庆黎副主席兼秘书长主持召开政协第十二届全国委员会第二十五次秘书长办公会议。主要议题为：审议政协十二届常委会第八次会议议程（草案）和日程（草案）；研究驻部分省区市全国政协委员的建议。

1日至5日，经济委员会“资源性产品价税改革”专题组在陕西、甘肃调研。石军、王永庆副主任率队。

1日至6日，社会和法制委员会“道路交通安全法的宣传教育工作情况”专题组在上海、浙江调研。顾伯平驻会副主任率队。

6日，董建华副主席在香港出席第五届“中山·黄埔·两岸情”论坛。港澳台侨委员会副主任卢昌华参加。

9日至12日，人口资源环境委员会“推动建立国家层面生态补偿机制”调研组赴山西、福建开展调研。齐让副主任、吴晓青常委率队，凌振国驻会副主任、印红常委等参加。

10日，陈元副主席在京出席中国太平洋经济合作全国委员会举办的太平洋经济合作理事会第22届大会并作主旨演讲。

10日，王正伟副主席在京出席中国人民对外友好协会举办的庆祝中国和密克罗尼西亚建交25周年招待会。

10日至19日，港澳台侨委员会副主任赵阳率调研组就新疆少数民族侨务工作赴乌鲁木齐、喀什、柯尔克孜、塔城、吐鲁番等地进行调研。港澳台侨委员会、民族和宗教委员会部分委员及外交部有关负责同志参加。

11日，俞正声主席主持召开政协第十二届全国委员会第十八次双周协商座谈会，围绕“民族地区城镇化进程中的就业问题及对策”建言献策。朱维群、马志伟、陈旗、姚爱兴、磨长英常委和王正荣、乌恩、艾尼瓦尔·依明、刘新乐、杜鹰、李嵘、陈俊骢、武鸿麟、郑福田、索朗多吉、贾殿赠、潘刚委员，专家学者顾胜华发言；人力资源和社会保障部副部长信长星应邀到会介绍有关情况，国家发展改革委副主任徐宪平、教育部副部长杜玉波、国家民委副主任罗黎明出席会议，与委员们协商交流。杜青林、张庆黎、王正伟、马飚副主席，孙怀山（常务）、仝广成、王胜洪副秘书长，民族和宗教委员会驻会副主任晓敏出席。

11日至18日，应吉尔吉斯斯坦议会和阿曼协商会议邀请，外事委员会代表团赴上述两国进行友好访问。杨多良副主任率队。

12日，李海峰副主席在京出席“第五届新侨创新成果交流表彰会”开幕式。

15日，张庆黎副主席兼秘书长主持召开政协第十二届全国委员会第九次秘书长会议。主要议题为：审议政协十二届常委会第八次会议议程（草案）和日程（草案），部署各民主党派中央、全国工商联在政协十二届常委会第八次会议上的大会发言安排工作和对2015年全国政协协商议题建议工作，通报全国政协近期工作情况。

15日至19日，社会和法制委员会“推进政务公开，增强政府公信力”调研组赴安徽调研。季允石副主任率队，陈学亨副主任参加。

15日至20日，经济委员会“构建新型农业经营体系”专题组赴江西调研。周伯华主任、岳福洪副主任和范小建委员率队。

16日，俞正声主席在政协礼堂看望出席“中宗和”四届一次会议的与会委员并讲话。杜青林、王正伟、马飚副主席出席，张庆黎副主席兼秘书长主持。

16日，“中宗和”四届一次会议在政协礼堂召开。杜青林副主席出席，帕巴拉·格列朗杰副主席发表书面讲话。张庆黎副主席兼秘书长出席并讲话，对新一届“中宗和”工作提出五点明确要求。中央统战部常务副部长张裔炯、国家宗教局副局长蒋坚永分别致辞。孙怀山常务副秘书长、朱维群主任等全国政协办公厅、民族和宗教委员会负责同志，中央统战部、中联部、外交部、民政部、国家宗教局等党政部门负责同志，以及近100位“中宗和”委员出席。

16日，人口资源环境委员会在机关召开人口与发展座谈会。罗富和副主席出席并作总结讲话，张庆黎副主席兼秘书长出席，贾治邦主任主持。

17日至18日，经济委员会“规范发展互联网金融”考察组赴浙江杭州考察。刘明康副主任率队。

17日至24日，民族和宗教委员会“培育特色优势产业，推进乌蒙山片区扶贫开发”调研组赴贵州、四川调研。杜鹰副主任任组长，晓敏驻会副主任任副组长。

18日，俞正声主席在中国政协文史馆参观中华人民共和国国旗、国歌、国徽诞生珍贵档案展和庆祝人民政协成立65周年美术书法作品展。杜青林、张庆黎、李海峰、马飚副主席，孙怀山（常务）、仝广成、王胜洪、刘家强、邓宗良副秘书长陪同。

18日，全国政协副主席、全球经济及气候委员会国际理事会委员陈元在政协礼堂出席《新气候经济报告》发布会并致辞，会后会见并宴请全球经济及气候委员会国际理事会主席、墨西哥前总统卡尔德龙一行。王胜洪副秘书长参加。

19日，张庆黎副主席兼秘书长在政协礼堂会见以党的副领袖、政府副总理尼姆罗德为团长的格林纳达新民族党代表团。王胜洪副秘书长参加。

19日，马飚副主席在成都出席全国友协主办的第九届中国东盟民间友好大会“中国东盟关系高层论坛”，致辞并会见马来西亚前总理巴达维等外方主要代表。

19日至23日，全国政协常委、“中宗和”秘书长、中国佛教协会副会长学诚等赴美国纽约出席“世宗和”执委会议及专题跨宗教研讨会。

21日，庆祝中国人民政治协商会议成立65周年大会在全国政协礼堂举行。中共中央总书记、国家主席、中央军委主席习近平发表重要讲话。中共中央政治局常委、全国政协主席俞正声主持。党和国家领导人李克强、张德江、刘云山、王岐山、马凯、王沪宁、刘延东、刘奇葆、许其亮、李建国、李源潮、汪洋、范长龙、孟建柱、赵乐际、栗战书、郭金龙、杜青林、赵洪祝、杨晶、陈昌智、严隽琪、王晨、万鄂湘、陈竺、常万全、杨洁篪、郭声琨、王勇、周强、曹建明、韩启德、帕巴拉·格列朗杰、董建华、万钢、林文漪、罗富和、何厚铧、张庆黎、李海峰、陈元、卢展工、王家瑞、王正伟、马飚、齐续春、陈晓光、马培华、刘晓峰、王钦敏；曾任全国政协领导职务的老同志李瑞环、贾庆林、王兆国、王刚、何鲁丽、周铁农、胡启立、陈锦华、赵南起、王忠禹、李贵鲜、罗豪才、张克辉、郝建秀、徐匡迪、张怀西、李蒙、廖晖、白立忱、陈奎元、阿不来提·阿不都热西提、李兆焯、黄孟复、张梅颖、张榕明、钱运录、孙家正、李金华、郑万通、邓朴方、厉无畏、陈宗兴、王志珍；中央和国家机关有关部门、有关人民团体主要负责同志，各民主党派中央、全国工商联负责人和无党派人士代表；在京全国政协常委，地方政协和有关方面代表等800余人出席。

21日，中国人民政协理论研究会第二届会员代表大会暨理事会会议在常委会议厅举行。杜青林、张庆黎副主席，十一届全国政协副主席、研究会第一届理事会会长郑万通出席。张庆黎副主席兼秘书长在会上作讲话。孙怀山常务副秘书长主持。研究会第一届理事会常务副会长李昌鉴作第一届理事会工作报告。会议邀请杜青林、钱运录、郑万通为研究会名誉会长；选举张庆黎为研究会第二届理事会会长，孙怀山、仝广成、陈喜庆、刘佳义、卞晋平、陈惠丰、李昌鉴、李君如、王东京、李忠杰、张宏志、田学斌、杨克勤、武寅、周宁为副会长；选举产生理事201人、常务理事81人；审议通过中国人民政协理论研究会章程。

21日至30日，社会和法制委员会副主任陈冀平率代表团赴瑞典、丹麦、德国就“探索建立与行政区划适当分离的司法管辖制度”开展访问和调研。顾伯平驻会副主任参加。

22日，庆祝人民政协成立65周年理论研讨会在常委会议厅举行。俞正声主席出席并讲话，杜青林副主席主持。全国政协副主席、农工党中央常务副主席刘晓峰，中央社会主义学院党组书记、第一副院长叶小文，浙江省政协主席乔传秀，全国政协办公厅研究室主任刘佳义，中共中央党校原副校长李君如，中国人民大学教授周淑真先后围绕“人民政协与中国协商民主”作发言。韩启德、张庆黎、李海峰、陈元、卢展工、马飚副主席，郑万通同志，全国政协驻会副秘书长、各专门委员会负责同志，中国人民政协理论研究会第二届理事会理事和有关专家学者、论文作者代表共200余人出席。

会前，俞正声主席等领导同志接见中国人民政协理论研究会第二届理事会理事。

22日，王正伟副主席在民族文化宫出席由国家民委、中央统战部、全国人大民委、国务院新闻办、全国政协民宗委共同举办的“纪念《中华人民共和国民族区域自治法》实施30周年主题展览”开幕式并宣布开幕。民族和宗教委员会驻会副主任晓敏参加。

22日至24日，韩启德副主席在西安出席国际和平日活动，期间分别会见斯里兰卡议长恰马尔和孟加拉前总统艾尔沙德。

22日至27日，经济委员会“大力支持中小微企业技术创新”专题组赴广东调研。王钦敏副主席任组长，周伯华主任、闫冰竹副主任和侯建民驻会副主任担任副组长。

22日至27日，教科文卫体委员会副主任马德秀率“西部高校发展和人才培养”专题调研组赴广西开展调研。

23日，俞正声主席主持召开政协第十二届全国委员会第二十次主席会议。主要议题为：学习习近平总书记在庆祝中国人民政治协商会议成立65周年大会上的重要讲话；审议政协第十二届全国委员会常务委员会第八次会议议程（草案）和日程（草案）；审议关于撤销白云、孙兆学政协第十二届全国委员会委员资格的决定

（草案）。杜青林、董建华、万钢、林文漪、罗富和、何厚铧、张庆黎、李海峰、陈元、卢展工、王家瑞、王正伟、马飚、齐续春、陈晓光、刘晓峰副主席出席并发言。全国政协副秘书长、各专委会负责人、办公厅研究室主任及政协十二届常委会第八次会议各工作组负责人列席。

24日至25日，以全国政协副主席、书画室主任马飚为团长，机关党组书记、常务副秘书长孙怀山，全国政协书画室副主任、中国美术家协会名誉主席靳尚谊，副秘书长、书画室副主任刘家强为副团长的全国政协“大数据下的中国书画艺术发展”委员考察团在北京考察。

25日，俞正声主席主持召开政协第十二届全国委员会第十九次双周协商座谈会，围绕“积极推进医养结合型养老护理模式建设”建言献策。于文明、何维、蔡威、黄洁夫、高体健常委和丁金宏、王路、王建业、任国胜、孙铁英、刘荣玉、杨金生、范利、郑静晨、赵平、姚克、徐亮委员，基层代表孙煜航发言；民政部部长李立国、国家卫生和计划生育委员会副主任孙志刚应邀到会介绍情况，财政部副部长刘昆、人力资源和社会保障部副部长汤涛互动发言，与委员们协商交流。杜青林、张庆黎、卢展工、刘晓峰副主席，孙怀山（常务）、仝广成副秘书长，办公厅研究室主任刘佳义，教科文卫体委员会主任张玉台、驻会副主任常荣军出席。

25日，俞正声主席在机关接见西藏自治区日喀则市东嘎乡雪冲村村民参木拉。张庆黎副主席兼秘书长出席。

25日，人口资源环境委员会与国家林业局、山东省人民政府、经济日报社共同主办的2014中国城市森林建设座谈会在山东淄博召开。关注森林活动组委会主任王刚出席并讲话。孙怀山常务副秘书长，贾治邦主任，凌振国驻会副主任，中共山东省委副书记、省长郭树清，山东省政协副主席焉荣竹出席。

25日至27日，提案委员会赴贵州毕节召开“推动毕节建设国家生态文明示范工程试点市”提案现场办理协商会。孙淦主任率队，刘家强副秘书长，王国卿、田杰（驻会）副主任参加。提案委员会、人口资源环境委员会部分委员，国家发展改革委、财政部、人力资源社会保障部、环保部、国家林业局有关负责同志参加。

25日至29日，人口资源环境委员会“推动建立国家层面生态补偿机制”专题组赴四川调研。罗富和副主席率队，贾治邦主任，庄国荣、陶武先副主任和部分委员参加。

26日，张庆黎副主席兼秘书长主持召开全国政协有关界别代表座谈会。民革、民盟、民建、民进、农工、致公、九三、台盟、无党派、共青团、总工会、妇联、工商联界别代表出席并围绕学习贯彻习近平总书记在庆祝中国人民政治协商会议成立65周年大会上的重要讲话精神交流讨论。孙怀山（常务）、仝广成副秘书长出席。

26日，文史和学习委员会“基本公共文化服务体系建设情况”专题组组织委员会和新闻出版界部分在京委员赴国家图书馆考察。李海峰副主席出席。卞晋平、刘德旺、翟卫华、陈惠丰（驻会）副主任，外事委员会副主任王国庆参加。

26日至28日，经济委员会就“资源性产品价税改革”专题在重庆调研。彭小枫、石军副主任率队。

26日至29日，教科文卫体委员会办公室和中华出版促进会在机关举办“书写汉字，文化传薪——苏士澍推广汉字体验教育展”。全国政协副主席卢展工、马飚、陈晓光，全国人大常委会原副委员长顾秀莲、周铁农，全国政协副秘书长孙怀山

（常务）、仝广成、刘家强，教科文卫体委员会主任张玉台，副主任刘敬民、李卫红、陈小娅、胡振民、段世杰、黄洁夫、常荣军（驻会），港澳台侨委员会副主任卢昌华等观看展览。

29 日，国务院办公厅、全国政协办公厅在人民大会堂举行纪念谷牧同志诞辰 100 周年座谈会。中共中央政治局常委、全国政协主席俞正声出席，中共中央政治局委员、国务院副总理马凯讲话，全国政协副主席兼秘书长张庆黎主持。中共中央书记处书记、全国政协副主席杜青林，全国政协副主席周小川，全国人大常委会原副委员长顾秀莲出席。中共中央党史研究室副主任李忠杰，国家发展和改革委员会副主任解振华，中共山东省委副书记王军民，全国政协机关党组书记、常务副秘书长孙怀山分别发言。全国政协副秘书长仝广成、王胜洪、黄志贤、朱永新、何维、邵鸿、刘家强，专委会驻会副主任常荣军、侯建民、金学锋、凌振国，国务院办公厅、中共中央党史研究室、各民主党派中央和全国工商联、国家发展和改革委员会、中共山东省委等有关方面负责同志，谷牧同志亲属、生前友好和身边工作人员代表等约 200 人出席座谈会。

29 日，全国政协办公厅、中央统战部、国务院侨办、国务院港澳办、国务院台办在人民大会堂举行 2014 年国庆招待会。中共中央政治局常委、全国政协主席俞正声致辞，国务委员杨洁篪主持。中共中央书记处书记、全国政协副主席杜青林，全国政协副主席韩启德、林文漪、罗富和、张庆黎、李海峰、陈元、卢展工、马飚、齐续春副主席出席。全国政协副秘书长孙怀山（常务）、仝广成、王胜洪、刘家强，港澳台侨委员会主任杨崇汇，副主任喻林祥、杨衍银、吴国祯、陈丽华、楼志豪、马健（驻会）、华建和有关专门委员会驻会副主任常荣军、侯建民、金学锋、田杰、凌振国、晓敏、陈惠丰，副主任石军及全国政协办公厅邀请的 70 多位港澳台侨嘉宾参加。

29 日，庆祝中华人民共和国成立 65 周年音乐会在人民大会堂举行。中共中央政治局常委、全国政协主席俞正声，中共中央书记处书记、全国政协副主席杜青林，全国政协副主席韩启德、万钢、罗富和、张庆黎、李海峰、卢展工、王家瑞、王正伟、马飚、齐续春，曾担任过全国政协副主席职务的老同志王刚、李蒙、白立忱、王志珍，在京全国政协常委出席。

29 日，张庆黎副主席兼秘书长主持召开政协第十二届全国委员会第二十六次秘书长办公会议。主要议题为：研究部署全国政协 2014 年工作总结和 2015 年工作安排；传达《中共中央办公厅、国务院办公厅关于严禁党政机关到风景名胜区开会的通知》。

30 日，国务院在人民大会堂举行 2014 年国庆招待会。俞正声、李瑞环、贾庆林、杜青林、韩启德、万钢、林文漪、罗富和、张庆黎、李海峰、陈元、卢展工、周小川、王家瑞、王正伟、马飚、齐续春、陈晓光、马培华、刘晓峰、王钦敏、王刚、宋健、孙孚凌、胡启立、陈锦华、赵南起、王忠禹、李贵鲜、罗豪才、张克辉、郝建秀、徐匡迪、张怀西、李蒙、白立忱、阿不来提·阿不都热西提、李兆焯、黄孟复、张梅颖、张榕明、孙家正、李金华、郑万通、厉无畏、陈宗兴、王志珍同志，全国政协副秘书长孙怀山（常务）、仝广成、王胜洪、刘家强，办公厅研究室主任刘佳义，在京全国政协常委出席。

10月

4日，马飚副主席在京出席中国伊斯兰教协会2014年古尔邦节招待会。

6日至7日，马飚副主席在广西南宁分别会见柬埔寨副首相兼内阁办公厅大臣索安、缅甸副总统赛茂康、国际体联主席布鲁诺·格兰迪及执委一行。

8日，党的群众路线教育实践活动总结大会在京召开，习近平总书记作重要讲话。俞正声主席，杜青林、张庆黎、李海峰、陈元、卢展工、周小川、王家瑞、马飚副主席出席。孙怀山（常务）、张秋俭副秘书长参加。

9日至15日，以全国政协副主席、书画室主任马飚为团长，副秘书长、书画室副主任刘家强为副团长的“大数据下的中国书画艺术发展”委员考察团赴安徽、浙江考察。

9日至15日，人口资源环境委员会副主任干勇率“发展清洁能源，优化能源结构”专题组赴陕西、广东调研。

10日，中国经济社会理事会和云南省政协联合主办的“2014年中国经济社会论坛——统筹推进‘一带一路’建设”在昆明举行。中共中央书记处书记、全国政协副主席、中国经济社会理事会主席杜青林出席并讲话。全国政协副秘书长、中国经济社会理事会副主席孙怀山主持开幕会。中共云南省委书记、省人大常委会主任秦光荣出席并讲话，省政协主席罗正富等出席。

10日至14日，教科文卫体委员会组织部分体育界委员及体育工作者赴四川考察群众体育健身设施，并开展送体育下基层活动。段世杰、刘敬民副主任率队。

11日，俞正声主席主持召开座谈会，以习近平总书记在庆祝人民政协成立65周年大会上的重要讲话为指导，研究2014年工作总结和2015年工作思路。杜青林、张庆黎副主席，专委会主任孙淦、周伯华、贾治邦、朱维群、王太华，驻会副秘书长孙怀山（常务）、仝广成、王胜洪、张秋俭、刘家强、邓宗良，办公厅研究室主任刘佳义，专委会驻会副主任马健、常荣军、顾伯平、侯建民、金学锋、田杰、凌振国、晓敏、陈惠丰出席并发言。

11日，文史和学习委员会就“基本公共文化服务体系建设情况”专题，组织委员会在京委员赴故宫博物院进行考察。齐续春副主席出席，文史和学习委员会副主任卞晋平、刘德旺参加，全国政协委员、故宫博物院院长单霁翔介绍情况。

11日至13日，全国政协副主席、中国人民银行行长周小川在美国华盛顿出席国际货币基金组织和世界银行年会系列会议。

11日至16日，何厚铧、李海峰副主席率驻澳门特别行政区全国政协委员考察团，赴陕西西安、延安等地，围绕“三秦文化、红色文化的传承与发展，探索澳陕文化交流合作新机制”进行考察。全国政协常委廖泽云、颜延龄，文史和学习委员会副主任梁华等22位澳区全国政协委员和港澳台侨委员会副主任卢昌华参加。

12日至15日，人口资源环境委员会“发展清洁能源，优化能源结构”调研组在广东调研。

13日，全国政协副主席兼秘书长、中国人民政协理论研究会会长张庆黎主持召开研究会第二届第一次会长会议，以习近平总书记和俞正声主席在庆祝人民政协成立65周年系列活动中的重要讲话为指导，谋划新一届理论研究会工作。陈惠丰副会长兼秘书长汇报工作，孙怀山、仝广成、陈喜庆、刘佳义、李昌鉴、李君如、张宏志、田学斌、武寅、周宁副会长参加。

13 日至 17 日，以青海省政协主席仁青加为团长的驻青海全国政协委员一行赴上海考察“职业技术教育情况”。

13 日至 17 日，经济委员会“大力支持中小微企业技术创新”专题组赴湖南调研。周伯华主任，闫冰竹、侯建民（驻会）副主任率队。

13 日至 17 日，经济委员会“加快转变政府职能，增强政府公信力”专题组赴江苏、山东调研。彭小枫副主任率队，石军、褚平副主任参加。

13 日至 19 日，外事委员会“推进 21 世纪海上丝绸之路建设”专题组赴广西、广东、海南调研。杨多良副主任率队，王国庆、金学锋（驻会）、韩方明副主任参加。

15 日，张庆黎副主席兼秘书长主持召开政协第十二届全国委员会第二十七次秘书长办公会议。主要议题为：传达习近平总书记有关批示精神；传达栗战书同志在全国党委秘书长会议上的讲话精神；传达俞正声主席在 10 月 11 日座谈会上的讲话精神；研究部署全国政协 2014 年工作总结和 2015 年工作安排；研究政协协商民主有关文件起草工作。

16 日，杜青林副主席在陕西宝鸡出席第 27 届世界佛教徒联谊会大会开幕式并致辞，15 日下午在宝鸡市会见与会各国高僧。马飚副主席出席上述活动并在开幕式上宣读俞正声主席贺信。大会由世界佛教徒联谊会主办，中国佛协承办。

16 日，刘晓峰副主席在四川绵阳出席第二届中国（绵阳）科技城国际科技博览会开幕式。

16 日，教科文卫体委员会与教育部、国家卫生和计划生育委员会组成的“医学教育与卫生人才培养的问题与对策”专题组赴首都医科大学调研。黄洁夫副主任率队。北京市政协副主席葛剑平参加。

17 日，民族和宗教委员会与中央宣传部、中央统战部、全国人大民委、国家民委、司法部共同举办的“纪念《中华人民共和国民族区域自治法》实施 30 周年”座谈会在人民大会堂举行。杜青林、王正伟、马飚、齐续春副主席，赵南起、白立忱、阿不来提·阿不都热西提同志出席。民族和宗教委员会主任朱维群作发言。

17 日，马培华副主席在河南开封出席世界客属第 27 届恳亲大会开幕式。

20 日，齐续春副主席在政协礼堂会见 2014 年全国政协海外列席侨胞回国考察团一行并讲话。港澳台侨委员会副主任楼志豪、马健（驻会）、赵阳，李崴常委等参加。

20 日，教科文卫体委员会组织委员在北京体育大学就“体育人才培养”进行专题考察。李卫红副主任率队。

20 日至 24 日，教科文卫体委员会与中国科学技术协会联合组织委员、专家在贵州毕节开展送科技下基层活动，陈小娅副主任率队，常荣军驻会副主任参加。

21 日，李海峰副主席在厦门出席纪念陈嘉庚先生诞辰 140 周年座谈会。

21 日，全国政协副主席、中国人民争取和平与裁军协会副会长马飚在京会见以缅甸民族院副议长、巩发党中央执委妙年为团长的 2014 年度第四批缅甸巩固与发展党干部考察团一行。

24 日，俞正声主席在全国政协礼堂会见并宴请巴哈马参议院议长威尔逊。张庆黎副主席兼秘书长，王胜洪副秘书长、外交部副部长张明、社会和法制委员会副主任甄砚等参加。应俞正声主席邀请，威尔逊率领包括副议长柯里在内的巴哈马参议院代表团一行于 23 日下午抵京开始访华。

24日，中共十二届全国政协党组召开第十三次会议，主要议题为学习讨论中国共产党第十八届中央委员会第四次全体会议精神。党组书记俞正声主持并讲话，党组副书记杜青林，党组成员张庆黎、李海峰、卢展工、马飚出席并发言。

24日，由全国政协办公厅、中央统战部、国家民委、新疆维吾尔自治区党委、全国政协民族和宗教委员会共同举办的“赤诚中国心——包尔汉同志生平图片展”在民族文化宫开幕。全国人大常委会副委员长艾力更·依明巴海，全国政协副主席王正伟，十一届全国人大常委会副委员长司马义·铁力瓦尔地，十届、十一届全国政协副主席阿不来提·阿不都热西提出席开幕式。全国政协民族和宗教委员会主任朱维群主持，中央统战部副部长斯塔致辞，全国政协民族和宗教委员会副主任陈广元、杜鹰、晓敏（驻会）参加。马飚副主席、孙怀山常务副秘书长参观展览。

25日，王钦敏副主席赴山东烟台出席2014（第六届）中国国际生态竞争力大会开幕式并致辞。经济委员会副主任岳福洪、姜增伟参加。

27日，政协第十二届全国委员会常务委员会第八次会议开幕会举行。俞正声主席主持。会议审议通过政协第十二届全国委员会常务委员会第八次会议议程；中共中央政治局委员、中央政法委员会书记孟建柱作《关于中共十八届四中全会情况和精神》的报告。杜青林、韩启德、万钢、罗富和、张庆黎、李海峰、陈元、卢展工、周小川、王正伟、马飚、齐续春、陈晓光、马培华、刘晓峰、王钦敏副主席和常委共287人出席。中共中央办公厅、国务院办公厅负责同志，不是常委的全国政协副秘书长、各专门委员会负责同志、办公厅研究室主任，中共中央统战部副部长、中央社会主义学院副院长，信息特邀委员、地方政协主席等列席。

开幕会后，政协第十二届全国委员会常务委员会第八次会议小组召集人会议在第九会议室召开。俞正声主席出席并讲话，杜青林副主席主持。张庆黎副主席兼秘书长，孙怀山（常务）、仝广成副秘书长和各小组召集人参加。

27日，俞正声主席主持召开政协第十二届全国委员会第二十一次主席会议，审议有关人事事项。杜青林、韩启德、万钢、罗富和、张庆黎、李海峰、陈元、卢展工、周小川、王正伟、马飚、齐续春、陈晓光、马培华、刘晓峰、王钦敏副主席出席。全国政协驻会副秘书长、办公厅研究室主任列席。

27日，全国政协办公厅、解放军总参谋部在人民大会堂举行纪念杨成武同志诞辰100周年座谈会。中共中央政治局常委、全国政协主席俞正声出席，中共中央政治局委员、中央军委副主席范长龙讲话，全国政协副主席兼秘书长张庆黎主持。中共中央党史研究室副主任李忠杰，解放军副总参谋长乙晓光，中共福建省委副书记于伟国，全国政协机关党组书记、常务副秘书长孙怀山分别发言。全国政协副秘书长仝广成、蒋作君、黄志贤、张秋俭、徐辉、宋海、朱永新、何维、邵鸿、黄小祥，专委会驻会副主任常荣军、顾伯平、凌振国、陈惠丰；解放军有关单位、中共中央党史研究室、各民主党派中央和全国工商联、中共福建省委等有关方面负责同志及杨成武同志亲属、生前友好和身边工作人员代表等约200人出席。

28日，政协第十二届全国委员会常务委员会第八次会议举行分组会议，学习讨论中共十八届四中全会文件和中共中央政治局委员、中央政法委员会书记孟建柱关于中共十八届四中全会情况和精神的报告；征求对全国政协2015年协商议题和常委会学习讲座题目的建议；讨论有关人事事项。韩启德、万钢、林文瀚、罗富和、张庆黎、李海峰、陈元、卢展工、周小川、王正伟、马飚、齐续春、陈晓光、马培华、刘晓峰、王钦敏副主席分别到各组参加讨论。

28日，罗富和副主席在京与蒙古国家大呼拉尔主席恩赫包勒德共同出席庆祝中蒙建交65周年招待会并致辞。招待会由中国人民对外友好协会和蒙古国驻华使馆联合举办。

28日至11月4日，港澳台侨委员会主任杨崇汇率团在安哥拉、马达加斯加访问并过境南非约翰内斯堡，看望慰问侨胞，走访侨胞企业，就海外华文教育、华文媒体等有关情况进行调研。华建副主任、史茂林委员参加。

29日，政协第十二届全国委员会常务委员会第八次会议举行第二次全体会议，主要议题为大会发言。俞正声主席出席并讲话，林文漪副主席主持。傅惠民、倪慧芳、宋海、蔡达峰、高体健、蒋作君、印红、王天戈、彭雪峰、赵晓勇、陈冀平、苏士亮12位常委先后作口头发言。杜青林、韩启德、万钢、林文漪、罗富和、张庆黎、李海峰、陈元、卢展工、王家瑞、王正伟、马飚、齐续春、陈晓光、马培华、刘晓峰、王钦敏副主席和常委共254人出席。中共中央办公厅负责同志，不是常委的全国政协副秘书长、各专门委员会负责同志、办公厅研究室主任，中共中央统战部副部长、中央社会主义学院副院长，信息特邀委员、地方政协主席列席。

29日，俞正声主席主持召开政协第十二届全国委员会第二十二次主席会议，听取政协第十二届全国委员会常务委员会第八次会议各小组学习讨论情况的汇报。杜青林、韩启德、万钢、林文漪、罗富和、张庆黎、李海峰、陈元、卢展工、王正伟、马飚、齐续春、陈晓光、马培华、刘晓峰、王钦敏副主席出席。全国政协副秘书长、各专门委员会负责同志、办公厅研究室主任，政协十二届常委会第八次会议各小组召集人和各工作组负责人列席。

29日，政协第十二届全国委员会常务委员会第八次会议举行闭幕会。俞正声主席出席并作重要讲话。杜青林副主席主持。韩启德、林文漪、罗富和、张庆黎、李海峰、陈元、卢展工、周小川、王家瑞、王正伟、马飚、齐续春、陈晓光、马培华、刘晓峰、王钦敏副主席和常委共275人出席。中共中央办公厅、国务院办公厅负责同志，不是常委的全国政协副秘书长、各专门委员会负责同志、办公厅研究室主任，中共中央统战部副部长、中央社会主义学院副院长，信息特邀委员、地方政协主席列席。

政协第十二届全国委员会常务委员会第八次会议闭幕后，举办常委会第六次学习讲座。国家海洋局海洋战略研究所所长高之国应邀作《建设海洋强国战略思考——关于南海问题》的报告。俞正声主席主持。杜青林、韩启德、林文漪、罗富和、张庆黎、李海峰、陈元、卢展工、周小川、王家瑞、王正伟、马飚、齐续春、陈晓光、马培华、刘晓峰、王钦敏副主席出席。

29日，全国政协副主席、民进中央常务副主席罗富和在政协礼堂会见以台湾“教育部”前政务次长、南华大学校长林聪明为团长的“2014台湾高校校长京津参访团”一行，并与参访团一行餐叙。全国政协副秘书长、民进中央副主席朱永新，全国政协港澳台侨委员会副主任卢昌华参加。

29日，何厚铧副主席在澳门出席世界闽南文化节开幕式。

29日至11月2日，京昆室副主任刘家强、杨承志率京昆室委员调研组赴湖北荆州等地就“在构建现代公共文化服务体系中推进戏曲艺术传承和发展的做法”进行调研。

30日，俞正声主席主持召开政协第十二届全国委员会第二十次双周协商座谈会，围绕“利用水泥窑协同处置垃圾废弃物”建言献策。刘晓榕、李说、杨维刚常委和王小康、王福强、仇保兴、邓小虹、刘炳江、杨松、林积灿、高云龙、秦升益、孙太利、董配永委员，专家学者蒋明麟、聂永丰、李叶青发言；国家发展和改革委员会副主任解振华应邀到会介绍有关情况，工业和信息化部副部长苏波、环境保护部副部长李干杰、住房和城乡建设部副部长陈大卫互动发言，与委员们协商交流。杜青林、罗富和、张庆黎、马培华副主席，孙怀山（常务）、仝广成、张秋俭、邓宗良副秘书长，人口资源环境委员会主任贾治邦和副主任钱冠林、凌振国（驻会）出席。

30日，何厚铧副主席在澳门出席深化两岸和平发展研讨会开幕式；晚上，出席澳门和统会成立十周年庆典活动。

30日，马飚副主席在人民大会堂出席第二届国医大师表彰大会。

30日，“培育和弘扬社会主义核心价值观要融入社会生活”重点提案督办调研组赴湖北调研。卢展工副主席率队，提案委员会主任孙淦、驻会副主任田杰，中宣部副部长王世明，部分提案委员会委员和提案人及承办单位有关负责同志参加。下午，调研组在湖北召开座谈会，湖北省委常委、宣传部部长尹汉宁，省政协副主席陈天会及省有关部门负责同志参加。

30日，经济委员会在北京市中关村科技园区召开“大力支持中小微企业技术创新”专题调研座谈会。王钦敏副主席，经济委员会主任周伯华、副主任褚平等出席。北京市副市长张工到会介绍情况，市政协副主席闫仲秋主持会议。

31日，全国政协副主席、国家民委主任王正伟在人民大会堂会见“亚宗和”执行主席、印度尼西亚穆斯林学者委员会主席、穆罕默迪亚协会主席山苏汀率领的印度尼西亚伊斯兰代表团。副秘书长、“中宗和”顾问邓宗良参加。印度尼西亚伊斯兰代表团是应中国伊斯兰教协会邀请访华的。

31日，经济委员会在机关组织召开第三季度宏观经济形势分析座谈会。孙怀山（常务）、邓宗良副秘书长出席，周伯华主任主持。国家统计局副局长谢鸿光到会作前三季度国民经济和社会发展总体情况的说明。厉以宁、朱之鑫、李扬等11位委员及有关专家学者围绕经济运行情况发表意见建议。王永庆、李毅中、项宗西、彭小枫、褚平、侯建民（驻会）副主任和部分委员参加。

11月

1日至10日，应阿尔及利亚民族院、摩洛哥参议院、巴林协商会议和约旦参议院邀请，俞正声主席对上述四国进行正式友好访问。张庆黎副主席兼秘书长、齐续春副主席、民族和宗教委员会主任朱维群、新疆维吾尔自治区政协主席努尔兰·阿不都满金、外交部副部长张明、全国政协副秘书长王胜洪等陪同访问。

2日，提案委员会“培育和弘扬社会主义核心价值观要融入社会生活”重点提案督办调研组赴江西调研。卢展工副主席率队，孙淦主任、田杰驻会副主任，中宣部副部长王世明，部分提案委员会委员和提案人以及承办单位有关负责同志参加。

2日至4日，人口资源环境委员会

“进一步推进千岛湖环境保护”专题组赴浙江、安徽调研。贾治邦主任率队。张基尧、凌振国（驻会）副主任，印红常委，部分委员及国家林业局相关负责同志参加。

3 日至 6 日，经济委员会“扩大内陆沿边开放，促进区域经济协调发展”专题组赴广西调研。褚平、李克农副主任，张左己常委任组长。

3 日至 6 日，教科文卫体委员会“发挥农业科技引领作用，推动黄河三角洲国家农高区创建工作”专题组赴山东东营、滨州调研，程津培、常荣军（驻会）副主任率队。

3 日至 10 日，应阿塞拜疆总统直属战略研究中心和土耳其马尔马拉基金会邀请，全国政协副主席、中国人民争取和平与裁军协会副会长马飚率中国人民争取和平与裁军协会代表团赴阿塞拜疆、土耳其进行友好访问。

5 日至 6 日，社会和法制委员会 2014 年工作座谈会在广东珠海召开。陈晓光副主席出席会议并讲话。施芝鸿副主任作贯彻中共十八届四中全会精神辅导报告。孟学农主任，刘家强副秘书长，王巨禄、朱孝清、李学举、宋育英、周安达源、廖长城、顾伯平（驻会）、王新宪、张世平、甄砚副主任等出席。

6 日至 7 日，由民盟中央、全国政协人口资源环境委员会、四川省政协共同主办的“2014 绿色经济遂宁会议”在四川遂宁开幕。全国人大常委会副委员长、民盟中央主席张宝文出席并讲话。全国政协副秘书长刘家强，人口资源环境委员会副主任陶武先、马大龙、凌振国（驻会），全国政协常委王光谦、武维华，中共四川省委副书记柯尊平，省政协副主席晏永和、赵振铣、陈放出席。

8 日，全国政协副主席、中国人民银行行长周小川在京出席加中贸易理事会举办的加中商务午宴并发表题为《继往开来，谱写中加互利共赢的新篇章》的演讲。加拿大总理哈珀及中加企业界人士约 400 人出席。

10 日至 14 日，以全国政协常委林树哲为团长、社会和法制委员会副主任廖长城为副团长的港区全国政协委员一行在成都、雅安、汶川、北川等地实地考察四川地震灾后重建情况，并与四川省及有关州、市领导同志交流座谈，听取情况汇报，提出意见建议。港澳台侨委员会主任杨崇汇、副主任楼志豪参加。

11 日，俞正声主席在人民大会堂会见来华出席亚太经合组织领导人非正式会议并对华进行工作访问的智利总统巴切莱特。

11 日至 20 日，应荷兰议会一院、冰岛议会和希腊议会邀请，杜青林副主席率全国政协代表团离京赴上述三国进行友好访问。人口资源环境委员会主任贾治邦，云南省政协主席罗正富，全国政协副秘书长、台盟中央副主席黄志贤等参加。

12 日，全国政协在北京市中山公园中山堂举行仪式，纪念孙中山先生诞辰 148 周年。卢展工副主席主持纪念仪式，马飚副主席代表政协全国委员会，全国人大常委会副委员长、民革中央主席万鄂湘代表民革中央，中共中央统战部副部长林智敏代表中共中央统战部，北京市副市长张延昆代表北京市人民政府分别向孙中山先生像敬献花篮。万钢、齐续春、马培华副主席，周铁农同志，全国政协副秘书长孙怀山（常务）、仝广成、何丕洁、邵鸿，提案委员会副主任王国卿，人口资源环境委员会驻会副主任凌振国，部分在京全国政协常委、委员和有关人士，在京民革中央委员、顾问及北京市各界人士代表出席。

13日，政协第十二届全国委员会第二十一次双周协商座谈会在政协礼堂召开，围绕“建筑工人工伤维权”建言献策。俞正声主席主持。孟学农、冉霞、徐一帆常委，成平、孙宝启、吴明、苏如春、杨超、杨建德、张世平、罗良娟、郭允冲、赵广发、段祺华、盛明富、龚立群、谢朝华委员，专家学者吕忠梅、蔡昉发言；人力资源和社会保障部副部长胡晓义、住房和城乡建设部副部长王宁应邀到会介绍有关情况，全国总工会党组书记李玉赋、国家安全生产监督管理总局副局长杨元元与委员们互动发言，协商交流。张庆黎、卢展工、陈晓光副主席，孙怀山（常务）、仝广成、张秋俭、刘家强副秘书长，提案委员会驻会副主任田杰出席。

13日，张庆黎副主席兼秘书长主持召开政协第十二届全国委员会第二十八次秘书长办公会议，研究讨论中共政协全国委员会党组关于2014年主要工作和2015年工作安排的报告（稿）。孙怀山（常务）、仝广成、王胜洪、张秋俭、刘家强、邓宗良副秘书长，办公厅研究室主任刘佳义，专委会驻会副主任马健、常荣军、侯建民、金学锋、田杰、凌振国、晓敏、陈惠丰出席。

13日至14日，经济委员会“加快转变政府职能，增强政府公信力”专题组在天津调研。彭小枫副主任任组长，王永庆、石军、闫冰竹、岳福洪、褚平副主任任副组长。

13日至21日，民族和宗教委员会“挖掘和弘扬五大宗教教义教规有利于社会进步的内容”专题组赴陕西、四川调研。朱维群主任率队，马英林、王正福、傅先伟、杜鹰副主任参加。

14日，张庆黎副主席兼秘书长在政协礼堂会见应外事委员会邀请来华访问的约旦参议院约中友好委员会主席欧伟达特，就中约关系、两机构合作等问题交换了意见。外事委员会主任潘云鹤、全国政协副秘书长王胜洪、外事委员会驻会副主任金学锋及约旦驻华大使卡拉莱等参加。

14日，陈元副主席在京出席中国与新气候经济报告发布会并致辞。

16日至24日，教科文卫体委员会“现代职业教育发展”专题组赴加拿大、美国考察，张玉台主任率队。

17日，张庆黎副主席兼秘书长主持召开政协第十二届全国委员会第二十九次秘书长办公会议。主要议题为：研究政协全国委员会2015年协商工作计划（稿）；研究全国政协2015年双周协商座谈会安排（稿）。

17日至20日，十二届全国政协第三期新任委员学习研讨班在京召开。张庆黎副主席兼秘书长出席并讲话，文史和学习委员会主任王太华主持。178名新任委员出席。

18日至21日，经济委员会“加快转变政府职能，增强政府公信力”专题组赴吉林调研。彭小枫副主任任组长，王永庆、褚平、侯建民（驻会）副主任任副组长。

20日至21日，由中国人民政协理论研究会指导、杭州市政协和人民政协报社主办的“国家治理与人民政协”研讨会在杭州召开。中国人民政协理论研究会名誉会长郑万通、全国政协副秘书长张秋俭出席。文史和学习委员会驻会副主任、中国人民政协理论研究会副会长兼秘书长陈惠丰，浙江省委常委、杭州市委书记龚正致辞。中国人民政协理论研究会副会长李昌鉴、李君如作主旨发言。来自15个副省级市和部分中心城市政协负责同志以及有关专家学者参加。

20日至22日，文史和学习委员会副主任卞晋平率部分新闻出版界委员就“加快推动传统媒体和新兴媒体融合发展”专题在广东调研。广东省政协副主席陈蔚文参加有关活动。

21 日，中共中央书记处书记、国务委员兼国务院秘书长杨晶与全国政协副主席兼秘书长张庆黎在政协机关会商全国政协 2015 年重点协商议题。国务院副秘书长肖捷、焦焕成，全国政协副秘书长孙怀山（常务）、仝广成和办公厅研究室主任刘佳义参加。

21 日，王钦敏副主席在人民大会堂会见应中联部邀请访华的巴西劳工党国际关系书记瓦伦特。

21 日至 27 日，全国政协常委、全国台联党组书记梁国扬率全国政协台联界委员在河南省考察。港澳台侨委员会副主任梁绮萍和委员会办公室负责同志参加。

24 日，全国政协副主席、致公党中央主席万钢在京出席中央“五侨”领导联席会议。全国政协港澳台侨委员会主任杨崇汇、驻会副主任马健，致公党中央常务副主席蒋作君、副主席闫小培出席。

24 日至 25 日，马飚副主席在江西鹰潭出席第三届国际道教论坛。民族和宗教委员会主任朱维群参加。

25 日，中共全国政协党组书记俞正声主持召开中共十二届全国政协党组第十五次会议，审定中共政协全国委员会党组关于 2014 年主要工作和 2015 年工作安排的报告（稿）；研究讨论政协全国委员会 2015 年协商工作计划（稿）和双周协商座谈会安排计划（稿）。党组副书记杜青林，党组成员张庆黎、李海峰、陈元、卢展工、周小川、王家瑞、王正伟出席。全国政协副主席韩启德、罗富和、陈晓光、马培华、刘晓峰、王钦敏，机关党组书记孙怀山、副书记仝广成、成员刘佳义列席。

26 日，人口资源环境委员会在机关召开全国政协第七届中国人口资源环境发展态势分析会，围绕“油气资源发展与大气污染防治”主题进行分析讨论。全国政协副主席罗富和、马培华出席并讲话，贾治邦主任主持。国家发展和改革委员会、国土资源部、环境保护部、国家能源局负责同志与会并发言。全国政协副秘书长邓宗良，委员会副主任王国发、庄国荣、齐让、李成玉、秦大河、钱冠林、凌振国（驻会）和部分委员、专家出席。

27 日，政协第十二届全国委员会第二十二次双周协商座谈会在政协礼堂召开，围绕“大力支持中小微企业技术创新”建言献策。俞正声主席主持。万钢、陈元、王钦敏副主席，李玉光常委和丁明山、万安培、王小兰、王鹤龄、车迎新、伍跃时、庄聪生、刘平均、李奇、杨小平、宋兰、陈星莺、荣建勋、高鹰忠、檀润华委员，专家学者辜胜阻、郭洪、杨正国发言；科学技术部有关负责同志介绍相关情况，中国银监会主席尚福林、中国证监会主席肖钢、工业和信息化部总工程师朱宏任、国家知识产权局副局长廖涛和与会同志互动发言、协商交流。杜青林、张庆黎副主席，孙怀山（常务）、仝广成、张秋俭副秘书长，经济委员会主任周伯华、驻会副主任侯建民出席。

27 日，韩启德副主席率队走访农业部，与农业部部长韩长赋等就农业方面提案办理情况进行交流沟通。刘家强副秘书长，提案委员会副主任干以胜、王国卿、胡四一、田杰（驻会），以及提案委员会部分委员、提案人代表，提案党派代表民革中央、九三学社中央、台盟中央有关同志参加。农业部副部长余欣荣、张桃林、陈晓华、于康震，纪检组长宋建朝，党组成员曾一春，总经济师毕美家出席。

12月

1日，张庆黎副主席兼秘书长主持召开政协第十二届全国委员会第三十次秘书长办公会议，审议政协第十二届全国委员会常务委员会第九次会议议程（草案）和日程（草案）；审议关于召开政协第十二届全国委员会第三次会议的决定（草案）；审议政协第十二届全国委员会第三次会议秘书长、副秘书长名单（草案）；审议政协第十二届全国委员会第三次会议秘书处组织机构及各工作组组长名单（草案）、秘书处各工作组第一副组长名单（草案）；审议列席全国政协十二届三次会议海外侨胞建议名单；审议政协全国委员会办公厅关于2014年反映社情民意信息工作情况的报告（稿）；研究关于加强全国政协机关所属企事业单位审计监督的意见（草案）、全国政协办公厅事业单位国有资产对外投资管理办法（暂行，草案）。孙怀山（常务）、仝广成、王胜洪、张秋俭、刘家强、邓宗良副秘书长，专委会驻会副主任马健、顾伯平、侯建民、金学锋、田杰、凌振国、晓敏、陈惠丰出席。办公厅研究室和各局级单位负责人列席。

2日，李海峰副主席在京会见印度尼西亚三林集团总裁林逢生一行。

2日，周小川副主席在京出席“国际安全形势与中国”国际会议并发表演讲。

3日，李海峰副主席在京会见美国百人会大中华地区联席主席李学海一行。

3日，卢展工副主席在京参加教科文卫体委员会组织的部分在京文化艺术界委员专题考察活动并在座谈会上讲话。考察主题是：学习贯彻习近平总书记在文艺工作座谈会上的重要讲话精神，高扬社会主义核心价值观旗帜，努力创作生产出更多无愧于我们这个伟大民族、伟大时代的优秀作品。张秋俭副秘书长、教科文卫体委员会副主任胡振民，解放军总政治部副主任殷方龙、总政治部宣传部副部长杨定宇，八一电影制片厂负责人及部分新老艺术家参加。

3日，王钦敏副主席在政协礼堂出席由经济委员会办公室、中国政协杂志社共同主办的“加快发展多层次资本市场主题座谈会”并讲话。经济委员会副主任闫冰竹主持。经济委员会副主任石军、褚平，中国人民银行副行长潘功胜，中国保监会副主席陈文辉出席。全国政协常委厉以宁、财政部副部长王保安、国务院研究室副主任田学斌、中国银监会副主席阎庆民以及部分政协委员、专家学者、银行企业代表在会上发言。国家发展和改革委员会有关负责同志和经济界、金融界部分政协委员、专家学者150余人参加。

5日，张庆黎副主席兼秘书长在政协礼堂会见应中联部邀请访华的以乌拉圭广泛阵线核心成员党社会党总书记耶卢·帕迪尼亚为团长的乌广泛阵线干部考察团。

5日，马飚副主席在政协礼堂会见出席2014鲁迅文化论坛的与会人员代表并合影。

6日至14日，应巴西参议院外事和国防委员会、墨西哥众议院外事委员会邀请，全国政协常委徐振寰率外事委员会代表团赴巴西、墨西哥两国进行友好访问。

7日至11日，“中宗和”代表团赴韩国出席东北亚和平国际研讨会。

8日，张庆黎副主席兼秘书长主持召开政协第十二届全国委员会第十次秘书长会议，审议政协第十二届全国委员会常务委员会第九次会议议程（草案）和日程（草案）；审议关于召开政协第十二届全国委员会第三次会议的决定（草案）；审议政协第十二届全国委员会第三次会议秘书长、副秘书长名单（草案）和新闻发言人名单（草案）；研究政协第十二届全国委员会第三次会议驻地安排（草案）；审议政协全国委员会 2015 年协商工作计划（稿）；审议政协全国委员会 2015 年双周协商座谈会安排（稿）；审议十二届全国政协常委会学习讲座 2015 年参考选题（稿）；通报全国政协近期重点工作。孙怀山（常务）、仝广成、蒋作君、王胜洪、黄志贤、张秋俭、何丕洁、徐辉、宋海、何维、邵鸿、刘家强、邓宗良副秘书长出席，办公厅研究室主任刘佳义，专委会驻会副主任马健、顾伯平、金学锋、田杰、凌振国、陈惠丰，政协十二届三次会议有关工作组及办公厅有关室局负责同志列席。

8 日至 17 日，应印度尼西亚人协、马来西亚上议院和柬埔寨参议院的邀请，陈晓光副主席率全国政协代表团对上述三国进行友好访问。文史和学习委员会副主任翟卫华、经济委员会驻会副主任侯建民、宁夏回族自治区政协副主席田成江等参加。

9 日至 10 日，由民族和宗教委员会主办、宁夏回族自治区政协承办的“全国暨地方政协民族宗教工作研讨会”在银川举行。全国政协副主席齐续春出席开幕会并讲话，民族和宗教委员会副主任白玛主持会议。宁夏回族自治区政协主席齐同生致辞，统战部部长马三刚介绍自治区民族宗教工作情况。全国政协民族和宗教委员会副主任华士飞、傅先伟、杜鹰、晓敏（驻会），自治区副主席白雪山，自治区政协副主席张乐琴，各省、自治区、直辖市及副省级市政协民族和宗教委员会负责同志出席。

11 日，俞正声主席在人民大会堂会见应国务委员兼国防部长常万全邀请访华的古共中央政治局委员、古巴革命武装力量部部长莱奥波尔多·辛特拉上将一行。

12 日，俞正声主席主持召开政协第十二届全国委员会第二十三次主席会议，审议政协第十二届全国委员会常务委员会第九次会议议程（草案）和日程（草案）；审议关于召开政协第十二届全国委员会第三次会议的决定（草案）；审议政协第十二届全国委员会第三次会议秘书长、副秘书长名单（草案）和新闻发言人名单（草案）；审议政协全国委员会 2015 年协商工作计划（稿）和政协全国委员会 2015 年双周协商座谈会安排（稿）；审议关于撤销朱明国政协第十二届全国委员会委员资格的决定（草案）；研究十二届全国政协常委会学习讲座 2015 年参考选题；听取关于政协全国委员会 2014 年重点提案工作情况的汇报。杜青林、韩启德、董建华、林文漪、罗富和、何厚铧、张庆黎、李海峰、陈元、卢展工、马飚、齐续春、马培华、刘晓峰、王钦敏副主席出席。全国政协副秘书长、各专门委员会负责同志、办公厅研究室主任以及政协十二届三次会议秘书处有关工作组负责人列席。

12 日，中共全国政协党组书记俞正声主持召开中共十二届全国政协党组第十六次会议，学习贯彻中央经济工作会议精神。党组副书记杜青林，党组成员张庆黎、李海峰、陈元、卢展工、马飚出席。中共全国政协机关党组书记孙怀山，党组副书记仝广成，党组成员王胜洪、张秋俭、刘佳义、邓宗良及专门委员会驻会副主任马健、顾伯平、金学锋、田杰、凌振国、晓敏、陈惠丰列席。

12 日，政协第十二届全国委员会第二十三次双周协商座谈会在政协礼堂召开，围绕“城镇化进程中传统村落保护”建言献策。俞正声主席主持。冯骥才、傅惠民常委和马国湘、仇保兴、李卫东、李东东、励小捷、张友君、张廷皓、张妹芝、陈小平、武鸿麟、崔永元、廖奔、潘鲁生委员，专家学者罗德胤、胡彬彬、曹昌智发言；住房和城乡建设部部长陈政高介绍相关情况，财政部副部长胡静林、国土资源部副部长王世元、文化部副部长项兆伦与委员们互动发言，协商交流。杜青林、张庆黎、李海峰、齐续春副主席，孙怀山（常务）、仝广成、张秋俭副秘书长，办公厅研究室主任刘佳义，文史和学习委员会主任王太华和副主任卞晋平、陈惠丰（驻会），住房和城乡建设部副部长王宁出席。

14日，全国政协京昆室与文化部、中国文联在人民大会堂共同主办“叶盛兰先生百年诞辰座谈会”。刘延东副总理出席并讲话。全国政协副主席、京昆室主任卢展工，京昆室顾问、中国文联主席孙家正，京昆室副主任仝广成、刘家强、李世济、叶少兰、梅葆玖、王文章、杨承志出席。晚上，卢展工、王家瑞副主席，孙怀山（常务）、张秋俭副秘书长，京昆室副主任杨承志在京观看由叶派传人叶少兰等名家演出的京剧《群英会》。

14日至20日，全国政协副主席、中国人民银行行长周小川陪同李克强总理赴哈萨克斯坦、塞尔维亚和泰国访问并出席中哈总理第二次定期会晤、上海合作组织成员国政府首脑理事会第十三次会议、第三次中国—中东欧国家领导人会晤、大湄公河次区域经济合作第五次领导人会议。

15日，俞正声主席在钓鱼台国宾馆会见侨界“纪念中美建交35周年研讨会”代表并发表即席讲话。李海峰副主席陪同。

16日，李海峰副主席在京会见美国方氏集团董事长方李邦琴女士、美国联邦劳工部原财务总长莫天成先生。

16日，全国政协副主席、中国人民争取和平与裁军协会副会长马飚在京会见老挝和平与团结委员会主席坎潘·辛马拉冯一行。

16日，人口资源环境委员会“重点区域大气污染综合防治”专题组在京就压减燃煤和机动车污染控制情况进行调研并座谈。罗富和、马培华副主席率队，贾治邦主任，邓宗良副秘书长，仇保兴、庄国荣、秦大河、凌振国（驻会）副主任和部分委员，北京市副市长张工、市政协副主席赵文芝，环境保护部有关同志参加。

17日，罗富和副主席在京出席保护母亲河行动实施15周年总结交流活动。

17日，张庆黎副主席兼秘书长主持召开政协第十二届全国委员会第三十一次秘书长办公会议，审议政协第十二届全国委员会第三次会议议程（草案）和日程（草案）；审议政协第十二届全国委员会第三次会议委员小组召集人名单（草案）；审议政协第十二届全国委员会第三次会议秘书处各组组长、副组长名单（草案）和各组工作职责（草案）；研究政协全国委员会常务委员会工作报告提纲；审议政协全国委员会常务委员会关于政协十二届二次会议以来提案工作情况的报告（草案）；审议政协全国委员会2014年度对外交往工作总结（稿）；审议政协全国委员会办公厅关于2014年全国政协委员视察、考察工作情况的报告（草案）。孙怀山（常务）、仝广成、王胜洪、张秋俭、刘家强、邓宗良副秘书长，办公厅研究室主任刘佳义，专委会驻会副主任马健、金学锋、田杰、凌振国、晓敏、陈惠丰出席。办公厅研究室和各局级单位负责同志列席。

17日，卢展工副主席在政协礼堂出席由社会和法制委员会办公室、中国政协杂志社共同举办的“养老模式与顶层设计”座谈会并讲话。社会和法制委员会驻会副主任顾伯平主持。张秋俭、刘家强副秘书长，社会和法制委员会副主任张世平、甄砚，国家卫生和计划生育委员会副主任陈啸宏等出席。崔海容、孔玉芳等委员及专家学者、企业代表共 20 人发言。国家发展和改革委员会、财政部、人力资源和社会保障部、民政部、国家税务总局、全国老龄工作委员会、中国保监会、中国残联等有关负责同志和部分委员、专家学者 120 余人参加。

17 日，提案委员会召开第九次全体会议，审议《关于全国政协十二届二次会议以来提案工作情况的报告》（草案）、《全国政协提案委员会 2014 年工作总结》（草案）。韩启德、马飚副主席出席并讲话，孙淦主任主持，刘家强副秘书长，于以胜、王国卿、罗平飞、徐辉、赖明、田杰（驻会）副主任出席。

18 日，文史和学习委员会在机关举办《莲花绽放　濠江巨变——澳门回归十五周年亲历记》出版座谈会。孙家正同志出席并讲话。王太华主任主持，委员会副主任、澳门文史编辑委员会主任梁华，全国政协委员、人民出版社社长黄书元等在座谈会上发言。仝广成、张秋俭副秘书长，港澳台侨委员会副主任楼志豪，文史和学习委员会副主任卞晋平、龙新民、陈惠丰（驻会），十届全国政协港澳台侨委员会主任郭东坡，中宣部、国家新闻出版广电总局等有关部委同志及部分在京作者代表参加。

18 日，教科文卫体委员会召开“基础研究与创新驱动发展战略”系列界别协商活动首次协商座谈会，30 多位科技界、科协界委员围绕“十三五”期间如何发挥科学基金源头作用，促进基础研究繁荣，服务创新驱动发展议题，与国家自然科学基金委员会负责同志及有关部门同志协商座谈，建言献策。张玉台主任，程津培、蔡冠深副主任，人口资源环境委员会副主任齐让，国家自然科学基金委员会主任杨卫等出席。

19 日，俞正声主席在人民大会堂会见应外交学会邀请访华的日本众议院前议长、日本国际贸易促进协会会长河野洋平一行。外事委员会驻会副主任金学锋参加。

19 日，李海峰副主席在人民大会堂出席中国侨联青年委员会第三次委员大会开幕式。港澳台侨委员会驻会副主任马健参加。

19 日，卢展工副主席率“加快推动传统媒体和新兴媒体融合发展”调研组在京调研，出席有关座谈会并讲话。全国政协常委、原国家广电总局副局长张海涛主持座谈，张秋俭副秘书长、部分新闻出版界委员及新闻单位负责人参加。

19 日，经济委员会举行第三次全体会议，传达学习中央经济工作会议精神，研究讨论委员会 2014 年工作总结和 2015 年工作安排。王钦敏副主席、仝广成副秘书长出席并讲话。周伯华主任主持，王永庆、石军、邢元敏、刘明康、闫冰竹、李克农、李毅中、项宗西、彭小枫、董大胜、褚平、侯建民（驻会）副主任和部分委员会委员参加。

19 日，文史和学习委员会举办十二届全国政协在京委员学习报告会，邀请外交部有关同志主讲《中日关系形势及我对日政策》，孙庆聚副主任主持。张秋俭副秘书长、提案委员会副主任王国卿、人口资源环境委员会驻会副主任凌振国、外事委员会驻会副主任金学锋、文史和学习委员会副主任龙新民、民革中央副主席郑建邦、九三学社中央专职副主席丛斌等出席。部分在京全国政协委员、北京市政协委员，各民主党派中央、全国工商联有关同志及全国政协、北京市政协机关干部近 400 人参加。

19 日至 20 日，何厚铧副主席、张庆黎副主席兼秘书长在澳门出席庆祝澳门回归祖国15周年相关活动。

20日至22日，韩启德副主席在香港出席香港侨界社团联会成立十周年庆典，并分别与香港侨界杰出青年代表和中国海外交流协会部分理事座谈。

23日，政协第十二届全国委员会第二十四次双周协商座谈会在政协礼堂召开，围绕“加快转变政府职能，增强政府公信力”建言献策。俞正声主席主持。杨健、周汉民、彭小枫常委和丁时勇、王娴、石军、李晓东、李建明、杨凯生、张大方、张亚忠、张俊芳、胡亚东、黄建初、曹义孙、褚平委员，专家学者马宝成、张铁军、傅军发言；中共中央机构编制委员会办公室副主任吴知论介绍有关情况，国家发展和改革委员会副主任胡祖才、国务院法制办副主任袁曙宏、国家工商行政管理总局副局长刘玉亭作互动发言，与委员们协商交流。杜青林、张庆黎、陈元、刘晓峰副主席，孙怀山（常务）、仝广成、张秋俭副秘书长，办公厅研究室主任刘佳义，经济委员会主任周伯华、驻会副主任侯建民出席。

24日，全国暨地方政协研究室主任会议在京召开，张庆黎副主席兼秘书长接见与会人员并讲话。机关党组书记、常务副秘书长孙怀山出席会议并讲话，办公厅研究室主任刘佳义主持会议并作总结讲话。

25日，中国人民政协理论研究会第一期会长学习研讨班在京召开。全国政协副主席兼秘书长、理论研究会会长张庆黎出席，并就“贯彻落实习近平总书记在庆祝中国人民政治协商会议成立65周年大会上的重要讲话精神，更好地发挥理论研究会作用”作讲话。

25日至27日，应越南共产党中央委员会和越南祖国阵线邀请，中共中央政治局常委、全国政协主席俞正声对越南进行正式访问。全国政协副主席、中联部部长王家瑞等陪同访问。

30日，俞正声主席，杜青林、李海峰、王家瑞副主席在国家大剧院出席2015年新年戏曲晚会。

31日，全国政协举行2015年新年茶话会。中共中央总书记、国家主席、中央军委主席习近平发表重要讲话，全国政协主席俞正声主持，民盟中央主席张宝文代表各民主党派中央、全国工商联和无党派人士讲话。全国政协部分委员及文艺工作者表演了文艺节目。党和国家领导人李克强、张德江、刘云山、王岐山、张高丽、马凯、王沪宁、刘延东、刘奇葆、许其亮、孙春兰、李建国、李源潮、汪洋、范长龙、孟建柱、赵乐际、栗战书、郭金龙、杜青林、赵洪祝、杨晶、陈昌智、严隽琪、王晨、万鄂湘、陈竺、韩启德、董建华、万钢、林文漪、罗富和、何厚铧、张庆黎、李海峰、陈元、卢展工、周小川、王家瑞、王正伟、马飚、齐续春、陈晓光、马培华、刘晓峰、王钦敏，曾任全国政协副主席的在京老同志王刚、司马义·艾买提、何鲁丽、周铁农、孙孚凌、胡启立、陈锦华、罗豪才、张克辉、郝建秀、徐匡迪、张怀西、李蒙、廖晖、白立忱、陈奎元、阿不来提·阿不都热西提、李兆焯、黄孟复、张梅颖、张榕明、孙家正、李金华、郑万通、厉无畏，全国政协在京常委、副秘书长和专委会驻会副主任，各民主党派中央、全国工商联负责人和无党派人士代表，中央和国家机关有关方面负责人及首都各界代表等共约260人出席。

地方委员会篇

政协北京市委员会

【全体委员会议】

十二届二次会议 于2014年1月14日至19日召开。会议审议批准了吉林主席代表常务委员会所作的工作报告，审议了闫仲秋副主席代表常务委员会所作的提案工作报告。与会委员列席了北京市第十四届人民代表大会第二次会议开幕会，听取和讨论了王安顺市长所作的政府工作报告，讨论了其他报告。委员们围绕首都经济、政治、文化、社会、生态文明建设中的重点问题进行了深入讨论，积极为推动首都全面深化改革和科学发展建言献策。会议圆满完成了各项任务。会议期间，委员们积极参与，充分发挥主体作用。大会开幕式委员应到758人，实到682人，出席率达89.97%，小组讨论最高出席率达80.47%。会议共收到大会发言稿86篇，15位委员作大会发言并首次通过网络向社会直播。经济发展、社会治理两个专题座谈会共有346位委员参加，46位委员作专题发言。会议期间共收到提案1125件，立案1059件。中共北京市委、市政府领导及有关委、办、局负责人出席大会开幕式、闭幕式和专题座谈会、小组讨论会，听取委员们的意见。市政协主席吉林作闭幕讲话。

【常务委员会会议】

第6次会议 2014年1月18日召开。听取十二届二次会议各小组讨论各项报告的情况汇报。审议通过十二届市政协2014年工作要点，审议十二届二次会议关于常务委员会工作报告的决议（草案）、十二届二次会议政治决议（草案）。主席吉林，副主席沈宝昌、唐晓青、陈平、赵文芝、葛剑平、王永庆、马大龙、蔡国雄、闫仲秋，秘书长周毓秋出席。副主席傅惠民主持。会议应到141人，实到117人。

第7次会议 1月19日召开。主席吉林就贯彻落实市政协十二届二次会议精神作动员讲话。副主席沈宝昌主持。副主席唐晓青、陈平、赵文芝、傅惠民、葛剑平、王永庆、马大龙、蔡国雄、闫仲秋，秘书长周毓秋出席。会议应到141人，实到122人。

第8次会议 3月14日召开。传达学习习近平总书记到北京视察工作时的重要讲话和全国政协十二届二次会议精神，审议通过常委会《关于完善市场机制，促进首都中小企业健康发展的建议案》、《关于促进本市中小学生体质健康的建议案》及相关调研报告，通报2013年委员履职情况。主席吉林出席并讲话。副市长张工到会听取意见并讲话。副主席闫仲秋主持。副主席沈宝昌、唐晓青、陈平、赵文芝、傅惠民、葛剑平、王永庆、马大龙、蔡国雄，秘书长周毓秋出席。会议应到141人，实到92人。

第9次会议 7月30日召开。传达北京市2014年上半年经济形势分析会精神，审议通过常委会《关于首都全面深化改革若干问题的建议》。市政协副主席沈宝昌出席并讲话。市政协副主席王永庆主持。副主席唐晓青、陈平、赵文芝、傅惠民、葛剑平、马大龙、蔡国雄，秘书长周毓秋出席。会议应到141人，实到87人。

第10次会议 9月11日召开。传达全国政协十二届常委会第七次会议精神，审议通过常委会《关于进一步加强本市地下水资源保护与利用的建议案》及调研报告。副市长林克庆到会听取意见并讲话。副主席沈宝昌出席并讲话。副主席赵文芝主持。副主席唐晓青、陈平、傅惠民、葛剑平、王永庆、马大龙、蔡国雄、闫仲秋，秘书长周毓秋出席。会议应到141人，实到92人。

第11次会议 10月31日召开。传达学习中共十八届四中全会精神，传达全国政协十二届常委会第八次会议精神，审议通过常委会《关于推进本市社区和居家养老服务发展的建议案》及调研报告。主席吉林出席并讲话。市委常委、组织部长姜志刚通报本市开展党的群众路线教育实践活动情况及取得的主要成果。副市长戴均良到会听取意见并讲话。副主席沈宝昌主持。副主席陈平、赵文芝、傅惠民、葛剑平、王永庆、马大龙、蔡国雄、闫仲秋，秘书长周毓秋出席。会议应到 141 人，实到 97 人。

第 12 次会议 12 月 29—30 日召开。传达中共北京市委十一届六次全会精神，听取各专门委员会工作总结报告，书面通报市政协《关于开展立法协商工作情况及主要意见建议》、《城市管理民主监督组 2014 年专项监督工作报告》、《新闻舆论民主监督组 2014 年监督报告》。审议并原则通过市政协常委会工作报告、提案工作报告，审议通过关于召开市政协十二届三次会议的决定、关于成立十二届三次会议政治决议起草小组的决定及有关人事事项，审议通过常委会《关于加强北京市传统村落保护的建议案》及调研报告。主席吉林出席并讲话。副市长林克庆到会听取意见并通报本市传统村落保护情况。副主席葛剑平、马大龙分别主持会议。副主席沈宝昌、唐晓青、赵文芝、傅惠民、王永庆、蔡国雄、闫仲秋，秘书长周毓秋出席。会议应到 141 人，实到 103 人。

【专门委员会工作】

提案委员会 年内，政协各界共提出提案 1194 件。全会期间提出提案 1125 件，闭会期间提出提案 69 件，共立案 1123 件。其中，党派、工商联提案 18 件，团体提案 4 件，界别提案 26 件，专委会提案 2 件，委员提案 1073 件。开展提高提案质量的专题调研，制定《政协北京市委员会关于进一步提高提案质量的意见》。就涉及新机场建设、社会养老等重大问题的提案，首次以提案办理协商会的形式进行办理，研究制定《关于规范政协提案集中办理协商工作的指导性意见》，并就委员关注的大气污染、停车管理方面的提案进行集中办理协商。

文史和学习委员会 年内，共组织各类活动 115 次，参加委员 1400 余人次；征编文史资料、编发《学习》内刊、撰写各类文字材料总计 600 余万字。将“首都文史理念研究”列为市人民政协理论与实践研究会理论研究课题之一，在十二届全国政协文史资料工作研讨暨第一期文史干部培训班上提交相关书面交流材料。征编出版《首都文史精粹》丛书，举办元大都学术研讨会。承办委员暑期读书班、10 次“政协报告厅”学习报告会。开展“加强历史街区保护，完善古都风貌保护机制”专题调研，形成调研报告；开展“北京市传统村落保护情况”专题调研，形成常委会建议案及调研报告。开展“媒体的社会责任”专题调研，形成《北京市政协新闻舆论民主监督组 2014 年监督报告》。开展社会科学界和新闻出版界委员视察、座谈活动，组织参与《北京市居家养老服务条例》等 3 个条例草案的立法协商。

经济委员会 年内，共组织或参加各种活动 97 次，委员及党派成员参加活动 1121 人次。完成市政协围绕首都全面深化改革联合调研中“关于深化本市国资国企改革”和“推进首都新型城镇化建设”两个子课题调研。开展专题调研，形成主席会议《关于加快北京流通产业转型发展若干问题的建议案》及调研报告。财政预算民主监督小组与市人大财经委共同听取年度市级决算和预算执行情况等报告并提出意见建议。承办调整疏解非首都核心功能、深化国资国企改革 2 个专题协商座谈会，承办市政协半年、全年经济形势分析座谈会。组织经济界一组、工商联、农业界就3个条例（草案）开展协商座谈。安排8次界别考察活动。

科技委员会 年内，共组织活动85次，参加委员及党派成员968人次。在市政协联合调研中完成“建设全国科技创新中心，推动科技创新驱动发展”子课题调研。围绕“我市产业技术联盟创新发展”开展调研，形成主席会议建议案及调研报告。开展专题调研，形成《关于推进京津冀科技协同创新的建议》。组织科协界、科技界委员开展协商，围绕调整疏解非首都核心功能、深化国有企业改革与经济委、城建环保委共同开展专题协商；围绕3个条例草案开展立法协商；围绕加快我市知识产权保护和专利的创造与应用等议题开展对口协商。

城建环保委员会 年内，共开展活动103次，参加活动1767人次。在联合调研中完成“调整疏解非首都核心功能”、“推进本市重点领域市政基础设施建设投融资体制改革”2个子课题调研。围绕地下水资源管理与保护问题开展重点调研，形成常委会建议案及调研报告。围绕北京城市总体规划修改协商议政工作开展专题调研，形成关于调整疏解非首都核心功能、创新《总体规划》实施机制、建立“三规合一”机制、加快北京市城乡一体化发展、推进京津冀区域协同发展5份调研报告。城市管理民主监督组围绕大气污染防治、水环境治理和环境综合整治工作开展监督活动，形成3份专项监督报告。组织经济界二组就3个条例草案开展立法协商活动。

教科文卫体委员会 年内，共开展活动105次，参加委员821人次。完成联合调研中“建立健全首都现代文化市场体系”和“推进本市义务教育均衡发展”两项子课题调研。完成“中小学生体质健康状况”调研，召开专题协商座谈会，提出常委会建议案及调研报告。组织委员对3个条例草案开展立法协商。就本市深化医药卫生体制改革、文化体制改革、义务教育有关问题等开展对口协商。开展教育界、文化艺术界、医药卫生界、体育界委员的界别活动。以“文化体制机制创新”为主题，召开2014年文化中心建设研讨会；以“探讨学研产协同创新模式，共同促进首都科学发展”为主题，召开第四届首都学研产论坛。

社会和法制委员会 年内，共开展活动91次，参加活动的委员976人次。在联合调研中开展创新首都人口规模调控机制子课题调研。开展推进本市社区和居家养老服务发展的重点调研，形成常委会建议案及调研报告。就推进本市职工带薪休假制度的落实开展调研，形成主席会议建议案及调研报告。在市政协党组的领导下，围绕《北京市居家养老服务条例》、《北京市控制吸烟条例》、《北京市基本住房保障条例》（草案）3项地方法规，在全体委员中开展立法协商工作。负责起草《北京市政协立法协商工作实施办法（试行）》，经市政协主席会议审议通过。完成《北京市劳动合同若干规定》（草案）的立法协商工作。提案、青少年、妇女儿童、工会、法律、社会建设6个工作小组分别开展了丰富多彩的界别活动。

民族和宗教委员会 开展《北京市少数民族权益保障条例》实施情况调研，提出适时修订《条例》的建议。首次就“加强农村宗教事务管理”专题进行协同调研。就佛教拈花寺腾退、广化寺放生池恢复、道教丫髻山恢复为宗教活动场所、天主教若瑟修女会修缮工作、基督教船板胡同4号院房产落政等重点提案跟踪督办，有力促进了工作进展。召开少数民族乡村经济发展协商座谈会，组织民族宗教界委员就3个地方法规开展协商座谈。

港澳台侨委员会 港澳委员和工作顾问在“保普选、反占中”斗争中，旗帜鲜明地与中央保持一致，召开《“一国两制”在香港特别行政区的实践》白皮书座谈会、发起反占中签名行动等，做到有组织、有声音、有行动、有效果，为维护香港政治稳定发挥了重要作用。吉林主席会见中国国民党原副主席、海基会原董事长、台湾三三会理事长江丙坤等台湾朋友。《台湾风物图卷》展在首都图书馆举行。召开“加快投融资体制改革工作”、“京津冀协同发展”专题座谈会和“围绕非首都核心功能疏解、治理首都‘城市病’”协商恳谈会。首次组织港澳委员赴台交流，参加第十七届京台科技论坛，对原住民经济发展进行调研。

【重要活动】

围绕首都全面深化改革若干问题开展联合调研、协商议政 2014年，市政协把围绕首都全面深化改革若干问题开展联合调研、协商议政确立为一项全局性重点工作。各位副主席牵头，组织7个专委会和1个综合部门成立11个课题组，联合各民主党派市委、市有关人民团体、部分区县政协和社会科研机构，广泛发动各界委员、党派成员和专家学者，开展了历时4个月的调研工作。共开展各类活动140余次，参加活动2200多人次，形成专题报告11份。在此基础上，形成常委会《关于首都全面深化改革若干问题的建议》，提出全面深化国资国企改革、加快科技创新中心建设、推进新型城镇化建设、深化基础设施投融资体制改革、创新人口规模调控机制、大力疏解非首都核心功能、加强历史街区保护、建立健全首都现代文化市场体系、推进义务教育均衡发展、提高城市管理和社会治理现代化水平、加强协商民主制度建设等11个方面43条建议。中共北京市委高度重视市政协建议，有关部门和单位对建议进行了认真研究办理。

开展协商民主探索实践 制定2014年度协商工作安排，明确了各项协商任务。就市属国资国企、文化体制、医药卫生体制、中小学招生制度等重大改革措施出台和促进中小学生体质健康、建筑垃圾管理等问题举办8次专题协商会；就政府购买公共服务、公共交通票制票价改革问题与市委统战部联合召开2次议政会；就首都新机场建设、养老问题有关提案召开提案办理协商会；建立协商恳谈会制度，就房产税征收、互联网金融、推进协商民主建设等问题召开10次协商恳谈会。一年来，共开展专题协商、对口协商、界别协商、提案办理协商等各类协商活动35次，取得了丰富的协商成果。

参与有关地方性法规和政府规章的立法协商 按照中共北京市委的要求，对《北京市居家养老服务条例》、《北京市控制吸烟条例》、《北京市基本住房保障条例》3部地方性法规草案，按界别组织全体委员进行协商。共召开各界别及专家组座谈会32次，236位委员参加座谈，492位委员以电子邮件等方式反馈意见，各界别共报送1236条意见建议，梳理汇总出596条意见建议。修改后的居家养老服务条例（草案）吸收或者部分吸收了政协委员意见的条文有21条，控制吸烟条例（草案）共对草案的11条内容进行了16处修改，关于基本住房保障条例（草案）的意见建议也受到了高度重视。对《北京市劳动合同若干规定》（草案）、《北京市人民政府办理人民代表大会代表建议、批评、意见和人民政治协商会议委员提案暂行办法》两部政府规章，开展对口协商，取得积极成果。

委员暑期读书班 7月16日至18日

在北京举办。读书班深入学习中共十八大、十八届三中全会和习近平总书记系列重要讲话精神，特别是视察北京重要讲话精神；听取了王安顺市长所作的《我市上半年经济发展形势和京津冀一体化发展》报告，吉林主席所作的《贯彻落实十八届三中全会精神，推进协商民主》报告，中央编译局研究员陈家刚所作的《健全社会主义协商民主制度》辅导报告；围绕发挥人民政协作为协商民主重要渠道作用，更好地履行职责进行了讨论交流，并对市政协工作提出意见建议；参观考察了怀柔区新农村建设情况。副主席沈宝昌、陈平、赵文芝、傅惠民、葛剑平、王永庆、马大龙、闫仲秋，秘书长周毓秋与170余位委员参加。

纪念北京市政协成立65周年座谈会 11月13日召开。中共中央政治局委员、中共北京市委书记郭金龙出席并讲话。主席吉林主持。老领导陈广文、阳安江，市委常委、统战部部长牛有成，副主席沈宝昌、唐晓青、陈平、赵文芝、傅惠民、葛剑平、王永庆、马大龙、蔡国雄、闫仲秋，秘书长周毓秋及往届市政协副主席、秘书长，区县委书记、政协主席、界别代表等140余人出席。座谈会前，郭金龙、吉林和与会代表参观了“光辉岁月——北京市政协65周年”图片展。

建立人民政协理论与实践研究中心 5月19日，北京市人民政协理论与实践研究会、北京联合大学合作建立人民政协理论与实践研究中心。市政协主席、研究会会长吉林为研究中心揭牌并讲话。市政协秘书长、研究会监事长周毓秋出席。北京联合大学校长卢振洋主持成立仪式。

吉林主席到15个区县调研政协工作 年内，吉林主席率队分别到东城、西城、朝阳、海淀、丰台、石景山、门头沟、房山、通州、顺义、昌平、大兴、怀柔、平谷、密云15个区县调研政协工作，就各区县政协在创新履行三大职能中的好经验、好做法进行座谈。各区县委书记、区长、区政协主席参加调研，分别介绍各区县政协的工作情况。吉林主席对各区县政协履职中富有特色的做法和取得的成绩予以肯定，并对各区县委重视和支持政协工作、加强政协理论研究和实践探索、充分发挥委员和界别作用、发挥政协协商民主重要渠道作用等提出希望和建议。

【重要文件】

常委会工作报告（2014年1月14日在市政协十二届二次会议上）（摘要）

一、2013年工作回顾。一年来，共召开常委会议5次、主席会议10次、议政会2次，形成常委会、主席会议建议案7项，提出提案1167件，组织各类活动690余次，参加活动的委员达15800多人次。（一）围绕中心、破解难题，联合调研、协商议政取得新成果。着眼于破解城市发展中的突出矛盾和瓶颈问题，组织开展调研攻关，形成常委会《关于首都城市发展若干问题的建议》和11项专题报告。《建议》提出开展城市总体规划修编、打造临空经济合作示范区、发展优质公共交通、推进区域大气污染联防联控、加强城市防灾减灾体系建设、稳妥实施居住证制度等30条意见。中共北京市委、市人民政府高度重视，郭金龙书记、王安顺市长到市政协参加专题协商座谈会，认真听取意见，与委员共同研究探讨破解难题方略，并要求有关部门认真办理委员意见建议。（二）把握主线、紧扣热点，围绕经济社会发展和民生改善开展协商活动富有成效。举办经济形势分析座谈会和季度经济形势研讨会。开展科技企业孵化器创新发展调研。围绕促进养老服务产业化和优化消费环境问题分别召开议政会。就加强水环境治理、建筑垃圾综合治理等深入调研，通过常委会和主席会进行协商。就空气重污染应急预案等政策措施的制定，组织协商座谈。就网格化社会服务管理体系建设、工资集体协商等问题开展调研，形成常委会和主席会议建议案。（三）精心策划、密切配合，提案办理机制不断完善。建立多方会商机制，搭建提案者、承办单位、政协组织三方沟通协商平台，针对出租汽车管理、养老服务、老年医疗等委员广泛关注的提案，开展集中办理。坚持主席、副主席、秘书长督办重点提案机制，就加强互联网管理、文化遗产保护和完善、完善食品安全信息公开制度等提案办理，召开协商座谈会，推动了相关问题解决。建立区县政协提案工作定期交流机制，制定提案办理检查督促工作实施细则，进一步提高提案工作科学化水平。（四）积极探索、周密部署，立法协商工作取得突破。按照中共北京市委的要求和部署，按界别组织所有委员，就《北京市大气污染防治条例（草案）》开展立法协商。召开界别及专家组座谈会30余次，参加座谈和反馈意见的委员达744人，提出了近千条意见建议，市人大认真研究，对法规草案的61条内容进行了83处修改。这项活动，在明确协商内容、规范协商程序、完善组织方式等方面进行了有益探索，是推动立法协商的一次生动实践，为拓展民主协商开辟了新途径、积累了新经验。（五）把握方位、强化机制，民主监督得到切实加强。重新组建财政预算民主监督组和新闻舆论民主监督组，新成立城市管理民主监督组。推荐117位委员担任市级司法机关和政府部门特约监督员。财政预算民主监督组在完善财政体制及转移支付、硬化财政预算约束等方面提出意见建议。新闻舆论民主监督组对新闻宣传和网络舆论存在的问题进行深入研讨，提出实现对媒体监管的全覆盖、对不同类型媒体实行分类指导等意见建议。城市管理民主监督组围绕大气污染防治、污水治理、环境整治和垃圾处理、打击违法建设等城市管理难题开展监督活动，形成专项监督报告，受到市委、市政府高度重视。（六）突出界别、发挥优势，组织体系和工作制度创新稳步推进。建立界别工作制度，确定了全部32个界别的召集人，就开展界别工作的重要问题进行研究部署。依托各专委会联系各个界别，提供组织协调和保障服务，加强了专委会工作与界别活动的衔接。组建各专门委员会，作出全体委员都可以进入专委会的决定，实现专委会对所有委员的全覆盖。先后举办3期新任委员培训班；在井冈山举办委员暑期读书班。举办6场“政协报告厅”学习报告会。完善了委员履职评价考核机制。（七）密切交流、强化联络，爱国统一战线进一步巩固。市政协领导逐一走访各民主党派和工商联界别，专委会重点走访新任委员，密切同委员的联系。就宗教活动场所和落实宗教房产政策情况开展调研，形成主席会议建议案；结合专题调研，开展议政座谈，推动若瑟修女会会址危改修缮工程取得积极进展；通过重点提案督办，推动佛教拈花寺腾退工作；继续关注少数民族乡村经济发展、社区民族工作和清真饮食网点建设，开展调研、视察。发挥港澳委员和港澳台侨工作顾问作用，开展“我为首都发展献一策”活动；拓展对台工作，深化对台交流；通过多种形式，开展与港澳台同胞和海内外华侨华人的交流交往。（八）改进作风、提高效率，各项基础性工作更加扎实。全年共编报《诤友》社情民意信息228期，其中161期245件次被全国政协、中共北京市委、市人民政府信息刊物采用，110多件次得到市领导批示。召开文史工作研讨会，提出“首都文史”理念，编辑出版《北京中轴线》、《北京水史》等史料书籍，举办纪念北京建都860周年学术研讨会。完成人民政协理论与实践研究会换届工作，召开政协民主监督职能建设主题研讨会。办好政协新闻的专版、专栏和专题节目，发挥会刊和网站窗口作用，加大政协履职重要活动和成果的宣传。积极争取全国政协的指导，深化同兄弟省区市政协的交流，加强与区县政协的联系，形成推进政协事业发展的合力。2013年下半年以来，按照中共中央和中共北京市委的部署，中共北京市政协党组和政协机关深入开展群众路线教育实践活动，围绕解决形式主义、官僚主义、享乐主义和奢靡之风问题，切实加强学习、广泛听取意见、深入查摆问题、开展批评与自我批评、认真进行整改，取得了明显成效。活动中，共征集意见建议580多条，查摆出“四风”方面存在的突出问题26条，制定整改措施29项。通过开展群众路线教育实践活动，市政协履职的质量进一步提高、机制进一步完善，机关思想建设、组织建设、作风建设、制度建设、反腐倡廉建设和党的建设有了进一步加强。二、2014年工作安排。（一）不断巩固团结奋斗的共同思想政治基础。（二）围绕首都全面深化改革开展联合调研。（三）为破解特大城市可持续发展难题献计出力。（四）积极建言经济发展和民生改善。（五）切实做好团结各界、汇集力量的工作。（六）着力提高工作质量和水平。

中共中央政治局委员、中共北京市委书记郭金龙在纪念中国人民政治协商会议北京市委员会成立65周年座谈会上的讲话（2014年11月13日）（摘要） 今天，我们召开座谈会，深入学习贯彻党的十八届三中、四中全会和习近平总书记在庆祝中国人民政治协商会议成立65周年大会上的重要讲话精神，回顾总结首都政协走过的65年光辉历程，交流探讨首都政协事业发展大计，为的是更好地发挥人民政协的独特优势和作用，广泛凝聚各方面力量，更加奋发有为地建设国际一流的和谐宜居之都。这里，我讲三点意见。一是切实增强发展人民政协事业的使命感和责任感。要深刻领会习总书记关于人民政协创立发展的历史必然性、巨大优越性和强大生命力的重要论述，增强做好政协工作的自信和自觉；深刻领会习总书记关于推进社会主义协商民主广泛多层制度化发展的重要论述，增强做好政协工作的责任感；深刻领会习总书记关于做好政协工作重要原则的重要论述，始终坚持正确的政治方向；深刻领会习总书记关于新形势下推进政协事业发展基本要求的重要论述，更加奋发有为地做好首都政协工作。二是充分发挥人民政协在首都工作中的独特优势和作用。要围绕落实首都城市战略定位更好发挥作用；围绕推进首都改革发展更好发挥作用；围绕全面推进依法治国的任务更好发挥作用；围绕促进民生改善、社会和谐更好发挥作用。三是努力开创首都人民政协工作的新局面。要始终坚持人民政协正确的政治方向；要推动人民政协协商民主制度化、规范化、程序化发展；要加强人民政协的履职能力建设。中国共产党的领导是人民政协发展进步的根本保证。全市各级党委要坚持把政协工作纳入党委工作总体部署。明年，市委要适时召开第四次全市政协工作会议，对推进政协工作作出部署。

【组织概况】

委员去世名单

李和明（2014年3月13日去世）

北京市各级政协组织和委员数

（截至2014年底）

级别 项目	直辖市	市辖区	县	合计
组织数	1	14	2	17
委员数	757	4380	342	5479

（高林宇 编写　陈　煦 审稿）

政协天津市委员会

【全体委员会议】

十三届二次会议 2014年1月17日至20日举行。出席会议委员应到780人，实到736人。市政协主席何立峰向大会作常委会工作报告，主持闭幕会并讲话。市政协副主席李文喜作提案工作报告，主持第二次全体会议。市政协副主席王治平主持开幕式。市政协副主席田惠光、陈永川、高玉葆、沈中阳、魏大鹏、黎昌晋和秘书长李金亮出席。中共中央政治局委员、市委书记孙春兰，市委副书记、市长黄兴国，市人大常委会主任肖怀远，市委副书记王东峰等市党政领导同志应邀出席开幕式和闭幕会，并参加联组讨论，听取大会发言。会议审议通过市十三届政协常务委员会工作报告和提案工作报告；列席市十六届人大二次会议，讨论并赞同《政府工作报告》及其他报告；审议通过市政协十三届二次会议政治决议、常委会工作报告决议和提案审查情况报告。委员们认真履行政治协商、民主监督、参政议政职能，积极围绕天津经济社会发展中的重要问题议政建言。会议期间共收到提案832件，大会发言154篇。会议认为，2013年，市委带领全市党员干部群众，坚持稳中求进、稳中求优，围绕建设美丽天津、实现中央对天津的定位，全面推进经济建设、政治建设、文化建设、社会建设和生态文明建设，各项工作取得新进展。市政协自觉坚持围绕中心、服务大局，认真履行政治协商、民主监督、参政议政职能，充分发挥社会主义协商民主的重要渠道作用，为天津经济社会持续健康发展，作出了积极贡献。会议强调，在2014年，全市各级政协组织和政协委员要按照市委“改革统领，创新驱动，转型调整，改善民生，党建保证”的总要求，坚持稳中求进、改革创新，紧紧围绕全面深化改革的重点工作、经济社会发展重要问题和涉及群众切身利益的实际问题，深入调查研究，积极协商议政，充分发挥协调关系、汇聚力量、建言献策、服务大局的作用，努力开创美丽天津建设新局面。

【常务委员会会议】

第5次会议 2014年1月20日召开。常委应到155人，实到144人。市政协主席何立峰主持会议。市政协副主席李文喜、王治平、田惠光、陈永川、高玉葆、沈中阳、魏大鹏、黎昌晋和秘书长李金亮出席。常委会议听取了小组讨论情况综合汇报，审议通过了市政协十三届二次会议政治决议（草案）和其他决议（草案）。

第6次会议 2014年3月17日召开。常委应到155人，实到117人。副市长王宏江应邀出席会议并讲话。市政协副主席李文喜主持会议并讲话。市政协副主席王治平传达全国“两会”精神，市政协副主席陈永川、高玉葆、沈中阳、魏大鹏和秘书长李金亮出席。10位委员围绕“万企转型升级”主题提出了意见和建议。

第7次会议 2014年5月23日召开。常委应到153人，实到105人。市政协主席何立峰出席会议并讲话。副市长王宏江应邀出席会议并讲话。市政协副主席李文喜、田惠光、陈永川、高玉葆、魏大鹏、黎昌晋和秘书长李金亮出席。市政协副主席王治平主持会议。12位委员围绕“大力发展民营经济”议题提出意见建议。

第8次会议 2014年7月29日召开。常委应到152人，实到120人。市委常委、常务副市长崔津渡，市委常委、市委统战部部长刘长喜应邀出席会议，并通报有关情况。市政协副主席李文喜讲话。市政协副主席王治平主持会议并传达市委全会精神。市政协副主席田惠光、陈永川、高玉葆、魏大鹏、黎昌晋和秘书长李金亮出席。会议审议通过了有关人事事项。

第9次会议 2014年10月31日召开。常委应到150人，实到113人。副市长孙文魁应邀出席会议并讲话。市政协副主席王治平主持会议并传达中共十八届四中全会和市委常委会议精神。市政协副主席田惠光、高玉葆、黎昌晋和秘书长李金亮出席。8位委员围绕“推进京津冀协同发展，加快建设美丽天津”议题提出意见和建议。

【专门委员会工作】

提案委员会 收到提案1118件，经审查立案1092件，全部办复完毕，委员满意率达到99.8%。一是服务全市重点工作。举办市政协双周协商座谈会，为加快美丽天津建设建言献策。围绕优化国企结构、支持民营企业上市、加快我市现代服务业发展等问题开展调研，积极建言献策。二是服务在津全国政协委员提案工作。组织在津全国政协委员联名提交提案，其中2件提案摘入《重要提案摘报》，2件提案列入重点提案办理协商会。三是提高提案质量和水平。加强提案培训，严格审查标准，搞好综合分析，提高提案质量和水平。坚持市政协领导领衔协商办理重点提案，召开重点提案办理协商会，建立完善提案协商办理机制，开展办理落实情况视察检查，不断提升提案工作科学化水平。

经济委员会 开展调研、视察、座谈活动98次，提交调研报告16篇、政协信息专报和情况报告10篇。一是为推进京津冀协同发展建言献策。围绕京津冀协同发展中的产业发展问题等3项市长重点课题开展调研，形成调研报告报送市政府。二是积极开展协商议政活动。举办两次市政协双周协商座谈会，围绕“加快现代服务业发展，实现转型升级”、“加快大项目、好项目向高端化高质化高新化发展”议题建言献策。三是围绕全市重点经济工作开展专题调研。围绕加快现代服务业发展、加快天津自贸区建设等问题深入开展调研，向市委、市政府提出有价值、可操作性强的意见建议。围绕常委会议题开展调研，就推动天津商业实现转型升级、推动我市民营经济实现更大发展、促进天津在京津冀协同发展中发挥更大作用等问题建言献策。

科技教育委员会 开展调研、视察、协商、座谈等活动53次，提交调研报告12篇、信息专报4份、提案6篇。一是拓展协商民主平台，增强建言议政成效。举办两次市政协双周协商座谈会，围绕深化考试招生制度改革、建立产学研协同创新机制议题建言献策。围绕实施创新驱动战略、义务教育免试就近入学制度改革等议题，与有关部门对口协商。二是发挥政协智库作用，提升咨政建言水平。围绕市长重点课题“发展高端制造业基地和高技能人才培养”开展调研，提出意见建议。围绕常委会议题，就制约企业转型升级的科技支撑等问题调研议政。三是探索协同调研机制，形成参政议政合力。就推进建立京津冀协同创新共同体等问题开展联合调研，促进国家战略落实。四是加大民主监督力度，促进有关部门工作。就建立国家自主创新示范区、减轻中小学生课业负担等问题进行视察，促进政策措施落实。

人口资源环境和城市建设委员会 开展调研、视察活动43次，提交常委会发言6篇、调研报告8篇、社情民意信息1篇。一是为保障和改善民生献计出力。举办两次市政协双周协商座谈会，就“发展公共交通，改善出行环境”、“加强物业管理，美化社区环境”议题议政建言。二是为推动市政建设管理体制改革献计出力。围绕“市政建设和管理体制进一步下放到区，调动区级积极性”问题，开展专题调研，推进市政建设管理体制改革。三是为促进产业结构调整和企业转型升级献计出力。围绕我市工业结构调整与企业转型升级等问题，与有关部门对口协商。四是为推进京津冀协同发展献计出力。围绕生态环境保护、城市建设管理等问题开展调查研究，向党政部门提出意见建议。五是为建设美丽天津献计出力。联合举办“生态文明——建设美丽天津”研讨会，凝聚共识、出谋划策。

医卫文体委员会 组织对话协商、调研、考察、视察等活动79次，提交调研报告21篇。一是服务大局，加强调研，为改革发展献计出力。围绕常委会议题开展调研，就“促进社会资本办医，推进民营经济发展”等问题议政建言。举办两次双周协商座谈会，就“加强我市食品安全监管工作”和“深化我市医药卫生体制改革”议题建言献策。抓住深化农村医疗卫生体制改革、文化产业发展等问题开展调研、视察，促进社会事业发展。二是发挥委员优势，深化改革建箴言。举办学习总书记文艺工作座谈会重要讲话精神、京津冀协同发展暨美丽天津建设等专题研讨会，为全面深化改革凝聚共识。三是发挥专委会特色，惠及民生、服务百姓。组织开展大型义诊咨询服务、“深入基层送文化、服务人民送欢乐”、“中国梦”公益大讲堂系列活动，努力为群众办实事、做好事。

社会和法制委员会 开展调研视察36次，提交调研报告23篇、提案3篇、《政协信息专报》5篇。（一）围绕“充分发挥社会组织在社会治理中的作用”议题，举办市政协双周协商座谈会。根据常委会议题开展调研，就加快发展法律服务业、加强京津冀协同发展人口管理及深化户籍制度改革等问题议政建言。做好《关于将我市事实无人抚养儿童纳入儿童福利保障范围的建议》调研成果转化，促成《关于发放困境家庭儿童基本生活费的通知》的出台。（二）举办全面推进依法治国专题座谈会，针对法院“执行难”问题开展专题调研，加强重点提案《关于推进和完善平安天津、法治天津建设的建议》协商办理，助推平安天津法治天津建设和创新社会治理。（三）开展知识产权保护和社会疑难案件庭审评查工作，进行民主监督和立法建言，围绕天津市妇女儿童发展规划实施纲要实施情况开展督查，协办“两院”专题议政协商会，积极促进社会公平正义。

民族和宗教委员会 组织调研、座谈、考察40余次，提交调研报告4篇、情况专报1篇、常委会议发言材料3篇、学习考察报告1篇。（一）围绕“促进我市非公经济‘走出去’发展”议题，举办市政协双周协商座谈会。按照常委会议题开展联合调研，形成《关于大力推进民营中小企业发展的建议》等3篇调研报告和会议发言。（二）围绕重点课题“促进我市少数民族乡村经济社会发展”，开展学习考察和专题调研，提出意见建议。就“加强宗教场所的保护修缮与利用，发挥其在‘美丽天津’建设中的特殊作用”开展调研，促进民族团结、宗教和睦、社会和谐。（三）利用“开斋节”、“那达慕大会”等少数民族重要活动，认真做好联系、服务民族宗教界委员工作。组织考察“美丽天津”建设成果活动。通过举办专题学习研讨班、赴外地学习考察，加强学习交流。

文史资料委员会 积极开展文史资料征编、出版工作，征集文史史料200万字，编辑、出版文史书籍5本，影印本一套45册，合计2800万字。组织各种调研、视察、座谈会等活动42次，形成调研报告、专报件等21篇。承办市政协双周协商座谈会，就“加强天津历史文化名城保护利用”议题建言献策。围绕常委会议议题开展调研，就京津冀协同发展中公共文化资源共建共享等问题议政建言。就天津行政区划调整有关情况进行调查，形成相关情况报告。组织委员赴台参访考察，开展走基层大运河寻根、纪念严复诞辰160周年活动，召开天津市政协文史工作座谈会，不断加强工作交流。

港澳台侨和外事委员会 组织港澳委员和列席代表参加十三届二次会议，开展了8个专项活动，提交提案17件。围绕常委会议题深入调研，就“大力发展民营经济”、“美丽天津建设”提出意见建议。举办市政协双周协商座谈会，就为港澳台侨资企业发展提供优质服务议政建言。组团赴香港、澳门看望委员，组织港澳委员来津考察活动，引导委员为天津经济社会发展献计出力，鼓励委员在“保普选、反占中”活动中发挥积极作用。举办第七届津台投资合作洽谈会和第五届台湾名品博览会，促进津台交流合作。联合开展“走亲戚”社区交流活动，密切津台两地基层民众友好往来。密切与涉台部门和团体的联络，保障台商合法权益。举办第三届天津国际友好城市圆桌会议、2014东北亚和平与发展滨海会议，认真完成市政协领导出访服务工作，做好来访团组接待工作，进一步密切与五侨单位的联系交往。

【重要活动】

双周协商座谈会 2014年共举行15次，分别围绕“加快现代服务业发展，实现转型升级”、“充分发挥社会组织在社会治理中的作用”等议题，先后与40多个党政部门对口协商。会议由市政协主席召集并主持，相关专门委员会组织会前调研，参会委员330多人次。委员意见建议以政协信息专报形式送市委、市政府领导同志。

政协委员与市高级人民法院、市人民检察院专题协商会 2014年1月6日召开。市政协主席何立峰主持会议，市政协副主席李文喜讲话，市政协副主席田惠光、陈永川、高玉葆、沈中阳、魏大鹏、黎昌晋和秘书长李金亮出席。市高级人民法院代理院长高憬宏、市人民检察院检察长于世平分别通报2013年市高级人民法院和市人民检察院工作。委员们就深化司法改革、提高法律监督水平等提出意见建议。

党的群众路线教育实践活动总结会议 2014年2月18日召开。市政协主席、党组书记何立峰出席会议并讲话。市政协副主席、党组成员魏大鹏和市政协秘书长、党组成员李金亮出席。市政协副主席、党组副书记李文喜主持会议。市委第六督导组参加会议。李金亮通报了机关开展教育实践活动的情况。

专题调研和理论研究工作会议 2014年2月20日召开。市政协主席何立峰出席会议并讲话。市政协副主席李文喜发布市政协2014年专题调研和理论研究的课题。市政协秘书长李金亮主持会议。各专委会主任，市各党派团体专职副主委、调研室主任，各区县政协分管副主席、研究室主任，市政协理论研究会理事参加会议。

区县政协主席学习研讨班 2014年4月22日至23日举办。市政协主席何立峰出席并讲话。市政协副主席李文喜、王治平、陈永川、高玉葆、沈中阳、魏大鹏、黎昌晋和秘书长李金亮出席。与会同志围绕加强人民政协智库建设，为推进京津冀协同发展建言献策进行专题学习研讨。

纪念人民政协成立65周年座谈会 2014年9月23日召开。市委书记孙春兰出席并讲话。市委副书记、市长黄兴国，市人大常委会主任肖怀远出席。市政协副主席李文喜主持。田惠光、黎昌晋、刘焱、潘庆元在会上发言。市领导段春华、刘长喜、成其圣、张俊芳、曹小红、王治平、陈永川、高玉葆、沈中阳、魏大鹏、于世平、马杏田、张晓平、刘建平、李金亮，老同志吴振、刘晋峰、房凤友、张元龙等出席。

天津政协文史馆开馆仪式 2014年9月23日举行。市委常委、市委统战部部长刘长喜出席，市政协副主席李文喜主持并讲话，市政协副主席王治平、陈永川、高玉葆、沈中阳、魏大鹏、黎昌晋和秘书长李金亮出席，往届市政协主席、副主席和秘书长参加。与会人员参观了“天津政协光辉历程”主题展。

会前集中视察活动 2014年11月下旬至12月上旬，各专委会组织委员在市政协十三届三次会议前开展集中视察活动。市政协副主席李文喜、王治平、田惠光、陈永川、高玉葆、沈中阳、魏大鹏、黎昌晋和秘书长李金亮分别参加相关活动。

“今年怎么看，明年怎么办”议政建言会 2014年12月26日召开。市委副书记王东峰、副市长孙文魁出席会议并讲话。市政协副主席李文喜主持并讲话。市政协副主席王治平、魏大鹏和秘书长李金亮出席。18位委员围绕推进京津冀协同发展、搞好自由贸易区建设、建设国家自主创新示范区、打造全国法治建设示范市等提出意见建议。

市政协党组2014年民主生活会 2014年12月31日召开。会议围绕“严格党内生活，严守党的纪律，深化作风建设”主题，深入开展批评和自我批评。市政协党组副书记、副主席李文喜主持会议。市政协党组副书记、副主席王治平，市政协党组成员、副主席魏大鹏和市政协党组成员、秘书长李金亮出席。

【重要文件】

常委会工作报告（2014年1月17日）（摘要） 一、2013年工作回顾。市十三届政协及其常委会，在原有工作的基础上承前启后，深入学习贯彻中共十八大及十八届二中、三中全会精神和习近平总书记一系列重要讲话，高举爱国主义、社会主义伟大旗帜，牢牢把握团结和民主两大主题，组织全市各级政协组织和政协委员，坚决贯彻落实市委的统一部署，坚持围绕中心、服务大局、促进发展、履职为民，认真履行政治协商、民主监督、参政议政职能，为促进天津实现更高水平发展作出了积极贡献。一是深入学习贯彻中共十八大精神，始终保持人民政协正确的政治方向。深入学习贯彻中央和市委的决策部署，不断巩固发展团结奋斗的共同思想政治基础，充分发挥统一战线的最大平台作用。二是坚持围绕中心、服务大局，为推动天津又好又快发展献计出力。为全面推进滨海新区开发开放议政建言，深入开展“促发展惠民生上水平”活动，围绕“建设美丽天津”议政建言，组织开展“今年怎么看、明年怎么办”专题协商活动。三是自觉践行为人民服务的宗旨，为保障和改善民生建言献策。密切与政协委员和各界群众的联系，为保障和改善民生献计献策，认真落实结对帮扶工作。四是积极探索努力实践，扎实推进人民政协协商民主制度化建设。创新履行职能的工作思路，深入开展专题调研和理论研讨活动，深入进行协商民主制度化探索。五是着力加强政协自身建设，不断提高履行职能的科学化水平。为委员履职尽责创造良好条件，推进政协工作制度化、规范化、程序化建设，加强市政协机关建设。总结一年来的工作，我们深切体会到：不断增进政治共识，在思想上、政治上、行动上始终与中共中央和天津市委保持高度一致，是政协事业创新发展的根本保证；紧紧围绕主题主线，自觉服务全市改革发展稳定大局，是人民政协履行职能的首要任务；牢固树立群众观念，当好党委政府团结各界、联系群众的桥梁纽带，是人民政协履职尽责的根本出发点和落脚点；尊重委员首创精神，充分发挥委员主体作用，是做好政协工作的重要基础；坚持解放思想，坚持改革创新，是人民政协事业不断发展的力量源泉；把握特点规律、讲求策略方法、发挥自身优势，是提高政协工作科学化水平的重要途径。二、2014 年工作安排。在新的一年里，我们要全面贯彻落实中共十八大和十八届二中、三中全会精神，深入学习贯彻习近平总书记系列重要讲话，认真落实中央经济工作会议、城镇化工作会议等部署，根据市委十届四次全会精神，按照市委“改革统领，创新驱动，转型调整，改善民生，党建保证”的总要求，坚持稳中求进、改革创新，突出团结和民主两大主题，以促进全面深化改革、推动天津又好又快发展为重点，认真履行政治协商、民主监督、参政议政职能，充分发挥协调关系、汇聚力量、建言献策、服务大局的作用，为建设美丽天津、实现中央对天津的定位作出新贡献。第一，深入学习贯彻中共十八届三中全会和市委十届四次全会精神，进一步增进共识、凝聚力量。第二，注重提高建言献策的质量和水平，自觉围绕全市深化改革和经济社会发展大局献计出力。第三，努力推动政协工作改革创新，不断加强人民政协协商民主制度化建设。第四，不断完善决策咨询机制，积极推进人民政协智库建设。第五，全面加强自身建设，不断提高政协工作的科学化水平。

中共中央政治局委员、中共天津市委书记孙春兰在天津市纪念人民政协成立65周年座谈会上的讲话（2014 年 9 月 23 日）（摘要）　今天我们召开座谈会，主要是深入学习贯彻习近平总书记在庆祝中国人民政治协商会议成立 65 周年大会上的重要讲话，回顾人民政协的光辉历程，动员全市各级政协组织、广大政协委员和各族各界人士，坚定中国特色社会主义道路自信、理论自信、制度自信，把人民政协事业不断推向前进，为建设美丽天津、谱写中国梦的天津篇章作出新贡献。一、深入学习贯彻习近平总书记重要讲话精神，增强做好政协工作的责任感和使命感。一是深刻认识人民政协投身建立新中国、建设新中国、探索改革路、实现中国梦的伟大实践。二是深刻认识人民政协的宝贵经验和重要原则。三是深刻认识人民政协提高履职能力现代化水平的主要任务。四是深刻认识社会主义协商民主是中国社会主义民主政治的特有形式和独特优势。五是深刻认识社会主义协商民主是中国共产党的群众路线在政治领域的重要体现。六是深刻认识推进协商民主广泛多层制度化发展的战略任务。二、充分发挥人民政协的独特优势和作用，切实加强和改进我市政协工作。第一，要坚持正确政治方向，坚定走中国特色社会主义政治发展道路。第二，要坚持围绕中心、服务大局，认真履行政治协商、民主监督、参政议政职能。第三，要坚持团结和民主两大主题，切实做好协调关系、化解矛盾、凝聚力量的工作。第四，要坚持加强履职能力建设，加快推进人民政协工作制度化、规范化、程序化。

【组织概况】

主席辞职名单

何立峰（2014 年 7 月 29 日市政协十三届第八次常委会议通过）

副主席免职名单

武长顺（2014 年 7 月 29 日市政协十三届第八次常委会议通过）

常务委员辞职名单

郭运德（2014 年 3 月 17 日市政协十

三届第六次常委会议通过）

陈　雍（2014年5月23日市政协十三届第七次常委会议通过）

委员辞职名单

王大壮（2014年3月17日市政协十三届第六次常委会议通过）

何立峰（2014年7月29日市政协十三届第八次常委会议通过）

撤销委员资格名单

武长顺（2014年7月29日市政协十三届第八次常委会议通过）

委员逝世名单

刘惠文（2014年4月19日）

王健男（2014年10月20日）

天津市各级政协组织和委员数

（截至2014年底）

级别 / 项目	直辖市	市辖区	县	合计
组织数	1	13	3	17
委员数	775	3101	663	4539

（齐玉军　编写　刘树增　审稿）

政协河北省委员会

【全体委员会议】

十一届二次会议 2014年1月7日至11日在石家庄举行。应出席委员775名，实际出席736名。会议听取并审议了付志方代表省政协十一届常务委员会所作的工作报告和崔江水代表省政协十一届常务委员会所作的提案工作情况的报告。与会委员列席了河北省十二届人大二次会议，听取并讨论了张庆伟省长所作的政府工作报告和会议期间的其他重要报告。

会议审议通过了《政协河北省第十一届委员会第二次会议政治决议》、《政协河北省第十一届委员会第二次会议关于常务委员会工作报告的决议》、《政协河北省第十一届委员会第二次会议关于常务委员会十一届一次会议以来提案工作情况报告的决议》和《政协河北省第十一届委员会提案委员会关于第二次会议提案审查情况的报告》。会议期间，提案委员会共收到提案668件，符合立案条件的664件，占提案总数的99.40%，未予立案的4件，占提案总数的0.60%。会议印发255份书面发言，12位委员作了口头发言。中共河北省委、省政府领导及有关部门负责人出席开、闭幕会，听取大会发言，并深入到小组与委员们交流讨论，共商改革发展大计。会议结束时，省政协主席付志方讲话。

【常务委员会会议】

第6次会议 2014年1月9日在石家庄举行。应出席常务委员会组成人员157名，实际出席139名。省政协主席付志方主持会议。会议审议通过了政协河北省第十一届委员会第二次会议政治决议（草案），政协河北省第十一届委员会第二次会议关于常务委员会工作报告的决议（草案），政协河北省第十一届委员会第二次会议关于常务委员会十一届一次会议以来提案工作情况报告的决议（草案），政协河北省第十一届委员会提案委员会关于第二次会议提案审查情况的报告（草案）。

第7次会议 2014年4月29日在石家庄举行。应出席常务委员会组成人员156名，实际出席143名。会议的主要议题是围绕大力推动工业转型升级议政建言。省政府副省长张杰辉到会作了关于全力打好工业转型升级攻坚战的情况报告。会议听取了郭大建秘书长关于人事事项的说明，并审议通过了该人事事项。会议印发书面发言材料58份，10位同志作了口头发言。会议结束时，省政协主席付志方讲话。

第8次会议 2014年7月22日在石家庄举行。应出席常务委员会组成人员156名，实际出席136名。会议主要围绕大力发展县域经济议政建言。省政府副省长张杰辉到会作了全力打好县域经济发展攻坚战的情况报告。会议共印发书面发言材料71份，10名同志作了口头发言。会议结束时，省政协主席付志方讲话。

第9次会议 2014年11月28日在石家庄举行。应出席常务委员会组成人员155名，实际出席137名。会议的主要议题是围绕科学防治污染、改善大气环境质量议政建言。省政府常务副省长杨崇勇到会作了关于坚决打好大气污染防治攻坚战的情况报告。省政府副秘书长那书晨作了关于省政府系统办理省政协十一届二次会议提案工作情况的报告。会议听取了郭大建秘书长所作的关于人事事项的说明，并审议通过了人事事项。听取了“1号提案”主办单位办理情况的汇报，评议“1号提案”办理情况。会议共印发90篇书面发言材料，6名同志作了大会口头发言。会议结束时，省政协主席付志方讲话。

【专门委员会工作】

提案委员会 全年共收到提案748

件，经审查立案交有关单位办理的740件。省委、省政府领导阅批重点提案28件（次），逐件提出办理要求。提案委员会围绕五个文明建设建言献策：助推科学发展，建言经济建设；关注人民群众福祉，建言改善民生；致力文化繁荣发展，建言文化建设；聚焦生态文明，建言生态环境建设；着眼依法治省，建言政治建设。努力提高提案办理协商水平：通过加强选题引导，帮助知情明政，严格审查立案提高提案质量；通过强化高层督办，加强民主协商，凝聚工作合力提高办理质量；通过加强制度建设，提高服务水平，创新服务方式提高服务质量。把“科学治霾，改善大气环境质量”列为1号提案，实施重点办理协商。研究制定《关于健全和完善政协提案办理制度的意见》，提升提案协商办理的科学化水平。

人口资源环境委员会 牵头组织十一届九次常委会议筹备工作，共收到大会发言材料90篇，精选出6篇作为口头发言，并形成《关于科学防治污染改善大气环境质量的意见和建议》，报省委、省政府，省长张庆伟作了批示。牵头组织“经济强镇的体制问题”和“乡镇功能完善问题”进行专题调研，赴沧州市南皮县蹲点一周，并到石家庄、唐山等17个市县的68个乡镇进行实地走访、开会、座谈，最终形成《关于推进经济强镇管理体制改革的建议》和《关于完善乡镇政府功能的调研报告》，受到省委、省政府领导肯定。对“河北省人居环境奖”评选开展情况进行全程监督。参与全国政协人口资源委员会“重点区域大气污染综合防治”专题座谈会。接待全国政协人资环委就沿海滩涂开发与保护情况，赴石家庄、沧州等四市调研；接待北京市政协、内蒙古政协人资环委考察组。

文史资料委员会 牵头组织“扶持成长性好的企业”专题调研，先后深入6市、30多家企业实地走访，并提出对策建议，受到省委、省政府领导肯定。完成《文史精华》杂志由月刊改为半月刊的工作，并推出网上电子期刊。出版了河北旅游文化专著《望长城内外——胜境河北》。完成《115师与晋察冀边区》、《129师与晋冀鲁豫边区》等史料的书稿征集。携手北京、天津市政协举办“2014京津冀政协委员馆员书画作品交流展”。

财政经济委员会 围绕十一届七次常委会，就“大力推动工业转型升级”，组织部分委员和专家学者进行调研，最终形成68篇发言材料，精选出10篇作为大会口头发言。会后起草了《关于推动工业转型升级的建议》，报送省委、省政府，有关省领导作出批示。围绕“促进产业集群的发展的问题”、“企业二次创业的政策问题”进行专题调研，最终形成《关于推进产业集群转型升级的对策建议》、《关于推进关停企业“二次创业”的对策建议》，受到省委、省政府领导肯定。围绕发挥异地河北商会、在冀异地商会作用进行调研，形成报告上报省政府，省长张庆伟等省领导作出批示。接待全国政协“化解过剩产能过程中需关注和解决的问题”调研组。

农业委员会 筹备十一届二次全会大会发言，最终形成发言材料268篇，并遴选出12篇作为口头发言。筹备十一届八次常委会大会发言，最终形成发言材料81篇，遴选出10篇作为口头发言，并起草了《关于大力发展县域经济的建议》报送省委、省政府，有关省领导作出批示。围绕“扩权强县强区问题”进行专题调研，在此基础上起草了《关于“扩权强县强区问题”的调研报告》，受到省委、省政府领导肯定。围绕振兴河北乳业赴张家口、唐山等地调研，组织召开振兴河北乳业专题研讨会，在此基础上，起草了《关于振兴河北乳业的调研报告》，报送省委、省政府。

教科文卫体委员会 筹备十一届三次全会大会发言，最终形成发言材料160篇，并遴选出15篇作为口头发言。围绕“加快文化产业发展”进行专题调研，在此基础上起草了《关于加快文化产业发展的对策建议》调研报告，得到省委、省政府领导肯定。围绕医患关系问题深入省、市医疗单位考察，形成《关于改善医患关系的对策建议》报送省委、省政府。联合省科协赴内蒙古等地考察，提出《关于加快河北省科技馆建设的建议》；联合省社科联，提出《关于推进河北省社会科学普及场馆建设的建议》，省委、省政府领导作出批示。与全国政协就“深化校企合作”深入职业院校开展协同调研，形成《关于河北省职业教育校企合作存在的主要问题及建议》。

社会和法制委员会 围绕“发展的法治环境”进行专题调研，向党组和省委交上了一份合格的答卷。围绕《河北省老年人优待办法》、《河北省水功能区管理规定》进行立法协商，有关省政协常委、委员等就此提出意见建议，取得良好效果；应省人大邀请，就《河北省国土保护和治理条例（草案）》召开立法协商座谈会，进一步拓展立法协商领域。参加全国政协社会和法制委员会2014年工作座谈会，并作了口头发言。接待重庆市政协社法委“社会化养老服务体系建设”考察组来冀调研。

民族和宗教委员会 围绕“技术资本化产业化”进行专题调研，提出关于加快发展技术资本化产业化的22条政策性建议，得到省委、省政府领导肯定。协助召开京津冀人才协同发展座谈会，达成16条共识，为区域性协作开了好头。举办全省政协民族宗教干部培训班，为做好民宗工作打下良好基础。参加省佛教协会、省基督教“两会”、省伊斯兰教协会换届会等活动。

港澳台侨和外事委员会 围绕“完善开发区体制问题”进行专题调研，提出了3方面13条建议，部分被省委、省政府《关于推进全省开发区体制机制改革的指导意见》吸纳。组织省政协领导3次率团出访港澳、台湾，宣传河北、增进友谊、推动合作。组织港澳青年赴冀考察访问。完成巴基斯坦参议院主席一行赴保定访问任务，受到全国政协书面表扬。接待美南中国专家协会访华团一行，达成21项合作协议。完成河北省海外同胞教育基金会第21次颁奖。

【重要活动】

12项重点课题调研 2014年初，中共河北省委主要领导同志致信省政协，建议围绕完善开发区体制、扶持成长性好的企业等12个事关河北大局的重点问题开展调查研究。各位副主席和党组成员分别牵头，组成12个调研组。按照“眼睛向内、双腿向下”的要求，12个调研组深入到全省11个市的90多个县（市、区）、230多个乡镇，走进700多个企业、农村、社区等基层单位。在此基础上，形成近11万字的12份调研报告，共提出228条建议，为省委、省政府提供了有益的决策性参考。《光明日报》两次刊发内参，《人民政协报》先后3次在头版头条刊登通讯，其中以“深水期、深调研、深智慧”为题，作了长篇深度报道，充分肯定河北“省委出题、政协破题”的调研模式和做法。中共中央政治局常委、全国政协主席俞正声对相关报道作出重要批示，指出“河北的做法很好，可发各省区市政协、统战部研究”。省委常委会对这次调研工作高度重视，专门听取情况汇报。

学习习近平总书记在庆祝人民政协成立65周年大会上重要讲话精神座谈会 2014年9月29日下午，举行学习习近平总书记在庆祝人民政协成立65周年大会上的重要讲话精神座谈会。会议强调，要认真学习贯彻习近平总书记重要讲话精神，增强制度自信，服务改革发展，推进协商民主，提高履职能力，不断开创河北省人民政协事业新局面。省政协主席付志方主持会议。八届省政协主席吕传赞，九届省政协主席赵金铎，十届省政协主席刘德旺等出席会议。吕传赞、赵金铎、刘德旺和省政协副主席葛会波、省工商联主席刘劲松、省政协文史委主任郭翠朵在会上发言。

【重要文件】

常委会工作报告（2014年1月7日）（摘要） 一、2013年工作回顾。（一）围绕重大问题议政建言。注重深入实际，提高调研水平。由主席会议成员带队，走乡村、进工厂，入社区、下街道，开展深入细致的调查研究。扩大各界有序政治参与，汇聚群众智慧。邀请党政部门负责人、专家学者、基层群众代表参加重要议题的座谈和研讨。在此基础上，分别召开十一届省政协第二、三、四次常委会议。三次常委会议共印发大会发言300余份，其中有30多名同志作了大会重点发言。会后形成的《关于推进节能减排、改善生态环境的意见和建议》、《关于推进扶贫攻坚、加快贫困地区脱贫致富步伐的建议》、《关于推进新型城镇化、统筹城乡发展的建议》，省委、省政府有关领导分别作出批示，给予充分肯定。有关部门认真研究吸纳省政协的建议，有针对性地制定落实措施，推动了相关工作的改进和提升。充分发挥专委会的基础作用。一是广泛开展视察和调研，就钢铁产业转型升级、做大做强设施蔬菜产业、大气污染防治、农村环境保护立法等问题，深入调查研究，提出对策建议。二是举办座谈、研讨和委员议政日活动，围绕非公有制经济发展、河北历史文化保护与传承、地下水污染防治和地热资源利用等协商讨论。三是积极参加全国政协组织的履职建言活动、区域间经济社会研讨与协作，以及河北省党政部门组织的调查检查、现场办公、社会评议等。（二）全面提升提案工作质量和实效。狠抓提案质量、办理成效和协调服务水平三个关键环节。通过组织培训、召开提案办理工作会议、精心准备提案参考题目、加强重要提案办理协商等措施，激发广大政协委员和省各民主党派、工商联、有关人民团体运用提案履行职责的积极性，提高提案质量。修订《河北省政协提案工作条例》，完善提案征集、审查立案、协商交办、答复反馈等各个环节的工作。突出重点、持续督办，加强省政协年度1号提案的协商办理。一是把有关推进节能减排、改善生态环境的十余份提案“捆绑打包”，形成高质量的1号提案，实施重点督办。二是将1号提案涉及内容，作为省政协十一届二次常委会议中心议题，组织专题协商。三是由主席会议成员带队，改进督办方法，加大督办力度。四是与各市政协协调联动，争取新闻媒体支持，广泛开展社会监督。（三）扎实开展党的群众路线教育实践活动。根据中共中央和河北省委的部署，结合政协工作实际，扎实开展党的群众路线教育实践活动。围绕落实中央八项规定，反对形式主义、官僚主义、享乐主义和奢靡之风，广泛征求各方面意见，有针对性地查找“四风”在省政协领导班子和机关干部队伍中存在的问题。本着统一思想、促进团结、互相监督、共同提高的目的，认真开好专题民主生活会。省政协领导班子及成员带头进行对照检查、自我剖析，严肃开展批评和自我批评，深挖“四风”问题的表现和根源。在此基础上，制定整改方案，从思想、学习、工作、作风、队伍管理、廉洁自律等方面提出26项整改措施，并细化分解整改任务，明确责任单位和责任人，逐项抓好落实。（四）关注民生改善和社会事业发展。充分运用反映社情民意信息渠道为民建言。一年来，向全国政协、省委、省政府报送信息491期，及时反映了一大批具有苗头性、倾向性、预警性的重要情况，不少信息经党政领导批示，有关单位认真办理，促进了一批事关发展和民生的问题得到解决。通过多种途径推动社会事业发展。组织医药卫生界委员开展卫生下乡活动为村民开展义务诊治，普及常见病、地方病预防知识。发动教育界委员开展教育下乡活动，实施“烛光计划”帮助中小学推进素质教育。关注基层文化建设，丰富群众文化生活。组织港澳委员资助贫困地区学校，促进贫困地区教育事业发展。努力帮助基层群众解决生产生活问题。省政协领导班子成员和机关干部深入基层蹲点调研，了解实情、听取意见。按照省委关于加强基层建设年活动的安排部署，做好定点帮扶工作，较好地完成省委提出的帮扶任务。（五）积极促进社会和谐。重视发挥各民主党派、工商联、有关人民团体和无党派人士在人民政协的作用。制定《关于进一步加强与省各民主党派、工商联联系的意见》，适时走访省各民主党派和工商联。支持各民主党派充分运用人民政协的平台，开展参政议政活动。各民主党派充分发挥自身优势，积极争取党派中央来河北调研考察，就北京新机场配套建设、加快海水淡化产业发展等重要问题，向中共中央、国务院提出建议。李克强、俞正声、张高丽等中央领导分别作出重要批示，要求有关部门认真研究。注重吸纳新的社会阶层代表人士参加政协协商监督活动，探索建立与民营企业家委员和民营企业代表定期座谈机制。做好团结联谊工作。组织省政协代表团访问香港、澳门，拜访港澳社会有影响的社团和高层人士。接待澳门街坊会联合总会、纽约河北同乡会等海外团组。邀请海外侨胞列席省政协全会，围绕省政协常委会议题征集大会发言，帮助港澳委员和海外列席人士知情明政、参政议政。做好具有政协特色的民族宗教工作。大力宣传和落实国家民族宗教政策，参与省政府扶持民族自治地区发展的现场办公，组织委员就河北省宗教慈善公益事业发展进行调研，定期走访河北省五大宗教团体，协调有关部门妥善解决宗教教职人员医疗和社会保障问题，参与民族宗教界重大活动。发挥文史资料工作存史资政、团结育人功能。完善史料征集机制，注重数字化建设，启动115师与晋察冀边区、129师与晋冀鲁豫边区等抗战史料征集出版工作，完成河北旅游大全《望长城内外——胜境河北》的编写初稿。就河北历史文化遗产保护与传承召开专题议政会。建成省政协文史馆。（六）以创新精神推进政协工作。创新政协例会的方式，增强政协工作的生机与活力。改进常委会议编组、发言、讨论等环节的方式。改进例会发言方式，各小组可推选代表在常委会上即席发言。深化政协工作内涵，拓展履行职能领域。组织力量就推进协商民主制度化进行研究。探讨将立法协商与专题协商、对口协商相结合的渠道与方式。坚持与时俱进，完善政协制度体系。制定和修订《关于建立重点课题调研工作机制的意见》、《河北省政协委员守则》、《政协河北省委员会常务委员会组成人员守则》等规章制度。综合利用各种宣传资源，提高宣传工作的质量和影响。拓展宣传思路，拓宽宣传途径，丰富宣传内容，灵活宣传方式，抓好重点工作的深度报道。（七）切实加强政协自身建设。强化思想理论武装。把思想理论建设摆在首要位置，组织政协参加单位、广大政协委员，深入学习中国特色社会主义理论体系，领会贯彻中央和省委的重大决策部署。加强委员队伍建设。举办省政协新任常委、委员培训班。建立驻市委员活动小组，省政协领导班子成员联系各专门委员会和驻市委员活动小组。开展委员议政日和委员接待日活动。努力提高机关服务水平。在省政协机关开展“提素质、上水平、创建一流机关”活动。加大干部教育培训力度，加强干部的选任和交流。强调按规矩办事，用制度管人，加强管理，完善机制。二、2014年工作部署。（一）着力凝聚社会各界共识。（二）着力围绕改革发展议政建言。（三）着力推进协商民主发展。（四）着力聚积维护稳定的正能量。（五）着力弘扬密切联系群众的优良作风。

【组织概况】

撤销委员资格名单

（2014年4月29日政协河北省第十一届委员会常务委员会第7次会议通过）

孙大震

（2014年11月28日政协河北省第十一届委员会常务委员会第9次会议通过）

王宝军　刘存柱　肖　雪

委员去世名单

夏　君　李和明

省政协副秘书长任免名单

（2014年4月29日政协河北省第十一届委员会常务委员会第7次会议通过）

任会君任省政协副秘书长

梁洪杰不再担任省政协副秘书长职务

专委会专职副主任任免名单

（2014年12月27日，省委冀干字〔2014〕243号）

任命：

周杰任省政协财政经济委员会专职副主任（正厅级）

（2014年7月25日，省委冀干字〔2014〕145号）

免去：

赵福群省政协提案委员会专职副主任职务（退休）

市、县、区政协主席变动情况

承德市

双桥区　马浩然　刘敏儒（2014年2月任）

围场满族蒙古族自治县　祁　军（兼）　苗立田（2014年2月任）

张家口市

桥西区　汪天忠　裴国忠（2014年1月任）

下花园区　李建鹏　乔亚平（2014年2月任）

阳原县　李　德　赵爱民（2014年1月任）

崇礼县　白银海　于有斌（2014年1月任）

廊坊市

大厂回族自治县　卢振闪　冯　幸（2014年2月任）

保定市

北市区　穆大群　赵海娜（2014年2月任）

高阳县　贯红雨　刘新桥（2014年2月任）

孟村回族自治县　暂缺　王太增（回族）（2014年3月去世）

衡水市

市政协主席 暂缺

王宝军

（2014 年 9 月免职）

邯郸市

大名县 赵志峰 景立亭

（2014 年 1 月任）

河北省各级政协组织和委员数

（截至 2014 年底）

项目＼级别	省	设区的市	县（不设区的市、市辖区）	合计
组织数	1	11	171	183
委员数	770	5300	34995	41065

（范兆峰 编写 齐为民 审稿）

政协山西省委员会

【全体委员会议】

十一届二次会议 1月17日至21日在太原举行。与会委员听取了《省政协常委会工作报告》、《省政协提案工作情况报告》；列席了省十二届人大第二次会议，听取了《政府工作报告》、省高院工作报告、省检察院工作报告以及其他报告，围绕贯彻落实中共十八届三中全会精神和省委、省政府决策部署、推进全省各项事业发展积极建言献策。14位委员作大会发言。袁纯清、李小鹏等省领导分别听取大会发言、参加联组会议和小组讨论，听取委员意见和建议。会议讨论并赞同政府工作报告、省高院工作报告、省检察院工作报告以及其他报告。通过了省政协十一届二次会议政治决议、关于常委会工作报告的决议、关于提案审查情况的报告以及人事事项。薛延忠主席主持闭幕会议并讲话。

【常务委员会会议】

第5次会议 1月15日至16日在太原举行。薛延忠主席出席会议并讲话，省委、省政府领导及有关部门负责同志应邀出席。副主席李雁红主持会议，各位副主席及秘书长阎根生等出席。与会常委围绕政府工作报告（征求意见稿）、省法院工作报告（征求意见稿）、省检察院工作报告（征求意见稿）等进行协商讨论；审议通过了省政协常委会工作报告（讨论稿）、提案工作报告（讨论稿）和省政协十一届二次会议议程（草案），决定提交省政协十一届二次会议审议。秘书长阎根生通报小组讨论情况。会议通过省政协十一届二次会议日程和有关人事事项。

第6次会议 1月18日、21日分别举行。薛延忠主席主持，各位副主席及秘书长阎根生等出席。会议通过了选举办法、监票人和总监票人名单，通过了候选人名单，决定提请省政协十一届二次会议第三次全体会议进行选举；通过了省政协十一届二次会议政治决议（草案）、关于常委会工作报告的决议（草案）、关于提案审查情况的报告（草案），决定提请省政协十一届二次会议闭幕大会进行表决。

第7次会议 1月21日在太原举行。薛延忠主席主持会议并讲话，各位副主席及秘书长并常委会组成人员出席。会议讨论通过了省政协常委会2014年工作要点。

第8次会议 5月28日至29日在太原举行，会议就加快我省职业教育改革与发展协商议政、建言献策。薛延忠主席出席并讲话，副省长张复明通报我省现代职业教育发展情况，各位副主席及秘书长阎根生等出席。程太生等委员作大会发言。国家教育部职业教育与成人教育司副司长刘建同作《发展现代职业教育，服务经济转型升级》专题报告。会议审议通过了《关于加快发展我省现代职业教育的建议》和有关人事事项。

第9次会议 7月9日在太原举行。薛延忠主席主持会议并讲话，各位副主席及秘书长并常委会组成人员出席会议。省委有关部门负责同志作有关人事事项的说明。会议依照政协章程及有关规定，通过了免去令政策政协第十一届山西省委员会副主席职务、撤销其山西省政协委员资格的决定；通过了撤销王国瑞政协第十一届山西省委员会委员资格的决定。

第10次会议 8月20日至21日在太原举行。会议就加快推进我省国企改革协商议政、建言献策，薛延忠主席出席会议并讲话，各位副主席及秘书长并常委会组成人员出席会议。副省长郭迎光通报我省上半年经济运行情况和国有企业改革情况；副主席李雁红作《关于加快推进我省国企改革的几点建议（讨论稿）》的说明；副主席朱先奇作有关人事事项的说明。贺天才等7位同志作大会发言。会议审议通过了《关于加快推进我省国企改革的几点建议》以及人事事项。

第11次会议 11月11日至12日在太原举行。会议认真学习贯彻十八届四中全会精神，就科学推进农村土地流转建言献策。薛延忠主席出席会议并讲话，副省长郭迎光通报我省农村土地流转情况，郑红等6位同志作大会发言。会议审议通过了《引导农村土地经营权有序流转，加快发展我省特色现代农业的建议》；通过了有关人事事项。各位副主席及秘书长并常委会组成人员出席会议。

【专门委员会工作】

提案委员会 一、全年共征集提案1022件。经审查，立案864件，作为来信处理158件。至年底，立案的864件提案已全部办理回复。二、创新办理重点提案。主席会议确定的9类、87件重点提案，分别由主席会议与各位副主席牵头进行组织实施。特别是主席会议以“食品安全”为主题的重点提案督办活动，实践了“涉及哪一层群众与哪一层群众协商”精神和有序扩大协商民主，达到了“四方见面”广泛协商，增进共识、凝聚力量、推动工作的目的。三、以我省农村土地承包经营权确权登记颁证试点为专题深入调研，提出了具体的对策建议。四、发挥媒体作用，扩大提案影响。

经济委员会 一、扎实做好十一届十次常委会议的筹备工作。组织委员深入调研，撰写和审定了提交常委会议参阅的《调研资料汇编》，组织7位同志进行了大会发言，向省政协常委会提交的《关于加快推进我省国企改革的几点建议（讨论稿）》，经讨论通过后报送省委、省政府。二、顺利完成调研年活动任务。报送了《关于推动山西混合所有制经济的调研报告》、《关于推动我省实体经济持续健康发展的建议》、《关于我省省属国有企业产权制度及法人治理结构的调研报告》、《关于鼓励非公企业参与国企改革的调研报告》。三、认真回复了“省政府办公厅关于煤炭体制改革方面征求意见稿”，提出3点建议。

人口资源环境委员会 一、组织承办“饮用水水源地保护”对口协商会议。组织部分委员就黄河、汾河两大水源地保护情况进行调研，组织部分政协委员、汾河上游四县政协领导和省直相关部门负责同志在对口协商会上面对面进行协商。会后，引黄管理局会同政府相关部门采取措施，进一步加大了对水源地的保护。二、组织承办“改善农村人居环境”专题议政会。副省长郭迎光出席议政会，听取委员发言并通报我省改善人居环境进展情况。会后形成《关于在实施改善农村人居环境工作中需进一步关注的几个问题的建议》，报省委、省政府。三、主动与相关党派、界别沟通联系，协助选定调研课题并会同调研考察，寻求保护古村落与改善农村人居环境同步推进的有效途径。

农村委员会 一、扎实做好十一届十一次常委会专题调研和筹备工作。组织委员深入调研，形成《关于引导农村土地经营权有序流转，促进我省特色现代农业发展的建议（讨论稿）》，提交常委会议审议通过后报送省委、省政府。二、就我省粮食安全问题进行调研，形成《山西粮食安全状况调研报告》。三、组织部分政协常委、委员深入调研，形成《山西省农民专业合作社的现状与发展》的调研报告。四、对我省山老区采煤沉陷区农村饮水安全问题进行深入调研，提出了解决的对策和建议。

教科文卫体委员会 一、完成十一届八次常委会专题调研任务，组织程太生等6位委员作大会发言。《关于加快发展我省现代职业教育的建议（讨论稿）》经常委会通过后报省委、省政府。邀请教育部职成司副司长刘建同作《发展现代职业教育，服务经济转型升级》的专题报告。二、组织“青少年健康成长”界别协商会议。8 名省政协委员作专题发言。张复明副省长率省教育厅等部门的负责同志到会听取委员建议。三、开展“转型综改攻坚调研年”活动。撰写了《关于加强我省传统村落保护工作的建议》；参加了有关“我省机构养老存在的问题和对策”、“民营企业科技创新”、“加强群众体育运动，提高公共服务水平”、“食品安全”的专题调研。四、开展“察情建言惠民行”活动。组织委员、专家送卫生、送科技、送文化、送教育下基层活动 6 次；听取群众关于医疗、教育、就业、养老等民生问题的意见、建议，并作相关政策宣传。五、组织委员视察高考和招生现场；就大学生就业创业情况、城市流动人口子女教育问题进行调研。

社会和法制委员会 一、组织承办“维护职工合法权益”界别协商会议。组织委员深入调研，形成建议稿。王海生等 7 位委员作专题发言。郭迎光副省长对委员建议给予充分肯定。省人社厅等省直部门负责人出席界别协商会议。二、围绕“服务转型综改攻坚调研年”积极开展相关调研，形成《关于推进我省社区矫正管理的几点建议》、《当前青少年思想状况调查及对策建议》、《山西省青年社会组织发展现状及共青团青年社会组织工作对策研究》、《关于对男女同龄退休问题调研的情况汇报》、《关于进一步维护职工合法权益的建议》等调研报告，报送省委、省政府。三、围绕“改进工作作风系列部署贯彻执行情况”组织专项视察并提出意见和建议。四、围绕“察情建言惠民行”主题，积极开展“送法律到基层”活动。

民族和宗教委员会 一、深入开展“访民生、知民情、解民事”和扶贫活动。二、配合全国政协民宗委对五台山碧山寺房地产管理情况进行调研。三、形成《关于加快推进我省少数民族聚居村经济社会发展的建议》报告。四、形成《关于加强农村宗教事务管理的调研报告》报全国政协民族和宗教委员会。五、推动省物价局出台了《关于全省宗教活动场所生活用电价格的通知》，解决了宗教场所用水、用热、用气、用电价格问题。

文史和学习委员会 一、举办了政协第十一届山西省委员会第二期委员学习培训班。委员和基层政协主席共计 214 人参加培训。二、召开了省政协委员“岗位奉献转型跨越”主题活动座谈交流会。委员代表等 50 余人参加座谈交流。三、做好抗战史料的征编出版及抗战遗址保护利用情况的调研。编辑出版了《血铸河山——山西抗日英烈传》共计 121 万字；撰写了《关于我省抗战遗址保护利用情况的调研报告》。四、提交了《山西政府购买公共服务研究》、《创新山西省生态红线区域保护机制研究》、《传统媒体如何更好地为推进转型综改试验区建设提供舆论支持》等调研报告。五、编辑出版《文史月刊》。

港澳台侨和外事委员会 一、组织委员深入调研，形成《调研报告汇编》和《发言材料》，召开了“扩大对外开放、促进转型发展”专题议政会。二、整理出“年度提案和社情民意参考”，为委员撰写提案和社情民意服务；组织港澳委员考察太原城市建设，帮助委员知情明政。不定期发送省情微信，增进委员对山西的了解。三、组织港澳委员积极参与“山西品牌中华行”香港站、澳门站的经贸推广活动；在珠海召开港澳委员座谈会。

【重要活动】

省各民主党派、工商联负责人座谈会 2 月 13 日举行。薛延忠主席主持会议并讲话。各位副主席及秘书长出席。省民革、民盟、民建、民进、农工党、九三学社省委和省工商联负责同志围绕发展人民政协事业，更好服务我省全面深化改革和转型跨越、科学发展主题，就加强协商民主、完善协作机制、丰富履职方式等踊跃发言，并提出意见建议。

“服务转型综改攻坚调研年”工作部署会议 3月27日在省政协举行。薛延忠主席主持会议并讲话，副主席李雁红作工作部署。各位副主席及秘书长出席，各专委会及调研室负责人、机关全体干部参加。

水源地保护对口协商会议 6月12日举行。薛延忠主席主持并讲话。秘书长阎根生等出席。菅二拴等7名委员及引黄沿线部分市县代表发言。与会同志就推进黄河、汾河两大水源地保护坦诚交换意见，深入沟通协商。省发改委、引黄工程管理局等有关部门负责同志出席会议。

“岗位奉献转型跨越”座谈会 6月24日省政协组织部分委员举行。副主席李雁红出席并讲话，秘书长阎根生出席。孙茂华等7位委员代表结合自身实际，就投身主题活动、服务全省改革发展交流经验做法。

“维护职工合法权益”界别协商会议 7月3日在省政协举行。薛延忠主席主持会议并讲话。副省长郭迎光介绍我省在维护职工合法权益方面的情况，并就进一步加强和改进工作提出要求；副主席朱先奇对加强界别协商提出工作创新要求；7名政协委员进行大会发言。省直有关部门负责同志与委员交换意见，沟通协商。

“青少年健康成长”界别协商会议 8月19日举行。薛延忠主席主持会议并讲话，副省长张复明，副主席李悦娥、张友君，秘书长阎根生及省教育厅等有关单位负责同志出席会议，与委员代表围绕“青少年健康成长”进行了广泛深入的协商交流。

重点提案办理协商会议 9月24日，省政协召开十一届十八次主席会议，以主席会议形式就食品安全重点提案办理进行专题协商。薛延忠主席主持会议并讲话。副省长张建欣出席会议并讲话。各位副主席及秘书长出席。省食品药品监督管理局、省农业厅负责同志汇报食品安全重点提案办理情况。5位提案者代表以及学校、街道和食品加工企业的基层代表相继发言，与政府部门负责同志互动交流、提出建议。

山西省庆祝中国人民政治协商会议成立65周年大会 9月26日在太原举行。省委书记王儒林出席会议并讲话。省委副书记、省长李小鹏，省委副书记楼阳生出席大会。薛延忠主席主持。省委常委，省人大、省政府、省政协有关负责同志，省法检两长及曾担任省政协领导职务的老同志出席会议。省政协副主席、民进山西省委主委卫小春，省总工会常务副主席郭新民，临汾市政协主席乔成家分别代表各民主党派省委、省工商联和无党派人士，省各人民团体，政协组织发言。

改善农村人居环境专题议政会 10月15日举行。薛延忠主席主持会议并讲话，张玉平等委员作大会发言。副主席朱先奇对专题调研情况作综述，并就推进改善农村人居环境提出6点建议。副省长郭迎光积极回应政协组织和委员提出的建议，介绍了我省实施改善农村人居环境工作的相关情况，并就进一步推进此项工作向相关部门作出安排。

“扩大对外开放、促进转型发展”专题议政会 12月4日举行。薛延忠主席主持会议。武绍忠等委员围绕发展对外文化贸易、推进招商引资、引进科技人才、深化开放体制机制等发表意见。副主席李悦娥就进一步推进产业体系的培养、品牌实施、文化交流、人才战略、环境战略提出建议。副省长王一新认真听取委员意见并和委员互动交流。省直相关单位负责人出席。

【重要文件】

常委会工作报告（2014年1月17日）（摘要） 2013年工作回顾。一、加强理论武装，着力巩固团结合作的共同思想政治基础。一年来，我们把学习贯彻中共十八大及十八届二中、三中全会和习近平总书记系列重要讲话精神放在突出位置，统筹推进中心组、常委会、委员和机关干部学习，坚持以中国特色社会主义理论引领事业发展、以社会主义核心价值观凝聚各界共识、以党的路线方针政策统一思想行动，着力巩固各党派团体、各族各界人士团结奋斗的共同思想政治基础。一年来，组织中心组学习11次、常委会集体学习3次，集中培训委员、机关干部及市县政协领导800余人次。二、坚持围绕中心、服务大局，为保持经济社会持续健康发展贡献力量。积极议政建言。安排常委会议、专题议政会议就发展非公有制经济、加快转型综改试验区建设、引导社会资本投资现代农业、健全城乡社会保障体系和改进工作作风等事关转型跨越、科学发展的重点，集中进行协商议政；依托专委会就应对经济风险、发展循环经济、防治大气污染、深化煤炭资源税改革、推进革命老区公共文化体系建设、增强青少年体质等深入进行调研、提出建议；组织委员围绕稳增长、抓改革、促转型、惠民生等重要问题撰写提案、反映情况。一年来，共组织调研、视察活动40多批次，报送专题建议报告10余件；征集提案948件，立案办复799件，采纳率达89.24%；委员们提出的破解非公企业“准入难”和“融资难”等问题的建议，突出创新驱动、强化要素支撑、推进转型综改试验区建设的建议，坚持规划、政策、服务“三位一体”引导社会资本投资特色现代农业的建议，提高社会保险参保率和社会保障标准等建议以及98件重点提案，受到省委、省政府高度重视，有些已转化为党政推进科学发展、增进群众福祉的实际举措。广泛凝聚力量。开展“岗位奉献转型跨越”主题活动，是省政协发挥委员在本职工作中的骨干作用、服务全省改革发展的重要抓手。为落实省委、省政府保持经济社会持续健康发展的重大部署，我们丰富活动内容、创新活动方式，调动和激发委员岗位建功的积极性，引导委员立足本职、创先争优，倾力服务全省建设发展。我们发挥政协联系面广的优势，进一步加强与港澳台同胞的团结联谊，增进与西欧、南美国家相关组织的友好往来，大力宣传山西、推介山西，积极为我省招商引资、招才引智牵线搭桥，协调服务。致力环境创优。把优化发展环境作为政协开展民主监督的重点，选派56名委员担任执法执纪监督员，积极配合省纪委、监察厅开展政风行风评议活动；组织委员参与省年度责任制评议工作，为促进省委、省政府工作部署落实、年度目标任务完成发挥积极作用；组织委员深入部分市县、重点行业、窗口单位进行视察督查，推动相关问题解决，为提升行政效能、优化政务环境积极贡献力量。三、发扬人民政协为人民的优良传统，积极做好新形势下群众工作。开展集中走访活动。按照省委开展“访民生、知民情、解民事”集中走访活动的统一部署，主席班子成员先后深入11个市28个县（市、区），面对面了解群众生产生活情况，听取基层呼声、诉求，收集到各方面的意见建议435条，为省委、省政府掌握民情民意、科学推进工作提供了助益。做好社情民意工作。在政协门户网站开通“委员心声”

平台，聘请340名驻晋全国政协委员和省、市、县政协委员为社情民意特约委员，进一步拓宽社情民意渠道，认真做好社情民意信息综合分析和报送工作，为党政掌握民情民意、更好推进工作提供服务。一年来，收集社情民意信息7900余篇，编报专刊78期，其中16篇信息受到中央和省领导关注并作出批示。我省社情民意信息工作继续保持全国领先地位。引深"察情建言惠民行"活动。开展"察情建言惠民行"，是省政协发挥自身优势、服务人民群众的重要方式。为促进农民增收，我们组织九三、科技、科协等界别委员送科技到贫困地区，开展先进种养技能和知识培训4600多人次；为丰富农民群众精神文化生活，我们组织教育、文艺等界别委员深入边远山村送图书和文艺演出，惠及群众2万多人；为让贫困地区群众共享优质医疗资源，我们组织医药卫生界委员开展义诊活动，诊疗患者2600多人次；为引导基层群众依法有序表达诉求、促进社会和谐稳定，我们组织相关界别委员送法律到农村和社区，提供法律咨询1万多人次，受到基层群众普遍欢迎和好评。促进阶层关系更加和谐。主动走访民族宗教界代表人士，密切与新社会阶层代表人士联系，及时掌握并反映他们的愿望诉求，积极协调、力尽所能帮助解决他们工作生活中的实际困难和问题，促进了民族团结、宗教和睦和社会阶层关系和谐。四、结合开展党的群众路线教育实践活动，全面加强自身建设。群众观念进一步增强。广泛征求党派、界别和各有关方面的意见建议，聚焦形式主义、官僚主义、享乐主义、奢靡之风方面存在的突出问题，深刻剖析成因、确定整改重点，并强化措施、狠抓整改落实，进一步增强了践行为民宗旨和群众路线、密切联系各族各界群众的使命感和自觉性。工作作风进一步改进。深入贯彻中央八项规定精神和厉行节约反对浪费等系列改进作风的部署要求，按照省委实施办法，结合政协实际，对精简会议活动、控制文件简报、搞好调研视察、改进新闻报道、厉行勤俭节约等作出具体规定，积极开展文山会海、奢侈浪费、公款吃喝、公务用车、办公用房、"三公"经费开支、会员卡等专项治理，取得积极成效。与上年相比，会议数量精简12%、费用节约27%，公务接待费用节约35%，出国境费用精简75%。制度机制进一步完善。针对存在问题和实际需要，修订、新建规章制度15项，制定主席会议成员和政协机关与党派、界别、委员、各界群众联系办法，建立党派、界别依托专委会开展经常性工作机制，完善委员服务与管理机制，健全专委会与党政部门对口联系机制、政协系统工作指导协作机制和机关办文办会办事程序，政协工作的制度化、规范化、程序化水平有了新的提高。同时，文史编撰、新闻宣传和机关后勤保障、联络服务、对口扶贫等各项工作也取得新的进展。省政协机关蝉联"省直机关文明和谐单位标兵"。2014年工作部署。2014年工作总体要求是：高举中国特色社会主义旗帜，以邓小平理论、"三个代表"重要思想、科学发展观为指导，全面贯彻中共十八大、十八届三中全会和习近平总书记系列重要讲话精神，按照省委十届五次全会和全省经济工作会议的部署要求，紧紧围绕全省大局，以转型综改试验区建设为统领和切入点，认真履行政治协商、民主监督、参政议政职能，更好发挥协商民主重要渠道作用，积极为全面深化改革、加快我省社会主义现代化建言献策、凝心聚力。

【组织概况】

委员增补名单

（2014年1月16日山西省政协十一

届常委会第五次会议通过）

李　理　高　键　柴树彬　崔联会　霍转业

常务委员补选名单

（2014年1月21日山西省政协十一届二次会议通过）

李　理　高　键　霍转业

委员、常委请辞名单

（2014年1月16日山西省政协十一届常委会第五次会议通过）

马天荣　李俊明（因工作变动）

委员请辞名单

（2014年1月16日山西省政协十一届常委会第五次会议通过）

李洪波（委员）

副主席免职名单

（2014年7月9日山西省政协十一届常委会第九次会议通过）

令政策

撤销委员、常委资格名单

（2014年5月29日山西省政协十一届常委会第八次会议通过）

安俊生

撤销委员资格名单

（2014年7月9日山西省政协十一届常委会第九次会议通过）

王国瑞

（2014年11月12日山西省政协十一届常委会第十一次会议通过）

薛锦萍

专委会主任、副主任增补名单

（2014年1月16日山西省政协十一届常委会第五次会议通过）

增补：

刘致远为经济委员会主任

贾坚毅为教科文卫体委员会副主任

郝本廉为文史和学习委员会副主任

李全贵、王建国为民族和宗教委员会副主任

免去：

吴潭龙，农村委员会副主任职务

王建国，教科文卫体委员会副主任职务

白晓军，民族和宗教委员会副主任职务

（2014年5月29日山西省政协十一届常委会第八次会议通过）

增补：

高璋为省政协农村委员会副主任。

（2014年8月21日山西省政协十一届常委会第十次会议通过）

任命：

刘新平为经济委员会副主任

杜顺义、赵志理为农村委员会副主任

穆晓彤为教科文卫体委员会副主任

张晓宪为社会法制委员会副主任

刘卓良为调研室副主任

寿阳县政协主席

成建文（2014年4月不再担任）

傅贵亨（2014年4月当选）

太谷县政协主席

李德仁（2014年4月不再担任）

弓俊林（2014年4月当选）

和顺县政协主席

杨治国（2014年4月不再担任）

刘素英（女，2014年4月当选）

夏县政协主席

刘永录（2014年5月不再担任）

田成贵（2014年5月当选，至2014年11月因违纪违法撤职）

其余市、县（市、区）政协主席无变动。

山西省各级政协组织和委员数

（截至2014年底）

项目＼级别	省级	地级市	县（县级市、区）	合计
组织数	1	11	119	131
委员数	583	3960	20101	24644

（周志清 编写 马 伟 审稿）

政 协 内 蒙 古 自 治 区 委 员 会

【全体委员会议】

十一届二次会议 1月14日至18日在呼和浩特举行。开幕会议应出席委员526人，实到481人；闭幕会议应出席委员526人，实到433人。自治区政协主席任亚平出席并主持闭幕大会，自治区政协副主席郭启俊、董恒宇、郑福田、牛广明、杨成旺、陈羽、梁铁城及秘书长王志诚出席会议。自治区党政军领导王君、巴特尔、杨俊兴、乌兰、李鹏新、符太增、那顺孟和、杜梓、王中和列席开幕和闭幕会议，并分别参加各小组讨论。

会议听取和审议了任亚平主席所作的政协内蒙古自治区第十一届委员会常务委员会工作报告，听取和审议了郭启俊副主席所作的政协内蒙古自治区第十一届委员会常务委员会关于十一届一次会议以来提案工作情况的报告。与会人员列席内蒙古自治区第十二届人民代表大会第二次会议，听取并讨论政府工作报告及其他有关报告。会议审议通过了政协内蒙古自治区第十一届委员会常务委员会工作报告的决议、提案审查情况的报告、第二次会议政治决议，表彰2013年度自治区政协优秀提案。

【常务委员会会议】

第5次会议 1月17日下午在呼和浩特召开。会议应出席常委107人，实到101人。自治区政协主席任亚平主持会议。会议审议通过了关于政协内蒙古自治区第十一届委员会常务委员会工作报告的决议（草案）、第十一届委员会提案委员会关于十一届二次会议提案审查情况的报告（草案）、第十一届委员会第二次会议政治决议（草案）、第十一届委员会专门委员会主任任免决定（草案）。

第6次会议 6月26日在呼和浩特召开。会议应出席常委107人，实到86人。此次会议既是自治区政协例行的一次专题议政性常委会，又是自治区政协落实2014年度协商计划，与自治区政府举行的第一次专题协商会议，围绕“进一步完善草原生态保护补奖机制”进行专题协商。自治区政协主席任亚平主持会议并讲话。自治区副主席王玉明，自治区政协副主席郭启俊、董恒宇、郑福田、牛广明、杨成旺、陈羽、梁铁城及秘书长王志诚出席会议。自治区政协常委、内蒙古军区副政委张英出席会议。会议形成了《关于进一步完善草原生态保护补奖机制的建议案（草案）》，参会人员面对面进行民主协商，并提出相应对策。会议还审议通过了本次会议议程和有关人事事项。

第7次会议 9月24日在呼和浩特召开。会议应出席常委107人，实到75人。会议主要围绕推进农村牧区“十个全覆盖”，促进城乡基本公共服务均等化内容进行专题协商。自治区政协主席任亚平，自治区党委副书记李佳出席会议并讲话。自治区政协副主席董恒宇、郑福田、牛广明、杨成旺、陈羽、梁铁城及秘书长王志诚出席会议。自治区政协常委、内蒙古军区副政委张英出席会议，自治区政协副主席郭启俊主持会议。会议审议通过了本次会议议程，听取了自治区政协调研组关于《自治区“十个全覆盖”工程实施情况的调研报告》和自治区13个相关部门负责同志围绕推进农村牧区“十个全覆盖”、促进城乡基本公共服务均等化的发言。与会人员进行了分组讨论，并与自治区相关部门负责同志就“十个全覆盖”工程实施过程中的一些具体问题面对面协商探讨。

【专门委员会工作】

提案委员会 全年共征集提案867件，其中会议期间征集845件，会后征集22件，经审查立案759件，作为委员来信、社情民意信息等转有关部门研究参考的108件。提案分别送交86家承办单位办理，截至12月31日，立案的提案已全部办复，已解决的占19.6%，基本解决、列入计划或拟采纳的占80.4%，一些前瞻性较强、短期内不具备条件采纳落实的，已向提案者说明情况。2014年主要做了以下工作：（一）提案办理有新成效。一是对重点提案、重要提案实行现场督办和协商督办。二是先后就90件提案的办理与承办单位进行了口头协商，就一些提出问题涉及多个承办单位的提案办理召开了7次协调会、座谈会，开展了13次现场督办。三是协调自治区党委、政府，形成了集中批办、统一交办、分别承办、定期催办、及时答复、年终评定等一整套办法和制度。（二）提案办理协商有新探索。一是与自治区党办、政办搞好对接，抓住提案办理前、办理中、落实中的各个环节进行协商沟通，引导承办单位增强协商意识。二是协调自治区党委督查室、政府督查室和相关承办单位，建立了有领导负责、有专门机构、有工作制度、有专人办理、有责任目标的提案办理协商网络。三是协调各承办单位，在沟通环节、调研环节和办复环节上下功夫，选择部分有代表性的提案，特别是集体提案，邀请提案人与承办单位负责人通过座谈、现场会等形式进行了提案办理协商。（三）服务水平有新提升。5月22日，常海副主席率提案委同志到全国政协提案委对接工作。分赴呼和浩特市、包头市、阿拉善盟、乌兰察布市及旗县区进行了业务指导，就如何提高提案工作水平进行了座谈。先后与贵州、四川省政协、自治区有关盟市政协就提案工作和提高履职能力进行了座谈交流。完善了提案委员会工作简则、领导责任机制、意见反馈机制等。（四）随常海副主席深入莫旗扶贫点进行扶贫对接工作。

经济委员会　（一）围绕“十个全覆盖”协商议题，开展专题调研。组织东部、西部两个调研组，分赴通辽、赤峰、鄂尔多斯、乌海、巴彦淖尔5个市、12个旗县市、26个苏木（乡镇）、47个嘎查开展专题调研，起草《关于自治区“十个全覆盖”工程实施情况的调研报告》。于9月25日提交自治区政协十一届七次常委会议暨专题协商会议审议，与自治区党委、政府进行专题协商。（二）做好界别活动服务工作。4月14日至22日，田震组长带队赴呼和浩特市、鄂尔多斯市、乌兰察布市和锡林郭勒盟围绕五大基地建设开展考察调研工作，形成《内蒙古自治区“五大基地”建设产业转型升级情况的调研报告》。10月10日至16日，赴呼伦贝尔市、兴安盟、通辽市，就我区草原文化、旅游观光基地建设问题进行专题调研，形成《关于推进“建设集草原文化、北疆特色的旅游观光基地”建设的调研报告》。11月10日至11日，考察土右旗的明华集团、山晟新能源循环经济项目等新兴产业和农牧业产业基地，形成《土默特右旗县域经济转型发展调研报告》。（三）协助梁铁城副主席做好开鲁县定点帮扶工作。

人口资源环境委员会　（一）组织开展两项专题调研。一是在董恒宇副主席协调下，民盟中央陈晓光常务副主席和徐辉副主席率领民盟中央相关部门负责人深入我区呼伦贝尔市的额尔古纳保护区、大兴安岭林区、莫尔格勒河湿地流域和赤峰市达里湖自然保护区等实地考察，就我区生物多样性保护进行调研，形成调研报告。二是会同民盟内蒙古区委组织部分委员和专家深入呼和浩特、包头、鄂尔多斯等地区和北京、河北等兄弟省市就我区大气污染防治课题进行调研考察，召开研讨会，形成调研报告。（二）做好两项联络服务工作。随同董恒宇副主席赴扶贫联系点克什克腾旗调研，形成材料上报。做好委员界别活动的联络服务工作。（三）召开三次会议。组织召开全区政协人口资源环境工作会议、全区大气污染治理研讨会和大气污染治理专题协商会。（四）做好重点提案督办和社情民意反映工作。及时与环保厅联系，了解对〔2014〕0242号提案办理进展情况，并在提案委员与承办单位参加的座谈会上进行了交流。年初提交了《关于发展家庭农牧场实现草原生态环境和农牧民双赢的提案》，反映我区农牧区组建家庭农牧场中遇到的困难和问题，提出了具体建议。

教科文卫体委员会　（一）做好专题协商工作。杨成旺副主席带领调研组就“农村牧区中小学布局调整带来的问题”专题协商议题，从6月18日到8月28日，先后对兴安盟等6个盟市，16个旗县区，40多所农村牧区中小学校实地调查，与自治区教育厅、农牧办、编办、发改委、财政厅、人社厅等部门沟通磋商，形成专题协商报告。完成“蒙中医药在健康养老、康复医疗、保健工作中发挥作用”和“我区国有文艺院团体制改革”的调研，分别形成调研报告。（二）搞好界别活动。教育界就双语教育进行深入调研，向自治区政府提交了情况通报。科技界对人畜布鲁氏杆菌疾病防控问题组织调查，召开研讨会，并以提案的形式向政府提出建议。医药卫生界牵头组织无偿献血活动，提交了《关于蒙中医药扶持政策落实情况的调研报告》。体育界就“自治区体育社团组织发展现状和休闲体育发展及资源禀赋利用问题”进行调研，在区内调研的基础上，借鉴浙江、福建两省经验，提交了《关于支持自治区各级体育社团健康发展的调研报告》。（三）协助分管副主席杨成旺做好2014年度第0791号重点提案督办工作和定点联系贫困旗县西苏旗的扶贫工作。

民族和宗教委员会　（一）做好调查研究。上半年，围绕我区城镇化进程中的就业问题，与上下三级政协开展了协同调研。听取了自治区人社厅、民委、教育厅、住建厅的情况介绍，到赤峰、通辽市等地基层了解情况，向常委会议报送了《关于我区城镇化进程中的就业问题相关情况的调查报告》。4月至6月间，与自治区宗教局，乌兰察布市、兴安盟、锡林郭勒盟政协一道，就我区加强农村牧区宗教事务管理的专题，开展协同调研，形成《关于就我区加强农村牧区宗教事务管理专题开展协同调研的相关情况汇报》。依照全国政协民宗委的工作指导意见，4月间，与全国政协专题调研组一道，就民族地区优化产业布局问题，在我区开展协作调研，向常委会议提交《关于进一步优化我区产业布局相关情况的调查报告》。（二）搞好专题协商、界别活动。6月至8月间，与自治区宗教局及自治区四个宗教团体联合组成调研组，赴包头市、巴彦淖尔市和锡林郭勒盟，就倡导宗教界积极投身社会公益慈善事业相关工作，与当地党政部门、宗教界代表人士和宗教场所信教群众深入研讨，交流情况。10月底，召开了推动宗教界办好公益慈善事业专题协商会议。自治区政协主席任亚平、副主席陈羽出席会议并作重要讲话，提交了《关于推动宗教界办好公益慈善事业的调研报告》。为妇联界开展的“爱心助学”活动、少数民族界开展的“少数民族地区文化旅游事业发展情况”调研和宗教界委员开展的界别活动做好综合服务任务。（三）做好工作交流。参加全国政协民宗委在宁夏召开“全国暨地方政协民族宗教工作研讨会”。9月中旬，在分管领导的带领下，赴全国政协民宗委汇报工作进展。9月下旬，参加了在兴安盟召开的“全区宗教界开展公益慈善活动经验交流会”。（四）协助陈羽副主席做好敖汉旗定点扶贫工作。

文史资料委员会 （一）围绕“元上都遗址申遗后管理体制和法规建设”协商议题，5月21日至22日，郑福田副主席带领委员会、自治区发改委、自治区文化厅负责同志和部分政协委员，赴锡林郭勒盟正蓝旗元上都遗址进行专题调研，实地考察遗址保护现状，形成调研报告。9月18日，自治区政协召开“元上都遗址申遗后管理体制和法规建设”专题协商会议，自治区政协主席任亚平出席会议并讲话。（二）开展界别活动。7月、10月，新闻出版界委员赴锡盟、呼伦贝尔市，就“传统游牧文化的传承与保护”专题进行调研。10月中旬，文化艺术界调研组赴赤峰市就“辽上京和辽文化保护利用”情况进行调研；之后又赴呼和浩特市、包头市、鄂尔多斯市就“自治区文化产业重点扶持项目建设”情况进行调研；10月下旬，民进界委员赴包头市、乌海市、赤峰市和通辽市，就“推动教育资源向农村牧区、边远贫困山区倾斜”、“完善自主创业扶持政策”、“推动我区社会主义文化大发展大繁荣、建设文化强区”等专题开展调研。调研结束后，分别形成调研报告。（三）落实全国政协任务。成立《抗日战争史料·内蒙古卷》编辑委员会，整理出有关抗战史料152篇，涉及113万字，并按照全国政协文史委的要求，已将初编目录报送全国政协审定。（四）做好扶贫开发工作。随同郑福田副主席三次赴乌拉特前旗了解扶贫任务的落实情况。

港澳台侨联络和外事委员会 （一）围绕“促进自治区港澳台侨资企业发展”协商议题，7月，自治区政协部分委员和自治区发改委、外事办、商务厅等有关专家，赴鄂尔多斯市、包头市、呼和浩特市进行调研，与政府有关部门进行了协商，协商结果报送自治区党委、政府相关部门。（二）7月，组织各界别调研组赴呼伦贝尔市、满洲里市、兴安盟、锡林郭勒盟进行实地调研。最终形成了内蒙古大兴安岭林区棚户区改造及其生态移民的调研、锡林郭勒盟草原生态移民政策执行情况的调研、关于我区东部边防团情况的调研三个调研报告。（三）年初与自治区人大民侨委、政府侨办、自治区侨联共同召开了“四侨”联席会议，研究探讨2014年工作思路。5月，在广东省珠海市举办了第二期港澳委员培训班。（四）组织民政厅、扶贫开发办公室、委员会相关人员三次赴清水河县，就2014年扶贫工作进展情况进行调研。（五）完成第0358号《关于尽快完善内蒙古自治区公路旅游交通标示系统的提案》重点督办工作。

社会和法制委员会 （一）做好专题协商。5月至7月，牛广明副主席带领部分委员，会同自治区政府研究室、民政厅等部门同志，先后赴赤峰、锡林郭勒、呼伦贝尔等8个盟市走访调研，期间又赴上海、江苏、浙江三省市进行专题考察，形成调研报告。10月16日，组织召开了“加快全区居家养老服务业发展”专题协商会。（二）探索开展立法协商。2月20日，召开由人大法工委、政府法制办、部分从事法律工作的政协委员以及专家学者参加的立法协商座谈会，讨论确定了2014年开展立法协商的范围、具体立法项目和程序，会后形成了《自治区政协社会和法制委员会、自治区政府法制办公室2014年立法协商安排》。（三）做好社会科学界、农工党界、科学技术协会界3个界别活动组服务联络保障工作。（四）随同牛广明副主席赴扶贫联系点阿左旗调研和协调解决具体问题。（五）抓好〔0328〕号《关于保障不加碘盐供应》重点提案的督办工作。

农牧业委员会 （一）围绕“进一步完善草原生态保护补奖机制”议题开展专题调研和协商工作。4月18日至29日，董恒宇副主席带领农牧业委员会委员、有关界别委员、自治区有关部门同志、科研院所和院校专家学者组成两个调研组，分别深入到六个盟市的九个牧区旗市进行专题调研，组织起草了《关于进一步完善草原生态保护补奖机制的建议案（草案）》。6月26日，自治区政协召开十一届六次常委会议暨专题协商会议，围绕“进一步完善草原生态保护补奖机制”进行了专题协商，审议通过了《关于进一步完善草原生态保护补奖机制的建议案》。（二）服务界别活动。一是7月13日至17日，农牧界一组先后赴乌拉特前旗、乌拉特中旗所辖的部分金融机构、专业合作社、农牧场等进行实地调研，形成《关于金融如何支持“三农三牧”发展》的调研报告。7月13日至22日，农牧界二组赴锡林郭勒盟、巴彦淖尔市和银川市就“如何推进我区绿色农畜产品开发进程”开展专题调研，形成《关于内蒙古绿色农畜产品产业化发展前景》的调研报告。（三）做好扶贫服务工作。陪同郭启俊副主席赴巴林左旗开展扶贫调研、征求意见，做好定点帮扶的有关联络、服务工作。

【重要活动】

界别工作座谈会 1月14日，自治区政协召开界别工作座谈会，围绕加强界别工作、进一步发挥界别作用进行安排部署。任亚平主席、杨成旺副主席讲话，董恒宇副主席主持会议，郭启俊、郑福田、牛广明、陈羽、梁铁城副主席和王志诚秘书长出席会议，各界别活动组讨论2014年活动计划。

全国政协副主席杜青林在我区调研民族工作 7月1日至3日，自治区政协主席任亚平陪同中共中央书记处书记、全国政协副主席杜青林在我区调研民族工作。调研期间，杜青林与内蒙古党政干部和专家学者进行了座谈。

俞正声主席在我区调研 7月18日至21日，中共中央政治局常委、全国政协主席俞正声在内蒙古调研。俞正声先后来到鄂尔多斯市、呼和浩特市，走进企业园区、高等院校、牧民新村，深入库布其沙漠防沙治沙一线，与各族干部群众共商改革发展大计。调研期间，俞正声多次召开座谈会，并看望了内蒙古自治区政协机关干部。

全国政协和民盟中央就“生物多样性保护”在呼伦贝尔市开展联合调研 7月22日至26日，全国政协副主席、民盟中央常务副主席陈晓光，全国政协常委、副秘书长、民盟中央副主席徐辉，全国政协委员、自治区政协副主席、民盟内蒙古自治区委主委董恒宇等就“生物多样性保护”课题在呼伦贝尔市开展联合调研。调研组先后赴陈巴尔虎旗、额尔古纳市、蒙兀室韦苏木、莫尔道嘎国家森林公园等地，对草原、湿地、森林的生物多样性深入调研，并对莫日格勒河申报世界自然文化遗产的提案实地调研，召开座谈会。

全国政协副主席王钦敏在内蒙古考察 9月2日至3日，全国政协副主席、全国工商联主席王钦敏率全国工商联考察团，在我区通辽市就沙产业发展和全国工商联扶持沙地水稻连片开发项目进行实地考察。9月3日下午，听取了通辽市委、市政府有关情况汇报并座谈。自治区党委常委、通辽市委书记杜梓，自治区政协副主席杨成旺陪同考察或出席座谈会。

庆祝人民政协成立65周年座谈会 10月10日上午，自治区党委召开座谈会，深入学习贯彻习近平总书记在庆祝中国人民政治协商会议成立65周年大会上的重要讲话精神，热烈庆祝人民政协成立65周年。自治区党委书记王君出席会议并讲话，自治区政协主席任亚平主持会议并讲话。自治区政协副主席郭启俊、董恒宇、郑福田、牛广明、杨成旺，秘书长王志诚出席会议。自治区政协老领导、各民主党派负责同志，驻呼部分全国政协委员、自治区政协委员，自治区各部、委、办、厅、局主要负责同志和自治区政协机关副厅以上同志参加会议。

【重要文件】

常委会工作报告（2015年1月25日）（摘要） 2014年的主要工作：（一）强化引领，不断巩固共同的思想政治基础。一是大力加强了理论学习。在政协机关和政协委员中，认真学习了中共十八大及十八届历次中央全会精神，习近平总书记系列重要讲话精神，隆重纪念了人民政协成立65周年，进一步增强了走中国特色政治发展道路、推进社会主义协商民主进程、推动人民政协事业发展的决心和信心。二是深入开展了形势教育。在政协委员和政协工作者中，深入学习了习近平总书记上年初视察内蒙古讲话精神，广泛宣讲了自治区“8337”发展思路和九届十一次、十二次、十三次全委扩大会议精神，使党中央的大政方针和自治区党委政府守望相助、打造北疆亮丽风景线的战略部署深入人心。三是努力强化了作风建设。在政协机关着力巩固和拓展党的群众路线教育实践活动成果，大力反“四风”、转作风，影响和带动政协委员和全体政协工作者，进一步认清了职责使命，自觉践行社会主义核心价值观，营造奋发向上、崇德向善氛围，培育了政协情怀，凝聚了共同愿景。（二）运用优势，努力畅通发扬民主的渠道。一是初步建立了民主协商的制度和机制。贯彻自治区党委全面深化改革的意见，形成了党委、政府与政协开展年度协商的办法，首次制订了年度协商计划，报请自治区党委印发自治区政协党组关于学习贯彻习近平总书记在庆祝人民政协成立65周年大会上重要讲话精神的意见，对改进协商制度、规范协商内容、完善协商程序、拓展协商形式、增加协商密度、提高协商成效等作出了规定，提高了民主协商的制度化、规范化、程序化水平。二是依次开展了有计划的民主协商。围绕党委、政府中心工作及年度协商计划，以政协常委会、专题会、座谈会为载体，与自治区政府和有关部门就农村牧区“十个全覆盖”、促进城乡基本公共服务均等化等议题，开展了8次专题协商，取得了良好成效，积累了一定经验，协商的层次、针对性和成效明显提高。三是积极推进了民主监督工作。协助自治区党委督促检查中央巡视组反馈意见整改落实情况，召开了法制工作座谈会，听取了自治区高级人民法院和自治区人民检察院工作情况通报。组织政协委员对12个区直部门“三公”经费使用情况进行视察监督。参与《内蒙古自治区公共安全视频图像系统管理办法》等法规的立法协商，民主监督力度逐步加大。（三）服务大局，有效推动履职成果转化运用。一是紧扣打造“亮丽风景线”建言献策。针对打造经济发展风景线，提出了县域经济转型发展、“五大基地”建设及产业转型升级等一系列对策建议。针对打造民族团结风景线，围绕四少民族发展进行了调研和议政。针对打造文化繁荣风景线，就北疆草原旅游文化经济发展提出了思路。针对打造边疆安宁风景线，向自治区公安厅交办了27件提案。针对打造生态文明风景线，围绕完善草原生态补奖机制组织了专题协商。针对打造各族人民幸福生活风景线，围绕城镇化进程中增加就业等重大议题开展了协商议政。二是努力提高建言议政活动的质量。

充分调动委员的主动性积极性，526 名委员中，有 430 人次参与了自治区政协组织的调研视察及协商议政活动，2967 人次参与了驻在盟市政协的履职活动，调研视察更加深入。政协和政协专委会组织的各次会议，事先都经过周密计划，协商的时间、范围、议题和形式都进行细致的安排，对策建议都经过反复研究，协商议政更加务实，政策建议更加管用。三是更加注重社情民意信息质量的提升。不断加大社情民意信息的报送、办理、反馈力度，全年共收集各渠道报送的社情民意信息 2404 篇，精选采编《社情民意信息》528 篇，有 263 期信息得到中共中央、全国政协、自治区党委和有关领导批示、采用和回复，取得了较好的社会效果。（四）开拓创新，主动提升履职能力现代化水平。一是注重界别活动的开展。召开了界别工作座谈会，制订实施了界别年度活动计划。以界别为纽带，上联专委会，下联委员，积极开展界别座谈、调研、提案、反映社情民意、委员联谊等活动。组织民族宗教、医药卫生、妇女等界别开展扶贫济困、义务献血、爱心助学等公益活动。33 个界别小组有 32 个开展了 54 次活动，参与委员 427 人，较好地体现了委员的主体作用。二是努力增强履职能力建设。积极参与自治区组织的各项培训、轮训，更新干部职工的知识和技能。完成了第二批委员培训，提高了委员履职的意识和水平。推动政协理论研究，强化对实际工作的指导。筹建了政协文史展馆，拓展了能力建设阵地。注重借助专业部门、专家学者、基层政协和社会力量的作用，有效地提高了政协履职的能力和水平。三是严格规范了各项履职活动。结合党的群众路线教育实践活动，修订完善了一批规章制度，进一步规范了会风文风，进一步改进工作作风。认真落实自治区党委、政府清理规范党政机关干部兼职要求，脱钩了 11 个挂靠社团组织。四是有效改进了提案工作。围绕自治区党委、政府中心工作选提案、办提案，把提高提案质量、提案办理质量和提案工作服务质量作为重点环节，把调查研究作为工作基础，引导委员通过提案履职，鼓励界别小组提交提案，推动开展提案办理协商和提案现场督办，促进了有关问题的解决。（五）凝聚共识，动员各方力量共建美好家园。一是继续推动党派务实合作。贯彻落实加强党派合作的意见，尊重和保障各民主党派和无党派人士民主权利，支持他们在政协平台上参与自治区重大问题的调研协商、建言献策、合作议政。通过党派建设智库，与民盟中央和中国社会科学院合作，成立了中国社会科学院可持续发展研究中心内蒙古气候政策研究院，推动我区生物多样性保护、大气污染防治、低碳环保等专业研究。二是大力促进民族和宗教关系和谐。深入学习宣传贯彻中央和自治区民族工作会议精神，发挥政协委员作用，推动各民族和睦相处、和衷共济、和谐发展。落实全国暨地方政协民族宗教工作研讨会精神，加强少数民族省区的合作交流。围绕民族地区经济、文化和教育事业开展调研，就农村牧区宗教事务管理、宗教文物保护和解决宗教教职人员社保等问题提出建议。帮助宗教团体筹建慈善基金会，推动宗教公益事业健康有序发展。三是积极开展港澳台侨人士工作。围绕自治区全方位对内对外开放目标，努力发挥港澳委员的积极作用。组织港澳委员开展活动，为委员履职创造条件。依靠“四侨”联动，增进与港澳台侨社团和代表人士的联络，对归侨侨眷危房改造和解决港澳台侨资企业发展困难提出建议，动员港澳台侨人士积极参与内蒙古的建设。（六）主动作为，落实党委和全国政协交办的重要任务。一是努力推进扶贫攻坚工作。认真落实自治区党委省级领导干部联系贫困旗县工作部署和“三到村三到户”、金融扶贫等举措，帮助贫困旗县理清发展思路、编制发展规划、争取扶贫项目和资金、组织招商引资、实施精准扶贫、践行慈善捐助，加大扶贫攻坚力度，扶贫工作取得了阶段性成果。二是认真联系指导第二批教育实践活动。按照自治区党委省级党员领导联系指导部分盟市厅局教育实践活动安排部署，参加指导了部分盟市厅局的专题民主生活会，与相关地区和部门共同完成好第二批教育实践活动。三是全力配合全国政协的视察调研活动。随同并参与了中共中央政治局常委、全国政协主席俞正声同志，中共中央书记处书记、全国政协副主席杜青林同志，全国政协副主席罗富和、卢展工、王正伟、齐续春、陈晓光、马培华、王钦敏等同志率领的多个视察调研组，围绕民族工作、构建现代公共文化服务体系、进一步加强“三北防护林”生态屏障建设、沙地水稻种植连片开发项目、推进中蒙务实合作等专题，在我区进行的联合考察调研。2015 年工作建议：一要强化政治引领；二要明确使命担当；三要力求精准发力；四要推动履职创新。要具体地突出以下五个方面的重点：(一) 学习成效要有新提高。(二) 协商民主要有新进展。(三) 团结联合要有新局面。(四) 民主监督要有新突破。(五) 专委会工作要有新进步。(六) 界别活动要有新作为。(七) 提案工作要有新成效。(八) 成果转化要有新举措。

【组织概况】

专委会主任任免名单

(2014 年 1 月 17 日政协内蒙古自治区第十一届委员会常务委员会第五次会议通过)

丁　才　任命为政协内蒙古自治区第十一届委员会社会和法制委员会主任，不再担任文史资料委员会主任职务

黎　丽　任命为政协内蒙古自治区第十一届委员会文史资料委员会主任，不再担任港澳台侨联络和外事委员会主任职务

吴达来　任命为政协内蒙古自治区第十一届委员会港澳台侨联络和外事委员会主任

冯国华　任命为政协内蒙古自治区第十一届委员会农牧业委员会主任

钱海峰　不再担任政协内蒙古自治区第十一届委员会社会和法制委员会主任职务

白长江　不再担任政协内蒙古自治区第十一届委员会农牧业委员会主任职务

(2014 年 6 月 26 日政协内蒙古自治区第十一届委员会常务委员会第六次会议通过)

贾登云　不再担任教科文卫体委员会副主任

张润锁　不再担任教科文卫体委员会副主任

杨漫宇　不再担任农牧业委员会副主任

(2014 年 9 月 24 日政协内蒙古自治区第十一届委员会常务委员会第七次会议通过)

梁耀君　任命为自治区政协副秘书长，不再担任自治区政协文史资料委员会副主任职务

刘淑芬　任命为自治区政协教科文卫体委员会副主任

【自治区盟市、旗县政协主席任职名单】

巴彦淖尔市

政协主席

乌拉特中旗　辛耀雄

(2014 年 12 月 27 日召开的政协乌拉特中旗第十三届委员会第三次会议上当选)

内蒙古自治区各级政协组织和委员数

（截至2014年底）

级别 项目	自治区	盟（市）	县（旗、不设区市、市辖区）	合计
组织数	1	12	102	115
委员数	526	3304	15222	19052

（李海鑫 编写　魏　军 审稿）

政协辽宁省委员会

【全体委员会议】

十一届二次会议 2014 年 1 月 16 日至 19 日在沈阳召开。应出席委员 846 人，实到 775 人。省委书记王珉、省长陈政高出席大会。刘国强副主席主持开幕大会。会议听取并审议了夏德仁主席所作的政协常务委员会工作报告，听取并审议了政协常务委员会关于提案工作情况的报告；列席省第十二届人民代表大会第二次会议，听取和讨论了政府工作报告和其他报告；审议通过了政治决议、关于常务委员会工作报告的决议、关于常务委员会提案工作情况报告的决议；听取并审议通过了关于提案审查情况的报告。夏德仁在闭幕会上讲话。大会增选丁仁恕等 12 人为政协辽宁省第十一届委员会常务委员。

【常务委员会会议】

第 5 次会议 1 月 19 日在沈阳召开。应出席常委 231 人，实到 186 人。刘国强副主席主持会议，夏德仁主席出席会议并讲话。会议审议通过了政协辽宁省委员会常务委员会 2014 年工作要点，通报了政协辽宁省委员会 2014 年重点协商计划，审议通过了政协辽宁省第十一届委员会任命名单。

第 6 次会议 6 月 19 日至 20 日在沈阳召开。应出席常委 231 人，实到 186 人。主要议题是围绕“实施创新驱动发展战略，加快辽宁经济结构转型升级”建言献策。省委副书记、代省长李希，省政协主席夏德仁出席会议并讲话。副省长刘强通报我省实施创新驱动发展战略，加快经济结构转型升级情况，并听取大会发言。会前，省政协领导班子成员分别带队到北京中关村、清华科技园、苏州工业园、深圳高新区等地学习考察。省政协各参加单位、各专门委员会认真组织专题调研。共收到大会发言 45 篇，形成调研、考察报告 17 篇，22 位常委、委员在大会上发言。会议形成了《关于我省实施创新驱动发展战略，加快经济结构转型升级若干问题的建议》，提出要建立以市场为导向的科技创新体制机制，为企业创新发展提供金融保障，促进高校和科研院所科研成果转化，以高新技术园区为主要载体加快实施创新驱动发展战略等 14 条意见建议。省委、省政府主要领导高度重视省政协提出的意见建议并作出重要批示，相关部门认真研究落实。会议通过了《政协辽宁省委员会常务委员会关于授权主席会议对违纪违法政协委员及时作出处理的决定》；通过了《关于免去王正刚第十一届省政协人口资源环境委员会副主任职务，撤销其省政协常委、委员资格的决定》。

第 7 次会议 8 月 6 日在沈阳召开。应出席常委 231 人，实到 167 人。省政协主席夏德仁主持会议并讲话。会议审议通过了《关于免去陈铁新政协辽宁省第十一届委员会副主席职务、撤销其省政协委员资格的决定》。

第 8 次会议 9 月 24 日至 25 日在沈阳召开。应出席常委 229 人，实到 185 人。主要议题是围绕“进一步优化我省发展软环境”建言献策。夏德仁主席出席会议并讲话。省委常委、常务副省长周忠轩出席会议并讲话。副省长潘利国通报我省软环境建设情况并听取大会发言。22 位常委、委员在大会上发言。会议形成了《关于进一步优化我省发展软环境的建议》，提出要深化行政管理体制改革，加大简政放权工作力度，加快法治政府、诚信政府、服务型政府建设，营造良好市场竞争环境等 31 条意见建议。会议通过了增补省政协委员名单和任命名单。会前，省政协举行了理论中心组集体学习、常委集体学习报告会，邀请中央电视台新闻评论员、国家发改委研究员杨禹作社会热点问题和舆情分析的专题报告。

第9次会议 12月29日至30日在沈阳召开。应出席常委229人，实到184人。夏德仁主席出席会议并讲话。省委常委、常务副省长周忠轩通报了省政府关于省政协十一届二次会议提案办理和省政协常委会建议落实情况；省高级人民法院院长缪蒂生通报了省高级人民法院工作情况和提案办理情况；省人民检察院检察长肖声通报了省人民检察院工作情况。会议审议通过了政协辽宁省第十一届委员会增补委员名单；关于召开省政协十一届三次会议的决定；省政协常委会工作报告；省政协常委会提案工作报告；省政协十一届三次会议其他有关文件；政协辽宁省第十一届委员会任免名单；关于授权主席会议审议政协辽宁省委员会常务委员会会议未尽事宜的决定。

【专门委员会工作】

提案委员会 全年共征集提案665件，经审查立案599件，办结率、答复率达到100%。做好提案征集服务工作，以召开座谈会、情况通报会、组织委员视察等方式使委员了解和掌握全省经济社会发展动态及重大改革举措。编发撰写提案参考题目，印发全体委员、各参加单位。严把立案审查关，制定提案委员会《提案审查工作细则》，首次尝试对35件内容建议不够具体的提案提出暂缓立案的意见，要求提案者补充加工。选择15件重点提案提交省政协主席会议审议通过后，送请省委、省政府主要领导阅批。建立提案委员会委员促办提案工作机制。与省政府办公厅密切配合，对承办单位开展联合检查。召开省政协提案工作联络员会议，召开全省14个市政协提案工作座谈会。接待全国政协和福建省政协重点提案调研组。表彰了48件优秀提案、43个先进承办单位、53名先进承办工作者。

经济委员会 与社会和法制委员会共同承办十一届八次专题常委会议，形成《关于进一步优化我省软环境的建议》报省委、省政府。与省民建、工商联共同召开了以“加大对小微企业的培育和支持”为议题的定期协商座谈会。组织农业界别组委员以“加快我省科技型农业发展，提升农产品质量和种业安全为核心，实现可持续发展的现代生态农业”为议题召开协商座谈会，形成《会议纪要》报送省委、省政府。承办“科学制定辽宁城镇化规划”主席会议专题协商会。组织部分委员赴沈阳海关、沈阳市养老服务中心、沈阳四维数码科技有限公司和中国电信辽宁分公司、沈阳浑南新区长江源科技发展有限公司、沈阳东大迪克生物药业有限公司、华泰证券股份有限公司、辽宁太阳谷庄园冰葡萄酒业有限公司、盘锦市供销社考察。组织部分委员到沈阳东大迪克农业示范基地调研。参与筹办在朝阳举行的2014年辽宁沿海经济带第七届政协论坛。接待中国银监会、全国政协和甘肃省、成都市政协对口专委会考察组。

人口资源环境委员会 承办“防治大气污染”专题协商会，形成《会议纪要》，报送省委、省政府。承办关于“加强食品安全保障机制建设”定期协商座谈会，形成《关于加强食品安全保障机制建设的建议》，报省委、省政府。召开关于大伙房饮用水水源保护立法协商会。组织部分委员调研、视察分别形成《促进我省环保科技体制创新，推进生态文明建设》、《进一步完善投融资政策，支持创新中小企业发展》、《关于我省城市生活垃圾处理问题的建议》的大会发言材料；组织部分委员视察，形成《关于实施煤改电清洁供暖工程的建议》、《关于对大伙房水源保护区综合治理工作情况的视察报告》，报送省委、省政府。形成《关于对大连城市基础设施建设和环境整治工作的视察报告》。组织部分委员赴沈煤集团红阳三矿、鞍山千山、阜新地热资源、辽河石化公司考察。组织能源资源界别组委员视察盘锦农村宜居乡村建设情况。继续开展关注森林活动，召开关注森林活动组委会主任会议，总结表彰近年来我省关注森林活动先进单位和优秀个人。

组织召开省暨各市政协人口资源环境委员会工作座谈会。接待全国政协和上海市政协对口专委会学习考察组。组织部分委员赴黑龙江省就城市垃圾处理问题学习考察。

教科文卫体委员会 承办十一届六次专题常委会议，形成《关于我省实施创新驱动发展战略，加快经济结构转型升级若干问题的建议》，报送省委、省政府，省委书记王珉、省长李希作出重要批示。组织部分委员调研，形成《关于我省高新技术产业园区发展情况的调研报告》、《以高新区为主要载体加快实施创新驱动发展战略》、《着力人才引进和培养工作，为全省经济快速发展奠定人才基础》、《关于赴江苏省高新科技园区学习考察的报告》大会发言材料。组织科协界别组委员考察沈阳三农博览园、新民市农技协及新民市现代生态农业种植协会；组织教育界别组考察辽宁工业大学科技园；组织科技界别组视察本钢集团；组织医药卫生界别组视察我省防范埃博拉疫情的准备工作情况。

组织部分委员对《辽宁省人口与计划生育条例修正案》（草案）进行立法协商。召开以“加大大学生就业创业工作的扶持力度”为专题的定期协商会。组织部分委员赴辽阳市开展教育、科技和医疗卫生“三下乡”活动。接待全国政协和天津市、广西壮族自治区政协对口专委会调研组。

社会和法制委员会 与经济委共同筹办十一届八次常委会议，形成《关于进一步优化我省发展软环境的建议》。组织部分委员调研，形成《关于加强知识产权保护促进科技创新和创新成果转化问题的调研报告》，报送省委、省政府，李希省长作了重要批示。

组织部分委员调研视察，形成《关于进一步加快我省转变政府职能　简政放权工作有关问题的调研报告》、《关于〈妇女权益保障法〉及我省有关规定实施情况的视察报告》，报送省委、省政府。与省农工党共同承办“积极探索多样化养老模式”定期协商座谈会。召开立法协商会议，就辽宁省《大伙房饮用水水源保护条例（草案）》、《人口与计划生育条例（草案）》、《公共安全技术防范条例（草案）》、《公墓建设管理办法（草案）》、《非物质文化遗产保护条例（草案）》、《测量标志保护管理办法（草案）》、《公共信用信息管理办法（草案）》进行协商。召开专题座谈会，形成《进一步加强反恐工作的意见和建议》、《关于反恐怖工作座谈会有关情况的汇报》。与省法院、检察院等有关部门沟通和协调省政协委员等方面反映的案件 13 件。

组织福利保障界别组赴盘锦市调研新农合大病保险工作情况。组织妇联界别组就“女性人才成长和创业发展软环境问题”调研。组织青联界别组就沿海经济带建设及服务业发展问题，召开全省政协社法委工作座谈会。参加全国政协社会和法制委员会工作座谈会。接待全国政协和黑龙江、河南、安徽省政协对口专委会调研组。

民族和宗教委员会 组织部分委员调研考察，形成《关于赴吉林、天津就满族文化学习考察的报告》、《关于我省满族文化传承保护和文化产业发展情况的调研报告》、《关于我省宗教界从事养老等公益慈善事业情况的调研报告》、《鼓励和规范宗教界从事养老公益事业》的大会发言材料。承办专题协商会，形成《关于保护和传承我省少数民族（满族）文化对口协商情况报告》，报送省委、省政府，李希代省长作出批示。与省民进共同承办“加强我省少数民族地区旅游资源的开发与保护”定期协商座谈会。召开民族宗教界委员座谈会，强烈谴责云南昆明暴力恐怖事件。会同省宗教局召开“坚守中正之道 抵御极端思想”座谈会。

组织民族界别组参观东北大学云计算产业科技园和省档案馆清代皇室档案展；组织宗教界别组考察鞍山千山佛教龙泉寺、香岩寺，道教无量观。组织委员赴吉林、天津、浙江、上海等地政协学习考察。接待了重庆市、新疆察布查尔锡伯自治县考察团。2014 年民族和宗教委员会工作受到国务院表彰。

港澳台侨（外事）委员会 与研究室共同承办了“提升我省开放型经济质量和水平”专题协商会。组织部分港澳委员及特邀列席人士赴天津、北京，围绕文化产业发展情况进行调研考察。到李锦记健康产品集团有限公司、华南城控股有限公司、辽宁瀚博集团、杰克逊建筑设计公司、香港嘉华（怡海）集团公司、沈阳佳禾储运有限公司、沈阳农业大学等部分委员企业或所在单位调研，将发现的问题及时向党委、政府反映，得到妥善解决。协调香港委员为彰武县丰田乡捐赠价值 6 万多元的学习用品；会同部分侨界和香港委员为新宾、清源县捐赠慈善救助资金 20 万元。在深圳市召开辽宁省政协港澳委员座谈会。

组织部分港澳及省内委员赴重庆市、湖北省调研。参加全国政协港澳台侨委员会工作研讨班。牵头召开“五侨”联谊会议。承办 4 个省级领导团组共计 10 人次的出国访问任务。接待韩国、日本、美国和港澳台地区国内外共 16 批次 100 多位各界朋友。应邀联系省政协领导和委员会负责人出席韩国、法国、德国、美国驻沈总领事馆举办的庆祝、联谊等活动。

文化和文史资料委员会 组织部分委员调研，形成《关于山东省文博事业发展及文物保护与利用情况》、《关于在城镇化过程中加强历史文化与现代融合发展的建议》、《充分发挥软环境建设中的文化先导作用》、《关于辽宁历史文化名镇保护与发展》等调研报告。会同社会和法制委员会就《辽宁省非物质文化遗产保护条例（草案）》、《辽宁省公共信用信息管理办法（草案）》召开立法协商会。承办“加强我省工业遗产的保护和利用”定期协商会。承办基层公共文化建设情况界别协商座谈会。与省政协办公厅、省文联联合举办“庆祝中华人民共和国成立 65 周年暨人民政协成立 65 周年政协委员书画展”。与省政协办公厅、友报社联合承办《辉煌 60 年——纪念中国人民政治协商会议辽宁省委员会成立 60 周年》图片展。召开省市政协文史资料工作协作会议。举办全省政协文史资料工作研讨班。编辑出版近 140 万字的《辽宁老工业基地建设纪实》。组织部分委员赴北京学习考察中国政协文史馆规划、展出情况和书画室、京昆室活动场所。组织文化艺术界别组赴鞍山岫岩满族自治县调研玉石产业发展情况和非物质文化保护工作。组织新闻出版界别组就基层公共文化建设情况赴沈阳市、辽阳市调研。组织社会科学组就省图书馆、档案馆、博物馆和科技馆建设情况和运营情况进行考察。

委员工作委员会 分四期举办委员学习培训班，700 多名委员参加培训，占应参训委员的 90%。召开 30 位新委员座谈会。完成了 840 余名委员信息资料的修改和委员履职管理考核工作。印发《关于做好省政协领导联系界别组及沈外委员工作的通知》、《省政协专门委员会联系未参加专门委员会委员名单》。起草《政协辽宁省委员会常务委员会关于授权主席会议对违法政协委员及时作出处理决定》、《关于省政协领导到“两代表一委员”工作室开展活动建议方案》、《夏德仁主席到“两代表一委员”工作室开展活动建议方案》。召开省市政协委员工作机构第四次联席会议。组织专题调研，形成《关于设立大连自由贸易园区的建议》课题研究报告。组织部分委员考察抚顺琥珀和鞍山岫玉的开发利用和保护情况、辽河流域生态文明示范区建设情况。组织在辽全国政协委员视察，形成《关于设立大连自贸区问题的视察报告》，报送全国政协办公厅和省委、省政府。与省文联承办了“爱心圆梦”书画义捐活动，将63.5万元捐款，捐赠给沈阳市教育基金会，用于沈阳市农民工子弟春节返乡路费和午餐补贴。为彰武县丰田乡丰田村捐赠电脑等办公设备。接待上海市、重庆市政协考察团。编辑《学习之友》5期，编发《委员工作动态》20期，编印《委员工作交流》3期。收到委员和人民群众来信170件，将16件转送和协调有关部门处理。接待群众来访8批29人次。

【重要活动】

中心组和常委集体学习报告会 1月22日，省政协理论学习中心组举行第一次集体学习报告会。邀请著名军事理论专家、国防大学教授李莉作关于世界军事形势与中国国家安全的专题报告。省政协主席夏德仁出席报告。省政协中心组成员和列席人员，省各民主党派、工商联负责人，省政协和省各民主党派、工商联机关干部参加报告会。

4月17日，省政协理论学习中心组举行第二次集体学习报告会。省政协办公厅、省委统战部、省工商联和省直机关工委举行学习中共十八届三中全会精神报告会，邀请著名经济学家、中共中央政策研究室原副主任郑新立作关于《十八届三中全会与未来中国》的报告。省政协主席夏德仁出席报告会。省政协理论学习中心组成员和部分机关干部，省各民主党派负责人，省工商联领导班子成员、执常委及行业异地商会企业家，省直机关部分单位负责人和机关干部1400余人参加报告会。

5月22日，省政协理论学习中心组举行第三次集体学习报告会。邀请中国科协书记处书记、党组成员徐延豪作关于《世界科技发展新趋势及我国科技战略》的专题报告。省政协主席夏德仁出席会议。省政协理论学习中心组成员及列席人员、各专委会在沈副主任、科技界委员，省政协及省各民主党派、工商联机关干部等参加了报告会。

6月18日，省政协举行理论学习中心组和常委集体学习报告会，邀请国家行政学院教授汪玉凯作《关于中国改革发展新阶段与治理现代化》的专题报告。省政协主席夏德仁出席报告会。省政协理论学习中心组成员、出席省政协十一届六次常委会议的常委和省政协机关干部参加报告会。

专题议政性主席会议 11月19日，以“科学制定辽宁城镇化规划”为议题召开本届省政协首次专题议政性主席会议。省委副书记、省长李希出席会议并讲话。省政协主席夏德仁主持会议并讲话。会议形成《关于科学制定我省新型城镇化规划的若干建议》，提出要遵循经济社会发展规律编制新型城镇化规划，根据不同区域特点分类推进我省新型城镇化，产业园区和新城新市镇是新型城镇化的重点区域，以人的城镇化为切入点完善配套机制等13条意见建议。省政府对落实会议所提建议进行了责任分工，各责任单位制定了具体工作方案，积极推进落实。

专家座谈会 8月22日，举行专家座谈会，省政协主席夏德仁主持并讲话。邀请部分省政协委员和专家学者围绕贯彻落实国务院《关于近期支持东北振兴若干重大政策举措的意见》，以及新一轮老工业基地振兴中政协组织如何发挥自身作用开展座谈，听取建议。

沿海经济带政协论坛 10月10日，以“加快发展现代服务业，促进辽宁沿海经济带和全省产业升级”为议题，召开辽宁沿海经济带政协论坛（朝阳）会议。省政协主席夏德仁、副省长邴志刚出席会议并讲话。大连、丹东、锦州、营口、朝阳、盘锦、葫芦岛七市政协及有关方面专家围绕议题积极建言献策，形成《关于加快发展现代服务业，促进辽宁沿海经济带和全省产业升级的建议》，报送省委、省政府。论坛期间，召开沿海经济带政协论坛主席联席会议。朝阳市及省发改委、省经信委、省服务业委、省旅游局、省金融办负责同志应邀出席会议。

全国政协委员视察 围绕大连自贸区申报工作组织在辽全国政协委员到大连进行专题视察，形成《关于设立大连自贸区问题的视察报告》，报送全国政协和省委、省政府。

信息工作培训会议 9月2日，召开省政协反映社情民意信息工作培训会议。邀请全国政协研究室副巡视员贾燕庚作辅导报告。省政协秘书长崔德胜出席会议并讲话。省政协信息特邀委员、省各民主党派和工商联有关人员、省政协各专门委员会有关人员、各市政协以及信息直报点相关负责同志参加培训。

政协委员书画展 9月9日，省政协办公厅、省政协文化和文史资料委员会、省文联共同举办“庆祝中华人民共和国成立65周年暨人民政协成立65周年政协委员书画展”。省政协主席夏德仁在开幕式上致辞并参观展览。

庆祝人民政协成立65周年座谈会 9月28日，举行辽宁省庆祝人民政协成立65周年座谈会。省委书记、省人大常委会主任王珉出席会议并讲话。省委副书记、代省长李希出席会议。省政协主席夏德仁主持会议。全国政协经济委员会副主任岳福洪出席会议。省政协副主席高鹏，老同志林声，省政协副主席、民建辽宁省委主委武献华，无党派代表人士张振忠，省政协文化和文史资料委员会主任张凤羽，沈阳市政协主席姜宏分别在会上发言。

【重要文件】

常委会工作报告（摘要） 2013年工作回顾。一、加强思想理论建设夯实团结奋斗的共同思想政治基础。充分运用全体会议、常委会议、主席会议、党组中心组学习、专题讲座等形式，组织省政协委员和机关干部深入学习中共十八大和十八届三中全会精神、习近平总书记系列重要讲话精神、中国特色社会主义理论体系、人民政协理论和重大方针政策。坚持把学习与政协的会议和各项活动结合起来，以中心组学习带动常委学习。全年共举办两期常委会专题学习讲座、三期委员培训班和省、市、县（区）三级政协主席研讨班。深入开展党的群众路线教育实践活动。二、围绕促进我省城镇化健康发展协商议政。召开十一届二次常委会议，形成《关于促进我省城镇化健康发展的建议案》，王珉书记和陈政高省长对《建议案》高度重视，要求有关部门认真采纳，抓好落实。省政府对《建议案》内容做了工作任务分解，省直41个部门结合工作实际，逐条提出有针对性的落实措施。三、为改善生态环境建设美丽辽宁建言献策。召开了省政协十一届三次常委会议，形成《关

于改善生态环境　建设美丽辽宁若干问题的建议案》，王珉书记、陈政高省长分别就落实好《建议案》作出重要批示。省政府《建议案》逐条进行研究，提出了5个方面18条改进意见和落实措施。四、积极助推民生改善和社会和谐。围绕教育、医疗、社会保障、食品安全、养老、关怀农村留守儿童、农村饮水安全等关系人民群众切身利益的问题，深入开展调查研究，积极反映群众意愿和诉求，广泛组织委员开展教育、科技和医疗卫生“三下乡”活动，大力开展扶贫帮困，推动了一批民生问题的解决。认真贯彻和宣传党的民族宗教政策。加大在政协开展地方立法前民主协商的工作力度。为十二运和锦州世园会的成功举办建言献策。五、扎实开展各项经常性工作。坚持省委、省政府主要领导阅批重点提案，促办重点、疑难提案，建立省政协提案委、省委和省政府办公厅、承办单位、提案人“四位一体”的提案办理协商机制。全年提案立案539件，办结率、答复率均达100%，采纳落实率达66%。调研视察工作取得新成效。开展视察活动15次，共形成调研视察报告28篇，其中很多报告得到省委、省政府及有关部门的高度重视，报告中提到的意见建议多数得到采纳落实。反映社情民意信息工作取得新成绩。全年共报送各类信息168期，其中《辽沈商业地产已趋饱和或可调整赴港澳招商重点》、《灭绝性捕捞海洋生物资源亟待关注》、《争取更多国家在我省设立领事馆》等一批重要信息得到省委、省政府领导的高度重视，推动了相关问题的解决。文化和文史资料工作取得新成果。港澳台侨和对外友好交往工作取得新拓展。组织和协调8个代表团出国（境）访问，接待了100多位来自韩国、日本、美国等国家的国际友人、华侨华人以及港澳台地区的代表人士。进一步密切了同驻沈七国总领馆之间的工作联系。六、全面加强同全国政协和市县政协的联系与合作。组织在辽全国政协委员就北黄海开发开放情况进行专题视察，形成《关于辽宁北黄海地区开发开放情况的视察报告》，报送全国政协和省委、省政府。切实加强同市、县（区）政协的联系与合作。省政协领导班子成员分别带队赴全省14个市，走访各市政协，看望驻各市省政协委员，广泛征求对省政协工作的意见和建议。举办了全省政协主席研讨班，就推进我省社会主义协商民主的理论研究和实践探索进行深入交流。七、进一步强化自身建设。支持省各民主党派、工商联、无党派人士积极参与国家和全省重大方针政策协商议政等各项履职活动。与省各民主党派和工商联开展联合调研、联合视察。一年来，省各民主党派、工商联、无党派人士在政协全体会议和常委会议上，提交大会发言材料58篇、提案41件，报送调研成果8篇，报送社情民意信息340篇。他们提出的许多意见和建议，得到省委、省政府的采纳。切实发挥委员主体作用。将全体委员划分为33个界别组，明确界别活动的内容和形式，丰富和活跃了委员活动。举办新委员培训班，加强委员履职培训，促进委员提高自身素质、遵守政协章程、履行委员职责。就省政协重大协商议题征求常委、委员意见，研究制定维护委员合法权益的制度规定，支持委员依法履职。充分发挥专委会作用。各专委会全面加强制度建设，进一步密切同委员、省各民主党派和人民团体、党政有关部门和市县政协的联系，积极组织委员开展经常性工作。加强省政协机关建设。

2014年工作安排。一、认真学习贯彻十八届三中全会精神。二、围绕我省全面深化改革和经济社会发展重大问题开展协商议政。三、为老工业基地民生持续改善和社会和谐咨政建言。四、扎实推进我省人民政协协商民主建设。五、进一步发挥委员主体作用。

【组织概况】

常务委员增选名单

（2014 年 1 月 19 日政协辽宁省第十一届委员会第二次会议通过）

丁仁恕　马志强　石凤岐
刘　芳（女）　刘　铭　刘明国
张小普（女）　赵　佼（女）
唐志国　康　影（女，蒙古族）
曹　元　韩文华（蒙古族）

委员增补名单

（2014 年 9 月 25 日政协辽宁省第十一届委员会常务委员会第八次会议通过）

刘兴强

（2014 年 12 月 30 日政协辽宁省第十一届委员会常务委员会第九次会议通过）

王立平　王启尧　王金笛　王润俊
石宝玉　史会云（满族）
史桂茹（女）　丛　林　朱庆昌
刘长江　汤天马　孙　云　孙世夫
孙洪敏（女）　孙满柱　杨　锐
李　兵（满族）　李　利（满族）
李　昕（女）　李治辉　李春犁
李衍军　吴志华（满族）
何庆良（满族）　汪立坤　宋树才
张　凡　张　梅（女）
张　晶（女）　张文宝　陈必成
陈守力　陈学华　周立元　周连科
郑少南　郑福余　胡野枫　赵　群
赵文珍　赵希伟　赵春杰　徐文新
郭　澍　陶承光（满族）　曹志涛
章　轲　梁　彦　彭楚夫
傅玉春（蒙古族）

撤销常委资格名单

（2014 年 6 月 19 日政协辽宁省第十一届委员会常务委员会第六次会议通过）

王正刚

（2014 年 12 月 30 日政协辽宁省第十一届委员会常务委员会第九次会议通过）

张小普

【辽宁省各级政协领导人变动名单】

免去辽宁省政协副主席资格名单

（2014 年 8 月 6 日政协辽宁省第十一届委员会常务委员会第七次会议通过）

陈铁新

沈阳市和平区政协主席变动情况

孙源志（2014 年 12 月补选）
孔　羽（女）（2014 年 12 月不再担任）

沈阳市大东区政协主席变动情况

陈玉光（2014 年 12 月补选）
陈　列（2014 年 12 月不再担任）

沈阳市于洪区政协主席变动情况

姜　雷（2014 年 12 月补选）
刘　虹（女）（2014 年 12 月不再担任）

沈阳市浑南区（原东陵区）政协主席变动情况

李桂盛（2014 年 12 月补选）
罗颖力（2014 年 12 月不再担任）

辽中县政协主席变动情况

丁　宇（2014 年 12 月补选）
沈晓维（2014 年 12 月不再担任）

康平县政协主席变动情况

尹　凛（2014 年 12 月补选）
李鸿志（2014 年 12 月不再担任）

法库县政协主席变动情况

苗初印（2014 年 12 月补选）
冯守权（2014 年 12 月不再担任）

大连市中山区政协主席变动情况

衣庆盛（2014 年 12 月补选）

于　笑（女）（2014 年 12 月不再担任）

大连市西岗区政协主席变动情况

王永磊（2014 年 12 月补选）

王　玢（2014 年 12 月不再担任）

大连市金州区政协主席变动情况

李　巍（2014 年 12 月补选）

郭　杰（女）（2014 年 12 月不再担任）

抚顺市新抚区政协主席变动情况

郭　良（2014 年 12 月补选）

单东茂（2014 年 12 月不再担任）

营口市西市区政协主席变动情况

盛洪斌（2014 年 12 月补选）

孙月斌（女）（2014 年 12 月不再担任）

盖州市政协主席变动情况

相　焘（2014 年 12 月补选）

王　炘（2014 年 12 月不再担任）

喀左蒙古族自治县政协主席变动情况

邹本林（2014 年 12 月补选）

冀亚军（2014 年 12 月不再担任）

葫芦岛市龙港区政协主席变动情况

杜　刚（2014 年 12 月补选）

付忠海（2014 年 12 月不再担任）

辽宁省各级政协组织和委员数

（截至 2014 年底）

项目＼级别	省	副省级市	设区的市	县（不设区的市、市辖区）	合计
组织数	1	2	12	100	115
委员数	876	1185	4768	21647	28476

（胡　青 编写　张子君 审稿）

政协吉林省委员会

【全体委员会议】

十一届二次会议 1月20日至23日在长春举行。会议应出席委员607人，实到537人。省政协主席黄燕明主持开幕会。时任省委书记、省人大常委会主任王儒林，时任省委副书记、省长巴音朝鲁等省领导到会祝贺，并分别参加了联组讨论，听取委员发言。会议审议通过《中国人民政治协商会议吉林省第十一届委员会第二次会议决议》，审议通过黄燕明所作的常务委员会工作报告和王尔智所作的常务委员会提案工作情况报告。与会委员列席了吉林省第十二届人民代表大会第三次会议，听取、讨论并赞成巴音朝鲁所作的政府工作报告，讨论并赞同省高级人民法院工作报告、省人民检察院工作报告及其他报告。会议期间，举行了大会发言和联组讨论，与会委员围绕加快发展现代职业教育、加速推进我省基层公共文化服务标准化和均等化、促进农业现代化工业化与城镇化协调发展、推动小微企业健康快速发展、促进科研人员股权量化促进科技成果在省内转化等问题建言献策。

【常务委员会会议】

第5次会议 1月23日在长春召开。本次会议应出席119人，实到98人。会议审议通过政协吉林省第十一届委员会第二次会议决议（草案）、政协吉林省第十一届委员会常务委员会2014年工作要点及有关人事事项。

第6次会议 6月26日至27日在长春召开。本次会议应出席119人，实到94人。会议审议通过省政协《关于优化秸秆综合利用，促进我省农业生物质产业发展的建议案》及有关人事事项。

第7次会议 9月25日至26日在长春召开。本次会议应出席常委119人，实到87人。会议听取了9名省政协委员围绕“生态惠民、绿色发展”主题作的大会发言，并有45名省政协委员提交了书面发言。会议审议通过省政协《关于加强长白山林区森林生态系统修复的建议案》、《关于加快创建吉林省绿色农产品生产基地的建议案》和《关于推进我省新型城镇化建设的建议案》，审议通过《政协吉林省委员会常务委员会关于授权主席会议对违纪违法政协委员及时作出处理的决定》及有关人事事项。

第8次会议 12月29日至30日在长春召开。本次会议应出席常委118人，实到96人。会议决定，省政协十一届三次会议将于2015年2月上旬在长春召开。会议审议通过政协吉林省委员会常务委员会工作报告、政协吉林省委员会常务委员会关于十一届二次会议以来提案工作情况的报告；审议通过政协吉林省第十一届委员会第三次会议议程（草案）、日程；审议通过了政协吉林省第十一届委员会第三次会议秘书长名单、副秘书长名单；审议通过政协吉林省第十一届委员会第三次会议工作机构及有关人事事项。

【专门委员会工作】

提案委员会 十一届二次会议以来，共收到提案439件，立案346件。立案提案中，委员提案和委员联名提案278件，省级民主党派、工商联提案65件，界别1件，政协专门委员会提案2件。一年来，提案委努力加强提案工作，不断提高提案办理实效。一是加大重点提案督办协商力度。政协主席会议专门听取重点提案办理工作汇报，对重点提案办理工作进行高层督办协商。承办单位在对重点提案进行综合分析研究的基础上，结合本部门中心工作，以点带面，着力解决提案反映的重点、难点问题。二是采取重点提案专题协商、同类提案集中协商、热点提案咨询协商、个别提案专题协商的方式，积极开展提案办理协商。三是加强对政协委员和党派成员的培训力度，组织了6次提案知识讲座，努力提高提案质量。四是积极开展调研视察，提出了《关于发展成型燃料产业为主要路径，充分利用秸秆等生物资源，加快治理秋冬季雾霾的提案》，受到省委领导的高度重视，转送有关部门办理。至2014年底，二次会议提案涉及问题得到解决或基本解决的占31.9%，正在解决或已列入计划逐步解决的占60.7%，一些前瞻性较强、短期内不具备条件采纳落实的，向提案人说明了情况。

经济科技委员会 一、围绕中心，聚焦难点参政议政。一是组织部分委员，由别胜学副主席带队，就“优化秸秆综合利用，促进我省农业生物质产业发展”开展调研，并赴河北、甘肃、宁夏等省区实地考察，形成了《关于优化秸秆综合利用，促进我省农业生物质产业发展的建议》，经省政协十一届六次常委会审议通过，以《建议案》的形式报省委、省政府。时任省委书记王儒林和时任省长巴音朝鲁都作出了批示。二是组织部分委员，在别胜学副主席的带领下，会同省安监局，就落实安全发展长效机制有关情况进行视察，形成了《关于对我省安全发展长效机制落实情况的视察报告》，经十一届二十次主席会议审议通过，报送省委、省政府。三是由黄燕明主席带队，别胜学副主席，以及部分委员和省工信厅负责同志参加，就我省全民创业情况进行视察，形成了《关于我省全民创业情况的视察报告》，经十一届二十二次主席会议审议通过，报省委、省政府。二、搭建平台，围绕热点建言献策。一是承办“加快经济转型创新发展”和“促进农业科技进步”两次咨政协商座谈会。二是组织召开“利用秸秆等生物质资源发展成型燃料产业，加快推进优化秸秆开发利用”专题座谈会。三是联系经济二组、农业组、科技一组委员，分别就民营经济发展、鹿业产业发展和西部土地治理等情况进行调研视察。

人口资源环境委员会 一、围绕中心，开展调研和视察工作。一是组织部分委员，由别胜学副主席带队，就人口老龄化情况进行调研，形成了《关于我省人口老龄化情况的调研报告》，经十一届十九次主席会议审议通过，报送省委、省政府，时任省委书记王儒林同志作了批示。二是组织部分委员和专家，在支建华副主席的带领下，就长白山林区森林生态系统修复情况进行调研，形成建议案，经省政协十一届七次常委会议暨“生态惠民、绿色发展”百名委员建言献策专题会审议通过，报送省委、省政府。省委书记巴音朝鲁作了批示。三是组织部分委员，就长春北湖国家湿地公园生态工程设施建设情况和湿地、水域、绿地保护情况进行视察。二、搭建平台，为委员履行职能畅通渠道。一是承办“推进财税体制改革”咨政协商会。二是以“应对人口老龄化问题”为专题，与省民政厅、人社厅、卫计委、老龄办等部门召开了对口协商会。三是与省水利厅、长春市净月高新区管委会、民建长春市委联合主办了长春市净月潭“增殖渔业资源，建设生态文明”2014年吉林省水生生物增殖放流活动。四是组织经济一组部分委员在中国银行吉林省分行举办“银企合作、振兴吉林”银行与企业战略合作签约仪式。

文化教育卫生委员会 一、履行职能，做好参谋。一是组织部分委员，由支建华副主席带队，会同省文化厅，对我省公共文化服务社会化发展情况进行调研，形成了《关于推动吉林省公共文化服务社会化发展工作的调研报告》，经十一届十七次主席会议审议通过，报送省委、省政府。时任省长巴音朝鲁作了批示。二是组织部分委员，由赵吉光副主席带队，会同省教育厅，就全省义务教育均衡发展情况进行调研，形成了《关于推进全省义务教育均衡发展工作的调研报告》，经十一届二十二次主席会议审议通过，报送省委、省政府。三是由黄燕明主席和支建华、张伯军副主席带队，就我省戏曲艺术传承发展，到吉林艺术学院戏曲学院进行调研，并召开了“振兴吉剧”座谈会。二、打造平台，服务委员。一是承办“县级公立医院综合改革”、“高教强省”、“加快文化产业发展”咨政协商座谈会。二是联系委员活动组，就发展现代职业教育、民营企业发展、民办高校发展等问题进行了考察和调研。

社会和法制委员会 一、突出重点，深入开展调研视察。一是组织部分委员，在赵吉光、王尔智副主席带领下，就我省城镇社区居家养老服务情况进行调研，形成了《关于我省城镇社区居家养老服务情况的调研报告》，经十一届十九次主席会议审议通过，报送省委、省政府。时任省委书记王儒林作了批示。二是组织部分委员，在王尔智副主席带领下，对我省贯彻执行《中华人民共和国消防法》和《吉林省消防条例》情况进行视察，视察报告经十一届十六次主席会议审议通过报送省委、省政府。二、突出特色，不断拓展协商民主形式。一是承办“推动广泛就业”和“吉林特色历史文化挖掘与传承”咨政协商座谈会。二是对《吉林省养老机构管理办法（征求意见稿）》、《吉林省防雷减灾管理办法（征求意见稿）》、《吉林省土地管理条例》、《吉林省消防产品监督管理办法（征求意见稿）》等12部法规、规章进行了协商。三、走进社区，畅通委员知情参政渠道。一是召开委员联系社区工作座谈会，听取委员对联系社区工作的意见建议。二是走访部分社区，征求社区干部群众对省政协委员联系社区工作的意见和建议。三是在所联系的相关厅局聘请社情民意联络员，不定期地向委员通报厅局工作情况，解决信息不对称问题。四是与研究室联合召开两次反映社情民意信息座谈会，并邀请相关厅局的社情民意联络员参加，面对面解答委员的问题，推动问题及时解决。

文史资料委员会 一、存史资政。一是编辑、出版了《东北的沦陷与抗战》丛书，共10卷，230余万字，以历史见证人亲历、亲见、亲闻的具体史实，从事变、殖民、军事、掠夺、暴行、文化、社会、人物、抗日、光复10个方面，详细揭露了20世纪三四十年代日本帝国主义在东北殖民统治的滔天罪行和伪满洲国傀儡政权的实质，讴歌了中华儿女前仆后继、英勇斗争、抗日救亡的全过程。二是开展《亲历者说——中国抗战编年纪事》和口述史征集，新发掘、征集了一批散佚在民间的重要史料45万字，口述史录音230小时。三是编辑《光辉的历程——庆祝政协吉林省委员会成立六十周年图集》，举办“纪念政协吉林省委员会成立六十周年”图片展，《图集》近430页书稿、1300幅图片、3万余字说明，图片展展出历史图片700余幅、近万字图片说明。四是举办“以史为鉴——日本制造伪满洲国”图片展。三、倾心履职。一是组织部分委员，由支建华副主席带队，就吉林市馆藏档案开发利用和历史文化遗产保护开展调研。二是承办“吉林特色历史文化挖掘与传承”咨政协商座谈会。三是对延边州政协编辑的《中国朝鲜族百年实录》和珲春市政协编辑的《八连城》、《温特赫部城》、《斐优城》、《萨其城》等古城系列丛书进行了审读、指导，并帮助联系专家，协调征集文史资料。

港澳台侨和外事委员会 一、围绕对外贸易，积极建言献策。一是组织部分委员，会同省商务厅，在刚占标、薛康副主席带领下，就长吉图对外贸易发展情况进行调研，形成了《关于长吉图对外贸易发展情况的调研报告》，经十一届二十二次主席会议审议通过，报送省委、省政府。二是组织对外友好组部分委员赴长春市二道区就教育均衡发展情况进行了视察。三是组织部分委员赴长春市装备制造业开发区进行视察。二、庆祝澳门回归，促进吉澳交流。一是举办“吉澳缘、书画情”暨庆祝澳门回归15周年吉澳书画交流展。全国政协副主席、澳门特别行政区前行政长官何厚铧，中央政府驻澳门联络办公室主任李刚、省政协主席黄燕明和主办方负责人及澳门特别行政区相关部门负责人、社会名流代表出席了开幕式并剪彩。二是由黄燕明主席带队，与澳门有关部门高层进行会谈，并拜会澳门中华总商会，推动吉澳合作。三是召开澳门委员、特邀委员座谈会。三、加强联络沟通，拓宽联谊渠道。接待了来我省考察的香港九龙社团青年代表团，澳门经贸促进会代表团；请省政协领导会见了全国政协委员、台湾中华两岸经贸投资文化教育协会会长、香港恒丰集团有限公司董事局主席黄紫玉一行，会见了来我省参加妇代会的港澳台妇女代表团。

民族和宗教委员会 一、认真开展调研视察。一是组织部分委员，会同省宗教局，就我省农村宗教事务管理情况进行调研，形成了《关于我省农村宗教事务管理情况的调研报告》，经十一届二十次主席会议审议通过，报送全国政协、省委、省政府。二是组织部分委员、专家学者就濒危满（锡伯）语文保护和人才培养情况进行调研，形成了《关于我省少数民族濒危语言（文字）人才培养情况的调研报告》，经十一届十五次主席会议审议通过，报送省委、省政府。三是组织部分委员，会同省民委，《吉林省清真食品管理条例》贯彻落实情况进行视察。二、丰富委员活动形式。一是承办“推动科技优势转化为经济优势”、“城市少数民族管理与发展”咨政协商座谈会。二是组织宗教界委员“看发展、看变化”，视察了省图书馆（新馆）、东北民族民俗博物馆。三是联系少数民族、宗教界委员活动组对长春市古旧建筑保护利用情况开展视察。四是联系科协、科技二组委员活动组到长春金鹰智谷科技有限公司和吉林省质量技术检验检测研究基地开展视察。

【重要活动】

省政府领导与省政协委员及省级各民主党派、工商联负责人座谈会 1月9日，时任省长巴音朝鲁带领省政府班子部分成员和部分政府组成部门主要负责同志与省政协委员及省级各民主党派、工商联负责人座谈，听取政协委员对《政府工作报告（征求意见稿）》的意见和建议。省政协主席黄燕明主持会议。与会委员分别就推动东北亚创新金融总部基地建设、突出职业教育战略地位、新型城镇化布局、科技成果转化、加强大气污染治理、加大改革力度、法治政府建设等方面建言献策。

省政协咨政协商座谈会 1月10日在长春首次召开。省政协主席黄燕明主持会议。咨政协商座谈会是本届省政协为了进一步贯彻落实党的十八大、十八届三中全会和省委十届三次全会精神，不断拓展协商民主形式，增强协商密度，完善协商民主制度，提高协商成效的一项创新的履职形式，邀请各界委员和政府相关部门负责同志座谈交流，听取意见和建议。全年就加快经济转型创新发展、推进财税体制改革、推进协商民主广泛多层制度化发展、县级公立医院综合改革、推动广泛就业、推动科技优势转化经济优势、吉林特色历史文化挖掘与传承、高教强省、积极发展混合所有制经济、城市少数民族管理与发展、促进农业科技进步、加快文化产业发展等议题共召开了12次会议，邀请委员和专家学者350人次，党政部门有关同志60人次，向省委、省政府报送《政协信息专报》12份。

省政协党的群众路线教育实践活动总结大会 2月21日在长春举行。省政协党组书记、主席黄燕明作总结讲话，对扎实做好各项后续工作提出了具体要求。省政协副主席刚占标主持会议。省政协副主席别胜学、赵吉光、支建华、王尔智、张晓霈、刘丽娟，秘书长包伟出席会议。会议结束前，全体参会人员对省政协机关党组班子、班子成员及省管党员干部参加教育实践活动情况进行了民主测评。省委督导组有关负责同志也出席了会议。

吉林省突出发展民营经济协商座谈会 3月27日在长春召开。省政协主席黄燕明出席会议并讲话。省政协副主席别胜学主持会议。会议听取了企业家对《省委、省政府关于突出发展民营经济的意见》一年来贯彻落实情况的意见和建议，分析了影响和制约发展的问题。省委、省政府、省纪委办公厅，省政协办公厅、经科委和研究室，省工信厅，省工商联等有关领导，以及40位民营企业家参加了座谈会。部分与会企业家从汽车零部件、管理人员培训、食品配套产业、资本运作、软环境建设等多个方面提出了意见建议。

全省政协反映社情民意信息工作座谈会 4月10日在长春召开。省政协副主席刚占标出席会议并讲话，省政协副秘书长、办公厅主任肖模文主持会议。会议总结交流了全省政协反映社情民意信息工作的情况和经验，研究加强和改进工作的思路和措施。省政协各专委会，省级各民主党派、工商联，各市（州）政协，省政协信息直报点所在县（市、区）政协相关负责同志参加了会议。

省政府领导与省政协委员及省级各民主党派、工商联负责人议政协商会 8月14日在长春召开。时任省长巴音朝鲁带领省政府班子部分成员和部分政府组成部门主要负责同志与省政协委员及省级各民主党派、工商联负责人座谈。会上，巴音朝鲁通报了上半年全省经济形势，并听取了委员的发言。省政协主席黄燕明主持会议。8位委员分别就加速农业现代化服务体系建设、加强改善社区管理、加快建立城乡统一建设用地市场、推进污染物减排、民营企业转型升级、扩大对外人才交流等方面提出了意见建议。

推进人民政协协商民主建设研讨会 10月14日在长春召开。会议围绕“深入学习贯彻落实习近平总书记在庆祝中国人民政治协商会议成立65周年大会上的重要讲话精神，研究探讨推进人民政协协商民主建设”这一主题展开讨论。省政协主席黄燕明出席会议并讲话。省政协副主席刚占标主持会议。省政协副主席别胜学、支建华，秘书长包伟出席会议。省政协委员、省级民主党派、工商联、地方政协主席代表共6人作了发言。

【重要文件】

常委会工作报告（2014年1月20日）（摘要） 一、2013年工作回顾。（一）学习贯彻中共十八大和省十届党代会及二次全会精神，巩固共同思想政治基础。常委会坚持把学习中共十八大和十八大以来习近平总书记系列重要讲话精神、省十届党代会和二次全会精神，作为常委会一项重要政治任务，多次召开理论学习中心组（扩大）学习会、省政协党组扩大会、省政协主席会议组织集体学习，举办委员学习培训班、专题讲座、专题报告会及印发学习资料等多种形式组织政协委员、省级各民主党派和工商联负责人、机关干部职工深入学习。（二）围绕省委、省政府中心工作协商建言，助推经济社会发展和民生改善。常委会紧紧围绕省委、省政府中心工作和全省发展稳定大局，选择重大发展和重点难点民生问题组织协商议政，积极建言献策。以农业现代化为议题，深入开展调查研究，召开省政协十一届二次常委会议进行协商议政，向省委、省政府报送了《关于深入推进农业产业化经营，提高我省农业现代化水平的建议》。（三）围绕搞好民意表达大胆创新，扎实工作。建立了省政协领导联系委员、委员联系社区的"双联系"制度，制定了《政协吉林省委员会关于十一届省政协主席、副主席联系委员活动组的意见》。全年向省委、省政府报送《社情民意》102期，省委、省政府领导批示8件次，专报全国政协94件。（四）围绕吉林"五位一体"建设凝心聚力，积极促进团结和谐。（五）围绕政治协商，省级各民主党派、工商联充分发挥了参政议政作用。二、2014年工作安排。（一）着力建言全面深化改革。今年常委会把推动农业改革作为议政性常委会议的议题，搞好协商建言，向省委、省政府报送建议案。同时，还要围绕财税改革、公立医院深化改革、推动科技优势转化为经济优势等改革课题，搞好调研协商和议政建言。（二）着力献计推动"五大发展"。今年常委会将"生态富民、绿色发展"和推动城镇化作为今年专题议政性常委会议的议题，召开常委会议暨资政会进行协商议政，向省委、省政府报送建议案。就推动农业科技进步、加快经济转型创新、长吉图开发开放等问题，通过咨政协商会、专题议政会等多种形式，深入调研，协商建言。（三）着力献策保障和改善民生。选择百姓最关心的推动广泛就业、义务教育均衡发展、人口老龄化、养老服务等民生问题开展视察调研和协商建言。（四）着力推进协商民主。要拓宽多层协商。各种协商会中，都将邀请专家学者、界别群众参加，使最基层的同志都能参加协商，表达意见。（五）着力促进团结和谐。密切和加强与省级各民主党派、工商联、无党派人士合作，充分发挥其在推动改革、促进发展、改善民生、依法治省中的积极作用。进一步推动让群众走进政协、政协委员走近群众，强化政协领导联系委员、政协委员联系社区的"双联系"制度。（六）着力加强履职基础建设。不断深化对中国特色社会主义道路、理论、制度的认识，增强"三个自信"，践行和弘扬社会主义核心价值观，同省委同心同德、同心同向、同心同行；不断扩大委员及界别群众支持改革，参与改革，实践发展的最大公约数。

《政协吉林省委员会关于加强对基层政协工作指导的意见》（吉政协发〔2014〕2号）（摘要） 1. 会议指导。每届适时召开全省政协主席座谈会和全省政协秘书长工作座谈会。邀请县（市、区）政协主席列席省政协全体会议，邀请部分市（州）、县（市、区）政协相关同志列席省政协召开的常委会议、咨政协商会、专题议政会等重要会议。2. 文件指导。省政协对全省政协工作有指导性意义的意见、年度协商计划、常委会工作要点、重点工作安排等以文件形式印发至市（州）、县（市、区）政协。省政协重要会议、活动有关情况和省政协领导重要讲话以《政协通报》的形式印发至市（州）、县（市、区）政协。3. 对口指导。省政协办公厅要适时召开对口部门工作会议，省政协各专门委员会和研究室要每年召开一次对口部门工作会议，开展工作研讨，促进工作交流。4. 培训指导。制订和实施全省政协机关干部学习培训计划。根据工作需要，组织基层政协机关干部参加全国政协的学习培训和省外考察活动。5. 活动指导。围绕贯彻落实中共中央和中共吉林省委的重要会议精神和重大方针政策，组织开展全省政协的专项活动，上下级联动互促，整体协调推进。有计划地组织市（州）政协异地视察活动，促进各市（州）政协工作交流。6. 信息指导。加强全省政协系统信息化建设，建立各级政协组织信息互通的统一网络平台，整合共享信息资源。省政协及各专门委员会年度调研视察课题和调研视察成果，根据工作需要，可印发至基层政协及对口部门。

【组织概况】

常委辞免名单

（2014 年 9 月 26 日政协第十一届吉林省委员会第七次常委会议通过）

孙云志

（2014 年 12 月 30 日政协第十一届吉林省委员会第八次常委会议通过）

毕　政　肖　欣　阎宝泰

李晓杰（女）

委员增补名单

（2014 年 12 月 30 日政协第十一届吉林省委员会第八次常委会议通过）

于晓峰　马文辉　史继山　杨汝涛

朴松烈（朝鲜族）

权贞子（女，朝鲜族）　李庆臣

李宗杰　李新民　肖模文

陈香林（女）　周庆东　郑立文

郑文芝（女）　赵世伟　赵志明

袁玉树　崔永河　程　铭　温敬堂

翟利国　霍玉亮

委员辞免名单

（2014 年 6 月 27 日政协第十一届吉林省委员会第六次常委会议通过）

祁建军

（2014 年 9 月 26 日政协第十一届吉林省委员会第七次常委会议通过）

叶志刚　关景富　孙云志　杨运成

夏萨莎

（2014 年 12 月 30 日政协第十一届吉林省委员会第八次常委会议通过）

毕　政　肖　欣　刘国栋　李国良

陈　瑾　阎宝泰　胡宪武　何文博

金寿浩　刘利华　王宝柱　冯　君

臧忠生　李晓杰（女）

万芝兰（女）

市、县、区政协主席变动情况

长春市二道区政协主席

孙爱华（女，2014 年 12 月 26 日当选）

曾昭伟（2014 年 12 月 26 日不再担任）

长春市绿园区政协主席

陈志勇（2014 年 12 月 27 日当选）

李淑侠（女，2014 年 12 月 27 日不再担任）

长春市双阳区政协主席

张立新（2014 年 12 月 30 日当选）

沈洪斌（2014 年 12 月 30 日不再担任）

农安县政协主席

蔡　光（2014 年 12 月 27 日当选）

张广君（2014 年 12 月 27 日不再担任）

梨树县政协主席

刘　勇（2014 年 12 月 28 日当选）

苏占河（2014 年 12 月 28 日不再担任）

伊通县政协主席

辛志贵（2014 年 12 月 21 日当选）

徐　越（2014 年 12 月 21 日不再担任）

公主岭市政协主席

赵光辉（2014 年 12 月 29 日当选）

农安县政协主席

蔡　光（2014年12月27日当选）

张广君（2014年12月27日不再担任）

辉南县政协主席

刘德富（2014年12月24日当选）

李伟山（2014年12月24日不再担任）

通化市东昌区政协主席

张万杰（2014年12月22日当选）

王华歧（2014年12月22日不再担任）

白城市洮北区政协主席

吴大秋（2014年12月18日当选）

王广忠（2014年12月18日不再担任）

通榆县政协主席

刘凤水（2014年12月20日当选）

张庸林（2014年12月20日不再担任）

龙井市政协主席

孙福江（2014年12月23日当选）

谭远河（2014年12月23日不再担任）

吉林省各级政协组织和委员数

（截至2014年底）

项目＼级别	省	副省级市	设区的市（自治州）	县（市、区）	合计
组织数	1	1	8	60	70
委员数	607	535	2986	14824	18952

（夏　禹 编写　马端忠 审稿）

政协黑龙江省委员会

【全体委员会议】

十一届二次会议 1月18日上午至20日下午在哈尔滨召开。会议应出席委员724名，实到委员650名。省委书记王宪魁，省委副书记、省长陆昊等省领导出席会议。会议听取并审议政协黑龙江省第十一届委员会常务委员会工作报告；听取并审议政协黑龙江省第十一届委员会第一次会议以来提案工作报告；大会发言；列席省人大十二届三次会议；听取并讨论政府工作报告及其他报告，审议通过十一届二次会议决议及有关人事事项；举办省政协首届政协工作创新奖颁奖仪式；表彰优秀提案；表彰2013年履职优秀委员。共征集委员提案748件，经审查立案690件。

【常务委员会会议】

第4次会议 1月17日下午召开。会议应出席143人，实到129人。杜宇新主席出席会议并讲话。会议审议通过了第十一届委员会第二次会议召开的时间和议程、日程，十一届二次会议秘书长和副秘书长名单，十一届二次会议小组划分原则和召集人名单；审议通过了常委会工作报告和报告人、提案工作报告和报告人；通过了表彰2013年履职优秀委员的决定和有关人事事项（提名王幼平、赵永华、殷胜红三位同志为专委会副主任人选；提名王幼平、李明中、赵永华、殷胜红、周力新五位同志为十一届省政协委员人选）；书面审议各专委会工作报告。

第5次会议 1月20日下午召开。会议应出席143人，实到138人。通过选举办法、总监票人和监票人；通过十一届二次会议决议（草案）；通过十一届二次会议提案情况报告。杜宇新主席主持会议。

第6次会议 6月26日召开。会议应出席143人，实到135人。会议专题协商黑龙江省深化行政审批制度改革，优化发展环境。孙东升副省长通报了有关情况；省政协常务副主席兼秘书长赵克非作《关于黑龙江省深化行政审批制度改革，优化发展环境的调研报告》。通过《关于黑龙江省深化行政审批制度改革，优化发展环境的建议案》。部分常委与政府有关厅局领导就有关问题进行现场互动协商，通过有关人事事项，杜宇新主席出席会议并讲话。

第7次会议 9月25日召开。会议应出席143人，实到137人。会议专题协商黑龙江省"农业转移人口市民化"。省政协副主席李继纯作《关于加快黑龙江省农业转移人口市民化进程的调研报告》。副省长胡亚枫发言。部分常委与政府有关厅局领导就有关问题进行现场互动协商，通过有关人事事项，杜宇新主席出席会议并讲话。

【专门委员会工作】

提案委员会 共收到提案748件，经审查立案690件，于2014年10月末全部办理完毕。确定26件重点提案，其中主席、副主席督办12件提案。《关于运用互联网推动农业现代化的建议》、《关于在我省设立创投母基金的建议》等重点提案得到了省领导及承办单位的高度重视，许多重要建议被纳入部门决策和实际工作。合力推进联名提案办理协商。先后就《关于加强政府采购工作的建议》、《关于加快"北药"开发的建议》、《关于发展中药材种植产业的建议》等多人联名、影响较大的提案，组织政协委员、有关党派团体、专家学者和提案承办单位，开展了多次实地视察和座谈协商活动。围绕提案办理协商开展调研工作。选择事关国计民生、群众特别关注的饮水安全这一题目，结合《关于加强我省大中城市后备水源地建设的建议》的办理工作，组织部分委员、专家学者和省水利厅、哈尔滨市水务局，深入哈尔滨市磨盘山水库、西泉眼水库、牡丹江市水源地及第一水厂、七台河市桃山水库、双鸭山市寒葱沟水库进行实地调研。调研报告获省委书记王宪魁、副省长于莎燕等领导同志批示。组织提案委员会部分委员深入伊春市、鹤岗市进行了调研。加强对省内各市地政协特别是县级政协提案工作的指导。加大提案工作宣传力度，广泛宣传政协提案发挥的作用和取得的效益。

文史和学习委员会 发挥文史资政功能，创办了《资政文史》，不定期刊发我省的重大历史事件、历史人物及与我省有关的各个方面的知识，为省领导决策提供参考。编辑出版80多万字文史资料第46辑《黑龙江高等教育》。为弘扬伟大的抗战精神，出版30余万字专题史料《抗联战士张瑞麟》。按全国政协文史和学习委员会《抗战史料征编方案》要求，整理黑龙江省有关抗战方面的史料，共80余篇近百万字，报送全国政协。征集文史资料《我所经历的文化大革命》、《柳河五七干校》稿件百余万字，为编辑出版打下了坚实基础。开展了关于黑龙江省出版集团股权合作上市融资情况的专项调研，省委书记王宪魁在报告上批示。根据省政府工作报告提出的“加快推进经营性文化单位市场化步伐，推进黑龙江出版集团、黑龙江广电网络有限公司等企业股权合作、上市融资”目标要求，组织委员视察了瑷珲历史陈列馆、胜山要塞遗址、旅俄华侨纪念馆等历史文化场馆，委员就历史文化保护、开发和利用情况提出了具体建议。

经济委员会 围绕“加快我省农业转移人口市民化进程”议题开展专题协商。调研报告经常委会议充分协商后，报送省委、省政府，陆昊省长批示：“请办公厅将杜主席讲话和省政协调研报告转发有关副省长和省直部门，请认真研究这些意见，为我省制订好城镇化规划和安排相关重点工作提供重要参考和依据。”围绕“积极应对新丝绸之路战略”议题开展界别协商，为推动黑龙江省对接国家发展战略建言献策，形成了《关于我省应对新丝绸之路战略的建议》，以信息专送形式报送省委、省政府，省委陈润儿副书记批示：“建议有其独到的见解和看法，值得我们在完善对俄合作尤其是自贸试验区建设中借鉴。”围绕“积极发展混合所有制经济”议题开展对口协商，形成了《关于我省积极发展混合所有制经济的建议》，并组织委员专门就《省国资委出资企业实施混合所有制改革的指导意见》提出修改意见。围绕“‘民企龙江行’签约项目落实情况”开展专题视察，为加快全省产业项目建设建言献策。同省工商联、省民革以及台港澳委和研究室开展联合视察，对如何更好吸引民营资本来黑龙江省投资兴业提出了具体建议。先后组织城乡建设组委员就黑龙江省保障房建设情况开展视察，以委员联名方式提交了《关于切实解决进城农民住房问题的提案》；组织财税金融组委员围绕中小企业融资难问题开展专题研讨，以委员联名方式提交了《关于解决我省中小企业融资难问题的提案》；组织相关领域委员围绕加强黑土资源保护利用出谋划策，以经济委员会名义提交了《关于加强建设用地耕层表土保护利用的提案》。

科教文卫体委员会 开展关于黑龙江省现代职业教育发展问题的专题调研，召开了“加快黑龙江省现代职业教育发展”专题协商会，省委常委、副省长郝会龙提出了三点意见，责成省发改委、省教育厅、省人社厅、省财政厅等部门具体落实。形成了《关于加快发展我省现代职业教育的意见建议》报送省委、省政府，省委书记王宪魁，省委常委、宣传部部长张效廉分别作出重要批示，并责成省教育厅等有关部门吸纳落实。开展了关于我省大学毕业生创业政策优化和落实等问题的专题调研和视察。形成了《关于尽快对我国大学毕业生创业政策进行优化完善的几点建议》，报送全国政协。其中有些做法和建议被全国政协纳入2014年6月“双周协商会”的讨论内容。同时，该建议被全国政协《教科文卫体委员会通讯》（2014年第2期）转发。就“黑龙江省大学毕业生创业政策落实情况”再次进行了专题视察，孙东生副省长对视察报告作出批示，要求有关部门高度重视，认真解决。开展关于黑龙江省食品安全社会共治工作情况的专题视察，形成《群防群治，共筑舌尖上的安全屏障》的视察报告报送省政府后，孙东生副省长批示：“政协科教文委的建议针对性强、操作性强，请食药监局阅研并在工作中认真吸纳。”开展了关于社会体育组织在全民健身工作中作用发挥情况和中医在疾控工作中作用发挥情况等两项专题视察，委员以联名提案形式，建议省政府对两个方面工作给予重视和更多支持。组织召开了《黑龙江省科技进步条例（草案修改稿征求意见稿）》征求意见会，提出了50余条修改意见，省人大认真采纳。组织召开了《黑龙江省规范中小学办学行为规定（征求意见稿）》征求意见会。13位教育界省政协委员和特邀的一线教育工作者提出了30余条意见，一些意见被吸纳到《黑龙江省规范普通中小学办学行为若干意见》中。

社会和法制委员会 开展我省煤炭资源型城市转型发展调研和专题协商工作，形成了《关于我省煤炭资源型城市转型发展的调研报告》，省委书记王宪魁专题听取了省政协的调研报告，并组织省直有关厅局领导座谈；对调研报告作出重要批示：“报告很好，适当修改后送省委常委阅，为省委研究四煤城转型升级提供依据。”在省委常委扩大会上对这次调研也给予充分肯定。省委常委、省政府常务副省长郝会龙，副省长胡亚枫分别对调研报告作出批示。省委办公厅以黑龙江信息上报中央办公厅后，得到中央办公厅的充分肯定，由中办上报政治局常委。省委牵头召开的《黑龙江煤炭城市转型发展规划》座谈会专题听取了省政协专题调研组的建议，在讨论《黑龙江煤炭城市转型发展规划》的省委常委扩大会上印发了省政协的调研报告，并在《黑龙江煤炭城市转型发展规划》中充分采纳。开展鸡西市就煤炭资源型城市分离企业办社会情况进行专题视察，《关于鸡西、七台河市剥离企业办社会情况的视察报告》，得到了省委书记王宪魁，省委副书记、省长陆昊，省委副书记陈润儿的批示。开展巾帼现代农业科技示范基地建设视察工作。视察报告得到省委书记王宪魁和副书记陈润儿的阅批。做好立法协商和法律咨询工作，对《黑龙江省涉及国家安全事项建设项目管理规定》、《省行政许可管理条例》等地方性法律、法规、规章草案进行了立法协商，所提的修改意见和建议大部分被吸纳到相关法律法规和条例中。充分利用互联网等现代信息技术，在网上开通了法律咨询台，邀请政协委员中的6位主任律师组成咨询团队，为委员和群众提供法律咨询。全年共有156条提问，全部得到了解答。开展依法维护残疾人合法权益和残疾人扶贫创业基地建设专题调研，调研报告得到省委王宪魁书记和陈润儿副书记的批示。

民族和宗教委员会 邀请了全国政协民宗委主任朱维群同志为在哈省政协委员、省委、省政府有关部门以及政协机关和各党派机关作了题为“党和国家民族宗教政策”的专题讲座。邀请了省政协民族和宗教委员会副主任、省地质勘探局局长龚强同志，为在哈省政协委员和政协机关以及各党派机关干部作了题为“黑龙江冰雪丝绸之路”的专题讲座。组织省政协民宗委全体委员听取了原国家宗教局局长叶小文同志在省委党校作的“关于民族宗教文化知识”的专题讲座。通过三次培训学习，为委员履职奠定了坚实基础。深入调研，跟踪问效，推动工作成果落实。对2013年省政协民宗委报送的《关于我省少数民族聚居地区人才队伍建设情况的调研报告》中关于依托省民族职业学院建立我省少数民族人才培养基地建议的落实情况，2014年进行跟踪调研，形成了《关于建立“黑龙江省少数民族人才培养基地”的跟踪调研报告》，省政府常务副省长郝会龙、副省长孙东升分别作批示，要求人社厅、教育厅积极吸纳报告中所提意见和建议。组织开展宗教团体兴办公益慈善机构享受有关政策方面存在的问题开展渐进式视察，推动了相关问题的有效解决。召开了社情民意书面协商会。加强与民族宗教界委员和上层人士联系，做好团结工作。7月至9月先后赴齐齐哈尔、大庆、伊春、鹤岗等地走访了民族和宗教界委员，并与其共同视察了当地宗教场所。积极参加省内浴佛节、开斋节、圣诞节等民族宗教重大节庆活动。

台港澳侨联络和外事委员会 召开港澳委员深圳座谈会，重点推介黑龙江省绿色食品产业和绥芬河、密山两市招商引资项目。承担省政协十一届六次常委会议专题协商的各项工作。十一届六次常委会议协商议题是“深化行政审批制度改革，改善和优化发展环境”。完成此次常委会议的专题调研、建议案和组织大会发言等工作。形成的《关于黑龙江省深化行政审批制度改革优化发展环境的调查报告》和建议案，经省政协十一届六次常委会议通过，会议以现场互动方式对常委会报告及议题进行了充分协商。陆昊省长在省政协委员何启强的《审批的透明便利和守信与精简审批同等重要——黑龙江与山东项目招商和审批之对比与建议》一文上批示：“此件请办公厅通报送省内各地市政府和直属部门，要求班子成员认真讨论一次。”开展了三次视察活动。7月中旬，就绥芬河综合保税区发展及中俄边贸情况进行了视察，形成《关于视察绥芬河综合保税区情况的报告》，副省长孙尧批示：“请省商务厅与哈尔滨海关、省检验检疫局等部门会商，共同推动、支持绥芬河综合保税区健康发展。”9月中旬，就资源城市转型、促进投资合作情况进行了视察，对伊春市建设发展及资源城市转型促进投资合作提出了具体意见和建议。9月中旬至11月上旬，组织开展关于我省推进工商登记制度改革情况的视察，形成了《关于黑龙江省工商登记制度改革情况的视察报告》。

人口资源环境委员会 举办“秸秆资源综合利用”专项民主协商座谈会，形成了《关于做好黑龙江省秸秆资源综合利用工作的建议》的报告。王宪魁书记在报告上批示：“要充分利用，要保护耕地，要保护生态。”陈润儿同志批示：“请忠林同志阅。政协环资委调研形成的报告，对问题的分析是客观的，提出的利用建议是积极可行的，请农委具体研究落实。”郝会龙同志批示：“请省发改委阅研。在已有全省规划的基础上，应在具体项目上下功夫。”于莎燕同志批示：“今年初，黑龙江省下发了《大气污染防治计划》，其中减少秸秆田间焚烧，加快综合利用，就是‘计划’中的重点任务。省政协提出的此建议很好。”认真完成关于推进黑龙江省生态文明建设重点课题的研讨。对推进黑龙江生态文明建设进行了深入研讨，形成了《关于推进黑龙江省生态文明建设的建议》的报告，王宪魁书记批示：“请省委政研室研。”一些建议在推进我省文明城乡建设中采纳。组织开展对我省珍稀野生动物栖息地保护、机动车排气污染防治问题专项视察，分别形成了《关于加强我省珍稀野生动物栖息地管护工作的建议》、《关于黑龙江省机动车排气污染防治工作的建议》。完成碧水中华秋沙鸭自然保护区有关问题的调研，形成了《关于黑龙江省碧水中华秋沙鸭自然保护区急待解决的有关问题的建议》的报告。王宪魁书记批示：“报告中建议好。请陆昊、维峰同志批示研办。”陆昊省长批示：“请维峰同志并有关部门、地市认真办理。”成功举办一期我省环保事业讲座。邀请省环境保护厅厅长李平同志主讲《我省环境保护的形势与对策》。积极参与我省大学生再生资源创意设计大赛的有关筹办工作。

农业和农村工作委员会 召开“提升黑龙江省农技推广服务水平”专题协商座谈会。注重围绕中央精神选准调研题目。2014年国家林业局下发通知，要求“中国北疆重点国有林区4月1日起全面停止天然林商业性采伐”，黑龙江省国有林区将面临“人到哪去，钱从哪来”的巨大挑战。为此，将“促进黑龙江省林区经济转型”选作重点调研课题，调研报告得到省委书记王宪魁批示：“省委政研室研，印发各常委阅。”调研报告被及时提交到了省委常委会讨论。又专门向省政府报送了《关于恢复林碧线铁路运营的建议》。建议得到省政府主管领导的重视，主管副省长亲自到陶夏新副主席的办公室沟通情况。不断巩固和拓展群众路线教育实践活动的成果，切实转变作风，在把工作做实的基础上，进一步拓展加强了三个方面的密切联系。即扩大联系委员参与活动面，密切与基层政协的直接联系，深入下去面对面联系基层和群众。深入省政协扶贫村所在的宾县宁远镇政府和农民委员刘清泉所在的五常市二河乡新庄村了解农技方面情况，与乡村干部、农民对话座谈，征求意见，了解情况，加深同农民的真情实感。调研中注意尽可能吸收多个层面基层干部及农民群众参加，并把他们请到桌前来发言，鼓励他们讲真话、讲实情，给予其充分表达意见的自由。这些面对面的沟通都使我们更真实地了解了存在的问题，也密切了与基层群众的联系。

【重要活动】

港澳委员座谈会 2014年5月初召开港澳委员深圳座谈会，省政协主席杜宇新，副主席赵克非、洪袁舒，省政府副省长孙尧，省直有关部门及黑河、绥芬河、密山等市负责同志，31家绿色食品企业代表，300位港澳嘉宾出席。重点推介黑龙江省绿色食品产业和绥芬河、密山两市招商引资项目。与会港澳嘉宾就我省绿色食品进入港澳市场、龙港澳经贸交流合作提出了中肯的意见和建议。港澳地区有16家商会组团出席。会议还安排两家绿色食品企业代表发言。密山市与港澳有关商会签订合作协议，建立了长期友好交往关系。会前31家企业展出了100多种绿色食品。

庆祝人民政协成立65周年活动 围绕庆祝人民政协成立65周年，组织开展“我与人民政协”主题征文活动，开展文化知识专题讲座、第十九届“政协好新闻”评选活动。与七台河、鸡西市政协联合举办书画和书法作品展，与甘肃省政协联合举办书画作品展。组织开展“第二届全省农村中小学生美术作品展”、哈尔滨师范大学教师国画作品展和大学生再生资源创意设计大赛。

首届“政协工作创新奖”评选活动 1月20日下午，在省政协十一届二次会议闭幕会上，对首届“政协工作创新奖”

获奖单位进行表彰奖励，有七个项目获奖，一等奖1名，二等奖3名，三等奖3名。牡丹江市政协报送的项目《实施“四点”评议法，推进“你承诺、我评议”活动》获一等奖。虎林市政协报送的项目《推进基层政协民主评议常态化》、哈尔滨市道里区政协报送的项目《推进协商民主向基层延伸》、省农工党报送的项目《参政议政工作“三三制”》分别获二等奖。佳木斯市政协报送的项目《创新文史工作模式，合办文史资料展示馆》、林甸县政协报送的项目《创建“政协委员之家”》、望奎县政协报送的项目《开展“七性视察”，增强履职实效》分别获三等奖。

省政协“纪念人民政协成立65周年暨发挥人民政协界别作用专题研讨会” 9月4日上午，省政协召开“纪念人民政协成立65周年暨发挥人民政协界别作用专题研讨会”。省政协主席、常务副主席，省人民政协理论与实践研究会会长、副会长，秘书长、副秘书长，省各民主党派和工商联一位副主委（副主席），部分研究会会员和专家学者，作交流发言的研讨论文作者，新闻媒体记者等30余人参加。省政协理论与实践研究会会长、省政协原常务副主席刘海生主持会议。省政协主席、省人民政协理论与实践研究会名誉会长杜宇新作题为《充分发挥人民政协界别作用，用创新理念推进协商民主制度新发展》的讲话。共征集研讨论文77篇，确定29篇质量相对较高的论文作为会议重点交流论文。其中10篇作为研讨会口头发言，书面交流19篇。

【重要文件】

常委会工作报告（2014年1月18日）（摘要） 一、2013年工作回顾。（一）集中搞好专题协商，为加快转变发展方式献计出力。坚持从省情实际出发，聚焦经济社会可持续发展的重大问题，集中开展协商议政活动。省政协十一届二次、三次常委会议，着重围绕我省生态文明建设、实施创新驱动发展战略组织开展专题协商。向省委、省政府报送了《关于我省生态文明建设情况的调研报告》和《关于我省实施创新驱动发展战略的调研报告》，以及《关于大力推进我省生态文明建设的建议案》。省委书记王宪魁同志和省长陆昊同志对这两次会议的协商成果非常重视，亲自作出批示。省环保厅、科技厅分别对报告中的建议作了专门研究，并向省政协通报了建议采纳落实情况。（二）扎实开展建言献策，为促进省委、省政府重大决策部署落实履职尽责。围绕推动现代农业建设，省政协相继组织开展了“城市工商资本投资农村种植养殖业”、“水稻控制灌溉技术的推广应用”、“推进我省苜蓿产业发展”等专题调研，向省委、省政府提出了一系列相关意见和建议。我们还梳理出沿边开发开放亟待国家政策支持的几个问题，向全国政协提交提案和信息。汪洋副总理对我们报送的《设立中俄黑龙江流域“顶级黄金口岸”势在必行》、《尽快将黑瞎子岛口岸列入国家年度开放审理计划》的提案和信息作出批示后，得到国家发改委、海关总署、商务部等有关部委的重视和认真办理。（三）关注改善民生和创新社会治理的热点难点问题，为促进和谐稳定、维护公平正义作出贡献。省政协将推动省政府工作报告确定的惠民实事落实作为履职尽责的重点，组织部分委员先后对我省乡村医疗卫生机构标准化建设、城乡社会保障体系建设、学前教育、农家书屋管理使用、劳务派遣用工、残疾人就业、流动妇女权益保护、涉法涉诉信访工作制度改革、少数民族聚居区人才队伍建设，以及宗教界参与社会慈善活动情况等民生问题开展专题调研视察。（四）发挥政协组织优势和委员专长，在对外交往联谊和促进文化交流中有所作为。以开展各种联谊活动为载体，加强同各级政协组织、海内外社团、港澳台侨知名人士的联系与合作，努力营造“团结民主、开放合作”的氛围。通过召开港澳政协委员深圳座谈会、组织香港工商贸易联盟及扶持中小企业国际联盟来我省实地考察等活动，推动黑河、绥芬河、抚远等边境市县同港澳地区的经济合作，牵线大庆高新技术开发区、绥芬河综合保税区和东宁口岸等地企业合作项目的对接，帮助哈尔滨、牡丹江、大兴安岭等地40余家企业的绿色农副产品进入香港市场，参与促成了哈尔滨与美国阿拉斯加的航线开通。同时，深入发掘黑龙江地域历史文化，加强对红色文化、创业文化、民族文化、流人文化、金祖文化的保护、研究、开发和宣传力度；广泛征集《我所经历的文化大革命》和《黑龙江高等教育》等文史资料，为提升黑龙江省文化软实力作出了积极贡献。（五）以创新务实精神加强自身建设，不断提高政协工作科学化水平。按照中央和省委的统一部署，省政协于去年下半年扎实开展了党的群众路线教育实践活动。有力推动了机关作风的改进。成立了黑龙江省人民政协理论与实践研究会，并举办了首届理论研讨会。在全省政协系统组织开展了首届“政协工作创新奖”评选活动，激励各级政协组织强化创新意识，推动了政协工作的理论创新、实践创新和制度创新。同时，我们还充分利用省政协网站“书海拾贝”、“社情民意”、“法律咨询”等栏目，加强了委员之间的互动交流。组织开展委员培训和系列文化讲座活动。二、2014年工作安排。（一）深入学习贯彻中共十八届三中全会精神，助推我省改革开放事业的新发展。学习好、领会好、贯彻好三中全会《决定》和习近平总书记的系列讲话精神，切实做到理解改革、支持改革、参与改革，增强改革的自觉性和坚定性。要为全面深化改革凝聚力量，发挥好“大团结、大联合”的作用，把各方面的力量凝聚到全面深化改革的目标任务上来。（二）紧紧围绕实施“五大规划”，助推我省经济社会持续健康发展。组织委员努力在全面深化改革，破除体制机制弊端，增强发展内生动力；加快发展现代农业，推动农业生产关系调整和完善，促进农业增效和农民增收；抓好产业项目建设和所有制结构调整，培育新的经济增长点；加强基础设施建设和环境资源保护，健全有利于可持续发展的长效机制，增强经济社会发展承载能力；构建开放型经济新体制，不断提高对外开放水平；加强和创新社会治理，促进保障和改善民生，使发展成果更多更公平惠及黑龙江人民等方面，充分发挥人民政协的自身优势，广纳群言，广集民智，努力拿出有事实、有数据、有分析、有建议的研究成果，推动全省经济社会持续健康发展。（三）积极推进协商民主广泛多层制度化发展，切实发挥好人民政协协商民主重要渠道作用。三中全会《决定》把“推进协商民主广泛多层制度化发展”作为全面深化改革的重要措施之一，我们要进一步增强做好人民政协工作的责任感和自觉性，积极有序推进人民政协的协商民主。进一步提高协商议政的针对性和实效性。要加强委员联络机构建设，密切联系各党派、界别和广大政协委员，努力使政协丰富的议政资源得到充分发掘、组织优势得到有效发挥，不断提高政协协商议政的成效。（四）强化人民政协制度化、规范化、程序化建设，切实提高人民政协自身履行职能的水平。我们要切实发挥政协工作制度化、规范化、程序化在协商民主中的基础作用。对业已确立并行之有效的各项制度、规则和程序，要严格遵守，切实执行；对某些不完善的方面和环节，要总结经验，及时改进。同时，还要根据形势发展和现实需要，大胆实践，勇于创新，努力使协商民主程序更加合理、环节更加完整、活动更加规范、制度更加完善、机制更加健全，确保政治协商、民主监督、参政议政更加富有成效，更好地发挥出人民政协在建设中国特色社会主义伟大事业中的应有作用。

【组织概况】

专委会专职副主任任职名单（按姓氏笔画排序）

（2014年1月17日政协黑龙江省第十一届委员会常务委员会第四次会议通过）

任命：

王幼平同志为省政协经济委员会专职副主任

赵永华同志为省政协文史和学习委员会专职副主任

殷胜洪同志为省政协提案委员会专职副主任

常务委员补选名单（按姓氏笔画排序）

（2014年1月20日政协黑龙江省第十一届委员会第二次会议通过）

吴银龙　高佩璇　戴　迪

委员增补名单（按姓氏笔画排序）

（2014年1月17日政协黑龙江省第十一届委员会常务委员会第四次会议通过）

王幼平　李明中　周立新　赵永华　殷胜洪

常务委员免职名单（按姓氏笔画排序）

（2014年1月20日政协黑龙江省第十一届委员会第二次会议通过）

王立冬　沈清明

黑龙江省各级政协组织和委员数

（截至2014年底）

项目＼级别	省级	副省级市（哈尔滨市）	市（地）级	县（市、区）级	省直管市、县	合计
组织数	1	1	12	130	2	146
委员数	723	630	4042	23038	314	28747

（袁德山 编写　闫文杰 审稿）

政协上海市委员会

【全体委员会议】

十二届二次会议 1月18日至22日在上海世博中心大会堂举行。会议应出席842人，实到823人。市政协主席吴志明主持开幕和闭幕会议并致闭幕词。中共中央政治局委员、上海市委书记韩正等市领导出席开幕和闭幕会议，并分别参加专题会议，听取大会发言。市委副书记李希在闭幕会议上讲话。

会议审议通过吴志明主席代表常务委员会所作的工作报告，李良园副主席代表常务委员会所作的关于十二届一次会议以来提案工作情况的报告。与会委员列席十四届市人大二次会议，讨论并赞同市政府工作报告、市发展改革委关于上海市2013年国民经济和社会发展计划执行情况与2014年国民经济和社会发展计划草案的报告、市财政局关于上海市2013年预算执行情况和2014年预算草案的报告，讨论并赞同市高级法院工作报告、市检察院工作报告。与会委员围绕上海改革开放和现代化建设的重点问题、关系人民群众切身利益的实际问题进行讨论协商，从增强发展活力、发挥市场在资源配置中的决定性作用、建设中国（上海）自由贸易试验区、转变政府职能、加强法治建设、促进和保障社会公平正义、创新社会治理、增强城市文化软实力、改善生态环境等方面提出意见和建议。会议审议通过市政协十二届二次会议决议。会议同意潘敏辞去市政协常务委员职务，增选姚莉、贺涛、袁斌为市政协常务委员。会议期间，共收到提案823件，经审查立案820件。

【常务委员会会议】

第7次会议 2014年1月19日举行，应出席159名，实到136名。会议审议通过市政协常务委员拟调整人员名单和增选常务委员候选人建议人选名单，审议通过市政协十二届二次会议选举办法（草案）和总监票人、监票人名单（草案），并将上述拟调整人员名单、候选人建议人选名单、选举办法（草案）和总监票人、监票人名单（草案）提请市政协十二届二次会议分组会议审议。吴志明主席讲话，周太彤副主席主持会议。

第8次会议 2014年1月21日举行，应出席159名，实到139名。会议审议通过市政协常务委员拟调整人员名单和增选常务委员候选人名单，审议通过市政协十二届二次会议选举办法（草案）和总监票人、监票人名单（草案），审议通过市政协十二届二次会议决议（草案），并将上述拟调整人员名单、选举办法（草案）、总监票人、监票人名单（草案）和决议（草案）提请市政协十二届二次会议全体会议通过，将上述候选人名单提请市政协十二届二次会议全体会议选举。会议听取市政协十二届二次会议分组会议审议和讨论的情况汇报。吴志明主席讲话，周太彤副主席主持会议。

第9次会议 2014年1月22日举行，应出席161名，实到152名。会议审议通过上海市政协2014年工作要点，审议通过上海市政协2014年度协商工作计划。会议同意潘敏辞去市政协委员职务。吴志明主席讲话，周太彤副主席主持会议。

第10次会议 2014年3月19日举行，应出席161名，实到137名。会议以“学习贯彻十八届中央纪委三次全会和十届市纪委三次全会精神，营造风清气正的社会环境，推动上海深化改革、转型发展”为专题开展学习议政。中共上海市委常委、市纪委书记侯凯通报贯彻十八届中央纪委三次全会精神有关情况，与会委员围绕反腐倡廉体制机制建设、坚持用法律手段惩治腐败、强化各类监督主体在反腐倡廉工作中的作用等问题提出意见和建议。会议审阅关于市政协十二届二次会议情况的汇报（书面）、市政协专门委员会（指导组）2014年工作计划（书面）、关于市政协十二届二次会议期间委员就政协工作提出的意见建议及各部门研究处理情况的汇报（书面）。吴志明主席讲话，周太彤副主席主持会议。

第11次会议　2014年6月6日举行，应出席161名，实到125名。会议以“深化改革开放，推动经济转型升级”为专题开展协商议政。市政府有关领导通报上海深化改革开放，推进经济转型升级有关情况，与会委员围绕“借力自贸试验区先行先试优势，加快上海经济转型升级”、“加快传统产业转型升级，增强产业核心竞争力”、“加大创新驱动力度，拓展经济转型升级的增长点”、“优化完善发展机制，有效支撑经济转型升级”等问题提出意见和建议。会议决定齐全胜任市政协副秘书长，免去张丽市政协副秘书长职务。吴志明主席讲话，周太彤副主席主持会议。

第12次会议　2014年7月30日举行，应出席161名，实到132名。会议以“推进本市新一轮城镇化”为专题开展协商议政。蒋卓庆副市长通报推进上海新一轮城镇化有关情况，与会委员围绕城镇化建设的指导思想、发展规划、实施路径、推进机制，以及推进过程中的农民权益保护、建设质量、旧区改造、社会事业配套、产城融合、人口管理等问题提出意见和建议。会议决定增补朱礼福、杨建荣、李群策、陈志奇、顾晓敏、唐石青为市政协委员，刘春景、刘桂平、吴金韵、张癸、赵英、黄明东不再担任市政协委员。会议决定撤销王宗南市政协委员资格。会议审阅对上海市2013年市本级决算和2014年上半年预算执行情况的意见和建议。吴志明主席讲话，周太彤副主席主持会议。

第13次会议　2014年10月30日举行，应出席161名，实到131名。会议以“深化文化体制改革，提升城市文化软实力”为专题开展协商议政。中共上海市委常委、市委宣传部部长徐麟通报“深化文化体制改革，提升城市文化软实力”有关情况，与会委员围绕上海国际文化大都市指标体系建设、软实力提升、精神文明建设、文化产业发展、加强文化传播、践行社会主义核心价值观，以及法治文化、宗教文化、体育文化、旅游文化的重要意义等问题提出意见和建议。会议传达学习中共十八届四中全会精神和全国政协十二届八次常委会议精神，审阅关于市政协十二届二次会议以来提案办理的主要情况（书面）。会议决定免去马伊里市政协人口资源环境建设委员会主任职务。吴志明主席讲话，周太彤副主席主持会议。

第14次会议　2014年12月24日举行，应出席161名，实到134名。杨雄市长向与会委员通报上海经济社会发展情况。会议审议通过市政协十二届三次会议议程（草案）、日程（草案），并提请市政协十二届三次会议预备会议审议通过。会议审议通过市政协十二届三次会议秘书长、副秘书长名单。会议决定市政协十二届三次会议于2015年1月24日至28日召开，会期5天，24日上午开幕会议前召开预备会议。会议审议通过市政协常务委员会工作报告和关于十二届二次会议以来提案工作情况的报告，并将上述两个报告提请市政协十二届三次会议审议；审议通过上海市政协2015年工作要点（送审稿）、上海市政协2015年度协商工作计划（送审稿），并将上述工作要点（送审稿）和协商工作计划（送审稿）提请市政协十二届三次会议讨论。会议决定增补顾国林、朱大弟、周海洋、姜瑞斌、巢克俭、黄海平、陈昶、汪胜洋8人为市政协委员，刘涟清、汤绪、丁文江、黄肇达、吴文娟、郭芳、丁为东7人不再担任市政协委员。吴志明主席主持会议并讲话。

【专门委员会工作】

学习委员会 围绕学习贯彻习近平总书记在上海考察工作时重要讲话精神，组织系列委员专题学习座谈会，请市委常委、常务副市长屠光绍作“以中国（上海）自贸区建设为契机推进上海国际金融中心建设”主题发言，请市政协副主席周汉民、上海自贸试验区管委会副主任朱民作“推进上海自由贸易试验区建设”主题发言，请上海社会科学院院长王战、南京财经大学校长刘志彪作“促进长三角地区一体化建设”主题发言，请上海交通大学校长张杰作“建设具有全球影响力的科技创新中心”主题发言，请市委宣传部副部长燕爽作“培育和践行社会主义核心价值观”主题发言。围绕学习贯彻习近平在庆祝人民政协成立65周年大会上的讲话精神组织专题学习会，深刻领会社会主义协商民主重大战略思想。围绕学习贯彻中共中央和市委的决策和工作部署；组织市政协中心组学习会，请全国政协文史和学习委员会驻会副主任卞晋平作“十八届三中全会与协商民主”专题报告，请国家发展和改革委员会发展规划司司长徐林作“国家新型城镇化规划解读”专题报告，请十届全国政协副主席、中国工程院原院长徐匡迪作“经济转型发展与科技创新驱动”专题报告，请上海市社会科学界联合会党组书记沈国明作“学习中共十八届四中全会精神”专题报告；组织市政协委员学习会，传达全国政协十二届二次会议精神，请市政府有关领导作“加快推进中国（上海）自由贸易试验区建设情况”专题报告；组织专题通报会，请市农委主任孙雷作关于“健全城乡一体化体制机制，切实保障农民财产权利”专题报告。围绕市政协常务委员会会议的协商议政专题，以“深化改革发展，推动经济转型发展”等为议题组织8次委员学习座谈会。

提案委员会 做好市政协十二届二次会议提案的分理交办工作，参与组织上海市人大代表书面意见和政协提案办理工作会议。遴选并报请主席会议审议确定“改善上海水环境质量”等市政协主席会议成员重点督办提案专题11个、“大力发展高技术含量、高附加值产业，加快本市产业转型升级”等市政协专门委员会（指导组）重点督办提案专题9个，涵盖提案共计109件。做好重点督办的服务组织工作，召开重点督办提案专题工作座谈会、专门委员会重点督办提案专题工作协调会，以协商座谈会、视察等形式组织主席会议成员重点督办提案专题系列活动11次，参与组织专门委员会（指导组）重点督办提案专题活动。全年组织“适当延长轨道交通末班车运营时间”等提案办理协商座谈会、提案跟踪办理活动10次，推进提案建议的落实。围绕社会各界关注的重点热点问题，以“乳制品安全”等为专题组织委员开展提案知情考察、调研活动13次。做好市政协优秀提案评选表彰活动的组织工作，评选表彰《关于加强基层建设，创新工作机制，探索民主党派参与基层社区民主监督的建议》等优秀提案52件。开展“加强和改进提案审查工作”调研，形成《政协上海市委员会提案审查操作指引（暂行）》。

经济委员会 组织实施市政协重点课题调研，形成市政协《本市发展高技术含量、高附加值产业的若干建议》，报送市委、市政府。牵头组织实施市政协对本市财政预算执行情况和预算编制的协商建言和监督评议。根据委员和专家在监督评议中提出的意见和建议，形成市政协《对上海市2013年市本级决算和2014年上半年预算执行情况的意见和建议》，报送市委、市人大常委会、市政府。组织市政协“2015年市级部门预算编制和管理改革情况”、“上海市2014年预算执行情况和2015年预算草案起草情况”专题通报会，组织市政协“本市探索开展全口径预算管理情况”、“科学合理编制本市2015年财政预算”专题座谈会，请市财政局、市国资委、市人力资源社会保障局通报情况并听取委员意见和建议。在综合各界委员建言的基础上，形成市政协《对上海市2014年预算执行情况和2015年预算草案的意见和建议》，报送市委、市政府。与教科文卫体委员会联合，牵头做好市政协十二届十一次常委会议“深化改革开放，推动经济转型升级”专题协商议政的组织工作。组织市政协“本市安全生产工作情况”专题视察，组织市政协“中国（上海）自由贸易试验区建设”、“深化国资国企改革，增强经济整体竞争力”专题考察。开展课题调研，深入研究新型贸易平台的特点、发展趋势和瓶颈问题，形成市政协《加快上海国际贸易中心载体建设研究——关于上海新型贸易平台建设调研报告》，报送市委、市政府。与农业界界别联合，赴黑龙江省考察东北粮源收储基地建设情况，赴海南省考察南繁育种科研基地建设情况，形成专题报告《上海特大型城市粮食安全问题的思考和建议》、《大力推进上海种源农业发展》。开展“加快推进上海商业转型升级”课题调研，形成市政协《关于加快上海商业转型升级的若干建议》，报送市委、市政府。

人口资源环境建设委员会 与区县政协联络指导组联合，牵头做好市政协十二届十二次常委会议“推进本市新一轮城镇化”专题协商议政的组织工作；举办“推进本市新一轮城镇化情况”专题通报会，听取市发展改革委等5部门的情况通报；重点督办“构建本市人口调控机制”专题提案，与市发展改革委、市公安局开展提案办理协商；开展“本市土壤环境保护和综合治理”专题调研；组织市政协“本市旧区改造推进情况”专题视察；赴青浦区、苏州市开展“饮用水安全和水环境改善”专题考察；赴松江区、浦东新区开展“城镇化进程中自然历史文化保护和传承”系列专题考察。同时，组织实施市政协“推进本市建筑产业转型升级”重点课题调研，形成市政协《关于推进本市建筑产业转型升级若干建议》，报送市委、市政府。与社会和法制委员会联合，组织市政协“加快实施政社分开，激发社会组织活力”专题座谈会，与时光辉副市长开展专题协商；组织市政协专题通报会，请市政府有关领导通报情况，围绕推进城乡发展一体化协商建言。开展对口协商议政，请市政府有关职能部门通报关于调整建设交通机构职能情况，请市民政局通报关于拟定《上海市人民政府关于加快发展养老服务业 推进社会养老服务体系建设的实施意见》有关情况，请市人力资源社会保障局、市民政局通报关于调整民生保障标准和社会救助标准等情况，请市发展改革委通报居民燃气价格调整相关工作情况，请市交通委通报交通发展“十三五”规划编制工作情况，请市人力资源社会保障局、市发展改革委等通报2015年1月民生保障待遇标准调整有关情况，请市环保局通报上海前五轮环保三年行动计划总体情况以及第六轮环保三年行动计划编制工作情况，并听取委员意见和建议。

教科文卫体委员会 跨年度组织实施市政协“建立和实施上海国际文化大都市指标体系，增强城市文化软实力”重点课题调研，汇集研究国际组织、代表性国家、主要国际大都市常用的14套文化评价指标体系，形成市政协《上海建设国际文化大都市指标体系专题研究报告》。开展“上海教育国际化政策研究及建议”课题调研，系统剖析上海推进教育国际化的政策障碍，形成市政协《加快推进上海教育国际化的建议》，报送市委、市政府。参与组织实施市政协“建设具有全球影响力的科技创新中心”重点课题调研。与文史资料委员会联合，牵头做好市政协十二届十三次常委会议“深化文化体制改革、增强城市文化软实力”专题协商议政的组织工作，并形成《加强对外传播能力，提升上海文化国际影响力》等5期市政协办公厅《建言》，报送市委、市政府。参与市政协十二届十一次、十二次常委会议专题协商议政的组织工作。组织市政协“深化医疗卫生管理体制机制改革”、“健全知识产权运用和保护的长效机制”、“加强人才队伍建设”专题座谈会，请副市长翁铁慧、赵雯和市委常委、组织部部长徐泽洲通报情况并听取委员意见和建议；组织市政协“招生考试制度改革有关情况”、“本市教育综合改革情况”专题通报会，请翁铁慧副市长通报情况并听取委员意见和建议。重点督办“提升本市为老服务水平”专题提案，与市民政局开展提案办理协商。组织市政协“本市高考阅卷情况”、“本市普通高校招生录取现场”、“保障食品安全工作”、“推进新兴产业发展，加快结构调整”专题视察，组织市政协“国家新能源汽车示范基地情况”专题考察。

社会和法制委员会 牵头做好市政协十二届十次常委会议“营造风清气正的社会环境”专题协商议政的组织工作，为各界委员履职建言服务。组织市政协“加强本市社会治安管理”专题座谈会、“加强基层基础建设，创新社会治理”专题座谈会、“本市司法体制改革试点工作情况”专题通报会，请市委副书记应勇，市委常委、市委政法委书记姜平，副市长白少康通报情况并听取委员意见和建议；与人口资源环境建设委员会联合组织市政协“加快实施政社分开，激发社会组织活力”专题座谈会，请时光辉副市长到会听取委员意见和建议。与市检察院联合开展“检察机关依法独立公正行使检察权”课题调研，形成《关于保障检察机关依法独立公正行使检察权的若干建议》报送市委、市政府。与上海社会科学院联合开展“中国（上海）自由贸易试验区建设过程中的若干问题及对策建议”课题调研，形成《关于进一步推进上海自贸区制度创新的若干建议》，报送市委、市政府。牵头组织实施市政协的立法协商。与市人大内司委协商签署《关于在人大立法和监督调研中开展合作的工作备忘录》。召开市政协立法协商工作联席会议，协调安排2014年立法协商工作。全年以听取意见座谈会、网络和书面征询等形式，组织委员就《中国（上海）自由贸易试验区条例》、《上海市消费者权益保护条例修正案》、《上海市精神卫生条例》等14件（21件次）草案或修订草案提出修改意见，经整理归纳函复市人大常委会法工委、市政府法制办参考。围绕《中国（上海）自由贸易试验区条例》的起草制定，先后举办6次专题座谈会，形成《关于〈中国（上海）自由贸易试验区条例（草案）〉修改建议》，报送市委、市人大常委会、市政府。组织市政协“违法建筑治理工作”专题视察、“强化人口综合调控，推进人口管理和服务”专题考察。

民族和宗教委员会 组织实施市政协“来沪少数民族人口结构变化和影响”重点课题调研，形成市政协《关于进一步做好来沪少数民族流动人口服务与管理工作的若干建议》，报送市委、市政府。按照开展协同调研的要求，对郊区农村宗教事务管理工作情况开展调研，形成《关于加强农村宗教事务管理的调研报告》，报送全国政协民族和宗教委员会。开展“中国（上海）自由贸易试验区宗教服务与管理”课题调研，形成调研报告《借力自贸区，推动上海涉外宗教事务服务与管理创新》。组织市政协“宗教活动场所合理布局”专题视察、“国家会展中心建设情况”专题考察。做好民族宗教界人士的团结联谊工作。年内走访龙华古寺、法藏讲寺、上海佛教居士林、宝山寺、宝华寺、上海城隍庙、小桃园清真寺、沪西清真寺、江湾清真寺、佘山圣母大堂、徐家汇天主堂、伯多禄天主堂，探望少数民族界、宗教界在沪全国政协委员、市政协委员和代表人士30余人次。与市民族和宗教委联合，倡导、协调上海各宗教团体举办上海宗教界喜迎国庆65周年公益慈善成果图片展和上海宗教界公益慈善工作经验交流会。以“宗教文化与社会责任”为主题举办宗教文化专题讲座。

文史资料委员会 以上海改革开放、对口支援、上海人在海外3个系列为重点，开展文史资料征集和编辑出版工作。与中共上海市委党史研究室、浦东新区政协、上海教育出版社合作，编著出版《上海文史资料选辑（口述上海·浦东开发开放）》第146辑，62万字；编著出版《上海文史资料选辑（口述上海·对口援藏）》第147辑，50万字。与上海市文史资料研究会、上海教育出版社合作，编辑出版《上海文史资料选辑（雪域高原的格桑花——上海市第一批援藏干部“三亲”史料专辑）》第148辑，35万字；编辑出版《上海文史资料选辑（雪域高原的格桑花——上海市第二批援藏干部“三亲”史料专辑）》第149辑，18万字、《上海文史资料选辑（雪域高原的格桑花——上海市第三批援藏干部“三亲”史料专辑）》第150辑，21万字、《上海文史资料选辑（雪域高原的格桑花——上海市第四批援藏干部“三亲”史料专辑）》第151辑，19万字、《上海文史资料选辑（雪域高原的格桑花——上海市第六批援藏干部“三亲”史料专辑）》第152辑，16万字。参与市政协十二届十三次常委会议专题协商议政的组织工作，并重点督办“积极弘扬社会主义核心价值观的正能量”专题提案，与市委宣传部、市精神文明办、市教委、团市委开展提案办理协商。与市委党史研究室、上海图书馆联合，开展“上海口述史资源共享与合作机制研究”课题调研。与市新闻出版局、上海世界城市日事务协调中心联合承办由市政协主办的“上海四季”摄影展览，迎接首届“世界城市日”。与市新闻出版局、上海图书馆、上海文艺出版社合作，主办上海名家人物画展，并组织出版《上海名家人物画集——唐宋八大家》。

港澳台侨委员会 开展“上海与香港吸引外资软环境的比较与借鉴”课题调研，并围绕调研课题组织市政协专题视察，形成市政协调研报告《上海与香港吸引外资软环境建设的比较与借鉴》，报送市委、市政府。与教科文卫体委员会联合，组织市政协“加强人才队伍建设”专题座谈会。与上海社会科学院港澳研究中心、香港明天更好基金联合举办“2014年度沪港经济合作与发展”研讨会，围绕沪港合作推动上海自贸区发展的路径与前景等问题建言立论。以金融创新、推动上海国际金融中心建设为主题，与市政府侨办联合第九次举办华侨华人经理人座谈会。重点督办“进一步做好新侨工作，服务上海发展”专题提案，与市政府侨办开展提案办理协商。与有关单位合作，牵头做好由全国政协港澳台侨委员会与上海市政协等方面联合举办的第三期“澳门特别行政区青年人才上海学习实践”活动的筹备组织工作。做好上海市政协代表团赴香港、澳门访问的服务组织工作，举办港澳地区市政协委员座谈会，走访部分港澳地区市政协委员，推动委员为维护香港繁荣稳定出力。组织港澳委员赴湖南省考察经济社会发展情况，并向张家界市武陵源第二中学、天子山镇中心学校捐赠 90 万元和电脑等教学用品。

对外友好委员会 与上海国际问题研究院签署战略合作协议，并联合开展“构建上海城市公共外交战略”课题调研，形成市政协《关于构建上海城市公共外交战略的建议》，报送市委、市政府。与市委外宣办、上海国际问题研究院联合开展问卷调查，了解在沪外籍人士对“上海城市国际形象”的评价。重点督办“深化高考制度改革”专题提案，与市教委开展提案办理协商。与上海国际问题研究院、新民晚报社、上海公共外交协会联合举办纪念甲午战争 120 周年研讨会，探讨甲午战争对东亚国际格局的影响等问题。组织委员赴宁夏回族自治区考察对外交流融入“一带一路”战略情况，赴珠海市、深圳市考察建设现代高端服务业聚集区和高新技术产品自由贸易区对外开放情况。组织市政协“发展互联网经济，促进经济转型升级”专题考察。与上海社会科学院签署战略合作协议，并合作编纂《2013 年上海各界对外友好交往概览》。与中国公共外交协会、美国各州驻华协会等合作，举办“中国企业走进美国”研讨会。与市政府外办领事处、市妇联等联合开展“上海印象”系列文化交流活动。与上海公共外交协会、市政府新闻办合作，继续推进“友好城市形象片交换播映”交流项目，上海与法国罗阿大区签订关于交换播映各自城市形象片的意向书。

区县政协联络指导组 以加强区县政协协商民主制度建设为主线，做好联络指导和协调服务工作。参与市政协主席、副主席走访区县政协活动，年内走访黄浦、普陀、崇明等 7 家区县政协，了解区域经济社会发展情况和区县政协工作情况，指导区县政协工作。以推进区县政协发挥协商民主重要渠道作用为主题，召开区县政协主席会议，指导区县政协完善年度协商工作计划。以进一步提升区县政协协商民主工作为主题，召开区县政协主席会议，学习贯彻习近平在庆祝人民政协成立 65 周年大会上的讲话精神，总结交流区县政协开展协商民主工作的思路和做法。与徐汇、闸北区政协联合开展课题调研，对全市 17 个区县政协界别工作情况进行摸底调查，形成市政协《关于区县政协发挥界别优势和作用的调研报告》。深入基层开展调研，编发简报专题总结通报静安、普陀、闸北等 10 个区政协开展协商民主和特色工作的经验和做法。与区县政协联合，做好上海市政协纪念中国人民政治协商会议成立 65 周年书法作品展的筹备组织工作。与人口资源环境建设委员会联合，做好市政协十二届十二次常委会议“推进本市新一轮城镇化”专题协商议政的组织工作；与经济委员会联合，组织市政协“启动新一轮浦东综合配套改革试点三年行动计划”专题座谈会。组织市政协“加强基层基础建设”专题视察。重点督办“加强土壤环境保护和综合治理”专题提案，与市环保局开展提案办理协商。

【重要活动】

华东地区政协文史资料工作第 28 次协作会议在沪召开 该会议于 5 月 6 日至 7 日在上海召开。会议围绕贯彻《政协全国委员会关于加强文史资料工作的意见》和全国暨地方政协文史工作研讨会精神，交流换届以来各地政协开展文史资料工作的基本情况、工作思路和经验体会；围绕全国政协协作选题及区域协作选题思路，探讨进一步推进文史资料工作科学发展的有效方法。全国政协文史和学习委员会副主任龙新民讲话，上海市政协主席吴志明致辞，上海市政协副主席高小玫主持会议。山东、江苏、安徽、江西、浙江、福建6省和内蒙古自治区、济南市政协的领导和有关部门负责同志共40余人出席。

举办第三期“澳门特别行政区青年人才上海学习实践”活动 9月10日至12月8日，全国政协港澳台侨委员会、上海市政协、澳门特别行政区的全国政协委员、中央政府驻澳门联络办公室、澳门基金会联合举办第三期“澳门特别行政区青年人才上海学习实践”活动，以中国政党制度与人民政协理论、“一国两制”和特别行政区制度、上海经济社会和文化发展等为重点在上海行政学院和市商务委、市旅游局、浦东新区、徐汇区组织理论学习和社会实践。全国政协副主席何厚铧、上海市政协副主席姜樑等在学习实践活动开班式上讲话；市委常委、市委统战部部长沙海林，市政协副主席周太彤作专题报告。澳门青年学员28人参加。

举行上海各界人士庆祝人民政协成立65周年大会 9月24日，中共上海市委举行上海各界人士庆祝人民政协成立65周年大会，总结上海政协工作的成绩和经验，推动上海政协工作创新发展。中共中央政治局委员、市委书记韩正讲话，市政协主席吴志明致辞，市委副书记应勇主持会议。杨雄、殷一璀等市领导与有关方面负责人、各界人士500余人出席。

召开上海市政协2014年情况通报会 11月26日，市政协召开情况通报会，向外国驻沪机构和在沪外籍友好人士通报上海经济社会发展基本情况和市政协履职情况。吴志明主席致辞，周太彤副主席通报情况。各国驻沪领事馆总领事和官员、友好城市驻沪代表、部分跨国企业在沪负责人和外国商会代表等100余人出席。

召开市政协工作学习讨论会 12月17日，市政协召开工作学习讨论会，学习贯彻中共十八大及十八届三中、四中全会精神和中央经济工作会议精神，讨论谋划2015年市政协工作。中共中央政治局委员、上海市委书记韩正讲话，市政协主席吴志明主持会议，市政协副主席周汉民、高小玫、张恩迪与各专门委员会（指导组）负责人在会上发言。应勇等市委领导，市政协主席会议成员与市政协各部门、各区县政协负责人出席。

【重要文件】

常委会工作报告（2014年1月18日）（摘要） 2013年主要工作回顾。（一）深入学习中共十八大和十八届三中全会精神，巩固团结奋斗的共同思想政治基础。精心组织学习中共十八大报告。认真学习习近平总书记系列重要讲话精神。学习中共十八届三中全会精神，准确把握全面深化改革的指导思想和目标任务。紧密联系上海改革发展实际开展学习，领会中共上海市委全会精神，把握全市发展形势和工作部署。结合协商议题，就中国上海自由贸易试验区建设、完善市场体系、激发经济活力、保护生态环境等举办报告会和座谈会。把委员培训作为开局之年重要任务，认真学习人民政协理论。全年共有19个界别的320名委员分5期参加培训。（二）积极探索实践，健全市政协协商民主制度。梳理总结历届市政协协商活动做法和经验，充分听取各方面意见，提出了《关于进一步加强市政协协商民主制度建设的意见（草案）》。市委常委会专题听取汇报，市委办公厅印发通知、转发《意见》。市政协会同各方落实《意见》，进一步规范了协商活动。一年来，市委、市政府和市“两院”领导共有24人次参加市政协协商活动。与市人大法制工作委员会商研，签署了《关于本市地方性法规（草案）听取市政协委员意见工作备忘录》。全年共组织委员就24件次地方性法规和政府规章（草案）提出意见建议。就科学合理编制本市2014年财政预算协商建言，提出规范预算管理、加强跟踪监督、确保财政支出规范化透明化等建议。由主席会议成员领衔、相关界别委员参与，重点督办17个提案专题，推动了提案建议落实。十二届一次会议以来，共审查立案941件提案，已办复937件，许多意见建议得到市委、市政府重视和采纳。（三）紧扣大局履行职能，为推进改革发展谋策建言。召开以“深化改革、扩大开放，提高经济增长质量与效益”为主题的常委会议，就转变政府职能、充分发挥市场机制作用、倒逼经济结构调整等提出建议。深入区县、企业、高校调研和视察，建言加快新型国际贸易平台建设、促进电子商务发展、完善现代航运服务体系、集聚高端金融服务业等，推动破解瓶颈难题。相关专委会和166名委员历时两个月，围绕提高经济发展质量和效益等4项专题，开展本市“十二五”规划纲要实施情况中期评议，就全面完成规划提出建议。围绕建设国际文化大都市集思广益。关注文化与旅游融合发展，听取本市贯彻实施《旅游法》和推进亚太地区知识产权中心城市建设情况通报，就充分发挥后世博效应、提升上海旅游文化产业国际竞争力提出建议。召开建设人才高地、激发创新活力专题座谈会，倡导培育创新人才的挑战精神和人才培养工作的梯队意识。完成“建立国际文化大都市目标与指标体系的建议”、“提升对外交流合作平台影响力、促进现代化国际大都市建设”等课题。开展浦东开发开放专题文史资料征集，结合上海开埠170周年举办系列活动。围绕保护城市生态环境献计出力。召开以“加强环境保护、建设生态文明”为主题的常委会议，建议以辩证思维认识生态文明建设的紧迫性和长期性，将生态环境指标体现在城市规划、法规制定和部门考核中，提升全社会生态环保意识。持续关注优化城市生活垃圾分类减量推进机制，开展专题调研，建议加强资源再生利用产业培育和扶持、完善垃圾分类减量激励机制。开展“改善空气环境、促进绿色发展”课题调研，建议完善环保监督体制、实施全面在线监测、公开政府和企业环境信息。围绕营造积极健康社会环境深入建言。召开以“学习贯彻中共十八大和中央纪委、市纪委全会精神，营造清正廉洁社会环境”为主题的常委会议，提出制度与科技结合、完善诚信档案和征信系统、制定科学可行的规章制度等建议。（四）坚持履职为民，推动民生改善。畅通社情民意表达渠道。全年社会各界人士共反映信息6989件，市政协综合编报《社情民意》、《建言》等2515期，其中专报全国政协500期、市领导批示76件。围绕保障食品安全以及防控禽流感，赴有关部门和生产企业走访、调研，提出健全法律法规、加强政府监管、提高企业诚信等建议。就城镇职工保险费率调整方案、水价调整方案等组织专题通报、协商讨论。关注住房、养老等领域惠民政策转化，重点督办住房保障体系、老旧电梯安全隐患、完善养老保障体系等提案，支持有关方面解决民生难题。就大型社区养老机构配套建设和管理组织专题视察，就适应上海人口老龄化发展趋势提出建议。做好特邀监督员工作，推荐150名委员担任25

个部门的特邀监督员，就食品安全、环境保护、司法等工作开展民主监督。（五）广泛团结各党派团体、各族各界人士，为上海发展凝心聚力。赴民主党派市委、市工商联调研，就进一步发挥各民主党派、工商联在政协工作中的作用听取意见，针对8个方面的18条意见制定和实施改进措施。定期召开市政协、各民主党派市委、市工商联秘书长联席会议，统筹安排市政协工作。主席会议成员坚持走访民族宗教团体和宗教活动场所，关心慰问民族宗教界人士，帮助解决实际问题。从发挥宗教文化正能量的视角，举办“宗教文化与和谐社会”系列讲座。开展课题调研，促进发挥宗教界在公益慈善活动中的积极作用。开展专题调研，推动发挥本市少数民族联合会及其分会的作用。关注民营企业发展，走访了解制约企业发展的困难，推动政策落实。邀请新的社会阶层人士代表旁听市政协全会和常委会议，扩大公民在政协的有序政治参与。主席会议成员赴港澳走访委员，召开专题座谈会，就上海改革发展和市政协工作征求意见。举办在沪华侨华人经理人座谈会、沪港发展研讨会，组织第二期澳门青年人才学习实践活动，促进沪港澳合作交流。发挥台胞联络组作用，与在沪台胞沟通交流。关注新生代华侨群体，组织课题调研，建议加强有针对性的引导和服务，支持留学归国人员在沪创业发展。深入开展人民政协对外友好交往和公共外交。共接待10批、50人次外国议会、团体和人士来访，与外国议会、智库、友好组织和人士进行交流，促进合作发展。（六）改进作风，努力提高政协工作科学化水平。以深入开展群众路线教育实践活动为契机，加强政协自身建设。共收集意见建议380余条，归纳主要问题30多条，提出整改措施39项。认真落实中央八项规定。结合市政协实际，把中央和市委要求细化为可操作的制度规定。制定常委会议要则等11项制度，修订重要会议（活动）工作规程等13项制度，取消市政协机关考核工作实施办法等不符合当前实际的2项制度。健全主席会议成员联系常委、常委联系委员制度。探索发挥界别作用的新途径新方法。协商确定界别活动召集人，以专委会为依托，统筹年度界别工作安排，设立“界别活动日”。改进视察方式，增强视察实效。全年开展7个专题的平时视察和15个专题的年末集中视察，约800人次市政协委员和在沪全国政协委员参加。

【组织概况】

增选常务委员名单

（2014年1月22日市政协十二届二次会议增选）

姚　莉（女）　贺　涛　袁　斌

增补委员名单

（2014年7月30日常务委员会第12次会议通过）

朱礼福　杨建荣　李群策　陈志奇

顾晓敏（女）　唐石青

（2014年12月24日常务委员会第14次会议通过）

朱大弟　陈　昶　汪胜洋　周海洋

姜瑞斌　顾国林　黄海平　巢克俭

不再担任常务委员名单

潘　敏（2014年1月22日市政协十二届二次会议通过）

不再担任委员名单

潘　敏（2014年1月22日常务委员会第9次会议通过）

（2014年7月30日常务委员会第12次会议通过）

刘春景　刘桂平　吴金韵　张　癸

赵　英（女）　黄明东

（2014 年 12 月 24 日常务委员会第 14 次会议通过）

丁为东　丁文江　刘涟清　汤　绪
吴文娟（女）　郭　芳（女）
黄肇达

撤销资格委员名单

王宗南（2014 年 7 月 30 日常务委员会第 12 次会议通过）

上海市各级政协组织和委员数

（截至 2014 年底）

项目 \ 级别	直辖市	市辖区	县	合计
组织数	1	16	1	18
委员数	841	4913	241	5995

（沈培端 编写　贝晓曦 审稿）

政 协 江 苏 省 委 员 会

杨新力　副主席

【全体委员会议】

十一届二次会议　1月18日至21日在南京举行。会议应出席委员798人，实到732人。中共江苏省委书记罗志军在会议开幕时作了题为《汇聚起改革创新的强大正能量》的重要讲话。委员们认为，讲话科学分析了当前全省全面深化改革面临的新形势新任务，明确提出要以改革统领全局、用创新推动发展、靠实干成就事业，对于动员全省各界人士牢牢把握稳中求进工作总基调，把改革创新贯穿于经济社会发展各个领域各个环节，深化拓展“八项工程”，扎实推进“两个率先”，具有重要指导意义。会议听取、审议并同意省政协主席张连珍所作的常务委员会工作报告和省政协副主席何权所作的关于提案工作情况的报告。委员们列席了省十二届人大二次会议，听取、讨论并赞同省长李学勇所作的政府工作报告和其他有关报告。会议收到大会发言材料127篇，有21名委员作了大会口头发言，省委、省政府领导及有关部门负责人分别听取委员大会发言。会议通过了省政协十一届二次会议决议和提案初步审查情况报告。张连珍致闭幕词。会议号召，全省各级政协组织、各参加单位和广大政协委员，紧密团结在以习近平同志为总书记的中共中央周围，高举中国特色社会主义伟大旗帜，以邓小平理论、“三个代表”重要思想、科学发展观为指导，在中共江苏省委领导下，同心同德、开拓创新、扎实工作，更好协调关系、汇聚力量、建言献策、服务大局，为谱写中国梦的江苏篇章而努力奋斗！

【常务委员会会议】

第4次会议　1月6日至7日在南京举行。会议应出席158人，实到128人。会议审议通过了省十一届政协常委会工作报告、省十一届政协常委会关于一次会议以来提案工作情况的报告、关于召开省政协十一届二次会议的决定、省政协十一届二次会议议程（草案）和日程、省十一届政协常委会工作报告和提案工作情况报告的报告人名单、省政协十一届二次会议秘书长和副秘书长名单、省政协十一届二次会议选举办法及选举监票人建议名单，讨论通过了有关人事事项。张连珍主持会议并在结束时发表讲话。

第5次会议　1月21日在南京举行。会议应出席160人，实到134人。会议审议并通过了《中国人民政治协商会议江苏省第十一届委员会2014年工作要点》。张连珍主持会议并在结束时发表讲话。

第6次会议　5月19日至20日在南京举行。会议应出席160人，实到121人。会议听取了副省长许津荣关于全省推进生态文明建设工程的情况通报，并进行协商讨论。会议邀请全国人大环境与资源保护委员会副主任委员、中国环境科学研究院院长孟伟院士作《以生态文明建设引导经济社会全面发展》专题讲座。张连珍在会议结束时发表讲话。会议收到书面发言材料 69 篇，有 19 位委员作了大会发言。会后，向省委、省政府报送了《关于推进生态文明建设工程的建议案》。罗志军、李学勇对建议案作出批示。

第 7 次会议 9 月 17 日至 18 日在南京举行。会议应出席 160 人，实到 122 人。会议听取了副省长张雷关于全省积极稳妥推进新型城镇化和城乡发展一体化的情况通报，并进行协商讨论。会议邀请国家发展改革委城市和小城镇改革发展中心主任李铁作《新型城镇化战略与对江苏发展的看法》专题讲座。张连珍在会议结束时发表讲话。会议收到书面发言材料 61 篇，有 17 位委员作了大会发言。会后，向省委、省政府报送了《关于积极稳妥推进新型城镇化和城乡发展一体化的建议案》。李学勇对建议案作出批示。

【专门委员会工作】

提案委员会 2014 年，共收到提案 728 件，立案 676 件。其中，集体提案 162 件，委员个人和联名提案 514 件。立案的提案分送 104 个承办单位办理，至 2014 年 11 月底全部办复。办理结果为，已经解决或采纳的 316 件，计划解决或采纳的 306 件，短期内不具备条件采纳落实的 54 件。遴选 36 件重点提案报省委、省政府领导阅批；遴选 12 件重点提案整合为 4 个专题，由主席会议集体督办和主席、副主席分别领衔督办，相关专委会参与督办。

学习委员会 举办 2 期委员学习研讨班和 1 期县（市、区）政协秘书长培训班。先后组织省、市、县三级政协干部，参加了全国政协办公厅举办的 6 期学习培训班。协助新疆伊犁州政协在江苏举办伊犁州政协委员培训班。编发《学习资料》月刊 12 期、增刊 2 期，围绕议政性常委会议主题编印《学习资料汇编》2 本。继续编写《江苏历史文化览胜》一书。组织学习委员会和社科界委员考察常州和张家港城市管理工作、光伏产业发展情况、南京青奥会筹备情况等。

文史委员会 编辑出版《钟山风雨》杂志 12 期。牵头组织《苏南乡镇企业的崛起》文史资料征编协作项目，完成初稿编校工作。协助推动“苏南乡镇企业史料”、“十四个沿海开放城市史料”、“抗日战争史料”征编工作。扎实推进第二轮《政协志》编纂、《江苏省政协大事记》编审工作。召开全省十三市政协第 21 次文史工作座谈会。组织委员视察“国民政府中央广播电台”旧址，报送推动该处重点文物保护和利用的建议。

经济委员会 牵头承办省政协十一届七次常委会议。组织委员围绕推进城镇化和城乡发展一体化资金保障机制改革、推进农业现代化工程、行业协会商会改革发展等问题进行专题调研，就加快推进供销社改革和发展、推进新型城镇化和产业支撑、南京禄口机场二期工程建设情况、丝绸之路经济带东桥头堡建设情况等开展界别活动，并积极提出建议。罗志军对《关于农业现代化工程推进情况的调研报告》作出批示。

科学技术委员会 承办以产学研协同创新为主题的省政协十一届十二次主席会议。围绕我省产学研协同创新机制的建立情况、科技企业孵化器发展情况、强化企业技术创新主体地位情况开展专题调研，形成大会发言、调研报告和社情民意信息等建言成果。就创新创业生态环境建设、煤矿安全生产的科技支撑、科研院所创新发展情况等开展界别活动。罗志军对《我省建立完善产学研协同创新机制的现状和建议》作出批示。

人口资源环境委员会 承办省政协十一届六次常委会议。持续关注大气污染治理，配合做好主席会议督办重点提案活动。开展海洋生态环境保护情况专题调研并报送调研报告。报送抓好太湖水污染治理工作的社情民意信息。与省卫计委联合成立两个课题组，分别形成了《关于江苏省人口与生态环境相关性研究的报告》和《关于江苏城乡人口结构变动趋势、影响和对策研究的报告》。组织召开全省政协人口资源环境委员会工作座谈会。

教育文化委员会 承办以促进儿童少年心理健康为主题的省政协十一届十四次主席会议。组织委员就构建现代公共文化服务体系、全省中小学实施体育健康课程、大学生毕业创业政策优化、产学研协同创新、构建现代职业教育体系等开展调研，并形成调研报告。承办江苏省各界人士新年茶话会、省政协庆祝第30个教师节座谈会等活动。依托省政协昆评室，连续第八年举办戏曲走近大学生活动。

医卫体育委员会 承办以加强食品药品监管为主题的省政协委员集中视察活动。围绕推进体育社会组织建设、体育产业发展情况、农村卫生事业发展、现代医疗卫生体系等开展调研。《关于进一步加强食品安全监管工作的视察调研报告》提出的有关建议被省委、省政府文件采纳。组织委员和所在医院团队下基层开展大型扶贫义诊活动。组织委员向省政协办公厅扶贫点灌南县多家卫生院捐赠农村常用药品、医疗器械和救护车。编写出版《科学健身——保卫你的健康》。

社会和法制（民族和宗教）委员会 承办以推进社会养老服务体系建设为主题的省政协委员集中视察活动。承办社会各界人士赴省未成年犯管教所开展“重塑人生明天美好”主题帮教活动。围绕完善保障机制推进公正司法、完善城乡一体的就业创业服务体系、大力推进民族乡（镇）村小康社会建设、加强农村宗教事务管理等开展专题调研，调研成果受到省有关部门的重视。就推动宗教界开展慈善公益事业、贯彻落实劳动法律法规构建和谐劳动关系等开展界别活动。

港澳台侨（外事）委员会 组织委员就提升全省在“一带一路”建设中的竞争力开展调研。罗志军等省领导对调研成果作出批示。组织港澳委员视察江苏沿海开发战略实施情况，组织台联界委员考察土壤污染与生态保护情况，组织侨联界委员考察全省房地产业发展情况。热情接待香港青年学生来宁实习；与台湾民意代表江苏参访团座谈交流，组团或随团赴台参访；认真做好海外特邀代表人士工作，邀请他们列席政协全体会议、参加政协组织的有关活动。召开全省政协港澳台侨（外事）委员会工作座谈会。

【重要活动】

省委、省政协举行江苏省庆祝人民政协成立65周年座谈会 9月23日，中共江苏省委、省政协举行庆祝人民政协成立65周年座谈会，认真学习贯彻习近平总书记在庆祝中国人民政治协商会议成立65周年大会上的重要讲话精神，总结政协事业发展的宝贵经验，推动在新起点上开创全省政协事业新局面，凝聚各方面力量共同谱写中国梦的江苏篇章。罗志军发表讲话指出，推进政协事业发展，必须始终坚持中国共产党的领导，必须牢牢把握团结和民主两大主题，必须紧紧围绕中心任务推进工作，必须大力弘扬改革创新精神。强调要认真学习、全面领会习近平总书记的重要讲话精神，努力把中国共产党领导的多党合作和政治协商制度坚持好、完善好、发展好。张连珍主持会议。

举行全省各界人士新年茶话会 12

月 29 日，省政协举行全省各界人士新年茶话会。罗志军发表讲话指出，2014 年是江苏发展进程中具有特殊意义的一年，习近平总书记两次亲临江苏，成功承办青奥会和国家公祭两件大事。在新的发展征程上，要咬定“迈上新台阶、建设新江苏”这个目标定位，将其鲜明地写在江苏发展的旗帜上。要进一步把最广泛的爱国统一战线巩固好、发展好，进一步把中国共产党领导的多党合作和政治协商制度坚持好、完善好，进一步把人民政协作为协商民主重要渠道的作用运用好、发挥好，把各方面力量汇聚到改革发展的崭新实践上来。李学勇出席，张连珍主持，省政协副主席、致公党省委主委麻建国代表各民主党派省委、省工商联和各界人士讲话。

举行两次驻苏全国政协委员座谈会 4 月 15 日至 16 日，省政协在盐城举行驻苏全国政协委员座谈会，听取对推进生态文明建设工程的意见建议，张连珍主持并讲话。8 月 19 日至 20 日，省政协在无锡举行驻苏全国政协委员座谈会，听取对积极稳妥推进新型城镇化和城乡发展一体化的意见建议，张连珍主持并讲话。驻苏全国政协委员共 40 人次在 2 次座谈会上发言。

开展推进政协协商民主情况专题调研 根据省委全面深化改革领导小组民主法制领域改革专项小组的部署要求，6 月，省政协组织力量就全省政协推进协商民主情况赴各市进行专题调研，并向省委报送调研报告，罗志军作出批示。

扎实推进“学习型、文化型、健康型”机关建设 2014 年，省政协继续举办 7 期“名人名家讲座”，分别围绕常委会议协商议题、中国历史、身心健康、诸子百家等内容，邀请专家学者作深入讲解。继续做好以“江苏历史文化览胜”和“科学生活学与问”为内容两本书的编写出版工作。加强机关党建工作，顺利完成机关党委换届。

【重要文件】

常委会工作报告（2014 年 1 月 18 日）（摘要） 一、2013 年工作回顾。（一）加强学习引导，为巩固团结合作凝聚共识。坚持常委会议、主席会议学习制度，共举办新委员学习研讨班 4 期，有 304 名委员参加了学习，编印学习资料 14 期。及时举行理论研讨会，就推进社会主义协商民主进行专题研讨，会议共收到论文 187 篇，有 100 余篇汇编成册。（二）服务发展大局，为推进“两个率先”咨政建言。召开十一届二次常委会议，以加快经济转型升级、全面提高经济增长的质量和效益为议题，组织委员协商议政。会议收到发言材料 76 篇，有 19 名委员先后作了大会发言，省委、省政府 11 个部门和单位的负责同志到会听取意见。召开十一届六次主席会议，围绕推进城镇化和城乡发展一体化进行协商讨论。组织委员就推进战略性新兴产业发展进行集中视察。共向省委、省政府及有关部门报送建议案、专项建议和调研视察报告 19 篇。（三）坚持履职为民，为促进民生改善献计出力。通过常委会议和主席会议专题协商关注民生。召开十一届三次常委会议和十一届四次、五次主席会议，分别以实施民生幸福工程、加快推进社会保障体系全覆盖和提高基本公共卫生服务均等化水平、改善城市空气质量为议题开展协商讨论。会议共收到发言材料 84 篇，有 30 名委员先后作了大会发言。通过加强提案和社情民意信息工作反映民意。省政协十一届一次会议以来，政协委员、政协各参加单位和政协各专委会共提交提案 714 件，立案 656 件，其中与民生问题相关的有 300 多件。编报《社情民意》简报 61 期，省委、省政府主要领导和分管领导 44 人次对其中的39期作出批示。（四）突出强基固本，为发挥政协作用夯实基础。坚持把提高政协工作科学化水平作为自身建设的目标，切实改进工作作风、密切联系群众，努力在促进党派合作、突出界别特色、发挥委员主体作用、加强专委会工作和机关建设等方面取得新成效。二、2014年主要工作。（一）深入学习贯彻中共十八届三中全会和习近平总书记系列重要讲话精神，努力在增进思想政治共识上有新提高。（二）充分发挥政协作为协商民主重要渠道作用，努力在助推全面深化改革上有新作为。（三）切实改进履行职能的各项工作，努力在推进政协事业发展上有新进步。

省委书记罗志军在省政协十一届二次会议上的讲话（2014年1月18日）（摘要） 中共十八届三中全会吹响了全面深化改革新的号角。中共江苏省委十二届六次全会明确提出，要抢抓全面深化改革的重大机遇，按照中共中央提出的全面深化改革总目标，突出经济体制改革这个重点，以促进社会公平正义、增进人民福祉为出发点和落脚点，进一步解放思想、解放和发展社会生产力、解放和增强社会活力，努力走出一条具有时代特征、中国特色、江苏特点的改革开放之路，在全面深化改革中走在前列。要牢固树立进取意识、机遇意识、责任意识，着力破除头脑里的“深水区”，以更大的勇气和智慧，更有力的举措和办法，正确、准确、有序、协调推进改革，加快构建有利于科学发展的体制机制，努力开创江苏“两个率先”新局面。2014年，我们要全面贯彻落实中共十八大、十八届三中全会精神和习近平总书记系列重要讲话精神，牢牢把握稳中求进工作总基调，把改革创新贯穿于经济社会发展各个领域各个环节，突破经济社会发展难点，抓住改进作风关键点，回应广大人民群众关注点，把各方面工作做得更加扎实、更加富有成效。要使改革、创新、实干成为引领全省上下合力奋斗的关键词，成为贯穿全年各项工作的鲜明特点。要以改革统领全局。把全面深化改革作为实现“两个率先”的“关键一招”，在制度建设上下力气，在解决问题上求突破，最大限度打开社会创造活力的“闸门”。要把改革作为推进“八项工程”的一条红线贯穿始终，找准全面深化改革和“八项工程”的“结合部”，进一步丰富内涵、提升要求、完善举措，推动各项工程取得新的更大成效。要用创新推动发展。我们要主动顺应新形势新变化，进一步创新和完善发展理念，把注意力更多地放到提高增长质量和效益上来，努力追求实实在在、没有水分、不留后遗症的增长。要积极创新发展路径，坚持不懈实施创新驱动战略，大力推进技术创新、体制创新和管理创新，努力把经济结构调整、发展方式转变向前推进一大步，早日实现“凤凰涅槃，腾笼换鸟”。要靠实干成就事业。全省各级干部和广大群众，全社会各方面各阶层，都要行动起来，努力把改革的愿景化为现实，把创新的思路变成行动，用奋斗的汗水创造更加幸福美好的生活。要按照中共中央统一部署，认真开展第一批群众路线教育实践活动，不折不扣贯彻中共中央八项规定，出台一系列制度规定，紧扣“四风问题”，突出“四查四治”，推动作风建设取得了明显成效。希望全省各级政协进一步坚定政治方向、贴近中心大局、密切联系群众、锐意改革创新，巩固和发展最广泛的爱国统一战线，坚持和完善中国共产党领导的多党合作和政治协商制度，寻求最大公约数，凝聚改革发展正能量。

【组织概况】

选举副主席名单

（2014年1月21日省政协十一届二次会议通过）

杨新力

选举常务委员名单

（2014年1月21日省政协十一届二次会议通过）

鞠　华

委员增补名单

（2014年1月7日省政协十一届四次常委会议通过）

王力军　王润亮　杨新力　李世贵

佘义和　宋志华　鞠　华

委员辞职名单

（2014年1月7日省政协十一届四次常委会议通过）

项雪龙　谢　宪　邵　毅

市、县（市、区）政协人员变动情况

南京市（副省级市）政协秘书长

胡迎春（2014年2月28日去世）

徐州市政协副主席

段　熊（2014年1月16日不再担任）

张爱军（2014年1月16日增补）

南通市政协副主席

单晓鸣（2014年1月16日不再担任）

秦剑平（2014年1月16日增补）

南通市启东市政协主席

张建飞（2014年9月28日免职）

连云港市海州区政协主席

潘成元（2014年7月10日任职）

扬州市邗江区政协主席

赵华定（2014年6月26日免职）

江苏省各级政协组织和委员数

（截至2014年底）

项目 \ 级别	省级	副省级市	地级市	县（县级市）	合计
组织数	1	1	12	99	113
委员数	796	526	5290	26062	32674

（陈　宏　张　军 编写　程玉松　金建明 审稿）

政协浙江省委员会

孙文友　副主席

【全体委员会议】

十一届二次会议　2014年1月15日至19日在杭州举行。会议应出席委员735名，实到697人。省政协主席乔传秀，副主席陈加元、陈艳华、姚克、汤黎路、张泽熙、陈小平、吴晶、蔡秀军以及常委们在主席台就座。省委书记、省人大常委会主任夏宝龙，省委副书记、省长李强等省领导出席开、闭幕会，并分别参加联组讨论和小组讨论。夏宝龙在闭幕会上作重要讲话。会议审议通过了省政协主席乔传秀代表省政协常委会所作的工作报告、省政协副主席姚克代表省政协常委会所作的关于十一届一次会议以来提案工作情况的报告。委员们列席了浙江省第十二届人民代表大会第二次会议，听取并讨论了省长李强所作的《政府工作报告》和其他报告。委员们围绕《政府工作报告》深入协商讨论，以界别名义提出集体协商意见，首次形成省政协全体会议《关于〈政府工作报告〉的协商纪要》，为省政府完善决策部署提供参考。大会共收到181份发言材料，37名委员分别就大力发展实体经济、扶持民间资本建立民营银行、进一步支持民间资本发展养老服务业、加快浙江影视基地发展等问题作了大会发言或即席发言。省委常委、常务副省长蔡奇，省委常委、组织部部长胡和平分别到会听取委员发言。会议通过了省政协提案委员会关于十一届二次会议提案审查情况的报告；通过了省政协十一届二次会议决议。会议要求，牢牢把握团结民主主题，认真贯彻落实中共十八大及十八届二中、三中全会精神和省委十三届三次、四次全会精神，按照全省政协工作会议部署，坚决维护核心、紧紧围绕中心、倾力服务大局、真情服务群众，讲政治、敢担当、重实干、有作为，认真履行各项职能，积极助推全面深化改革、“五水共治”、“五措并举”，着力提高“系列民生”履职工作成效，全面开展专题协商、对口协商、界别协商、提案办理协商，扎实做好凝心聚力工作，进一步加强自身建设，不断推进政协工作理论创新、制度创新、实践创新，增强政协协商机构、监督机构、咨政机构、民意机构、统战机构和群众工作机构功能，充分发挥人民政协作为协商民主重要渠道作用。会议号召，高举爱国主义、社会主义旗帜，更加紧密团结在以习近平同志为总书记的中共中央周围，在中共浙江省委领导下，为深入实施“八八战略”，谱写我省改革开放新篇章，推进中国特色社会主义在浙江的新实践，作出新贡献！

【常务委员会会议】

第6次会议　1月19日在杭州举行。省政协主席乔传秀主持会议。会议审议通过政协第十一届浙江省委员会第二次会议常务委员会组成人员选举办法和大会总监票人、监票人名单。会议审议通过政协第十一届浙江省委员会提案委员会关于十一届二次会议提案审查情况的报告（草案），审议通过政协第十一届浙江省委员会第二次会议决议（草案），提请省政协十一届二次全体会议审议。会议还审议通过有关人事事项。

第7次会议 5月12日至13日在杭州举行，省委书记、省人大常委会主任夏宝龙，省委副书记王辉忠出席会议并讲话，省政协主席乔传秀主持会议。省委常委、秘书长赵一德和省政协各位副主席出席会议。会议的主要议题是围绕省委十三届五次全会即将作出的“建设美丽浙江、创造美好生活”重大决策进行专题政治协商。会上，省委政策研究室主要负责人作了有关情况介绍，部分与会代表发言。会议形成的《协商纪要》从优化完善城乡区域空间布局、推进环境突出问题综合治理等方面，提出66条意见建议，46条得到采纳。审议通过了有关人事事项。

第8次会议 9月16日至17日在杭州召开。会议协商讨论“建立完善养老服务体系、加快发展老年服务产业”有关问题。省政协主席乔传秀出席会议并讲话。副省长熊建平到会听取意见并与委员互动交流。省政协副主席出席会议。12位省政协常委、委员发言。会议审议通过了有关人事事项。

【专门委员会工作】

提案委员会 全年经审查立为提案846件。省委主要领导充分肯定了民主党派和工商联提案在推进省委、省政府重要工作中发挥的积极作用，对4件“五水共治”提案作出重要批示。协商遴选重点提案，全部提案向政协参加单位和委员公开。扩大重点提案涵盖范围，共20个方面34件，为历年来数量最多。加大提案打包督办力度，选择“五水共治”、“农村环境整治”、“汇聚院士专家力量”等6个专题打包督办。增加提案办理协商密度，全年召开22场重点提案办理协商会。开展提案办理民主评议。修订《政协浙江省委员会重点提案遴选与督办办法》、《政协浙江省委员会优秀提案评选表彰办法》，制定《政协浙江省委员会提案征集办法》。

委员工作委员会 围绕省政协“三级政协联动、万名委员同行、助推五水共治”专项集体民主监督等重点履职活动做好履职考评和服务保障工作。开展“健全和完善委员联络机构和制度建设”课题调研。做好驻浙全国政协委员赴宁波等地开展“美丽乡村”建设和污水治理情况视察的服务保障工作。制定完善《省政协委员履职考评细则》和《省政协履职优秀委员评选办法》。做好本届省政协第一次委员轮训班相关工作和第一次履职优秀委员评选组织工作。进一步完善委员履职综合服务平台。

经济委员会 负责牵头省政协“积极发展混合所有制经济”重点课题调研，形成1个总报告和6个分报告，得到李强省长的批示与肯定，助推了我省《关于进一步深化国有企业改革的意见》的出台。组织或参与“浙江商品交易市场转型升级”等2项专题调研，提出全力推进我省商品交易市场向国际化、电商化和连锁化方向转型升级的建议，得到省政府领导批示与肯定。完成调研报告、经济分析、专题政治协商、常委会议大会发言、政协信息专报等材料26份；组织或协助委员提交提案61件；召开各类座谈会、讨论会55场次；先后到56个相关部门和企业进行调研；协助开展经济界别组活动4次；协助11家企业赴台湾参加国际健康产业展等。协助长三角（浙江）民营经济研究会开展了“电子商务物流配套研究”专题调研。全年走访委员58名。

农业和农村工作委员会 牵头开展“五水共治”专项集体民主监督，举办“议政建言助治水”浙江政协·民生论坛。组织省政协委员、农业科技专家70多人到泰顺县开展“送科技下乡”活动，与泰顺县签订15个科技合作协议，举办11项实用技术培训，到21个基地、合作社等进行实地指导。开展“推进农村产权制度改革”课题调研，组织“发展现代生态循环农业”委员视察。围绕“加强基层农技人员队伍建设”和《关于采取“单考单招”方式录用基层农技人员，缓解农技人才“青黄不接”问题的建议》重点提案开展界别协商和提案办理协商。围绕“加强小型农田水利建设”开展对口协商。全年共提交大会发言材料25篇；提交专委会集体提案2件，委员个人提案55件。向省委、省政府报送调研报告、视察（信息）专报7份，均获省领导批示。

人口资源环境委员会 参与组织协调开展“三级政协联动、万名委员同行、助推五水共治”专项民主监督，查访22个县（市、区）、30多家企业、37条河流、35个村庄、12家养殖场、3处矿山，考察18个污水处理中心或整治工程，听取200多名群众意见，召开36个座谈会。在人民日报、新华社、经济日报、人民政协报、浙江日报等媒体刊出稿件75篇，编发工作信息54期。精心策划组织“委员对对碰”广播访谈、“政协委员话治水”网络访谈和“三级政协联动、万名委员同行、助推五水共治”书画摄影大赛。围绕运河水环境治理、打造“浙江制造”品牌、北斗产业等开展对口协商或提案办理协商。组织“完善生育政策，促进人口长期均衡发展”和“敞开式饮用水水源地保护”专题调研。全年共提交提案64件，社情民意信息21篇，走访委员58名。

科技教育委员会 牵头组织委员视察“嘉善县域科学发展示范点建设”，并帮助协调解决当地提出的科教文卫等有关问题。围绕优化义务教育资源均衡配置问题，精心策划民生论坛，综合报送与会委员的真知灼见，供决策参考。开展“义务教育阶段民办教育改革发展问题”、“改善科技创新环境”、“提升科技社团服务能力，推进我省科技创新发展”、“特殊教育”等专题调研视察，报告得到省领导的批示；开展高考改革工作对口协商和有关重点提案办理协商，助推科技教育发展。组织省政协委员，在杭有关学校负责人和名师，以及演出师生等共70多人，赴嘉善县开展“送教育下乡”活动，促成部分省属高校、重点中学与当地有关学校结对帮扶。全年走访委员44名。参与省委、省政府办公厅开展的专项督查工作，推动我省加快实施创新驱动发展战略。联合有关界别为“五水共治”献计出力。

文化卫生体育委员会 开展“加强我省文化市场管理”、“加强和完善公共体育设施管理与利用”、“提升基层医疗机构服务能力”等专题调研，调研报告得到省领导批示肯定。落实中宣部领导、省政协领导批示开展“乡贤文化”研究和专题协商。做实送文化、卫生、体育下乡服务活动。送卫生下乡到江山市，眼科等17个科目的20名委员专家共诊治患者1024人次，示范查房44人次，手术10台，举办学术讲座2次；改变单纯坐诊方式，到敬老院为80余名孤寡老人进行义诊咨询，浙医二院眼科中心与江山市人民医院建立眼科姚克专家工作站。送文化、体育下乡到玉环县，举办送戏下乡演出、书法、广场舞培训班和书法笔会、羽毛球、乒乓球表演赛，捐赠18幅书法名家作品和体育健身器材，越剧《我的娘姨我的娘》让当地籍省政协委员演当地人，引起强烈共鸣。协助完成第六届省政协诗书画之友社换届工作。策划和举办“庆祝新中国和人民政协成立65周年优秀书画作品展”。全年走访委员65人次。

社会和法制委员会 牵头组织完成“建立完善养老服务体系、加快发展老年服务产业”省政协重点调研课题，形成1个总报告和3个分报告，得到省领导批示肯定。完成城乡社区（村）机构牌子多、考核评比多、创建达标多调研课题。送法律下乡到龙泉市，将组织普法咨询服务与派小分队进村入企送法上门服务相结合。促成省内知名律师与龙泉市建立法律咨询服务长效机制。参加《浙江省社会养老服务促进条例》等3部地方性法规规章立法协商，组织委员协商讨论对8部重要法律法规提出修改意见；组织开展对口协商1次和参与界别协商2次；组织委员提交个人提案60件，团体提案4件；走访委员26名。

民族和宗教委员会 加强政治理论学习，夯实思想政治基础。深入基层专题调研并形成《让鲜红的党旗永远高高飘扬——关于我省农村基督教现状的调查与思考》的报告，得到全国政协主要领导和省委主要领导的批示肯定。紧扣民族工作主题，推动民族乡镇发展。开展专项民主监督，积极助推省政府在原有一般转移支付基础上再增加每个民族乡镇每年200万元补助政策的落实；开展“中国畲族风情园建设”专题调研。高奏时代主旋律，释放宗教正能量。组织委员参与“五水共治、五教同行”活动；组织开展“和谐之韵”民族宗教论坛暨“禅企对话活动”；助推“两美浙江建设”。聚焦群众关切，助推民生改善。开展“多层住宅实施加装电梯”提案督办；开展“双走”（走访委员、走进群众）活动。还组织委员提交28件提案。

文史资料委员会 开展美丽乡村建设中加强传统文化保护与利用工作、浙江“老字号”企业文化等专题调研。牵头完成全国政协交办的14个沿海城市开放史料征编项目的汇集、审稿及建议。完成《浙江援建西部纪实》史料出版。完成《非遗故事2》史料及相关视频制作出版。完成《鸡毛飞天——义乌市场的崛起与发展》史料出版。继续征编《浙商之路口述史》等。开展“改革开放在浙江”老照片及史料征集活动。完成九届省政协以来文史资料的数字化转化工作。会同新闻出版界等开展“送书下乡”活动，赠送图书总价值6万余元，牵头推进《浙江通志·人民政协卷》编纂工作。走访委员、特邀委员42人次。

港澳台侨和外事委员会 组织委员积极参与“三级政协联动、万名委员同行、助推五水共治”专项集体民主监督，捐款443万元。开展“加快境外经贸合作区建设、创新对外投资方式”专题调研。组织港澳华侨委员开展美丽乡村建设视察活动，就浙江省跨境电子商务专题、云南跨境经贸合作区建设情况开展考察活动，有关报告均得到省领导批示。开通港澳华侨委员之家微信平台，密切与港澳华侨委员和特邀委员的联系。充分发挥香港浙江政协委员联谊会作用，引导委员支持香港特区政府依法施政。成立澳门委员联络处、华侨委员联络处和杭州地区特邀委员联络组。组团出席浙江产品（台湾）展览会。召开公共外交理论与实践研讨会。与省侨联合作举办“友好中华、侨联五洲”公共外交活动。组织委员共提交提案46件，界别集体提案3件，报送政协信息47篇。走访委员87名。

【重要活动】

全省政协主席读书会 7月22日至23日在杭州举行。会议认真学习贯彻中共十八大以来习近平总书记关于人民政协工作的重要论述精神，听取省委副书记、省长李强关于我省改革发展有关问题的报告，交流学习体会。省政协主席乔传秀主持会议并讲话。省政协副主席、秘书长出席会议。各市、县（市、区）政协主席，省政协副秘书长，省政协办公厅、研究室副厅以上干部，省政协各专委会主任、专职副主任，各市政协秘书长等参加会议。

全省政协新闻宣传工作会议 8月21日在杭州首次召开。浙江省政协主席乔传秀，省委常委、宣传部部长葛慧君出席会议并讲话。中央新闻单位驻浙机构、省级新闻媒体代表作交流发言。同时印发了中共浙江省委宣传部、省政协办公厅联合制定的《关于加强和改进政协新闻宣传工作的意见》。

三级政协联动、万名委员同行、助推“五水共治”专项集体民主监督 为全力助推中共浙江省委、省政府“五水共治”重大决策的贯彻落实，在市、县（市、区）政协大力支持配合下，首次牵头组织三级政协联动、万名委员同行的专项集体民主监督工作。省政协召开主席会议专题研究，形成“五水共治”专项集体民主监督的总体考虑及实施方案等，召开电视电话会议倡议动员，主席会议全体成员带头参加，各专委会和界别活动组全力以赴，广大省政协委员踊跃投身监督履职活动。三级政协共建立民主监督组1358个，派出小分队1644支，实地查看村10877个、河溪8679条、企业5991家；发现各类问题7585个，提出建议7463条，有5289条被采纳；三级政协干部、政协委员担任“河长”1371人、河道监督员6817人，全省政协机关和政协委员捐款4.7亿元，为全省打好“五水共治”攻坚战贡献了力量。

【重要文件】

常委会工作报告（2014年1月15日）（摘要） 一、2013年工作回顾。一是认真学习贯彻中共中央和浙江省委系列决策部署。常委会对中共中央和省委的重要会议精神和重大决策部署，都在第一时间组织传达学习，研究提出贯彻落实意见并认真组织实施。深入学习贯彻中共十八大及十八届二中、三中全会精神和习近平总书记系列重要讲话精神，深入学习贯彻省委十三届二次、三次、四次全体会议精神。全年共邀请省委、省政府领导作4场专题报告，召开5次省政协党组（扩大）会议组织专题学习，举办全省政协主席读书会，举行2场专题报告会，创设每月一期的“浙江政协·崇学讲坛”，丰富了学习形式，增强了学习效果。二是积极协助中共浙江省委开好全省政协工作会议。会上，省委书记夏宝龙作重要讲话，省委副书记、省长李强主持会议。会议全面部署当前和今后一个时期全省政协工作的主要任务，突出强调充分发挥人民政协协商机构、监督机构、咨政机构、民意机构、统战机构和群众工作机构功能，明确提出加强和改善党对政协工作领导的新要求新举措。会后下发的《中共浙江省委关于加强人民政协民主监督的意见》，在全国率先就政协民主监督作出了新的制度性安排。省政协及时下发《关于认真学习贯彻全省政协工作会议精神的通知》，引导全省各级政协组织、广大政协委员和政协工作者，以会议精神为强大动力，进一步增强做好政协工作的责任感和使命感，努力把会议部署要求转化为推动我省政协事业创新发展的具体实践。三是着力提高政协协商民主成效。在省委十三届三次、四次全会作出关于全面实施创新驱动发展战略和全面深化改革的重大决策前，分别召开常委会议和专题政治协商会议。会议改进协商组织方式，以界别为单位推荐参会和发言人员，突出界别集体声音，省级各民主党派、省工商联、无党派人士和有关界别代表充分发表了协商意见。会后，及时向省委报送了《协商纪要》及书面建言材料。省委分别吸收采纳了 27 条、16 条意见建议并专门以书面形式反馈。创新对口协商、界别协商方式方法。探索提案办理协商有效途径。建立重点提案“公推协商”遴选机制，首次向全体省政协委员征求重点提案选题意见。每件重点提案都有办前、办中和办后协商。对提高生态公益林补偿标准等重要提案，与省直有关部门多形式反复协商，取得了实效。尝试开展专题类提案集中协商办理，选择“民族乡镇政策扶持”和“空气污染防治”两个系列共 19 件提案进行综合归类、“打包”集中协商督办，提高委员面商参与率和提案办理效率。四是紧扣打好转型升级“组合拳”献计出力。按照省委统一部署，积极参加深化“双服务”、助推开门红活动，认真做好联系产业集聚区、浦阳江治水和重点工程项目建设等工作，参与 2013 年十个方面实事项目专项督查，主动服务“四大国家战略举措”和嘉善县域科学发展示范点建设等。开展“进一步扩大有效投资”重点课题调研。深入基层、深入企业，了解实情、研究对策，召开常委会议协商讨论，向省委、省政府报送《完善我省扩大有效投资长效机制的若干建议》，提出了激发企业投资主体活力和完善有效投资重点领域导向、持续增长动力、要素支撑供应、服务推进保障、考核评价监督机制等意见建议。组织驻浙全国政协委员和部分省政协委员，围绕舟山群岛新区、青山湖科技城和杭州未来科技城建设开展视察。开展流通业发展、促进新型城市化、构建新型农业经营体系等专题调研，组织新能源产业发展、水资源环境保护与利用等考察。支持长三角（浙江）民营经济研究会开展电子商务强省调研，举办以“创新促转型”为主题的中国民营经济科学发展论坛。五是扎实开展“系列民生”履职工作。研究制定总体方案及实施意见，确定每年 5 月开展以送文化、卫生、科技、教育、法律、体育下乡为主要内容的省政协委员“走进基层、走进群众”活动月。开展“完善困难群众重特大疾病医疗救助制度”重点课题调研。走进困难家庭，倾听患者心声，召开常委会议协商讨论，研究提出规范界定救助对象、逐步扩大救助范围、不断加大救助力度、多渠道筹集救助资金、完善救助体系建设等对策建议。围绕构建养老服务多元发展模式、大气污染防治等开展专题调研，组织促进农民增收等委员视察。组织“城市交通拥堵整治工程实施情况”专项集体民主监督。开展“我为城市交通治堵献一策”等活动和“治堵十问”电视节目，召开常委会议听取民主监督情况报告，提出了加强规划引领、推进公交优先、疏导静态交通、强化交通治理、拓展社会参与等民主监督意见。举办首次民生论坛。围绕城市交通拥堵整治这一群众关注的热点问题，邀请省交通厅、杭州市领导介绍情况，省政协委员发表见解。把提高民生财政绩效、加强空气质量重要指标监测等 24 件民生提案，作为重点和重要提案督办，推动相关民生问题的解决。精心组织“两走进”活动月。各牵头专委会多次深入到淳安、开化、嵊泗、天台、庆元等山区海岛县，加强供需对接。发动广大委员，联系有关部门，开展医疗诊治、培训讲座、现场咨询、科技传授、法律服务、文艺演出等活动，免费诊治病患 1260 多名，培训 2000 余人次，前来咨询、观摩的基层群众超过 1 万人次，赠送一批群众所需物资和图书资料，签订合作项目 16 个。首次开展“六送下乡”活动“回头看”，认真做好有关合作协议、支持项目、承诺事项的跟踪服务。制定出台《关于进一步加强和改进反映社情民意信息工作的意见》，充分发挥“民情热线”直通车作用，探索建立信息直报点，认真办好《政协视线》电视栏目。全年共受理各类社情民意反映5726件，编发《政协信息》（专报）192期、《民情热线综合反映》44期，播出电视专题节目48期。六是广泛开展团结联谊工作。及时成立界别活动组，建立专委会联系界别活动组机制。各民主党派、工商联、无党派人士提交会议发言稿214篇、提案491件、反映社情民意信息2173件。联合举办浙江省民族乡（镇）发展论坛暨民族乡（镇）长培训班，深化少数民族流动人口服务和管理研究，开展“鼓励和规范宗教界从事公益慈善活动”专题调研，组织“宗教慈善进畲乡”等活动。推动成立香港浙江政协委员联谊会，搭建发挥“双重积极作用”新平台，支持联谊会开展庆香港回归十六周年、捐助“菲特”台风受灾群众等活动。组织“港澳台和海外浙商回乡投资创业及其权益保护”调研和“电子商务与国际贸易综合改革”视察，召开“海外华侨与公共外交”网络视频议政会。制定文史资料征编五年规划，启动“浙商之路口述史”、“十四个沿海城市开放史料”征编和《浙江通志·政协卷》编纂，开展“公社干部口述史”、“老干部往事”等史料征集，出版《浙江援建西部纪实》。密切与新闻单位联系协作，提高《联谊报》办报质量，办好浙江政协网站。支持省政协之友社、诗书画之友社、企业家之友社和省茶文化研究会等社会团体开展形式多样的联络联谊活动。支持浙江树人大学内涵提升、特色发展。七是以深入开展党的群众路线教育实践活动为动力加强政协自身建设。省政协党组及机关党组按照中共中央和省委统一部署，认真组织开展党的群众路线教育实践活动。坚持开门纳言，省政协主席会议成员、各专委会和机关干部共走访群众5000多人次。以整风精神开展批评与自我批评，深入查摆问题，制定整改措施，落实整改责任，做到真抓实改，着力解决“四风”方面存在的突出问题。坚决贯彻执行中共中央八项规定精神和省委“28条办法”，严格遵守党的政治纪律。完善政协制度体系。修订全体会议、常委会议、主席会议、秘书长会议工作规则和专门委员会通则，完善加强理论学习、调查研究的意见，制定省政协委员密切联系群众的规定，指导省政协机关制定规范办会办文、抓好工作落实、正风肃纪、“三公”经费管理等制度规定，狠抓贯彻执行。完善约谈委员方式，建立走访委员制度，共走访委员695人次。制定出台省政协委员履行职能若干规定和委员学习培训、年度述职、履职考评、优秀委员评选等制度。探索委员在界别述职。完善委员网上综合履职服务平台，开设“委员心声”和“心系政协”窗口。举办两期新委员培训学习班，培训新委员356名。提升政协机关工作效能。大力倡导“爱岗敬业、忠诚服务”理念，深入开展“服务型机关建设年”活动，扎实推进“严纪律、正作风、作表率”专项行动。二、2014年工作任务。一是深入学习贯彻习近平总书记系列重要讲话精神，始终在思想上、政治上、行动上同中共中央和省委保持高度一致。二是紧紧围绕全面深化改革重大决策部署，积极为我省科学发展建言献策。三是积极践行以人为本、履职为民，着力提高“系列民生”履职工作成效。四是完善工作机制，深入推进政协协商民主创新发展。五是充分发挥大团结大联合组织优势，扎实做好凝心聚力工作。六是落实“一线”工作要求，进一步加强政协自身建设。

【组织概况】

副主席补选名单

（2014年1月19日政协第十一届浙江省委员会第二次会议通过）

孙文友

秘书长任职名单

（2014年1月19日政协第十一届浙江省委员会第二次会议通过）

陈荣高

常务委员增选名单

（2014年1月19日政协第十一届浙江省委员会第二次会议通过）（按姓氏笔画为序）

成岳冲　单秀华

委员增补名单

（2014年5月13日政协第十一届浙江省委员会常务委员会第七次会议通过）

陈世权

委员辞职名单

（2014年5月13日政协第十一届浙江省委员会常务委员会第七次会议通过）

章　丰

专委会专职副主任任职名单

（2014年1月19日政协第十一届浙江省委员会常务委员会第六次会议通过）

任命：

王春晓为经济委员会专职副主任

专委会专职副主任任职名单

（2014年9月17日政协第十一届浙江省委员会常务委员会第八次会议通过）

任命：

孙勤明同志为文史资料委员会专职副主任

专委会部分副主任任免名单

（2014年9月17日政协第十一届浙江省委员会常务委员会第八次会议通过）

任命：

单秀华同志为提案委员会副主任

黄勇同志为经济委员会副主任

黄明辉同志为文化卫生体育委员会副主任

免去：

黄勇同志的农业和农村工作委员会副主任职务

专委会专职副主任免职名单

（2014年5月13日政协第十一届浙江省委员会常务委员会第七次会议通过）

免去：

曾骅的文史资料委员会专职副主任职务

撤销委员资格名单

（2014年5月13日政协第十一届浙江省委员会常务委员会第七次会议通过）

邵燕芳

市、县（市、区）政协主席变动情况

杭州市（副省级）

秘书长

王叶林（2014年2月13日当选）

何关新（2014年2月13日不再担任）

杭州市滨江区

政协主席

沈孔良（2014年2月25日当选）

杭州市桐庐县

政协主席

王金才（2014年1月23日当选）

宁波市

政协副主席

李太武（2014年1月8日当选）

王建康（2014年1月8日辞职）

嘉兴市

政协主席

高玲慧（女）（2014年1月25日当选）

刘冬生（2014年1月25日不再担任）

政协副主席
李　跃（2014 年 1 月 25 日当选）

金华市
政协副主席
吴国成（2014 年 2 月 20 日当选）
胡锦全（2014 年 2 月 20 日当选）
张解放（2014 年 1 月 21 日辞职）
吴志松（2014 年 1 月 21 日辞职）

金华市磐安县
政协主席
陈剑波（2014 年 2 月 26 日当选）

舟山市
政协主席
江建国（2014 年 2 月 20 日当选）
刘爱世（2014 年 2 月 20 日辞职）
政协副主席
夏文忠（2014 年 2 月 20 日当选）
王　伟（2014 年 2 月 20 日当选）
江建国（2014 年 2 月 20 日不再担任）

丽水市
政协主席
陈瑞商（2014 年 2 月 26 日当选）
虞红鸣（2014 年 2 月 25 日辞职）
政协副主席
金爱武（2014 年 2 月 26 日当选）

浙江省各级政协组织和委员数

（截至 2014 年底）

级别 项目	省	副省级市	地级市	县（市、区）	合计
组织数	1	2	9	90	102
委员数	734	1015	3782	20740	26271

（郭　峻　刘群锋 编写　帅燮琅 审定）

政协安徽省委员会

【全体委员会议】

十一届二次会议 2月8日至11日在合肥举行。会议听取并讨论了王学军省长所作的政府工作报告，对报告表示赞同并给予高度评价；审议通过王明方主席代表政协第十一届安徽省委员会常务委员会所作的工作报告，审议通过提案工作情况的报告；讨论并赞同省高级人民法院工作报告、省人民检察院工作报告以及其他有关报告。会议指出，2014年是贯彻中共十八届三中全会精神、全面深化改革的第一年，也是完成“十二五”规划目标任务的关键之年。省政协各参加单位和全体政协委员，要把学习贯彻中共十八届三中全会《决定》，作为首要的政治任务，进一步增强服务全面深化改革的自觉性和坚定性。要把增进全面深化改革共识作为思想政治建设的着力点，切实发挥协商民主在服务改革发展中的重要作用，着力促进民生改善与社会和谐，更好地发挥委员的主体作用，进一步提高政协工作的科学化水平。要积极参与组织实施中共安徽省委和省人民政府、省政协制订的重点民主协商活动计划，努力增强履职实效，不断推进协商民主的规范化和制度化。会议号召，全省各级政协组织、政协各参加单位和全体政协委员，紧密团结在以习近平同志为总书记的中共中央周围，在中共安徽省委的坚强领导下，以更加奋发的精神状态和更加务实的工作作风，不负重托，不辱使命，齐心协力，开拓创新，同全省人民携手并肩，共同谱写我省全面深化改革、建设美好安徽的壮丽篇章。大会期间，共收到提案899件，立案率100％。

【常务委员会会议】

第5次会议 1月15日至16日在合肥召开。会议通过了提交省政协十一届二次会议审议的省政协常务委员会工作报告和省政协常务委员会关于十一届一次会议以来提案工作情况的报告，省政协十一届二次会议议程（草案）、日程，增补十一届省政协委员名单和有关人事任免名单，省政协十一届二次会议委员分组办法和各组召集人名单。

第6次会议 2月11日在合肥召开。会议听取了省政协十一届二次会议小组审议和讨论情况的综合汇报，审议通过了省政协十一届二次会议决议（草案）、省政协提案委员会关于十一届二次会议提案审查情况的报告（草案）。会议决定将上述有关文件草案提交2月11日下午举行的省政协十一届二次会议闭幕会审议。

第7次会议 暨“加快产业结构优化升级，提升主导产业核心竞争力”咨政会于6月3日至4日在合肥召开。省委书记张宝顺，省委副书记、省长王学军，省委常委、常务副省长詹夏来，省委常委、秘书长唐承沛，省政府副省长杨振超出席会议。会议通过了《关于提升主导产业核心竞争力的建议案》和有关人事事项。

第8次会议 暨“深化行政体制改革，激发市场活力”专题协商会于9月10日至11日在合肥召开。省委副书记、省长王学军出席会议并讲话，省委副书记李锦斌，省委常委、副省长陈树隆出席会议。会议通过了《关于深化行政体制改革激发市场活力的建议案》和有关人事事项。

第9次会议 11月4日在合肥召开。会议传达学习了中共十八届四中全会、全国政协十二届八次常委会议和中共安徽省委召开的领导干部会议精神，审议通过了有关人事事项，研究部署了近期有关工作。

【专门委员会工作】

提案委员会 共收到提案919件，立案918件，所有提案均得到办复。承办“农村饮水安全”和“社区居家养老”重点提案办理专题协商会。赴省科技厅、文化厅等提案承办较多的部门走访督办。围绕“培育发展家庭农场”、“合肥市大湖名城、创新高地建设”等组织专题视察和界别活动。牵头承办“深化行政体制改革，激发市场活力”常委会议暨专题协商会。召开提案宣传工作座谈会。

经济委员会 牵头承办“加快产业结构优化升级，提升主导产业核心竞争力”常委会议暨资政会、“深化国资国企改革，促进企业做大做强”界别协商会。组织部分省政协委员赴上海自贸区学习考察。赴淮南、亳州市开展“加快皖北地区发展”专题调研。

教科文卫体委员会 牵头承办“构建现代公共文化服务体系，提升文化惠民水平”、“加快发展服务业”对口协商会，“坚持创新驱动，推进创新安徽建设”界别协商会。组织委员开展界别活动和视察活动。赴蚌埠市、怀远县对省政协十一届二次全会重点提案《关于加强村卫生室建设》进行督查。倡议推动安徽医科大学转化医学研究院的组建。开展送医下乡、培训皖北地区中小学教师等活动。

社会和法制委员会 牵头承办“加强信息化建设，提升社区服务治理水平”界别协商会。参与承办“构建现代公共文化服务体系，提升文化惠民水平”对口协商会。参与全省民主法治领域专项改革，就我省非煤矿山管理条例、生产安全事故隐患排查治理办法、重大行政决策程序、行政审批中介服务管理办法、电梯安全监督管理办法等12部政府立法草案进行座谈协商。围绕社区矫正工作、家政服务业发展、农民工参加社会保险、残疾人事业等开展专题调研。

民族和宗教委员会 参与承办“深化行政体制改革，激发市场活力”常委会议暨专题协商会、“深化国资国企改革，促进企业做大做强”界别协商会、“加快发展服务业”对口协商会。组织少数民族界委员，围绕促进少数民族聚居地区优惠政策落实开展调研。围绕农村宗教事务管理深入调研。积极引导宗教界委员向基层捐建计算机标准化教室。

文史资料委员会 参与承办“提升主导产业核心竞争力，促进产业结构优化升级”常委会议暨资政会、“加强大气污染防治”对口协商会、“加强信息化建设，提升社区服务治理水平”界别协商会。围绕“构建现代公共文化服务体系，提升文化惠民水平”课题，组织委员开展调研。围绕新闻出版产业和旅游文化发展建言献策。全年征集音像口述史料、抗战史料等各类音像资料20余小时，达标口述访谈15篇、约30万字，抗战稿件70多篇、约35万字。组织民生工程巡视。围绕重点协商课题，编校大会发言160篇。

港澳台侨和外事委员会 参与承办“构建新型农业经营体系，加快发展现代农业”、“坚持创新驱动，推进创新安徽建设”界别协商会、“有序推进农业转移人口市民化”对口协商会。组织港澳委员赴山西省、合肥市滨湖新区参观考察。积极做好港区省级政协委员代表团、澳门体育联合会访问团来皖交流的服务工作。组织澳门委员赴合肥市医疗养老中心慰问。组织慰问在肥“三胞三属”企业及代表人士。组织委员赴台湾进行文化交流，为来皖考察投资的港澳台侨人士牵线搭桥。

人口资源环境委员会 牵头承办“构建新型农业经营体系，加快发展现代农业”界别协商会、“加强大气污染防治”、“有序推进农业转移人口市民化”对口协商会。组织召开“支持淮河生态经济带建设”重点提案办理协商会。组织调研大别山生态环境保护情况。参与筹备大别山区鄂豫皖三省政协主席联席会议第三次会议。围绕“培育壮大新型农业经营主体”，组织开展农业界委员活动。

【重要活动】

纪念人民政协成立65周年座谈会 9月22日在合肥召开。省委书记张宝顺，省委副书记李锦斌出席座谈会，省政协主席王明方主持会议。全国政协外事委员会副主任杨多良，省委、省人大、省政府有关负责同志，省政协副主席和秘书长出席会议。曾担任过省政协领导职务的老同志，部分在肥全国政协常委、委员，省各民主党派、工商联负责同志，无党派代表人士，部分在肥省政协常委和有关方面代表参加会议。张宝顺书记和王明方主席分别讲话。省各民主党派、工商联、无党派人士代表，省政协委员代表，省政协界别代表，省政协专委会代表分别发言。

“构建新型农业经营体系，加快发展现代农业”界别协商会 4月21日在合肥召开。会议围绕创新土地管理体制机制，推进土地承包经营权流转，健全农业社会化服务体系，完善政策扶持和要素支撑，发挥市场机制作用，加大农业金融保险支持，扶持发展家庭农场，强化新型职业农民培训，引入航天育种科技等方面，提出意见建议。

“构建现代公共文化服务体系，提升文化惠民水平”对口协商会 6月23日在合肥召开。会议围绕公共文化服务体系的标准化、均等化，农村和基层公共文化服务体系建设，人才队伍建设，建设农民文化乐园、发挥图书馆惠民项目功能，建立健全社会投融资机制和绩效评估机制、支持鼓励社会力量参与等方面，提出意见建议。

“加强大气污染防治”对口协商会 7月11日在合肥召开。会议围绕调整产业和能源结构、完善城市绿地规划、加强风力资源利用、打造绿色交通、有效解决秸秆焚烧、促进车油路综合发展、严控挥发性有机物、加强源头治理等方面，提出意见建议。

“坚持创新驱动，推进创新安徽建设”界别协商会 9月28日在合肥召开。会议围绕合肥、芜湖、蚌埠、淮北四市实施创新驱动发展战略，加快科技成果使用权、处置权、收益权管理改革，坚持高端引领导向、完善科技领军人才政策，推动金融与科技结合，加快科技中介服务体系建设，发挥企业创新主体地位、建立健全产学研协同创新机制等方面，提出意见建议。

“加强信息化建设，提升社区服务治理水平”界别协商会 11月7日在合肥召开。会议围绕以信息化建设为契机、努力提升社区工作者队伍素质能力，建好社区信息平台、提升社区养老服务水平，发挥好邮政网络资源在社区信息化建设中的作用等方面，提出意见建议。

“深化国资国企改革，促进企业做大做强”界别协商会 11月11日在合肥召开。会议围绕推进省国有资产证券化的重要路径，大力推进股份制改造、实施股权激励和职业经理人制度，以产融结合助力省国有资产管理体制改革等方面，提出意见建议。

“加快发展服务业”对口协商会 12月12日在合肥召开。会议围绕建设服务业聚集区和生产性服务业智库，加大本土品牌扶持力度，鼓励金融创新、开发新型金融资源、建立金融人才培养体系，传统服务业改造等方面，提出意见建议。

“有序推进农业转移人口市民化”对口协商会 12月15日在合肥召开。会议围绕合理制定农业转移人口保障制度，加强人口信息化系统建设与管理，以产业发展促进农业转移人口市民化，吸纳民间资本、促进城市公共服务均等化等方面，提出意见建议。

省辖市政协主席座谈会暨全省政协专

门委员会工作研讨会 12月9－10日在合肥召开。会议学习了习近平总书记在庆祝人民政协成立65周年大会上的重要讲话精神，与会人员就做好新形势下政协以及政协专门委员会工作、省政协进一步加强对市县政协工作的指导和帮助等进行深入交流研讨。会议表彰了全省政协系统社情民意信息工作、第八届“政协好新闻”获奖单位和个人。

政协江淮行 6月17－20日、27－30日，组织21家中央驻皖新闻媒体和省主要新闻媒体赴阜阳、六安市，开展“政协江淮行”活动。活动期间，共刊发稿件（图片）113篇（幅）。

政协论坛 围绕新型农业经营体系建设、大气污染防治、深化行政体制改革、提升社区治理信息化水平等主题，邀请相关省政协委员及专家参加访谈，在安徽卫视播出《政协论坛》4期，在《安徽日报》等主流媒体刊发稿件40余篇。

【重要文件】

常委会工作报告（2014年2月8日）（摘要） 2013年工作回顾。（一）坚持以中共十八大和十八届二中、三中全会精神凝聚共识。围绕全面准确理解中共十八大精神，通过主席会议、中心组学习会、报告会等形式，进行专题理论学习近20次，组织开展全省县级政协主席集中培训、新任委员任职培训等活动。中共十八届三中全会召开后，省政协及时召开常委会议传达学习，自觉把思想和行动统一到中央全会精神和中共安徽省委的部署要求上来，积极做好服务新一轮改革的思想准备。贯彻落实中共中央关于人民政协作为协商民主重要渠道的新要求、新部署，召开“推进协商民主”专题研讨会，总结交流全省各级政协开展协商民主的实践与经验，向省委报送了《关于推进协商民主专题研讨会情况的报告》。出台了《关于制定省政协年度协商计划的办法》，努力使重点协商课题更具战略性、前瞻性和科学性。认真贯彻中共安徽省委出台的《关于推进人民政协政治协商制度建设的意见》，就全省经济社会发展中的一些重大问题开展协商议政。扎实开展党的群众路线教育实践活动，坚持边查边改、立行立改。根据征集到的189条意见建议，从6个方面提出了24项76条整改措施。进一步完善省政协领导密切联系委员、机关干部结对联系困难群众、邀请台湾同胞和海外侨胞列席省政协全体会议等制度规定。加强与各党派团体、各族各界人士的联系，经省委同意为各专门委员会增补了党外副主任。（二）紧扣全省发展大局协商议政。召开“推进新型城镇化建设”常委会议暨资政会，省委、省政府主要领导和有关负责同志到会听取意见，张宝顺书记发表重要讲话，并对会议形成的《建议案》作出批示。会议综合委员们的发言和讨论情况，向省委、省政府提出24条建议，为我省积极争取列入国家新型城镇化建设试点省，推动城镇化建设健康发展提供了重要决策参考。去年2月，省委、省政府召开发展民营经济大会并出台《关于大力发展民营经济的意见》，省政协围绕这一重要部署的贯彻落实及时跟进工作，8月召开常委会议与省政府进行专题协商，针对民营经济发展中存在的问题，积极提出对策建议，8名民营企业家代表列席会议。王学军省长率省政府领导班子全体成员和37个部门主要负责人到会听取意见，认真回应委员们提出的意见建议。会议形成的《建议案》报省委后，张宝顺书记批示“省政协就民营经济发展议政建言，是主动服务大局的重要举措”，要求省委、省政府有关部门认真研究吸纳政协意见建议，更好地发展我省民营经济。召开“促进社会养老保障体系建设”界别协商暨民情民智座谈会，与省直有关部门当面协商。召开“加强农村环境整治、建设美好乡村”提案办理专题协商会，省委、省政府、省政协领导和提案人、承办单位、相关部门共同协商。十一届一次会议期间，委员们共提交大会发言153篇，24位委员作了口头发言，省委、省政府领导对其中12篇作出18件（次）批示，对委员的议政建言给予高度评价。（三）围绕民生持续改善献计出力。组织省各民主党派、工商联和无党派人士、有关界别和团体的委员，围绕民生方面的一些重要问题，如基层医药卫生体制综合改革、农村水环境污染治理、残疾人社会保障体系建设、大别山区生态补偿机制完善、环巢湖生态示范区建设等，进行调研，开展视察，提出一系列意见建议，引起省委、省政府及有关部门的重视。注意围绕反映民生保障和改善中存在的问题，拓宽社情民意信息来源渠道，进一步调动各方面反映社情民意信息工作的积极性。全年共编发各类社情民意信息436期。召开“推进民生工程”座谈会，围绕民生工程项目落实情况、进出机制、资源整合、绩效评价、资金保障、建后管养以及市场化运行模式等问题积极建言。受省政府委托，就城乡居民收入倍增计划实施情况开展巡视。推荐驻皖全国政协委员、省政协委员担任民生工程特邀监督员、特邀执法执纪监督员，就有关工作提出意见建议，强化了民主监督。举办皖北薄弱学校信息技术应用能力提升培训班，组织开展“血吸虫病防治”送医下乡活动，深入革命老区开展“送科普进老区学堂”活动，直接为改善民生服务。积极服务驻皖全国政协委员提案工作，帮助驻皖委员提好提案。全国政协十二届一次会议期间，驻皖委员共提交提案79件，其中6件被全国政协列入重点提案。（四）巩固和发展大团结大联合的生动局面。邀请省各民主党派、工商联和无党派人士参加省政协组织的调研、视察等活动，创造知情明政条件。鼓励和支持省各民主党派、工商联和无党派人士在全体会议、常委会议、专题协商会议上坦诚建言。围绕“加强少数民族特色村寨保护与发展，推动少数民族聚居地区美好乡村建设”开展调研。就发挥宗教文化在皖南国际旅游文化示范区建设中的作用开展调研。组织港澳委员考察，帮助他们进一步熟悉省情，投身安徽发展。赴港澳走访看望委员，与港澳有关社团开展交流活动。加强与台湾同胞、海外侨胞的团结联谊，并就台湾农民创业园建设和侨资企业发展情况开展调研，推动有关部门研究和出台相关政策措施。接待纳米比亚全国委员会访问团，增进同发展中国家的了解和友谊。全年共组织开展26次界别活动，委员有400余人（次）参加。增设了社会福利和社会保障界，调整了界别活动组。密切与高等院校、社科单位的工作联系与合作，加强港澳台及海外地区文史资料的征集和交流，积极探索音像征集等新方式，全年共征集各类文史资料约500万字。《江淮文史》以纪念创刊20周年为契机，通过丰富栏目设置、邀请名家撰稿等，提升办刊水平。组织进行全省政协系统宣传干部培训，改进省政协门户网站。整合宣传资源，运用“政协江淮行”、“政协论坛”、“政协广角”、《江淮时报》、《安徽政协》等平台，积极宣传人民政协理论，宣传全省各级政协组织履职成效和政协委员履职风采。（五）提升服务保障委员履职的能力和水平。重视和支持专门委员会发挥组织优势、专业优势、联络优势，紧扣全省工作大局和政协工作重点，组织委员开展履职活动。以提升服务委员能力和水平为重点，加强机关效能建设，创新机关效能建设方式，推动机关效能建设再上新台阶。密切与市县政协联系，积极开展上下联动，切实发挥全省各级政协的整体工作合力。坚持省辖市和部分县（市、区）政协主席列席省政协重要会议制度，注重听取市县政协对省政协年度工作要点和日常工作的意见建议，交流总结各级政协履行职能的做法和经验，促进全省政协工作水平的提高。2014年工作安排。（一）把增进全面深化改革共识作为思想政治建设的着重点。（二）切实发挥协商民主在服务改革发展中的重要作用。（三）着力促进民生改善与社会和谐。（四）更好发挥委员主体作用。（五）进一步提高政协工作科学化水平。

省委书记张宝顺在纪念人民政协成立65周年座谈会上的讲话（2014年9月22日）（摘要）　一要在民主政治建设中大有作为。我们要把推进协商民主广泛多层制度化发展作为重要战略任务，不断丰富协商民主在我省的探索实践，着力构建程序合理、环节完整的协商民主体系，坚持有事多商量，遇事多商量，做事多商量，切实做到一切执政、治理活动都在人民内部进行广泛商量。二要在服务改革发展中献计出力。全省各级政协组织要继续关注形势变化，聚焦推动科学发展和群众最为关切的问题，深入调查研究，提出对策建议，共同促进经济社会持续健康较快发展。要结合重点领域改革任务，有针对性地做好讨论协商，为我省全面深化改革建睿智之言、献务实之策。三要在促进社会和谐中贡献力量。全省各级政协组织和广大政协委员要把增进团结、维护稳定作为履行职能的重要任务，广泛做好联系人、团结人的工作。要更加注意倾听群众呼声，更加注重关心群众疾苦，协助党委、政府妥善处理好各方面利益关系，汇聚起强大正能量。四要在加强自身建设中提升能力。全省各级政协组织要按照宪法和政协章程的规定，创新履职方式方法，加强履职能力建设，不断提高政协工作科学化水平。广大政协委员必须深刻认识到，委员身份是荣誉，更是责任，进一步树立和展示政协委员的良好形象。省委将一如既往地支持人民政协依照章程独立负责、协调一致地开展工作。各级党委要按照总揽全局、协调各方的原则，进一步加强和改善对政协工作的领导，为政协工作创造良好条件。各级政府要大力支持政协参政议政，自觉接受政协民主监督，积极采纳政协提出的真知灼见，真正让人民政协各项职能充分发挥。

【组织概况】

副主席免职名单

（2014年9月11日省政协十一届第八次常委会议通过）

韩先聪

不再担任常务委员名单

（2014年1月16日省政协十一届第五次常委会议通过）

王　琦　王保军　康晓萍（女）

委员增补名单

（2014年1月16日省政协十一届第五次常委会议通过）

方　正　吕海平　刘运尧　刘晓鸿
余竹云　沈千红　周　密　郑锦钟
姜宗亮　徐发成　高　迁　颜宇峰

不再担任委员名单

（2014年1月16日省政协十一届第五次常委会议通过）

任泽锋　孙敏民　朱同斌　李桂生
李　超　张　明　翟庆党

委员辞职名单

（2014年1月16日省政协十一届第五次常委会议通过）

黄昌耀

撤销委员资格名单

（2014年1月16日省政协十一届第

五次常委会议通过）

刘义寿　陈良纲　康建军

（2014 年 6 月 4 日省政协十一届第七次常委会议通过）

吕爱民　胡学凡　郭景理　程福生

委员调整界别名单

（2014 年 1 月 16 日省政协十一届第五次常委会议通过）

陈翔，由工商联界调整到经济界

专委会主任、副主任任免名单

（2014 年 1 月 16 日省政协十一届第五次常委会议通过）

任命：

韦伟，省政协提案委员会副主任

魏志光，省政协经济委员会副主任

刘振宏，省政协港澳台侨和外事委员会副主任

免去：

刘健，省政协提案委员会副主任职务

韦伟，省政协文史资料委员会副主任职务

康晓萍，省政协港澳台侨和外事委员会副主任职务

翟庆党，省政协港澳台侨和外事委员会副主任职务

（2014 年 6 月 4 日省政协十一届第七次常委会议通过）

免去：

胡学凡，省政协人口资源环境委员会副主任职务

（2014 年 11 月 4 日省政协十一届第九次常委会议通过）

任命：

杨玉华，省政协教科文卫体委员会副主任

免去：

李奎，省政协文史资料委员会主任职务

专委会专职副主任任免名单

（2014 年 1 月 16 日省政协十一届第五次常委会议通过）

免去：

周明洁，省政协港澳台侨和外事委员会专职副主任职务

（2014 年 11 月 4 日省政协十一届第九次常委会议通过）

任命：

丁伯明，省政协港澳台侨和外事委员会专职副主任

免去：

陈金沙，省政协人口资源环境委员会专职副主任职务

市、县、区政协主席变动情况

淮北市

市政协主席

阚相华（2014 年 12 月 24 日免职）

亳州市

市政协主席

汤　涌（2014 年 1 月 23 日当选）

刘振宏（2014 年 1 月 23 日不再担任）

宿州市

萧县政协主席

陈安源（2014 年 12 月 9 日免职）

阜阳市

太和县政协主席

齐安民（2014 年 1 月 17 日当选）

淮南市

谢家集区政协主席

张海儒（2014 年 7 月 29 日免职）

大通区政协主席

胡　雷（2014 年 12 月 26 日当选）

朱修柱（2014 年 12 月 26 日不再担任）

六安市

市政协主席

王　胜（2014 年 1 月 26 日当选）

刘庆德（2014 年 1 月 26 日不再担任）

霍山县政协主席

李玉武（2014 年 1 月 8 日当选）

杨　平（2014 年 1 月 8 日不再担任）

裕安区政协主席

张　成（2014 年 1 月 7 日当选）

李　强（2014 年 1 月 7 日不再担任）

芜湖市

芜湖县政协主席

范碧清（2014 年 9 月 4 日提名为主席候选人）

胡怀刚（2014 年 9 月 4 日不再担任）

弋江区政协主席

吴学林（2014 年 3 月 4 日提名为主席候选人）

朱成霞（女）（2014 年 3 月 4 日不再担任）

安庆市

望江县政协主席

钱和森（2014 年 2 月 13 日当选）

安徽省各级政协组织和委员数

（截至 2014 年底）

项目＼级别	省	设区的市	县（不设区的市、市辖区）	合计
组织数	1	16	105	122
委员数	743	6319	20562	27624

（胡文翔 编写　江刘伍 审稿）

政协福建省委员会

【全体委员会议】

十一届二次会议 2014年1月11日至15日在福州举行。会议应出席委员695人、特邀委员40人，实到委员654人、特邀委员34人。省委书记、省人大常委会主任尤权等领导列席开、闭幕会，并参加小组讨论，听取大会发言。十一届省政协主席张昌平在闭幕会上作重要讲话。会议听取并审议了张昌平代表常务委员会所作的工作报告和杨根生副主席所作的省政协十一届一次会议以来提案工作情况的报告。与会委员列席了省十二届人大二次会议，听取并讨论省政府工作报告，省法院、省检察院工作报告以及计划和预算报告。会议增选张宗真、陈杭生、林欧文、柯连妹、盛炳荣、释则悟为十一届省政协常委。会议还听取了提案审查情况的报告，审议并通过省政协十一届二次会议决议。十一届省政协各专门委员会向大会提交了书面工作报告。会议期间，共收到提案972件，经审查立案944件；收到大会发言材料179篇，14位委员分别围绕大力发展海洋装备制造业、加强湿地保护、改革现行医疗模式等方面作了大会发言；开展了3场专题协商会，委员们就民营企业公共服务平台建设、加强湿地保护、鼓励支持民办博物馆发展积极协商建言。

【常务委员会会议】

第5次会议 1月12日、14日在福州召开。会议应出席134人，分别实到109人、111人。受省政协主席张昌平委托，副主席张燮飞主持会议。会议审议通过了政协第十一届福建省委员会常务委员候选人名单，决定提交省政协十一届二次会议第三次全体会议选举；通过了政协第十一届福建省委员会第二次会议选举常务委员选举办法（草案）和省政协十一届二次会议决议（草案），决定提交省政协十一届二次会议第三次全体会议审议通过。

第6次会议 4月9日在福州召开。会议应出席140人，实到115人。省政协主席张昌平主持。会议围绕“减轻基层组织负担”开展专题协商，省委常委、省纪委书记倪岳峰，省政府副省长陈荣凯出席并讲话。会议还通过了政协第十一届福建省委员会部分副秘书长任职名单、部分专门委员会副主任免职名单、不再担任委员名单。

第7次会议 7月22日在福州召开。会议应出席140人，实到120人。省政协主席张昌平主持。会议围绕“加快民营经济发展”开展专题协商，省委常委、教育工委书记陈桦，省政府副省长陈荣凯出席并讲话。会议还通过了政协第十一届福建省委员会部分专门委员会专职副主任任职名单。

第8次会议 9月2日在福州召开。会议应出席140人，实到116人。省政协主席张昌平主席主持。会议围绕“美丽乡村建设——农村环境综合整治”开展专题协商，省委常委、宣传部部长李书磊，省政府副省长陈冬出席并讲话。

第9次会议 11月14日在福州召开。会议应出席140人，实到92人。省政协主席张昌平主持。会议学习贯彻习近平总书记来闽考察重要讲话和俞正声主席在十二届全国政协常委会第8次会议上的讲话精神，围绕“加快推进厦漳泉大都市区同城化发展”开展专题协商，省委常委、政法委书记苏增添，省政府副省长陈冬出席并讲话。会议还分组讨论征集省政协2015年度工作和重点协商议题建议，审议通过了《十一届省政协常委会第九次会议关于加快推进厦漳泉大都市区同城化发展的建议案》。

【专门委员会工作】

提案委员会 召开省市政协提案委员

会第十次联席会议和集体提案征集座谈会。共收到提案1031件，立案1000件。经99个承办单位办理，全部办结，其中采纳和部分采纳占94.2%。共收到1458份提案者反馈意见，反馈率为59.3%，其中表示满意、基本满意占99.1%。编发《重要提案摘报》23期，省领导批示62件次。印发实施《政协福建省委员会重点提案遴选与督办办法》。省政协副主席分工协同省政府副省长、省长助理共同督办重点提案9件，开展督办调研活动20多次，召开提案办理协商会40多场，形成督办调研报告9份，提出意见建议50多条。组织2013年度至2014年度优秀提案、提案办理先进单位和先进工作者评选表彰。

经济委员会 召开省市政协经济委联席会议。重点抓好两个专题协商：一是"加快发展民营经济"专题协商。召开座谈会、征求意见会、研讨会等47场，走访民营企业62家，与190多位民营经济人士深入交流，向300家企业发放调查问卷，详细了解民营经济发展情况，广泛收集意见建议，形成调研报告、专题发言报告5份。专题协商会议后形成专题协商情况报告，助推省政府制定了加强企业融资服务八条措施。二是"加快推进厦漳泉大都市区同城化发展"专题协商。先后召开情况通报会、座谈会和研讨会等22场，350多人次参会。组织省政协委员和各民主党派工商联开展建言献策活动，收到建言献策材料50多份，形成调研报告、专题发言报告7份。专题协商会议形成的常委会建议案，得到了省主要领导的重视和批示。

人口资源环境委员会 召开委员会第三次全体会议、主任（扩大）会议等。开展"美丽乡村建设——农村环境综合整治"专题协商。形成调研报告和专题协商会议常委会建议案；在十一届省政协第二次会议期间，召开"加强湿地保护"专题协商会议，推动省政府法制办将湿地保护立法工作列入年度立法工作计划，省林业厅编制《福建省湿地保护规划2011—2020年》；开展省重点课题"推动生态文明先行示范区建设的研究"子课题"生态公益林管护体制改革"专题调研，开展"古树名木保护"专题调研，开展"加强进口固体废物管理"专题考察；根据所联系界别的性质和特点，开展"加强海岸保护和海岸带管理"界别协商，组织科协界委员和省科协联合开展"科技社团承接政府转移职能"专题调研，组织特邀界别委员开展"城市居民饮水安全和污水处理情况"考察活动，组织九三学社界别开展"滨海岸线保护"考察活动。

教科文卫体委员会 召开全省政协教科文卫体委员会工作座谈会。召开"完善医患纠纷调处机制"对口协商会。做好"我省重点产业科技创新平台建设情况"、"我省文化与旅游融合发展情况"等专题调研。开展"我省高校办学质量提升状况"、"我省普通高校招生录取情况"和"第十五届省运会筹办情况"视察。编写报送《关于加强村卫生所建设的几点建议》、《关于加强和改进我省护理工作的几点建议》等6份信息专报件。做好全国政协和3个兄弟省市政协来闽调研考察活动的接待服务，赴浙江、陕西等5省市学习考察。加强与所联系界别的沟通联系，开展庆祝第102个国际护士节、第30个教师节和中秋雅集等活动，在"6·18"期间举办福建省科技创新平台建设研讨会。组织医疗专家赴宁德市古田县开展送医送药送健康义诊活动，诊治患者9000多人次，发放药品3万余元、健康读本140余册。

社会和法制委员会 召开全省政协社

会和法制工作座谈会，将全年工作汇编成书。召开“减轻基层组织负担”专题协商会，组织100位省、市、县政协委员，分赴全省100个社区（村）调研。开展“我省刑事诉讼法实施情况”专题调研，分赴3个设区市，召开6场座谈会，旁听3场刑事案件庭审，发放调查问卷867份，形成的报告得到省委常委、政法委书记苏增添和省法院院长马新岚批示。开展“城市社区居家养老服务工作”专题调研，组织有关部门座谈，将“农村养老”课题外包研究，邀请农工党委员就机构养老中的医养融合发展问题开展调研，完善系列化养老专题。联合界别开展工作，开展残疾人集中就业考察，与省妇联举办“以家风家教弘扬社会主义核心价值观”主题研讨会，与省妇联、省未保办联合开展“三八”节、“六一”节慰问活动。服务好全国政协社法委来闽调研工作，在全国政协社法委2014年工作座谈会上发言。开好最高人民法院司法巡视组走访省政协征求意见座谈会。配合协助省综治办完成对厦门、莆田党政领导综治（平安福建）责任书落实情况考评督导工作。

民族和宗教委员会 召开全省政协民族和宗教工作座谈会，举办全省政协民族宗教工作学习研讨班。先后召开宗教和少数民族界反映社情民意座谈会，整理反映委员及界别代表人士对宗教活动场所确权办证和水电收费标准、少数民族干部队伍建设等方面意见建议，推动解决林阳寺周边公路建设等问题。组织“加快民族乡村经济社会事业发展”、“加强农村宗教事务管理”省市政协联合调研活动。参加少数民族和五大教各种节庆活动。跟踪推动2013年“落实宗教房产政策遗留问题”专题协商会成果落实，重点协商的4个宗教房产问题都取得了重要进展，其中泉州花巷天主教堂反映的问题已得到妥善解决。挂钩帮扶诏安县美营畲族村和永泰县月洲村，慰问帮助贫困家庭和贫困生10多人次。开展资助少数民族贫困大学生活动，发动各方捐资60多万元。组织赴顺昌县为少数民族和山区困难群众开展义诊活动，义诊680多人次，免费送药2.3万元，白内障复明手术12例。

港澳台侨和外事委员会 召开全省政协港澳台侨和外事工作座谈会。协助开展港澳委员、特邀委员座谈会。联合开展福建省侨资企业发展环境专题调研。配合全国政协来闽开展“推进21世纪海上丝绸之路建设”调研。参与所联系界别活动，联合开展“发挥祖地文化优势，促进闽台民间交往”、“加快海峡两岸社会养老服务业合作的体制机制研究”等专题调研。组织港澳委员和特邀委员赴甘肃省、吉林省和龙岩市考察。承办港澳地区代表委员和省海联会理事座谈会，参加福建港区政协委员联谊会第二届理监事会就职典礼，商议筹备成立澳门福建社团联会等事宜。参与香港、澳门地区省政协委员小组活动。加强与省“五侨”、“六台”和外事等部门的联络联谊，参加六台单位联合组织的“海峡两岸台胞青年夏令营”、“海峡两岸少数民族丰收节”等活动。牵头举办“五侨”联席会议，参加爱国侨领陈嘉庚先生诞辰140周年纪念活动。联合举办第十二届中国河洛文化研讨会。先后3次赴周宁县开展慰问、扶贫开发调研等活动，协调安排东升村污水工程建设经费15万元。

文史和学习委员会 召开全省政协文史工作研讨会。编辑出版《邮票上的福建》文史资料图书，荣获2014年第16届中华全国集邮展览文献类大银奖，入选为福建省第八届“书香八闽”全民读书月百种优秀读物推荐目录。在省“两会”期间开展“鼓励支持民办博物馆发展”专题协商会议基础上，编辑出版《民办博物馆发展实证研究》文史资料书籍，填补了全国民办博物馆发展研究专著的空白。征编《赴台文化交流》文史资料书籍，由省人民出版社送国台办审定。开展传统村落保护与发展专题调研，组织委员考察马尾船政文化城、1000千伏特特高压浙福工程。做好每月一期《学习资料》编印。先后举办读书会2期，约150多位委员参加。承办严复诞辰160周年纪念活动的组织工作，与有关方面联合编印出版《严复思想与中华民族伟大复兴》论文集。承办福建省庆祝人民政协成立65周年书画作品展活动，编印《群贤毕至——福建省庆祝人民政协成立65周年书画作品展精品选》。

【重要活动】

第十二届河洛文化研讨会 6月11日在厦门开幕，以"河洛文化与闽南文化"为主题。全国政协副主席、台盟中央主席林文漪出席会议，中国河洛文化研究会会长陈云林发表讲话，中国河洛文化研究会副会长、全国政协港澳台侨委员会主任杨崇汇主持开幕会。受出差在外的省政协主席张昌平委托，省政协副主席郭振家到会宣读了张昌平的贺词。全国政协港澳台侨委员会副主任梁绮萍、马健，河南省政协领导叶冬松、邓永俭、陈义初参加会议，来自海内外近200名专家学者参加研讨。大会收到研究论文110篇，编辑出版了《河洛文化与闽南文化》论文集。

省人民政协理论与实践研究基地成立 8月19日在福建社会科学院挂牌成立。受省政协张昌平主席委托，省政协副主席张帆出席成立仪式并讲话。基地的成立，是省政协适应新形势新任务新要求，加强人民政协理论与实践研究的一次重要尝试。基地将围绕政协理论重大课题开展研究，总结实践经验，承办交流活动，以理论创新推动工作深化。成立仪式上，省政协办公厅和省社科院双方代表签订了工作责任书。

福建省庆祝人民政协成立65周年座谈会 9月22日在福州召开。省委书记尤权出席会议并讲话，省政协主席张昌平主持会议。会议认真学习习近平总书记在庆祝人民政协成立65周年大会上的重要讲话精神，回顾人民政协发展历程，明确提出了新形势下全省开展人民政协工作的重要要求。民进福建省委主委张帆、民建福建省委主委郭振家、少数民族界别委员钟立强、无党派界别委员李晖等先后发言。

省市政协机关干部专题学习会 10月10日在福州召开。为期一天半，学习十八大以来习近平总书记、俞正声主席关于人民政协的新思想新论述。省政协秘书长、办公厅党组书记刘明作动员讲话，省政协副秘书长、办公厅主任、党组副书记刘宏伟作学习小结。省、市政协机关，省各民主党派、工商联部分机关干部150多人参加了学习。福建师范大学教授柴宇平、福建省委党校教授郭为桂应邀到会分别作《推进中国协商民主制度建设》、《人民政协与国家治理现代化》的辅导讲座。会议还进行交流发言。

纪念陈嘉庚先生诞辰140周年座谈会 10月21日在厦门举行。中共中央总书记、国家主席、中央军委主席习近平给集美校友总会回信，高度评价陈嘉庚先生毕生贡献，对弘扬"嘉庚精神"提出殷切希望。全国政协副主席李海峰出席会议并致辞。会议宣读了习近平总书记的回信和省委书记尤权等领导同志的批示。省政协主席张昌平，国务院侨办副主任庄荣文，中国侨联副主席康晓萍，省委常委、厦门市委书记王蒙徽等出席座谈会并讲话，陈嘉庚先生后裔亲属、海外嘉宾、致公党厦门市委、集美校友总会、厦大教授和集美大学学生代表在会上发言。

【重要文件】

常委会工作报告（2014 年 1 月 11 日）（摘要） 2013 年工作回顾。

——践行人民政协履职为民的宗旨，坚持把政协组织建设成为密切联系各党派团体和各族各界人士的重要平台。一是加强学习培训，强化履职宗旨。举办读书班、形势报告会、省情通报会和专题研讨会，组织委员学习贯彻中共十八大、十八届三中全会和习近平总书记系列重要讲话精神。二是坚持履职为民，推动政协实践。收集社情民意信息 7000 多条，报送信息专报件 1500 多件，被全国政协办公厅采用 100 多件。挂钩帮扶 2000 多人次，制定帮扶措施 350 多条，落实帮扶项目 400 多个。全省各级政协组织开展送医送药、送文化、送科技下乡活动，开展义诊 500 多场，医学讲座 190 多场，捐赠爱心款 1.1 亿多元，资助贫困大学生、贫困家庭及孤寡老人 2400 多名（户）。三是着眼长远发展，健全工作机制。健全副主席分管专委会、联系界别的工作制度，依托专委会牵头组织界别委员开展特色活动。在各设区市和委员相对集中的 7 所高校，成立 16 个委员小组。

——围绕中心服务大局，广泛开展协商议政，积极为实现“百姓富”、“生态美”的目标任务献计出力。一是努力为推进改革发展凝心聚力。省各民主党派、工商联和无党派人士提交调研报告 1400 多篇，提案 3300 件，反映社情民意信息 5700 多条。组团出席香港福建社团联会会董就职典礼等重大活动，组织港澳委员赴省内外观摩考察，加强与涉台涉侨部门合作，密切与海外华侨华人联络联谊。举办纪念严复先生诞辰 160 周年暨学术研讨会。二是积极为推进改革发展建言献策。确定 11 个重点课题，组织全省 2 万多名各级政协委员深入开展调研，形成报告 1500 多篇，重要意见建议以呈阅件、专报件等形式报送党委政府。其中，将福建列入 ECFA 先行先试省份的建议，得到国家领导人批示。把生态文明建设和小城镇建设，作为常委会协商议政的主要议题，征集汇编委员建言献策文稿 38 篇，报送 11 个方面的意见建议。围绕民营企业公共服务平台建设、机构养老、支持民办博物馆发展、加强湿地保护、落实宗教房产政策遗留问题，精心组织对口协商。围绕改革发展大局确定 9 件重点提案，形成督办调研报告 9 份，提出意见建议 50 多条。省委书记和省长在 20 件重要提案摘报上作出批示。三是合力为推进改革发展营造和谐环境。开展民族乡特色经济发展和农民增收情况调研视察，跟踪落实调研视察成果转化。开展宗教政策落实情况专题调研。认真开展提案督办，推动有关部门加大县级公立医院综合改革力度，出台城乡养老保险一体化实施意见，制定基础养老金调整方案，加强社区矫正专职社工队伍建设。围绕做好文物保护、省级卫生重点项目建设、普通高校招生录取等工作，深入实地研究。参与民主法治建设，组织委员参与全省法治调研，推荐委员担任监督员，参与公正执法、依法行政、效能建设和纠风工作的检查监督。

——开展党的群众路线教育实践活动，切实把委员当作工作主体来服务，不断提升政协工作水平。一是切实优化委员的履职环境。积极维护委员合法权利，尊重委员首创精神。定期走访委员所在单位，帮助委员解决实际困难。健全委员知情明政和履职成果报送转化机制，畅通与党政有关部门的沟通。密切与省主流媒体的联系，开辟宣传政协工作专题专栏，营造良好舆论环境。二是不断丰富委员的履职平台。加强提案办理工作的统筹协调，由各专委会分工督办提案。制定出台了

《政府系统办理省政协提案工作规程》。探索委员网上履职新机制，拓展网络反映信息渠道。改版《政协天地》杂志。改进每月委员活动日，使之成为社情民意收集日。三是深入开展群众路线教育实践活动。召开10场征求意见座谈会，征集群众反映的7个方面93条意见建议。查摆剖析“四风”方面存在的17个方面的问题。进一步规范办文、办会、办事程序，充实图书、档案、信息、资料内容。择优选拔基层一线年轻干部。与基层政协联动互动。改进委员接待和培训机构服务管理，努力把政协机关建设成为温暖的“委员之家”。

2014年工作意见。一是努力为全面深化改革汇聚强大合力。二是努力在改革发展稳定大局中积极作为。三是努力推进协商民主广泛多层制度化发展。

【组织概况】

常务委员增选名单

（2014年1月15日政协第十一届福建省委员会第二次会议通过）

张宗真　陈杭生　林欧文

柯连妹（女）　盛炳荣　释则悟

不再担任委员名单

（2014年4月10日政协第十一届福建省委员会常务委员会第六次会议通过）

姚钦华　詹思明

副秘书长增补名单

（2014年4月10日政协第十一届福建省委员会常务委员会第六次会议通过）

陈　巧（女）

专委会专职副主任增补名单

（2014年7月22日政协第十一届福建省委员会常务委员会第七次会议通过）

张贵明任经济委员会专职副主任

凌冰（女）任文史和学习委员会专职副主任

不再担任专委会专职副主任名单

（2014年4月9日政协第十一届福建省委员会常务委员会第六次会议通过）

姚钦华

市（区、县）主席变动情况

福州市鼓楼区

政协主席

林碧芬（女）（2014年1月23日补选）

陈　亢（2014年1月23日辞职）

福州市平潭县

政协主席

刘建宁（2014年1月23日补选）

翁晓岚（女）（2014年1月23日不再担任）

厦门市（副省级市）

政协副主席

钟兴国（2014年1月22日增选）

厦门市同安区

政协主席

郭永辉（2014年4月29日不再担任）

漳州市龙文区

政协主席

许鹃君（女）（2014年3月29日补选）

林雪来（女）（2014年1月29日不再担任）

宁德市福安市

政协主席

陈昌东（2014年1月25日补选）

詹翠霞（女）（2014年1月25日不再担任）

福建省各级政协组织和委员数

（截至 2014 年底）

级别 项目	省级	副省级	地级市	县（市、区）	合计
组织数	1	1	8	84	94
委员数	693	409	3130	16479	20711

（杨晓冬　陈师杭 编写　黄树清 审稿）

政协江西省委员会

【全体委员会议】

十一届二次会议 于1月19日至23日在南昌举行。会议应出席委员694人，实到656人。省政协副主席钟利贵主持开幕大会，省委书记强卫在开幕大会上讲话，省政协主席黄跃金主持闭幕大会并讲话。会议审议通过黄跃金同志代表省政协十一届委员会常务委员会所作的工作报告，以及李华栋同志代表省政协十一届委员会常务委员会关于提案工作情况的报告。与会委员列席江西省十二届人大三次会议，听取、讨论并赞同省长鹿心社所作的省政府工作报告，讨论并赞同其他重要报告。会议期间，委员们通过大会发言、参加小组和联组讨论、提交提案、反映社情民意信息等形式，围绕“发展升级、小康提速、绿色崛起、实干兴赣”十六字方针，紧扣昌九一体化、推进非公经济发展、加快农村土地承包经营权流转、推动医药产业大发展等经济社会发展重大问题和关系人民群众切身利益的实际问题，积极协商议政，建言献策。省委书记强卫、省长鹿心社、省委副书记尚勇等领导出席开、闭幕会，并参加联组讨论和小组讨论，听取大会发言。会议举行选举大会，选举甘良淼、朱荣辉、肖敏、陈祥树、熊根泉为政协江西省第十一届委员会常务委员。会议审议通过省政协十一届二次会议决议和提案初步审查情况的报告。会议号召，全省各级政协组织、政协各参加单位和广大政协委员，更加紧密团结在以习近平同志为总书记的中共中央周围，在中共江西省委坚强领导下，凝心聚力、奋发有为，为我省推进“发展升级、小康提速、绿色崛起、实干兴赣”作出更大贡献。

【常务委员会会议】

第4次会议 1月9日至10日在南昌召开。会议应出席133人，实到93人。省政协主席黄跃金出席会议并讲话，省委常委、省政府常务副省长莫建成作关于《政府工作报告（征求意见稿）》的说明，省委常委、统战部部长蔡晓明介绍有关人事事项。会议审议通过省政协十一届委员会常委会工作报告（审议稿）和关于提案工作情况的报告（审议稿）；审议通过召开省政协十一届二次会议的决定及会议议程（草案）和日程（草案）；通过有关人事事项；审阅了2013年政府系统提案办理情况；审议了省政协办公厅、各专门委员会2013年工作总结。

第5次会议 1月22日在南昌召开。会议应出席133人，实到106人。省政协主席黄跃金主持会议，省委常委、统战部部长蔡晓明作有关人事事项的说明。会议审议通过十一届省政协常委候选人名单（草案）；通过省政协十一届二次会议选举办法、总监票人、监票人名单（草案）；通过《省政协十一届二次会议决议（草案）》；通过《省政协十一届二次会议关于提案初步审查情况的报告（草案）》。

第6次会议 4月10日至11日在南昌召开。会议应出席138人，实到91人。省政协主席黄跃金主持开幕会并作闭幕讲话；省政府副省长李炳军出席开幕会，听取发言并讲话；省政协副主席汤建人主持闭幕会。会议围绕“推动我省城镇化发展创新”进行专题协商，省政协副主席肖光明作《关于推动我省城镇化发展创新的若干建议（草案）》的说明，8位常委、委员作大会发言，省政协秘书长肖为群作关于本次常委会议分组协商讨论情况的综合汇报。会议原则通过《关于推动我省城镇化发展创新的若干建议》。

第7次会议 9月28日至29日在南昌召开，围绕“加快推进昌九一体化”建言献策。省政协主席黄跃金主持第一次全体会议，省委常委、省政府常务副省长莫建成到会听取发言并讲话，省政协副主席钟利贵对《关于加快推进昌九一体化的建议案（草案）》作了说明。省政协副主席肖光明主持第二次全体会议，省政协主席黄跃金作讲话，省政协秘书长肖为群作关于本次常委会议分组协商讨论情况的综合汇报。会议原则通过《关于加快推进昌九一体化的建议案》；审议通过有关人事事项。

【专门委员会工作】

提案委员会 全年共处理大会提案594件，平时提案17件。其中意见建议被采纳或所提问题得到解决的330件，占提案总数的54%。精心组织“会中办案”，围绕“食品安全”问题，邀请部分提案者与5家承办单位负责人面对面协商。首次采取会议期间初审、会后再审立案的办法，使提案立案审查在时间上更加充裕，立案提案质量明显提高。编辑《重要提案摘报》50期，其中5期得到省领导批示。进一步完善提案重点督办工作，督办的20件重点提案均取得比较好的办理效果。召开省政协第六次提案工作座谈会，对省政协十一届一次会议以来50件优秀提案和20个提案先进承办单位予以表彰。主办华东六省一市提案工作座谈会。召开全省设区市政协提案工作座谈会。

经济委员会 认真开展“深化国有企业改革”专题协商工作，深入有关企业进行实地调查研究，在此基础上召开专题协商座谈会，向省委、省政府提出深化国有企业改革的10条建议。就“创新农业经营体系和经营方式，加快现代农业强省建设”组织专题协商，向省委、省政府报送相关建议。围绕第三季度常委会“加快推进昌九一体化”专题组织调研协商工作，形成的建议草案提交省政协十一届七次常委会议进行专题协商，向省委、省政府提出4个方面12条建议。与上饶市政协联合开展“迎接新时代，设立上饶高铁经济示范区”专题调研，与鹰潭市政协联合开展“加快铜产业转型升级，做大做强我省铜产业”调研活动。

人口资源环境委员会 开展“南昌市备用水源地建设与管理”专题调研，赴赣抚平原、抚河、象湖流域等进行考察，经座谈协商后形成《关于南昌市备用水源地建设和管理的建议》报送省委、省政府。开展“全省污水处理设施建设及运行情况”民主监督专题调研，分赴全省11个设区市和40个县（市）深入了解情况，形成《关于推进全省市县生活污水处理设施建设及运行工作的建议》报送省委、省政府。开展“单独两孩政策实施”专题调研，就独生子女认定标准、单独夫妇再婚可生育情形、出台相关配套文件、加强出生人口监测预警等方面提出建议，向省政府分管领导进行专报。

教科文卫体委员会 组织开展“进一步深化教育领域综合改革”专题协商，提出的意见建议得到《江西省深化教育领域综合改革方案》的逐条采纳。承办“进一步深化医药卫生体制改革”专题协商座谈会，13位委员作了发言，会后形成《建议案》报送省委、省政府，多项建议纳入省政府相关工作部署。承办“进一步深化体育事业改革”专题协商座谈会，会后形成《建议案》报送省委、省政府。开展“高校科技创新对新兴产业的支撑作用”专题调研，形成调研报告报送省委、省政府，促进江西省高校科技成果转化和高科技产业发展。开展“第十四届省运会筹备情况”专题视察，形成《关于赣州市筹备第十四届省运会情况的视察报告》报送省委、省政府。开展“民营医院生存与发展环境”专题调研，就调研中发现的问题提出意见建议，通过政协信息专报形式报送有关部门。成立“江西省科技创新与进步促进会”。

社会和法制委员会 就创新重点青少年群体教育服务管理工作开展专题调研，召开“创新重点青少年群体教育服务管理”专题协商座谈会，会后形成《建议案》报送省委、省政府。就食品安全监管开展专题民主监督调研，召开民主监督反馈会议，形成《关于我省贯彻实施〈食品安全法〉，加强食品安全监管的调研报告》和《关于加大推进力度，尽快完成市县食品安全监管机构改革的建议》分别向省委、省政府报送。对江西省住房公积金归集和使用情况进行视察，形成《关于加大住房公积金归集力度提高使用率的建议》报送省委、省政府。对特殊教育发展情况进行视察，形成《关于进一步加大我省特殊教育保障力度的建议》报送省委、省政府。组织委员对《江西省林业有害生物防治检疫条例》等地方性法规草案和《省委关于推进法治江西建设实施意见（征求意见稿）》进行立法协商和征求意见工作，委员们提出许多好的意见和建议，得到有关部门的采纳。

民族和宗教委员会 举行“完善宗教教职人员社会保障政策”对口协商座谈会，会后向省委、省政府报送意见建议，推动宗教教职人员社会保障政策的完善和落实。就江西省城市少数民族流动人口管理情况开展专题调研，提出意见建议供省政府有关部门决策参考。组织部分委员赴南昌、景德镇两市就城市改造过程中宗教文化遗产保护工作开展民主监督，与两市政府分管领导和有关部门负责人进行面对面的协商监督、交换意见。收集整理民族宗教政策法规和相关理论文章，编印12期电子版《学习参考资料》。召开全省政协民族和宗教工作座谈会。

港澳台侨和外事委员会 开展全省侨（港澳）资企业发展专题调研，据此召开省政协首次界别协商座谈会，为推动全省侨（港澳）资企业发展建言献策，提出10个方面的意见建议报送省委、省政府。组织港澳委员返赣专题视察，选定扶贫移民工作这个主题，将30余名委员分成工业、教育等8个小组访实情，形成《视察报告》报送省委、省政府。开展“在赣外籍人士满意度调查”，发放《在赣外国人工作、学习、生活状况》调查问卷800余份，形成调研报告报送省委、省政府。组织港澳委员“新生代”访赣考察交流，加深对江西经济社会发展的直观印象，拉近与内地青年之间的友谊。举办全省设区市政协海外特邀代表研讨班。配合省委、省政府与澳门特区政府联合举办妈祖文化旅游节。做大做强世界江西同乡联谊会，新增柬埔寨江西商会、美国赣州同乡会、加拿大赣州客家联谊会、澳大利亚江西青年会、华东交通大学北美校友会。筹建江西省政协海外扶贫基金会。

文史和学习委员会 组织开展“进一步深化文化体制改革”专题调研协商，将委员们的意见建议整理报送省委、省政府。就生态文明建设情况组织专题调研，调研报告提出一系列有针对性的对策建议，省委、省政府督查部门督促省发改委等相关厅局研究办理。策应鄱阳湖生态经济区建设，编撰《鄱阳湖文化志》。编辑出版《风云庐山：名人别墅的故事》。紧扣中国人民抗战胜利70周年，全面启动本省抗战史料的征集工作，共征集抗战史料近200万字。广征精选重点稿件，全年出刊《文史大观》4期，编辑各类史料40多万字。全年编辑《学习参考资料》5期25万多字。

【重要活动】

视察南昌棚户区改造工作 1月16日，省政协主席黄跃金率省政协视察团在南昌市视察老城区棚户区改造工作。省委常委、南昌市委书记王文涛，省政协副主席钟利贵、李华栋、汤建人、刘晓庄、郑小燕、肖光明、刘礼祖、孙菊生，秘书长肖为群等参加视察，并出席有关情况汇报会。视察团一行来到万寿宫街区棚户区改造工程现场，详细了解万寿宫棚改房屋征收工作进展以及万寿宫历史文化街区规划情况，并听取有关情况汇报，提出意见建议。

学习习近平总书记系列讲话精神辅导报告会 2月17日在省政协常委会议厅举行。省政协主席黄跃金出席并讲话，省委常委、宣传部部长姚亚平作专题辅导报告，省政协副主席钟利贵主持报告会。省政协副主席李华栋、刘晓庄、郑小燕、肖光明、刘礼祖、孙菊生，秘书长肖为群出席报告会。姚亚平联系实际，就习近平总书记关于实现中国梦、坚持和发展中国特色社会主义、全面深化改革、推动科学发展、依法治国、宣传思想工作等方面的重要论述作了讲解。部分在昌省政协常委、委员，各专门委员会主任、副主任，机关干部职工共180余人参加学习报告会。

省政协港澳委员和特邀代表返赣视察 5月23日至26日，以省政协常委、香港委员召集人王忠桐为团长的省政协港澳委员和特邀代表返赣视察团一行30人，围绕全省扶贫工作等主题，在武宁、修水和宜丰县开展视察活动。省政协主席黄跃金，副主席钟利贵会见视察团成员，省政协副主席刘礼祖参加视察活动。视察团成员分成工业、农业、教育、卫生、环保等8个小组深入一线视察，并在视察反馈会上提出许多意见建议。

视察南昌市“双拆”工作 根据省委书记强卫的要求，6月4日，省政协组织委员视察团对南昌市“拆违拆临、建绿透绿”工作进行专项视察，省政协主席黄跃金，副主席刘晓庄、郑小燕、肖光明，秘书长肖为群、办公厅主任杨春燕等参加视察活动并出席座谈会。视察团一行先后实地察看了省建工集团、市育新学校、师大附中、南昌二十三中等“双拆”点位。在座谈会上，视察团成员观看了“双拆”工作电视片，听取南昌市市长郭安作的工作情况汇报，并就相关工作提出意见建议。

赴赣东北开展视察活动 9月1日至3日，省政协组织3个视察团，由省政协主席黄跃金，副主席李华栋、刘晓庄分别带队，赴鹰潭、景德镇、上饶三地，就《江西省人民政府关于支持赣东北扩大开放合作加快发展的若干意见》贯彻落实情况进行视察，省政协秘书长肖为群等陪同视察。视察团先后视察了鹰潭市规划展示馆、行政服务中心、信江新区中央商务区、高教园区、高铁北站，景德镇市北汽昌河汽车新基地、直升机研发生产基地、浯溪口水利枢纽、陶溪川陶瓷文化创意园，上饶市凤凰光学、中材机械、光电高科、德隆纺织等企业及东都花园、万达广场等民生工程。

庆祝人民政协成立65周年座谈会 9月22日在南昌举行。省委书记、省人大常委会主任强卫出席座谈会并讲话；省委副书记、省长鹿心社，省委常委、统战部部长蔡晓明，省政协七届、八届主席朱治宏出席座谈会；省政协主席黄跃金主持座谈会；省政协副主席郑小燕、驻赣全国政协委员王东林分别代表省各民主党派、工商联、无党派人士、各人民团体、各界别人士及驻赣全国政协委员发言。省人大常委会副主任马志武，省政府副省长谢茹，省高级人民法院院长张忠厚，省人民检察院检察长刘铁流，省政协副主席李华栋、汤建人、刘晓庄、肖光明、刘礼祖、孙菊生，秘书长肖为群等参加座谈会。

【重要文件】

常委会工作报告（2014年1月19日）

（摘要）。2013年工作回顾。（一）加强思想政治建设，夯实坚持和发展中国特色社会主义的共同思想基础。深入学习贯彻中共十八大及十八届二中、三中全会精神和习近平总书记系列重要讲话精神，认真学习贯彻全国政协十二届一次会议精神，全面领会十八大的鲜明主题、精神实质和战略部署，准确把握全面建成小康社会和全面深化改革的目标、原则和重点任务。牢牢把握新形势对人民政协提出的新任务、新要求，进一步明确了履行职能、发挥优势的着力点。贯彻省委十三届七次、八次全会精神，确保省委的决策部署在政协工作中得到贯彻落实。进一步改进委员学习培训方式，定期举办常委会学习报告会，及时举办新任政协委员培训班，邀请有关专家和领导作专题报告，从多方面提高委员的履职能力。（二）紧紧围绕全省中心工作建言献策，助推经济持续健康较快发展。十一届二次常委会议以大力推进富裕和谐秀美乡村建设为议题，集各党派、各专委会、各界别、各设区市政协之力，聚全体常委和部分委员之智，形成了本届省政协专题协商的“开篇之作”，省委、省政府主要领导对此给予充分肯定并作出重要批示。围绕江西省加快发展现代服务业进行深入调查研究，召开十一届三次常委会议进行专题协商，并形成建议案。根据省政府领导的意见，省政府办公厅要求有关部门对建议案认真研究论证，转化为政策措施。省委、省政府联合下发的《关于推进旅游强省建设的意见》，充分吸纳了建议案中的相关建议。就化解江西省产能过剩问题提出用好用足国家有关政策、坚决把住源头、加快整治过剩产能等6个方面24条建议，省委主要领导批示将调研报告印发给各市县党政领导参阅。组织委员视察赣南苏区振兴发展情况所形成的调研报告，省政府主要领导认为针对性、指导性、操作性强，要求省苏区振兴办和赣州、吉安、抚州认真研究吸纳，抓好落实。围绕新型城镇化建设及通用航空产业、金融服务业、高端服务业、电子商务发展等课题，提出一批较高质量的意见和建议。把促进生态文明建设作为履行职能的重要着力点。在深入调研视察的基础上，经过缜密论证，向省委、省政府报送建立“五河一湖”及东江源头保护区生态环境考核机制、加强湿地保护等建议案，对江西省加快推进生态文明建设产生积极影响。省政协持之以恒助推生态文明建设的做法得到全国政协领导的充分肯定。（三）倾情关注和促进民生改善，维护社会和谐稳定。紧紧围绕农村教师队伍建设、现代职业教育体系建设、科普教育基地建设与发展、公共文化服务体系建设等问题开展调研、视察，许多意见建议被省委、省政府相关文件充分吸纳，并转化为实际的工作部署和政策措施。着眼推进体制创新，着重就医药卫生、教育和体育体制改革深入开展调研，为有关部门完善深化改革的思路提供了重要参考。聚焦加强和改进社会管理，就江西省小区物业管理情况、关爱失独家庭、加强和创新戒毒工作等开展调研或视察，提出了一些针对性、可操作性较强的意见建议。加强政协民族宗教工作，成立省政协民族和宗教委员会，深入各设区市开展《江西省少数民族权益保障条例》贯彻落实情况专题调研，提出了9条具体贯彻落实建议，提出的意见建议受到省政府和相关部门的重视和采纳。（四）加强委员联络和服务工作，增强政协工作内生动力。健全委员联络和服务工作机构，加强与政协委员的经常性联系，做好委员履职信息的收集汇总，听取委员对省政协工作的意见建议，协调解决委员履职中遇到的困难和问题。完善委员联络服务制度，研究制定《关于进一步加强委员联络和服务工作的办法》，有效激发委员履职热情。规范专委会委员产生程序，制定《专门委员会委员产生办法》。充分发挥界别组织委员开展活动的平台作用，坚持全会期间集中召开界别会议，确定界别召集人、联络员，努力做到“会中有见面，平时不断线”。进一步加强与昌外委员的联系，建立健全委员召集人制度，制定《关于委托各设区市政协有关负责同志担任所在地省政协委员活动召集人和联络员的意见》；在香港、澳门地区分别委托若干名政协委员为召集人。加强委员活动经费保障，及时按驻地委员人数，集中给各设区市政协下拨活动经费，专款专用。增进与委员的情感，在重要的传统节日向委员发送祝福短信、邮件，走访慰问在昌患病委员，协助有关方面督促落实委员的政治、生活待遇及其他合法权益。一年来，省政协委员参加履行职能“四个一”活动达2000余人次。（五）加强统筹协调，推动经常性工作改进创新。立案的621件大会提案和35件平时提案全部办理完毕，总体办理质量进一步提高。督办重点提案11件，对10件提案进行了跟踪问效，编发《重要提案摘报》50期。改进全会和常委会议协商的组织方式，首次邀请省直各部门主要负责同志参加全会开幕式和听取大会发言，邀请相关省直部门的负责同志全程参加常委会议专题协商和分组讨论。建立大会发言选题、遴选和成果转化机制，提升了大会发言质量。积极稳妥推进政协工作向新社会组织、新经济组织、产业科技园区等领域延伸。经济、人口资源环境、教科文卫体、社会和法制等专门委员会建立健全了专家组。切实加强和改进政协反映社情民意信息和宣传工作，在办公厅设立专门机构，聘请一批特邀信息员，举办信息员培训班，加强对信息的分类搜集、综合分析和整理报送，全年在全国政协《信息专报》上稿13篇。《以上海自贸区的超前理念指导临空经济区建设》、《破解南昌中小企业融资瓶颈支持打造核心增长极》等建议得到省领导高度重视。加强政协对外宣传和网络宣传，充分运用《光华时报》、江西政协新闻网等载体，全方位、多角度宣传人民政协事业。务实推进“亲历、亲见、亲闻”史料征集工作，编撰了《风云激荡——庐山名人别墅的故事》、《重返1955——上海青年赴江西志愿垦荒口述纪实》、《一湖清水——鄱阳湖》、《江西楹联集锦》等书刊资料。扎实推进人民政协理论建设，举办“人民政协与群众工作”专题研讨会和“人民政协理论建设”报告会，取得一批重要研究成果。进一步健全全省政协理论研究网络，已有10个设区市成立了人民政协理论研究会。广泛开展团结联谊工作，首次邀请港澳台胞、海外侨胞特邀代表列席全会，召开全省各界人士中秋茶话会和台联界别委员及在赣台胞、台属、台商代表座谈会，配合省政府做好2013年赣港经贸合作活动等外联内引工作，认真做好澳门全国政协委员赴赣考察接待工作，牵头主办海峡两岸体育联谊活动2次，共有700多人参加。（六）切实抓好作风建设，开展党的群众路线教育实践活动取得阶段性成果。活动期间，共召开座谈会11次，听取了190多名委员、群众的发言，经过归纳整理，向省委党的群众路线教育实践活动领导小组报送意见建议25条。省政协党组专题民主生活会严肃认真地查摆了问题，开展了批评与自我批评，明确了努力方向和改进措施。制定整改工作总体方案，提出了36条改进措施，逐项分解细化，明确牵头领导、责任人和完成时限，并开展了治理文山会海、厉行节约反对浪费、加强和改进调研工作专项整治活动。出台《关于制定省政协年度协商计划的办法》，推进协商活动制度化、规范化、程序化。坚持以改革精神推进制度创新，建立健全调研成果跟踪、反馈和问效，联系和服务委员等 7 项制度，并将加强政协协商民主和民主监督制度建设列入制度建设计划，推动政协改进作风、密切联系群众常态化。2014 年主要工作。在新的一年里，要全面贯彻落实中共十八大、十八届二中及三中全会、中央经济工作会议和省委十三届七次、八次全会等会议精神，以邓小平理论、“三个代表”重要思想、科学发展观为指导，坚定不移地走中国特色社会主义道路，牢牢把握团结和民主两大主题，充分发挥人民政协作为协商民主重要渠道作用，更好履行政治协商、民主监督、参政议政三大职能，着力提升政协工作科学化水平，为江西省实现与全国同步全面建成小康社会作出更大贡献。(一) 强化理论武装增进共识。(二) 紧扣中心建言议政。(三) 围绕全面深化改革凝心聚力。(四) 着力增强民主监督实效。(五) 加强政协协商民主制度建设。(六) 以改革创新精神推进自身建设。

【组织概况】

常委免职名单

李天欧（2014 年 9 月 29 日省政协十一届七次常委会议追认）

撤销委员资格名单

李天鸥　晏德文　徐　楷（2014 年 9 月 29 日省政协十一届七次常委会议追认）

专委会专职副主任任免名单

（2014 年 9 月 29 日省政协十一届七次常委会议通过）

任命：

樊欣同志为人口资源环境委员会专职副主任

陈淦彬同志为民族和宗教委员会专职副主任

免去：

杨述喜同志文史和学习委员会专职副主任职务

市、县（市、区）政协主席变动情况

南昌市

西湖区政协主席

涂和平（2014 年 10 月 24 日不再担任）

萍乡市

市政协主席

晏德文（2014 年 4 月 28 日不再担任）

上栗县政协主席

关翠屏（2014 年 1 月 7 日当选）

兰先湖（2014 年 1 月 7 日不再担任）

上饶市

铅山县政协主席

黄金福（2014 年 11 月 18 日当选）

金成考（2014 年 11 月 18 日不再担任）

鄱阳县政协主席

詹梦来（2014 年 12 月 27 日当选）

张信行（2014 年 12 月 27 日不再担任）

其余市、县（市、区）无变动。

江西省各级政协组织和委员数

（截至 2014 年底）

项目＼级别	省级	地级市	县（县级市、区）	合计
组织数	1	11	100	112
委员数	690	4382	20723	25795

（骆名坤 编写　叶　舟 审稿）

政 协 山 东 省 委 员 会

【全体委员会议】

十一届二次会议 1月16日至20日在济南举行。应出席委员830人，实到804人。省政协副主席焉荣竹主持开幕会，省政协主席刘伟主持闭幕会并讲话。省委书记、省人大常委会主任姜异康，省委副书记、省长郭树清，省委副书记王军民等省领导列席了开、闭幕会，并参加分组讨论、听取大会发言。会议听取并审议了省政协主席刘伟代表省政协常委会所作的工作报告、省政协副主席王新陆代表省政协常委会所作的提案工作报告。与会委员列席了十二届省人大三次会议，听取并讨论了省政府工作报告和其他有关报告。17位委员围绕推动蓝黄战略实施、发展现代农业、加强优秀传统文化宣传教育、推动科技金融发展、创造国内领先的营商环境、发展文化事业、支持新兴金融创新发展、深化校企合作提高职业教育水平、规范政府采购行为、改善老年民生、壮大高端装备制造业、推进资源山东建设、强化法律风险控制、推进环保执法体制改革、发挥党外知识分子在强省建设中的生力军作用、培育山东开放型经济新优势、加快省属高校转型推进应用型人才培养等作了大会发言。会议审议通过了省政协十一届二次会议政治决议、关于常委会工作报告的决议、关于常委会提案工作报告的决议；审议通过了省政协2014年协商工作计划；审议通过了省政协提案委员会关于十一届二次会议提案审查情况的报告。会议号召，全省各级政协组织、政协各参加单位和广大政协委员要紧密团结在以习近平同志为总书记的中共中央周围，高举中国特色社会主义伟大旗帜，以习近平总书记重要讲话为统领，在中共山东省委的坚强领导下，改革创新、团结奋进、扎实工作，为加快建设经济文化强省，为推动山东在科学发展、全面建成小康社会历史进程中走到前列，为实现中华民族伟大复兴的中国梦作出应有贡献！

【常务委员会会议】

第6次会议 1月20日在济南召开。应出席177人，实到177人。会议听取了省政协秘书长张心骥关于委员各组讨论情况的综合汇报；审议了省政协十一届二次会议关于常委会工作报告的决议（草案）；审议了省政协十一届二次会议关于常委会提案工作报告的决议（草案）；审议了省政协2014年协商工作计划（草案）；审议了省政协提案委员会关于十一届二次会议提案审查情况的报告（草案）；审议了省政协十一届二次会议政治决议（草案）。会议决定将上述事项提交省政协十一届二次会议闭幕大会审议。会议还审议通过了关于设置政协山东省委员会委员联络工作委员会的决定及有关人事事项。省政协主席刘伟主持会议。

第7次会议 3月27日至28日在济南召开。应出席176人，实到139人。会议传达学习了全国“两会”和省委常委扩大会议精神，审议通过了有关人事事项。省政协主席刘伟主持开幕会并作闭幕讲话。省政协副主席焉荣竹主持闭幕会。

第8次会议 7月1日至2日在济南召开。会议应出席176人，实到152人。会议传达学习了全国政协十二届六次常委会议精神；审议通过了《关于大力发展混合所有制经济，激活企业创新创造活力的建议案》和《关于重视和加强我省城镇化进程中历史文化保护与传承的建议案》；追认了省政协十一届十一次主席会议作出的关于撤销万同十一届省政协委员资格的决定。省政协主席刘伟主持开幕会并作闭幕讲话。省政协副主席焉荣竹主持闭幕会。

第9次会议 9月28日至30日在济南召开。应出席176人，实到152人。会议认真学习了习近平总书记在庆祝人民政协成立65周年大会上的重要讲话精神、俞正声主席在山东省政协机关重要讲话精神和姜异康书记在山东省庆祝人民政协成立65周年大会上的重要讲话精神；审议通过了《关于坚持“三个导向”，推进我省农业现代化进程的建议案》和《关于深化医药卫生体制改革，提高基本医疗保障水平的建议案》；审议通过了有关人事事项。省政协主席刘伟出席闭幕会并讲话。省政协副主席焉荣竹主持会议。

第10次会议 12月19日至20日在济南召开。应出席176人，实到146人。会议听取了省委常委、常务副省长孙伟关于全省经济社会发展情况的通报；审议通过了关于召开省政协十一届三次会议的决定，省政协十一届三次会议议程（草案）、日程和秘书长、副秘书长名单；听取了关于省政协各工作机构2014年工作任务完成情况的综合汇报；会议还围绕我省2014年经济社会发展情况、2015年工作打算和省政协工作进行了认真讨论。省政协主席刘伟出席闭幕会并讲话。省政协副主席焉荣竹主持会议。

【专门委员会工作】

提案委员会 全年共收到提案1026件，立案817件，交付102个承办单位研究办理，截至2014年12月均已办复完毕。改进和加强重点提案遴选和督办工作，修订了省政协《重点提案遴选与督办办法》，建立并实行主席会议成员分工督办重点提案制度，积极探索开展提案办理协商的新路子。首次制订实施年度提案办理协商计划，围绕推动城乡居民医保整合配套改革、推进“海上粮仓”建设、加快棚户区改造、规范科研经费使用管理等进行协商，取得积极效果。省委、省政府、省政协三家办公厅联合对全省17市和省直各部门提案办理及贯彻中办、国办《关于进一步加强人民政协提案办理工作的意见》情况进行督查，推动提案办理情况纳入省直部门科学发展综合考核体系，使政协提案办理工作真正成为“硬要求”，实现“硬约束”。

经济委员会 重点围绕“大力发展混合所有制经济，激活企业创新创造活力”组织开展调研论证、专题协商等活动，形成《建议案》，经省政协十一届八次常委会议审议通过后，报送省委、省政府，得到省主要领导高度重视。围绕“加快海洋装备制造业发展”、“加快创意产业发展”开展专题调研，形成调研报告。举办了“促进海洋生物产业发展”界别协商会和“塑造开放型经济新优势”对口协商会。积极探索加强和改进专委会工作新途径，健全重点课题负责人牵头机制，建立重点课题重要活动向委员提早预告制度，完善调研议政成果转化落实机制和专委会活动组织联络机制，重视加强与基层工作联系点政协和企业的联动协作，不断提高专委会工作水平。完成了“保障农村新型社区建设健康发展”和“加快建设省会城市群经济圈”两件重点提案督办工作。

人口资源环境委员会 把“坚持‘三个导向’，推进我省农业现代化”作为调研重点，组织委员进行广泛论证，集中各方智慧，形成《建议案》，经省政协十一届九次常委会议审议通过后，报送省委、省政府，并通过举办专题协商会积极推动《建议案》的转化落实。所提交的“加强食品安全检测能力建设”的提案被确定为省政协重点提案，省政协主席刘伟牵头督办，推动出台《山东省食品检验检测体系建设指导意见》，协调解决预算、编制、实验室建设等问题；围绕“社会力量发展养老服务业”开展对口协商，推动省政府出台《关于加快发展养老服务业的意见》；就新型城镇化建设问题进行调研，形成了可操作的具体措施；针对水源安全问题进行视察，针对采煤塌陷问题突出的实际提出相关提案。完成“建立健全非公有制经济数据统计发布制度”、“推进城乡环卫一体化”两件重点提案的督办工作。

科教文卫体委员会 完成省政协十一届九次常委会议议题“深化医药卫生体制改革，提高基本医疗保障水平”的调研论证、视察考察、专题协商和《建议案》起草工作，提出了一些有针对性和可操作性的对策建议，得到省委、省政府的重视和采纳。先后围绕“现代职业教育体系建设”、“国有文化单位改革”进行调研，并举办对口协商会。围绕“知识产权保护工作”、“民族医药”等赴省内外进行考察。协助相关界别组开展履职活动，组织“基本药物制度实施”、“体育服务业发展”等界别协商会，完成了《山东省国家级科技创新平台和创新人才团队建设情况比较研究》1万余字的课题报告。

港澳台侨和外事委员会 先后围绕“搭建鲁港两地金融合作平台”、“新侨创新创业”开展专题调研和对口协商，提出相关意见建议。完成“加工贸易转型升级”重点提案督办工作。赴港举办驻香港委员中秋联谊座谈会，支持驻港省政协委员及有关团体开展“反占中、保普选”活动。与省政府港澳事务办公室、省文化厅赴澳联合主办“山东文化交流周”，组织“文化教育交流团”赴台考察访问。加强团结联谊，先后接待香港山东各级政协委员联谊会、台湾民意代表理事会、纽约山东同乡会等涉外参访团组。重新聘任20名工作顾问。协助“香港山东商会”、“澳门山东联谊会”注册社团联合总会事宜。

社会和法制委员会 先后围绕“社会组织管理创新”和“社区矫正工作”开展专题调研，召开对口协商会；先后对《银行业监督管理法》施行情况、保障性住房建设情况等进行了视察，所提对策建议有关部门给予积极落实。认真做好联系界别活动组工作，协助相关界别组围绕“加强和改进安全生产工作”、“维护女职工合法权益”等进行调研考察，组织召开界别协商会，并通过社情民意信息报送了协商成果。此外，还就“农民财产安全”召开了1次重点提案督办暨提案办理协商会。

民族和宗教委员会 先后围绕“农村群众宗教信仰”、“少数民族农民专业合作社发展”以及“理顺优化基层民宗工作体制和力量”等开展调研、视察活动，召开对口协商会，调研和协商成果以调研报告、社情民意信息等形式报送省政府，得到积极采纳。组织委员开展“看发展、看变化”活动，增强信心、增进共识。协助界别活动组围绕“中小企业融资难”、“农业污染治理”等开展履职活动。完成“开展集中配送完善城市物流体系”、“政府部门在民生敏感问题决策时坚持事先协商”两件重点提案督办工作。提出改进和创新工作的“15条措施”；制定《关于加强基层联系密切服务群众的办法》和《关于进一步密切联系委员的办法》。

文史资料委员会 起草了《关于重视和加强我省城镇化进程中历史文化保护与传承的建议案》，经省政协十一届八次常委会议审议通过后报送省委、省政府，并召开专题协商会，就《建议案》转化落实进行协商讨论，报送了协商报告。围绕抗战遗址和纪念场所保护等问题开展专题调研。按照中央、全国政协和省委要求，承担了《山东省党的文献选编》之《山东省政协重要文献选编》、《山东抗战编年纪事》和《十四沿海城市开放纪实》青岛卷、烟台卷的史料征集编辑任务。稳步推进“记忆山东”、“天南地北山东人”等史料征集工作，继续做好《春秋》杂志的编发和征订工作。

【重要活动】

省政协党的群众路线教育实践活动总结大会 1月26日在济南召开。省政协主席、党组书记刘伟出席并讲话。省政协副主席、党组副书记焉荣竹主持会议。省政协副主席栗甲、王新陆、王乃静、陈光、许立全、郭爱玲、孙继业，秘书长张心骥，省委教育实践活动第八督导组负责同志出席会议。

“大力发展混合所有制经济，激活企业创新创造活力”专题协商会 4月29日在济南召开，省政协主席刘伟、副省长张超超出席并讲话。省政协副主席陈光主持会议。省政协副主席王乃静、郭爱玲，秘书长张心骥出席会议。会上，部分省政协委员、市政协和企业家代表围绕发展混合所有制经济提出了意见建议。省发改委、省国资委、省中小企业局、省金融办有关负责同志介绍情况并与委员进行交流。20位群众代表和企业家代表旁听会议。

省政协秘书长与各民主党派省委、省工商联驻会负责人第一次联席会议 5月15日在济南召开。会议通报了省政协2014年度调研视察及协商工作有关情况，研究通过了《省政协秘书长与各民主党派省委、省工商联驻会负责人联席会议规则》，各民主党派省委、省工商联负责同志分别介绍了2014年参政议政重点工作情况．省政协秘书长张心骥主持会议并讲话。

“联合网”开通 6月18日，由国家新闻出版广电总局批准成立、省政协主管、联合日报社具体承办的“联合网”正式上线开通，成为全国唯一省级具有政协统战特色的综合服务网站。

“重视和加强我省城镇化进程中历史文化保护与传承”专题协商会 8月20日在济南召开。副省长孙绍骋，省政协副主席焉荣竹出席并讲话。省政协副主席郭爱玲主持会议。省政协副主席许立全、秘书长张心骥出席会议。会上，省委宣传部、省发改委、省住建厅、省文化厅、省文物局负责同志介绍了有关情况，并与委员和群众代表就《关于重视和加强我省城镇化进程中历史文化保护与传承的建议案》落实情况进行互动交流。会议邀请10位群众代表旁听。

省政协理论学习中心组专题学习会 8月24日至29日在济南举办。会议深入学习习近平总书记重要讲话精神，传达学习全国政协十二届七次常委会议精神，贯彻落实省委十届九次全会精神，研讨交流政协工作。省政协主席刘伟作了书面发言，省政协副主席焉荣竹作了总结讲话。省政协副主席张传林、栗甲、王乃静、陈光、许立全、郭爱玲、孙继业，秘书长张心骥参加学习。27日上午举办学习讲座，中央党校祝灵君教授围绕学习习近平总书记关于加强党的自身建设的重要论述作专题辅导报告。各市政协和省政协各专委会分别进行了交流发言。机关有关负责同志参加了专题学习。

“深化医药卫生体制改革，提高基本医疗保障水平”专题协商会 9月4日在济南召开。副省长王随莲、省政协副主席许立全出席会议并讲话。省政协副主席王新陆主持会议。会上，省发改委、财政厅、人社厅、卫计委四部门负责同志介绍了我省医改工作情况；省政协科教文卫体委员会负责同志介绍了前期专题议政工作开展情况；省政协委员、专家学者、民主党派和工商联代表及群众代表作了发言，提出意见建议。

山东省庆祝人民政协成立65周年大会 9月23日在济南召开。会议深入学习贯彻习近平总书记在庆祝中国人民政治协商会议成立65周年大会上的重要讲话精神，团结动员全省各党派团体和各族各界人士为加快建设经济文化强省、提前全面建成小康社会而奋斗。省委书记、省人大常委会主任姜异康出席会议并讲话，省委副书记、省长郭树清，省委副书记王军民，省政协往届主席陆懋曾、韩喜凯出席会议。省政协副主席焉荣竹主持会议。省政协副主席、民建山东省委主委郭爱玲代表全省各民主党派、工商联和无党派人士发言。部分在济的省委常委、省人大常委会副主任、副省长，省政协副主席、往届副主席、秘书长等出席大会。

《关于进一步加强我省食品安全检测能力建设的建议》重点提案督办座谈会 10月17日在济南召开。省政协主席刘伟、副省长王随莲出席会议并讲话。省政协副主席王乃静主持会议。省长助理、省公安厅厅长徐珠宝，省政协秘书长张心骥出席会议。

省政协专门委员会法律顾问团成立仪式 10月21日在济南举行。省政协主席刘伟出席并为法律顾问团代表颁发聘书。省政协副主席焉荣竹主持并讲话。省政协秘书长张心骥宣读了《关于成立省政协专门委员会法律顾问团的决定》。

全省政协界别工作座谈会 11月6日在济南召开。省政协主席刘伟出席并讲话。省政协副主席焉荣竹主持并作总结讲话。省政协副主席许立全、秘书长张心骥出席会议。会上，省政协有关专委会、界别活动组和市、县政协代表作了交流发言。省政协机关负责同志、各专门委员会主任、省直委员界别活动组召集人，各市政协主席、委员活动工作室负责同志，部分县（市、区）政协主席参加会议。

“坚持‘三个导向’，推进我省农业现代化进程”专题协商会 11月26日在济南召开。副省长赵润田、省政协副主席焉荣竹出席会议并讲话。省政协副主席王乃静主持会议。省政协副主席许立全、秘书长张心骥出席会议。会议就《关于坚持“三个导向”，推进我省农业现代化进程的建议案》的落实情况进行协商交流。

山东省人民政协理论研究会第二届会员代表大会暨理事会会议和理论研讨会 12月4日在济南召开。省政协主席刘伟会前作出批示。省政协副主席焉荣竹出席会议并讲话。省政协秘书长张心骥主持会议。会议传达了中国人民政协理论研究会第二届会员代表大会暨理事会会议、庆祝人民政协成立65周年理论研讨会精神；听取并审议了理论研究会第一届理事会会长王久祜所作的工作报告；审议通过了新修订的理论研究会章程；选举产生了第二届理事会会长、副会长、秘书长、常务理事、理事，省政协副主席焉荣竹当选为第二届理事会会长；审议通过了第二届理事会特邀顾问、副秘书长名单及研究会工作机构设置方案。研讨会上，7位同志围绕“推进政协履职能力现代化”作了主题发言。省政协理论研究会第二届会员代表参加会议。

【重要文件】

常委会工作报告（2014年1月16日）（摘要） 一、关于2013年的工作。（一）深化理论学习，坚定理想信念凝聚思想共识。深入学习中共十八大和十八届二中、三中全会精神，深入学习习近平总书记系列重要讲话和视察山东重要讲话精神，深入学习俞正声主席重要讲话精神，不断加深对中国特色社会主义理论体系和“三个自信”的认识，确保中央、省委重大决策部署在政协得到全面贯彻落实。（二）提高议政建言水平，助推科学发展社会和谐。围绕“培育消费热点，有效扩大内需”和“加快科技创新体系建设，大力实施创新驱动发展战略”进行专题议政，分别形成建议案报省委、省政府。深入开展调研视察活动，注重发挥政协在文化建设中的优势和作用，努力做好服务民生促进和谐的工作。（三）积极探索实践，扎实推进协商民主。围绕促进两个《建议案》的转化落实分别召开了专题协商会。举办了多次对口协商、提案办理协商活动。（四）健全工作机制制度，提高履职效能。研究制定了常委会建设、委员履职以及机关建设等方面的多项规章制度；完善重点提案遴选督办制度；加强社情民意信息收集工作；建立委员履职情况软件系统，制定界别活动暂行办法，划分界别活动组和综合组，设立召集人；召开了专委会工作座谈会。（五）深入开展党的群众路线教育实践活动，不断加强政协自身建设。把党的群众路线教育实践活动作为政协重要政治任务和加强自身建设的有利契机，坚持理论武装贯穿始终，坚持开门搞教育，坚持开展严肃认真的批评和自我批评，坚持边查边改、不等不靠、立说立行。严格贯彻中央八项规定，深入开展“作风年”主题实践活动和“庸懒散”专项治理。二、关于当前政协工作的形势任务。在以习近平同志为总书记的中共中央坚强领导下，中国特色社会主义迈出坚实步伐、呈现出前所未有的光辉前景，为政协事业发展开辟了新的广阔空间，提出了新的更高要求。（一）习近平总书记系列重要讲话为政协事业发展指明了前进方向。（二）全面深化改革为政协事业提供了新的发展机遇。（三）习近平总书记对山东工作的总要求为我省政协工作提供了巨大动力。（四）新的历史条件下政协事业面临许多重大而紧迫的课题。（五）实现工作指导重大转变要求政协积极献计出力。这些是考虑谋划当前和今后工作的根本依据和基本遵循。三、关于2014年的工作打算。要坚持以习近平总书记视察山东重要讲话精神为统领，坚持围绕大局、服务大局，坚持稳中求进、改革创新，努力使政协的各项工作更加扎实、更富活力、更有成效。（一）深入学习习近平总书记系列重要讲话精神。（二）全力服务和助力“走到前列”。（三）积极为全面深化改革贡献力量。（四）推动协商民主工作取得新进展。（五）为发挥委员主体作用拓展载体平台创造良好条件。（六）努力使教育实践活动成果长期管用，切实抓好政协自身建设。

省委书记姜异康在山东省庆祝人民政协成立65周年大会上的讲话（2014年9月23日）（摘要） 习近平总书记在庆祝人民政协成立65周年大会上的重要讲话，是在具有新的历史特点的伟大斗争中指导人民政协事业发展的纲领性文件，为在中国特色社会主义道路上继续把人民政协事业推向前进提供了强大思想武器，为我们在新起点上做好人民政协工作、发展社会主义协商民主指明了正确方向。要把思想和行动统一到习近平总书记重要讲话精神上来，继承和发扬人民政协的优良传统和宝贵经验，继续扎实有效履行职能，续写人民政协事业发展的新篇章。一、要始终坚持中国共产党的领导，牢牢把握坚定正确的政治方向。要把学习贯彻习近平总书记系列重要讲话精神作为首要政治任务，始终在思想上、政治上、行动上同以习近平同志为总书记的中共中央保持高度一致；坚持和完善中国共产党领导的多党合作和政治协商制度，引导各党派、各团体、各民族、各阶层、各界人士不断增强对中国特色社会主义的思想认同、政治认同、感情认同。二、要始终坚持立足大局服务大局，为促进我省全面深化改革、加快经济文化强省建设献计出力。要更加全面准确地领会和把握习近平总书记对山东工作的总要求，准确领会和把握全面深化改革的任务目标、方向重点和政策措施，切实把积极性、主动性、创造性聚焦到实现工作指导重大转变上来，聚焦到腾笼换鸟凤凰涅槃、推动产业转型升级上来，聚焦到积极稳妥准确有序推进各项改革上来，聚焦到弘扬齐鲁优秀传统文化、提升文化软实力上来，聚焦到切实保障和改善民生、促进社会和谐稳定上来，做改革发展的坚定拥护者、主动参与者、积极助力者。三、要始终坚持人民政协为人民，努力在团结群众、联系群众、服务群众上有新作为。要紧紧盯住那些群众最关心、最直接、最现实的利益问题，反映群众关切、表达群众诉求、接受群众监督、推动解决群众实际问题，真正让人民群众享受更多的改革红利。四、要始终坚持高扬人民民主旗帜，切实发挥好政协协商民主在发展社会主义民主政治中的重要作用。要认真制订和组织实施年度协商计划，积极开展专题协商、对口协商、界别协商、提案办理协商，进一步丰富和规范协商内容、创新协商形式、增加协商密度，努力推进协商民主广泛多层制度化发展。五、要始终坚持改革创新，不断推进人民政协履职能力现代化。要把改革创新作为政协工作的新常态，坚持问题导向，进一步加强政协组织建设，建立健全委员联络机构，充分发挥好政协委员的主体作用、界别的纽带作用和专委会的基础作用。各级党委要把政协工作列入重要议事日程，坚持党政领导同志联系政协工作制度，每届党委任期内至少召开一次政协工作会议，党委常委会每年至少听取一次政协工作汇报；坚持把政协政治协商作为重要环节纳入决策程序，支持政协制订年度协商计划；坚持把民主监督作为完善决策、推动工作、改进作风、加强廉政建设的重要途径，注重发挥政协参政议政的作用。要充分发挥政协党组在政协组织中的领导核心作用。要推动政协工作重心下移，健全乡镇（街道）政协工作机构。

【组织概况】

设置省政协委员联络工作委员会的决定

（2014 年 1 月 20 日省政协十一届六次常委会议通过）

根据工作需要，设置省政协委员联络工作委员会。

副秘书长任免名单

（2014 年 1 月 20 日省政协十一届六次常委会议审议通过）

张有兴任省政协副秘书长

赵国卿任省政协副秘书长

王亚东不再担任省政协副秘书长职务

（2014 年 9 月 30 日省政协十一届九次常委会议审议通过）

燕翔任省政协副秘书长（列副秘书长第一位）

专委会主任、副主任任免名单

（2014 年 9 月 30 日省政协十一届九次常委会议审议通过）

曲伟任省政协委员联络工作委员会主任

倪胜希不再担任省政协经济委员会副主任职务

撤销委员资格名单

（2014 年 5 月 30 日省政协十一届十一次主席会议通过，7 月 2 日省政协十一届八次常委会议追认）

万　同

逝世委员名单

谭学林　宋昌林　苏文德

市（区、县）主席变动情况

烟台市

政协副主席

夏晓峰（2014 年 1 月 11 日补选）

山东省各级政协组织和委员数

（截至2014年底）

级别 / 项目	省	副省级市	市	县（市、区）	合计
组织数	1	2	15	137	155
委员数	826	1127	6398	33105	41456

（王嵩博　宋仪艳 编写　邢晓东 审稿）

政 协 河 南 省 委 员 会

钱国玉　副主席

【全体委员会议】

十一届二次会议　1月14日至19日在郑州召开。本次会议应出席委员900人，实到委员827人。会议听取并审议了叶冬松主席所作的省政协十一届常务委员会工作报告，审议了张亚忠副主席代表省政协常委会所作的十一届一次会议以来提案工作情况的报告。与会委员列席了河南省十二届人大三次会议，听取并讨论了谢伏瞻省长所作的《政府工作报告》和其他报告。中共河南省委、省政府及有关部门的负责同志到会听取委员发言。会议审议通过了《政协河南省第十一届委员会第二次会议政治决议》、《政协河南省第十一届委员会第二次会议关于常务委员会工作报告的决议》、《政协河南省第十一届委员会第二次会议关于提案审查情况的报告》。会议同意接受张维宁辞去政协河南省第十一届委员会副主席职务的请求，同意接受詹海观辞去政协河南省第十一届委员会常务委员职务的请求。会议补选省政协副主席1名、常务委员1名。会议认为，2013年，省政协常委会在中共河南省委的坚强领导下，坚持团结和民主主题，围绕中心、服务大局，求真务实、扎实工作，为推动经济社会发展、深化改革开放、健全社会主义协商民主制度作出了积极贡献。会议指出，2014年是我省全面完成“十二五”规划目标任务的关键一年。做好2014年省政协工作的总体要求是：深入学习贯彻党的十八大及十八届二中、三中全会精神和习近平总书记系列重要讲话精神，以科学发展观为指导，在省委领导下，按照省委九届六次全会和省委经济工作会议决策部署，高举爱国主义和社会主义旗帜，把握团结和民主主题，大力弘扬改革创新精神，紧紧围绕打造富强河南、文明河南、平安河南、美丽河南和推进社会主义民主政治制度建设、加强和提高党的执政能力制度建设，切实履行职能，积极发挥作用，努力为中原崛起、河南振兴、富民强省作出应有贡献。

【常务委员会会议】

第4次会议　1月7日至8日在郑州举行。会议应到173人，实到139人。会议学习了中共十八届三中全会精神，传达学习了省委经济工作会议和省委九届六次全体（扩大）会议精神。听取并讨论了谢伏瞻省长关于我省经济社会发展情况的通报。审议通过了召开省政协十一届二次会议的决定以及省政协十一届二次会议的议程（草案）和日程（草案），审议通过了政协河南省第十一届委员会常务委员会工作报告（草案）并推举报告人，审议通过了政协河南省第十一届委员会常务委员会提案工作报告（草案）。听取了省政协办公厅、各专门委员会关于2013年工作完成情况和2014年工作初步打算的汇报。

审议通过了有关人事事项：增补钱国玉、徐元鸿为政协十一届河南省委员会委员，免去毛德富政协十一届河南省委员会副秘书长职务，任命介新为经济委员会主任、毛德福为学习和文史委员会主任。叶冬松主席在会议结束时作了讲话。

第5次会议　1月18日在郑州举行。会议应到172人，实到127人。会上，省委常委、统战部部长史济春作了关于补选政协第十一届河南省委员会副主席、常务委员情况的说明。会议审议通过了政协第十一届河南省委员会第二次会议选举办法（草案），政协第十一届河南省委员会补选副主席、常务委员候选人建议人选名单，政协第十一届河南省委员会第二次会议总监票人、监票人建议人选名单，政协第十一届河南省委员会第二次会议关于常务委员会工作报告的决议（草案），政协第十一届河南省委员会提案委员会关于政协十一届二次会议提案审查情况的报告（草案），政协第十一届河南省委员会第二次会议政治决议（草案）。会议还书面听取了大会秘书长郭俊民关于委员审议和讨论情况的综合汇报。

第6次会议　4月9日至10日在郑州举行。会议应到172人，实到153人。会议传达学习了十二届全国人大二次会议和全国政协十二届二次会议精神以及省委九届七次全体（扩大）会议精神。会议听取了关于《省政协党组2014年工作要点》和《省政协2014年协商工作计划》有关情况的说明，听取了关于《省政协2014年视察考察工作计划》和《省政协专门委员会2014年专题调研工作计划》有关情况的说明。会议对省政协十一届一次会议优秀提案进行了表彰。会议还听取了关于人事事项的说明。讨论通过省政协十一届委员会副秘书长任免名单和调整委员名单、委员增补名单，同意接受李建中辞去省政协常务委员决定，通过撤销张翔省政协常务委员职务和委员资格的决定。会议围绕2014年省政协工作要点和各专门委员会调研工作计划进行了认真讨论。叶冬松主席在会议结束时作了讲话。

第7次会议　7月9日至10日在郑州举行。会议应到172人，实到148人。会议学习了习近平总书记在河南考察指导时的重要讲话精神和省委书记郭庚茂在全省领导干部会议上的讲话精神，传达学习了全国政协十二届六次常委会议精神，听取了省政协常委视察团关于促进我省电子商务健康快速发展视察情况的报告。会议围绕省委、省政府中心工作，就“加快建设先进制造业大省”进行专题议政。12位同志作了大会发言，会议共收到发言材料48件。委员们从加大改革力度，推动先进制造业稳步发展；扩大开放招商，加快先进制造业建设步伐；推进科技创新，提升先进制造业核心竞争力；推动产业聚集区建设，带动先进制造业快速发展四个方面提出了许多有价值的意见和建议。会议还表决通过了《中国人民政治协商会议河南省委员会专门委员会通则》和有关人事事项。叶冬松主席在会议结束时作了讲话。

第8次会议　9月28日至29日在郑州举行。会议应到172人，实到141人。会议学习了习近平总书记听取兰考县委和河南省委教育实践活动情况汇报时的重要讲话精神，学习了习近平总书记在庆祝中国人民政治协商会议成立65周年大会上的重要讲话精神，传达学习庆祝中国人民政治协商会议成立65周年大会精神和庆祝人民政协成立65周年理论研讨会精神，传达学习了全国政协十二届七次常委会议精神，听取省政协常委视察团关于黄河滩区扶贫开发视察情况的报告。围绕“高成长服务业发展”主题进行专题议政，14

位同志作了大会发言。大家认为，加快高成长服务业发展是转变经济发展方式、调整经济结构、提高经济整体效益的重大战略。要注重规划引导，加大政策扶持，完善体制机制，扩大对外开放，拓宽融资渠道，加强基础设施建设，大力引进服务业重点项目，推动我省高成长服务业又好又快发展。会议审议了《政协河南省委员会提案委员会关于政协十一届二次会议以来提案办理情况的报告》。叶冬松主席在会议结束时作了讲话。

【专门委员会工作】

提案委员会 2014 年共收到提案 736 件，经提案委员会审查立案 606 件，作为委员来信转送有关部门参考 95 件，并案、撤案 35 件。截至 2014 年 12 月底已全部办理完毕，办复率 100%。主要做法：一是注重夯实基础，采取措施提高提案质量。二是持续探索创新，抓好重点提案督办工作。三是加强调研督办，增强提案办理协商实效。四是优化服务质量，为提案工作提供有力保障。

经济委员会 创新方式方法，坚持点面结合，上下联动，先后围绕我省混合所有制经济发展、信息化与工业化融合发展进行调研，写出调研报告。组织委员对郑州、洛阳电子商务发展情况、郑开城际铁路建设及运营情况进行视察。协助 372 号提案的办理落实，对郑州市西史赵城中村改造项目和净香园经济适用房项目建设进行视察。协助有关部门组织筹备第九届豫商大会和 2014 年“5+2”经济合作活动，参加鄂豫皖政协主席联席会议第三次会议，加强与省直对口单位和兄弟省市政协的联系和交流。

农业委员会 围绕常委会专项议题，对我省农村土地流转情况和黄河滩区扶贫开发及扶贫搬迁情况专题开展调查。精心筹备第四次月协商座谈会和省政协常委视察团视察黄河滩区扶贫开发工作。督办 543 号重点提案的落实。加强与省市政协的联系与合作。

人口资源环境委员会 组织委员、专家、学者和民主党派成员对郑州及周边地区灰霾天气治理情况进行专题调研。赴内蒙古就生态环境保护情况进行考察。配合有关部门督办省政协重点提案。与对口部门和兄弟省市政协加强沟通协作。

教科文卫体委员会 分别围绕我省建立现代职业教育体系、文化产业发展现状和全民健身条例落实情况进行专题调研，写出专题调研报告。精心组织省政协首次月协商座谈会。召开全省政协教科文卫体委员会工作座谈会，视察高招录取现场，参与重点提案督办，弘扬中原文化，加强沟通联系，先后两次举办书画展，接待广东省政协书画家团队来豫考察。

社会和法制委员会 分别围绕依法治省有关问题和充分发挥政协委员在化解社会矛盾中的作用、我省先进制造业的人才保障问题和积极培育养老服务业问题进行专题调研。组织积极培育我省养老服务业协商座谈会，参加全国政协社会和法制委员会工作座谈会。认真办理群众来信来访的转交工作，参与省政协重点提案办理。

民族和宗教委员会 召开全省政协民族和宗教工作座谈会，组织医卫专家赴商城县义诊讲学，免费为群众看病 1300 多人次。就我省宗教界开展的社会事业和加强农村宗教事务管理情况进行专题调研。

港澳台侨和外事委员会 在香港、澳门召开港澳委员学习座谈会，召开全省政协港澳台侨和外事工作会议，组织省政协月协商座谈会。围绕进一步优化我省港澳台侨资企业发展环境进行调研。在厦门举办第十二届河洛文化研讨会，组织河洛文化研究高层论坛。参与筹备第六届中原（固始）根亲文化节，参加世界客属第 27

届恳亲大会。做好外事出访团的组织实施工作和兄弟省市政协来访以及港澳台侨等重要客人的接待。参与重点提案办理。

学习和文史委员会 出台《政协河南省委员会关于加强文史资料工作的意见》和《河南省新中国成立以来文史资料征集大纲》指导推动文史工作。编辑出版《百年记忆——河南文史资料大系》和《河南文史资料》4辑约48万字。编印《学习参考资料》4期约24万字。组织委员就发挥非物质文化遗产在推动高端服务业发展中的作用进行调研，举办河南省政协第二期文史干部培训班，筹备建立省政协文史资料室，参与重点提案督办，参加全国政协文史工作会议，加强与全国政协的协作交流。

市级政协工作委员会 组织委员就南水北调源头区旅游业发展问题进行调研。召开第十六次省辖市政协主席联席会和省直管县（市）政协主席座谈会，通过《政协工作简报》、《社情民意》推广经验、反映建议，协助文史委编辑《百年记忆——河南文史资料大系》，参与重点提案督办。

【重要活动】

“5+2”经济合作活动 4月2日至3日，2014年“5+2”经济合作活动在商丘市六县三区同时举行。商丘市在此次经济合作活动中收获丰硕，9个县（区）与9家商会签署战略合作协议，签约项目19个，总投资87亿元，涉及纺织服装、机械加工、食品加工等。此次活动在组织形式上做了创新，由海内外豫商团体组织报名参加活动，按照自由选择的方式直接到商丘所属的六县三区报到，参加活动，最后在商丘市举行会议闭幕式。中央第二巡视组组长、中共河南省委原书记、河南省豫商联合会名誉会长徐光春，省政协副主席李英杰，省豫商联合会会长、九届省政协副主席陈义初，省委副秘书长、省委办公厅主任白建国，市委书记陶明伦，市长余学友，市政协主席吴宏蔚等出席仪式。省政协经济委员会主任介新主持仪式。闭幕式上陈义初、陶明伦分别致辞，徐光春作了讲话。

甲午年黄帝故里拜祖大典 4月2日，由河南省人民政府、政协河南省委员会、国务院台湾事务办公室、中华全国归国华侨联合会、中华全国台湾同胞联谊会、中华炎黄文化研究会六家联合主办的甲午年黄帝故里拜祖大典在新郑市隆重举行。来自海内外的嘉宾7000余人齐聚黄帝故里，共同拜谒先祖，仰怀中华文明。全国政协副主席马飚，十届全国人大副委员长许嘉璐，河南省委书记、省人大常委会主任郭庚茂，省委副书记、省长谢伏瞻出席拜祖大典。河南省政协主席叶冬松致欢迎辞。拜祖仪式由中共中央委员、中华全国归国华侨联合会主席林军主持。许嘉璐副委员长亲自修改审定并朗诵《拜祖文》。拜祖大典期间，第八届中国（河南）国际投资贸易洽谈会、第八届黄帝文化国际论坛、第三届中国豫剧节、海内外华侨华人近现代书画名家展和精品图书展、第二十四届中国（郑州）兰花博览会和第五届中国兰花产业发展论坛等一系列经贸、文化活动同步进行。

省直管县政协主席会议 5月26日，省直管县政协主席座谈会在汝州市召开，省政协副主席靳克文，省政协副秘书长、办公厅主任马葆青，省政协市级政协工作委员会主任李新增和10个省直管县（市）政协主席出席会议。汝州市委书记高建军，市委副书记、市长万英，市政协主席陈国重，市委常委、秘书长王英敏等参加座谈或陪同考察。各省直管县（市）政协主席分别就政协工作和文化旅游产业发展情况作了交流发言。靳克文副主席在会上作了讲话。

视察电子商务产业发展 6月4日至5日，省政协常委视察团到郑州、洛阳就电子商务发展情况进行视察调研。省政协主席叶冬松，副主席邓永俭、梁静和秘书长郭俊民参加视察。省委常委、郑州市委书记吴天君，省委常委、洛阳市委书记陈雪枫分别参加在郑州、洛阳的视察活动。视察团先后到河南网商园、河南省电子商务产业园、中国中部国际贸易电子商务服务基地和洛阳师范学院、洛阳哈他网络科技有限公司、洛阳恒凯科技信息技术有限公司，实地了解产业园发展、企业运营和电子商务教学实践情况。5日下午，视察团在洛阳召开会议，听取省商务厅、省工信厅和郑州市、洛阳市关于电子商务发展的情况介绍。视察团对我省电子商务取得的成绩和发展势头表示肯定，就如何促进电子商务健康快速发展提出三点建议。梁静代表视察团作了讲话。

河洛文化学术研讨会 6月11日至12日，由全国政协港澳台侨委员会、河南省政协、福建省政协、中国河洛文化研究会共同主办的第十二届河洛文化研讨会在福建省厦门市举行，会议主题是“河洛文化与闽南文化”。全国政协副主席、台盟中央主席林文漪出席会议。全国政协港澳台侨委员会原主任、中国河洛文化研究会第二任会长陈云林，全国政协港澳台侨委员会主任、中国河洛文化研究会会长杨崇汇，中央马克思主义理论研究和建设工程咨询委员会主任徐光春，河南省政协主席叶冬松，河南省政协副主席、中国河洛文化研究会常务副会长邓永俭，中国河洛文化研究会常务副会长陈义初，河南省政协秘书长郭俊民以及福建省政协，厦门市政府、市政协的领导同志参加会议。来自北京、福建、江西、广东、河南等省市和香港、台湾以及美国、韩国的专家学者近200人与会研讨。大会共收到研究论文110篇，编辑出版了《河洛文化与闽南文化》论文集。

全省政协秘书长会议 6月23日至24日，全省政协秘书长座谈会第十一次会议在濮阳召开，省政协副主席靳绥东出席，省政协秘书长郭俊民主持座谈会。会上，18个省辖市及10个省直管县政协秘书长交流了探索政协协商民主的做法和体会，就进一步规范协商内容，拓展协商民主形式，更加活跃地组织开展专题协商、对口协商、界别协商、提案办理协商，提高协商成效提出了意见和建议。靳绥东副主席在会上作了讲话。

视察黄河滩区扶贫开发情况 8月21日至22日，省政协副主席靳绥东、李英杰率领省政协常委视察团以及新乡市、兰考县、长垣县等市、县领导到濮阳，就黄河滩区扶贫开发工作进行调研。濮阳市有关领导陪同调研并参加座谈会。视察团先后深入到濮阳县习城乡黄河滩区扶贫搬迁示范工程——黄河明珠社区、濮阳县汇源集团肉羊养殖项目万亩草场等地实地察看了情况，与基层干部群众深入交流，征求他们对扶贫搬迁的意见和建议。座谈会上，省发改委、扶贫办、河南黄河河务局分别汇报了我省黄河滩区扶贫开发工作情况，新乡市、濮阳市、兰考县、长垣县分别汇报了黄河滩区扶贫开发工作情况。视察团对黄河滩区扶贫开发工作给予充分肯定，并对今后工作提出了有益建议。靳绥东代表视察团作了讲话。

第九届豫商大会 8月28日上午，由河南省政协主办，新乡市人民政府、河南省商务厅、河南省归国华侨委员会、河南省工商业联合会、河南省豫商联合会承办的第九届豫商大会在河南新乡开幕。开幕式由河南省政协主席叶冬松主持，中央巡视组组长、河南省委原书记、省豫商联合会名誉会长徐光春，全国政协教科文卫体委员会副主任、河南省政协原主席、河南省豫商联合会名誉会长王全书，河南省副省长李亚，河南省政协副主席邓永俭，河南省政协副主席、省工商联主席梁静，河南省政协原副主席、省豫商联合会会长陈义初等领导和嘉宾出席开幕式。本届豫商大会以“凝聚‘乡’情·共赢发展”为主题。据悉，此次大会共促成46个项目签约，总投资达680亿元，投资总量创历届之最。这次大会共有108个省、市豫商协会及海外河南商会组团参会，与会嘉宾达1700人，也创历届豫商大会规模之最。

豫皖书画精品联展　9月17日，庆祝新中国和人民政协成立65周年豫皖政协书画精品联展在河南艺术中心开幕。省政协副主席靳绥东、邓永俭、高体健、靳克文、钱国玉，安徽省政协副主席张学平等出席开幕式。此次展览展出了120幅书画作品，是两省书画名家之作。书画家们用笔墨各异、主题鲜明的作品，赞美祖国江山如此多娇，讴歌新中国和人民政协成立65周年以来的沧桑巨变和辉煌成就。作品既突出地域特色，又体现时代特征，具有很强的观赏性和感染力。

中原根亲文化节　9月26日，“唐人故里·闽台祖地”第六届中原（固始）根亲文化节在固始县华夏根亲园广场隆重开幕。中国侨联副主席康晓萍，全国台联副会长杨毅周，中国国民党荣誉副主席蒋孝严，河南省政协副主席邓永俭，九届河南省政协副主席、中国河洛文化研究会常务副会长陈义初，中国台湾致公党主席、全国台湾同胞投资企业联谊会副会长陈柏光等领导，以及来自美国、加拿大、匈牙利、新加坡、马来西亚、缅甸等国家和台、港、澳地区以及福建、北京等省市的政要、学者、宗亲代表、商界精英、新闻记者共1000多人参加开幕式。在随后召开的固始与闽台企业家联谊大会上，固始县与两岸三地企业家现场签约项目32个，投资总额达31.39亿元。本届根亲文化节为期3天，同时举行了第七届固始与闽台渊源关系研讨会、“根亲杯”全国书画大奖赛获奖作品展暨两岸三地书画作品展、姓氏族谱展、姓氏宗亲联谊大会、小吃产业发展研讨会以及“美食文化周”（固闽台小吃展）等活动。

省辖市政协主席会议　10月22日，全省省辖市政协主席联系会第十六次会议在濮阳市召开。省政协副主席靳克文、省政协秘书长郭俊民、省政协市级政协工作委员会主任李新增和各省直管县（市）政协主席或副主席出席会议。濮阳市委书记段喜中到会祝贺并致辞。会上，部分省辖市、省直管县政协主席分别作了交流发言，探讨了做好人民政协工作的经验和体会。会议协商通过了全省省辖市政协主席联系会第十六次会议纪要。

鄂豫皖三省政协主席联席会议　10月23日至24日，大别山区鄂豫皖三省政协主席联席会议第三次会议在安徽省六安市召开，本次会议的主题是加强大别山区生态环境保护工作。安徽、湖北、河南三省政协主席王明方、杨松、叶冬松，安徽省委副书记李锦斌，安徽省委常委、副省长陈树隆，鄂豫皖三省政协副主席王振有、邓永俭、李卫华、牛立文等出席会议。全国政协提案委员会副主任傅克诚、人口资源环境委员会驻会副主任凌振国，国家林业局副局长张建龙，国务院扶贫办副主任洪天云等出席会议。与会同志围绕会议主题深入进行了协商讨论，达成了广泛共识。会议建议，国家层面在项目安排和政策扶持上，加大对大别山生态环境保护和生态产业发展的支持力度。会议强调，三省政协要继续围绕助推大别山区振兴发展，及时交流情况，共同探讨问题，联名提出建议，增强工作合力。

学习贯彻习近平重要讲话座谈会 11月5日上午，学习贯彻习近平总书记在庆祝人民政协成立65周年大会上重要讲话座谈会在郑州举行。省委书记、省人大常委会主任郭庚茂出席会议并讲话。省委副书记、省长谢伏瞻出席会议，省政协主席叶冬松主持会议。会上，5位同志分别代表省民主党派、人民团体、省辖市和省直管县（市）政协作了发言，畅谈学习体会，交流履职经验，围绕学习贯彻习近平总书记重要讲话精神、做好新形势下我省政协工作提出意见建议。省委、省人大常委会、省政府、省政协、省军区有关领导同志，省法院、省检察院主要负责同志，往届省政协主席、副主席，省各民主党派、工商联负责人，省直有关单位负责人，驻豫全国政协委员、省政协常委和委员代表，省辖市、省直管县（市）政协主席，省政协机关干部等出席了座谈会。

河南省人民政协理论研讨会 11月5日下午，河南省人民政协理论研讨会在省政协礼堂召开。省政协副主席龚立群、张亚忠、高体健、靳克文，秘书长郭俊民，各省辖市、直管县（市）政协主席和有关专家学者出席会议。省委党校科社教研部主任田宪臣，省政协办公厅研究室主任曹金强，省社会主义学院教研室副主任王远启，鹤壁市政协主席张俊成，驻豫全国政协委员、河南财经政法大学法学院院长邸瑛琪先后发言，介绍了学习体会和开展协商民主工作的理论思考和工作实践。省政协主席叶冬松出席会议并讲话，强调要认真学习贯彻习近平总书记重要讲话，落实省委要求，坚定方向，履行职能，提升水平，充分发挥政协作为协商民主重要渠道作用，大力推进我省政协工作创新发展。

省政协新年茶话会 12月30日上午，河南省政协在郑州国际会展中心轩辕堂举行新年茶话会。省委书记、省人大常委会主任郭庚茂，省委副书记、省长谢伏瞻等省领导与各界人士欢聚一堂，畅叙友情、共话未来。省政协主席叶冬松主持茶话会。郭庚茂作了热情洋溢的讲话。省政协副主席、民革省委主委李英杰代表省各民主党派、工商联和无党派人士作了发言。文艺工作者表演了精彩的节目。省领导邓凯、李克等和省会各界人士出席茶话会。

【重要文件】

常委会工作报告（2014年1月14日）（摘要） 一、2013年工作回顾。首先，重点抓了四件大事。第一，认真学习贯彻党的十八大及十八届二中、三中全会精神和习近平总书记系列重要讲话精神。第二，深入开展党的群众路线教育实践活动。坚持把学习教育贯穿始终，围绕学习主题组织集体研读、实地参观、专题辅导和座谈交流，发放相关材料，观看教育录像片，撰写心得体会，不断提高认识、增强自觉。第三，扎实做好新一届政协开篇谋局。全面回顾十届省政协工作情况，系统总结实践经验，从学习贯彻党的十八大精神、服务科学发展、促进民生改善、凝聚发展力量、推进协商民主、加强自身建设6个方面，统筹部署今后五年工作。第四，积极探索推进政协协商民主。围绕政协协商民主制度和机制、内容和形式、现状和方向等课题，组织专家学者进行研究。建立省政协领导推进协商民主联系点，总结市县政协推进协商民主的好思路、好做法、好经验，指导市县政协开展协商活动。其次，从6个方面回顾了2013年的其他工作。（一）坚定信念，巩固基础，牢牢把握正确政治方向。始终坚持中国共产党领导，认真贯彻中央决策部署和省委要求，确保政协工作沿着正确政治方向前进。（二）围绕中心，服务大局，大力助推经济社会发展。一是紧扣中心任务开展调研。二是紧跟重大部署组织议政。三是紧切重点工作进行视察。四是紧抓特色活动搭建平台。（三）了解社情，反映民意，切实维护群众切身利益。一是真实反映群众意愿。二是积极建言民生改善。三是促进解决热点问题。四是热情关心弱势群体。（四）发扬民主，促进团结，广泛凝聚各界智慧力量。一是充分发挥党派作用。二是密切联系民族宗教界人士。三是广泛团结港澳台侨胞。四是增强政协工作整体合力。（五）创新方法，完善机制，持续提升整体工作水平。一是提高议政建言质量。二是提升提案工作水平。三是加强反映社情民意信息工作。四是做好文史资料和宣传工作。（六）提升素质，夯实基础，不断加强政协自身建设。一是加强委员队伍建设。二是加强专委会建设。三是加强作风建设。四是加强机关建设。二、2014年工作安排。（一）以更加自觉的态度强化政治学习。（二）以更加主动的履职服务发展改革。（三）以更加扎实的工作促进民生改善。（四）以更加广泛的团结汇聚强大合力。（五）以更加创新的思维推进协商民主。（六）以更加务实的作风加强自身建设。

叶冬松在政协第十一届河南省委员会第二次会议闭幕会上的讲话（2014年1月19日）（摘要） 各位委员、同志们，省委九届六次全会、省委经济工作会议和这次“两会”，对2014年各项工作进行了全面安排。我们要按照会议部署，扎实履行政协职能，以实际行动学习好、贯彻好、落实好中央精神和省委要求。一要坚定信念，真学真用明方向。二要围绕中心，尽职尽责促发展。三要牢记宗旨，全心全意惠民生。四要转变作风，善做善成求实效。

【组织概况】

副主席增补名单

（2014年1月19日河南省政协十一届二次会议通过）

钱国玉

副主席辞职名单

（2014年1月19日河南省政协十一届二次会议通过）

张维宁

常委增补名单

（2014年1月19日河南省政协十一届二次会议通过）

徐元鸿

常委辞职名单

（2014年1月19日河南省政协十一届二次会议通过）

詹海观

委员调整（不再担任）名单

（2014年4月10日河南省政协十一届六次常委会议通过）

付 东 李建中 张国伟 范修芳
殷久勇 梁玉珍（女）

委员增补名单

（2014年4月10日河南省政协十一届六次常委会议通过）

王海鹰 安洪光 辛如记 武宪功
单增建 蔡永礼

委员撤销名单

（2014年4月10日河南省政协十一届六次常委会议通过）

张 翔

委员辞职名单

（2014年4月10日河南省政协十一届六次常委会议通过）

李建中

专门委员会主任、副主任增补名单

（2014年1月8日河南省政协十一届四次常委会议通过）

增补：

介新为政协河南省委员会经济委员会主任

毛德富为政协河南省委员会学习和文史委员会主任

市、县、区政协主席变动情况

郑州市政协主席

王　璋（2014年2月23日当选）

李秀奇（2014年2月23日不再担任）

开封市政协主席

焦跃进（2014年2月27日当选）

顾　俊（2014年2月27日不再担任）

洛阳市政协主席

刘应安（2014年2月27日当选）

周宗良（2014年2月27日不再担任）

焦作市政协主席

秦海彬（2014年3月27日当选）

袁振喜（2014年3月27日不再担任）

焦作市解放区政协主席

胡水星（2014年7月7日不再担任）

南阳市政协主席

刘朝瑞（2014年3月19日当选）

贾崇兰（2014年3月19日不再担任）

南阳市方城县政协主席

杨新亚（2014年12月28日不再担任）

南阳市南召县政协主席

张　梅（2014年9月5日当选）

张　梅（2014年12月28日不再担任）

左德山（2014年3月27日不再担任）

新乡市政协主席

刘建华（2014年3月17日当选）

范学贵（2014年3月17日不再担任）

周口市淮阳县政协主席

苏中林（2014年1月21日担任）

濮阳市政协主席

徐兰峰（2014年3月12日当选）

河南省各级政协组织和委员数

（截至2014年底）

级别 / 项目	省	设区的市	省直管县	县（市、区）	合计
组织数	1	18	10	150	179
委员数	900	7301	2936	32658	43795

（牛海棠 编写　张丛乐 审稿）

政协湖北省委员会

王振有　副主席

【全体委员会议】

十一届二次会议　1月16日至21日在武汉举行。委员应到726人，实到661人。会议审议批准杨松主席所作的十一届省政协常委会工作报告和陈天会副主席所作的十一届省政协提案工作情况的报告。出席会议的委员列席省十二届人大二次会议，听取并协商讨论政府工作报告、省高级人民法院工作报告、省人民检察院工作报告及其他有关报告，并提出意见建议。会议通过省政协十一届二次会议政治决议、十一届省政协常委会工作报告的决议、提案审查情况的报告。杨松主席作闭幕讲话。中共湖北省委书记李鸿忠，省委副书记、省长王国生，省委副书记张昌尔等领导同志出席开幕会和闭幕会，参加联组讨论，听取委员大会发言，与委员共商改革发展大计。会议从巩固团结奋斗的共同思想基础、做好建言献策工作、促进社会建设、发展社会主义协商民主、做好团结联谊工作、提高政协工作科学化水平等6个方面对2013年省政协工作作了总结。会议对2014年省政协工作作出安排部署，要组织开展3次议政性常委会议、2次常委专题协商会和9次界别协商座谈会。会议增选王振有为十一届省政协副主席，冀群风为十一届省政协常委。会议期间，共收到提案754件，经审查立案718件，收到大会发言170多篇，政协委员和列席人员围绕政府工作报告及其他报告进行小组发言、联组发言1200多人次，编发简报69期。

【常务委员会会议】

第5次会议　4月16日至17日在武汉举行。会议应到146人，实到131人。会议传达学习了全国“两会”精神，围绕“坚持科学发展，切实转变经济发展方式”议题展开了协商讨论。杨松主席主持开幕会并作闭幕讲话。副省长许克振到会通报我省有关情况。省直有关单位负责人到会听取大会发言、参加分组讨论。19位委员作大会发言。会议要求，全省各级政协组织和广大政协委员要把学习、贯彻、落实全国两会精神作为当前一项重要政治任务，坚持稳中求进工作总基调，聚焦全面深化改革履行职能。要高度重视转变经济发展方式工作，善于提出和研究问题，在调查研究、咨询论证、建言献策等环节下功夫，在加快转变经济发展方式、推进混合所有制经济发展等方面提出更多可操作的意见和建议。要充分发挥政协职能优势、联系群众优势和委员岗位作用，做转方式的参与者、推动者、实践者。常务副主席范兴元主持闭幕会。

第6次会议　7月16日至17日在武汉举行。应到委员146人，实到128人。会议传达了中共中央政治局常委、全国政协主席俞正声视察湖北和在全国政协十二届六次常委会议上的讲话精神，协商讨论了我省“深化经济体制改革，完善现代市场体系”议题。杨松主席主持开幕会并作闭幕讲话。省委常委、常务副省长王晓东出席会议并在会上通报有关情况。22位委员作大会发言。委员们建议，要加大政策落实力度，通过严格落实政策、推进政策具体化、精减办事程序等，用活用足用好现有政策；在金融、税收等方面创新民营经济发展政策，通过加大宣传力度、挖掘商会和行业组织的政策传播功能、促进民营企业主动学习现有政策等措施，加大政策信息公开力度。要健全和完善信用环境，加快市场主体信用信息平台建设，加强中小微企业诚信管理制度建设和诚信文化建设；要健全和完善法治环境，完善法律体系，政府部门要依法行政，政法机关要认真执行“十六条”；民营企业应积极参与市场环境建设，既做受益者，也做创造者。要做好“减法”，减少对民营经济的过度干预；做好“加法”，强化政府的服务职能；创新监管方式，主动强化市场行为监管，充分发挥社会力量在市场监管中的作用。会议通过有关人事事项。常务副主席范兴元主持闭幕会。

第7次会议 11月4日至6日在武汉召开。应到委员146人，实到125人。会议传达学习了中共十八届四中全会和全国政协十二届八次常委会议精神，协商讨论了“推进创新驱动发展、加快创新湖北建设”议题。杨松主席主持开幕会并作闭幕讲话。郭生练副省长到会通报我省“推进创新驱动发展、加快创新湖北建设”有关情况，听取大会发言。20位委员作大会发言。会议要求，全省各级政协组织和广大政协委员要把学习贯彻十八届四中全会精神作为重大政治任务，切实把思想和行动统一到四中全会精神上来，用全会精神指导和推动政协工作。委员们建议，实施创新驱动发展战略，必须紧紧抓住科技创新这个“牛鼻子”，努力发挥企业主体作用、人才关键作用、金融支撑作用。要全面认识创新主体，真正厘清创新主体的内涵与外延，加强创新能力建设，提高政府服务能力；要处理好引进与培养、培养与使用的关系，处理好领军人才与千军万马的关系，处理好科技人才与其他人才的关系；要发挥广义金融的统合作用，关注、研究、用好互联网金融，打造良好的科技金融生态环境。会议通过了有关人事事项。常务副主席范兴元主持闭幕会。

【专门委员会工作】

提案委员会 对880件提案稿进行审查，立案837件。召开2014年提案交办会，将837件提案分别交由109个承办单位办理。参加省长领办、主席督办活动20次。开展重点提案的专题调研10余次。召开全省政协提案委员会工作座谈会、省政协提案办理工作座谈会，对进一步提高提案质量、加强提案办理协商、增强提案办理实效等问题进行了探讨和交流。推动制发了《省政协专门委员会参与组织重点提案督办活动方案》。创新优秀提案评选办法，专门组织政协委员中的专家和资深提案工作者对优秀提案《建议目录》进行评议。

经济委员会 组织召开“大力发展战略性新兴产业”界别协商座谈会。围绕省政协十一届五次、六次常委会议的协商议题，就金融服务农村新型市场主体、小微型制造业发展、我省农产品深加工等专题进行调研视察。围绕湖北大别山区、秦巴山区、幕阜山区的扶贫攻坚开展一系列助推地方经济发展工作。组织召开2次经济形势分析会，对做好我省经济工作提出意见建议。

人口资源环境委员会 组织委员开展视察、调研、学习考察及界别协商、专题协商等活动14次，组织或参与人口资源环境领域重大活动6次，组织委员学习、座谈、界别和联谊活动13次，提交视察、调研和考察报告10份，集体提案1件，社情民意信息3篇。围绕“我省工业重点领域节能工作情况”开展专题调研。以“加快推进我省社会养老服务体系建设”为主题组织委员进行专题视察和学习考察。组织召开省政协推进梁子湖生态环境保护工作专题协商会。协助做好省政协领导参加大别山区鄂豫皖三省政协主席联席会议第三次会议的前期调研工作。认真做好参加全国政协“利用水泥窑协同处置垃圾废弃物”双周协商座谈会的前期调研和材料工作。

教科文卫体委员会 开展各种专题调研、视察考察、界别活动23次，提出调研、视察报告和其他建议材料13份，其中集体提案和社情民意信息6件，组织开展界别活动7次。对“加快我省软件和信息服务业发展”等问题开展了专题调研。就“加大省属高校投入问题”开展委员视察。围绕“农村基础教育投入及义务教育均衡发展”等问题组织界别委员活动。组织召开了“健全药品供应保障体系，强化基本医疗卫生制度”界别协商座谈会。

社会和法制委员会 开展10项专题调研、8次立法协商、1次委员年度视察、3次界别活动，召开2次专题座谈会、1次界别协商座谈会，提交议政建言材料10多件。完成“我省农村社区建设问题”委员年度视察。就“我省民营经济发展法治环境”问题开展专题调研和座谈。完成全国政协“建筑工人工伤保险问题”双周协商座谈会调研任务。就《东湖国家自主创新示范区条例》等地方法规和法治建设文件，提出修改意见和建议。组织专家起草《湖北省梁子湖生态环境保护条例》立法建议稿。为8件省政协委员及有关人员涉法涉诉信访案件提供法律咨询服务。就完善现代市场体系等课题开展专题调研。组织召开“未成年人安全教育问题”界别协商座谈会。

民族和宗教委员会 开展专题调研3次，组织专题考察、视察、座谈、研讨各1次，举办委员主题活动、界别活动各1次。承办“打造鄂东禅宗文化旅游品牌”省政协常委专题协商会，形成各类参政议政材料20余件。就民族地区创新发展问题、农村宗教事务管理等课题进行了专题调研。就“《宗教事务条例》贯彻实施情况”开展了年度视察。参加全国暨地方政协民族宗教工作研讨会，并在会上作交流发言。

文史和学习委员会 开展委员活动日和界别活动3次，组织委员学习培训3次，编辑出版文史资料图书和学习辅导材料7本，开展调研7次。组织学习贯彻中共十八届四中全会精神大会。组织召开“随州大遗址保护与利用”界别协商座谈会暨重点提案督办会。与相关单位共同主办“首届湖北文化发展论坛（2014）”。与相关部门联合召开“弘扬荆楚文化与践行社会主义核心价值观学术研讨会”。编辑出版一本《天下禅源——鄂东禅风录》，两期《湖北文史》，四期《学习与思考》。全面完成我省抗战史料、澳门回归史料的协作组稿和编辑工作。全面启动《湖北抗战画史》、《湖北抗战史料精选》的前期组稿和征集工作。协助全省各市州政协文史委编辑出版文史图书16本。

港澳台侨和外事委员会 做好省政协领导走访驻港澳省政协委员企业、赴台考察、率团出访和会见外宾的协调和服务工作。组织安排部分优秀中小学教师、医务工作者赴澳门考察交流。出席香港湖北联谊会第七届理事会就职典礼。接待台湾港澳台胞社团领袖参访团、中华将军文化交流协会湖北参访团、高雄菁英参议会参访团等3批次来鄂参访的台湾团组。就“发挥留创园对外开放的窗口作用”开展专题调研。组织召开“外资企业在湖北的发展环境问题”界别协商座谈会。组织港澳委员考察南水北调中线工程及核心水源区环境保护情况。

委员工作委员会 起草《政协湖北省委员会关于加强委员履职能力建设的若干规定》文稿，制定《〈政协湖北省委员会常务委员会关于授权主席会议对违纪违法政协委员及时作出处理的决定〉实施细则（试行）》，制定困难委员看望慰问制度和为个别有困难的委员报销履职活动经费的具体办法。做好省政协十一届二次会议大会秘书处组织组的相关组织服务工作。配合有关方面顺利完成41人次的委员届中调整，及时调整部分界别活动小组负责人。编印《湖北省政协委员履职手册》。推荐112名委员担任民主评议政风行风监督员、特邀监督员和参与咨询论证、“宪法日”公众开放活动等。开展“加快改革创新，推进我省县域经济特别是民营经济发展”专题调研工作。

【重要活动】

省政协党组及机关教育实践活动总结大会 1月26日召开。对开展党的群众路线教育实践活动情况进行总结，对巩固和扩大教育实践活动成果作出部署。省政协党组书记杨松作总结讲话。省政协党组副书记范兴元主持大会。省政协党组成员出席大会。

2014年建议提案交办会 2月25日召开。837件提案交由109个承办单位办理。省委常委、常务副省长王晓东，省人大常委会常务副主任李春明，省政协副主席陈天会出席会议并讲话。省政府秘书长王祥喜主持会议。会议要求，各承办单位要强化政治意识、大局意识，把服务湖北科学发展、跨越式发展作为建议提案办理工作的第一要务，进一步强化领导、落实责任、形成合力，更加扎实有效地做好建议提案办理工作，不断提高办理质量、落实率、满意率。

首届湖北文化发展论坛（2014） 6月21日在武汉举行。论坛重点研讨了“伦理秩序构建与文明湖北建设”，发表了《共同推进文明湖北建设倡议书》。省政协主席杨松，省委常委、省委宣传部部长尹汉宁出席论坛开幕式并讲话。中国社科院发展研究中心主任孙伟平、武汉大学资深教授冯天瑜分别作《当代中国道德亟待重建——从“老人摔倒了该不该扶”说起》、《“孝廉”溯源》的主题报告。全国道德模范董明、省文明办主任胡和平等10位专家学者作大会交流发言。副主席王振有主持论坛开幕式。

“打造鄂东禅宗文化旅游品牌”常委专题协商会 8月7日举行。省政协主席杨松出席会议并讲话。会议建议，做好顶层设计，避免无序竞争、资源浪费；高度重视人才建设，做好宗教界的高僧大德和文化旅游专门人才的培养引进；培育投资主体，调动各方面积极性；尽快建立鄂东禅宗文化旅游省级协调机制，并上升为省级战略。副省长郭生练听取大会发言并讲话。副主席肖旭明主持会议。

“推进梁子湖生态环境保护工作”常委专题协商会 9月17日召开。省政协主席杨松，省政府副省长曹广晶、副主席王振有出席会议并讲话。副主席郑心穗主持会议。与会委员们建议，加强梁子湖生态环境保护工作，要将梁子湖的功能定位在生态功能上，完善相关领导体制、管理机制、投入机制、生态补偿机制等，重视科技支撑的作用，加快法制建设步伐并严格执行我省现有湖泊保护相关条例，让更多的人参与到梁子湖生态环境保护行动中来。

全省各界人士庆祝人民政协成立65周年座谈会 9月25日在武汉召开。省委书记、省人大常委会主任李鸿忠出席会议并讲话。省委副书记、省长王国生，省政协主席杨松，省委副书记张昌尔等出席。李鸿忠指出，全省各级政协必须坚持中国共产党的领导，始终坚定中国特色社会主义道路自信、理论自信和制度自信，必须牢牢把握团结和民主两大主题，努力实现最广泛的大团结大联合，必须聚焦全面深化改革，为推动科学发展、促进社会和谐献计出力，必须积极推进协商民主制度建设，充分发挥人民政协协商民主重要渠道作用，必须不断适应形势和任务需要，切实推进政协履职能力现代化，全省各级党委要进一步认识加强和改进新形势下人民政协工作的重要性，进一步加强和改善对人民政协的领导，充分发挥人民政协在全省政治生活中的作用，推动人民政协卓有成效地开展工作。杨松主持会议。郭跃进、张柏青、赵晓勇、赛大富、谢余卡、李亚隆分别代表省级各民主党派、工商联、无党派人士、各族各界人士及全省各级政协组织在会上发言。

全省市州政协主席座谈会 9月25日至26日召开。会议深入学习贯彻习近平总书记在庆祝人民政协成立65周年大会上的重要讲话精神，研究讨论人民政协履职能力现代化建设问题。省政协主席杨松出席会议并讲话。各市州政协负责人作大会交流发言，介绍了各自在把握团结和民主两大主题、搭建人民政协协商民主平台、提升人民政协议政建言质量、发挥政协委员主体作用、推进人民政协履行职能制度化、规范化、程序化等方面的做法和经验。省政协主席会议成员参加会议。

省人民政协理论研究会第五届会员代表大会暨人民政协群众工作理论研讨会 10月19日在武汉召开。省政协主席杨松、常务副主席范兴元出席会议并讲话。部分人民政协的理论工作者和实际工作者围绕人民政协群众工作主题进行了交流探讨。会议选举产生新一届理事会会长、副会长和秘书长，范兴元当选为会长。

学习贯彻中共十八届四中全会精神大会 11月18日至19日在武汉召开。十一届省政协委员，部分驻鄂全国政协委员和各市州、直管市、神农架林区政协负责同志参加培训学习。省政协主席杨松在开幕式上作动员讲话。会议要求，全省各级政协委员要始终把学习摆在突出的位置，始终坚持正确的政治方向，牢固树立法治信仰和法治权威；要准确把握人民政协的性质定位，为全面推进依法治国建言献策，努力营造全面推进依法治国的良好氛围；要大力推进履职能力建设，提高协商选题的准确性、调查研究的科学性、联系群众的主动性；要切实加强政协委员作风建设，锤炼道德品行，加强廉洁自律，争当合作共事、发扬民主、求真务实、联系群众、廉洁奉公的模范。

全省各界人士迎新年茶话会 12月29日在武汉举行。省委书记李鸿忠出席会议并讲话。省委、省人大、省政府、省政协领导同志，省军区和省高级人民法院、省人民检察院、武警湖北省总队领导同志，省老领导，省各民主党派和省工商联负责同志，无党派人士，省各人民团体和各界人士代表，以及省直有关部门负责同志出席茶话会。省政协主席杨松主持会议。郭生练代表省级民主党派、工商联、无党派人士发言，彭丽敏代表省各人民团体发言。

【重要文件】

常委会工作报告（2014年1月16日）（摘要） 一、2013年工作回顾。（一）巩固团结奋斗的共同思想基础，自觉与以习近平同志为总书记的中共中央保持高度一致，始终保持人民政协事业正确政治方向。（二）紧紧围绕全省工作大局建言献策。围绕“加强生态环境保护、推进生态文明建设”、“协同推进‘四化’同步发展、建设富强湖北”议题召开议政性常委会议，常委会组成人员参与协商讨论、积极建言献策，提出意见建议；召开“推进我省开发区建设与发展”常委专题协商会，就我省开发区产业与功能定位等问题提出意见建议；召开“利用水泥窑协同处置城乡生活垃圾”专题协商会，建议调整完善城乡生活垃圾处置规划、尽快制定行业标准、建立完备体系和制度机制等。（三）密切联系群众，促进社会建设。深入开展党的群众路线教育实践活动，牢固树立群众观念和宗旨意识。围绕就业、教育、医疗、社会保障、生态环境、食品安全、社会治安等重要民生问题，提出一系列意见建议，得到有关部门重视和采纳。召开全省市州政协主席座谈会，专题总结、交流、推广基层政协密切联系群众工作的做法和经验。（四）发挥人民政协重要渠道作用，努力发展社会主义协商民主。召开各类协商会议 10 多次，向省委、省政府提出意见建议 200 多条。各民主党派、工商联在省政协会议上提交发言材料 120 篇，提出集体提案 156 件。发挥政协提案监督在协商民主中的作用，全年立案 801 件。共组织 8 次常委和委员视察活动。制定《湖北省政协委员担任民主监督员工作办法（试行）》，推荐 77 位省政协委员担任部门特邀监督员。省政协各专门委员会组织专题调研 58 次，组织视察考察 42 次，配合全国政协在鄂调研 20 次，撰写各类调研考察报告 68 篇，共反映社情民意信息 645 篇，中央有关领导批示和全国政协采用 21 篇，省委、省政府领导批示和省委、省政府采用 92 篇。（五）做好团结联谊工作。（六）不断提高政协工作科学化水平。省政协各专门委员会组织界别活动和委员活动日 31 次。开展驻市州省政协委员省内异地考察。成立省政协委员北京活动小组。鼓励和支持委员履行职责，委员提交大会发言材料 64 篇，提交个人提案 618 件，参加调研、视察、学习等活动达 1000 多人次。出台《政协湖北省委员会专门委员会通则》等 20 多项制度性文件。二、2014 年工作安排。（一）坚定不移走中国特色社会主义政治发展道路，进一步巩固团结奋斗的共同思想基础，增进广泛共识。（二）选择创新驱动发展等方面的体制机制问题，深入调查研究，开展协商讨论。（三）围绕保障性安居工程建设等重要民生问题，开展调研视察和协商议政，办利民惠民之事、献富民安民之策。（四）争取省委、省政府重视支持，制订涵盖议政性常委会议、常委专题协商会、界别协商座谈会三个层次的省政协 2014 年协商工作计划。（五）做好团结联谊和对外交往工作。（六）进一步加强人民政协自身建设。

省委书记李鸿忠在省政协十一届二次会议开幕会上的致辞（2014 年 1 月 16 日）（摘要） 2013 年，全省各级政协组织和广大政协委员高举中国特色社会主义伟大旗帜，坚持团结和民主两大主题，围绕经济社会发展中的重要问题和涉及群众切身利益的热点难点问题，认真履行职能，主动谋事、认真干事、努力成事，为湖北科学发展、跨越式发展作出了新的贡献，推动人民政协事业实现了新的发展。做好 2014 年的工作，意义重大而深远。希望全省各级政协组织、广大政协委员和各族各界人士认真贯彻中共中央的方针政策，认真落实中共湖北省委的决策部署，积极投身于湖北改革发展新的伟大实践。努力做到“五个更加注重”：更加注重凝聚广泛共识，始终坚持中国特色社会主义道路、理论和制度，努力寻求改革发展的最大公约数，形成全省人民理解改革、支持改革、参与改革、推进改革的强大正能量；更加注重服务全省大局，为推进“五个湖北”建设，为“建成支点、走在前列”充分发挥人民政协的独特作用；更加注重密切联系群众，就涉及群众切身利益的实际问题，开展广泛协商，做群众利益的维护者、促进者、实现者；更加注重发展协商民主，坚持求同存异、体谅包容、民主协商、平等议事的原则，鼓励政协委员畅所欲言、各抒己见，讲真话、建诤言；更加注重加强自身建设，促进党派合作，突出界别特色，发挥委员主体作用，不断增强人民政协的生机与活力。全省各级党委要进一步提高对人民政协工作重要性的认识，切实加强和改善对人民政协的领导，充分发挥好人民政协作为协商民主重要渠道的作用；要进一步支持人民政协履行职能、开展工作、发挥作用，认真采纳来自人民政协的意见、批评和建议；要进一步把政治协商纳入决策程序，坚持协商于决策之前和决策实施之中，不断健全完善人民政协制度体系。

【组织概况】

增选省政协副主席名单

（2014 年 1 月 21 日省政协十一届二次会议选举）

王振有

增补常务委员名单

（2014 年 1 月 21 日省政协十一届二次会议选举）

冀群风

免去委员名单

（2014 年 7 月 17 日政协湖北省第十一届委员会常务委员会第六次会议通过）

范智勇　刘海军　王汉桥　吴海涛
郭志泉　余　军　苏海涛　蓝立智

（2014 年 11 月 6 日政协湖北省第十一届委员会常务委员会第七次会议通过）

李　鹏　李　滔　赵晋华　王德义

撤销委员资格名单

（2014 年 7 月 17 日政协湖北省第十一届委员会常务委员会第六次会议通过）

刘沐珍　盛祥旭

（2014 年 11 月 6 日政协湖北省第十一届委员会常务委员会第七次会议通过）

梅祖恩　熊　伟

增补委员名单

（2014 年 7 月 17 日政协湖北省第十一届委员会常务委员会第六次会议通过）

王　虹　王立兵　王建刚　王洪山
孙永平　张　云　张方胜　杨明福
陈昌宏　胡礼鸣　胡先平　曾　鑫

（2014 年 11 月 6 日政协湖北省第十一届委员会常务委员会第七次会议通过）

龙志林　冯艳飞　吕值友　何义斌
余胜伟　黄运全

湖北省各级政协组织和委员数

（截至 2014 年底）

项目＼级别	省级	副省级	市级（含自治州、省直管市、神农架林区）	县（市、区）级	合计
组织数	1	1	16	99	117
委员数	728	585	5775	22876	29964

（赵世友 编写　刘安民 审稿）

政协湖南省委员会

【全体委员会议】

十一届二次会议 1月26日至30日在长沙举行。会议应到委员749人，实到693人，符合《政协章程》规定的有效人数。会议听取并审议了陈求发主席代表常委会所作的《政协湖南省第十一届委员会常务委员会工作报告》，赖明勇副主席所作的《政协湖南省第十一届委员会常务委员会关于政协十一届一次会议以来提案工作情况的报告》。与会委员列席了湖南省十二届人民代表大会第三次会议，听取并协商讨论了杜家毫省长所作的政府工作报告和其他报告。全国政协原副主席毛致用出席会议。中共湖南省委书记、省人大常委会主任徐守盛等党政领导以及省直有关部门负责人到会听取委员们的意见和建议。会议通过了《中国人民政治协商会议第十一届湖南省委员会第二次会议政治决议》、《中国人民政治协商会议第十一届湖南省委员会第二次会议关于政协湖南省第十一届委员会常务委员会工作报告的决议》、《中国人民政治协商会议第十一届湖南省委员会第二次会议关于十一届一次会议以来提案工作情况报告的决议》和《政协第十一届湖南省委员会第二次会议关于提案审查情况的报告》。省参事室部分参事和省文史馆部分馆员，不是省政协委员的市州、县市区政协负责同志应邀列席了会议。10名公民代表受邀旁听了开幕大会。

【常务委员会会议】

第4次会议 1月25日至26日在长沙举行。会议应到常委会议组成人员134人，实到123人，请假11人，符合《政协章程》的规定。陈求发主席主持会议，省委常委、省政府副省长陈肇雄通报了《优化政务环境，促进转型发展》建议案落实情况；省委常委、省委组织部部长郭开朗对有关人事事项作了说明。会议审议通过了《政协湖南省委员会关于政治协商、民主监督、参政议政的规定（试行）》（草案），《政协湖南省委员会关于制定年度协商计划的办法》（草案），《湖南省政协2014年协商工作计划》（草案）和《政协湖南省第十一届委员会常务委员会工作报告》（草案）；《政协湖南省第十一届委员会常务委员会关于十一届一次会议以来提案工作情况的报告》（草案）；《关于召开政协湖南省第十一届委员会第二次会议的决定》（草案）、《政协湖南省第十一届委员会第二次会议议程》（草案）、《政协湖南省第十一届委员会第二次会议日程》（草案）、《政协湖南省第十一届委员会第二次会议大会秘书长、副秘书长名单和各组召集人名单》（草案）；表决通过了有关人事事项；听取了省政协各专门委员会年度工作情况报告。

第5次会议 2月13日在长沙举行。会议应到常委会议组成人员134人，实到127人，符合《政协章程》的规定。陈求发主席主持会议，听取了各组对政府工作报告和其他报告协商讨论情况以及人事事项、各项决议协商讨论情况的汇报；通过了《政协湖南省第十一届委员会第二次会议政治决议》（草案）、《政协湖南省第十一届委员会第二次会议关于常务委员会工作报告的决议》（草案）、《政协湖南省第十一届委员会第二次会议关于十一届一次会议以来提案工作情况报告的决议》（草案）、《政协湖南省第十一届委员会第二次会议关于人事任免的表决和选举办法》（草案）、《政协湖南省第十一届委员会第二次会议选举大会总监票人、监票人名单》（草案）。

第6次会议 6月18日在长沙举行。会议应到常委会议组成人员135人，实到104人，请假31人，符合《政协章程》的规定。武吉海副主席主持会议，陈求发主席作了重要讲话，指出政协工作应突出界别特色和激发委员主体作用。会议审议通过了《政协湖南省委员会关于“加快推进湘江保护与治理”向中共湖南省委、省人民政府的建议案》（草案）、《政协湖南省委员会关于“大力发展临港和临空产业，推进湖南经济转型发展”向中共湖南省委、省人民政府的建议案》（草案）、《省政协民族宗教委员会更名的决定》（草案）；协商通过了有关人事事项。省政协常委、省作协主席唐浩明作了《曾国藩的做人做事做官》专题讲座。

第7次会议 9月15日至16日在长沙举行。陈求发主席主持会议，围绕我省全面深化改革开展专题协商议政。省委常委、常务副省长陈肇雄作了《推进我省全面深化改革》的报告，并率省直有关单位负责同志出席会议听取委员意见；省政协副主席杨维刚同志传达了全国政协十二届七次常委会议精神；吴金明、彭崇谷、丁永安、张佐姣、李沐、陈慈英、张光荣、鄢福初、赖社光、颜学毛10位常委、委员围绕我省全面深化改革作了大会主题发言。会议审议通过了《“全面推进社区矫正工作，提高我省社会治理水平”向中共湖南省委、省人民政府的建议案》（草案）；协商通过了有关人事事项。省委常委、省纪委书记黄建国为常委会议作了党风廉政建设的专题学习讲座。

第8次会议 12月28日至29日在长沙举行。陈求发主席主持会议，传达了中共十八届四中全会精神；省委常委、省委统战部部长李微微对有关人事事项作了说明；省人民政府副省长黄兰香通报了关于《加快推进湘江保护与治理》和关于《大力发展临港和临空产业，构建湖南开放经济新高地》建议案的办理落实情况；10位常委交流了学习习近平总书记在庆祝人民政协成立65周年座谈会、俞正声主席在庆祝人民政协成立65周年理论研讨会上讲话的心得体会；省政协各专门委员会向常委会议汇报了2014年工作情况和2015年工作计划。会议审议通过了《湖南省政协2015年度协商工作计划》（草案）、《政协湖南省第十一届委员会常务委员会工作报告》（草案）、《政协湖南省第十一届委员会常务委员会关于十一届二次会议以来提案工作情况的报告》（草案）、《关于召开政协湖南省第十一届委员会第三次会议的决定》（草案）、《政协湖南省第十一届委员会第三次会议议程》（草案）、《政协湖南省第十一届委员会第三次会议日程》（草案）、《政协湖南省第十一届委员会第三次会议大会秘书长、副秘书长名单和各组召集人名单》（草案）。陈求发主席在讲话中对省政协2015年的履职工作作了总体部署。

【专门委员会工作】

提案委员会 2014年共收到提案1020件，立案692件，截至12月底，所有提案全部办理完毕。对省政协全会期间提案的审查立案方式进行改革，修改立案标准、严格审查程序、改进审查办法，提高了提案质量。创新提案办理方式，采取协商办理、调研办理、现场办理以及联合办理等方式，促进提案落实。推动省委办公厅、省政府办公厅出台《关于进一步加强人民政协提案办理工作的实施意见》，制定《政协湖南省委员会重点提案遴选办法》、《提案信息网络发布管理规定》（暂行）等工作制度。开展民主评议，组织民主党派、专委会、省政府督查室、部分委员对涉及25件重点提案的37家承办单位的办理情况、办理态度、办理程序、办理结果等进行综合测评并向省政协常委会议通报。

经济科技委员会 开展“加快发展湖南临港和临空产业”、“湖南武陵山片区精准扶贫模式、机制与对策研究”、“培育农村新型经营主体，推进适度规模经营”、“加快我省‘四好’农村公路建设的调查”、“尽快实施长沙市地铁一号线北延工程”课题调研。承办省政协“加快发展湖南临港和临空产业”专题协商会，就“湖南武陵山片区精准扶贫模式、机制与对策研究”同省直六个部门开展对口协商，围绕“进一步加快我省‘四好’农村公路建设”开展界别协商。组织委员就“工商登记制度改革”开展民主监督视察和对策研究。

人口资源环境委员会 开展“加快湘江保护与治理”、“我省浅层地温能开发利用”课题调研。组织委员就“我省盐业资源开发利用情况”、“《湖南省小型农田水利条例》贯彻实施情况”开展视察和监督。承办“加快推进湘江保护与治理”专题协商会；与省卫计委开展“我省单独二孩”政策实施对口协商会；与省政协农业界委员就我省耕地保护情况开展界别协商。承办主席会议成员及部分常委就“长沙市雾霾治理情况”、“长沙市城市建设管理与生态文明建设工作”专题视察监督。

文教卫体委员会 组织委员就“加强我省基层医疗卫生服务体系建设”、“加强贫困精神障碍患者救助问题”、“我省中小学教育经费投入与使用情况”、“深化产教融合、校企合作，加快现代职业教育体系建设”、“构建现代公共文化服务体系”、“缓解老年人就医难问题”、“我省传统村落保护与利用情况”、“扶持中药材发展”课题开展调查研究。组织委员就“加强学校周边餐馆和学生食堂规范管理”、“我省医疗器械管理情况”等开展民主监督视察和调研活动。

社会和法制委员会 组织福利保障界委员就“推进城乡居民社会养老保险制度实施”问题举行湖南省政协第一次界别协商座谈会。组织妇联界委员赴湘潭市视察妇女创业就业工作。组织福利保障界委员赴怀化市就关于做好被征地农民社会保障工作情况开展视察。承办“全面推进社区矫正工作、提高我省社会治理水平”重点课题调研和专题协商会；开展“推进法律顾问制度实施”、“推进城乡居民社会养老保险制度实施”、“加强执法和司法民主监督”调研。组织委员与“两院”开展对口协商，就“维护环卫职工合法权益”开展重点提案办理协商。

民族和宗教委员会 参与“湖南武陵山片区精准扶贫模式与机制研究”课题调研；就“我省武陵山片区教育扶贫情况”、“我省贯彻执行民族区域自治法律法规情况”、“我省宗教工作重点县执法主体和执法队伍建设情况”开展调查研究；组织委员就“水府庙国家湿地公园保护与开发情况”进行视察。组织宗教界委员就“加强和创新宗教社会管理”问题开展界别协商；召开无党派界别委员座谈会；组织少数民族界委员就“加快推进民族地区全面小康社会建设进程”开展界别协商。

文史学习委员会 组织委员围绕“湖南农业文化遗产”开展调查研究。组织社会科学界、新闻出版界委员就“农家书屋的管理与利用”举行界别协商会。组织委员与省文化厅、省农委、省文物局就《关于保护和利用好我省农业文化遗产的建议》开展对口协商；组织委员就“湖南第一师范学院、城南书院原址保护”问题开展专题协商。组织委员就“湖南历史文化旅游资源的保护与利用”赴省旅游局开展民主监督活动。面向社会广泛征集湖南“文革”和湖南“知青”题材文史资料；编辑出版《湖南抗日战争实录》；联合各市州政协文史委共同征集湖南农业文化遗产的有关资料。组织开展省政协第二期新任委员培训班；编辑印发 12 期《学习参考资料》。

港澳台侨和外事委员会 承办“关于加快发展湖南临港产业”重点课题调研；组织委员就“发挥湖南异地商会作用”、“湖南省侨情新特点新变化”课题开展调研；围绕“优化政务环境、促进转型发展”跟踪调研；组织澳门委员考察调研我省文化产业。组织港澳委员围绕“忠实履职、奉献湖南”与省直有关部门开展对口协商；赴港澳召开关于发挥港澳委员“双重积极作用”协商座谈会；召开台联、侨联、对外友好界界别协商座谈会；就《关于提高老年归侨生活补助标准》、《关于吸引海外新侨来湘创新创业》等重点提案办理协商座谈。

【重要活动】

推动中共湖南省委转发《政协湖南省委员会关于政治协商、民主监督、参政议政的规定（试行）》（湘发〔2014〕3号）1月27日，中共湖南省委同意并转发了《政协湖南省委员会关于政治协商、民主监督、参政议政的规定（试行）》，推动我省政协履职工作进一步制度化、规范化、程序化。2月20日，省政协召开学习贯彻湘发〔2014〕3号文件的座谈会，并对全省各市州、县市区政协贯彻落实文件精神作出部署。全省14个市州先后召开学习座谈会，省政协部分厅级干部分赴各地就文件的主要精神作了深入宣讲。

协商委派民主监督小组 5月7日，省政协召开协商委派民主监督小组试点工作启动会，分别向省高级人民法院、省人民检察院、省工商行政管理局、省食品药品监督局协商委派民主监督小组，就派驻单位依法行政、公正司法、政务公开、司法公开的情况和办理落实省政协提案、建议案的情况开展民主监督。省政协采取委员自愿报名和各民主党派、工商联、专门委员会推荐相结合的方式遴选24名政协委员组成4个民主监督小组，通过提高组织化水平增强政协民主监督实效。

举行“为我省全面深化改革建言献策”专题议政性常委会议 9月15日至16日，以“为我省全面深化改革建言献策”为主题，首次召开专题议政性常委会议。10位常委、委员作了口头发言，17位常委提交了书面发言，围绕深化国有企业改革、推进事业单位分类改革等问题，向省委、省政府提出意见建议。

开展“加快湘江保护与治理”重点课题调研和专题协商 2月至6月，省政协人口资源环境委员会牵头组成调研组对湘江保护与治理的情况深入调研。4月30日，省政协召开首次专题协商会，就加快湘江保护和治理与省政府深入协商。6月18日，省政协十一届六次常委会议协商通过了《政协湖南省委员会关于“加快湘江保护与治理”向中共湖南省委、省人民政府的建议案》和相关调研报告。建议案和调研报告报送至省委、省政府后，省委书记徐守盛、省长杜家毫等主要领导分别作了重要批示，省环保厅、省水利厅等有关部门和湘江流域各市认真采纳落实政协意见和建议，加大了湘江保护和治理力度。

开展“加快发展湖南临港和临空产业”重点课题调研和专题协商 2月至6月，经济科技委员会和港澳台侨委员会分别牵头组成调研组就加快发展我省临空和临港产业进行深入调研。6月6日，省政协召开专题协商会，就加快我省临港和临空产业发展与省政府及相关部门深入协商。6月18日，省政协十一届六次常委会议协商通过了《政协湖南省委员会关于“大力发展临港和临空产业，构建湖南开放经济新高地”向中共湖南省委、省人民政府的建议案》和相关调研报告。建议案和调研报告报送至省委、省政府后，省委书记徐守盛、省长杜家毫等主要领导分别作了重要批示。课题组编辑出版了《湖南临港和临空产业发展研究》一书。

开展“全面推进社区矫正，提高我省社会治理水平”重点课题调研和专题协商 7月至9月，社会和法制委员会牵头组成调研组，就全面推进社区矫正工作开展深入调研。8月20日，省政协与省委、省政府及有关部门就全面推进社区矫正工作开展了专题协商。9月16日，省政协十一届七次常委会议协商通过了《政协湖南省委员会关于“全面推进社区矫正，提高我省社会治理水平”向中共湖南省委、省人民政府的建议案》和相关调研报告。建议案和调研报告报送至省委、省政府后，省委书记徐守盛、省政法委书记孙建国等主要领导分别作了重要批示，要求省委、省政法委召集法、检、公、司等部门共同研究并提出意见。11月3日，陈求发主席赴省司法厅走访调研，了解省政协建议案办理落实情况，进一步推进建议案落实工作。

召开全省市州政协主席、秘书长、研究室主任座谈会 8月8日至9日，全省市州政协主席、秘书长、研究室主任座谈会在株洲召开。会议通报了省政协上半年工作情况和下半年工作安排，交流了各地政协工作经验和做法。陈求发主席出席会议并讲话，要求全省各地政协要牢记使命、忠实履职，围绕实现政协履职能力现代化积极作为。

【重要文件】

常委会工作报告（2014年2月9日）（摘要） 2013年主要工作回顾。一、忠实履行职能，服务发展大局。围绕全省经济社会发展的重大问题开展调查研究。向省委、省政府提交了关于优化政务环境、促进转型发展的调研报告和建议案，提出了8个方面29条具体建议。就湖南高校产学研结合情况开展了专题调研，提出了进一步强化组织领导、加强高校创新能力建设、建立和完善投融资体系、推动高校产学研结合等建议。各专委会结合自身特点和优势，分别就国有林场改革、洞庭湖生态经济区农产品加工、地下水资源开发利用、完善城镇独生子女父母奖励政策、农民工社保问题、农业转移人口市民化、群众体育活动场所建设、河道采砂专项整治等课题深入开展调研协商。持续关注我省贫困地区发展。我省武陵山区是扶贫攻坚的主战场，是全面建成小康社会的重点和难点。省政协调研组就国家启动武陵山片区区域发展与扶贫攻坚试点以来，当地重大项目推进落实情况进行调研，推动武陵山片区区域发展与扶贫攻坚规划的落实。搞好民主监督。为进一步增强民主监督工作实效，我们开展了提高民主监督组织化程度的调研，从理论和实践上对提高民主监督组织化程度进行了研究和探索。去年，我们就农村医疗保障体系建设、儿童脑瘫疾病纳入城乡大病保障、国民党抗日老兵养老金等问题开展有组织的民主监督活动。我们坚持把反映社情民意作为民主监督的重要工作方法，全年共报送社情民意信息348期，有12条信息得到中央领导的批示，有40条被全国政协采用，有50多条得到省委、省政府领导的批示。省政协十一届一次会议以来，共立案875件，确定了102件重点提案。二、加强团结联谊，广泛凝聚人心。发挥好各民主党派、工商联和人民团体的作用。加强港澳台侨和对外联谊工作。做好民族宗教工作。做好文史资料工作。三、发挥政协优势，参与中心工作。参与“转作风、解难题、抓关键、见实效”活动。参与我省军民融合产业发展工作。组织委员对重大项目开展调研论证。四、加强自身建设，夯实履职基础。调研制定《政协湖南省委员会关于政治协商、民主监督、参政议政的规定（试行）》。努力提高委员履职能力。举办了全省市州、县市区政协主席和新任委员培训班。组织驻湘全国政协委员赴浙江、海南等地，就文化产业发展、生态环境保护与旅游经济协调发展等问题开展视察。制定委员联系办法，明确省政协主席会议成员联系常委，常委联系委员，各专门委员会联系界别和市州委员。全面实行机关绩效管理。加强理论研究和宣传工作。创办《政协工作》。加强与中央驻湘媒体以及省会主要新闻媒体的合作。五、深入开展党的群众路线教育实践活动。2014 年主要工作任务。一、认真学习贯彻中共十八届三中全会精神。二、进一步围绕重大事项开展政治协商。通过政协全体会议、常委会议、主席会议、专题协商会、专门委员会议等形式，对全省经济社会发展中的重大事项，开展广泛、深入、多层的政治协商，为省委、省政府科学决策提供民意和智力支持。三、进一步加强民主监督工作。通过民主监督、委员视察、专题调查等形式，开展经常性的监督活动，促进民生改善，促进有关部门改进工作。试行向部分省直机关派驻民主监督小组的工作。对重点提案承办单位办理情况开展民主监督，推动政协履职成果的转化落实。做好社情民意信息的收集、整理、报送、督办和反馈工作。将政协民主监督与法律监督、党纪监督、行政监督、舆论监督等更好地结合起来，创新形式，扩大影响，促进监督成果的转化。四、进一步提高参政议政实效。把省委经济工作会议提出的突出项目建设、扩大有效需求、强化创新驱动、调整优化产业结构、保障和改善民生等重大问题作为今年参政议政的重点，充分发挥省政协人才荟萃、智力密集的优势，深入开展调研，向省委、省政府提出建议。围绕年度重点协商议题，把调研工作做扎实，提高参政议政的质量。五、进一步做好凝心聚力工作。充分发挥人民政协的制度优势、组织优势和平台优势，积极反映民众诉求，凝聚各方力量，增进社会互信，巩固团结奋斗的共同思想政治基础。六、进一步发挥委员主体作用。七、进一步提高政协工作水平。

【组织概况】

常委会议辞免委员情况

政协湖南省第十一届委员会第四次常委会议辞免常委 1 名：

童名谦

政协湖南省第十一届委员会第六次常委会议辞免常委 1 名：

李夕兵

委员 2 名：

曾仁忠　周昌贡

政协湖南省第十一届委员会第八次常委会议辞免常委 9 名：

赵永平　邹　毅　颜海林　孙剑霖
郭树人　张恪理　孙青乃　何寄华
曾水平

委员 37 名：

吴　敏　彭华彰　李小涵　童旭东
陈国新　曾解台　王新松　王新国
程子林　钱　胜　刘献华　许显辉
李建新　余定平　曾凡国　石建国
徐皓明　符华兴　肖新田　王建平
戴碧蓉　李斯盛　彭雁峰　杨汉成
陈显木　李荐国　周志梅　石谋军
杨　昶　李　赛　陈延武　廖跃贵
刘湘凌　毛国和　张启茂　陈海波
彭图瑜

湖南省各级政协组织和委员数

（截至 2014 年底）

级别 项目	省	设区的市（州）	县（不设区的市、市辖区）	合计
组织数	1	14	125	140
委员数	755	5328	27503	33586

（陈　艳 编写　廖国豪 审稿）

政 协 广 东 省 委 员 会

【全体委员会议】

十一届二次会议 1月14日至18日在广州举行。会议应出席委员978人，实到939人。副主席梁伟发主持开、闭幕大会。中共中央政治局委员、省委书记胡春华，省委副书记、省长朱小丹，省人大常委会主任黄龙云到会祝贺。省委、省人大、省政府、省军区、省纪委、省法院、省检察院的领导同志参加开、闭幕大会，并分别参加大会发言、专题座谈和联组讨论。

会议审议通过了朱明国（后于省政协十一届三次大会通过决定免去其省政协主席职务，撤销其省政协重要资格）代表十一届省政协常务委员会所作的工作报告、刘日知代表十一届省政协常务委员会所作的提案工作情况报告。委员们列席了广东省第十二届人民代表大会第二次会议，听取并讨论了政府工作报告，讨论了省高级人民法院工作报告、省人民检察院工作报告以及其他报告。会议还审议通过了政协第十一届广东省委员会第二次会议决议，表彰了省政协2013年优秀提案40件。大会期间，共收到提案664件，立案520件；收到大会发言材料104件；举行各界别委员代表座谈会，中共中央政治局委员、省委书记胡春华出席并讲话；举行“积极稳妥推进以人为核心的新型城镇化”专题座谈会，16位来自各界的省政协委员围绕新型城镇化议题展开讨论，与省委、省政府领导及有关部门负责同志进行了协商座谈。

会议期间，委员们紧紧围绕实现“三个定位、两个率先”总目标和全面深化改革，聚焦我省全面深化改革的重点领域和关键环节，积极协商讨论、建言谋策，为促进省委、省政府科学民主决策，推动重要工作落实提供重要智力支持。

【常务委员会会议】

第5次会议 1月16日在广州举行。会议应出席178人，实到164人。会议审议政协第十一届广东省委员会第二次会议决议（草案），听取秘书长杨懂作《政协第十一届广东省委员会关于人事安排的说明》。会议任命肖航夫任省政协科教卫体委员会专职副主任，王少勇任省政协社会和法制委员会专职副主任，谢学良任省政协民族和宗教委员会专职副主任；免去李凤英的省政协社会和法制委员会专职副主任职务，廖迪娜的省政协民族和宗教委员会专职副主任职务，官方明的省政协科教卫体委员会专职副主任职务。

第6次会议 6月12日至13日在广州举行。会议应出席178人，实到126人。会议围绕“推进农业转移人口市民化”议题进行专题议政，提出实施分类指导、创新人口服务管理制度等4条常委会议建议。省委常委、常务副省长徐少华到会通报情况并听取意见建议。省政协秘书长杨懂作常委分组讨论情况综述。

第7次会议 9月16日至17日在广州举行。会议应出席178人，实到122人。会议围绕“推进21世纪海上丝绸之路建设”议题进行专题议政，提出积极参与升级版东盟自贸区建设、促进基础设施互联互通、打好“侨牌”和“文化牌”等6项19条建议。副省长李春生到会作相关情况通报，副省长林少春到会听取意见建议。省政协秘书长杨懂作常委分组讨论情况综述和有关人事问题的说明。会议免去梁棠、龚辉的政协第十一届广东省委员会常务委员职务并撤销其委员资格；撤销涂瑶生、罗羽宏、林建新、伍仲和政协第十一届广东省委员会委员资格。

第8次会议 12月22日至23日在广州举行。会议应出席178人，实到152人。省政协副主席梁伟发主持会议。会议听取了省委副书记、省长朱小丹关于《政府工作报告》（征求意见稿）的说明和政府部门2014年办理政协提案情况，省政协秘书长杨懂关于政协第十一届广东省委员会常委会工作报告（稿）和提案工作情况报告（稿）起草情况的说明以及有关省政协十一届三次会议召开日期、议程和日程安排的建议；审议通过政协第十一届广东省委员会常务委员会工作报告（草案）、提案工作情况报告（草案）、各专门委员会2014年工作报告（书面）；听取省纪委副书记王兴宁关于2014年全省反腐倡廉工作情况通报，省法院常务副院长凌祁漫、省检察院常务副检察长陈武关于2014年两院工作情况通报。省委常委、常务副省长徐少华到会听取意见建议。省政协秘书长杨懂作常委分组讨论情况综述。

【专门委员会工作】

提案委员会 十一届二次会议以来，共收到提案834件，立案645件。至年底，全部得到办理和答复。制定《关于培育2015年重点提案选题工作方案》，从征集到的84个重点提案选题中遴选出13个作为重点培育提案，努力提高提案质量。召开全省提案办理协商工作座谈会，研究探讨如何在新形势下加强我省提案办理协商工作制度建设，积极推进提案办理广泛多层制度化发展。就“我省水产品质量安全情况”开展视察，形成视察报告报省政府。全年共在各新闻媒体播发报道稿170多篇（次），扩大提案工作的社会影响。

经济委员会 开展“我省村（社区）社会治理情况”专题调研，为省委推进基层社会治理工作积极建言。开展科学制定《广东省新型城镇化规划（2014—2020年）》专题调研和专题协商会，提出具体意见建议。开展“抢抓港珠澳大桥开通机遇，加快粤西发展”专题调研和专场研讨，为粤西沿海地区经济社会发展出谋划策。围绕“清远创建区域协调发展示范区”专题调研与专题研讨的成果落实情况开展回访调研。

人口资源环境委员会 围绕我省即将出台的《广东省生态文明建设规划纲要（2015—2030年）》开展专题调研和专题协商会，整理形成42条意见建议报省委、省政府。围绕“大力发展广东内河水运破解土地刚性制约”重点提案，召开提案办理座谈会，所提5条建议得到省领导充分肯定，基本被吸纳到省有关决策中。组织委员开展“我省家庭医生式服务试点工作情况”、“培育森林资源增加森林碳汇”专题调研和“我省城市矿产资源综合利用情况”专题视察。

科教卫体委员会 组织开展“推进科技、金融、产业深度融合发展”专题调研，组织界别讨论和界别协商会。省领导批示要求省经信委、金融办等部门认真研究所提协商成果，逐一落实。开展“实行农村学生免学费政策后中职教育面临的困难与对策”专题视察，提出“提高中职学校免学费补助标准”等建议，并被纳入2015年省十件民生实事予以落实。开展“我省少数民族传统体育发展情况”、“营造良好社会办医环境，支持民营医院快速健康发展”专题调研和“学校安全问题”专题视察。组织委员赴西藏等地开展送药助学活动，捐赠10万元优质药品和40台新电脑。

文化和文史资料委员会 开展“弘扬海上丝绸之路精神，构建广州对外开放新格局”专题调研和研讨会。联合全国政协和肇庆市政协，在京举办“中国端砚精品展”，大力宣传端砚文化，提升广东文化实力。开展“广东影视创作人才队伍建设”专题视察，围绕“以文化为引领高起点建设翠亨新区”专题调研与专场研讨进行“回头看”调研，召开“重建千年古刹海云寺”座谈会。开展《敢为人先——改革开放广东一千个率先》、《港澳地区委员纪事》史料征集工作，出版《莲花绽放——澳门回归15年亲历记》、《广东地方特色文化研究系列丛书》之《岭南风物》。

社会和法制委员会 开展“推进我省农业转移人口市民化”专题调研，十一届六次常委会据此开展专题议政，形成常委会建议报省委、省政府。开展“大力推进依法治市工作，切实提高社会治理水平”专题调研和专场研讨，为优化我省法治环境、建设法治广东建言献策。开展“佛山市构建法治化国际化营商环境”专题调研和专题研讨“回头看”工作，促进调研成果转化为工作实效。开展“广东省城乡基层社会组织登记管理办法”对口协商，促进保障民生政策的落实。开展“充分用好扶持苏区政策，加快梅州市经济社会发展”、“河源市县级政协工作情况”专题调研，为促进欠发达地区经济社会建设和政协工作献计献策。

民族和宗教委员会 开展“我省少数民族自治县金融服务状况”专题调研，组织界别讨论和对口协商，提出设立民族地区专项扶持基金等建议，被吸纳进省委、省政府《关于扶持我省民族地区发展的若干政策措施》中。开展“我省伊斯兰教活动场所现状”专题视察，提出必须进一步加强服务管理等5条建议。对2013年《关于我省民族乡干部队伍建设情况的调研报告》的意见采纳情况进行跟踪沟通，促进成果转化。出席省基督教第十次代表会议、出席“历代佛画艺术精品（高仿）展”开幕式，通过各种方式密切与各宗教团体的联系。

港澳台委员会 与省港澳办联合，在香港举办全省政协港澳台委员会港情研习班，深入探讨深化粤港合作新举措，推动粤港融合发展。召开全省政协港澳台委工作会议，增进对当前政协港澳工作形势的了解和把握。开展“粤港澳服务贸易‘负面清单’政策实施”专题调研和对口协商，形成4条协商建议，为省政府出台相关政策提供参考。开展“港澳委员发挥‘双重积极作用’”专题调研和“促进粤港澳合作，加快地区发展”专题视察，为建立健全发挥港澳委员“双重积极作用”长效机制打下基础。召开2次台胞特聘委员例会，增进粤台了解，促进政商交流。

外事侨务委员会 开展“完善我省外资企业公共服务体系，进一步优化外资发展环境”专题调研，提出加快推进外企“国民待遇”等5条意见建议。开展“进一步推进我省华侨农场体制改革和发展”跟踪视察，推动中央关于华侨农场改革发展的重要部署得到落实。继续邀请海外侨胞列席政协全会，组织他们赴江西省学习考察经济社会发展情况。举办“广交世界、共赢发展”交流会，协助举办“中国企业走进拉美”论坛，不断深化人民政协公共外交理论研究、实践创新和宣传普及。组织5个团组赴英国、日本等10国友好访问，接待12批次各国重要团组来访。

【重要活动】

制订我省政协史上第一个年度协商工作计划 2月24日，省政协党组召开扩大会议，专题审议并通过省政协2014年协商工作计划。全年围绕全面深化改革中心任务，以专题协商、对口协商、界别协商和提案办理协商四种形式的政协协商民主实践全面铺开，共开展2次专题协商、7次对口协商、1次界别协商和1次提案办理协商，进一步建立健全协商成果采纳落实和反馈机制，不断推进政协协商的制度化、规范化、程序化。

召开《广东省生态文明建设规划纲要(2015—2030年)》专题协商会 9月26日在省政协机关召开。省政府副省长许瑞生到会听取意见建议并讲话，省发改委就《纲要》稿起草过程、主要内容作说明。所形成的协商会议建议从《纲要》的总体要求、发展目标、优化国土空间格局等方面，提出42条具体意见建议。省领导要求省职能部门认真吸纳。省政协副主席王珣章、温兰子，党组成员覃卫东，秘书长杨懂，省各民主党派、工商联负责同志，部分省政协委员，省政府有关部门、省政协机关和各专委会领导，共60余人参加了会议。

召开《广东省新型城镇化规划(2014—2020年)》专题协商会 11月13日在省政协机关召开。省政府副省长许瑞生到会听取意见建议并讲话。省住建厅就《规划》稿的编制过程、框架内容和主要特点作了说明。省政协副主席梁伟发、温思美，秘书长杨懂，省各民主党派、工商联、经济等界别委员代表，省政府有关部门、省政协机关和各专委会有关负责同志，共60余人参加会议。

召开中共广东省委与省政协各界别委员协商座谈会 12月18日在省委机关举行。会议就2015年中共广东省委重点工作听取省政协各界别委员代表意见建议，开展决策前的咨询协商。中共中央政治局委员、省委书记胡春华主持会议并讲话。省各民主党派主委、省工商联主要负责人、省政协界别委员代表等13人，围绕全面推进依法治省、以“三轮驱动”推进产业转型升级、加快“珠三角次区域”发展等方面发言。省领导朱小丹、林雄、徐少华、林木声、梁伟发等30人参加座谈会。

召开广东省纪念人民政协成立65周年暨广东省政协成立59周年座谈会 10月9日在广州召开。会议学习贯彻习近平总书记在庆祝人民政协成立65周年大会上的重要讲话精神，为推动我省人民政协事业创新发展作出战略部署。中共中央政治局委员、省委书记胡春华出席会议并讲话。省政协副主席温思美、广州市政协主席苏志佳、香港四洲集团主席戴德丰、华南理工大学国际教育学院院长安然4位界别委员代表作了发言。省委副书记、省长朱小丹，省人大常委会主任黄龙云出席会议，省领导和省直部门负责同志，省各党派团体负责人，各地级以上市政协主席和省政协机关副厅级以上干部，省政协委员和有关专家学者约350人出席了座谈会。

召开健全社会主义协商民主制度学术研讨会 4月17日在华南理工大学举行。会议议题是深入学习贯彻党的十八届三中全会精神，深化协商民主研究，推进协商民主发展。华南理工大学党委副书记余其俊主持会议。省政协副秘书长杜重年出席会议并讲话。广东省人民政协理论研究会华南理工大学工作站负责人作工作汇报。华南理工大学统战理论与政策研究室主任莫岳云作《关于人民政协理论研究的几点思考》的报告。省社会主义学院副院长肖莉等7位专家作交流发言。广东省委党校、广东社会主义学院、中山大学、华南理工大学4个工作站的负责人及专家学者等40余人参加研讨会。

开展“21世纪海上丝绸之路”专题调研和专题议政 7月至8月间，组成跨专委会调研组，先后召开省直有关部门负责同志座谈会和专家学者座谈会，深入广州、深圳等7市调研，并赴兄弟省学习考察，形成观点鲜明、内容翔实、措施实在的调研成果。在此基础上召开十一届七次常委会进行专题议政，提出积极参与升级版东盟自贸区建设、促进基础设施互联互通、打好“侨牌”和“文化牌”等6项19条建议。省领导同志要求有关部门认真吸纳，广州、珠海等5市和17个有关部门逐一回复采纳情况。

举办第16期省政协委员提高参政议政能力培训班 8月27日至30日在省委党校举办。副主席梁伟发出席开班仪式并作动员讲话，秘书长杨懂主持开班仪式和结业典礼。这是本届省政协最后一次大规模的集中培训，400名余省政协委员、特聘委员参加。培训班邀请全国政协和省政协的领导同志、知名专家学者，就学习贯彻习近平总书记系列重要讲话精神、人民政协理论与实践、周边安全环境和软实力建设、新常态下的中国经济及区域发展战略、当前我国民族问题分析等内容作专题讲座。黄西勤等9位政协委员代表在结业典礼上交流发言。

召开推进协商民主广泛多层制度化发展学术研讨会 10月24日在中山大学举行。会议学习贯彻习近平总书记在庆祝人民政协成立65周年大会上的讲话精神，为推进协商民主广泛多层制度化发展建言献策。中山大学党委统战部部长郭小聪主持会议。省政协秘书长杨懂出席会议并讲话。广东省委党校伍俊斌等6位专家分别交流发言。原广东省委党校副校长郑楚宣发言点评。广东省人民政协理论研究会广东省委党校、广东社会主义学院、中山大学、华南理工大学4个工作站的负责人及专家学者，部分地市人民政协理论研究会代表等60余人参加研讨会。

首次举办全省市县政协主席专题研讨班 11月12日在省委党校开班，专题学习贯彻习近平总书记在庆祝人民政协成立65周年大会上的讲话精神。研讨班邀请全国政协和中央社会主义学院领导作学习辅导。全省各地级以上市政协主席、副主席，各县（市、区）政协主席共200多人参加培训班。

召开全省政协宣传工作会议 11月13日在广州召开。会议深入学习贯彻习近平总书记在人民政协成立65周年大会上的重要讲话精神，总结交流一年来全省政协宣传工作取得的成绩和经验，研究部署今后一个阶段全省政协宣传工作。全省各地级以上市政协主席、分管宣传工作的副主席和专职干部、各县（区）政协主席，以及省政协机关处级以上干部等200人出席会议。

加强宣传信息工作 在《南方日报》开辟12期“协商民主”专栏，与《羊城晚报》、广东电视台、人民网广东频道联合推出24期“政协委员议事厅”、25期“政协委员”、10期“界别圆桌汇”专栏，开展在线交流和网络议政，扩大政协协商民主影响力。加强信息工作，全年向全国政协和省委报送《广东政协信息》406期，专报省领导信息70期，全国政协采用10期，中共广东省委采用90期，省领导同志批示56期次。

【重要文件】

常委会工作报告（2014年1月14日）（摘要） 一、2013年主要工作情况。（一）深入践行群众路线，拓展人民政协履职为民新境界。坚持一把手带头，党组举行8次专题学习会，机关党员领导班子组织13次专题学习讨论会。坚持开门搞活动，通过各种形式征求政协各参加单位、政协委员、基层政协和群众的意见建议。党组成员开展40余人次谈心谈话，撰写对照检查材料，召开专题民主生活会开展批评与自我批评。坚持立行立改求实效，制定21条整改措施，开列重点问题清单，制定责任书、时间表，逐项整改。坚持把践行履职为民理念作为检验活动成效的根本标准，着力提升人民政协履职为民新境界。（二）探索完善协商形式，推动人民政协协商民主新实践。认真总结梳理开展专题协商的成熟经验，科学规范协商选题机制、参与机制、运行机制和反馈机制，探索人民政协协商民主工作机制的整体构建。把我省《车辆通行费年票制管理办法》（稿）作为对口协商专题，广泛征集社会各界意见，形成了汇集民智民意的协商意见。省领导要求做好风险评估，审慎决策。认真总结省市县党政领导多年督办政协重点提案工作，推动出台《关于进一步加强我省人民政协提案办理工作的意见》，加强提案办理协商制度建设。（三）突出围绕主题主线，提升人民政协服务发展新水平。把“发展创新型经济”作为第二次常委会议政专题，深入调研，实地考察，形成了高质量的常委会议建议。省领导充分肯定，要求有关部门研究落实。把“农村环境污染治理”作为第三次常委会议政专题，赴东西两翼调研，在“委员之家”开展网络讨论，为我省农村环境污染治理提供有益参考。把基层群众大病致贫问题列为主席会议重点提案进行督办，开展加快医药卫生信息化建设、蔬菜质量安全监管情况等调研视察，推动改革发展成果更多更公平惠及全体人民。探索政协履职与推动地方经济社会发展的契合点，推进政协协商民主形式创新，尝试与地方合作，就一个地区的发展量身定做，开展“订单式”专题调研。开展“进一步促进粤东西北地区振兴发展的决定”（稿）和“关于进一步促进创业带动就业工作的意见”（稿）专题协商，所形成的促进粤东西北振兴发展的38条建议，被基本吸纳到省委、省政府出台的《决定》中。（四）巩固深化交流合作，开辟人民政协团结联谊新领域。开展在粤港澳台资企业转型升级加快发展情况的专题调研和支持台资企业转型升级加快发展的对口协商，为我省出台《关于进一步支持台资企业转型升级和发展的若干意见》提供参考。在东莞举办“海峡两岸四地传统文化婚庆节”，汇集100对新人举行集体婚礼。举办“盛世莲花·绽放羊城”联谊活动，增进澳门青年对祖国的了解认同。针对华侨农场改革发展中存在的问题，开展专题调研和对口协商，使归侨更好地分享我省改革发展成果。召开“广东公共外交实践与展望研讨会”，举办“广交世界、共赢发展”交流会，不断深化人民政协公共外交理论研究、实践创新和宣传普及。（五）创新统筹协调机制，构建人民政协宣传工作新格局。在“政协委员”专题节目、“界别圆桌汇”基础上，进一步推出“协商民主”、“政协委员议事厅”专栏和“协商民主”频道，全方位打造展示政协形象的媒体窗口群。联合举办“‘中国梦’广东寻梦行”系列采访报道活动，组织省内外6家媒体共同采访报道我省特别是珠三角经济社会新发展，为广东改革开放鼓与呼。全年共向全国政协和省委报送信息347期。建立健全省市县“委员之家”网络互动平台，召开现场工作会议。首次召开全省政协宣传工作会议，研究制定党组《关于进一步加强全省政协宣传工作的意见》，统筹部署我省政协宣传工作。（六）努力夯实工作基础，实现人民政协自身建设新发展。坚持每季度召开省政协、省各民主党派、工商联秘书长座谈会，就有关重大课题开展联合调研和提案督办，充分发挥民主党派在政协工作中的积极作用。首次举办省政协机关干部全员脱产培训班，启动十一届省政协委员全员培训工程，切实加强人民政协队伍建设。建立省政协主席分工联系地市政协制度和省、市、县三级政协主席联席会议制度，加强对市县政协工作的联系和指导，协同推进重点工作和重要活动开展。制定贯彻落实中共中央八项规定和省委实施意见的《实施细则》，全面清理修订调研视察、提案信息等工作制度，着力构建科学完备的制度体系。二、2014年工作部署。（一）深入学习贯彻中共十八届三中全会、习近平总书记系列重要讲话和省委十一届三次全会精神。（二）努力推动协商民主广泛多层制度化发展。（三）围绕我省全面深化改革重大部署积极协商议政。（四）聚焦重点民生问题履行职能。（五）促进海内外中华儿女大团结。（六）全面推进人民政协自身建设。

【组织概况】

广东省政协

主席免职名单

朱明国（黎族，2014 年 12 月中央决定免去其领导职务）（省政协十一届三次大会通过）

常务委员免职名单

（2014 年 9 月 16 日省政协十一届七次会议通过）

梁　棠　龚　辉

委员撤销名单

（2014 年 9 月 16 日省政协十一届七次会议通过）

涂瑶生　罗羽宏　林建新　伍仲和

广州市（副省级）

市政协副主席

潘胜燊（2014 年 6 月辞职）

区（市）政协主席

海珠区

江绍强（2014 年 3 月当选）

邓伟强（2014 年 3 月辞职）

白云区

潘文捷（女，2014 年 3 月当选）

庞文洪（2014 年 3 月辞职）

花都区

钟国雄（2014 年 3 月当选）

王雁威（2014 年 3 月辞职）

南沙区

熊文辉（2014 年 3 月当选）

冯成标（2014 年 3 月辞职）

深圳市（副省级）

副主席

陈思平（2014 年 1 月离任）

陈倩雯（女，2014 年 1 月补选）

区政协主席

福田区

侯建潮（2014 年 10 月退休）

汕头市

县（市、区）政协主席

金平区

黄一桦（女，2014 年 2 月当选）

李伟佳（2014 年 2 月辞职）

韶关市

县（市、区）政协主席

浈江区

何益文（2014 年 1 月当选）

何友权（2014 年 1 月辞职）

江门市

县（市）政协主席

新会区

梁树祥（2014 年 10 月辞职）

鹤山市

冯伟华（2014 年 2 月当选）

蔡卫健（2014 年 2 月辞职）

阳江市

市政协主席

韦丽坤（女，2014 年 10 月免去主席职务）

县（市）政协主席

江城区

冯国芳（2014 年 1 月当选）

冼学享（2014 年 1 月辞职）

阳西县

谢国雄（2014 年 1 月当选）

陈　亨（2014 年 1 月辞职）

湛江市

县（市、区）政协主席

雷州市

蔡　玲（女，2014 年 3 月当选）

周　坚（2014 年 3 月辞职）

徐闻县

蒋柯煌（2014 年 3 月当选）

侯德耀（2014 年 1 月退休）

茂名市

县（市、区）政协主席

电白区（茂港区与电白县合并，2014 年 4 月正式设立电白区）

钟林矿（2014 年 6 月 24 日当选）

信宜市

郭秀标（2014 年 12 月退休）

化州市

阮　汉（2014 年 4 月当选）

江　源（副主席，2014 年 4 月卸任）

肇庆市

县（市、区）政协主席

四会市

邹卫无（2014 年 2 月当选）

潘玉荣（2014 年 2 月辞职）

高要市

李木财（2014 年 4 月当选）

赵志强（2014 年 4 月辞职）

封开县

蔡汉民（2014 年 2 月当选）

黎兆坤（2014 年 2 月退休）

清远市

县（市、区）政协主席

清城区

陈景光（2014 年 2 月当选）

赵建敏（2014 年 2 月辞职）

连州市

李成娟（女，2014 年 1 月当选）

廖加见（2014 年 1 月辞职）

佛冈县

袁镜焕（2014 年 1 月当选）

云浮市

县（市、区）政协主席

新兴县

梁国华（2014 年 3 月当选）

区耀启（2014 年 3 月辞职）

广东省各级政协组织和委员数

（截至 2014 年底）

级别 / 项目	省	副省级市	设区（县）的市	县（不设区的市、市辖区）	合计
组织数	1	2	19	120	142
委员数	985	1153	7426	28729	38293

（余贞皎 编写　廖珍玉 审稿）

政 协 广 西 壮 族 自 治 区 委 员 会

刘志勇　副主席

刘正东　副主席

磨长英　副主席

【全体委员会议】

十一届二次会议　1月15日至19日在南宁召开。应出席701人，实到678人。自治区党委书记彭清华在开幕会上作了重要讲话。会议听取并审议了陈际瓦主席代表常委会所作的工作报告和张秀隆副主席所作的自治区政协十一届一次会议以来提案工作情况的报告。与会委员列席了自治区十二届人大三次会议，听取并讨论了自治区主席陈武所作的政府工作报告及其他有关报告。会议期间共收到提案586件，立案570件；收到大会发言材料108份，16名委员作了大会发言。委员们围绕全区全面深化改革及人民群众普遍关心的热点问题进行协商议政，从以改革创新为统领增强经济发展新动力、以现代工业为主导加快构建现代产业体系、以交通能源为重点加强重大基础设施建设等8个方面，提出意见建议。会议审议通过了自治区政协十一届二次会议政治决议、自治区政协十一届二次会议关于常委会工作报告的决议、自治区政协提案委员会关于政协十一届二次会议提案审查情况的报告、自治区政协2014年度协商工作计划，通过了接受梁胜利请辞自治区政协副主席、委员职务，增选刘志勇、刘正东、磨长英为自治区政协副主席，朱殿安为自治区政协常委。陈际瓦主持闭幕会并讲话。

【常务委员会会议】

第5次会议　1月10日在南宁召开。应出席133人，实到95人。陈际瓦主席主持会议并讲话。自治区党委常委、组织部部长周新建到会就有关人事事项作了说明。会议审议通过了自治区政协常委会2014年工作要点和有关人事事项。

第6次会议　1月19日在南宁召开。应出席133人，实到125人。陈际瓦主席主持会议。会议听取了自治区政协十一届二次会议小组讨论情况的综合汇报；审议通过自治区政协十一届二次会议增选副主席、常委选举办法（草案），增选副主席、常委候选人名单（草案）；审议通过了自治区政协十一届二次会议政治决议（草案）、自治区政协十一届二次会议关于常委会工作报告的决议（草案）、自治区政协提案委员会关于政协十一届二次会议提案审查情况的报告（草案）、自治区政协2014年度协商工作计划（草案）。会议决定将增选副主席候选人名单、常委候选人名单和文件草案提请自治区政协十一届二次会议审议。

第7次会议　4月22日至23日在南宁召开。应出席135人，实到106人。陈际瓦主席主持开幕会，张秀隆副主席在闭幕会上讲话。会议的主要议题是围绕加快西江经济带水运通道建设建言献策。会议听取了自治区党委常委、自治区常务副主席黄道伟关于广西加快西江经济带水运通道建设有关情况的通报，听取了刘志勇副主席关于专题调研的情况说明。8名委员就加快水运基础设施建设、加快绣江复航工程建设、发挥西江黄金水道作用等方面作了大会发言。区直有关部门负责同志在会上作了回应发言。常委会组成人员围绕会议议题进行了协商讨论，从探索湘桂水域开发、推进江海联动等方面提出意见建议。会议通过了有关人事事项。

第8次会议 9月4日至5日在南宁召开。应出席135人，实到109人。陈际瓦主席主持开幕会并在闭幕会上讲话，张秀隆副主席主持闭幕会。会议的主要议题是围绕推进政府职能转变、加大简政放权力度建言献策。会议听取了自治区党委常委、自治区常务副主席黄道伟关于广西推进政府职能转变、加大简政放权力度有关情况的通报；听取了刘君副主席关于专题调研情况的说明。9名委员就推行权力清单和负面清单、制定审批事项目录、通过市场调度行政审批收费等方面作了大会发言，常委会组成人员围绕会议议题进行了协商讨论，从深入推进行政审批制度改革、完善权力清单制度、提高行政审批办事效率等方面提出意见建议。会议通过了有关人事事项。

第9次会议 12月18日至19日在南宁召开。应出席135人，实到97人。陈际瓦主席主持开幕会并在闭幕会上讲话，张秀隆副主席主持闭幕会。会议听取了张秀隆关于自治区政协常委会工作报告（草案）起草的说明、自治区副主席蓝天立关于政协提案办理工作情况的通报。自治区政协各专门委员会分别汇报了本委员会2014年度工作情况。会议审议了自治区政协办公厅关于2014年委员视察工作情况的报告（书面）。会议通过了关于召开自治区政协十一届三次会议的决定、自治区政协十一届三次会议议程（草案）和日程；原则通过了自治区政协常委会工作报告及报告人、自治区政协常委会关于政协十一届二次会议以来提案工作情况的报告及报告人；通过了《自治区政协提案审查工作细则》、《自治区政协重点提案遴选与督办办法》；通过了自治区政协2015年度协商工作计划（草案）、自治区政协常委会2015年度工作要点和有关人事事项。

【专门委员会工作】

提案委员会 配合全国政协调研组到广西就《关于尽快出台左右江革命老区振兴规划的建议》开展重点提案督办调研，提出的意见建议纳入了全国政协的调研报告，俞正声、张高丽、汪洋、杜青林、杨晶、马飚6位党和国家领导人对调研报告作出重要批示。全年共收到提案598件，立案580件。把完善“五位一体”的提案督办机制作为工作重点，推动党政领导亲自督办14件提案得到批示落实，自治区政协领导领衔督办提案形成制度，提案委员会持续跟踪督办重点提案落实有效，承办单位领导督办提案成效明显，委员领衔督办重点提案形成常态化。召开了6次提案办理协商会，推动承办提案大户集中办理、同类提案集中督办，提高提案工作效率和质量，已经解决或采纳的提案占总数的67.1%，比2013年提升了17个百分点。首创提案工作“四方民主评议”，由提案委员会、提案者、承办单位、社会各界代表组成民主评议组，促进提、立、办、督工作相互衔接，把提案办理工作纳入部门绩效考核，推动提案意见建议落到实处。

经济委员会 配合全国政协调研组就扩大内陆沿边开放、促进区域经济协调发展到广西进行考察，提出了加快沿边开放开发互联互通建设、支持发展边境加工贸易和产业合作、以开放倒逼改革推进通关便利化等建议，纳入了全国政协的调研报告，有关意见作为重要信息专报中央，张高丽副总理作了重要批示。与自治区政府发展研究中心联合召开“双核驱动”战略研讨会，提出意见建议，为党委、政府科学决策提供参考。围绕产业园区建设发展问题开展专题调研，提出优化园区产业发展规划，着力破解土地、资金、电力、环保等难题，深化园区管理体制改革等对策建议，形成调研报告报自治区党委、政府作决策参考。

农业委员会 组织委员就广西农垦和国有林场发展开展专题调研，从整合优化资源优势，与新型城镇化、工业化、信息化及扶贫开发有机结合等方面，提出促进农垦改革发展和国有林场改革发展的建议，报送的调研报告，得到自治区党委书记彭清华、副书记危朝安，自治区党委常委、自治区常务副主席黄道伟，自治区党委常委、自治区副主席唐仁健的批示。围绕广西农业特色产业发展开展专题调研，从完善基础设施建设、抓好科技服务、创建特色品牌等方面提出意见建议，报送的调研报告得到彭清华的批示。围绕广西林下经济发展开展专题调研，为有关部门提供决策参考。

人口资源环境委员会 配合全国政协调研组就全国木材战略储备基地建设情况到广西进行考察，提出的意见建议被纳入考察报告，汪洋副总理对考察报告作了重要批示。围绕广西区域生态战略问题开展调研，提出建议，报送的调研报告得到自治区党委书记彭清华、副书记危朝安，自治区党委常委、自治区常务副主席黄道伟，自治区党委常委、自治区副主席唐仁健，自治区副主席张晓钦的批示。围绕北部湾近岸海域环境安全问题开展专题调研，提出意见建议，调研报告得到彭清华、唐仁健及自治区副主席蓝天立的批示。围绕“美丽广西·清洁乡村”开展专题调研，调研报告得到彭清华、危朝安、蓝天立的批示。

教科文卫体委员会 配合全国政协调研组就西部高校发展和人才培养到广西开展调研，提出的意见建议纳入了全国政协的调研报告，俞正声主席和刘延东副总理对调研报告作了重要批示。围绕加强民办教育师资队伍建设开展专题调研，从改善广西民办教育高素质师资队伍建设的政策环境、完善公共财政对民办教育的扶持制度、切实保障民办学校教师的合法权益等方面提出建议，得到有关部门采纳，报送的调研报告得到自治区副主席李康的批示。围绕桂粤滇黔合作机制开展专题调研，与广东、云南、贵州等省政协进行协商座谈，提出意见建议，供有关部门作参考。

社会和法制委员会 承担加快西江经济带水运通道建设专题调研，从加快完善西江水运通道规划、建设西江绿色水上高速公路、促进产业与城镇群互融发展等方面提出建议，调研报告得到自治区党委常委、自治区常务副主席黄道伟的批示。围绕珠江—西江经济带综合交通运输体系开展专题调研，从完善规划修编、加快路网建设、加强港园互动等方面提出建议。围绕全面推进依法治国、社会和法制委员会如何发挥作用主题召开工作研讨会。组织委员和专家学者对 23 部地方性法规提出 126 条意见建议，有 48 条被采纳，为自治区科学立法提供参考。

民族和宗教委员会 配合全国政协调研组就民族地区就业问题到广西开展调研，提出的意见建议被调研组吸纳入调研报告，有关意见形成全国政协信息专报中央。围绕加强农村宗教事务管理开展调研，从健全和完善基层宗教管理网络、增强基层组织管理宗教事务的能力和水平、依法加强宗教事务管理等方面提出建议，为广西加强农村宗教事务管理献计出力。在全国暨地方政协民族和宗教工作研讨会上，就如何发挥广西政协民族和宗教委员会优势、协助党和政府做好新形势下民族宗教工作作了交流发言。

港澳台侨和外事委员会 配合全国政协调研组就推动东盟经济合作发展和推进“21世纪海上丝绸之路”建设专题及台湾中国青年大陆研究文教基金会参访团到广西开展调研考察。围绕中国（广西）—东盟航线发展开展调研，提出建议，供有关部门参考。举办港澳委员活动日，就争取国家把CEPA政策延伸至广西、密切桂粤港澳合作提出意见建议。为帮助台资、侨资、外资企业加快转型升级组织开展界别活动。接待外宾团组20批300多人次。

文史和学习委员会 配合做好全国政协调研组就农耕文化遗产保护和利用到广西开展调研、召开西部12个省区市政协“回忆西部大开发”史料征集汇稿会的有关工作。全国政协副主席齐续春对《站在新起点 迈上新台阶——广西政协文史资料工作情况汇报》作了重要批示。做好《14个沿海开放城市史料》和《抗战史料》征集工作，征集稿件100篇。制定和落实《广西政协文史丛书》2014—2015年征编出版方案，编辑出版图书（画册）10册。围绕中心工作以及国际国内形势，编辑出版《学习参考》刊物12期。组织开展珠江—西江经济带文化遗产保护和利用专题调研，提出依法保护、规划先行、落实责任等意见建议。

【重要活动】

全国政协调研组就《尽快出台左右江革命老区振兴规划》重点提案在广西督办调研 7月5日至9日，以全国政协副主席马飚为组长，全国政协常委、提案委员会主任孙淦，全国政协常委、提案委员会副主任干以胜为副组长的全国政协重点提案督办调研组，深入广西百色、河池、崇左等地，就《尽快出台左右江革命老区振兴规划》重点提案进行督办调研。陈际瓦主席作为提案人参加调研，自治区副主席蓝天立，张秀隆副主席陪同调研。7月9日，在南宁召开督办调研座谈会，马飚讲话，自治区党委书记彭清华致辞，自治区主席陈武、贵州省常务副省长谌贻琴、云南省副省长和段琪分别介绍左右江革命老区发展情况、提出意见建议，孙淦主持座谈会，国家发展改革委副主任林念修介绍了规划编制工作情况，提案承办单位国土资源部、交通运输部、国务院扶贫办、国家旅游局有关负责同志分别发言。全国政协常委、提案委员会副主任干以胜，自治区领导陈际瓦、黄道伟、范晓莉、蓝天立、彭钊、李彬、赖德荣、张秀隆、刘君、刘志勇、刘正东、磨长英，贵州省政协主席王富玉，云南省政协副主席王承才，全国政协调研组成员和国家有关部委领导，自治区政协各专委会领导，自治区有关部门以及南宁、百色、河池、崇左等市政府、政协负责人参加座谈。

桂黔滇三省区政协推进左右江革命老区振兴发展座谈会 6月8日至12日在南宁召开。陈际瓦主席主持并介绍有关情况，贵州省政协主席王富玉、云南省政协主席罗正富出席并分别介绍有关情况。会议围绕如何推动国家《尽快出台左右江革命老区振兴规划》，加快推进珠江—西江经济带建设、促进共建“一带一路”的议题，提出了进一步研究左右江革命老区振兴发展的规划范围，共同推进交通基础设施建设、产业合作园区建设和特色产业发展、解决老区突出的重要民生问题，共同推进珠江—西江经济带航道、船闸、生态环境建设，构建区域航运中心和丝绸之路产业合作带建设等意见建议。会议商定，建立桂黔滇三省区政协长效合作机制，助推区域合作发展。贵州省政协副主席班程农、秘书长李月成，云南省政协副主席王承才、秘书长车志敏，彭钊、张秀隆、刘君、刘正东、磨长英副主席，禤沛钧秘书长，以及三省区政协办公厅、专委会领导等参加座谈会。期间，与会人员赴北海、桂林调研。

专题协商活动 在南宁召开三次专题协商（座谈）会。7 月 11 日，召开深化广西北部湾经济区综合配套改革专题协商会，陈际瓦主席主持会议；自治区党委书记彭清华首次参加政协协商会，听取意见，并在讲话中要求，发挥政协自身优势，集中力量研究，积极建言献策，把北部湾经济区打造成为我国沿海重要的经济增长极；并对调研报告和委员意见建议落实情况作出批示；自治区副主席张晓钦通报了广西北部湾经济区综合配套改革工作情况，刘正东副主席介绍专题调研成果，15 名委员从创新经济区管理体制机制、加快经济区同城化步伐、实行口岸“大通关”模式等方面提出了意见建议；各项改革措施建议被吸纳入自治区党委、政府《关于深化北部湾经济区改革若干问题的决定》中；自治区发展改革委等区直部门负责人分别在会上作了回应发言；自治区党委常委、秘书长范晓莉，黄格胜、彭钊、李彬、赖德荣、张秀隆、刘君、刘志勇、磨长英副主席，禤沛钧秘书长出席会议。8 月 25 日，召开推进实施珠江—西江经济带发展规划专题协商座谈会，陈际瓦主持会议；自治区主席陈武首次参加政协协商座谈会，听取意见，并在讲话中强调，要更好地指导推进经济带建设，大力推进以水运为核心的综合交通运输体系、生态环保、现代产业集聚带等方面的建设，形成促进全区加快发展的强大动力；14 名委员从加快推进粤桂合作特别试验区建设、加快推进南宁—崇左—凭祥经济带建设、打造西江经济带核心城市等方面提出意见建议；自治区发展改革委等区直部门负责人分别在会上作了回应发言；彭钊、李彬、赖德荣、张秀隆、刘君、刘志勇副主席，自治区政府秘书长莫恭明、禤沛钧出席会议。10 月 20 日，召开推进农村土地集中流转、加快产权流转交易平台建设专题协商会，陈际瓦主持会议；自治区党委常委、自治区副主席唐仁健到会听取意见建议，通报全区农村土地制度改革进展情况，并对调研报告作出批示；彭钊介绍专题调研成果；9 名委员从农村土地承包经营权确权登记、农村产权流转交易平台、激活农村土地要素等方面提出意见建议；自治区发展改革委等区直部门负责人分别在会上作回应发言；黄格胜、彭钊、李彬、赖德荣、张秀隆、刘君、刘志勇、刘正东、磨长英、禤沛钧出席会议，2 名农民代表首次受邀参加会议。

对口协商活动 在南宁召开三次对口协商会，李彬、赖德荣、磨长英副主席分别出席并讲话。6 月 30 日，召开加快沿边金融综合改革试验区建设对口协商会，港澳台侨和外事委员会与自治区金融办、广西银监局等部门领导围绕会议议题进行对口协商讨论，从推动广西微贷市场发展、加强金融产品创新、完善试验区金融体系等方面作了深入互动交流，报送的调研报告得到自治区主席陈武、自治区党委常委、常务副主席黄道伟的批示。7 月 29 日，召开加快广西世居人口较少民族经济社会发展对口协商会，民族和宗教委员会与自治区民委等部门领导围绕会议议题进行对口协商讨论，从给予政策倾斜、促进基本公共服务均等化、发展特色优势产业等方面取得一致意见；报送的调研报告得到自治区党委书记彭清华的批示。11 月 13 日，召开保障集中式饮用水源安全对口协商会，人口资源环境委员会与自治区住房和城乡建设厅等部门领导围绕会议议题进行对口协商讨论，从水源保护区、备用水源建设、取水口管理等方面进行互动交流；报送的调研报告得到自治区党委副书记危朝安的批示。

界别协商活动 在南宁召开三次界别协商会，彭钊、刘君、刘正东副主席分别出席并讲话。9月30日，召开深化广西与东盟旅游产业合作界别协商会，工商联界委员围绕会议议题进行协商讨论，从创新旅游合作机制，整合旅游资源、线路、旅游商品和市场营销，推进通关便利化等方面提出意见建议，自治区旅游局等部门负责人分别作了回应发言，自治区副主席蓝天立对报送的调研报告作了批示。11月12日，召开推进广西现代农业发展界别协商会，农业界委员围绕会议议题进行协商讨论，从特色规模经营、创新农村土地流转形式、加大资金扶持力度等方面提出意见建议，自治区农业厅等部门负责人分别作了回应发言。11月20日，召开加快推进广西现代职业教育发展界别协商会，教育界委员围绕会议议题进行协商讨论，从创新职业教育管理模式、探索现代职业教育办学新途径、将现代职业教育列入“十三五”规划等方面提出意见建议，自治区教育厅等部门负责人分别作了回应发言，自治区副主席李康对报送的调研报告作了批示。

提案办理协商活动 自治区党政领导亲自督办提案，自治区党委书记彭清华督办《关于加快粤桂合作特别试验区建设推进两广经济一体化发展的建议》并作了批示，自治区主席陈武督办《关于进一步推进行政审批制度改革》并作了批示，自治区党委常委、自治区副主席唐仁健组织召开《关于扶持贫困地区推进新型扶贫移民安置工作建议》重点提案办理协商座谈会，自治区副主席黄日波对《关于加强广西野生稻种资源保护的建议》进行督办调研。自治区政协主席、副主席领衔督办10件重点提案，分别开展督办调研、召开提案办理协商会，其中《关于加强我区畜禽养殖污染防治的专题调研报告》得到彭清华、唐仁健的批示。

委员视察活动 组织常委视察团1个、委员视察团4个，委托有关市政协组织委员视察团7个，港澳委员考察团1个、驻有关市委员跨市考察团7个，共390名委员参加了视察、考察活动。8月26日至28日，陈际瓦主席带领特邀常委视察团，就推进桂林国际旅游胜地建设赴桂林市视察；7月23日至25日，赖德荣副主席带领委员视察团，就园区管理体制和运行机制创新赴钦州市视察；9月10日至12日，刘君副主席带领委员视察团，就加快优势传统产业转型升级赴柳州市视察；9月23日至25日，刘志勇副主席带领委员视察团，就民政救助保障机制体制建设赴崇左市视察；10月9日至11日，磨长英副主席带领委员视察团，就加快非公有制经济发展赴玉林市视察。报送的5份视察报告得到自治区党委常委、自治区常务副主席黄道伟，自治区副主席蓝天立、陈刚的批示。

庆祝人民政协成立65周年纪念活动 9月22日，广西庆祝人民政协成立65周年大会在南宁召开；自治区党委书记彭清华在会上发表讲话，自治区主席陈武出席大会，陈际瓦主席主持；彭清华充分肯定了广西政协取得的显著成绩，希望各级政协组织和政协委员适应推进国家治理体系和治理能力现代化的要求，继承发扬人民政协的光荣传统和宝贵经验，充分发挥人民政协的独特优势和重要作用，为加快实现“两个建成”目标作出新的更大贡献；民进广西区委主委、自治区总工会负责人分别在会上作了发言；自治区政协原主席陈辉光、马庆生，自治区领导沈北海、范晓莉、杨道喜、黄日波、黄格胜、彭钊、李彬、赖德荣、张秀隆、刘君、刘志勇、刘正东、磨长英，在邕历届自治区政协副主席，禤沛钧秘书长，住邕全国政协委员，政协界别代表，各民主党派广西区委、自治区工商联负责人，自治区政协办公厅、各专委会负责同志约 200 人出席会议。同日，召开了充分发挥人民政协作为协商民主重要渠道作用专题研讨会，陈际瓦出席会议并讲话；会议围绕充分发挥人民政协作为协商民主重要渠道作用主题进行研讨，4 名同志作了交流发言，共收到论文 289 篇，精选 73 篇编入论文集，对 19 篇优秀论文和 5 个优秀组织奖单位进行了表彰；陈际瓦强调，要认真学习贯彻习近平总书记重要讲话精神，深入推进政协协商民主建设理论研究，为推进协商民主建设提供理论支撑；彭钊、李彬、张秀隆、刘君、刘正东、磨长英、禤沛钧出席会议，各民主党派广西区委、自治区工商联负责人，自治区政协办公厅、各专委会负责同志，广西人民政协理论研究会部分名誉副会长、理事、会员代表，获奖论文作者等约 150 人次参加会议。举办了广西政协发展历程展首展暨《广西政协发展历程》图书首发仪式，陈际瓦出席并讲话。黄格胜、彭钊、李彬、赖德荣、张秀隆、刘志勇、刘正东、磨长英、禤沛钧出席仪式。

委员学习培训 分别在南宁举办 5 期政协委员、政协干部培训班，540 名自治区政协委员和县（市、区）政协主席、副主席及专委会主任、副主任参加培训。以深入学习贯彻中共十八大和十八届三中、四中全会精神，深刻领会习近平总书记在庆祝人民政协成立 65 周年大会上的重要讲话精神和人民政协理论与规章制度为重点，深入研讨怎样当好政协委员，如何做好提案、视察、专题调研、反映社情民意等政协经常性工作，为政协委员、政协工作者提高履职能力和水平提供理论参考和经验借鉴。分别以艺术人生、周边安全环境和软实力建设专题，举办 2 期广西政协“同心”讲座；就“新常态新机遇新发展——2015 年中国经济展望”专题，举办 1 场学习报告会。

委员行动工程经验交流座谈会 11 月26 日在南宁召开。陈际瓦主席主持会议并讲话。会议总结交流了全区各级政协开展委员行动工程的经验和做法，研究部署下一步工作的意见措施。陈际瓦指出，委员行动工程是新形势下发挥委员主体作用的一种探索和创新，要坚持把建言献策与投身实践紧密结合起来，努力打造“建言践行”履职活动品牌，使活动更加富有成效。8 个单位和 2 名委员分别作了大会发言。彭钊、李彬、刘君、刘正东、磨长英副主席，禤沛钧秘书长，自治区政协办公厅有关领导、部分界别代表、小组召集人、部分市县（市、区）政协领导出席会议。

【重要文件】

常委会工作报告（2014 年 1 月 15 日）（摘要） 一、2013 年工作回顾。（一）深入学习贯彻中共十八大精神，巩固团结奋斗的共同思想基础。扎实开展群众路线教育实践活动，把教育实践活动的要求贯穿到政协工作的全过程，贯穿到履行职能的各个环节。（二）充分发挥政协组织优势，推动“双核驱动”战略深入实施。密切配合全国政协副主席马飚带领调研组到广西进行重点提案督办调研，向中央报送了《关于加快推进珠江—西江经济带建设的报告》，俞正声主席、张高丽副总理作了重要批示。积极争取全国政协副主席齐续春带领全国政协委员考察团来桂考察北部湾经济区建设和推进战略支点建设，考察报告的有关内容作为重要信息专报中央，李克强总理、张高丽副总理作了重要批示。（三）紧扣改革发展的热点难点问题，广泛开展协商议政。有276件涉及经济、文化、社会、生态等方面的意见建议被吸纳落实到自治区一系列重大决策和工作部署中。彭清华书记、陈武主席等17名自治区党政领导作了101次批示。（四）关注保障和改善民生，助推社会事业加快发展。针对农民看病贵、看病难等突出问题召开专题协商会，提出建设性意见。主动争取全国政协就加强民族地区职业教育问题来广西调研，提出的建议被吸纳进调研报告，并作为重要信息专报中央，刘延东副总理作了重要批示。（五）深入开展委员行动工程活动，引导委员自觉践行社会责任。协助企业解决贷款11.8亿元，引介知名企业到广西投资194亿元，汇集各类捐款6000多万元和一批物资开展助学扶贫。引导委员参与"美丽广西·清洁乡村"活动，完成建设1000个垃圾处理示范点，筹集1300多万元支持农村建设。（六）广泛开展团结联谊，积极促进广西对外开放。积极争取董建华副主席率驻港全国政协委员考察团来广西考察，推动建立西江流域生态补偿机制。举办港澳委员活动日，组织港澳委员参与广西港澳周活动。邀请越南广宁省祖国阵线代表团访问广西，组团出席第16届世界广西同乡联谊代表大会，加强与各国华人华侨社团的联系。（七）加强协商民主理论研究，大力推进政协工作创新。首次召开健全协商民主制度主题研讨会和提案办理协商专题研讨会，形成了一批理论研究成果。共召开18次政协协商会，对16部地方性法规提出意见建议。（八）扎实抓好政协自身建设，切实提高履行职能的成效。各民主党派广西区委、自治区工商联共提交提案131件、社情民意信息430多篇、大会发言49份，许多意见建议得到党委、政府重视和采纳。二、2014年工作部署。一是深入学习贯彻中共十八大和十八届三中全会精神，推进协商民主广泛多层制度化发展。二是围绕全面深化改革议政建言，为广西经济持续健康发展献计出力。三是凝聚共识汇聚力量，促进社会和谐稳定。四是继续做好政协港澳台侨工作，积极扩大政协对外友好交往。五是切实加强作风建设，进一步提高政协工作科学化水平。

自治区党委书记彭清华在广西庆祝人民政协成立65周年大会上的讲话（2014年9月22日）（摘要） 60多年来，全区各级政协组织为广西的繁荣与振兴作出了重要贡献，为进一步做好人民政协工作积累了宝贵经验，提供了重要启示。

全区各级政协组织和政协委员要坚持正确的政治方向，坚定不移走中国特色社会主义政治发展道路。坚持发展协商民主，推进政协工作制度化、规范化、程序化。坚持服务大局，为推动改革发展贡献力量。坚持团结和民主两大主题，促进社会和谐稳定。坚持加强自身建设，提高履职能力和水平。

各级党委要把政协工作摆到重要位置，切实加强领导，支持各级政协依照章程独立负责、协调一致地开展工作，及时研究并统筹解决政协工作中的重大问题。各级政协党组要把党的重大决策和工作部署贯彻到人民政协的全部工作中去。政协委员及政协机关中的中共党员，要充分发挥好先锋模范作用，以自身修养和能力带动党外朋友。

【组织概况】

副主席增选名单

（2014年1月19日政协第十一届广西壮族自治区委员会第二次会议通过）

刘志勇（满族） 刘正东

磨长英（女）

副主席请辞名单

（2014 年 1 月 19 日政协第十一届广西壮族自治区委员会第二次会议通过）

梁胜利（壮族）

常务委员增选名单

（2014 年 1 月 19 日政协第十一届广西壮族自治区委员会第二次会议通过）

朱殿安

常务委员辞职名单

（2014 年 12 月 19 日政协第十一届广西壮族自治区委员会常务委员会第九次会议通过）

梁建强

委员增补名单

（2014 年 1 月 10 日政协第十一届广西壮族自治区委员会常务委员会第五次会议通过）（按姓氏笔画为序）

王筱东 刘正东 刘志勇（满族）

蔡万圻 魏孝栋

（2014 年 4 月 23 日政协第十一届广西壮族自治区委员会常务委员会第七次会议通过）（按姓氏笔画为序）

李建平 黄锡玉（女）

（2014 年 9 月 5 日政协第十一届广西壮族自治区委员会常务委员会第八次会议通过）（按姓氏笔画为序）

邓海华 甘丽琼（女，壮族）

常毓兴

（2014 年 12 月 19 日政协第十一届广西壮族自治区委员会常务委员会第九次会议通过）（按姓氏笔画为序）

全桂寿 何猷启

委员辞职名单

（2014 年 12 月 19 日政协第十一届广西壮族自治区委员会常务委员会第九次会议通过）

陈瑞贤 甘承会 黄 涛

撤销委员资格名单

（2014 年 9 月 5 日政协第十一届广西壮族自治区委员会常务委员会第八次会议通过）

徐励明

专委会副主任增补名单

（2014 年 9 月 5 日政协第十一届广西壮族自治区委员会常务委员会第八次会议通过）

增补：

梁雨祥为农业委员会副主任

邓海华为社会和法制委员会副主任

甘丽琼（女，壮族）为民族和宗教委员会副主任

邬弘辉（瑶族）为经济委员会副主任

（2014 年 12 月 19 日政协第十一届广西壮族自治区委员会常务委员会第九次会议通过）

增补：

顾荣喜为人口资源环境委员会副主任

梁炳巨（壮族）为社会和法制委员会副主任

胡德才（瑶族）、王士威（壮族）为民族和宗教委员会副主任

专委会副主任请辞名单

陈瑞贤因退休辞去港澳台侨和外事委员会副主任职务

专委会专职副主任任免名单

（2014 年 4 月 23 日政协第十一届广西壮族自治区委员会常务委员会第七次会议通过）

任命：

黄锡玉（女）为人口资源环境委员会专职副主任

李建平为文史和学习委员会专职副主任

（2014 年 9 月 5 日政协第十一届广西壮族自治区委员会常务委员会第八次会议通过）

任命：

王春林为经济委员会专职副主任

免去：

邹弘辉（瑶族）经济委员会专职副主任职务

市、县、区政协主席变动情况

南宁市

上林县

覃祯威（壮族）（2014 年 1 月 23 日当选）

吴伟山（2014 年 1 月 23 日辞职）

马山县

李英辉（壮族）（2014 年 11 月 28 日当选）

林永立（壮族）（2014 年 11 月 28 日辞职）

桂林市

临桂区

刘修荣（2014 年 12 月 3 日当选）

张凌发（2014 年 12 月 3 日辞职）

全州县

阳瑞华（2014 年 5 月 8 日当选）

欧文忠（2014 年 5 月 8 日辞职）

平乐县

袁天赐（2014 年 11 月 12 日当选）

赖焕斌（2014 年 11 月 12 日辞职）

玉林市

刘子福（2014 年 7 月 22 日退休）

来宾市

景宪法（2014 年 9 月 11 日免职）

金秀瑶族自治县

朱转宝（2014 年 2 月 28 日当选）

赵德文（瑶族）（2014 年 2 月 13 日辞职）

忻城县

陆海清（壮族）（2014 年 2 月 20 日当选）

肖忠良（2014 年 2 月 20 日辞职）

政协广西壮族自治区各级地方组织和委员数

（截至 2014 年底）

项目＼级别	自治区	地级市	县（市、区）	合计
组织数	1	14	110	125
委员数	701	4763	17090	22554

（陈礼贤　潘乃师 编写　彭燕萍 审稿）

政协海南省委员会

【全体委员会议】

六届二次会议 2月8日至12日在海口举行。本次会议应出席委员398名，实到386名。开幕会由省政协副主席陈成主持，省政协主席于迅主持闭幕会并讲话。省委书记、省人大常委会主任罗保铭，省委副书记、省长蒋定之，省委副书记李宪生等省领导列席了开、闭幕会，并参加联组讨论和小组讨论，听取大会发言。

会议听取并审议了省政协主席于迅代表省政协常委会所作的工作报告、省政协副主席陈莉代表省政协常委会所作的关于提案工作情况的报告。与会委员列席了五届省人大二次会议，听取并讨论了省政府工作报告及其他重要报告。

委员就提升旅游消费水平、制定五星级酒店发展规划、建立导游薪酬新机制、开展“美丽乡村”建设试点等问题作了大会发言；就加快教育产业发展、大力发展海洋经济、加快科技创新等问题作了联组讨论会发言。

会议审议通过了省政协六届二次会议政治决议、省政协提案委员会关于六届二次会议提案审查情况的报告。会议补选李朱全为省政协常务委员。会议号召，全省各级政协组织、各参加单位和广大政协委员，紧密团结在以习近平同志为总书记的中共中央周围，在中共海南省委的领导下，高举爱国主义、社会主义旗帜，以邓小平理论、“三个代表”重要思想、科学发展观为指导，改革创新、团结奋进、扎实履职，为在新起点上争创中国特色社会主义实践范例，谱写美丽中国海南篇章作出新的贡献！

【常务委员会会议】

第4次会议 1月10日在海口举行。会议应出席71人，实到54人。省政协主席于迅主持会议并作了讲话。省委副书记李宪生到会作关于省委六届五次全体会议情况和会议精神的报告。会议传达学习贯彻省委六届五次全体会议精神和全省经济工作会议精神，协商讨论省政府工作报告（征求意见稿），听取通报省政府系统提案办理情况，审议通过了关于召开省政协六届二次会议的决定以及省政协六届二次会议有关文件，听取政协海南省第六届委员会专门委员会2013年工作总结和2014年工作计划的报告（书面）。

第5次会议 2月11日在海口举行。会议应出席71人，实到67人。省政协主席于迅主持会议。会议审议通过了海南省政协六届二次会议选举办法；审议通过了政协海南省第六届委员会常务委员候选人名单；审议通过了海南省政协六届二次会议总监票人、监票人名单；审议通过了海南省政协六届二次会议关于常务委员会工作报告的决议（草案）；审议通过了政协海南省第六届委员会提案委员会关于省政协六届二次会议提案审查情况的报告（草案）；审议通过了海南省政协六届二次会议政治决议（草案）。

第6次会议 3月31日在海口举行。会议应出席72人，实到49人。省政协主席于迅主持会议并作了讲话。会议传达学习贯彻全国政协十二届二次会议精神，结合政协履职实践，围绕如何以改革创新精神加强政协委员履职能力建设讨论发言。会议还审议通过了相关人事事项。

第7次会议 7月16日至17日在海口举行。会议应出席71人，实到55人。省政协主席于迅主持会议并作了讲话。会议学习贯彻全国政协十二届六次常委会议精神，听取李国梁副省长通报我省2014年上半年经济社会发展情况，结合政协履职实践，分析研究海南省上半年经济态势和发展趋势，并针对海南省经济运行中的突出问题和加快发展海南省产业园区等内容建言献策。会议审议通过了《关于加快发展海南省产业园区的建议案》和有关人事事项。

第8次会议 11月11日在海口举行。会议应出席68人，实到50人。会议主题是围绕打造21世纪海上丝绸之路建设南海服务合作基地和推进旅游消费需求拉动海南经济发展建言献策。省政协主席于迅主持会议并作讲话。会议学习贯彻中共十八届四中全会精神、习近平总书记在庆祝人民政协成立65周年大会上的重要讲话精神和全国政协十二届八次常委会议精神，审议通过了《关于打造21世纪海上丝绸之路建设南海服务合作基地的建议案》和《关于推进旅游消费需求拉动海南经济发展的建议案》，并征求了对海南省政协2015年协商议题的建议。会议围绕相关议题进行了分组讨论和大会发言。

【专门委员会工作】

提案委员会 一、认真开展提案征集、办理工作。省政协六届二次会议以来，共收到提案615件，立案588件，办复584件，办复率99.3%。二、认真做好全省政协提案办理协商工作经验交流会筹备服务工作。全省政协提案办理协商工作经验交流会于2014年9月26日召开，总结交流各地各部门开展提案办理协商工作的经验和体会。三、认真做好重点提案遴选和督办工作。精选一批重点督办提案，33件提案被确定为重点提案，其中11件提案被确定为省政协主席会议成员重点督办提案。四、进一步提高提案质量和办理质量。编发了《全省政协提案办理协商工作经验交流会交流材料汇编》等资料，方便政协委员、政协各组成单位和各承办单位学习、借鉴、参考。五、与省有关部门组成联合调研组就推动休闲农业发展进行深入调研，形成专题调研报告。六、切实加强工作联系和交流。赴省内各市、县对提案工作进行指导培训并就省"两办"《关于省政协提案办理工作的规定》的落实情况进行考察。

经济委员会 一、积极为推进国际旅游岛建设建言献策。就海南参与海上"丝绸之路"建设的优势、机遇、地位及作用，海南在21世纪海上"丝绸之路"建设中的目标和任务，简化审批程序环节、提高行政审批效能，推进我省家庭农场发展、增加农民收入等课题开展调研，形成调研报告。二、做好省政协六届二次会议重点提案《优化我省五星级酒店的发展环境的建议》的督办工作。三、精心组织召开"我省五星级酒店发展状况"专题协商会、"发展和规范我省专业市场"对口协商会。四、学习借鉴兄弟省区的先进经验。组织委员到安徽和湖南两省学习当地政协履行职能的先进经验。五、加强沟通联系，为政协委员更好履行职能创造条件。加强与省有关部门的联系与沟通，取得相关厅局对省政协经济委员会工作的支持。加强与市县政协的联系，部分调研活动邀请市县政协一起参加。

人口资源环境委员会 一、坚持围绕中心，组织委员开展调研视察。一是组织委员视察东寨港红树林保护情况，形成视察报告，省委书记罗保铭对视察报告作出重要批示。二是组织委员围绕我省海洋环境尤其是近海重要渔港利用情况开展专题调研并召开对口协商会，省长蒋定之对调研协商成果作出重要批示。二、做好省政协六届二次会议重点提案《关于加快海南农村生活垃圾处理的建议》的督办工作。三、做好委员服务工作。开展走访委员活动、委员活动日活动，充分调动委员履职积极性。四、加强联系与沟通，增进友谊与交流。加强全国及地方政协人资环委的交流和学习。协助天津市政协、陕西省政协考察团（组）对我省进行了相关学习考察活动。五、组织委员赴浙江、山东两省就渔港建设等方面情况进行学习考察。六、加强与政府有关部门和市县政协的联系，应邀积极参加相关活动。

教科文卫体委员会 一、围绕改革发展重要课题开展专题调研。一是继续推进“促进海南旅游消费的政策研究”子课题调研工作。二是就社区教育问题开展专题调研，形成了《发展我省社区教育的调研报告》，省委副书记李宪生、副省长王路对调研报告分别作了批示。二、做好省政协六届二次会议重点提案《关于加强全省中小学校食堂建设的建议》的督办工作。三、与省政协民族和宗教委员会共同承办“我省乡村医疗队伍建设和民族地区医疗卫生事业发展”对口协商会。四、大力支持公益事业。组织委员积极奉献爱心，开展扶贫义诊活动。五、搭建平台，为委员知情明政创造条件。六、加强对口联系，增进交流沟通，推进专委会工作开展。一是加强与党政对口部门、民主党派、人民团体的交流与联系，积极参与省教科文卫体部门组织的各类活动。二是协助全国政协教科文卫体委员会开展“深化产教融合、校企合作，加快现代职业教育体系建设”调研。协助全国政协教科文卫体委员会与农工党中央开展“积极推进医养结合建设”调研。三是加强与兄弟省区政协对口专委会的沟通与联系。

社会和法制委员会 一、选择社会热点及民生问题开展调研视察。一是开展禁毒工作调研，提出15条遏制毒品犯罪的意见和建议，调研报告得到省委、省政府领导重视，刘赐贵代省长要求有关部门牵头研究，推动禁毒措施的落实。二是围绕我省见义勇为人员权益保障和服务问题开展调研。三是组织委员到省托老院进行视察，提出相关建议。二、积极参与民主监督工作。多次安排委员参与省高院和有关法庭庭审旁听工作，协调办理3件政协委员关注案件，跟踪了解《关于开展环境资源民事公益诉讼试点的实施意见》等制度创新实施情况。三、精心组织召开“城乡社区管理”专题协商会，省委副书记李宪生对专题协商报告作出批示。四、做好省政协六届二次会议重点提案《关于加强治理力度，严厉打击虚假信息诈骗的提案》的督办工作。五、加强对口联系，增进交流沟通。一是拜访全国政协社会和法制委员会，就如何贯彻落实十八届四中全会精神，全面推进依法治国有关思路与构想进行深入交流。二是做好兄弟省市区政协社会和法制委员会来我省考察学习的有关工作。

民族和宗教委员会 一、组织委员围绕我省民族地区医疗卫生事业、我省宗教团体自养等问题进行调研，形成专题调研报告。二、做好省政协六届二次会议重点提案《关于将海南垦区少数民族纳入海南8个民族市县范围给予扶持的提案》的协商督办工作。积极推动提案成果转化，省政府明确将全面完成民族地区农村道路“最后一公里”建设纳入2015年为民办好事实事内容。三、与省政协教科文卫体委员会共同承办“我省乡村医疗队伍建设和民族地区医疗卫生事业发展”对口协商会。四、促进民族文化繁荣。开展琼台少数民族文化交流活动，推动海南琼剧艺术发展，开展“送戏下乡”活动。五、加强对口联系，增进交流沟通。开展走访委员活动、委员活动日活动，密切联系委员。加强与全国政协民宗委和兄弟省市政协的学习交流，参加全国政协民族和宗教委员会在宁夏银川召开的“全国暨地方政协民族宗教工作研讨会”，提交大会交流材料。加强与我省有关部门暨民族市县的联系合作。

文史资料委员会 一、坚持文史特

色，积极开展文史资料征集工作。征集出版琼剧“三亲”史料厚卷《琼剧亲历见闻录》，广泛开展《知青在海南》史料征集工作，全面启动“纪念海南解放65周年暨抗战胜利70周年”史料征集工作，拍摄第三批《瑰宝·海南文化传人》20集电视专题片，摄制播放《海南文史》音像宣传片24集。二、编纂出版《海南历史文化名人丛书》。三、坚持围绕中心，组织委员开展调研视察。一是围绕省政协六届八次常委会议议题，对探寻海南在海上丝绸之路发展历史中的重要作用进行专题调研，形成了《关于海南在海上丝绸之路发展历史中的重要作用调研报告》。二是组织委员围绕“我省农村垃圾处理”问题开展调研，形成专题调研报告，并召开对口协商座谈会。三是组织委员开展民办教育发展现状等视察活动。四、做好省政协六届二次会议重点提案《关于海南省美丽乡村建设发展的建议》的督办工作。五、组织委员赴浙江、福建就“21世纪海上丝绸之路”港口建设和发展情况进行调研。六、出席全国暨地方政协文史研讨会，交流了工作经验。

港澳台侨和外事委员会 一、组织委员围绕“我省公共外交”问题开展调研，形成专题调研报告，召开对口协商会，就新形势下推动我省公共外交工作上新台阶提出意见和建议。二、配合开展“海南参与21世纪海上丝绸之路建设”重点调研。积极协助商请全国政协外事委员会“推进21世纪海上丝绸之路建设”调研组将海南纳入调研目的地。三、创造条件，发挥港澳委员作用。一是召开省政协港澳委员座谈会，通报我省经济社会发展情况，听取意见建议。二是协助组织港澳委员回海南考察，让委员了解省情、增强信心。三是支持港澳政协委员积极参与港澳社会事务活动，参与“保普选”、“反占中”等活动，支持特区政府依法推进政改。四、加强对台交往。与省台办等单位在海口共同主办“2014年海峡两岸休闲农业与美丽乡村建设（海南）”研讨会，多层次开展与台交流，扩大政协与台湾交流的领域。五、积极做好侨务和海外联谊服务工作。组团出席“新加坡海南会馆成立160周年暨世界海南乡团联谊会25周年庆典活动”，扩大与世界琼籍社团和海南青年的联系交流。六、认真督办省政协六届二次会议重点提案《关于加强海南南繁育种平台建设的建议》，促进南繁育种基地建设。七、加强与全国政协及地方政协港澳委的沟通交流和学习。

【重要活动】

举办省政协委员学习培训班 5月28日至29日在海口举办。省政协主席于迅在学习培训班总结会上作了讲话。学习培训期间，与会人员就学习贯彻党的十八大、十八届三中全会精神、习近平总书记系列重要讲话精神、人民政协基本理论知识及社会主义协商民主制度等主题，进行了专题学习和讨论。

围绕海南参与21世纪海上丝绸之路建设和推进旅游消费需求拉动海南经济发展两大重点课题深入调研 省政协充分发挥中国南海研究院和中国（海南）改革发展研究院的智库作用，在省委、省政府有关部门支持下，召开16场座谈会和协商成果论证会，完成6份子课题报告、2份综合调研报告和2份建议案。省委、省政府主要领导对两份建议案给予高度评价和充分肯定，要求有关部门认真研究。调研得到了媒体和社会各界的广泛关注。

全力以赴赈灾救灾 超强台风“威马逊”重创海南后，省政协迅速发动我省各级政协组织、全体政协委员和省政协机关干部，为灾区人民送温暖、献爱心。据不完全统计，省政协委员向灾区捐款捐物达

4000多万元。广大政协委员的善行义举，赢得人民群众的广泛赞誉。

开展人民政协政治协商制度建设检查调研 9月11日至12日，根据省委统一部署，由省政协党组成员带队的三个调研组，分赴海口、三亚等6市县，对贯彻落实《中共海南省委关于加强人民政协政治协商制度建设的意见》情况进行检查调研。省委副书记李宪生主持召开座谈会听取情况报告，研究解决有关问题。

召开全省政协提案办理协商工作经验交流会 9月26日在海口举行。会议总结交流了各地、各部门开展提案办理协商工作的经验和体会，并就加强我省提案办理协商制度建设，推进提案工作的理论创新、制度创新和实践创新进行研究。省政协主席于迅强调，要切实做好新形势下我省人民政协提案办理协商工作，更好地发挥提案在我省全面深化改革、谱写美丽中国海南篇章中的促进作用。

由省政协及政协委员鼎力推动的三大重点文化工程取得重大进展 电视剧《天涯浴血》正式开机拍摄，深刻反映琼崖纵队“23年红旗不倒”可歌可泣的壮丽诗篇；作为省委、省政府“海南文化工程”建设的重要内容，《海南历史文化名人丛书》已陆续出版李德裕、海瑞等10位名人分册，完成下一阶段16位名人的编纂框架，对宣传和弘扬海南历史文化具有重要意义；结合了哩哩美渔歌与临高人偶戏的舞台剧《南海哩哩美》项目进展顺利，用文艺形式宣示南海主权、彰显海南担当。

【重要文件】

常委会工作报告（2014年2月8日）（摘要） 第一部分：2013年工作情况。深入学习贯彻中共十八大、十八届三中全会精神和习近平总书记系列重要讲话精神。常委会把学习好、贯彻好、落实好十八大、十八届三中全会精神和习近平总书记系列重要讲话精神作为一项重大政治任务，召开省政协常委会议、主席会议、理论中心组学习会专题传达学习，并充分运用调研、培训、讲座等多种形式，积极组织和推动政协各参加单位和广大政协委员，把学习贯彻活动与履行职责的各项工作紧密结合起来，在深刻理解内涵、准确把握实质、切实推动工作上下功夫。二、围绕事关全局的重大问题开展专题调研，尽心竭力履行职责。紧扣经济社会发展重大问题及社会热点难点问题，组织开展了24次调研考察，形成了34份有情况、有分析、有建议的调研考察报告，为省委、省政府科学民主决策提供有益参考。省政协把加快海口发展作为跨年度重点调研课题，从2012年下半年开始组织力量深入省内外调研。召开了调研成果协商论证会，并于去年7月形成了关于加快海口发展的建议案，提交省政协六届二次常委会议审议通过，建议省委、省政府尽快出台《关于加快海口市发展的若干意见》，把加快海口发展上升为全省区域发展的核心战略，全力推动海口做大做强做优。省委、省政府主要领导高度重视此次调研，听取汇报并给予充分肯定。省政协联合省有关部门成立调研组，分别赴省内外就园区管理体制与机制等方面开展专题调研，推动我省产业园区高效、协调、可持续发展。省政协根据省委主要领导要求，将推进旅游消费需求拉动海南经济发展确定为年度重点调研课题，深入省内外调研考察。目前各分课题报告已形成，调研组将综合各方面情况和建议，形成一份有情况、有分析、可操作的报告，报送省委、省政府决策参考。省政协十分关心中小微企业发展，组织委员赴海口和澄迈开展视察和座谈协商，积极化解中小微企业“融资难、征地难”问题。三、加强和改进经常性工作，努力夯实政协工作基础。省政协六届一次会议以来，共收到提案557件，立案468件，办复464件，办复率99.1%。中共中央办公厅、国务院办公厅《关于进一步加强人民政协提案办理工作的意见》下发后，省委、省政府高度重视，省政协积极参与，制定出台了《关于省政协提案办理工作的规定》，提案办理机制不断完善。开展省政协参政议政宝岛行活动，组织省内主要媒体深入海口、三亚、儋州、乐东等地，对市县政协工作新成就和各级政协委员认真履职新风采进行宣传报道，取得良好的社会反响。四、坚持团结和民主两大主题，凝心聚力维护和谐稳定。党派团体全年开展调研88次，提交提案215件、立案183件，提交政协全体会议大会发言47篇、社情民意58篇、政协信息159条。省政协各专门委员会加强和党政对口部门的联系与交流工作，建立起沟通交流、互信理解的有效平台。加强与少数民族界和宗教界人士的联系，反映他们的意愿和要求，协助党委和政府做好民族和宗教工作，积极促进民族团结、宗教和睦。发挥海南省港区政协委员联谊会作用，密切同港澳台侨同胞的联系，协助海南省港区政协委员联谊会做好换届工作。省政协领导出席港澳地区社团庆典活动、赴广东走访看望港澳委员及其企业，支持委员及其领导的爱国爱港爱澳社团工作，扩大他们在当地的社会影响力。在深圳召开省政协港澳委员座谈会。五、充分发挥委员主体作用，履行职能富有活力和成效。在全国政协十二届二次常委会议上，有的委员关于湿地保护的发言，得到中共中央政治局常委张高丽同志的重视，批转给国家发改委、国家环保总局等部门。按照全国政协2013年委员考察工作安排，驻琼全国政协委员考察团赴皖考察安徽省文化建设的主要做法、经验，结合海南实际，提出加强文化建设和发展文化旅游的五点意见建议，得到省政府领导的高度重视，认为很有针对性，批示有关部门认真研究落实。有的委员深入各地收集资料，创作编写30集电视连续剧《天涯浴血》剧本，全面展现海南琼崖纵队23年红旗不倒的革命历程。六、文化活动更加丰富多彩，政协理论研究取得新进展。继《下南洋》取得丰硕成果之后，鼎力支持新编历史琼剧《海瑞》创作，荣获第十三届中国戏剧节优秀剧目奖、优秀音乐奖、优秀编剧奖及优秀表演奖。联合广西壮族自治区政协在琼桂两地举办政协书画作品联展，进一步增进文化认同，加强文化凝聚力和辐射力。省政协还和广西壮族自治区政协共同举办“琼桂情·民族风”琼桂少数民族文化艺术交流演出活动。成立省政协书画艺术研究院。完成海南省人民政协理论研究会换届工作。举办2013年人民政协理论研讨会，认真探讨人民政协理论成果和实践经验。复刊出版《海南政协》杂志。七、深入开展党的群众路线教育实践活动，力促自身建设取得新成效。2013年下半年以来，按照中共中央和海南省委的部署，省政协党组和政协机关结合政协工作实际，扎实开展群众路线教育实践活动。认真查摆“四风”问题，深入剖析思想根源，提出8个方面26条整改措施并狠抓落实到位。在活动中，特别注重以加强自身建设为抓手，提高教育实践活动成效。第二部分：2014年工作部署。一、努力为全面深化改革汇聚强大合力。二、紧紧围绕全面深化改革、全面推进国际旅游岛建设目标任务，组织委员深入开展调研视察、建言献策和民主监督活动。三、充分发挥人民政协协商民主重要渠道作用，更加活跃有序地组织专题协商、对口协商、界别协商和提案办理协商。四、切实做好团结各界、汇集力量的工作。五、扎实开展有政协特色和海南特色的文化活动。六、进一步加强政协自身建设。

省委书记罗保铭在海南省学习贯彻习近平总书记在庆祝中国人民政治协商会议成立65周年大会上的重要讲话精神座谈会上的讲话（2014年9月26日）（摘要）

一、深刻领会习总书记重要讲话精神的丰富内涵，坚定发展中国特色社会主义民主制度。全省各级党委、各级政协组织一定要认真学习、深刻领会、全面贯彻，自觉用习总书记讲话精神武装头脑、指导实践、推动工作，始终做到中国特色社会主义道路自信、理论自信、制度自信不动摇，中国共产党领导的多党合作和政治协商制度不走样，团结、民主两大主题和政治协商、民主监督、参政议政三大职能不变调，为海南经济社会发展凝聚各方智慧和力量。二、海南政协26年的生动实践，有力助推了海南大特区的大开放、大发展。（一）26年来，海南政协坚持服务海南改革、开放、发展的大局，围绕全局性、综合性、前瞻性问题建言献策。（二）26年来，海南政协始终坚持大团结、大联合，不断促进党政关系、民族关系、宗教关系、阶层关系、海内外同胞关系的和谐，增进了各方团结，汇聚了各方力量。（三）26年来，海南政协发挥联系群众广泛的优势，始终关注民生，积极反映社情民意，为民议政、为民履职，为协助党委、政府解决好群众反映强烈、社会舆论聚焦的教育、医疗、环境、食品安全等领域的民生问题，广大委员没少操心，也没少出力。（四）26年来，海南政协主动适应形势变化，不断创新工作机制。实行省政府领导领衔办理、省政协领导领衔督办重点提案制度，对一大批重点提案进行了有效办理。在全国率先制定关于处理政协委员关注案件的暂行办法等，不断推进政协工作制度化、规范化、程序化。三、充分发挥自身优势和特点，为海南科学发展、绿色崛起凝心聚力、协力攻坚。一是聚焦改革发展献良策、出实招。各级政协要把学习贯彻党的十八届三中全会精神、习总书记系列重要讲话精神和落实省委六届五次全会部署，作为当前和今后一个时期政协工作的重要政治任务，着力引导各党派、各团体、各族各界人士围绕改革重点领域和关键环节，深入调研，提出高质量的对策和建议，形成倒逼改革的重要动力。二是增强协商，务求实效。我们要充分发挥人民政协作为专门协商机构的重要作用，确保党委政府中心工作推进到哪里、政协工作就要跟进到哪里、协商民主就要开展到哪里。要积极完善协商制度，认真实施《中共海南省委关于加强人民政协政治协商制度建设的意见》，不断健全完善协商机制，拓展协商渠道，更加灵活有效地开展专题协商、对口协商、界别协商、提案办理协商，真正实现表达意见有渠道、贡献力量有平台、服务发展有载体。要合理规范协商内容，凡是重大发展规划、重大项目建设、重大改革任务、重大人事安排，以及关系群众切身利益的重大决策，都要成为协商民主的重要内容。省委、省政府、省政协要积极研究谋划，抓紧完善年度协商计划办法，尽快出台实施。要积极营造知无不言、言无不尽的协商氛围，引导委员走基层、接地气，鼓励委员讲真话、建诤言。三是加强自身建设，提高履职能力。全省各级政协组织要按照习总书记的要求，准确把握新目标、新要求，积极适应经济发展新常态，不断加强自身建设，努力提升履职的专业化水平。要强化思想建设，全面贯彻中国共产党关于人民政协的一系列方针政策，认真践行社会主义核心价值观，进一步增进对中国特色社会主义的政治认同和思想认同。要进一步改进履职作风。要坚持问题导向，深入到实地实情中，庖丁解牛，吃透内理，力争推出一批选题准确、调查深入、观点有据、措施可行、具有一定应用价值的调研报告。要提高联系群众能力，巩固扩大党的群众路线教育实践活动成果，畅通和拓宽各界群众的利益诉求表达渠道，发挥好桥梁纽带作用。政协委员中的共产党员和政协机关中的共产党员要严格执行中央八项规定和省委、省政府二十条规定，加强廉洁自律，发挥模范作用。四、加强党的领导，为政协开展工作创造良好环境和条件。人民政协工作是党和国家全局工作的重要组成部分。全省各级党委要加强和改善对政协工作的领导，支持人民政协依照宪法法律和政协章程独立负责、协调一致地开展工作，做到政治上领导、工作上支持、生活上关心。各级政府要大力支持政协参政议政，自觉接受政协民主监督，积极采纳政协提出的真知灼见。各级政协党组要发挥领导核心作用，努力把党的决策部署贯彻到政协的各项工作中去。

【组织概况】

常务委员增选名单

（2014 年 2 月 12 日省政协六届二次会议通过）

李朱全

常务委员辞职名单

（2014 年 3 月 31 日省政协六届六次常委会议通过）

孙明宇

（2014 年 7 月 16 日省政协六届七次常委会议通过）

吴海波　康　玲

常务委员免职名单

（2014 年 7 月 16 日省政协六届七次常委会议通过）

赵中社

委员辞职名单

（2014 年 3 月 31 日省政协六届六次常委会议通过）

孙明宇

（2014 年 7 月 16 日省政协六届七次常委会议通过）

吴海波　康　玲

撤销委员资格名单

（2014 年 7 月 16 日省政协六届七次常委会议通过）

赵中社　王苐跃　沈桂林　陈建军

市（区、县）主席变动情况

琼中黎族苗族自治县政协主席

黎宏标（2014 年 8 月 8 日被免去琼中县政协主席职务）

海南省各级政协组织和委员数

（截至 2014 年底）

级别 / 项目	省	地级市	县（县级市）	合计
组织数	1	2	16	19
委员数	391	489	2362	3242

（黄　庆 编写　吉冬梅 审稿）

政 协 重 庆 市 委 员 会

【全体委员会议】

四届二次会议 1月18日至21日在市人民大礼堂举行。开幕会应出席委员862人，实到委员832人。会议听取并审议市政协主席徐敬业作的常委会工作报告和市政协副主席陈贵云作的提案工作情况报告；列席重庆市第四届人民代表大会第二次会议有关会议，协商讨论重庆市人民政府工作报告、计划报告、财政报告、市高级人民法院工作报告、市人民检察院工作报告；增选政协重庆市第四届委员会常务委员会组成人员；审议通过政协重庆市第四届委员会第二次会议关于政协重庆市第四届委员会常务委员会工作报告的决议和政协重庆市第四届委员会第二次会议决议。其间，举行了联组讨论、大会发言、提案现场办理；邀请部分市民、台商、侨界人士和驻渝领事旁听会议；组织市政协港澳台侨特邀人士交流座谈。孙政才书记、黄奇帆市长等亲临大会发言现场，听取20位委员发言，市领导当场批示22件次，会后梳理8个方面87条建议送市委、市政府。会议期间共收到提案1549件，经审查立案1361件，其中集体提案270件。会议期间，与会委员就保持经济平稳健康发展、加快转方式调结构、统筹推进工业化信息化城镇化农业现代化、加快五大功能区域建设、深化改革创新等，提出了许多有价值的意见建议。会议号召，市政协各参加单位、全体政协委员、全市各级政协组织，高举中国特色社会主义伟大旗帜，紧密团结在以习近平同志为总书记的中共中央周围，在中共重庆市委领导下，凝心聚力，恪尽职守，务实创新，积极作为，为全面深化改革、大力实施五大功能区域发展战略、加快推进“科学发展、富民兴渝”、全面建成小康社会作出新的更大贡献！

【常务委员会会议】

第6次会议 于1月18日召开，应出席常委162人，实到159人。会议审议通过政协重庆市第四届委员会第二次会议选举办法（草案）、增选政协重庆市第四届委员会常务委员候选人建议名单、市政协四届二次会议总监票人和监票人建议名单。

第7次会议 于1月20日召开，应出席常委162人，实到154人。会议听取大会秘书长关于市政协四届二次会议有关情况汇报；审议通过提案委员会关于市政协四届二次会议提案审查情况的报告；听取关于委员小组审议增选政协重庆市第四届委员会常务委员候选人名单（草案）情况汇报；通过市政协四届二次会议选举办法、增选政协重庆市第四届委员会常务委员候选人名单、市政协四届二次会议总监票人和监票人名单；审议市政协四届二次会议关于政协重庆市第四届委员会常务委员会工作报告的决议（草案）、市政协四届二次会议决议（草案）。

第8次会议 于3月20日召开，应出席常委170人，实到141人。会议传达全国政协十二届二次会议精神和本市贯彻意见；审议通过2014年市政协协商、通报、视察、调研计划（草案）；审议通过政协重庆市委员会2014年工作要点；听取重庆市22件民生实事推进情况的通报；审议通过有关人事事项。

第9次会议 于6月26日召开，应出席常委170人，实到132人。会议专题讨论“充分发挥人民政协作为协商民主重要渠道作用”；通报三峡库区移民后续工作情况；传达学习全国政协五次常委会议精神；审议通过有关人事事项；邀请全国政协文史和学习委驻会副主任卞晋平作专题报告，讲述人民政协的历史。

第10次会议 于11月12—13日召

开，应出席常委170人，实到143人。会议传达学习中共十八届四中全会、习近平总书记在庆祝人民政协成立65周年大会上的重要讲话精神；传达学习市委四届五次全会、市委第四次政协工作会议精神；并就“进一步推进落实五大功能区域发展战略”进行专题协商。市政协主席徐敬业出席会议并讲话。市委副书记张国清，市委常委、常务副市长翁杰明到会听取意见并讲话。

第11次会议 于12月17日召开，应出席常委170人，实到135人。会议分别听取市委办公厅、市政府办公厅关于市级党群、法检系统和政府系统办理市政协四届二次会议以来提案情况的通报；听取市政协四届三次会议筹备工作情况汇报；审议通过市政协四届三次会议有关事项。

【专门委员会工作】

提案委员会 2014年，共收到提案1630件，立案交办1270件，办复率100%。一年来，提案工作按照市政协统一部署，坚持贯彻提案工作方针，着力在加强和改进提案工作上下功夫，推动全市政协提案工作不断创新发展。一是探索开展民主评议提案办理工作。9月至10月，市政协评议组对市农委、市交委、市卫生计生委、市民政局提案办理工作机制建设、深化办理协商、办理落实和协办件办理情况开展民主评议，促进了提案办理协商的深化和提案意见建议的采纳。二是深化拓展重点提案办理。推动市政协各专委会督办和市级承办大户负责同志牵头督办重点提案，切实发挥重点提案的示范带动和引导作用。强化对办理效果的跟踪落实，对市领导和市级承办大户负责同志牵头督办的重点提案开展“二次回复”试点。三是切实加强提案综合分析。围绕提案者集中关注的“22件民生实事”、五大功能区建设、交通建设和养老事业发展等热点问题，对所提意见建议认真分析，梳理归纳260余条，以《提案专报》分期报送市委、市政府、市政协领导，并送有关部门参考，得到市领导高度重视和批示。四是推进提案办理协商不断深化。坚持将协商贯穿于提案工作全过程。既引导提案者积极参与协商，又督促承办单位把沟通协商作为办理工作的必要环节，推动提办双方积极开展办前、办中、办后的协商，切实增强委员履职责任意识和承办单位主动协商意识，提高了协商质量和成效。五是加强理论探索与专题调研。为认真总结近年来政协提案工作的实践经验，增强对提案工作的认识，进一步规范提案工作流程，切实提高提案工作科学化水平，正在组织编写《人民政协提案工作概论》。提案委会同部分党派和区县政协，开展以“推进提案办理工作”为题的专题调研，针对当前全市提案办理工作情况，提出了一些促进提案工作创新发展的意见建议。

学习及文史委员会 结合本委职能特点，认真履行委员会工作职能，开拓创新，积极进取，求真务实，圆满完成全年工作任务。一是广征博采，推进文史集成。以纪念抗战胜利70周年为主题，牵头组织开展《抗战大后方中间党派文献选编》和《亲历者说——中国抗战编年纪事·重庆篇》史料征编工作，编辑整理出文献资料2000余篇、500多万字；以纪念西部大开发实施15周年为主题，开展《回忆西部大开发·重庆篇》史料征编工作，征集文稿40余篇、35万多字；与区县政协协作，新出版《重庆旅游文史丛书》5个分卷；与市城乡建委村镇处协作，征编出版《重庆名镇》；协调参与《巴渝文库》的策划、组织、实施；编印重庆“文革”口述史料内刊资料5辑，制作时长150小时视频影像资料。二是调研献策，关注文化传承。开展“城镇化进程中的历史文化保护”专题调研，提交调研报告《关于我市城镇化进程中的历史文化遗产保护的建议》；开展档案开发利用工作调研献策活动，着眼档案服务民生、服务群众、服务需求进行建言献策；开展非物质文化遗产保护与传承专题建言活动，专题调研安陶的传承与保护历史与现状，立足荣昌陶文化创意产业、安陶技艺传承与保护提出建设性意见。三是健全平台，创新文史工作。全年举办“宗教文化的人文精神”、“传统中医与健康养生”、“国学的内涵及其演变”等10讲；全年推送“重庆名人故居”、“重庆政协·文化月坛”、“亲历三峡移民”、“文史春秋·人物纵横”、“古城重庆”等文史博文700余条。四是履职尽责，发挥委员作用。组织开展“委员传递正能量”履职实践活动，涌现出一批履职尽责的优秀委员。如本委副主任厉华大力传扬“红岩精神”；本委副主任陈兴芜与复旦大学联合策划《中国特色社会主义“五大建设”丛书》；赵君辉委员以重庆晨报《养生周刊》为平台，主持创办健康大讲堂100讲；李国委员为彭水、武隆山区中小学募捐到图书2万余册、筹资20万元等。

经济委员会 以传递正能量为抓手，以推动发展为主题，以调研协商为重点，充分发挥委员主体作用，努力创新履职形式。一是牵头组织“进一步推进落实五大功能区域发展战略”重点调研并开展常委会协商。会同民革市委和市政协人资环建委、民宗委、港澳台侨外事委、区县联络委以及各区县政协按功能分区开展调研。针对五大功能区建设中存在的困惑与问题，提出了抓住国家路带战略给重庆发展带来的新机遇、加强规划引导和五大功能区分类指导、将五大功能区战略要求全面落实到“十三五”规划中等建议。11月12—13日，在市政协四届十次常委会上与市委、市政府开展高层协商。市委副书记张国清，市委常委、常务副市长翁杰明，以及17个部门的同志应邀到会听取意见建议。国清副书记和杰明常务副市长充分肯定了协商成果。二是组织“推进重庆页岩气开发及产业化发展相关问题”重点调研，并开展对口协商。提出了央企和地方携手共建国家级页岩气示范区，完善以水利、道路及交通运输、生活设施等公共服务性设施，在勘探开发利用时同步推进生态和环保问题的预防与研究等意见建议。三是与重庆市生产力发展中心联合开展“推进重庆混合所有制经济发展的相关问题”专题调研。向市政府报送了《关于推进重庆混合所有制经济发展的意见和建议》。翁杰明常务副市长批示：“所提许多建议意见准确、深入、独到，请国资委、发改委据实采纳，推进改革释放活力。”四是关注重大项目与热点问题，分别组织委员视察江北机场三期工程、重庆果园港等发展情况。其中，根据视察江北机场了解到的情况向市政府报送了专报，提出了召开专门会议及时解决各种具体问题，对阻挠施工的“钉子户”一对一解决、一抓到底，争取国家支持，两年安排中央预算内资金20亿元等建议，黄奇帆市长批示：“发改委，此意见合理，抓紧督办。”

农业委员会 充分发挥农业界别优势，紧紧围绕全面深化农业领域改革和五大功能区域现代农业发展，深入开展委员实践活动，深入开展调查研究，为改革建真言，为发展献良策，为民生助实力，圆满完成年度各项工作任务。一是积极协调各方关系，对口协商取得良好成效。召开“加快推进重庆现代农业高科技园区建设”对口协商会议。会议听取了市农科院关于重庆现代农业高科技园区建设情况的专题汇报和市政协农业委关于加快推进重庆现代农业高科技园区建设的意见建议。市级部门、企业和相关区县负责同志结合各自工作实际，实事求是地发表了意见，委员们也提出了很多切实可行的建议。市政府副市长张鸣，市政协副主席何事忠、陈贵云出席会议并作重要讲话。二是紧扣改革难点问题，深入务实开展专题调研。按照市政协 2014 年重点调研计划，市政协农业委围绕“深化集体林权制度改革的对策”开展重点调研。先后赴潼南、铜梁等区县及安徽、江西等省市，开展了一系列调研活动。通过调研，梳理了外省市林权制度改革的创新做法和经验，摸清了 2008 年以来全市林权制度改革工作的基本情况，认真查找并分析了当前存在的困难和问题，研究提出加快职能转变、加强林权管理、全面放活经营等 10 余条具体对策和建议。三是服务全市“三农”工作，着力提高提案提办质量。督办《关于规划货车公路港（货运市场）、配送中心的建议》重点提案，推动市发改委、市规划局、市交委认真研究采纳提案意见建议，为加快全市公路货运市场布局规划，大力发展城市货物配送发挥积极作用。协助分管副主席牵头督办《抓住机遇、立草为业，优化我市农业结构》等重点提案，积极参与市政协对市农委提案办理情况的民主评议。

人口资源环境建设委员会 组织委员围绕全市人口资源、城乡建设、环境保护、移民搬迁、交通旅游等工作重点，积极参政议政，主动建言献策，取得良好效果。一是落实好专题调研工作。先后组织对全市城乡规划一体化实施情况、渝东北生态涵养发展区情况、主城区居民生活垃圾分类问题和城管执法工作四个方面进行调研。形成的调研报告《我市城乡规划一体化实施问题研究》被纳入市科委软科学课题，《渝东北生态涵养发展区建设相关问题及其对策建议》在市政协常委会上作协商发言，《重庆主城区居民生活垃圾分类及处置能力研究》被纳入《重庆市生产力发展中心成果汇编》，作为“2014 年重庆经济年会”交流材料，编入《智库月报》送市领导参阅。二是落实好重点协商工作。组织承办市政协“推进新型城镇化建设”对口协商会，完成三峡移民后扶工作、重点工程项目建设情况、单独二孩生育政策执行情况 3 项市政协层面情况通报的组织联络和对接工作。三是落实好年度视察工作。组织市政协委员视察团人资环建委分团对主城湖库治理情况的年度视察活动，梳理出意见建议 26 条。四是服务好委员主题活动。协调组织委员助推社会公益慈善事业项目 29 个，联系困难群众 100 余户、小微企业 3 户，成功培训 50 名初级技修工，向农村贫困留守儿童捐资 20 万元。创新委员传递正能量履职实践活动载体，开展“三走进、三关注”系列活动，重庆电视台、《重庆日报》、《重庆政协报》作了跟踪报道。五是服务好委员知情明政。通过寄送资料、发送邮件、微信微博等方式加强与委员的交流联络，通报有关部门工作情况，为委员知情明政搭建更多平台。六是服务好委员建言献策。组织专家型委员对主干线高速路内环延伸段规划修建、城乡规划一体化等专委会集体提案和调研课题进行专项讨论研究，提出可行的意见建议。

科教文卫体委员会 紧紧围绕中心，服务大局，有效地履行三大职能，较好地推动本委工作有序开展。一是围绕中心，扎实开展专题调研。按照《2014 年市政协协商、通报、调研计划》，开展“城市新区义务教育学校配套建设问题”专题调研。成立综合调研组，召开了有部分民主党派、市级相关部门参加的调研启动会、情况通报会，就有关事宜进行了安排部署和情况沟通。组织调研组成员、部分委员分别到渝北、石柱等区县进行考察调研，广泛听取意见，了解情况，掌握第一手资料，进行分析研究，形成初步调研报告。9月，召开专题调研报告讨论会，形成《关于城市新区义务教育学校配套建设问题专题调研报告》并报市委、市政府参阅。二是注重实效，认真开展视察考察和情况通报工作。开展专题考察活动，先后组织委员对本市中医药产业发展情况、基础教育课改情况、阳光高考巡考、食品安全情况等进行了考察（视察）。委员们提出了许多宝贵的意见建议，对推动相关部门的工作起到了积极作用。完成“医药卫生体制改革”和“食品、药品安全”两项情况通报工作。市政协四届第二十次、二十三次主席会议专题听取市卫计委、市食药监局《关于我市医药卫生体制改革工作情况》和《关于全市食品药品安全工作情况》的报告，部分委员在会上提出了一些好的意见建议。三是关注民生，切实做好提案办理工作。年初，围绕民生工作，在深入调研，广泛收集资料的基础上，认真思考，积极组织委员撰写集体提案，切实履行政协职能。在市政协四届二次会议上，提交《关于推进我市民营医疗机构发展与规范的建议》（第0016号）被列为重点提案。7月24日，分管副主席组织召开《加大知识产权政策支持力度，促进技术创新和产业升级》（第0469号）重点提案督办会，对该重点提案进行了督促办理，提案方、承办方均表示满意。

社会和法制委员会 紧紧围绕法治建设、创新社会治理、改善民生等工作中的重大问题履职尽责、建言献策。其一，发挥界别优势，深入开展专题调研。一是以界别为载体，全面开展“社会化养老服务体系建设”重点调研。社法委联合市民政局，民建、民盟、台盟重庆市委，涪陵、巴南等8个区县政协共同组成调研组，以总工会、共青团和青联、妇联、社会福利和社会保障等界别为依托，分成5个调研小组，扎实有序地开展了一系列的调研活动。调研组先后赴河北、甘肃等四省（自治区）以及江北、渝北等区县进行调研，通过实地走访、情况通报、座谈交流等形式开展调研，形成1份主报告《重庆市社会养老服务体系建设调研报告》和10份子报告。主报告从思路举措、具体实施等方面提出有针对性和操作性的意见建议，得到市委、市政府领导和相关部门的充分肯定。二是发挥总工会界别优势，积极开展“棚户区改造”专题调研。社法委联合市总工会组织市政协总工会界别委员开展“棚户区改造”专题调研。调研组通过深入独立矿区、进入矿工家庭、实地查看、听取情况通报、座谈交流等形式充分了解情况，形成《重庆能源集团所属矿区职工住房状况调研报告》，提出从争取棚户区改造政策、规划建设公租房、发挥闲置公房作用等方面，为本市进一步推动棚户区改造工作提出具体意见建议。黄奇帆市长对调研报告作出批示，得到相关领导和部门的重视。其二，改进活动形式，提升视察考察质量。社法委创新活动组织形式，把全体委员按界别和专长分为5个委员小组，全年分别开展了以社区矫正、社会养老服务体系建设、农村饮水工程管理、棚户区改造为主题的视察考察活动，委员们深入基层村社，听取基层呼声，掌握基层情况，提出了很多真知灼见，通过调研报告、提案和社情民意等方式向党委政府反映。同时，社法委还注重与被视察考察单位的沟通联系，帮助委员把握履职要点、明确履职方向，增强履职的针对性和实效性。

民族和宗教委员会 突出民族、宗教特点，认真开展调查研究，积极反映社情民意，切实建言献策，协助做好新形势下的民族和宗教工作，着力促进我市民族团结发展、宗教和睦稳定。一是围绕工作重点，抓好视察调研。结合市政协的协商计划安排，围绕实施五大功能区域发展战略和推进城乡统筹发展出谋划策，开展渝东南生态保护发展区发展建设有关问题的调研。调研组深入渝东南一区五县实地调研，先后在黔江区和彭水县召开专题调研座谈会，征求区县政协和相关部门的意见，了解掌握第一手资料，收集整理意见建议219条，在反复征求相关部门、区县及专家学者的意见后，形成《渝东南生态保护发展区发展建设有关问题的调研报告》。二是充分发挥委员作用，搞好履职实践活动。民宗委副主任、民生能源集团董事长薛方全投入资金超过1000万元，在重庆市璧山县卫寺村开垦荒山、修建道路，建成近4000亩良种培育、规模化种植的“正兴柚”示范基地，带动当地800余农户大力发展种植业。2014年5月，中国光彩事业促进会授予薛方全“中国光彩事业20周年荣誉证书”，表彰他为光彩事业作出的杰出贡献。民宗委副主任、华岩寺方丈释道坚为甘肃定西县捐建水窖30多口；举办以“羌山梵音、大爱华岩”为主题的中秋慈善晚会，为保护少数民族文化及儿童教育募捐；为云南普洱、鲁甸地震和渝北、奉节、潼南水灾受灾群众捐献善款和救灾物资共计10万余元。三是做好协调服务，为委员排忧解难。为支持委员企业在海南的发展，帮助协调企业在发展中遇到的具体问题，应委员邀请，分管副主席率队赴海南海口，商请海南省政协约请当地市、区相关部门负责人在委员项目所在地召开座谈会助推项目实施；北碚绍龙观庙产问题10多年长期久拖不决，分管副主席及本委领导多次到现场调研，并约请市政府有关部门协调，终于落实解决。

港澳台侨和外事委员会 发挥专委会独特优势，不断扩大对内对外交往，助力全面深化改革和加快五大功能区建设，为重庆实现“科学发展，富民兴渝”总目标，促进祖国和平、统一积极建言献策。其一，围绕中心，服务大局，充分发挥委员主体作用。一是扎实开展专题调研。围绕内陆开发型经济发展等问题，深入开展3项专题调研。调研组先后赴重庆8个区县和市外经贸委、出入境管理局、武警边防总队等部门及四川、陕西、广东，通过走访、座谈、问卷调查等方式，深入大型企业、工业园区、乡镇社区等进行调查研究，形成《重庆发展内陆开放型经济过程中软环境若干问题研究》等专题调研报告3份，提出意见建议近40条，供市委、市政府决策参考。二是积极组织委员视察。结合港澳委员和台湾特聘委员的特点和优势，创新市外视察方式，选择委员关心的问题，为内地改革开放和现代化建设献计出力。其二，关注民生，反映民意，促进有关问题得到解决。一是协助分管副主席接访信访群众。10月22日，分管副主席赴长寿区接待群众信访，专委会配合提前做好准备，详细了解来自党派、企业、社区、学校、医院和农村的代表反映问题，并与长寿区有关部门进行协调，使群众反映的重钢股份有限公司法律纠纷、扶持天然气化工产业发展等问题得到较好答复和解决。二是创新提案办理方式。全年督办和协助分管副主席督办及跟踪督办重点提案各2件。督办前，与主协办单位多次沟通，并召开督办协调会，及时了解办理进程，协调解决办理过程中遇到的具体困难，组织委员先考察后督办，进一步为办好提案、促进相关工作建言献策。9月14日，分管副主席组织召开重点提案督办座谈会，提案主协办单位详细汇报了提案办理的具体情况，并就提案提出的五点意见建议有针对性地逐条进行了答复，效果明显。

区县政协工作联络委员会　加强对区县政协的联系和指导，不断提高服务政协工作、服务区县政协的水平和实效，为凝聚改革共识，传递发展正能量，发挥了积极作用。一是开展推进政协协商民主“三化”的专题调研。在徐敬业主席和彭永辉、陈贵云副主席的带领下，紧紧围绕“拓展人民政协协商民主形式，规范协商内容和程序、提高协商成效”主题，广泛深入地开展调研。赴江西省政协实地取经，参与市政协9个座谈会，并将市政协南部片区会议与该调研课题相结合，与南部片区五个区政协共同开展研讨，形成《推进政协协商民主的规范化制度化程序化》调研报告，为市政协协商民主总报告提供了重要参考。二是组织召开10次区县政协片区会议。结合今年全市及政协中心工作和六个片区特点，与区县政协协商确定以“推进健全协商民主制度”、“加快都市功能拓展区发展”、“学习贯彻习近平总书记在庆祝人民政协成立65周年大会上的讲话精神和市委第四次政协工作会议精神，推进区县政协工作创新发展”等为主题，在深入调研的基础上，召开10次区县政协片区工作会议进行充分研讨交流，受到与会市级有关部门负责人的高度评价，会后形成多份相关建议报告报送市委、市政府决策参考。三是深入开展“委员传递正能量”履职实践活动。按照市政协“每年确定一个主题，突出一两个重点”的要求，加强对市政协委员地区组和区县政协开展“委员传递正能量”履职实践活动的指导，指定一名领导专门负责传递正能量活动，加强与区县政协联络员的联系和沟通，及时收集汇编政协工作简报，宣传区县政协传递正能量中的好经验和好做法。推荐两个区县政协在市政协“为民生助力”座谈会上交流发言。积极组织市政协委员助推梁平县旅游产业发展、为奉节县特色农业产业发展把脉，组织本市知名摄影家、书法家、画家、旅游营销专家、高校教授学者，深入实地指导云阳龙缸景区文化旅游提升工作。积极组织区县政协“委员传递正能量”活动经验交流会。

【重要活动】

政协协商民主建设　深入贯彻落实中共中央和市委相关精神，加强制度建设，积极探索实践，注重理论研究，有力推动全市政协协商民主发展。一是制订并组织实施年度协商计划。制订《2014年市政协协商、通报、视察、调研计划》，组织市政协各参加单位和广大委员主动参加各类民主协商，对接市级相关部门积极参与相关协商活动，推动年度协商计划落到实处。二是活跃有序开展民主协商。全年开展重点协商2次，专题协商1次，界别协商1次，对口协商2次，情况通报13次，委员视察12次，完成重点调研2项、专题调研12项，切实发挥作为专门协商机构重要作用。将“进一步推进落实五大功能区域发展战略”列为重点协商计划，分别组织相关单位按功能分区深入调研，并在市政协常委会议上就该主题进行专题协商。三是加强政协协商民主调查研究。以“充分发挥人民政协作为协商民主重要渠道作用”为题，围绕“拓展人民政协协商民主形式”、“规范协商内容和程序”等7个专题开展调研，邀请市级党派团体、区县党委、政协、部分市属高校等召开9个座谈会，在四届九次常委会议上专题讨论充分发挥人民政协作为协商民主重要渠道作用。市政协理论研究会以“构建人民政协协商民主制度体系与工作机制”为题，开展理论研究活动并召开年度研讨会。

政协“委员传递正能量”履职实践活

动 坚持以“委员传递正能量”履职实践活动为总抓手，围绕全市改革、发展、民生重点问题认真履行政协职能。一是积极为改革建言。围绕“落实2014年重庆市全面深化改革重点任务”协商议政，形成35篇报告、188条建议；组织“深化集体林权制度改革”专题调研，促进本市林权制度改革不断深化；5个界别联名提案，助推《重庆市食品安全责任追究暂行规定》得以出台；圆满完成涉及市政协的3个重点改革任务、8项具体工作。二是切实为发展献策。开展“推进实施五大功能区域发展战略”专题调研，就江北机场三期工程建设开展调研视察监督，就渝东南生态保护发展区生态补偿机制开展调研，组织驻渝全国政协委员赴新疆视察，围绕推动重庆融入“一带一路”战略、加快“渝新欧”建设等献务实之策。三是主动为民生助力。召开“为民生助力”座谈会，以促进社会公平正义、增进人民福祉为出发点和落脚点，组织引导委员积极献计出力。赵君辉委员建议推广重庆二次供水模式的调研报告，李钺锋委员关于西部农村安全饮水问题的全国政协全会大会发言，得到国务院领导批示肯定。汇总涉及“办好22件民生实事”提案形成《提案专报》，得到孙政才书记批示肯定。委员们还通过成立慈善基金、开展结对帮扶活动、发起爱心捐赠、提供社区义工服务等方式，积极扶贫济困，帮助弱势群体。

【重要文件】

常委会工作报告（2014年1月18日）（摘要） 市政协四届一次会议以来，在中共重庆市委领导下，四届市政协常委会坚定政治方向，凝聚各界共识，紧紧围绕全市中心工作，牢牢把握团结民主主题，积极履行政治协商、民主监督、参政议政职能，充分发挥协调关系、汇聚力量、建言献策、服务大局重要作用，为全市经济社会发展作出重要贡献，实现了四届市政协工作的良好开局。一是坚定政治方向，明确总体工作思路。认真贯彻落实中共中央和中共重庆市委的决策和部署，切实增强政治意识、大局意识、责任意识。二是积极探索实践，推动协商民主发展。常委会议围绕高铁时代“成—渝—万”经济走廊发展、推进生态文明建设课题，开展专题协商。主席会议就长江上游地区综合交通枢纽建设、全市开发区与工业园区建设等问题，与市政府有关部门面对面交流沟通，提出大量建设性意见。专委会议就创新社会管理、推动区域经济发展等问题，同对口市级部门和相关区县开展协商。三是充分发挥优势，发动委员传递正能量。发挥界别委员作用，鼓励委员紧紧围绕“科学发展、富民兴渝”总任务，建真言、献良策。体现各参加单位特色，政协各参加单位深入基层，面向群众，各尽所能。注重组织引导，各专委会以行业优势为依托，组织发动委员，细化实施方案，开展履职实践活动。四是注重履职实效，强化基础性经常性工作。开展国土资源促进新型城镇化建设、完善秦巴山区扶贫开发区域协作机制等重点调研。围绕全市经济社会发展重点难点问题，精心选择重点提案由市领导牵头督办。发挥社情民意信息“直通车”作用，围绕贯彻落实中共十八届三中全会精神、重庆五大功能区域建设、党的群众路线教育实践活动、“委员传递正能量”履职实践活动等，专门报送信息，为党政决策提供参考。一年来，政协工作成绩的取得，离不开中共重庆市委的坚强领导、市政府的鼎力支持、社会各界的积极参与、全体委员的共同努力。同时，市政协常委会也深切地体会到，做好人民政协工作，必须坚定政治方向，必须主动服务大局，必须不断探索创新，必须充分发挥委员作用，必须密切联系人民群众。2014年，是中华人民共和国和人民政协成立65周年，是重庆全面深化改革、加快五大功能区域建设、推进“科学发展、富民兴渝”的重要一年。新的一年，市政协要坚持以邓小平理论、“三个代表”重要思想、科学发展观为指导，认真学习贯彻习近平总书记系列重要讲话精神，全面贯彻中共十八大和十八届二中、三中全会精神，深入落实市第四次党代会和中共重庆市委四届三次、四次全会部署，在中共重庆市委领导下，突出团结和民主主题，巩固党的群众路线教育实践活动成果，深入开展“委员传递正能量”履职实践活动，充分发挥人民政协作为协商民主重要渠道作用，切实履行政治协商、民主监督、参政议政职能，积极促进各项改革决策部署落实，大力助推五大功能区域建设，为实现“科学发展、富民兴渝”总任务作出新的更大贡献。

【组织概况】

撤销委员资格名单

（2014年11月13日政协重庆市第四届委员会第十次常委会协商决定）

向太红　董光琳　赵丽颖（女）　伍广川

委员辞职名单

（2014年11月13日政协重庆市第四届委员会第十次常委会协商决定）

谭建祥　谭经绪　李　果　刘树云

重庆市各级政协组织和委员数

（截至2014年底）

项目＼级别	直辖市	市辖区	县（自治县）	合计
组织数	1	21	17	39
委员数	853	5590	4406	10849

（何礼兵 编写　龙玉蛟 审稿）

政协四川省委员会

罗布江村　副主席

陈　放　副主席

【全体委员会议】

十一届二次会议　1月16日至20日在成都召开。会议应出席委员885人，实到840人。会议听取并审议通过了晏永和同志代表省政协十一届常务委员会所作的工作报告；听取并审议通过了张雨东同志代表省政协十一届常务委员会所作的提案工作情况的报告。与会委员列席了四川省第十二届人民代表大会第二次会议，听取并讨论了政府工作报告，计划、预算报告和省高级人民法院、省人民检察院工作报告。会议补选罗布江村、陈放为政协四川省第十一届委员会副主席，甲登·洛绒向巴等7名常务委员，确认了关于同意黄润秋同志不再担任政协四川省第十一届委员会副主席的决定。会议还审议通过了省政协十一届委员会第二次会议决议和提案审查情况的报告。中共四川省委书记王东明作闭幕讲话。会议指出，2014年是在新的起点上全面深化改革的开局之年，是实施“十二五”规划的关键一年，全省政协各级组织、各参加单位和广大委员要按照中共四川省委的决策部署，发挥人民政协作为协商民主重要渠道作用，以更加振奋的精神状态、以更加有效的履职作为，凝聚改革共识，服务发展大局，促进社会和谐，努力在全面深化改革中建功立业，在实施“三大发展战略”、实现“两个跨越”中拼搏实干，为谱写伟大中国梦四川篇章而团结奋斗。

【常务委员会会议】

第5次会议　1月15日至20日在成都召开。会议应出席171人，实到169人。会议听取了省委常委、组织部部长范锐平关于补选政协四川省第十一届委员会副主席、常务委员的说明，听取了省政协副主席、省委统战部部长崔保华关于调整增补省政协委员建议名单的说明，审议通过省政协2014年工作要点、省政协十一届二次会议决议（草案）和提案审查情况的报告（草案）及有关人事事项。

第6次会议　5月21日至22日在成都召开。会议应出席177人，实到156人。会议围绕“大力发展高端现代产业，促进四川由工业大省向工业强省转变”建言献策。省委副书记柯尊平到会通报省委十届四次全会精神及全省全面深化改革进展情况。会议邀请国家发展改革委员会副秘书长王一鸣作“促进由工业大省向工业强省转变”讲座。

第7次会议　9月24日至25日在成都召开。会议应出席177人，实到154人。会议围绕“加快发展现代服务业、促进经济结构调整”协商建言。副省长黄彦蓉到会通报全省经济社会发展情况。会议邀请中国社科院财经战略研究院研究员夏杰长作“生产性服务业发展与产业升级”讲座。

第8次会议 12月23日至25日在成都召开。会议应出席177人，实到158人。会议围绕“统筹城乡综合配套改革，加快推进新型城镇化”协商议政，并审议省政协十一届三次会议有关事宜。省委副书记柯尊平到会通报全省学习贯彻中共十八届四中全会精神和省委十届五次全会情况，副省长甘霖通报办理省政协十一届二次会议以来提案情况，省纪委副书记、监察厅厅长、省预防腐败局局长黄昌明通报全省党风廉政建设和反腐败工作情况。会议邀请原九三学社中央委员会副主席贺铿作“全面深化改革，推进新型城市化建设”讲座。

【专门委员会工作】

提案委员会 一、加大集体提案征集力度，把好审查关，全年共征集提案1200件，立案1180件，办复1148件，办复率97.29%。二、召开全省政协提案办理协商工作座谈会，将8件与川南城市群建设相关的同类提案以提案办理协商会的形式集中拓展办理。三、召开选题协商会，确定12件重点督办提案；督促“不满意”提案二次办理；协助驻川全国政协委员起草和提交提案46件，其中《关于制定支持原川陕苏区振兴发展政策的提案》，被全国政协确定为重点提案。四、调研加快川南城市群建设，调研报告得到省委书记王东明批示。五、督办《关于发挥“成渝经济区”示范作用，全面推进川渝合作示范区（广安片区）建设的建议》重点提案。六、开展界别调研，在省政协十一届七次常委会议上作“大力促进电子商务企业做大做强”大会发言。

经济委员会 一、调研四川长江经济带建设开局起步，意见建议得到省委书记王东明批示，并被民进中央相关报告采纳。二、联合西藏自治区政协专题调研川藏交界区交通情况，意见建议得到全国政协领导批示。三、加强与全国政协经济委的沟通联系，跟踪落实中央政治局常委、全国政协主席俞正声对《加快制定原川陕苏区振兴发展的扶持政策》信息专报的批示精神，向全国政协报送专项报告。四、承办省政协十一届六次常委会议大会发言工作，组织委员就推进结构调整、培育服务业大企业大集团开展调研视察，意见建议得到省委书记王东明批示，并被省政府文件采纳。五、与省政协办公厅、人口资源环境委员会共同协办民进中央“2014·长江保护与发展论坛”，与致公党省委联合调研原川陕苏区振兴发展，与民建省委共同督办《关于促进四川金沙江流域区域发展》重点提案。

人口资源环境委员会 一、协办“2014绿色经济遂宁会议”，促进签署20个项目、投资280多亿元，助推遂宁市建设国家绿色经济试验示范区。二、协办“首届中国康养产业发展论坛”，协调签署21个项目、投资240多亿元，助推攀枝花康养产业发展和创建国家康养产业实验区。三、举办“严格控制成都平原PM2.5”对口协商会，《中国环境报》进行专题报道，得到省委书记王东明批示。四、参与省政府调研垃圾发电项目审批，报告得到省委副书记、省长魏宏批示。五、调研水电资源开发与环境保护情况，意见建议得到省委书记王东明批示，并被省政府文件吸纳。六、联合全国政协人口资源环境委员会调研“推动建立国家层面生态补偿机制”，与民盟省委联合调研若尔盖生态保护与建设情况，视察“5·12”汶川地震灾区生态修复、生态工业园区建设情况。七、督办《加快推进我省大中型水利工程建设的建议》重点提案。八、组织委员在省政协十一届六次常委会议上作《加快发展我省环保产业的几点建议》、《推动传统产业向高端产业转型升级的几点体会和建议》大会发言。九、参与“2014·长江保护与发展论坛”服务保障工作，并作《四川水电开发问题与对策》发言。

科技委员会 一、围绕“加快绵阳科技城军民深度融合发展”开展调研、提交提案，意见建议得到省委书记王东明批示，被全国政协整理成信息专报，促成绵阳科技城比照执行中关村国家自主创新示范区先行先试政策。二、视察产业园区知识产权发展情况。三、专题调研推进界别协商，考察地震预防和暴雨洪灾区地质灾害治理。四、召开全省科技工作情况通报会，联合省发展改革委、省工商联主办“四川省民营企业转型升级创新发展”报告会。五、督办《加快培育和发展我省知识产权服务业》重点提案。六、承办省政协十一届七次常委会议大会发言工作，在省政协十一届六次、七次常委会议上，作《发挥技术优势，加快推进我省核电装备产业发展》、《重视和加快发展核电技术服务产业的建议》大会发言。七、制定专委会主任学习制度和特邀成员管理办法，增补副主任2名、特邀成员24名。

教育委员会 一、联合民盟、民进、民建省委专题调研“大小凉山基础教育发展情况及对策”，意见建议得到省委书记王东明，省委副书记、省长魏宏批示，《人民政协报》深入报道后，中央政治局常委、全国政协主席俞正声作出重要批示。二、与民盟省委联合召开全省教育改革建言献策会，意见建议得到省委书记王东明批示。三、视察加强教师队伍建设、义务教育均衡发展，在省政协十一届八次常委会议上作《推进城乡义务教育均衡发展的几点建议》大会发言，视察报告得到省委书记王东明，省委副书记、省长魏宏批示。四、督办《关于稳定“三区”教师队伍的建议》重点提案。五、与全国政协教科文卫体委同步调研“我国大学毕业生创业政策的优化问题”，并在省政协专题协商会上发言；协同民盟省委、民进省委考察我省民办高校发展情况；参与省政协推进界别协商课题研究。六、组织开展“幸福人生、幸福教育”、“快乐学习、健康成长”等活动。

农业委员会 一、就“增加农民财产性收入的渠道和途径”开展视察和协商。二、调研“构建新型农业经营体系、促进现代农业发展”，报告得到省委书记王东明批示，引起国家农发行关注，促进贷款10亿元支持四川新型农业经营体系建设。三、召开对口协商会，就加强水利工程“最后一公里”建设、试点农产品目标价格体系建设等协商建言。四、调研实现传统产业高端化，并在省政协十一届六次常委会议上作大会发言；承办省政协十一届八次常委会议大会发言工作。五、组织界别调研油橄榄产业发展、革命老区留守儿童关爱教育情况，视察全省农信联社服务“三农”工作和幸福美丽新村建设情况。六、督办《推进农业产业化龙头企业加快发展的几点建议》重点提案。

文体医卫委员会 一、与全国政协书画室联合举办庆祝人民政协成立65周年暨四川省政协成立60周年“当代国画优秀作品展——四川作品展”。二、就“促进全省民营医院健康发展”开展调研和提案督办，意见建议得到有关部门采纳。三、召开“县级公立医院取消药品加成改革”界别协商会。四、调研发展文化服务业，并在省政协十一届七次常委会议上作大会发言。五、视察国有文艺院团转企改制情况，专题考察加强乳制品安全生产及监管。六、承办省政协中秋联谊会和委员摄影展，参与筹办“首届中国康养产业发展论坛”。七、组织委员为大英县文化“五个一工程”评审作品、与金堂县政协共同举办“翰墨鱼水情”书法展。

社会和法制委员会 一、调研《食品安全法》贯彻实施情况，报告得到省委书记王东明批示。二、联合省司法厅调研戒毒工作情况，视察《刑事诉讼法》、《民事诉讼法》和《律师法》贯彻实施情况。三、召开“四川省灰霾污染防治办法”立法协商座谈会，就制定《四川省规范行政执法裁量权规定》开展调研和立法协商，围绕《四川省野生植物保护条例（草案）》等12件地方性法规规章（草案）开展咨询，249条修改建议得到采纳。四、充实立法协商专家组，完善立法协商工作机制。五、牵头编印《常用法律选编》，举办宪法、法治中国的地方性实践讲座，参与开展依法治省宣传教育月、第一个国家宪法日暨法制宣传日活动，组织法律界人士提供免费法律咨询5.1万人次。六、调研高校毕业生就业创业情况，并召开专题协商会。七、开展界别学习培训，组织界别视察“量体裁衣残疾人服务”等活动。八、督办《关于加强我省社区矫正工作的建议》重点提案。九、为全国政协社会和法制委员会来川调研“更好发挥社会组织在社会治理中的作用”提供服务保障，协同办公厅举办“两院”工作情况通报会。十、组织委员提交提案72件，反映社情民意信息59篇。

民族和宗教委员会 一、调研宗教事务依法管理和社会化管理，视察牧民定居点建设、藏传佛教寺庙管理创新情况，报告得到省委书记王东明批示。二、视察民族地区教育、卫生工作情况，与国土资源厅联合调研民族地区地质灾害防治情况，意见建议得到相关部门采纳。三、协助全国政协有关专委会调研民族地区农业产业结构调整、加强农村宗教事务管理等，考察民族地区群众生产生活情况。四、组织召开5次专题协调会，督办《促进四川民族医药事业发展》重点提案，界别协商“促进散杂居少数民族民生改善”，意见建议得到省委书记王东明批示。五、主动服务康定县重大地震抗震救灾，组织价值40余万元物资运送灾区；提交《关于加快雅安市受灾宗教活动场所恢复重建的建议》提案。

文史资料和学习委员会 一、启动征编《巴蜀民风民俗》大型文史丛书，出版第一卷《成都市井闲谭》（上）。二、牵头征编《回忆西部大开发》丛书，多次召开征编工作会议，收集文稿180余篇。三、配合全国政协出版抗日战争文史资料丛书，收集文史资料200余篇。四、完成《四川省志·政协志（1985—2005）》修订和终审工作。五、承办省政协委员第二期培训教务工作，邀请专家在省政协十一届六、七、八次常委会议上作专题讲座。六、编发《四川政协》杂志4期。七、对口协商“营造良好环境，促进民办博物馆发展”，重点调研开发原川陕革命苏区文化旅游精品路线。视察振兴川菜产业，报告得到省委书记王东明批示。八、督办《促进民营文化产业加快发展的建议》重点提案。九、调研“4·20”芦山强烈地震灾后文物修复情况，组织委员向雅安芦山地震灾区捐赠图书。十、组织界别视察眉山市洪雅县文化旅游发展情况，考察“成都鳖灵文化产业园区”项目。

港澳台侨和外事委员会 一、与省侨联联合举办全省政协侨联界别委员培训班，开展纪念邓小平诞辰110周年“感恩奋进”活动。二、召开推动川企加快实施“走出去”战略专题协商会，联合省委统战部、省投资促进局调研“推进新川创新科技园加快建设”、“海外侨胞代表人士建制内安排”，意见建议得到省委书记王东明批示。三、在省政协十一届七次常委会议上作“搭建引资引智平台、引导侨商促进四川服务业发展”发言，意见建议得到省委、省政府重视和采纳。四、组织港澳委员参加“发挥港澳委员双重积极作用”界别协商会和“国情培训班”，引导港澳委员在香港“保普选、反占中”活动中发声出力。五、依托港区委员联谊会召开“庆祝香港回归祖国十七周年嘉年华”座谈会，与致公党省委联合举办“两岸同根、致力为公”系列文化交流活动，考察台湾高等院校教育和文化产业发展，接待台湾国际青年商会来川考察。六、协助驻香港全国政协委员来川考察地震灾区灾后恢复重建，意见建议得到省委书记王东明批示。七、在省政协学习会上作“适应新形势新任务、切实做好政协港澳台侨和外事工作”发言，被中央党校《2014 年思想政治工作年鉴》刊登。八、组织 5 批、31 人外事出访活动。

地方政协联络委员会 一、调研传统特色产业发展情况、阿坝州金川雪梨林资源的保护和综合开发利用。二、牵头召开芦山县乌木根雕产业重建规划评审会。三、视察川渝合作示范区（广安片区）建设、自贡工业经济开发区建设等，报告得到省委书记王东明批示。四、积极争取省委组织部支持，将全省政协系统干部培训首次纳入省委组织部干部培训规划，举办 2014 年度培训班；组织全省政协系统 649 名干部和委员参加全国政协干部培训中心四川专班和常规班培训。五、考察统筹城乡综合配套改革、加快推进新型城镇化建设，并在省政协十一届八次常委会议上作大会发言。六、督办《切实保护失地农民利益促进城乡社会协调发展》重点提案。七、召开全省市（州）政协联络工作暨省政协地联委联系点工作会议，走访 21 个市（州）、140 多个县（市、区）政协和 160 多名委员。

【重要活动】

第二期委员学习培训 5 月 5 日至 8 日在成都举行。399 名省政协委员参加培训。全国政协文史和学习委员会副主任卞晋平，全国政协常委、十届省政协副主席吴正德，中国人民政协理论研究会秘书长原冬平，省纪委副书记邓顺贵等分别专题讲授“推进社会主义协商民主建设”、“进一步提高政协工作水平”、“准确把握人民政协性质、职能”、“新时期反腐倡廉建设的形势和任务”。参训委员围绕充分发挥委员作用开展小组讨论。省政协副主席晏永和作动员讲话，副主席罗布江村作总结讲话。

“2014·长江保护与发展论坛” 5 月 26 日至 27 日在成都召开。论坛由民进中央、全国政协人资环委、长江水利委员会主办，四川省政协、民进中央人资环委、长江流域水资源保护局、民进四川省委承办，世界自然基金会协办。全国人大常委会副委员长、民进中央主席严隽琪出席开幕式并讲话，全国政协副主席、民进中央常务副主席罗富和主持开幕式并致辞，省委副书记、省长魏宏出席开幕式并讲话，省委副书记柯尊平出席开幕式。水利部副部长蔡其华出席论坛并发表“维护健康长江，建设水生态文明”致辞，长江水利委员会主任刘雅鸣作《推进长江流域水生态文明建设提升长江经济带水利保障能力》主题报告。国家环境保护部、林业局、四川省、世界环境研究所、高等院校和科研院所等 90 余名领导和专家参加论坛。与会专家学者围绕加快生态文明制度建设开展讨论，献计出策，有关意见建议被民进中央《关于设立“长江上游经济带经济体制和生态文明体制综合改革试验区”的建议》采纳。

全省政协新闻宣传工作会议 10 月 31 日在成都召开。会议深入学习贯彻党的十八大及十八届三中、四中全会和习近平总书记系列重要讲话精神，总结交流工作经验，表彰2014年度全省政协新闻宣传工作先进单位、先进个人和《四川政协报社》优秀通讯员，安排部署2015年度全省政协新闻宣传工作。省政协副主席晏永和出席会议并讲话。

2014·绿色经济遂宁会议 11月6日至7日在遂宁市召开。会议由民盟中央、全国政协人口资源环境委员会和四川省政协主办，民盟四川省委、中共遂宁市委、市政府和四川省县域经济学会承办。全国人大常委会副委员长、民盟中央主席张宝文，省委副书记柯尊平出席开幕式并讲话，省政协副主席晏永和主持开幕式。会议以“绿色经济·生态农业”为主题，举办高层峰会（主题演讲）、考察调研、绿色经济专家对话、丘区县域经济暨现代农业发展座谈会、校地企交流合作会等活动，形成《2014绿色经济遂宁共识》，将遂宁会议作为会议品牌保留并两年召开一次，促成签约绿色发展重大项目20个、投资金额283亿元，在国家层面助推遂宁建设国家绿色经济试验示范区。

驻香港全国政协委员赴灾区考察 11月10日至14日赴北川、汶川、都江堰、芦山等地考察地震灾区灾后恢复重建情况。考察团由全国政协常委、香港南益实业集团有限公司董事长林树哲带队。全国政协港澳台侨委员会主任杨崇汇、副主任楼志豪参加考察。省委副书记、省长魏宏，省委副书记柯尊平看望考察团一行。在成都和雅安召开工作汇报会，副省长黄彦蓉出席并讲话，省政协副主席晏永和出席会议。省政协副主席杨兴平、罗布江村陪同考察。

全省政协反映社情民意信息工作座谈会 11月14日在成都召开。省政协副主席晏永和出席会议并讲话。会议邀请全国政协研究室副巡视员贾燕赓作专题辅导，通报了全省政协系统2014年1月至9月报送社情民意信息情况，围绕进一步做好反映社情民意信息工作开展分组讨论。

“高校毕业生就业”专题协商会 11月24日在成都召开。省委常委、常务副省长钟勉，省政协副主席晏永和出席会议并讲话，省政协副主席赵振铣主持会议。会议通报了全省加大力度促进高校毕业生就业创业的政策措施和落实情况。民盟四川省委、民进四川省委、省政协部分专门委员会相关负责人，部分省政协委员，成都市高校创业园负责人，创业代表与省委、省政府相关部门负责人开展交流协商。会议邀请国家人力资源和社会保障部国际劳动保障研究所特邀研究员王伯庆讲析全国高校毕业生就业创业情况。

省政协成立60周年座谈会 11月27日在成都召开。会议认真学习贯彻习近平总书记在庆祝中国人民政治协商会议成立65周年大会上的重要讲话精神，总结回顾省政协60年的发展历程，共同展望政协工作美好未来，为谱写伟大中国梦四川篇章凝心聚力。省委副书记柯尊平出席会议并讲话，省政协副主席晏永和主持会议，省政协副主席高烽代表省政协作了发言。省人大常委会副主任刘道平，副省长黄彦蓉，省政协副主席张雨东、崔保华、杨兴平、罗布江村、陈放出席座谈会。省政协老领导、部分在蓉全国政协委员和省政协常委、委员，省直有关部门和各民主党派省委、省工商联负责人等80余人参加座谈会。

首届中国康养产业发展论坛 12月6日至7日在攀枝花举行。全国政协副主席、民革中央常务副主席齐续春出席并讲话，副省长曲木史哈，省政协副主席晏永和、罗布江村出席论坛。国家有关部委，省直有关部门，国内部分城市、院校、科研院所、康养组织及170多家国内外企业的500多名专家学者和代表参加论坛。论坛围绕“养老养生与经济转型”主题及康养产业与城市转型、城市环境与医养融合、康养政策等议题，深入探讨经济转型期我国康养产业面临的挑战、对策和未来发展方向，对攀枝花依托优势资源发展阳光康养产业、加快产业和城市“双转型”提出意见建议，形成《首届中国康养产业发展论坛攀枝花共识》，确定每三年在攀枝花和秦皇岛分别选择“一冬一夏”轮流举办论坛，协调签署21个康养产业项目、投资240多亿元，助推攀枝花携手秦皇岛争创“一南一北”国家级康养产业发展试验区。

2015年新年茶话会 12月29日在成都举行。省委副书记柯尊平出席会议并讲话。省政协副主席晏永和主持会议并讲话，副主席、省工商联主席陈放代表各民主党派省委、省工商联和无党派人士致辞。省委、省人大常委会、省政府、省政协和成都军区、成都军区空军、省法院、省检察院领导及各界代表人士200余人出席会议。

【重要文件】

常委会工作报告（2015年1月26日）（摘要） 一、2014年工作回顾。一是不断增进共识，巩固共同思想政治基础。深入学习领会习近平总书记系列重要讲话精神，召开庆祝省政协成立60周年座谈会，与全国政协联合举办“当代国画优秀作品展——四川作品展”，开展纪念邓小平同志诞辰110周年“感恩奋进”系列活动；集中开展以“五个专项整治”为重点的巡视整改，召开党风廉政建设工作会议，出台廉政风险防控等26个制度规定；召开全省政协新闻宣传工作会议，联合中央媒体和省级主流媒体下基层采访，引导各族各界人士坚定不移走中国特色社会主义政治发展道路。二是紧扣中心履职，促进经济平稳较快发展。与民革中央联合主办“首届中国康养产业发展论坛”；与民盟中央、全国政协人资环委共同主办“2014·绿色经济遂宁会议”；与民进中央、全国政协人资环委、长江水利委员会等，协同举办“2014·长江保护与发展论坛”；与西藏政协携手调研川藏交通建设，积极争取国家支持。与省委、省政府联手推进全国政协和民主党派中央、全国工商联来川调研视察与建言献策近40项成果的转化工作，促进天府新区建设上升为国家战略。围绕实施“两化”互动、城乡统筹发展战略，召开议政性常委会议，督办川渝合作示范区（广安片区）建设等重点提案。三是聚焦改革发展，积极发挥决策咨询作用。围绕大力发展高端现代产业、加快发展现代服务业，召开议政性常委会议，助推经济发展方式转变。开展专题调研，助推行政审批制度改革。围绕建立健全现代文化市场体系、文化产业发展，开展调研视察、提案督办，助推文化体制机制创新。联合民盟省委召开教育改革建言献策会，调研扩大就业创业、民营医院发展等，助推社会事业改革创新。专题调研推动建立国家层面生态补偿机制、若尔盖生态保护与建设、水电资源开发与环境保护，对口协商严格控制成都平原PM2.5，助推生态文明加快建设。四是加强团结联合，共同维护社会和谐稳定。协力民生持续改善，围绕“十项民生工程”和19件民生实事，倾听民意、反映诉求，提出建议。促进民族宗教工作，重点督办四川藏医院建设提案，界别协商散杂居少数民族民生改善，视察牧民定居点建设，调研加快推进宗教事务依法社会化管理等。加大沟通联谊力度，召开发挥港澳委员双重积极作用界别协商会，举办国情培训班，协助香港全国政协委员来川考察地震灾区灾后恢复重建等。五是主动积极参与，协力推进依法治省进程。就制定《四川省规范行政执法裁量权规定》开展调研和协商，召开灰霾污染防治办法立法协商座谈会，围绕12件地方性法规规章（草案）开展立法咨询。对全省贯彻实施《刑事诉讼法》、《民事诉讼法》、《律师法》、《食品安全法》情况和戒毒工作、社区矫正等，开展调研视察、督办提案。开展免费法律咨询5.1万人次，举办宪法、法治实践讲座，编印《常用法律选编》，参与“法律七进”活动，引导各族各界群众自觉尊法守法。六是加强研究探索，稳步推进政协协商民主。开展专题调研，总结报送全省政协协商民主工作情况和基层典型案例，组织协商民主理论与实践专题研讨。制订实施省政协2014年协商工作计划，组织委员就“一府两院”工作报告等专题建言献策，把反映社情民意列为常委会议议程，全年共开展各类协商24次。七是适应新的要求，务实推进履职能力建设。着力提高政治把握能力，坚决拥护中央决定，认真落实中央部署。着力提高调查研究能力，健全层级互动机制。着力提高联系群众能力，出台省政协领导联系专委会、市（州）政协、界别和民主党派省委、省工商联制度。着力提高合作共事能力，重视培养使用政协机关中的党外干部。着力提高服务保障能力，加强干部任用监督，健全绩效考评机制，不断提升机关服务政协履职的能力和实效。一年来，开展专题调研视察62次，提交报告53份、大会发言72份；征集提案1200件，立案1180件，办复1148件，办复率97.29％；反映社情民意信息1600多篇，编报504期，全国政协和省委、省政府及有关部门采用180条；接待委员和群众来信来访760多件次，得到中央、全国政协和省委、省政府领导肯定性批示111件次。二、2015年工作部署。一是加强学习，统一认识，增强“三个自信”。二是坚定信心，保持定力，促进改革发展。三是心系民生，加强团结，维护和谐稳定。四是突出重点，积极作为，推进依法治省。五是解放思想，探索创新，推进协商民主。六是从严从实，转变作风，强化自身建设。

省委书记王东明在省政协十一届二次会议闭幕大会上的讲话（2014年1月20日）（摘要） 刚刚过去的2013年，省政协和各位委员坚持团结和民主主题，认真履行政治协商、民主监督、参政议政职能，在服务全省中心和大局中共同担当、主动作为，做了大量富有成效的工作，为推动全省经济社会发展作出了积极贡献。改革开放是当今时代最鲜明的特点，是我们党在新的历史时期带领全国各族人民进行的新的伟大革命。要深刻理解，全面深化改革，总目标是完善和发展中国特色社会主义制度，推进国家治理体系和治理能力现代化；全面深化改革，必须坚持社会主义市场经济改革方向；全面深化改革，是“五位一体”协调推进的改革，重点是经济体制改革；全面深化改革，必须以促进社会公平正义、增进人民福祉为出发点和落脚点。经济体制改革的核心问题，是处理好政府与市场的关系，充分发挥市场在资源配置中的决定性作用和更好发挥政府作用。政治体制改革的核心问题，是处理好国家权力与公民权利的关系，更好地规范权力运行和保障人民当家作主的权利。文化体制改革的核心问题，是处理好社会效益与经济效益的关系，更好推进四川文化大发展大繁荣。社会体制改革的核心问题，是处理好“管治”与“共治”的关系，加快构建既充满活力又和谐有序的社会发展机制。生态文明体制改革的核心问题，是处理好经济发展与环境保护的关系，形成人与自然和谐发展的新格局。全省政协各级组织和广大政协委员要深刻认识统一思想认识，是同心协力推进工作的前提；人民政协人才荟萃、智力密集，是推动四川改革发展的重要力量；推进协商民主广泛多层制度化发展，是社会主义民主政治制度建设的重要内容；推动人民政协事业发展，加强自身建设至关重要，进一步增强责任感和使命感，围绕中心履职尽责，汇聚力量推动改革发展，为实现四川“两个跨越”作出新的贡献。

【组织概况】

副主席补选名单

（2014年1月20日政协四川省第十一届委员会第二次会议选出）

罗布江村（藏族） 陈 放

常务委员增选名单

（2014年1月20日政协四川省第十一届委员会第二次会议选出）

甲登·洛绒向巴（藏族）

达扎·尕让托布旦拉西降措（藏族）

江 海 胡存忠 聂文强

傅昌秀（女） 雷文勇

委员增补名单

（2014年1月15日政协四川省第十一届委员会常务委员会第五次会议通过）

甲登·洛绒向巴（藏族） 刘欣欣

江 海 杨绍林（藏族）

吴爱玲（女） 周国庆 戴宪恒

免去主席职务名单

（2014年1月15日政协四川省第十一届委员会常务委员会第五次会议通过）

李崇禧

副主席辞职名单

（2014年1月19日政协四川省第十一届委员会常务委员会第五次会议通过）

黄润秋

常务委员辞职名单

（2014年1月15日政协四川省第十一届委员会常务委员会第五次会议通过）

刘会英 许 强

（2014年1月19日政协四川省第十一届委员会常务委员会第五次会议通过）

尧斯丹 陈 放

委员辞职名单

（2014年1月15日政协四川省第十一届委员会常务委员会第五次会议通过）

刘会英 许 强 周毅州

（2014年1月20日政协四川省第十一届委员会常务委员会第五次会议通过）

黄润秋

撤销委员资格名单

（2014年1月15日政协四川省第十一届委员会常务委员会第五次会议通过）

李崇禧 刘 汉 张忠元

不再担任委员名单

雍 波（2014年6月去世）

蒋晓林（2014年7月去世）

李立萍（2014年8月去世）

市（区、县）主席变动情况

成都市（副省级）

政协副主席

付 毅（2014年10月21日免职）

县（市、区）政协主席

武侯区

伍 勇（2014年3月19日不再担任）

自贡市

政协副主席

徐武斌（2014年1月12日增选）

县（市、区）政协主席

沿滩区

王朝华（2014年5月28日补选）

龙学敏（2014年1月22日不再担任）

攀枝花市

政协副主席

赵忠义（2014年6月27日补选）
刘德顺（2014年6月27日不再担任）

绵阳市
政协副主席
苗　平（2014年1月11日补选）
文久喜（2014年1月11日不再担任）

广元市
政协副主席
张家献（2014年2月20日补选）
梁大忠（2014年2月20日不再担任）
县（市、区）政协主席
剑阁县
蒋茂成（2014年3月12日补选）
李伯伟（2014年3月12日不再担任）
朝天区
张晓春（2014年3月6日补选）
贾光升（2014年3月6日不再担任）

内江市
政协副主席
尤再平（2014年2月27日补选）
魏红锋（2014年2月27日补选）
杨　忠（2014年2月27日补选）
黄　忠（2014年2月27日不再担任）
黄贵华（2014年2月27日辞职）
杨明祥（2014年2月27日辞职）
冯锦黎（2014年2月27日辞职）

乐山市
政协副主席
左文良（2014年2月12日补选）
张刚远（2014年2月12日不再担任）

宜宾市
县（市、区）政协主席
长宁县
周小平（2014年3月26日补选）
秦立均（2014年3月26日不再担任）

广安市
政协副主席
欧太元（2014年3月24日补选）
吴才林（2014年3月24日不再担任）
县（市、区）政协主席
华蓥市
陈运栋（2014年11月20日补选）
王守秩（2014年11月20日不再担任）
邻水县
黎均平（2014年11月11日补选）
刘　朴（2014年11月11日不再担任）

巴中市
政协副主席
欧文宇（2014年10月15日不再担任）

雅安市
政协副主席
杨　力（2014年3月12日补选）
韩　冰（2014年3月12日补选）
杨　凯（2014年3月12日不再担任）
钟培基（2014年3月12日不再担任）

阿坝州
政协副主席
达扎·尕让托布旦拉西降措（2014年1月7日补选）
牛培刚（2014年1月7日不再担任）
县（市、区）政协主席
若尔盖县
王　扎（2014年1月14日补选）
陈万里（2014年1月13日辞职）

甘孜州
县（市、区）政协主席
石渠县
刘　泽（2014年12月21日增补）

凉山州

县（市、区）政协主席

德昌县

吴仲海（2014年11月18日补选）

徐启萍（2014年11月18日不再担任）

盐源县

李呷补（2014年3月2日补选）

刘联贵（2014年3月2日不再担任）

四川省各级政协组织和委员数

（截至2014年底）

级别 / 项目	省级	副省级市	地级市（州）	县（县级市、区）	合计
组织数	1	1	20	183	205
委员数	882	629	7304	34831	43646

（蒲吉霞 编写　杜兰举　向友国 审稿）

政协贵州省委员会

黄康生　副主席

【全体委员会议】

十一届二次会议　1月15日至19日在贵阳举行。会议审议并同意孙国强副主席代表政协第十一届贵州省委员会常务委员会所作的工作报告，要求常务委员会认真组织实施。会议审议并同意陈海峰副主席所作的关于十一届一次会议以来提案工作情况的报告，要求常务委员会进一步加强提案工作，着力在全面深化改革、助推同步小康上下功夫，在加强提案工作制度化、程序化、规范化、信息化建设上见成效。会上，委员们对陈敏尔省长所作的《政府工作报告》和会议其他有关报告进行了协商讨论，对《政府工作报告》和其他有关报告表示赞同，同时也提出了一些建设性的意见和建议。省委书记赵克志同志在开幕会上作了重要讲话，充分肯定了省政协过去一年所取得的成绩，并要求政协做改革发展的拥护者、宣传者、推动者和实践者，在抢抓机遇、改革开放、守住“两条底线”、改善民生、同步小康上凝聚共识和力量，进一步推动发展。陈敏尔省长、李军副书记等省委、省政府领导同志到会听取委员大会发言，参加委员联组讨论。会议期间共收到提案446件，经审查后立案435件。会议补选黄康生同志为十一届省政协副主席，补选高国成同志为十一届省政协常委。王富玉主席在闭幕会上作了重要讲话，对本次会议进行了全面总结，对省政协2014年的工作进行了全面部署，要求全省各级政协组织和广大政协委员深入贯彻中共十八届三中全会、中央经济工作会议和习近平总书记系列重要讲话精神，坚决落实省委十一届四次全会、全省经济工作会议和赵克志书记在省政协十一届二次会议上的重要讲话精神，做全面深化改革的坚定拥护者，做落实省委决策的有力推动者，做同步小康大业的优秀建设者，做增进人民福祉的积极促进者，做政协良好形象的忠实维护者，自觉把政协工作放在全面深化改革、加速贵州发展的大局中去思考、去谋划、去安排，不断汇聚起改革发展的强大正能量，推动我省加速发展、创新发展、转型发展、和谐发展、跨越发展。

【常务委员会会议】

第4次会议　1月6日在贵阳召开。会议传达学习了中共贵州省委十一届四次全体会议精神；听取了各专委会2013年工作情况汇报；听取说明并讨论了《政府工作报告》(征求意见稿)；会议审议通过了《十一届省政协常委会工作报告》并推选报告人，审议通过了《省政协十一届一次会议以来提案工作情况的报告》并推选报告人，审议通过了省政协十一届二次会议有关文件、名单（草案）。

第5次会议　1月16日在贵阳召开。会议审议并原则通过了有关补选副主席、常务委员候选人名单草案和选举文件草案，并提请省政协十一届二次会议各小组酝酿讨论。

第6次会议 1月18日在贵阳召开。会议审议并原则通过了政协第十一届贵州省委员会第二次会议决议（草案）和省政协十一届二次会议提案审查情况报告（草案），审议并原则通过了有关人事事项和选举文件草案。

第7次会议 3月28日在贵阳召开。会议传达学习了十二届全国人大二次会议和全国政协十二届二次会议精神，听取了省政府副省长刘远坤同志通报打造无公害农产品绿色有机食品产业大省情况。常委们对发展我省无公害农产品、绿色、有机食品产业提出了意见建议。会议审议通过了《贵州省政协委员履职管理暂行办法》。王富玉主席在闭幕会上作了重要讲话，要求要充分发挥政协优势，扎实做好全年各项工作。

第8次会议 7月23日至24日在贵阳召开。会议传达学习了政协十二届全国委员会常务委员会第六次会议精神，审议并原则通过了《政协贵州省委员会关于我省民族地区实施精准扶贫的建议案》。省委副书记、省长陈敏尔和副省长王江平率23个省直部门的主要负责人到会与政协委员进行了座谈。委员们就国企改革、民营经济发展、工业园区建设等方面提出了真知灼见。王富玉主席在闭幕会上作了总结讲话，强调要认真落实好会议成果，努力推进我省政协事业向前发展，为促进经济社会发展履职尽责。

第9次会议 11月6日至7日在贵阳召开。会议认真学习了中共十八届四中全会精神、省委十一届五次全会精神和政协十二届全国委员会常务委员会第八次会议精神。省委常委、常务副省长谌贻琴同志到会就全省推进生态文明先行示范区建设情况作了通报。常委们从不同角度提出了意见、建议。会议听取了省政协各专门委员会负责同志关于2014年工作情况的汇报，审议通过了有关人事事项。省政协主席王富玉在闭幕会上讲话。

【专门委员会工作】

提案委员会 2014年共收到提案734件，经审查立案723件。认真开展提案征集，做好重点提案的遴选工作和督办工作，完善重点提案工作制度，及时与省委办公厅、省政府办公厅等部门协商交办事宜，促进提办双方加强协商，坚持提案办理跟踪回访，发挥提案助推作用。开展贵州山地特色新型城镇化建设调研，调研报告得到省主要领导批示。结合苗族四月八活动基地建设和打造中国贵州山地户外运动大省两个有关提案开展调研和协商座谈。对重点提案的办理落实情况开展专项视察。组织委员赴内蒙古学习考察，组织1次界别活动。做好全国政协2次来黔提案办理调研活动的陪同服务。

经济委员会 完成深化省属国有企业改革专题调研，调研报告受到省委、省政府肯定；完成农村商贸流通体系建设调研，形成《关于贵州农村商贸流通体系建设的调研报告》，得到陈敏尔省长、蒙启良副省长批示。组织委员对贵安新区建设情况进行视察，组织3次界别活动。积极推动贵商大会举办，推进在上海市定期举办“贵州食品节”，推动贵州省商会建设。就《关于推动金融创新促进我省非公有制企业跨越式发展的建议》进行提案协商督办和委员约谈。

人口资源环境委员会 对贵州土地规划用途管控助推生态文明建设情况、贵州建设用地计划指标执行情况进行调研并形成相关调研报告，其中《政协贵州省委员会关于进一步加强我省土地规划用途管控助推生态文明建设的建议案》得到省领导陈敏尔、李军、慕德贵批示并转相关部门落实。组织委员对贵州环境执法情况进行视察，报告得到省领导陈敏尔、秦如培、慕德贵批示。就《完善我省工业园区顶层制度设计强化科学管理的建议》提案和《统筹协调贵阳市、贵安新区水资源保护利用保障供水及水生态安全的建议》提案进行督办。组织委员开展3次界别活动、3次委员联谊活动，参加《黔中水利枢纽工程管理条例（草案）》和贵州林业工作征求意见活动。

科技教育委员会 对贵州农业科技推广应用情况进行专题调研，形成《关于我省农业科技推广应用情况调研报告》，得到省领导陈敏尔、刘远坤、何力批示。组织委员视察农村寄宿制学校建设情况，组织委员赴云南学习考察职业教育工作，组织6次界别活动。就《关于建立健全社区社会工作机制的建议》提案进行协商督办，就《探索开辟我省中职学校实训教师引进绿色通道》提案进行办理协商。参加年度全省高等院校目标绩效考核工作，参加国家二类城市语言文字工作评估活动，做好全国政协科教文卫体委2次来黔调研活动的陪同服务。

文化卫生体育委员会 就“提升贵州农村基层医疗卫生机构服务能力”进行专题调研，陈敏尔省长对调研报告作出批示；围绕积极发展山地户外运动助推旅游业发展、发挥资源优势促进健康养老产业发展、新医药与大健康浪潮下的贵州机遇等进行调研。对《关于提升我省城市文化软实力的几点建议》提案进行督办，就《大力推进城镇体育健身场馆建设提高居民体育锻炼时间的建议》提案进行协商座谈，围绕贵州新医药与健康养生产业发展进行委员约谈。组织6次界别活动。继续赴4个市州21个县市区开展“‘下基层、送文化、促发展’全省行”活动，组织省政协书画院画家赴四川考察学习。

社会和法制委员会 对“创新社会治理体制，激发社会组织活力”进行专题调研。组织委员就贵州《安全生产法》实施情况进行视察。为加强立法协商工作的规范化、制度化、程序化建设，成立省政协立法协商协调领导小组，建立省政协立法协商专家咨询库，制定《政协贵州省委员会立法协商实施办法》，召开省政协立法协商工作会议。组织委员赴江西、安徽两省考察学习加强和创新社会管理与法制工作的做法和先进经验。组织4次界别活动。组织委员参加多个地方性法规草案的立法协商和征求意见工作和省纪委《关于实行党风廉政建设责任制的规定》立法评估座谈会。

民族和宗教委员会 对贵州精准扶贫工作推进情况进行调研，形成《贵州民族地区精准扶贫实施情况调研报告》，省领导赵克志、陈敏尔、李军、刘远坤等分别批示。组织委员视察特色民族村寨建设情况，组织委员赴青海、西藏学习考察，组织4次界别活动。做好全国政协民宗委4次来黔调研的陪同服务。就《关于贵州无人机产业发展需要解决问题等有关事宜》提案进行协商督办，就“少数民族传统文化传承与保护”问题进行委员约谈。协调解决贵阳市鹿冲关宗教房产问题。

文史和学习委员会 组织召开全省文史工作会议，全省各级政协就《贵州文史资料征集方案》和编撰《回忆西部大开发（贵州卷）》形成协作共识，并开展相关史料征集工作；向全国政协报送贵州抗日战争史料征编篇目65篇；牵头编撰《贵州省志·政协篇（1978—2010）》。对贵州三个自治州传统村落保护和利用情况进行调研，调研报告得到副省长慕德贵批示。组织委员就贵州博物馆建设和利用情况进行视察。做好全国政协文史和学习委来黔调研“基本公共文化服务标准化均等化问题”的陪同服务。

港澳台侨和外事委员会 组织省政协驻港澳委员回省对经济社会发展情况进行视察，组织委员对贵阳市物流业发展情况进行视察，视察报告得到省领导谌贻琴、陈刚批示。对黔西南州对外开放工作情况进行专题调研。组织委员赴黑龙江、吉林考察学习。组团访问港澳，与有关知名人士、社会团体加强联系交流，为促进黔港、黔澳经济发展服务。与来黔访问考察的美国、爱尔兰朋友座谈交流，赴法国、德国访问，增强友谊。组织6次界别活动。为邓廷琮教育基金、谢晓尧基金及对口扶贫项目等牵线搭桥，帮扶财物价值共计78.5万元。

【重要活动】

省长与委员座谈会 7月23日，省委副书记、省长陈敏尔和副省长王江平率有关省直部门负责同志与委员进行了座谈，听取委员们对深化国有企业改革、培育壮大民营企业、发展混合所有制经济的意见建议，31位委员围绕深化贵州国有企业改革和发展民营经济、混合所有制经济踊跃发言（其中14位委员作了书面发言），提出了“产权多元化，健全现代企业制度，维护职工合法权益，完善国有资产监管”等建议。

常委专题协商会 9月25日，省政协召开常委专题协商会，就我省工业化、城镇化进程中的耕地保护，特别是万亩大坝的保护问题进行专题协商。副省长慕德贵到会介绍我省耕地保护情况并讲话。13位委员围绕全省耕地保护有关问题作专题发言。王富玉主席在会上就耕地保护的思想观念、土地潜力、守住红线、占补平衡和工作机制5个问题发表了讲话。

调研活动 省政协办公厅和各专委会围绕基层政协工作、国有企业改革、创新社会管理体制、农业技术推广应用、提升农村基层医疗卫生机构服务能力、农村商贸流通体系建设、山地特色城镇化建设、土地规划、民族地区精准扶贫、物流业发展、特色民族村寨保护、文物古籍保护和文物遗产申报等开展28次调研，形成专题调研报告，《关于我省民族地区实施精准扶贫的建议案》、《关于进一步加强我省土地规划用途管控助推生态文明建设的建议案》、《关于深化省属国有企业改革的建议案》、《关于推进贵州山地新型城镇化建设可持续发展的建议案》4份常委会议、主席会议建议案，对推进全省相关工作产生积极影响。

视察活动 一是认真组织5次主席会议视察。先后对高速公路建设及“多彩贵州·最美高速”创建活动、贵阳市八路军办事处遗址等红色文化遗址保护、“整脏治乱”、贵广高铁建设运营管理、贵阳西南商贸服务业集聚区建设等工作进行专题视察，所提意见建议受到省委、省政府高度重视和认真采纳。二是精心组织常委视察。为开好常委专题协商会，省政协组织4个调研组，和省直有关部门负责同志、部分政协委员一起，于6月中旬分赴全省各地对我省耕地保护情况进行了视察，提出耕地保护的意见和建议。三是各专委会围绕省委、省政府决策部署和重大民生问题，对贵安新区建设、法治贵州建设、旅游大省建设、“美丽乡村”建设、新医药与健康产业发展、创新社会治理体制、环境执法、安全生产等工作情况进行视察，全年共开展各种视察活动18次，并形成视察报告，提出的建议得到省委、省政府的重视，转化为实际工作成果。

协商民主建设 按照省委的安排部署，成立协商民主专题组，全面推进协商民主改革各项工作，重点选择7个方面的任务开展专项调查研究。省政协领导和办公厅有关负责人带队赴各市（州）和湖北省进行调研，认真学习借鉴各地的成功经验。召开全省政协工作座谈会，交流全省各级政协在发挥协商民主重要渠道方面的实践经验，总结推广遵义县龙坑镇政协联络委、汇川区洗马社区政协联络站以及铜仁市政协的成功经验，并交流了部分基层政协的做法，着力推动基层政协协商民主制度建设创新发展。

提案办理月协商座谈会 2014 年，省政协借鉴全国政协举办双周座谈会的做法，每月举办一次由省政协领导主持的提案办理协商座谈会，围绕精准扶贫工作、产业园区建设、严格生态保护底线制度、提升城市软实力建设、加快和规范我省融资性金融担保公司发展、召开黔商发展大会等重点提案，邀请提案人与提案承办单位进行面对面协商，从而有力地推动重点提案的办理落实。

“帮联驻”和智力支边活动 按照省委、省政府的统一部署，省政协领导同志分别牵头对黎平、六枝、岑巩、镇宁、榕江、锦屏、松桃、习水、安龙、沿河、大方等扶贫开发重点县进行集团帮扶，推动当地加快脱贫致富步伐。按照省委、省政府的统一部署，省政协有关副主席多次带队到定点联系的“百千万”企业调研帮扶，及时为企业排忧解难，协同推进工业“百千万”工程。同时，省政协办公厅设立毕节市七星关区朱昌镇、千溪乡同步小康驻村工作队，协调有关方面帮扶项目 47 个，帮扶资金共计 1136 万元。2014 年，省智力支边办依托各民主党派、工商联共完成支边项目 504 个，培训各级各类人员 2 万多人次，开展科技咨询、讲座 99 次、“三下乡”活动 177 次，助建学校及教学点 22 个、乡镇村卫生院（室）4 个，建立支边联系点 10 个，协调支助贫困学生 206 名。

庆祝人民政协成立 65 周年系列活动 一是承办了贵州省庆祝人民政协成立 65 周年大会，赵克志书记在会上作了重要讲话。二是举办了省政协纪念人民政协成立 65 周年座谈会。三是举办“庆祝人民政协成立 65 周年合唱大赛”。四是组织了“人民政协成立 65 周年征文竞赛、书画摄影展、理论讲座、专题报道”等 11 项系列活动，进一步扩大了政协工作的社会影响。

政协干部培训工作 2014 年，省政协共组织培训政协干部 3 次。一是会同省委组织部等部门，在省委党校举办了全省政协系统领导干部专题培训班，参训人员达 130 余人。二是委托全国政协干部培训中心在青岛对我省政协系统 150 余名干部进行了集中培训。三是在省政协干部培训中心举办了贵州省第一期地方政协机关干部培训班，对 190 余名政协系统干部进行了集中培训。

【重要文件】

常委会工作报告（2014 年 1 月 15 日）（摘要） 2014 年，省政协工作的总体要求是：高举中国特色社会主义伟大旗帜，坚持以邓小平理论、“三个代表”重要思想、科学发展观为指导，全面贯彻落实中共十八届三中全会、中央经济工作会议和习近平总书记在全国政协 2014 年新年茶话会上的讲话精神，按照中共贵州省委十一届四次全会、全省经济工作会议的部署和赵克志书记在省政协 2014 年新年茶话会、省政协十一届二次会议开幕会上对政协工作提出的具体要求，紧紧围绕全面深化改革的目标任务，牢牢把握团结和民主两大主题，全面履行三大职能，着力推进协商民主广泛多层制度化发展，不断凝聚和传递“五大正能量”，奋力开创全省政协工作新局面。（一）深入学习贯彻中央和省委全会精神，做全面深化改革的拥护者、宣传者、推动者、实践者。一是加强理论学习。牢牢把握全面深化改革的基本要求、重点任务和正确方向，牢牢把握中央和省委对人民政协事业提出的新观点、新论断、新要求，准确掌握中共中央和中共贵州省委全会的精神实质和核心要义。二是坚持学以致用。切实把履行职能的重心放在对影响我省全面深化改革重大问题分析上，放在对影响同步小康关键问题的思考上，放在落实主基调、主战略的对策研究上，争做全面深化改革的拥护者、宣传者、推动者和实践者。三是积极咨政建言。紧紧围绕中央《决定》和省委《实施意见》确定的改革方向和改革重点，深入开展视察调研、委员提案、协商活动、反映社情民意、座谈交流、界别活动、联谊活动等，认真研究全面深化改革的新思路、新措施、新办法，为破解改革发展难题，提高改革发展质量效益多谋创新之举，多建睿智之言，为省委、省政府科学决策提供有力依据。（二）全面履行政协职能，充分发挥人民政协协商民主的重要渠道作用。一是加强协商民主制度建设。明确协商主体，规范协商内容，细化协商程序，推进协商民主制度化、规范化建设，真正使协商民主制度成为共同遵守的行为准则。更加活跃有序地组织好协商活动，提高协商民主质量。二是积极推进民主监督。积极探索开展民主监督的新途径、新方法，加强对各地各部门贯彻落实省委、省政府重大战略决策执行情况的监督，积极协助省委、省政府及时发现问题、改进工作，多提利于改进工作、推动发展的建设性、支持性监督意见，使全面深化改革的各项措施得到全面、有效的贯彻落实。三是深入开展参政议政。精心组织好委员视察调研活动，认真做好提案工作，进一步拓宽社情民意反映渠道，为委员深入开展参政议政搭建平台，营造氛围。健全对政协建议案、提案、调研报告、视察报告和社情民意等参政议政成果的办理反馈制度，促进政协意见建议的办理和落实。（三）充分发挥人民政协爱国统一战线组织优势，积极为促进社会和谐贡献力量。一是凝聚各方力量。搭建知情明政的平台，团结一切可以团结的力量，调动一切可以调动的因素，凝聚全面深化改革、推动经济社会加速发展的强大合力。二是促进社会和谐。加强与社会各界群众的直接沟通，畅通反映社情民意的渠道，使党委、政府的决策更加贴近群众、符合实际，努力促进政党关系、民族关系、宗教关系、阶层关系、海内外同胞关系的和谐，做好理顺情绪、化解矛盾、增进共识、促进和谐工作。三是切实关注民生。全力协助党委、政府做好惠民生、谋民利、解民忧的工作，动员社会各界组织开展智力支边、支医支教、扶贫济困等公益活动，真心实意为群众特别是困难群体做好事、办实事、解难题，全力维护和发展和谐稳定的政治局面。（四）进一步加强政协自身建设，努力开创政协工作新局面。一是发挥各党派团体的组织作用，积极支持他们在人民政协参与重大问题的协商讨论及其履行职能的各种活动。积极支持协会、商会的工作。二是发挥各界别的桥梁纽带作用。完善界别活动方式，推进界别间的沟通与交流，充分调动各界别参政议政的积极性。三是发挥专委会的基础性作用。加强各专委会队伍建设，加强与委员的联系，积极为委员参加政协的有关活动创造条件，提供服务。加强对委员视察和专题调研工作的组织协调，针对我省改革发展的重大问题，提出具有真知灼见的意见和建议。四是发挥委员的主体作用。建立委员联络机制，加强对委员的管理和服务，尊重和维护委员的各项民主权利，认真组织委员参加学习培训，促进委员提高自身素质、遵守政协章程、履行委员职责、密切联系群众。五是发挥政协机关的保障作用。进一步加强机关建设，增强机关干部的政治意识、大局意识、纪律意识、服务意识，提高学习能力、创新能力、执行能力、合作共事能力，确保政协机关协调统一、规范有序、灵活高效运转。加强人民政协理论研究，以理论创新推进工作创新。办好《贵州政协报》、《文史天地》、贵州政协网和《贵州政协工作》，重视新闻宣传信息工作，推进信息化建设，不断扩大政协的社会影响。

省委书记赵克志在省政协十一届二次会议开幕会上的讲话（2014 年 1 月 15 日）（摘要） 今年是我省发展进程中十分重要的一年，是全面深化改革的开局之年，还将迎来人民政协成立 65 周年。新的一年，应该有新的奋斗、新的收获。特别是稳步推进新一轮全面深化改革，涉及经济建设、政治建设、文化建设、社会建设、生态文明建设和加强党的建设方方面面，很大程度上是利益格局的调整，必然触及深层次矛盾和问题，必然带来思想观念的障碍和心理情绪的波动。要推动改革创新取得新的突破，重要的是凝聚改革共识。需要我们科学认识改革的本质要求和内在规律，在干部群众关心的重大问题上增进共识、巩固共识、深化共识。有了共识，行动才能步调一致，遇到困难才能共同克服。我们要全面贯彻落实中共十八大及十八届二中、三中全会和习近平总书记系列重要讲话精神，坚持改革创新，坚持稳中求进，坚持主基调主战略，将改革发展的广泛共识最大限度地凝聚起来，将各个方面的积极性最大限度地调动起来，推动加速发展、创新发展、转型发展、和谐发展、跨越发展，坚定不移地把中共贵州省第十一次党代会描绘的宏伟蓝图写在贵州大地上。政协各级组织要把思想和行动统一到中央精神和省委的决策部署上来，牢牢把握团结和民主两大主题，紧紧围绕工作大局，把推动改革发展稳定作为履行职能的首要任务，加强协商民主广泛多层制度化建设，积极推进形式多样的基层民主建设，寻求最大公约数，凝聚改革发展稳定的共识和力量，努力提高政协工作科学化水平。要在抢抓机遇上凝聚共识和力量，进一步推动加速发展；在改革开放上凝聚共识和力量，进一步推动创新发展；在守住“两条底线”上凝聚共识和力量，进一步推动转型发展；在改善民生上凝聚共识和力量，进一步推动和谐发展；在同步小康上凝聚共识和力量，进一步推动跨越发展。

【组织概况】

副主席补选名单

（2014 年 1 月 19 日政协第十一届贵州省委员会第二次会议选举产生）

黄康生（布依族）

常务委员补选名单

（2014 年 1 月 19 日政协第十一届贵州省委员会第二次会议选举产生）

高国成

不再担任委员名单

（2014 年 1 月 7 日政协第十一届贵州省委员会常务委员会第四次会议通过）

祝一芳（女） 张　宏 周和生

罗保林

（2014 年 11 月 7 日政协第十一届贵州省委员会常务委员会第九次会议通过）

王德祥（布依族）

撤销委员资格名单

（2014 年 7 月 24 日政协第十一届贵州省委员会常务委员会第八次会议通过）

杨正明

委员增补名单

（2014 年 1 月 7 日政协第十一届贵州省委员会常务委员会第四次会议通过）

马元林　王超英（女，傣族）

龙超亚（女，侗族）　刘　杰

李翰辉（回族）　余学强

陈建英（女）

罗春红（女，布依族）　高国成

黄康生（布依族）

蒋佗锟（布依族）

专委会副主任免职名单

（2014 年 11 月 7 日政协第十一届贵州省委员会常务委员会第九次会议通过）

王德祥（布依族）免去政协第十一届贵州省委员会社会和法制委员会专职副主任职务

杨俊免去政协第十一届贵州省委员会港澳台侨和外事委员会副主任职务

县（市、区）政协主席变动情况

黔西南州兴仁县

邱国权（2014 年 11 月 1 日当选）

贵州省各级政协组织和委员数

（截至 2014 年底）

级别 项目	省级	地级市、自治州	县（县级市）	合计
组织数	1	9	88	98
委员数	588	3504	15882	19974

（杨曦东　施　维 编写　李月成　王晓林　杨沛源 审稿）

政协云南省委员会

【全体委员会议】

十一届二次会议 1月19日至23日在昆明举行。会议应出席委员644人，实到594人。省政协常务副主席白成亮主持开、闭幕会，会议听取并审议省政协主席罗正富代表常务委员会所作的工作报告和副主席喻顶成代表常务委员会所作的提案工作情况报告。与会委员列席了十二届省人大二次会议，听取并协商讨论了政府工作报告及其他有关报告。会议审议并通过省政协十一届二次会议决议和提案审查情况报告。会议还就顾伯平同志辞去省政协副主席职务事宜向大会进行说明。会议期间，省委书记秦光荣、省长李纪恒等省领导看望委员并出席开、闭幕会，听取大会发言、参加界别联组协商会，与委员共商全省改革发展大计。委员们围绕我省经济社会发展重大问题，积极建言献策，提出了很多有价值的意见建议。会议结束时，省政协主席罗正富讲话。

【常务委员会会议】

第5次会议 3月28日在昆明举行。会议应到常委125人，实到88人。省政协主席罗正富主持会议并讲话。会议传达学习了全国政协十二届二次会议精神，审议了《政协云南省委员会2014年重点工作安排意见》，通过了有关人事事项。常务副主席白成亮，副主席马开贤、曾华、倪慧芳、米东生、王承才、喻顶成，秘书长车志敏出席会议。

第6次会议 7月8日至9日在昆明举行。会议应到常委125人，实到105人。省政协主席罗正富主持会议并讲话。会议围绕“深化对外开放，提升云南沿边开放水平”主题进行协商讨论，通过了有关人事事项。受李纪恒省长委托，省委常委、常务副省长李江到会通报上半年云南省经济社会发展情况，副省长丁绍祥到会听取了常委们的发言并通报了我省综合交通体系的建设情况和下一步打算。省直相关部门、有关州市的负责人到会听取意见建议并参加小组协商。常务副主席白成亮，副主席马开贤、曾华、罗黎辉、米东生、王承才、喻顶成，秘书长车志敏出席。

第7次会议 10月15日至17日在昆明举行。会议应到常委124人，实际到会97人。省政协主席罗正富主持会议并讲话。会议围绕“发展五大产业，谱写中国梦云南篇章”主题建言献策，开展以“推进生态文明，建设美丽云南”为主要内容的协商讨论。通过了有关人事事项。省委有关领导到会通报中共云南省委关于产业发展的决策部署。副省长刘慧晏到会听取部分常委关于“发展五大产业，谱写中国梦云南篇章”的主题发言，并就加快产业转型升级，促进经济跨越发展作讲话，省有关厅局的同志到会参加协商。常务副主席白成亮，副主席马开贤、曾华、罗黎辉、倪慧芳、米东生、王承才、喻顶成，秘书长车志敏出席会议。

第8次会议 12月23日至24日在昆明举行。会议应到会常委123人，实际到会93人。省政协主席罗正富主持会议并讲话。会议听取了副省长高峰关于省政协十一届二次会议以来提案办理工作的情况通报，讨论了《政协云南省第十一届委员会常务委员会工作报告》（草案）和《政协云南省第十一届委员会常务委员会关于提案工作情况的报告》（草案），审议并通过了关于召开政协云南省第十一届委员会第三次会议的决定以及会议议程、授权主席会议审定未尽事宜的决定等草案，表彰了省政协十一届二次会议优秀提案，通过了有关人事事项。常务副主席白成亮，副主席马开贤、曾华、罗黎辉、倪慧芳、王承才，秘书长车志敏出席会议。

【专门委员会工作】

提案委员会 一是加强学习，切实转变工作作风。二是重点提案督办规范，成效明显。三是对“加快云南物流产业发展”进行专题调研；与民宗委共同对部分承办单位进行“提案办理情况”重点视察。四是优质服务，督办工作不断完善。做好十一届二次会议688件提案的审查立案、交办、督办、催办和归档工作。向承办单位和媒体征集提案线索和素材，为委员提供提案参考选题近100条。组织十一届二次会议优秀提案评选表彰工作。修订了《省政协重点提案遴选与督办办法》。联合相关部门对部分州市进行了督查调研，形成了《关于对我省贯彻落实中共中央办公厅、国务院办公厅〈关于进一步加强人民政协提案办理工作的意见〉进行督促检查情况的通报》。五是注重宣传，不断扩大提案工作影响。六是提升素质，强化做好提案工作的能力和水平。

经济委员会 全年共组织召开2次协商会议、1次经济委员会全体委员会议、1次全省政协经济委员会联系会议，开展了包括重点调研在内的4次专题调研和1次重点视察，举办了1次论坛专题活动和3次界别小组活动。一是开展“云南发展混合所有制经济对策研究”、“加快推进沿边金融综合改革试验区建设”等专题调研。牵头举办了省政协企业家论坛“发展混合所有制经济面临的机遇和挑战”专题活动。围绕云南高速公路建设、金融改革、高原特色农业发展分别组织开展了工业、金融和农业3个界别小组的活动。二是组织召开了“激发非公经济活力，促进非公经济发展”对口协商会。围绕“加快进度，做好对接，推进云南铁路建设”进行专题调研和协商。三是邀请并配合全国政协经济委员会围绕“扩大内陆沿边开放，促进区域经济协调发展”来滇进行调研。与港澳台侨和外事委员会围绕“云南瑞丽重点开发开放试验区建设情况”开展重点视察。四是转变作风，扎实抓好干部直接联系群众工作。

人口资源环境委员会 全年开展调研课题6项、视察1项，组织专题协商、对口协商22次，参加立法协商4件，提交提案4件、督办2件，举办专题讲座3次。一是注重抓好思想理论教育。二是扎实开展云南省矿产业绿色发展情况，普者黑湖流域生态环境保护治理情况，洱海、程海、泸沽湖保护治理情况等专题调研。开展《关于加快推进我省美丽乡村建设》重点提案督办调研。开展“加快推进云南国家公园建设”专题协商课题调研。协助大理州政协深入开展大理州环境保护与生态文明建设情况专题调研。三是组织对“滇池入湖河道综合治理及环湖湿地建设情况”进行了视察，通过转化调研工作成果，提交了4件提案；督办了2件重点提案。四是认真开展经常性工作。五是深入基层、深入群众，转变作风办实事。

教科文卫体委员会 全年共组织调研视察活动12次（重点调研、重点视察各1次，重点协商2次，专题调研5次，协同调研4次）、考察活动10次，组织重要会议2次、召开专题座谈会8次，提交省政协十一届二次会议提案2件。一是加强学习，不断提高业务素质和服务水平。二是严明党的纪律，持续深入推进作风建设。三是以“一带一路”战略下推进云南国门大学为题开展重点调研；开展“昭通市艾滋病疫情防控情况”专题调研；联合文史委员会组织对我省世界遗产保护利用情况进行重点视察；认真做好《总结我省县级公立医院综合改革试点工作经验实事求是积极全面地推进该项工作》和《实施云南省国门大学振兴行动计划》两件提案督办工作；以界别协商的形式就“培育优质教育资源，促进义务教育均衡发展”为主题召开协商民主座谈会。四是自觉践行党的群众路线，主动联系服务群众。五是协助全国政协、兄弟省区政协做好专题调研。六是搭建委员履职平台，积极开展考察学习活动。

社会和法制委员会 一是加强学习，不断推进专委会自身能力建设。二是深入开展“推进农业转移人口市民化”重点调研；举办“推进农业转移人口市民化”论坛及对口协商会；承办了省政协常委会“优化城市垃圾处理”专题协商会；与人资环委共同组织“滇池入湖河道综合治理及环湖湿地建设情况”重点视察；积极配合做好《关于加强我省社区矫正创新发展的建议》重点提案督办工作。三是发挥优势，积极开展立法协商。全年组织委员对《中华人民共和国国防交通法》、《确保政法机关依法独立公正行使司法权不受非法干预（征求意见稿）》、《云南省单位消防安全管理规定（送审稿）》、《云南省国家公园管理条例（草案）》等31件（次）法律、法规和规章进行协商讨论。与省民政厅、省老龄办共同主办了《云南省老年人权益保障条例》立法协商会。四是搭建平台，精心组织界别小组活动相关工作。五是不断开拓，切实做好对全省各级政协社法工作的指导。

民族和宗教委员会 一是加强学习，提高认识。二是加强自身建设，改进工作作风。三是完成滇西边境集中连片困难地区扶贫开发的重点调研；对做好新形势民族工作进行专题调研；配合完成全国政协农村宗教事务管理调研；组织开展禄劝县基督教发展状况专题调研；与研究室共同完成云南较少民族文化保护传承和利用的专题调研。四是与提案委员会联合组织对部分承办单位进行“提案办理情况”重点视察。五是上下联动，增强合力，统筹省州市政协两级民族宗教工作。六是召开省民族学会负责人座谈会；组织民族宗教界委员出省考察学习；认真开展委员界别活动；走访慰问民族和宗教界人士。七是完成常委会关于民族地区的资源开发和环境保护的协商活动；注重参政实效，将滇西边境地区扶贫开发情况的调研成果转换为提案，认真做好《关于推进云南农村扶贫开发的提案》督办工作。八是组织召开全省政协推进新形势下宗教工作研讨会。

港澳台侨和外事委员会 一是就“发挥云南先导作用推进孟中印缅经济走廊建设”进行专题调研；与经济委共同组织部分省政协委员围绕“云南瑞丽重点开发开放试验区建设情况”进行视察；承办常委会“完善政策，发展产业，加快推进瑞丽重点开发开放试验区建设”专题协商会；组织侨联台联和港澳两个界别小组开展3次界别活动；形成了《关于推进孟中印缅经济走廊建设》和《关于将“郊野公园”更名为“驼峰公园”》的两件提案提交省政协全会。二是扩大交往，汇聚力量。全年共办理和协助全国政协、省外办、省工商联、云南师大、滇中产业新区办理省级领导出国境团组6个，厅级领导出访团组2个；共接待近20个考察访问团组，400多人次。认真做好港澳、对台和侨务工作。三是发挥优势，助推中缅陆水联运通道建设，推动世界500强、华商500强企业重大投资项目落户云南。四是求真务实，改进作风。五是召开云南海外经济合作促进会、云南海外联谊会合并后的首次理事大会。

文史委员会 一是深入学习党的十八届三中、四中全会以及习近平总书记系列重要讲话精神，形成强大工作动力。二是继续做好群众路线教育实践活动有关工作。三是完成省政协十一届二次会议有关工作。四是开展“云南历史文化名镇

（村）的保护和利用”重点调研。五是积极配合全国政协文史资料征集协作工作；开展新中国云南人才建设史料征集前期工作；征集、编辑、出版《二战中的蓝姆伽》文史资料选集1辑；与云南政协报社合作，成功开展《政协人说政协事，政协人述政协史》口述历史采访活动；与寻甸县政协合作出版《寻甸文史资料》2辑。六是联合省政协教科文卫体委员会共同组织《云南世界遗产的保护和利用》重点视察。七是结合实际开展会议活动。

【重要活动】

省政协2014年新年茶话会 2013年12月31日上午在昆明举行。省委书记、省人大常委会主任秦光荣出席并作新年致辞。省委副书记、省长李纪恒出席。省政协主席罗正富主持。秦光荣代表省委、省人大常委会、省政府、省政协，向各民主党派、工商联、各人民团体和各族各界人士，向驻滇人民解放军指战员、武警官兵和公安干警，向所有关心和支持云南改革开放和现代化建设事业的海内外朋友们，致以诚挚祝福和衷心感谢。省级民主党派、工商联、人民团体代表，港澳台侨代表，民族和宗教界代表在会上发言。省委、省人大常委会、省政府、省政协领导，在昆中直机关领导，省高级人民法院、省人民检察院领导，驻滇解放军、武警部队领导，省老领导，在昆全国政协常委、委员和省政协常委，省直部门负责人，各民主党派省委、省工商联和人民团体负责人，以及民族、宗教和港澳台侨代表人士出席茶话会。

2014年中国经济社会论坛 10月10日在昆明举行。中央书记处书记、全国政协副主席、中国经济社会理事会主席杜青林出席并作主旨讲话。论坛由中国经济社会理事会和云南省政协联合主办，部分中国经济社会理事会理事和专家在论坛上发了言。

省政协新闻宣传暨2015年度《云南政协报》发行工作会 10月22日在昆明召开。会议提出，全省各级政协要深刻学习领会习近平总书记系列重要讲话精神，进一步增强做好政协新闻宣传工作的责任感和使命感，加强对政协新闻宣传工作的重视和支持，全面提高政协新闻宣传水平。省政协常务副主席白成亮、秘书长车志敏出席会议并讲话。

第七届民生论坛 以“推进农业转移人口市民化”为主题的第七届民生论坛及对口协商会于10月24日在昆明举行。省政协主席罗正富，副省长张祖林，省政协常务副主席白成亮出席会议并讲话；省政协副主席倪慧芳主持会议；省政协副主席王承才、秘书长车志敏出席会议。会上，10位省级民主党派、州（市）及省直有关部门同志在论坛中作大会发言。8位委员、民主党派和基层代表在协商会中围绕“推进农业转移人口市民化”坦诚建言，并与省发改委、省教育厅、省公安厅、省民政厅、省财政厅等10个省级有关职能部门开展深入协商交流。

云南省政协企业家论坛 以“发展混合所有制经济面临的机遇和挑战”为主题的云南省政协企业家论坛于11月4日在昆明召开。专家学者、政协委员围绕主题提出自己的建议和意见，为助推云南的发展建言献策。全国政协常委、全国政协经济委副主任李毅中，山东省政协副主席陈光受邀出席论坛并作专题演讲。省政协主席罗正富出席论坛并致辞。省人大常委会副主任刀林荫出席；省政协常务副主席白成亮主持，省政协副主席曾华、喻顶成出席。论坛中，副省长尹建业介绍了我省发展混合所有制经济的情况和初步打算，专家学者、政协委员等围绕主题提出自己的建议和意见，为助推云南的发展建言献策。

【重要文件】

常委会工作报告（2014 年 1 月 19 日政协云南省第十一届委员会第二次会议）（摘要） 一、打牢共同思想基础，工作作风实现新转变：过去的一年，是增进共识、转变作风、务实创新的一年。我们认真贯彻中共十八大和十八届三中全会精神，深入开展群众路线教育实践活动，扎实做好群众工作，委员思想进一步统一、机关作风切实转变、干群关系更加密切，为有效履行职能发挥作用奠定了良好基础。（一）致力以中国特色社会主义伟大旗帜统一思想。常委会深入学习领会中共中央和中共云南省委重要会议精神，切实把广大政协委员和机关干部的思想和行动统一到中央和省委决策部署上来，着力增强道路自信、理论自信、制度自信，广泛凝聚改革共识，不断夯实各党派团体和各族各界人士团结奋斗的共同思想基础。（二）严格按照党的群众路线教育实践活动要求改进工作作风。省政协按照“照镜子、正衣冠、洗洗澡、治治病”的总要求，以“为民务实清廉”为主题，扎实开展党的群众路线教育实践活动，增强群众观念，认真查摆问题，强化整改落实，在牢固树立宗旨意识、切实改进工作作风上取得了阶段性成效。（三）切实在政协工作中践行履职为民的根本宗旨。常委会坚持把关注和改善民生、联系和服务群众作为履职工作的重点，紧密结合群众路线教育实践活动，切实为基层群众排忧解难，围绕民生问题履行职能，积极为群众办实事，各项惠民工作取得新成效。二、紧扣中心服务大局，履行职能取得新成效：过去的一年，是十一届省政协工作的开局之年。常委会按照中央和省委的总体部署，认真履行职能，充分发挥作用，为我省科学发展、和谐发展、跨越发展作出了重要贡献。（一）围绕保持全省经济平稳较快发展献计出力。一年来，常委会牢牢把握“稳中有进、稳中有好、稳中有快”的工作总要求，广泛动员和组织参加政协的各党派团体、政协委员和各族各界人士，围绕我省经济发展中心任务谋划和开展工作，全力助推重大项目实施，积极建言特色产业发展，着力服务桥头堡建设，积极为全省经济保持平稳较快发展贡献力量。（二）努力促进和谐社会建设。一年来，常委会牢牢把握团结和民主两大主题，坚持把发扬民主、增进团结、协调关系、化解矛盾作为履行职能的着力点，搭建合作共事平台，畅通反映社情民意渠道，促进民族团结宗教和顺，推动历史文化遗产保护，深化对外友好交往，积极推动各族各界人士的大团结大联合。（三）积极推进人民政协协商民主。一年来，常委会不断创新协商形式、丰富协商内容，努力提高协商质量，积极推动人民政协协商民主的探索与实践，协商民主成效更加突出，协商民主理论研究扎实推进。（四）切实加强和改进政协自身建设。常委会重视加强政协自身建设，根据十八大和十八届三中全会对人民政协工作提出的新要求，注重发挥党派团体、专委会和界别的作用，进一步提升委员整体素质，积极发挥委员主体作用，切实加强专门委员会和机关建设，积极营造政协工作良好氛围，为政协有效履行职能提供有力保障。三、增强改革创新意识，推动政协工作新发展：2014 年是全面深化改革的第一年，必将对我省经济社会发展和政协事业进步产生重大而深远的影响。我们要深入学习贯彻中共十八届三中全会、中央经济工作会议和习近平总书记系列重要讲话精神，深刻理解全面深化改革的指导思想、重要方针、目标任务、政策举措，准确把握精神实质、掌握核心要义，切实武装头脑、指导实践、推动工作。（一）紧扣全省改革发展重点建言献策。（二）努力推动民生改善促进社会和谐。（三）主动参与民族文化强省建设。（四）积极为生态云南建设履职尽责。（五）深入推进人民政协协商民主。（六）继续加强政协的自身建设。

省政协主席罗正富在省政协十一届二次会议闭幕会上的讲话（2014 年 1 月 23 日）（摘要） 过去的 2013 年是十一届省政协履职的第一年。在省委的正确领导和省政府的大力支持下，通过广大委员的共同努力，省政协各项工作取得了新的成效。2014 年是云南发展进程中关键的一年，省政协的工作繁重、责任重大。我们要认真贯彻落实本次大会的部署和要求，强化服务大局的责任意识，切实在凝聚改革共识上多出力、在推动科学发展上作贡献、在加强自身建设上下功夫，团结奋进，再创佳绩。一是要积极为全面深化改革献计献策。要充分发挥人民政协人才荟萃、智力密集的优势，准确把握我省改革发展的新要求和人民群众的新期待，深入调查研究全面深化改革中的重大课题，掌握情况、研究问题、思考对策，积极协商议政，真切反映群众诉求，广泛表达各界意愿，努力为我省破解发展中面临的难题、化解来自各方面的风险挑战、推动经济社会持续健康发展，多建改革之言、多献创新之策。二是要努力营造共促改革的良好氛围。要充分发挥政协凝聚人心、汇聚力量的作用和优势，通过社会主义协商民主的工作机制和制度渠道，汇集民智、汇聚民心，切实做到凝聚智慧与争取人心相结合、凝聚民意与求得共识相结合，积极宣传党和政府的改革主张和改革政策，深入做好上情下达、下情上达和解疑释惑、理顺情绪的工作，自觉引导社会各界理解改革、支持改革、参与改革，努力为全面深化改革夯实群众基础。三是要坚持以改革创新增强政协工作活力。要把改革创新作为推进工作的动力，牢牢把握时代脉搏，始终保持蓬勃朝气，根据健全社会主义协商民主制度的要求，不断探索政协履行职能的新方式、新途径，不断拓展民主党派、工商联和有关人民团体发挥作用的新渠道、新领域，不断激发广大委员参加政协活动、履行职责义务的积极性，不断增强专委会工作的活力和成效，不断推进制度化、规范化、程序化建设，更多地建真言、献良策，更好地办实事、求实效，努力使政协工作在改革创新的道路上呈现更加旺盛的生机与活力。

【组织概况】

撤销委员名单

（2014 年 3 月 28 日政协云南省第十一届委员会常务委员会第五次会议通过）

甄朝党

免去常务委员、委员名单

（2014 年 7 月 9 日政协云南省第十一届委员会常务委员会第六次会议通过）

杨跃国

撤销常务委员、委员名单

（2014 年 10 月 17 日政协云南省第十一届委员会常务委员会第七次会议通过）

张慧清

【云南省各级政协主席变动名单】

保山市昌宁县

饶光普（2014 年 2 月 21 日因病去世）

普洱市景谷县

袁洪波（傣族）（至 2014 年 9 月）

西双版纳傣族自治州景洪市

段　春（2014 年 1 月任）

云南省各级政协组织和委员数

（截至 2014 年底）

级别 项目	省	州（设区的市）	县（市辖区、不设区的市）	合计
组织数	1	16	129	146
委员数	640	5450	24631	30721

（孙　贤 编写　马孝初 审稿）

政 协 西 藏 自 治 区 委 员 会

【全体委员会议】

十届二次会议 1月8日至12日在拉萨召开。全国政协副主席、自治区政协主席帕巴拉·格列朗杰主持开、闭幕会，区党委常委、区政协党组书记、副主席，区党委统战部部长公保扎西在闭幕会上讲话。自治区党政领导应邀出席会议并参加分组讨论，听取意见建议。会议听取并审议了区政协十届常委会工作报告、区政协十届常委会关于提案工作情况的报告；列席了区人大十届二次会议，听取并讨论了政府工作报告和其他报告；会议审议通过了区政协十届二次会议政治决议、区政协十届常委会工作报告的决议、区政协十届常委会关于提案工作情况报告的决议和区政协十届二次会议提案审查情况的报告。

【常务委员会会议】

第5次会议 1月4日至5日在拉萨召开。会议审议通过了政协第十届西藏自治区委员会常务委员会第五次会议议程；审议通过了关于召开政协第十届西藏自治区委员会第二次会议的决定；审议通过了政协第十届西藏自治区委员会第二次会议议程（草案）；审议通过政协第十届西藏自治区委员会常务委员会工作报告（草案）及报告人；审议通过政协第十届西藏自治区委员会常务委员会关于政协十届一次会议以来提案工作情况的报告（草案）及报告人；审议通过政协第十届西藏自治区委员会第二次会议秘书长、副秘书长名单；听取自治区政协各专委会工作情况报告。

第6次会议 1月11日在拉萨召开。会议审议通过了政协第十届西藏自治区委员会第二次会议政治决议（草案）、政协第十届西藏自治区委员会第二次会议关于常务委员会工作报告的决议（草案）、政协第十届西藏自治区委员会第二次会议关于政协十届一次会议以来提案工作情况报告的决议（草案）和政协第十届西藏自治区委员会提案委员会关于政协十届二次会议提案审查情况的报告（草案）。

第7次会议 4月22日在拉萨召开。会议传达学习习近平总书记在参加全国政协十二届二次会议少数民族界委员联组讨论时的重要讲话、在调研指导兰考县教育实践活动时的重要指示和全国“两会”精神，号召全区各级政协组织和广大政协委员、政协工作者掀起学习贯彻热潮，统一思想和行动、凝聚智慧和力量，努力为我区跨越式发展和长治久安作出新贡献。区政协党组副书记、副主席，机关党组书记罗松多吉主持会议并作闭幕讲话。

第8次会议 7月29日在拉萨召开。会议传达学习了习近平总书记在指导兰考县委常委班子专题民主生活会时的重要讲话精神。区党委常委、区党委组织部部长梁田庚通报了我区第二批党的群众路线教育实践活动开展情况；自治区副主席曾万明通报了我区上半年经济社会发展运行情况。全国政协副主席、自治区政协主席帕巴拉·格列朗杰主持会议。区党委常委、区政协党组书记、副主席，区党委统战部部长公保扎西在闭幕会上作了讲话。

第9次会议 11月20日至21日在拉萨召开。会议审议通过关于召开政协第十届西藏自治区委员会第三次全体会议的决定，传达了中国共产党第十八届中央委员会第四次全体会议精神，传达了习近平总书记在庆祝中国人民政治协商会议成立65周年大会上的讲话。全国政协副主席、自治区政协主席帕巴拉·格列朗杰主持会议。区党委常委，区政协党组书记、副主席，区党委统战部部长公保扎西在闭幕会上讲话。

【专门委员会工作】

提案委员会 一是加强学习教育，夯实思想政治基础。二是搞好前期工作，提升提案整体质量。按照提案“提到点子上”和“立要高标准”要求，将提案协商工作前移，提前介入提案办理协商工作，提高提案质量，拓宽了委员知情明政渠道，严把了提案审查关口。十届二次会议共收到提案519件，经审查立案497件，立案率为95.76%。三是注重关键环节，提高提案办理实效。认真做好交办工作。坚持重点带动。经主席会研究审定了8件重点提案，由8位副主席牵头督办。狠抓办理落实。十届二次会议497件提案全部办理答复完毕。其中所提问题已经解决或意见建议被采纳的284件，列入计划逐步解决的115件，因条件限制暂时难以解决的98件，分别占57.14%、23.14%、19.72%，提案者对办理结果的满意和基本满意率达到97.5%以上。四是狠抓督查落实，增强政治责任感。经区党委批准，在全区深入开展《意见》和《实施意见》实施情况自查工作，总结经验、查摆不足、提出建议，及时向全国政协和区党委呈报高质量的自查报告。五是积极改革创新，完善提案办理协商制度。向主席会议提交修订的《政协西藏自治区委员会提案工作条例》（建议稿），推动了提案办理协商工作制度化、规范化、程序化建设。

民族和宗教委员会 一是狠抓学习，夯实思想基础。二是增进团结，汇聚力量。三是围绕中心，履行职能。第一，针对群众较为关注的天葬台管理和保护问题，深入开展视察调研，提出了科学合理的意见和建议，得到了区党委政府的高度重视，区党委主要领导作了重要批示。第二，围绕规范学经管理开展调研，积极建言献策。以“加强西藏佛学院各寺庙分院工作”为课题，对各寺庙分院管理、教学工作、招收学员、师资队伍建设和分院配套基础设施建设等情况进行了认真调研，形成调研报告上报。第三，围绕改革发展稳定，献计谋策。2014年共提交“推进西藏城市化建设的战略考量”等88份提案。第四，发挥优势，协助调研。协助全国政协民族和宗教委员会开展调研，并向全国政协民宗委呈报了调研报告。参加“全国暨地方政协民族宗教工作研讨会”，进行了大会交流发言。积极配合区党委调研组的工作，组织召开座谈会，在促进我区民族团结进步事业发展工作上提出了建议，并提供了调研材料。加强与各省（市）政协民宗委的工作交流。坚持全局意识，积极参加办公厅组织的各项活动。

社会法制外事委员会 一是抓学习，夯实理论基础。二是抓主体，提高工作效率。在全年开展的各项调研、视察工作中，组织并邀请所属委员一并参与，为党委政府决策提供针对性强、质量较高的意见建议参考。三是抓调研，为推进跨越式发展建言献策。就社区矫正工作和加强西藏监狱管理工作形成调研报告，提出14条建议。围绕建立拉萨市城市治理工作长效机制等开展专题调研，并将解决问题的六点建议及时向拉萨市进行反馈。四是抓外事，发挥特殊作用。邀请尼泊尔驻拉萨总领事馆主要官员旁听了区政协十届二次全委会开幕会的同时，积极协调组织中国西藏自治区政协代表团出访爱尔兰、瑞典两国，配合国家总体外交。五是抓协作，形成合力推进工作。积极配合协助全国政协调研组赴藏调研工作。选派人员参加全国政协社会和法制委员会2014年工作座谈会，提交“大力推进西藏运用法治思维法治方法化解矛盾纠纷”交流发言稿。

文史资料学习委员会 一是重点突出，把政协最具特色的文史资料工作抓得有声有色。认真做好《西部大开发纪实（西藏卷）》、《藏族百年实录》两部大型图书的征编工作。将《西藏文史资料选辑》第23辑至第29辑进行了重新审核、校勘和修订后，编入第Ⅳ卷精装合订本进行再版发行；完成了藏文版《藏历算法珍宝之库》编审出版工作；完成了区政协原副主席徐洪森《我的西藏记忆》（暂定名）手稿的整理工作；与西藏人民出版社合作，完成了藏文版新旧西藏对比宣传教育系列丛书——《藏族老人述说西藏史》的编辑出版工作；按照全国政协文史委的要求，完成了抗日战争爆发77周年西藏相关史料的收集、整理和报送工作。二是精心组织，认真做好驻会委员的学习工作。三是夯实基础，狠抓自身建设。及时调整充实本届文史资料编委会成员；及时选调人员充实到文史队伍；选聘4名大学生西部计划志愿者，加强文史资料工作；严格执行各项规章制度，做到以制度管人、按制度办事；加强与政协委员、文史委员的沟通和联系，充分发挥政协文史委员在文史资料工作中的主体作用；加强与全国政协、各兄弟省（区）政协文史委的协作交流，推动文史工作的大联合大协作。加强文史干部学习教育，增强政治自觉、思想自觉和行动自觉。

科教文卫体委员会 一是强化学习、深化认识，把好政治方向。二是围绕中心、瞄准重点，认真履行职责。利用到基层开展维稳督导检查工作之机，对札达、普兰、噶尔等县文物保护工作情况开展深入实地的调研，形成高质量的调研报告。起草了请求国家尽快实施象泉河谷堤坡抢险加固维修工程提案和请求予以实现世界文化和自然“双遗产”申报两个提案。围绕我区高校思想政治教育工作开展视察调研。深入7所院校，详细了解我区高校思想政治教育工作和德育工作开展情况，在上报区党委、政府的调研报告中提出了5个方面的对策和建议。组织教育界政协委员，赴山南地区贡嘎、扎朗、乃东3县7个乡镇学前双语幼儿园和山南地区实验幼儿园实地调研，向自治区党委、政府作了书面报告中提出了6条建议。组织教育界部分政协委员组成的调研组，深入拉萨市教育城，就建设、运行管理情况进行了实地调研。向区党委、政府和有关方面呈报的调研报告中提出6个方面的意见建议。三是加强交流，相互学习，拓宽工作思路。加强与兄弟省市政协联系，建立了友谊，学到了经验。

经济人口资源环境委员会 一是坚定政治方向，筑牢共同思想基础。二是抓住重大事项，深入开展专题调研。围绕西藏生态安全屏障保护与建设专题，深入7地市24个县1个口岸88个乡村及点面，开展为期4个月的考察调研，形成综合、专题调研报告和情况分析报告26份，编印成册供党委政府和相关职能部门参阅。三是探索改革创新，努力推进协商民主。组织召开了32场专题协商座谈会，凝聚了共识、整合了力量。四是发挥渠道优势，恪尽职守咨政建言。利用参加全国政协十二届二次会议、全国政协第十八次双周协商会、中国经济社会理事会年度论坛等机会，通过提交大会发言、交流材料等，积极为促进西藏经济社会持续健康发展建言出力。五是服从统筹安排，参加维稳外宣工作。六是加强自身建设，不断提高履职能力。

【重要活动】

全面启动《回忆西部大开发史料（西藏卷）》、《藏族百年实录》编撰工作 区政协4月份以来先后召开了《回忆西部大开发史料（西藏卷）》征编工作协调会、联络员座谈会和《藏族百年实录》编撰工作协调会，全面启动《回忆西部大开发史料（西藏卷）》和《藏族百年实录》两个大型图书的编撰工作。两个大型图书编撰工作得到了区政协领导的高度重视，区党委常委、区政协副主席公保扎西主持召开主席专题会议，听取文史资料学习委员会工作汇报，专题研究文史资料工作并对如何做好编撰工作提出了希望和要求。

赴拉萨市开展视察活动 5月12日至14日，区政协民族和宗教委员会组织的由部分界别委员、区民政厅和拉萨市民政局参与的联合视察组，在区政协副主席策墨林·单增赤列率队下，深入区民政厅、拉萨西山殡仪馆、拉萨市政府，以及色拉天葬台和帕邦喀天葬台、堆龙德钦县其米龙天葬台和墨竹工卡县直贡梯寺天葬台等进行了视察，交流讨论我区殡葬工作现状，特别是管理工作中存在的问题，共同探讨了我区殡葬工作的对策建议。

视察山南地区学前（双语）教育工作 5月15日至16日，区政协党组副书记、副主席罗松多吉带领教育界委员视察山南地区学前（双语）教育发展情况。调研组先后到贡嘎县吉雄镇红星村双语幼儿园、贡嘎县机关双语幼儿园、贡嘎县杰德秀镇克西村学前双语幼儿园等实地视察调研。调研组对幼儿园基础设施、师资队伍、教学方式、食品安全等方面作了具体了解。

主席专题会议研究文史资料工作 5月24日上午，区政协召开主席专题会议，研究文史资料工作。区党委常委，区政协党组书记、副主席，区党委统战部部长公保扎西出席会议并讲话。区政协副主席白玛朗杰、参木群出席会议。

赴日喀则调研生态安全屏障保护与建设情况 7月2日至11日，区政协副主席金世洵带领区政协经济人口资源环境委员会和区环保、水利、林业、国土等相关部门负责人组成联合调研组，深入日喀则地区萨嘎、仲巴、聂拉木、定日、拉孜等县，实地查看雅江源头湿地保护、污水处理、城区改造、地质灾害防治等相关项目，听取意见建议。

调研阿里文物保护工作 7月8日至27日，区政协科教文卫体委员会组织部分在藏全国政协委员和区、地、县政协委员和部分自治区、阿里地区文物专家，赴阿里地区扎达、普兰、噶尔三县24处文物保护单位，实地调研文物保护情况。

民族和宗教委员会联合调研组赴各地开展调研 7月16日至8月4日，区政协民族和宗教委员会组织部分民族和宗教界委员会委员，邀请统战、民宗、中国佛协西藏分会、西藏佛学院等部门有关人员，组成联合调研组深入那曲、日喀则、山南和拉萨等地，调研西藏佛学院各分院建设和天葬台殡葬管理工作。区政协副主席策默林·单增赤列参加西藏佛学院色拉寺分院调研活动，区政协副主席萨龙·平拉参加扎什伦布寺分院调研活动。

调研拉萨市城市管理 7月23日至25日，区政协社会法制委员会组织部分自治区、拉萨市和城关区政协委员，赴拉萨市达孜县、堆龙德庆县、拉萨市区，开展“拉萨市城市管理长效机制”专题调研，实地了解拉萨市城市管理状况。

加快川藏战略大通道建设协商座谈会 8月13日，区政协副主席金世洵召集区发改委、区环保厅、区交通厅、民航西藏区局、区铁路办、区政协经济人口资源环境委员会等有关部门同志，就加快川藏战略大通道建设有关事宜进行协商座谈。

调研拉萨师专德育工作 9月18日，区政协科教文卫体委员会组织部分教育界政协委员赴拉萨师范高等专科学校就德育教育工作开展情况进行调研，自治区政协副主席阿旺带队。

自治区政协副主席洛桑久美到革吉县督导检查 10月31日，区政协副主席洛桑久美率领自治区督导组有关同志前往革吉县，督导检查象鲁康“玛尼东珠”佛事活动现场维稳安保措施落实情况及沿线各级公安检查站落实“四证”、“四必查”等反恐维稳措施情况。

加快推进西藏生态安全屏障保护与建设专题协商会 11月28日，区政协在拉萨举行加快推进西藏生态安全屏障保护与建设专题协商会。区党委常委、区政协党组书记、副主席，区党委统战部部长公保扎西出席会议并讲话，自治区副主席董明俊到会听取意见并讲话，区政协副主席金世洵主持会议，区政协秘书长索朗培杰参加会议。会上，次旦朗杰等14名政协委员和专家进行了主题发言，围绕加快推进西藏生态安全屏障保护与建设提出了意见建议。

【重要文件】

常委会工作报告（2014年1月8日）（摘要） 2013年工作回顾。一、加强学习、统一思想，牢牢把握正确方向。坚持用科学的理论武装头脑，切实坚定道路自信、理论自信、制度自信，坚持走有中国特色、西藏特点的发展路子，坚定构建富裕、和谐、幸福、法治、文明、美丽“六个”西藏信念，打牢共同团结奋斗的思想政治基础。二、精心组织，认真开展党的群众路线教育。政协党组和常委会抓住开展党的群众路线教育实践活动重要契机，吃透群众路线的实质，把准开展活动的方向，引领广大党员委员紧扣活动主题和总要求，聚焦整治“四风”、“两问题”、“两弱项”，取得了阶段性成效。共开展学习交流、专题辅导、座谈研讨和大讨论活动107次，集中观影26次，组织参观新旧西藏对比展等8次。坚持边学边查边整边改，解决实际问题48个，建立长效机制9项。坚持把为民要求落到实处。深入党建扶贫联系点和重点寺庙等，结对认亲228户，结民族团结“对子链”120对，慰问群众和僧尼4000余人。三、认真履行政协职能，在促进经济社会发展和维护和谐稳定中发挥积极作用。围绕中心工作协商议政，为区党委、政府科学民主决策提供了参考。依托政协全委会广泛协商。主席会议坚决贯彻中央、全区经济工作会议精神，紧扣转变经济发展方式等重大问题开展重点协商和对口协商。共筑反分裂斗争的铜墙铁壁。深入开展反分裂斗争，始终做到旗帜鲜明、立场坚定、认识统一、表里如一、态度坚决、步调一致。突出团结和民主两大主题，坚持求同存异、体谅包容、合作共事、共同奋斗，正确处理各民族、宗教、阶层和海内外同胞的关系，巩固和发展我区最广泛爱国统一战线。认真开展视察调研和监督指导，为发展稳定大局献计出力。共在发展稳定方面组织视察调研19次，形成调研报告19份，提出意见建议90余条，搜集研判和编报社情民意信息156期。充分发挥政协优势作用，支持党委政府重大工作。深入林芝、那曲等维稳第一线，督导落实创先争优强基惠民、加强和创新寺庙管理、维护民族团结、重点地区和“两边一线”管控、反自焚专项斗争等工作，加强与宗教界人士交流沟通，为我区和谐稳定凝聚人心和力量。组织民族和宗教界委员开展“爱国爱教宣传服务下乡”活动，广泛宣传党的民族宗教政策，正确阐释藏传佛教教义教规，积极引导宗教与社会主义社会相适应。积极参与中尼经贸洽谈会等，在宣传西藏、促进经济交流等方面发挥作用；积极组织协调“中国光彩事业西藏行”活动，率团赴内地省市招商引资，达成意向及落地项目131个，投资总额近2400亿元。协助做好涉藏外交外宣工作，用事实驳斥十四世达赖集团鼓吹的“西藏文化灭绝论”。四、履职为民、服务群众，努力保障和改善民生。坚持把服务保障和改善民生作为履行职能的出发点和落脚点，鼓励引导委员深入实际、深入基层、深入群众，办利民惠民之事、献富民安民之策。围绕区党委、政府确定的“农牧民安居房、城镇保障性住房、供暖工程、社保体系、卫生服务体系、扩大就业、发展教育、扶贫开发、防灾减灾和安全生产”十件实事，开展调研视察和协商议政。紧扣我区历年高考的热点问题，组织界别委员视察监督高考录取工作。把扶贫开发与“结对认亲交朋友”、“结民族团结对子”等活动紧密结合，协助区党委、政府做好新时期的群众工作。组织女委员深入地、县、乡、村和尼姑寺视察调研，提出有针对性的维护妇女权益意见建议。五、强基固本、提高水平，切实加强自身建设。狠抓我区政协委员、专委会、界别和机关“四位一体”建设。加强政协提案工作，提高提案办理落实成效。受理委员提案492件，审查立案472件，办复率达100%。加强文史资料工作，去年征集“三亲”（亲历、亲见、亲闻）史料数万字。加强团结联谊工作，成功举办区政协各族各界新年茶话会和夏季联谊交流会。主动加强与全国政协的联络工作。认真做好在藏全国政协委员联络服务工作，组织30余位在藏全国政协委员与西藏民营企业家共同考察沿海发达地区非公经济情况。密切同内地政协的交流联系。加大对基层政协的指导帮助力度。加强体制机制建设，新制定制度5个、修订完善制度4个、废除制度1个。2014年工作安排。2014年西藏政协工作的总体思路是：在自治区党委的坚强领导下，高举中国特色社会主义伟大旗帜，以邓小平理论、“三个代表”重要思想、科学发展观为指导，深入贯彻落实党的十八大和十八届二中、三中全会精神，贯彻落实习近平总书记系列重要讲话和关于西藏工作的一系列重要指示精神，特别是“治国必治边、治边先稳藏”的重要战略指导思想，贯彻落实俞正声主席“依法治藏、长期建藏、争取人心、夯实基础”的重要原则，贯彻落实新时期中央关于西藏工作的指导方针和决策部署，贯彻落实自治区第八次党代会和区党委八届五次全委会等精神，牢牢把握团结和民主主题，始终围绕中心和大局，运用好党的群众路线教育实践活动成果，勇于担当、改革创新、团结奋进，认真履行政治协商、民主监督、参政议政职能，充分发挥人民政协作为协商民主重要渠道作用，努力开创我区政协事业新局面，为助推西藏跨越式发展和长治久安作出新贡献。一、认真学习领会，全面贯彻落实中共十八届三中全会精神。要认真学习习近平总书记重要讲话、重要说明和中央《决定》精神，深刻把握全面深化改革的重大意义、指导思想、主要任务、重大举措等，以全面深化改革的路线图、任务书和动员令、方法论统一思想行动。二、以经济建设为中心，推进我区跨越式发展。把推进跨越式发展作为履行职能的第一要务，围绕主题和主线，紧扣我区推动经济跨越式发展的总体布局和经济体制改革的主要任务，建睿智之言、献管用之策。三、旗帜鲜明反对分裂，促进社会和谐稳定。把维护稳定作为履行职能的硬任务和第一政治责任，坚决贯彻中央的维稳方针政策和区党委决策部署，充分发挥政协的优势作用，全力维护西藏持续稳定、长期稳定、全面稳定。四、坚持履职为民，促进民生改善。把促进民生改善作为履行职能的出发点和落脚点，助力推动富民兴藏战略实施和自治区利民惠民“十件实事”落实，为保障和改善民生、促进发展成果共享、构建幸福西藏贡献力量。五、紧扣文化繁荣，助推文化强区建设。要按照中央精神和区党委决策部署，特别是全区宣传思想工作会议的部署要求，找准文化强区建设与政协工作的结合点，助推西藏文化大发展大繁荣。六、着眼生态文明，助推美丽西藏建设。坚持尊重自然、顺应自然、保护自然的生态文明理念，把为建设美丽西藏献计出力放在履行职能更加突出的位置，为构建国家生态安全屏障作出贡献。七、加强自身建设，夯实履职基础。把握改革创新这一时代特色和发展要求，通过加强思想政治、组织保障、履职能力、履职作风等建设，推动政协自身科学发展。

【组织概况】

委员增补名单

（2014 年 11 月 19 日自治区政协十届十次常委会议通过）

土旦赤列　王顺启　邝建泽
伏　鹏　伏　韬　林海平　洛桑佳措
顿　珠　曾晓东　曾　嘉　洛桑塔巴
岗　青　李　爽

（2015 年 1 月 19 日自治区政协十届十一次常委会议通过）

赤来罗布　肖　军　张　宏
张建华　赵贵龙　喜　乐　诸伟敏
张　勤　仁青永宗　洛桑白姆

常委增补名单

（2015 年 1 月 19 日自治区政协十届三会议通过）

卢彦朝　赵贵龙

地、市（区、县）政协主席变动情况

拉萨市

政协主席

诸伟敏（2014 年 2 月 22 日当选）
王茂雄（2014 年 1 月 19 日免职）

日喀则市

政协主席

普　布（2014 年 6 月 9 日当选）

日喀则市江孜县

政协主席

次　罗（2014 年 6 月 12 日当选）
巴　旺（2014 年 6 月 12 日辞职）

日喀则市亚东县

政协主席

梅普琼（2014 年 3 月 30 日当选）

日喀则市桑珠孜区

政协主席

普　布（2014 年 11 月 28 日当选）

林芝地区工布江达县

政协主席

王耀曾（2014 年 2 月 24 日当选）
大尼玛（2014 年 2 月 24 日辞职）

昌都市

政协主席

仁青永宗（2014 年 4 月 6 日当选）

昌都市类乌齐县

政协主席

色　伟（2014 年 11 月 28 日当选）

阿里地区

政协主席

洛桑白姆（2014 年 4 月 24 日当选）

西藏自治区各级政协组织和委员数

（截至2014年底）

级别 项目	省	副省级市	设区的市 （自治州）	县（市、区）	合计
组织数	1		7	74	82
委员数	615		1405	3708	5728

（罗松林 编审）

政 协 陕 西 省 委 员 会

郑小明　副主席

【全体委员会议】

十一届二次会议　1月13日至18日在西安举行。会议应出席委员646人，实到633人。中共陕西省委书记、省人大主任赵正永，省委副书记、省长娄勤俭等党政领导和省级各民主党派、工商联负责人及长期从事政协工作的老同志出席开、闭幕大会。会议协商讨论了十一届政协常委会工作报告、政府工作报告及其他报告，举行了大会发言和专题（联组）讨论。会议围绕深化经济体制改革，建设“富裕陕西”；深化生态文明体制改革，建设“和谐陕西”；深化社会体制改革，建设“美丽陕西”；加强城镇化建设，促进城乡统筹发展等内容组织委员建言献策。会议选举郑小明为政协第十一届陕西省委员会副主席，选举张英为政协第十一届陕西省委员会常务委员。会议还对优秀提案、先进承办单位和办理工作先进个人，优秀社情民意信息、社情民意信息工作先进集体和先进工作者进行了表彰。

【常务委员会会议】

第6次会议　1月10日至11日在西安举行。会议审议通过了省十一届政协二次会议议程（草案）、常务委员会工作报告（草案）、提案工作情况的报告（草案），听取了省十一届政协各专门委员会主任关于各专委会2013年度工作情况汇报。省政协主席马中平及8位副主席出席会议。全国政协委员、省委常委、省委统战部部长陈强列席会议。

第7次会议　1月15日第一次全体会议在西安举行。会议听取了省委常委、省委组织部部长毛万春关于人事安排的说明，审议了政协第十一届陕西省委员会第二次会议选举办法（草案）、人事事项以及相关报告和决议，提交大会讨论。1月17日第二次全体会议在西安举行。会议审议通过了政协第十一届陕西省委员会第二次会议选举办法（草案）、人事事项及相关决议、报告及其他，并提交大会通过。省政协主席马中平主持。省委统战部部长陈强，8位省政协副主席和秘书长出席会议。

第8次会议　2月27日在西安举行。会议决定免去祝作利政协第十一届陕西省委员会副主席职务，提请政协第十一届陕西省委员会第三次全体会议备案确认，同时决定撤销其政协第十一届陕西省委员会委员资格。省政协主席马中平主持。

第9次会议　3月18日在西安举行。会议传达学习了全国“两会”和王岐山在听取十二届全国人大二次会议陕西代表团审议时的讲话精神；安排部署了省十一届政协第十次常委会议调研工作。省政协主席马中平主持会议并讲话。省委统战部部长陈强列席会议。

第10次会议　6月19日至20日在

西安举行。会议围绕陕西“深化国有企业改革，发展混合所有制经济”进行了专题协商。省政协主席马中平主持会议并讲话。副省长李金柱应邀通报了陕西省深化国有企业改革、发展混合所有制经济情况。省政协副主席刘新文介绍了专题调研情况。省委统战部部长陈强列席了会议。7位省政协副主席和秘书长出席会议。省级有关部门和企业负责同志列席会议。

第11次会议 9月17日至18日在西安举行。会议主要围绕“加快建设丝绸之路经济带新起点”进行议政性专题协商。省政协主席马中平主持会议并讲话，省委统战部部长列席会议。省政府副省长庄长兴通报了陕西省“加快建设丝绸之路经济带新起点”情况，省政协副主席千军昌介绍了专题调研情况，国家发改委副司长欧晓理应邀作了建设丝绸之路经济带问题专题辅导，马希平、王锐、张玉明等10人围绕主题作了大会发言。4位省政协副主席和秘书长出席会议。省级有关部门和企业负责同志列席会议。

第12次会议 11月6日在西安举行。会议传达学习了中共十八届四中全会精神，研究省政协贯彻落实中央《决定》的具体举措。省委常委、省委政法委书记安东在会上就四中全会《决定》的内容、特点以及应把握的重点问题等作了宣讲。会议追认了撤销石建文政协第十一届陕西省委员会委员资格的决定。省政协主席马中平主持会议并讲话。省委统战部部长陈强应邀出席。6位省政协副主席和秘书长出席会议。

【专门委员会工作】

提案委员会 一、提案相关工作。一是全会上共征集提案900件，审查立案845件，与省委办公厅联合召开省政协党群系统提案交办会，多渠道完成交付办理。二是通过省政协网站“提案在线”系统做好平时提案的征集工作，共征集提案98件，立案97件，转交有关部门办理。三是做好省政协网站“提案在线”系统的管理和维护，对提案进行全程、实时监控督办。截至12月9日，845件提案已全部办复完毕。四是做好党派等集体提案的报送阅批。编印《陕西省十一届政协二次会议集体提案汇编》，报送省政协主席、副主席和省委分管领导。五是确定35件重点督办提案。坚持省级领导领衔督办重点提案制度，加强与各承办单位沟通协商，做好重点承办单位督促检查。二、调研及其他工作。一是完成关于西安国际社区建设问题的专题调研，形成了《关于西安国际学校、医院、生活社区建设情况的调研报告》。二是适时编发《重要提案摘报》向省委、省政府领导报告，全年共编发10期。三是征集驻陕全国政协委员参加全国“两会”提案素材28件，编发《汇编》1本。

经济委员会 一、履职情况。一是完成调研2次。分别围绕“鼓励民营企业参与国企改革、推动混合所有制经济健康发展”和职业农民发展问题组织调研，形成调研报告2份，得到副省长批示，部分建议被省政府吸纳。二是反映社情民意工作。全年共收集撰写社情民意20余篇，其中2篇得到娄勤俭省长的批示。二、加强交流。协助全国政协经济委员会就“资源性产品价格改革”问题在陕调研；全年完成多个省市政协及单位的接待任务；组织召开4次与省政府对口协商单位的政情通报会；组织9次委员联谊活动。三、其他工作。完成10次常委会议的大会发言工作；参加全国冬春农田水利基本建设电视、电话会议，全省财政工作会议等十多次。

人口资源环境委员会 一、调研视察。分别就“陕西省闲置建设用地情况”

及“丝绸之路经济带新起点建设中生态环境保护”进行专题调研，其中《我省闲置建设用地情况调研》得到省级领导3人批示。二、多渠道履职。多个提案被列为省级领导督办的重点提案，全年提交12件社情民意信息。三、对口联系。收集政府对口部门资料汇总编印了3期《信息资料》供委员学习参考；召开提案办理协商会跟踪问效；与省信息中心个人信息管理处进行对口专题协商；组织委员赴西安市规划局进行协商座谈。

文化教育委员会 一、调研视察。围绕常委会议题就大力发展混合所有制文化设施和场馆建设问题和丝绸之路经济带文化先行问题开展调研。《打造丝路文化坐标原点的调研报告》得到省级领导批示。二、参政履职。围绕专题协商推进协商民主建设，围绕“2011计划”执行情况进行专题协商议题，形成《关于我省“2011计划”实施情况的调研报告》。邀请相关厅局作专题通报。提交提案58件，报送社情民意15件，省级领导批示1篇。与相关部门召开座谈会，多种形式反映北京为明教育机构在西安经开区办学受阻问题。三、加强交流。组织委员赴延安新城调研采风，形成“延安新区建设采风集”。协助全国政协和其他省市区政协对口委员会在陕调研。四、完善组织机构。在省十一届二次全会期间本委员会分别建立了文艺界委员会和教育界委员会，共组织界别活动5次。五、制度建设。制定了《委员履职积分制的规定（试行）》。六、承办省政协2015年新年茶话会文艺演出节目的组织工作。

科技委员会 一、3个专题调研。开展推动知识产权资产化的调研，形成《当前影响混合所有制经济发展的知识产权问题》的调研报告。就陕西省装备制造业技术创新平台建设专题在陕西和湖南进行考察调研，形成《关于加快我省装备制造业技术创新平台建设的调研报告》。对陕西省高新技术开发区建设情况进行考察调研，形成《关于加快我省高新区建设》的情况报告。二、全年组织3次委员活动。三、对外交流。先后参与接待多个省市政协客人9次，65人。四、其他工作。深化调研成果，申报2015年知识产权资产性研究课题；收集整理上报社情民意信息6篇；完成2013年与陕西省能源职业技术学院共同申报省软科学“低碳经济环境下CEAS的国际趋同”计划项目验收。

医药卫生体育委员会 一、视察调研。（一）2次调研。就探索混合所有制医疗机构发展和规范医疗秩序问题组织专题调研，形成《关于鼓励社会力量办医和规范医疗秩序问题的调研报告》。就陕西省农村食品安全问题组织调研，形成《关于农村食品安全问题的调研报告》。均得到省政府领导批示。（二）1次视察。配合办公厅就陕西省公共体育发展情况组织视察，形成《关于我省公共体育发展情况的视察报告》。（三）其他考察。组织中药产业发展、药品“三统一”、社区医疗机构发展等考察性调研9次。二、民主协商。围绕陕西省“农村食品安全问题”召开专题协商会议；召开讨论座谈会，汇总整理对《中华人民共和国中医药法》修改意见36条，上报国务院法制办；举办“陕西省第二届医药（医疗器械）博览会”。三、多渠道履职。（一）上报社情民意信息16篇。其中，省级领导批示2篇，省委、省政府采纳3篇。（二）多次组织召开提案办理协商会，邀请委员参与协商办理。（三）发挥界别优势，促进陕西中医药产业发展。四、对外联系。组织协调第五届全省政协系统乒乓球友谊赛；接待宁夏自治区政协领导来陕考察；组织书画进校园等活动。

社会和法制委员会 一、完成调研任务。完成关于陕西省混合所有制法制软环境建设情况的调研，形成《关于我省混合所有制经济法制环境建设情况的调研报告》；完成关于陕西省老年事业发展情况的调研，形成《关于我省老年事业发展情况的调研报告》。二、完成专题协商活动。组织开展了关于陕西省服刑人员职业技能培训情况的对口协商，形成《关于进一步加强我省监狱服刑人员职业技能培训的建议》；组织开展了关于陕西省老年事业发展问题的专题协商。三、履职尽责。全年报送社情民意信息 23 条，省委办公厅采用 1 条，领导批示 1 条。报送送阅件 1 条，得到领导批示。四、委员活动。补充调整省依法行政监督员、特邀执法督察员等 10 名。五、加强交流。参加全国政协社法委有关会议和组织召开全省市区政协社法委第七次工作座谈会；完成多次接待任务。

民族和宗教委员会 一、调研任务。就宗教活动场所周边环境管理问题调研，形成《关于宗教活动场所周边环境管理问题的调研报告》。就在丝绸之路经济带建设中应重视发挥民族和宗教积极作用专题进行调研，形成《在丝绸之路经济带建设中应重视发挥民族宗教积极作用》的调研报告。均得到副省长批示。二、完成考察。就少数民族文化保护、传承和发展情况赴汉中考察，提出相关建议。三、履职情况。提交社情民意信息 11 篇；提出一些集体提案得到重视和办理；承办了第 0702 号提案的答复工作，将此纳入 2015 年月度协商议题中开展深入调研。四、加强交流。接待全国政协民族和宗教委员会来陕调研 2 次，撰写调研报告 1 篇；参加全国暨地方政协民族和宗教工作研讨会。五、其他工作。举办“庆祝人民政协成立 65 周年民族宗教界书画展”。

港澳台侨和外事委员会 一、调研视察。就陕西省文化旅游名镇建设情况进行调研，形成《关于推进我省文化旅游名镇建设的调研报告》，庄长兴副省长作出批示。就发挥陕西省产业优势，推进丝绸之路经济带建设专题进行调研，形成《关于发挥我省产业优势，推进丝绸之路经济带建设的调研报告》。组织港澳侨委员视察团赴安康就生态资源开发和保护情况进行视察。二、多渠道履职。多次与多部门召开情况通报会；提交集体提案和委员个人提案共 75 件，收集整理社情民意 10 篇，2 篇得到领导批示；组织委员进行 3 次视察；围绕“促进与台湾的文化交流，加快发展两岸互信、互动”主题邀请多方专家学者进行专题协商。三、对外联系。配合全国政协在陕调研考察 3 次；参加全国政协在厦门举办的第十二届河洛文化研讨会；接待了港澳台及全国部分省市来陕考察团 6 批及巴哈马、泰国重要外宾团组 2 批。

文史和学习委员会 一、专题调研。就陕西省民间资本与居家养老现状及发展情况进行专题调研，提交调研报告；报送《关于我省民办博物馆现状及发展情况的调研报告》，以“民办博物馆建设”为专题举行专题协商会。二、履职情况。（一）史料征集。征集“三亲”史料 30 余万字，征集完成《陕西文史资料》第 33 辑史料稿件，于 12 月出版；与省测绘地理信息局合作开展行业史料征集，于 4 月出版《陕西测绘 60 年纪事》；开展西部大开发史料征集，征集史料 276 篇约 109 万字，将 200 篇约 92 万字的稿件提交全国政协；开展抗战史料征集，召开《陕西抗战史料》征编会议暨启动仪式。（二）举办纪念范明诞辰 100 周年座谈会。三、其他工作。先后接待媒体、其他省市政协及全国政协来陕采访、考察，开展“庆祝人民政协成立65周年·我与人民政协”征文活动，举办“陕西文史资料与社会科学发展”座谈会，继续开展文史工作重点县建设。

【重要活动】

马中平视察省聋儿康复中心 4月24日，马中平主席视察省残联所属的省聋儿康复中心和陕西省城市经济学校，了解陕西省残疾人工作。省政协副主席千军昌、部分驻陕全国政协委员和省政协委员参加视察。

全省西部大开发史料征编工作会议 5月6日在西安举行。省政协副主席李晓东出席会议并讲话。会议传达了贯彻全国政协会议西部大开发史料征编工作会议精神，布置了全国政协回忆西部大开发史料征编工作任务。

全省提案办理协商工作座谈会 6月24日在西安举行。省政协副主席刘新文出席会议并讲话，省政协秘书长姚增战、省政府办公厅专职副主任任步学出席会议。

第九次省市政协秘书长联席会议 7月10日在西安举行。会议传达学习了省委书记赵正永在省政协党组调研座谈时的重要讲话，通报了省政协近期工作重点，并围绕“发挥委员主体作用、强化委员履职效能”，进一步做好委员联系、委员管理、委员服务工作进行了探讨交流。省政协秘书长姚增战出席并讲话，西安市政协副主席兼秘书长张建政致辞，省政协副秘书长、研究室主任冯灵生主持会议。

第十二次省政府省政协联席会议 7月25日在西安举行。省长娄勤俭出席并讲话，省政协主席马中平主持。省委常委、常务副省长江泽林通报了上半年全省经济运行和有关重点工作情况，省政协副主席郑小明通报了“深化国有企业改革、发展混合所有制经济”专题协商情况。5位副省长出席会议，6位省政协副主席分别就深化改革开放、推进产业结构调整、发展混合所有制经济、搞好老龄事业等提出了意见建议。

陕西省庆祝人民政协成立65周年活动新闻宣传工作座谈会 8月12日在省政协机关举行。省政协主席马中平，省委宣传部部长景俊海出席会议并讲话，省政协副主席刘新文主持会议，秘书长姚增战通报了陕西省庆祝人民政协成立65周年活动安排，介绍了省政协工作宣传亮点。

全省各市政协主席座谈会 8月13日至14日在延安举行。会议围绕贯彻落实党的十八届三中全会精神、推进协商民主广泛多层制度化和充分发挥人民政协协商民主重要渠道作用进行深入交流。省政协主席马中平主持并讲话。

省政协庆祝人民政协成立65周年书画摄影展 9月16日在西安亮宝楼开幕。马中平主席宣布书画展开幕。省级老领导张勃兴，省委统战部部长陈强，副省长张道宏，省政协副主席刘新文、李晓东、梁凤民、千军昌，省军区副司令李胜林，武警陕西总队司令员王春新等和部分书画界人士出席并参观展览。省政协秘书长姚增战主持开幕式。

省政协庆祝人民政协成立65周年理论研讨会 9月23日在西安召开。马中平主席出席会议并讲话，要求发挥人民政协作为协商民主重要渠道作用，以理论创新推动制度创新和工作创新，促进国家治理体系和治理能力现代化。研讨会上，对庆祝人民政协成立65周年优秀论文作者进行了表彰，获奖作者作了交流发言。

省政协联谊会庆祝人民政协成立65周年文艺联欢会 9月24日在西安举行。省政协原主席、联谊会名誉会长安启元，省政协副主席、联谊会常务副会长刘新文，省政协副主席千军昌，省政协原副主席、7位联谊会名誉会长，省政协原副主席、联谊会副会长张生朝出席联欢会。省政协副秘书长、联谊会副秘书长郭绍敏致辞。

陕西省庆祝中国人民政治协商会议成立65周年大会 9月26日在西安举行。省委书记赵正永出席会议并讲话，省长娄勤俭出席，省政协主席马中平主持。省委副书记孙清云，正省级老同志，省委常委、省人大常委会副主任、副省长，省政协副主席，杨凌示范区陕西省建设领导小组专职副组长，省法院、省检察院、省武警总队和西安市人大、政府、政协负责同志，历届省政协副主席、秘书长出席。驻陕全国政协常委、委员，各市（区）、省级各部门、各民主党派、工商联和人民团体负责同志，部分省政协常委、委员和各界代表共400余人参加会议。

纪念于右任先生诞辰135周年座谈会 11月5日在省政协机关举行。省政协文化教育委员会主任雷涛出席，陕西省有关专家学者和辛亥革命先贤后人代表参加座谈。

省政协联谊会六届二次会议 11月26日在西安举行。会议传达学习了中共十八届四中全会精神，省委常委、常务副省长江泽林应邀通报陕西省经济社会发展情况。省政协副主席、联谊会常务副会长刘新文作了联谊会六届一次会议以来的工作报告，联谊会副会长张生朝主持会议。省政协主席、联谊会会长马中平，13位名誉会长及副会长等出席会议。

纪念范明同志诞辰100周年座谈会 12月3日在省政协机关举行。省政协主席马中平出席并讲话。正省级老领导张勃兴、安启元，省政协副主席郑小明出席，副主席李晓东主持。

全省政协反映社情民意信息工作培训会 12月4日在西安举行。省政协副秘书长、研究室主任冯灵生主持会议并讲话。全国政协办公厅研究室副巡视员王普庆、省委办公厅信息处处长史国安应邀作专题辅导。省政协各专委办、各市（区）政协、省级各民主党派和工商联信息工作负责人和信息联络员参加会议。

省政协新年茶话会 12月30日在西安举行。省委书记、省人大常委会主任赵正永讲话。省长娄勤俭、省委副书记孙清云出席。省政协主席马中平主持。省政协副主席李晓东代表省级各民主党派、工商联和各界人士发言。省委、省政府、省政协领导和部分省级老同志及各族各界人士代表等参加茶话会。

【重要文件】

常委会工作报告（2014年1月13日）（摘要） 2013年工作回顾。一、协商民主。一是专题协商。全年共召开常委会5次，第三次和第四次常委会分别以“统筹科教资源、坚持自主创新、建设科教强省”、“加快新型城镇化建设，推进城乡一体化进程”为专题开展协商议政活动，提出了14个方面的意见建议。二是对口协商。省政府和省政协第十一次联席会议围绕加快陕西省物流业发展、支持小微企业等热点问题进行了协商。围绕科技统筹、食品安全等问题，相关专委会分别与省科技厅、卫生厅、公安厅等对口部门开展座谈交流、协商讨论20多次。三是界别协商。十一届一次会议期间，以界别划分委员小组，对“一府两院”工作报告和陕西省重大问题进行广泛协商，提出32条建议，对《政府工作报告》提出了20条修改意见。组织文化艺术、医疗卫生、体育等界别的委员成立活动小组。四是提案办理协商。贯彻落实省委、省政府办公厅《关于进一步加强人民政协提案办理工作的实施意见》，加大省级领导领衔重点督办、主席会议督办、带案调研视察等提案督办工作力度，十一届一次会议以来，共收到提案779件，立案774件，办复率100%。二、民主监督。一是反映社情民意。召开反映社情民意信息工作会议暨专题培训会，开通了社情民意网上收集平台，收集报送社情民意信息。全年向全国政协和省委、省政府报送信息141条，中、省两级采纳47条。二是组织专项视察。围绕三星电子建设项目进展、丹江流域商洛段综合治理等问题组织全国政协委员和部分省政协委员开展专项视察。三是深入开展监督评议。遴选58名委员担任省委政法委、司法厅、公安厅等部门特约监督员，履行监督职能。加强政协信访工作，全年共接待来信来访700多人次。三、参政议政。一是调查研究建言。围绕食品安全监管、加强职业教育等重点课题，组织委员、专家学者开展调查研究30余次，形成调研报告23份。省委、省政府领导对多份调研报告作出批示。二是大会发言献策。全年提出大会发言123篇，党委政府领导当面听取委员意见建议，部分大会发言转化为提案、社情民意信息。三是参与调研求效。协助全国政协完成了10余次在陕视察调研活动。四、团结民主。一是营造合作共事氛围。坚持民主党派参政议政部负责人列席常委会议和全体会议制度，党派提案重点办理、大会优先发言。一年来，省级各民主党派、工商联提交大会发言46篇，提案82件，反映社情民意信息878条，联合开展视察调研70多次。二是促进民族团结、宗教和睦。围绕陕西省少数民族义务教育均衡发展、少数民族居住区发展等进行调研。关于《化觉巷清真大寺周边环境亟待改善》的信息，国务院副总理刘延东作出批示。三是开展团结联谊活动。召开省政协联谊会六届一次会议。召开纪念杨虎城将军诞辰120周年座谈会。深入困难归侨侨眷家庭进行走访慰问，协助他们解决实际困难。完成阿塞拜疆、秘鲁、厄瓜多尔等代表团的外事接待任务，出访加拿大、墨西哥等国家。加强与各省市政协的联系与交流。四是加强文史资料工作。召开全省政协文史工作会议。启动第二批文史工作重点县建设。编辑出版《陕西文史资料》（第32辑），征集陕西省地理信息测绘方面文史资料60余万字。五是组织扶贫救助活动。开展“两联一包”扶贫工作，帮助佛坪县落实扶贫项目10多个，资金535万元。组织开展扶贫援助等活动，为陕西省贫困山区捐资捐物价值500多万元。协调募集社会捐赠400万元用于支持全省残疾人事业发展，全省40个区县1500名重度肢残人受益。组织各界委员和机关干部向延安受洪涝和地质灾害地区捐款72万余元，衣物、棉被近1000件，联系协调“壹基金”项目捐赠设施和物品330万元。2014年工作部署。2014年是全面深化改革的开局之年，也是落实“十二五”规划的关键之年。省政协工作的总体要求是：高举爱国主义、社会主义旗帜，坚持以邓小平理论、“三个代表”重要思想、科学发展观为指导，全面贯彻中共十八大、十八届三中全会和中共陕西省委十二届四次全会精神，紧紧围绕全省工作大局，牢牢把握团结和民主两大主题，充分运用人民政协协商民主重要渠道，切实发挥广大委员的主体作用，有效履行政治协商、民主监督、参政议政职能，为全面深化改革和建设“三个陕西”作出新贡献。

【组织概况】

副主席新增

郑小明（2014年1月13日政协陕西省委员会十一届二次会议通过）

副主席免职名单

祝作利（2014年2月27日陕西省政

协第十一届委员会常务委员会第八次会议通过）

常委新增

张　英（女）（2014 年 1 月 13 日政协陕西省委员会十一届二次会议通过）

委员撤销资格名单

祝作利（2014 年 2 月 27 日陕西省政协第十一届委员会常务委员会第八次会议通过）

冉新权（2014 年 6 月 20 日陕西省政协第十一届委员会常务委员会第十次会议撤销）

石建文（2014 年 11 月 6 日陕西省政协第十一届委员会常务委员会第十二次会议追认撤销）

高　昕（2014 年 11 月 6 日陕西省政协第十一届委员会常务委员会第十二次会议撤销）

市（县、区）政协主席变动情况

铜川市政协主席

张应龙（2014 年 4 月 16 日当选）

商南县政协主席

王　浩（2014 年 5 月 8 日被免职）

陕西省各级政协组织和委员数

（截至 2014 年底）

项目 \ 级别	省	副省级市	设区的市	县（市辖区、不设区的市）	合计
组织数	1	1	9	107	118
委员数	646	574	3220	19135	23575

（刘　璐　编写　姚增战　审定）

政协甘肃省委员会

【全体委员会议】

十一届二次会议 1月12日至16日在兰州举行。会议应出席委员588人，实到委员562人。会议听取并审议了省政协主席冯健身代表省政协常务委员会所作的工作报告、省政协副主席黄选平代表省政协常务委员会所作的提案工作情况报告；审议通过了政协第十一届甘肃省委员会第二次会议政治决议、政协第十一届甘肃省委员会第二次会议关于省政协常务委员会工作报告的决议、政协第十一届甘肃省委员会第二次会议关于省政协常务委员会提案工作情况报告的决议、政协第十一届甘肃省委员会第二次会议提案审查委员会关于提案审查情况的报告。省委书记、省人大常委会主任王三运，省委副书记、省长刘伟平分别出席"政协委员话改革促发展"和"打造丝绸之路经济带甘肃黄金段"两个专题协商议政会，与委员们深入交流。省政协主席冯健身主持闭幕会议并发表讲话。会议期间，委员们列席了第十二届甘肃省人民代表大会第二次会议，听取并讨论了省政府工作报告及其他重要报告，并通过大会发言、专题协商议政会、小组讨论和提交提案等方式，围绕全省经济、政治、文化、社会、生态建设中的重大问题和群众普遍关心的热点难点问题，积极协商议政、建言献策。大会收到委员发言材料129篇，39位委员分别作了大会口头发言和专题议政会口头发言。大会共收到提案858件，立案810件，占提案总数的94.4%。省党政军领导应邀出席开、闭幕大会。在甘肃省十二届全国政协委员，十一届省政协专兼职副秘书长，省政协各部门负责同志，省委组织部、统战部副部长等列席会议。

【常务委员会会议】

第4次会议 1月10日在兰州召开。101名常委会组成人员出席会议。会议审议通过了关于召开政协第十一届甘肃省委员会第二次会议的决定、政协第十一届甘肃省委员会常务委员会工作报告及报告人、政协第十一届甘肃省委员会常务委员会关于十一届一次会议以来提案工作情况的报告及报告人、有关人事事项；听取了副省长郝远关于省政府对省政协2013年提案、建议案、调研视察报告和社情民意信息批示与办理情况的通报。省政协主席冯健身主持开幕会并在闭幕会上发表讲话，省政协副主席刘立军主持闭幕会。

第5次会议 1月15日在兰州召开。102名常委会组成人员出席会议。会议审议通过了政协甘肃省第十一届委员会第二次会议政治决议（草案）、政协甘肃省第十一届委员会第二次会议关于常务委员会工作报告的决议（草案）、政协甘肃省第十一届委员会第二次会议关于政协甘肃省十一届一次会议以来提案工作情况报告的决议（草案）以及政协甘肃省第十一届委员会提案委员会关于政协甘肃省十一届二次会议提案审查情况的报告（草案）。省政协主席冯健身主持会议。省委常委、省委政法委书记泽巴足应邀参加会议。

第6次会议 6月19日至20日在兰州召开。96名常委会组成人员出席会议。会议审议通过了省政协《关于加快实施创新驱动战略有关问题的建议案》和有关人事事项。省政协主席冯健身主持开幕会并在会议结束时发表讲话。省委常委、常务副省长罗笑虎通报了全省1—5月经济社会发展情况，省政协副主席张津梁就《建议案》起草情况作了说明。会议共收到发言材料36篇，12位常委和有关调研组代表分别作了大会发言。省委常委、省委统战部部长冉万祥应邀参加会议。省政协副主席刘立军主持闭幕会。

第7次会议 9月11日至12日在兰州召开。97名常委会组成人员出席会议。

会议审议通过了省政协《关于推动我省非公有制经济跨越发展的建议案》和政协甘肃省第十一委员会任免名单。省政协主席冯健身主持开幕会并在会议结束时发表讲话，省政协副主席张津梁就《建议案》起草情况作了说明。会议共收到发言材料39篇，12位常委和有关调研组代表分别作了大会发言。省委副书记欧阳坚，省委常委、省委政法委书记泽巴足，副省长李荣灿应邀参加会议。省政协副主席刘立军主持闭幕会议。

【专门委员会工作】

提案委员会 全年共收到提案875件，审查立案830件，并全部交办完毕。加大省委、省政府领导阅批督办、主席会议成员领衔协商督办、有关部门现场督办和对口协商督办落实力度，提高提案工作成效。协调省委、省政府、省政协办公厅联合下发《关于加强提案办理协商提高提案工作科学化水平的意见》，深化提案工作制度化机制。组织召开省政协“推进‘1236’扶贫攻坚行动提案办理”月协商座谈会，形成《关于进一步推进“1236”扶贫攻坚行动的建议》，省委书记王三运、副省长王玺玉作出批示。赴兰州、嘉峪关、临夏开展做好全省学前教育工作等提案调研活动，形成调研报告报省委、省政府，省长刘伟平、副省长咸辉作出批示。参与省政府“战略性新兴产业发展情况”专题调研、省政协“推动我省非公有制经济发展和深化国有企业改革”重点视察。加大提案工作交流、培训和指导。全年为双联村落实帮扶项目34个，涉及资金7000万元。

社会和法制委员会 参与省政协“推动我省非公有制经济发展”调研和“深化国有企业改革”视察活动，形成了相关调研报告提交省政协十一届七次常委会议。就“充分发挥城市社区在社会治理中积极作用”开展调研并组织召开省政协月协商座谈会，形成了《关于加强社区建设发挥社区作用有关问题的建议》，王玺玉副省长作出批示。就实施依法治国基本方略中存在的突出问题进行调研，就我省残疾人法规政策贯彻落实情况进行调研视察，形成相关调研报告报省政府。积极开展立法协商，参与制定《关于创新协商民主机制推动协商民主建设实施方案》。配合省人大常委会法工委开展建立立法协商机制调研。督办重点提案4件。通过《甘肃政协信息》报送了《重视解决农垦系统社会保险问题》，副省长咸辉作出批示。协调落实双联惠农贷款90万元、整村推进项目资金600多万元、农村危旧房改造和易地扶贫搬迁项目252户。

文史资料和学习委员会 为纪念西部大开发15周年和扶贫开发30年，开展《西部大开发纪实·甘肃卷》有关史料征集工作，收集史料500余篇、文字400多万、图片226张并报送全国政协。与省史志办协同促进《保安族百年实录》、《东乡族百年实录》、《裕固族百年实录》征集编纂工作，收集图片近600张、50万字。为纪念抗日战争胜利70周年，征集有关抗战史料25万字、图片60余张，初稿已报送全国政协编印，以《陇原抗战锋火》为名的省内文史资料第79辑已付印。充实《凉州会谈》重大历史题材开发利用实施方案，报请省委、省政府作为华夏文明传承创新项目。筹备省政协文史馆建设，完成评估论证、选择馆址等前期工作。举办全省政协文史干部培训班暨政协文史资料工作会议。编发《学习参考资料》6期近40万字。积极开展双联工作，帮助联系村新修河提650米，修整产业路3公里，争取堤防工程项目1000米，修建便民桥1座。

经济委员会 牵头开展省政协“推

动全省非公有制经济跨越发展”重点视察，赴酒泉、嘉峪关等市县视察、调研、座谈，形成了《关于推动非公有制经济发展情况的视察报告》提交省政协十一届七次常委会议。深入部分省属国有骨干企业，就“深化国有企业改革　建立现代企业制度”进行调研，并在此基础上召开省政协月协商座谈会，报送了《关于深化国有企业改革　建立现代企业制度的建议》，副省长黄强批示相关部门研究采纳。赴兰州、白银两市4县区，参与省政协“加快我省实施创新驱动战略有关问题”调研，形成了相关调研报告提交省政协十一届六次常委会议。协助办公厅组织召开全省经济发展形势协商座谈会，形成了《省政协全省经济发展形势协商座谈会报告》。完成全省循环经济领导小组组长会议的协调服务工作。赴兰州新区和兰石集团公司调研视察并召开座谈会，组织好委员界别活动。通过《甘肃政协信息》报送关于解决我省非公有制经济发展融资难的社情民意信息，刘伟平省长、黄强副省长分别作出批示。全年为联系村共协商争取项目资金近400万元，扎实完成双联任务。

人口资源环境委员会　赴定西、陇南、甘南开展省委、省政府“关于甘肃国家生态安全屏障综合试验区建设调研”中有关江河源头的专题调研，并形成调研报告报省委、省政府。组织召开省政协“推动甘肃国家生态安全屏障综合试验区建设”月专题协商会议，形成《关于我省推动国家生态安全屏障综合试验区建设有关问题的建议》报省委、省政府，刘伟平省长、罗笑虎副省长分别作出批示。通过《甘肃政协信息》报送的《推进甘肃国家生态安全屏障综合试验区建设的几点建议》被全国政协采用并专报国务院领导参阅。参加省政协“推动我省非公有制经济跨越发展”重点视察，并形成相关视察报告提交省政协十一届七次常委会议。参与省政协“深化国有企业改革建立现代企业制度调研”并提交调研报告。重点办理主席督办提案4件、专委会督办提案4件。积极组织双联点基础建设、产业培育观摩活动，通过“委员助推行动”为联系村争取投资90余万元的地质灾害治理项目。

科教文卫体委员会　赴兰州、白银等地牵头开展省政协“关于我省推动创新驱动战略”专题调研，形成相关调研报告，提交省政协十一届六次常委会议。就“兰州都市文化产业发展问题研究”开展专题调研，并组织召开省政协“兰州都市文化产业发展问题研究”月协商座谈会，形成《关于兰州都市文化产业发展问题研究座谈会建议》，省长刘伟平、副省长夏红民分别作出批示。就《全民健身条例》在我省贯彻落实情况赴金昌、天水调研，形成调研报告报送省委、省政府，省委常委、副省长咸辉作出批示。就贯彻落实我省《关于推进华夏文明传承创新区建设的实施意见》、《华夏文明传承创新区建设总体方案》情况进行督查，形成相关报告报省委、省政府。组织召开专题协商座谈会，就甘肃省中医学院升格为甘肃中医药大学进行专题协商，为党政决策提供参考。组织文化艺术界委员赴陇西县开展界别委员视察活动。为联系村协调项目资金83万元，组织医药卫生界委员赴联系点开展义诊，服务群众216人。

民族和宗教委员会　深入甘南、临夏、张家川等州县就民族地区卫生事业发展开展调研，并组织召开省政协“加快我省民族地区基层医疗卫生事业发展”月协商座谈会，形成《加快我省民族地区基层医疗卫生事业发展的建议》报省委、省政府，副省长咸辉作出批示。就民族地区职业教育发展情况开展调研，形成《关于我省民族地区职业教育发展情况的调研报告》报送省委、省政府，省长刘伟平、副省长咸辉分别作出批示。对农村宗教事务管理情况开展专题调研，分别向全国政协民宗委和省委、省政府报送了《关于甘肃省加强农村宗教事务管理的调研报告》。走访看望少数民族和宗教界代表人士，组织部分委员赴外省学习考察，召开反映社情民意座谈会，收集民族和宗教界委员意见建议，并通过《甘肃政协信息》分别反映。提交提案3件。开展以体察民情、助推双联为主要内容的委员界别活动。在甘南州碌曲县西仓乡唐龙多村蹲点参与维稳工作20多天。为联系村争取暖棚养殖项目6个、资金170万元，协调安排基础设施资金95万元。

港澳台侨和外事委员会 按省政协统一部署，会同省政协机关双联办，确定了省政协双联工作18个贫困县141个产业培育、投资项目及结对帮扶166人，汇编印制了《省政协2014联村联户为民富民行动项目册》，先后赴广东、北京开展双联项目推介活动，积极联系动员省政协港澳委员、外省甘肃商会和企业家来甘投资兴业，助推双联行动。邀请香港贸促会组织10名企业家来甘实地考察双联项目，召开项目推介会4次。广东碧桂园公司、清华大学校友会、香港卓富集团等11家企业分别与省政协帮扶的麦积区、甘谷县、康县、静宁县、平川区、灵台县等联系村结成了帮扶对子。邀请港澳委员及企业家，来甘开展《丝绸之路甘肃行》省情考察活动。就香港委员投资的有关“客机改货机”天水项目进行调研，推动落实。提出提案9件，完成主席督办提案3件、委员会督办提案2件。及时对接新联系贫困村，共为双联村争取流转土地200亩、扶贫项目资金170万元，建成蔬菜大棚100座。联系6名澳门委员为双联村捐资10万元。

农业和农村工作委员会 赴庆阳、天水开展省政协“关于我省推动创新驱动战略”专题调研，形成相关调研报告提交省政协十一届六次常委会议。赴金昌、武威就省政协“推动我省非公有制经济发展情况”开展视察，形成视察报告提交省政协十一届七次常委会。就“我省农村土地流转情况”开展调研并组织召开省政协月协商座谈会，形成《关于推进我省农村土地流转的建议》报省委、省政府，省委副书记欧阳坚、副省长王玺玉作出批示。参与省委全面建成小康社会有关问题调研，形成《天水陇南基础设施建设情况的调研报告》报省委。完成推进我省陇药产业发展专题调研，形成《破解生产技术瓶颈助推陇药产业发展的建议》，省委副书记欧阳坚作出批示。分别完成对分布式光伏发电产业的调研和对“衣循环”工作的调研，其中《推进我省分布式光伏发电产业的建议》和《推进我省衣循环工作的建议》通过《甘肃政协信息》报省委、省政府，省长刘伟平、副省长王玺玉分别作出批示。深入联系村开展双联工作，4个联系村农民人均纯收入分别比上年增长17.4%、19.5%、20.1%、24%，全年协调落实资金1084.8万元。

【重要活动】

隆重庆祝人民政协成立65周年 9月23日甘肃省庆祝人民政协成立65周年大会在兰州隆重举行。省委书记、省人大常委会主任王三运，省委副书记、省长刘伟平出席会议，省政协主席冯健身主持大会。王三运在大会上发表重要讲话。省上领导和省级离退休老同志、在兰全国政协委员、省政协委员、省级各民主党派、工商联和无党派人士及政协机关干部600多人参加会议。同日，省政协召开庆祝人民政协成立65周年理论研讨会。省政协主席冯健身出席会议并发表讲话，省政协副主席张津梁主持会议。研讨会共收到论文128篇，并对其中31篇获奖论文和优秀组织单位进行了表彰，部分与会代表紧紧围绕“协商民主与人民政协履职能力现代化建设”作了交流发言。召开甘肃省人民政协理论研究会第二届会员大会暨理事会，审议通过《甘肃省人民政协理论研究会章程（修订）》、第二届甘肃省人民政协理论研究会名誉会长、会长、副会长、秘书长、常务理事、理事等名单。9月至10月，省政协与黑龙江省政协先后在哈尔滨、兰州举办“甘肃·黑龙江两省政协纪念人民政协成立65周年”书画联展活动，省政协主席冯健身、黑龙江省政协主席杜宇新出席开展仪式。

深入开展“联村联户为民富民”行动 认真贯彻落实全省双联行动大会精神，充分发挥政协优势特点，着力做到“五个注重”。一是注重强化组织引导，坚持主席会议成员带头，强化各部门和全体干部双联责任，深入开展机关双联行动，扎实开展“委员助推双联行动”，委员参与率达80%以上。二是注重培育主导产业，帮助联系村进行全产业链帮扶，所联系的40个贫困村全都形成了富民产业。三是注重增强致富能力，邀请农牧业专家在联系村开展农业技能培训，组织镇村干部和农户赴外地观摩考察。四是注重动员社会帮扶，为联系县梳理筛选一批帮扶项目，先后在广东、北京召开双联项目推介会推动落实。广东碧桂园集团、香港卓富集团、北京实创集团等一批知名企业与联系村结成帮扶对子。五是注重总结推广典型，召开双联行动“产业培育攻坚年”现场会，加强示范带动。全省“委员助推双联行动”中共捐款捐物7372.9万元，帮助争取项目2159个，发展特色产业973项，落实资金7.18亿元，帮办实事11963件，举办各类培训班2689期，组织劳务输出16.8万人，提出意见建议1790件。省政协联系村农民人均纯收入平均为4867.7元，比2013年增长21.3%。省政协机关连续第二年获得全省双联行动“民心奖”。

积极推进协商民主探索建立月协商座谈会制度 深入贯彻党的十八届三中全会精神，根据全国政协开展协商座谈会做法，结合我省实际情况，建立月专题协商座谈会制度，并印发《关于建立月协商座谈会制度的意见》，要求紧扣全省经济社会发展中的突出矛盾和问题，每月选择一个专题，由有关专委会牵头，组织约50名相关界别委员和专家学者进行协商讨论，形成以界别为基础、专题为内容、座谈为主要方法的协商形式。一年中按照《2014年月专题协商工作计划》，分别围绕推进“1236”扶贫攻坚行动、充分发挥社区在社会中的积极作用、加快民族地区基层医疗卫生事业发展、推进国家生态安全屏障综合试验区建设、加快农村土地流转等专题，召开月协商座谈会9次，邀请各民主党派、党外人士、各界别委员和有关部门负责同志，真诚协商，议政建言。会后就相关专题分别向省委、省政府报送的建议案，得到省委、省政府领导的重视和批示，推动民主协商于决策之前和决策实施之中，成为省政协协商民主创新发展的成功实践。

加快实施创新驱动战略专题调研 4月至5月，由省政协主席会议成员分别带领3个调研组，分赴兰州、白银、武威、嘉峪关、庆阳、天水等9个市州及有关县区，重点围绕科技人才队伍建设、科技成果转化、科技体制改革等问题，深入54家企业高校、科研院所和现代农业生产基地实地调研，并委托其余5个市州政协开展同步调研，形成3个调研报告和建议案草案并召开省政协十一届六次常委会议进行专题研究讨论，经会议审议形成了省政协《关于加快实施创新驱动战略有关问题的建议案》，从加强科技人才队伍建设、推进产学研协同创新、增强科技创新活力等方面提出35条意见建议报送省委、省政府，省长刘伟平作出批示，要求有关部门研究吸纳。

推动非公有制经济发展重点视察 8月，由5位省政协副主席分别带领视察组深入10个市州和有关县区、企业开展视察，了解各地贯彻落实省委、省政府《关于推动非公有制经济跨越发展的意见》情况，听取进一步推动非公有制经济发展的意见建议，并委托其他4个市州政协就地开展视察，形成5个调研报告和建议案草案并召开省政协十一届七次常委会议协商讨论，针对我省非公有制经济各项扶持政策落实不到位、经营管理体制相对落后、自主科技创新较少等问题深入研究讨论，形成了省政协《关于推动全省非公有制经济跨越发展的建议案》，提出9个方面28条意见建议。省非公经济发展协调推进领导小组发出《关于分解落实政协〈建议案〉所提意见建议的通知》，要求各市州、各成员单位研究落实。

参加省委、省政府重大调研督查 按照省委常委会统一部署，省政协主席会议成员积极参加省委常委会2014年9项重大调研活动。分别围绕全面深化改革、构建国家生态安全屏障共建绿色丝绸之路、战略性新兴产业发展的方向和重点等专题，深入基层，广泛调研，形成9份专题调研报告报省委、省政府。省政协主席会议成员积极参与全省重大项目观摩活动和“两手抓两手硬、双促进双落实”调研督查活动，就如何做好2015年“3341”项目观摩工作、加大工业园区建设力度、加强项目前期储备工作、防范债务风险、以党风廉政建设推进项目工程建设等提出意见建议。受省政府委托，就依法治国、建立健全生态补偿机制等专题，组织有关党派、委员开展调研，发挥了决策咨询作用。

全国政协副主席王钦敏来甘调研 3月24日至27日，全国政协副主席、全国工商联主席王钦敏一行来甘，就“中小微企业科技创新”开展调研。调研期间，王钦敏一行听取了省政府支持中小微企业发展的情况汇报，深入兰州高新技术产业开发区、兰州新区调研。省委常委、省委统战部部长冉万祥，副省长、省工商联主席郝远，省政协副主席张景辉陪同调研。

举办省政协委员学习培训班 5月5日至6日在兰州举办。培训班以人民政协协商民主制度建设为主要内容，邀请了全国政协外事委员会副主任金学锋、全国政协提案委员会副主任王秀峰、中国人民大学经济安全与创新战略研究中心主任马光远就“发挥人民政协作为协商民主重要渠道作用”等专题作辅导报告。省政协主席会议成员、驻兰全国政协委员、省政协委员、各市州政协主席和省政协机关干部共380人参加学习。

【重要文件】

常委会工作报告（2014年1月22日）（摘要） 一、2013年工作回顾。（一）加强思想理论建设，夯实履行职能的思想政治基础。着眼营造浓厚氛围，突出示范带动。主席会议成员赴20个县区深入宣讲党的十八大精神，党组成员和部门领导给机关各支部作辅导25次。着眼提高政治自觉，突出理论学习。组织政协委员和机关干部全面学习领会中共十八大、十八届三中全会和习近平总书记系列重要讲话精神，在全省政协系统开展学习习近平总书记系列重要讲话专题征文活动。着眼保证学习实效，突出集中培训。分别举办省政协机关干部培训班、新任省政协委员培训班，集中学习中共十八大精神、人民政协基本理论和基本知识。着眼有效服务大局，突出学以致用。专题传达学习习近平总书记视察甘肃时的重要讲话，学习省委第十二次党代会、省委十二届六次全委会议等重要会议精神，进一步强化了对省情的认识和全省工作大局的把握。（二）紧紧围绕全省工作大局，深入调研视察、广泛议政建言。围绕推进新型城镇化建设开展重点调研。形成了《关于加快我省新型城镇化建设进程的建议案》。围绕深入推进循环经济示范区建设开展重点视察。向省委、省政府报送了《关于加快推进我省循环经济示范区建设的建议案》。全力助推项目建设。举办“3341”项目工程专题议政会，报送的省政协领导主旨报告，省委、省政府主要领导作了批示。开展建设丝绸之路经济带甘肃黄金段战略构想专题研究。形成了《甘肃省丝绸之路经济带建设战略构想研究报告》，研究成果被《中国经济社会论坛》杂志2014年第1期重点专题报道。（三）认真践行履职为民理念，着力促进社会和谐稳定。着力推进扶贫攻坚，深入开展双联行动。一年来，主席会议成员人均进村入户8次，累计190天；充分发挥牵头协调作用，指导督促帮扶部门开展双联行动，帮助联系县区、乡村理思路、谋发展；向省委报送了《关于推进双联行动向纵深发展的调研报告》，省委、省政府主要领导专门听取汇报，作出重要批示。广大政协委员各显其能，倾情助推。号召全省各级政协组织和广大委员开展“聚力扶贫攻坚、助推双联行动”，全省共有11000多名委员投身双联行动。一年来，全省各级政协组织和政协委员在双联行动中协调落实各类项目4534个、帮扶资金17亿元，帮助发展特色产业1505项，组织农民开展技术培训27万人次，帮助协调输转农村剩余劳动力25万人次，捐资捐物1.1亿元，帮办好事实事16625件，资助贫困学生7929人次，调解矛盾纠纷5172起，形成并提交涉及农村基础设施建设、发展富民产业、完善公共服务体系等方面的提案1822件、意见建议10007条。（四）坚持求实创新，推动经常性工作活跃有序开展。着力提高提案质量，增强办理实效。全年立案交办的799件提案全部办复完毕。全年共收集社情民意信息187篇，编发《甘肃政协信息》50期，转送有关部门17篇。省委、省政府领导对我省岷县漳县地震灾后重建、“3341”项目工程建设、国家生态屏障试验区建设以及“两江一水”综合治理规划实施等12篇信息作出22次批示。开展立法协商，对5部法律法规草案提出修改意见。就推动科技进步与创新召开对口协商座谈会，积极探索协商民主新形式。（五）深入开展群众路线教育实践活动，不断提高履职能力和水平。注重领导以身作则、发挥引领作用，党组主要负责同志先后10多次主持召开党组会、领导小组会，及时研究问题，提出指导意见。注重加强跟踪督导、推动任务落实，成立机关督导检查组，着力做到注重抓两头、注重抓一把手、注重运用省内外的好经验、注重即知即改解决存在的问题，确保教育实践活动按要求推进。注重广泛征求意见，深入查找问题。党组共征求到意见建议115条，查摆出“四风”方面8个突出问题。注重严把关键环节、敢于动真碰硬，召开专题民主生活会，深入开展批评和自我批评，提出批评意见33条。注重突出政协特点、明确努力方向，提出了在思想理论水平上有新提高、在联系党外代表人士上有新机制、在提高建言献策质量上有新成果、在推进协商民主上有新进展、在开展委员助推双联上有新成效、在聚焦作风建设上有新形象、在提升机关服务能力上有新举措的整改措施。注重坚持即知即改、狠抓整改落实，着力精简会议、文件、简报，与上年相比均减少20%左右。加大干部培养使用力度，干部队伍结构有效改善，自身建设得到切实加强。二、2014年主要工作任务。（一）深入学习贯彻十八届三中全会和习近平总书记系列重要讲话精神，切实把思想和行动统一到中央和省委的决策部署上来。（二）围绕全省中心工作调研视察，为推动我省改革发展议政建言。（三）坚持维护群众切身利益，为促进民生持续改善积极作为。（四）全面推进人民政协协商民主，充分发挥协商民主重要渠道作用。（五）不断巩固群众路线教育实践活动成果，切实加强自身建设。

王三运在甘肃省庆祝人民政协成立65周年大会上的讲话（2014年9月23日）（摘要） 一定要站在党和国家工作全局的高度，切实把思想和行动统一到习近平总书记重要讲话精神上来，更好地发挥人民政协这一中国特色政治组织和民主形式的独特优势，广泛凝聚各方面的智慧和力量，不断开创人民政协事业持续发展的新局面。一是积极主动服务大局。二是自觉做到履职为民。三是牢牢把握“两大主题”。四是切实推进制度创新。五是更加注重自身建设。当前，我省正处在加速转型、深化改革的关键时期，迫切需要我们充分发挥全省各级政协组织和广大政协委员的重要作用。一要着力完善协商民主制度机制。要更好地坚持中国特色社会主义制度的优势和特点，充分发挥人民政协作为专门协商机构的重要作用，积极拓展协商民主的内容载体，探索创新协商民主的机制方式，不断提高人民政协协商民主的制度化、规范化、程序化水平。二要着力发挥人民政协独特优势。多研究推动转型升级的深层次矛盾和问题，带头投资兴业、牵线搭桥、招商引智，在推动科学发展上作出新贡献。三要着力巩固民主和谐生动局面。按照“不打棍子、不扣帽子、不抓辫子”的“三不”方针，大力倡导平等讨论的氛围，鼓励委员畅所欲言，把政协建设成为各方面交流、交锋、交融的重要平台。四要着力推进政协履职能力建设。强化思想建设，进一步增进对中国特色社会主义的政治认同和思想认同。强化能力建设，尊重和保障政协委员的各项民主权利，进一步优化委员构成，着力提高政治把握能力、调查研究能力、联系群众能力、合作共事能力。五要着力加强党对政协工作的领导，努力形成党委高度重视、政府大力支持、政协积极作为、各方协同配合的工作格局。

【组织概况】

省级政协组织情况

委员增补名单

（2014年1月10日政协甘肃省第十一届委员会常务委员会第四次会议通过）

王宏伟　姚作魁

市（县、区）主席变动情况

兰州市

安宁区政协

黄晓玲（女）（2014年12月起）

马玲媛（女）（至2014年12月）

酒泉市

市政协

郭益寿（2014年1月起）

杨　林（至2013年7月）

敦煌市政协

曹　理（2014年1月起）

边振国（至2014年1月）

武威市

古浪县政协

李健斌（2014年1月起）
倪天祯（至2014年1月）

平凉市

华亭县政协
冯天祥（2014年12月起）
闫学明（至2014年12月）

庆阳市

正宁县政协
梁环平（2014年2月起）
袁喜言（至2014年2月）

镇原县政协
慕　瑶（2014年2月起）
黄清文（至2014年2月）

陇南市

市政协
任跃章（2014年2月起）
杨全社（至2014年2月）

两当县政协
胡洪涛（2014年10月起）
丁考顺（至2014年10月）

甘肃省各级政协组织和委员数

（截至2014年底）

项目＼级别	省级	地级市	县级（市、区）	合计
组织数	1	14	86	101
委员数	577	4113	11032	15722

（郭巍丽　罗锋波 编写　张永贤　张晓军 审稿）

政协青海省委员会

【全体委员会议】

十一届二次会议 1月18日至23日在西宁召开。应出席委员397人，实到委员359人。中共青海省委书记、省人大常委会主任骆惠宁，青海省委副书记、省长郝鹏，全国政协民族和宗教委员会副主任白玛到会祝贺。会议听取并审议了仁青加同志所作的常委会工作报告和罗朝阳同志所作的关于十一届一次会议以来提案工作情况的报告。与会委员列席了青海省第十二届人民代表大会第三次会议，听取和讨论了郝鹏省长所作的政府工作报告，以及“两院”报告和其他报告。会议通过了常务委员会工作报告的决议和十一届二次会议提案审查情况的报告，通过了十一届二次会议政治决议。

【常务委员会会议】

第6次会议 1月17日在西宁举行。省政协主席、副主席、秘书长及常务委员66人出席会议。会议增补肖阳忠同志为十一届省政协委员，任命徐宁同志为十一届省政协副秘书长，决定孔国柱同志不再担任十一届省政协常委、委员并报省政协十一届全体会议备案。

第7次会议 1月22日在西宁举行。省政协主席、副主席、秘书长及常务委员67人出席会议。会议听取小组讨论情况的汇报；通过了政协第十一届青海省委员会第二次会议选举办法草案和总监票人、监票人名单草案；通过了关于增选政协第十一届青海省委员会常务委员候选人名单；通过了政协第十一届青海省委员会第二次会议关于常务委员会工作报告的决议草案和政协第十一届青海省委员会第二次会议政治决议草案；通过了政协第十一届青海省委员会提案委员会关于政协十一届二次会议提案审查情况的报告草案。

第8次会议 3月14日在西宁举行。省政协主席、副主席、秘书长及常务委员53人出席会议。会议传达了全国政协十二届二次会议精神，审议通过了省政协常委会2014年工作要点，通报了省政协十一届二次会议以来的主要工作。仁青加主席作闭幕讲话。

第9次会议 6月19日至20日在西宁举行。省政协主席、副主席、秘书长以及常务委员共62人出席会议。会议围绕青海省医药卫生体制改革开展专题民主评议，通报了省政协十一届二次会议以来常委会工作情况，通过了有关人事事项。仁青加主席在闭幕大会上讲话。

第10次会议 10月9日至10日在西宁举行。省政协主席、副主席、秘书长及常委会组成人员共50人出席会议。会议围绕全省法院深化司法公开促进司法公正进行了专题协商，通报了省政协十一届九次常委会议以来的主要工作。仁青加主席就政协进一步发挥协商民主重要渠道作用讲话。

【专门委员会工作】

提案委员会 一是举办省政协委员培训班，召开民主党派、工商联提案工作座谈会，认真执行提案审查制度，实现提案工作由数量型向质量型转变，立案率从上年的89.9%下降为77.5%。二是把协商理念贯穿于提案提出、审查、交办、办理的各个环节，深入推进重点提案高层办理协商、热点提案集中办理协商。三是制定印发《青海省政协重点提案遴选与督办暂行办法》，在继续坚持各位副主席领衔督办重点提案的同时，省政协专门委员会各选择一件进行督办，采取实地考察、召开专题督办会、开展跟踪督办等形式，让提案者参与提案办理，共商解决办法，推动提案的办理落实。四是注重与省委、省政府督查部门、各党派团体和政协专委会的联系协作，共同谋划提高提案质量、办理质量的措施；加大提案工作宣传力度，表彰了十一届一次、二次会议优秀提案和先进承办单位。

经济委员会 组织委员到海南、海西调研，形成了《青海省医药卫生体制改革专题调研报告》；围绕“深化司法公开、促进司法公正”课题赴海西、果洛调研，形成了《关于深化司法公开、促进司法公正的调研报告》。组织委员对西宁火车站改扩建工程项目进行实地视察，向省委、省政府提出建议，得到郝鹏省长的批示；对盐湖资源综合利用一、二期运行及金属镁一体化项目建设情况进行视察，提出对策建议，得到郝鹏省长批示；围绕工业企业转型升级、积极应对经济下行主题进行视察，把企业出现生产经营困难的情况以专报形式呈报省政府，得到郝鹏省长批示；围绕产业技术改造升级和打造优势产业、延长产业链、提升核心竞争能力主题进行调研，向省政府提出建议。组织召开上半年经济形势专题协商会，向省委、省政府呈报《关于上半年经济形势专题协商会有关情况的报告》，得到郝鹏省长批示；围绕金融改革创新及金融支持中小微企业发展召开了“双月协商座谈会”；联合提案委员会、民革青海省委对省政协十一届二次会议提案进行了重点督办。

人口资源环境委员会 承办了以“加强三江源生态保护与建设”为主题的省政协首次双月协商座谈会，整理形成《报告》，得到骆惠宁书记、郝鹏省长的批示。与民革省委深入海南、海西、海北州实地调研，召开青海国家公园建设研讨会，形成《关于先行先试建设昆仑国家公园的建议》，得到骆惠宁书记批示。围绕医药卫生体制改革进行专题调研，形成《关于海北、玉树州开展医药卫生体制改革进展情况》调研报告。督办了省政协重点提案。围绕我省人工影响天气情况、海西分布式光伏发电应用与枸杞产业情况、我省食盐资源保护利用及经营情况、全省畜禽屠宰场所环境保护、治理情况等开展调研视察，并以视察报告、社情民意等形式建言献策，《关于对我省畜禽屠宰场所环境保护、治理工作情况的视察报告》和关于加强我省盐业资源保护的《社情民意》得到郝鹏省长的批示。

教科文卫体委员会 围绕我省深化医药卫生体制改革进行专题议政评议工作，形成省政协十一届九次常委会评议报告，得到骆惠宁书记重要批示。组织文化界委员视察我省文化产业园区建设情况，提出意见建议，得到张建民副省长批示。组织科技界委员调研我省科技养殖冷水鱼工作，研究梳理了5条建议呈报省委、省政府，得到骆惠宁书记、郝鹏省长、王建军副书记重要批示。围绕我省基础教育开展专题调研，提出建设性意见建议，得到郝鹏省长重要批示。结合对口工作开展视察、考察工作，走访特邀委员和委员企业。积极做好扶贫联点工作，加强了提案督办工作。

民族和宗教委员会 与学文委等部门联合举办民族和宗教界委员培训班。深入海南州共和县拉乙亥麻村调查先进事迹，撰写了《一个问题村的复兴》的调查报告，组织全省藏区基层社会管理经验推介会，并跟踪督查各地推介工作情况。跟随仁青安杰副主席走访各类宗教场所110多座，其中藏传佛教寺院99座。仁青安杰副主席的调研报告引起省委高度重视，骆惠宁书记、王建军副书记、旦科常委分别作出重要批示。选择黄南州隆务寺、海南州鲁仓寺作为省政协民宗委长期调研基地，作连续跟踪调研。围绕“清真食品生产经营及标准问题”开展双月协商座谈会。协助全国政协民宗委完成了“民族地区优化产业布局和城镇化进程中的就业问题”、“农村宗教事务管理”调研任务，配合教科文卫体委员会完成“医药卫生体制改革”调研任务，协助社会和法制委员会完成“深化司法公开，促进司法公正”海西、果洛两州调研任务。

港澳台侨和外事委员会 组织部分港澳委员和在宁委员，深入黄南州、西宁市8家单位和企业视察我省非物质文化遗产保护和特色产业生产经营情况，形成《关于我省非物质文化遗产保护和特色产业生产经营情况的调研报告》，得到郝鹏省长批示。加强与港澳委员和友好人士的联络及服务，推动政协对外交流工作。联系协调香港福建希望工程基金会，争取捐助教育基金176万元，为海东市乐都区和循化县修建教学楼和添置教学设备。积极为省政协领导赴台湾开展“祖统联谊工作”和“扩大青台两地企业合作领域”等主题的参访活动做好服务工作。与省委、省政府有关部门密切配合，顺利完成了来访的国（境）外团组的接待工作。以省汇爱公益基金会为平台，凝聚委员爱心，积极开展扶贫助困社会公益活动。

社会和法制委员会 一是积极助推全省法院深化司法公开、促进司法公正，发挥律师、法学专家、法学研究生优势深化调研成果，研究提出5个方面30多条具体建议，形成常委会主报告和大会发言，省高院党组根据省政协常委会议提出的意见建议制定出台了《关于进一步加强和改进司法公开工作的意见》。二是承办第二次省政协双月协商座谈会。围绕促进我省养老服务体系建设深入开展调研和对口协商。三是加强省政协立法协商平台和制度建设。制定出台了深入开展立法协商的实施意见，成立了省政协立法协商专家库，制定了管理细则，年内共开展立法协商12次。四是认真组织开展困难群众就业帮扶活动。全省政协共协调安排1566名困难群众实现较稳定就业。

学习和文史委员会 一是稳步推进史料征编工作。完成了“回忆西部大开发——青海卷”史料稿件征集工作，编辑出版了《撒拉族百年实录》一书，完成《土族百年实录》编辑工作和抗战史料征集工作。《民国时期青海军政职官人物名录》和《民国时期青海上层人士信札》史料专辑的编辑工作正在加紧进行，计划于2015年出版。二是积极组织开展委员学习培训。与省委统战部、省政协民族和宗教委员会联合举办了民族宗教界委员培训班；委托全国政协培训中心举办了本届政协第三期委员培训班。全年选编《学习资料》8期。三是认真完成视察调研及其他工作任务。组织委员赴班玛县“红军沟”视察，配合全国政协文史委完成“老少边穷地区基本公共文化服务标准化、均等化”专题调研，协助办公厅完成《人民政协报》记者关于“古丝绸之路青海道”研究的专题采访。组织委员认真开展了重点提案督办工作。

【重要活动】

开展全省藏区基层社会管理经验推介活动 2月18日，省政协召开全省藏区基层社会管理经验推介会。省政协主席仁青加主持会议并讲话。会议认真总结海南州共和县拉乙亥麻村的先进经验，并要求在全省深入开展推介宣传活动。各地政协把推介活动与党的群众路线教育实践活动和民族团结进步先进区创建活动结合起来，省、市（州）、县三级政协委员和藏传佛教界知名人士深入寺院、学校和村社基层单位，宣讲拉乙亥麻村先进经验363场（次），涉及997个藏族自然村；编印发放藏汉文宣传册《一个问题村的复兴》近万册，《弘扬良好风尚 建设美好家园》4000多册，受教育群众近17万人（次）。通过推介活动，基层组织的自治能力、自我管理意识明显增强，“两委”班子为改变乡村面貌带好头、引好路的决心信心明显增强，对于促进各民族更加团结和睦，改善基层乡村社会风气起到了积极作用。

提案委员会召开提案交办协商会 3月4日上午，提案委员会邀请省委督查室、省政府办公厅，以及省发改委、省财政厅等61家提案承办单位，召开提案交办协商会，面对面地集中协商调整承办单位，使立案的331件提案更准确地协商交办。

第二期委员（民族宗教界）培训班 5月5日，十一届青海省政协第二期（民族宗教界）委员培训开班式在省社会主义学院举行。省政协主席仁青加、副主席仁青安杰出席开班式。仁青加主席以《如何当好民族宗教界政协委员》为题给学员作首场辅导报告。

就“深化司法公开 促进司法公正”进行调研 5月6日，省政协主席仁青加带领调研组赴省高级人民法院，就“深化司法公开 促进司法公正”进行调研。5月至7月，省政协主席、副主席带队分赴全省各地法院和基层法庭进行调研，省政协常委会议围绕全省司法公开工作进行了专题协商议政。

首次“双月协商座谈会”为三江源保护与建设建言献策 5月27日，省政协组织召开首次“双月协商座谈会”，就进一步做好三江源生态保护与建设工作进行协商讨论。省政协主席仁青加主持会议。委员和有关部门负责人围绕构建三江源生态监测和评估体系、提升水源涵养能力、建立生态补偿机制等问题先后发言，提出了意见建议。

组织委员旁听省高院案件庭审 7月初，省政协组织部分政协委员、法学专家、律师等，先后两次赴省高级人民法院旁听依法公开审理的运输毒品（刑事）、协议纠纷（民事）两起案件，就如何增强庭审透明度、保障当事人的诉讼权利、挖掘和发挥庭审的法治教育引导作用等与法院负责人、主审法官进行了交流和探讨。

全省政协系统开展困难群众就业帮扶活动 全省各级政协继续深入开展困难群众就业帮扶活动。据统计，各地政协共争取就业岗位5000多个，协调安排困难群众1560人实现了稳定就业，就业群众月均收入达到2000元以上，对改善生活条件、保持家庭和谐稳定发挥了积极作用。有100多家企业参与了“献爱心、尽责任、促就业，为困难群众提供就业岗位”活动。

全省上半年经济形势专题协商会 7月23日，省政协在互助土族自治县召开全省上半年经济形势专题协商会。省政协主席仁青加出席会议并讲话。省政协办公厅和各专委会负责同志，省政协经济界委员、特邀委员，各州、市政协分管经济委员会工作的领导和互助县委、县政府、县政协有关领导参加了会议。省发改委、省经信委负责同志就上半年全省经济和工业信息化运行情况进行了通报，委员们从不同角度分析了上半年我省经济发展过程中遇到的困难和问题，并对下半年工作提出了许多有针对性的意见。

第二次“双月协商座谈会”围绕清真食品生产经营及标准问题议政建言 7月29日，省政协召开第二次“双月协商座谈会”。会议围绕清真食品生产经营及标准问题深入座谈交流、议政建言。省政协主席仁青加主持会议。省政协部分常委、委员从经济、宗教、法规完善等多个角度探讨了清真食品生产经营及认证标准领域存在的问题，并提出建议。

召开重点提案办理协商座谈会 9月22日，省政协召开重点提案办理协商座谈会。省政协主席仁青加、副省长严金海出席并讲话。

第三次“双月协商座谈会”围绕我省老年人养老问题建言献策 10月上旬，省政协召开第三次“双月协商座谈会”，围绕我省老年人养老问题进行专题协商、议政建言。省政协主席仁青加主持会议。省政协委员、专家学者、养老机构负责人、社区工作者分析了目前我省老年人养老的现状和存在的问题，并提出了很多好的意见和建议。

组织驻青全国政协委员赴上海视察 10月13日至17日，以青海省政协主席仁青加为团长的驻青全国政协委员视察团一行11人，赴上海就职业教育发展情况进行视察。先后赴上海房地产学校、上海视觉艺术学院、同济大学职业技术教育学院、江南造船有限责任公司及职业技术学校、上汽集团、洋山深水港、上海商用飞机有限公司及上海飞机制造厂技工学校进行实地考察、座谈交流。

召开民主党派、工商联提案工作座谈会 10月21日，省政协召开民主党派、工商联提案工作座谈会，就如何向明年省政协十一届三次会议提交高质量的集体提案进行了深入交流。

政情通报会 10月22日，省政协召开政情通报会，邀请省发展和改革委员会、经济和信息化委员会、财政厅、人力资源和社会保障厅、住房和城乡建设厅、文化和新闻出版厅负责同志就“十三五”规划的编制及当前主要工作开展情况进行通报。

省汇爱公益基金会开展扶贫助困活动 11月24日和27日，省汇爱公益基金会在西宁市城东区、海西州都兰县、海北州门源县分别组织了青海省汇爱公益基金会扶贫助困资金集中发放仪式。省政协主席仁青加、副主席马志伟，省政协原副主席、省汇爱公益基金会理事长李忠保出席发放仪式。一年来，省汇爱公益基金会共募集人民币600多万元、港币176万元，先后开展了一系列扶贫助困、捐资助学活动，为全省1624户贫困户发放324.8万元爱心救助款，并捐款188万元进行助学助教，给残疾和重病患者捐助医药费5万元。

第四次“双月协商座谈会”围绕“金融支持中小微企业发展”建言献策 12月4日，省政协召开第四次“双月协商座谈会”，围绕“金融改革创新及支持中小微企业发展”协商讨论、建言献策。省政协主席仁青加主持会议。省委常委、副省长王晓及有关部门负责同志及省直金融单位负责人参加会议，委员们对推进金融支持中小微企业发展提出了意见建议。

2015年新年茶话会 12月31日，省政协举行新年茶话会，省领导同全省各族各界代表人士欢聚一堂，畅叙友情，共话发展，喜迎新年。省委书记、省人大常委会主任骆惠宁出席茶话会并讲话。省委副书记、省长郝鹏，省委副书记王建军，全国政协民族和宗教委员会副主任白玛出席。省政协主席仁青加主持。

【重要文件】

常委会工作报告（2014年1月18日）（摘要） 一年来，在推进发展中献计出力，在改善民生中积极作为，在促进和谐中发挥作用，在转变作风中强化实践，为青海发展作出了新的贡献。(一)以服务科学发展为重点，努力提高协商议政实效。坚持围绕中心、服务大局，着力提高协商议政、调查研究的能力和水平，在促进科学发展中发挥积极作用。(二)以困难群众就业帮扶活动为着力点，努力为民办实事，在全省政协系统广泛开展困难群众就业帮扶活动。(三)以民族团结进步为责任，努力促进社会和谐。牢牢把握团结和民主两大主题，努力促进民族团结、党派合作，在促进社会和谐、凝聚政治合力中发挥积极作用。（四）以整体推进为目标，努力做好经常性工作。按照积极作为、科学务实的要求，加强和改进提案、社情民意信息、新闻宣传、文史资料等各项经常性工作。（五）以群众路线教育实践活动为契机，努力推动作风转变。按照中央和省委统一部署，省政协党组认真组织开展党的群众路线教育实践活动，着力解决政协机关和党员干部中的“四风”问题，成效显著。2014年，省政协常委会要做好以下工作。（一）深入学习习近平同志系列重要讲话精神，切实筑牢团结合作的思想政治基础。要按照省委的统一部署，把学习贯彻习近平同志系列重要讲话精神，作为我省各级政协组织和政协委员的首要政治任务。（二）深化思想认识，积极主动参与全面深化改革的实践。中共十八届三中全会集中全党智慧，反映全国各族人民的心声，对全面深化改革作出了总体部署。（三）认真履行职能，为实现新的战略目标献计出力。认真学习贯彻省委十二届五次全会精神，紧紧围绕治青理政的新方略，努力找准履行职能与服务大局的结合点，组织动员政协委员和各界人士，紧扣省委十二届五次全会要求，认真履行职能，积极建言献策，促进经济发展、民族团结、社会和谐。（四）加大实践力度，充分发挥人民政协作为协商民主重要渠道作用。按照十八届三中全会《决定》精神的要求，要在推进协商民主广泛多层制度化发展中健全政协协商民主。

中共青海省委书记骆惠宁在庆祝人民政治协商会议成立65周年大会上的讲话（2014年11月26日）（摘要）　几十年来，各级政协在省委的正确领导下，高举爱国主义和社会主义旗帜，同各级党委政府风雨同舟、和衷共济，与广大人民群众同呼吸、共命运，为青海的改革发展稳定作出了重要贡献。突出表现在：一是坚持增进团结、凝聚共识；二是坚持围绕中心、服务大局；三是坚持反对分裂、维护稳定；四是坚持以人为本、情系民生。实践证明，人民政协这一中国特色政治组织和民主形式，是我国社会主义民主政治建设的伟大创造，具有强大生命力和远大前程，我们必须倍加珍惜，在青海长期坚持和发展好。人民政协的命运始终与党和人民的事业紧密相连。我们一定要以习近平总书记重要讲话为引领，立足我省全面深化改革、全面加强法治、全面建设小康的实际，把政协工作放到全省改革发展稳定的大局中来审视和谋划，实现政协事业与时俱进。一要坚定不移走中国特色社会主义政治发展道路。二要大力推进社会主义协商民主。三要全力服务经济社会发展。四要有效促进社会和谐稳定。五要不断提高履职能力和水平。

【组织概况】

不再担任常委、委员名单

（2014年1月17日青海省政协十一届六次常委会议通过）

孔国柱

增选常委名单

（2014年1月23日政协第十一届青海省委员会第二次会议当选）

肖阳忠

增补委员名单

（2014年1月17日青海省政协十一届六次常委会议通过）

肖阳忠

副秘书长任职名单

（2014年1月17日青海省政协十一届六次常委会议通过）

徐　宁

副秘书长免职名单

（2014年6月20日青海省政协十一届九次常委会议通过）

王海平　程　苏（兼）

港澳台侨和外事委员会主任免职名单

（2014年6月20日青海省政协十一届九次常委会议通过）

马志伟

港澳台侨和外事委员会主任任职名单

（2014年6月20日青海省政协十一届九次常委会议通过）

王海平

青海省各级政协组织和委员数

（截至2014年底）

级别 / 项目	省级	市州级	县区（县级市）	合计
组织数	1	8	43	52
委员数	399	1659	5630	·7688

（久美多杰 编写　李　毅 审稿）

政协宁夏回族自治区委员会

【全体委员会议】

十届二次会议 1月6日至9日在银川召开。大会应出席委员426人，开幕会实到396人，闭幕会实到366人。自治区政协主席齐同生主持闭幕会并致闭幕词，自治区政协副主席李淑芬主持开幕会议。自治区党政领导出席会议，并分别参加小组讨论，听取大会发言。会议听取并审议了自治区政协主席齐同生代表自治区政协第十届委员会常务委员会所作的工作报告、副主席刘小河代表自治区政协第十届委员会常务委员会所作的提案工作报告。与会委员列席了自治区人大十一届三次会议，听取并讨论了政府工作报告、自治区2013年国民经济和社会发展计划执行情况与2014年国民经济和社会发展计划草案的报告、2013年全区及区本级财政预算执行情况和2014年全区及区本级财政预算草案的报告、自治区2013年民生计划执行情况与2014年民生计划草案的报告、自治区高级人民法院工作报告、自治区人民检察院工作报告等。委员就营造公平竞争的市场环境、扶持我区家庭农场发展、加快推进内陆开放型经济试验区建设、加强和改善行政执法、推进教育均衡发展等关系自治区经济社会发展和百姓关心的民生热点积极建言献策。会议审议通过自治区政协2014年度协商计划、自治区政协提案委员会关于十届二次会议提案审查情况的报告、自治区政协十届二次会议决议。会议增选刘媛、齐岳、汤效禹、吴占东、何学虎、景湛国为自治区政协第十届委员会常务委员。会议期间，共收到提案552件，经审查立案514件。

【常务委员会会议】

第7次会议 1月7日在银川召开。自治区政协主席齐同生主持会议，自治区政协副主席李淑芬、张乐琴、安纯人、左军、刘小河、田成江、张学武、张守志、洪洋及秘书长刘卉出席会议。会议听取了自治区党委组织部负责人关于增补自治区政协十届委员会常务委员建议名单的说明；审议通过了增补自治区政协十届委员会常务委员名单（草案），提交各组讨论；审议了自治区政协十届二次会议选举办法（草案），提交各组讨论。

第8次会议 1月9日在银川召开。自治区政协主席齐同生主持会议。自治区政协副主席李淑芬、张乐琴、安纯人、左军、刘小河、田成江、张学武、张守志、洪洋和秘书长刘卉出席会议。会议通过了监票人、总监票人名单，自治区政协十届二次会议选举办法（草案），自治区政协2014年度协商计划（草案），自治区政协十届二次会议决议（草案）和自治区政协提案委员会关于十届二次会议提案审查情况的报告（草案），提交全体会议审议。会议还通过了增补自治区政协十届委员会常务委员会候选人名单（草案），提交全体会议选举。

第9次会议 3月17日在银川召开，会议传达学习了全国政协十二届二次会议精神。自治区政协主席齐同生出席会议并讲话，副主席李淑芬主持会议。安纯人、左军、刘小河、田成江、张学武、张守志及秘书长刘卉出席会议。会议还听取了2013年全区党风廉政建设及反腐败工作情况通报。

第10次会议 5月27日在银川召开。围绕“促进我区金融改革与创新”开展专题议政。自治区政协主席齐同生主持会议并讲话。会议听取了自治区副主席王和山通报我区金融改革与创新工作情况，听取了自治区政协关于《促进我区金融改革和创新》及《促进宁夏与阿拉伯国家金融合作发展》的调研报告，听取了民盟、民建、民进、农工党、九三学社等民主党派和部分常委发言。会议围绕议题进行了分组讨论。自治区政协副主席李淑芬、安纯人、刘小河、田成江、张学武、洪洋，秘书长刘卉参加会议。

第11次会议 9月29日在银川召开。会议传达学习习近平总书记在庆祝人民政协成立65周年大会上的重要讲话精神，围绕我区居民消费价格运行情况进行专题协商。自治区政协主席齐同生主持会议并讲话。会议听取了自治区副主席屈冬玉关于我区居民消费价格运行情况的通报；听取了自治区政协调研组关于《我区居民消费价格运行情况》调研报告，听取了民革、民建、民进、农工党宁夏区委会，石嘴山市、吴忠市政协及部分常委发言，听取了自治区党委统战部有关人事事项的说明。常委们围绕会议主题及自治区政协委员任免名单（草案）进行分组讨论。会议还审议通过了有关人事事项。自治区政协副主席李淑芬、张乐琴、安纯人、左军、刘小河、田成江、张学武、洪洋出席会议。

第12次会议 11月7日在银川召开。自治区政协主席齐同生主持会议并讲话，自治区副主席王和山通报内陆开放型经济试验区建设情况。自治区政协副主席李淑芬、张乐琴、左军、刘小河、田成江、张守志、洪洋出席会议。会议传达学习了全国政协十二届八次常委会议精神，学习领会中共十八届四中全会关于全面推进依法治国的重大战略部署。与会人员围绕贯彻中共十八届四中全会精神、全国政协十二届八次常委会议精神及内陆开放型经济试验区建设进行讨论，并就自治区政协2015年协商议题提出建议。

【专门委员会工作】

提案委员会 组织召开自治区经济社会发展情况通报会。共提交提案761件，经审查立案636件，截至年底，634件提案已办复，办复率达99.7%，编印了《十届二次会议提案分类目录》。会同自治区党委、政府办公厅筛选14件提案作为自治区领导督办重点提案，筛选摘编26期《重要提案摘报》报送自治区党委、政府领导阅批。举办了2次培训班，培训委员500余人，召开了全区市县（区）政协提案工作经验交流座谈会。组织召开十二届全国政协二次会议提案素材征集座谈会。开展了《关于加强黄河上中游生态环境保护的提案》调研活动。根据《自治区党委机关政府机关和市县2014年度效能目标管理考核办法》，按照《自治区政协提案办理工作效能目标管理考核实施细则》规定，对政协提案各承办单位办理工作进行了认真细致的量化考核打分。围绕小微企业发展开展专题调研，形成了《关于促进我区小微企业发展的调研报告》。

经济委员会 组织和引导委员认真学习各类会议精神。与办公厅共同召开2014年上半年全区经济形势通报会。围绕常委会议“促进金融改革与创新”议题专题调研，形成了《积极推进我区金融改革和创新的调研报告》。围绕我区信息软件服务业和电子商务情况进行调研，形成了《关于推进我区软件信息技术服务业和电子商务发展的调研报告》。确定《积极推进百万贫困人口扶贫攻坚战略建议案》为主席会议专题协商内容。起草了《接待全国政协视察团任务分工协作方案》。举办宁夏与阿拉伯国家经贸文化交流座谈会，形成了《关于“宁夏与阿拉伯国家经贸文化交流座谈会”情况的汇报》。研讨我区煤化工项目建设。参加了在南京举办的苏商投资中国（宁夏）行启动仪式。督办《关于进一步扩大和发挥“贫困村村级发展互助资金”作用的建议》提案。组织经济界委员视察我区承接东部产业转移情况。组织九三界委员调研我区枸杞产业发展情况。开展委员活动日，组织委员走访企业。提交提案2件，反映社情民意信息4件。

人口资源环境委员会 举办了“关注大气污染——气象环保讲座”，组织召开宁夏“十三五”应对气候变化政策和气候融资研讨会。调研新型城镇化建设，形成了《中小城镇的发展应成为我区推进城镇化的阶段性侧重点》专报。围绕“节能环保产业”形成政协专报。调研我区农业面源污染防治情况，通过社情民意提出建议并向自治区政协十届三次会议提交大会发言。提出《切实推进宁东工业固体废弃物治理的再建议》。督办重点提案《进一步提高全区土地集约利用水平的建议》。提出关于《积极开展我区排污权交易的建议》。围绕《宁夏回族自治区污染物排放管理条例（草案）》初稿的具体条款进行了座谈讨论。建议有关部门对《污染物排放管理条例》（草案）的涵盖范围和执法强度进行认真研究。

教科文卫体委员会 围绕“关于我区城市社区卫生服务中心（站）建设情况”开展专题协商，形成了《关于我区城市社区卫生服务中心（站）建设情况的调研报告》。组织部分委员就“我区群众体育工作情况”开展专题调研，形成了《关于我区群众体育工作情况的调研报告》。撰写《关于哈若惠委员发言所提问题的调研报告》。开展“我区县级公立医院综合改革情况”专题调研，形成了《关于我区县级公立医院综合改革情况的调研报告》。根据“我区城市社区卫生服务中心（站）建设情况”专题，形成了《关于上海市、陕西省城市社区卫生服务中心（站）建设情况的考察报告》。提交提案5件，反映社情民意信息5件。督办提案《大力加强对宁夏传统戏曲艺术的保护扶持》，并形成了《督办会议纪要》。研究出台艺术人才职称评审优惠政策《宁夏舞台艺术拔尖人才选拔培养管理办法》。组织召开了2次专题情况通报会及对口部门工作联系会。修订完善了《教科文卫体委员会工作简则》等制度。

社会和法制委员会 围绕社会组织登记和管理情况开展调研，形成了《关于我区社会组织登记和管理的调研报告》。围绕居民消费价格运行情况开展调研，形成《关于我区居民消费价格运行情况的建议案》。围绕社会养老服务体系建设落实情况开展调研，形成了《关于加快推进我区社会养老服务体系建设的建议案》。围绕社会养老服务体系建设，形成了《加强养老顶层设计，完善制度体系建设》的专报。围绕委员基层联系点开展调研，形成了《关于对贺兰、永宁县政协工作的调研报告》。先后视察了我区公安机关便民措施落实情况、法院司法公开工作情况、平安宁夏建设，分别以《政协工作简讯》、提案和社情民意形式进行了反映。同时，现场督办《关于在全区尽快实行医保一卡通的建议》。完成了宁夏政协“兴华成才助学金”九年工作总结，与办公厅共同承办完成了宁夏政协“兴华爱心基金”启动及2014年度发放工作；与民宗委共同承办完成了“宁夏政协与北京成龙慈善基金会”救助重病贫困儿童项目实施工作。撰写12篇提案和13篇社情民意信息。

民族和宗教委员会 对政府采购情况进行调研，形成《关于我区政府采购工作情况的调研报告》。对自治区政协十届二次会议第309号重点提案《关于尽快出台宁夏村医队伍退出和准入政策的建议》进行现场督办。举办三级委员联动活动。联系社会各界为贫困地区捐钱捐物。与150余名宗教界人士和信教群众面对面交谈，形成了《关于我区宗教界自身建设和宗教事务管理情况的调研报告》。及时向自治区党委政府主要领导报送了《对西吉北大寺意外事故善后处理舆情的建议》。举办了民族知识学习讲座。组织举办散居少数民族和宗教界政协委员培训班暨学习考察活动。协同全国政协民族和宗教委员会调研“加强农村宗教事务管理”和“宗教教职人员社会保障政策落实情况”。配合全国政协来宁调研“民族地区城镇化进程中的就业问题”。宗教节日期间，赴银川、石嘴山市部分主要宗教界代表人士家中看望慰问。协同全国政协民宗委在银举办了“全国政协民族宗教主任会议”。

文史和学习委员会 落实《政协全国委员会关于加强文史资料工作的意见》。制定了《回忆西部大开发史料征编方案》和《大纲》，组织召开了征编动员会、培训会和协调会。汇交《回忆西部大开发》（宁夏卷）样书，共84篇40万字，图片120张。《知青在宁夏》（综合卷）20万字文稿，送交国家新闻出版总署审核。配合全国政协开展回忆抗战史料征编工作，报送稿件16篇近10万字。组织本委委员及社科、社保界别部分委员就我区就业创业工作情况进行了专题调研。先后两次召开座谈会和专题协商会，报送了《关于全区就业创业情况的调研报告》。组织委员就我区出版印刷工作情况进行了专题调研，报送了《关于全区出版印刷工作的调研报告》和《关于成立出版印刷专业园区的建议》等3条社情民意。组织界别委员就我区如何融入“新丝绸之路经济带建设”战略，扩大对外开放交流进行了座谈讨论。举办了“纪念中日甲午战争120周年的思考”的专题辅导报告会、政协史知识竞赛。现场督办调研《关于做好农村公路监管养护工作的建议》。报送了《关于建设中阿金融合作中心的建议》、《关于加强我区水质监管的建议》等14件提案和社情民意。

港澳台侨和外事委员会 围绕“积极促进我区金融改革和创新”进行了专题议政调研。现场督办重点提案《关于提高宁夏物业管理水平的建议》。印发了《〈关于提高宁夏物业管理水平的建议〉重点提案督办协商会议纪要》。围绕“促进我区旅游产业创新发展”咨政协商开展了调研活动。拜访了全国政协港澳台侨、外事委员会领导。举办了2014年“中国寻根之旅夏令营——神奇宁夏营”活动。接待了“香港工商界来宁经贸考察团”、香港福建希望工程基金会来宁考察团、“宁夏政协港澳委员来宁考察团”、“香港十九省区（市）同乡会、联谊会长赴宁交流考察团”、“香港企业家来宁考察团”。向宁夏政协“兴华爱心基金”和同心县、原州区等南部山区捐款捐物折合人民币80多万元。围绕“促进我区旅游产业创新发展”咨政协商工作进行了调研。引导港澳委员参加港区省级政协委员联谊会组织的各类活动。

【重要活动】

全国“两会”提案素材征集座谈会 2月14日，自治区政协召开全国“两会”提案素材征集座谈会，向全区五市及各厅局广泛征集提案素材。自治区政协主席齐同生主持会议并讲话。全国政协经济委员会副主任、自治区政协原主席项宗西，自治区人大常委会副主任孙贵宝，自治区政协副主席李淑芬、安纯人、刘小河、张守志和秘书长刘卉出席会议，部分驻宁全国政协委员参加了座谈。会上，初步确定了50余个提案素材。内容涉及内陆开放型经济试验区建设、交通、水利、环境保护、文化教育、社会保障等方面。

咨政协商会议 6月3日，自治区政协召开政府采购工作咨政协商会议，切实探讨如何实现我区采购活动规范化、队伍专业化、管理科学化，让政府采购工作更好地运行。自治区政协主席齐同生、副主席田成江和秘书长刘卉出席会议。在银的中共界、经济界、民进、散居少数民族界及自治区政协民族和宗教委员会的部分政协委员，自治区政协机关、自治区相关厅局、石嘴山市政协相关负责人参加会议。

上半年全区经济形势通报会 7月22日，自治区政协召开2014年上半年全区经济形势通报会。自治区政协主席齐同生出席会议并讲话，副主席张乐琴主持会议，自治区政协副主席左军、秘书长刘卉出席会议。会上，自治区统计局、发改委、经信委相关负责人分别通报了我区上半年经济社会发展情况及下半年工作安排，自治区政协委员结合自身工作实际，就我区经济发展问题进行了分析并提出意见建议。

驻宁全国政协委员视察宁夏生态纺织产业示范园 8月2日和5日，全国政协委员、自治区政协主席齐同生带领驻宁全国政协委员分别视察了宁夏生态纺织产业示范园贺兰园区和灵武园区。驻宁全国政协常委姚爱兴，驻宁全国政协委员孙贵宝、安纯人、朱玉华、戴秀英、马秀珍、刘金虎、党彦宝、马宗保、杨发明等参加视察。自治区党委常委、银川市委书记徐广国，自治区政协秘书长刘卉等陪同视察。

促进小微企业发展专题协商会 8月29日，自治区政协促进小微企业发展专题协商会在银川召开，自治区政协主席齐同生、自治区副主席王和山参加会议并讲话。自治区政协副主席刘小河主持会议，自治区政协秘书长刘卉和经济界别部分委员以及有关厅局负责人参加会议。

成立“兴华爱心基金” 9月17日，经自治区政协主席会议研究决定，同意将宁夏政协“兴华成才助学金”转型为宁夏政协“兴华爱心基金”，捐助期限为2014年至2017年。

中共界委员座谈会 9月17日，自治区政协组织召开了中共界政协委员座谈会。自治区政协主席齐同生出席会议并讲话，副主席李淑芬、张乐琴、刘小河、田成江和秘书长刘卉出席会议。会议传达了《全国政协上半年重点工作情况通报》，讨论形成自治区政协中共界别2015年政协提案议题，安排提案议题的撰写起草工作；征求2015年政治协商的议题；就发挥委员作用，开展慈善活动进行座谈。会议还呼吁广大政协委员和社会各界爱心人士积极为“兴华爱心基金”捐款。

学习贯彻习近平重要讲话精神 9月22日，自治区政协召开党组中心组（扩大）学习会议，学习贯彻习近平总书记在庆祝人民政协成立65周年大会上的重要讲话精神。自治区政协主席齐同生主持会议并讲话，副主席安纯人、左军、刘小河、田成江、张学武、洪洋和秘书长刘卉出席会议。

现场督办重点提案 10月15日，中共宁夏回族自治区委书记、自治区人大常委会主任李建华在自治区政协主席齐同生、自治区政协副主席刘小河的陪同下，到平罗县深入调研家庭农场，并召开提案督办座谈会，对九三学社宁夏区委提交的自治区政协十届二次会议第45号提案《关于扶持我区家庭农场发展的政策建议》进行现场督办。

举办专题辅导报告会 10月22日，自治区政协举办专题辅导报告会，深入学习习近平总书记在人民政协成立65周年大会上的讲话精神。中国人民政协理论研究会原秘书长原冬平应邀作报告，自治区政协主席齐同生，副主席安纯人、刘小河、田成江、张学武到会听取报告，自治区政协秘书长刘卉主持报告会。

督办大气污染防治重点提案 11月13日，自治区政协对自治区工商联提出的《关于进一步加强大气污染防治的建议》召开重点提案督办座谈会。自治区政协主席齐同生、自治区副主席白雪山、自治区政协副主席张守志出席会议。自治区政协秘书长刘卉主持会议。

举办港澳委员活动日 12月4日至5日，自治区政协在厦门举办宁夏政协港澳委员活动日，与在港、在澳的宁夏政协委员交流座谈。自治区政协主席齐同生参加活动并讲话，福建省政协主席张昌平出席活动，自治区政协副主席左军主持并通报了2014年宁夏政协的主要工作情况。

重点提案督办座谈会 12月18日，自治区政协十届二次会议重点提案督办工作座谈会在银川召开，自治区主席刘慧现场督办由民革宁夏区委会提出的第89号重点提案《关于加快宁夏老工业基地调整改造，推进经济迅速转型升级的建议》。自治区政协主席齐同生出席会议并讲话。自治区政协副主席张守志和秘书长刘卉等出席座谈会。

旅游产业创新发展咨政协商会议 12月29日，自治区政协召开自治区旅游产业创新发展咨政协商会议。自治区政协主席齐同生、自治区副主席王和山出席会议并讲话，自治区政协副主席左军主持会议。自治区政协秘书长刘卉出席会议。自治区政协部分委员，自治区政协机关和自治区有关部门负责人参加会议。

【重要文件】

常委会工作报告（2014年1月6日）（摘要） 一、2013年工作回顾。（一）围绕中心、议政建言，服务大局的成效更为明显。切实搞好政治协商。推动出台了《关于加强和完善人民政协政治协商、促进科学民主决策的意见》，实行“双周主席会”。积极推进民主监督。围绕宁东固体废弃物治理、银川综合保税区建设、爱伊河环境整治等议题，组织专题调研，开展立法协商，共形成调研报告20多篇。提交提案701件，审查立案637件，办复率达99%。务实开展参政议政。常委会围绕“大力推进百万贫困人口扶贫攻坚”、“社会养老服务体系建设”专题议政，得到自治区党委、政府的高度重视，出台了《生态移民迁出区生态修复规划和意见》、《发展社会养老服务体系建设的意见》。宁东“环保九条”《建议案》，催生了《宁东环境保护行动计划》的出台，《污染物排放管理条例》列入立法规划。（二）发挥优势、汇集力量，团结民主的氛围日益浓厚。广泛增进思想共识。认真学习贯彻中共十八大和十八届二中、三中全会精神，组织中心组学习、形势报告会、理论研讨会、专题辅导报告和党派团体联席会议近20次。切实加强合作共事。围绕清真产业、现代农业、民间投资等议题，邀请各党派团体参加专题调研，推动解决了一批打基础、谋长远的现实问题。一年来，各党派团体共提交提案167件，社情民意407件。努力拓宽联谊渠道。基本建成港澳委员网络平台，召开港澳委员座谈会，协调香港全国政协委员来宁考察，组织港澳宁夏政协委员到内地考察。开展纪念毛泽东诞辰120周年系列活动，征集重大历史事件、重要代表人物等史料14万余字。组织青年人才赴港澳学习实践，开展公共外交和人文交流。积极推动民族团结、宗教和顺。深入宗教团体和宗教场所调研，帮助解决宗教团体办公经费，督促落实宗教教职人员社保政策，协调解决部分宗教场所基础设施建设问题。组织民族宗教界和散居少数民族政协委员开展“看发展、观变化、增信心”活动。（三）体察民情、真情为民，服务民生的领域不断拓展。围绕乳制品、饮用水、清真食品等行业监管进行民主监督，向党委、政府和有关部门提出加强食品安全监管的建议，确保人民群众“舌尖上的安全”。针对群众普遍反映的义务教育资源配置不均衡、进城务工人员子女入学难等问题，走乡村、入社区，听取群众呼声，回应百姓关切。围绕城市房价过快增长、农村医疗卫生事业、城乡居民最低生活保障、实现充分就业、创新社会管理等问题开展调研。全年共收到社情民意近 800 条，征集为民办实事 500 多件，其中 18 篇社情民意信息得到自治区领导批示，精选 13 件为民办实事为自治区政府提供了参考。围绕土壤、水体、大气、固体废弃物等搞调研、提建议。积极参与应对气候变化，联合有关机构、国际组织进行研讨，积极争取国内外资金技术支持，尽可能把青山绿水留给城乡百姓。（四）着眼创新、激发活力，履行职能的水平不断提升。创新提案工作机制。首次将政协提案办理工作纳入党政部门效能考核。对一些热点难点问题重点摘报 29 期，报送自治区党委、政府及承办单位，其中领导批示办理 14 期。开展提案办理双向评议工作。坚持领导牵头督办。提升常委会议效果。邀请群众代表列席常委会议并作大会发言。切实加强与有关部门的信息沟通。增加民主协商密度。通过常委会、主席会、座谈会和专题协商会、提案办理会等形式，开展多样化、高密度的协商活动 57 次。组织驻宁全国政协委员集体调研，鼓励他们在国家层面建言议政。（五）健全机制、夯实基础，自身建设全面加强。教育实践活动扎实开展。自治区政协党组围绕为民务实清廉要求，深入开展党的群众路线教育实践活动，通过群众提、自己找、上级点、互相帮，认真分析原因，全面整改落实，共征求社会各界人士意见建议 105 条，查摆具体问题 16 条，提出整改措施 28 条，制定完善制度 23 项。严格执行中央八项规定，全年会议费减少 18%，公务接待费减少 28%，公务车辆运行费减少 4%。召开了高质量的专题民主生活会。基础工作水平全面提升。恢复了政协办公厅设置，政协组织体系得到健全完善。配齐配强专委会领导班子。建立委员基层联系点、委员履职档案、年度报告和联络机制。创新界别工作方式，明确主席界别分工，开展各类活动 30 余次。积极创建“学习型、服务型、创新型、和谐型”机关。二、2014 年工作部署。（一）抢抓改革新机遇，更好地为政协事业发展增添活力。（二）适应开放新形势，更好地为富民强区贡献智慧。（三）把握和谐新要求，更好地为协调关系凝聚力量。（四）顺应群众新期待，更好地为民生改善尽责尽力。（五）树立自身新形象，更好地为履职尽责增强本领。

【组织概况】

委员增选名单

（2014 年 9 月 29 日宁夏回族自治区政协十届十一次常委会议通过）

于文江　孙　亮　杨　钊　李宁宝
张华国　谢治国　何志坚　施振忠
阎伟宁　魏　雄

委员辞职名单

（2014 年 9 月 29 日宁夏回族自治区政协十届十一次常委会议通过）

彭胜军　蒙进暹　王志坤　张万义

宁夏回族自治区各级政协组织和委员数

（截至2014年底）

级别 项目	省级	设区的市	县（不设区的市、市辖区）	合计
组织数	1	5	21	27
委员数	432	1236	2834	4502

（李　莉 编写　蒋永忠 审稿）

政协新疆维吾尔自治区委员会

【全体委员会议】

十一届二次会议 1月15日至19日在乌鲁木齐举行。会议应出席政协委员529人，实到委员472人。会议听取并审议通过了自治区十届政协常务委员会工作报告和提案工作情况报告，通过了政治决议；列席自治区十二届人大第二次会议，听取并协商讨论了政府工作报告及其他重要报告。会议共收到大会发言材料159份，22名委员分别代表民主党派、人民团体和各族各界作了大会发言。会议共收到委员提案1024件，经审查立案947件。会议通过了自治区政协十一届二次会议关于常务委员会工作报告的决议、提案审查情况的报告和政治决议。中共中央政治局委员、自治区党委书记张春贤，自治区党委副书记、自治区主席努尔·白克力等自治区党政军和生产建设兵团领导出席有关重要活动，听取大会发言，参加界别联组讨论。努尔兰·阿不都满金在会议闭幕时讲话。会议号召，自治区政协各参加单位、全疆各级政协组织和全体政协委员，要紧密团结在以习近平同志为总书记的党中央周围，在自治区党委的坚强领导下，在自治区人民政府的大力支持下，凝聚起推进事业的强大力量，为建设繁荣富裕和谐稳定的美好新疆而努力奋斗！

【常务委员会会议】

第5次会议 1月19日在乌鲁木齐召开。会议应出席121人，实到107人。自治区政协主席努尔兰·阿不都满金主持会议。会议听取了关于各小组讨论情况的综合汇报，关于增补选举自治区十一届政协常务委员会委员候选人的说明；逐项通过了自治区政协十一届二次会议政治决议（草案），增补选举常务委员会委员候选人名单（草案），选举办法（草案）和总监票人、监票人名单（草案），关于人事任免的决定（草案），关于常委会工作报告的决议（草案），提案审查情况的报告（草案）。

第6次会议 6月26日至27日在乌鲁木齐召开，围绕“维护社会稳定和长治久安”主题建言献策。会议应出席121人，实到97人。自治区政协主席努尔兰·阿不都满金主持会议并讲话，自治区党委常委、政法委书记熊选国到会听取大会发言并讲话。会议传达学习了习近平总书记视察新疆重要讲话精神、第二次中央新疆工作座谈会精神；传达学习了自治区党委八届七次全委（扩大）会议精神。肖斌、牛汝极、赵霞、代宁祥、多力坤·阿不都热依木、加帕尔·依布拉音、王建玲等分别围绕影响民族团结的现实因素、影响新疆宗教和谐的因素、法治新疆建设、农产品全产业链带动南疆农民就业增收、凝心聚力严打暴恐维护社会稳定长治久安、促进建立各民族互相嵌入式社会结构、发挥妇女群体促进民族团结等方面作了大会发言。会议审议通过了有关人事任免事项。

第7次会议 9月22日至23日在乌鲁木齐召开，围绕全面深化改革有关问题进行专题议政。会议应出席121人，实到98人。自治区政协主席努尔兰·阿不都满金主持会议并讲话，自治区政协副主席、自治区党委全面深化改革领导小组办公室常务副主任刘建新通报自治区全面深化改革工作开展情况。赵霞、张阿宝、陈旗、贾殿赠、蒋平安、贾合亚·艾斯砍的尔、加帕尔·依不拉音代表本次常委会7个专题组，围绕政府职能转变、发挥市场在资源配置中起决定性作用和企业在市场中的主体作用、提升新疆创业就业水平、激发中小微企业科技创新能力、落实水资源“三条红线”、打造丝绸之路经济带核心区、“访民情惠民生聚民心”活动等方面分别作了大会发言。会议审议通过了有关人事任免事项。

【专门委员会工作】

提案委员会 2014年，自治区政协十一届二次会议共收到提案1024件，立案947件，立案率达92.5%。一是发挥政协整体优势，形成提案工作合力，面向社会公开征集提案线索，加强对提案工作的组织协调，将调研视察成果、会议发言、社情民意信息等转化为提案，并发挥政协界别优势，努力打造精品提案，推动提案工作由“数量型”向“质量型”转变。二是坚持双方协商交办，实行办前沟通、办中协商、办后走访，共同促进提案所提意见建议的落实。在已全部办复自治区政协十一届二次会议947件提案中，所提意见建议被采纳或者问题已得到解决的有272件（A类），占提案总数28.7%；列入计划拟解决或拟采纳的有533件（B类），占56.3%；留作参考的有142件（C类），占15%。三是选择重点提案，推进专题协商，确定了《推进我区康复护理医院建设》、《加快我区养老服务事业发展 建立健全养老服务体系》等5件重点提案，由自治区领导督办。通过政协月度协商会推进重点提案办理，形成了《“促进我区女大学生就业问题”月度协商会建议报告》。

经济委员会 2014年，自治区政协经济委员会履职取得了新成效。一是重点工作取得明显进展。按照自治区党委部署，就“油砂开发利用情况”赴克拉玛依市、塔城地区进行专题调研并形成了专题报告报自治区党委。与中国水科院就《自治区重大产业项目水资源规划》合作研究并圆满结题。二是准确把握月度协商会的定位，推进协商效果不断提高。围绕大局、着眼实效，通过与选题利益相关各方代表形成不同利益表达，为党委真实全面反映各方不同意见，不断保持月度协商新鲜生命力。于3月、7月、10月分别召开的“新疆物流业现代化建设”、“新疆农田残膜污染问题”、“新疆清洁能源产业发展问题”3次月度协商座谈会成效显著。三是专题议政常委会议成果丰硕。本委及6个界别活动小组全年共进行7次考察、调研、视察，形成了7份调研、视察报告，其中4份调研报告上报常委会交流，2名委员在常委会大会发言，形成了3份政协常委会建议案。

社会和法制委员会 2014年，组织委员积极建言献策。一是把促进法治新疆建设作为工作的着眼点、着力点。组织委员开展了“助推法治新疆建设、促进社会长治久安”一系列调研，形成了《影响法治新疆建设深层次问题的调研报告》、《关于维护社会稳定和长治久安立法保障的建议》等四份调研报告，并以常委会建议案报自治区党委，获得中共中央政治局委员、自治区党委书记张春贤重要批示。围绕政协七次常委会关于“全面深化改革”议政主题，组织委员就“助推行政审批制度改革、促进政府职能转变”进行专题调研，形成了《关于助推我区行政审批制度改革加快政府职能转变》、《关于推行权力清单提高行政效能的建议》等五份调研报告，形成常委会建议案。围绕全面推进依法治疆的重大任务，针对农村青年富余劳动力、社会闲散人员、流动人口是普法教育薄弱环节的现状，提出加强法治文化建设的建议。二是组织委员就“乌鲁木齐市城区市政建设项目过街人行天桥和地下通道建设规划”开展调研，关注失独（群体）家庭的社会保障问题，关注我区残疾人就业和自主创业，关注我区妇女事业发展和发挥作用，积极建言献策。三是充分发挥委员会独特优势，认真开展立法协商。进一步完善立法协商工作机制，不断提升立法协商成效。先后对《法治新疆建设纲要（草案)》、《新疆维吾尔自治区宗教事务条例》（修订案）等8项地方法规和规章草案开展立法协商。

民族和宗教委员会 2014年，各项工作取得良好成效。一是举办了学习辅导讲座，邀请专家对加强宗教事务管理进行详细解读，增强做好宗教工作的鉴别能力和执行能力，为更好地贯彻党的民族和宗教政策，促进民族团结和宗教和谐，维护社会稳定、长治久安奠定思想基础。二是先后开展了去宗教极端化存在的薄弱环节、影响民族团结的深层次现实因素、如何保护合法宗教活动、影响宗教和谐的因素、城市居民嵌入式居住状况、婚姻领域违法行为情况、“访民情、惠民生、聚民心活动、发挥村级‘两委’班子作用”情况、信教妇女受宗教极端思想影响情况等专题调研，形成的调研报告有深度、有高度。共有13篇调研报告被选为全体会议和常委会议大会发言，其中8篇在会上作了口头发言，5篇以建议案的形式报党委、政府，得到了高度重视。三是以提案、建言为载体，畅通反映民意渠道。做好《关于加快我区养老服务事业发展 建立健全养老服务体系的提案》重点提案答复督办，监督、推动提案落实到位。四是负责组织召开“自治区去宗教极端化存在的薄弱环节”月度协商座谈会，在充分协商的基础上，认真梳理意见建议，并以建议案形式报自治区党委，得到了自治区党委主要领导的重要批示。

教科文卫体委员会 2014年，充分发挥了专委会的基础性作用。一是努力推动协商民主实践，积极就相关热点难点问题开展多种形式协商。承办“促进我区职业教育发展”、“推进我区食品药品安全监管体制改革”两次月度协商会。积极开展界别协商，分别组织科技、医药卫生、体育等界别小组先后召开“医疗人才队伍发展情况”、“促进我区医养结合型养老护理机构建设”等界别协商座谈会。二是根据自治区政协十一届七次常委会议议题，赴昌吉州、哈密地区，就“推进我区企业在技术创新中的主导地位，激发中小微企业创新能力”进行专题调研，形成常委会建议案。围绕“推进我区食品药品安全监管体制改革”，赴乌鲁木齐市、吐鲁番地区进行专题调研，推进食品药品监管体制改革。三是看望慰问自治区政协机关驻村工作组，并与工作组成员和部分“四老人员”进行座谈。同时，联合委员单位开展送体育用品、送图书和专家义诊活动，赠送了价值11万元的体育用品、十二木卡姆系列文化书籍和部分常用药品，义诊人数350余人次。继续开展与北京成龙慈善基金的新疆贫困儿童住院大病救治合作项目工作，本年度共计救治8名符合要求的患儿，累计救助金额50余万元。

人口资源环境委员会 2014年，紧紧围绕中央和自治区党委决策部署，为推进生态文明建设献计出力。一是聚焦防灾减灾，为全区气象、地质、地震防灾减灾建言献策，抓住新疆发展的“牛鼻子”，开展水资源“三条红线”落实情况专项调研，提出了有操作性的建议。二是围绕在天山一号冰川建立自然保护区开展活动，筹备自治区政协首次月度协商会成功举行，为落实自治区“环保优先，生态立区”战略办实事。三是围绕改善农村人居环境开展调研，与“访民情、惠民生、聚民心”紧密结合，推动社会广泛关注今后6年时间新疆建成小康社会重大问题，推动了各项惠民政策的落实。四是继续协助自治区政协组织落实“政协委员林”植树造林活动，为推进生态文明建设办实事。与农工民主党新疆区委会和《亚洲中心时报》人员赴柴窝堡湖视察，及时呼吁各方重视，防止生态灾难。五是积极配合全国政协来疆开展高效节水调研，促进以高效节水专项技术推广，推动农村零星分散的土地经营模式逐步走向集约化的共识。配合驻重庆全国政协委员来疆开展有关生态文明考察，增进恢复发展南疆蚕桑业，带动农民就业增收的共识。

港澳台侨和外事委员会 2014 年，紧紧抓住新疆对外开放和加强新疆籍少数民族华侨华人和留学生工作两条工作主线开展工作。一是把“新疆丝绸之路经济带核心区建设”调研作为新疆对外开放的切入点，深入开展系列调查研究活动。完成了《新疆沿边开放和建设沿边经济带有关情况的调研报告》，提出了加快沿边地区开放的 9 项 22 个对策建议；形成《自治区政协关于抓住建设丝绸之路经济带新机遇，打造丝绸之路经济带核心区的常委会建议案》。召开“沿边开放和建设沿边经济带”月度协商会，协助有关单位制定了《加强海外新疆籍少数民族华侨华人和留学生工作细化方案》、《切实加强海外新疆籍少数民族华侨华人和留学生工作实施细则》等相关文件。开展“进一步做好海外维吾尔侨胞工作及疆内侨务工作”重点调研，组织召开对口协商会，形成《关于进一步做好疆内侨务工作的调研报告》和《关于改进和加强新形势下海外新疆籍华侨华人（特别是海外维吾尔人）工作的调研报告》。二是积极配合全国政协调研活动，高位推动新疆工作开展。配合全国政协外事委员会调研组赴疆就推进“新疆丝绸之路经济带核心区建设”进行专题调研；配合全国政协港澳台侨委员会、外交部等有关部门人员赴新疆开展少数民族侨务工作调研。三是会同自治区外办组织“文化中国·魅力新疆”艺术团，赴土耳其慰问新疆籍哈萨克族侨胞活动，首次接待了台湾中华侨联总会简汉生理事长率领的参访团，加深彼此感情，建立交流机制和渠道。

文史资料和学习委员会 2014 年，召开自治区政协文史工作座谈会，促进规划落实，突出工作重点，做好专题史料的征编工作。一是组织实施全国政协协作项目，少数民族百年实录史料征编项目取得进展，启动实施塔吉克族、锡伯族、塔塔尔族百年实录项目，进行实地调研和培训。柯尔克孜族百年实录工作顺利开展。边境文史试点工作获全国政协文史和学习委员会好评，出版《在边境线上：新疆夏尔希里》、《在边境线上：新疆巴尔鲁克山》。完成回忆西部大开发史料征集工作方案，配合全国政协关于纪念抗日战争胜利 70 周年的工作，收集新疆有关抗战史料 161 篇、86 万多字、图片 150 张。二是发掘特色文化资源，选准地方文史专题。“新疆名村名镇”史料征编项目有序推动，组织专家召开“新疆名村名镇”史料工作会议，初步评选了 37 个村、29 个镇作为第一批确定的名村名镇，纳入自治区政协文史资料征编中。加强协作指导，征编出版了地域文史专题《半个世纪的记录》、《戈壁红旗——一个军工企业的沧桑记录》、《善鄯新语》；知青图录专题《天津儿女在新疆》、《喀什噶尔知青纪事》、《在昭苏种马场的岁月》等。三是加强合作交流，拓展文史工作新领域。组织委员就“丝绸之路文化遗产保护情况”开展调研，召开“丝绸之路文化遗产保护”月度协商会。利用政协文史馆开展交流活动，配合筹办包尔汉生平图片展，承办各种座谈会等活动。

【重要活动】

自治区政协就建立天山一号冰川自然保护区召开首次月度协商会 2 月 20 日上午，自治区政协召开首次月度协商会，就天山一号冰川建立自然保护区进行专题协商、建言献策。自治区政协主席努尔兰·阿不都满金出席会议并讲话。天山一号冰川是联合国气象署和世界气象组织选定的中国唯一参照冰川和世界十条重点监测冰川之一，在天山一号冰川建立“国家地质公园”、“自然保护区”、“重要水源保护地”对新疆生态保护和建设意义重大。协商会上，部分政协委员、民主党派新疆区委会负责人、提案人和自治区相关单位负责人，围绕如何建立天山一号冰川自然保护区畅所欲言，发表真知灼见。听取了大家的发言后，努尔兰·阿不都满金强调，要充分运用好这次专题协商会的成果，确定好建立天山一号冰川自然保护区的申报主体，加强自治区层面的领导和协调，搞好顶层设计，各负其责，共同努力，尽快建立天山一号冰川自然保护区。

自治区政协召开专门委员会和界别小组负责人座谈会 4月11日，自治区政协召开专门委员会和界别活动小组负责人座谈会，自治区政协主席努尔兰·阿不都满金主持会议并讲话。座谈会上，各专门委员会主任和专、兼职副主任，各界别小组召集人就如何更好地发挥专委会基础作用、界别骨干作用提出了意见建议。努尔兰·阿不都满金强调，不论是专委会还是界别工作，一定要在理论上充分认识、制度上有力推进、方法上准确运用，才能有效提升政协整体工作。加强界别工作，要探索制定界别活动小组制度，切实改变委员“单兵作战”、“各自为战”的松散状态；要注重组织依托，各专委会要加强具体负责界别活动组织工作，提供必要服务；要通过搭建各种形式的平台，定期或不定期开展界别活动，真正发挥出界别“横向独立性强、纵向专业性强、内部联系性强”的特点和优势。

自治区政协召开民主党派座谈会 7月11日，自治区政协主席努尔兰·阿不都满金主持召开自治区政协与6个民主党派新疆区委会主委的座谈会，就进一步发挥好民主党派在政协工作中的作用，进行沟通交流；就政协工作中需要各民主党派重视参与的一些事项，进行协商沟通。努尔兰·阿不都满金强调，政协是各民主党派参政议政的重要场所，是各民主党派发挥作用的重要平台，我们要在自治区党委的领导下，用好协商平台，发挥好民主党派的优势，在新疆新时期新阶段的新征程上贡献力量；要不断提升协作水平，加强相互之间的联系沟通，保持协调一致的工作步调，为建设团结和谐、繁荣富裕、文明进步、安居乐业的美好新疆共同努力奋斗。

自治区政协举行新年茶话会 12月31日，自治区政协在新疆迎宾馆会议中心举行新年茶话会，自治区政协主席努尔兰·阿不都满金主持茶话会。中共中央政治局委员、自治区党委书记张春贤和自治区党政军、生产建设兵团领导，与新疆各族各界代表人士欢聚一堂，共迎2015年元旦。张春贤发表讲话，代表自治区党委、政府，向各民主党派、工商联、各人民团体和各族各界人士，向全疆广大工人、农牧民、知识分子、干部和离退休老同志，向驻疆人民解放军指战员、武警官兵、公安干警、生产建设兵团职工，向广大援疆干部以及中央驻疆单位的同志，向所有关心支持新疆社会稳定和长治久安的朋友们，致以亲切的问候和良好的祝愿！全国政协常委、民进新疆区委会主委牛汝极，自治区政协常委、新疆大学信息科学与工程学院院长吐尔根·依布拉音分别代表各民主党派、人民团体和各族各界人士发言。在乌鲁木齐的部分全国人大代表、全国政协委员、自治区政协常委，各民主党派新疆区委会领导、工商联领导、企业家代表，劳动模范代表、英雄模范代表、妇女模范代表、优秀青年代表、民族团结模范代表、爱国宗教人士和少数民族代表人士，教育、科技、文化、卫生、体育等各族各界代表，中央驻疆单位代表和有关方面的负责同志参加茶话会。

【重要文件】

常委会工作报告（2014 年 1 月 15 日）（摘要） 2013 年工作回顾。（一）坚持中国特色社会主义道路，巩固共同的思想政治基础。我们始终把思想政治建设摆在各项工作的首要位置。全区各级政协组织和各党派团体、各族各界人士，进一步深化了对维护新疆社会稳定、长治久安重要性的理解和认识，充分调动了为促进改革发展稳定履职尽责的积极性、主动性；进一步深化了对发展是解决新疆一切问题的基础和总钥匙的理解和认识，更加增强了全面深化改革，走具有中国特色、符合新疆实际发展路子的责任感、使命感；进一步深化了对自治区党委关于做“负责任的政协人”的理解和认识，更加坚定了为新疆跨越式发展和长治久安不懈奋斗的主体意识。（二）深入开展党的群众路线教育实践活动，全面加强自身建设。严格执行中央和自治区党委关于改进工作作风、密切联系群众的八项规定、十条规定和自治区政协的十二条办法，自治区政协领导带头深入基层蹲点调研，与基层群众同吃同住同劳动，充分听取各族群众和政协委员的意见建议，认真接待群众来信来访，帮助解决群众的实际困难。建立主席、副主席联系委员制度，走访委员及委员所在单位，参加专委会和界别小组开展的各项活动。走访各民主党派听取意见建议，充分发挥民主党派、工商联在政协履行职能中的积极作用。（三）发挥人民政协独特优势，全力促进民族团结，维护社会稳定。自治区政协始终把促进团结稳定作为义不容辞的重要责任。全区各级政协组织积极行动，充分发挥联系广泛、渠道畅通的优势，召开了 4700 余场不同形式的座谈会、声讨会、宣讲会，深入开展“反暴力、讲法治、讲秩序”和依法治区、以德治区的宣传宣讲工作，坚定不移地维护祖国统一、维护民族团结、反对民族分裂。围绕维护稳定的重要问题深入调研，关于加强依法治区工作、制定法治新疆建设纲要的建议，关于“去极端化”、有效遏制宗教极端思想渗透，加强基层宗教事务管理的建议等，为自治区党委、政府决策提供了参考。（四）开拓创新，务求实效，积极促进科学跨越、后发赶超。自治区政协十一届二次常委会议围绕“解放思想，深化改革”主题协商议政，就优化经济发展环境、转变政府职能、创新社会管理、推进生态文明建设、弘扬现代文化、加快对外开放等重大课题深入研究，提出建议。十一届三次常委会议围绕“加强基础设施现代化建设”主题协商议政，首次组织自治区政协常委视察团，就积极稳妥推进新型城镇化基础设施建设、走新疆特色城镇化道路，加快推进新型工业化基础设施建设、充分发挥新型工业化第一推动力作用，大力推进农牧业现代化基础设施建设、着力构建具有新疆特色的现代农牧业产业体系等重大问题开展视察，提出对策建议。

自治区政协致全疆各族各界政协委员的倡议书（2014 年 8 月 1 日）（摘要） 7 月 28 日，喀什地区莎车县发生了一起严重暴力恐怖案件。7 月 30 日，喀什市艾提尕尔清真寺伊玛目居玛·塔伊尔大毛拉被暴力恐怖分子残忍杀害。两起案件中，暴恐分子疯狂砍杀，惨无人道，丧尽天良，灭绝人性，后果令人震惊。我们对暴力恐怖分子的滔天罪行表示最强烈的谴责和最愤怒的声讨！在当前反恐维稳的重要时期，作为维护社会稳定的一支重要力量，全疆各族各界政协委员要立即行动起来，履职尽责，敢于担当，主动作为，坚决地肩负起维护社会稳定和长治久安的历史重任。我们要始终将思想和行动统一到中央对新疆社会稳定和长治久安形势的分析判断上来，坚决拥护中央和自治区党委关于打击暴力恐怖犯罪、维护社会稳定的各项决策部署。我们要发挥政协优势，凝心献计出力，积极向所在界别和所联系的群众广泛宣传中央关于新疆工作的大政方针和对新疆各族人民的特殊关怀，努力促进社会各界珍惜当前的局面，奠定共同维护新疆社会稳定和长治久安的坚实思想基础。我们要始终高举各民族大团结的旗帜，深刻认识民族团结是新疆各族人民的生命线，不断巩固“三个离不开”的思想，坚持共同团结奋斗、共同繁荣发展。我们要全面贯彻党的宗教政策，按照政治上团结、信仰上尊重、风俗上理解的原则，进一步做好对信教群众的帮助引导工作，最大限度地把群众团结起来，最大限度地把敌人孤立起来，筑牢维护社会稳定和实现长治久安的社会基础。

【组织概况】

常务委员增选名单

（2014 年 1 月 19 日新疆维吾尔自治区政协十一届二次会议通过）

阿达来提·阿合买提江（女，维吾尔族）

郑弘波

新疆维吾尔自治区各级政协组织和委员数

（截至 2014 年底）

级别 项目	自治区	设区的市（自治州）	县（不设区的市、市辖区）	合计
组织数	1	14	100	115
委员数	529	2097	11859	14485

（牛汝亚 编审）

附：

地方各级政协组织和委员数统计表（截至 2014 年底）

	省（自治区、直辖市）		副省级市		设区的市（州、盟、地区）		县（不设区的市、市辖区）		合计	
	组织数	委员数	组织数	委员数	组织数	委员数	组织数	委员数	组织数	委员数
北京	1	757			14	4380	2	342	17	5479
天津	1	775			13	3101	3	663	17	4539
河北	1	770			11	5300	171	34995	183	41065
山西	1	583			11	3960	119	20101	131	24644
内蒙古	1	526			12	3304	102	15222	115	19052
辽宁	1	876	2	1185	12	4768	100	21647	115	28476
吉林	1	607	1	535	8	2986	60	14824	70	18952
黑龙江	1	723	1	630	12	4042	132	23352	146	28747
上海	1	841			16	4913	1	241	18	5995
江苏	1	796	1	526	12	5290	99	26062	113	32674
浙江	1	734	2	1015	9	3782	90	20740	102	26271
安徽	1	743			16	6319	105	20562	122	27624
福建	1	693	1	409	8	3130	84	16479	94	20711
江西	1	690			11	4382	100	20723	112	25795
山东	1	826	2	1127	15	6398	137	33105	155	41456
河南	1	900			18	7301	160	35594	179	43795
湖北	1	728	1	585	16	5775	99	22876	117	29964
湖南	1	755			14	5328	125	27503	140	33586
广东	1	985	2	1153	19	7426	120	28729	142	38293

续表

	省（自治区、直辖市）		副省级市		设区的市（州、盟、地区）		县（不设区的市、市辖区）		合计	
	组织数	委员数	组织数	委员数	组织数	委员数	组织数	委员数	组织数	委员数
广西	1	701			14	4763	110	17090	125	22554
海南	1	391			2	489	16	2362	19	3242
重庆	1	853			21	5590	17	4406	39	10849
四川	1	882	1	629	20	7304	183	34831	205	43646
贵州	1	588			9	3504	88	15882	98	19974
云南	1	640			16	5450	129	24631	146	30721
西藏	1	615			7	1405	74	3708	82	5728
陕西	1	646	1	574	9	3220	107	19135	118	23575
甘肃	1	577			14	4113	86	11032	101	15722
宁夏	1	432			5	1236	21	2834	27	4502
青海	1	399			8	1659	43	5630	52	7688
新疆	1	529			14	2097	100	11859	115	14485
合计	31	21561	15	8368	386	132715	2783	537160	3215	699804

图书在版编目（CIP）数据

中国人民政治协商会议年鉴．2014/张庆黎主编．
—北京：中国文史出版社，2016.4
ISBN 978－7－5034－7561－0

Ⅰ．中… Ⅱ．张… Ⅲ．中国人民政治协商会议—2014—年鉴
Ⅳ．D627－54

中国版本图书馆 CIP 数据核字（2016）第 044848 号

责任编辑：张蕊燕　胡福星

出版发行：**中国文史出版社**
网　　址：www. chinawenshi. net
社　　址：北京市西城区太平桥大街 23 号　　邮编：100811
电　　话：010－66173572　66168268　66192736（发行部）
传　　真：010－66192703
印　　装：北京新华印刷有限公司
经　　销：全国新华书店
开　　本：787×1092mm　1/16
印　　张：46　　字数：1082 千字
印　　数：3000 册　　插页：20
版　　次：2016 年 6 月北京第 1 版
印　　次：2016 年 6 月第 1 次印刷
定　　价：80.00 元